개정판

와이어샤크
네트워크 완전 분석

The title of English-language original : Wireshark® Network Analysis Second Edition ISBN 978-1893939-94-3.

개정판

와이어샤크 네트워크 완전 분석

공인 Wireshark® 네트워크 분석 스터디 가이드

로라 채플 지음
이재광 · 전태일 옮김

에이콘

와이어샤크 창시자 제럴드 콤즈의 추천사

와이어샤크는 "내 네트워크에 무슨 일이 있지?"라는 질문에 대한 대답을 위해 만든 것이다.

우리 사회가 엄청난 규모의 네트워크에 의존함에 따라 이 질문은 점점 더 중요해져 가고 있다.

기초적인 수준에서 무슨 일이 일어나고 있는지 모르면 효과적으로 관리, 문제점 해결, 안전한 네트워크 구축을 할 수 없다. 이것이 당신이 프로토콜 분석에 정통해야 하는 중요한 이유다.

다행스럽게도, 이 책이 도움이 될 것이다.

와이어샤크는 네트워크에 정확하게 무슨 일이 일어났는지 찾기 위해 전념하는 사용자, 개발자, 교육자, 회사라는 엄청난 규모의 생태계를 갖고 있다. 모든 네트워킹 분야의 전문가인 이들은 자신의 환경을 좀 더 좋게 만들기 위해 와이어샤크에 대한 코드와 아이디어를 공헌한다. 나는 이들의 재능, 지혜, 기술에 계속해서 놀라고 있다.

로라는 이 생태계의 핵심이다. 그녀는 내가 만난 최고의 강사다. 나는 로라가 가르치는 것을 볼 때마다 가장 난해하고 기술적인 세부 사항들을 쉽고 정확하게 전달하는 능력에 감명을 받았다. 그녀는 프로토콜 분석을 접근하기 쉽게 만드는 특별한 능력이 있다(게다가 재미있기도 하다).

이 책은 네트워크가 실제적으로 작업하는 방법을 발견하는 기쁨과 흥분을 느끼면서 쉬운 방법으로 패킷 분석을 보여주는 로라의 숙련된 기술을 반영한 책이다. 또한 아주 읽기 쉽고 이해하기 쉽게 만들었다.

와이어샤크의 사용자 공동체에서 중요한 부분을 맡고 있는 절친한 친구인 로라에게 진심으로 감사를 드린다.

제럴드 콤즈 / 와이어샤크 창시자

로라 채플 Laura Cahppell

네트워크 분석가, 강사, 연사로 성공한 후에 와이어샤크 대학과 채플Chappell 대학을 설립했다. 그녀의 목표는 시간과 비용, 짜증을 줄이기 위한 '첫 번째 응답' 도구로 이해되는 네트워크 분석기를 만드는 것이었다. 매년 채플 대학을 통해 수백 가지의 온라인 교육과 현장 훈련 과정을 제공한다. 더 자세한 정보를 원한다면 info@chappellU.com으로 메일을 보내 주기 바란다.

헌사

와이어샤크(예전의 이더리얼)의 개발자이며 좋은 친구인 제럴드 콤즈Gerald Combs에게 이 개정판을 바칩니다.

12년 전쯤 나는 제럴드에게 "내 CD에 이더리얼Ethereal을 넣어갈 수 있을까요? 컨퍼런스에서 써보고 싶습니다."라는 내용의 메모를 보냈습니다. 나는 안 될 것이라고 생각했는데(무엇보다도 그는 내가 누구인지 몰랐기 때문에), "얼마든지 그렇게 하십시오. 좋습니다."라는 답신을 받고 매우 놀랐습니다.

제럴드는 와이어샤크 창시자 그 이상이었습니다. 제럴드는 늘 우리 편이었습니다. 문제가 생기면 전심전력을 다해 해결책을 만들어냈습니다. 정말로 대단했습니다. 또한 자신의 해결책을 전 세계에 공유했습니다. 제럴드는 사심 없는 마음으로, 다른 사람을 위해 자신의 프로젝트를 공개했습니다.

이더리얼은 와이어샤크로 변화했습니다. 그리고 와이어샤크는 더욱 완전해졌습니다. 와이어샤크는 다른 모든 상용 네트워크 분석 제품을 뛰어넘었고, 네트워크 트래픽 분석에 있어 '사실상' 표준이 됐습니다. 제럴드는 우리 분야에서 가장 정직하고, 겸손하고, 헌신적인 전문가 중 하나로 각인됐습니다.

고마워요. 제럴드

로라 채플

추신. 제럴드의 부인 카렌과 딸에게 특별히 감사를 표합니다. 제럴드는 특별한 두 숙녀에 대해 이야기할 때와, 그들과 함께 시간을 보낸 이야기를 할 때 활짝 웃습니다(여자의 힘!). 나는 제럴드에게 사랑, 지원, 영감을 제공해준 데 대해 매우 감사히 생각합니다. 당신의 유쾌함과 삶의 환희는 나를 기쁘게 합니다.

저자 서문

와이어샤크Wireshark는 회사 복도에서 "네트워크가 왜 이렇게 느리지?" 또는 "내 컴퓨터는 바이러스에 감염된 것 같아!"라는 소리가 들릴 때 바로 사용해야 하는 비상 관리 도구다.

첫 번째 경우, 성능 이슈에 대한 원인을 빨리 찾아내기 위해 와이어샤크를 사용한다. 두 번째 경우, 보안 위반의 증거를 찾아내기 위해 네트워크 포렌식forensics에 이용한다. 이 두 가지 경우 모두 트래픽이나 패킷에서 시그니처signature(징후 또는 조짐)를 찾을 것이다. 궁극적인 목적은 특이하거나 허용되지 않은 패턴을 제거하는 것이다.

나는 "패킷은 절대로 거짓말 하지 않는다."라는 문구를 오랫동안 사용해왔다. 이것은 정말이다.

> 네트워크 분석은 모든 IT 기술자가 갖춰야 하는 핵심 기술이고, 와이어샤크는 세계에서 가장 유명한 네트워크 분석 도구다.

20년 전, 동료 강사 그룹에서 ARCnet 통신상의 한 세션을 보여줬다. 그동안 나는 패킷 구조에 대한 개념과 모두가 염려하는 내용에 대해 끊임없이 깊이 연구해왔다. 그 결과 얻은 결론은 네트워킹이 재미있다는 사실이다!

이 책은 다양한 네트워크 유형을 분석하기 위한 고급 기술, 팁, 속임수를 기본으로 제공한다. 이를 통해 프로세스, 프로토콜, 이와 관련된 많은 것에 대해 A지점에서 Z지점까지(어쩌면 0x00에서 0xFF일 수도 있다) 가능한 한 빨리 이해할 수 있게 된다.

사용하는 컴퓨터에 와이어샤크가 설치돼 있지 않으면 당장 사용을 중지하고 와이어샤크를 설치하라! 와이어샤크는 네트워크에 접할 수 있는 모든 문제에 대해 최고의 도우미가 될 것이다.

사용자들이 커피를 마시면서 네트워크 성능에 대해 불평하고 있을 때 누가 항상 이들의 말을 끈기와 배려있게 들어주는가?

와이어샤크뿐이다!!

오늘 점심을 먹기 전에 '적절한 속도'로 파일을 전송하지 못하는 일이 일어나면 해고 당할지도 모르는 위협에서 누가 당신을 구해줄 것인가?

와이어샤크뿐이다!!

"도움이 필요해"라고 말할 때 항상 웃으면서 기다리는 이는 누구인가?

와이어샤크뿐이다!

정말 그렇다!

그래…… 이제 와이어샤크는 당신을 '네트워크 초보자'에서 '네트워크 전문가'로 바꿔 줄 것이다. 이제 모두에게 "열심히 해보자!"라고 말하고, 시작해보자!

로라 채플

채플 대학과 와이어샤크 대학 설립자

감사의 글

이 책을 만드는 데 직간접적으로 도움을 준 사람이 많습니다.

가장 먼저, 이 책을 완성하기 위해 내가 컴퓨터에 앉아있는 많은 시간 동안 인내해주고, 웃음을 준 나의 아이들 스캇과 지나에게 감사를 표합니다. 너희들의 응원은 내가 균형 있는 작업을 하는 데 도움을 줬고, 여러 날 야근하는 동안 활기를 불어넣어줬다.

어머니, 아버지, 스티브와 조 아, 네, '가족!' 당신들은 제 프레젠테이션에 아주 많은 영감을 주었어요. 어머니! 제게 많은 웃음을 주셔서 감사합니다!

10년 넘게 함께 일한 **브렌다 카디날**과 **질 폴센**에게 특별히 감사를 보냅니다. 내 삶을 균형감 있게 하고, 나의 하루를 빛내주는 너희들과 함께해서 정말 행운이야.

지난 1년 반 동안 함께 소리 지르며 웃어주고, 공손하게 웃어준 **콜튼 카디날**에게 감사를 드립니다. 함께 성장할 기회를 가진 것에 대해 감사드립니다.

조 디멘티 와우! 나는 네가 이 책을 읽고 또 읽다가 지쳐 버린다에 돈을 걸겠어! 1,000페이지가 넘는 2판을 검토한 당신의 강력한 눈에 감사드립니다.

란넬 앨런 당신은 이 프로젝트에 우리를 다시 끌어들인 장본인입니다. 내 오타, 미완성 문장, 전치사만 있는 문장을 찾아낸 너의 지칠 줄 모르는 업무는 이 책에 큰 영향을 줬습니다. 이 프로젝트에 함께 해준 것에 대해 감사합니다.

제럴드 콤즈 뭐라 말할 수 있을까? 당신은 우리에게 엄청난 도구들을 공유해줬고, 와이어샤크에 대한 헌신에 아주 감동했습니다. 이 책을 당신에게 바칩니다.

와이어샤크 개발자들 대단한 그룹입니다! 샤크페스트[Sharkfest] 컨퍼런스에서 많은 사람을 만난 것이 매우 기쁩니다. 와이어샤크를 향상시키고 강화시키기 위한 지속적인 노력은 많은 IT 전문가가 네트워크 문제의 근원을 찾는 데 도움을 줬습니다. 세계에서 가장 인기 있는 네트워크 분석 솔루션인 와이어샤크를 만들기 위한 헌신에 깊은 감사를 드립니다. Help ▶ About Wireshark ▶ Authors에서 개발자들의 명단을 볼 수 있습니다. 여러분이 구현하는 데 많은 공을 들였던 기능들을 제가 이 책에서 정확하게 설명했기를 바랍니다. 이 책에 빠진 내용이 있다면 다음 판에 포함시킬 수 있게 저에게 알려주시기 바랍니다.

고든 '표도르' 라이언 이 책의 1판은 당신이 『엔맵 네트워크 스캐닝』(에이콘출판, 2009)을 출판했을 때 만들어졌습니다. 이 책은 네트워킹을 하는 모든 사람이 소유해야 하는 훌륭한 책입니다. 나는 당신이 네트워크 스캐닝 섹션을 검색하는 데 들인 시간과 노력에 감사드리고, 향후 프로젝트를 당신과 함께하길 고대하고 있습니다. 함께할 수 있는 기회가 있겠지요?

메타긱(MetaGeek)의 랸 우딩스와 마크 젠센 당신들과 함께 일해서 기뻤습니다. 컨퍼런스에서 선보인 Wi-Spy/Chanalyzer Pro가 있고, 이 인기 제품들을 IT 커뮤니티와 공유했습니다. 나는 더 많은 브레인스토밍 세션을 고대합니다. WLAN 장을 검토해주고 몇 가지 훌륭한 피드백을 보내준 트렌트 커틀러에게 특별히 감사합니다.

스티브 디스펜사와 폰팩터(PhoneFactor, www.phonefactor.com)의 마쉬 레이 당신의 TLS 재협상 문서와 www.wiresharkbook.com에 추적 파일을 흔쾌히 허용해준 것을 감사드립니다. 당신이 소유한 보안 문제에 대한 훌륭한 문서와 작업들은 우리에게 큰 도움이 됐습니다.

와이어샤크 핵심 개발자 스티그 비욜리케 이 책의 1판과 와이어샤크의 최신 버전에 훌륭한 추가 사항을 제공해줬니다. 당신의 와이어샤크 내부 작업에 대한 이해는 이 책의 가치를 더욱 높여줬습니다. 이 귀중한 도구인 와이어샤크를 개발해온 당신의 노력에 깊은 감사를 드립니다.

션 월버그 VoIP 장에 대한 훌륭한 자료를 제공해주신 것에 감사드립니다. 당신은 VoIP 통신의 내부 동작을 설명할 수 있는 놀라운 재능이 있습니다. 샤크페스트에서 당신의 프레젠테이션에 감동받았습니다. 또한 즐겁고 획기적이었습니다! 이 책에서 VoIP 장을 명확하게 설명하기 위한 당신의 노력에 감사드립니다.

와이어샤크 핵심 개발자 마틴 마티슨 VoIP 장에 대해 제공한 해결책과 팁, 그리고 당신이 와이어샤크에 추가한 중복 IP 주소 탐지 기능을 설명하기 위해 시간을 들여준 데 대해 매우 감사합니다. 곧 추가될 RFC 레퍼런스를 제공해주고, VoIP 분석에 익숙하지 않은 독자들을 배려해 준 것에 감사를 표합니다. 와이어샤크를 개선하기 위한 당신의 시간과 노력은 우리 모두에게 이익을 가져다 줄 것입니다.

짐 아라곤 이 책의 1판에 대한 엄청난 피드백과 트래픽을 수집하는 팁을 준 데 대해 감사드립니다. 당신의 아이디어와 제안을 기쁘게 생각합니다. 당신은 나에게 많은 팁과 훈련에 대한 아이디어를 줬습니다.

와이어샤크 핵심 개발자 사케 블록 잠을 많이 못 잤죠? 이 책의 1판에 대해 피드백과 교정을 해준 데 감사드립니다. 16장의 엄청난 사례 연구에 기여해줘서 고맙습니다.

론 넛터 여보게 친구! 우린 정말 믿기 어려울 만큼 서로 오랫동안 알고 지냈네! 이 2판에서 시스코 스패닝 명령을 추가해준 데 감사하네. 시스코 장비를 이용해 충분히 수집하게 설정해준 당신의 팁을 공유할 수 있어 고맙네.

제프 캐렐 나의 부족한 IPv6 소개 자료 초안을 정리하고, 이를 패킷으로 보여주는 엄청난 작업을 해줬습니다. IPv6 클래스를 좋아하지 않을 사람이 없습니다. 휴가 기간에도 나를 도와준 데 감사드립니다. 'TCP/IP 가이드' 책을 쓰느라 고생했고, 그 시간은 소중하리라 생각합니다.

베티 뒤부아 당신의 모든 검토 시간과 능력에 대해 감사를 표합니다. 이 책 프로젝트뿐만 아니라 와이어샤크 대학 강사 양성 과정과 WCNA 시험도 마찬가지입니다. 패킷 열광자들과 일하거나 작업하는 건 언제나 멋진 일입니다.

키이스 파슨즈 WLAN 장에 대한 개념을 명확하게 해준 것과 놀라운 'To DS/From DS' 그래픽과 테이블을 추가해준 데 대해 감사를 표합니다. 당신은 언제나 훌륭한 아이디어와 강의 방법을 보유하고 있지요. 그리고 당신은 정말로 '괴짜 왕'입니다.

와이어샤크 핵심 개발자 앤더스 브로먼 VoIP 장을 검토해 주신 데 감사드리며, 확인해주신 정보는 매우 정확하고 명확했습니다. 와이어샤크 핵심 개발자로서의 모든 수고에 감사드립니다.

pcapr 팀 www.pcapr.net에 있는 온라인 저장소에서 일부 추적 파일들을 독자들에게 재공해주신 데 감사드립니다. pcapr.net 프로젝트를 제공해주신 Mu Dynamics(www.mudynamics.com)에도 감사드립니다.

나의 학생들 약 20년이 넘게 나의 온라인 강좌, 강사 주도 강의, 자율 학습 강좌들을 수강해주신 수십 만 명의 학생들에게 진심으로 감사를 표합니다. 나는 여러분을 친구처럼 생각합니다. 여러분의 정직성과 직접적인 피드백은 언제나 나의 강의 기술을 연마하는 데 도움이 됐습니다(그리고 나의 농담도).

게리 루이스 너, 넌 정말 괴짜야! 너의 이메일은 나를 정말 웃겨줬어. 외부의 누군가가 디자인 서비스를 원한다면 게리는 아주 흔쾌히 "알았어요."라고 할 것입니다. 1판과 2판의 훌륭한 표지 디자인에 감사를 표합니다.

사례 연구 제출자들 사례 연구는 전 세계에서 제출됐습니다. 와이어샤크 성공담으로 나의 메일을 가득 채워준 당신들에게 감사를 표합니다. 다음은 사람들이 시간과 비용을 절감하기 위해 와이어샤크를 어떻게 사용하는지에 대한 사례 연구들을 이 책에 제공해준 분들입니다.

LabNuke99
P.C.
Jim Aragon
Roy B.
Martin B.
Bill Back
Sake Blok
Jeff Carrell
Coleen D.
Todd DeBoard and Team
Mitch Dickey
Thanassis Diogos
Steve Dispensa
Todd Dokey
Vik Evans
Russ F.
Allen Gittelson
Richard Hicks
Rob Hulsebos
Mark Jensen
Jennifer Keels
Christian Kreide
Todd Lerdal
Robert M.
Jim McMahon
Ron Nutter
Karl R.
Mark R.
Guy Talbot
Delfino L. Tiongco
Sean Walberg
Christy Z.

물론, 마지막으로 서투른 애플리케이션, 저질의 TCP/IP 스택, 쓸모없는 운영체제, 한심한 상호 연결 장치들, 그리고 좋지 않은 기본 설정들을 만든 사람들과 그들의 네트워크에 나를 데려다준 사용자들에게 감사를 표하고 싶습니다. 당신은 내 삶을 흥미롭게 해줬어요!

감사의 말에서 빠먹은 사람이 있다면 제 머리가 나쁜 탓이니 그분들에게 용서를 구합니다.

이재광 jklee@hnu.kr

광운대학교 전자계산학과에서 학부와 대학원을 졸업했다. 1986년 3월부터 1993년 7월까지 군산전문대학에서 전자계산과 부교수로 재직했고, 1993년 8월부터 한남대학교 컴퓨터공학과에 부임해 현재 정교수로 재직 중이다. 정보통신과 정보보호 분야를 연구하며, 데이터 통신, 컴퓨터 네트워크, 정보 통신 보안, 네트워크 프로그래밍 등을 강의한다. 학회 활동으로는 정보처리학회 자문위원, 정보보호학회 부회장을 맡고 있다.

전태일 tijeon@dju.kr

서강대학교 수학과 학부와 석사, 미국 웨인Wayne 주립대학교를 졸업(박사)했으며, 현재 대전대학교 정보보안학과에서 정교수로 재직 중이다. 네트워크 보안과 정보보호 분야를 연구하며, 네트워크 보안, 정보보호 등을 강의하고 있다. 학회로는 정보보호학회에서 활동 중이다. 저서로는 『정보보호개론』(e-book 교보, 2013년)이 있고, 번역서로는 『네트워크보안 에센셜 4판』(생능출판사, 2012년), 『와이어샤크 개론』(에이콘출판, 2013) 등이 있다.

옮긴이의 말

우리는 거의 매일 인터넷을 이용한다. 하지만 우리가 이용 중인 웹서핑, 메일, 메신저 등이 실제로 인터넷에서 어떤 형태로 전달되는지 확인해본 적이 있는가? 대부분 학생들이 학교에서 인터넷, TCP/IP, 컴퓨터 네트워크 등에 대해 공부하고 활용하지만, 실제로 주고받는 내용을 본 학생들은 많지 않다. 그러나 모두들 실제 자신들이 주고받는 내용이 어떻게 전달되는지 알고 싶었을 것이다.

나 또한 학교에서 데이터 통신, TCP/IP 네트워크, CCNA 등을 강의하고 있다. 이런 수업을 오랫동안 진행해 왔지만 실제로 주고받는 내용은 학생들에게 알려줄 기회가 많지 않았다. 그래서 예전에는 이더리얼Ethereal을 가지고 수업에서 간단한 실습 정도밖에 할 수 없었다.

미국 출장 중에 서점에서 이 책의 원서인 『Wireshark Network Analysis: Official Wireshark Certified Network Analyst Study Guide』 책을 보고 바로 이것이라는 생각이 들었다. 이 책을 이용해 방학 동안에 연구실 학생들과 세미나를 시작했고, 실제 내용을 실험해봤다. 의외로 학생들에게서 좋은 반응이 있었다. 막연하게만 생각하던 네트워크 이론들을 실제로 눈으로 확인하니 학생들이 배워온 내용을 잘 정리할 수 있었다는 이야기다.

와이어샤크는 sectools.org에서 TOP 100 네트워크 보안 툴에서 1위를 차지하는 아주 유명한 네트워크 분석 툴이다. 네트워크 분석은 모든 IT 엔지니어가 갖춰야 할 핵심 기술이며, 와이어샤크를 이용하면 유/무선 트래픽을 수집해 네트워크를 분석할 수 있다.

이 책은 IT 전문가들이 트러블슈팅, 보안과 네트워크 최적화를 위해 사용하는 필수 도구인 와이어샤크를 설명한 책 중에서 단연 최고의 책이며, 대부분의 독자는 아마도 IT 업계에 종사하는 분들이겠지만, 네트워크를 공부하려는 학생들과 직장인들에게 많은 도움이 될 것이라고 생각한다. 이 책을 통해 독자들은 유/무선 트래픽, 웹 브라우저가 느린 이유, 네트워크에서 느린 애플리케이션의 식별, VoIP 신호 품질, 무선 랜이 느린 이유들을 배울 수 있을 것이다.

이 책은 2009년 1판을 작업한 후에 이제 2013년에 2판이 나와 나름대로 노력해서 번역 작업을 마무리했다.

이 책이 많은 독자들에게 큰 도움이 될 수 있기를 기대해본다.

끝으로 이 책이 출간돼 나오는 데 많은 도움을 주신 에이콘출판사 김희정 부사장님께 감사를 드린다. 또한 책의 편집을 맡아 애써주신 박창기 이사님께도 감사를 드린다. 책의 내용 중에 잘못된 부분이 있는 경우에는 좀 더 좋은 책을 만들 수 있도록 메일로 보내주시기를 기대한다.

대표 역자 **이재광**

목차

1장 네트워크 분석의 세계 57

2장 와이어샤크 소개 89

3장 트래픽 수집 171

4장 수집 필터 생성과 적용 207

5장 전역 및 개인 환경설정 229

6장 트래픽 컬러링 259

7장 시간 값 지정과 요약 해석 279

8장 기본 추적 파일 통계 해석 301

9장 디스플레이 필터 생성과 적용 331

10장 스트림 추적과 데이터 조립 361

11장 와이어샤크 프로파일 사용자 기호에 맞게 변경 379

12장 패킷 저장, 추출, 인쇄 393

13장 와이어샤크의 전문가 시스템 사용 409

14장 TCP/IP 분석 개요 431

15장 DNS 트래픽 분석 447

16장 ARP 트래픽 분석 469

17장 인터넷 프로토콜(IPv4/IPv6) 트래픽 분석 485

18장 인터넷 제어 메시지 프로토콜(ICMP4/ICMP6) 트래픽 분석 521

19장 사용자 데이터그램 프로토콜(UDP) 트래픽 분석 543

20장 전송 제어 프로토콜(TCP) 트래픽 분석 555

21장 IO 비율과 TCP 트렌드 그래프 597

22장 DHCP 트래픽 분석 629

23장 HTTP 트래픽 분석 651

24장 FTP 트래픽 분석 691

25장 Email 트래픽 분석 711

26장 802.11(WLAN) 분석 소개 731

27장 VoIP 분석 소개 767

28장 '정상' 트래픽 패턴 베이스라인 793

29장 성능 문제의 가장 큰 원인 찾기 807

30장 네트워크 포렌식 개요 835

31장 스캐닝 탐지와 발견 처리 849

32장 의심스런 트래픽 분석 891

33장 커맨드라인 도구의 효과적인 사용 929

부록 A 참고 웹사이트 967

찾아보기 1017

상세 목차

추천사 4
저자 소개 5
헌사 6
저자 서문 7
감사의 글 9
옮긴이 소개 13
옮긴이의 말 14
들어가며 48

1장 네트워크 분석의 세계 57

네트워크 분석에 대한 정의 59
분석 예제 따라 하기 60
문제점 해결 세션의 예행연습 64
전형적인 보안 시나리오(일명 네트워크 포렌식) 살펴보기 67
네트워크 분석가가 해야 하는 문제점 해결 작업 69
네트워크 분석가가 해야 하는 보안 작업 69
네트워크 분석을 위한 최적화 작업 70
네트워크 분석가를 위한 애플리케이션 분석 작업 70
네트워크 분석과 관련된 보안 이슈 이해 71
네트워크 분석에 정책 정의 71
네트워크 트래픽이 들어있는 파일은 안전해야 한다. 71
원치 않은 '스니퍼'로부터 네트워크 보호 71
네트워크 트래픽 리스닝에 대한 법적 이슈 72
'건초더미에서 바늘 찾기 문제' 극복 73
분석 작업 점검표 검토 74
네트워크 트래픽 흐름 이해 76
스위칭 개요 76
라우팅 개요 77
프록시, 방화벽과 NAT/PAT 개요 78
패킷에 영향을 미치는 기타 기술 79
'잘 구축된' 인프라 장치에 대한 경고 80
분석 세션 시작 81

사례 연구: '필요 없는 패킷' 제거 83
사례 연구: '안전하게 감춰진' 네트워크 84
정리 84
학습한 내용 복습 85
연습문제 87
연습문제 답 88

2장 와이어샤크 소개 89

와이어샤크 생성과 유지 보수 91
와이어샤크 최신 버전 구하기 91
와이어샤크 공개 버전과 개발자 버전 비교 92
와이어샤크 개발자들에 대한 감사 93
와이어샤크 코드의 가치 계산 94
와이어샤크 버그 리포트와 개선안 제출 94
수출 규제 준수 95
와이어샤크의 기능에 영향을 주는 제품 확인 96
유/무선 네트워크에서 패킷 수집 96
Libpcap 97
WinPcap 97
AirPcap 97
다양한 유형의 추적 파일 열기 97
와이어샤크가 패킷을 처리하는 방법 이해 98
코어 엔진 99
해석기, 플러그인, 디스플레이 필터 99
GIMP 툴킷(GTK+) 100
시작 페이지 사용 100
수집 영역 101
파일 영역 101
온라인 영역 102
수집 도움말 영역 102
9개의 GUI 요소 파악 102

타이틀 바에 와이어샤크 버전 표시 103
무선 툴바 표시(윈도우만 가능) 103
창 열고 닫기 104
상태 바 해석 104
와이어샤크의 메인 메뉴 107
File 메뉴 항목 107
Edit 메뉴 항목 111
View 메뉴 항목 117
Go 메뉴 항목 123
Capture 메뉴 항목 125
Analyze 메뉴 항목 126
Statistics 메뉴 항목 132
Telephony 메뉴 항목 139
Tools 메뉴 항목 142
Internals 메뉴 항목 143
Help 메뉴 항목 144
메인 툴바의 효과적인 사용 147
툴바 아이콘 정의 147
필터 툴바를 이용한 빠른 작업 151
무선 툴바 보이게 하기 152
오른쪽 클릭 기능을 통한 옵션 접근 153
패킷 주석 편집 또는 추가(오른쪽 클릭 ❯ Edit 또는 Add Packet Comment...) 154
오른쪽 클릭 후 복사(오른쪽 클릭 ❯ Copy) 155
오른쪽 클릭 후 칼럼 적용(오른쪽 클릭 ❯ Apply As Column) 156
오른쪽 클릭 후 Wiki 프로토콜 페이지(패킷 상세 정보 창) 158
오른쪽 클릭 후 필터 필드 참조(패킷 상세 정보 창) 159
오른쪽 클릭 후 이름 변환(패킷 상세 정보 창) 159
오른쪽 클릭 후 프로토콜 참조 160
와이어샤크 메일링 리스트 가입 160
ask.wireshark.org 가입 161

리소스 바로 알기 162
일부 추적 파일 얻기 162
사례 연구: 데이터베이스가 동작하지 않음을 탐지 163
정리 165
학습한 내용 복습 165
연습문제 169
연습문제 답 169

3장 트래픽 수집 171

네트워크를 살펴보는 위치 찾기 173
로컬에서 와이어샤크 실행 174
휴대용 와이어샤크 174
와이어샤크 U3 176
교환형 네트워크에서 트래픽 수집 176
반이중 네트워크에서 단순한 허브 사용 177
전이중 네트워크에서 TAP(시험 접속 포트) 사용 179
원격 수집에 위한 분석기 에이전트 사용 182
스위치에서 포트 스패닝/포트 미러링 설정 183
SPAN 명령의 예 184
VLAN 스패닝 185
라우터에 연결된 네트워크 분석 186
무선 네트워크 분석 187
모니터 모드 188
네이티브 어댑터 수집 이슈 189
동시에 두 위치에서 수집(이중 수집) 190
오른쪽 수집 인터페이스 선택 191
동시에 여러 어댑터 수집 192
인터페이스 상세 정보(윈도우만 가능) 192
원격으로 트래픽 수집 193
rpcapd.exe로 원격 수집을 위한 매개변수 환경설정 194
원격 수집: 능동 모드와 수동 모드 환경설정 196

원격 수집 환경설정 저장과 사용 196
하나 이상 파일에 자동으로 패킷 저장 197
빠른 접속을 위한 파일 집합 생성 197
저장되는 파일의 수를 제한하기 위한 링 버퍼 사용 198
자동으로 중지 기준 정의 198
패킷 누락을 피하기 위해 와이어샤크 최적화 198
분석 전용 노트북에서 신경 써야 할 것 199
최적화를 위한 수집 옵션 199
최적화 표시 옵션 199
커맨드라인 수집을 이용한 메모리 절약 200
사례 연구: 이중 수집 포인트 찾아내기 201
사례 연구: 집에서 트래픽 수집하기 203
정리 203
학습한 내용 복습 204
연습문제 205
연습문제 답 205

4장 수집 필터 생성과 적용 207

수집 필터의 목적 209
인터페이스에 대해 수집 필터 적용 210
자신에게 맞는 수집 필터 만들기 213
식별자 213
한정자 213
프로토콜에 의한 필터링 215
들어오는 연결 시도 필터 215
MAC/IP 주소나 호스트 이름 수집 필터 생성 215
애플리케이션 분석을 위한 'My MAC' 수집 필터 사용 217
추적 파일을 제외한 트래픽 필터링(필터 배제) 218
하나의 애플리케이션 트래픽만 수집 219
수집 필터를 조합하기 위한 연산자 사용 220
바이트 값을 찾기 위한 수집 필터 생성 221

수집 필터 파일을 수동으로 편집 222
예제 cfilters 파일 223
다른 사람과 수집 필터 공유 223
사례 연구: Kerberos UDP에서 TCP 이슈 224
정리 225
학습한 내용 복습 226
연습문제 227
연습문제 답 227

5장 전역 및 개인 환경설정 229

환경설정 폴더 찾기 231
전역 및 개인 환경설정 231
사용자 인터페이스 설정 기호에 맞게 변경 234
'파일 열기' 대화상자 동작 234
최대 목록 항목 235
창 환경설정 235
칼럼 236
수집 환경설정 정의 238
빠른 수집 시작을 위한 기본 인터페이스 선택 238
다른 호스트의 트래픽을 분석하기 위해 무차별 모드 활성화 239
향후 추적 파일 형식: pcap-ng 240
실시간으로 트래픽 보기 241
수집하는 동안 자동 스크롤 241
자동으로 IP와 MAC 이름 변환 241
하드웨어 주소 변환(MAC 주소 변환) 242
IP 주소 변환(네트워크 이름 변환) 243
GeoIP로 세계 지도에 IP 주소 표시 245
포트 번호 변환(전송 이름 변환) 245
SNMP 정보 변환 246
필터 표현식 구성 247
통계 설정 구성 248

ARP, TCP, HTTP/HTTPS와 기타 프로토콜 설정 정의 249
중복 IP 주소와 ARP 스톰 탐지 250
와이어샤크가 TCP 트래픽을 처리하는 방법 정의 250
HTTP와 HTTPS 분석에 대한 추가 포트 설정 252
RTP 설정으로 VoIP 분석 강화 252
SSL 트래픽을 해석하기 위한 와이어샤크 환경설정 252
오른쪽 클릭을 이용한 프로토콜 설정 환경설정 252
사례 연구: 비표준 웹 서버 설정 253
정리 255
학습한 내용 복습 255
연습문제 257
연습문제 답 257

6장 트래픽 컬러링 259

트래픽 유형을 구분하기 위해 컬러 사용 261
하나 이상의 컬러링 규칙 기능 억제 262
컬러링 규칙 공유와 관리 263
패킷이 특정 색상인 이유 확인 263
HTTP 에러에 대한 '눈에 띄는' 컬러링 규칙 작성 264
대화를 구분하기 위한 컬러 대화 266
관심 있는 패킷을 일시적으로 마크 267
스트림 재조립 컬러링 변경 268
사례 연구: 로그인 동안 SharePoint 연결 컬러링 270
정리 271
학습한 내용 복습 271
연습문제 275
연습문제 답 276

7장 시간 값 지정과 요약 해석 279

네트워크 문제점을 파악하기 위한 시간 사용 281
와이어샤크가 어떻게 패킷 시간을 측정하는지 이해 281
이상적인 시간 표시 형식 선택 281
타임스탬프 정확성과 분석 이슈 284
시간 영역으로 추적 파일 전송 285
시간 값으로 지연 식별 286
시간 칼럼 추가 생성 287
시간 기준을 이용해 패킷 도착 시간 측정 288
클라이언트 지연, 서버 지연, 경로 지연 식별 289
종단 대 종단 경로 지연 계산 290
느린 서버 응답 찾기 291
오버로드된 클라이언트 찾기 291
트래픽률, 패킷 크기, 전송되는 전체 바이트의 요약 291
단일 요약 창에서 3개의 트래픽 유형 비교 292
두 개 이상의 추적 파일에 대한 요약 정보 비교 293
사례 연구: 시간 칼럼이 지연된 ACK 찾기 295
정리 296
학습한 내용 복습 297
연습문제 299
연습문제 답 299

8장 기본 추적 파일 통계 해석 301

와이어샤크 통계 창 시작 303
네트워크 프로토콜과 애플리케이션 식별 303
네트워크 프로토콜과 애플리케이션 식별 305
가장 활발한 대화 식별 307
종단점 나열과 지도에 표시 308
GeoIP로 의심스러운 대상을 발견 309
특정 트래픽 유형에 대한 대화와 종단점 나열 310

패킷 길이 평가 310
트래픽에서 모든 IPv4/IPv6 주소 나열 313
트래픽에서 모든 목적지 나열 314
사용된 모든 UDP와 TCP 포트 나열 314
UDP 멀티캐스트 스트림 분석 315
트래픽 흐름 그래프로 작성 316
HTTP 통계 수집 318
모든 WLAN 통계 검사 319
사례 연구: 애플리케이션 분석 - Aptimize Website Accelerator™ 320
사례 연구: VoIP 품질 문제 찾기 325
정리 326
학습한 내용 복습 327
연습문제 329
연습문제 답 329

9장 디스플레이 필터 생성과 적용 331

디스플레이 필터의 목적 이해 333
자동 완성 기능을 이용한 디스플레이 필터 작성 336
저장된 디스플레이 필터 적용 337
필터 지원을 위한 표현식 사용 338
오른쪽 클릭 필터링을 사용해 빨리 디스플레이 필터 생성 339
Apply as Filter 340
Prepare a Filter 341
Copy As Filter 341
대화와 종단점에서 필터링 342
프로토콜 계층 창에 대한 필터 342
디스플레이 필터 구문 이해 343
비교 연산자를 이용해 디스플레이 필터 결합 344
괄호를 적용해 디스플레이 필터의 의미 변경 345
필드의 실체 필터링 346
패킷에 있는 특정 바이트 필터링 346

대/소문자로 핵심 단어 찾기 *348*
흥미로운 정규식 필터 *349*
와이어샤크 디스플레이 필터의 실수 잡아내기 *349*
복잡한 필터링을 위한 디스플레이 필터 매크로 사용 *350*
일반적인 디스플레이 필터 실수 방지 *351*
dfilters 파일을 수동으로 편집 *352*
사례 연구: 데이터베이스 문제를 해결하기 위해 필터와 그래프 사용 *354*
사례 연구: 복잡하고 어수선한 브라우저 *355*
사례 연구: 바이러스와 웜 잡기 *356*
정리 *357*
학습한 내용 복습 *358*
연습문제 *359*
연습문제 답 *359*

10장 스트림 추적과 데이터 조립 *361*

트래픽 조립 *363*
UDP 대화 추적과 조립 *363*
TCP 대화 추적과 재조립 *365*
일반 파일 유형 식별 *368*
FTP 파일 전송 재조립 *369*
SSL 대화 추적과 재조립 *371*
SMB 전송 재조립 *373*
사례 연구: 파악된 알 수 없는 호스트 *374*
정리 *375*
학습한 내용 복습 *375*
연습문제 *376*
연습문제 답 *377*

11장 와이어샤크 프로파일 사용자 기호에 맞게 변경 379

프로파일을 이용해 와이어샤크를 사용자 기호에 맞게 변경 381

프로파일 새로 작성 382

프로파일 공유 383

문제 해결 프로파일 작성 384

회사 프로파일 작성 386

WLAN 프로파일 작성 386

VoIP 프로파일 작성 387

보안 프로파일 작성 388

사례 연구: 고객을 위해 와이어샤크 기호에 맞게 변경 389

정리 390

학습한 내용 복습 391

연습문제 392

연습문제 답 392

12장 패킷 저장, 추출, 인쇄 393

패킷이나 전체 추적 파일에 주석 달기 395

필터링되고 마크되고 범위가 지정된 패킷 저장 397

다른 프로그램에서 사용하기 위해 패킷 내용 내보내기 400

SSL 키 내보내기 402

대화, 종단점, IO 그래프, 흐름 그래프 정보 저장 403

패킷 바이트 내보내기 404

사례 연구: 문제를 분리시키기 위해 트래픽의 일부분 저장 404

정리 406

학습한 내용 복습 407

연습문제 408

연습문제 답 408

13장 와이어샤크의 전문가 시스템 사용 *409*

와이어샤크의 전문가 정보 가이드 *411*

전문가 정보 빠르게 실행 *411*

전문가 정보 요소 컬러링 *413*

TCP 전문가 정보 요소 필터링 *414*

TCP 전문가 정보 이해 *416*

TCP 재전송 트리거란? *417*

이전 세그먼트 손실 트리거란? *417*

ACKed 손실 패킷 트리거란? *417*

킵 얼라이브 트리거란? *418*

중복 ACK 트리거란? *418*

제로 창 트리거란? *419*

제로 창 탐색 트리거란? *419*

제로 창 탐색 ACK 트리거란? *419*

킵 얼라이브 ACK 트리거란? *420*

고장 난 트리거란? *420*

빠른 재전송 트리거란? *420*

창 업데이트 트리거란? *421*

윈도우가 가득 찼음 트리거란? *421*

재사용된 TCP 포트 트리거란? *422*

4 NOP 연속 트리거란? *422*

사례 연구: 전문가 정보가 원격 접속 골칫거리를 해결하다. *423*

정리 *427*

학습한 내용 복습 *428*

연습문제 *429*

연습문제 답 *429*

14장 TCP/IP 분석 개요 *431*

TCP/IP 기능의 개요 *433*

모든 것이 제대로 동작할 때 *434*

다중 단계 변환 프로세스 *435*

1단계: 포트 번호 변환 *436*

2단계: 네트워크 이름 변환(옵션) *436*

3단계: 대상이 로컬일 때 라우터 결정 *437*

4단계: 로컬 MAC 주소 변환 *438*

5단계: 경로 변환(대상이 원격일 때) *438*

6단계: 게이트웨이에 대한 로컬 MAC 주소 변환 *439*

패킷 구축 *439*

사례 연구: 네트워크 책임 회피 *442*

정리 *443*

학습한 내용 복습 *443*

연습문제 *444*

연습문제 답 *444*

15장 DNS 트래픽 분석 *447*

DNS의 목적 *449*

일반적인 DNS 조회/응답 분석 *450*

DNS 문제 분석 *453*

DNS 패킷 구조 분석 *455*

트랜잭션 ID *456*

플래그 *457*

질문 횟수 *459*

응답 리소스 레코드(RR) 수 *459*

권한 RR 수 *459*

추가 RR 수 *459*

질의 *460*

응답 RR *460*

권한 RR 461
추가 RR 461
자원 레코드 TTL 값 461
DNS/MDNS 트래픽 필터링 461
사례 연구: DNS가 웹 브라우징 성능을 저하시키다. 462
정리 465
학습한 내용 복습 466
연습문제 467
연습문제 답 467

16장 ARP 트래픽 분석 469

ARP의 목적 471
정상적인 ARP 요청/응답 분석 472
쓸모없는 ARP 분석 473
ARP 문제 분석 474
ARP 패킷 구조 분석 477
하드웨어 유형 477
프로토콜 유형 477
하드웨어 주소 길이 477
프로토콜 주소 길이 478
오피코드 478
발신자 하드웨어 주소 478
발신자 프로토콜 주소 478
대상 하드웨어 주소 478
대상 프로토콜 주소 479
ARP 트래픽 필터링 479
사례 연구: ARP에 의한 죽음 479
사례 연구: 누락된 ARP 이야기 481
정리 482
학습한 내용 복습 483
연습문제 483

연습문제 답 483

17장 인터넷 프로토콜(IPv4/IPv6) 트래픽 분석 485

IP의 목적 487
일반적인 IPv4 트래픽 분석 487
IPv4 문제 분석 489
IPv4 패킷 구조 분석 490
버전 필드 491
헤더 길이 필드 491
차별화된 서비스 필드와 명시적 혼잡 알림 491
전체 길이 필드 493
식별 필드 493
플래그 필드 493
단편화 오프셋 필드 494
TTL 필드 495
프로토콜 필드 496
헤더 검사합 필드 497
IPv4 발신지 주소 필드 497
IPv4 목적지 주소 필드 497
옵션 필드 497
IPv4 브로드캐스트/멀티캐스트 트래픽 498
IPv6 트래픽 개요 498
IPv6 패킷 구조 분석 499
버전 필드 499
트래픽 클래스 필드(DiffServ, ECT와 ECN-CE) 500
흐름 라벨 필드 500
페이로드 길이 필드 500
다음 헤더 필드 500
홉 제한 필드 501
발신지 IPv6 주소 필드 501
목적지 IPv6 주소 필드 501

기본 IPv6 주소 501
- 자동 구성 모드(DHCP 서버 없음)(M=0 그리고 O=0) 504
- DHCPv6 상태형 모드(M=1) 505
- DHCPv6 비상태형 모드(M=0과 O=1) 506
- 6to4 터널링(IPv6는 IPv4 내부로 터널링) 506
- Teredo 507
- 사이트 내에서의 IPv6 자동 터널 설정 프로토콜(ISATAP) 508

추적 파일에서 불필요한 IP 주소 삭제 509
IPv4 프로토콜 환경설정 510
- 단편화된 IP 데이터그램 재조립 511
- GeoIP 조회 기능 사용 511
- 예약된 플래그를 보안 플래그로 해석(RFC 3514)<g> 511

암호화된 통신 문제 해결 511
IPv4 트래픽 필터링 513
IPv6 트래픽 필터링 513
사례 연구: 모두가 라우터를 탓했다. 514
사례 연구: 이것은 네트워크 문제가 아니야! 515
사례 연구: IPv6의 주소 대혼란 515
정리 517
학습한 내용 복습 518
연습문제 519
연습문제 답 520

18장 인터넷 제어 메시지 프로토콜(ICMP4/ICMP6) 트래픽 분석 521

ICMP의 목적 523
일반 ICMP 트래픽 분석 524
ICMP 문제 분석 525
ICMP 패킷 구조 분석 527
- 유형 527
- 코드 529
- 검사합 531

기본적인 ICMPv6 기능 531
ICMP와 ICMPv6 트래픽 필터링 536
사례 연구: Dead-End 라우터 537
정리 538
학습한 내용 복습 539
연습문제 540
연습문제 답 540

19장 사용자 데이터그램 프로토콜(UDP) 트래픽 분석 543

UDP의 목적 545
일반 UDP 트래픽 분석 545
UDP 문제 분석 546
UDP 패킷 구조 분석 548
발신지 포트 필드 548
목적지 포트 필드 548
길이 필드 549
검사합 필드 550
UDP 트래픽 필터링 550
사례 연구: 시간 동기화 문제 해결 550
정리 551
학습한 내용 복습 551
연습문제 552
연습문제 답 552

20장 전송 제어 프로토콜(TCP) 트래픽 분석 555

TCP의 목적 557
일반 TCP 통신 분석 558
TCP 연결 설정 558
TCP 기반 서비스가 거부되는 경우 559
TCP 연결의 종료 560

TCP가 패킷들을 순차적으로 추적하는 방법 562
TCP가 패킷의 손실을 복구하는 방법 565
선택적 확인응답을 통해 패킷 손실 복구 능력 향상 568
TCP 흐름 제어 이해 570
Nagling과 지연된 ACK 이해 573
TCP 문제 분석 574
TCP 패킷 구조 분석 578
발신지 포트 필드 578
목적지 포트 필드 578
스트림 목록[와이어샤크 필드] 579
순서 번호 필드 579
다음 기대 순서 번호[와이어샤크 필드] 579
확인응답 번호 필드 579
데이터 오프셋 필드 579
플래그 필드 580
윈도우 필드 582
검사합 필드 582
긴급 포인터 필드(옵션) 582
TCP 옵션 영역(옵션) 583
TCP 트래픽 필터링 585
TCP 프로토콜 환경설정 585
가능한 한 TCP 검사합을 검증 586
TCP 스트림을 재조립하기 위해 Subdissector 허가 586
TCP 순서 번호 분석 588
연관된 순서 번호 589
자동으로 계산된 윈도우 스케일링 589
전송 중인 바이트 수 추적 590
경험적 서브 분석을 먼저 시도 590
요약에서 TCP 타임스탬프 무시 590
대화 타임스탬프 계산 591
사례 연구: 연결에는 4개의 시도가 필요하다 592

정리 593
학습한 내용 복습 593
연습문제 595
연습문제 답 595

21장 IO 비율과 TCP 트렌드 그래프 597

트렌드를 보기 위한 그래프 사용 599
기본 IO 그래프 생성 600
IO 그래프 필터 601
컬러링 602
스타일과 레이어 602
X축과 Y축 603
스무싱 604
IO 그래프 프린트 604
고급 IO 그래프 생성 605
SUM(*) Calc 605
MIN(*), AVG(*), MAX(*) Calc 값 607
COUNT FRAMES(*)와 COUNT FIELDS(*) Calc 608
LOAD(*) Calc 609
IO 그래프에서 트래픽 동향 비교 610
왕복 시간 그래프 612
처리율 그래프 614
시간상의 TCP 순서 번호 그래프 615
TCP 윈도우 크기 문제 해석 616
패킷 손실, 복제 ACK와 재전송 해석 619
사례 연구: 성능 레벨 'Drop' 관찰 620
사례 연구: 회사 사무실 왕복 시간 그래프 만들기 621
사례 연구: QoS 정책 테스트 624
정리 625
학습한 내용 복습 625
연습문제 627

연습문제 답 627

22장 DHCP 트래픽 분석 629

DHCP 목적 631
정상적인 DHCP 트래픽 분석 631
DHCP 문제점 분석 636
DHCP 패킷 구조 분석 637
메시지 유형 637
하드웨어 유형 637
하드웨어 길이 637
홉 638
트랜잭션 식별자 638
초 단위 경과 시간 638
BOOTP 플래그 638
클라이언트 IP 주소 638
사용자(클라이언트) IP 주소 638
다음 서버 IP 주소 638
중계 에이전트 IP 주소 639
클라이언트 MAC 주소 639
서버 호스트 이름 639
부트 파일 이름 639
매직 쿠키 639
옵션 639
DHCPv6 소개 640
BOOTH-DHCP 통계 디스플레이 643
DHCP/DHCPv6 트래픽 필터 643
사례 연구: 클라이언트 거절 644
정리 646
학습한 내용 복습 646
연습문제 647
연습문제 답 648

23장 HTTP 트래픽 분석 *651*

HTTP의 목적 *653*

일반 HTTP 통신 분석 *653*

HTTP 문제점 분석 *658*

HTTP 패킷 구조 분석 *661*

- HTTP 메소드 *662*
- 호스트 *662*
- 요청 수정자 *662*

HTTP/HTTPS 트래픽 필터 *663*

HTTP 객체 내보내기 *665*

HTTP 통계 디스플레이 *666*

- HTTP 부하 분산 *666*
- HTTP 패킷 카운터 *667*
- HTTP 요청 *668*

HTTP 트래픽 흐름 그래픽 *669*

- 패킷 선택 *669*
- 흐름 유형 선택 *670*
- 노드 주소 유형 선택 *670*

HTTP 환경설정 *671*

HTTPS 통신 분석 *672*

- HTTPS 핸드셰이크 분석 *673*
- TLS 암호화된 경고 분석 *678*
- HTTPS 트래픽 복호화 *679*
- SSL 키 내보내기 *683*

사례 연구: HTTP 프록시 문제점 *684*

정리 *685*

학습한 내용 복습 *686*

연습문제 *687*

연습문제 답 *688*

24장 FTP 트래픽 분석 *691*

FTP의 목적 *693*
정상적인 FTP 통신 분석 *693*
수동 모드 연결 분석 *697*
능동 모드 연결 분석 *698*
FTP 문제점 분석 *699*
FTP 패킷 구조 분석 *701*
FTP 트래픽 필터 *704*
FTP 트래픽 재조립 *705*
사례 연구: 비밀 FTP 통신 *706*
정리 *707*
학습한 내용 복습 *708*
연습 문제 *708*
연습문제 답 *709*

25장 Email 트래픽 분석 *711*

POP의 목적 *713*
일반 POP 통신 분석 *714*
POP 문제점 분석 *715*
POP 패킷 구조 분석 *717*
POP 트래픽 필터 *719*
SMTP의 목적 *719*
일반 SMTP 통신 분석 *720*
SMTP 문제점 분석 *721*
SMTP 패킷 구조 분석 *723*
SMTP 트래픽 필터 *725*
사례 연구: SMTP 문제점(Scan2Email 작업) *726*
정리 *727*
학습한 내용 복습 *727*
연습문제 *728*

연습문제 답 729

26장 802.11(WLAN) 분석 소개 731

WLAN 트래픽 분석 733
신호 강도와 간섭 분석 734
WLAN 트래픽 수집 737
모니터 모드와 무차별 모드 비교 737
무선 인터페이스 선택 739
WLAN 복호화 설정 740
Radiotap이나 PPI 헤더 추가를 위한 선택 743
신호 강도와 신호 대 잡음비 비교 746
802.11 트래픽의 기본 이해 747
데이터 프레임 747
관리 프레임 748
제어 프레임 749
정상적인 802.11 통신 분석 750
802.11 프레임 구조 분석 751
모든 WLAN 트래픽 필터 752
프레임 제어 유형과 서브 유형 분석 753
WLAN 분석을 위한 와이어샤크 사용자 정의 758
사례 연구: 지저분한 바코드 통신 759
사례 연구: WLAN 조작 761
정리 762
학습한 내용 복습 763
연습문제 765
연습문제 답 765

27장 VoIP 분석 소개 767

VoIP 트래픽 흐름 이해 769
세션 대역폭과 RTP 포트 정의 772

VoIP 문제점 분석 773
패킷 손실 773
지터 775
SIP 트래픽 검사 776
SIP 명령 776
SIP 응답 코드 777
RTP 트래픽 검사 781
VoIP 대화 재생 783
플레이어 마커 정의 785
VoIP 프로파일 생성 785
VoIP 트래픽 필터 786
사례 연구: VoIP 톤 손실 787
정리 788
학습한 내용 복습 789
연습문제 790
연습 문제 답 790

28장 '정상' 트래픽 패턴 베이스라인 793

베이스라인의 중요성 이해 795
브로드캐스트, 멀티캐스트 유형과 비율 베이스라인 796
프로토콜과 애플리케이션 베이스라인 796
부트업 순서 베이스라인 798
로그인/로그아웃 순서 베이스라인 798
유휴 시간 동안 트래픽 베이스라인 799
애플리케이션 시작 순서와 중요 작업 베이스라인 799
웹 브라우징 세션 베이스라인 800
이름 변환 세션 베이스라인 800
처리율 테스트 베이스라인 801
무선 연결성 베이스라인 801
VoIP 통신 베이스라인 802
사례 연구: 로그인 로그 잼 802

사례 연구: SAN 연결 해제 해결 *803*
정리 *803*
학습한 내용 복습 *803*
연습문제 *805*
연습문제 답 *805*

29장 성능 문제의 가장 큰 원인 찾기 *807*

성능 문제 트러블슈팅 *809*
높은 지연시간 확인 *810*
도착 시간 필터 *812*
델타 시간 필터 *812*
참조 또는 첫 번째 패킷 이후 시간 필터 *813*
TCP 대화 시간 필터링 *813*
프로세스 시간을 느려지게 하는 지점 *813*
시간 문제 작업 연습 *814*
패킷 손실 위치 찾기 *817*
구성 에러 신호 관찰 *819*
재지정 트래픽 분석 *820*
작은 페이로드 크기 관찰 *820*
혼잡 검색 *822*
애플리케이션 결함 확인 *822*
모든 이름 변환 실패 인지 *823*
성능 문제 분석 시 중요 사항 *824*
사례 연구: 한 방향 문제 *825*
사례 연구: 네트워크 문제의 완벽한 폭풍 *825*
정리 *830*
학습한 내용 복습 *831*
연습문제 *832*
연습문제 답 *833*

30장 네트워크 포렌식 개요 835

호스트 포렌식과 네트워크 포렌식 비교 837

증거 수집 837

탐지 회피 837

올바른 증거 취급 841

비정상 트래픽 패턴 인식 842

비정상 트래픽 패턴 컬러링 842

보완적 포렌식 도구 확인 844

사례 연구: SSL/TLS 취약점 연구 845

정리 846

학습한 내용 복습 847

연습문제 847

연습문제 답 848

31장 스캐닝 탐지와 발견 처리 849

발견과 점검 처리 목적 851

ARP 스캔(일명 ARP 스윕) 탐지 851

ICMP Ping 스윕 탐지 853

다양한 타입의 TCP 포트 스캔 탐지 854

TCP 반개방 스캔(일명 '스텔스 스캔') 855

TCP 전체 연결 스캔 857

널 스캔 858

Xmas 스캔 859

FIN 스캔 860

ACK 스캔 860

UDP 포트 스캔 탐지 861

IP 프로토콜 스캔 탐지 863

아이들 스캔 이해 865

ICMP 유형과 코드 867

엔맵 스캔 명령 시도 869

Traceroute 경로 발견 분석 *869*
동적 라우터 발견 탐지 *872*
애플리케이션 매핑 프로세스 이해 *873*
수동 OS 핑거프린팅을 위한 와이어샤크 사용 *876*
능동 OS 핑거프린팅 탐지 *879*
공격 도구 식별 *882*
스캔에서 스푸핑된 주소 식별 *883*
사례 연구: Conficker 레슨으로 배운 점 *885*
정리 *887*
학습한 내용 복습 *887*
연습문제 *889*
연습 문제 답 *889*

32장 의심스런 트래픽 분석 *891*

'의심스런' 트래픽이란? *893*
TCP/IP 해석 프로세스의 취약점 식별 *893*
포트 해석 취약점 *894*
이름 변환 프로세스 취약성 *897*
MAC 주소 변환 취약성 *898*
라우트 변환 취약성 *898*
수용 불가 트래픽 식별 *899*
악의적으로 변형된 패킷 찾기 *900*
유효하지 않거나 'Dark' 목적지 주소 식별 *902*
플러딩과 서비스 거부 트래픽 구별 *904*
평문 텍스트 패스워드와 데이터 발견 *906*
폰 홈 트래픽 식별 *908*
이상 프로토콜과 애플리케이션 잡아내기 *909*
ICMP를 사용하는 라우트 재지정 위치 찾기 *911*
ARP 오염 잡아내기 *912*
IP 단편화와 덮어쓰기 잡아내기 *913*
TCP 스플라이싱 발견 *915*

다른 이상 TCP 트래픽 살펴보기 916
패스워드 크래킹 시도 식별 917
IDS 규칙으로 필터와 컬러링 규칙 생성 918
헤더 시그니처 919
순서열 시그니처 920
페이로드 시그니처 920
IDS/IPS 규칙의 샘플 와이어샤크 필터 920
사례 연구: 플러딩 호스트 922
사례 연구: 키로깅 트래픽 잡아내기 923
사례 연구: 수동으로 악성 소프트웨어 찾기 924
정리 924
학습한 내용 복습 925
연습문제 927
연습문제 답 927

33장 커맨드라인 도구의 효과적인 사용 929

커맨드라인 도구의 효력 이해 931
Wireshark.exe(커맨드라인 실행) 사용 932
와이어샤크 구문 932
와이어샤크 시작 맞춤형 설정 935
티샤크를 이용한 트래픽 수집 937
티샤크 구문 938
티샤크 통계 보기 942
티샤크로 호스트 이름 수집 943
티샤크로 서비스 응답 시간 조사 945
티샤크 사용 예 946
Bug 2234 처리 947
Capinfos로 추적 파일 상세 정보 목록화 948
Capinfos 구문 948
Capinfos 예 950
Editcap으로 추적 파일 편집 951

Editcap 구문 *951*
Editcap 예 *953*
Mergecap으로 추적 파일 병합 *954*
Mergecap 구문 *954*
Mergecap 예 *955*
Text2pcap으로 텍스트 변환 *956*
Text2pcap 구문 *957*
Text2pcap 예 *958*
Dumpcap으로 트래픽 수집 *959*
Dumpcap 구문 *959*
Dumpcap 예 *961*
Rawshark 이해 *961*
Rawshark 구문 *961*
사례 연구: GETS와 혐의자 찾기 *963*
정리 *964*
학습한 내용 복습 *965*
연습문제 *965*
연습문제 답 *966*

부록 A 참고 웹사이트 *967*

Video Starters *969*
Chanalyzer/Wi-Spy Recording(.wsr 파일) *969*
MaxMind GeoIP 데이터베이스 파일(.dat 파일) *970*
PhoneFactor SSL/TLS 취약성 문서/추적 파일 *970*
Wireshark 맞춤 프로파일 *970*
추적 파일 지침 *971*

찾아보기 *1017*

『와이어샤크 네트워크 완전 분석』은 네트워크 분석, 트러블슈팅, 최적화와 보안에 대한 주요 기술의 탄탄한 기초를 제공한다. 이 책에서는 패킷 레벨 통신을 배우고자 하는 마음과, 좀 더 효과적으로 분석해 문제점을 해결하고, 안전한 네트워크를 만드는 데 필요한 기술을 습득할 수 있을 것이다. 와이어샤크 공인 네트워크 분석 인증서를 취득하라.

www.wiresharkbook.com에서 부록 A의 실습용 자료를 다운로드하라

각 장은 현재 장과 관련된 트래픽 파일(추적 파일), 설정 파일과 다른 파일들을 참조하는 '학습한 내용 복습' 절로 구성돼 있다. 이 파일은 www.wiresharkbook.com에서 다운로드할 수 있다. 이 책에 대해 살펴보기 전에 www.wireshark.org[1]에서 와이어샤크를 설치하고, 먼저 www.wiresharkbook.com에서 추적 파일을 다운로드하기를 권장한다. 로컬 시스템에 \traces 디렉터리를 생성하고 이 추적 파일을 해당 디렉터리에 복사하라.

✽ 이 책의 대상 독자

이 책은 다음과 같이 주요 네트워크 작업을 책임지고 있는 정보 기술자들에 대한 완벽 가이드다.

- 높은 경로 지연 시간으로 인한 취약한 네트워크 성능 파악
- 패킷을 누락시키는 네트워크 연결 장치의 위치 검색
- 네트워크 호스트의 최적 설정 검증
- 애플리케이션 기능과 종속성 분석
- 최상의 성능을 위한 애플리케이션 동작 최적화
- TCP/IP 네트워크의 작동 원리

1. 와이어샤크 최신 개발자 버전으로 작업하려면 www.wireshark.org/download/automated를 방문하라.

- 애플리케이션을 실행하기 전 네트워크 용량 분석
- 실행, 로그인과 데이터 전송 중의 애플리케이션 보안 검증
- 잠재적으로 손상된 호스트로 나타나는 특이한 네트워크 트래픽 식별
- 와이어샤크 인증 네트워크 분석 시험 대비 학습

✻ 이 책의 구성

1장, 네트워크 분석의 세계에서는 네트워크 분석의 주요 사용법을 설명하고, 트러블슈팅, 보안, 네트워크 트래픽 최적화에 사용되는 작업들에 대한 목록을 제공한다. 1장은 새로운 네트워크 분석에서 흔히 일어나는 '건초더미에서 바늘 찾기 문제'에 대한 통찰력을 제공한다.

2장, 와이어샤크 소개에서는 와이어샤크의 내부, 와이어샤크 그래픽 인터페이스의 요소와 메인 메뉴Main Menu, 메인 툴바Main Toolbar, 필터 툴바Filter Toolbar, 무선 툴바Wireless Toolbar, 상태 바Status Bar의 기능을 자세하게 설명한다.

3장부터 **13장**까지는 많은 예제를 이용해 와이어샤크 기능과 www.wiresharkbook.com에서 사용 가능한 추적 파일을 참조하는 데 중점을 뒀다. 와이어샤크를 처음 사용하는 사람은 이후의 장에서 사용되는 기본적인 기술들을 익히기 위해 이 부분을 중점적으로 공부해야 한다.

14장부터 **25장**까지는 핵심 프로토콜과 ARP, DNS, IPv4/IPv6, TCP, UDP, ICMPv4/ICMPv6 등의 TCP/IP 애플리케이션을 중점적으로 다뤘다. 트러블슈팅 처리의 한 부분으로 TCP/IP를 식별하거나 해제하는 것은 성능 이슈가 되는 원인을 격리시키고, 보안 구멍의 위치를 찾는 데 도움을 준다. DHCP 기반 환경설정이나 HTTP/HTTPS 세션을 트러블슈팅하는 경우 중점적으로 공부해야 한다.

26장, 802.11(WLAN) 분석 소개에서는 무선 트래픽 수집 방법, RF라디오 주파수 간섭에 의해 야기된 기본 WLAN 문제, WLAN 재시도와 APAccess Point 유효성을 식별하는 방법을 설명한다. 또한 특정 WLAN 트래픽에 대해 필터링하는 팁을 제공한다. 26장은 WLAN을 소개하는 장으로, WLAN 분석 기술만도 자세히 살펴보려면 500쪽이 넘어갈 것이므로 이 책에서는 깊이 다루지 않는다.

27장, VoIP 분석 소개에서는 호출 설정과 음성 트래픽에 대한 개요를 제공한다. 또한 RTP 스트림 분석과 call playback을 포함하는 와이어샤크의 주요 VoIP 분석

기능에 대한 사용법을 설명한다. 27장 역시 소개하는 장으로, VoIP 분석에 대한 완전한 리소스를 제공하지는 않는다(이를 설명하려면 추가로 500쪽 정도는 더 필요할 것이다).

28장, '정상' 트래픽 패턴 베이스라인과 **29장, 성능 문제의 가장 큰 원인 찾기**에서는 네트워크 문제가 발생되기 전에 생성되어야 하는 기준치와 경로에 따른 지연을 표시하는 트래픽 패턴의 예, 결함이 있는 네트워크 간 접속 장비, 잘못 구성된 호스트와 성능에 영향을 미치는 여러 가지 문제를 상세히 다룬다.

30장부터 **32장**까지는 '네트워크 포렌식 개요'와 보안 위반을 금지하는 네트워크 검색 프로세스의 분석 등 와이어샤크의 보안 애플리케이션에 중점을 둔다.

31장, 스캐닝 탐지와 발견 처리에서는 이런 유형의 트래픽 특징을 분석하는 등 대상에 대한 다양한 스캔을 하기 위해 엔맵[Nmap2]을 사용한다.

32장, 의심스런 트래픽 분석에서는 손상된 호스트와 안전하지 않은 애플리케이션 트래픽의 증거를 검사한다.

33장, 커맨드라인 도구의 효과적인 사용에서는 추적 파일 분리, 추적 파일 타임스탬프 변경, 특정 매개변수를 이용해 와이어샤크 GUI 버전 자동 실행, 최소한의 오버헤드로 트래픽 수집, 추적 파일 병합에 사용되는 커맨드라인 도구의 사용법 등을 다룬다.

부록 A, 참고 웹사이트에서는 출판 당시에 www.wiresharkbook.com에서 사용 가능한 모든 파일의 목록을 담았다(시간이 지남에 따라 추가될 수 있다). 이 부록에서는 각 장의 마지막 절에 '학습한 내용 복습'에서 사용하는 추적 파일의 목록도 들어있다.

✽ 이 책에서 필요한 내용을 빨리 찾는 방법

이 책의 내용은 엄청난 분량이다. 필요한 내용을 빨리 찾으려면 www.wireshark.com에서 2판의 색인, 표 목록, 팁 문서 목록(PDF 파일)을 다운로드하라. 이 책에 있는 특정 용어를 빠르게 찾고, 쪽 번호를 빨리 알 수 있는 탐색 기능을 사용하라. 단, 영문으로 된 문서임을 참고해주기 바란다.

---

2. 이 절에서 『엔맵 네트워크 스캐닝』 책을 읽도록 권장한다 . 책을 주문해서 읽어야 할 책 목록에 넣어두기 바란다. 이 책에 대한 자세한 정보를 보려면 nmap.org/book 사이트를 방문해보기 바란다.

✻ 이 책의 표기 방법

이 책에서는 특별한 정보를 나타내기 위해 아이콘을 사용한다.

팁, 트릭, 기술 빠른 문제 해결, 보안 결점, 그 밖의 통신 기능 분리를 위해 와이어샤크의 기능을 사용하는 예를 나타낸다. 즉시 중지하고 이런 팁들을 사용해보라!

사례 연구 와이어샤크가 실생활에서 어떻게 사용되는지에 대한 예(많은 사례 연구들이 와이어샤크 사용자와 개발자에 의해 제출됐다)를 제공한다. 익숙한 느낌의 문제를 수행하는가? 공격당한 문제를 어떻게 가지고 있는가? 설명한 단계 중 일부를 구현할 수 있는가?

엔맵 구문 엔맵 스캔 실행에 대한 팁은 31장 '스캐닝 탐지와 발견 처리'에서 제공한다. 애플리케이션이 어떻게 실제로 수행되는지 알기 위한 최고의 방법은 동작할 때 분석하는 것이다. 이 책에서는 엔맵 스캔과 Aptimize Website Accelerator™에 대해 분석했다.

추적 파일 주석 이 아이콘은 부록 A에 있고 추적 파일에 주석이 들어있다는 것을 가리킨다. 추적 파일 주석을 보려면 Trace File Annotation 버튼을 클릭하거나(와이어샤크 상태 바에 있는 Expert Info 버튼 옆에 있음) Statistics > Summary를 선택하라.

패킷 설명 이 아이콘은 부록 A에 있고 추적 파일에서 하나 또는 그 이상의 패킷에 대한 설명을 가리킨다. 패킷 설명을 한 번에 전부 보려면 Experts Info 버튼(와이어샤크 상태 바의 왼쪽에 있음)을 클릭하고 Packet Comments 탭을 선택한다.

✻ 이 책에서 사용된 추적 파일

이 책에서 사용한 추적 파일(.pcang 형식)을 따라 할 수 있다. 대부분의 그림에는 추적 파일의 이름이 제목으로 사용됐다. 게다가 각 장에서 사용된 추적 파일은 장 제목 페이지에 나열돼 있다.

모든 추적 파일은 부록 A에 기술돼 있고, www.wireshark.com에서 사용할 수 있다.

가장 최신 버전의 와이어샤크를 사용할 것과 이 책을 읽는 동안에 추천된 추적 파일을 열어놓을 것을 권장한다. 추적 파일은 새로운 pcap-ng 형식으로 이용 가능하다. 이 파일에 들어있는 패킷 설명과 추적 파일 설명을 보려면 와이어샤크 1.7(개발 버전)이나 1.8(안정 버전)을 실행해야 한다.

✽ www.wiresharkbook.com 사이트 소개

www.wiresharkbook.com에는 이 책에는 참조한 많은 참고 자료와 자원이 있다. 이 파일들은 다음과 같다.

- 수백 개의 추적 파일(.pcap 파일)은 책 전체에 걸쳐 이미지로 참조됐다. 추적 파일의 전체 집합은 부록 A에 설명과 함께 나열돼 있다.
- Chanalyzer recordings(.wsr 파일)는 핸드폰이나 여러 가지 극초단파를 포함한 수많은 원인에 의한 RF 간섭을 평가하기 위한 파일로, Chanalyzer recordings의 목록은 부록 A에 포함돼 있다. RF 간섭을 식별하기 위한 Chanalyzer의 사용에 대한 상세한 정보는 26장을 참조하라.
- MaxMind® GeoIP® 데이터베이스 파일(.dat 파일)뿐만 아니라 비디오(mp4 형식) 설치와 사용. GeoIP에 대한 자세한 정보는 17장을 참조하라.
- PhoneFactor™ SSL/TLS 취약성 문서와 추적 파일은 Phone Factor에 Steve Dispensa와 Ray Marsh에 의해 만들어졌다(Steve Dispensa가 제출한 사례 연구는 30장에서 볼 수 있다).
- 사용자 지정 프로파일에 대한 와이어샤크 구성은 WLAN, VoIP, 악성 트래픽 용도로 만들어졌다. 와이어샤크 프로파일 사용에 대한 자세한 내용은 11장을 침조하라.

개별적인 파일들을 다운로드하거나 ZIP 또는 ISO 이미지 형식으로 된 전체 파일을 다운로드할 수 있다. 파일을 사용하기 전에 자료의 사용 제한 사항을 살펴보라.

✽ 이 책에서 다룬 와이어샤크 버전

와이어샤크는 계속 변화하고 있다. 끊임없이 변화하고, 새로운 기능이 추가되고, 버그 수정과 세분화가 이뤄지면서 발전하고 있다. 이 책은 안정된 1.6 공개 버전 이전의 와이어샤크 윈도우 개발자 공개 버전 1.7 시리즈(와이어샤크 1.8 개발 발표)를 이용해 작성됐다. www.wireshark.org/download/automated에서 개발자 버전과 최신 버전을 구하거나, www.wireshark.org/download.html에서 안정된 최신 버전을 다운로드할 수 있다.

와이어샤크는 GIMP 툴킷(GTK+) 기반으로 만들어졌다. GTK+는 플랫폼 호환 그래픽 인터페이스를 생성하기 위한 툴셋을 제공한다. 대부분의 경우 이 책 전체에서 보이는 단계들은 *nix와 맥 OS X 플랫폼에서 작업할 경우에 사용될 수 있다. 와이어샤크 윈도우 버전과 다른 버전들 사이에는 몇 가지 차이점이 있다. 이런 차이점 중 대부분은 현재 사용 중인 운영체제에서 GTK+의 기능 때문이다.

✻ 이 책은 다루는 WCNA 시험 버전

이 책은 WCNA-Exam 100.x와 WCNA-Exam 102.x 버전을 준비하는 데 도움이 될 것이다. 이 두 시험 버전은 이 책의 33장을 기반으로 문제가 들어있다. 시험과 요구 사항에 대한 더 자세한 내용은 www.wiresharktraining.com을 방문하라.

✻ 이 책에 대한 의견/변경 요구 사항을 제출하는 방법

와이어샤크는 수시로 업데이트된다. 와이어샤크 1.6 버전은 2011년 6월부터 2012년 5월까지 10개의 안정화 공개 버전으로 시작됐다. www.wireshark.org/download에서 와이어샤크 안정화 버전 목록을 볼 수 있다. 주기적으로 주요 기능 변경 사항에 대한 정보를 www.wiresharkbook.com에서 확인할 수 있다. 또한 updates@wiresharkbook.com에 이메일을 보내 나중에 나올 책에 대한 의견이나 변경 요구 사항을 제공할 수 있다.

개정된 와이어샤크 공인 네트워크 분석가Wireshark CNA 시험은 전 세계에서 응시할 수 있고, 응시자들이 원하는 안전하고 널리 사용 가능한 전송 요구 사항들을 충족시키기 위한 감독 시험이다.[3]

와이어샤크 CNA 자격 프로그램에 대한 추가적인 정보는 www.wiresharkU.com를 참조하라. 와이어샤크 CNA 자격에 대한 질문은 wcna@wiresharkU.com로 보내주기 바란다.

✻ 와이어샤크 CNA 자격을 취득해야 하는 이유

와이어샤크 CNA 인증 시험을 성공적으로 완수한다는 것은 네트워크 트래픽을 수집해 결과를 분석하고 성능이나 보안 이슈에 관련된 다양한 변칙들을 식별하기 위해 필요한 지식을 갖췄다는 것을 뜻한다.

✻ 와이어샤크 CNA 자격을 취득하는 방법

와이어샤크 CNA 자격을 얻으려면 반드시 시험(WCNA-100x 시험)을 통과해야 한다. 시험 응시에 대한 자세한 정보를 얻으려면 www.wiresharkU.com에 방문하라.

와이어샤크 CNA 인증 시험을 완료하면 개인적으로 합격/불합격 점수를 통보받는다. 와이어샤크 CNA 인증 시험에 합격한 응시생들은 10일 내에 와이어샤크 CNA 인증 시험 확인증을 받는다. 와이어샤크 CNA 인증 시험 확인증에는 응시자의 인증서, 분석 자원과 와이어샤크 CNA 자격을 유지하기 위한 세부 사항과, 관련된 추가 정보들이 포함돼 있다. www.wiresharkU.com에 와이어샤크 CNA 프로그램에 대한 자세한 정보가 있다.

와이어샤크 CNA 인증 자격에 대한 질문은 info@wiresharktraining.com으로 보내시오.

---

3. 전 세계에 퍼져있는 Kryterion 고사장에서 감독하에 시험을 볼 수 있다. 더구나 장소에 구애되지 않고 온라인에서 감독 하에 시험을 볼 수 있도록 된 시험 형식을 제공한다. WCNA 고사 등록 절차에 대해 더 자세한 정보를 알고 싶다면 www.wiresharktraining.com 사이트를 방문해보기 바란다.

✽ 와이어샤크 CNA 시험 목표

이 책에서 각 장의 시작 페이지는 와이어샤크 CNA 프로그램에 대한 시험 목표의 목록을 제공한다. 시험 준비와 관련된 추가 정보는 www.wiresharkU.com에 있다.

✽ 와이어샤크 대학TM과 와이어샤크 대학TM 교육 파트너

와이어샤크 대학은 제럴드 콤즈와 CACE 테크놀로지 팀과 많은 논의 끝에 2007년 3월에 출범했다.

와이어샤크 대학의 목표는 와이어샤크를 사용해 네트워크 통신을 분석해 문제를 해결하고, 최적화하는 방법에 대한 교육을 제공하는 것이다.

와이어샤크 대학은 와이어샤크 공인 네트워크 분석 시험Wireshark Certified Network Analyst Exam과 와이어샤크 공인 네트워크 분석 멤버 프로그램Wireshark Certified Network Analyst Members Program, 와이어샤크 대학 공인 교육 파트너 프로그램Wireshark University Certified Training Partner Program, 와이어샤크 공인 강사 프로그램Wireshark University Certified Instructor Program, 와이어샤크 공인 교육 교재Wireshark University Certified Training Materials 발간과 유지 보수를 담당한다.

현재 와이어샤크 대학 과정은 전 세계에서 강사 주도 형식과 채플Chappell 대학(www.chappellU.com)을 통한 독학 형식으로 제공된다.

와이어샤크 대학에 대한 정보를 얻으려면 www.wiresharkU.com을 방문하거나 info@wiresharkU.com으로 이메일을 보내기 바란다.

✽ 맞춤식 현장 교육과 웹 기반 교육 일정

팀을 빠르게 효과적으로 맞춤식 교육을 하려면 직접 연락하라. 맞춤식 과정은 로라 채플이 개발해 강의한다. 맞춤식 교육은 네트워크 트래픽에 기반을 두고 있다. 과정 기간은 2일에서 10일까지이며, 지리적으로 떨어져 있는 학생들의 요구를 충족하는 웹 기반 전달 옵션을 포함한다.

맞춤식 교육 일정에 대한 자세한 정보를 알려면 info@chappellU.com으로 문의하거나, www.chappellU.com에 방문하라. 온라인 기록 과정은 채플 세미나(www.chappellseminars.com)에서 이용할 수 있다.

네트워크 분석의 세계

와이어샤크 공인 네트워크 분석가 시험에서 다루는 내용

- 네트워크 분석에 대한 정의
- 네트워크 분석가가 해야 하는 문제점 해결 작업
- 네트워크 분석가가 해야 하는 보안 작업
- 네트워크 분석가가 해야 하는 최적화 작업
- 네트워크 분석가가 해야 하는 애플리케이션 분석 작업
- 네트워크 분석과 관련된 보안 이슈 이해
- 네트워크 트래픽 리스닝에 따른 법적인 이슈 알기
- 분석 작업의 점검표(checklist) 검토
- 네트워크 트래픽 흐름 이해

  - 사례 연구: '필요 없는 패킷' 제거
  - 사례 연구: '안전하게 감춰진' 네트워크
  - 정리
  - 학습한 내용 복습
  - 연습문제와 답

1장에서 참조한 추적 파일

- gen-googlemaps.pcapng
- http-chappellu2011.pcapng
- http-wiresharkdownload.pcapng
- http-wiresharkdownload-slow.pcapng
- icmp-ping-basic.pcapng
- sec-nessus.pcapng
- telnet.pcapng
- vlan-general.pcapng

네트워크 분석에 대한 정의

네트워크 분석이란 네트워크 트래픽을 살펴보고[listening], 분석하는 프로세스다. 네트워크 분석은 성능에 대한 문제점을 파악하고, 보안 위반 위치를 알아내고, 애플리케이션의 동작을 분석하고, 용량을 최대로 늘리는 계획을 수행하기 위해 네트워크 통신을 이해하고, 정확하게 판단하는 능력을 제공한다. 네트워크 분석(일명 '프로토콜 분석')은 네트워크 성능과 보안에 대한 책임을 맡고 있는 IT 전문가에 의해 사용되는 프로세스다.

현재 네트워크 분석에 대해 완전 초보이거나, 서버들을 설치해 본 지 꽤 오래됐거나, 회사의 보안 계획을 세우려 하거나, VoIP를 도입하려고 하거나, WLAN 이슈를 얻기 위해 고생하는 등의 상태라면 환영하고 또 환영한다!

네트워크 분석은 어렵지 않다. 누구나 네트워크 통신을 분석할 수 있다. 누구나 그렇게 할 수 있지만, 성능과 관련된 문제, 침해당한 호스트의 증거, 오작동하는 애플리케이션 또는 네트워크의 과부화[overload]를 일으키는 원인을 찾아 낼 수 있는 최고 수준의 네트워크 분석가가 되고자 한다면 기본적으로 다음 세 가지 기술을 습득할 필요가 있다.

1. TCP/IP 통신에 대한 확실한 이해
2. 와이어샤크 사용법
3. 패킷 구조와 일반적인 패킷 흐름에 대한 친숙함

실제로 많은 사람이 TCP/IP 네트워크를 설치하고, 필요한 설정을 해봤을 것이다. 나는 많은 사람이 수백 번 아니면 수천 번 TCP/IP 클라이언트와 서버를 설치하는 것을 상상해본다. 좋다! 대부분 TCP/IP 주소 지정 방법을 이미 이해하고, 네트워크에서 동작하는 DNS와 DHCP 서버의 역할을 잘 이해할 것이다.

네트워크 분석가의 관점에서는 이런 장치들과 프로토콜의 목적, 그리고 이들이 어떻게 상호작용하는지 이해해야 한다. 예를 들어 DHCP 서버는 DHCP 클라이언트에게 IP 주소와 구성 정보를 어떻게 정확하게 제공하는가? 사용하는 중계 에이전트는 무엇인가? 사용자의 주소 할당 시간이 만료되면 무슨 일이 일어나는가? 사용자가 www.wireshark.org에 접속하려고 할 때 사용할 올바른 주소를 어떻게 획득하는가? 로컬 네임 서버가 응답하지 않으면 무슨 일이 일어나는가? 네임 서버가 다운되면 무슨 일이 일어나는가?

실제로 이런 처리 과정을 패킷 레벨에서 살펴보는 것이 네트워크의 내부 동작을 배울 수 있는 가장 빠른 방법이다. 실제로 프로세스가 어떻게 동작하는지에 관한 기본 지식을 기반으로 모든 것을 이해할 수 있다.

네트워크 분석 도구는 보통 '스니퍼sniffer'라고도 하며, 하드웨어와 소프트웨어 솔루션이나 소프트웨어 전용 솔루션으로 판매되거나 배포된다. 와이어샤크는 오픈소스 소프트웨어 전용 솔루션으로 배포되지만, 와이어샤크 기능을 강화할 수 있는 추가 어댑터가 따로 있다. 리버베드 테크놀로지[1]의 AirPcap 어댑터가 하드웨어 추가 어댑터의 대표적인 예다. AirPcap 어댑터는 윈도우 호스트가 모니터 모드[2]에서 무선 트래픽을 리스닝하게 와이어샤크를 실행하는 데 사용된다.

분석 예제 따라 하기

일반적인 네트워크 분석 영역은 다음과 같은 다양한 작업을 포함한다.

- 적절한 위치에서 패킷 수집capture
- 관심 있는 트래픽에 초점을 맞춘 필터 적용
- 비정상 트래픽 식별과 검토

와이어샤크의 가장 최신판을 얻기 위해 www.wireshark.org/download.html을 탐색하면서 트래픽을 살펴보거나 웹 브라우징 세션을 따라 분석할 수 있다. 대안으로 작업이 어떻게 처리되는지 살펴보기 위해 http-wiresharkdownload-slow.pcapng를 열어볼 수도 있다.

다음은 트래픽에서 볼 수 있는 내용이다.

사용자의 시스템이 www.wireshark.org의 IP 주소를 요청한다. 사용자 시스템이 IPv4와 IPv6를 지원한다면 두 개의 DNS 요청을 보게 되는데, 하나는 IPv4(A 레코드)에 대한 것이고, 하나는 IPv6(AAAA 레코드)에 대한 것이다. DNS 서버는 필요한 정보로 응답한다.

그림 1에 나타난 것처럼 클라이언트는 www.wireshark.org에 TCP 연결을 만든

1. AirPcap은 원래 CACE 테크놀로지에서 개발한 것이다. 리버버드 테크놀로지가 2010년 말에 CACE 테크놀로지를 인수했다.

2. 모니터 모드(rfmon 모드라고도 함)와 무선 네트워크 분석은 26장 '802.11(WLAN) 분석에 대한 소개'에서 다룬다.

후 디폴트 페이지(GET /)를 요청하는 'HTTP GET request'를 보낸다.

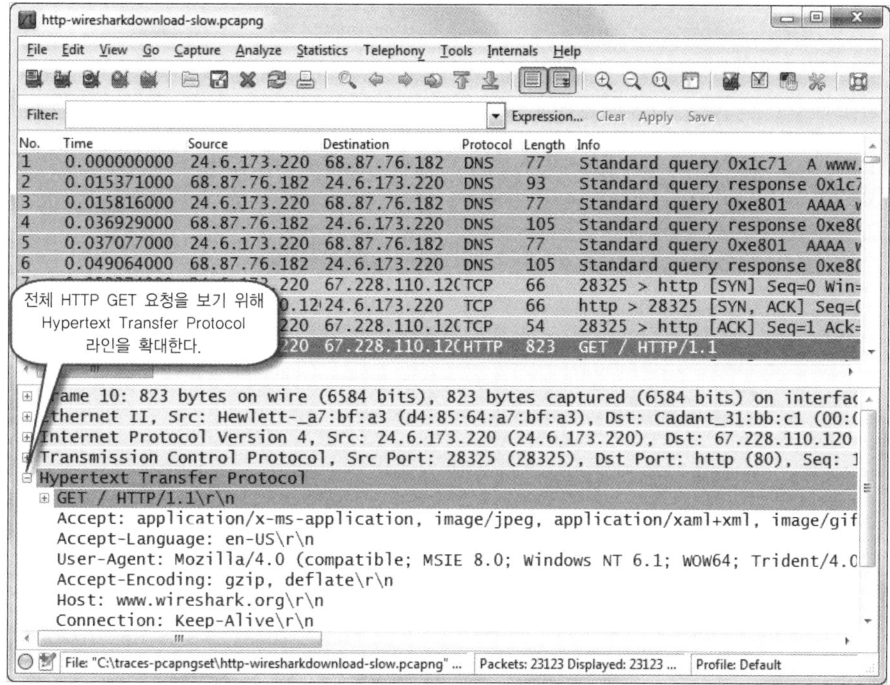

그림 1 클라이언트가 와이어샤크 디폴트 페이지를 요청한다[http-wiresharkdownload-slow.pcapng].

여기까지 모든 것이 잘 진행되면 HTTP 서버가 응답한 '200 OK response'를 보게 되고, 그런 다음 페이지 다운로드가 시작된다. 사용자는 페이지를 위한 스타일시트, 그래픽, 페이지를 만드는 데 요구되는 그 밖의 요소들을 요청하기 위해 사용자 시스템에서 보낸 여러 개의 'GET 요청request'을 볼 수 있다.

이제 사용자가 Download Wireshark 버튼을 클릭하면 시스템은 /download.html에 대한 요청을 보낸다. 다시 이 페이지 구축과 관련된 트래픽을 볼 수 있다. 지금 사용자는 나열된 와이어샤크 버전 중 하나를 다운로드하기 위해 링크를 선택한다. 그림 2에 나타난 것처럼 IP 주소와 와이어샤크 파일을 위한 GET 요청을 보내기 위해 시스템은 새로운 TCP를 연결을 만들기 전에 다운로드 서버의 IP 주소를 찾기 위해 DNS 조회를 수행한다.

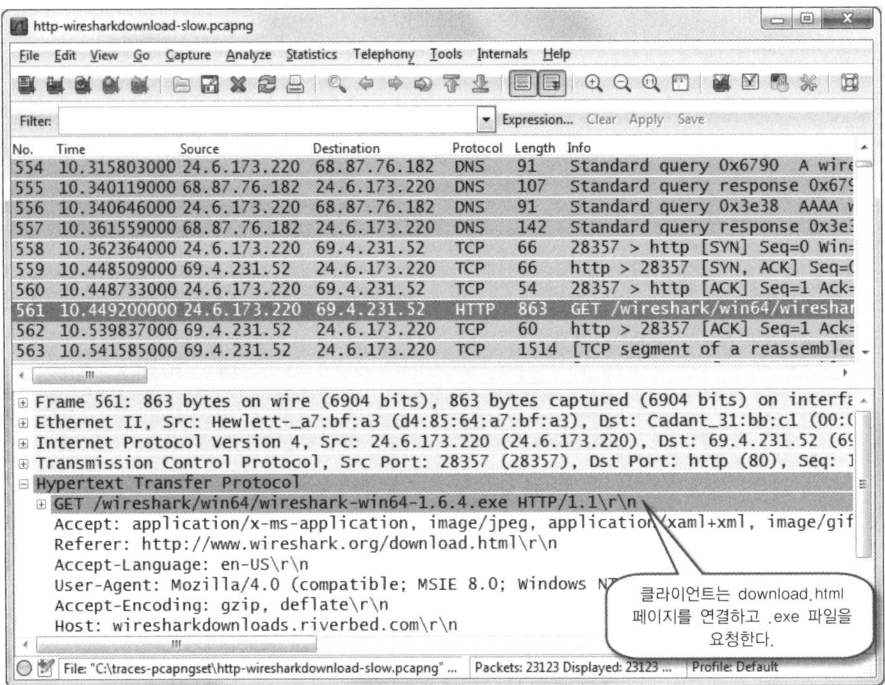

그림 2 와이어샤크 실행 파일을 요청한다[http-wiresharkdownload-slow.pcapng].

이제 사용자는 파일이 사용자의 로컬 시스템으로 전송되는 과정을 볼 수 있다. 모든 것이 완벽하고, 아주 잘 진행된 것이다.

그런데 통신에 문제가 있다면 무엇을 할 수 있을까?

사용자는 손가락으로 책상을 두드리면서 끈기 있게 다운로드가 끝나기를 기다리면서 앉아 있다. 시선을 이리저리 움직이면서…… 시간이 빨리 지나 갔으면 하는 마음일 것이다. 기다리고…… 기다리며…… 기다리다…… 끝내 더 이상 참을 수 없게 될 때까지………

더 이상 참지 못하고 와이어샤크의 최신판을 얻으려고 좀 더 최신의 www.wireshark.org 사이트로 가기 위해 URL을 다시 입력한다. 이 사이트는 빠르게 로드된다(음, 그래, 속도가 좋군). '꼭 필요한' 목록에 있는 오픈소스 소프트웨어 패키지를 찾는다. 다운로드 처리가 시작되고, 소프트웨어를 빠른 속도로 얻는 데 대한 흥분으로 가득 차게 된다(물론, 회사가 돈을 들여 인터넷 연결을 업그레이드한 것인데……).

마음을 가라앉히고……

그런데 이상하게 너무 오래 걸린다. 이런 추세라면 점심식사와 저녁식사도 놓치고, 어쩌면 여름휴가까지도 다 놓칠 수 있겠다.

이것은 www.wireshark.org의 문제가 아닐 수 있다. 이것은 WAN 링크(그럴 리 없어!)나 네트워크(전율!) 또는 DNS 서버(상상할 수 없어!), 그것도 아니라면 데스크탑 PC 시스템에 문제(설마!)가 있을 수 있다.

이거 참! 어떤 것일까?

와이어샤크가 백그라운드로 실행 중이라면 여름휴가에 대한 조언을 입력하기 전에 답을 알게 될 것이다. 패킷은 절대 거짓말을 하지 않는다. 패킷은 항상 문제가 있는 부분을 가리킨다.

패킷은 절대로 거짓말을 하지 않는다!

네트워크 분석은 네트워크에 대한 필수적인 도구를 포함하고 있어야 한다(병원 응급실에 엑스레이가 꼭 필요한 도구인 것처럼).[3]

네트워크 분석은 네트워크 통신 시스템의 내부를 살펴볼 수 있는 기회를 제공한다. 사용자는 내용을 되돌릴 수도 있고, 패킷 트래픽을 앞/뒤로 살펴볼 수도 있다. 외부로 전송되는 'DNS 조회query'를 볼 수 있고, 적절하게 답을 제공하는 'DNS 응답reply'을 볼 수 있다. 사용자는 로컬 시스템이 www.wireshark.org에게 'TCP connection request' 패킷을 보내는 것을 확인할 수 있다. www.wireshark.org가 응답하는 데 얼마나 걸리는지, 해당 사이트에 대한 왕복 시간은 얼마나 걸리는지 측정할 수 있다. 시스템은 당당하게 파일에 대한 'HTTP GET 요청'을 보낸다. 그러면 다운로드가 천천히 시작될 것이다. 시간은 똑딱거리며 지나갈 것이고, 기다리는 것이 점점 지루해질 것이다.

글쎄, 답을 얻으려면 패킷을 살펴봐야 한다. 그러면 문제점을 찾을 수 있게 된다. 네트워크 분석가는 이것을 정확하게 찾아낼 수 있다.

이 책에서는 파일 전송 속도가 느려지는 몇 가지 이유를 살펴본다. 그리고 문제점 해결과 와이어샤크를 이용한 보안 세션을 살펴본다.

---

3. 스케이트를 타다가 넘어졌다고 생각해 보라(다른 이야기이지만, 컴퓨터만 아는 괴짜는 스케이트를 탈 수 없다). 자신은 팔이 부러졌다고 생각한다. 응급실에서 의사들이 웅성거리며 당혹스럽게 한다. "단지 접질린 것 같습니다. - 진통제와 몇 주 동안 움직이지 않으면 괜찮을 것 같습니다" 다른 의사가 와서 말한다. "아닙니다. 제 생각에는 뼈가 부러진 것 같습니다. - 다시 고정시켜야 합니다." 이크, 이 시나리오는 맹장염에 걸렸다고 하면 매우 안 좋은 상황일 것이다.

문제점 해결 세션의 예행연습

이 절의 내용은 클라이언트가 지사 사무실에서 본사에 있는 서버로 파일을 업로드할 때 성능이 매우 낮다고 불평하는 실제 고객의 방문을 기초로 한다. 상황이 좋을 때 실제 업로드 과정은 약 3분 정도 걸렸지만, 지금 업로드 과정이 10내지 15분 정도 걸린다.

세 사람의 IT 담당직원이 분석 과정을 지원하기 위해 모였는데, 이들은 인프라 관리자, 클라이언트 관리자, 서버 관리자다.

문제의 원인을 파악하는 단계는 다음과 같다.

1단계: 계획 IT 담당직원과 함께 상황을 논의하고, 트래픽 수집을 시작하기 가장 좋은 장소를 정하는 데 초점을 맞췄다. 이것은 문제점을 파악하는 중요한 핵심이다. IT 팀은 정기적으로 문제를 제기한 마이크Mike를 불러 가능한 한 마이크의 컴퓨터와 가까운 곳에서 수집을 시작하는 것으로 계획을 세웠다(3장의 '네트워크에 탭을 설치하는 곳 알기' 절 참조).

그런 다음에는 수집하기 위해 와이어샤크를 설정하는 최적의 방법을 찾기로 했다. 마이크의 컴퓨터에 와이어샤크를 설치할 수 없었고, 전이중 탭을 사용할 수 없었다. 다행히 고객사는 마이크의 업스트림 스위치에 와이어샤크를 연결할 수 있는 포트 확장을 지원하는 스위치를 갖고 있어, 트래픽을 리스닝할 수 있게 마이크의 포트를 확장했다. 우리는 span 명령이 제대로 동작하고, 마이크의 트래픽을 볼 수 있는지 두 가지 모두 시험했다(3장의 '교환기에 스위치 스패닝/포트 미러링 설정' 절 참조).

2단계: 수집 우리는 이곳에서 필터 없이 모든 트래픽을 수집하기 시작했다. 성능에 문제가 있는지 살펴보기 위해 마이크에게 파일 업로드를 시작하라고 요청했다. 수집한 트래픽을 살펴봤고, 검은색 바탕에 빨간색으로 표시되는 여러 개의 잘못된 TCP 패킷을 봤다. 마이크의 느린 업로드 처리가 끝난 한 후에 수집을 멈추고 수집 정보를 분석하기 시작했다(13장의 '와이어샤크의 전문가 정보 가이드' 절 참조).

3단계: 분석

추적 파일에서 TCP 대화를 살펴볼 수 있게 상위 바이트 카운트 순으로 분류되게 필터링함으로써 파일 업로드 대화를 분리했다. 제일 먼저 이 통신에 초점을 뒀다(8장의 '가장 활발한 대화 파악' 절 참조).

우리는 TCP 연결에서 왕복 회선 지연 시간이 65ms가 적절하다고 판단했다. 또한 마이크의 컴퓨터와 서버 연결을 파악하기 위해 TCP 핸드셰이크 패킷도 자세히 살펴봤다(29장의 '높은 대기시간 파악' 절과 20장의 'TCP 연결 설정' 절 참조).

그런 다음 IO 속도가 급격이 떨어지거나 계속해서 IO 속도가 좋지 않은 것을 보기 위해 IO 그래프를 생성했다. 확실히 평균 약 2.5Mbps보다 좋지 않았다(21장의 '기본 IO 그래프 생성' 절 참조).

다음에 Expert Infos 창을 살펴봤다. 12% 이상의 트래픽이 어떤 이유인지 불량으로 표시됐다. 시험 중 수집한 것은 20,000패킷 이상이었고 1,000개의 패킷이 재전송과 고속 재전송이었다. 수백 개의 중복 ACK는 수신자(서버)가 많은 패킷을 손실했음을 나타냈다. 이것이 우리가 처음에 초점을 둔 것이다(13장의 'TCP 전문가 정보 이해' 절 참조).

추적 파일에서 'Previous Segment Lost' 표시가 돼 있는 것을 보지 못했다. 이것은 와이어샤크가 원래의 패킷과 재전송 패킷을 봤음을 나타낸다. 패킷 손실은 아직 발생하지 않았다(놀라운 일이 아니다. 바로 앞에 있는 마이크의 시스템에서 서버로 데이터를 보냈고 패킷 손실은 보통 같은 기반 구조 장치에서 일어난다 - 이 트래픽은 지금까지 단일 스위치만 통과한 것이다).

재전송을 살펴봤을 때 마이크의 컴퓨터 앞에서 손실된 패킷은 모두 재전송한 것으로 나타났다. 무엇이 문제인가? 호스트가 SACK[Selective Acknowledgement]를 이용한다면 예상되는 복구는 안 된다(20장의 'SACK를 이용한 패킷 손실 복구 향상' 절 참조).

이것은 분석 프로세스의 초기 단계에 TCP 핸드셰이크 과정을 살펴보길 추천하는 이유다. 마이크의 시스템에서는 이런 기능을 지원하는 것을 발견했지만, 서버는 지원하지 않았다. SACK가 지원되지 않는 곳에서 상당한 패킷 손실은 성능에 심각한 영향을 미칠 것이다(20장의 'TCP 연결 설정' 절 참조).

여기서 궁극적인 이슈는 패킷 손실이지만, 서투른 복구는 걷잡을 수 없는 상황을 만든다. 따라서 다음과 같은 두 가지 질문이 필요하다.

1. 패킷 손실이 어디서 일어났는가?
2. 왜 서버는 SACK를 지원하지 않는가?

서버가 요청(중복 ACK)을 하면 클라이언트는 데이터 패킷을 재전송함으로써 적절하게 동작했다. 클라이언트 관리자는 책임을 벗어나게 됐다.

패킷 손실의 99.999999%가 상호 연결 장치에서 발생하기 때문에 서버 가까이에서 수집을 시작해야 된다는 사실을 알았다(20장의 'TCP 패킷 손실 복구 방법' 절 참조).

4단계: 반복

우리는 알아낸 결과에 대해 이야기했고, 서버가 데이터를 업로드하는 것을 잘 볼 수 있게 와이어샤크 시스템을 설정하기로 결정했다(3장의 '두 위치에서 수집(이중 수집)' 절 참조).

스위치에 있는 서버 포트를 확장한 후 다시 수집을 시작했고, 이번에는 마이크의 IP 주소(host x.x.x.x)에 대해 수집 필터를 적용했다. 마이크에게 업로드 과정을 다시 하게 요청했다(4장의 'MAC/IP 주소나 호스트 이름 수집 필터 생성' 절 참조).

TCP 핸드셰이크 프로세스를 살펴보기 시작했다. 마이크의 핸드셰이크 패킷은 시스템이 SACK를 지원하지 않는 것으로 나타났다. 대신 TCP 헤더 옵션 영역에서 불합리한 패딩을 봤다. 이는 라우터가 일부 정보를 제거하고 패딩 정보로 교체했음을 나타낸다. 서버는 마이크가 SACK를 지원할 수 없다고 믿기 때문에 서버는 이에 대해 이야기하지 않을 것이다. 서버는 이 경우에 적절하게 동작했다.

우리는 어느 장치가 TCP 핸드셰이크 옵션 필드를 변경하는지 살펴보기 위해 회사의 인프라를 살펴보는 데 약간의 시간을 소비했다. 우리는 경로에 있는 다른 지점에서 추적 파일을 수집하고, 핸드셰이크에서 이 옵션을 제거하는 경로에 있는 보안 장치를 찾아냈다. 장치 공급 업체와 협력해서 결국 이 소프트웨어 업데이트와 재구성을 이용해 해결할 수 있는 기능(버그)이 있음을 알았다(13장의 '4 NOP 연속 트리거란?' 절 참조).
성능 업데이트와 재구성 과정을 통해 실질적으로 성능이 개선된 것을 확인했다. 여전히 패킷 손실은 있지만, SACK를 사용한 복구 프로세스는 패킷 손실이 거의 일어나지 않게 됐다.

와이어샤크의 끊임없는 변화

'4 NOPS in a row(SACK 옵션이 바뀐 패딩)'은 'Expert Infor Warning'을 추가하게 와이어샤크 개발자가 요청한 특별한 경우다(2010년 Sharkfest에서 발표). 이것은 와이어샤크의 현재 버전이 문제를 파악하기가 훨씬 빠름을 의미한다.

전형적인 보안 시나리오(일명 네트워크 포렌식) 살펴보기

이 절은 자신의 시스템이 성능 저하되거나, 시스템이 종료되거나, 최대 절전 모드로 전환하는 등의 이상한 동작을 하는 것은 발견한 실제 고객의 메시지를 기반으로 한다.

IT 담당직원인 콜턴Colton은 이 문제의 원인을 파악하기 위해 트래픽을 수집하는 데 집중했다.

문제의 원인을 파악하는 단계는 다음과 같다.

1단계: 계획

콜턴은 적절한 증거 처리 절차에 따라 분석을 시작했다(30장의 '확실한 증거 처리' 절 참조).
콜턴은 호스트로/호스트로부터 비정상적인 트래픽이 있는지 알아보기 위해 불평하는 호스트인 SUSPECT1 가까이에서 트래픽을 수집하기로 결정했다. 콜턴은 정상적인 작업 절차의 기준을 갖고 있었고, 프로토콜 SUSPECT1에서 일반적으로 사용하는 프로토콜도 알고 있었다(28장의 '기준 프로토콜과 애플리케이션' 절 참조).
콜턴은 감염에 대한 우려 때문에 SUPECT1에 와이어샤크를 설치하는 것을 원하지 않았다. 이것은 항상 좋은 것만은 아니다.

콜턴은 SUSPECT1에 전이중 탭을 설치하고, 탭에 와이어샤크를 설치했다. 콜턴은 와이어샤크에 스텔스 모드를 설정했다(3장의 '전이중 네트워크에서 TAP 사용' 절과 30장의 '탐지 회피' 절 참조).

2단계: 수집 콜턴은 필터링 없이 모든 트래픽을 수집하기 시작했다. 그는 SUSPECT1로 오고가는 모든 패킷을 보고자 했다(4장의 '수집 필터의 목적' 절 참조).

수집 프로세스가 실행되는 동안 트래픽을 보고, 콜턴은 TCP 135 포트(NetBIOS 세션 서비스)와 445 포트(NetBIOS 디렉토리 서비스)에 TCP SYN 패킷의 큰 숫자를 확인하기 시작했다. 일부 ICMP 트래픽도 나타났다(31장의 'TCP 포트의 다양한 유형 감지' 절과 'ICMP 유형과 코드 알기' 절 참조).

3단계: 분석 와이어샤크가 트래픽을 계속 수집하게 해놓고 콜턴은 분석을 시작했다. 콜턴은 트래픽 안에서 SUSPECT1이 특별한 포트(TCP 포트 18067)로 외부 서버와 연결돼 있음을 알게 됐다(32장의 '비정상적인 프로토콜과 애플리케이션 수집' 절 참조).

콜턴은 TCP 스트림을 따라가면서 일부 인식할 수 있는 명령인 `USeR`, `NiCK`, `JOiN`을 찾았다. 이 명령은 인터넷 릴레이 채팅[IRC] 통신에 사용되는데, 이들은 IDS/방화벽 탐지 규칙에서는 대소문자를 구분하지 않게 돼 있다. 명령이 변경됐다는 점과 포트가 비표준이라는 점은 프로그램을 속일 수 있는 좋은 시도다(32장의 'IDS 규칙에서 필터와 컬러링 규칙을 구축' 절과 10장의 'TCP 따라가기와 재조립' 절 참조).

분석을 함에 따라 IRC 채널이 악의적인 애플리케이션을 다운로드하는 데 사용된 것으로 드러났다. IRC 서버의 호스트 이름도 알았다. 이것은 SUSPECT1이 무언가 감염됐음을 나타낸 것이다.

콜턴은 봇을 통해 호스트 이름, 다운로드된 파일 이름, 사용 포트 번호 등 모든 것이 가능하다는 사실을 알았다. 또한 보안 결함이 호스트(그리고 네트워크의 다른 호스트에도 가능성이 있다)를 취약하게 할 수 있음을 알았다.

4단계: 안전 콜턴은 네트워크에서 호스트를 격리하고 해당 호스트를 지우는 과정을 시작했다. 또한 다른 호스트가 감염 됐는지 모든 네트워크 트래픽을 관찰하기 시작했다. 다른 호스트를 정리하기 시작하면서 IRC 서버에 대한 액세스를 차단함으로써 IRC 서버 연결에 대한 손상을 완화시켰다.

콜턴은 취약점 위협을 완화시키기 위해 모든 호스트의 운영체제에 대한 패치를 적용했다.

5단계: 문서 콜턴은 교육을 위해 자신이 발견한 결과와 처리 과정을 다음과 같이 문서화했다.

(1) 증상에 대한 사용자 경험
(2) 향후 취약점 관리
(3) 다른 IT 담당 직원을 위한 네트워크 정리 절차

✻ 네트워크 분석가가 해야 하는 문제점 해결 작업

문제점 해결Troubleshooting은 와이어샤크의 가장 일반적인 용도이며, 네트워크, 애플리케이션, 호스트나 네트워크 통신의 기타 여러 요소 중에서 성능에 문제가 있는 곳의 위치를 찾아내는 데 사용한다. 트러블슈팅 작업은 와이어샤크를 이용해 수행될 수 있지만, 그렇지 않을 수도 있다.

- 결함이 있는 네트워크 장치 찾기
- 잘못 설정된 장치와 소프트웨어 식별
- 경로를 따라 지연시간 측정
- 패킷의 손실 지점 찾기
- 네트워크 에러와 서비스 거부 식별
- 큐잉queueing, 대기 지연을 그래프로 만들기

✻ 네트워크 분석가가 해야 하는 보안 작업

보안 작업은 사전에 대비하거나 사후에 대응할 수 있으며, 네트워크상의 보안 스캐닝 프로세스나 침해를 확인하기 위해 수행한다. 와이어샤크를 이용해 수행할 수 있는 보안 작업에는 다음과 같은 것이 있지만, 꼭 이것들만 있는 것은 아니다.

- 침입 탐지 수행
- 악성 트래픽 시그니처signature 식별과 파악
- 수동적으로 호스트와 운영체제, 서비스 등 관찰
- 포렌식 조사를 위한 트래픽 로그 기록
- 증거로서 트래픽 수집
- 방화벽firewall 차단 시험
- 안전한 로그인과 데이터 탐색 승인

✻ 네트워크 분석을 위한 최적화 작업

최적화는 수행 능력에 대한 현재의 성능을 비교함으로써 최적의 성능 수준에 도달할 수 있게 수정하는 과정이다. 와이어샤크를 이용해 수행할 수 있는 최적화 작업에는 다음과 같은 것들이 있지만, 꼭 이것들만 있는 것은 아니다.

- 현재 대역폭 사용량 분석
- 데이터 전송 애플리케이션 내의 패킷 길이가 효과적으로 사용되고 있는지 평가
- 네트워크를 통한 응답 시간 평가
- 직절한 시스템 구성 확인

✻ 네트워크 분석가를 위한 애플리케이션 분석 작업

애플리케이션 분석은 네트워크 애플리케이션에 의해 생성된 트래픽을 수집해 분석하는 과정이다. 와이어샤크를 이용해 수행할 수 있는 애플리케이션 분석 작업에는 다음과 같은 것들이 있지만, 꼭 이것들만 있는 것은 아니다.

- 애플리케이션의 대역폭 요구 분석
- 사용 중인 애플리케이션 프로토콜과 포트 확인
- 안전한 애플리케이션 데이터 탐색 승인

네트워크 분석과 관련된 보안 이슈 이해

네트워크 분석은 네트워크 성능과 보안을 개선하기 위해 사용할 수 있지만, 동시에 악의적인 용도로 사용할 수도 있다. 예를 들어 네트워크 매체(무선 또는 유선)에 접근할 수 있는 침입자는 트래픽을 리스닝listening할 수 있다. 암호화되지 않은 통신(평문으로 된 사용자 이름과 패스워드)은 수집될 수 있어 악의적인 사용자는 계정을 도용할 수 있다. 또한 침입자는 트래픽을 리스닝함으로써 네트워크 구성 정보를 알 수 있다. 이런 정보는 네트워크 취약점을 찾아내는 데 악용될 수 있다. 악성 프로그램에는 트래픽을 도청하기 위한 네트워크 분석 기능이 포함될 수 있다.

네트워크 분석에 정책 정의

기업은 네트워크 분석기를 사용하는 데 대한 구체적인 정책을 세워야 한다. 회사의 정책은 누가, 언제, 어디서, 어떻게, 네트워크상에서 네트워크 분석기를 사용할 수 있는지 명시해야 한다. 이런 정책은 회사를 통해 잘 알려져야 한다는 점을 명심하라.

사용자가 고객을 위한 네트워크 분석 서비스를 수행하는 컨설턴트라면 비공개 계약으로 '네트워크 분석' 조항 추가를 고려해야 한다. 네트워크 분석 작업과 네트워크 분석기가 수집하고 살펴볼 수 있는 트래픽의 유형에 대해 확실하게 규정해야 한다.

네트워크 트래픽이 들어있는 파일은 안전해야 한다.

트래픽 파일(추적 파일trace file)에 존재하는 기밀 정보 때문에 수집한 트래픽에 대해서는 안전한 저장 솔루션을 보장해야 한다.

원치 않은 '스니퍼'로부터 네트워크 보호

3장에서 배우겠지만 스위치switch, 교환기는 네트워크 분석을 더 잘 할 수 있게 해준다. 이 과정은 탭tap이나 재지정redirection 방법을 이용해 극복할 수 있다. 스위치는 보안 장치가 아니다. 사용하지 않는 네트워크 포트와 공통 영역의 네트워크 포트(예, 건물 로비)는 방문자가 네트워크 트래픽에 접근하거나 리스닝하지 못하게 해제돼 있어야 한다.

네트워크 스니핑에 대비한 최선의 보호 메커니즘은 안전한 암호화 방법을 사용해 네트워크 트래픽을 암호화하는 것이다. 그러나 암호화 솔루션은 장치 검색과 서비스 검색을 위해 네트워크로 브로드캐스트되는 일반적인 네트워크 트래픽을 보호할 수 없다. 예를 들어 DHCP 클라이언트는 네트워크상에 'DHCP Discover and Request' 패킷을 브로드캐스팅한다. 이 패킷은 클라이언트에 대한 정보를 포함한다(호스트 이름, 요청된 IP 주소, 그 밖의 노출 정보 포함). 이 DHCP 브로드캐스트는 스위치의 모든 포트로 전달된다. 이 스위치에 연결된 네트워크 분석기는 트래픽을 수집할 수 있으므로 DHCP 클라이언트에 대한 정보를 읽을 수 있다.

✻ 네트워크 트래픽 리스닝에 대한 법적 이슈

우리는 변호사가 아니기 때문에 법적인 이슈는 변호사와 상담해야 한다.

일반적으로 와이어샤크는 네트워크 통신을 엿듣는 기능을 제공한다. '도청'이나 '전자 감시'라는 용어를 들어본 적이 있는가? 와이어샤크의 무단 사용은 불법이다. 특별한 예외 사항으로 정부에서 범죄를 예방하기 위해 도청에 사용하는 경우가 있다.

미국의 통신비밀보호법ECPA, Electronic Communications and Privacy Act의 I편에는 도청 행위를 의도적인 금지, 실제로 했거나 시도한 가로채기, 사용, 폭로 또는 '다른 누군가가 유선, 구두 또는 전자통신 등을 통해 가로채거나 가로채려고 시도한 것'으로 명시하고 있다.

ECPA I편에는 '고용의 정상적인 과정에서 자신의 서비스 활동으로 필요한 운영자'와 '1978년 외국인 지적감시법FISA, Foreign Intelligence Surveillance Act의 101절에 규정된 유선, 구두, 또는 전자 통신을 가로채거나 전자 감시 행위를 할 수 있게 법적으로 승인된 사람'은 예외로 하고 있다. 코넬대학 법학대학원이 www.taw.corneU.edu/uscode/'18/usc_sup_01_18_10_I_20_119.html에서 ECPA I편에 대한 자세한 사항을 제공한다.

교도소에 가지 않는 방법

기업의 정책은 네트워크 통신의 무단 도청을 금지하고 있다. 이런 정책에 대한 무시는 징계를 초래하거나 해고될 수 있다. BD Consulting and Investigations사(www.bdcon.net)의 CEO인 Tom Quilty는 다음과 같이 말했다.

"누군가가 PII(Personally Identifiable Information), HIPAA(health records)나 그 밖의 보호된 정보가 들어있는 트래픽을 수집한다면 추적 파일이 남게 될 것이다. 그 파일을 잃어버렸다면 고객은 데이터 위반 보고서를 요구할 것이며, 트래픽을 수집하는 사람에게는 아주 치명타가 될 수 있다. 또한 이들은 적절한 일반적인 배상 책임보험(General Liability and Errors & Omissions) 추가 사항이 있는지 확인해야 한다. 나는 그들이 유무선 매체를 통해 어떤 정보가 보내질 것인지 이해하고 클라이언트의 데이터 위반 정책과 대응 계획(Data Breach Policies and Response Plan)을 검토하기를 권장한다. 또한 수집된 모든 정보를 어떻게 보호할 것인지를 대한 증명해야만 한다(그들은 이런 문제가 발생하기 전에 이것에 대한 절차를 개발했을 것이다)."

많은 나라가 정보 보호에 관한 유사한 법을 갖고 있다. 자국의 법을 잘 이해하고 어떤 경우에는 전문적인 보험을 잘 살펴보기 바란다..

유럽 연합[EU]에서는 1995년 10월 24일 유럽회의의 Directive 95/46/EC 데이터 보호 지침에서, 커뮤니티에서 개인적인 데이터의 자유로운 이동을 보장하기 위해 개인 데이터 처리에 관한 개인 정보 보호와 개인 정보 처리에 관한 권리와 자유, 특히 프라이버시 권리 보장 등을 규정했다. 유럽 연합 데이터 보호 지침에 대한 자세한 내용은 ec.europa.eu/justice_home/fsj/privacy/를 참조하라.

'건초더미에서 바늘 찾기 문제' 극복

새로운 분석의 순간마다 수천(또는 수백만) 번 수집함으로써 '건초더미에서 바늘 찾기 문제'에 직면하게 된다(패킷 속에 빠지는 느낌이다). 여러 가지 분석 과정이 이런 상황을 회피하거나 처리하는 데 사용될 수 있다.

- 분석기의 적절한 배치(3장, '트래픽 수집'에서 다룬다)
- 수집되는 패킷의 수를 줄이기 위한 수집 필터 적용(4장, '수집 필터 생성과 적용'에서 다룬다)
- 특정 대화, 연결, 프로토콜, 애플리케이션에 초점을 맞춰 디스플레이 필터 적용(9장, '디스플레이 필터 생성과 적용'에서 다룬다)
- 복잡한 다중 연결 통신에서 대화 컬러링(6장, '트래픽 컬러링'에서 다룬다)
- 교환된 데이터를 보기 쉬운 스트림으로 재조립(10장, '스트림 추적와 데이터 조립'에서 다룬다)
- 수집된 트래픽을 여러 개의 분리된 파일로 저장(12장, '패킷 저장, 추출, 인쇄'에서 다룬다)
- 그림 3에서 보듯이 전체 트래픽 패턴을 나타내는 그래프 생성과 특정 트래픽

유형에 초점을 맞춘 그래프에 필터 적용(8장, '기본 추적 파일 통계 해석'과 21장, 'IO 비율과 TCP 트렌드 그래프'에서 다룬다)

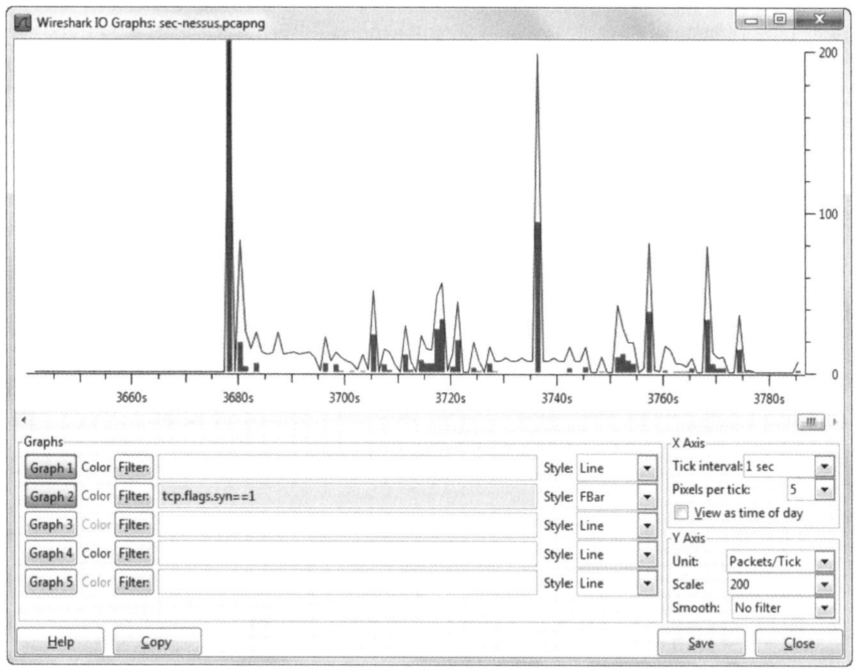

그림 3 트래픽 패턴을 식별하기 위해 그래프에서 필터 사용[sec-nessus.pcapng]

이 책에서 이런 기술들은 추적 파일을 이용해 작업할 것이다.

분석 작업 점검표 검토

분석 작업은 예방 또는 사후로 생각할 수 있다. 예방적 방법은 현재의 네트워크와 애플리케이션 성능의 상태를 알기 위해 네트워크 통신의 기준치를 설정하는 작업을 포함한다. 또한 예방적 분석은 네트워크 사용자들에 의해 느껴지는 네트워크 문제를 관찰하는 데 사용할 수 있다. 예를 들어 패킷 손실이 과도해져 네트워크 통신에 영향을 주기 전에 원인을 찾아내는 것은, 패킷 손실이 알려지기 전에 이런 문제를 피할 수 있게 해준다.

사후 분석 기술은 네트워크 성능에 대한 불만이 보고된 이후에 사용되거나, 네트워크 이슈가 의심되는 경우에 사용한다. 그렇지만 사후 분석이 더 일반적이다.

다음은 와이어샤크를 사용해 수행할 수 있는 분석 작업의 목록이다.

- 네트워크상에서 최상위 전달 의뢰자Talker 찾기
- 사용 중인 프로토콜과 애플리케이션 식별하기
- 링크상의 모든 네트워크 트래픽과 애플리케이션에 대한 평균 초당 패킷율과 초당 바이트율 결정하기
- 통신 중인 모든 호스트 나열하기
- 데이터 전송 애플리케이션에 의해 사용되는 패킷의 길이 알기
- 가장 일반적인 연결 문제들 바로 알기
- 느린 처리로 인한 클라이언트 요청들 사이에 생기는 지연 관찰
- 잘못 구성된 호스트 위치 알아내기
- 파일 전송이 느려지는 호스트와 네트워크 폭주 탐지하기
- 비동기 트래픽 우선순위 식별하기
- 웹사이트로 보내지는 속도를 시험하기 위한 HTTP 흐름을 그래프로 나타내기
- 네트워크상에서 특이한 스캐닝 트래픽 식별하기
- 클라이언트와 서버 에러를 나타내는 HTTP 에러 응답 빨리 식별하기
- 클라이언트, 서버와 광범위한 에러를 나타나는 VoIP 에러 응답 빨리 식별하기
- 트래픽의 동작을 비교하기 위한 그래프 생성하기
- 애플리케이션 처리량을 그래프로 그리고, 전체 링크 트래픽 화면 비교하기
- 암호화하지 않은 애플리케이션 트래픽 식별하기
- 네트워크 트래픽에서 다양한 네트워크 문제들의 영향을 알기 위해 VoIP 통신 재생하기
- 수동적인 운영체제와 애플리케이션 사용 탐지 수행하기
- 네트워크에서 특이한 프로토콜과 인식할 수 없는 포트 번호 사용 관찰하기
- 네트워크에서 호스트와 애플리케이션의 시작 프로세스 검사하기
- 평균 서비스 응답 시간SRT, Service Response Time과 수용할 수 없는 SRT 식별하기
- 주기적인 패킷 생성 애플리케이션과 프로토콜의 간격 그래프로 그리기

네트워크는 트래픽에서 보여지듯이 아주 다양하다. 사용자가 수행할 수 있는 네트워크 분석 작업의 수와 형태는 네트워크 트래픽의 특징에 따라 다르다.

네트워크 트래픽 흐름 이해

한 호스트에서 다른 호스트로 경로를 따라 전달되는 패킷을 따라가면서 패킷 레벨에서 시작해보자. 이제 트래픽을 수집할 수 있는 장소를 찾는 것부터 시작한다(수집에 대해 더 자세한 정보는 3장, '트래픽 수집'을 참조하라). 여기서는 패킷이 어떻게 캡슐화되는지 살펴본다. 패킷은 캡슐화된 후 고가 장비인 라우터에 의해 벗겨지고, 다시 캡슐화돼 설정된 방법에 따라 전송된다. 이처럼 적절하게 살펴볼 시간도 없이 빨리 지나가는 패킷이 폭주하는 스위치에 대해 알아본다. 트래픽의 서비스 품질QoS, Quality of Service은 최고점에 도달하게 되고, 장치들은 꽉 차고 넘쳐서 작은 패킷을 처리하는 데도 어려움을 느끼게 된다.

스위칭 개요

교환기switch, 스위치는 OSI 모델의 2계층인 데이터 링크 계층의 장비이며, 데이터 링크 계층은 이더넷 헤더 같은 패킷의 일부인 매체 접근 제어MAC, Media Access Control를 포함한다.

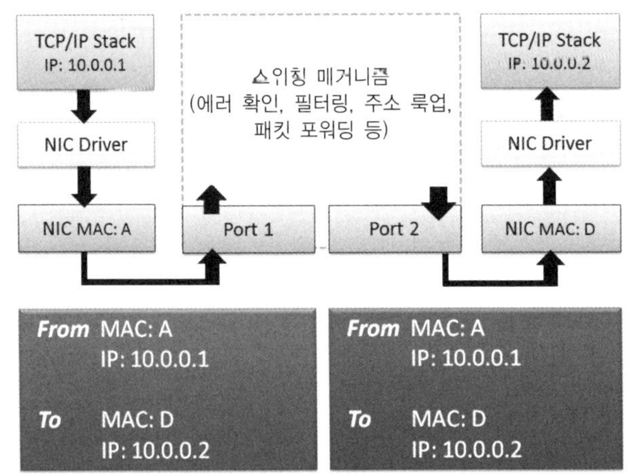

그림 4 스위치는 패킷 내의 MAC 주소 또는 IP 주소를 변경하지 않는다.

스위치는 MAC 헤더에 포함된 목적지 MAC 주소(목적지 하드웨어 주소)를 기반으로 패킷을 전달한다. 그림 4에서 보듯이 스위치는 패킷 내의 MAC이나 IP 주소를 변경하지 않는다.[4]

---

4. 그림 4, 5, 6은 클라이언트와 서버의 MAC 주소를 나타내기 위해 기호 문자를 사용한다.

스위치에 패킷이 도착하면 스위치는 패킷 내의 검사합checksum을 확인하고, 패킷의 검사합이 틀리면 그 패킷은 '불량'으로 간주돼 폐기된다. 스위치는 불량 검사합으로 인해 얼마나 많은 패킷이 폐기되는지 나타내는 에러 계수기를 관리해야 한다.

검사합에 문제가 없다면 스위치는 패킷의 목적지 MAC 주소를 검사하고, 목적지 MAC 주소를 이용해 스위치의 어느 포트가 호스트에 연결됐는지를 결정하기 위해 MAC 주소 테이블을 참조한다. MAC 주소 테이블에 대상 MAC 주소가 없다면 스위치는 응답을 통해 대상 MAC 주소를 찾기 위해 모든 포트로 패킷을 전송한다.

스위치가 자신의 테이블에 해당 MAC 주소를 갖고 있다면 스위치는 그 패킷을 해당 스위치 포트로 전달한다. 브로드캐스트는 스위치의 모든 포트로 전달된다. 이런 인터넷 그룹 관리 프로토콜IGMP, Internet Group Management Protocol 스누핑 같은 기술을 통해 따로 구성하지 않은 경우 멀티캐스트도 스위치의 모든 포트로 전달된다.

교환형switched 네트워크에서 트래픽을 수집하기 위한 방법을 알아보려면 3장의 '교환형 네트워크에서 트래픽 수집' 절을 참고하라.

✻ 라우팅 개요

라우터는 IP 헤더 내의 IP 주소를 기반으로 패킷을 전달한다. 라우터의 MAC 주소로 패킷을 보낼 때 라우터는 패킷이 유효한지 확인하기 위해 검사합을 검사하고, 검사합이 정확하지 않으면 패킷은 폐기된다. 검사합이 정확하면 라우터는 MAC 헤더(이더넷 헤더와 같은)를 제거하고 TTLTime to Live 내의 값과 패킷의 목적지를 식별하기 위해 IP 헤더를 검사한다. 패킷이 너무 오래된 것이면(TTL 값이 1이면) 라우터는 해당 패킷을 폐기하고 송신자에게 ICMP TTL 초과 메시지를 전송한다.

라우터는 목적지 IP 네트워크를 결정하기 위해 라우팅 테이블을 참조한다. 라우터가 대상 네트워크에 직접 연결돼 있다면 라우터는 패킷을 보낼 수 있다. 그림 5에서 보는 것처럼 라우터는 IP 헤더의 TTL 값을 감소시키고, 패킷을 전달하기 전에 새로운 MAC 헤더를 생성해 적용한다.

대상 네트워크가 로컬 네트워크에 연결돼 있지 않으면 라우터는 패킷을 라우팅 테이블을 참조해서 알게 된 다음 홉 라우터로 전송한다.

라우터는 주소 지정 정보를 기반으로, 패킷을 허용하거나 차단하는 규칙을 포함할 수 있다. 대부분의 라우터는 방화벽 기능을 제공하고 또 다른 특징을 기반으로 트래픽을 차단하거나 허용할 수 있다.

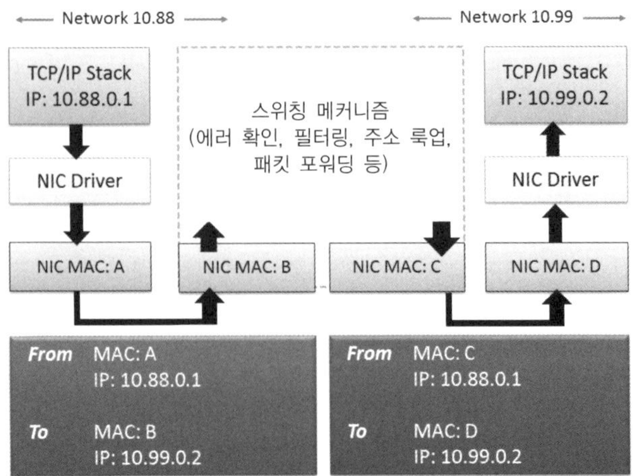

그림 5 라우터는 목적지 MAC 주소를 대상(대상이 로컬인 경우) 또는 다음 라우터(대상이 원격인 경우)로 변경한다.

✻ 프록시, 방화벽과 NAT/PAT 개요

방화벽firewall은 규칙을 기반으로 트래픽을 검사해 통신을 허용하거나 차단하기 위해 만들어졌다. 예를 들어 방화벽이 외부의 호스트에서 내부 서버의 21번 포트로 향하는 모든 TCP 연결을 차단할 수도 있다.

기본적으로 방화벽은 OSI의 3계층인 네트워크 계층에서 동작한다. 이런 측면에서 방화벽은 네트워크 트래픽을 처리할 때 라우터처럼 동작한다. 방화벽은 방화벽 규칙에 의해 차단되지 않는 트래픽만 전달한다. 방화벽은 패킷을 전달하기 전에 패킷 앞에 새로운 MAC 헤더를 추가한다. 또한 방화벽이 네트워크 주소 변환NAT, Network Address translation 또는 프록시 기능과 같은 추가 기능을 제공한다면 패킷에 변화가 발생한다.

NAT 시스템은 그림 6과 같이 패킷의 IP 주소를 변경한다. 이것은 클라이언트 사설 IP 주소를 숨길 때 사용된다. 기본 NAT 시스템은 패킷의 발신지와 목적지 IP 주소를 간단히 변경하고, 회신할 때 트래픽을 제대로 전달하기 위해 테이블에서 연결 관계를 추적한다. 또한 포트 주소 변환PAT, Port Address Translation 시스템은 포트 정보를 변경해 단일 아웃바운드 주소를 사용할 때 다중 내부 연결들을 역다중화하는 방법으로 사용한다. 한쪽에서 본 NAT/PAT 장치의 IP 주소와 다른 쪽에서 본 NAT/PAT 장치의 IP 주소가 일치하지 않는다. 양쪽 NAT 장치 통신의 상관관계를 보여주려면 대응하는 패킷을 식별하기 위해 과거의 IP 헤더를 살펴봐야 한다.

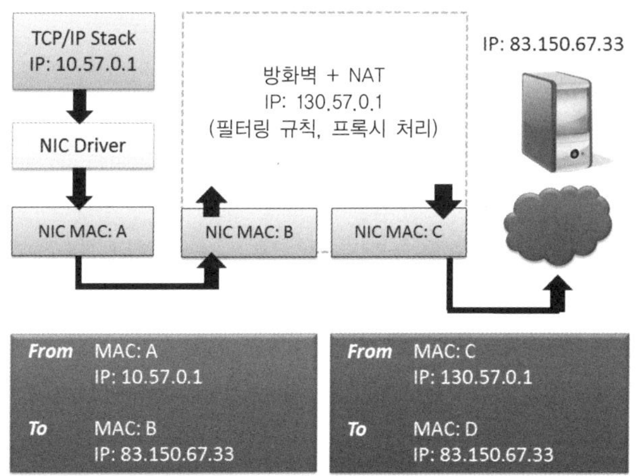

그림 6 방화벽은 실제 발신지 IP 주소를 숨기기 위해 NAT를 사용한다.

또한 프록시 서버도 트래픽에 영향을 미친다. 표준 방화벽을 사용할 때 보이는 통신과 달리 클라이언트는 프록시 서버에 연결하고, 프록시 서버는 대상과 다른 연결을 한다. 이런 통신을 트러블슈팅할 때 검사하기 위해서는 두 연결을 완전히 분리한다.

✻ 패킷에 영향을 미치는 기타 기술

네트워크 트래픽 패턴과 패킷 내용에 영향을 주는 많은 기술이 있다.

가상 LAN[Virtual LAN] 태깅(802.1Q로 정의)은 패킷에 식별자(태그)를 추가한다. 이 태그는 교환형 환경에서 가상 네트워크를 만드는 데 사용된다. 그림 7은 이더넷 프레임에서 VLAN 태그를 보여준다. 이 경우 송신자는 VLAN 32에 속한다.

다중 프로토콜 레이블 스위칭[MPLS, Multiprotocol Label Switching]은 원격지 호스트 간에 가상의 링크를 만드는 방법이다. MPLS 패킷은 MPLS 에지 장치에 의해 특별한 헤더가 붙여진다. 예를 들어 클라이언트가 보낸 패킷은 그 패킷에 MPLS 레이블이 붙여져 MPLS 라우터에 도달한다. 패킷은 MPLS 레이블을 기반으로 전달되고, 라우팅 테이블을 조회하지 않는다. 패킷이 MPLS 네트워크를 빠져나갈 때 MPLS 레이블이 제거된다.

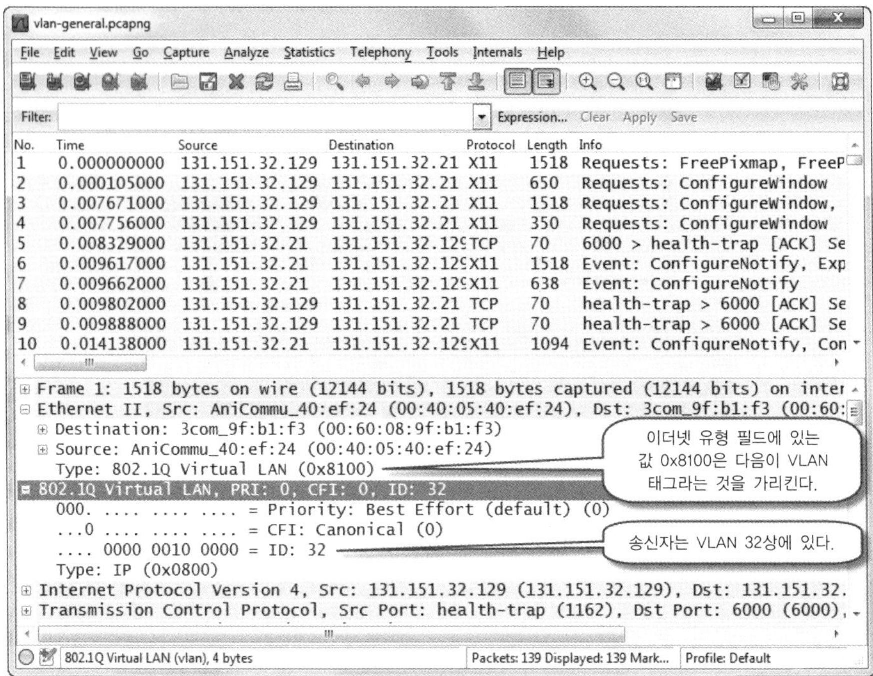

그림 7 VLAN 태그는 별도의 가상 네트워크 ID 필드를 사용한다. [vlan-general.pcapng]

✻'잘 구축된' 인프라 장치에 대한 경고

많은 돈을 들여 인프라 장치를 구축했는데, 이것이 네트워크 문제의 원인이 될 수도 있다. 그렇지 않은가? 많은 '보안 장치'가 간단한 규칙을 기반으로 경로를 얻는 패킷을 엉망으로 만든다. 예를 들어 시스코의 ASA(Adaptive Security Appliance)는 'TCP 정상화'를 수행한다. 즉, 방화벽과 VPN 집중 장치가 연결 처리 과정 중에 일부 TCP 기능을 제거하는 문제가 있다. 근본적으로 ASA 장치는 양쪽 TCP 호스트가 2006년 이전의 기능으로 돌아가게 강요한다.[5]

광역 통신망(WAN, Wide Area Network) 최적화 기법은 트래픽을 압축하고, 데이터의 자체적인 캐시 버전을 제공하며, TCP 또는 정의된 특징(트래픽 '형태')을 기반으로 하는 트래픽 우선순위를 최적화함으로써 패킷과 데이터 스트림 처리를 변경할 수 있다.

이런 기술이 트래픽에 영향을 미치는지 알 수 있는 가장 좋은 방법은, 패킷이 트래픽 변환 장치를 통과하기 전과 후에 패킷을 수집해보는 것이다.

---

5. 이에 대한 자세한 사항은 시스코 'Caveat' CSCsw70786에 있다. 회사는 눈에 띄는 성능 버그나 결함을 'caveats'라고 부른다.

분석 세션 시작

트래픽 수집과 분석을 지금 바로 시작할 수 있다. 먼저 유선 네트워크에서 트래픽을 분석하기 위해 다음 단계를 따른다.

1단계: 와이어샤크를 설치한다(시스템 요구 사항 정보는 www.wireshark.org/docs/wsug_html_chunked/ChIntroPlatforms.html을 참조하라). www.wireshark.org/docs/wsug_html_chunked/ChapterBuildInstall.html에 방문하면 다양한 플랫폼에서 와이어샤크 설치에 대한 자세한 내용이 있다.

2단계: 와이어샤크를 시작하고, Start 페이지에서 Interface List에 나열된 유선 네트워크 어댑터를 클릭하라. 와이어샤크가 트래픽을 수집한다(목록에 어댑터가 없는 경우 트래픽을 수집할 수 없다. wiki.wireshark.org/CaptureSetup/NetworkInterface에 방문해 지원을 받으면 된다).

3단계: 최근 www.chappettU.com을 둘러봤다면 이 단계 전에 브라우저 캐시를 삭제한다. 어떻게 브라우저 캐시를 지우는지 자세히 알아보려면 브라우저의 도움말을 참조하면 된다. 추가적으로 DNS 캐시 삭제도 고려해 보라.[6] 와이어샤크가 트래픽을 수집하는 동안 브라우저를 시작하고 www.chappellU.com에 방문하라.

4단계: 메인 메뉴에 있는 Capture ▶ Stop을 선택하거나 메인 툴바에 있는 Stop Capture 버튼 을 클릭한다.

5단계: 수집된 트래픽을 살펴본다. 사용자는 DNS 조회를 볼 수 있다(3단계에서 DNS 캐시를 삭제하지 않았다면). 시스템이 IPv4와 IPv6를 모두 지원하는 경우 두 개의 쿼리 www.chappellU.com의 IPv4 주소(A 레코드)와 www.chappellU.com의 IPv6 주소(AAAA 레코드)에 대해 볼 수 있다. 사이트에 접속을 하면 그림 8과 같이 브라우저가 서버에게 GET 요청을 보낼 것이다.

---

6. 윈도우 호스트의 DNS 캐시를 지우려면 명령 프롬프트에서 ipconfig /flushdsn을 입력한다. 리눅스 호스트는 nscd 데몬(이름 서버 캐시)를 재시작한다. 맥 OS X 10.5.x 또는 10.6.X에서는 터미널에서 dscacheutil -flushcach를 입력한다.

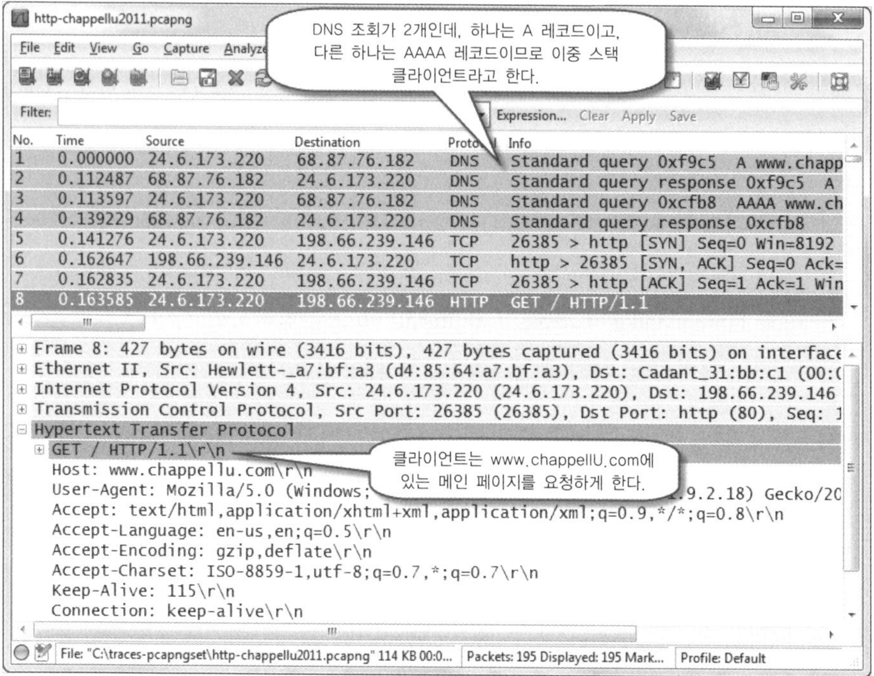

그림 8 클라이언트는 메인 페이지에 대한 GET 요청을 만든다[http-chappellu2011.pcapng].

추적 파일에서 다른 프로세스의 트래픽을 볼 수도 있다. 예를 들어 브라우저가 알려진 악의적인 사이트를 확인하기 위해 웹사이트 블랙리스트 검사를 수행한다면 사용자는 www.chappelIU.com의 연결 앞쪽에서 해당 트래픽을 볼 수 있다. 디스플레이 필터는 뷰에서 관련 없는 트래픽을 제거하는 데 사용할 수 있으므로 좀 더 관심 있는 트래픽에 집중할 수 있다. 디스플레이 필터에 대한 자세한 내용은 9장('디스플레이 필터 생성과 적용')을 참조하라.

6단계: File ❯ Save를 선택하고 /mytraces 디렉토리를 생성한다. chappellu.pcap 이름으로 파일을 저장한다(확장자를 입력하지 않으면 와이어샤크는 자동으로 pcap나 pcapng 확장자를 추가한다. 패킷 추적 파일의 주석을 지원하기 위해 pcapng 형식으로 추적 파일을 저장하는 편이 좋다).

잘했다! 훌륭하다! 네트워크 관리와 보안의 가장 기본적인 기술 중 하나인 네트워크 분석을 배우는 방법을 잘 해낸 것이다.

 사례 연구: '필요 없는 패킷' 제거

제출자 Mitch Dickey
프레드릭 카운티 공립학교, VA

우리 학교는 24개 빌딩과 대략 50개의 VLAN으로 구성돼 있다. 일반적으로 각 캠퍼스는 데이터와 음성에 대해 VLAN을 각각 한 개씩 갖고 있다. 각 캠퍼스는 대부분 자체 VLAN이 있고, 일부 작은 사이트는 하나의 VLAN을 공유한다. 캠퍼스마다 최소 하나의 NetWare 서버를 이용해 NetWare 환경을 운영한다. 각 캠퍼스는 라우터로 전송되기 전에 집계 위치로 보내게 돼 있다.

나는 정기적으로 트래픽 패턴을 모니터링하고 내가 관리하는 VLAN에 불필요한 트래픽을 제거하는 데 와이어샤크를 사용한다. 나는 NetBIOS와 SMB라는 두 종류의 트래픽을 제거한다. 프린팅 서비스를 위해 UDPS를 사용하는 NetWare 환경이므로, 윈도우 파일 및 프린터 공유가 필요하지 않기 때문이다. 이 때문에 내가 관리하는 컴퓨터에서 NetBIOS와 SMB를 끄고 최근 5분 동안 PCAP를 측정함으로써 다른 4가지 VLAN들(내 담당이 아닌)을 조사했다. 수집 후 NetBIOS와 SMB 트래픽의 백분율을 확인하기 위해 필터를 사용해 트래픽을 조사했다. 결과는 내 예상보다 낮았지만, 스위치/라우터 처리와 대부분 보안에 도움이 될 수 있는 것들을 얻었다.

- 2.5% NetBIOS/SMB 트래픽이나 1,321 패킷으로 합쳐져 리턴된 50,898개의 패킷이 들어있는 수집
- 9% NetBIOS/SMB 트래픽이나 총 16,480 패킷으로 합쳐져 리턴된 총 175,824개의 패킷이 들어있는 수집
- 5% NetBIOS/SMB 트래픽이나 총 14,102 패킷으로 합쳐져 리턴된 총 295,911개의 패킷이 들어있는 수집
- 1%보다 적은 NetBIOS/SMB 트래픽이나 총 333 패킷으로 합쳐져 리턴된 총 115,814개의 패킷이 들어있는 수집

나는 SNMP와 SSDP 같이 불필요한 다른 프로토콜을 찾아내 제거하는 데 와이어샤크를 사용했다. 우리는 시스코 장치에만 SNMP를 사용하기 때문에 네트워크 프린트로부터 이것을 제거하는 작업이 네트워크를 깨끗하게 하는 것이었다.

 사례 연구: '안전하게 감춰진' 네트워크

한 고객의 네트워크는 캠퍼스 스타일 설정으로 22개의 빌딩으로 구성돼 있다. 경영진이 가끔 네트워크가 느리다고 항의를 하므로, 열악한 네트워크 성능의 원인을 찾아내기 위해 컨설턴트에게 부탁했다.

도착하자마자 나는 문제를 분리시키기 위해 네트워크 트래픽을 리스닝하지 않겠다는 법적 문서에 서명하도록 요청받았다.

이 회사의 경영진은 기밀 데이터가 암호화되지 않은 형태로 네트워크를 통과하는 게 걱정이었다.

경영진은 누군가가 자신들의 네트워크를 도청하는 방법이 많다는 사실을 무시하고 있었다. 네트워크 분석가에게 자신들의 데이터가 보인다면 누군가 리스닝할 수 있음을 알게 될 것이고, 따라서 문제를 해결할 수 있다.

'그들의 생각을 바로 잡으려고' 경영진을 납득시키기 위해 여러 사람과 함께 미팅을 했다. 내가 그들의 네트워크 트래픽을 리스닝하기 시작하자 그들이 걱정하던 정확한 이유를 알게 됐다. 그들의 로터스 노트Lotus Notes의 구현이 잘못 설정돼 있었고, 모든 이메일이 네트워크를 통해 평문으로 전송되고 있었다.

네트워크 트래픽을 리스닝하는 몇 시간 동안 네트워크를 통해 중요한 데이터를 전송하는 몇 가지 애플리케이션을 찾아냈다. 내가 떠나기 전까지 그들은 네트워크에서 실행할 보안 강화 리스트를 만들고 있었다.

✲ 정리

네트워크 분석은 네트워크 통신에 대한 정확한 판단을 제공한다. 성능 문제로 네트워크에 문제가 있을 때 추측은 때때로 시간 낭비나 사용자와 회사의 시간과 비용을 소비하게 하는 잘못된 결정으로 이끌 수 있다. 네트워크 트래픽 흐름에 대해 완벽히 이해하려면 (a) 분석기를 네트워크의 적절한 위치에 배치하는 것과 (b) 네트워크 문제에 대한 가능성 있는 원인을 식별하는 것이 필수적이다.

여기서 '분석 세션 시작' 절에 제시된 절차를 따르고, '분석 예제 따라 하기' 절을 검토하길 권장한다.

학습한 내용 복습

이 책의 웹사이트인 www.wiresharkbook.com의 다운로드 섹션에 있는 추적 파일을 다운로드한다. 이 웹사이트에서는 여러 추적 파일과 다른 교재 부록 파일을 사용할 수 있다. 이것들을 사용자의 하드 드라이브에 모두 다운로드하길 권장한다.

와이어샤크에서 gen-googlemaps.pcap을 연다. 이 추적 파일은 maps.google.com에 웹 브라우징 세션의 트래픽을 포함한다.

클라이언트는 192.168.0.106이다. 기본 게이트웨이는 192.168.0.1이고, DNS 서비스를 제공한다.

이 추적 파일에 대한 다음 질문에 답변하라.

- maps.googte.com을 탐색하는 클라이언트의 하드웨어 주소는 무엇인가?
- DNS 서버(라우터)의 IP 주소는 무엇인가 ?
- DNS 서버/라우터의 하드웨어 주소는 무엇인가 ?
- maps.google.com과 연관된 IP 주소는 무엇인가?

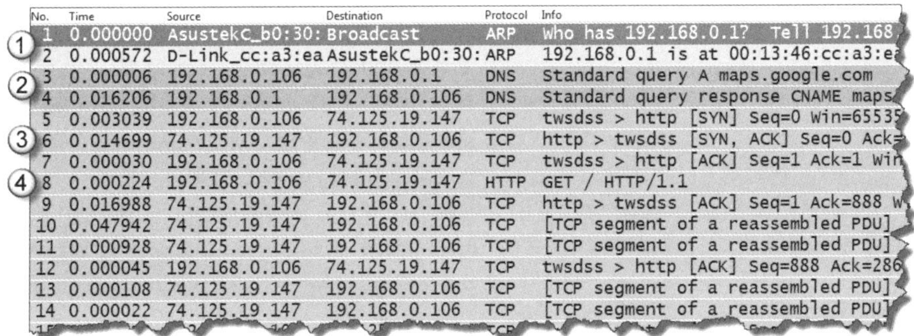

	No.	Time	Source	Destination	Protocol	Info
①	1	0.000000	AsustekC_b0:30:	Broadcast	ARP	Who has 192.168.0.1? Tell 192.168
	2	0.000572	D-Link_cc:a3:ea	AsustekC_b0:30:	ARP	192.168.0.1 is at 00:13:46:cc:a3:e
②	3	0.000006	192.168.0.106	192.168.0.1	DNS	Standard query A maps.google.com
	4	0.016206	192.168.0.1	192.168.0.106	DNS	Standard query response CNAME maps
	5	0.003039	192.168.0.106	74.125.19.147	TCP	twsdss > http [SYN] Seq=0 Win=6553
③	6	0.014699	74.125.19.147	192.168.0.106	TCP	http > twsdss [SYN, ACK] Seq=0 Ack
	7	0.000030	192.168.0.106	74.125.19.147	TCP	twsdss > http [ACK] Seq=1 Ack=1 Wi
④	8	0.000224	192.168.0.106	74.125.19.147	HTTP	GET / HTTP/1.1
	9	0.016988	74.125.19.147	192.168.0.106	TCP	http > twsdss [ACK] Seq=1 Ack=888 W
	10	0.047942	74.125.19.147	192.168.0.106	TCP	[TCP segment of a reassembled PDU]
	11	0.000928	74.125.19.147	192.168.0.106	TCP	[TCP segment of a reassembled PDU]
	12	0.000045	192.168.0.106	74.125.19.147	TCP	twsdss > http [ACK] Seq=888 Ack=286
	13	0.000108	74.125.19.147	192.168.0.106	TCP	[TCP segment of a reassembled PDU]
	14	0.000022	74.125.19.147	192.168.0.106	TCP	[TCP segment of a reassembled PDU]

❶ 처음 두 개의 패킷(ARP 패킷)에서 DNS 서버의 하드웨어 주소를 얻는다. 두 개의 패킷으로부터 무엇을 얻을 수 있는가? 클라이언트는 192.168.0.106이고, DNS 서버는 192.168.0.1이다. 클라이언트와 DNS 서버의 하드웨어 주소는 발신지Source 열과 목적지Destination 열에 나와 있다(하드웨어 주소의 처음 3바이트는 OUIOrganizationally Unique Identifier 값이고, '브로드캐스트'는 와이어샤크에 의해 더 읽기 쉬운 형식으로 해석된다). ARP 패킷을 살펴보면 클라이언트의 하드웨어 주소는 이더넷 II 요약 줄에 AsustekC_b0:30:23(00:17:31:b0:30:23)으로 나타난다.

❷ 패킷 3과 4는 DNS 조회/응답 패킷이다. 클라이언트는 maps.google.com의 IP 주소를 얻기 위해 시도한다. DNS 조회 패킷은 DNS 서버(이 DNS 서버는 클라이언트에 로컬이다)의 하드웨어 주소와 IP 주소로 할당된다. DNS 서버는 7개의 IP 주소를 제공하고 그 maps.soogle.com의 실제 이름(CNAME) maps.l.google.com을 나타낸다. 첫 번째 주소로 74.125.19.147이 제공됐다.

❸ 패킷 5, 6, 7에서 클라이언트는 maps.google.com에 대한 TCP 연결을 생성한다. 이제 클라이언트는 라우터(DNS 서버)의 하드웨어 주소로 패킷을 전송한 후 maps.google.com(maps.l.google.com)의 IP 주소로 패킷을 전송한다. 클라이언트는 연결을 위해 동적 소스 포트 번호(3012)를 사용한다 이 포트 번호의 와이어샤크 서비스 파일에 tesdss로 나열된다.

❺ 패킷 8에서 클라이언트는 메인 페이지를 요청한다(GET /HTTP/1.1). 패킷 9에서 서버는 그 요청에 대한 수신으로 확인응답을 전송한다. 패킷 10에서 서버는 클라이언트에 메인 페이지 전송을 시작한다.

다음 표는 사용자가 작업할 추적 파일과 검토가 필요한 www.wiresharkbook.com에서 제공하는 추적 파일을 나타낸다.

gen-googlemaps.pcapng	이 추적 파일은 www.google.com에 대한 간단한 웹 브라우징 세션을 보여준다. 클라이언트는 DNS 서버의 물리 주소를 얻기 위해 ARP 조회를 실행한 후 www.google.com에 대한 IP 주소를 할당하기 위한 DNS 서버에 조회를 전송한다. 성공적인 응답을 받은 후 클라이언트는 서버의 80번 포트로 TCP 연결을 생성하고, GET으로 메인 페이지를 요청한다. 페이지가 성공적으로 다운로드됐다.
http-chappellu2011.pcapng	www.chappellU.com 웹사이트를 검색할 수 있다. 하지만 404 '찾을 수 없음' 에러가 있는지 알 수 있는 가장 좋은 방법은 404 응답의 스트림을 따라 하는 것이다. 브라우저에게는 페이지 요소를 다운로드하기 위해 몇 가지 연결이 필요하다.

(이어짐)

http-wiresharkdownload.pcapng	제럴드는 wireshark.org 사이트에 약간의 재미를 더 했다(패킷 6 X-슬로건 텍스트를 확인하라). 라인을 내려오는 유일한 슬로건이 아니다. 제널드로부터 http.response.code 디스플레이를 적용해 다른 메시지를 찾을 수 있다. 와이어샤크는 파일을 다운로드하는 요청 패킷 33에서 볼 수 있다. 다운로드는 불과 30초 정도 걸린다.
http-wiresharkdownload-slow.pcapng	1장에서 언급된 추적 파일이다. 와이어샤크 파일을 다운로드하는 요청 패킷 561에서 볼 수 있다. 다운로드에 60초 이상 걸린다.
icmp-ping-basic.pcapng	모든 ping 동작 중 가장 단순한 것이다. 대상 이름에 대한 DNS 확인 프로세스를 시작하고 ICMP 에코 응답에 따라 IPv4의 에코 요청을 계속하는 간단한 작업이다.
sec-nessus.pcapng	Nessus(www.nessus.org)는 침투 테스트 도구로, 몰래 시도하지 않는다. 추적 파일에 문자열 'nessus'(대소문자를 구분하지 않음)를 검색하는 검색 기능을 사용한다. 모든 추적 파일에 'nessus' 명을 찾을 수 있다. 또한 스캔이 Xprobe2 실행에서 사용되는 특이한 ping 패킷(패킷 3)을 볼 수 있다.
telnet.pcap	누군가가 시스코(Cisco) 라우터로 exit 명령과 같이 리턴되는 show version 명령을 실행시키기 위해 텔넷 연결을 생성했다. 그러나 암호는 다시 에코되지 않는다. 클라이언트와 서버 연결 작업을 협상할 때 DO, DON'T, WILL 및 WON'T 명령들이 따라온다.
vlan-general.pcapng	이 추적은 VLAN상의 X11 통신을 보여준다. 이더넷 헤더 후와 IP 헤더 전에 VLAN 태그를 직접 볼 수 있다.

연습문제

Q1.1 네트워크 분석의 목적은 무엇인가?

Q1.2 네트워크 분석을 통해 수행되는 문제점 해결 작업을 적어도 3가지 이상 기술하라.

1.

2.

3.

Q1.3 왜 네트워크 분석이 어떤 회사에서는 보안 위협이라고 생각되는가?

연습문제 답

Q1.1 네트워크 분석의 목적은 무엇인가?

A1.1 네트워크 분석은 성능 문제를 식별해 보안 위반 위치를 알아내고, 애플리케이션의 동작을 분석하고, 용량을 최대로 늘리는 계획을 수행하기 위해 네트워크 통신을 이해하고 정확하게 판단하는 능력을 제공한다.

Q1.2 네트워크 분석을 통해 수행되는 문제점 해결 작업을 적어도 3가지 이상 기술하라.

A1.2 1. 잘못된 네트워크 장치의 위치 찾기

2. 경로에 따른 높은 지연 시간 측정하기

3. 패킷이 손실되는 지점 찾기

Q1.3 왜 네트워크 분석이 어떤 회사에서는 보안 위협이라고 생각되는가?

A1.3 네트워크 분석이 네트워크 트래픽을 도청하고 통신을 엿듣는 것을 포함하기 때문에 일부 회사들은 네트워크 분석을 보안에 위협이 된다고 생각한다. 이런 회사들은 네트워크 분석가들이 암호화되지 않은 정보(데이터, 이메일 등)를 볼 수도 있음을 두려워한다. 하지만 실제로 네트워크 분석가는 비인가된 도청자가 기밀 통신에 대한 정보를 얻는 것을 막기 위해 안전하지 않은 네트워크 통신을 식별할 수 있다.

2장 와이어샤크 소개

와이어샤크 공인 네트워크 분석가 시험에서 다루는 내용

- 와이어샤크 생성과 유지 보수
- 와이어샤크 최신 버전 구하기
- 와이어샤크 공개 버전과 개발자 버전 비교
- 와이어샤크 버그 리포트와 개선점 제안
- 유/무선 네트워크에서 패킷 수집
- 다양한 유형의 추적 파일 열기
- 와이어샤크가 패킷을 어떻게 처리하는지 이해
- 시작 페이지 이용
- 9가지 GUI 요소 확인
- 와이어샤크의 메인 메뉴 살펴보기
- 메인 툴바 효율적으로 사용
- 필터 툴바를 이용한 빠른 작업
- 무선 툴바 보이게 만들기
- 오른쪽 클릭 기능을 이용한 빠른 작업
- 메뉴와 툴바의 기능

- ❖ 사례 연구: 데이터베이스 다운 확인
- ❖ 정리
- ❖ 학습한 내용 복습
- ❖ 연습문제와 답

2장에서 참조한 추적 파일

- app-youtube1.pcapng
- booktcpset-*.pcapng
- ftp-dir.enc
- http-espn2011.pcapng
- http-googlesearch.pcapng
- http-pcaprnet.pcapng
- icmp-standardping.pcapng
- sec-sickclient.pcapng
- voip-extension.pcapng
- arp-poison.pcapng
- dhcp-addressproblem.pcapng
- http-download-bad.pcapng
- http-espn2012.pcapng
- http-microsoft.pcapng
- icmp-dest-unreachable.pcapng
- sec-nmapscan.pcapng
- smb-filexfer.pcapng
- wlan-ipad-start-sleep.pcapng

와이어샤크 생성과 유지 보수

와이어샤크Wireshark는 세계에서 가장 인기 있는 네트워크 분석기이며, 오픈소스 툴로 모든 사람이 무료로 사용할 수 있다. 와이어샤크는 다양한 플랫폼에서 실행되고, IT 전문가를 위해 이상적인 '비상 관리first responder' 툴이다.

1997년, 분석기 시장은 5,000에서 20,000달러 수준의 상용 네트워크 분석기가 주를 이루고 있었다. 이 가격은 대부분의 비즈니스 및 정보 기술자에게는 너무나도 큰 비용이었다. 제럴드 콤즈Gerald Combs는 비싼 상용 툴의 막대한 가격에 부담을 갖는 기술자였다. 이더리얼Ethereal을 만들기 전에 제럴드는 캔자스 시의 미주리 대학에서 휴대용 스니퍼Sniffer를 갖고 다녔다. 다음 직장인 작은 ISP 업체에서 한정된 예산 때문에 tcpdump와 snoop에 자신의 툴을 사용하는 데 제한이 있었다.

제럴드는 자신만의 네트워크 분석 프로그램을 만들기로 했다. 제럴드는 원래 개발 노트가 몇 달 전(1997년 말)의 구식이었음에도 불구하고 자신의 네트워크 분석 프로그램을 이더리얼Ethereal(버전 0.2.0)이라는 이름으로 1998년 7월 14일에 출시했다.[1] 제럴드가 2006년 6월에 CACE 테크놀로지에서 일을 했을 때 사용했던 이더리얼이란 이름에 대한 상표 소유권 문제가 생겨 이름을 새롭게 와이어샤크로 바꿨다.[2] CASE 테크놀로지는 2010년에 리버베드 테크놀로지에 인수됐다.

와이어샤크는 세계 각지에 있는 개발자들의 활발한 커뮤니티에 의해 운영 중이다. 와이어샤크 개발자에 대한 자세한 내용은 '와이어샤크 개발자들에 대한 감사!' 절을 참조하거나 메인 메뉴의 Help ▶ About Wireshark ▶ Authors를 선택하라.

와이어샤크 최신 버전 구하기

와이어샤크는 윈도우, 애플 맥 OS X, 데비안 GNLI/리눅스, FreeBSD, 젠투Gentoo 리눅스, HP-UX, 맨드리바Mandriva 리눅스, NetBSD, OpenPKG, 레드햇 페도라/엔터프라이즈 리눅스, rPath 리눅스, 썬 솔라리스/i386, 썬 솔라리스/스팍Sparc 및 우분투Ubuntu 등 다양한 운영체제에서 사용할 수 있다.

---

1. 와이어샤크 개발 과정을 보고 싶다면 www.vimeo.com/9329501로 가서 비디오를 보라. Loris Deioganni(WinPcap의 개발자)는 code_swarm과 시각화 툴을 사용해 3분이라는 짧은 비디오 안에 와이어샤크 전체 히스토리를 그래픽으로 표현했다.

2. 제럴드 콤즈는 와이어샤크의 'shark'는 백상어라고 이야기한다. 이것은 위대한 흰색 상어로 알려진 가장 뚜렷한 백상어를 의미한다. 이름을 급히 변경해야 했을 때 잠재적으로 미래 지향적인 이름을 생각했지만, 창피하게도 EtherWeasel이었다. 좀 이상한 프로젝트로 들리지 않는가?

운영체제에 맞는 와이어샤크 버전을 찾으려면 www.wireshark.org/download.html에 방문하라.

와이어샤크는 GNU GPL General Public License로 발표됐다. GNU GPL에 대한 자세한 정보는 www.gnu.org/licenses/gpl-faq.html을 참조하라. 와이어샤크 라이선스를 보려면 그림 9와 같이 Help ❯ About Wireshark ❯ License를 선택하라. 와이어샤크 개발 비용은 '와이어샤크 코드의 가치 계산' 절을 참조하라.

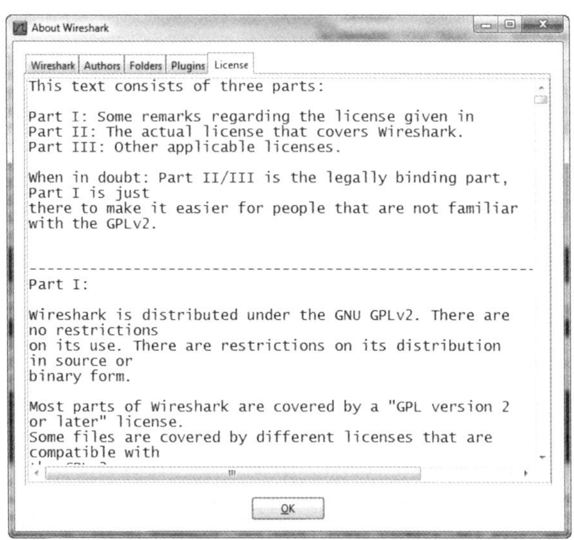

그림 9 와이어샤크 라이선스

✻ 와이어샤크 공개 버전과 개발자 버전 비교

와이어샤크의 가장 최신 버전은 www.wiresha.rk.org/downtoad.html에서 찾을 수 있으며, 가장 최신 개발자 버전은 www.wireshark.org/download/automated에서 찾을 수 있다.

안정된 공개 버전에 대해 버전을 표기할 때는 소수점 이하를 짝수(1.6.x, 1.8.x 같이)로 표기한다. 반면 개발자 공개 버전은 소수점 이하를 홀수(1.5.x, 1.7.x 같이)로 표기한다. 또한 개발자 공개 버전을 표시하는 'SVN'를 포함하는 개발자 공개 버전은 서브버전Subversion 오픈소스 버전 제어 시스템을 사용해 관리된다.

 **새로운 와이어샤크 공개 버전 통지받기**

공개 버전 출시에 대한 공지를 받으려면 www.wireshark.org/lists에 있는 Wireshark-announce 메일링 리스트에 가입하라.

✻ 와이어샤크 개발자들에 대한 감사

현재 약 700여명의 개발자가 와이어샤크 개발과 개선을 위해 노력해 왔다. 그 중 10명에서 20명 정도의 개발자는 지금도 일하고 있다. 와이어샤크의 기능과 결과는 개발 팀의 지칠 줄 모르는 노력에 대한 직접적인 결과물이다.[3]

'핵심 개발자' 리스트는 'wiki.wireshark.org/Devetopers'에 나와 있다. 전체 참여자 리스트는 Help ▶ About Wireshark ▶ Authors에서 볼 수 있다. 이 책을 쓴 당시에 주요 개발자는 다음과 같다.

Olivier Abad	Jaap Keuter	Pascal Quantin
Olivier Biot	Tomas Kukosa	Tim Potter
Stig Bjarlykke	Alexis La Goutte	Kovarththanan Rajaratnam
Graham Bloice	Ulf Lamping	Gilbert Ramirez
Sake Blok	Graeme Lunt	Balint Reczey
Hannes Boehm	Martin Mathieson	Lars Roland
Anders Broman	Joerg Mayer	Irene Rungeler
Gerald Combs[4]	Christopher Maynard	Ronnie Sahlberg
Laurent Deniel	John McDermott	Richard Sharpe
Gerasimos Dimitriadis	Bill Meier	Sebastien Tandel
Mike Duigou	Stefan Metzmacher	Michael Tuexen
Stephen Fisher	Greg Morris	Richard Van Der Hoff
Jeff Foster	Jeff Morriss	Alejandro Vaquero
Uwe Girlich	Ashok Narayanan	Jelmer Vemooij

---

3. 네트워크 문제를 해결하고, 통신을 최적화하고, 보안 취약점을 빨리 찾아내야 하는 우리는 와이어샤크의 모든 개발자에게 많은 도움을 받고 있다. 버그 및 개발자들에게 도움이 되는 좋은 아이디어가 있다면 알려주기 바란다.

4. 제럴드 콤즈는 원저자로 리스트에 올라와 있다(두려움을 모르는 리더다).

Jun-ichiro itojun Hagino	Nathan Neulinger	Ed Warnicke
Mike Hall	Luis Ontanon	Jim Young
Guy Harris	Jakub Zawadzki	

✻ 와이어샤크 코드의 가치 계산

데이비드 휠러David A. Wheeler에 의해 개발된 SLOCCount(sourceforge.net/projects/sloccount/)는 코드의 소스 길이를 계산하고, 개발 비용과 시간을 측정하는 데 사용되는 도구다. SLOCCount에 의하면[5] 와이어샤크는 2,272,715라인의 코드 라인LoC을 포함하고, 약 90,367,829달러의 개발비로 연간 668.96명의 인원이 참여했다고 한다. 와이어샤크의 자동화 구축 시스템은 www.wireshark.org/download/automated/sloccount.txt에서 확인한 후 보고서를 생성한다.

✻ 와이어샤크 버그 리포트와 개선안 제출

그림 10에 나타난 것처럼 와이어샤크는 bugs.wireshark.org/bugzilla의 버그질라Bugzilla 버그 추적 시스템을 사용한다. 와이어샤크에 있는 것이 다 옳은 것은 아니다. 필드가 제대로 해석되지 않거나 버튼이 부분적으로만 보일 수 있다. 이렇게 버그가 있으면 알려진 버그들을 살펴보기 위해 전체 목록을 볼 수 있다.

버그들은 와이어샤크 GUI, 티샤크Tshark, dumpcap, Editcap, Mergecap, Capinfos, Text2pcap이나 다른 관련 유틸리티에서 보고될 수 있다. 또한 버그 추적 시스템은 www.wireshark.org, wiki.wireshark.org, anonsvn.wireshark.org 등의 와이어샤크 웹사이트를 지원한다. 서브버전, 메일, FTP, rsync 같은 다른 네트워크 서비스에 대한 문제들은 여기에 보고해야 한다.

와이어샤크의 공개된 모든 버그 목록을 보려면 Show Open Bugs를 클릭하면 된다. 심각성으로 분류된 목록을 보려면 Sev heading을 클릭하면 된다. 이곳에서 키워드로 버그를 찾을 수 있고, 새로운 버그를 제출하거나 제품 개선을 요청할 수 있다.

5. 2012년 5월 16일 www.wireshark.org/download/automated/sloccount.txt에 올라온 통계

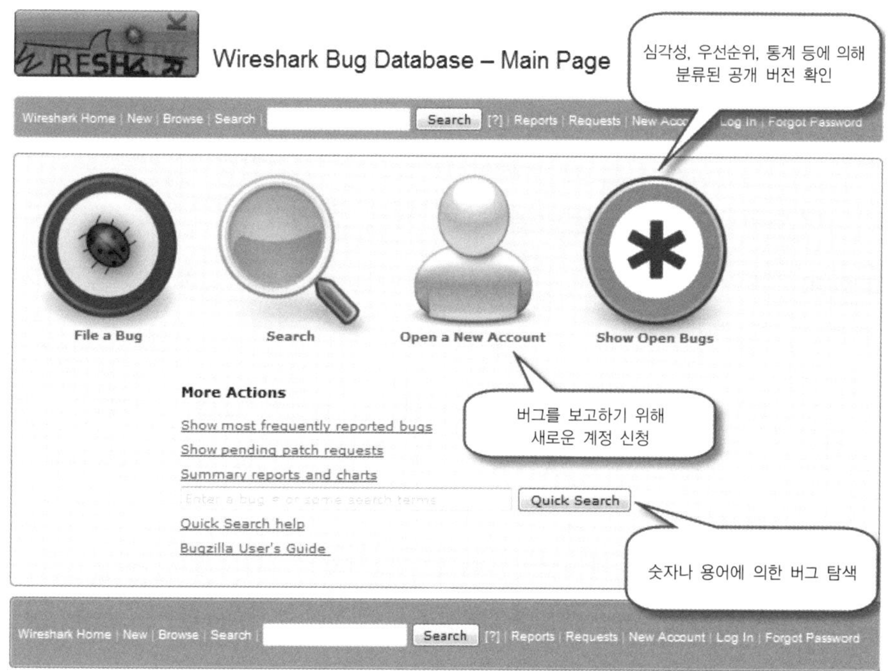

그림 10 와이어샤크의 Bugzilla 버그 데이터베이스에 있는 공개된 모든 버그를 볼 수 있다.

버그를 올리기 전에 계정을 만들어 로그인해야 한다. 버그를 검색하거나 알려진 버그를 보기 위해 계정을 생성하거나 로그인을 할 필요가 없다. 버그질라Bugzilla를 사용하는 방법을 좀 더 알고 싶다면 bugs.wireshark.org/bugzilla/docs/html/using.html에 방문하라.

✻ 수출 규제 준수

와이어샤크는 DCERPC, IPsec, ISAKMP, Kerberos, SNMPv3, SSL/TLS, WEP, WPA/WPA2 및 그 밖의 많은 프로토콜을 해독하는 기능을 갖고 있다. 미국에서 와이어샤크의 기본적인 배포처는 www.wireshark.org 사이트를 통하며, 중요한 것은 U.S. 암호 수출 규제 정책을 따라야 한다는 점이다.

수출 규제 문제는 와이어샤크 FAQ에서 다룬다.

> 와이어샤크는 ECCN 5D002의 영향을 받으며, EAR의 섹션 734.3(b)(3)하에서 TSU의 라이선스 면제 자격을 갖추고 있다. 쿠바, 이란, 북한, 리비아, 수단, 시리아에서 와이어샤크 다운로드는 금지된다.

FAQ는 프랭크 헥커Frank Hecker에 의해 작성된 미국 암호 수출 규제 정책에 사용되는 모질라Mozilla의 수출 규제 분류 번호를 구체화하는 문서를 참조한다. 이 문서는 hecker.org/mozilla/eccn에서 구할 수 있다.

✻ 와이어샤크의 기능에 영향을 주는 제품 확인

많은 제품이 와이어샤크를 내장하거나 와이어샤크를 기반으로 한 상호 보완적인 서비스를 제공한다.

- 리버베드 테크놀로지의 AirPcap 어댑터는 와이어샤크를 이용해 802.11 a/b/g/n 수집과 동시에 정밀한 분석을 가능하게 해준다(www.riverbed.com/us/products/cascade/airpcap.php).
- 리버베드 테크놀로지의 CACE Pilot®는 네트워크 트래픽의 장기 동향과 트래픽의 일부를 직접 선택해 와이어샤크로 보내는 기능을 제공한다(www.riverbed.com/us/products/cascade/cascade_pilot.php).
- 시스코의 Nexus 7000 시리즈 교환기는 내장된 프로토콜 분석기로 와이어샤크가 포함돼 있다(www.cisco.com/en/VS/products/ps9402).

✼ 유/무선 네트워크에서 패킷 수집

와이어샤크가 유선 네트워크나 무선 네트워크에 연결돼 있다면 트래픽은 그림 11과 같이 WinPcap, AirPcap, Libpcap 링크 계층 인터페이스 중 하나의 인터페이스에 의해 처리된다.

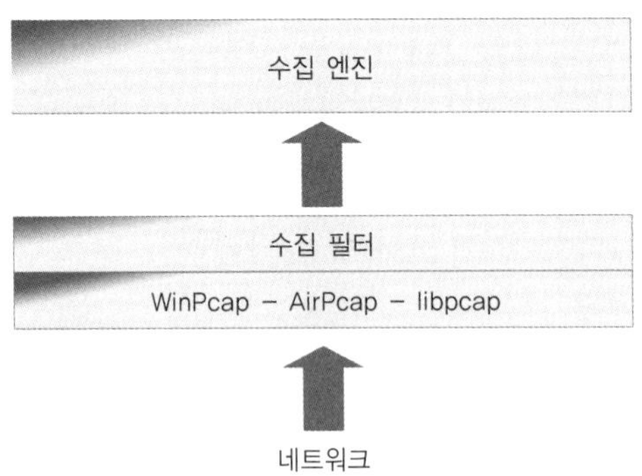

그림 11 트래픽 수집 프로세스

✻ Libpcap

libpcap 라이브러리는 *NIX 호스트에서 트래픽을 수집하기 위한 산업 표준 링크 계층 인터페이스다. libpcap과 관련된 패치 정보는 www.tcpdump.org에서 구할 수 있다.

✻ WinPcap

WinPcap은 libpcap 링크-계층 인터페이스의 윈도우즈 포트이다. WinPcap는 낮은 레벨의 네트워크 액세스와 libpcap API의 윈도우즈 버전을 제공하는 드라이버로 구성돼 있다. WinPcap과 WinPcap 관련 유틸리티에 대한 자세한 정보는 www.winpcap.org에서 구할 수 있다.

✻ AirPcap

AirPcap은 윈도우 운영체제에서 802.11 트래픽을 수집하기 위한 링크 계층 인터페이스 및 네트워크 어댑터다. AirPcap 어댑터는 WLAN 데이터를 수집하기 위해 수동 모드로 동작하며, 프레임을 관리하고 제어한다. AirPcap 어댑터의 자세한 정보는 www.riverbed.com/us/products/cascade/airpcap.php에서 구할 수 있다.

다양한 유형의 추적 파일 열기

추적 파일을 열 때 WinPcap, AirPcap, libpcap 인터페이스는 사용되지 않는다. 공개된 추적 파일은 그림 12에 나타난 것과 같이 와이어샤크 Wiretap 라이브러리를 통해 처리된다.

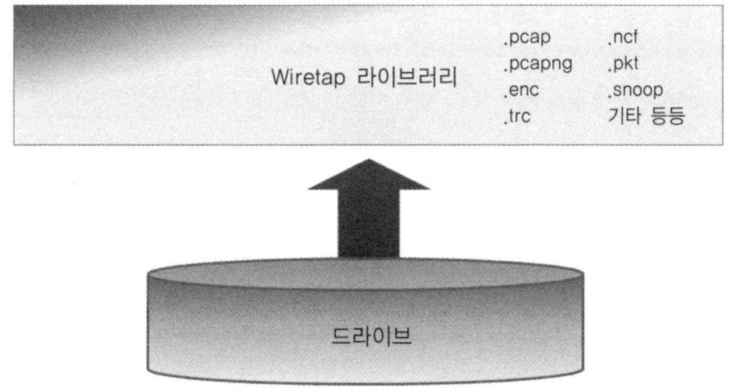

그림 12 추적 파일을 열 때 사용되는 Wiretap 라이브러리

와이어샤크 Wiretap 라이브러리는 다음과 같은 다양한 유형의 추적 파일을 읽을 수 있게 해준다.

Wireshark/tcpdump-libcap	Microsoft NetMon	Endace ERF capture
AIX tcpdump-libcap	Network General SnifFer	TamoSoft CommView
RedHat 6.11cpdump-libpcap	NI Observer	Shomiti/Finisar Surveyor
SuSE 6.3 tcpdump-libpcap	Sun snoop	WildPackets *Peek

와이어샤크 Wiretap 라이브러리에 있는 추적 파일 유형의 전체 목록을 보려면 와이어샤크를 실행하고 File ❯ Open을 선택한 후 File of Type의 드롭다운 목록을 클릭한다. ftp-dir.enc(이전의 스니퍼 파일 형식 중 하나)를 열어보라.

와이어샤크 개발자 가이드에 접근하기

와이어샤크는 공개된 소스이기 때문에 누구나 코드에 기여할 수 있다. 이 책에서는 해석기(또는 해독기)를 개발하지 않지만, 누구나 www.wireshark.org/docs/wsdg_html_chunked/에서 와이어샤크를 위해 생성되는 해석기에 관한 정보를 얻을 수 있다. 와이어샤크를 위한 개발에 진지한 관심이 있는 경우에는 Sharkfest 컨퍼런스에 참여하면 된다. 자세한 내용은 sharkfest.wireshark.org에 방문하라.

와이어샤크가 패킷을 처리하는 방법 이해

그림 13에 나타난 바와 같이 Libpcap, WinPcap, AirPcap에 의해 처리되거나 Wiretap 라이브러리에 의해 공개된 추적 파일은 코어 엔진에서 처리된다.

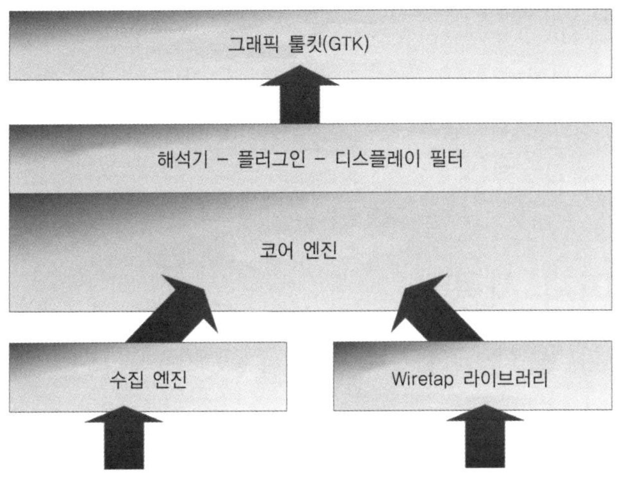

그림 13 패킷 처리 요소

✻ 코어 엔진

코어 엔진Core Engine은 '다른 블록도 함께 갖고 있는 글루 코드'로 표현된다.

✻ 해석기, 플러그인, 디스플레이 필터

해석기(또는 해독기라고도 함), 플러그인(해독을 위한 특별한 루틴), 디스플레이 필터(표시되는 패킷을 정의하기 위해 사용)는 해석기가 필드 내용과 해석된 값(가능한 경우)을 표시하기 위해 패킷을 해석할 때 들어오는incoming 트래픽에 적용된다.[6]

패킷이 들어오면 와이어샤크는 먼저 프레임 유형을 감지하고, 올바른 프레임 해석기(예, 이더넷)에 패킷을 넘긴다. 이후 프레임 헤더의 내용을 세분화한 후 해석기는 다음에 무엇이 있는지를 살핀다. 예를 들어 이더넷 헤더의 유형 필드 값 0x0800은 다음에 IP가 오고 있음을 나타낸다. 와이어샤크 이더넷 해석기는 IP 해석기에 패킷을 전달한다. IP 해석기는 IP 헤더의 프로토콜 필드를 살핀다. 값이 0x06(TCP)인 경우 IP 해석기는 TCP 해석기에 패킷을 넘긴다. 이런 프로세스는 다른 세분화가 가능하지 않을 때까지 계속된다.

6. 이것은 와이어샤크의 강력한 힘을 실제 나타내는 부분이다. hex dump로부터 HTTP GET 요청을 한 번에 1바이트씩 디코딩하는 것을 상상할 수 있겠는가?! 이것은 "당신은 도망갈 곳이 없다"라고 하는 일종의 즐거운 비명소리다.

✻ GIMP 툴킷(GTK+)

GIMP GTK+는 와이어샤크를 위한 그래픽 사용자 인터페이스를 만드는 데 사용되고, 플랫폼의 상호 호환성을 제공한다. GTK+에 대한 더 자세한 정보를 보려면 www.gtk.org에 방문하라.

✻ 시작 페이지 사용

버전 1.2.0부터 와이어샤크에 시작 페이지Start Page가 추가됐다.[7]

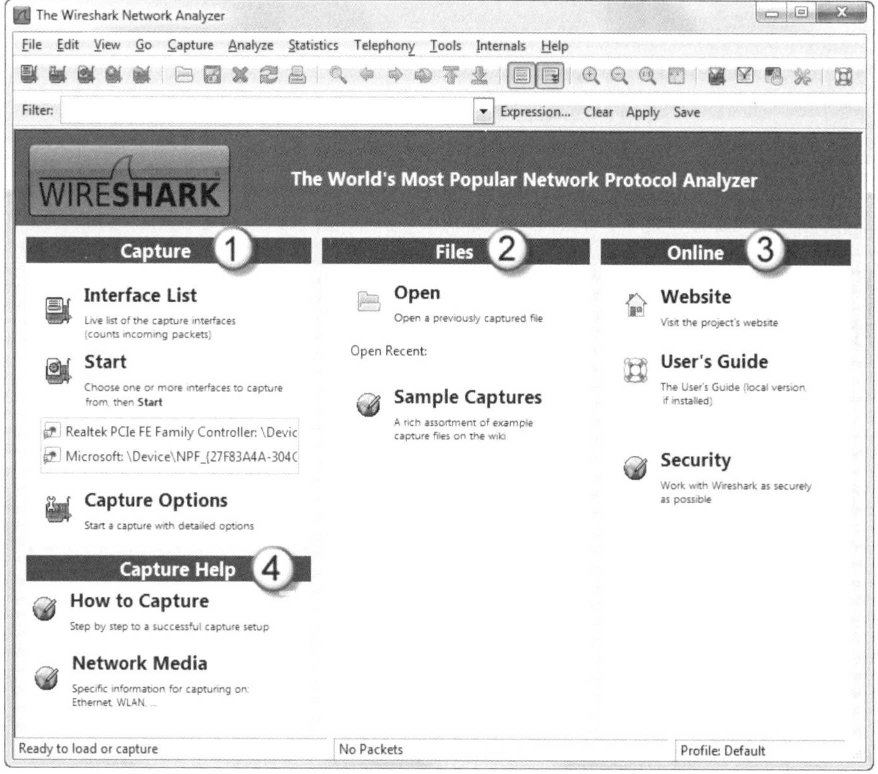

그림 14 와이어샤크 시작 페이지

그림 14에 나타난 것처럼 시작 페이지에는 다음과 같은 4개의 영역Area이 있다.

7. 좋아요. 좋아!! 나는 시작 페이지의 팬은 아니지만 와이어샤크를 처음 경험하는 사람에게 편안하고 친근하게 느껴지는 목적으로 이해가 된다. 와이어샤크를 좀 더 편리하게 사용하려면 메인 툴바의 용도를 배우길 강력히 추천한다.

❶ 수집Capture 영역

❷ 파일Files 영역

❸ 온라인Online 영역

❹ 수집 도움말Capture Help 영역

✽ 수집 영역

수집 영역에는 클릭하면 현재의 트래픽 율에 대한 자세한 내용을 볼 수 있는 Interface List가 포함돼 있다. 또한 이 영역에 보이는 Start 링크는 인터페이스 목록에 나열된 하나 또는 그 이상의 인터페이스를 선택한 후 수집을 시작한다. 마지막으로 Capture Options 링크를 클릭하면 수집 옵션 창이 열리는데, 수집 필터, 수집 중지 조건 명시, 활성화/비활성화 이름 변환 방법 등을 정의하기 위해 사용된다.

 **인터페이스가 없다? 수집할 수 없다!**

와이어샤크는 목록에 없는 인터페이스의 트래픽은 수집할 수 없다. 인터페이스가 시스템에서는 사용이 가능한데, 와이어샤크에서 활성화 인터페이스 목록에 없다면 와이어샤크를 재시작하는 편이 좋다. 그래도 인터페이스가 목록에 나타나지 않으면 시스템을 재부팅하라.

✽ 파일 영역

파일 영역은 3개의 섹션으로 구성되는데, 열기Open, 최근 파일 목록 열기Open Recent List, 샘플 수집Sample Capture 링크다. Open을 클릭해 드라이브를 검색하고, 열고자 하는 추적 파일을 선택하라. 파일을 열려면 **열기 최근 파일 목록**Open Recent list에서 하나를 클릭한다. 목록에 파일이 없다면 추적 파일이 아직 열린 것이 없거나 누군가가 최근 목록을 삭제한 것이다(File > Open Recent > Clear the Recent Files List). 브라우저를 시작하게 하기 위해 Sample Captures 링크를 클릭하고'wiki.wireshark.org/SampleCaptures'를 보라. Wiki 페이지는 샘플 추적 파일을 포함하고 있다.[8] Network Media 링크(http://wiki.wireshark.org/CaptureSetup/NetworkMedia)를 클릭하면 와이

---

8. 다른 추적 파일의 로드를 보려면 www.wiresharkbook.com을 방문하라. www.pcapr.net에 또 다른 추적 파일 자원들이 많이 있다. 이 사이트는 Mu Dynamics에 의해 관리되며, 수천 개의 추적 파일을 갖고 있다. 회원들은 추적 파일을 다운로드해 편집할 수 있다.

어샤크에서 지원하는 네트워크 유형과 플랫폼을 볼 수 있다.

✻ 온라인 영역

온라인 영역은 메인 와이어샤크 웹사이트, 사용자 설명서, 와이어샤크 보안 페이지인 'wiki.wireshark.org/Security'에 대한 링크를 갖고 있다. 사용자 설명서 링크를 클릭하면 사용자 가이드의 사본이 열릴 것이다.[9]

✻ 수집 도움말 영역

수집 도움말 영역은 두 개의 링크를 포함하고 있는데, 이는 wiki.wireshark.org/capturesetup에 있는 수집 페이지와 wiki.wireshark.org/capturesetup/networkmedia에 있는 네트워크 미디어 페이지다.[10]

✲ 9개의 GUI 요소 파악

기존 추적 파일을 열거나 수집 세션을 시작하려면 메인 와이어샤크 창에서 작업을 시작하라. 메인 와이어샤크 창에는 다음과 같은 9개의 섹션이 있다.

❶ 타이틀Title
❷ 메뉴Menu 텍스트text
❸ 메인 툴바Main Toolbar 아이콘
❹ 필터 툴바Filter Toolbar
❺ 무선 툴바Wireless Toolbar
❻ 패킷 목록 창Packet List Pane
❼ 패킷 상세 정보 창Packet Details Pane
❽ 패킷 바이트Packet Bytes
❾ 상태 바Status Bar

---

9. Ulf Lamping, Richard Sharpe와 Ed Warnicke는 와이어샤크 사용법과 팁을 통한 예제를 포함해 와이어샤크 사용자 가이드를 만들었다.

10. 네트워크 매체 지정 수집 페이지는 libpcap/WinPcap 라이브러리가 수집할 수 있는 물리적인 인터페이스 유형과 와이어샤크가 실행되는 여러 운영체제를 나열하는 매트릭스를 포함하고 있다. 예를 들면 매트릭스는 윈도우 호스트에서 와이어샤크를 실행할 때 블루투스나 USB 트래픽을 수집할 수 없다고 하지만, 리눅스 호스트에서 와이어샤크를 실행하면 블루투스나 USB 트래픽을 수집할 수 있다.

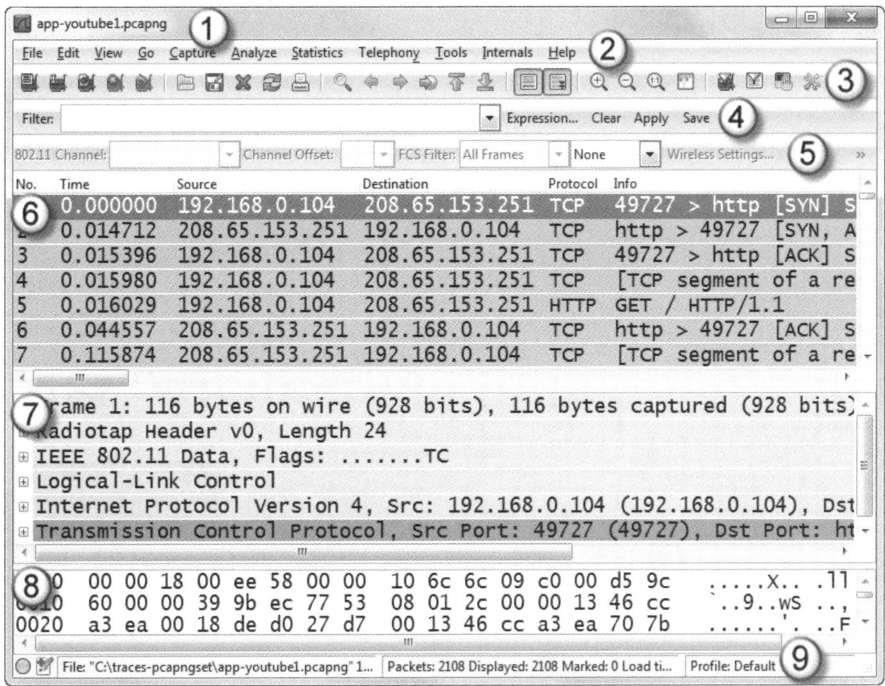

그림 15 저장된 추적 파일의 와이어샤크 뷰[app-youtube1.pcapng]

✻ 타이틀 바에 와이어샤크 버전 표시

타이틀 바에는 항상 와이어샤크 버전 정보를 표시하는 편이 좋다. 시스템에 여러 버전의 와이어샤크가 설치돼 있는 경우에는 특히 중요하다. Edit ❯ Preferences ❯ User Interface를 선택하고, Welcome screen and title bar shows version을 활성화한다.

타이틀 바는 Edit ❯ Preferences ❯ Layout을 선택하고, 사용자 윈도우 타이틀 Custom window title 필드를 채워 추가로 정의할 수 있다. 사용자 지정 제목은 추적 파일의 이름이나 인터페이스 정보(추적 과정 동안에) 뒤에 위치하고, 와이어샤크 버전 정보에 선행한다.

✻ 무선 툴바 표시(윈도우만 가능)

와이어샤크는 와이어샤크를 실행하는 윈도우 호스트에 AirPcap 어댑터를 연결할 때 사용되는 무선 툴바를 포함하고 있다. 무선 툴바를 보려면 View ❯ Wireless Toolbar를 선택하라. 무선 분석에 대한 자세한 내용은 26장, '802.11(WLAN) 분석 소개'를 참조하라.

✻ 창 열고 닫기

열려있는 창(패킷 목록, 패킷 상세 정보, 패킷 바이트)을 수정하고 싶을 때가 있을 것이다. 메뉴에서 View를 선택하고, 보이거나 감추기display/hide를 원하는 창을 선택한다. 가장 많이 보이거나 감추는 창은 패킷 바이트Packet Bytes 창인데, 이 창을 숨기면 패킷 목록 창과 패킷 상세 정보 창이 더 많은 공간을 사용할 수 있다.[11]

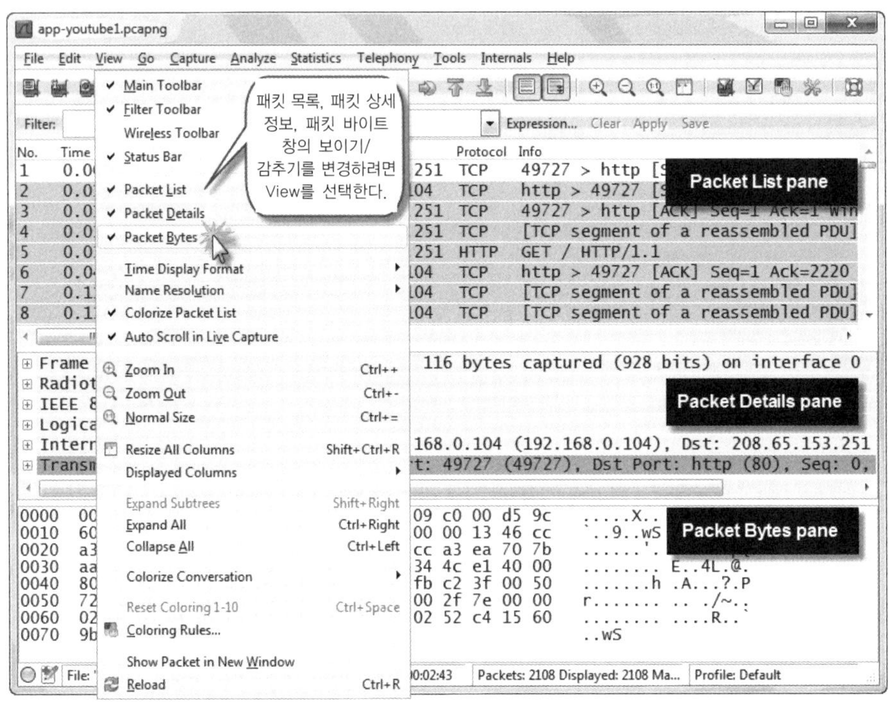

그림 16 패킷 목록, 패킷 상세 정보 및 패킷 바이트 창 보이기와 감추기를 하려면 view를 선택한다 [app-youtube1.pcapng]

✻ 상태 바 해석

와이어샤크 창 아래쪽에 있는 상태 바Status Bar는 5개의 섹션으로 구성되는데, 이는 전문가 정보 버튼, 추적 파일 주석 버튼, 파일 정보 칼럼, 패킷 정보 칼럼, 프로파일 칼럼이다.

11. 누군가에게 강한 인상을 주고 싶으면 패킷 목록과 패킷 상세 정보 창을 닫아라. Ctrl+아래 화살표(앞으로)와 Ctrl+위 화살표(뒤로)의 단축키를 사용해 패킷 전체를 차례대로 올리며, "음. 그렇구나"라고 중얼거릴 것이다.

※ 전문가 정보 버튼

와이어샤크는 성능 문제에 대한 원인을 파악하는 데 도움이 되는 전문가 시스템을 포함하고 있다. 분석 도구가 포함된 다른 '전문가 시스템'과 마찬가지로, 사용자는 실제 트래픽을 검사해서 제공된 정보를 확인해야 한다(전문가 시스템에만 의존하지 말라). 전문가 정보Expert Info 버튼은 다음과 같은 색으로 구성된다.

- **빨강(Red)** 가장 높은 단계의 에러
- **노랑(Yellow)** 가장 높은 단계의 경고
- **청록(Cyan)** 가장 높은 단계 주의
- **파랑(Blue)** 가장 높은 단계의 대화
- **녹색(Green)** 에러는 없지만 패킷 참고 사항, 경고, 주의 사항
- **회색(Grey)** Expert Info 항목이 없음

와이어샤크 1.8부터 사용자 인터페이스 참조 영역(Edit > Preferences)에 있는 전문가 정보 대화상자 탭 라벨에 LED를 활성화할 수 있다. 이것은 전문가 정보 탭에 색상 버튼을 추가한다.

※ 추적 파일 주석 버튼

주석 버튼Annotation Button(전문가 정보 버튼 옆)을 클릭하면 전체 추적 파일의 주석에 대한 추가, 편집, 취소를 할 수 있다. 요약 페이지(Statistics > Summary)에 추적 파일 주석Trace File Annotation도 표시된다. 이 기능은 오직 pcapng 파일에만 사용할 수 있다. 이 기능에 대한 자세한 정보는 12장, '주석, 저장, 내보내기, 인쇄'를 참조하라.

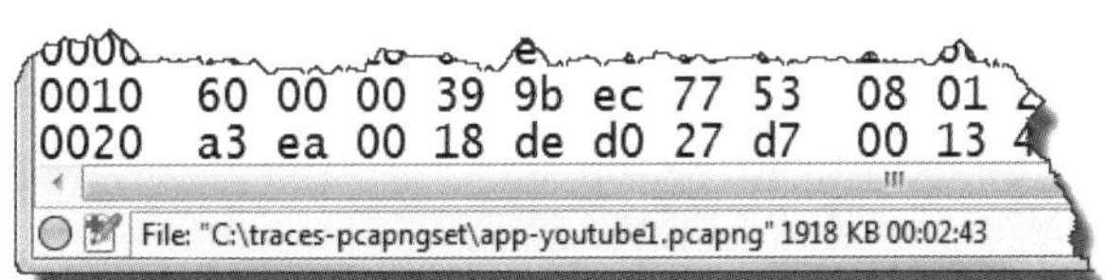

그림 17 상태 바의 전문가 정보와 파일 정보 부분

※ 파일 정보 칼럼

패킷을 수집하면 와이어샤크는 패킷을 임시 파일에 저장한다. 이것은 저장되지 않은 추적 파일이다. 파일 정보 칼럼File Information Column은 저장되지 않은 추적 파일의

디렉토리와 이름을 나타낸다. 파일 정보 칼럼은 저장되지 않은 추적 파일이나 오픈된 추적 파일의 파일 크기와 지속 시간을 나타낸다.

❊ 패킷 정보 칼럼

패킷 정보 칼럼Packet Information Column은 저장하거나/저장되지 않은 추적 파일에서 패킷의 총 개수, 디스플레이 필터가 설정된 경우 표시된 패킷의 수, 마크된 패킷의 수, 삭제된 패킷(수집 엔진으로 수집된 패킷과 관련된)의 수를 포함하고 있다.[12] '무시ignore' 기능을 사용한다면 무시된 패킷의 개수는 그림 18과 같이 표시된다.

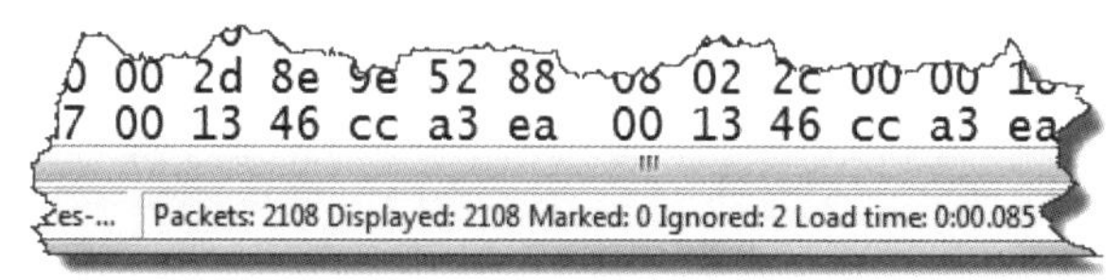

그림 18 패킷이 필터, 마크 및 무시된 것을 나타내는 패킷 정보 칼럼

❊ 프로파일 칼럼

특정 상황을 위해 와이어샤크를 커스터마이징하기 위한 프로파일Profile을 만들 수 있다. 예를 들어 HTTP 트래픽을 분석한다면 모든 HTTP 4.x.x(클라이언트 에러) 또는 5.x.x(서버 에러) 응답의 색상 규칙을 포함하는 프로파일을 만들 수 있다. 또한 HTTP Host 필드 값에 대한 열을 추가하는 것도 고려할 수 있다. 그림 19와 같이 활성화 프로파일은 상태 바의 오른쪽 칼럼에 표시된다. 목록에서 다른 프로파일을 선택하고 변경하려면 Profile 칼럼을 클릭하라.

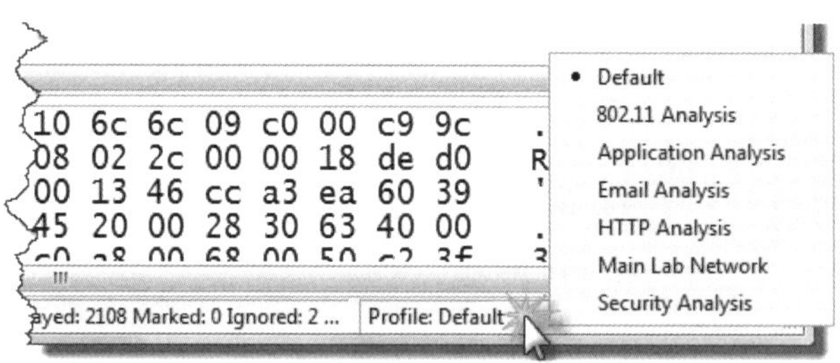

그림 19 현재 프로파일은 상태 바의 오른쪽에 나타난다.

---

12. 어떤 운영체제 버전으로 libpcap과 Wincap을 조합하면 누락된 패킷들을 탐지하지 못하거나 보고를 못할 수도 있다. 와이어샤크가 윈도우 호스트에서 실행되는 동안 패킷 누락이 생기면 Capture Options 창에서 버퍼 크기를 증가시켜 보라. 이 버퍼는 디스크에 기록할 때까지 저장하고 있으며, 기본 값은 1MB다.

새로운 프로파일을 생성하고 기존 프로파일 이름을 변경하거나 삭제하려면 오른쪽 프로파일 칼럼을 클릭하거나 Edit ❯ Configuration Profiles를 이용한다. 기본적으로 와이어샤크는 개인 환경설정 디렉토리에 있는 \profile 폴더에 프로파일을 저장한다. 해당 프로파일에 대해 작업하는 것과 같이 수집 추가, 디스플레이 또는 색상 규칙들, 추가 파일은 프로파일 디렉토리에 저장된다.[13] 와이어샤크 커스터마이징에 대한 자세한 내용은 11장, '와이어샤크 프로파일 사용자 기호에 맞게 변경'을 참조하라.

✲ 와이어샤크의 메인 메뉴

메인 메뉴는 10개의 섹션으로 구성된다. 메인 툴바와는 달리 필터 툴바, 무선 툴바, 상태 바는 숨길 수 없다.

✲ File 메뉴 항목

파일 메뉴의 항목은 www.wireshark.org/docs/wsug_html_chunked/ChUseFileMenuSection.html에서 다룬다. 이 학습 가이드에서는 몇 가지 항목을 더 심도 있게 살펴보고, 해당 항목들의 사용에 중점을 둔다.

✲ 파일 열기(File ❯ Open)

File ❯ Open을 선택하면 와이어샤크는 열어야 할 디렉토리를 결정하기 위해 사용자 인터페이스 환경을 살펴본다. 사용자는 마지막으로 열린 디렉토리 추적 파일이나 특정 디렉토리로 구성할 수 있다.

✲ 최근 파일 열기(File ❯ Open Recent)

Edit ❯ Preferences를 선택하고 Open Recent 메뉴 옵션에 나열되는 항목의 개수를 결정하려면 Open Recent 최대 목록 항목 섹션에 숫자를 입력한다. 기본 값은 10이다.[14] 최근 파일 목록을 지우려면 File ❯ Open Recent ❯ Clear the Recent

---

13. 다른 사용자와 프로파일 디렉토리 전체를 공유하기보다는 프로파일 디렉토리에 있는 개별 파일 공유를 생각해보라. gui.fileopen.dir(추적 파일을 열 때 실행되는 디렉토리) 같은 일부 설정은 대상 호스트와 일치하지 않을 수도 있기 때문에 우선순위 파일들은 조심해서 다뤄야 한다.

14. 네트워크의 주요 문제를 작업하면서 끊임없이 서로 다른 추적 파일들을 바꾸어 봤다. Open Recent max를 열고 파일 설정을 30으로 해 수백 개의 추적 파일 디렉토리로 작업하는 것을 피할 수 있었다. 5장, '전역 및 개인 환경설정'에서 몇 가지 트릭을 배운다.

Files List를 선택하라.

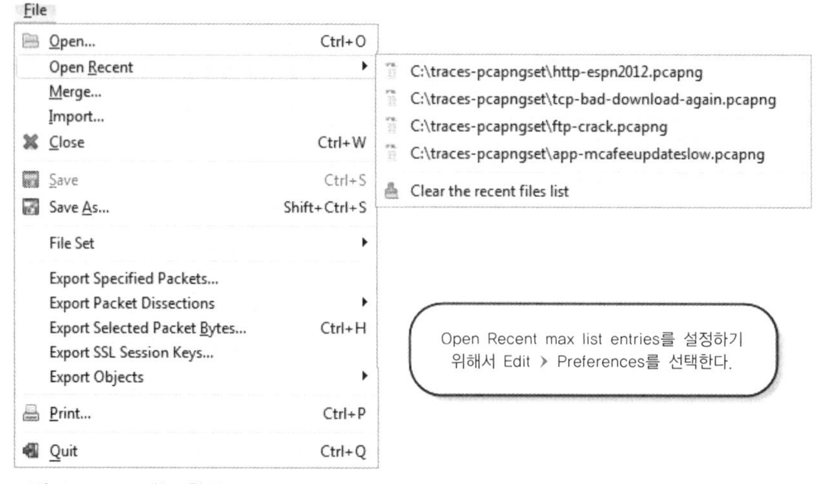

그림 20 File 메뉴 항목

❊ 파일 합치기(File > Merge)

여러 개의 추적 파일을 합칠 수 있다. Mergecap(33장, '커맨드라인 도구의 효과적인 사용'을 참조)을 사용해 커맨드라인에서 추적 파일을 합칠 수 있다.

File > Merge 문제 피하기

File > Merge를 사용해 두 개 혹은 그 이상의 추적 파일을 병합할 때 와이어샤크는 패킷 도착 시간에 따라 정렬하지 않는다. 이 이중 수집 추적은 좋지 않은 상황을 만든다. Mergecap을 사용하면 두 개 이상의 추적 파일을 시간 순으로 병합한다. 더 자세한 내용은 33장의 'Mergecap을 이용한 추적 파일 병합' 절을 참조하라.

❊ 파일 가져오기(File > Import)

와이어샤크의 가져오기 기능은 ASCII 텍스트 파일을 가져와 pcap 또는 pcap-ng 형식으로 해당 파일을 저장하는 데 사용할 수 있다. ASCII 파일과 같은 헤더가 포함되지 않은 경우에 가져오기 기능은 더미 헤더를 추가할 수 있다. 와이어샤크에서 분석하고자 하는 ASCII 텍스트 파일을 열 때 이 기능을 사용할 수 있다(와이어샤크의 도청 라이브러리Wiretap Library로 다른 분석기에 의해 수집된 추적 파일을 열 때 이 기능을 사용할 필요가 없다). 그냥 추적 파일을 위해 File > Open을 사용하면 된다.

❋ 파일 설정(File ❯ File Set)

와이어샤크는 하나의 큰 추적 파일로 작업 할 때에 속도가 너무 느려질 수 있다. 와이어샤크의 수집 옵션Capture Options을 사용하면 파일 집합으로 저장할 수 있다(와이어샤크에 의해 함께 연결된 파일 시리즈로 저장할 수 있다). 이런 파일 설정 작업을 할 때 File ❯ File Set ❯ List Files를 선택하면 파일 사이를 빠르게 이동할 수 있다. 파일 설정에 대한 수집의 더 자세한 내용은 3장의 '빠른 접속을 위한 파일 집합 생성' 절을 참조하라.

추적 파일 설정 작업을 연습한다. File ❯ File Set ❯ List Files를 선택하고 booktcpset_00001_20110219103004.pcapng를 연다. 그림 21과 같이 관련 파일의 목록이 표시된다.

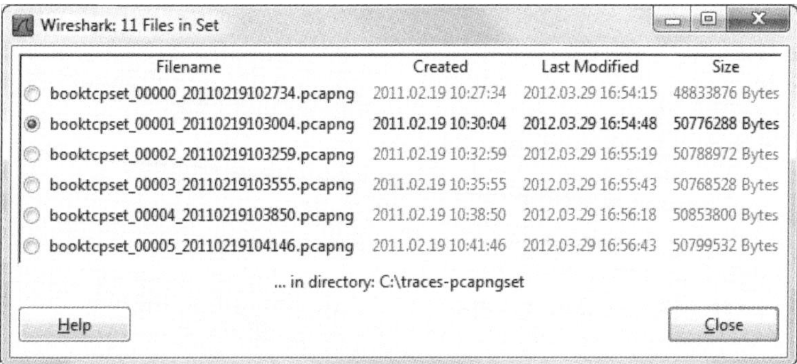

그림 21 설정 보기 창에 있는 파일[booktcpset_*.pcapng]

프레임과 패킷

'프레임'과 '패킷' 두 용어 모두 와이어샤크에서 사용된다. 그림 15의 패킷 상세 정보 창에서는 각 패킷의 상단 제목으로 '프레임'이란 용어를 사용한다. '패킷'이란 용어는 와이어샤크의 다른 영역 전체에 걸쳐 사용된다. 이 책에서도 '패킷'이라는 용어를 사용하며, 프레임 요약 행이나 데이터링크 프레임 구조를 참조하는 경우에만 '프레임'이라는 용어를 사용한다. IP '패킷'은 이더넷 '프레임'에 의해 운반된다.

❋ 파일 내보내기(File ❯ Export)

내보내기 기능은 전체 추적 파일을 다른 형식으로 내보내기 위한 기능을 제공하고, 내보내기에 포함되는 패킷을 정의한다. 이 기능을 사용하면 부분적인 추적 파일을 쉽게 만들 수 있다. 패킷에 하나의 필드를 선택했다면 선택된 패킷 바이트Selected Packet Bytes 옵션을 사용할 수 있다. 내보내기 기능은 HTTP 객체를 내보내게 해준다. File ❯ Export ❯ Objects ❯ HTTP를 선택하라. HTTP 객체 내보내기에 대한 자세한 내용은 23장의 'HTTP 객체 내보내기' 절을 참고하라.

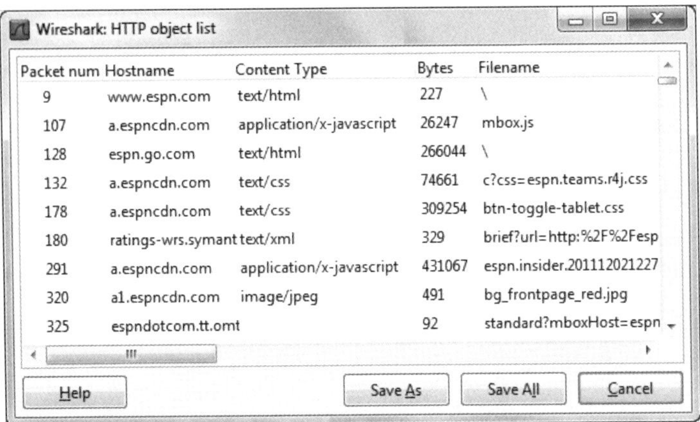

그림 22 내보내진 HTTP 객체 목록[http-espn2012.pcapng]

HTTP 객체 내보내기 오버로딩

여러 가지 HTTP 옵션이 포함된 HTTP 통신의 추적 파일을 수집할 때 HTTP 객체 내보내기의 Save All 기능을 사용하려면 주의하라. 가끔씩 와이어샤크에서 충돌이 일어난다.

내보내기 기능은 또한 SSL 키, HTTP, DICOM과 SMBServer Message Block 객체로 내보낼 수 있다. SMB 객체를 내보내려면 그림 23에서처럼 기능을 사용하면 된다.

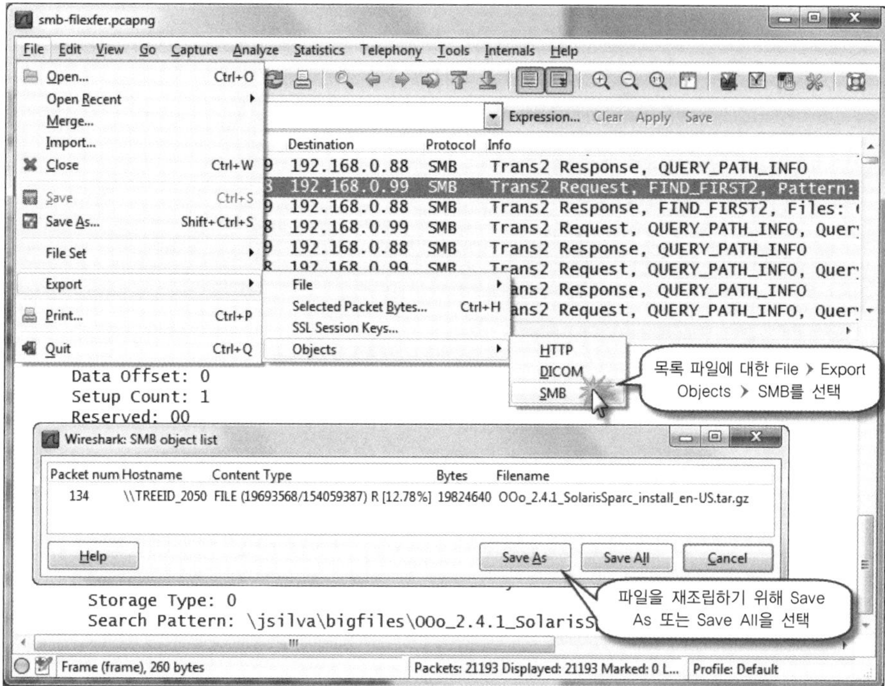

그림 23 네트워크를 통해 전송된 SMB 객체 내보내기와 재조립[smb-filexfer.pcapng]

✻ Edit 메뉴 항목

Edit 메뉴에 있는 항목은 www.wireshark.org/docs/wsug_html_chunked/ChUseEditMenuSection.html에서 다룬다. 이 학습 가이드에서는 몇 가지 항목을 더 심도 있게 살펴보고, 해당 항목들의 사용에 중점을 둔다.

Edit

Copy	▸
Find Packet...	Ctrl+F
Find Next	Ctrl+N
Find Previous	Ctrl+B
Mark Packet (toggle)	Ctrl+M
Mark All Displayed Packets	Shift+Ctrl+M
Unmark All Displayed Packets	Ctrl+Alt+M
Find Next Mark	Shift+Ctrl+N
Find Previous Mark	Shift+Ctrl+B
Ignore Packet (toggle)	Ctrl+X
Ignore All Displayed Packets (toggle)	Shift+Ctrl+Alt+X
Un-Ignore All Packets	Shift+Ctrl+X
Set Time Reference (toggle)	Ctrl+T
Un-Time Reference All Packets	Ctrl+Alt+T
Find Next Time Reference	Ctrl+Alt+N
Find Previous Time Reference	Ctrl+Alt+B
Time Shift...	Shift+Ctrl+T
Edit or Add Packet Comment...	
Configuration Profiles...	Shift+Ctrl+A
Preferences...	Shift+Ctrl+P

그림 24 Edit 메뉴 항목

❊ 패킷 마크(Edit ❯ Mark Packets)

마크된 패킷은 패킷 목록 창에서 검은 바탕에 흰색 글씨로 나타난다. 패킷 마크는 일시적인 설정이며, 추적 파일을 다시 열면 마크된 패킷은 사라진다.

패킷을 마크하려면 Edit ❯ Mark Packet을 선택한다. 표시는 on/off로 토글된다. 패킷 마크를 해제하려면 이 단계를 반복하면 된다. 또한 패킷 목록 창에서 패킷을 오른쪽 클릭하고 Mark Packet을 선택할 수 있다. 패킷 전체를 마크하려면 먼저 패킷 필터 적용을 선택한 후 Mark All Displayed Packets를 선택하라.

Ctrl + M은 와이어샤크 단축키다. 와이어샤크 단축키는 와이어샤크를 효과적으로 사용할 수 있게 만든다.

관심 있는 패킷을 파악하기 위해 패킷 마킹 사용하기

패킷 마킹은 관심 있는 패킷을 강조해서 빨리 살펴볼 수 있게 하는 기능이다. 추적 파일을 검사할 때 나중에 검토하기 위해 관심 패킷의 마크를 생각해보라. 하지만 패킷 마킹은 일시적이다. 추적 파일을 닫게 되면 패킷 마킹은 없어진다.

❊ 패킷 무시하기(Edit ▶ Ignore Packets)

패킷 무시는 뷰로부터 패킷을 제거하기 위한 빠른 방법을 제공한다. 크고 복잡한 추적 파일에서 작업할 때 관심 있는 트래픽에 집중하려면 혼란스러운 패킷들을 제거해야 한다. 그림 25에서는 관심 있는 패킷을 볼 수 있게 몇 가지 패킷을 무시했다. 상태 바는 3개의 패킷을 무시했음을 나타낸다.

무시된 패킷을 신속하게 복원하려면 메인 툴바에서 Reload 버튼을 클릭한다.

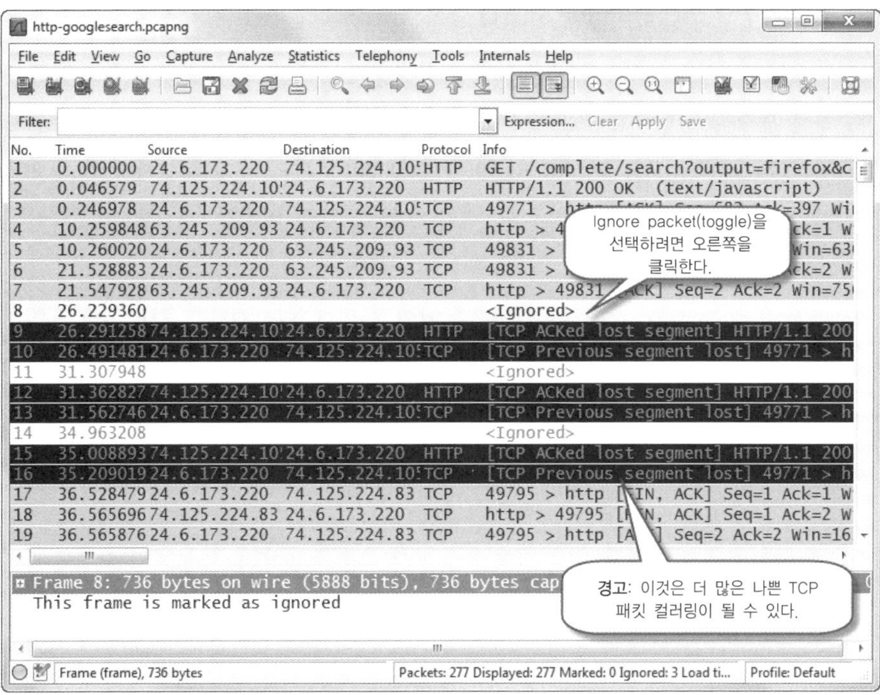

그림 25 관심이 없는 패킷은 무시할 수 있다.

❊ 시간 참조(Edit ▶ Time Reference)

시간 참조 설정도 on/off로 토글되며, 일시적이다. 파일을 다시 열면 현재 시간 칼럼 설정이 적용돼 시간 참조는 설정되지 않는다.

시간 참조는 추적 파일에 있는 한 패킷에서 다른 패킷까지의 시간을 측정하는 데 사용한다. 예를 들어 추적 파일이 1,000개의 패킷을 갖고 있고, 23번 패킷부터 340번 패킷이 시작부터 끝까지 측정하기 원하는 로그인 순서를 포함하고 있다. 23번 패킷을 선택하고 Ctrl+T를 누른다. 와이어샤크는 시간 칼럼을 *REF* 값을 변경하고, 시간을 0.000000으로 설정한다. *REF* 뒤의 시간 칼럼 값은 시간 참조 패킷의 도착 시간과 비교해 패킷이 도착했을 때 표시한다. 340번 패킷으로 이동하면 시간 칼럼은 23번 패킷과 340번 패킷의 시간 차이를 표시해준다.

한 패킷에서 다른 패킷까지 시간을 측정하고 싶다면 델타 시간 칼럼을 추가하거나 이전 표시된 패킷 이후에 시간을 표시하기 위한 현재 시간 칼럼 값을 변경한다.

이 추적 파일에서 시간에 대한 작업과 관련한 추가 정보는 7장의 '시간 값으로 지연 식별' 절을 참조하라.[15]

❊ 시간 이동(Edit ❯ Time Shift)

와이어샤크 1.8부터 사용 가능한 시간 이동은 추적 파일 내 패킷의 타임스탬프를 변경하는 데 사용한다. 그림 26에서 보다시피 패킷 도착을 +3.2초 이동했다. 원래 도착 시간은 2011년 7월 7일 14:36:59:111290000이었다. 이것은 그래프의 내용을 정리하기 위해 오랜 시간 떨어진 두 개의 추적 파일을 병합할 때 사용할 수 있는 좋은 기능이다.

빠르게 원래의 시간 값을 복원하려면 메인 툴바에 있는 새로 고침[Reload] 버튼을 클릭하면 된다.

---

15. 네트워크 통신에 대한 문제점을 해결할 때마다 반드시 시간을 생각해야 한다. 네트워킹은 매우 복잡하다. 하나의 프로세스가 어떤 것이 잘 안 돼 400번을 요청하는 것을 알 수 있다(그러나 전체 과정은 1초의 반보다 짧다). 400개의 패킷을 200개의 패킷으로 줄이고 시간을 1/4로 줄인다면 모든 사용자(그것이 얼마나 까다로운지 상관없이)는 당신의 노력을 알게 될 것이다. 도대체 30분을 절약해 줬는데도 감사하다는 말을 안 하는 겁니까!

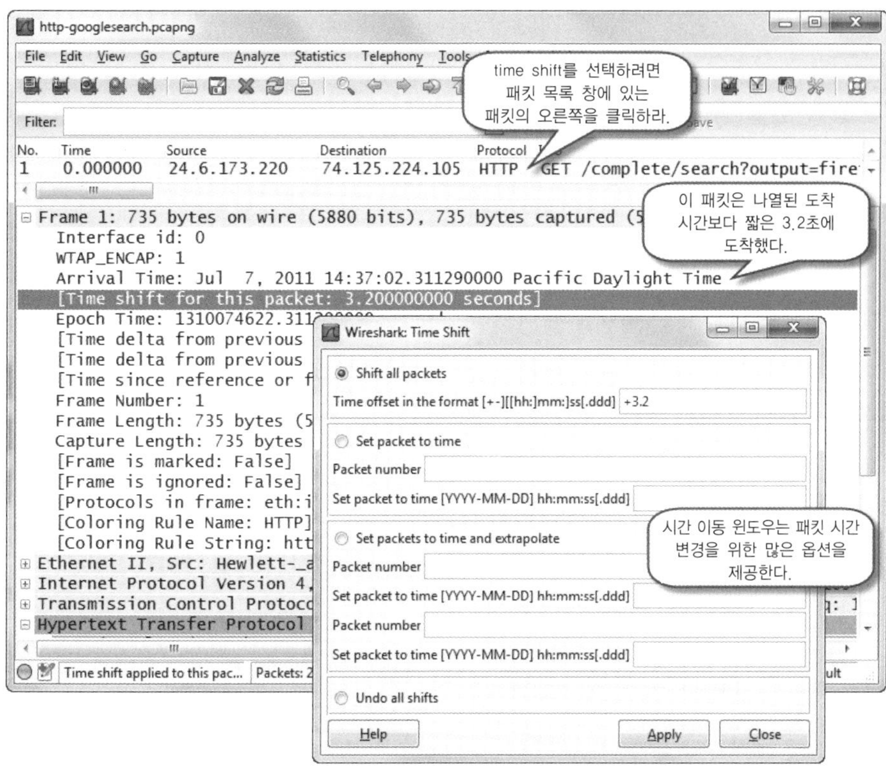

그림 26 패킷의 시간 설정을 변경하려면 시간 이동(Time Shift) 사용[HTTP=googlesearch.pcapng]

❊ 패킷 주석 편집하거나 추가하기(Edit ▶ Edit or Add Packet comment)

이 기능은 와이어샤크 1.8의 아주 멋진 새로운 기능이다. 앤더스 브로만Anders Broman에 의해 만들어지고, 2012년 2월에 와이어샤크 개발자 버전에 추가됐다. 패킷에 주석을 추가하려면 이 기능을 사용해야 한다. 주석을 유지하기 위해 추적 파일은 pcap-ng 형식으로 저장돼야 한다. 와이어샤크의 pcap-ng를 지원하는 버전을 사용해 다른 사람과 함께 파일을 공유하고 패킷 주석을 볼 수 있다. 또한 패킷 목록 요약에서 오른쪽 클릭으로 나타나는 메뉴에서 추가 또는 편집 패킷 주석을 선택할 수 있다.

❊ 프로파일 환경설정(Edit ▶ Configuration Profiles)

사용자가 작업하는 다양한 네트워크 환경에 대한 프로파일을 생성함으로써 와이어샤크를 효과적으로 사용할 수 있게 커스터마이징할 수 있다. 예를 들어 주파수/채널, WLAN 재시도와 신호 강도 칼럼 같은 WLAN 세션에 대해 관심 있는 칼럼을 포함하는 WLAN 분석 프로파일을 만들 수 있다.

새로운 프로파일을 만들 때 개인 구성 디렉토리(/profiles)에 해당 프로파일로 동일한 이름을 사용하는 폴더가 생성된다.[16] 와이어샤크를 닫거나 다른 프로파일을 로드할 때 기본적으로 '최근recent'이라는 파일은 새 프로파일 디렉토리에 배치된다. 이 파일은 툴바, 타임스탬프 표시, 줌 레벨과 칼럼 너비 같은 일반적인 와이어샤크 창 설정을 포함한다.

사용자 지정 프로파일에서 작업하면서 수집 필터, 디스플레이 필터, 컬러 필터를 만드는 경우 사용자 프로파일 디렉토리에 추가 파일이 생성돼 저장될 것이다(cfilter, dfilter, colorfilter). 사용자 지정 프로파일 생성에 관한 정보는 11장, '와이어샤크 프로파일 사용자 기호에 맞게 변경'을 참조하라.

❊ 선호 설정(Edit ❯ Preferences)

선호 설정 항목은 와이어샤크에 대한 전반적인 구성을 설정한다. 이런 설정은 다음과 같다.

- **사용자 인터페이스** File ❯ Open을 선택했을 때 와이어샤크가 액세스하는 '항상 시작하는Always Start in' 디렉토리, '최근 파일' 목록을 유지하기 위한 파일의 개수, 디스플레이 필터 드롭다운 목록을 유지하기 위한 디스플레이 필터의 개수, 추적 파일의 시작 부분에서의 줄 바꿈 여부 등을 설정한다. 또한 창의 레이아웃 구성(패킷 목록, 패킷 상세 정보와 패킷 바이트) 부분, 패킷 목록 창에 표시된 칼럼, 마크된 패킷의 글꼴 스타일과 유형, 계속되는 스트림 등을 설정하는 영역이다.
- **수집** 실시간으로 패킷의 목록 업데이트 여부, 패킷 수집 중에 스크롤 자동화 사용 여부에 대한 기본 수집 인터페이스다.
- **프린트** 패킷이나 추적 파일을 프린트하려고 선택했을 때의 출력 형식이나 대상이다.
- **이름 변환** MAC 이름 변환, 전송(포트 이름) 이름 변환, 네트워크(호스트) 이름 변환, SNMPSimple Network Management Protocol 트래픽에 대한 SMI(구조 관리 정보) 변환과 해당 GeoIP 데이터베이스 위치를 활성하거나 비활성[17]한다.

---

16. Help ❯ About Wireshark ❯ Folders를 선택하면 개인 환경설정 디렉토리로 갈 수 있다.

17. 모든 와이어샤크 버전이 IP 주소를 OpenSteetMap의 위치로 매핑해주는 GeoIP 위치 서비스를 제공하지는 않는다. GeoIP 위치 서비스에 대해 더 자세한 정보는 5장의 'GeoIP로 세계 지도에 IP 주소 표시' 절을 참조하라.

- **필터 표현** (와이어샤크 1.8처럼) 필터 툴바에 있는 버튼처럼 좋아하는 표시 필터를 저장한다.[18]
- **통계** RTP[Real time transport Protocol] 플레이어에 표시되는 채널의 개수를 정의한다.
- **프로토콜** 이 중요한 환경설정 영역은 와이어샤크의 많은 프로토콜 해석기에 대한 개별적인 환경설정을 포함한다. 프로토콜 구성 변경의 예는 20장의 'TCP 프로토콜 환경설정' 절을 참조하라.

✻ View 메뉴 항목

View 메뉴에서 항목들은 www.wireshark.org/docs/wsug_html_chunked/ChUseViewMenuSection.html에서 다룬다. 이 학습 가이드에서는 몇 가지 항목을 더 심도 있게 살펴보고, 해당 항목들의 사용에 중점을 둔다.

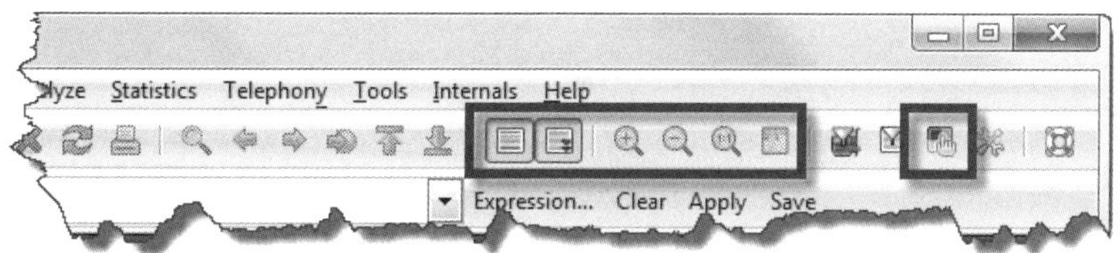

컬러링, 자동 스크롤, 줌 인/아웃/1:1/크기 변경, 컬러링 규칙을 사용하려면 메인 툴바를 클릭한다. View 메뉴는 다양한 툴바, 상태 바, 패킷 목록, 패킷 상세 정보, 패킷 바이트 창을 보이기/감추기를 가능하게 한다.[19]

확대와 크기 조정 옵션은 쉽게 보기 기능을 향상시킬 수 있다.

✻ 시간 표시 형식(View ❯ Time Display Format)

기본적으로 와이어샤크는 타임 칼럼을 '수집 시작 이후의 시간'으로 설정하는데, 각 패킷 타임스탬프는 추적 파일에서 첫 번째 패킷 이후의 도착 시간을 기반으로 한다는 의미다.

시간 표시 형식 설정은 와이어샤크 개인 설정 폴더와 현재 프로파일 디렉토리의

---

18. 이 놀라운 기능은 문제점 해결 시간을 엄청나게 줄일 수 있다.

19. 이전의 와이어샤크 버전에서 무선 툴바를 보여주는 옵션은 AirPcap 어댑터나 AirPcap 드라이버를 사용하고 있을 때만 가능하다. 이것은 현재 가장 최신 Wireshark 버전을 유지하는 또 다른 이유다.

'최근Recent' 파일에서 관리된다. 시간 표시 형식에 대한 항목은 다음과 같다.

```
# Timestamp display format.
#Oneof:RELATIVE,ABSOLUTE,ABSOLUTE_WITH_DATE,DELTA,
DELTA_DIS,EPOCH
gui.time_format:RELATIVE
```

트래픽을 분석할 때 타임스탬프 사용에 대한 자세한 정보는 7장의 '네트워크 문제점을 파악하기 위한 시간 사용' 절을 참조하라.

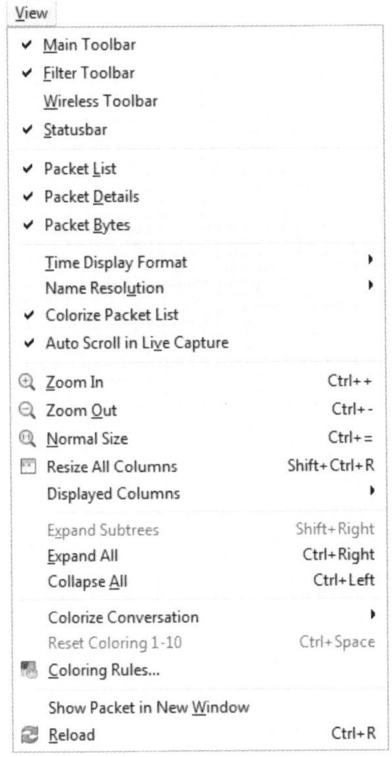

그림 27 View 메뉴 항목

문제점 해결을 위한 완전한 시간 표시 형식 사용하기

이것은 성능에 대한 문제점 해결을 할 때 이해하고 사용해야 하는 가장 중요한 설정 중 하나다. 작업을 수행할 때 사용자의 트래픽을 수집하는 것과 '이전 표시된 패킷 이후의 초'로 시간 표시를 설정하는 것은 제때에 시간 칼럼을 정렬해 시간적으로 큰 격차를 식별할 수 있게 해준다.

❊ 이름 변환(View ▸ Name Resolution)

와이어샤크에 의해 제공되는 기본적인 이름 변환 프로세스는 MAC 계층, 네트워크 계층(호스트 이름), 전송 계층(포트 이름) 변환에 의해 제공된다. 기본적으로 와이어샤크는 MAC 주소의 처음 3바이트와 사용 중인 포트 번호를 변환한다. 그것은 호스트 이름(네트워크 이름 변환Network Name Resolution)에 IP 주소를 변환하지 않는다.

그림 28에서 네트워크 이름 변환을 사용함에 따라 http-pcaprnet.pcapng를 열면 와이어샤크에 의해 생성된 DNS PTR포인터을 수집한다. 이 트래픽을 수집하기 위해 와이어샤크를 두 번 반복 실행해 하나의 창에서 이름 변환을 설정하고 http-pcaprnet.pcapng를 열었다. 다른 창에서는 첫 번째 인스턴스에 의해 생성된 DNS 트래픽을 살펴봤다.

와이어샤크가 DNS 서버를 플러딩하게 하지 마라

추적 파일(이름이 호스트 파일에 없다면)에 식별된 모든 IP 주소에 대한 DNS PTR 조회를 보내는 것은 와이어샤크가 원인을 제공할 수 있으므로 네트워크 이름 변환을 가능하게 할 때에는 조심해야 한다. 와이어샤크에 의해 생성된 DNS PTR 조회는 그림 28과 같다. 이제 PTR 조회를 이용한 서버 설정과 플러딩하는 것보다 하나의 패킷 주소로 변환할 수 있다. 패킷의 IP 헤더에 있는 IP 주소를 오른쪽 클릭하고 Resolve Name을 선택한다. DNS PTR 조회는 단지 하나의 IP 주소에 대해서만 보내진다. 이 변환은 일시적으로 추적 파일을 다시 불러올 경우 사라질 것이다.

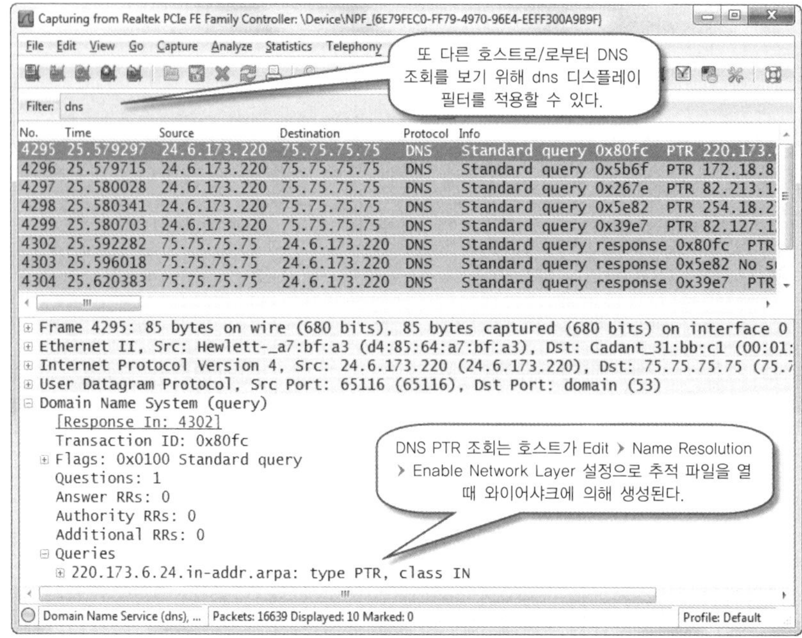

그림 28 와이어샤크가 네트워크 이름 변환을 사용하는 경우에 DNS PTR 조회를 전송한다.

전송 이름 변환은 와이어샤크의 services 파일을 사용해 포트 번호를 변경한다(예, HTTP의 경우 80번). 서비스 파일은 www.iana.org/assignments/port-numbers에 IANA의 잘 알려진 포트 번호 목록을 기반으로 한다. 통신이 등록된 서비스와 관련이 없을지라도 임시 포트 번호가 발신지 포트 번호로 등록된 IANA 포트 번호가 자주 사용될 때 여러 사람이 전송 이름 변환 프로세스가 복잡하다고 생각한다. 원하는 경우 와이어샤크의 서비스 파일을 편집할 수 있다.

와이어샤크의 서비스 파일을 편집하는 것은 좋다, 하지만……

일부 항목을 제거하기 위해 와이어샤크의 서비스 파일[20]을 편집할 수 있지만, 혼란스러울 때를 대비해 원본 파일의 사본을 만들기를 제안하고, 언젠가 이것을 다시 복원하기를 바란다. 대안으로 다른 와이어샤크 호스트로부터 서비스 파일을 복사할 수 있다. 경우에 따라 변환된 이름을 보기 위해 Reload 버튼을 클릭해야 한다. 이런 설정은 와이어샤크를 재시작할 때까지 유지된다.

---

20. 이것은 원래의 OS 서비스 파일과는 다른 services 파일이다. 이 파일은 전송 이름 변환이 활성화된 경우 서비스 이름과 포트 번호가 연결될 때 와이어샤크에 의해서만 사용된다.

❊ 칼럼 표시(View ▶ Displayed Columns)

필요에 따라 숨기거나 표시할 수 있다. 이것은 트래픽을 분석할 때 많은 유연성을 제공한다. 특정 필드에 대해 끝없이 패킷이 있을 때 칼럼을 추가할 수 있다. 사용하지 않을 때에는 칼럼을 숨긴다.[21]

❊ 대화 컬러링(View ▶ Colorize Conversations)

추적 파일에서 특정 대화(이더넷 주소, IP 주소, 전송 포트 번호 같은 특성을 기반으로 하는)를 더욱 돋보이게 하기 위해 대화를 컬러링해보라. 일시적인 컬러링이지만, 해당 추적 파일을 열 때마다 적용될 것이다(와이어샤크를 재시작할 때까지). 와이어샤크를 시작할 때마다 일관성 있는 컬러링을 원한다면 컬러링 규칙을 만들어라.

많은 연결(로그인 프로세스와 www.espn.com에 대한 브라우징 세션 같은)을 사용하는 복잡한 통신 작업을 할 때 대화 창을 시각적으로 구분하기 위해 컬러링을 해보라. 이는 추적 파일을 처리할 때 많은 시간과 혼란을 줄여 줄 것이다.

대화 컬러링을 제거하려면 View ▶ Reset Coloring 1-10을 선택하라.

❊ 컬러링 규칙(View ▶ Coloring Rules)

컬러링 규칙은 컬러 필터 파일에 의해 계속 유지되는 설정이다. 프로파일마다 유일한 컬러링 규칙을 가질 수 있다. 그림 29와 같이 와이어샤크는 몇 가지 기본 컬러링 규칙을 갖고 있다.[22]

와이어샤크 1.8에서 Bad TCP에 대한 컬러링 규칙이 변경됐다. 윈도우 업데이트는 이제 Bad TCP에서 제외된다. 이것은 윈도우 업데이트가 네트워크 통신하는 데 있어 환영할 만한 큰 변화다. 윈도우 업데이트에 대한 더 자세한 정보는 13장의 '윈도우가 가득 찼음 트리거란?' 절을 참조하라.

---

21. 와이어샤크 1.7.2는 저장된 칼럼을 디스플레이하게 선택할 때 적절하게 재생되지 않는 칼럼이 있음을 주목하라. 예를 들면 pkt_comments 칼럼을 생성하면 모든 참고 사항이 보이지 않을 수 있다. 이것이 수정될 때까지 기다려야 한다.

22. 컬러링 규칙은 분석 세계의 '신호음'이다. 컬러링 규칙은 사용자에게 문제가 될 수 있는 트래픽이나 특정 패킷을 알려준다. 6장의 와이어샤크 시스템에 시각적인 효과를 내기 위한 트래픽 컬러링 설정에 몇 시간을 할애해보라.

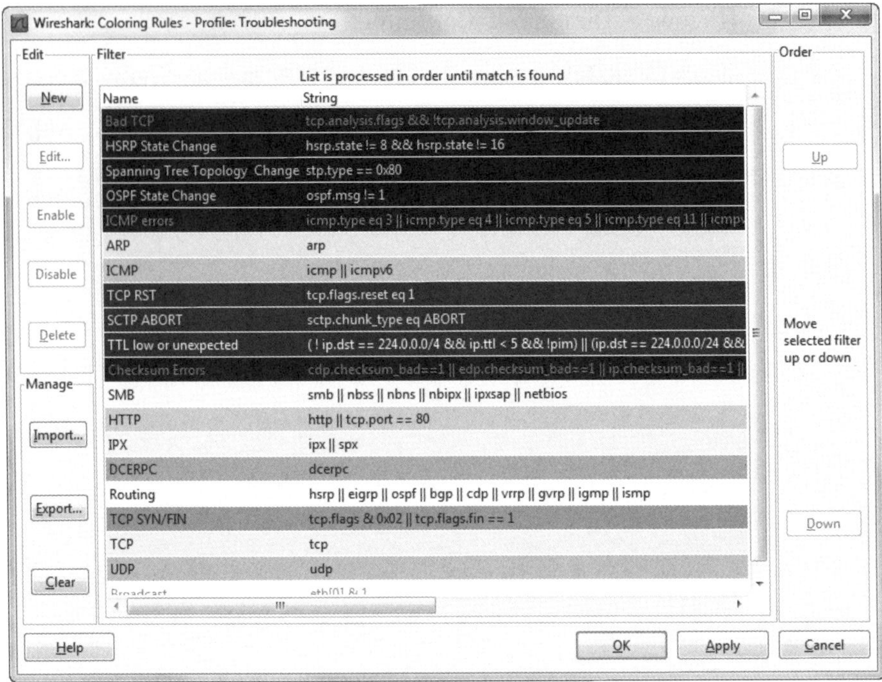

그림 29 와이어샤크는 몇 가지 기본 컬러링 규칙을 갖고 있다.

메인 툴바와 View ❯ Colorize Packet List에 Colorize Packet List 버튼을 이용해 컬러링 규칙을 토글(on/off)해보라.

더욱 효과적인 트래픽 분석을 위한 패킷 컬러링 사용법에 대한 정보는 6장, '트래픽 컬러링'을 참조하라.[23]

❊ 새 창에서 패킷 보기(View ❯ Show Packet in a New Window)

새 창에서 개별 패킷을 보는 것은 추적 파일에서 두 개 이상의 패킷을 비교하기 위해 사용되는 기술이다. 새 창에서 패킷을 열려면 패킷 목록 창에서 패킷을 더블클릭하면 된다.

23. 컬러링 규칙(나는 보고 싶지 않은 NetBIOS 트래픽을 사용한다)의 재밌는 요령은 패킷들의 전경과 배경을 흰색으로 설정하는 것이다. 그러면 귀찮은 패킷들을 필터링할 수 있고, Edit Ignore all displayed packets를 선택할 수 있다.

뷰를 나란히 놓고 패킷을 비교하기

차이점을 구별하기 위해 두 패킷을 비교하려면 새 패킷 창을 열기 위해 각 패킷을 더블클릭하면 된다.

❊ 리로드(View ❯ Reload)

추적 파일을 리로딩하는 가장 일반적인 경우는 추적 파일을 보면서 이름 변환 설정을 변경할 때다. 일부 다른 설정에서도 추적 파일을 리로딩하게 요구할 수 있다. 메인 툴바에도 리로드 버튼이 있다.

✻ Go 메뉴 항목

Go 메뉴에 있는 항목은 www.wireshark.org/docs/wsug_html_chunked/ChUseGoMenuSection.html에서 다룬다. 이 학습 가이드에서는 몇 가지 항목을 더 심도 있게 살펴보고, 해당 항목들의 사용에 중점을 둔다.

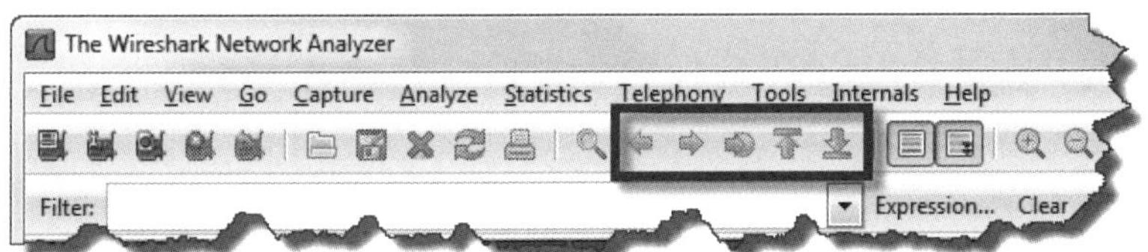

빠르게 전/후방으로 패킷을 검색하고, 특정 패킷으로 이동하거나 추적 파일의 상/하단으로 빠르게 이동하려면 메인 툴바를 사용한다.

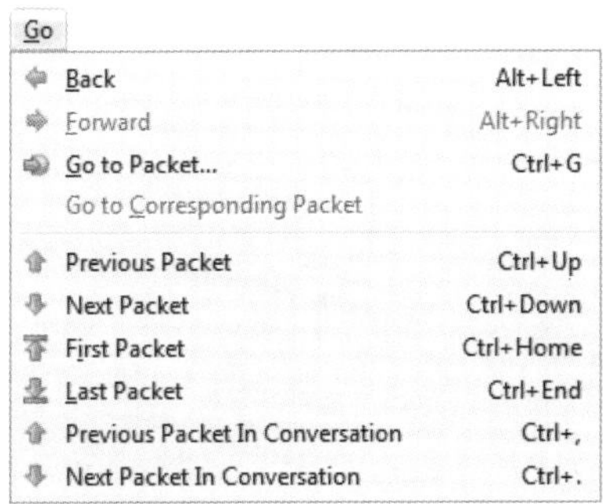

그림 30 Go 메뉴 항목

❊ 해당 패킷으로 가기(Go ▶ Go to Corresponding Packet)

Go 메뉴의 대부분 항목은 메인 툴바에서 자체적으로 설명되고 사용 가능하지만, 해당 패킷으로 가기는 추가적인 설명이 필요하다.

와이어샤크는 ACK 같은 관련 패킷을 데이터 패킷과 중복 ACK로 연결을 시도한다. 다른 패킷에 대한 링크를 갖는 패킷을 선택하지 않았다면 이 항목은 회색으로 표시된다. 그림 31에서 와이어샤크는 다른 패킷(415번 패킷)에 대한 연결을 포함하고 있다. 이 예제에서는 http-download-bad.pcap로 불리는 추적 파일을 검사한다.

해당 패킷 간의 점핑(jumping) 연습

이 추적 파일(http-download-bad.pcap)은 www.wiresharkbook.com에서 구할 수 있다. 이 추적 파일을 열고 417번 패킷으로 이동해 그림 31에서 보는 것처럼 해당 패킷 정보를 보기 위해 TCP SEQ/ACK 분석 섹션을 확장하라. 415번 패킷으로 바로 가려면 'Duplicate to the ACK in frame : 415' 라인을 더블클릭하라.

View ▶ Go to Corresponding Packet 방법을 이용할 수 있지만, 패킷에 포함된 링크는 링크된 패킷으로 이동하기 위해 패킷 더블클릭을 허용한다.

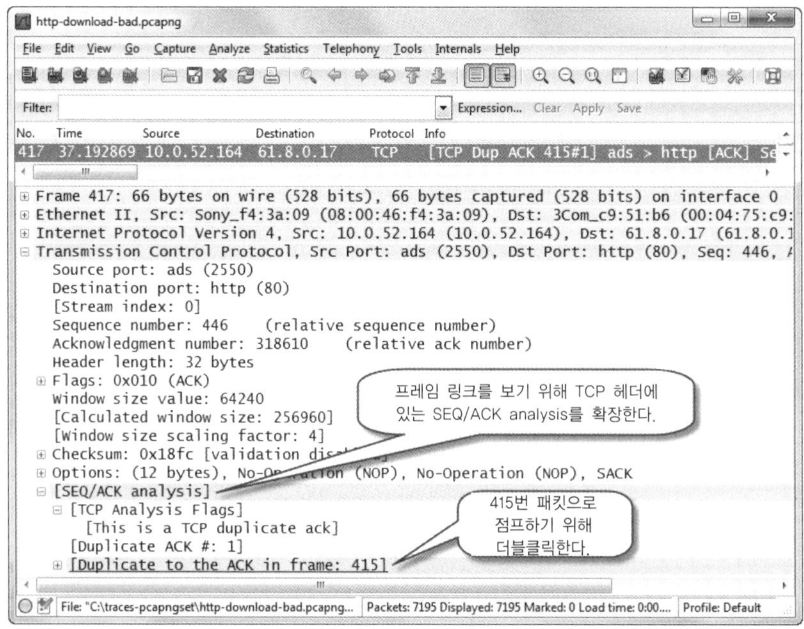

그림 31 링크가 사용 가능하면 해당 패킷으로 이동 기능 사용[http-download-bad.pcapng]

✻Capture 메뉴 항목

Capture 메뉴에서 항목들은 www.wireshark.org/clocs/wsus.html/chunked/ChUseCaptureMenuSection.html에서 다룬다. 이 학습 가이드에서는 몇 가지 항목을 더 심도 있게 살펴보고, 해당 항목들의 사용에 중점을 둔다.

인터페이스를 나열하고, 인터페이스를 표시하고, 새로운 수집을 시작하고, 실행 중인 수집을 중지하고, 실행 중인 수집을 다시 시작하기 및 수집 필터 보기 기능들을 빠르게 실행하려면 메인 툴바를 사용한다.

Capture 메뉴 항목은 대부분 혼자서도 이해할 수 있다. 인터페이스 수집하기, 옵션 및 수집 필터는 4장, '수집 필터 생성과 적용'에서 다룬다.

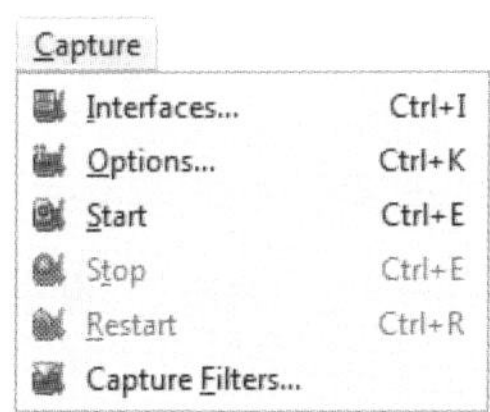

그림 32 Capture 메뉴 항목

✻ 수집 인터페이스(Capture ❯ Capture Interfaces)

와이어샤크가 인식하는 인터페이스를 보려면 Capture Interfaces를 선택한다. 나타나는 인터페이스가 없다면 와이어샤크는 유/무선 네트워크에서 트래픽을 수집할 수 없다. 수집을 즉시 시작할 수 있는 수집 인터페이스 창에서 수집 옵션과 인터페이스 상세 정보 보기를 설정한다(보이는 경우).[24]

수집 인터페이스 창에 대한 자세한 내용은 3장의 '오른쪽 수집 인터페이스 선택' 절을 읽어보라.

---

24. Details 옵션은 모든 운영체제를 지원하지는 않는다.

아무것도 수집하지 않고 패킷 카운트 살펴보기

수집 인터페이스 창은 인터페이스가 '감지하는' 패킷을 나타내는 실행 중인 패킷 카운트를 표시한다. 하지만 카운트 프로세스 중에는 패킷이 수집되거나 버퍼링되지 않는다. 이것은 모든 활성화 네트워크 세그먼트에서 인터페이스를 식별하기 위한 중요한 방법이다. 예를 들어 나열된 두 개의 유선 인터페이스를 갖고 있으면 수집을 시작하기 전에 어느 인터페이스가 모든 트래픽을 감지하고 있는지 식별할 수 있다.

❊ 수집 옵션(Capture ➤ Capture Options)

수집 옵션 창에서는 수집 인터페이스, 여러 파일 수집 옵션, 링 버퍼 옵션 설정, 수집 중지 옵션, 디스플레이 옵션, 이름 변환과 무선 설정(AirPcap를 사용한다면) 및 원격 수집(호스트가 실행 중인 rpcapd에 연결하려면 원격 패킷은 데몬을 수집한다)을 설정할 수 있다. 또한 이 창에서 수집 필터를 정의할 수 있다. 수집 옵션 창 및 원격 수집 방법, 능력에 대한 자세한 정보는 3장, '트래픽 수집'을 참고하라.

❊ 수집 시작, 정지 그리고 재시작(Capture ➤ Start, Stop and Restart Capturing)

이 3가지 메뉴 옵션보다 더 빠르게 수집을 시작하는 방법은 없다. 아이콘을 사용해 메뉴 도구에서 시작, 중지, 빠르게 재시작하는 방법은 2장의 '메인 아이콘 설명' 절을 살펴보라.

❊ 수집 필터(Capture ➤ Capture Filters)

이 메뉴 옵션은 수집 필터를 만들거나 편집할 수 있게 수집 필터 창을 연다. 이런 필터에 대한 자세한 내용은 4장, '수집 필터 생성과 적용'을 참고하라.

✻ Analyze 메뉴 항목

Analyze 메뉴에 있는 항목은 www.wireshark.org/docs/wsug.html/chunked/ChUseAnalyzeMenuSection.html에서 다룬다. 이 학습 가이드에서는 몇 가지 항목을 더 심도 있게 살펴보고, 해당 항목들의 사용에 중점을 둔다.

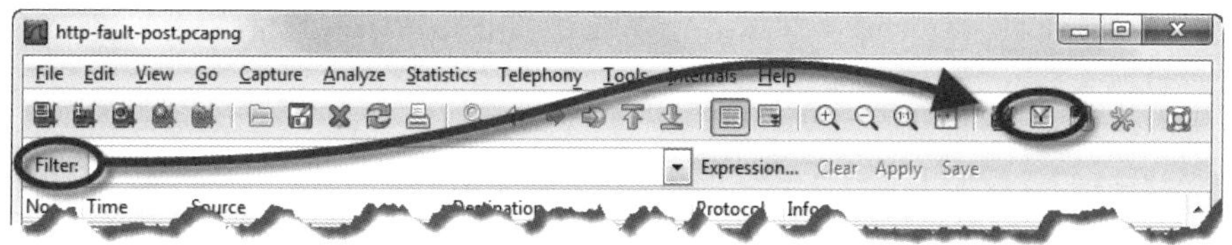

하나의 항목(디스플레이 필터)만이 메인 툴바에 중복돼 있다. 디스플레이 필터 창의 왼쪽에 있는 Display 버튼을 클릭하면 디스플레이 필터 창을 열 수 있다.

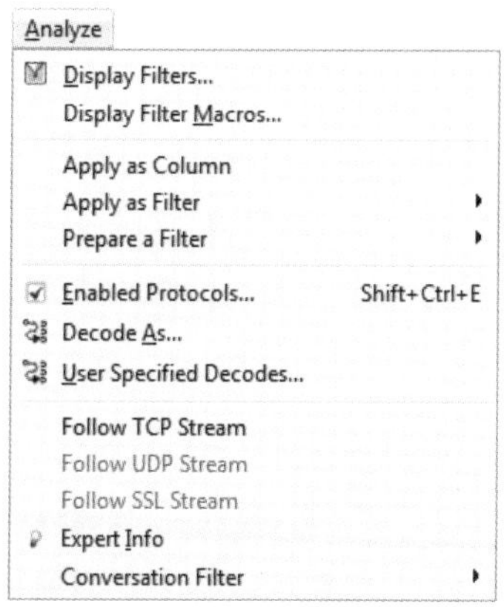

그림 33 분석 메뉴 항목

❊ 디스플레이 필터(Analyze ▶ Display filters)

디스플레이 필터는 특정 대화, 다른 기능의 트래픽 프로토콜에 중점을 두기 위해 적용된다. 디스플레이 필터를 효과적으로 사용하면 열악한 네트워크 성능에 대한 원인, 비정상적인 네트워크 트래픽 패턴 및 다른 관심 있는 트래픽을 식별하는 데 걸리는 시간을 줄여준다.

사용 가능한 필터는 105,000개 이상이다. 이런 필터는 디스플레이 필터 창에 모두 표시되지는 않지만, 디스플레이 필터 자동 완성 기능 및 표현 기능을 통해 사용할 수 있다.

디스플레이 필터는 실시간으로 수집하거나 저장된 추적 파일에 적용될 수 있다.

몇 가지 예외로 디스플레이 필터는 수집 필터와 같은 구문을 사용하지는 않는다. 디스플레이 필터는 컬러링 규칙과 같은 구문을 사용한다. 디스플레이 필터를 효과적으로 사용하려면 9장, '디스플레이 필터 생성과 적용'을 참고하라.

❊ 디스플레이 필터 매크로(Analyze ▸ Display Filter Macros)

이 항목은 좀 더 복잡한 디스플레이 필터에 대한 매크로를 생성할 수 있게 해준다. 매크로는 디스플레이 필터와 인수 배치 구조 및 구문을 포함하고 있다. 디스플레이 필터 매크로의 생성 및 사용 방법에 대한 자세한 정보는 8장의 '디스플레이 필터 매크로 사용' 절을 참고하라.

❊ 칼럼 적용(Analyze ▸ Apply as Column)

이 기능은 패킷 상세 정보 창에서 필드를 선택한 뒤에만 사용이 가능하다.[25] 패킷 상세 정보 창에서 필드를 오른쪽 클릭하고 칼럼 적용을 선택한다.

새 칼럼이 패킷 목록 창에 추가된다. 새 칼럼을 이동시키기 위해 클릭 및 드래그하거나, 칼럼 헤더 정렬, 칼럼 이름 변경 및 삭제를 할 수 있다.

일단 패킷 목록 창에서 새 칼럼을 만들고, 해당 칼럼 제목에서 오른쪽 클릭으로 숨기거나 다시 표시하는 것을 쉽게 할 수 있다. 그것들을 보기 원할 때마다 칼럼을 다시 만들 필요가 없다.

칼럼 제목을 오른쪽 클릭하고 편집할 칼럼 이름, 칼럼의 유형, 필드 이름과 필드의 발생Occurrence을 선택한다. 발생은 한 번 이상 나타나는 필드 이름이 있을 때 편리한 설정이다. 예를 들어 eth.addr은 발신지와 목적지 MAC 주소 필드가 모두 일치한다. 0으로 표시된 모든 필드 값을 쉼표로 구분해 발생을 설정한다. 패킷 목적지의 첫 번째 MAC 주소만 보려면 발생 값을 1로 변경한다. 패킷 발신지의 두 번째 MAC 주소만 보려면 발생 값을 2로 변경한다.

❊ 필터 적용과 필터 준비(Analyze ▸ Apply as Filter/Prepare a Filter)

두 가지 옵션은 패킷 목록 창에서 패킷을 오른쪽 클릭하거나 패킷 상세 정보 창에서 헤더나 필드를 오른쪽 클릭함으로써 적용된다. 패킷 바이트 창에서 오른쪽 클릭해 이 기능을 사용할 수는 없다. **필터 적용**Apply as Filter을 선택하면 필터는 디스플레이 필터 필드에 즉시 나열돼 트래픽에 적용된다. **필터 준비**Prepare a Filter를 선택하면 필터는 즉시 디스플레이 필터 필드에 나열되지만, 트래픽에 적용되지는 않는다.

---

25. 이것은 내가 와이어샤크의 가장 좋아하는 기능이다. 패킷 목록 창에서 원하는 것을 보고자하는 필드에 대해 빠르게 칼럼을 추가하는 데 사용된다.

이것은 이런 것을 적용하기 이전에 디스플레이 필터의 구분을 수정할 수 있게 해준다.[26]

❊ 사용 가능한 프로토콜(Analyze ▶ Enabled Protocols)

이 항목을 사용해 특정 프로토콜 해석기를 사용 가능/불가능하게 할 수 있다. 이 설정은 와이어샤크를 재시작한 뒤에도 계속 유지된다.

프로토콜을 비활성화하는 것은 사용자의 눈을 멀게 할 수 있다.

이 설정은 주의해야 한다. 프로토콜을 비활성화하는 경우 상위 프로토콜 및 애플리케이션은 해석되지 않는다. 예를 들어 UDP를 비활성화한다면 다음 UDP(DHCP 및 DNS 같은)를 사용하는 애플리케이션은 그림 32와 같이 해석되지 않는다.

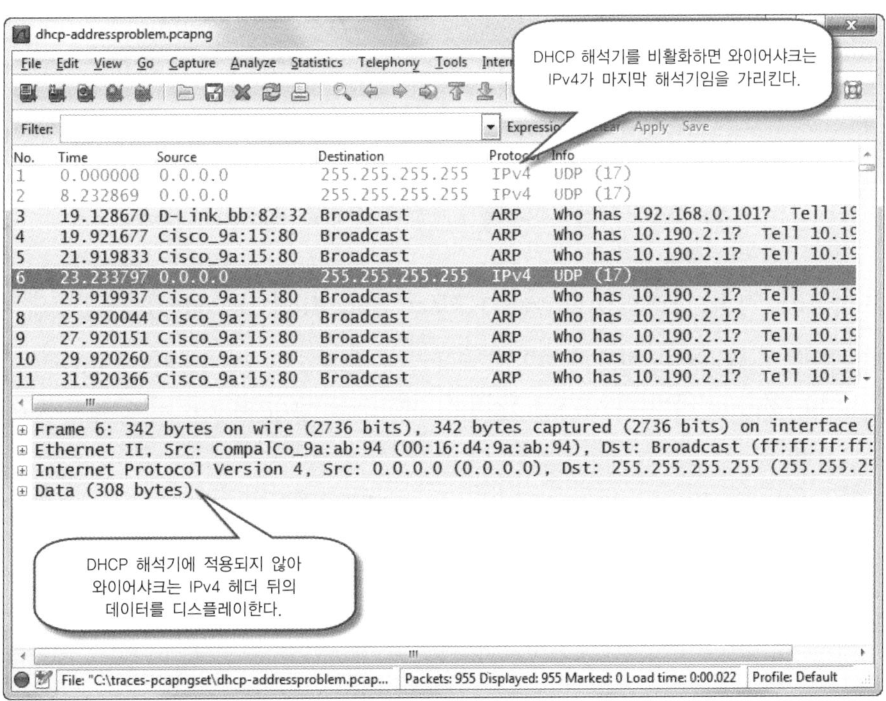

그림 34 UDP 비활성화는 DHCP 해석기를 비활성화시킨다[dhcp-addressproblem.pcapng]

---

26. 와이어샤크를 이용해 작업할 때 prepare a filter를 사용할 것을 강력히 추천한다. 이것은 필터를 적용하기 전에 추가할 것인지를 생각할 수 있게 필터를 볼 수 있는 시간을 제공한다.

❊ 디코드(Analyze ▶ Decode As)

이 항목은 와이어샤크가 최상위 계층을 기반으로 한 트래픽에 특정 해석기를 사용하게 한다. 그림 35에서 sec-sickclient.pcapng(www.wiresharkbook.com 참고)를 열고, 해석되지 않은 패킷(패킷 15)을 선택한 후 해석하기Decode As 창을 열었다. 포트 18067의 모든 트래픽에 IRCInternet Relay Chat 해석기를 적용하고 있다.

이것은 일시적인 설정이다(우리는 이 트래픽을 볼 때마다 적용할 수 있다). 하지만 와이어샤크를 닫거나 다른 프로파일로 변경할 때 재설정된다.

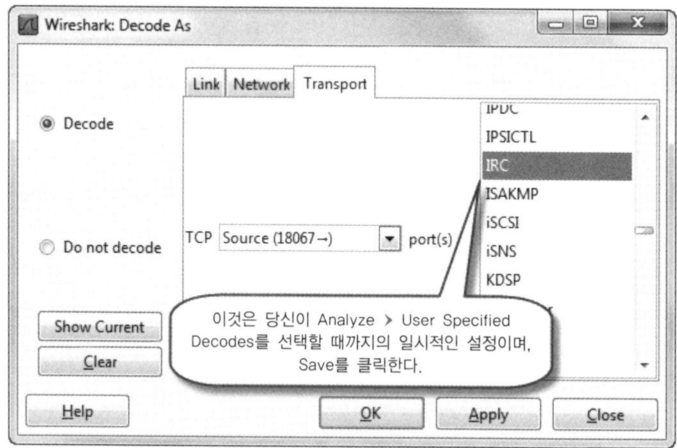

그림 35 Decode As는 해석기를 강제로 적용한다[sec-sickclient.pcapng].

❊ 사용자 지정 디코드(Analyze ▶ User Specified Decodes)

이 기능은 Decode As 항목과 결합해 사용된다. 포트 18067의 트래픽에 IRC 해석기를 적용한다면 이 설정은 그림 36에서 보는 것과 같이 사용자 지정 해석 창에 나타난다.

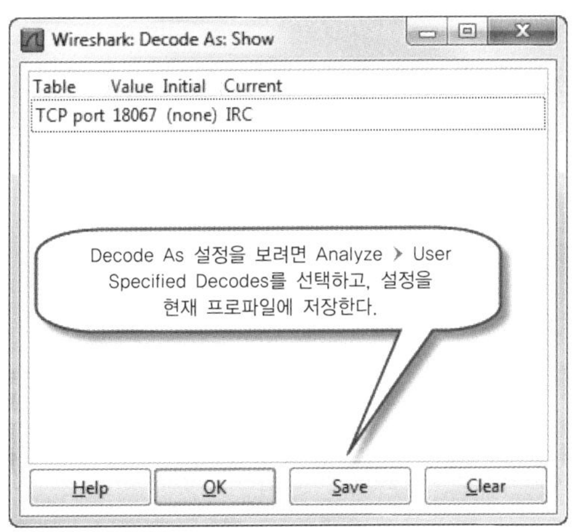

그림 36 사용자 지정된 해석기는 Decode As 설정과 일치한다.

와이어샤크 1.8 이전에는 Decode As 설정이 임시였다. 사용자가 와이어샤크를 종료하거나 다른 프로파일로 이동할 때마다 제거된다. 이제는 이런 설정을 사용자 지정 해석 창에서 저장 버튼를 사용해 유지할 수 있다.

일부 경우(예, HTTP) 애플리케이션 환경설정 창에서 추가 포트 번호를 입력할 수 있다(Edit ➤ Preferences ➤ Protocols). 다른 모든 경우에 와이어샤크가 신속하게 표준이 아닌 포트 번호를 통해 실행 중인 애플리케이션을 해석하게 이 기능을 사용할 수 있다.

 UDP, TCP 또는 SSL 스트림 따라가기(Analyze ➤ Follow UDP, TCP or SSL Streams)

이 기능은 여러 가지 프로토콜 헤더에는 관심이 없고 호스트 간에 교환되는 데이터와 명령을 보고자 할 때 아주 유용하다.

빠른 해석을 위한 스트림 재조립

패킷 바이트 창에 보이는 ASCII 해석에 계속해서 집중하려면 빠른 해석을 위해 스트림을 따라가 보라.

UDP 스트림 따라가기를 선택했을 때 와이어샤크는 발신지/목적지 IP 주소와 발신지/목적지 포트 주소를 기반으로 필터를 생성한다. TCP 스트림이나 SSL 스트림

을 따라가기로 선택했다면 와이어샤크는 스트림 번호에 기반을 둔 필터를 생성한다. 스트림 전송에 대한 자세한 내용은 10장, '스트림 추적과 데이터 조립'을 참조하라.

❊ 전문가 정보(Analyze ▶ Expert Info)

와이어샤크는 추적 파일에서 비정상적이거나 관심 있는 트래픽을 식별할 수 있으므로 이들 트래픽을 분류해 컬러링을 적용할 수 있다. 또한 와이어샤크는 전문가 정보 창에서 관심 있는 트래픽을 추적한다.

상태 바 링크의 왼쪽 버튼은 전문가 정보^Expert Info^ 창과 연결된다. 와이어샤크의 전문가 정보 기능과 사용에 대한 자세한 정보는 13장, '와이어샤크의 전문가 시스템 사용'을 참고하라.[27]

❊ 대화 필터(Analyze ▶ Conversation Filter)

대화 필터 항목은 PROFINET/IO^PN-IO^ 트래픽만을 식별하기 위해 사용된다. PROFINET/IO는 이더넷의 최신 버전에 대한 개방형 산업 표준이다. PROFINET에 대한 자세한 정보를 보려면 www.profibus.com에 방문해보라.

❊ Statistics 메뉴 항목

Statistics 메뉴에 있는 이 항목은 www.wireshark.org/docs/wsug_html_chunked/ChUseStatisticsMemiSection.html에서 다룬다. 이 학습 가이드에서는 몇 가지 항목을 더 심도 있게 살펴보고, 해당 항목들의 사용에 중점을 둔다.

27. 와이어샤크에서 제공하는 전문가 정보를 참고하라. 통신에 대한 문제점을 해결할 때 Expert는 문제점을 빠르게 지적할 수 있고, 이들 문제점의 근원지를 파악하는 데 걸리는 시간을 많이 줄일 수 있다.

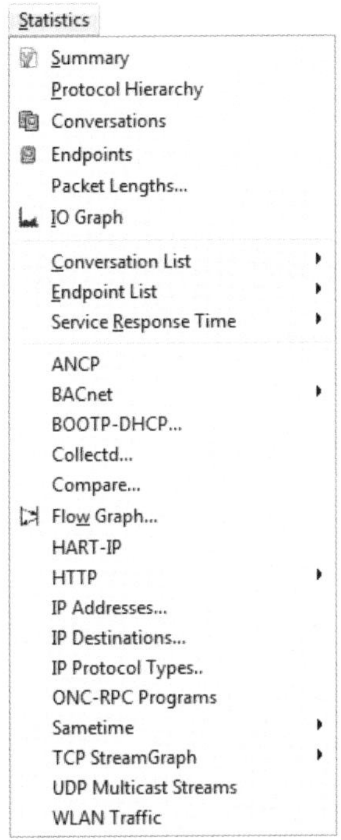

그림 37 Statistics 메뉴 항목

Statistics 메뉴는 와이어샤크의 여러 가지 강력한 해석 기능으로 구성된다. 여러 항목은 기본적인 트래픽 통계로 나눠지며, 이것들은 비교적 쉽게 이해할 수 있다. 이런 통계 항목의 대부분은 다음의 절들에서 언급한 것처럼 다른 장에서 상세하게 다룬다.

와이어샤크 통계를 해석하고 사용하는 방법에 대한 자세한 정보는 8장, '기본 추적 파일 통계 해석'을 참고하라.

❊ 요약(Statistics ❯ Summary)

요약 창은 패킷의 개요와 바이트 수, 시간 경과 및 필터 수집(적용된 경우)을 제공한다. 이 요약에는 추적 파일 주석, 수집 인터페이스 및 수집 필터 정보(사용하는 경우)가 표시된다. 이 요약은 수집된 패킷, 표시된 패킷 및 마크된 패킷에 대한 기본 정보를 제공한다. 요약 통계의 사용과 해석에 대한 자세한 정보는 7장, '시간 값 지정과 요약 해석'을 참고하라.

❊ 프로토콜 계층(Statistics ▶ Protocol Hierarchy)

이 항목은 추적 파일에 프로토콜 변칙이 있는지 감지하는 데 특히 유용하다(32장, '수상한 트래픽 분석' 참조). 와이어샤크는 패킷 수, 바이트 수 및 추적 파일의 모든 트래픽 비율, 혹은 디스플레이 필터가 적용된 경우에 패킷 수, 바이트 수 및 필터링된 트래픽 비율을 나타낸다. 자신의 네트워크에서 사용되는 애플리케이션과 프로토콜을 알게 된다.

❊ 대화와 종단점(Statistics ▶ Conversations and Endpoints)

대화는 서로 통신하는 한 쌍의 장치다. 종단점은 통신의 한 측면이다. 예를 들어 10.1.1.1이 10.2.2.2로 브라우징할 경우 이들의 통신은 대화 형식으로 보여지지만, 10.1.1.1과 10.2.2.2는 별도의 종단점으로 볼 수 있다. 많은 호스트 통신을 포함하는 커다란 추적 파일로 작업하고 있을 때, 대화와 종단점 트래픽은 가장 활성화된 호스트와 대화를 식별하기 위해 정렬될 수 있다. GeoIP 매핑(Edit ▶ Preferences에서 활성화된 경우)은 Statistics ▶ Endpoint ▶ IPv4 or IPv6 창에서 사용할 수 있다. GeoIP 매핑에 대한 자세한 내용은 8장의 '종단점 나열과 지도에 표시' 절을 참조하라.

❊ 패킷 길이(Statistics ▶ Packet Lengths)

패킷 길이는 모든 데이터 전송 프로세스에서 관찰하는 중요한 특징이다. 작은 패킷 크기를 사용해 파일을 전송하는 것이 최대 패킷 크기가 사용하는 것보다 훨씬 효율적이다. 이 사용에 대한 자세한 내용은 8장의 '패킷 길이 평가' 절을 참고하라.

❊ IO 그래프(Statistics ▶ IO Graphs)

IO[Input/Output] 그래프는 저장/저장되지 않은 추적 파일에서 전체 바이트에 대한 뷰를 제공한다. 이 그래프는 와이어샤크에 의해 수집된 바이트의 동적인 뷰를 보기 위해 트래픽을 수집하는 동안 실행될 수 있다.

IO 그래프는 디스플레이 필터 적용, 스타일 및 X, Y축 값 수정에 의한 트래픽에 대해 알려주는 아주 강력한 기능이다. 고급 IO 그래프를 사용하면 MIN, MAX 및 AVG 기능을 사용할 수 있다. 그림 38은 TCP 중복 ACK 패킷에 대한 추적 파일에서 모든 트래픽을 비교하는 IO 그래프를 보여준다. 기본 및 고급 IO 그래프에 대한 자세한 정보는 21장, 'IO 그래프 비율과 TCP 트렌드'를 참조하라.

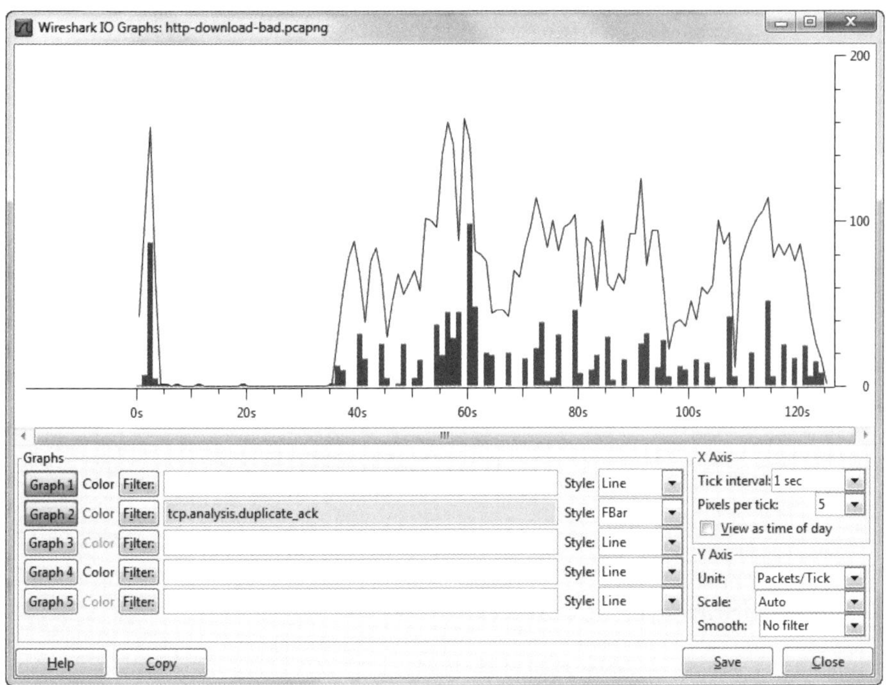

그림 38 IO 그래프는 모든 트래픽과 중복 ACK를 표시한다[http-download-bad.pcapng].

❊ 대화와 종단점 목록(Statistics > Conversation and Endpoint Lists)

이것은 특정 대화 또는 종단점을 보기 위한 빠른 방법이다(Statistics > Conversations 혹은 Statistics > Endpoints 로딩, IP, TCP, UDP 및 다른 조건을 선택하는 것보다 빠르다).

❊ 서비스 응답 시간(Statistics > Service Response Time)

이 옵션은 SMB, SMB2, LDAP와 NCP를 포함하는 여러 프로세스에 대한 최소, 평균 및 최대 서비스 응답 시간SRT을 그래프로 제공한다.[28]

❊ ANCP(Statistics > ANCP)

와이어샤크는 ANCPAccess Node Control Protocol에 대한 통계를 제공할 수 있다. ANCP는 BRASBroadband Remote Access Servers와 접근 노드 사이의 통신에 대한 제어 채널을 제공한다. ANCP 트래픽에 대한 기본 TCP 포트는 6068이다. 더 자세한 정보와

28. 이것은 마이크로소프트의 SMB 트래픽을 분석하기 좋은 기능이다. 로그인한 순서와 파일 전송 순서를 수집하라. 추적 파일에서 평균 서비스 응답 시간을 식별하기 위해 Statistics > Service Response Time 창을 열어라.

샘플 ANCP 추적 파일은 wiki.wireshark.org/ANCP를 참고하라.[29]

❊ BACnet(Statistics ❯ BACnet)

BACnet은 난방, 조명 제어 및 화재 감지 시스템 같은 빌딩의 자동화 요소를 제어하는 데 사용하는 프로토콜이다. BACnet의 분석에 대한 자세한 내용은 wiki.wireshark.org/Protocols/bacnet을 참고하라.

❊ BOOTP-DHCP(Statistics ❯ BOOTP-DHCP)

이 통계는 수집된 BOOTP-DHCP 패킷의 유형을 나열한다. 이것은 많은 호스트의 DHCP 시작 순서를 포함하는 크기가 큰 추적 파일에서 DHCP 문제의 원인을 찾을 때 조사하는 데 유용한 통계다.

❊ Collectd(Statistics ❯ Collectd)

Collectd는 CPU 사용, DNS 트래픽 유형, 연결 정보, 디스크 데이터, 이메일 통계, 캐시 사용 등과 같은 정보를 추적하기 위한 90개 이상의 플러그인 시리즈를 사용하는 시스템 성능 정보를 수집하는 데몬을 포함하고 있는 오픈소스 프로젝트다. Collectd는 Florian Forster에 의해 만들어졌고, collectd.org에서 다운로드할 수 있다. Collectd 통계 기능은 수집된 통계 트래픽에 대한 정보를 표시하기 위해 Collectd 데몬으로부터 네트워크를 통해 전송된다.

❊ 비교(Statistics ❯ Compare)

이 책의 2판을 쓸 때 비교 기능을 사용하는 것이 약간 "어색했다." 본질적으로 파일 전송의 양쪽 끝에서 트래픽을 수집하고 두 개의 추적 파일을 병합(Mergecap을 사용해)해야 한다. 새 병합된 추적 파일을 열고 Statistics ❯ Compare를 선택한다. 이 기능은 패킷이 일치되게 IP ID 필드를 사용한다. 그렇지만 이것을 쓰고 있는 현시점에서 이 특징은 프로토콜 연산이 비활성화돼 있어도 IP 헤더 검사합 에러를 경고한다. 지금 두 개의 추적 파일을 비교하려면 와이어샤크의 두 인스턴스를 열고 추적 파일을 나란히 비교할 수 있다. 사용 가능한 기능에 대한 정보가 업데이트되면 www.

---

29. 와이어샤크의 통계 메뉴는 네트워크에서 일반적으로 찾을 수 없는 항목들이 약간 혼란스러울 수 있다. 어쩌면 핵심 개발자들은 통계 메뉴를 좀 더 효과적으로 사용하게 하기 위해 서브메뉴 아래 두려고 했을 것이다.

wiresharkbook.com에 게시된다. 이 기능에 대한 몇 가지 정보는 www.wireshark.org/docs/wsug_html_chunked/ChstatCompareCaptureFiles.html에서 찾을 수 있다.

❊ 흐름 그래프(Statistics ❯ Flow Graphs)

흐름 그래프는 발신지 및 목적지 호스트를 칼럼으로 분리해 트래픽의 패킷-대-패킷 해석을 생성한다. 이 그래프는 HTTP 트래픽을 해석할 때 특히 유용하다. 흐름 그래프는 8장, '기본 추적 파일 통계 해석'에 수록돼 있다.

❊ HART-IP(Statistics ❯ HART-IP)

HART-IP^Highway Addressable Remote Transducer over IP 통계는 HART-IP 요청, 응답 및 에러 패킷의 수를 보여준다.

❊ HTTP(Statistics ❯ HTTP)

HTTP 통계는 로드 배포 정보, 패킷 계수기와 요청을 포함한다. 로드 배포 정보는 서버 호스트와 서버 주소에 의한 HTTP 요청을 나열한다. 패킷 계수기 정보는 HTTP 응답 코드(200, 403 및 404)에 대한 HTTP 요청 유형(GET과 POST)을 분석한다. 마지막으로 HTTP 요청은 모든 대상 HTTP 서버 및 각 서버에서 요청한 모든 파일의 목록을 나열한다. HTTP 통계는 23장, 'HTTP 트래픽 분석'에서 자세한 정보를 다룬다.

❊ IP 주소, IP 목적지(Statistics ❯ IP Addresses and IP Destinations)

이것은 비교적 쉽게 이해할 수 있다. 이들 항목은 각 주제에 대한 카운트 및 백분율을 제공한다. 더 유용한 정보를 위해 대화^Conversations 목록과 끝점 목록을 이용하는 것을 고려하라.

❊ IP 프로토콜 유형(Statistics ❯ IP Types)

IP 프로토콜 유형 항목은 UDP와 TCP 트래픽에 대한 패킷 카운트와 백분율을 나타낸다.[30]

---

30. 와이어샤크의 모든 기능이 유용하다고 하지는 않았다. 이것은 그다지 필요치 않는 통계의 예 중 하나다. IP 위에 실행하는 모든 트래픽의 분석 내용을 보여주지는 않는다.

❊ ONC-RPC 프로그램(Statistics ❯ ONC-RPC Programs)

이 통계는 원격 프로시저 호출RPC, Remote Procedure Call의 개방형 네트워크 컴퓨팅ONC, Open Network Computing 변화에 대한 최소, 평균과 최대 서비스 응답 시간을 표시한다.

❊ Sametime(Statistics ❯ Sametime)

이 프로토콜은 실시간 통신과 협업을 위해 사용된다. Sametime 트래픽에 대한 기본 TCP 포트는 1533번이다. Sametime에 대한 자세한 내용은 wiki.wireshark.org/sametime과 www-01.ibm.com/software/lotus/sametime/을 참조하라.

❊ TCP 스트림 그래프(Statistics ❯ TCP Stream Graphs)

이것은 와이어샤크의 가장 인상적인 기능 중 하나다. TCP 스트림 그래프를 선택하기 위해 패킷 목록 창에서 TCP 기반 패킷을 선택해야 한다. 다음 네 개의 TCP 그래프는 21장, 'IO 비율과 TCP 트렌드 그래프'에 상세히 기술돼 있다.

- 왕복 시간 그래프
- 처리율 그래프
- 시간 순서 그래프(Stevens)
- 시간 순서 그래프(tcptrace)
- 윈도우 크기 조정 그래프

각 그래프는 TCP 그래프를 만들기 전에 TCP 패킷을 신중하게 선택하길 요구하는 단방향 그래프다. TCP 그래프를 구축하는 방법에 대한 자세한 내용은 21장의 '시간상의 TCP 순서 번호 그래프' 절을 참조하라.

❊ UDP 멀티캐스트 스트림(Statistics ❯ UDP Multicast Streams)

멀티캐스팅(목적지 멀티캐스트 주소에 기반을 둔 호스트의 그룹으로 패킷을 전송하는 것)이 비디오 스트리밍과 같은 용도로 점점 더 많이 사용되고 있는 것처럼 UDP 멀티캐스트 스트림 항목도 점점 더 유익할 것이다. 멀티캐스트 분석에 대한 자세한 내용은 8장과 19장을 참조하라.

❊ WLAN 트래픽(Statistics ❯ WLAN Traffic)

이 항목은 저장/저장되지 않은 추적 파일에서 WLAN 트래픽을 검색하고, WLAN 트래픽에 대한 기본 정보를 제공한다. 이 정보에는 SSID, 채널, 패킷 수, 패킷 유형, 그리고 그림 39와 같이 탐지된 것을 보호하는 방법을 포함한다. 802.11 네트워크 분석에 관심이 있다면 26장, '802.11(WLAN) 분석 소개'를 참조하라.

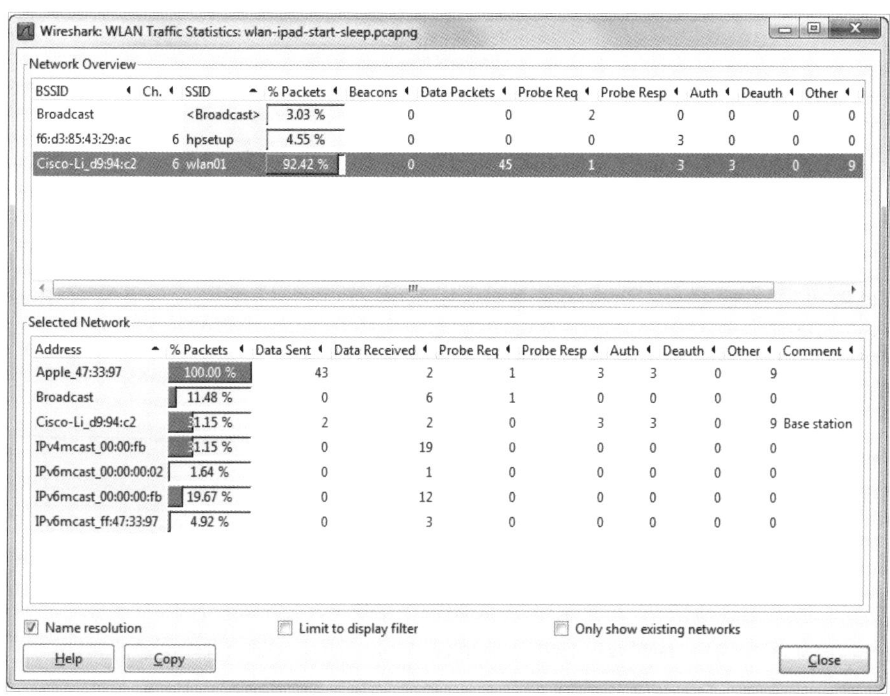

BSSID	Ch.	SSID	% Packets	Beacons	Data Packets	Probe Req	Probe Resp	Auth	Deauth	Other
Broadcast		<Broadcast>	3.03 %	0	0	2	0	0	0	0
f6:d3:85:43:29:ac	6	hpsetup	4.55 %	0	0	0	3	0	0	0
Cisco-Li_d9:94:c2	6	wlan01	92.42 %	0	45	1	3	3	0	9

Address	% Packets	Data Sent	Data Received	Probe Req	Probe Resp	Auth	Deauth	Other	Comment
Apple_47:33:97	100.00 %	43	2	1	3	3	0	9	
Broadcast	11.48 %	0	6	1	0	0	0	0	
Cisco-Li_d9:94:c2	31.15 %	2	2	0	3	3	0	9	Base station
IPv4mcast_00:00:fb	31.15 %	0	19	0	0	0	0	0	
IPv6mcast_00:00:00:02	1.64 %	0	1	0	0	0	0	0	
IPv6mcast_00:00:00:fb	19.67 %	0	12	0	0	0	0	0	
IPv6mcast_ff:47:33:97	4.92 %	0	3	0	0	0	0	0	

그림 39 WLAN 트래픽 정보는 SSID와 동작 중인 WLAN 호스트들을 포함한다.

❊ Telephony 메뉴 항목

15개의 Telephony 메뉴는 그림 40에서 보는 것과 같다. 이 메뉴는 VoIP 분석 도구로 와이어샤크의 가장 인기 있는 메뉴다. VoIP 분석에 대한 자세한 내용은 27장, 'VoIP 분석 소개'와 wiki.wireshark.org/VoIP_calls를 참고하라.

Telephony 메뉴에서 일부 Telephony 항목은 와이어샤크 온라인 문서의 통계 절에서 다뤄지며, 많은 항목이 와이어샤크 v1.2 이전에 나열됐다. 이 Telephony 메뉴에 있는 항목은 www.wireshark.org/docs/wsug_html_chunked/ChUseTelephonyMenuSection.html에서 다뤄진다.

이 목록에서 세 가지 핵심 영역은 RTP, SIP, VoIP Calls이다.

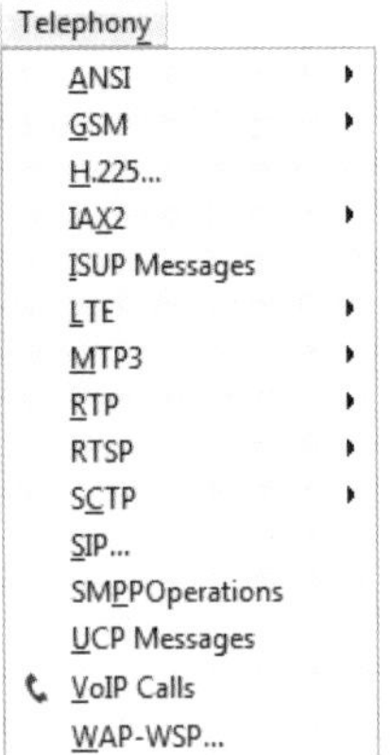

그림 40 Telephony 메뉴 항목

❊ RTP(Telephony ❯ RTP)

RTP[Real-time Transport Protocol] 항목은 RTP 스트림을 분석해 나타내고, 단방향 RTP 스트림에 문제점이 있는지 없는지를 나타낸다(보통 'Pb?' 칼럼으로 나타낸다). RTP 창은 패킷 손실과 지터[jitter] 비율 정보를 나타낸다.

 **와이어샤크가 RTP 트래픽을 인식하지 못할 때**

RTP 스트림을 수집하고 세션 개시 프로토콜(SIP) 호출 셋업 트래픽을 수집하지 못했거나 와이어샤크가 신호 트래픽을 이해하지 못한다면 와이어샤크는 RTP 트래픽 같은 트래픽을 인식하지 못할 수도 있다. 이 경우 Edit ❯ Preferences ❯ Protocols ❯ RTP를 선택하고, 'Try to Decode RTP Outside of Conversations'를 활성화한다.

❊ SIP(Telephony ❯ SIP)

SIP[Session Initiation Protocol]은 INVITE와 ACCEPT 방법 및 성공을 표시하는 숫자 응답 코드, 재지정, 클라이언트 에러, 서버 에러, 글로벌 에러 같은 호출을 설정하고 관리하는 데 사용한다. SIP 통계 창은 추적 파일, SIP 요청 메소드와 호출 설정 시간 정보에 있는 모든 SIP 응답 코드를 나열한다. 디스플레이 필터는 원하는 경우 특정 호출에 초점을 맞추기 위해 SIP 통계에 적용할 수 있다.

❊ VoIP 호출(Telephony ❯ VoIP Calls)

이것은 일부 암호화되지 않은 VoIP 호출의 재생을 가능하게 하는 것으로, 많은 VoIP 분석가[31]들을 감동시켰다. 먼저 와이어샤크는 VoIP 호출(와이어샤크가 셋업 트래픽 호출을 탐지하지 못한다면 이는 호출 또한 탐지하지 못한 것이다)을 자동으로 탐지한 후 호출의 시작/정지 시간, 초기 스피커, 호출 설정에 사용되는 프로토콜뿐만 아니라 호출의 발신지/목적지 정보와 관련된 테이블을 만든다.

Telephony ❯ VoIP Calls ❯ 〈select a call〉을 선택하고 그림 41에 나타난 것처럼 추적 파일에 있는 VoIP 트래픽을 그래프로 나타내기 위해 Flow를 선택한다.

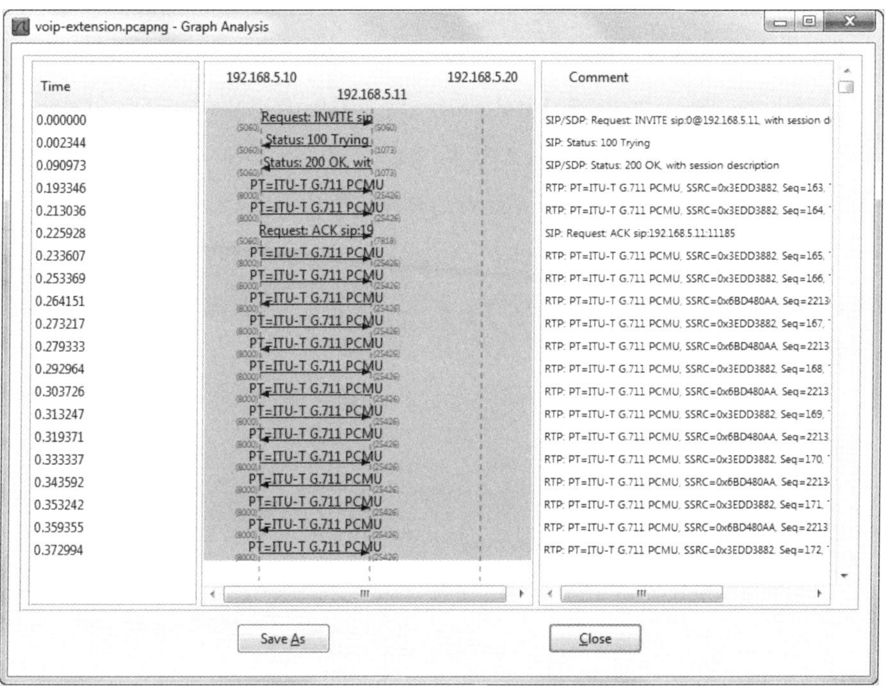

그림 41 와이어샤크는 VoIP 트래픽을 그래프로 나타낸다[voip-extension.pcapng].

VoIP 트래픽 분석에 대한 자세한 정보는, 27장을 참조하라.

31. 예, VoIP 분석자들은 이상하게 또는 잘못 이해할 수 있다. 특히 QoS의 맨 상단에 있는 애플리케이션을 맡고 있다면 이것은 정말 당신의 마음을 힘들게 만들 수도 있다.

✻ Tools 메뉴 항목

Tools 메뉴에는 두 가지 항목이 있는데, Firewall ACL(Access Control List) Rules 항목과 Lua다.

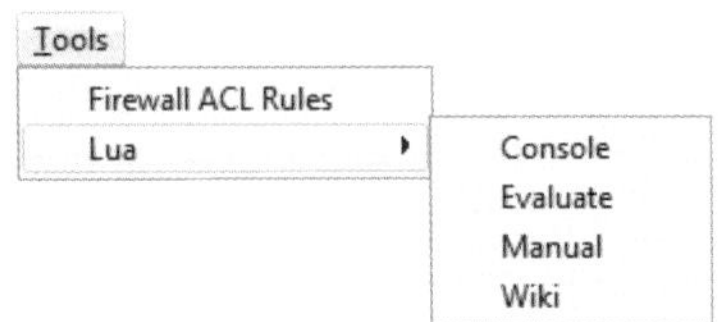

그림 42 Tools 메뉴 항목

✻ 방화벽 ACL 규칙(Tools ❯ Firewall ACL Rules)

ACL(Access Control List) 규칙은 패킷에서 나타나는 약간의 특성을 기반으로 일정한 트래픽을 차단하거나 허용하기 위해 다양한 방화벽 제품에 의해 사용된다. 패킷이나 필드를 클릭한 후에 Tools ❯ Firewall ACL Rules를 선택하면 와이어샤크는 패킷에 발신지 IP 주소를 기반으로 하는 Cisco IOS (표준) 방화벽 규칙을 구축한다. 그림 43에서와 같이 이 규칙을 또 다른 규칙 유형으로 변경하려면 제품 영역에서 arrow를 클릭하면 된다.

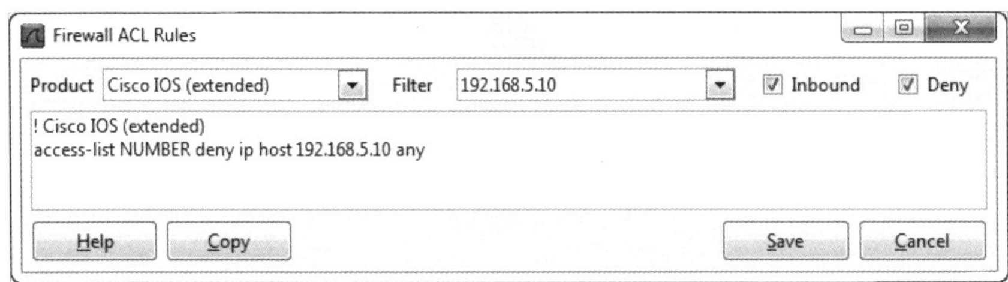

그림 43 와이어샤크는 자동으로 ACL 규칙을 생성할 수 있다.

와이어샤크는 다음과 같은 방화벽 형식에 대한 ACL 규칙을 생성할 수 있다.

- Cisco IOS(표준과 확장)
- IP Filter(ipfilter)
- IPFirewall(ipfw)
- Netfilter(iptables)
- Packet Filter(pf)

- Windows Firewall(netsh)

원하는 필터를 만들기만 하면 간단히 Copy 버튼을 클릭해 방화벽 구성에 필터를 붙여 넣을 수 있다.

❊ Lua(Tools ❯ Lua)

Lua는 "강력하고, 빠르고, 가벼운, 임베디드 스크립팅 언어"다(www.lua.org). Lua는 애플리케이션에 기능을 추가해 사용할 수 있다. Lua 스크립트는 해석기 프로토타입을 만들 수 있다. 와이어샤크의 해석기는 C로 작성돼 있다. Lua 스크립트는 이 책의 범위를 벗어나므로, 와이어샤크에서 Lua 사용에 대한 자세한 내용은 wiki.wireshark.org/Lua를 참조하라.

❊ Internals 메뉴 항목

Interals 메뉴에는 Dissector tables, Supported Protocols(slow!)라는 두 개의 항목이 있다.

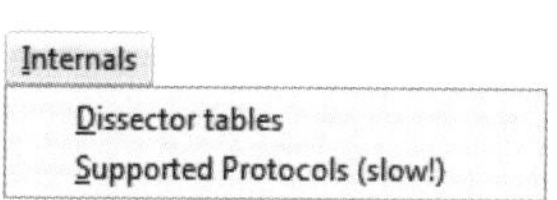

그림 44 내부 메뉴 항목

❊ 해석 테이블(Internals ❯ Dissector Tables)

해석 테이블은 현재 와이어샤크 메인 메뉴에서 이용 가능하다. 해석 테이블에서 가장 흥미로운 부분이라고 할 수 있는 것이 TCP 포트 매핑으로, 정수 테이블 탭에서 그림 45와 같이 확인할 수 있다.

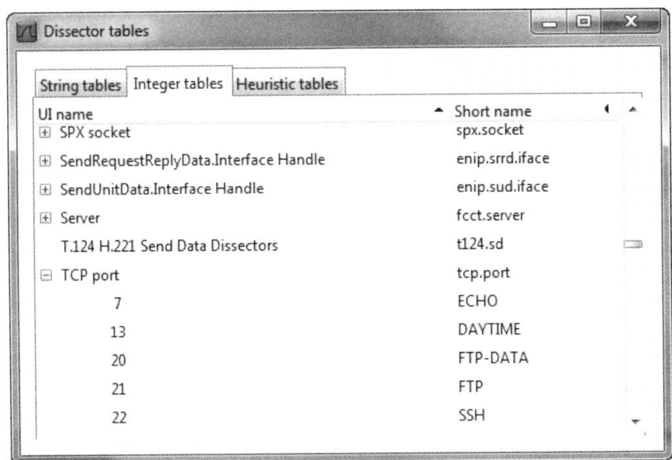

그림 45 알려진 TCP 포트 번호를 Integer Tables 탭에 나열

❊ 지원 프로토콜(Internals ▶ Supported Protocols)

메뉴 항목에는 와이어샤크가 지원하는 1,100개 이상의 프로토콜과 패킷 유형이 나열돼 있다. 이전 버전에서 이 항목은 도움말 메뉴에 들어있었다. 필터 필드 디스플레이 탭은 와이어샤크가 인식하는 모든 개별 프로토콜과 패킷 유형 필드를 나열한다. 이는 흥미로운 참조 영역이다. 그러나 와이어샤크가 특정 프로토콜을 분석할 수 있는지 보고 싶다면 간단한 인터넷 검색을 통해 더 많은 정보를 얻을 수 있다. 디스플레이 필터를 생성할 때 디스플레이 필터 영역의 Expression...을 클릭해 필터를 열거나 생성할 수 있다.

❊ Help 메뉴 항목

메인 툴바에서 와이어샤크의 도움말을 빠르게 실행시킬 수 있다.

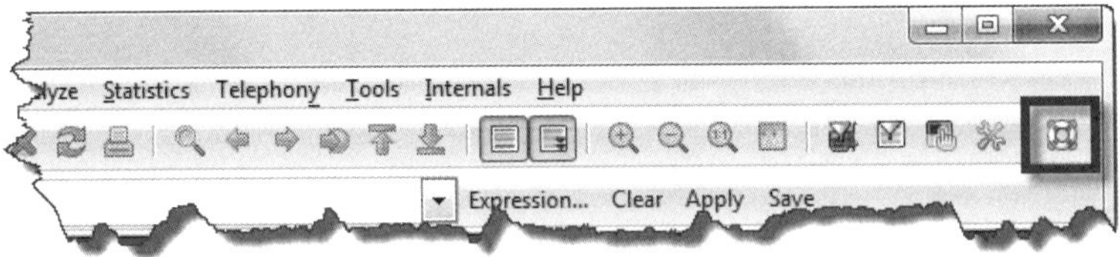

Help 메뉴의 항목에 대해서는 www.wireshark.org/docs/wsug_html_chunked/ChUseHelpMenuSection.html에 자세히 기술돼 있다.

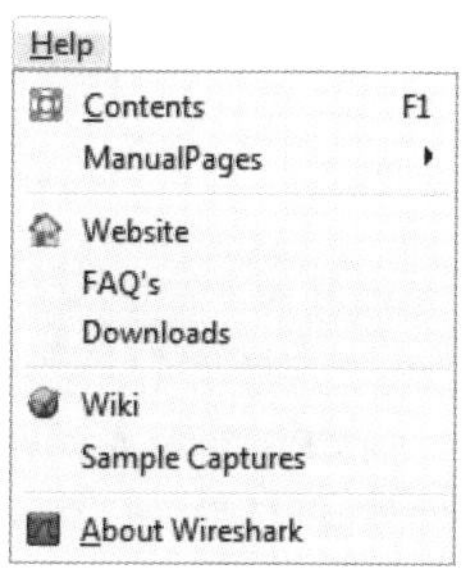

그림 46 도움말 메뉴 항목

❊ 와이어샤크 기능과 버전 정보 파악

Help 메뉴에 있는 대부분의 항목은 따로 설명이 필요 없다. Help 메뉴의 핵심 항목 중 하나가 About Wireshark 부분이다. About Wireshark를 클릭하면 현재 버전 정보와 와이어샤크 기능들이 그림 47과 같이 나타난다. 이 창은 상당히 중요하다. 윈도우 플랫폼에서 와이어샤크 64비트 버전으로 업그레이드한 후 Simple Network Management 프로토콜의 SMI[Structure of Management Information] 상세를 분석할 수 없다고 불평하는 유저가 있다. 그림 47에서는 이 버전이 'SMI 없이' 만들어졌다고 밝히고 있다.

와이어샤크 메일링 리스트 정보에 다음과 같은 자세한 내용이 들어 있다.

> 현재 libsmi 64비트 버전은 없다. 와이어샤크 32비트 버전은 윈도우 64비트에서 실행되며, libsmi가 포함돼 있다. 와이어샤크가 구동되는 (Win32, Linux, 등) 다른 플랫폼에 pcap을 복사해 놓고 거기에서 해석하는 것은 최악의 상황이 될 것이다. [Andrew Hood]

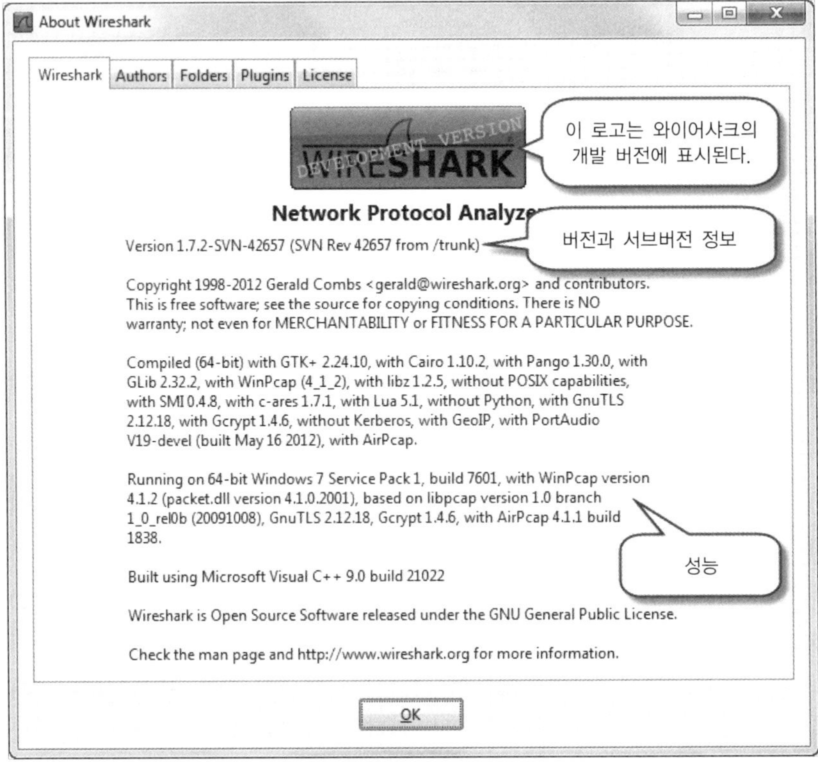

그림 47 Help ❯ About Wireshark를 선택해 와이어샤크의 주요 기능을 알 수 있다.

❊ 와이어샤크 설정과 프로그램 폴더 찾기

Folders 탭을 클릭해 와이어샤크 요소의 위치를 찾을 수 있다. 그림 48에서는 폴더 영역에 각 폴더와 각 폴더 링크에 포함된 대표적인 파일의 짧은 목록이 들어간 것을 확인할 수 있다.

와이어샤크 구성 요소가 있는 곳 알아보기

와이어샤크 프로그램 파일이 어디에 있는지, 개인 설정 폴더는 어디에 위치하는지 찾는 것이 중요하다. 와이어샤크는 어떤 시스템 디렉토리에든 설치될 수 있으며, 이는 이런 파일을 빨리 찾을 수 있는 방법이다.

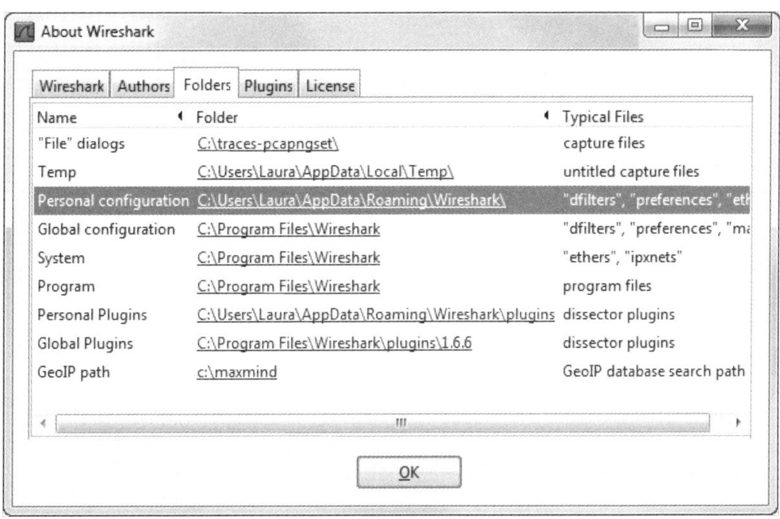

그림 48 Folders 탭은 주요 와이어샤크 파일의 위치를 나타낸다.

메인 툴바의 효과적인 사용

메인 툴바는 와이어샤크에 대한 일반적인 작업을 빠르게 수행하는 방법을 제공하는 아이콘 기반의 내비게이션을 갖고 있다. 메인 툴바는 다음에 정의된 것처럼 일곱 개의 부분으로 구분된다.

툴바 아이콘 정의

수집 툴바 아이콘

왼쪽에서 오른쪽 순으로 List Interfaces, Capture Options, Start Capture, Stop Capture, Restart Capture다.

Restart Capture는 사용자가 빠르게 수집을 시작할 때 매우 유용하다. 수집을 중단하지 않고 다시 수집 설정 프로세스를 진행하고자 할 때 Restart Capture를 사용한다.

❊ 추적 파일과 인쇄 툴바 아이콘

왼쪽부터 Open File, Save File, Close File, Reload File, Print다.

여러 가지 임시 설정(예, 무시 패킷)은 Reload File을 클릭해 지울 수 있다.

❊ 내비게이션 툴바 아이콘

왼쪽부터 Find, Go Back, Go Forward, Jump To, Go to First Packet, Go to Last Packet이다.

- **찾기(Find)** 디스플레이 필터, 16진수 값과 문자열 기반의 패킷으로 위치를 정한다.
- **뒤로(Go Back)** 검색, 첫 번째 혹은 마지막으로 이동에 의해 지정된 마지막 패킷으로 돌아간다.
- **다음(Go Forward)** '뒤로'를 사용한 후에 활성화된다.
- **이동(Jump To)** 특정 패킷 번호로 이동시킨다.
- **처음 패킷으로(Go to First Packet)** 추적 파일에서 첫 번째 패킷으로 이동한다(패킷 번호를 기반으로 하며, 정렬되지 않는다).
- **마지막 패킷으로(Go to Last Packet)** 추적 파일에서 마지막 패킷으로 이동한다(실제 패킷 번호를 기반으로 하며, 정렬되지 않는다).

패킷 번호는 절대 바뀌지 않는다.

패킷 번호는 칼럼의 정렬 방식과 상관없이 절대 변경되지 않는다.

❊ 패킷 찾기

그림 49와 같이 패킷 찾기 창을 열려면 메인 툴바의 Find 버튼을 클릭하거나 Ctrl + F를 누른다. 디스플레이 필터 값, 16진수와 ASCII 문자열을 기반으로 한 패킷에 위치를 정할 수 있다.[32]

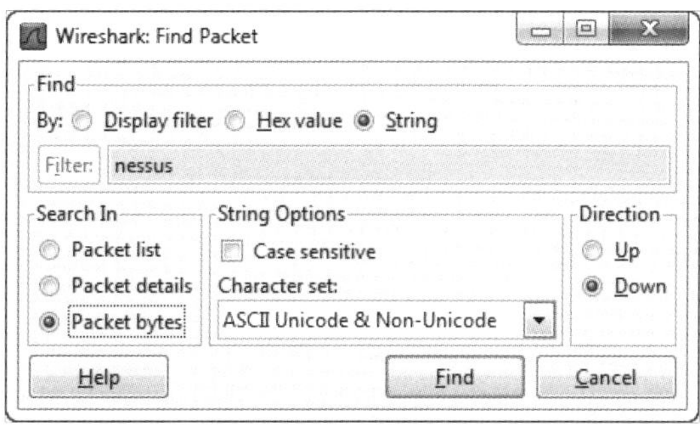

그림 49 디스플레이 필터 값, 16진수 값이나 문자열을 기반으로 패킷을 찾을 수 있다.

원하는 경우에 검색은 패킷 목록 창에서 요약 정보, 패킷 상세 정보 창에서 해석된 값, 패킷 바이트 창에서 전체 패킷으로 제한될 수 있다. 또한 현재 선택된 패킷에서 위로/아래로를 사용해 검색 방향을 선택할 수 있다.

'검색하는 동안 파일의 종료/시작 줄 바꿈'은 Edit ❯ Preferences ❯ User Interface 영역에서 설정한다.

문자열 옵션은 대/소문자 구분 검색을 수행하는 데 사용되며, ASCII 유니코드와 비유니코드(기본), ASCII 유니코드나 ASCII 비유니코드 같은 문자 집합을 정의한다. 문자열 옵션 부분은 문자열 검색을 수행할 때만 적용할 수 있다.

❊ 색상과 스크롤 툴바 아이콘

왼쪽부터 패킷 컬러링(토글 on/off), 자동 스크롤(토글 on/off)이다.

---

32. 패킷에서 특정 ASCII 스트링을 찾는 좋은 방법이다. 그림 49에 나타난 예는 패킷 바이트 창에 있는 대소문자 구분 없이 nessus를 찾은 것이다. 이들 패킷의 위치를 아는 또 다른 좋은 방법은 8장의 '트래픽의 그래프와 흐름' 절에 있는 대소문자에서 주제어 찾기에 나타난 ASCII 대소문자 탐지에 규정된 디스플레이 필터를 이용하는 것이다.

자동 스크롤 기능은 화면에 스크롤되는 패킷의 수를 제한하기 위해 수집 필터를 적용했을 때 아주 유용하다. 와이어샤크가 패킷을 누락했다면 자동 스크롤 기능과 패킷 컬러링 기능을 해제하는 것을 생각해보라. 도움말이 충분히 도움이 되지 못한 경우 Edit ❯ Preferences ❯ Capture에서 Update list of packets in real time 기능을 해제한다.

❊ 보기 툴바 아이콘

왼쪽부터 Zoom In, Zoom Out, Zoom 100%, Resize All Columns다.

더 많은 칼럼을 추가해 이 칼럼들의 내용을 조절하고, 잘 보이게 칼럼을 설정하려면 Resize Columns, Zoom in, Zoom out, 1:1(100%) 버튼을 클릭한다.[33]

❊ 필터, 컬러, 환경설정 툴바 아이콘

왼쪽부터 Capture Editor, Display Filter Editor, Coloring Rules Editor, Global Preferences다.

이 아이콘들은 저장된 수집 및 색상 규칙뿐만 아니라 디스플레이 필터를 보거나 편집할 수 있는 빠른 방법을 제공한다. Global Preferences 아이콘을 클릭하면 프로토콜 설정, 필터 표현 설정, 그리고 더 많은 것을 지정할 수 있다.

❊ 도움말 툴바 아이콘

도움말 창이 나타난다.

---

33. 시간이 지날수록 이 기능들은 더 가치 있게 됐다.

필터 툴바를 이용한 빠른 작업

필터 툴바는 그림 50에서 보는 것처럼 디스플레이 필터 버튼('필터'라고 표시된), 디스플레이 필터 영역, 디스플레이 필터 드롭다운, 표현Expression, 초기화Clear, 적용Apply 버튼, 최근 추가된 저장 버튼으로 구성돼 있다.

와이어샤크에는 디스플레이 필터 자동 완성 기능이 포함돼 있다. 디스플레이 필터 영역에 글자를 쓰기 시작하면 와이어샤크는 해당 문자열로 시작하는 모든 가능한 필터를 나열해준다. 색상 코딩은 일반적인 디스플레이 필터 실수를 방지하는 데 도움을 줄 수 있다.

디스플레이 필터링은 9장에서 자세히 다룬다.

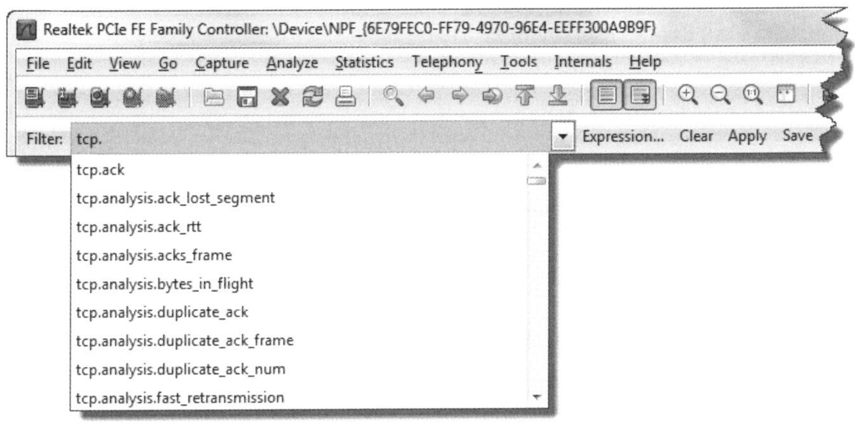

그림 50 디스플레이 필터 툴바는 6개의 요소로 구성돼 있다.

와이어샤크가 기억하는 최근 사용된 디스플레이 필터의 개수는 Edit ❯ Preferences ❯ User Interface ❯ Filter display list max. entries 설정에서 설정한다. 디스플레이 필터 자동 완성 기능과 표현의 이용은 9장에서 상세히 다룬다.

와이어샤크 1.8부터 필터 툴바에서 자주 찾는 디스플레이 필터를 빠르게 불러오는 버튼 집합을 만들 수 있다. 이것은 멋진 기능이다! 그림 51에서는 환경설정을 사용해 3개의 필터 표시 버튼을 추가했다. 필터 툴바에는 오직 하나만 보인다(››를 클릭하면 필터 툴바에 맞지 않는 추가적인 필터를 볼 수 있다). 버튼 한 번 클릭하면 주요 디스플레이 필터를 빠르게 적용할 수 있다. 필터 표현은 환경설정 영역 내부나 디스플레이 필터 영역에서 디스플레이 필터를 생성하고 Save를 클릭해 구축할 수 있다.

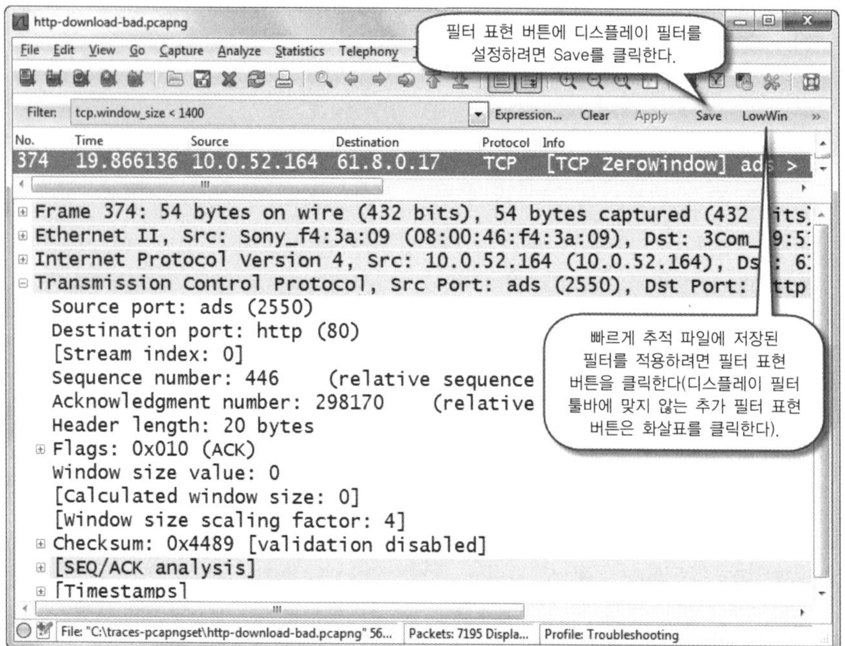

그림 51 새로운 필터 표현 환경설정은 디스플레이 필터를 기반으로 버튼을 생성한다. [http-download-good.pcapng]

필터 표현 버튼 설정은 프로파일 환경설정 파일에 저장된다. 각 프로파일에 대해 별도의 버튼이 있다. 와이어샤크와 프로파일 사용자 정의에 대한 자세한 내용은 11장의 '프로파일을 이용해 와이어샤크를 사용자 기호에 맞게 변경' 절을 참조한다.

무선 툴바 보이게 하기

무선 툴바는 WLAN 채널을 선택하고, 무선 트래픽에 사용하는 복호화 키를 정의하고, 들어오는 무선 패킷을 적용해야 하는 의사 헤더를 표시하기 위해 사용할 수 있다. 무선 툴바 옵션의 대부분은 AirPcap 어댑터가 로컬 시스템에 연결돼 있는지를 와이어샤크가 탐지하는 경우에만 사용할 수 있다.

무선 툴바는 기본적으로 숨겨져 있다. 무선 툴바를 보이게 하려면 View ❯ Wireless Toolbar를 선택한다. 무선 툴바는 그림 52와 같이 6개의 부분으로 구성돼 있다. AirPcap 어댑터가 와이어샤크 시스템에 연결돼 있다면 802.11 채널, 채널 옵셋, FCS 필터와 무선 설정 필드의 사용이 가능하다.[34]

34. 현재 AirPcap 어댑터는 윈도우 호스트에만 사용할 수 있다.

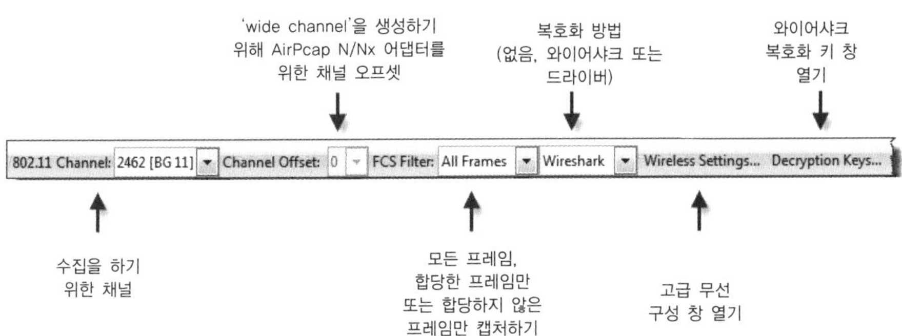

그림 52 무선 툴바는 6개의 부분으로 구성된다.

무선 툴바 부분에 대한 자세한 내용은 26장을 참조한다.

오른쪽 클릭 기능을 통한 옵션 접근

오른쪽 클릭 기능을 이용해 와이어샤크의 여러 작업을 빠르게 처리할 수 있다. 패킷 목록 창, 패킷 상세 정보 창, 패킷 바이트 창에서 사용할 수 있는 오른쪽 클릭 옵션은 다르다. 각 창에서 클릭을 할 때마다 다른 오른쪽 클릭 창이 나타난다.

그림 53은 패킷 상세 정보 창에서 패킷을 오른쪽 클릭했을 때 사용 가능한 기능을 보여준다. 그림 54는 패킷 목록 창에서 패킷을 오른쪽 클릭했을 때 사용 가능한 오른쪽 클릭 기능을 보여준다. 16진수로 보기와 비트로 보기는 패킷 바이트 창에서 사용 가능한 오른쪽 클릭 옵션이다.

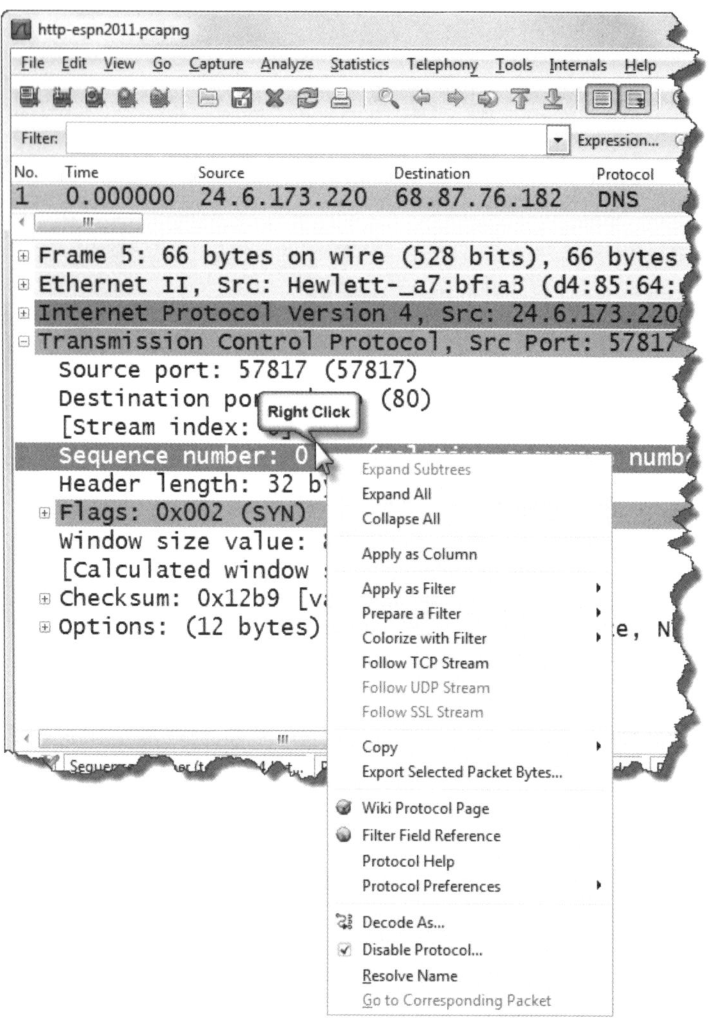

그림 53 패킷 상세 정보 창에 있는 필드를 선택하면 다른 오른쪽 클릭 옵션을 사용할 수 있다. [http-espn2011.pcapng]

✽ 패킷 주석 편집 또는 추가(오른쪽 클릭 > Edit 또는 Add Packet Comment...)

주석은 와이어샤크 1.8에 큰 도움이 된다. 그림 54에서와 같이 패킷 목록 창에서 아무 패킷이나 오른쪽 클릭하고 Edit 또는 Add Packet Comment를 선택한다. 패킷 주석은 추적 파일을 pcap-ng 형식으로 저장하는 한 오랫동안 추적 파일에 내장돼 있을 것이다.

패킷 주석은 프레임 섹션 위에 표시된다. 패킷 주석 필드는 pkt_comment로 명명

된다. 사용자는 필드 기반의 필터, 칼럼, 색상 규칙을 만들 수 있다.

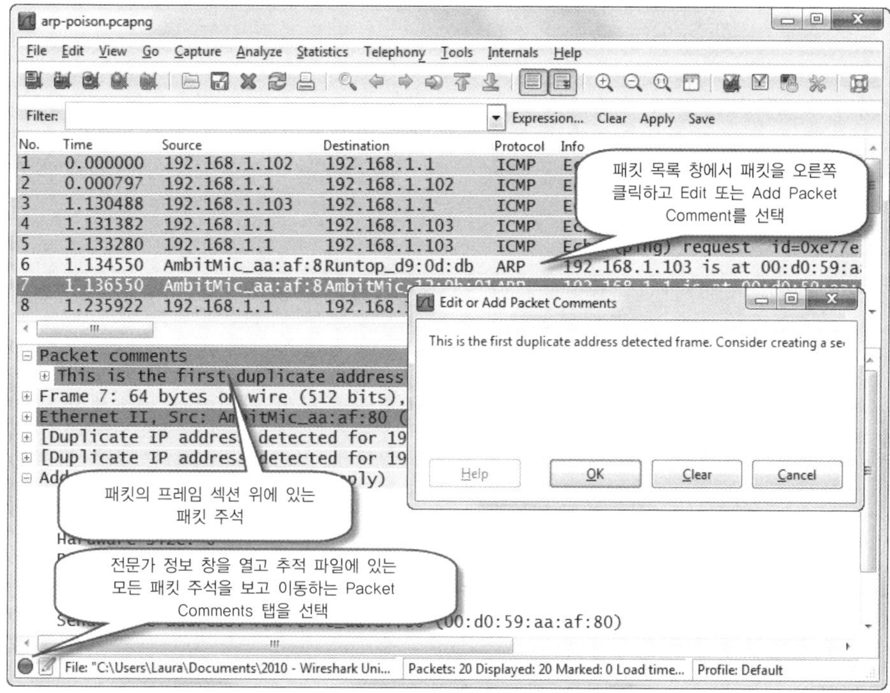

그림 54 오른쪽 클릭 기능은 특정 작업을 신속하게 수행할 수 있는 빠른 방법을 제공한다. [arp-poison.pcapng]

✻ 오른쪽 클릭 후 복사(오른쪽 클릭 › Copy)

오른쪽 클릭 창에서 사용이 가능한 시간 절약 옵션 중 하나는 복사 옵션이다. 그림 49는 복사 옵션을 선택했을 때, 추가로 나타나는 창을 보여준다.[35]

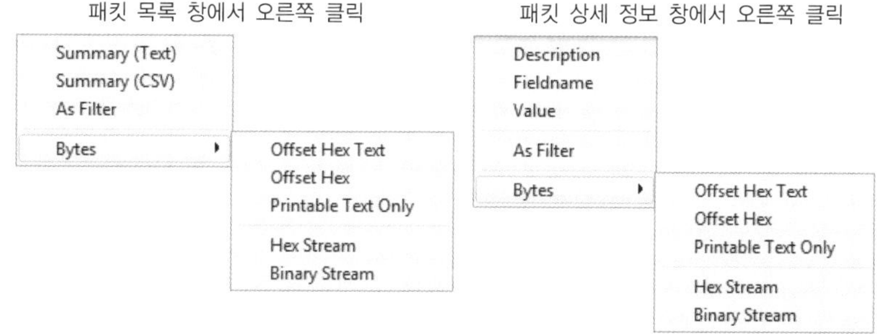

그림 55 복사 옵션은 패킷 목록 창(왼쪽)과 패킷 상세 정보 창(오른쪽)에서 사용 가능하다.

35. 훌륭한 시간 절약 기능(특히 사용자가 타이핑 입력 요원(typist)일 경우)이다.

다음은 패킷 목록 창에서 DNS 패킷에 다양한 복사 옵션을 사용했을 때 버퍼링되는 값을 보여준다.

요약(텍스트) 값의 예는 다음과 같다.

```
9      21.825414    192.168.0.113          192.168.0.1            DNS
       76           Standard query A d.getdropbox.com
```

요약(CSV)의 예는 다음과 같다.

```
"9","21.825414","192.168.0.113","192.168.0.1","DNS",
"76","StandardqueryAd.getdropbox.com"
```

패킷 목록 창에서 특정 칼럼이나 행을 오른쪽 클릭하면 와이어샤크는 해당 위치를 감지하고 오른쪽 클릭 복사 기능을 위한 정보를 사용한다. 예를 들어 목적지 칼럼과 행 값으로 192.168.0.1이 포함되는 곳을 오른쪽 클릭하고 Copy ▶ As Filter를 선택하면 와이어샤크는 다음과 같은 정보를 버퍼링한다.

```
ip.dst==192.168.0.1
```

다음은 패킷 상세 정보 창에서 UDP 헤더에 다양한 복사 옵션을 사용했을 때 버퍼링된 값을 나타낸다.

Description:	`Length: 310`
Fieldname:	`udp.length`
Value:	`310`
As Filter:	`udp.length==310`

✽ 오른쪽 클릭 후 칼럼 적용(오른쪽 클릭 ▶ Apply As Column)

이 옵션은 패킷 목록 창에 칼럼을 추가하기 위한 빠른 방법을 제공한다. 그림 56은 패킷 목록 창에서 2개의 새로운 칼럼을 보여준다(하나는 TCP 윈도우 크기 값이고, 다른 하나는 TCP 순서 번호 값이다). 이런 DNS 패킷은 TCP 윈도우 크기 정보가 포함돼 있지 않기 때문에 패킷 10~14에는 새 칼럼이 비어있다.[36]

---

36. 이 기능은 내가 매우 좋아하는 것이다. Edit ▶ Preferences ▶ Columns ▶ Add를 사용할 때 시간이 걸리지만, 빠르게 정보를 보기 위해 새로운 칼럼을 생성하는 좋은 방법이다.

그림 56과 같이 칼럼을 추가하기 위해 TCP 대화를 포함하는 추적 파일을 연다. TCP 헤더에서 Calculated Window Size 필드를 오른쪽 클릭하고, Apply As Column을 선택한다.

이를 위해 사용하기 좋은 TCP 추적이 없다면 www.wiresharkbook.com의 다운로드 섹션에서 사용할 수 있는 http-espn2011.pcapng를 사용하라.

칼럼의 머리글을 오른쪽 클릭하면 왼쪽, 가운데, 오른쪽 맞춤, 칼럼의 이름 변경, 칼럼 삭제를 할 수 있다.

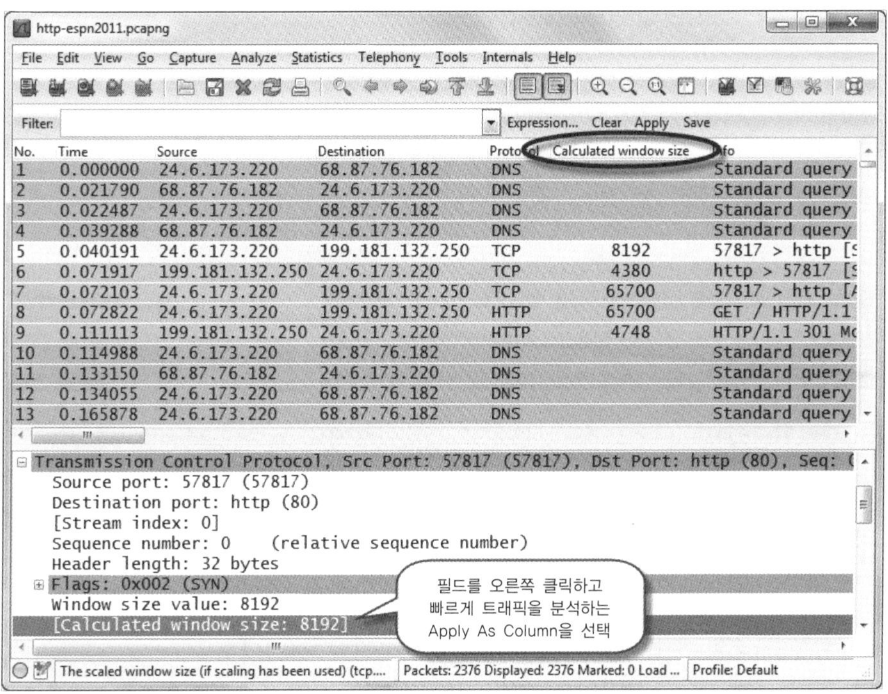

그림 56 right click | Apply As Column를 이용해 패킷 목록 창에 칼럼을 추가한다. [http-espn2011.pcapng]

게다가 정렬, 이름 또는 칼럼의 기타 속성을 변경하거나, 칼럼 머리글을 오른쪽 클릭해 칼럼을 위한 필드의 발생을 정의할 수 있다. 예를 들어 ICMP 목적지에 도달할 수 없는 메시지는 두 개의 IP 헤더(모든 IP 헤더 필드의 두 집합)를 포함한다.

와이어샤크는 기본적으로 각각의 중복된 필드 값을 표시한다. 첫 번째 항목의 값을 확인하려면 칼럼 머리글을 오른쪽 클릭하고 Edit Column Detatils를 그림 57처럼 선택한다. 또한 칼럼 머리글을 오른쪽 클릭해 칼럼을 숨기거나 표시할 수 있는데, 전체 추적 파일의 재처리를 필요로 하는 칼럼을 되살리는 것보다 훨씬 빠르다.

와이어샤크의 성능을 죽이지 말라!

사용자 정의 칼럼을 표시하기 위해 와이어샤크는 패킷 목록 창에서 디스플레이하기 위한 해당 필드의 콘텐츠를 추출하고, 원하는 필드를 찾기 위해 패킷 내부를 반드시 살펴봐야 한다. 이 모든 작업은 와이어샤크에 오버헤드를 추가하고, 추적 파일 내용의 처리 속도를 느리게 할 수도 있으며, 수집하는 동안 실시간으로 패킷의 목록을 업데이트한다. 개인적 의견으로는 이런 성능을 포기해 전체 문제 해결 프로세스를 가속화하는 것이 필요로 하는 인스턴스가 있다. 예를 들어 창 크기 계산 필드 칼럼 없이 TCP 통신 문제를 해결하려고 하지 않을 것이다.

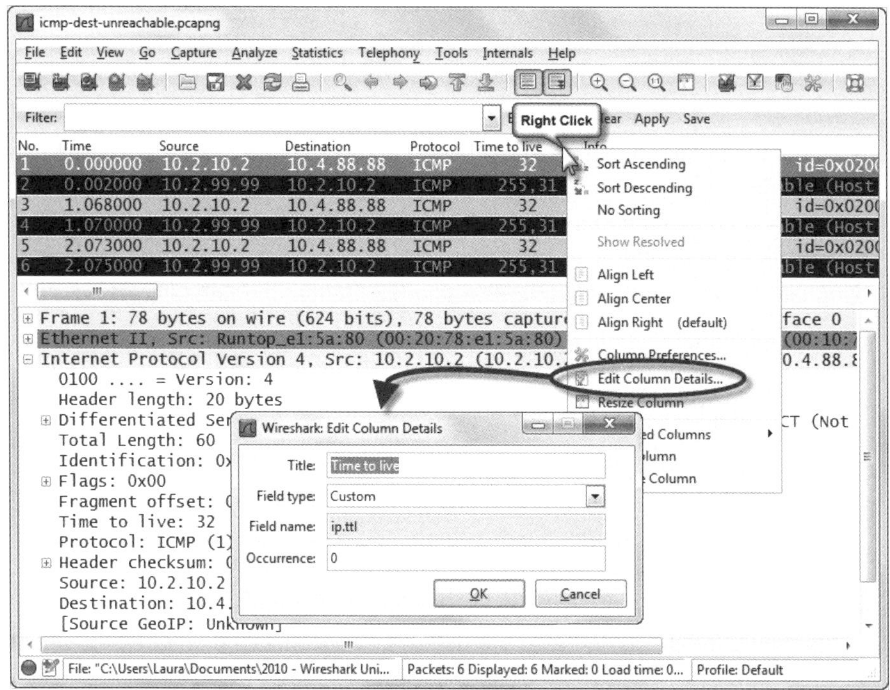

그림 57 속성을 편집하기 위해 칼럼 머리글을 오른쪽 클릭한다.[icmp-dest-unreachable.pcapng]

✻ 오른쪽 클릭 후 Wiki 프로토콜 페이지(패킷 상세 정보 창)

와이어샤크는 패킷 상세 정보 창에 프로토콜 요약 라인의 Wiki 페이지와 프로토콜 필드에 관련된 링크를 갖고 있다. 예를 들어 확장된 ARP 패킷에서 Hardware Size 필드를 클릭한다. Wiki Protocol Page를 선택하고, 팝업된 정보에서 OK를 누른다. 기본 브라우저가 관련 프로토콜 페이지를 표시할 것이다(존재할 경우).

✻ 오른쪽 클릭 후 필터 필드 참조(패킷 상세 정보 창)

어떤 패킷이든 원하는 필드를 오른쪽 클릭하고 기본 브라우저에 나열된 와이어샤크 필터를 열기 위해 Filter Field Reference를 선택한다. 예를 들어 ARP 패킷에서 Protocol Type을 클릭하고 Filter Field Reference를 선택한다(와이어샤크는 그림 58과 같이 사용 가능한 ARP 디스플레이 필터 필드의 목록을 연다).

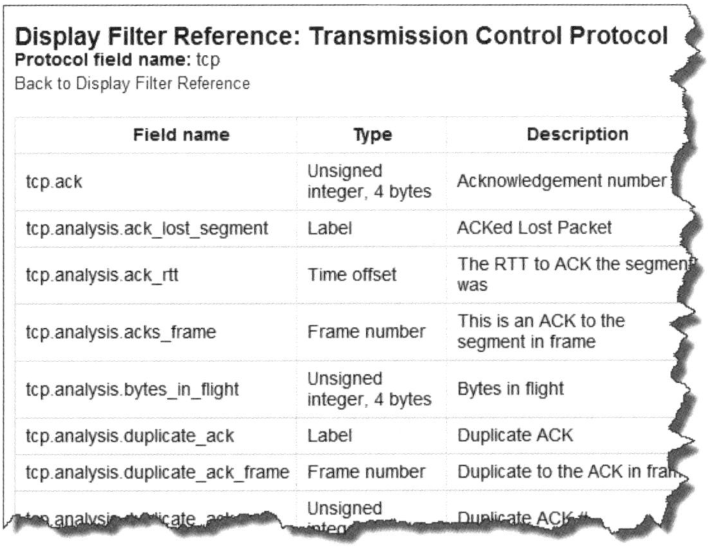

Display Filter Reference: Transmission Control Protocol
Protocol field name: tcp
Back to Display Filter Reference

Field name	Type	Description
tcp.ack	Unsigned integer, 4 bytes	Acknowledgement number
tcp.analysis.ack_lost_segment	Label	ACKed Lost Packet
tcp.analysis.ack_rtt	Time offset	The RTT to ACK the segmen was
tcp.analysis.acks_frame	Frame number	This is an ACK to the segment in frame
tcp.analysis.bytes_in_flight	Unsigned integer, 4 bytes	Bytes in flight
tcp.analysis.duplicate_ack	Label	Duplicate ACK
tcp.analysis.duplicate_ack_frame	Frame number	Duplicate to the ACK in fra
[illegible]	Unsigned	[illegible]

그림 58 패킷 상세 정보 창에서 오른쪽 클릭함으로써 디스플레이 필터 참조를 빠르게 로드할 수 있다.

✻ 오른쪽 클릭 후 이름 변환(패킷 상세 정보 창)

패킷 상세 정보 창에 있는 패킷에서 IP 주소를 오른쪽 클릭하고, 해당 IP 주소의 이름을 변환하기 위한 와이어샤크의 역DNS 조회 프로세스를 실행하기 위해 Resolve Name을 선택한다. 호스트 이름 정보는 추적 파일을 닫았을 때 저장되지 않는다.

단일 IP 주소 쉽게 변환하기

오른쪽 클릭 › Resolve Name 기능은 굉장하다. DNS 서버의 검색 조회 수를 폭증시킬 수 있는 추적 파일에 있는 모든 이름을 변환할 필요가 없게 된다. 해당 정보는 유지되지 않지만 추적 파일을 다시 로드하면 해당 이름 정보는 없어진다.

✻ 오른쪽 클릭 후 프로토콜 참조

와이어샤크에 의해 해석된 많은 프로토콜과 애플리케이션은 Edit ❯ Preferences ❯ Protocols를 사용해 수정할 수 있는 참조 설정을 갖고 있다. 또한 그림 59와 같이 요약 라인에서 오른쪽 클릭할 수도 있다. 오른쪽 클릭 방법을 이용해 정의된 프로토콜 참조 설정은 저장돼 다음에 와이어샤크를 시작할 때 효과적이다.

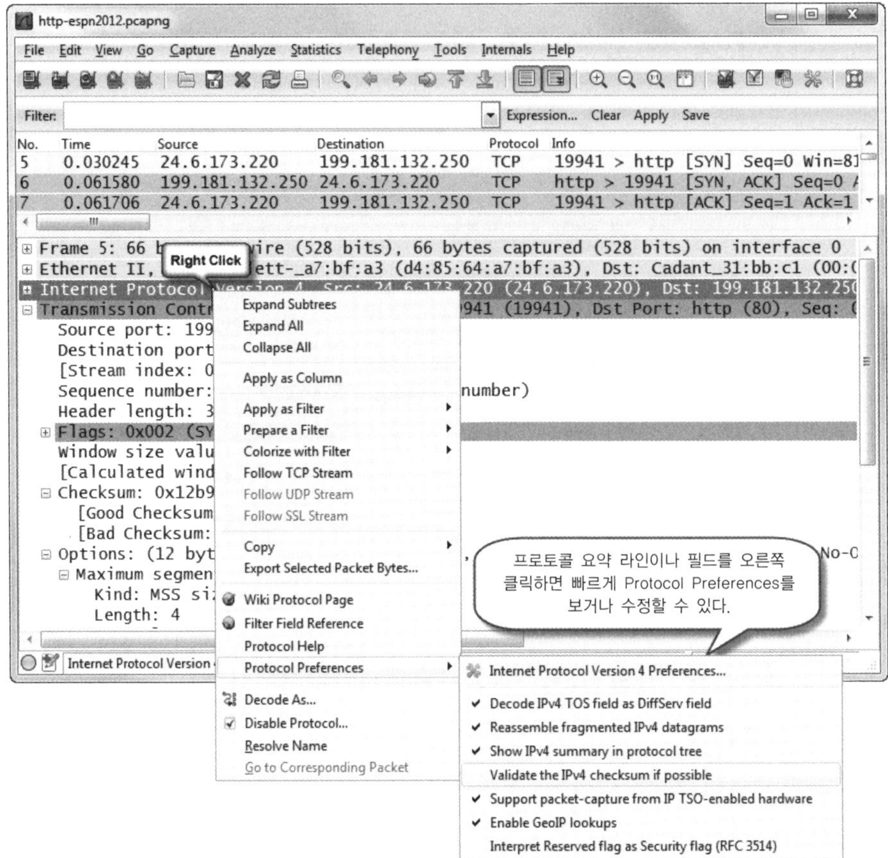

그림 59 패킷 상세 정보 창에서 프로토콜 라인을 오른쪽 클릭함으로써 프로토콜 참조를 빠르게 설정할 수 있다.

✲ 와이어샤크 메일링 리스트 가입

와이어샤크 웹사이트의 다양한 섹션에 익숙해지려면 다음에 정의된 5개의 와이어샤크 메일링 리스트 중 하나를 신청한다.

메일링 리스트	설명
Wireshark-announce	출시 버전에 대한 알림(추천)
Wireshark-users	와이어샤크에 대한 커뮤니티 지원(강력 추천)[37]
Wireshark-dev	와이어샤크에 대한 개발자 토론(강력 추천)
Wireshark-commits	SVN(subversion) 저장소 위임 메시지(강력 추천)
Wireshark-bugs	버그 추적 주석(강력 추천)

최신 와이어샤크 버전 알림 기능

와이어샤크 공지 사항 메일링 리스트에 가입하면 최신 버전이 출시되면 바로 알 수 있다. 이를 통해 항상 최신 버전으로 유지할 수 있다. 다른 메일링 리스트는 일반 사용자에게는 별로 중요하지 않으며, 와이어샤크 사용자들은 ask.wireshark.org를 자주 이용한다.

ask.wireshark.org 가입

2010년 말, 제랄드 콤즈Gerald Combs는 와이어샤크를 지원하기 위한 질문과 응답 사이트인 ask.wireshark.org를 개설했다. 이 사이트는 와이어샤크를 사용해 추적 파일을 해석하는 방법에 대한 정보의 훌륭한 저장소다.

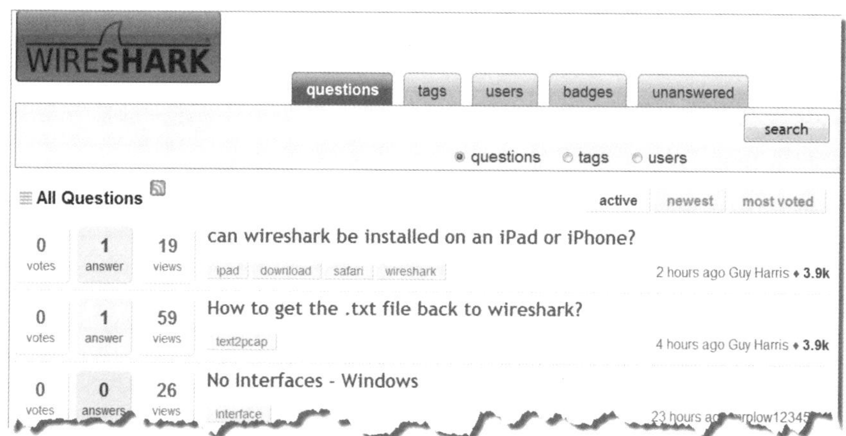

그림 60 엄청날 것이다! ask.wireshark.org에서 주제를 찾아보라!

37. 이 Wireshark-users 메일링 리스트에 가입하는 대신 ask.wireshark.org를 확인한다.

리소스 바로 알기

네트워크 분석에 대한 자원이나 와이어샤크 기능에 대한 도움말을 제공하는 사이트가 많다.

www.wireshark.org	와이어샤크 홈페이지
www.wireshark.org/docs	와이어샤크 문서 링크
wiki.wireshark.org	와이어샤크 지원을 위한 Wiki 페이지
ask.wireshark.org	와이어샤크 Q&A 포럼
www.wireshark.org/download	다운로드 페이지(현재 및 개발 버전 -개발자 버전은 자동으로 하위 디렉토리 아래에)
blog.wireshark.org/	제랄드 콤즈가 만든 Sniff free 또는 die 와이어샤크 블로그
bugs.wireshark.org/bugzilla/	와이어샤크 버그 목록 홈페이지
www.wiresharktraining.com	와이어샤크 대학 홈페이지와 와이어샤크 공인 네트워크 분석가 인증 시험 정보
www.winpcap.org	WinPcap 홈페이지
www.tcpdump.org	libpcap/tcpdump 홈페이지
www.iana.org	IANA[Internet Assigned Numbers Authority]
www.ietf.org	IETF[Internet Engineering Task Force]

일부 추적 파일 얻기

TCP/IP가 어떻게 동작하는지 살펴보는 가장 좋은 방법은 다양한 과제를 수행하면서(웹 서칭, 이메일 송신 등) 자신의 트래픽을 수집하는 것이다.

온라인상에도 추적 파일 리소스는 풍부하다. 이를 확인하면 패킷의 바다에서 수영할 수 있을 것이다.

사이트	정보
www.wiresharkbook.com	다운로드 섹션에 가면 여기에서 언급된 추적 파일을 얻을 수 있다. 추적 파일 목록은 (각각 간단한 소개와 함께) 부록 A에 있다. 이 추적 파일은 www.wiresharkbook.com에서 구입할 수 있으며, pcap-ng 형식으로 돼 있다. 부록 A에 있는 추적 파일 주석과 패킷 주석도 들어있다.
www.pcapr.net	Pcap 리포지터리는 www.pcap.net에 2009년 초 발표됐다. 이 사이트는 6,500여 명의 사용자를 거느린 최대 네트워크 수집 리포지터리가 됐고, 6천만 패킷 이상 협력과 다운로드를 위해 사용이 가능하다.
openpacket.org	OpenPacket.org라는 웹사이트는 중앙 집중형 네트워크 트래픽 추적 리포지터리를 검색, 분석, 디지털 보안 업계, 기타 구성원을 위해 제공하는 곳이다. Openpacket.org는 Richard Bejtlich가 고안했고 현재 JJ Cummings가 관리한다.

사례 연구: 데이터베이스가 동작하지 않음을 탐지

제출자 Bill Bach
Goldstar Software 사

나는 클라이언트에 대한 애플리케이션 문제를 해결한 적이 있는데, 이 문제는 주어진 파일에서 '데이터베이스 버전 6 또는 그 이상 요구' 메시지가 시작되는 것이었다. 더 흥미로운 점은 A) 데이터베이스 파일은 이미 버전 6 형식이었고, B) 이 에러는 그 당시 1/10 정도로 자발적으로 발생됐고, 가끔 다른 데이터베이스 파일에서 보고되기도 했다.

이 문제에 대해 잠시 동안 작업해 의심스러운 모든 파일에 대해 4중 검사를 실시한 후 매우 당황하게 됐다. 그래서 데이터베이스 공급업체의 추적 기능을 사용하기로 결정했다. 이 기능은 모든 데이터베이스 요청이나 응답에 대해 간단한 텍스트 파일을 보고해주기 때문에 아주 다루기 쉬웠다(이번 문제 같이 일반적이지 않은 문제에 대해 아주 좋은 해결 방법을 제공한다). 물론 생산 환경에서 텍스트 파일은 급격하게 증가했고, 실제로 성능 측면에서 손실을 가져왔다. 그래서 우리는 이것을 제한적으로 사용해야만 했다.

임의의 테스트를 여러 번 시도한 끝에 결국 반환된 '데이터베이스 버전...' 메시지와 함께 연속된 이벤트를 수집하기 위한 관리를 하게 됐다.

80MB 추적 파일을 통해 버전 번호가 요청된 데이터베이스 요청을 찾을 수 있었다. 흥미롭게도 애플리케이션은 -1(반환돼야 하는 파일 버전을 표시) 대신에 매개변수로 0 값을 제공했다. 0으로 반환되는 파일 버전은 없었다. 이것은 파일 버전에 대해 0의 값이 반환된 이유를 설명하고, 그 결과로서 프로그램은 버전 번호에 대해 불만을 제기했다.

그래서 우리는 코드를 통해 정보를 알아내 애플리케이션 벤더에게 불만을 제기했고, 지금까지 0을 통과시킨 인스턴스가 없다는 것을 찾아냈다. 데이터베이스 버전을 얻기 위해 '-1'은 항상 통과했다. 이상하다.

다시 데이터베이스 추적 파일로 돌아와 '일반' 애플리케이션이 실행되는 것을 봤고, 정말 20번 중 19번이 확인되는 것을 봤다. 데이터베이스 파일 버전은 요청됐지만, 주기적으로 매개변수 0을 볼 수 있었다. 더 이상하다!

계획과는 달리 우리는 같은 애플리케이션 시작 프로세스로부터 트래픽을 수집해 버전 요청 작업에 대한 추적과 그렇지 않은 작업을 수집했다. 예상한 것처럼 버전 요청이 작동하면 애플리케이션에서 서버로 통과하는 -1 값을 볼 수 있었다. 하지만 버전 요청이 실패하면 --a -1 값을 봤다. 정말로 이상하다!

서버 측면에서 추적해봤다.

다시 같은 문제를 겪었다. 하지만 이번에는 같은 시간대에 모든 것을 동시에 실행시켰다. 버전 요청에 대해 -1을 전송하는 애플리케이션을 봤고, -1은 워크스테이션 측의 추적 파일에서 발견됐다. -1은 서버 측에서도 관찰됐고, 0은 데이터베이스 공급업체 추적 파일에서 발견됐다.

아하! 마침내 확실한 증거를 찾았다!

이 정보를 데이터베이스 공급업체에 제공할 때 그들 소유의 네트워크 코드 리뷰를 구체화했고, 실제로 일부 기능(그리고 버전 요청은 그것들 중 하나였다)이 매개변수를 0으로 덮어 쓸 수 있다는 사례를 찾아냈다. 이것은 통신 모듈에서 일어나기 때문에 데이터베이스 기능은 0 값만을 볼 수 있었고, 그에 따른 반응을 보인 것이었다. 물론 데이터베이스 추적 특징은 엔진에서 구현됐고, 그래서 이것은 0 값을 보고했다. 대부분의 애플리케이션에 대해 이것은 일반적으로 그들이 사용하고 있는 데이터베이스 버전에 대해 상관하지 않는 것 같이 명백했지만, 이 애플리케이션은 반환된 값을 신뢰했기 때문에 실패한 것이다. 다음 주에 개발자로부터 새 통신 모듈을 얻게 됐고, 이것을 다시 실행시켰다.

다음과 같은 점을 배웠다.

A) 몇 가지 문제를 해결하려면 애플리케이션 개발자, 백앤드 개발자, 네트워크 전문가를 포함시켜야 한다.

B) 네트워크를 통해 지나가는 패킷을 관찰하기 위해 여러 네트워크 추적 파일을 필요로 할 것이다(클라이언트와 서버에서).

C) 벤더가 추적 로그를 제공했기 때문에 이것에 의존할 수 있다는 뜻은 아니다.

정리

이더리얼Ethereal 같이 보잘것없는 것으로 시작해 와이어샤크는 유/무선 네트워크 트래픽을 분석하는 풍부한 기능으로 발전했다. 와이어샤크의 사용을 규제하는 법과 정책에 머물러 있는 동안 문제 해결을 할 수 있어, 네트워크 통신을 더욱 효과적으로 보완할 수 있었다.

모든 와이어샤크 버전은 유/무선 네트워크에서 트래픽을 수집하고, 다양한 유형의 추적 파일을 열기 위해 패킷 수집 드라이버를 사용한다. 와이어샤크는 추적 파일을 조작해 해석하기 위해 메뉴 기반, 아이콘 기반 혹은 오른쪽 클릭 기능과 함께 여러 플랫폼에서 공용 인터페이스를 지원한다.

학습한 내용 복습

이 책의 웹사이트인 www.wiresharkbook.com의 다운로드 섹션에 있는 연습 추적 파일을 다운로드한다. 이 추적 파일을 이용해 2장에서 배운 내용을 연습하라.

1. 와이어샤크의 시작 페이지에서 File ▶ Open을 선택하고 ftp-dir.enc를 선택한다. 이 추적 파일은 호스트가 Network General의 스니퍼 제품인 구 DOS 버전을 실행시킬 때 수집돼 저장됐다. 이 버전은 .enc 형식의 파일을 저장했다. 와이어샤크는 추적 파일을 열기 위해 Wiretap 라이브러리를 사용한다.

2. 파일 전송 프로토콜FTP로부터 생성되는 트래픽을 관찰하기 위해 추적 파일을 스크롤한다. 이 FTP 세션에서 사용자는 사용자 이름을 'Fred', 비밀번호를 'Krueger'로 해서 FTP 서버에 로그인했다. 22번 패킷에서 사용자가 커맨드라

인에 dir이라고 타이핑하면 FTP 소프트웨어는 FTP 서버로 LIST 명령을 생성할 것이다.

3. 창 하단에서 상태 바를 확인하라. 왼쪽에서 불러온 추적 파일의 이름과 경로를 확인할 수 있다. 또한 4,297바이트의 파일과 총 패킷 시간이 73초인 파일을 볼 수 있다.

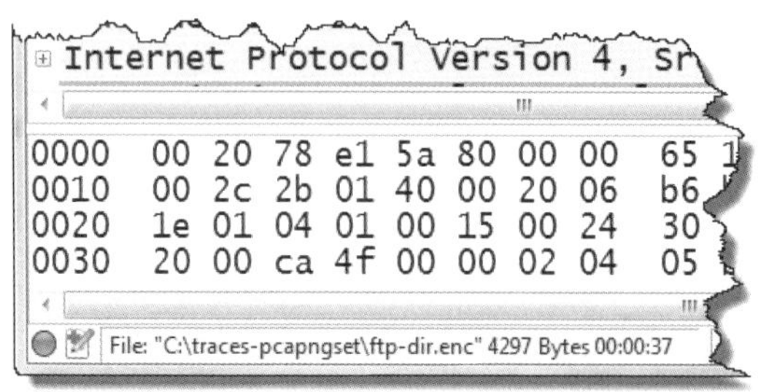

4. 추적 파일에서 39번 패킷으로 빠르게 이동하려면 메인 툴바에서 Go To Packet 버튼을 클릭한다. 39를 입력하고 Jump To를 클릭한다. 39번 패킷은 패킷 목록 창(창의 윗부분)에 표시되고, 패킷 상세 정보 창(창에 중앙)에서 해독된다.

5. 패킷 상세 정보 창의 프레임 줄에서 오른쪽 클릭한 후 Expand All을 선택한다. 와이어샤크는 FTP 패킷의 필드를 해독해 보여줄 것이다.

6. 스크롤을 내리고 프레임 길이가 73바이트(584비트)인 것을 오른쪽 클릭한 후 Apply as Column을 선택한다. 패킷 목록 창에서 Frame length on the wire라는 새로운 칼럼을 볼 수 있을 것이다. 이 칼럼을 제거하고 싶다면 칼럼 헤더에서 오른쪽 클릭한 후 Remove Column을 선택한다.

7. 패킷 목록 창에서(최상단 창)의 39번 패킷에서 오른쪽 클릭한 후 Follow TCP Stream을 선택한다. 빨간색 FTP 클라이언트 명령과 파란색 서버 응답을 명확하게 읽을 수 있어야 한다.

2장에 포함된 정보를 이용해 다음과 같은 정보를 알 수 있다.

- 이 추적 파일에서 가장 높은 수준의 전문가 정보는 무엇인가?
- 작업하는 프로파일은 무엇인가?
- 작업하는 시간 표시 형식은 무엇인가?

- 와이어샤크는 IP 주소를 이름으로 변환했는가?
- 시스템에서 현재 사용가능한 수집 인터페이스는 몇 개 있는가?
- 이들 각 항목은 와이어샤크 상태 바 혹은 메인 메뉴 시스템을 통해 결정될 수 있다.

다음의 추적 파일을 이용해 와이어샤크 인터페이스 추적을 연습한다.

app-youtube1.pcapng	유튜브 비디오가 대역폭을 어느 정도 사용하는지 응용 분석을 해볼 차례다. IO 그래프를 생성하고 Y축을 bits/tick으로 설정한다. 8장을 참조하라.
booktcpset_*.pcapng	추적 파일 집합에서 큰 파일 하나보다 작은 추적 파일 여러 개로 작업하는 것이 얼마나 더 빠른지 알 수 있을 것이다. 이들을 다시 단일 파일로 묶고 싶다면 Mergecap을 사용하면 된다. 3장과 33장을 참조하라.
arp-poison.pcapng	MAC 헤더, 알려진 MAC 주소를 ARP 패킷으로 보면서 종이에 펜으로 스케치한다. ARP와 ICMP Echo 요청을 결합해 시스템은 포이즈닝(Poisoning) 또는 포이즌(Poison) 프로세스를 시험한다. 포이즈너 IP 주소를 확인할 수 있는가? ARP 포이즈닝에 관련된 더 자세한 사항은 32장을 참조하라.
dhcp-addressproblem.pcapng	DHCP 서버가 고장 난 경우 어디에서 주소를 얻으려고 하며, 제대로 작동하는 곳은 어디인가? DHCP 서버를 재부팅하면 이 문제를 해결할 수 있다. 22장을 참조하라.
ftp-dir.enc	이 추적은 스니퍼 DOS 파일 형식(.enc)으로 저장된다. 이 추적은 왜 와이어샤크 책에 포함됐을까? 이 추적 파일을 열 때 사용하는 와이어탭 라이브러리를 와이어샤크가 인식할 수 있는 형식으로 변환한다. 24장을 참조하라.
http-download-bad.pcapng	고객이 인터넷 접속에 문제가 있다고 불만을 토로할 수 있다. OpenOffice 바이너리를 다운로드하려고 하지만 너무 오래 걸리는 것이다. Expert Infos 창을 사용해 이 추적 파일의 문제를 파악할 수 있다. 빠른 문제 파악을 위해 13장을 참조하라.
http-espn2011.pcapng	이 추적 파일을 http-espn2007.pcapng와 http-espn2010.pcapng와 비교한다. ESPN 웹사이트 로딩 프로세스는 지난 몇 년간 나아졌는가? 현재 듀얼 스택 클라이언트를 사용하고 있다는 것을 알고 있었는가? 이것이 DNS 조회를 증가시켰는가? DNS 필터를 생성하고 현 추적 파일을 전년도 추적 파일과 비교한다. 9장을 참조하라.

(이어짐)

http-espn2012.pcapng	이 추적 파일을 http-espn2011.pcapng와 비교한다. IO 그래프를 비교한다. 차후 추적 파일에서 주기적으로 52비트 데이터를 전송하는 것은 같은 페이지의 플래싱 'Live' 주의 때문이다. DNS 필터를 생성하고 이 추적 파일을 전년도 추적 파일과 비교한다. 9장과 21장을 참조하라.
http-googlesearch.pcapng	Google Suggestions은 좋은 기능이다. 이 추적 파일은 이 기능의 이상한 행동을 보여준다. 모든 GET 반응에 필터를 적용한다. http.request.method =="GET". 이는 Google Suggestions의 이상 행동을 불러온다. 9장을 참조하라.
http-microsoft.pcap	이것은 www.microsoft.com에 있는 웹 브라우징 세션이다. 패킷 컬러링을 제대로 하면 DNS와 HTTP를 서로 구분할 수 있다. 6장을 참조하라.
http-pcaprnet.pcapng	이것은 서버 쪽에 있는 문제를 보여주는 훌륭한 추적 파일이다. 서버가 우리의 요청을 수신하고 아주 빨리 ACK로 응답함을 알 수 있다. 그러면 우리는 기다리고…… 기다리고…… 그리고 데이터를 기다린다. 어찌된 일이야? 7장을 참조하라.
icmp-dest-unreachable.pcapng	클라이언트가 10.4.88.88로 핑(ping)을 시도하지만, 로컬 라우터가 다음 네트워크에서 이를 찾지 못하고 있다. 이때 로컬 라우터는 ICMP Destination Unreachable/Host Unreachable (목적지 도달 불가/호스트 도달 불가) 메시지를 보내 ARP로 대상을 찾고 있음을 알리지만 응답을 받지 못했다. 네트워크를 효율적으로 유지, 적정화, 문제 해결하려면 ICMP를 반드시 심도있게 공부해야 할 것이다. 18장을 참조하라.
icmp-standardping.pcap	이 추적 파일은 표준 ICMP 기반 ping 프로세스를 보여준다. 기본적으로 ping.exe 파일은 대략 1초 간격으로 ICMP 에코 요청 패킷을 전송한다. 18장을 참조하라.
sec-nmapscan.pcap	이 클라이언트는 사용자 l l l l(각 띄어진 소문자 'L' 4개)로 IRC 서버로 접속해 후에 네트워크의 포트 139를 개방해서 모든 사람을 스캔하기 시작한다. 마치 감염시킬 다른 시스템을 찾고 있는 봇(bot)처럼 보인다(참고: 이 추적의 Colorization을 종료하지 않으면 머리가 터질 거다. IP 주소-cleaner program을 통해 이 추적을 작동하지만, 검사합을 다시 계산하지는 않는다). 32장을 참조하라.

(이어짐)

smb-filexfer.pcap	이 추적 파일은 SMBv1을 사용하는 마이크로소프트 클라이언트와 마이크로소프트 서버 사이에 파일 전송 프로세스를 보여준다. 전송할 파일은 OOo OOo_2.4.1_SolarisSparc_install_en-US.tar.gz다. 파일 다운로드 프로세스 동안 주기적으로 SMB Read ANDX 요청과 Read ANDX 응답 인터럽트를 볼 수 있다. 21장을 참조하라.
voip-extension.pcapng	이 VoIP 통신은 SIP 호출 설정 프로세스와 함께 시작된다. 호출은 VoIP 서버(교환원)로 가게 된다. 나중에 이 추적 파일에 사용자가 204 확장자를 입력한다. 이는 시험 요청의 일환이다. 27장을 참조하라.
wlan-ipad-start-sleep.pcapng	iPad 시작 시 802.11 관리 및 제어 프레임을 확인하고, WLAN을 가동한다. 자세한 WLAN 트래픽 분석은 26장을 참조하라.

연습문제

Q2.1 WinPcap의 목적은 무엇인가?

Q2.2 와이어샤크 해석기의 목적은 무엇인가?

Q2.3 Wiretap 라이브러리의 목적은 무엇인가?

연습문제 답

Q2.1 WinPcap의 목적은 무엇인가?

A2.1 WinPcap은 libpcap 링크 계층 인터페이스의 윈도우 포트다. WinPcap은 윈도우 호스트에서 패킷 수집에 대한 낮은 수준의 네트워크 접속을 제공한다.

Q2.2 와이어샤크 해석기의 목적은 무엇인가?

A2.2 와이어샤크 해석기는 필드 내용과 해석된 값을 표시하기 위해 패킷을 해석한다(가능하면). HTTP 패킷은 일부 해석기(이더리얼, IP, TCP, HTTP)를 사용해야 할 것이다.

Q2.3 Wiretap 라이브러리의 목적은 무엇인가?

A2.3 와이어샤크 Wiretap 라이브러리는 와이어샤크가 마이크로소프트의 Network Monitor, Network General Sniffer 및 WildPackets OmniPeek 제품에 의해 사용되는 형식과 같은 다양한 형식의 추적 파일을 읽을 수 있게 해준다.

트래픽 수집

와이어샤크 공인 네트워크 분석가 시험에서 다루는 내용

- 네트워크를 살펴보는 위치 찾기
- 로컬에서 와이어샤크 실행
- 교환형 네트워크에서 트래픽 수집
- 전이중 네트워크에서 TAP(Test Access Port) 사용
- 스위치에서 포트 스캐닝/포트 미러링 설정
- 라우터로 연결된 네트워크 분석
- 무선 네트워크 분석
- 동시에 두 위치 수집(이중 수집)
- 올바른 수집 인터페이스 선택
- 동시에 여러 어댑터에서 수집
- 인터페이스 세부 사항(윈도우 전용)
- 원격 트래픽 수집
- 하나 또는 그 이상의 파일에 자동으로 패킷 저장
- 패킷 드롭을 피하기 위해 와이어샤크 최적화
- 커맨드라인 수집을 이용한 메모리 절약

- 사례 연구: 이중 수집 살펴보기
- 사례 연구: 홈에서 트래픽 수집
- 정리
- 학습한 내용 복습
- 연습문제와 답

3장에서 참조한 추적 파일

- vlan-general.pcapng

네트워크를 살펴보는 위치 찾기

대부분의 사람이 네트워크 트래픽의 분석을 피하는 공통적인 이유는, 수십만 개의 패킷이 너무 혼란스럽게 지나가기 때문이다. 따라서 네트워크 분석가에게는 '건초 더미에서 바늘 찾기'와 같은 문제가 될 수 있다.

규모가 큰 기업 네트워크에서 기관 내의 많은 사용자가 네트워크 성능에 대해 불평을 하게 되면 트래픽의 방향과 해석을 위해 정확한 필터링을 적용하기 위해 올바른 분석기의 위치를 알아내는 것이 중요하다.

그림 61을 보면서 네트워크 다이어그램을 확인해보자. 클라이언트 A는 많은 불만을 갖고 있다.

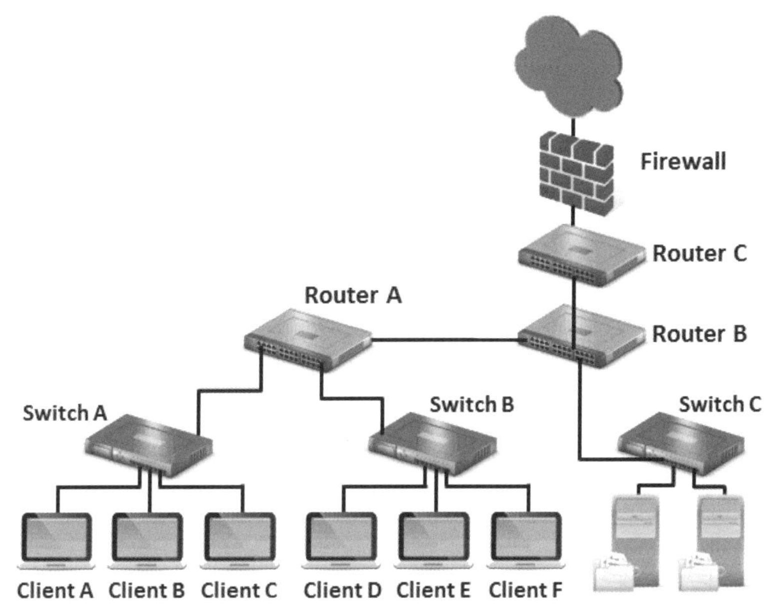

그림 61 기본 네트워크 다이어그램(분석기의 위치를 결정할 때 사용자의 불만을 고려해야 함)

분석기는 가능한 한 클라이언트 A에 가까이 배치해 클라이언트 A의 관점에서[1] 트래픽 문제를 식별해야 한다. 왕복시간을 측정할 수 있는 지점에서 수집해 네트워크상에서 클라이언트 A가 연결된 지점에서의 패킷 손실을 확인해 봐야 한다. 서버

1. 이것은 네트워크 분석의 유쾌하지 않은 면 중 하나라고 할 수 있다. TCP 슬라이딩 윈도우와 혼잡 회피 메커니즘은 MTU 크기가 종단-대-종단으로 지원되는 한 패킷의 처리율을 개선하는 데 도움이 된다. 이는 패킷 목록 창과 패킷 상세 정보 창을 닫고 무작위 진수 값을 발생시키는 동안 바이트 창을 정독하기에 좋은 시간이 된다.

A에 접속하는 모든 호스트가 불만을 갖고 있다면, 클라이언트 관점에서 트래픽 수집을 지속적으로 원할 것이다. 패킷 손실이 문제라면 패킷이 손실되는 곳의 위치를 찾을 때까지 서버 A쪽으로 와이어샤크를 접근시켜 가야 한다.[2]

로컬에서 와이어샤크 실행

트래픽을 수집하기 위한 간단한 방법 중 하나는 트래픽을 수집하기 원하는 시스템에서 와이어샤크나 티샤크[Tshark]를 실행하는 것이다. 와이어샤크는 대부분의 운영체제에서 동작하기 때문에 상당히 편한 솔루션이다. 이 솔루션은 일반적으로 와이어샤크나 티샤크가 설치된 장치로 보안 조치를 우회할 때, 그리고 해당 시스템의 다른 애플리케이션을 로드할 때 부하가 걸릴 때도 자주 사용되며, 이는 특히 서버에서 유용하다.[3]

휴대용 와이어샤크

휴대용 와이어샤크는 PortableApps가 가능한 장치에 설치할 수 있다(이는 호스트에 와이어샤크를 설치하지 않고 와이어샤크를 실행시킬 수 있다). portableapps.com에서 PortableApps 스위트[Suite]의 자세한 내용을 얻을 수 있으며, 최신 버전을 다운로드할 수 있다.

호스트가 트래픽을 수집하려면 WinPcap이 호스트에 설치돼 있어야 한다(와이어샤크가 호스트에 있는 WinPcap을 찾지 못한다면 설치해야 한다). 또한 wiresharkportable.ini 파일에서 `DisableWinPcapInstall=true`로 바꿔야 한다.[4]

---

2. 네트워크 분석은 '앉아서만 하는 것'은 아니다. 좋은 성능과 메모리를 가진 노트북과 편리한 신발을 준비하라. 네트워크상의 다운 문제를 추적할 때 분석기를 다른 곳으로 이동하는 것을 주저하지 마라.

3. 고객 A의 컴퓨터에 와이어샤크가 설치되더라도 자신의 시스템이 잘 유지되기를 원한다. 사용자가 일반적으로 와이어샤크와 패킷 분석에 대해 잘 모르면 '모르는 게 약'이라고 생각하고 편안하게 생각하라.

4. 이 파일은 실제로 파일 이름 행에 오타가 있다. 올바른 파일 이름은 wiresharkportable.ini다.

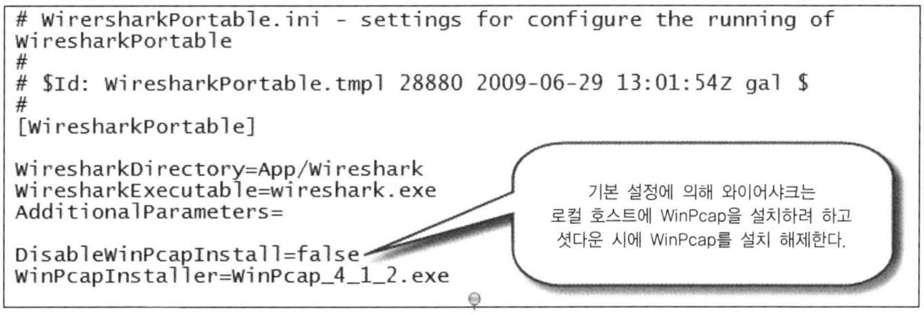

```
# WirersharkPortable.ini - settings for configure the running of
WiresharkPortable
#
# $Id: WiresharkPortable.tmpl 28880 2009-06-29 13:01:54Z gal $
#
[WiresharkPortable]

WiresharkDirectory=App/Wireshark
WiresharkExecutable=wireshark.exe
AdditionalParameters=

DisableWinPcapInstall=false
WinPcapInstaller=WinPcap_4_1_2.exe
```

기본 설정에 의해 와이어샤크는
로컬 호스트에 WinPcap을 설치하려 하고
셧다운 시에 WinPcap를 설치 해제한다.

그림 62 sample.ini 파일은 portableapps/wiresharkportable/other/wiresharkportablesource에 있다.

기본적으로 와이어샤크는 로컬 호스트에 WinPcap을 설치할 것이고, 와이어샤크가 셧다운될 때 WinPcap이 설치 해제된다.

그림 63은 PortableApps 메뉴다(Portable Wireshark가 메뉴에 추가됐음을 주목해야 한다). 그리고 PortableApps 메뉴 시스템 안에 와이어샤크를 따로 설치할 필요가 없고, 휴대용 와이어샤크를 PortableApps 장치의 디렉토리 안에 복사함으로써 별도의 휴대용 애플리케이션을 실행시킬 수 있다.

휴대용 와이어샤크를 다운로드하려면 www.wireshark.org/download.html을 방문한다. 현재 휴대용 와이어샤크는 32비트 운영체제에서만 지원된다. 휴대용 와이어샤크에 대한 자세한 정보를 얻으려면 wiki.wireshark.org/WiresharkPortable에 방문한다.

USB 스틱에 PortableApps 패키지를 설치한 후 www.wireshark.org/download.html로 가서 Windows PortableApps(32bit)를 선택한다. 설치 마법사는 USB의 PortableApps\WiresharkPortable 폴더에 패키지를 설치한다. USB 장치에서 startportableapps.exe나 start.exe를 실행하면 와이어샤크에 접근하기 위한 메뉴가 그림 63과 같은 PortableApps 메뉴에 보이게 된다.

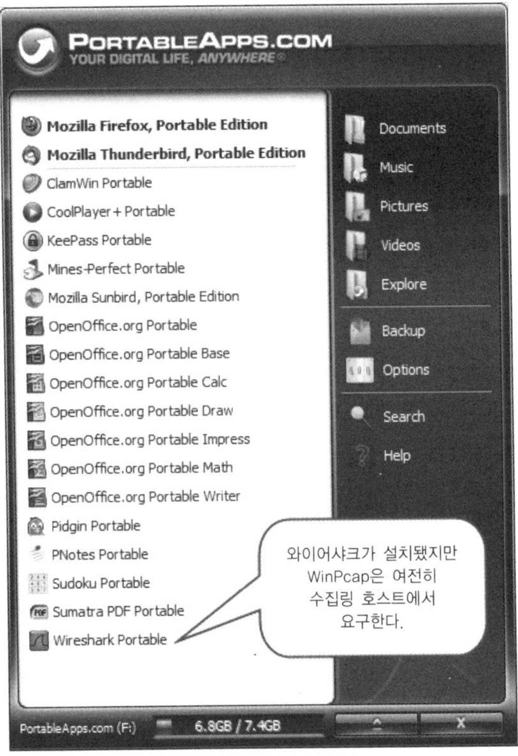

그림 63 와이어샤크는 휴대형 애플리케이션으로 실행될 수 있다.

✻ 와이어샤크 U3

U3 장치는 특별한 형식의 애플리케이션을 자동으로 실행할 수 있다. U3 사양은 USB 플래시 장치를 지원한다. U3 스마트 드라이버는 유일하게 윈도우 시스템에서 작동하는 U3 Launchpad를 사용한다.

교환형 네트워크에서 트래픽 수집

네트워크 트래픽을 분산 제어하기 위해 스위치를 구입했다면 대역폭을 더 효과적으로 다룰 수 있을 것이다. 이는 연결된 포트의 불필요한 트래픽을 줄이는 데 좋은 기술이지만, 프로토콜 분석가에게는 괴로운 일이다.

스위치 포트에 와이어샤크를 연결하면 기본적으로 다음과 같은 4가지 유형의 트래픽을 볼 수 있다.

- 브로드캐스트 트래픽
- 멀티캐스트 트래픽(스위치에 의해 전달될 경우)
- 자신의 하드웨어 주소로/부터의 트래픽
- 모르는 하드웨어 주소로/부터의 트래픽

스위치에 연결된 하나의 장치로부터 오는 트래픽은 다른 포트에 연결된 목적지 장치까지 직접 전송된다. 그림 61에서 클라이언트 A의 트래픽이 스위치 A, 라우터 A, 라우터 B와 스위치 C를 거쳐 서버 A로 전송된다. 클라이언트 A의 트래픽은 스위치 A에 연결된 다른 포트에는 전달되지 않는다.

스위치 A에 와이어샤크를 설치하면 클라이언트 A의 통신을 리스닝할 수 없다. 스위치 A는 하드웨어 주소를 기반으로 로컬 통신과 분리되기 때문이다.[5]

유선 네트워크에서 네트워크 트래픽을 수집할 수 있는 방법은 다음과 같이 여러 가지가 있다.

- 반이중 트래픽인 허브
- 반/전이중 트래픽에 접근
- 스위치 포트의 범위
- 시스템에 와이어샤크 설치

✻ 반이중 네트워크에서 단순한 허브 사용

표준 허브는 반이중 장치 사이에 허브를 연결함으로써 반이중 네트워크 트래픽을 모니터링하는 데 사용할 수 있다. 허브는 더미 장치이며, 하나의 포트에 도착한 비트들을 다른 모든 포트로 단순히 전달하기만 한다.

---

5. 스위치를 시험하는 것은 좋은 생각이다. 스위치에 연결된 호스트에서 트래픽을 수집하라. 다른 장치들 사이의 트래픽이 보이면 스위치에 문제가 있는 것이다. 이 스위치는 아주 비싼 허브처럼 동작하는 것이다.

허브에는 반이중 옵션만 있다.

지난 7년간 모든 반이중 네트워크를 봐왔다. 이 옵션은 특정 네트워크에만 좋을 수 있다. 전이중 환경에 반이중 허브를 배치하면 네트워크에 불일치가 생긴다. 이 네트워크를 통한 통신은 엄청난 문제를 일으킬 수 있다. 전이중 장치 대신에 전이중 허브를 사용하지 말아야 한다('전이중 네트워크에서 TAP(시험 접속 포트) 사용' 절을 참조하라).

반이중 네트워크를 모니터링하는 데 허브를 사용하려고 한다면 허브를 테스트해서 확인해야 한다. 많은 제조업자가 허브라는 장치를 판매했는데, 이것이 바로 스위치다.

그림 64와 같이 허브를 테스트하려면 두 개의 반이중 시험 지국과 와이어샤크를 허브에 연결해야 한다. 시험하려는 한 곳에서 다른 곳으로 ping을 보내 본다. 와이어샤크로 ping 트래픽을 볼 수 있다면 허브와 그에 연결된 모든 하위 포트가 바르게 구성돼 있는 것이다. 와이어샤크에서 ping 트래픽이 보이지 않는다면 해당 허브는 스위치라고 볼 수 있으며, 트래픽 모니터링으로 사용해서는 안 된다.[6]

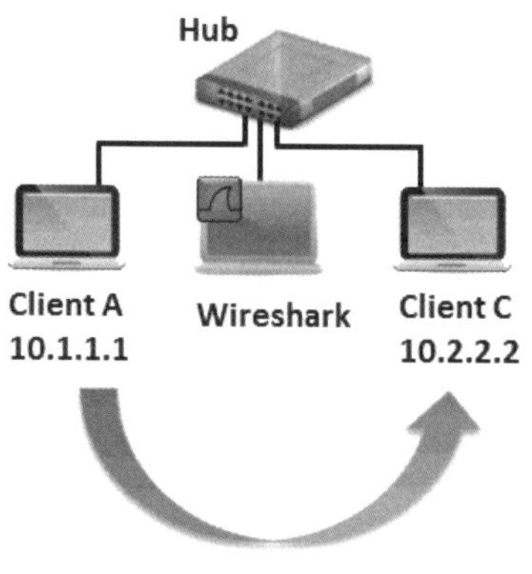

그림 64 반이중 트래픽을 모니터링하기 전에 허브를 테스트해야 한다.

6. 허브와 같은 장치들을 살 때 조심하라(실제로 어떤 허브들은 스위치다). 게다가 이중 속도 허브(10Mbps 및 100Mbps의 호스트에 접속할 수 있는 허브)는 다른 매체 속도에서는 스위치가 될 수 있다.

✽ 전이중 네트워크에서 TAP(시험 접속 포트) 사용

네트워크 탭은 클라이언트와 서버와 교환기, 또는 라우터 간에 트래픽을 살펴보기 위해 반이중과 전이중 네트워크에서 사용할 수 있다. 장치들 사이에서 그때그때 즉시 처리하는 수동 장치를 탭이라고 하는데, 짧은 범위의 포트와 달리 모니터 포트(들)로 물리 계층 에러(CRC 에러 같은)가 들어있는 패킷을 전달할 수 있다.

탭은 전송하는 트래픽의 내용을 지연시키거나 교체하지 않는다. 게다가 '열기를 실패'하면 탭의 전원이 꺼져있는 상태이더라도 트래픽을 혼란시키지 않을 것이다.

그림 65 Net Optics 10/100/1000BaseT 비집합적 탭

✽ 탭 설치

탭 설치 과정은 탭의 특징에 따라 다양하다. 그림 66은 와이어샤크가 실행되고 있는 두 개의 시스템과 비집합적non-aggregating 탭의 구성을 보여준다.

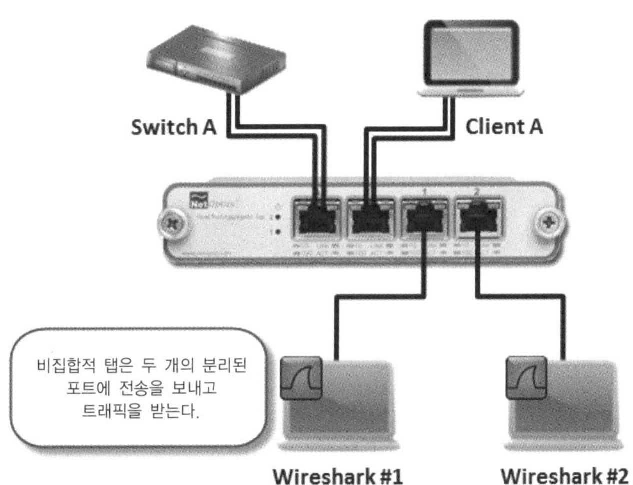

그림 66 비집합적 탭과 두 와이어샤크 시스템의 설정

✽ 비집합적 탭

비집합적 탭은 전이중 통신을 두 개의 분리된 포트로 전달한다. 와이어샤크가 실행되고 있는 장치는 두 개의 모니터 포트로부터 트래픽을 수신하기 위해 두 개의 네트

워크 인터페이스 카드를 요구한다. 와이어샤크의 두 인스턴스는 각기 다른 인터페이스로부터 트래픽을 수집한다. 반면, 와이어샤크를 실행 중인 두 개의 장치는 두 장치 간의 포트를 통해 연결될 수 있다.

비집합적 탭에서 분리된 추적 파일을 조합해 수집하려면 File ▶ Merge 또는 Mergecap을 사용한다.

다수의 NIC 수집에서 타임스탬프 이슈 확인하기

비집합적인 탭에서 두 모니터링 포트로부터 트래픽을 리스닝하기 위한 두 개의 인터페이스 카드를 하나의 컴퓨터에 구성할 때 두 개의 인터페이스 카드 간의 타임스탬프 차이를 알아야 한다. 네트워크 인터페이스 카드의 하나가 USB 기반일 때의 지연은 통신 내용을 얻으려고 두 개의 추적 파일을 조합할 때 문제를 야기할 수 있는 충분한 원인이 될 수 있다.

집합적 탭

집합적 탭은 양방향성 트래픽을 단일 아웃바운드 포트로 결합한다. 오직 하나의 네트워크 인터페이스 카드를 가진 장치만 전이중 통신에 리스닝할 수 있게 집합적 탭과 연결될 수 있다. 그림 67은 기가비트 광섬유 포트 탭(Gigabit Fiber Port Tap)을 보여준다. 탭 포트 A는 서버와 연결되고, 탭 포트 B는 스위치에 연결된다.

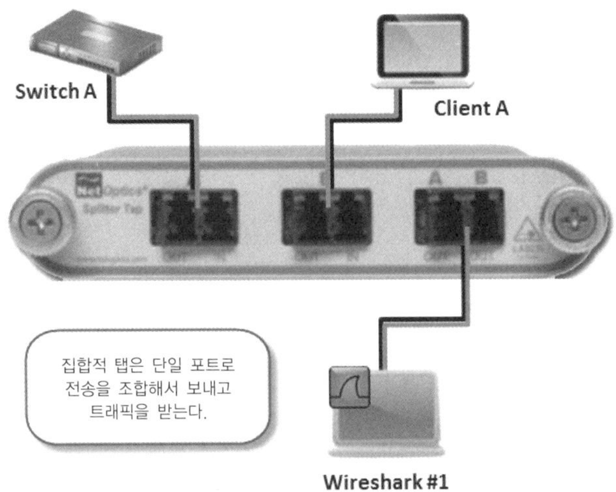

그림 67 Net Optics 10/100 듀얼 포트 집합적 탭

※ 재생성 탭

재생성Regenerating 탭은 트래픽을 리스닝할 목적으로 사용되는 하나 이상의 모니터링 도구를 가질 때 사용된다. 예를 들어 하나는 와이어샤크를 이용해 트래픽을 분석하고자 하고, 다른 하나는 스노트Snort 같은(www.snort.org) 분석 도구를 사용해 침입 탐지를 수행하려고 한다. 재생성 탭은 하나 이상의 외부 포트를 가지며, 두 개(또는 더 이상)의 모니터링 장치의 연결을 허용한다.

그림 68은 광섬유 포트의 재생성 탭이며, 첫 번째 8개의 포트는 재생성 탭이다. 오른쪽 두 개의 포트는 서버와 스위치 사이의 트래픽을 모니터하는 인라인 포트다. 오른쪽의 첫 번째 인라인 포트는 서버로 연결되고, 두 번째 포트는 스위치와 연결된다.

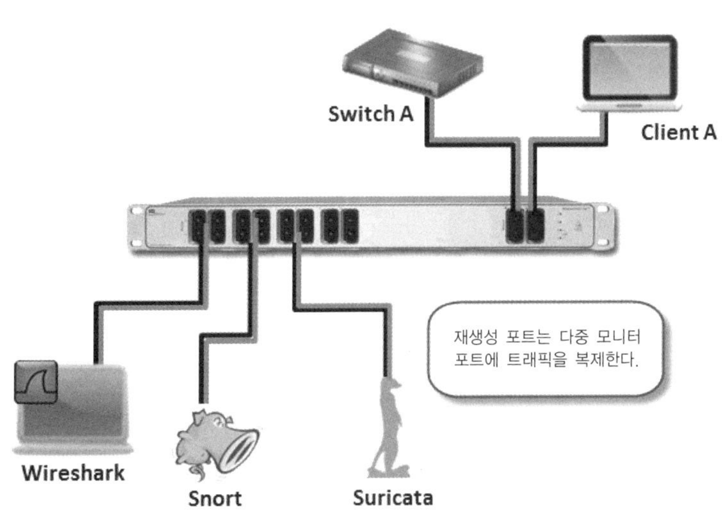

그림 68 Net Optics 10 기가비트 재생성 탭

※ 연결 집합적 탭

연결 집합적 탭은 모니터에 연결하는 하나 이상의 링크를 가질 때 사용한다. 예를 들어 두 개의 서로 다른 서버에서 트래픽을 모니터링하기를 원할 때 여러 개의 탭을 사용하는 대신에 단일 연결 집합적 탭으로 두 서버에 연결할 수 있다. 연결 집합적 탭은 하나 이상의 포트에서 나오는 스트림을 전송할 수 있으며, 이런 연결로부터 트래픽을 조합한다.

그림 69는 수많은 서버를 모니터링하게 구성된 연결 집합적 탭을 보여준다. 이 연결 집합적 탭은 여러 재생성 포트가 포함돼 있는 것을 볼 수 있다.

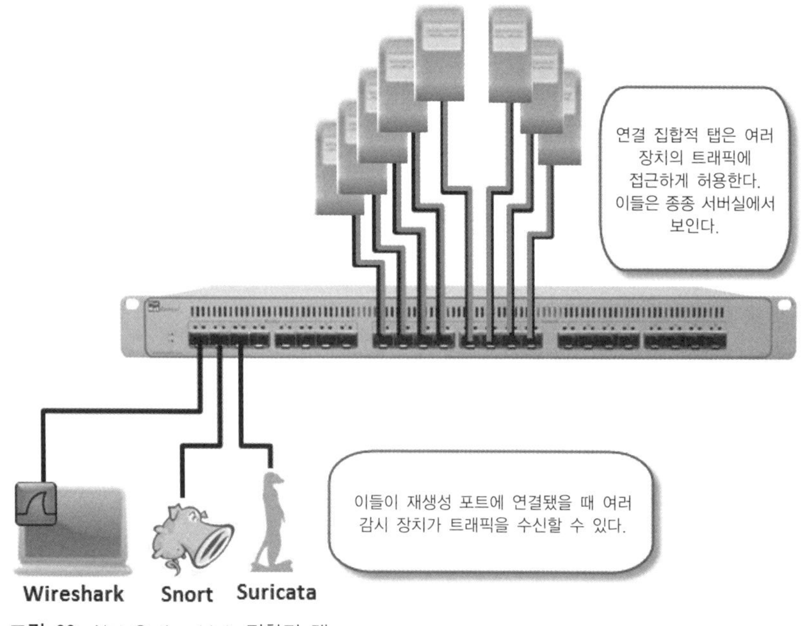

그림 69 Net Optics Link 집합적 탭

❊ 지능형 탭

지능형 탭은 인바운드 트래픽에 대한 결정을 내릴 수 있으며, 수신된 각 패킷에 대해 타임스탬프를 제공하며, 패킷을 필터링한다. 이런 기능은 지능형 탭 솔루션에 의해 사용할 수 있다. Net Optics는 네트워크 탭, 집합적 탭, 재생성 탭, 변환 탭, 바이패스 스위치를 이용한 수동 접근 제품의 세계적인 제조사다. 더 자세한 내용을 알고 싶으면 www.netoptics.com을 방문한다.

❊ 원격 수집에 위한 분석기 에이전트 사용

분석기 에이전트는 분산형 분석기로 사용된다. 이런 에이전트는 일반적으로 모든 포트의 트래픽을 수집해 관리 콘솔로 해당 데이터를 전송할 수 있는 스위치상에 로딩하는 소프트웨어 프로그램이다. 분석기 에이전트는 중앙 위치로부터 스위칭된 트래픽을 관리할 수 있다. 그러나 불행히도 독점 솔루션을 획득하는 것과 같은 유형의 기능은 스위치를 너무 비싸게 만들 수 있다. 원격 수집 방법의 자세한 내용은 3장 뒷부분의 '원격으로 트래픽 수집' 절을 참조한다.

✻ 스위치에서 포트 스패닝/포트 미러링 설정

일부 업체는 포트 스패닝spanning(SPAN은 switched port analysis이다) 기술이라 부르고, 또 다른 일부 업체는 포트 미러링mirroring이라고도 부른다. 이 책에서는 포트 스패닝이라 부른다. 시스코는 Catalyst 8500 스위치를 언급할 때 포트 스누핑snooping이라는 용어를 사용한다.

스위치상에서 포트 스패닝 환경은 특정 포트의 트래픽 복사본을 모니터 포트로 전송하기 위한 스위치를 구성하기 위해 사용된다(여기서 포트는 와이어샤크 시스템이 연결되는 포트다). 이런 교환형 네트워크 분석 방법은 스위치가 해당 기능을 제공할 경우에만 사용할 수 있다.

✻ SPAN 용어

다음 표는 일반적인 SPAN 용어를 나열한다.

용어	정의
발신지 SPAN 포트	발신지 SPAN 포트는 SPAN 기능에 의해 모니터링되는 포트다. 그림 70에서 포트 4는 발신지 SPAN 포트다.
발신지 SPAN VLAN	발신지 SPAN VLAN은 SPAN 기능에 의해 모니터링되는 트래픽의 VLAN이다.
목적지 SPAN 포트 또는 모니터 포트	목적지 SPAN 포트 또는 모니터 포트는 발신지 포트를 모니터링하는 포트다. 그림 70에서 포트 1은 목적지 SPAN 포트와 모니터 포트에 연결돼 있다.
입력 트래픽	입력 트래픽은 스위치로 들어오고 있는 트래픽이다. 일부 스위치는 모니터링 입력과 출력 트래픽, 혹은 포트로 향하는 단순한 출력 트래픽에 관심이 있는 경우 정의할 필요가 있다.
출력 트래픽	출력 트래픽은 스위치에서 나가는 트래픽이다. 일부 스위치는 모니터링 입력과 출력 트래픽, 혹은 포트로부터의 단순한 출력 트래픽에 관심이 있는 경우 정의할 필요가 있다.

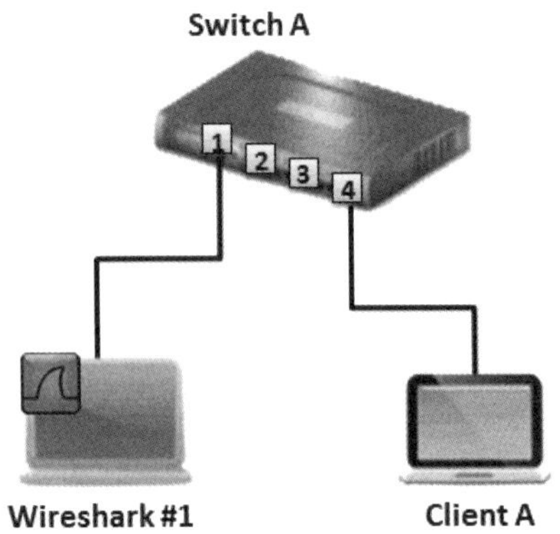

그림 70 포트 4는 포트 1에 연결돼 있다.

그림 70에 나타난 바와 같이 포트 4의 트래픽은 와이어샤크가 위치한 포트 1로 복사된다.

✻ SPAN 명령의 예

다음은 내 오랜 친구인 론 넛터Ron Nutter의 스패닝 예다.

> 시스코 스위치에 IOS를 사용하며 포트 미러링이나 포트 스패닝하는 경우 모니터링할 트래픽의 스위치 포트(소스 인터페이스)를 사용하고, 와이어샤크는 휴대용 퍼스널 컴퓨터를 위한 포트(대상 인터페이스)를 식별한다.
>
> ```
> monitor session 1 source interface fa4/7
> monitor session 1 destination interface fa4/1
> ```
>
> 모니터링하려는 소스 포트의 이름을 fa4/7로 바꾸고, 와이어샤크가 인식하는 대상 포트의 이름은 fa4/1로 바꾼다.
>
> 1 세션 명령이 끝난 후 작업 중인 특정 포트 범위 구성을 식별한다. 그리고 동시에 여러 스팬 설정을 할 수 있다. 또한 스팬 트래픽을 처리하는 스위치에 과부하를 주는 것에 주의해야 한다.
>
> 스위치에 구성된 모든 포트 모니터 세션이 있는지 확인하려면 `show monitor session ALL`을 사용해 모든 세션을 나열한다. 이 방법으로 하나의 포트에 세션이 서로 겹치는 실수를 방지할 수 있다.
>
> 포트 스패닝 구성을 완료하면 `conf t`와 `no monitor session`, 그리고 제거할 세션 수를 입력한다(예, `no mon ses 1`).
>
> 스위치나 WAN에 스패닝을 수행할 수 있다(각 끝단에 시스코 6509를 사용하는

경우). 스패닝할 때 조심해야 할 것은 추가 트래픽의 문제가 발생해 스위치의 링크가 포화 상태인 경우다.

VLAN 트래픽이나 모니터링 트래픽이 다른 인터페이스에서 발생할 때 트래픽 수집에 사용할 인터페이스를 표시하려면 다음 명령을 실행한다.

```
monitor session 1 source ?
```

표시되는 인터페이스는 스위치의 기능에 따라 달라진다.

로날드 너터(Ronald Nutter)
Help Desk Editor
Network World

스위치에서 스패닝을 구성하는데 관련된 자세한 내용은 해당 제조업체의 설명서를 참조한다.

✻ VLAN 스패닝

VLAN 트래픽을 리스닝하기 위해 탭을 사용해 포트를 연결할 수 있다. VLAN 장치 스패닝 작업에 주소를 할당해야 한다. VLAN에서 장치로부터 송수신 트래픽을 스패닝하기 위해 VLAN에 있는 장치의 포트를 스패닝해야 한다. 와이어샤크는 스위치에 연결돼 있는 하나의 포트로 목적지 포트를 정의한다. 단, VLAN 태그를 보기 위해 와이어샤크의 인터페이스는 VLAN의 멤버처럼 스위치에 연결하게 구성하면 안 된다. 그리고 다른 운영체제와 드라이버는 VLAN 태그를 다른 방법으로 처리하기 때문에 VLAN 태그를 보는 것이 보장되지 않는다.

VLAN 태그가 네트워크 인터페이스 카드나 와이어샤크가 로드된 시스템상에 드라이버에 의해 처리되는 경우 태그는 와이어샤크로 전송되지 않아서 트래픽을 분석할 때 해당 태그를 볼 수 없을 것이다. 카드나 드라이버가 와이어샤크 시스템의 상위 계층으로 VLAN 태그를 통과시키는 경우 그림 71에서 보듯이 VLAN 태그 필드를 분석하거나 확인할 수 있을 것이다. VLAN 포트 스패닝에 대한 자세한 내용은 제조사의 설명서를 참조하라.

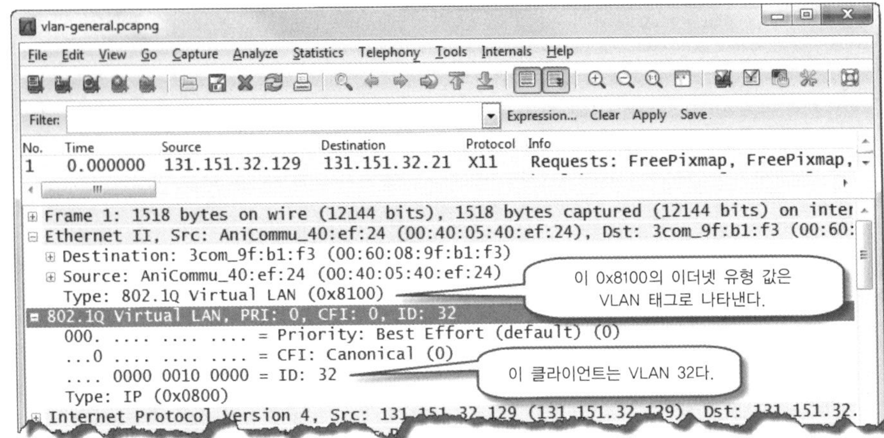

그림 71 카드나 드라이버가 상위 계층을 통과하는 경우 와이어샤크는 VLAN을 해석한다.

스패닝 힌트[제공자: Jim Aragon]

우리는 스위치에 접근할 수 없을 때가 있다. 그래서 포트 미러링을 수행할 수 있는 저가형 스위치를 사용한다. 저가형 스위치를 벽면이나 현장의 스위치와 클라이언트 컴퓨터 사이에 장착한다.[7]

라우터에 연결된 네트워크 분석

라우터는 IP 주소처럼 네트워크 주소에 기반을 둔 트래픽을 분리한다. 라우터의 한쪽에 와이어샤크를 배치하면 네트워크로부터 송수신되는 트래픽을 볼 수 있다.

그림 72는 두 개의 네트워크(10.1.0.0과 10.2.0.0)가 세그먼트(10.3.0.0)에 링크되며, 모든 서브넷은 255.255.0.0으로 구성된다. 네트워크 10.1.0.0의 클라이언트와 서버 간의 트래픽은 네트워크 10.2.0.0에 있는 와이어샤크 #2에는 보이지 않을 것이다.

7. 로날드 너터의 노트에 있는 팁: 네트워크를 저렴한 스위치로 구성하고, 컴퓨터 사이에 다른 스위치를 넣고 시스코 포트 보안 명령을 사용해 패킷 수집이나 스위치 포트를 시도할 경우 네트워크 보안상 관심사가 높은 포트 종료가 발생한다. 진정한 '허브'를 사용하는 경우에도 인접 스위치가 여전히 동일 포트에서 제2의 MAC 주소(와이어샤크 시스템)를 참조하고 해당 포트를 종료할 수 있기 때문에 여전히 문제가 된다. 유일한 옵션은 탭을 사용해 와이어샤크 시스템의 존재를 네트워크에 지속적으로 알리는 것이다. 30장의 '탐지 회피' 절을 참조하라.

와이어샤크 #1은 라우터 A에 연결된 포트를 수신하게 하기 위해 포트 스패닝으로 구성돼 있다. 이것은 와이어샤크 #1이 클라이언트 A, B, C, 네트워크 10.2.0.0에서 송수신되는 트래픽을 수신하게 해준다.

와이어샤크 #2는 서버 B와 스위치 C로 연결돼 있는 집합적 탭에 연결돼 있다. 이 시스템은 서버 B와 로컬, 무선 네트워크의 트래픽만을 보여준다.

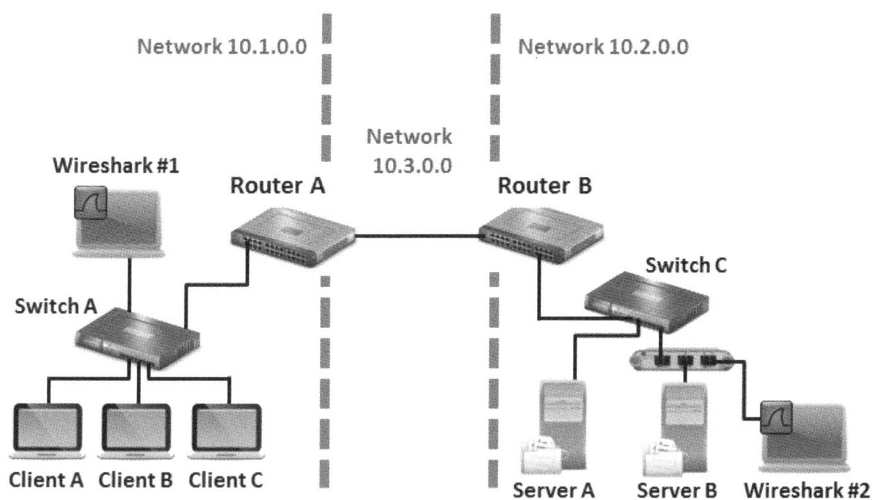

그림 72 라우터 양쪽에 와이어샤크를 위치시킨다.

무선 네트워크 분석

WLAN 환경을 분석할 때는 프로토콜 스택을 아래에서 시작해 위로 이동한다. WLAN 환경에서 '밑에서부터'는 라디오 주파수[RF] 신호의 강도를 분석하고 간섭을 찾는 것을 의미한다.

와이어샤크는 모듈화되지 않은 RF 에너지나 간섭을 식별할 수 없다. 이런 문제를 식별하기 위해 스펙트럼 분석기를 사용한다. Metageek는 우수한 WLAN 스펙트럼 분석기 어댑터와 소프트웨어를 제공한다. 자세한 내용은 www.metageek.net/wiresharkbook을 방문해 확인할 수 있다.

무선 네트워크에서 와이어샤크의 위치는 유선 네트워크에서의 위치와 유사하다(불만을 가진 사용자와 최대한 근접한 위치에서 시작해야 하고, 불만이 있는 사용자의 위치에서 신호의 강도, 패킷 손실률과 왕복 지연 시간을 알아야 한다).

그림 73은 성능에 불만이 많은 사용자 클라이언트 C의 위치를 보여준다. 와이어

샤크를 이 사용자에 가까운 곳에 위치시킨다.

간섭이 이슈가 아니라는 것이 결정되고 나면 연결 처리나 인증 같은 WLAN 트래픽을 살펴보기 위해 패킷 레벨까지 옮겨간다. 모든 데이터를 확인하기 위해 WLAN 컨트롤이나 관리 프로세스를 검사하는 것은 데이터 패킷을 조사하기 이전에 적절한 기능이다.

이 점에 대해 문제가 없다면 전통적인 유선 네트워크 분석을 따르는 것처럼 동일한 단계를 수행하면 된다. WLAN 트래픽을 효과적으로 분석하기 위해 와이어샤크 시스템은 무차별 모드promiscuous mode와 모니터 모드monitor mode 모두를 지원하는 WLAN 카드와 드라이버를 갖고 있어야 한다.

그림 73 클라이언트 관점에서 트래픽 분석을 위해 클라이언트에 가까운 쪽에 와이어샤크 배치하기

✻ 모니터 모드

모니터 모드와 무차별 모드는 다르다.

무차별 모드는 네트워크 카드와 드라이버가 로컬 하드웨어 주소가 아닌 네트워크상의 다른 장비에 주소가 할당된 트래픽을 수집하게 해준다.

무차별 모드에서(모니터 모드가 없는) 802.11 어댑터는 어댑터가 연결된 SSID의 패킷만을 수집한다. 라디오 레벨에서 다른 SSID 패킷을 수신할지라도 이 패킷들은 호스트로 전달되지 않는다.

어댑터가 수신할 수 있는 모든 트래픽을 수집하려면 어댑터는 'rfmon 모드'라고 불리는 '모니터 모드'를 지원해야 한다. 이 모드에서 드라이버는 모든 서비스 집합의 멤버로 어댑터를 만들지 않는다.

 **모니터 모드는 다른 연결을 차단한다.**

모니터 모드에서 어댑터는 일반 네트워크 통신(웹 검색, 이메일 등)을 지원하지 않는다. 네트워크 스택이 아닌 패킷 수집 메커니즘만이 수신된 패킷을 지원한다.

모니터 모드에서 어댑터와 드라이버는 현재 와이어샤크에 선택된 채널로부터 SSID의 모든 패킷을 통과시킨다.

WinPcap은 모니터 모드를 지원하지 않는다(그래서 윈도우에서 와이어샤크나 티샤크 같이 동작하지 않는다). 모니터 모드는 적어도 몇 개의 네트워크 인터페이스 카드를 지닌 리눅스, FreeBSD, NetBSD, OpenBSD, Mac OS X에서 지원된다. 모니터 모드에서 동작하는지 보고 싶다면 이런 플랫폼에서 네트워크 인터페이스 카드/드라이버를 테스트해야 한다.

이런 제약으로 인해(특히 윈도우 환경에서) CACE 테크놀로지 사는 AirPcap 어댑터를 개발했다. 이 어댑터는 데이터 수집, 관리 및 제어 프레임, 다중 채널 모니터링이 가능하다. 또한 CACE는 다중 AirPcap 어댑터에서 동시에 수집이 가능한 종합 AirPcap 어댑터를 개발했다.

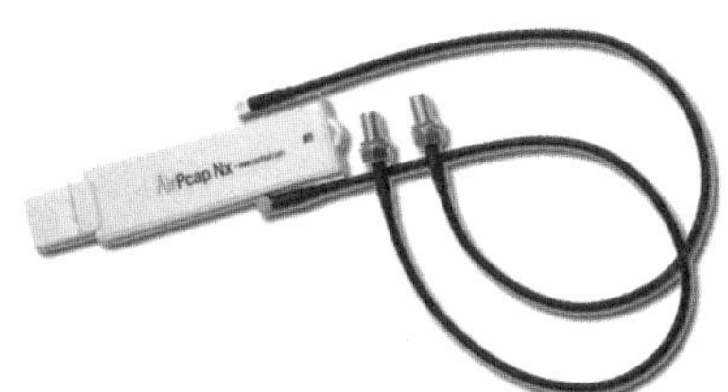

그림 74 CACE 테크놀로지 사는 WLAN 수집을 위한 AirPcap 어댑터를 제작했다.

수집 채널, WLAN 해독이나 해석의 구성에 대한 자세한 정보를 얻으려면 26장을 참조한다.

✻ 네이티브 어댑터 수집 이슈

와이어샤크가 어댑터를 인터페이스 목록에 표시하는 한 본래의 WLAN 어댑터를 수집할 수 있다.

하지만 추적 파일은 데이터 패킷만을 포함하며(WLAN 제어 및 관리 패킷이 아닌), 각 패킷은 이더넷 헤더를 가진다. 이런 헤더는 802.11 헤더에 위치한 패킷에 적용된 가짜 이더넷 헤더다.

이런 가짜 헤더는 원래의 802.11 헤더를 벗겨낸 뒤에 본래의 802.11 네트워크 인터페이스 카드나 드라이버에 의해 해당 패킷에 놓여진다. 이런 어댑터는 관리 및 제어 프레임을 허용하지 않는다. WLAN 문제를 분석하기 위한 기능은 매우 제한적이다.

WLAN 트래픽 수집에 대한 자세한 내용은 wiki.wireshark.org/CaptureSetup/WLAN에 있다. WLAN 트래픽을 분석하는 방법에 대한 자세한 내용은 26장을 참조한다.

와이어샤크를 실행해 (a) 본래의 WLAN 어댑터가 인터페이스 목록에 있는 와이어샤크에 의해 인증됐는지, (b) 이런 인터페이스에서 수집을 시도할 때 무슨 일이 일어나는지, (c) 아니면 수집을 할 수 있는지 결정한다.

동시에 두 위치에서 수집(이중 수집)

네트워크에서 트래픽 수집을 요구하는 두 개 이상의 와이어샤크 시스템이 있을 수 있다. 예를 들어 연결의 양쪽 끝에서 와이어샤크를 설정할 수 있는 대상까지 일정한 시간을 측정하려고 한다면 패킷이 네트워크를 지나가는 데 걸리는 시간을 측정하면 된다. 또 다른 예로, 비집합적 탭을 사용한다면 탭의 두 모니터 포트에 두 개의 다른 와이어샤크 시스템을 연결한다.

이중 수집을 수행할 때 다음과 같은 문제를 고려해야 한다.

- 트래픽은 티샤크, dumpcap, 와이어샤크 GUI 인터페이스를 이용해 수집할 수 있다.
- 양쪽 분석 시스템은 NTP[Network Time Protocol]를 이용해 동기화돼야 한다(Network Time Protocol에 대한 정보를 위해 www.ntp.org를 방문하라).
- Editcap은 추적 파일이 동기화되지 않은 경우 타임스탬프를 변경하기 위해 사용할 수 있다.
- Mergecap은 추적 파일을 결합하기 위해 사용할 수 있다.
- 수집 필터는 관심 있는 특정 트래픽을 정의하기 위해 사용할 수 있다.
- 디스플레이 필터는 각 위치에서 동일한 트래픽 스트림을 식별하는 데 사용할 수 있다.

네트워크 문제를 분석하기 위해 두 개의 와이어샤크 시스템을 사용하는 예를 보려면 3장의 마지막 부분에 있는 사례 연구를 참조한다.

오른쪽 수집 인터페이스 선택

패킷을 확인하기 위한 수집 인터페이스 창을 열면 원하는 인터페이스가 표시된다. 그림 75와 같이 와이어샤크가 인식하는 인터페이스를 보려면 Capture ▶ Interfaces를 선택하거나 수집 인터페이스 버튼을 클릭한다.

인터페이스가 보이지 않으면 이는 libpcap(*nix 플랫폼), AirPcap, 혹은 WinPcap 드라이버 문제다. 먼저 와이어샤크를 재시작한 후에도 여전히 인터페이스 목록에 원하는 인터페이스가 없다면 시스템을 재시작해야 한다.

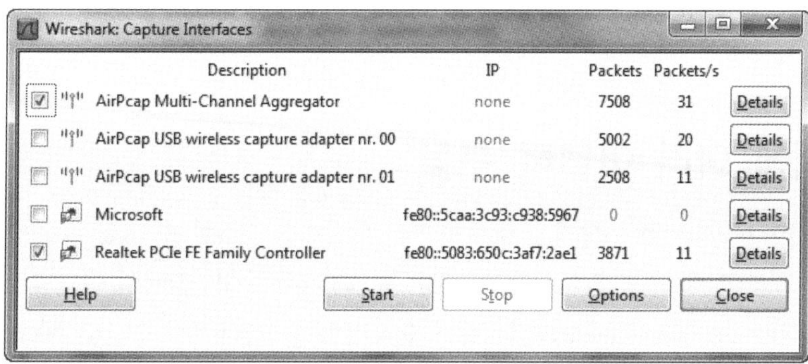

그림 75 트래픽을 수집하지 않는 트래픽 변동 인터페이스 목록

그림 75는 두 개의 AirPcap 어댑터가 USB 허브로 연결된 수집 인터페이스 창 화면을 보여준다.

그림 75가 보여주는 인터페이스 목록은 다음과 같다.

- **AirPacp 다중 채널 집합기(Aggregator)** 양쪽 AirPcap 어댑터를 동시에 수집한다.
- **AirPcap USB 무선 수집 어댑터 nr. 00** 채널 1에 대한 트래픽을 수집하기 위해 구성된(AirPcap 제어 패널을 경유해) 첫 번째 AirPcap 어댑터에 대한 트래픽을 수집한다.
- **AirPcap USB 무선 수집 어댑터 nr. 00** 채널 6에 대한 트래픽을 수집하기 위하여 구성된(AirPcap 제어 패널을 경유해) 두 번째 AirPcap 어댑터에 대한 트래픽을

수집한다.

- **마이크로소프트(자국의 무선 어댑터에 대해 수집)** 이것은 자국의 무선 어댑터가 네트워크에 연결되지 않은 것이기 때문에 어떤 트래픽도 보이지 않는다.
- **Realtek PCIe FE 계열 제어기** 자국의 이더넷 어댑터에 대해 트래픽을 수집한다.

IPv4 주소에 대한 수집 인터페이스 정보 토글하기

IPv4와 IPv6가 가능한 시스템에 와이어샤크를 사용하려 한다면 와이어샤크는 IPv4 주소를 확인하려 할 때 로컬 인터페이스의 IPv6 주소를 보여줄 것이다. 이때 인터페이스 옵션 창에 있는 view to show an IPv4 address를 토글해주면 된다.

동시에 여러 어댑터 수집

와이어샤크 1.8 버전 이상에는 동시에 여러 어댑터를 수집할 수 있는 기능이 추가됐다. 그림 75에서처럼 와이어샤크 1.8은 AirPcap 다중 채널 모음과 이더넷 어댑터(RealTek PCIe FE Family Controller)를 동시에 수집할 수 있다.

인터페이스 상세 정보(윈도우만 가능)

인터페이스 상세 정보 창(그림 76과 같이)은 인터페이스, 링크 유형 특징, 통계, 작업 오프로드offload 기능을 나열한다. 이런 정보는 네트워크 인터페이스 카드 드라이버에 의해 제공되고, 드라이버의 정확성에 중점을 둔다.

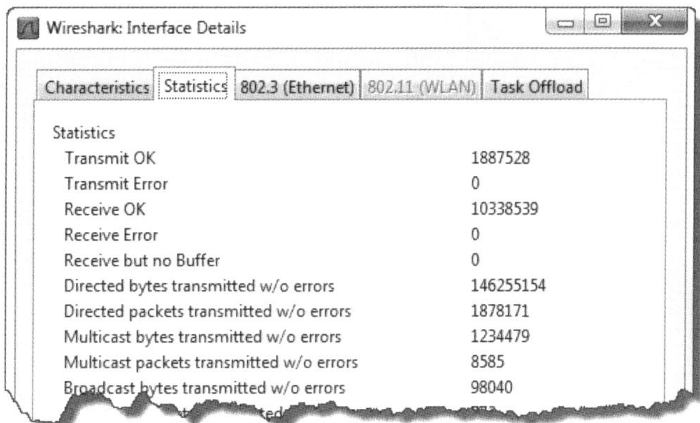

그림 76 인터페이스 상세정보 창

원격으로 트래픽 수집

로컬에서 트래픽을 분석하지 않고 원격지에서 트래픽 수집을 원하는 경우가 있을 수 있다.

일부 스위치는 rspan이라는 원격 스패닝 기능을 제공한다. 이런 기능에 대한 자세한 내용은 해당 스위치 제조사의 설명서를 찾아보라.

원격지 수집에 대한 간단한 옵션 중 하나는 대상에서 와이어샤크를 실행시켜서 소프트웨어를 원격으로 제어하는 것이다. UltraVNC(무료), Logmein이나 AnyPlace Control은 원격 제어 소프트웨어 프로그램이다.

또한 WinPcap에 포함돼 있는 원격 수집 기능을 사용할 수 있다. WinPcap은 rpcapd와 로컬 와이어샤크 호스트로 패킷을 수집해 전송하는 원격 호스트에서 실행 가능한 원격 수집 데몬을 포함한다. rpcapd.exe 파일은 WinPcap이 설치되는 동안 \winpcap 디렉토리에 복사된다.

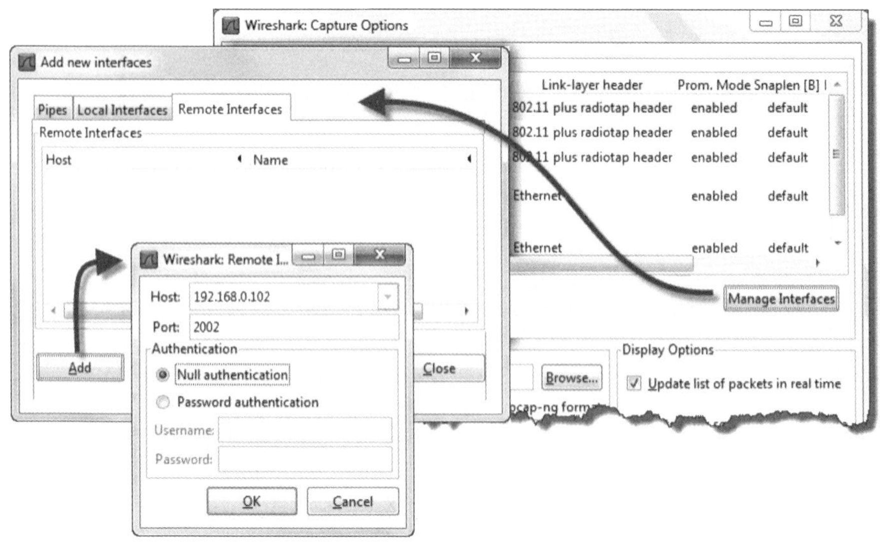

그림 77 rpcapd 사용해 원격 수집 실행

그림 77은 원격 윈도우 호스트에 rpcapd - n을 실행 중일 때 무선 수집을 설정하는 것을 보여준다(-n 매개변수는 와이어샤크와 원격 수집 호스트 간에 인증을 사용하지 않음을 의미한다). Capture ❯ Options ❯ Manage Interfaces ❯ Remote Interfaces ❯ Add를 선택한다. 대상 IP 주소를 입력하고 포트를 설정한다. 원격 호스트에서 와이어샤크까지 수집된 패킷을 전송하기 위해 사용되는 기본 포트는 2002번이다. 호스트가 rpcap 데몬에 연결할 수 있음을 정의하기 위해 rpcapd에 -l 매개변수를 이용하는 것을 고려해본다.

✻ rpcapd.exe로 원격 수집을 위한 매개변수 환경설정

다음은 패킷 수집에 대한 원격 호스트 설정에 사용되는 rpcapd 매개변수를 나열한 것이다.

용법
```
rpcapd [-b <address>] [-p <port>] [-6]
[-l <host_list>] [-a <host,Port>]
[_n] [-v] [-d] [-s <file>] [-f <file>]
```

매개변수	설명
-b 〈address〉	바인딩할 주소다(숫자나 문자). 기본 값: 모든 로컬 IPv4 주소를 바인딩한다.
-p 〈port〉	바인딩할 포트다. 기본 값: 2002번 포트를 바인딩한다.
-4	IPv4만 사용한다(IPv4와 IPv6 대기 소켓 모두 사용된다).
-l 〈host_list〉	이 서버로 연결이 허용되는 호스트의 목록을 갖고 있는 파일(서버가 하나 이상이라면 라인마다 하나의 서버를 나열하라)이다. 다른 주소 군과의 문제를 피하기 위해 문자 이름(숫자 이름 대신) 사용이 권장된다.
-n	NULL 인증을 허가(일반적으로 -1과 같이 사용)한다.
-a 〈host,port〉	포트에 호스트로 연결될 때 활성화 모드에서 실행된다. 포트가 지정되지 않으면 기본 포트(2003)가 사용된다.
-v	활성화 모드에서만 실행된다(기본 값: -a가 지정되면 수동 연결도 쉽게 허용된다).
-d	데몬 모드(유닉스에서만)에서, 혹은 서비스(Win32 에서만)로 실행된다. 경고(Win32): 제어판에서 서비스가 시작할 때 이 스위치가 자동적으로 제공된다.
-s 〈file〉	그림 79와 같이 현재 환경설정을 파일에 저장한다.
-f 〈file〉	파일에서 현재 환경설정을 불러온다. 커맨드라인에서 지정된 모든 스위치는 무시된다.
-h	hpcapd의 도움말 화면 보기

원격 수집 트래픽을 이용한 실험

원격 수집은 고객이 필요로 하기 전에 먼저 실험해봐야 하는 것 중 하나다. rpcapd가 원격으로 수집된 트래픽을 와이어샤크에 전송하는 것처럼 중요한 패킷의 상당량이 네트워크에 추가될 수 있음을 주의한다.

-l 매개변수는 '허용된' 와이어샤크 호스트의 목록을 볼 수 있게 해준다. 호스트 파일이 원격 수집에 대한 연결을 시도하는 호스트로부터의 정보를 포함하지 않는 경우 에러 응답을 받게 될 것이다. 그림 78은 에러 팝업 창이다.

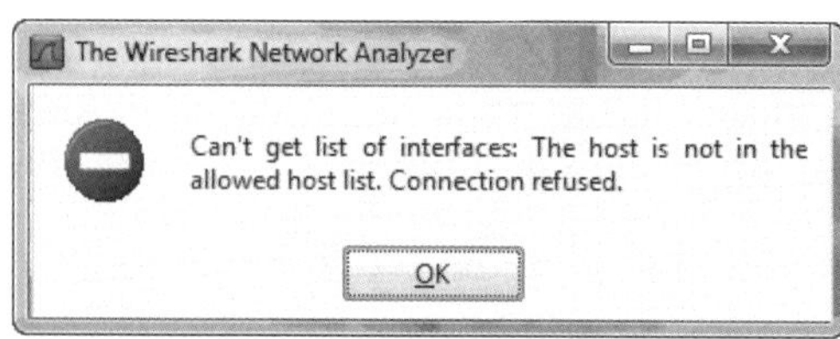

그림 78 와이어샤크 호스트는 rpcapd가 실행 중인 시스템에서 호스트 파일에 나열되지 않는다.

✻ 원격 수집: 능동 모드와 수동 모드 환경설정

원격 수집 장치가 능동 모드에서 실행되게 설정하는 것은 원격 호스트가 패킷 전송을 위해 와이어샤크 호스트에 연결을 초기화할 수 있게 해준다.

-a 매개변수를 명시하는 경우 적어도 와이어샤크가 실행되는 시스템에 대한 호스트 정보를 포함해야 한다. 포트 정보를 포함하지 않는 경우 2003 포트 번호로 지정될 것이다. 포트 2003은 와이어샤크의 rpcapd 통신을 위한 수신 포트다. 또한 포트 2002는 원격 호스트의 rpcap 통신을 위한 수신 포트다.

✻ 원격 수집 환경설정 저장과 사용

환경설정 명령을 포함하는 rpcapd.ini이라는 파일을 생성한 후 -f 매개변수를 이용해 환경설정 파일을 실행할 수 있다. -s <file>의 매개변수를 사용해 환경설정 파일을 자동으로 만들 수 있다. 데몬은 모든 매개변수를 사용해 파싱하고, 특정 환경설정 파일에 이 내용을 저장한다. 그림 79는 `rpcapd -a 192.168.0.105,2003 -n -s amode.txt` 명령을 사용해 자동으로 생성된 구성 파일의 내용을 보여준다.

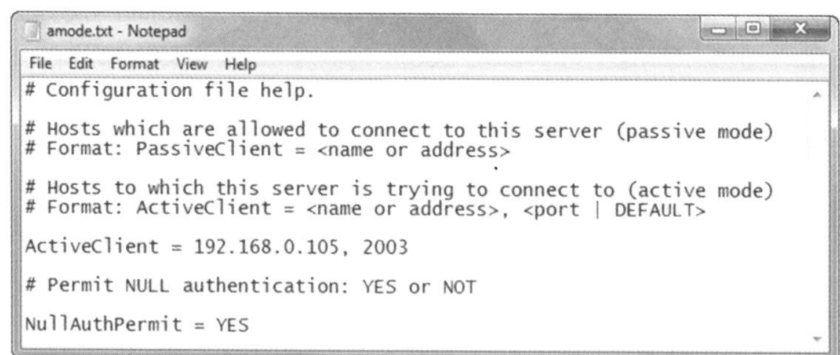


```
# Configuration file help.

# Hosts which are allowed to connect to this server (passive mode)
# Format: PassiveClient = <name or address>

# Hosts to which this server is trying to connect to (active mode)
# Format: ActiveClient = <name or address>, <port | DEFAULT>

ActiveClient = 192.168.0.105, 2003

# Permit NULL authentication: YES or NOT

NullAuthPermit = YES
```

그림 79 파일에 자동으로 환경설정을 저장하기 위해 -s 〈filename〉 매개변수를 사용한다.

하나 이상 파일에 자동으로 패킷 저장

많은 양의 트래픽을 수집해야 하고, 파일 집합에 수집하는 것이 가능하다면 링 버퍼의 이용을 고려할 수 있다. 파일 설정은 File ➤ File Set을 열어 조작할 수 있다.

빠른 접속을 위한 파일 집합 생성

파일 집합은 디스크에 저장되는 연속적인 파일이며, File ➤ File Set을 이용해 접근할 수 있다. 파일 집합은 개별적인 파일보다 더 빠르게 오픈돼 검사할 수 있다.

파일명 corp01.pcap을 이용해 파일 집합을 생성한다면 파일들은 corp01로 시작해 5자리의 순서 번호, 년도, 시간(24시간 값), 분, 초 및 .pacp 확장자로 이름이 만들어질 것이다.

파일 설정을 5분 간격으로 설정한다면 다음과 같이 유사한 이름을 가질 것이다.

corp0l_00001_20090119191348.pcap
corp0l_00002_20090119191848.pcap
corp0l_00003_20090119192348.pcap
등등 ......

그림 80처럼 파일 설정을 만들려면 수집 옵션 창에 여러 파일을 사용Use multiple files을 선택한다. 여러 파일 사용Use multiple files을 선택하면 다음 파일 생성에 대한 규칙을 정의해야 한다.

다음의 파일 기준은 파일 크기(KB, MB, GB) 및 시간(초, 분, 시간, 날짜)을 기반으로 할 수 있다.

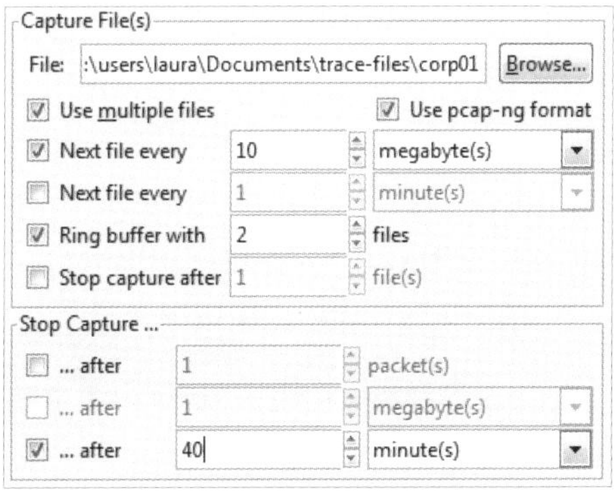

그림 80 파일 집합과 정지 기준에 대한 수집 옵션

수집 중지를 위한 여러 기준 선택하기

파일의 크기 및 시간 기준을 선택한 경우 첫 번째 기준 파일을 새로 생성할 것이다. 예를 들어 파일이 10메가바이트, 20초, 최소 패킷 크기로 구성된 네트워크 트래픽으로 전송될 때 다음 파일이 생성돼야 한다고 정의하는 경우 10메가바이트 기준 이전에 20초에 해당하는 기준이 될 것이다. 새 파일은 20초 이전에 생성되고, 이전 파일은 패킷의 10메가바이트를 포함하지 않을 것이다.

✻ 저장되는 파일의 수를 제한하기 위한 링 버퍼 사용

링 버퍼는 저장되는 파일 수를 제한하고 무인 수집 세션 동안 하드 드라이브 작성을 방지하는 데 도움을 준다. 예를 들어 그림 80과 같이 설정된 두 링 버퍼는 순서 번호 체계를 유지하기 위해 집합에서 마지막 2개의 파일만 저장한다.

저장된 파일은 corp01로 시작되고, 파일 번호와 타임스탬프가 붙는다. 전체 수집 프로세스가 90개의 파일을 만드는 경우 마지막 두 개만 저장된다.

✻ 자동으로 중지 기준 정의

정지 기준은 생성된 파일의 개수, 수집된 패킷의 수, 수집된 파일의 크기 및 시간에 따라 정의할 수 있다.

그림 80에서 와이어샤크는 40분 후에 수집을 중지할 것이며, 두 파일이 링 버퍼 설정으로 구성돼 있기 때문에 두 개의 파일만 남을 것이다.

패킷 누락을 피하기 위해 와이어샤크 최적화

매우 번잡한 네트워크에서 수집할 때 패킷의 누락을 피하기 위해 와이어샤크를 최적화하는 것을 고려해야 한다. 패킷 손실은 와이어샤크 상태 바에 표시돼 있다. 별도의 처리 능력을 소진하는 모든 환경설정은 이것이 비활성화 혹은 다른 수집 방법이 사용될 수 있는지를 결정하기 위해 확인해야 한다.

무엇보다 트래픽을 수집하는 동안 다른 애플리케이션을 종료해야 한다. 다른 행동을 하면서 바이러스 검사를 실행하면 수집 프로세스에 부정적인 영향을 미칠 것이다. 이 섹션의 구성 옵션에서 수집 과부하가 생기는 경우 더 좋은 장치로(높은 처리 속도와 메모리) 바꿔야 할 때일 것이다. 모든 네트워크 분석 도구를 사용해 하나의 노트북에 구성하고 네트워크 분석을 위해 사용하거나, 티샤크나 Dumpcap을 사용할 수도 있다.

✻ 분석 전용 노트북에서 신경 써야 할 것

경우에 따라 하나의 장비에서 모든 작업을 실행할 수는 없다. 수년에 걸쳐 많은 함정을 방지하기 위한 분석 전용 노트북을 갖는 것에 대한 해결책으로 '모든 필요를 위한 하나의 노트북'을 내놓았다. 다음은 Lanell Allen의 해결책이다.

> 나는 아주 작고 가볍고 손에 딱 맞는 노트북을 갖고 있었죠. 정말 좋았습니다. 어떤 설치 프로그램은 시스코 VPN 클라이언트 전용 넷북보다 고해상도를 요구했습니다. 난 VGA Port에 모니터를 연결하고 클라이언트를 설치하고는 행복해 했습니다. 하지만 클라이언트는 설치에 문제가 없었지만 VPN 세션을 설정하기 위해서는 높은 해상도를 필요로 했죠. RJ-45 정도의 넷북이면 되겠네요. 그 당시 나는 HP Mini 110-1031NR을 사용했고, 이 기기는 3개의 USB 포트, 160Gb 하드 드라이브, 1Gb 램을 갖고 있었습니다. 이 정도의 사양에서 내가 만난 문제는 단 하나, 해상도였습니다. 작은 화면에서도 자기만의 방법을 통해 분석을 수행할 수는 있겠죠. 하지만 금방 욕을 하게 될 겁니다. 이것은 바쁜 네트워크 스위치 포트에 연결하기에는 충분치 않습니다. 그래서 곧 두 번째 장치를 구입하게 됐고, 그것은 완벽했습니다. 난 2년 전 250달러를 지불했습니다.

✻ 최적화를 위한 수집 옵션

다음과 같은 수집 옵션은 와이어샤크의 효율성에 영향을 미칠 수 있다.

- 실시간으로 패킷 목록 업데이트(기본 값: 비활성화)
- 네트워크 이름 변환(기본 값: 비활성화)
- 파일 설정 수집(50MB 파일 크기가 필요하다)
- 수집 옵션에서 버퍼 크기 조절(윈도우 전용으로 기본 값: 1MB)

✻ 최적화 표시 옵션

다음의 디스플레이 옵션은 와이어샤크의 효율성에 영향을 미칠 수 있다.

- 목록 창 행의 수 감소(심지어 숨겨진 경우)

- 색상 규칙을 비활성화(기본 값: 활성화)
- 필요 없는 프로토콜 시험 비활성화(예를 들어 TCP의 재조정 기능을 비활성화)

수집에서 쉽게 중복 패킷 지우기

한 고객 사이트에서 수집한 모든 트래픽이 중복돼 있었다. 원인은 해당 지역 와이어샤크의 호스트에서 전송된 패킷으로 인한 것이었다. 본능적으로 이들은 자신의 시스템에서 시작된 3방향 TCP 핸드셰이크에 대한 SYN-SYN-SYN/ACK-ACK-ACK를 살펴봤다. 그러자 곧 VPN 클라이언트 프로그램(글로벌 VPN 클라이언트)이 문제를 일으킨 것으로 밝혀졌다. 이와 관련해 wiki.wireshark.org/CaptureSetup/InterferingSoftware에서 다른 간섭 프로그램에 대한 자세한 내용을 얻을 수 있다. 문제가 생겼다면 중복을 없애기 위해 -d 매개변수와 함께 Editcap을 사용한다.

커맨드라인 수집을 이용한 메모리 절약

와이어샤크 GUI를 사용할 때 지속적인 패킷 손실을 경험한 경우 커맨드라인에서 패킷을 수집하기 위해 커맨드라인 수집 방법 중 하나를 고려해본다. 와이어샤크에 포함돼 있는 3가지 커맨드라인 수집 도구는 다음과 같다.

- 티샤크
- Dumpcap
- Rawshark

또 다른 인기 있는 도구인 tcpdump는 와이어샤크에 포함돼 있지는 않지만, 커맨드라인 수집을 제공한다. tcpdump에 대한 자세한 내용은 www.tcpdump.org/tcpdump_man.html를 방문하라. 대부분 커맨드라인에서 트래픽을 수집하기 위해 티샤크 혹은 Dumpcap 둘 중 하나를 사용할 것이다. 티샤크는 매개변수를 통해 좀 더 많은 유연성을 제공하지만, 비용이 많이 든다. 사실 티샤크는 Dumpcap에 의존한다. 그래서 티샤크를 실행할 때 Dumpcap도 볼 수 있을 것이다.

Dumpcap는 다음 표에서 볼 수 있듯이 훨씬 적은 메모리를 사용한다. 메모리 사용량이나 성능에 문제가 있다면 Dumpcap를 선택하는 것이 좋다. 기능 및 성능이 최우선이라면 티샤크가 최선의 선택이다.

도구	메모리(개별 작업 셋)
Dumpcap	3,572KB
Tshark	3,540KB(dumpcap) + 39,800KB

Dumpcap 및 티샤크의 매개변수에 대한 자세한 내용은 33장을 참조하라.

이유 없이 당신의 트래픽에만 검사합 에러가 있는 경우[8]

와이어샤크가 호스트의 시스템 트래픽을 수집하는 경우 각 패킷의 검사합 에러로부터 얼마나 완벽하게 트래픽을 수집할 수 있는가? TCP 연결 시도의 응답을 수신한다면 웹브라우징 응답과 다른 요청 패킷은 허용 가능한 형태로 얻어질 것이다. 또한 네트워크 인터페이스 카드/드라이버는 와이어샤크가 아웃바운드 패킷의 복사본을 얻은 후 카드에 약간의 검사합을 계산하고, 검사합 오프로딩(태스크 오프로딩)을 사용할 것이다. 다만 자신의 프로토콜 설정에서 검사합 에러 컬러링 규칙을 비활성화하거나, 검사합 유효성 검사를 비활성화하는 편이 좋다.

사례 연구: 이중 수집 포인트 찾아내기

제출자 Kart R.
시스템 통합 전문가

한 고객이 서버 B로부터 파일을 다운로드하는 성능에 대해 불만을 제기했다. 클라이언트 A에 인접한 트래픽을 분석했을 때 각 파일이 클라이언트로 수신되기 전에 상당한 지연이 있음을 알았다.

우리는 양쪽 트래픽의 흐름을 비교하려고 클라이언트와 서버에서 트래픽을 수집하기로 결정했다.

---

8. 와이어샤크 1.6이 출시됐을 때 아주 큰 변화가 있었다(UDP와 TCP 검사합을 계산해 와이어샤크는 이전 버전의 오탐 일부를 해결할 수 있었다). IP 검사합 검증은 와이어샤크 1.8부터 비활성화됐다. 여전히 이들 검사합을 사용했던 이전 버전의 프로필로 작업한다면 이런 설정 때문에 오탐이 발생할 수 있다. 직접 Edit ▶ Preferences(17장의 'IPv4 프로토콜 설정' 절 참조)에서 검사합을 해제시킨다.

다음 그림은 두 와이어샤크 시스템에 대한 기본 네트워크를 보여준다. 와이어샤크 #1은 클라이언트 A로부터 트래픽을 리스닝하기 위해 연결된 포트에 연결돼 있다. 와이어샤크 # 2는 집합적 탭에 연결돼 있고, 이는 서버 B로부터의 송수신 트래픽을 리스닝하고 있다.

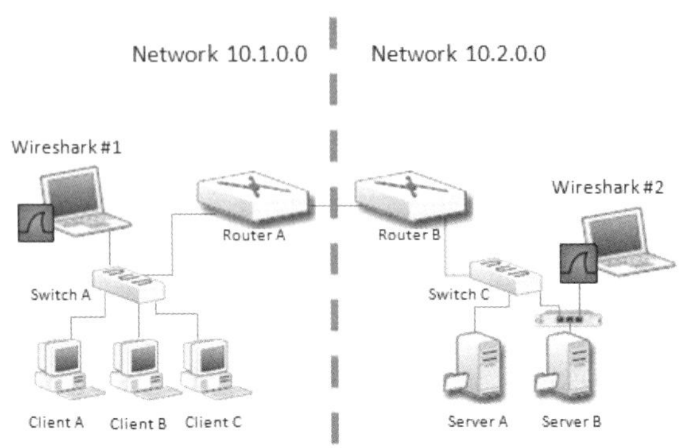

이 경우 분석가는 추적 파일을 서로 병합했다. 이렇게 하면 추적 파일은 많은 부분에 중복 패킷으로 구성된다. 중복 패킷에서 타임스탬프를 비교하는 것은 파일 요청을 포함하는 패킷이 지연됐다는 것을 나타내지만, ACK 패킷은 그렇지 않았다.

다음 단계는 지연이 발생한 장소를 식별하기 위해 와이어샤크 #1 시스템을 서버 쪽으로 이동시키는 것이었다. 문제의 범인은 라우터 B였다(라우터의 통계가 큐에 아주 많은 양의 패킷이 있었다는 것을 보여줬다). 제조사에 문의해서 높은 우선순위를 갖는 트래픽을 서버 A로 향하게 했고, 낮은 순위를 갖는 트래픽을 서버 B로 향하게 했다. 우리는 라우터를 재구성했고, 모든 것이 정상으로 돌아갔다.

와이어샤크가 '어디든지'라고 말하지만, '왜' 항상 그렇지 않은가?

와이어샤크는 문제가 발생한 위치를 식별하지만, 문제의 원인을 식별할 수는 없다. 이는 네트워크 분석에서 자주 있는 일이다. 경로를 따라 장치를 책임지는 IT 멤버와 협업하는 것이 문제가 발생된 실제 이유를 식별하는 데 필수적이다.

 사례 연구: 집에서 트래픽 수집하기

제출자 Hulse bos

몇 년 전, 나의 첫 브로드밴드 인터넷 모뎀은 PC에서 15분 간격으로 연결이 종료돼 많은 종류의 에러를 발생시켰다.

인터넷 업체의 원격 진단에 따르면 모뎀에는 이상이 없다고 했다.

그러나 다시 윈도우를 설치하고 다른 PC를 사용해서 무선 라우터 사용을 제거한 후 유선 연결을 설정해도 문제가 지속됐다. 그래서 모뎀과 공급자 사이의 네트워크 트래픽을 검사하기 위해 이더넷 탭을 사용했고, 내 PC로부터의 트래픽을 가로채기 위해 아내의 PC에서 와이어샤크를 실행시켰다.

그러자 모뎀이 정기적으로 연결을 차단하는 것을 확인했고, 1분 동안 네트워크 트래픽이 없는 경우 전화 연결을 사용했기 때문에(전화비용을 줄이기 위해) 자동으로 연결이 종료됐다. 하지만 모뎀은 그렇게 구성되지 않았다(나는 고정 회선을 사용했고, 연결 종료가 필요 없었다). 고정 회선 설정을 무시하는 펌웨어 버그가 실행됐다.

그래서 모뎀의 펌웨어를 재설치했고, 그러자 모든 것이 잘 동작했다.

와이어샤크에 대한 경우 실제로 환경 설정을 무시하면서 고정 회선에 대해 설정돼 나에게 보여주는 모뎀 웹 페이지를 믿을 것이다.

정리

네트워크 트래픽을 분석하기 전에는 먼저 수집해야 한다. 분석 과정에서 가장 적절한 위치에서 네트워크를 도청하는 것이 트래픽을 수집하는 데 아주 큰 도움을 줄 것이다.

교환형 네트워크(가장 일반적인 네트워크 구성)에서 작업할 때 로컬에서 와이어샤크를 실행하고 스위치 포트를 스패닝하거나 전이중 탭을 사용하는 것은 옵션이다. 원격 수집을 잘 수행하기 위한 몇 가지 옵션이 있다. 오픈소스 및 상용 원격 제어 소프트웨어, 원격 스패닝(스위치가 이 기능을 지원하는 경우)을 사용하거나 WinPcap을 다운로드해 rpcapd를 사용할 수 있다.

WLAN 트래픽을 수집할 때 범위 내의 모든 SSID 트래픽을 리스닝하기 위한 모니터 모드로 작동할 수 있는 어댑터/드라이버를 사용해야 한다. WLAN 트래픽을 수집하기 위해 기존 어댑터를 사용 중인 경우 802.11 헤더는 이더넷 II 헤더로 대체

될 것이고, 다른 WLAN 장치로부터의 트래픽 및 제어 트래픽을 수집하지 않고, 표시하지 않을 것이다.

많은 양의 트래픽을 수집하는 경우 좀 더 관리하기 쉽게 추적 파일을 만들려면 파일 집합에 저장하는 것을 고려할 수 있다. 와이어샤크가 트래픽을 인식하지 못하는 경우 와이어샤크를 최적화하거나 티샤크, Dumpcap 같은 커맨드라인 수집 도구의 사용을 고려한다.

학습한 내용 복습

www.wiresharKBook.com 웹사이트의 다운로드 섹션에서 사용할 수 있는 파일을 다운로드한다. 이 책에 포함된 작업과 요령을 연습하기 위해 이 파일을 사용한다.

다음은 연습해야 할 작업 목록이다.

- 로컬 시스템에서 웹 브라우징 트래픽 수집 시도(포트 스패닝 혹은 전이중 탭을 사용하지 않고 어떻게 수집할 수 있는지 학습하기)
- Capture ➤ Interfaces를 선택하고 인터페이스가 트래픽을 보여주는지 보기 위해 몇 분 동안 기다린다. 이런 인터페이스에서 수집을 시작하기 위해 **시작** 버튼을 클릭한다.
- 웹 브라우저를 실행시키고, www.chappellU.com으로 이동한다.
- 페이지가 로드된 후 Capture ➤ Stop을 선택하거나 메인 툴바에서 **수집 중지**Stop Capture 버튼을 클릭한다. File ➤ Save를 선택해 페이지를 로드한 후 추적 파일 chappellU1.pcap를 호출한다.
- 시스템에 무선 어댑터를 갖고 있다면 WLAN 인터페이스를 이용해 수집을 시작한다. "수집 세션이 초기화되지 못했습니다(무차별 모드로 하드웨어 필터를 설정하는데 실패)."라는 에러 메시지를 받으면 경고 창을 닫고 Capture ➤ Options를 선택하고 인터페이스 섹션에 WLAN 어댑터를 선택한다. **무차별 모드에서 패킷 수집**Capture packets in promiscuous mode을 해제(선택 취소)하고 **시작**Start을 클릭한다. www.wiresharkbook.com으로 이동하고 수집 세션을 중지한다. 어떤 데이터 링크 헤더가 당신의 트래픽에 위치하고 있는지 살펴보려면 트래픽을 검사한다. 무차별 모드와 모니터 모드를 이용한 WLAN 수집 옵션에 대한 자세한

정보는 26장을 참조한다.

- 스위치가 있다면 테스트 호스트처럼 구성된 시스템에 연결돼 있는 포트를 스패닝하는 연습을 한다. 시스템 테스트로 구성된 호스트에 연결하는 포트를 스패닝을 올바르게 사용하기 위해 테스트 시스템을 사용한다. www.wirecharkbook.com으로 이동한다. 스패닝 과정이 정확하게 이뤄지면 테스트 호스트에서 송수신되는 모든 트래픽을 볼 수 있을 것이다.
- 다른 네트워크 호스트에서 WinPcap를 설치해 원격 수집 테스트를 수행하고, 해당 호스트에서 rpcapd -n을 실행한다. 로컬 와이어샤크 시스템에서 Capture ❯ Options ❯ Manage Interfaces ❯ Remote Interfaces ❯ Add를 선택하고, rpcap이 실행 중인 호스트의 IP 주소를 정의한다. 수집을 위해 원격 인터페이스를 선택한다. 수행된 작업을 식별하기 위해 원격 호스트로부터 수집된 트래픽을 분석한다.

다음 추적 파일을 이용해 와이어샤크의 인터페이스 추적을 연습한다.

vlan-general.pcapng	이것은 VLAN 기반 X11 통신에 대해 보여준다. 이더넷 헤더와 IP 헤더 사이에 VLAN 태그를 직접 볼 수 있다.

연습문제

Q3.1 와이어샤크 호스트를 스위치에 직접 연결한 경우 기본적으로 어떤 트래픽을 볼 수 있는가?

Q3.2 모니터 모드와 무차별 모드의 차이점은 무엇인가?

Q3.3 파일 집합의 목적은 무엇인가?

연습문제 답

Q3.1 와이어샤크 호스트를 스위치에 직접 연결한 경우 기본적으로 어떤 트래픽을 볼 수 있는가?

A3.1 기본적으로, 스위치는 모든 브로드캐스트 패킷과 멀티캐스트 패킷을 (멀티캐

스트 전달을 차단하기 위해 구성되지 않은 경우) 전달한다. 패킷들은 와이어샤크 호스트의 하드웨어 주소로 가며, 또 어떤 패킷은 알 수 없는 하드웨어 주소로 가기도 한다.

Q3.2 모니터 모드와 무차별 모드의 차이점은 무엇인가?

A3.2 모니터 모드에서 드라이버는 어댑터를 어떤 서비스 집합의 멤버로 만들지 않는다. 이 모드에서 어댑터와 드라이버는 와이어샤크에 현재 선택된 채널에서 모든 SSID의 패킷을 통과시킨다.
무차별 모드는 네트워크 카드와 드라이버가 로컬 하드웨어 주소가 아닌 네트워크상의 다른 장치에 주소 지정된 트래픽을 수집하게 해준다.

Q3.3 파일 집합의 목적은 무엇인가?

A3.3 파일 집합은 수집 작업이 진행되는 동안 연속적인 추적 파일을 생성하기 위해 사용된다. 하나의 큰 추적 파일(이 작업이 느릴 수 있다)을 통해 오픈 및 탐색하는 대신에 파일 집합들을 생성하면 작은 추적 파일에서 빠르게 이동할 수 있다.

4장 수집 필터 생성과 적용

와이어샤크 공인 네트워크 분석가 시험에서 다루는 내용

- 수집 필터의 목적
- 인터페이스에 수집 필터 적용
- 자신에게 맞는 수집 필터 구축
- 프로토콜에 의한 필터
- MAC/IP 주소와 호스트 이름 수집 필터 생성
- 하나의 애플리케이션 트래픽만 수집
- 수집 필터를 조합하기 위한 연산자 사용
- 바이트 값을 검색하기 위한 수집 필터 생성
- 수집 필터 파일을 수동으로 수정
- 다른 시스템과 수집 필터 공유

- 사례 연구: 커버로스 UDP에서 TCP 이슈
- 정리
- 학습한 내용 복습
- 연습문제와 답

4장에서 참조한 추적 파일

- http-espn2007.pcapng
- http-espn2010.pcapng
- http-espn2011.pcapng
- http-espn2012.pcapng

수집 필터의 목적

수집 필터는 추적 파일을 저장할 때 패킷을 수집하는 동안 \temp 혹은 다른 디렉토리에 저장되는 것을 제한한다. 수집 필터는 기존 추적 파일에 적용할 수 없다. 수집 필터는 실시간으로 수집하는 작업에만 적용할 수 있다. 수집 필터는 동작 중인 네트워크나 특정 유형의 트래픽에 초점을 맞춰 수집하는 패킷을 제한하는 데 매우 유용하다. 수집 필터 조건을 통과한 패킷은 그림 81과 같이 와이어샤크 수집 엔진에 전달된다.

수집 필터는 BPF[Berkeley Packet Filtering] 구문, tcpdump에 의해 사용되는 동일한 필터 구문을 사용한다.

수집 필터는 디스플레이 필터처럼 융통성이 있거나 구체적이지 않다.

저장된 수집 필터를 보려면 Capture ❯ Capture Filters를 선택하거나, 메인 툴바에 있는 Capture Filters 아이콘을 클릭한다.

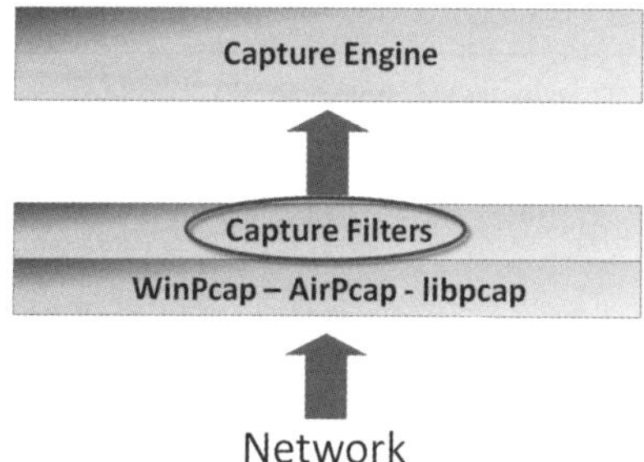

그림 81 수집 필터는 네트워크로부터 도착한 패킷에만 적용된다.

제한적인 수집 필터 사용과 다양한 디스플레이 필터 사용

수집 필터를 이용해서 트래픽을 필터링할 때 폐기된 패킷을 다시 가져올 수 없다. 이들은 수집 엔진에 전달되기 전에 폐기된다. 모든 패킷을 수집하고 특정 트래픽에 디스플레이 필터를 적용하고 제거할 수 있다. 또한 디스플레이 필터를 기반으로 한 트래픽을 쉽게 저장할 수 있다.

와이어샤크의 기본 수집 필터는 다음과 같다.

수집 필터 이름	수집 필터 구문
Ethernet address 00:08:15:00:08:15	ether host 00:08:15:00:08:15
Ethernet type 0x0806 (ARP)	ether proto 0x0806
No Broadcast and no Multicast	not broadcast and not multicast
No ARP	not arp
IP only	ip
IP address 192.168.0.1	host 192.168.0.1
IPX only	ipx
TCP only	tcp
UDP only	udp
TCP or UDP port 80 (HTTP)	port 80
HTTP TCP port (80)	tcp port http
No ARP and no DNS	not arp and port not 53
Non-HTTP and non-SMTP to/from www.wireshark.org	not port 80 and not port 25 and host www.wireshark.org

와이어샤크는 와이어샤크 프로그램 파일 디렉토리에 보관돼 있는 기본 수집 필터의 집합을 포함하고 있다. 수집 필터 파일 이름은 cfilters다. 시스템에는 여러 cfilters 파일이 있을 수 있다. 프로파일을 만들어(11장 참조) 해당 프로파일을 사용하면서 새로운 수집 필터를 만들 때 cfilters 파일이 프로파일 디렉토리에 생성된다.

예를 들어 WLAN 프로파일을 생성한다면 AP[Access Point]의 MAC 주소로부터 오고/가는 802.11 트래픽에 대한 필터 혹은 무선 표시[beacon] 프레임만을 위한 수집 필터 같은 일련의 WAN 지정 수집 필터를 생성하는 것으로 생각할 수도 있다(좀 더 많은 옵션에 대해서는 26장을 참조하라). 새로운 cfilters 파일과 WLAN 수집 필터는 WLAN 프로파일 디렉토리에 들어있다.

인터페이스에 대해 수집 필터 적용

와이어샤크 1.6과 이전 버전에서는 그림 82와 같이 수집 옵션 창 안쪽에 직접 입력해 수집 필터를 적용할 수 있다.

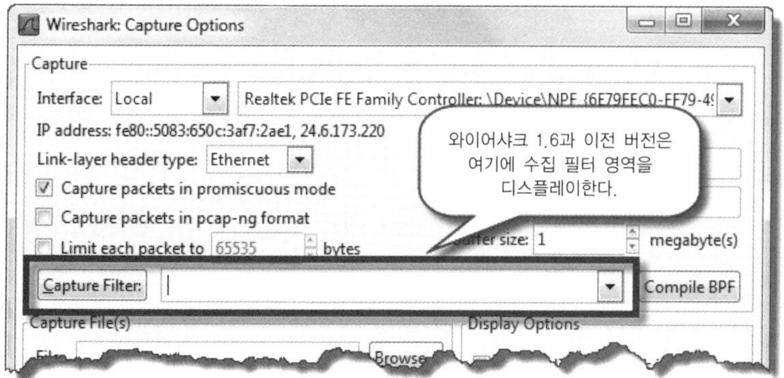

그림 82 수집 영역은 와이어샤크 이전 버전의 수집 옵션 창에 나타난다.

와이어샤크 1.8로 시작하는 우리는 지금 여러 인터페이스에서 동시에 수집할 수 있다. 변경 사항은 각 인터페이스 필터를 서로 다른 수집을 적용할 수 있게 수집 창에 적용한다. 그림 83에서와 같이 인터페이스 설정 창을 불러온 후 Capture Filter Column을 두 번 클릭한다.

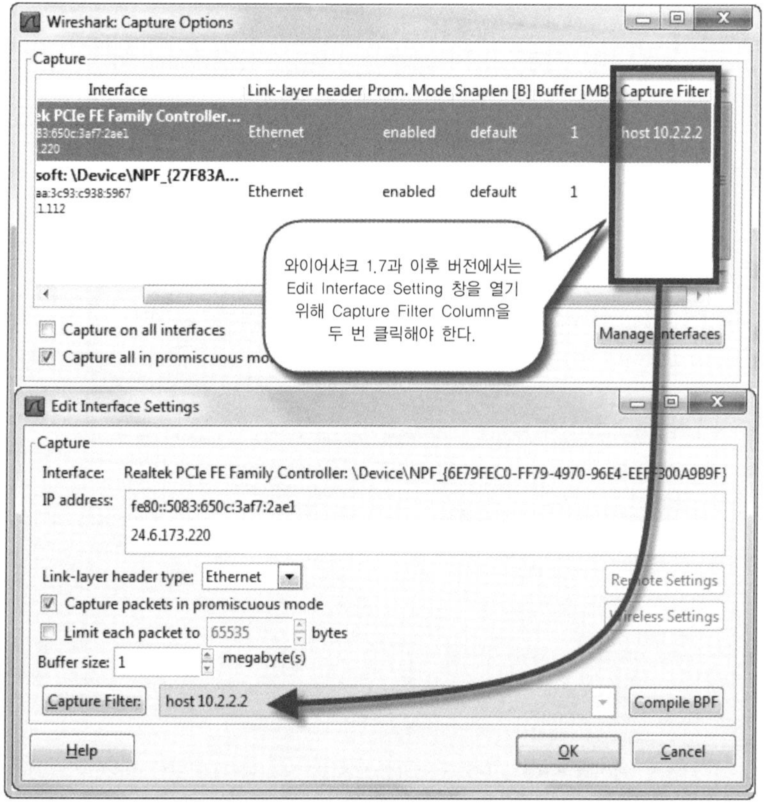

그림 83 현재 와이어샤크 1.8은 각 인터페이스의 서로 다른 수집 필터를 지원한다.

인터페이스 설정 창은 또한 인터페이스에 정의된 각 네트워크 주소를 보는 데 사용할 수 있다. 몇 가지 링크 계층 유형, 무차별 모드 설정, 패킷 크기를 제한하고 수집 버퍼 설정을 변경한다.[1]

와이어샤크 버전에 관계없이 그림 84와 같이 기존 수집 필터를 선택하거나 새로운 수집 필터를 생성하려면 Capture Filter 버튼을 클릭할 수 있다. 이 예제에서는 특정 이더넷 주소와 트래픽에 대한 수집 필터를 생성한다.

직접 수집 필터 영역에서 수집 필터를 입력할 때 와이어샤크는 에러 검출을 적용한다. 그것은 (현재 와이어샤크는 1.7.2) 서비스를 하지 않는 수집 필터 창에 에러 검출 (그림 84 참조) 기능을 제공하지 않는다. 이것은 이후 버전에 추가될 예정이다.

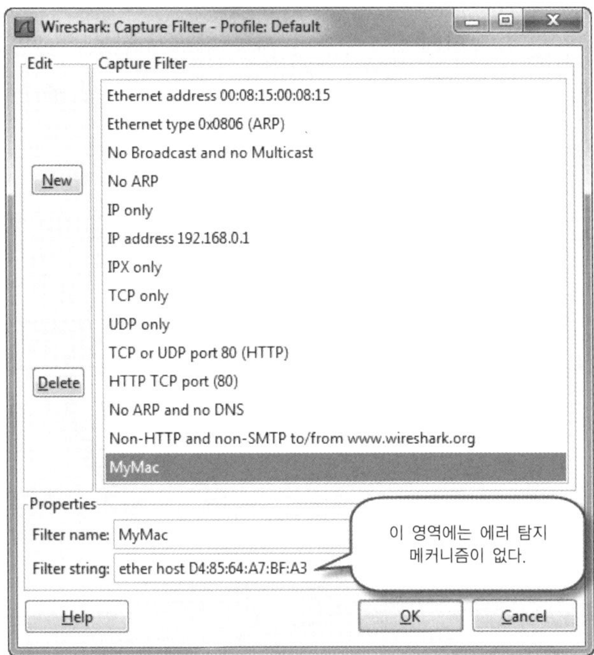

그림 84 기호에 맞는 수집 필터를 생성하고 저장한다.

1. 사용자가 시스코 케이블 모뎀 종단 시스템(CMTS)과 케이블 데이터 서비스 인터페이스 규격(DOCSIS)의 네트워크에서 패킷의 전달을 수집하는 경우 사용자는 DOCSIS 링크 계층의 유형 값을 변경할 수 있다. 이 설정은 추적 파일에 저장된다.

자신에게 맞는 수집 필터 만들기

자신만의 수집 필터를 쉽게 생성할 수 있으며, 기본 수집 필터를 변경할 수도 있다. 사용자가 작성하고 도구 모음에서 수집 필터 아이콘을 클릭하거나 Capture ❯ Capture Filters를 선택해 새 수집 필터를 저장할 수 있다. 수집 필터는 식별자와 한정자로 구성돼 있다.

식별자

식별자identifier는 필터링하고자 하는 요소다. 53 포트로부터 송신이나 수신 트래픽에 대한 수집 필터에서 '53'은 식별자다. 식별자는 10진수나 16진수 또는 ASCII 문자열이 될 수 있다.

한정자

수집 필터에는 다음과 같은 3가지 한정자qualifier가 사용된다.

- Type
- Dir
- Proto

Type 한정자

한정자의 유형type은 식별자가 참조하는 이름이나 번호의 유형을 가리킨다. 예를 들어 53번 포트로부터의 송신 트래픽이나 수신 트래픽에 대한 수집 필터에서 '포트'는 유형 한정자다. 호스트, 네트워크와 포트는 3가지 유형 한정자다.

Dir 한정자

방향dir 한정자는 관심 있는 트래픽의 흐름을 표시하기 위해 사용된다. 일반적으로 사용되는 두 방향 한정자는 `dst`와 `src`다. 방향 한정자가 제공되지 않으면 `dst`나 `src`가 요구되는 것으로 가정한다.

Proto 한정자

프로토콜Proto 한정자는 tcp나 udp 같이 특별한 프로토콜에 수집된 트래픽을 제한하기 위해 사용된다. udp net 10.2와 같은 프로토콜 한정자의 사용 예에서 udp는 프로토콜 한정자이고, net는 유형 한정자이며, 10.2는 식별자다. 프로토콜 한정자를 제거하고 net 10.2의 수집 필터를 생성하면 10.2로 시작되는 IP 주소로부터의 모든 프로토콜이 수집된다.

❊ 기본식

기본식primitive 키워드가 사용될 수 있다. 다음은 수집 필터에서 사용할 수 있는 기본식을 정의한 목록이다.

dst host host	src host host
host host	ether dst ehost
ether src ehost	ether host ehost
gateway host	dst net net
src net net	net net
net net mask netmask	dst port port
src port port	less length
greater length	ip proto protocol
ip6 proto protocol	ip6 protochain protocol
ip protochain protocol	ip broadcast
ether multicast	ip multicast
ip6 multicast	ether proto protocol
decnet src host	decnet dst host
decnet host host	
iP, ip6, arp, rarp, atalk, aarp, decnet, iso, stp, ipx, netbeui	
lat, moprc, mopdl	vlan vlan_id
tcp, udp, icmp	portrange [startnum]-[endnum]
tcp portrange [startnum]-[endnum]	clnp, esis, isis
iso proto protocol	proto[expr:size]

위의 기본식에 대한 자세한 내용은 www.tcpdump.org/tcpdump_man.html의 tcpdump 매뉴얼 페이지를 참조하라. proto[expr:size]에 대한 자세한 정보는 나중에 나오는 '수집 필터 연산자 예제'를 참조하라.

프로토콜에 의한 필터링

프로토콜에 의한 필터링은 기본식을 사용한다. 예를 들어 모든 ICMP 트래픽에 필터링을 하려면 구문은 간단히 icmp다. 와이어샤크는 이 필터를 "0x01 값에 대한 IP 헤더에서 프로토콜 필드를 살펴보라"로 해석한다(프로토콜 번호는 패킷에서 ICMP가 다음이라는 것을 표시하는 데 사용된다).[2]

프로토콜이 기본식이 아니면 해당 프로토콜에 의해 사용되는 고유의 필드 값을 기반으로 필터를 만들거나 오프셋과 바이트 값을 기반으로 하는 필터를 사용해야 한다.

일반적인 프로토콜 필터는 tcp, udp, ip, arp, icmp, ip6다.[3]

들어오는 연결 시도 필터

TCP 플래그 설정을 참조해 TCP 프로토콜 필터를 확장할 수 있다. 예를 들어 모든 TCP 연결 시도(성공 여부에 관계없이)를 수집하려면 다음 수집 필터를 사용해야 한다.

```
tcp[tcpflags] & (tcp-syn) != 0
```

'www.tcpdump.org/tcpdump_man.html'에서 볼 수 있는 또 다른 예로 "로컬이 아닌 호스트를 포함 각 TCP 대화의 시작과 끝의 패킷(SYN 및 FIN 패킷)을 수집한다."는 구문은 다음과 같다.

```
tcp[tcpflags] & (tcp-syn|tcp-fin) != 0 and not src and dst net localnet
```

네트워크 주소를 기반으로 수집 필터를 사용하는 방법에 대한 자세한 내용은 다음 절을 참조하라.

MAC/IP 주소나 호스트 이름 수집 필터 생성

특정 네트워크 장비로부터 송신/수신되는 트래픽을 수집하려면 다음 표와 같이 물리 주소, IP 주소, 호스트 네임 중 하나의 수집 필터를 기반으로 해야 한다.

---

2. ICMP는 수집 필터와 디스플레이 필터에 대해 동일한 구문을 사용하는 잘 사용하지 않는 필터 중 하나다.

3. 이것은 실수가 아니라, IPv6 트래픽에 대한 수집 필터는 단순히 ip6다.

수집 필터 구문	수집 필터 예	수집 필터 설명
dst host host	dst host www.wireshark.org	www.wireshark.org와 연관된 IP 주소로 가는 트래픽을 수집한다.
dst host host	dst host 67.228.110.120	67.228.110.120로 가는 트래픽을 수집한다.
src host host	src host www.google.cn	www.google.cn과 연관된 IP 주소로부터 오는 트래픽을 수집한다.
host host	host www.espn.com	www.espn.com과 연관된 IP 주소로/부터 송/수신되는 트래픽을 수집한다.
ether dst ehost	ether dst 08:3f:3d:03:32:03	이더넷 주소 08:3f:3d:03:32:03로 가는 트래픽을 수집한다.
ether src ehost	ether src 08:3f:3d:03:32:03	이더넷 주소 08:3f:3d:03:32:03로부터 전송되는 트래픽을 수집한다.
ether host ehost	ether host 08:3f:3d:03:32:03	이더넷 주소 08:3f:3d:03:32:03로/부터 송수신되는 트래픽을 수집한다.
gateway host	gateway rtrmain01	[호스트 이름이 사용돼 로컬 시스템의 이름 검색 프로세스에 의해 검색이 요구된다.] rtrmain01의 물리 주소로/부터 송수신되는 트래픽을 수집한다. 그러나 rtrmain01의 IP 주소로는 아니다. 이 필터는 특정 라우터를 통과하는 트래픽을 수집한다. MAC 주소나 IP 주소를 이용한 필터를 생성하기 위한 다른 옵션은 다음에 나열된다.
ether host ehost and not host	ether host 00:13:46:cc:a3:ea and not host 192.168.0.1	IP 주소로/부터의 송수신이 아닌 정의된 물리 주소로/부터의 송수신을 하는 트래픽을 수집한다. 이름 변환을 사용할 수 없는 경우에 gateway 기본식이 대안이 될 수 있다. ether host 〈address〉는 라우터의 물리 주소여야 하고, host 〈address〉는 라우터의 IP 주소여야 한다.
dst net net	dst net 192.168	192.168로 시작하는 IP 주소에 대한 트래픽을 수집한다. 이 필터는 목적지 IP 주소 필드에서 192.168.*.*를 갖는 ARP 패킷을 수집할 것이다.

(이어짐)

수집 필터 구문	수집 필터 예	수집 필터 설명
src net net	src net 10.2.2	10.2.2로 시작하는 모든 IP 주소로부터 송신되는 트래픽을 수집한다. 이 필터는 발신지 IP 주소 필드에서 10.2.2.*를 갖는 ARP 패킷을 수집할 것이다.
net net	net 130.57	130.57.로 시작하는 IP 주소로/부터 송수신되는 트래픽을 수집한다.
net net mask netmask	net 172.16 mask 255.240.0.0	172.16에서 172.31로 시작하는 IP 주소로/부터 송수신되는 트래픽을 수집한다.
net net/len	net 172.16/12	172.16에서 172.31로 시작하는 IP 주소로/부터 송수신되는 트래픽을 수집한다.
wlan host ehost	wlan host 00:22:5f:58:2b:0d	WLAN 발신지 주소 00:22:5f:58:2b:0d로부터 송신되는 트래픽을 수집한다.

주소에 대한 수집 필터를 생성할 때 호스트는 번호나 이름으로 정의될 수 있다. 예를 들어 호스트 67.228.110.120과 호스트 www.wireshark.org는 www.wireshark.org가 해당 IP 주소로 변환되면 동일한 트래픽을 수집할 것이다.

 **웹 검색 세션을 분석할 때에는 host 수집 필터를 피하라.**

23장에서 웹사이트 재지정을 다룬다. host www.espn.com 같은 수집 필터를 사용한다면 와이어샤크는 해당 주소와 관련된 IP 주소에 대한 트래픽을 수집한다. 다른 사이트로 재지정된다면 다음 사이트에 대해 트래픽을 수집할 수 없다. 이는 port 80에 대한 수집 필터를 사용하는 것이 더욱 효과적이다.

✻ 애플리케이션 분석을 위한 'My MAC' 수집 필터 사용

애플리케이션을 분석할 때 애플리케이션에 의해 사용되는 프로토콜이나 포트에 대한 가정에 주의하라. 사용자가 시스템에서 애플리케이션을 실행할 때 애플리케이션에 의해 생성된 트래픽을 파악하기 위해 사용자 시스템으로/으로부터 오는 트래픽만 분석하고자 할 때는 IP 주소가 아닌 MAC 주소를 기반으로 하는 필터를 사용하라. 이것은 ARP 트래픽처럼 IP 헤더를 갖지 않는 패킷을 포함하는 물리 주소로/

부터 송수신되는 모든 트래픽을 얻을 수 있게 보장해준다.

다른 호스트에서 실행되는 애플리케이션을 분석할 때 테스트 시스템의 물리 주소의 송수신 트래픽에 대해 필터링을 생각해보라.

자신의 트래픽에 대한 수집 필터의 예로, ether host 00:21:97:40:74:D2를 들 수 있다(이것이 당신의 MAC 주소라면).

IP 주소 필터 대신 MAC 수집 필터를 사용해야 하는 경우

IP 주소는 사용자가 하나의 네트워크에서 다른 네트워크로 이동함에 따라 바뀔 수 있으므로, 이 필터를 IP 주소 대신 MAC 주소를 기반으로 생성할 것을 권장한다. 이런 MAC 주소는 사용자가 MAC 주소 필터에서 정의한 네트워크와 동일한 네트워크에 있을 때의 작업만을 필터링한다는 점을 기억해두라. MAC 주소 정보는 라우터에 의해 분리되고 다시 적용된다.

✻ 추적 파일을 제외한 트래픽 필터링(필터 배제)

네트워크상의 다른 호스트로/부터 송수신되는 트래픽을 수집할 때 추적 파일 이외의 자신의 트래픽을 필터링하기를 원할 수 있다. 그래서 인터넷을 검색할 수 있고, 이메일을 송수신할 수 있으며, 백그라운드에서 지속적인 작업을 할 수 있지만, 추적 파일에는 필터링된 자신의 트래픽을 없다. 이것은 수집된 패킷이 배제됐기 때문에 '배제 필터exclusion filter'라고 부른다.

이런 경우 물리 주소로부터 송수신되는 트래픽을 제외한 모든 트래픽을 수집하는 'Not my MAC' 필터를 생성할 수 있다. 그림 85에서 보여주는 것처럼 하드웨어 주소에 대한 배제 필터용 구문은 ether host <ehost> 또는 ether host 00:21:97:40:74:D2가 아니다.

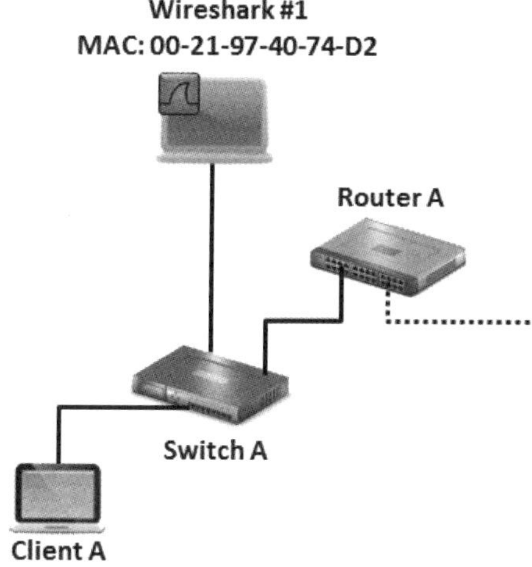

그림 85 MAC 주소로부터 송수신되는 트래픽을 필터링을 생각해보라.

하나의 애플리케이션 트래픽만 수집

애플리케이션 필터링은 애플리케이션이 사용하는 포트 번호에 대해 기본식을 사용해 수행한다. 일단 애플리케이션이 사용하는 포트 번호를 알면 UDP나 TCP를 통한 애플리케이션 트래픽을 검색하기 위한 수집 필터를 만들 수 있어 하나의 전송 유형에 중점을 둘 수 있거나 단방향으로 흐르는 트래픽을 수집할 수 있다.

예를 들어 DNS 조회와 응답은 일반적으로 포트 53에 UDP를 통해 전송된다. 그러나 DNS zone 전송은 포트 53에 TCP를 통해 전송된다.

- 포트 53을 사용하는 모든 DNS 트래픽(UDP와 TCP)을 필터링하려면 수집 필터 `port 53`을 사용한다. 어떤 전송 유형을 지정하기 않았기 때문에 UDP 트래픽이나 TCP 트래픽 모두가 수집된다.
- 포트 53을 이용하는 TCP의 DNS zone 전송에만 관심이 있다면 수집 필터 `tcp port 53`을 사용한다.
- 포트 53을 이용하는 UDP 기반의 DNS 조회와 응답(지역 전송이 아닌)에만 관심이 있다면 수집 필터 `udp port 53`을 사용한다.
- DNS 응답만을 수집하고자 한다면 DNS 응답은 포트 53으로부터 전송되기 때문에 수집 필터 `src port 53`을 사용한다.

DNS 필터링은 수집 필터를 생성하기 위한 프로세스와 디스플레이 필터를 생성하기 위한 프로세스 사이의 완벽한 비교를 제공한다. 와이어샤크는 DNS와 같은 수많은 애플리케이션의 공통 약어를 이해한다. DNS 수집 필터에 대한 포트 번호를 지정해줘야 하는 반면 디스플레이 필터에 대해서는 dns를 간단히 이용할 수 있다.

포트의 범위를 필터링하기 위한 빠른 방법으로 portrange를 사용할 수 있다. 수집 필터 tcp portrange 6881-6999는 6881과 6999 사이에 포트로부터 송수신되는 TCP 트래픽을 수집한다. 이것은 비트토런트 트래커BitTorrent Tracker 통신에 대해 일반적으로 사용되는 포트다.

수집 필터를 조합하기 위한 연산자 사용

수집 필터에 사용되는 연산자로는 다음과 같이 세 개의 주 연산자가 있다.

- 부정(! 또는 not)
- 연결(and 또는 &)
- 양자택일(or 또는 |)

좀 더 구체적인 수집 필터를 만들기 위해 이 연산자를 사용할 수 있다. 앞에서 생성된 주소 필터에 DNS 필터를 포함하게 확장하고 싶다면 하나의 연산자를 사용한다. 수집 필터 host 192.168.1.103과 tcp dst 53은 포트 53으로 전송되는 모든 트래픽과 192.168.1.103으로 송수신되는 모든 트래픽을 수집한다. 192.168.1.103이 네트워크상의 클라이언트라면 이 필터는 포트 53으로 전송되는 DNS 조회를 보여준다. 'and' 연산자를 사용할 때 패킷은 필터를 통과하기 위한 모든 연산자 양쪽 모두와 일치해야 한다.

'or' 연산자를 사용한다면 해석이 완전히 다르다. 'or' 연산자를 사용하면 모든 패킷이 필터를 통과하기 위해 연산자 양쪽의 조건 중 하나만 일치하면 되며, host 192.168.1.103 or tcp dst 53이라는 구문을 사용했다면 목적지 포트와 관계없이 192.168.1.103로 송수신되는 모든 트래픽과 사용 중인 IP 주소와 관계없이 포트 53으로 전송되는 모든 트래픽이 수집될 것이다.

not src net 10.2.0.0/16이라는 수집 필터는 10.2로 시작하지 않는 모든 IP 주소로 송수신되는 트래픽만을 수집한다. 수집 필터 host www.wireshark.org and not port 80 and not port 25는 www.wireshark.org로 송수신되는 트래픽이면서 포트 80과 포트 25로 송수신되지 않는 트래픽만을 수집한다.

❖ 바이트 값을 찾기 위한 수집 필터 생성

어떤 경우에는 패킷 속의 특정 오프셋에 있는 특정 값을 찾기 위해 수집 필터를 생성할 필요가 있다. 바이트 오프셋에 수집을 위한 구문은 proto [expr:size]이며, 여기서 proto는 ether, fddi, tr, ip, arp, rarp, tcp, udp, icmp, ip6 중 하나가 된다. 'Expr'은 필드의 오프셋을 식별하며, 'size'(옵션)는 사용자가 관심이 있는 길이(바이트 단위)다. 이는 연산자와 값이 뒤에 이어진다. 'size'가 생략되면 자동으로 1로 설정된다.

예를 들어 65,535의 TCP 윈도우 크기 값을 갖는 모든 TCP 패킷에 대한 수집 필터를 생성하고 싶을 수 있다. TCP 헤더가 0x4de5라는 값으로 시작되는 것을 그림 86에서 볼 수 있다. 윈도우 크기 필드는 TCP 헤더 시작에서부터 15바이트다. 오프셋을 계산할 때는 0에서부터 계산하기 시작해 윈도우 크기 필드의 오프셋이 14가 될 때까지 계산한다.

필터를 생성하기 위해 최상위 프로토콜인 TCP에서 시작할 것이다. 다음으로 오프셋과 연산자와 값에 필드(옵션)의 길이를 정의한다. 해당 수집 필드는 tcp [14:2] = ffff다. TCP 헤더에서 시작해 0부터 계산하기 시작해 윈도우 크기 필드에 도달할 때까지 계산한다.

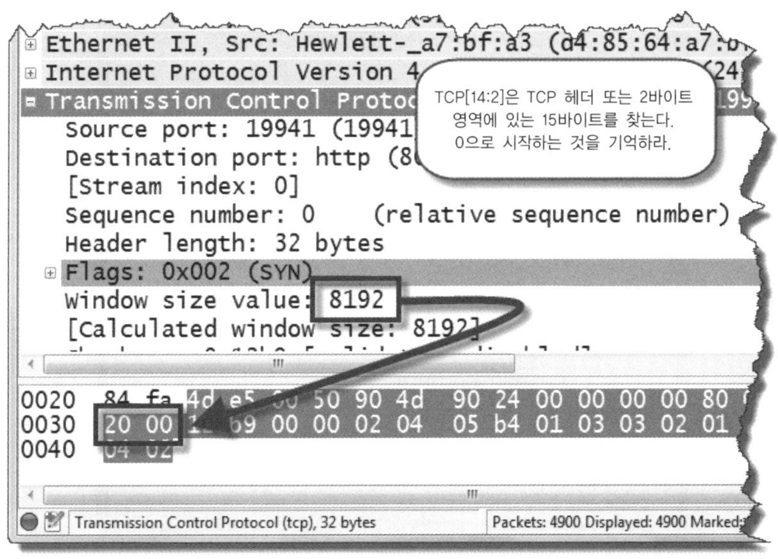

그림 86 TCP 헤더 해석하기[http-espn2012.pcapng]

수집 필터(tcp [2:2] > 100 and tcP [2:2] < 150)는 100과 150 사이의 포트에 대한 트래픽만을 수집한다. 목적지 포트 필드는 TCP 헤더의 시작으로부터 오프셋 2에 위치해 있다. 그리고 필드는 2바이트의 길이를 갖는 tcp [2:2]이다. 다행스럽게도 이런 목적을 위해 portrange 100-150을 사용할 수 있다.

또 하나의 예로 wlan [0] = 0x50은 WLAN probe 응답 패킷을 수집한다. 이 필터는 WLAN 헤더 내에서 오프셋 0에 위치해 있는 802.11 Type과 Subtype 필드 값을 기반으로 한다. 이 길이 필드는 옵션이며, 이 예에서는 사용되지 않았다. 26장의 '프레임 제어 유형과 서브유형 분석' 절을 참조하라.

수집 필터 파일을 수동으로 편집

수집 필터 창에는 몇 가지 제약이 있다. 즉, 수집 필터를 정렬하거나 수집 필터를 분류할 수 없다. 이런 기능은 cfilters 파일을 수작업으로 편집함으로써 가능하다. 그림 87은 수집 필터 창에서 편집된 cfilters 파일을 보여준다.

수동으로 cfilters 파일을 편집하기 위해서 문자 편집기를 이용해 파일을 연다. 수집 필터 구문은 "name" filter다. 목록상의 마지막 수집 필터 뒤에 줄바꾸기를 추가하거나 와이어샤크가 목록상의 마지막 필터를 디스플레이하지 않게 확인한다.

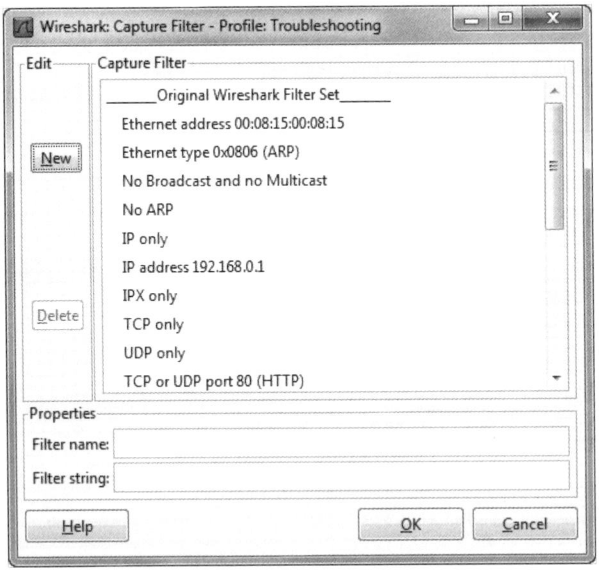

그림 87 수동으로 편집된 cfliter 파일

이 책의 웹사이트(www.wiresharkbook.com) 다운로드 섹션에 다음과 같은 cfilters 파일이 들어 있다. 'Wireshark Book' 프로파일을 생성해 프로파일 디렉토리 안에 cfilters 파일을 복사하는 것을 고려하라. 와이어샤크 프로파일에 관한 자세한 정보는 11장을 참조하라.

✻ 예제 cfilters 파일

```
"________Original Wireshark Filter Set________" Installed with Wireshark
"   Ethernet address 00:08:15:00:08:15" ether host 00:08:15:00:08:15
"   Ethernet type 0x0806 (ARP)" ether proto 0x0806
"   No Broadcast and no Multicast" not broadcast and not multicast
"   No ARP" not arp
"   IP only" ip
"   IP address 192.168.0.1" host 192.168.0.1
"   IPX only" ipx
"   TCP only" tcp
"   UDP only" udp
"   TCP or UDP port 80 (HTTP)" port 80
"   HTTP TCP port (80)" tcp port http
"   No ARP and no DNS" not arp and port not 53
"   Non-HTTP and non-SMTP to/from www.wireshark.org" not port 80
and not port 25 and host www.wireshark.org
"________Laura's Wireshark Filter Set________" Just My Stuff
"   My MAC (replace w/your MAC Address)" ether host 00:08:15:00:08:15
"   Not My MAC (replace w/your MAC Address)" not ether host
00:08:15:00:08:15
"   ARP or DHCP (Passive Discovery)" arp or port 67 or port 68
"   Broadcasts/Multicasts Only" broadcast or multicast
"   ICMP Only" icmp
"   IPv6 Only" ip6
```

✲ 다른 사람과 수집 필터 공유

현재는 수집 파일의 기능에 가져오기 또는 내보내기 기능이 포함돼 있지 않지만, 단순히 하나의 와이어샤크 시스템으로부터 다른 시스템으로 cfilters 파일을 복사함으로써 수집 필터 파일을 다른 사람과 공유할 수 있다.

기본 수집 필터를 덮어쓰는 것을 막기 위해 글로벌 환경설정Global Configuration 디렉토리에 있는 cfilters 파일의 백업을 받아 두거나 새로운 프로파일을 생성해 공유된 수집 필터 파일을 해당 프로파일 디렉토리에 옮긴다. 11장을 참조하라.

 사례 연구: Kerberos UDP에서 TCP 이슈

제출자 Thanassis Diogos

현장에 도착했을 때 나는 매우 이상한 문제에 대해 간략한 설명을 들었다. 고객은 윈도우 NT 4에서 윈도우 2003 액티브 디렉토리로 도메인 이동 작업을 진행 중이었다. 그들은 ADMT(Active Directory Migration Tool)라는 툴을 사용 중이었다. 이 툴은 사용자와 다른 객체를 발신지 NT 도메인에서 목적지 NT 도메인으로 이동하는 데 사용하곤 했다. 이 사용자들은 방화벽 영역 주변에 있는 터미널 서버에서 터미널 서비스를 사용하게 요구됐으며, 동일한 액티브 디렉토리에 합쳐졌다.

이동된 사용자들 중 소수는 터미널 서버에 로그인해 사용할 수 없었으며, 로그온 시도 중에 'The RPC Server is unavailable(RPC 서버를 사용할 수 없습니다)'라는 에러 메시지를 받았다. 이런 참! 하나의 해결 방법으로, 그들은 잘못된 계정을 삭제하고 그들이 정상적으로 로그인을 할 수 있게 허용한 사용자를 새로 생성하는 방법이 있음을 알게 됐다. 물론 이것은 허용되지 않았지만, 나는 이 문제의 최초 원인이 무엇인지를 알아내려고 했다.

이벤트 뷰어와 다른 로그를 통해 실제 원인을 발견할 수 없었다. 와이어샤크는 터미널 서버에 로컬로 설치돼 트래픽을 감시하기 시작했다.

나는 원격 데스크톱 프로토콜(RDP, Remote Desktop Protocol)에는 관심이 없고 로그온 트래픽에만 관심이 있었기 때문에 포트 3389/RDP를 배제(not port 3389)하기 위해 기본 수집 필터를 이용했다. 다음 그림은 내가 수집한 내용을 보여준다.

Source	Destination	Protocol	Info
10.74.24.29	10.72.100.224	CLDAP	searchRequest(364) "<ROOT>" baseObject
10.72.100.224	10.74.24.29	CLDAP	searchResEntry(364) "<ROOT>" searchResDone
10.74.24.29	10.72.100.224	KRB5	AS-REQ
10.72.100.224	10.74.24.29	KRB5	KRB Error: KRB5KRB_ERR_RESPONSE_TOO_BIG
10.74.24.29	10.72.100.224	TCP	xdtp > kerberos [SYN] Seq=0 Win=64512 Len
10.74.24.29	10.72.100.224	TCP	xdtp > kerberos [SYN] Seq=0 Win=64512 Len=
Cisco_e6:25:c3	CDP/VTP/DTP/P	CDP	Device ID: Blade_D_U> Port ID: GigabitEth
10.74.24.29	10.72.100.224	TCP	xdtp > kerberos [SYN] Seq=0 Win=64512 Len=
Cisco_e6:25:c3	CDP/VTP/DTP/P	DTP	Dynamic Trunking Protocol
10.74.24.29	10.74.27.20	TDS	Remote Procedure Call Packet
10.74.27.20	10.74.24.29	TDS	Response Packet
10.74.24.29	10.74.27.20	TDS	Remote Procedure Call Packet
10.74.27.20	10.74.24.29	TDS	Response Packet
10.74.24.29	10.74.27.20	TDS	Remote Procedure Call Packet

이것을 보면 프레임 번호 3에서는 초기 인증을 요청하는 AS-REQ 정상 Kerberos 트래픽을 모니터링할 수 있지만, 프레임 4에서 서버는 'KRB Error: KRB5KRB_ERR_RESPONSE_TOO_BIG'로 응답하는데, 이것은 그 응답이 Kerberos 트래픽에 대해 512바이트의 최대 페이로드 한계를 갖는 UDP 패킷 속에 들어갈 수 없다는 것을 의미한다.

이런 응답을 이용해 서버는 클라이언트에게 TCP 통신으로 전환할 것을 요청하는 것이다. 이것은 TCP 3방향 핸드셰이크를 개시함으로써 클라이언트가 움직이는 것이다. 프레임 5에서 클라이언트는 SYN 플래그가 활성화된 TCP 패킷을 전송하는데, 보는 바와 같이 해당 패킷을 두 번 이상 더 보내는 것은 일반적인 TCP 동작이다.

그 응답은 빠르고 간결하다. 즉, 호스트와 서버 사이에 있는 방화벽은 UDP 포트 88 트래픽만을 허용하고, TCP 포트 88 트래픽은 허용하지 않게 구성돼 있었다. 이 문제는 단지 일부의 사용자들에게만 나타났는데, 그것은 그룹 멤버십을 포함하는 Kerberos 응답이 직접적으로 UDP 페이로드 크기에 영향을 미치기 때문이었다. 그룹 멤버십 정보가 UDP에서 Kerberos에 의해 허용되는 512바이트의 공간에 맞지 않는다면 TCP로 간단히 전환된다.

나는 모든 종류의 네트워크 추적 없이 이 문제가 해결될 수 있다고 생각하지 않는다. 이 사건은 매우 일반적이며 유용한 다른 정보가 없기 때문이다. 또한 해결책은 항상 '삭제, 재생성 및 재부팅'이 아니라는 예이기도 하다.

정리

수집 필터는 수집되는 패킷의 수를 줄여 관심 대상이 되는 트래픽에 좀 더 세밀하게 집중하기 위해 사용된다. 수집 필터는 tcpdump 구문을 사용하며, 디스플레이 필터와 상호 대체가 되지 않는다. 기존 추적 파일에 수집 필터를 적용할 수 없으며, 이미 적용된 수집 필터와 일치하지 않는 패킷을 복구할 수 없다.

수집 필터는 cfilters 파일에 저장된다. 기본 cfilters 파일은 글로벌 환경설정 디렉토리에 위치해 있다(기본 수집 파일을 추가하거나 변경시킨다면 다른 cfilters 파일은 개인 환경설정 폴더에 위치할 것이다).

수집 필터는 프로토콜, 주소 및 특정한 포트 번호(들)를 기반으로 생성할 수 있다. 수집 필터는 유형, 방향 및 프로토콜 한정자 혹은 기본식으로 구성돼 있다. 또한 원한다면 `offset`과 `byte` 값을 기반으로 수집 필터를 정의할 수 있다. `and`, `or` 및

not 같은 연산자들은 수집한 트래픽에 대해 좀 더 선택적으로 수집 필터의 결합을 허용한다.

학습한 내용 복습

이 책의 웹사이트인 www.wiresharkbook.com의 다운로드 섹션에서 cfilters 파일을 다운로드한다. 이 파일을 다음의 연습문제에서 지시하는 대로 개인 환경설정 폴더에 복사한다.

자신의 트래픽에 대한 수집 필터를 생성해 적용하기

- 자신의 하드웨어 주소를 기반으로 'My MAC' 수집 필터를 생성해 저장한다.
- 이 수집 필터를 이용해 트래픽 수집을 시작한다. 최소한 5분 동안 당신의 키보드를 만지지 말라. 모든 트래픽을 수집했는가? 패킷은 당신의 컴퓨터에서 백그라운드로 실행되며, 자동으로 처리돼 생성될 것이다.
- My MAC 필터를 이용해 다른 테스트를 시도하기 위해 브라우저를 열고 www.wireshark.org에 접속한다. 사이트 내에서 여기저기 보지 말고 메인 페이지만 검색한다.
- 수집을 중지하고 수집한 트래픽을 검사한다. 브라우저가 사이트 보안 체크를 수행하거나 와이어샤크 사이트가 드라이브에 있는 쿠키를 삭제한다면 이것은 당신의 추적 파일에 보일 것이다.

수집 필터 파일 교체하기

- 개인 환경설정 폴더를 확인한다(Help > About Wireshark > Folders).
- 그 폴더에 있는 cfilters 파일(있다면)을 old-cfilters로 이름을 바꾼다.
- 이 책의 웹사이트인 www.wiresharkbook.com의 다운로드 섹션에서 cfilters 예제 파일을 개인 환경설정 폴더에 복사한다.
- 와이어샤크를 다시 시작하고 Capture > Capture Filters를 선택한다. 사용자 지정된 수집 필터 세트가 나타나는 것을 볼 수 있을 것이다.

다음 추적 파일을 이용해 와이어샤크의 인터페이스 추적을 연습한다.

http-espn2012.pacpng	이 추적 파일을 http-espn2007.pcapng, http-espn2010.pcapng, http-espn2011.pcapng와 비교하라. 웹사이트 로딩 프로세스가 여러 해 동안 개선된 것이 있는가?

연습문제

Q4.1 수집 필터와 디스플레이 필터의 차이는 무엇인가?

Q4.2 와이어샤크의 수집 필터에 사용되는 형식은 무엇인가?

Q4.3 아래 수집 필터의 목적은 무엇인가?

```
ether dst 08s3f:3ds03i32i03
gateway rtrmain01
host www.espn.com
```

연습문제 답

Q4.1 수집 필터와 디스플레이 필터의 차이는 무엇인가?

A4.1 수집 필터는 수집 과정 중에만 추적하는 데 적용된다. 수집 파일은 기존 추적 파일에 적용될 수 없다. 디스플레이 필터는 수집 중에 사용될 수 있지만, 수집하는 패킷을 제한하지 않는다(디스플레이 필터는 보이는 것만 제한한다). 디스플레이 필터는 기존 추적 파일에 적용될 수 있다. 각 필터 유형은 다른 필터 구문을 사용한다.

Q4.2 와이어샤크의 수집 필터에 사용되는 형식은 무엇인가?

A4.2 수집 필터는 tcpdump 필터 구문을 사용한다.

Q4.3 아래 수집 필터의 목적은 무엇인가?

A4.3 **ether dst 08:3f:3d:03:32:03**

ether dst 08:3f:3d:03:32:03은 이더넷 주소 08:3f:3d:03:32:03으로 전송되는 모든 트래픽을 수집한다.

gateway rtrmain01

`gateway rtrmain01`은 `rtrmain01`의 IP 주소가 아닌 `rtrmain01`의 하드웨어 주소로부터 송수신되는 트래픽을 수집한다. 수집 필터는 로컬 시스템의 이름 조회 프로세스에 의해 사용돼 알 수 있다.

host www.espn.com

`host www.espn.com`은 www.espn.com과 연관된 IP 주소로부터 송수신되는 트래픽을 수집한다.

전역 및 개인 환경설정

와이어샤크 공인 네트워크 분석가 시험에서 다루는 내용

- 환경설정 폴더 찾기
- 전역 및 개인 환경설정
- 사용자 인터페이스 지정 기호에 맞게 변경
- 사용자의 수집 선호도 지정
- 자동으로 IP 및 MAC 이름 변환
- GeoIP로 세계 지도에 IP 주소 표시
- 포트 번호 해결(전송 이름 변환)
- SNMP 정보 변환
- 필터 표현 구성
- 통계 설정 구성
- ARP, TCP, HTTP/HTTPS와 기타 프로토콜 설정 정의
- 마우스 오른쪽 클릭으로 프로토콜 설정 구성

  - 사례 연구: 비표준 웹 서버 설정
  - 정리
  - 학습한 내용 복습
  - 연습문제와 답

5장에서 참조한 추적 파일

- app-live-chat.pcapng
- http-download-good.pcapng
- http-espn2011.pcapng
- tcp-winscaling-good.pcapng
- voip-extension.pcapng

환경설정 폴더 찾기

와이어샤크 환경설정을 지정하는 방법에는 두 가지 유형이 있는데, 전역 환경설정과 개인 환경설정이다. 전역 환경설정과 개인 환경설정 폴더의 위치를 확인하려면 그림 88과 같이 Help ❯ About Wireshark ❯ Folders 탭을 참조한다. 해당하는 폴더를 열려면 해당 폴더를 더블클릭하면 된다.

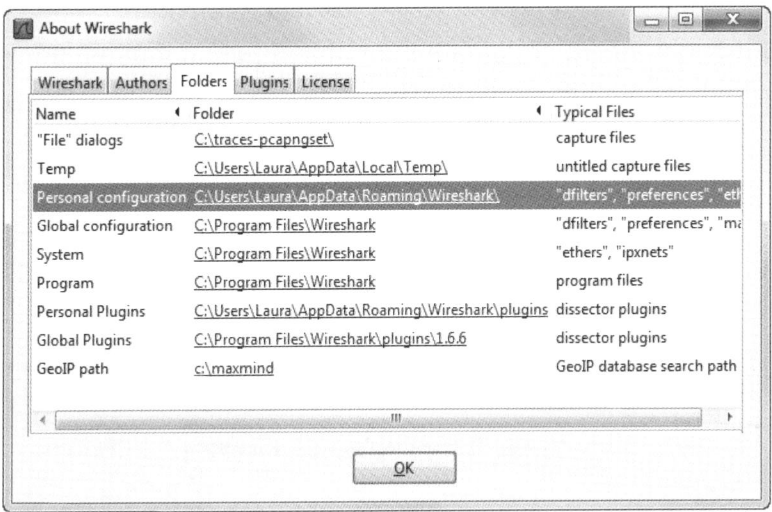

그림 88 와이어샤크 폴더 정보

전역 및 개인 환경설정

와이어샤크 전역 설정은 다음 텍스트 파일을 포함한다.

- **cfilters** 기본 수집 필터
- **dfilters** 기본 디스플레이 필터
- **colorfilters** 기본 컬러 필터
- **manuf** 기본 조직 고유 식별자(OUI) 목록(전역)
- **services** 기본 포트 목록(전역)
- **smi 모듈** 로드할 기본 MIB 모듈

이런 전역 설정은 수동으로 편집할 수 있다. 예를 들어 사용자 정의 개발 애플리케이션이 포트를 사용하기 때문에 포트 4308에 대한 트래픽의 전송 이름 변환을 변경하고자 하면 `compx-lockview 4308/tcp CompX-LockView`에서부터 `ourapp 4308/tcp Our-App`까지의 엔트리에 대한 서비스 파일을 편집할 수 있다.

어떤 제조회사의 OUI 값을 다른 값으로 변경하려면 manuf 파일을 수정한다.

cfilters, dfilters, colorfilters 같은 파일은 개인 설정에서 수정할 수 있다. 파일 중 하나를 수정하면 와이어샤크는 전역 환경설정 폴더로부터 원본 파일을 복사하고, 새로운 버전(수정된)을 개인 환경설정 폴더에 저장한다. 전역 환경설정을 변경하는 경우(패킷 목록 칼럼, 프로토콜 설정 및 이름 확인 설정 같은 것), 새로운 환경설정 파일은 개인 환경설정 폴더에 저장된다.

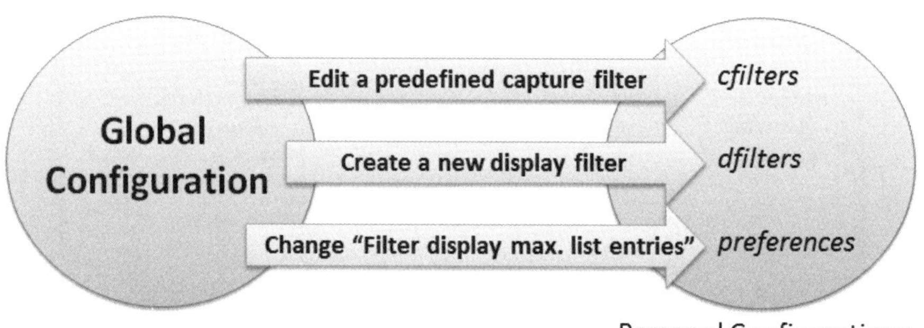

그림 89 개인 환경설정 파일은 전역 환경설정 파일과 설정을 기반으로 한다.

간단하게 파일을 전송함으로써 다른 사람과 이 파일들을 공유할 수 있다. 새로운 설정은 수신자가 파일(들)을 개인 환경설정 폴더에 저장하고 와이어샤크를 재시작한 후에 사용할 수 있다. 디렉토리 구조 정보를 포함하고 있는 환경설정과 같은 개인 환경설정 파일과 가장 최근에 방문한 디렉토리를 포함하는 recent 파일을 공유할 때 주의한다. 복사한 이 디렉토리 환경설정 정보는 시스템에 일치하지 않을 수 있다.

자체 환경설정 파일을 사용하는 프로파일을 만들 수 있다. 예를 들어 무선 LAN에서 작업을 하게 되면 무선 LAN 통신을 분석하는 데 도움이 되는 filters, coloring, columns를 포함하는 무선 LAN 프로파일을 생성할 수 있다. 프로파일 작성과 사용에 대한 자세한 내용은 11장을 참조하라.

프로파일에서 작업을 하는 동안 전역 환경설정을 변경하면 새로운 환경설정 파일이 프로파일 폴더에 저장된다. 기본 프로파일로 돌아가려면 서브디렉토리 프로

파일이 아닌 개인 환경설정 폴더가 포함돼 있는 환경설정을 이용한다.

각 전역 환경설정의 세부 사항은 www.wireshark.org/docs/wsug_html/#ChCustGUIPrefPage를 참조하라. 이 학습 가이드에서는 주요 환경설정에만 중점을 둔다.

변경할 가장 일반적인 전역 환경설정은 다음과 같다.

- '최근 파일 열기' 목록 항목 최대로 하기(이 숫자를 30까지 증가)
- 창 레이아웃(패킷 세부 사항과 패킷 바이트 창을 나란히 넣는다)
- 패킷의 업데이트 목록을 실시간으로 수집(오버헤드를 줄이기 위해 해제)
- 이름 변환 설정(경고와 함께 네트워크 이름 변환을 허용한다)
- 필터 표현식Filter Expressions(디스플레이 필터 영역에 키 표시 필터 버튼을 추가)
- 다양한 프로토콜 설정(작업 오프로딩을 위한 IP 검사합 확인을 비활성화)

와이어샤크를 업데이트하면 이전 버전을 삭제하라는 메시지가 표시된다. 삭제 작업이 진행되는 동안 그림 90과 같이 저장을 원하는 구성 요소를 선택할 수 있다(윈도우 창에서 제거되는 동안).

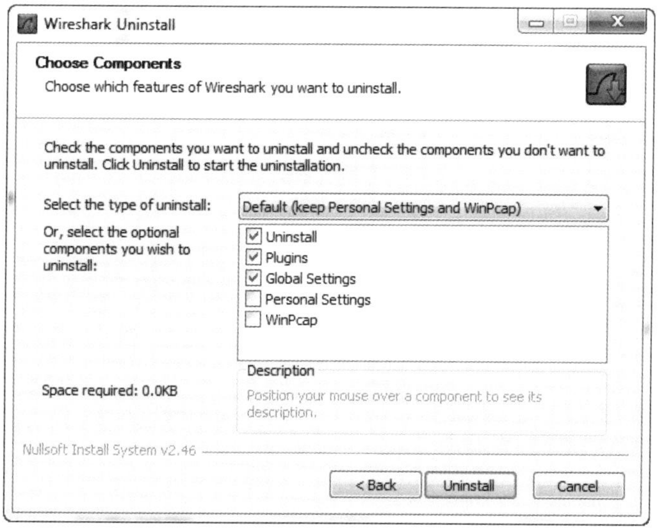

그림 90 와이어샤크의 이전 버전을 제거하기 위한 삭제 옵션

기본적으로 와이어샤크는 업데이트를 수행하는 동안 개인 설정을 유지하지만, 기본 cfilters, dfilters, colorfilters, manuf, services 파일 같은 전역 환경설정은 재정

의한다. 와이어샤크를 설치한 후 나중에 재설치 없이 복원할 경우를 대비해 원래의 환경설정 파일의 복사본을 만든다.

해석기가 수정되고 기능이 추가되고, 보안 문제가 해결됐기 때문에 와이어샤크의 최신 버전으로 유지하는 것은 매우 중요하다.

사용자 인터페이스 설정 기호에 맞게 변경

메인 툴바의 Edit ❯ Preference를 선택하거나 Preference 아이콘을 클릭한다. 그림 91에서 보는 것처럼 사용자 인터페이스 설정 섹션은 메인 사용자 인터페이스, 레이아웃, 칼럼, 폰트, 컬러의 5개 섹션을 포함한다. 이런 대부분의 기능들은 와이어샤크 온라인 도움말 파일에서 다룬다. 이 절에서는 주요 설정에 대해 중점을 둔다.

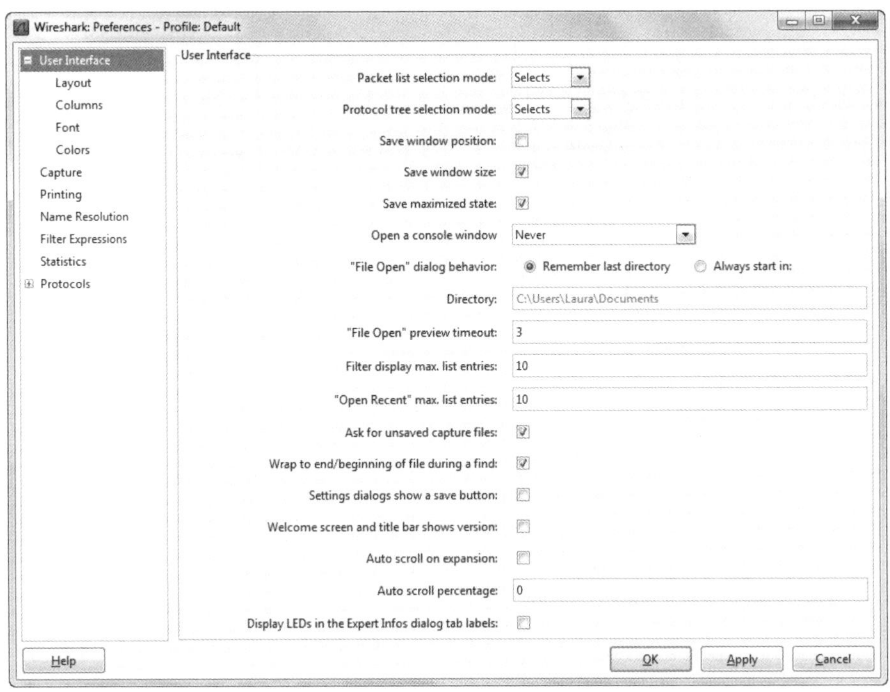

그림 91 사용자 인터페이스 환경설정

'파일 열기' 대화상자 동작

File ❯ Open을 선택하면 와이어샤크는 이 설정에 의해 지정되거나 추적 파일이 열렸던 최근 디렉토리를 보여준다. 모든 추적 파일에 대해 \mytraces 디렉토리의 생성을 고려해보라, 항상 같은 디렉토리에서 보이게 와이어샤크를 설정할 수 있다.

✻ 최대 목록 항목

2가지 '최대 목록 항목maximum list entries' 설정을 사용할 수 있다. 첫째, 'Filter display'는 최근에 만들어진 디스플레이 필터(디스플레이 필터 입력란 옆에 드롭다운 화살표를 클릭하면 보이는) 개수를 제어한다. 둘째, 'Open Recent'는 File ▶ Open Recent를 클릭했을 때 와이어샤크가 보여주는 최근에 열린 추적 파일의 개수를 제어한다.

 **와이어샤크를 좀 더 효과적으로 만들기**

시스템상에 있는 많은 추적 파일 사이를 빨리 움직이고, 디스플레이 필터를 지속적으로 적용하고 해제할 수 있다. 필터 디스플레이 목록과 최근 파일 열기 목록을 30으로 증가시킨다. 그래서 와이어샤크는 File ▶ Open Recent를 선택하고 디스플레이 필터 창 옆에 있는 드롭다운 화살표를 클릭하면 더 많은 옵션이 나타난다. 이렇게 하면 많은 시간을 절약할 수 있다.

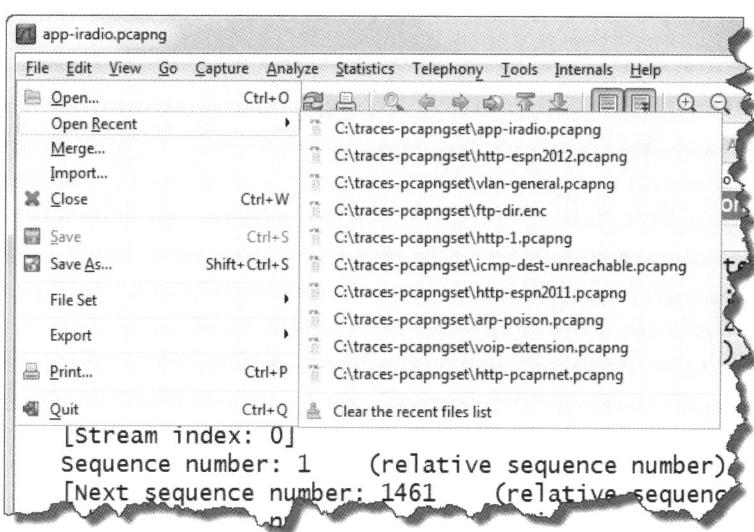

그림 92 디스플레이 필터 최대 목록 항목이 10으로 설정된다.

✻ 창 환경설정

와이어샤크 창은 기본적으로 패킷 목록 창, 패킷 상세 정보 창, 패킷 바이트 창이라는 3가지 창을 중복해서 보여준다. 여러 가지 창을 on/off 하기 위해 View ▶ ⟨pane⟩

을 사용한다. Edit ❯ Preferences ❯ User Interface ❯ Layout을 선택해 창의 레이아웃을 변경한다.

✻ 칼럼

와이어샤크 패킷 목록 창의 기본적인 칼럼은 다음과 같다.

- **No.** 패킷 번호(이 값은 각 패킷에 대해 절대 변하지 않는다)
- **Time** View ❯ Time Display Format 설정에 기반을 둔 설정
- **Source** 식별된 최상위 계층 발신지 주소(하드웨어/네트워크)
- **Destination** 식별된 최상위 계층 목적지 주소(하드웨어/네트워크)
- **Protocol** 식별된 최상위 계층 프로토콜
- **Length** 프레임의 길이[1]
- **Info** 프로토콜에 특정한 각 패킷에 대한 상세 정보

와이어샤크는 패킷 목록 창에 간단하게 추가될 수 있는 미리 정의된 많은 칼럼을 포함하고 있다. Edit ❯ Preferences ❯ Columns를 선택하고 패킷 목록 창에 추가하기 위해 미리 정의된 칼럼 중 하나를 선택하려면 Add를 클릭한다.

게다가 패킷 상세 정보 창을 오른쪽 클릭하고 Apply As Column을 선택한다. 패킷 목록 창에서 현재 칼럼의 우측에 새 칼럼이 추가된다. 삭제, 이름 바꾸기, 칼럼 정렬을 하기 위해 패킷 목록 창의 칼럼 헤더 부분에서 마우스를 오른쪽 클릭한다.

칼럼은 환경설정 창에서 칼럼을 위아래로 드래그하거나, 패킷 목록 창에서 직접 새로운 위치로 드래그함으로써 재정렬할 수 있다.

다음은 미리 정의된 칼럼의 일부다.

802.1Q VLAN id	Absolute data and time
Cisco Dst PortIdx	Cumulative Bytes
Delta time(conversation)	Dest addr(unresolved)
Destination port	Expert Info Security

---

1. 와이어샤크 1.6과 같이 Length는 현재 패킷 목록 창에서 기본 지정 칼럼이다. 왜냐고? 나도 잘 모르겠다(분명 이 정보가 기본 지정 칼럼으로 되는 것이 중요하다고 생각하는 많은 사람이 있다). 나는 보통 이 칼럼에서 오른쪽 클릭한 후 숨긴다.

Fibre Channel OXID	Frame Relay DLCI
Frequency/Channel	IEEE 802.11 RSSI
IEEE 802.11 TX rate	IP DSCP Value
Net Dest addr(resolved)	Packet length(bytes)

원하는 칼럼의 필드를 가진 패킷이 없을 때에는 Apply As Column을 이용할 수 없다. 게다가 와이어샤크는 환경설정 창에서 쉽게 선택할 수 있는 미리 정의된 칼럼을 갖고 있지 않을 수 있다. 이 경우 사용자 정의 칼럼을 만들 수 있다. 예를 들어 TCP 윈도우 크기 필드 값을 표시하는 칼럼을 생성하고 싶다면 Edit ❯ Preferences ❯ User Interface ❯ Columns ❯ Add를 선택하고 필드 유형에서 Custom을 선택하라. 추가하려는 칼럼의 이름을 입력한다.

그림 93에서 `tcp.window_size` 필드 값에 대한 새로운 칼럼을 설정하고, Time 칼럼 다음에 나타나게 이동한다. 374번 패킷은 아주 작은 크기의 윈도우 값을 갖는다(작은 크기의 윈도우 값은 발신자에게 윈도우 크기가 업데이트되기 전까지 데이터 전송을 중지하라고 강요한다). 작은 윈도우 크기에 관련된 문제에 대한 자세한 정보는 20장을 참조하라.

문제를 탐지하기 위해 TCP 윈도우 크기 필드 칼럼 추가하기

왜 이 칼럼을 추가하는 것이 도움이 되는가? TCP 윈도우 크기 필드는 사용 가능한 수신 윈도우 버퍼 공간을 표시한다. 호스트가 0 또는 작은 윈도우 크기를 알리면 네트워크 성능은 심각하게 저하될 수 있다. 사용자 입장에서 새로운 칼럼을 만드는 것은 윈도우 크기가 현저히 낮은 경우에 쉽게 확인할 수 있도록 윈도우 크기 필드 값 표시를 가능하게 했다. 윈도우 크기 필드 칼럼은 이런 문제에 대해 도움을 줄 수 있다.

---

http-download-good.pcapng

File Edit View Go Capture Analyze Statistics Telephony Tools Internals Help

이 값은 너무 낮다(이것은 다른 데이터의 1460바이트가 이미 전송한 버퍼가 있는 경우 204.152.184.134은 윈도우 업데이트를 위해 기다릴 것이다). 이것은 TCP 통신 문제를 해결할 때 추가하는 좋은 칼럼이다.

No.	Time	Calculated window size	Source	Destination	Protocol	Info
370	1.854221	65535	204.		TCP	[TC
371	1.855568	65535	204		TCP	[TC
372	1.855581	1996			TCP	and
373	1.856624	65535	204.15		TCP	[TC
374	2.049667	536	10.0.52.164	204.152.184.134	TCP	and
375	4.802758	4296	10.0.52.164	204.152.184.134	TCP	[TC
376	4.803679	256960	10.0.52.164	204.152.184.134	TCP	[TC
377	4.984525	65535	204.152.184.134	10.0.52.164	TCP	[TC

그림 93 새 칼럼은 필드의 내용에 대한 정보를 빠르게 제공한다.[http-download-good.pcapng]

수집 환경설정 정의

수집 환경설정은 수집을 위한 기본 인터페이스를 선택하고 해당 인터페이스에 일부 환경설정을 적용하는 데 사용된다. 그림 94는 새 추적 파일 형식, pcap-ng, 활성화 등의 대한 수집 환경설정 창을 보여준다.

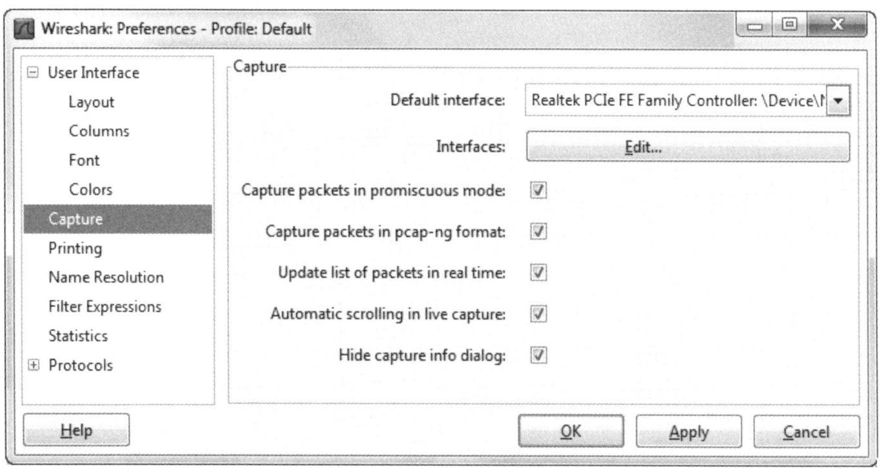

그림 94 이 수집 환경설정 윈도우는 추적 파일이 기본적으로 pcap-ng 형식으로 저장되는 것을 보여준다.

빠른 수집 시작을 위한 기본 인터페이스 선택

기본 인터페이스를 선택하면 패킷 수집을 시작하는 데 요구되는 속도가 빨라진다. 원하는 인터페이스로 설정돼 있는 경우 메인 툴바에 있는 Start Capture를 클릭한다.

인터페이스가 패킷 수집을 위해 사용되지 않는 경우 그림 95와 같이 Edit를 클릭하고 Hide interface 체크박스를 체크하기 전에 Edit ❯ Preferences ❯ Capture를 선택하고 인터페이스를 선택한다.

인터페이스를 숨길 때 주의 사항

인터페이스를 숨기면 문제가 발생할 수 있다. 그리고 몇 달 후 와이어샤크 인터페이스 목록에서 인터페이스가 사라졌다고 알릴 것이다(인터페이스를 숨긴 것을 잊고). 인터페이스가 목록에 없다면 수집 환경설정을 확인하라.

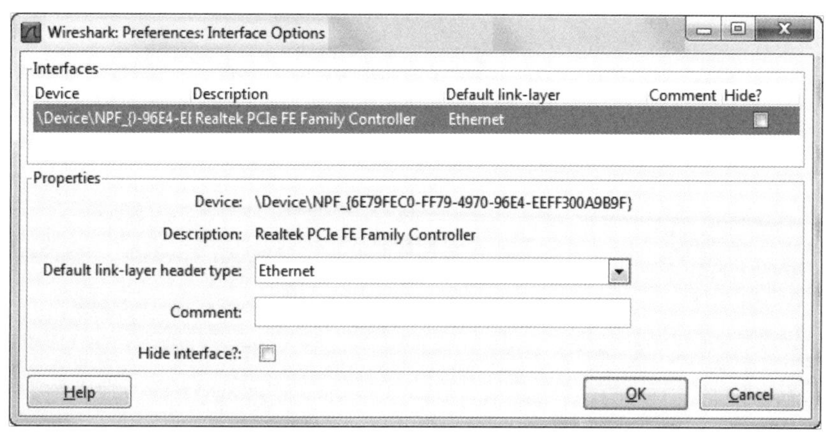

그림 95 인터페이스 설정 변경

✽ 다른 호스트의 트래픽을 분석하기 위해 무차별 모드 활성화

무차별 모드Promiscuous mode는 인터페이스가 인터페이스의 MAC 주소에 주소 지정되지 않는 패킷을 수집할 수 있게 해준다. 본질적으로 이 모드는 분석자가 유선 네트워크상에서 다른 호스트로 가는 트래픽을 리스닝할 수 있게 해준다(WLAN 트래픽 수집에 대한 자세한 내용은 26장의 '모니터 모드와 무차별 모드 비교' 절을 참조하라). 무차별 모드를 비활성화하면 로컬 인터페이스에서(또는 인터페이스로) 전송되는 패킷의 수집을 제한한다.

✻ 향후 추적 파일 형식: pcap-ng

와이어샤크 1.8과 같이 Pcap-ng(ng는 차세대next generation를 뜻한다) 형식은 기본 추적 파일 형식이다(그림 96과 같이 pcap-ng를 와이어샤크 수집 환경설정을 위해 사용한다면). 파일은 .pcapng와 같이 pcap-ng 형식 끝에 저장된다. Pcap-ng 형식은 현재 실험용 추적 파일로 간주된다.

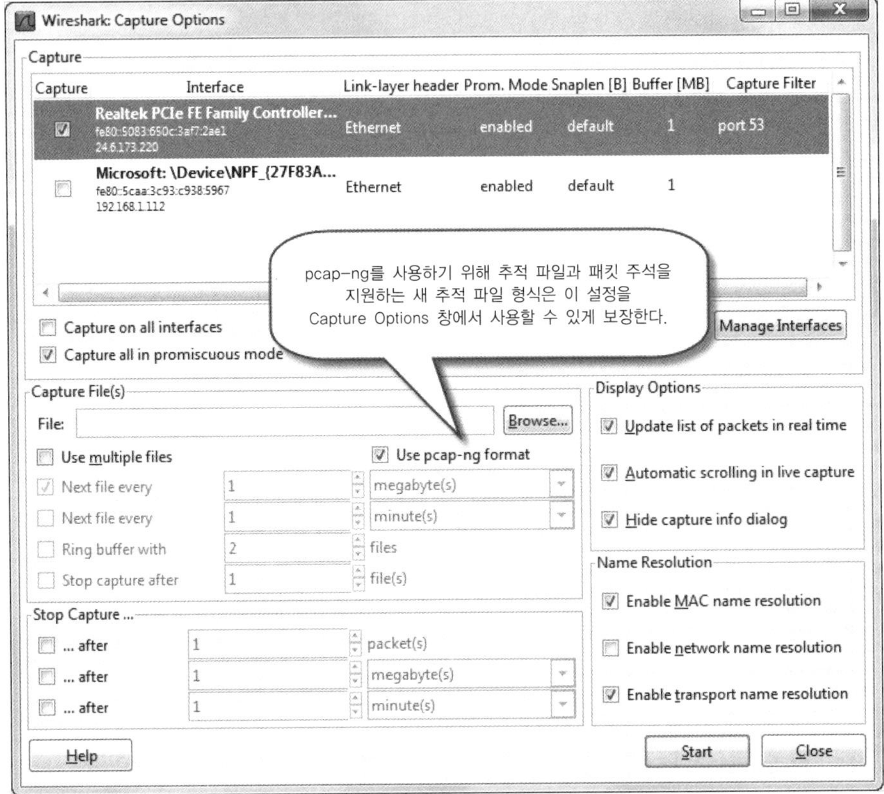

그림 96 pcap-ng가 가능하면 그것은 a.pcapng 확장과 함께 기본 추적 파일 형식일 것이다.

Pcap-ng는 수집 파일 형식을 위한 다음과 같은 3가지 목표를 지향한다.

- 확장성
- 이식성
- 데이터 병합/추가

3가지 목표와 pcap-ng의 향후 발전과 함께 메타데이터는 네트워크 분석 프로세스의 효율성을 증대시키고 해석을 개선하기 위해 추적 파일에 포함될 수 있다.

pcap-ng 형식에 대해 더 많은 정보를 원한다면 www.winpcap.org/ntar/draft/PCAP-DumpFileFormat.html에 방문하라.

당신은 와이어샤크 1.8의 pcap-ng 기능의 이점을 가지고 시작할 수 있다. 패킷 목록 창에서 패킷을 마우스 오른쪽 클릭하고 편집을 선택하거나 패킷 주석을 추가한다. 이 기능은 pcap-ng 추적 파일 내에 주석을 저장한다. 주석, 저장, 내보내기, 패킷 인쇄하기 등의 주석에 대한 자세한 내용은 12장을 참조하라.

❋ 실시간으로 트래픽 보기

수집된 패킷을 보기 위해 실시간으로 패킷의 업데이트 목록을 활성화한다. 이 기능은 수집되는 동안 즉시 분석을 시작할 수 있게 해준다. 이 기능은 실행 중인 네트워크에서 와이어샤크 기능에 부정적인 영향을 미칠 수 있다. 와이어샤크 상태 바가 패킷을 놓치거나 놓칠 것으로 의심된다고 표시한다면 이 기능을 해제할 것인지 생각해봐야 한다. 손실된 패킷에 대해 더 많은 권장 사항을 보려면 3장의 '와이어샤크 최적화' 절을 참조하라.

❋ 수집하는 동안 자동 스크롤

네트워크가 활발하게 동작 중이면 화면을 빨리 스크롤해도 패킷이 스크롤되는 속도를 따라잡지 못할 수도 있다. 이 기능은 수집된 패킷의 수를 제한하는 수집 필터를 적용했을 경우 유용하며, 표시된 패킷의 수를 제한하는 디스플레이 필터를 적용했을 경우에도 유용하다. 이 기능은 사용 중인 네트워크에서 와이어샤크의 성능에 부정적인 영향을 끼칠 수 있다. 와이어샤크 상태 바가 패킷을 놓치거나 놓칠 것으로 의심된다고 표시될 때 이 기능을 해제할 것인지 생각해봐야 한다. 놓친 패킷에 대해 더 많은 권장 사항을 보려면 3장의 '와이어샤크 최적화' 절을 참조하라.

❋ 자동으로 IP와 MAC 이름 변환

와이어샤크는 이름 변환에 대해 많은 옵션을 제공한다. 가장 일반적으로 사용되는 옵션은 MAC 이름 변환, 전송 변환, 네트워크 이름 변환이다. 이름 변환 환경설정은 어떤 상황에서 기능상에 심각한 충돌이 있을 수 있다. 그림 97은 이름 변환 환경설정 창을 보여준다.

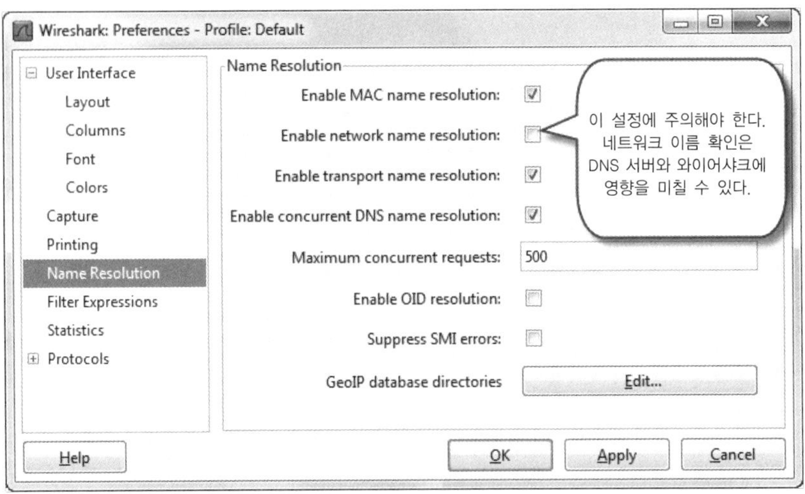

그림 97 와이어샤크 이름 변환 환경설정

✻ 하드웨어 주소 변환(MAC 주소 변환)

MAC 이름 변환은 MAC 주소의 첫 번째 3바이트를 와이어샤크 전역 환경설정 디렉토리 내의 manuf 파일에 포함된 OUI 값으로 변환해준다.

와이어샤크의 manuf 파일은 Michael Patton의 'Ethernet Codes Master Page'의 일부분으로, IEEE의 OUI 목록에 있는 항목을 포함하고 있다.

manuf 파일은 3비트의 OUI 값으로 구성되는데, 다음과 같이 제조사의 짧은 이름과 주석으로 처리된 긴 이름으로 구성된다.

```
00:E0:96   Shimadzu     # SHIMADZU CORPORATION
00:E0:97   CarrierAcc   # CARRIER ACCESS CORPORATION
00:E0:98   Trend
00:E0:99   Samson       # SAMSON AG
00:E0:9A   Positron     # Positron Inc.
00:E0:9B   EngageNetw   # ENGAGE NETWORKS, INC.
```

이 manuf 파일을 수정할 수 있다(수정할 때는 일반 텍스트 편집기를 사용한다).

또한 와이어샤크가 MAC 주소를 이름으로 변환 가능하도록 에테르ethers 파일을 만들 수 있다. 에테르 파일 형식은 호스트hosts 파일 형식과 동일하다. 이 파일을 와이어샤크 전역 환경설정이나 개인 환경설정 디렉토리에 저장한다. MAC 이름 변환이 설정되면 와이어샤크는 MAC 주소를 변환하기 위해 에테르 파일을 검색할 것이다.

그림 98에서 와이어샤크는 에테르 파일에 포함된 정보를 기반으로 2개의 MAC 주소를 변환했다(그림에 표시된 것과 같이). ARP 패킷은 패킷 목록 창에 발신지 칼럼과 목적지 칼럼에서 이더넷 주소를 나열한다. TCP와 UDP 패킷은 패킷 상세 정보 창에 변환된 주소를 보여준다.

에테르 파일을 사용하면 네트워크 이름 변환(다음에 다루는) 활성화를 할 때 겪을 수 있는 성능상의 동일한 부정적인 영향을 갖지 않는다. 이것은 간단한 파일 조회 프로세스이기 때문이다.

네트워크에서 패킷들이 라우터를 통과할 때 MAC 헤더는 '벗겨져서' 적용된다는 점을 기억하라. MAC 헤더 주소에 중점을 둔다면 로컬 장치의 주소만을 볼 것이다.

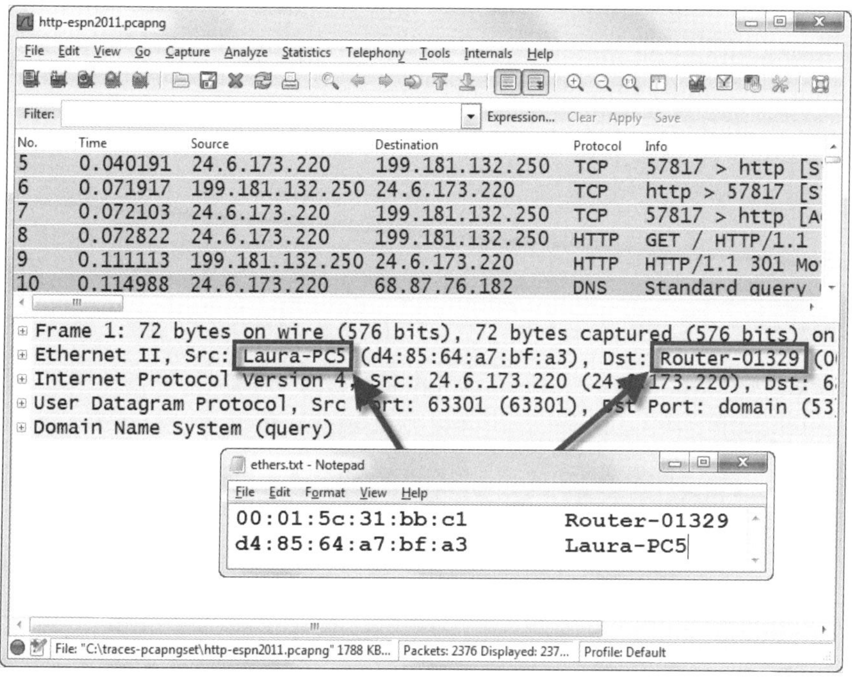

그림 98 MAC 주소를 변환하기 위해 에테르 파일을 사용[http-espn2011.pcapng]

✻ IP 주소 변환(네트워크 이름 변환)

네트워크 이름 변환은 호스트 파일 조회 프로세스를 사용하거나 IP 주소를 호스트 이름으로 변환하기 위해 역DNS 조회(포인터 또는 PTR 조회)를 사용한다. 네트워크 이름 변환이 활성화되면 동시에 DNS 변환을 활성화해 빠른 이름 변환 프로세스를 위한 최대 동시 요청을 정의할 수 있다. 그림 97은 네트워크 이름 변환이 가능하다면 500의 설정이 사용되는 것을 보여준다.

 **네트워크 이름 변환은 와이어샤크를 느린 상태로 만들 수 있다.**

이름 서버가 사용 불가능하거나 이름 변환 지연 시간이 높은 경우에 네트워크 이름을 변환하는 것은 와이어샤크의 성능에 심각한 영향을 줄 수 있다. 네트워크 이름 변환을 반드시 사용해야 하는 경우 다음에 정의된 것과 같이 호스트 파일을 생성하는 것을 고려하라.

와이어샤크의 네트워크 이름 변환 작업을 빠르게 하기 위해 와이어샤크 호스트 파일을 만들어 개인 구성 디렉토리에 저장할 수 있다. 네트워크 이름 변환을 활성화하면 와이어샤크는 DNS 서버로 DNS PTR 조회를 생성하기 전에 이 호스트 파일을 검색한다. 와이어샤크 호스트 파일 구문은 다음과 같이 IP 주소와 호스트 이름(ipadress hostname)이다.

```
10.1.0.1    rtr01
10.1.0.99   server04
10.1.0.4    Fred
10.1.0.6    Michaela
```

새로운 호스트 파일을 인식하려면 와이어샤크를 재시작해야 한다.

수동으로 패킷 상세 정보 창에서 주소를 오른쪽 클릭해 호스트의 주소를 변환할 수 있다. 예를 들어 사용자가 IP 주소에 대한 패킷과 IP 주소에서 오른쪽 클릭해 IP 헤더를 확장한다면 와이어샤크는 패킷의 IP 주소만을 변환할 것이다. 이 위대한 기능은 스티그 비를리케[Stig Bjørlykke]에 의해 추가됐다.

 **특별한 와이어샤크 호스트 파일 사용에 대한 경고**

네트워크 이름 변환 방법을 변경하는 것은 때때로 바람직하지 않은 효과를 가져온다(DNS PTR 조회에 의한 DNS 서버의 폭주 같은 효과). 네트워크 이름 변환을 활성화하고 위에 언급된 와이어샤크 호스트 파일을 이용할 수 있다. 하지만 추적 파일에서 보여주는 어떤 IP 주소라도 DNS PTR 조회 프로세스를 작동시킬 수 있다(여기서 추적 파일은 호스트 파일 목록을 포함하지 않고 있다). 네트워크 이름 변환을 활성화한 후 자신의 트래픽을 분석하라. 시스템이 여전히 DNS PTR 조회를 생성 중이라면 그것을 보기 위해 호스트 파일을 사용하라.

GeoIP로 세계 지도에 IP 주소 표시

맥스마인드MaxMind 데이터베이스를 사용하면 세계 지도에 표시된 IP 주소를 볼 수 있다. GeoIP를 활성하고 사용하려면 다음 과정을 수행한다.

1단계 geolite.maxmind.com/download/geoip/database/에서 파일을 다운로드한다.

- GeoLiteCity.dat.gz(GeoLite City 디렉토리 안에)
- GeoIP.dat.gz(GeoLite Country 디렉토리 안에)
- GeoIPASNum.dat.gz(asnum 디렉토리 안에)
- GeoLiteCityv6.dat.gz(GeoLite City 디렉토리 안에)
- GeoIPv6.dat.gz(GeoLite Country 디렉토리 안에)

2단계 로컬 드라이브에 maxmind 디렉토리를 만들고, 해당 디렉토리 안에 모든 MaxMind 파일들의 압축을 풀어야 한다.

3단계 와이어샤크에서 Edit > Preference > Name Resolution을 선택하고 GeoIP Database directories 영역에서 Edit 버튼을 클릭해 Maxmind 디렉토리 경로로 들어간다. 원한다면 Edit > Preference > protocols > IPv4를 선택하고 Enable GeoIP lookups 옆의 박스를 체크할 수 있다. 이에 따라 IPv4 헤더의 GeoIP 정보를 표시할 것이다. 또한 Edit > Preferences > Protocols > IPv6를 열고 Enable GeoIP lookups 옆의 박스를 체크해 IPv6를 위한 GeoIP 변환을 활성화할 수 있다. 그것은 IPv6 헤더의 GeoIP 정보를 보여줄 것이다.

4단계 http-espn2011.pcapng를 연다. Statistics > Endpoints를 선택하고 IPv4 탭을 클릭한다(종단점 윈도우의 IPv4 탭에서 GeoIP 매핑 사용이 가능하다). Map 버튼을 클릭한다. 세계의 오픈스트리트맵OpenStreetMap 뷰는 당신의 IP 주소를 빨간 플래그flag를 매핑해 표시한다. 해당 호스트에 대한 자세한 내용을 보려면 플래그를 클릭한다.

포트 번호 변환(전송 이름 변환)

service 파일은 Global Configuration 디렉토리에 상주하고, 포트 번호 목록과 애플리케이션/프로토콜 이름이 들어있다. service 파일은 IANA 포트 번호 파일의 복사본이다. 그 파일을 텍스트 편집기를 이용해 수정할 수 있다(수정하는 동안 에디터는 파일에 없는 문자는 넣을 수 없다). 원래의 IANA 파일은 www.iana.org/assignments/port-numbers에서 찾을 수 있다.

그림 98의 패킷 목록 창과 패킷 상세 정보 창에서 볼 수 있듯이 와이어샤크는 패킷 10 DNS에 패킷 8과 9와 53번 포트의 프로토콜 열에서 HTTP의 포트 80을 변환한다.

✲ SNMP 정보 변환

와이어샤크의 복사본은 MIB를 사용하려면 libSMI를 지원해야 하고, 객체 ID[OID]를 변환하기 위해 SNMP 해석기를 활성화해야 한다. 와이어샤크에서 SNMP MIB를 다루는 자세한 내용은 wiki.wireshark.org/SNMP을 참조하라.

이름 변환 설정에서 Enable OID resolution을 체크한다. SNMP 통신에서 SNMP MIB[Management Information Base] 파일은 목표 이름에 ASN1[Abstract Syntax Notation 1] 번호를 변환해 사용한다. MIB 모듈들은 와이어샤크 프로그램 파일 디렉토리의 \snmp\mibs 디렉토리 안에 들어있다. smi-modules 파일은 와이어샤크가 실행할 때 불러올 기본 MIB 모듈을 나열한다.

SNMP 객체 분석 지원에 대한 경고

SNMP에 관한 많은 질문이 ask.wireshark.org에 올라와 있다. 불행히도 와이어샤크의 윈도우 7 64비트 버전은 libSMI를 지원하지 않아 SNMP OID 화면은 사용할 수 없다. Help > About Wireshark를 보면 'Compiled...'로 시작하는 단락의 'with SMI'를 찾을 수 있다.

와이어샤크를 실행할 때 로드되는 MIB의 기본 설정은 다음과 같다.

IP-MIB	SNMP-FRAMEWORK-MIB
IF-MIB	SNMP-MPD-MIB
TCP-MIB	SNMP-NOTIFICATION-MIB
UDP-MIB	SNMP-PROXY-MIB
SNMPv2-MIB	SNMP-TARGET-MIB

RFC1213-MIB
IPV6-ICMP-MIB
IPV6-MIB
SNMP-COMMUNITY-MIB
SNMP-USER-BASED-SM-MIB
SNMP-USM-DH-OBJECTS-MIB
SNMP-VIEW-BASED-ACM-MIB

이 목록은 활성화 MIB만을 포함한다. 와이어샤크의 \snmp\mibs 폴더 안에는 300개가 넘는 MIB가 있다. 추가적인 SNMP MIB는 www.mibdepot.com이나 www.oidview.com/mibs/detail.html에서 찾을 수 있다. 와이어샤크가 SNMP MIB 객체나 OID를 변환하지 못하면 `enterprises.9.9.41.2.0.1`과 같이 부분적인 이름 변환을 보여준다.

추가적인 MIB 정보를 해독하기 위해 와이어샤크를 활성화하려면 (1) MIB 파일은 적절한 형식에 따라 생성돼야 하고, (2) MIB는 반드시 \snmp\mibs 폴더에 저장돼 있어야 한다. 형식, 명명, 추가적인 MIB 파일에 대한 자세한 내용은 wiki.wireshark.org/SNMP를 참조하라. SNMPv3를 이용해 안전한 SNMP 통신을 사용한다면 Edit ❯ Preferences ❯ SNMP에서 사용자 이름, 인증 모델, 패스워드, 프라이버시 프로토콜이나 프라이버시 패스워드를 설정한다.

 필터 표현식 구성

이 기능은 와이어샤크 1.8에 추가됐고, 환상적이다! 간단하게 Add를 선택해서 라벨과 화면 필터에 들어가면 그림 99처럼 나타난다(또는 필터 영역 화면에서 화면 필터를 만들고 Save 버튼을 클릭할 수 있다). 필터 표현식 버튼은 화면 필터 영역을 보여준다.

빠른 문제 해결을 위한 새로운 필터 표현(Filter Expression) 버튼을 사용하자

이 책을 이용해 화면 필터와 컬러링 규칙을 추가할 때 빠르게 트래픽에 필터를 적용한 필터 표현식 버튼의 최고의 상태를 저장하라. 이것은 와이어샤크에 추가된 가장 인기 있는 최신 기능 중 하나다!

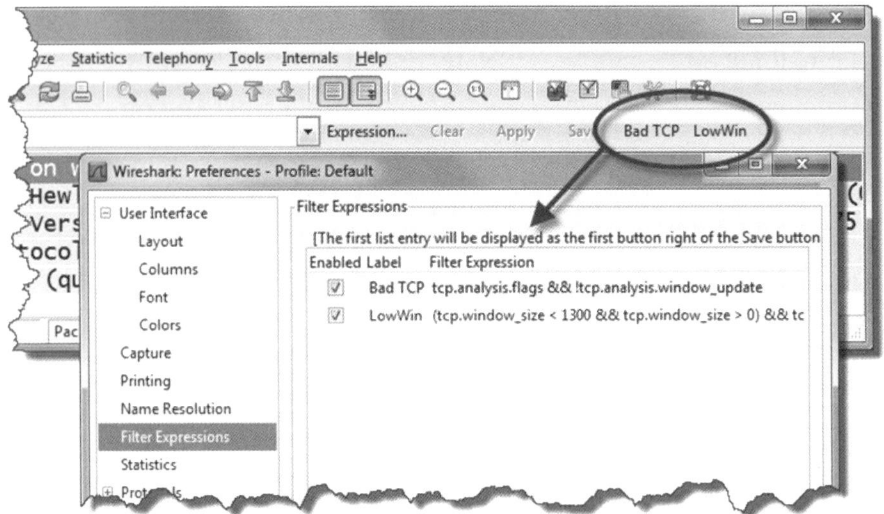

그림 99 문제 해결 작업을 더욱 빠르게 하는 필터 표현식 생성

추가한 필터 표현식에 환경설정 윈도우를 사용할 필요는 없다. 화면 필터에 입력하고 Save 버튼을 클릭해보라. 다음과 같이 필터 표현식 이름을 묻는 메시지가 표시될 것이다. 이때 Preferences ❯ Filter Expressions 영역에 이름을 바꾸거나 자신의 필터 표현식을 편집해 반환해야 한다.

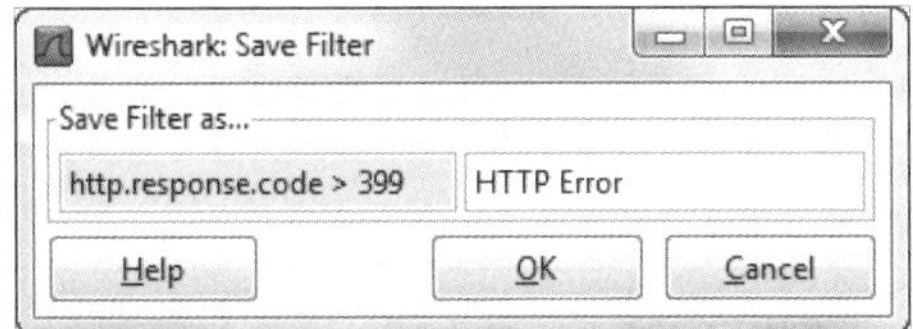

통계 설정 구성

2개의 통계 설정이 있다. 하나는 탭 업데이트 간격을 정의하고, 다른 하나는 RTP 플레이어에서 보이는 채널의 수를 정의한다.

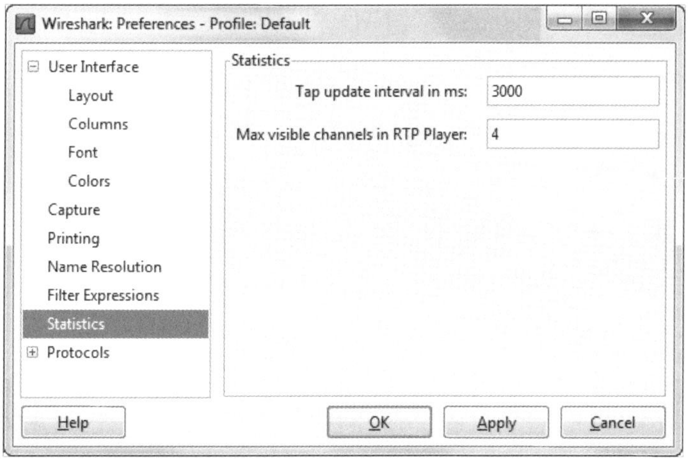

그림 100 와이어샤크 통계 환경설정

정의하는 설정은 현재 작업 프로필에 영향을 미친다. 기본 프로필이 있고 RTP 플레이어의 최대 가시 채널을 변경한다면 다른 프로필로 전환할 때 새로운 설정을 볼 수 없다.

환경설정의 설정은 preferences 파일에 유지된다. 예를 들어 통계 환경설정은 다음과 같이 preferences 파일에 포함돼 있다.

```
####### Taps/Statistics ########

# Tap update interval in ms.
# An integer value greater between 100 and 10000.
#taps.update_interval: 3000

# Maximum visible channels in RTP Player window.
# An integer value greater than 0.
#taps.rtp_player_max_visible: 4
```

ARP, TCP, HTTP/HTTPS와 기타 프로토콜 설정 정의

와이어샤크에 의해 해석되는 여러 프로토콜과 애플리케이션은 변경 가능한 분석 옵션을 갖는다. 이런 옵션은 애플리케이션이 사용하는 기본 포트를 변경해 간단해질 수도 있고, 해석기가 특정 트래픽 유형을 어떻게 정의하는가에 따라 복잡해질 수도 있다.

❋ 중복 IP 주소와 ARP 스톰 탐지

그림 101은 ARP/RARP 해석기에 대한 프로토콜 환경설정을 보여준다. ARP 스톰을 탐지하는 기능과 중복 IP 주소를 탐지하는 기능이 있다는 점을 기억하라.

중복 IP 주소 탐지는 기본적인 속성이다. ARP 스톰 탐지를 하려면 반드시 특정 탐지 기간 동안 탐지되는 ARP 패킷의 수를 정의해야 한다. 이것을 그림 101에서 보이는 기본 설정을 사용해 활성화하면 와이어샤크는 이벤트를 트리거하기 전에 100ms 이내로 발생하는 30개의 ARP 요청 패킷을 찾는다.

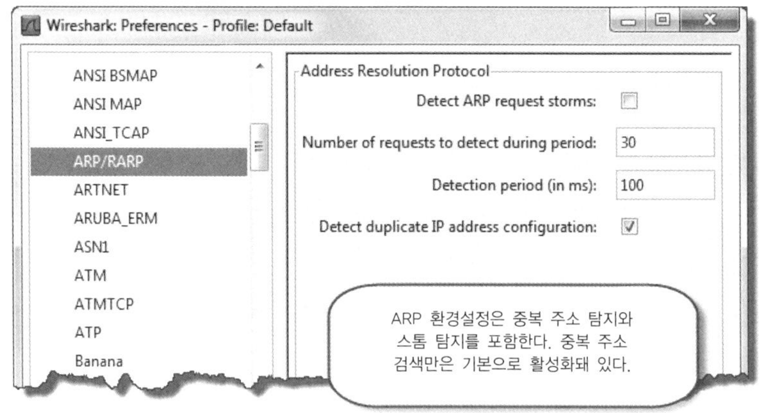

그림 101 ARP/RARP에 대한 와이어샤크 프로토콜 환경설정

❋ 와이어샤크가 TCP 트래픽을 처리하는 방법 정의

가장 일반적으로 변경된 프로토콜 환경설정 중 하나는 그림 102에서 보는 것과 같이 TCP 해석기 환경설정이다. 다음과 같이 많은 주요 TCP 해석기 동작을 수정할 수 있다.

- TCP 검사합 검증
- TCP 스트림을 재조합 할 수 있게 하위 해석기를 허락한다.
- TCP 순서 번호 분석(문제점 해결 시 아주 효과적이다)
- 관련된 순서 번호 이용(또한 문제점 해결 시 아주 효과적이다)
- 확인되지 않은 바이트 숫자 추적(이동한 바이트)
- TCP 대화 타임스탬프 계산
- 먼저 스스로 발견하는 하위 해석기를 시도

- 요약에 있는 TCP 타임스탬프는 무시(와이어샤크 1.8, 그리고 이상)

TCP 관련 순서 번호, TCP 해석 타임스탬프 추적과 TCP 기본 설정 이전에 나열한 것과 같은 전형적인 TCP 통신 문제에 대한 자세한 정보는 20장을 참조하라.

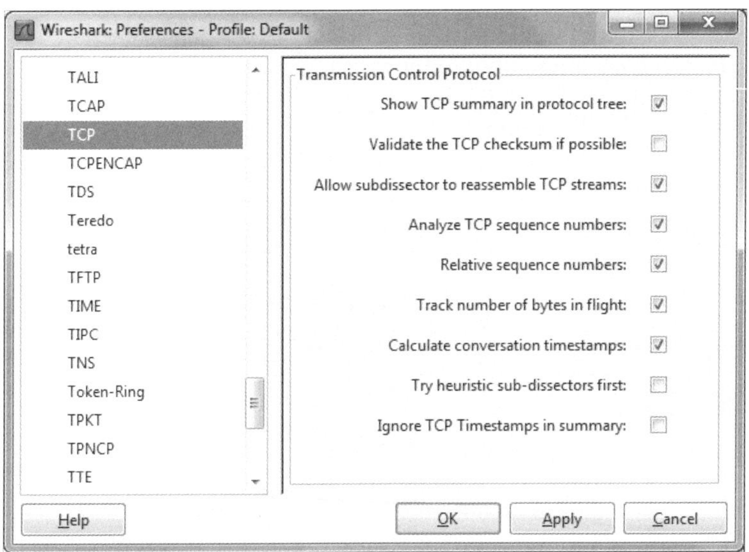

그림 102 TCP 선호도 설정

검사합 유효성 검사 설정

TCP와 UDP 검사합 유효성 검사는 이전 와이어샤크 버전에서는 가능했다. 시스템이 검사합 오프로딩을 시작하면서 많은 영향을 미치는 원인이 됐다. 와이어샤크는 패킷에 검사합이 계산되고 적용되기 전에 아웃바운드 트래픽을 수집한다. 이 패킷은 잘못된 검사합 컬러링 규칙을 작동시켰고 사람들은 이런 문제를 꼭 해결해야 한다고 느꼈다. 불행하게도 IP 검사합 검증은 여전히 기본 활성화돼 있다(IPv4 설정에서 비활성화하는 것을 고려해보라).

가끔씩 on/off 설정 중 하나는 TCP 스트림을 재조립하기 위한 Allow subdissector to reassemble TCP streams다. 예를 들어 패킷 목록 창에서 HTTP 트래픽의 깨끗한 화면을 위해 패킷 목록 창에서 HTTP GET 요청과 HTTP 응답 코드를 보기 위해 Allow subdissector to reassemble TCP streams를 해제한다. 하지만 HTTPS 트래픽에서 작업을 하고 있을 때에는 총 4개의 SSL/TLS 핸드셰이크 패킷에서 이 설정을 보면서 필터링한다. 이 설정의 사용에 대한 자세한 내용은 20장의 'TCP 스트림

을 재조립하기 위해 Subdissector 허가' 절을 참조하라.

HTTP와 HTTPS 분석에 대한 추가 포트 설정

HTTP 프로토콜 환경설정에서 HTTP나 HTTPS(SSL/TLS) 통신을 위해 사용될 수도 있는 다른 포트를 추가할 수 있다. 예를 들어 3880 포트에서 HTTP 서버가 동작 중이면 HTTP 환경설정 영역에서 TCP 포트 목록에 간단히 이 포트 번호를 추가할 수 있다. HTTP/HTTPS 트래픽과 설정에 대한 자세한 내용은 23장을 참조하라.

RTP 설정으로 VoIP 분석 강화

RTP 프로토콜 환경설정에서 대화의 RTP 외부 쪽을 해석하려면 와이어샤크 RTP^Realtime Transport Protocol^(실시간 전송 프로토콜) 해석기를 설정할 수 있다. 이것은 호출 설정 프로세스를 수집하지 않는다면(SIP, 세션 개시 프로토콜 같은) 와이어샤크는 여전히 RTP 스트림을 식별하거나 해석하기 위해 트래픽을 검사한다는 것을 의미한다. 와이어샤크가 RTP 통신을 해석하지 못하는 경우에 이것은 활성화하기 위한 훌륭한 설정이다. VoIP 통신에 대한 자세한 내용은 27장을 참조하라.

SSL 트래픽을 해석하기 위한 와이어샤크 환경설정

SSL 프로토콜 환경설정에서 어떻게 SSL 재조립 작업을 해야 하는지 지정할 수 있고, 와이어샤크에 의해 탐지된 SSL 트래픽을 해석하기 위해 하나 이상의 RSA 키를 입력할 수 있다. 와이어샤크는 RSA 키를 참조하게 적절히 구성돼 있다면 SSL 트래픽을 해석할 수 있다. SSL 트래픽 해석에 대한 자세한 정보는 23장의 'HTTPS 분석' 절을 참조하라.

오른쪽 클릭을 이용한 프로토콜 설정 환경설정

패킷을 조사하는 동안 프로토콜 설정을 빠르게 변경하고 싶으면 패킷 상세 정보 창(예를 들어 Ethernet, IP, TCP, HTTP)에 프로토콜 섹션에서 오른쪽 클릭한다. 프로토콜 환경설정을 선택하고, 값을 설정하거나 설정을 on/off 토글한다.

그림 103의 TCP 요약 라인에서 오른쪽 클릭한 후 프로토콜 환경설정을 선택했다. 그에 따라 환경설정이 영구적으로 되고, 다른 추적 파일을 다시 로드하거나 와

이어샤크를 재시작할 경우 다시 사용 가능해질 것이다. 이것은 와이어샤크에 대한 프로토콜 환경설정을 변경하기 위한 가장 빠른 방법이다.

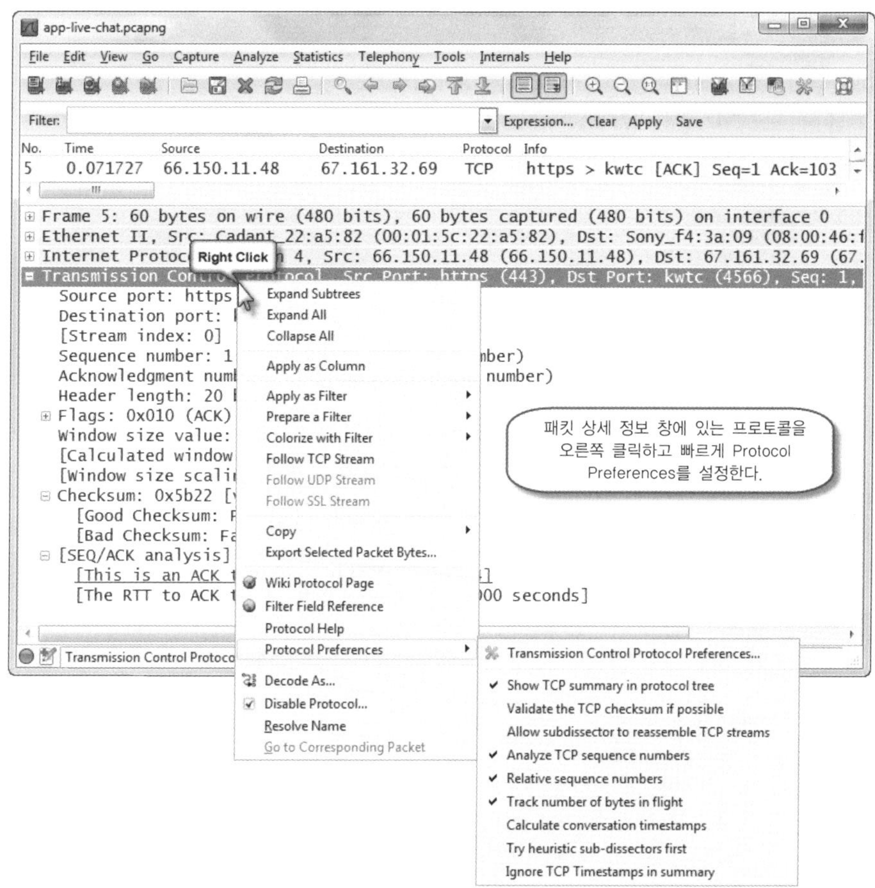

그림 103 패킷 상세 정보 창에서 프로토콜을 오른쪽 클릭해 선택함으로써 Protocol preferences를 설정할 수 있다.[app-live-chat.pcapng]

 사례 연구: 비표준 웹 서버 설정

고객의 입장에서 모든 직원에게 기업 정보를 제공하기 위한 내부 웹 서버를, 각 부서 사이의 파일 업로드/다운로드를 지원하기 위한 사이트를 제공하는 테스트 서버로 설정했다. IT 팀은 서버가 포트 번호 159번에서 266번까지 일반적이지 않은 포트 번호들에서 실행되게 설정했다.

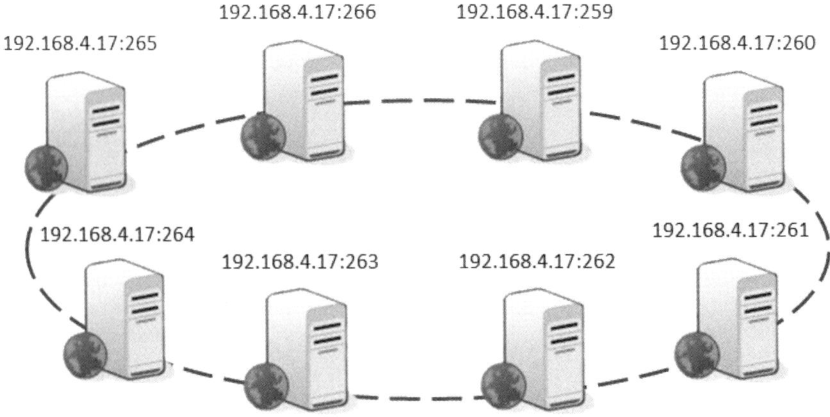

IT 팀이 이런 서버 중 어떤 서버에 대해 문제 해결 커뮤니케이션을 요청했을 때 와이어샤크는 HTTP 트래픽으로 트래픽을 분석하지 않았다. 이 문제를 해결하기 위해 IT 팀은 다음 그림에서 보이는 것과 같이 HTTP 트래픽에 사용되는 추가 포트 번호가 포함된 HTTP 트래픽에 대한 개인 환경설정 구성을 만들었다. 와이어샤크가 이런 추가 포트를 설정하자마자 IT 팀은 HTTP 트래픽으로 서버에 대한 모든 트래픽을 쉽게 분석할 수 있었다.

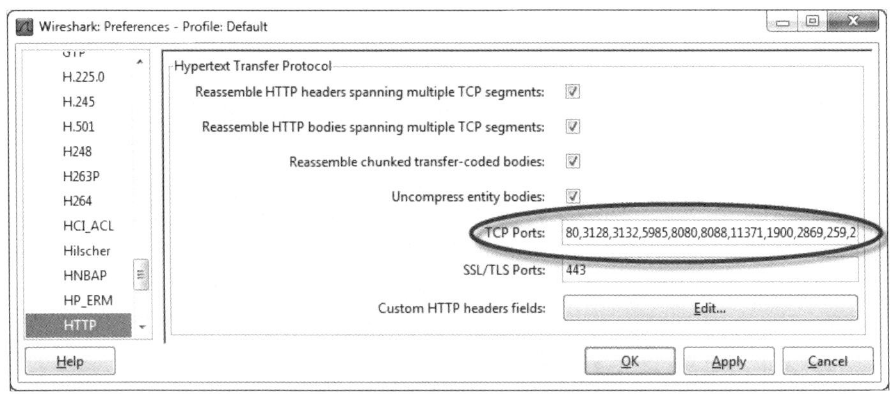

이 IT 팀은 여러 다른 지점과 파트너 기업으로 이동하기 때문에, 이들은 프로파일에 이 구성을 저장했고, 이런 포트를 사용하는 다른 트래픽의 경우에 기본 설정으로 쉽게 되돌릴 수 있었다.

정리

와이어샤크는 효율적인 문제점 해결과 보안 분석을 할 수 있게 커스터마이징돼야 한다.

와이어샤크 인터페이스, 수집 환경설정, 수집/디스플레이 필터, 패킷 컬러링, 이름 변환 프로세스, 해석기 작업 등을 설정할 수 있다.

개인 설정이 개인 환경설정 폴더에서 관리되는 반면, 여러 기본 설정은 전역 환경설정 디렉토리에서 관리된다. 추가적인 확인 정보는 프로파일 디렉토리에 저장된다.

Help ❯ Wireshark ❯ Folders를 통해 전역 및 개인 환경설정 폴더를 설정할 수 있다.

학습한 내용 복습

이 책의 웹사이트인 www.wiresharkbook.com의 다운로드 섹션에서 추적 파일을 다운로드할 수 있다. 5장에서 배운 것을 복습하기 위해 이 추적 파일 중 몇 개를 사용한다.

사용자 인터페이스 기호에 맞게 변경

- Edit ❯ Preferences를 선택하고, Open Recent 최대 목록 항목 값을 30으로 설정한다.
- 같은 곳에서 Filter display max. list entries를 30으로 설정한다.
- Columns를 선택하고 Add 버튼을 클릭한다. 칼럼 이름을 'DSCP'로 설정한다. 필드 타입 목록에서 IP DSCP Value를 선택한다. 클릭 후 새 칼럼을 Time 칼럼 아래로 드래그한다.[2]
- 레이아웃 섹션에서 Custom window title(prepend to existing titles) 필드에 이름을 추가한다. OK를 클릭한다.
- 커스터마이징을 체크한다. DSCP에 대한 새 칼럼이 보일 것이다. 이 필드에서 다양한 값을 사용하는 통신을 보기 위해 voip-extension.pcap를 연다.

---

2. 다른 방법으로, 환경설정에 칼럼을 만든 후 패킷 목록 창의 칼럼에 직접 드래그앤드롭할 수 있다.

❊ 패킷 목록 창에서 사용자 지정 칼럼 추가, 수정과 제거

앞에서 만들어진 칼럼은 사용자 지정 칼럼이 아니다(이것은 칼럼 필드 유형 목록에서 이용 가능한 내장형 칼럼이다). 패킷에 있는 필드를 기반으로 하는 사용자 지정 칼럼을 만들 수 있다.

- tcp-winscaling-good.pcap을 연다.
- 패킷 상세 정보 창에서 아무 패킷이나 선택해 TCP 헤더를 확장한다.
- TCP 헤더에서 Window size 필드를 오른쪽 클릭한 후 Apply as Column을 선택한다.[3] 패킷 목록 창에서 새로운 칼럼 헤더를 클릭하고, DSCP 칼럼의 오른쪽으로 칼럼을 드래그한다.

다음 추적 파일 목록은 이번 절에서 다뤘던 것이다. 이런 추적 파일은 www.wiresharkbook.com에서 다운로드할 수 있다.

app-live-chat.pcapng	지원하는 라인에 대한 라이브 채팅은 좋은 보안 연결을 생성한다. 아…… 잠깐…… 122개의 좋은 보안 연결을 만든다. 그건 무슨 소리야? 지나친 거 아니야? Statistics ▶ Pack22et Lengths를 보면 트래픽이 얼마나 많이 작고 매우 작게 엮인 고약한 패킷을 사용하는지를 보라. 8장을 참조하라.
http-download-good.pcapng	사용자는 추적 파일에 오픈오피스 2진 표현을 얻게 요구돼 다운로드 시간을 상대적으로 만족시킨다. 파일 전송 시간이 얼마나 걸리는가? 평균 바이트/초 속도는 얼마인가? 와이어샤크 요약 윈도우를 사용하는 방법은 7장을 참조하라.
http-espn2011.pcapng	패킷 20 패킷 목록 창 칼럼 정보를 보라. TCP가 허락하는 TCP 스트림 환경설정을 재조립하는 하위 번역기가 가능하거나 불가능할 때 이런 정보를 지금 비교하라. 이 책의 뒷부분에서 HTTP 트래픽을 검사할 것이다.
tcp-winscaling-good.pcapng	클라이언트는 TCP 윈도우 크기를 2로 알리고(윈도우 크기 값에 4를 곱한다), 서버는 윈도우 크기 조절을 지원한다(어떤 측면에서 수신 시에 좋지 않은 크기가 0인 윈도우 크기일지라도). 클라이언트에 대한 정확한 윈도우 크기(패킷3)를 계산하기 위한 와이어샤크의 기능을 확인하라.

3. 와이어샤크 1.3(개발 버전)과 와이어샤크 1.4(안정화 버전) 이전에는 Apply and Column 기능 적용이 불가능하다. 이 기능은 개별 필드 검사에 추적 파일을 통해 패킷 단위로 스크롤할 때마다 사용될 것이다.

voip-extension.pcap	이 VoIP 통신은 SIP 호출 설정 프로세스로 시작한다. 호출은 VoIP 서버(연산자)로 바로 전달된다. 나중에 이 추적 파일에 사용자는 확장 204를 입력한다. 이것은 단지 테스트 호출이다. 와이어샤크가 RTP 트래픽을 인식하지 않으면 RTP 외부 통신을 해독하기 위해 RTP 환경설정을 구성하라.

연습문제

Q5.1 와이어샤크의 네트워크 이름 변환은 IP 주소와 호스트 이름을 결합하기 위해서 DNS를 어떻게 이용하는가?

Q5.2 왜 와이어샤크의 환경설정을 수정하려고 하는가?

Q5.3 전역 환경설정과 개인 환경설정의 차이점은 무엇인가?

연습문제 답

Q5.1 와이어샤크의 네트워크 이름 변환은 IP 주소와 호스트 이름을 결합하기 위해서 DNS를 어떻게 이용하는가?

A5.1 네트워크 이름 변환이 활성화되면 와이어샤크는 먼저 와이어샤크 호스트 파일을 찾는다. 와이어샤크 호스트 파일이 존재하지 않거나 존재하지만 원하는 정보를 갖고 있지 않으면 와이어샤크는 IP 주소를 변환하기 위해 DNS 서버에 역조회를 전송한다. 작업이 실패하면 와이어샤크는 호스트 이름에 대한 IP 주소를 변환할 수 없다.

Q5.2 왜 와이어샤크의 환경설정을 수정하려고 하는가?

A5.2 네트워크 환경에 대해 와이어샤크를 기호에 맞게 변경하기 위해 와이어샤크 환경설정을 변경하려고 할 수도 있다. 이 설정은 메인 와이어샤크 창, 수집 설정, 이름 변환 프로세스, 개별 해석기 행동 등에 표시된 창을 포함한다.

Q5.3 전역 환경설정과 개인 환경설정의 차이점은 무엇인가?

A5.3 전역 환경설정은 시스템 전체에 미치는 환경설정이다. 개인 환경설정은 사용자 정의 와이어샤크 동작을 지정해 전역 환경설정을 오버라이드한다.

트래픽 컬러링

와이어샤크 공인 네트워크 분석가 시험에서 다루는 내용

- 트래픽 유형을 구분하기 위해 컬러 사용
- 하나 이상의 컬러링 규칙 설정
- 컬러링 규칙 공유와 관리
- 패킷이 특정 색상인 이유 확인
- HTTP 에러에 대한 '눈에 띄는' 컬러링 규칙 작성
- 구분하기 위한 컬러링 대화
- 관심 있는 패킷 일시적으로 마크

- 사례 연구: 로그인 상태에서 컬러링 공유점 연결
- 정리
- 학습한 내용 복습
- 연습문제와 답

6장에서 참조한 추적 파일

- ftp-putfile.pcapng
- http-aol.pcapng
- http-espn2011.pcapng
- http-yahoo-viafirefox.pcapng
- ip-checksum-invalid.pcapng
- voip-extension.pcapng
- http-500error.pcapng
- http-1.pcapng
- http-facebook.pcapng
- ip-127guy.pcapng
- tcp-window-frozen.pcapng

❖ 트래픽 유형을 구분하기 위해 컬러 사용

컬러링은 관심 있는 패킷을 지정해 강조하는 데 매우 효과적인 도구다. 에러 상태를 나타내고, 네트워크 스캔과 침해된 호스트의 증거를 나타내는 데 패킷을 컬러링할 수 있다.

와이어샤크는 전역 환경설정 디렉토리에 있는 기본 컬러링 규칙 파일(컬러 필터)에 미리 정의된 컬러링 규칙을 갖고 있다. 컬러링 규칙 파일을 수정하면 새로운 컬러 필터 파일이 개인 구성 디렉토리에 저장된다.

다음 표는 미리 정의된 컬러링 규칙 문자열 값의 일부를 보여준다.

컬러링 규칙 문자열	설명
tcp.analysis.flags	잘못된 TCP (TCP 재전송, 패킷 순서 에러, 중복 ACK 등)
hsrp.state !=8 && hsrp.state != 16	HSRP 상태 변경(Host Standby Router Protocol 상태 변경)
stp.type == 0x80	스패닝 트리 토폴로지 변경
ospf.msg !=1	OSPF 상태 변경(라우팅 상태 변경)
icmp.type eq 3 || icmp.type eq 4 || icmp.type eq 11 || icmp.type eq 5	ICMP 에러(ICMP 목적지 도착 불가, 발신지 억제, 재지정과 시간 초과 메시지)
arp	ARP(모든 ARP 트래픽)
icmp	ICMP(모든 ICMP 트래픽; ICMP 에러 색상은 색상 규칙 목록에 있는 것보다 높기 때문에 우선적으로 취한다)
tcp.flags.reset eq 1	TCP RST(TCP 연결 거절 또는 종료 패킷)
ip.ttl < 5	낮은 TTL(IP 헤더에 5보다 적은 TTL 값이 들어있는 패킷)

컬러링 규칙은 이름, 문자열(디스플레이 필터 형식을 기반으로 하는), 가장 눈에 띄는 색과 배경색을 요구한다.

하나 이상의 컬러링 규칙 기능 억제

기본적으로, 와이어샤크는 컬러링 규칙의 기본 설정 집합을 기반으로 트래픽의 색을 결정한다. 기본 도구 모음에서 Colorize Packet List 버튼을 사용하거나 View ▶ Colorize Packet List를 선택해 색상화 설정을 전환한다.

단일 컬러링 규칙을 사용하지 않게 설정하려면 아이콘 도구 모음(Display Filter Window 버튼과 Preferences 버튼 사이)에서 Coloring Rules 버튼을 클릭한 후 컬러링 규칙을 클릭하고 Disable 버튼을 클릭한다. 이는 컬러링 규칙이 삭제되는 것이 아니라 단지 비활성화가 되는 것이다. 컬러링 규칙을 삭제하려면 규칙을 선택하고 Delete 버튼을 클릭한다.

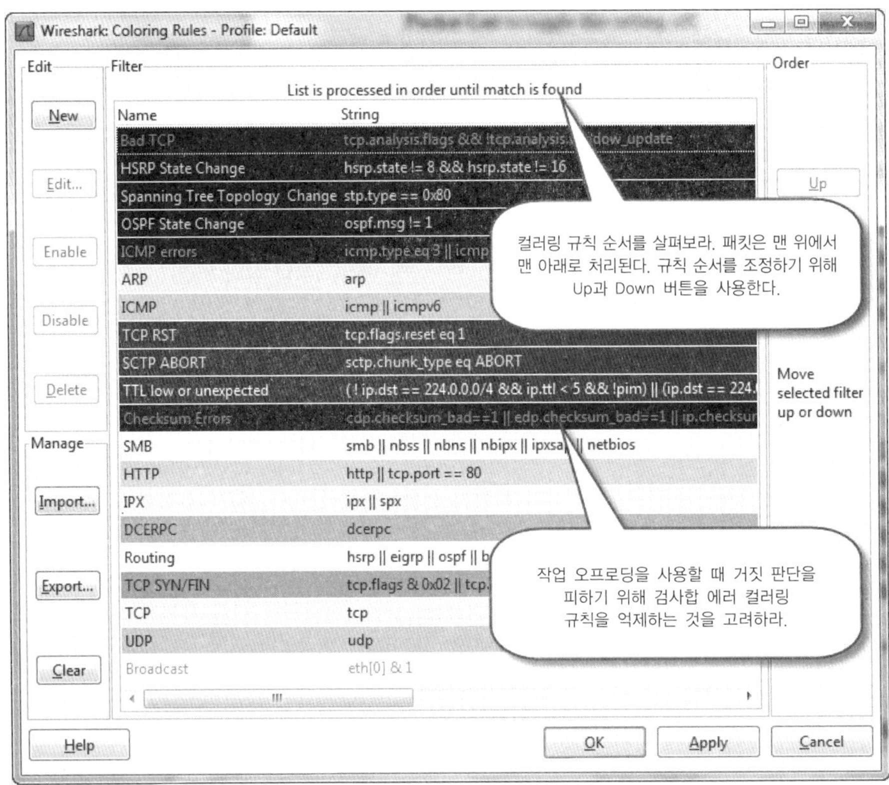

그림 104 패킷은 컬러링 규칙 목록을 통해 맨 위에서부터 맨 아래까지 처리된다.

클라이언트 추적 파일 http-facebook.pcapng에서 검사합 유효성 검사가 IP, UDP, TCP 프로토콜 우선권에서 가능하면 24.6.173.220, IP, UDP, TCP 검사합 오프로드를 사용해 검사합 에러 컬러링 규칙이 트리거된다.

검사합 에러와 컬러링 규칙

사용하지 않는 하나의 컬러링 규칙은 그림 104에 나타난 것처럼 검사합 에러다. TCP, UDP, IP 검사합 유효성 검사가 활성화되고 검사합 오프로딩을 사용하는 경우 와이어샤크를 실행하는 시스템에서 전송된 패킷을 검사합 에러 컬러링 규칙을 트리거할 수 있다. 검사합 오프로드는 3장에서 다뤘다.

컬러링 규칙 공유와 관리

컬러링 규칙 창에 있는 Import 버튼과 Export 버튼을 이용해 컬러링 규칙을 쉽게 공유할 수 있다. 컬러링 규칙을 익스포트Export할 때 와이어샤크는 파일 이름을 지정할 것을 요구한다. 와이어샤크는 기본 이름으로 colorfilters를 사용한다. 이런 규칙을 다른 사용자들과 공유하길 원한다면 다른 이름을 지정해보라.

컬러링 규칙은 텍스트 파일에 포함된다. 원하는 컬러링 규칙 파일을 다른 시스템에 복사할 수 있다. 컬러링 규칙 창에서 가지오기/내보내기 기능을 사용할 필요가 없다.

패킷이 특정 색상인 이유 확인

패킷이 컬러링된 이유를 알아보기 위해 패킷 상세 정보 창의 위에 있는 프레임 부분을 확인해보라.

그림 105는 패킷의 프레임 부분을 확대했다. 이 패킷은 문자열 `tcp.flags & 0x02 || tcp.flags.fin == 1`을 사용하는 TCP SYN/FIN로 명명된 컬러링 규칙을 기반으로 컬러화됐다(SYN 비트는 1로 설정되거나, FIN 비트는 0으로 설정돼 있다).

```
□ Frame 804: 60 bytes on wire (480 bits), 60 bytes captured (480 bi
    Arrival Time: Jul  7, 2011 12:36:08.991890000 Pacific Daylight T
    [Time shift for this packet: 0.000000000 seconds]
    Epoch Time: 1310067368.991890000 seconds
    [Time delta from previous captured frame: 0.000873000 seconds]
    [Time delta from previous displayed frame: 0.000873000 seconds]
    [Time since reference or first frame: 127.216221000 seconds]
    Frame Number: 804
    Frame Length: 60 bytes (480 bits)
    Capture Length: 60 bytes (480 bits)
    [Frame is marked: False]
    [Frame is ignored: False]
    [Protocols in frame: eth:ip:tcp]
    [Coloring Rule Name: TCP SYN/FIN]
    [Coloring Rule String: tcp.flags & 0x02 || tcp.flags.fin == 1]
⊞ Ethernet II, Src: Cadant_31:bb:c1 (00:01:5c:31:bb:c1), Dst: Hewle
⊞ Internet Protocol Version 4, Src: 74.125.224.140 (74.125.224.140
⊟ Transmission Control Protocol, Src Port: https (443), Dst Port: 6
    Source port: https (443)
    Destination port: 62533 (62533)
    [Stream index: 20]
    Sequence number: 2965    (relative sequence number)
    Acknowledgement number: 852    (relative ack number)
    Header length: 20 bytes
  ⊞ Flags: 0x011 (FIN, ACK)
    Window size value: 140
    [Calculated window size: 8960]
    [Window size scaling factor: 64]
```

그림 105 컬러링 규칙 정보가 포함된 프레임 상세 정보[http-yahoo-viafirefox.pcapng]

컬러링 규칙은 실제로 패킷 영역이 아니지만, 이것으로 여전히 패킷을 필터링할 수 있다. 이런 두 요소를 기반으로 하는 디스플레이 필터를 생성하기 위해 컬러링 규칙 이름과 컬러링 규칙 문자열을 오른쪽 클릭한다.

컬러링 규칙은 맨 위에서부터 아래로 진행된다.

컬러링 규칙은 위에서 아래로 진행된다. 예를 들어 기본 컬러링 규칙을 사용하는 경우 TCP 재전송이 포함된 HTTP 패킷은 HTTP 규칙이 아닌 좋지 않은 TCP 컬러링 규칙으로 진행되는데, 좋지 않은 TCP 컬러링 규칙은 HTTP 컬러링 규칙 위에 나열돼 있기 때문이다.

HTTP 에러에 대한 '눈에 띄는' 컬러링 규칙 작성

와이어샤크는 기본 컬러링 규칙을 포함하고 있지만 관심을 얻기 위한 몇 가지 패킷이 있다. HTTP 에러가 좋은 예가 될 것이다. 400~499 사이의 숫자 코드가 포함된 HTTP 응답은 클라이언트 에러를 나타낸다. 500~599 사이의 HTTP 응답은 서버 에러를 나타낸다.

HTTP 에러 응답에 주의를 집중하기 위해 단일 컬러링 규칙을 만드는 단계를 살펴보자. 이 과정을 통해 작업하는 단계를 보려면 그림 106을 참조하라.

1단계 http-espn2011.pcapng를 연다(www.wiresharkbook.com의 다운로드 섹션에서 사용 가능).

2단계 패킷 목록 창에서 패킷 9(HTTP 응답)를 선택한다. 패킷 상세 정보 창에서 Hypertext Transfer Protocol 줄을 마우스 오른쪽 클릭으로 선택하고 'Status Code:301'을 볼 수 있게 Expand subtrees를 선택한다.

3단계 Ⓐ 'Status Code: 301'을 마우스 오른쪽으로 클릭하고 Colorize with Filter ❯ New Coloring Rule을 선택한다. 와이어샤크의 컬러링 규칙 창과 편집 컬러 필터 창을 연다. 또한 컬러링 규칙 문자열은 이 단계에서 선택한 필드를 기준으로 작성한다.

4단계 Ⓑ 이름 필드에 `T-HTTP Errors`를 입력한다. 문자열 필드에 `http.response.code > 399`를 입력한다.

5단계 Ⓒ Background Color 버튼을 클릭한다. 색상 이름 필드에 `orange`를 입력하고 OK를 클릭한다. 편집 컬러 필터 창을 닫으려면 OK를 클릭하고, 컬러링 규칙 창을 닫기 위해 OK를 클릭한다.

6단계 Ⓓ 컬러링 규칙은 파란색 배경으로 강조 표시된다. 눈에 띄는 컬러링 규칙을 컬러링 규칙 목록의 맨 위로 이동하기 위해 Up 또는 Down 버튼을 클릭한다.[1]

7단계 http-500error.pcapng를 연다. '눈에 띄는' 컬러링 규칙이 제대로 구성돼 있는 경우 패킷 9 규칙과 일치해야 한다.

---

1. 와이어샤크 1.8의 새로운 컬러링 규칙은 기본적으로 목록의 맨 위에 배치된다. 이것은 좋은 변화다.

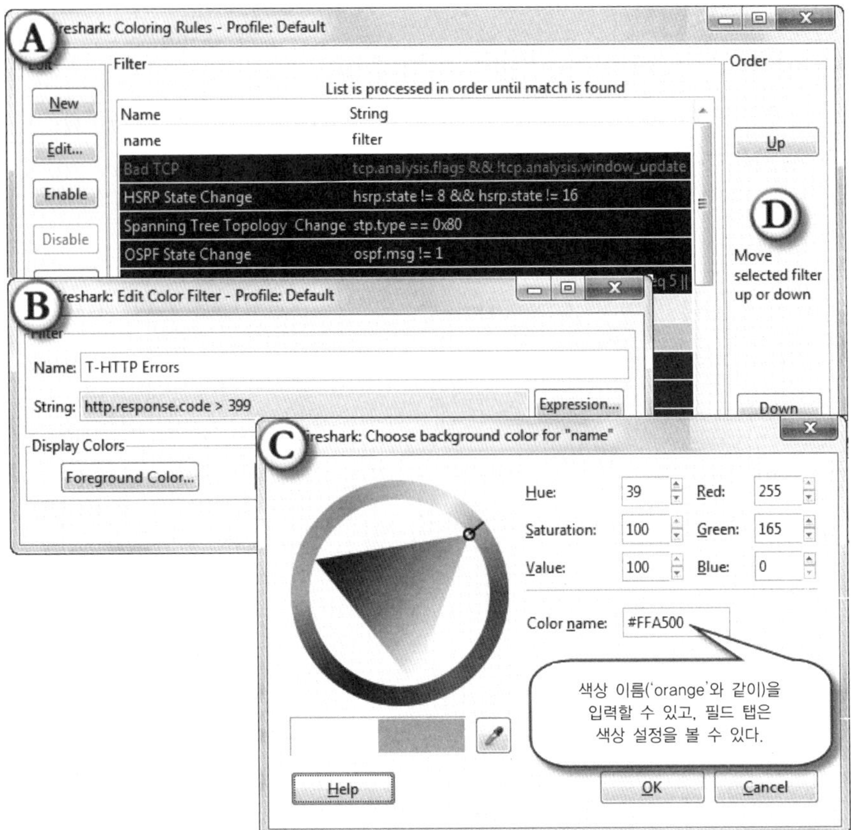

그림 106 HTTP 에러 응답을 위한 "눈에 띄는" 컬러링 규칙을 생성하는 단계

대화를 구분하기 위한 컬러 대화

대화를 위한 10가지 임시 컬러링 옵션이 있다. 패킷 목록 창에서 패킷을 오른쪽 클릭하고, Colorize Conversation을 선택한다. 그림 107에 나타난 것처럼, 특정 대화를 일시적으로 컬러링하기 위해 대화 프로토콜을 선택하라. 컬러링 규칙은 다음 추적 파일을 열 때까지만 적용되고, 와이어샤크를 재시작하면 적용되지 않는다.

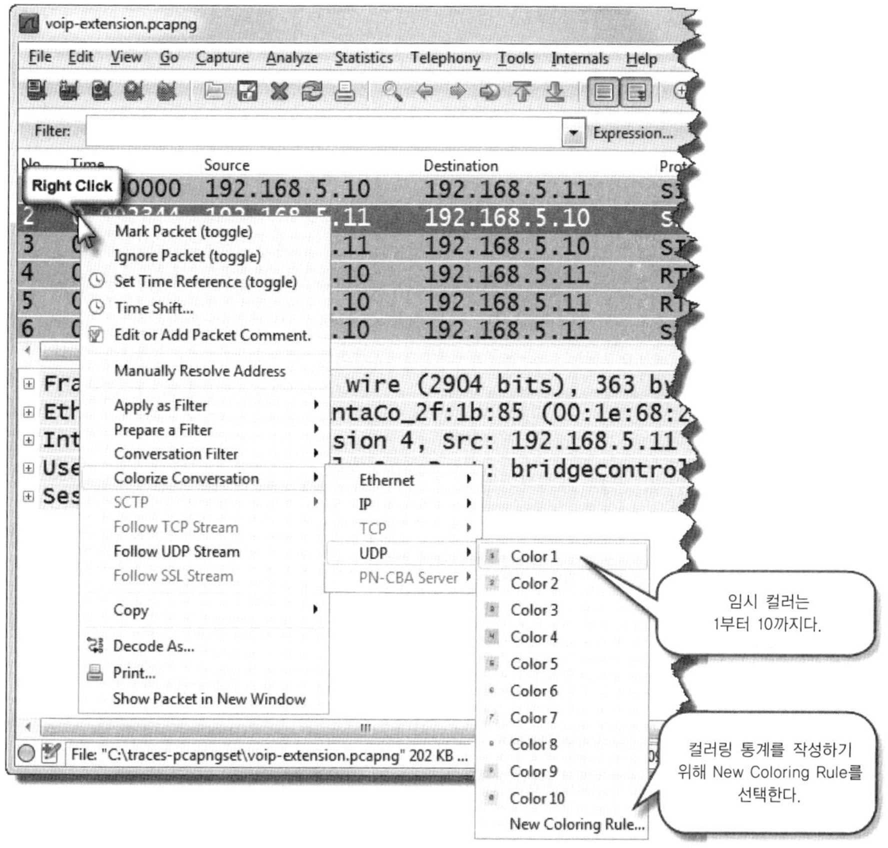

그림 107 컬러링을 위해 패킷을 오른쪽 클릭한 후 선택한다. [voip-extension.pcapng]

대화 컬러링을 삭제하려면 View ❯ Reset Coloring 1-10을 선택한다.

관심 있는 패킷을 일시적으로 마크

패킷에서 오른쪽 클릭함으로써 패킷을 마크할 수 있고, Mark Packet(토글)을 선택할 수 있다. 같은 과정을 이용해 마크를 해제할 수 있다. 패킷 마킹은 관심 있는 패킷을 일시적으로 식별하는 데 유용하다.

또한 패킷을 마크하고, 마크된 패킷 간의 이동을 위해 다음과 같은 몇 가지 단축키를 이용할 수 있다.

Ctrl+M	패킷 마크(토글)
Shift+Ctrl+N	마크된 다음 패킷 검색
Shift+Ctrl+B	마크된 이전 패킷 검색

기본적으로 와이어샤크의 마크된 패킷은 검은 바탕에 흰색 글씨다. 그림 109와 같이 Edit ❯ Preferences ❯ Colors에서 기본 컬러를 변경할 수 있다.

비연속적인 패킷을 저장하기 위해 패킷 마킹 사용

마킹된 패킷은 마크된 패킷들 사이에서 특정 비연속 패킷이나 패킷들의 범위를 저장할 수 있게 해준다. 예를 들어 추적 파일에 1, 3, 7, 9 패킷을 저장하고 싶다면 간단하게 이 패킷들을 마크해보라. 추적 파일을 저장할 때 마크된 패킷만을 저장하기 위해 선택하라.

마크를 없애기 위해 Edit ❯ Unmark All Packets를 선택하거나 메인 툴바의 Reload 버튼을 클릭한다. 표시되거나 표시되지 않은 패킷을 반전하려면 Edit ❯ Toggled Marking of All Displayed Packets를 선택한다.

마크된 패킷을 저장하기 위한 옵션은 그림 108과 같다. 이 그림에서 마크한 4개의 패킷을 와이어샤크가 나타낸다. 이렇게 마크된 패킷을 저장하기 위해 선택했다. 별도의 추적 파일에 마크된 패킷을 저장하려면 File ❯ Save나 File ❯ Export Specified Packets를 선택하고 Marked packets를 체크한다. 새로운 파일 이름을 입력하고 Save를 클릭한다.

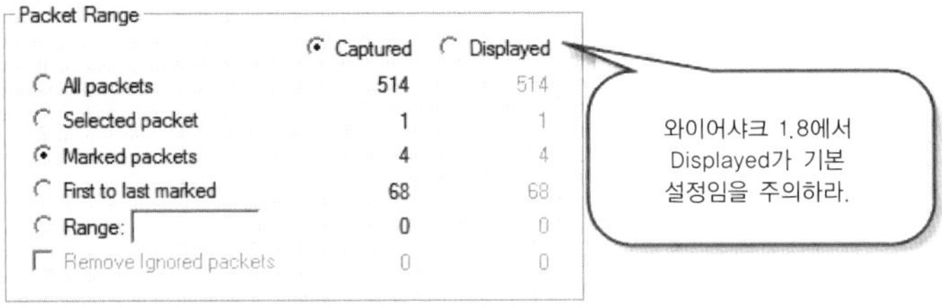

그림 108 저장 프로세스에서 marked packet 사용

스트림 재조립 컬러링 변경

패킷에서 오른쪽 클릭한 후 Follow UDP stream, Follow TCP stream 또는 Follow SSL streams를 선택하면 스트림은 클라이언트(장치는 연결 혹은 대화를 시작한다)로부터 전송된 패킷을 식별하기 위해 컬러링되고, 패킷은 서버로 전송된다. Follow UDP stream, TCP와 SSL streams에 대한 자세한 정보는 10장을 참조하라.

그림 109와 같이 Edit ❯ Preferences ❯ User Interface ❯ Colors를 이용해 스트림 컬러링을 변경할 수 있다. 스트림 컬러링이 'Sample TCP Stream Client Text'와 'Sample TCP Stream Server Text'를 나열할지라도 이런 컬러는 UDP 스트림 재조합이나 SSL 스트림 재조합에 사용된다. 이 설정은 'Stream Client Text'(호스트는 스트림에서 첫 번째 패킷을 전송한다)와 'Stream Server Text'(호스트는 스트림에서 첫 번째 패킷을 받는다)처럼 해석될 수 있다.

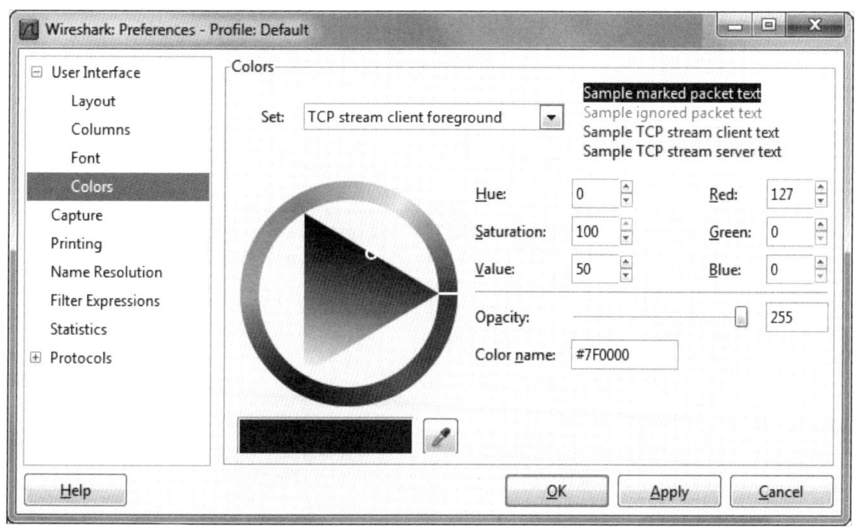

그림 109 스트림 컬러링은 우선권을 통해 정의된다.

기본적으로 옅은 빨강 배경과 빨강 폰트는 클라이언트에 의해 전송된 트래픽을 나타내고, 옅은 파랑 배경과 파란 폰트는 서버에 의해 전송된 트래픽을 나타낸다.[2] 재조립된 TCP 스트림의 분할된 부분이 그림 110에 마크돼 있다.

2. 이 책은 흑백으로 출력돼 있기 때문에 컬러링 차이점을 알 수 없다. 스스로 Preferences ❯ Colors를 열어보고 확인해보라.

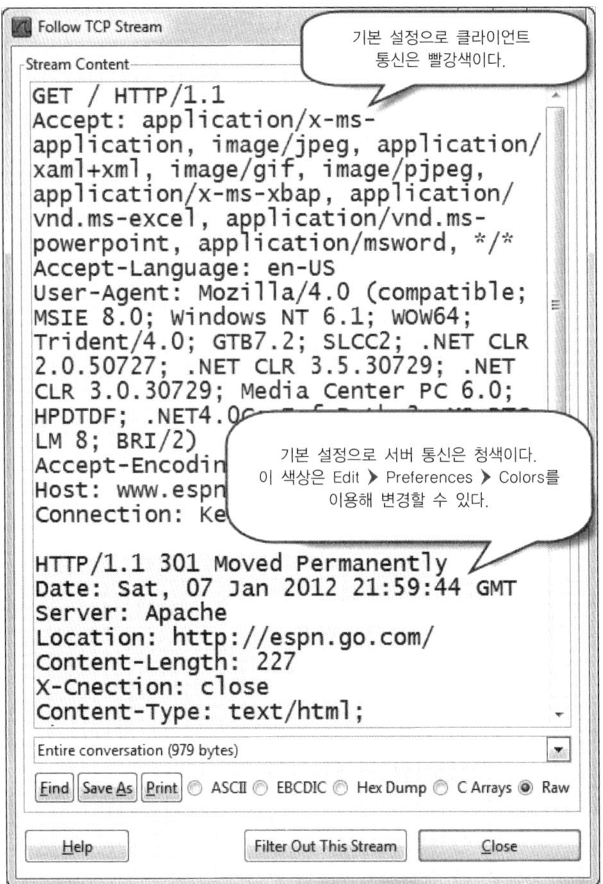

그림 110 UDP, TCP, SSL 스트림을 재조립할 때 나타나는 스트림 컬러링

 사례 연구: 로그인 동안 SharePoint 연결 컬러링

컬러링은 아주 복잡한 통신을 분석할 때 도움이 된다. 예를 들어 SharePoint 네트워크는 많은 연결과 포트 번호를 사용한다. SharePoint 클라이언트로부터 통신을 처리하는 것은 당황스러울 뿐만 아니라 건초더미에서 바늘 찾기 같은 느낌이 들게 한다.

최근 현장 분석이나 세션 트레이닝을 하는 동안, 우리는 SharePoint 클라이언트였던 호스트로부터의 경로를 분석했다. 클라이언트로부터 생성된 다양한 연결을 구분하기 위해 이들 각각에 대해 시스템적으로 다양한 대화를 컬러링했다.

이 컬러링은 어떤 연결이 제일 처음 됐고 어떤 연결이 문제가 있는지 빨리 파악할 수 있게 도와준다. 우리는 문제가 없었던 대화를 차근차근히 걸러낼 수 있었다.

얼마나 많은 포트가 일반적인 SharePoint 환경에서 이용되는지 보기 위해 약간의 '구글링'을 했다.

정리

컬러링은 분할된 대화, 특정 패킷 유형, 일반적이지 않은 트래픽을 구분하기 위해 사용할 수 있다. 와이어샤크에는 미리 정의된 컬러링 규칙의 모음들이 포함돼 있다. 분석 환경에서 일반적이지 않은 트래픽을 식별하기 위한 능력을 향상시키기 위해 사용자 컬러링 규칙을 생성한다.

미리 정의된 컬러링 규칙은 와이어샤크 전역 환경설정 디렉토리에 있는 colorfilters 파일로 유지된다. 새롭거나 커스터마이징된 컬러링 필터 설정은 개인 구성 폴더에 colorfilter 파일로 유지된다. 컬러링 규칙을 가져오기import, 내보내기export, 초기화(다시 기본으로 설정)할 수 있다.

컬러링 규칙은 보이는 것처럼 각 패킷에 자동으로 적용된다(패킷의 컬러링이 가능하다면). 대화 컬러링이나 마크된 패킷 같은 것은 일시적으로 기본 값으로 적용된다. 컬러화 규칙이 어떤 패킷에 적용된 컬러링 규칙을 확인하기 위해 패킷 상세 정보 창에 프레임 정보를 확장하고, [Coloring Rule Name]과 [Coloring Rule String] 섹션을 검사한다.

관심 있는 패킷을 마크할 수 있고, 마크된 패킷의 일부를 저장할 수 있다(원하는 경우). 다른 컬러링을 기반으로 하는 패킷을 저장하기 위한 옵션은 없다.

재조립된 UDP, TCP, SSL 스트림은 환경설정을 기반으로 컬러링됐다. 기본적으로 클라이언트로부터 전송된 데이터는 붉은색이고, 서버로부터 전송된 데이터는 파란색이다. 원하면 변경할 수 있다.

학습한 내용 복습

이 책의 웹사이트인 www.wiresharkbook.com의 다운로드 섹션에서 추적 파일을 다운로드한다. 다음 학습 예제를 연습하려면 다운로드한 추적 파일을 사용하라.

검사합 오프로딩 다루기

- ip-checksum-invalid.pcap를 연다. 패킷 컬러링이 사용 가능한지 확인한다.

10.2.110.167에서의 패킷은 검은 배경에 붉은색으로 나타난다. Coloring Rule Name과 Coloring Rule String이 일치하는지 확인하기 위해 프레임 섹션을 연다.

- 이 추적 파일은 10.2.110.167에서 수집됐다. 이 IP 주소가 올바르게 작동되는 것처럼 보이기 때문에 네트워크에서 검사합이 틀리지 않았다고 추측할 수 있다. 이 호스트는 검사합 오프로딩을 사용한다(또한 작업 오프로딩으로 언급된다).
- View ❯ Coloring Rules를 열고, Checksum Errors의 컬러링 규칙을 선택한다. 그리고 disable을 선택하고 OK를 누른다.
- 어떤 컬러링 규칙이 현재 트래픽과 일치하는가?

❊ 컬러링을 이용해 대화 분리

http-aol.pcap를 연다. 이 추적 파일은 18개의 분리된 TCP 연결을 포함하고 있다. 하나의 추적 파일에서 분리된 대화를 식별하는 데 도움을 주는 컬러링 트래픽을 연습하기 위해 이 추적 파일을 사용할 것이다.

- 처음 패킷은 TCP 핸드셰이크 패킷(SYN)이다. 패킷 목록 창에 있는 Packet 1을 오른쪽 클릭하고, Colorize Conversation ❯ TCP ❯ Color 1을 선택한다.
- 10번 패킷에서 시작하는 다음 TCP 대화에 대한 동일한 컬러링 프로세스를 따른다. 해당 대화에 Color 2를 할당한다.
- SYN 패킷이 보일 때마다 대화 컬러링을 계속한다.
- 5개의 분리된 대화를 컬러링한 후에 추적 파일을 스크롤한다. 컬러링된 후에는 분리된 대화를 더 쉽게 볼 수 있을 것이다.
- 추적 파일을 닫으려면 File ❯ Close를 선택한다.
- http-1.pcap를 연다. 이 추적 파일에 있는 컬러링을 볼 수 있는가?
- http-aol.pcap를 다시 연다. 컬러링이 여전히 돼 있는가? 컬러링은 와이어샤크를 재시작하거나 View ❯ Reset Coloring 1-10을 선택했을 경우 사라질 것이다.

❊ 관심 있는 패킷 마크와 저장

이 예제에서 HTTP GET 명령을 갖고 있는 패킷을 포함하는 새로운 추적 파일을 만들려고 한다. 또한 www.aol.com 서버에 대한 왕복 지연시간의 스냅샷으로 사용하기 위한 2개의 TCP 연결의 처음 2개 패킷을 포함하려고 한다.

- 같은 추적 파일 http-aol.pcap를 사용해 다음과 같은 디스플레이 필터를 적용한다.

```
http.request.method == "GET"
```

- 얼마나 많은 패킷이 당신의 필터와 중복되는가? 57개의 패킷을 검사해야 한다.
- Edit ❯ Mark All Displayed Packets를 선택한다. HTTP GET 명령을 포함하는 모든 패킷은 검은 배경과 하얀색으로 표시돼야 한다. 디스플레이 필터를 삭제하기 위해 초기화를 클릭한다. 마크된 패킷을 보기 위해 추적 파일을 스크롤한다.
- Packet 1에서 오른쪽 클릭하고, Mark Packet을 선택한다. 2, 19, 11 패킷에도 똑같은 과정으로 수행한다.
- File ❯ Save As를 선택한다. 패킷 범위 영역은 다음 단계에 따라 하면 다음 그림과 같다. Marked Packets를 선택하고 새로운 파일의 이름을 get-syns.pcap로 한다. Save를 클릭한다. 이제 57개의 패킷에 4개의 추가 패킷을 더해서 총 61개의 표시된 패킷을 포함하는 새로운 추적 파일을 생성했다. 다음 추적 파일을 열기 전에 필터를 초기화시킨다.

Packet Range

	Captured	Displayed
All packets	316	316
Selected packet	1	1
Marked packets	61	61
First to last marked	312	312
Range:	0	0
Remove Ignored packets	0	0

❊ FTP 패스워드를 포함하는 패킷에 대한 사용자 컬러링 규칙을 추가

와이어샤크에서 암호 패킷이 더 잘 보이게 하려면 사용자 정의 컬러링 규칙을 추가한다.

- ftp-putfile.pcap를 연다.
- View ❯ Coloring Rules를 선택하고 New를 클릭한다.
- 이름으로 FTP PASS를 입력한다. 문자열 `ftp.request.command == "PASS"`를 입력한다(문자열 PASS 주위에 따옴표를 포함해야 한다).

- 빨간 배경에 흰색으로 표시하게 정의하고, OK를 클릭한다.
- 컬러 필터 목록의 최상단으로 필터를 이동시키려면 Up 버튼을 여러 번 클릭한다. OK를 클릭한다. 컬러링 규칙이 정확하다면 13번 패킷은 빨간 배경에 흰색으로 표시돼야 한다.

다음은 이번 절에서 작업한 2개의 추적 파일에 대해 좀 더 설명하고, 연습을 위한 추적 파일의 목록이다.

ftp-putfile.pcap	클라이언트는 FTP 연결이 활성화돼 있는 동안 STOR 명령을 사용한다. 와이어샤크가 PORT 명령 패킷을 해석한다는 것을 기억하라(패킷 16)(패킷 37)(패킷 55)(패킷 71). 서버에 의해 구축된 두 번째 연결을 통해 어떤 데이터가 전송되는가? 24장을 참조하라.
http-1.pcapng	HTTP 추적은 GET 명령 대신 HEAD 명령을 사용한다. HEAD 명령은 단지 전송 관련 헤더 행을 확보할 것을 기대하지 않는다는 점을 제외하면 GET 명령과 유사하다. 예를 들어 HEAD 명령 If-Modified-Since 줄의 다음에 HTTP 서버에서 파일이 최신 버전인 경우 보낸 사람이 결정할 수 있다. If-Modified-Since 요청 메소드는 23장을 참조하라.
http-500error.pcapng	이 추적은 요청을 처리할 수 없는 웹 서버로부터 HTTP 500 에러 응답이 나타난다. 이 경우 Fry 전자의 홈페이지에서 세일하는 노트북의 목록을 얻을 수 있다. 문제는 백엔드 데이터베이스 서버에 있는 것으로 보인다. 웹 브라우징 문제를 자세히 분석하는 자세한 내용 23장을 참조하라. HTTP 에러 응답을 강조하기 위한 컬러링 규칙을 작성한다.
http-aol.pcap	www.aol.com 웹사이트를 불러오기 위한 18개의 서로 다른 TCP 연결이다. 최근에 당신 회사의 웹 사이트 연결을 분석해봤는가?
http-espn2011.pcapng	트래픽 컬러링을 연습하는 경우 모든 HTTP 재지정을 위한 컬러링 규칙을 구축하면 추적의 시작 부분에 있는 재지정을 놓치지 않고 볼 수 있다.
http-facebook.pcapng	페이스북 페이지를 얻는 것은 쉬운 일이 아니다. 통신에 심각한 문제가 있다. 이것은 TCP의 Calculate Conversation Timestamps를 활성화하고 열에 tcp.time_delta을 추가할 수 있는 좋은 추적 파일이다(tcp.time_delta 〉 1).

(이어짐)

http-yahoo-viafirefox.pcapng	와우 - www.yahoo.com에서 메인 페이지를 여는 데 필요한 연결 수를 확인한다. 패킷 목록 창에서 분리하는 다양한 대화에 일시적으로 컬러링을 적용하는 것이 좋다. 패킷 내부 10은 클라이언트에서 설정되는 쿠키의 시리즈를 볼 수 있다.
ip-127guy.pcap	이 추적 파일은 127.0.0.1로 트래픽을 보낸 실제 호스트를 보여준다. 이 호스트에 대해 뭔가 심각하게 잘못됐다. 어떤 애플리케이션이 이 트래픽을 시작(트리거링)하게 하는지 말할 수 있는가? 이 애플리케이션을 검사해야 할 것이다. 127.x.x.x로 보내진 모든 트래픽에 대해 '눈에 띄는' 컬러링 규칙을 만드는 것을 고려하라.
ip-checksum-invalid.pcap	이것은 검사합 오프로딩에 대한 전형적인 예다(일명, 작업 오프로딩). 10.2.110.167에서 트래픽을 수집했고, 발신지에서 온 모든 트래픽의 검사합은 잘못된 것으로 보였다. 패킷 상세 정보 창을 열고 헤더가 잘못된 검사합 값을 갖는지 살펴본다. 통신 중에 검사합이 반드시 정확해야 하는지 어떻게 알 수 있는가? 쉽게 말해 HTTP 웹 브라우징 세션은 성공했다. 검사합 에러 컬러링 필터의 비사용을 고려해보라.
tcp-window-frozen.pcap	윈도우 응답 없음 상태는 파일 전송 속도를 멈추게 할 수 있다. Time 칼럼 형식을 Seconds Since Beginning of Capture로 설정하고, Set Time Reference로 처음 Zero window 패킷(패킷 30)을 오른쪽 클릭한다. 이 상태에서 얼마나 많은 시간을 소모했는가? 1460 이하의 윈도우 크기를 갖는 모든 TCP 패킷에 대한 컬러링 규칙을 생성하는 것을 고려하라.
voip-extension.pcapng	VoIP 통신은 SIP 통화 설정 프로세스를 시작한다. VIP 서버(운영자)를 호출하게 지정돼 있다. 나중에 추적 파일에 사용자가 내선 204를 입력한다. 이것은 단지 테스트 전화다. 27장을 참조하라.

연습문제

Q6.1 패킷을 마크하는 것과 컬러링 규칙을 적용하는 것의 차이점은 무엇인가?

Q6.2 다른 와이어샤크 사용자와 컬러링 규칙을 공유 하려면 어떻게 해야 하는가?

Q6.3 다음 그림과 같이 ICMP Type 3 트래픽에 대해 생성된 컬러링 규칙을 갖는다. ICMP Type 3 패킷이 어떻게 새로운 규칙으로 컬러화됐는지 확인할 수 있는가?

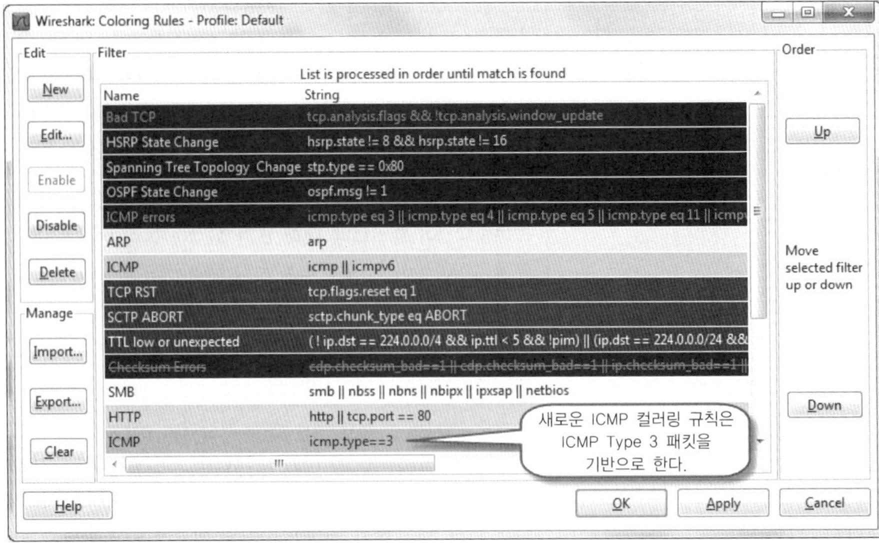

❊ 연습문제 답

Q6.1 패킷을 표시하는 것과 컬러링 규칙을 적용하는 것의 차이점은 무엇인가?

A6.1 패킷 마킹은 추적 파일을 리로드하거나, 다시 열거나 패킷 마킹을 on/off 할 때 일시적인 지정이다. 컬러링 규칙은 추적 파일을 열 때마다 자동으로 트래픽에 적용된다(컬러링을 사용하는 경우).

Q6.2 다른 와이어샤크 사용자와 컬러링 규칙을 공유하려면 어떻게 해야 하는가?

A6.2 기본적으로 컬러링 규칙은 colorfilters 파일에 포함돼 있다. 이 파일은 다른 와이어샤크 시스템에 복사될 수 있다. 또한 다른 이름으로 컬러링 규칙 파일을 저장하기 위한 컬러링 규칙 창에서 export(내보내기), import(가져오기) 기능을 사용할 수 있고, 다른 와이어샤크 시스템에서 로드할 수 있다.

Q6.3 다음 그림과 같이 ICMP Type 3 트래픽에 대해 생성된 컬러링 규칙을 갖는다. ICMP Type 3 패킷이 어떻게 새로운 규칙으로 컬러화됐는지 확인할 수 있는가?

A6.3 컬러링 규칙은 위에서 아래로 처리된다. 사용자가 생성한 ICMP Type 3 컬러 필터에 의해 정의된 것처럼 ICMP Type 3 패킷을 컬러링하려면 다음 그림에서 보이는 것처럼 컬러 필터를 ICMP 에러 컬러 필터 위로 옮겨야 한다.

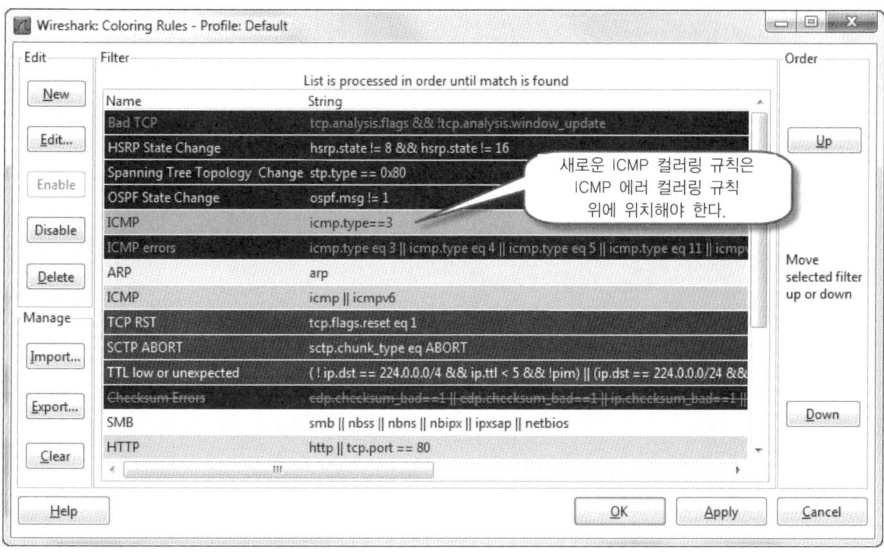
Wireshark: Coloring Rules - Profile: Default
Edit
New
Edit...
Enable
Disable
Delete
Manage
Import...
Export...
Clear
Filter
List is processed in order until match is found
Name
String
Bad TCP
tcp.analysis.flags && !tcp.analysis.window_update
HSRP State Change
hsrp.state != 8 && hsrp.state != 16
Spanning Tree Topology Change
stp.type == 0x80
OSPF State Change
ospf.msg != 1
ICMP
icmp.type==3
ICMP errors
icmp.type eq 3 || icmp.type eq 4 || icmp.type eq 5 || icmp.type eq 11 || icmp
ARP
arp
ICMP
icmp || icmpv6
TCP RST
tcp.flags.reset eq 1
SCTP ABORT
sctp.chunk_type eq ABORT
TTL low or unexpected
(! ip.dst == 224.0.0.0/4 && ip.ttl < 5 && !pim) || (ip.dst == 224.0.0.0/24 &&
Checksum Errors
cdp.checksum_bad==1 || edp.checksum_bad==1 || ip.checksum_bad==1 ||
SMB
smb || nbss || nbns || nbipx || ipxsap || netbios
HTTP
http || tcp.port == 80
새로운 ICMP 컬러링 규칙은
ICMP 에러 컬러링 규칙
위에 위치해야 한다.
Order
Up
Move
selected filter
up or down
Down
Help
OK
Apply
Cancel

시간 값 지정과 요약 해석

와이어샤크 공인 네트워크 분석가 시험에서 다루는 내용

- 네트워크 문제점을 식별하기 위해 시간 사용
- 와이어샤크가 어떻게 패킷 시간을 측정하는지 이해
- 이상적인 시간 표시 형식 선택
- 시간 값을 이용해 지연 식별
- 시간 칼럼 추가 생성
- 시간 기준을 이용해 패킷 도착 시간 측정
- 클라이언트, 서버와 경로 지연 식별
- 종단 대 종단 경로 지연 계산
- 느린 서버 응답 찾기
- 오버로드된 클라이언트 찾기
- 트래픽률, 패킷 길이와 전체 전송된 바이트 요약 보기

- 사례 연구: 시간 칼럼이 지연된 ACK 찾기
- 정리
- 학습한 내용 복습
- 연습문제와 답

7장에서 참조한 추적 파일

- dns-slow.pcapng
- http-download2011.pcapng
- http-download-bad.pcapng
- http-download-good.pcapng
- http-espn2012.pcapng
- http-slowboat.pcapng

네트워크 문제점을 파악하기 위한 시간 사용

통신 속도가 느린 네트워크에 대한 문제점을 해결할 때 시간 칼럼을 잘 살펴봐야 한다. 네트워크의 성능은 높은 지연, 접근 에러, 데이터를 얻기 위해 요구되는 과도한 패킷 수, 기타 원인 때문에 느려질 수 있다.

통신 지연으로 인해 성능이 저하될 때 요청과 확인응답 사이의 시간 격차와 확인응답 및 응답 사이의 시간 격차 등을 알아봐야 한다.

와이어샤크가 어떻게 패킷 시간을 측정하는지 이해

수집 작업이 진행되는 동안 와이어샤크는 libpcap/WinPcap 라이브러리에서 타임스탬프 값을 가져온다. 이 라이브러리는 운영체제의 커널에서 타임스탬프 값을 가져온다. 추적 파일을 저장할 때 패킷의 타임스탬프는 패킷 헤더에 있는 파일과 함께 저장되므로 패킷의 도착 시간은 파일을 열었을 때 표시될 수 있다.

pcap 파일의 형식은 각 패킷에 대한 레코드 헤더로 구성된다. 이 레코드 헤더는 협정 세계시UTC, Coordinated Universal Time 1970년 1월 1일 00:00:00:00초 이후에 패킷의 타임스탬프 값을 정의하는 4바이트의 값을 갖는다. 이 필드는 현 시점 이후에 마이크로초를 정의하는 다른 4바이트 값이 따라온다. 수집 호스트의 시간 대역과 현재 시간 설정은 패킷의 타임스탬프를 정의하는 데 사용된다. 이 두 개의 시간 값은 패킷의 타임스탬프 값을 정의하는 데 사용된다.

pcap 파일 형식을 이용해 수집된 패킷은 나노초 타임스탬프 값으로 정의할 수 없다는 점을 주의하라. 이런 기능은 wiki.wireshark.org/Development/PcapNg에서 문서화된 pcap-ng에 포함돼 있다.

pcap 파일 형식에 대한 자세한 내용은 wiki.wireshark.org/Development/LibpcapFileFormat을 참조하라.

이상적인 시간 표시 형식 선택

와이어샤크는 8가지 시간 설정을 제공한다. 각 시간 설정은 각 패킷의 수집과 연관된 타임스탬프 값의 다른 뷰를 제공한다. 그림 111은 시간 칼럼 설정에 대한 가능한 옵션을 보여준다.

시간 칼럼 설정을 정의하기 위해 View ❯ Time Display Format을 선택한다. 한 번에 하나 이상의 시간 칼럼을 보고 싶으면 뒤에 나오는 '추가적인 시간 칼럼 생성'

절에서 설명한 것처럼 패킷 목록 창에 칼럼을 추가할 수 있다.

타임스탬프의 정확도를 보장하기 위해 네트워크 타임 프로토콜NTP, Network Time Protocol을 이용해 시스템 시간을 동기화하게 권장한다.

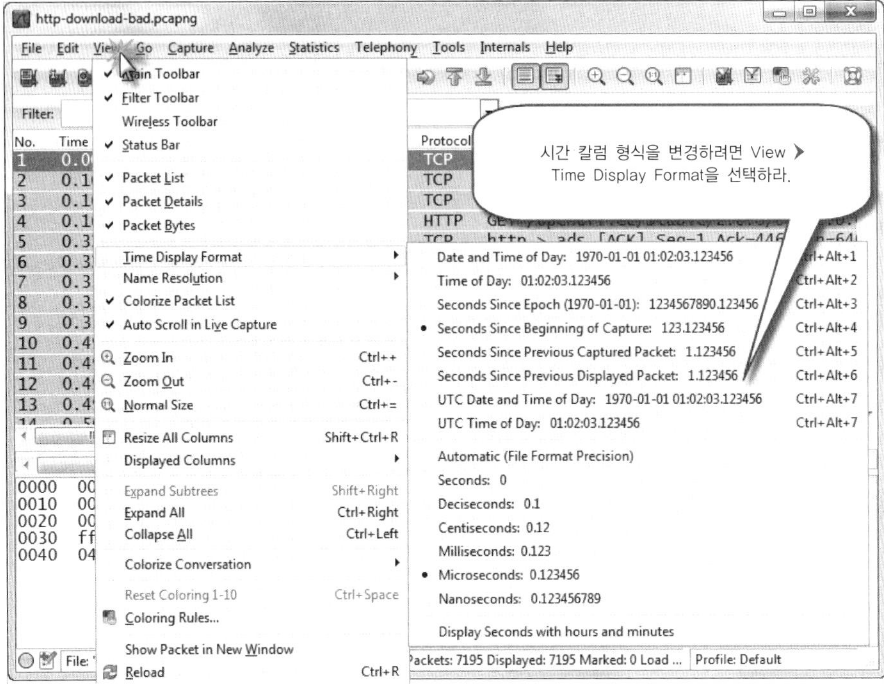

그림 111 시간 디스플레이 형식 옵션

※ 날짜와 시간/시간 설정

날짜와 시간 및 시간 설정 옵션은 로컬 시간을 표시한다. 패킷을 수집할 때 로컬 호스트 시간이 꺼져있다면 추적 파일에 잘못된 정보가 저장될 것이다.

※ Epoch 이후의 시간

Epoch 시간은 잘 사용되지 않지만 흥미롭다. Epoch는 시간에 선택된 객체다. 와이어샤크의 Seconds Since Epoch 시간은 1970년 1월 1일 이후로 측정되는데, 이는 유닉스 시간이라고도 한다.

※ 수집 시작 이후의 시간

와이어샤크에서 수집 시작 이후의 시간은 기본 시간 설정이다. 시간 칼럼의 첫 번째 패킷은 0의 시간 값으로 설정된다. 다른 모든 패킷의 타임스탬프는 첫 번째 패킷과 비교해서 측정된다. 그림 112에서 시간 설정을 이용해 1번 패킷에서 연결 설정이 시작된 이후 0.335607초에 발생한 9번 패킷(윈도우 업데이트 패킷)을 볼 수 있다.

추적 파일이 하나의 트랜잭션을 포함하고 있다면 이것은 웹사이트를 로딩하는 프로세스처럼 적절한 설정이다.

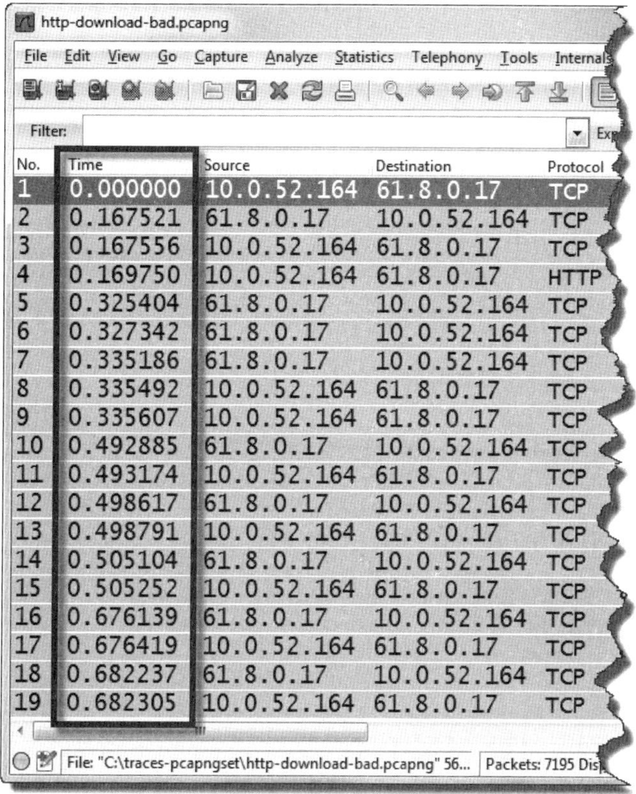

그림 112 기본 시간 설정은 수집 시작 이후의 시간을 나타낸다.

❊ 이전에 수집된 패킷 이후의 시간

이 설정은 델타 시간 설정이라고도 하며, 수집된 모든 패킷에 대해 한 패킷의 종단점부터 다음 패킷의 종단점까지의 시간을 측정한다. 디스플레이 필터가 설정돼 패킷이 보이지 않을 경우 자체 타임스탬프는 계산돼 표시된 패킷을 보여준다.

❊ 이전에 표시된 패킷 이후의 시간

이전에 표시된 패킷 이후의 시간은 단지 표시된 패킷의 종단점부터 다음 표시된 패킷까지 델타 시간 값만 계산한다.

추적 파일에서 대화를 필터링하는 경우 대화에서만 패킷 간의 델타 시간을 조사하려면 이 시간 칼럼 설정을 적용해야 한다.

그림 113은 이전에 수집된 패킷 이후의 시간과 이전에 표시된 패킷 이후의 시간에 대한 시간 칼럼 값을 비교한다. 패킷 3, 5, 6은 필터링됐다. 간단히 할 목적으로 밀리초 수준의 타임스탬프를 사용했다.

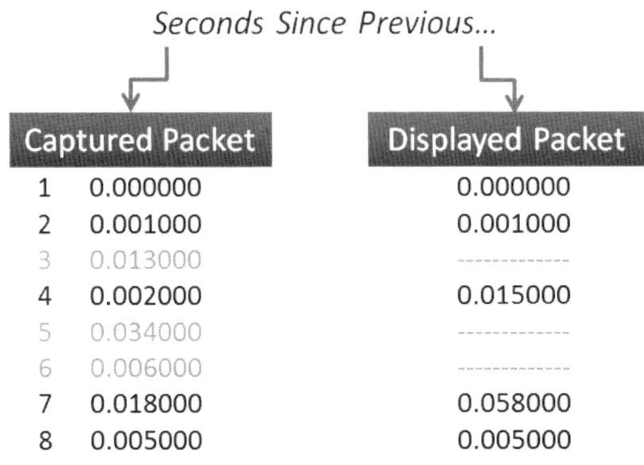

그림 113 이전 패킷과 표시된 패킷의 타임스탬프 비교

✲ UTC 날짜와 하루 중 시간/하루 중 UTC 시간 설정

UTC 날짜와 하루 중 시간, 그리고 하루 중 UTC 시간 옵션은 지역 시간이 아니라 UTC 시간을 기반으로 추적 파일 시간을 표시한다.

✲ 타임스탬프 정확성과 분석 이슈

앞서 설명한대로 와이어샤크는 패킷 타임스탬프를 생성하지 않는다. 타임스탬프의 정확도는 와이어샤크 시스템에 따라 매우 다양할 수 있다. 와이어샤크 문서는 제공하는 USB 어댑터와 '좋지 않은 타임스탬프 정확도'에 대해 특별한 레퍼런스를 제공한다. 타임스탬프는 운영체제 커널에 전달되며, 차례로 libpcap/WinPcap 라이브러리에 전달된다.

와이어샤크의 libpcap/WinPcap 수집 라이브러리는 일반적인 마이크로초 분석을 지원한다. 다른 네트워크 분석 도구를 이용해 수집한 추적 파일을 열면 밀리초로 설정된 분석과 10진수 .342000, .542000, .893000 같이 10진수로 표현된 값을 찾을 수 있다. 기존 추적 파일에 타임스탬프를 향상시키기 위해 할 수 있는 것은 없다.

그림 114는 와이어샤크의 타임스탬프 값을 나노초로 바꾸는 작업을 보여준다.

그림 114 타임스탬프 분석

시간 영역으로 추적 파일 전송

정기적으로 살펴보려면 시스템에 정규 시간을 보장하기 위해 네트워크 타임 프로토콜NTP, Network Time Protocol을 활성화한다. 당신은 여전히 수동으로 표준 시간대를 조정해야 한다.

패킷(이전에 표시된 패킷 이후의 시간) 사이의 시간이나 추적 파일에서 연속적이지 않은 패킷 사이의 비교 시간에 중점을 두기만 한다면 'Date and Time of Day'와 'Time of Day' 값은 문제가 되지 않는다. 예를 들어 HTTP GET 요청에 대한 응답 시간을 분석할 경우 Seconds Since Previous Displayed Packet 설정을 이용할 수 있다.

그러나 패킷이 수집된 정확한 날짜/시간에 중점을 두고, 다른 시간 구역에서 작동되지 않는 추적 파일을 다른 누군가에게 전송하면 추적 파일은 다른 지역 날짜/시간 값을 디스플레이할 것이다. pcap 파일과 pcap-ng 파일 형식은 세계 협정시 1970년 1월 1일 00:00:00:00과 패킷의 도착 시간 간에 차이를 정의하는 각 패킷에 대한 레코드 헤더를 포함한다는 점을 기억하라.

영국 런던에 있는 호스트에게 수집된 추적 파일은 와이어샤크 시스템이 수집한 다른 GMT/UTC 값으로 GMT/UTC-0을 포함할 것이다. 사용자가 런던에서 추적 파일을 열면 타임스탬프 값은 오전 10:04분으로 설정된다.

같은 추적 파일이 미국(태평양 표준시)의 서쪽 해안에 있는 누군가에게 이메일로 보내지면 미국에 있는 사용자가 GMT/UTC-8일지라도, 해당 추적 파일은 GMT/UTC-0 시간 값을 유지한다. 해당 사용자가 추적 파일을 열면 타임스탬프 값은 시스템의 GMT/UTC 오프셋의 차이가 있어 오전 2:04분으로 시간이 표시될 것이다.

패킷이 원본에서 수집된 실제 시간을 알고 싶으면 다른 시간대 값을 허용하게 해야 한다.

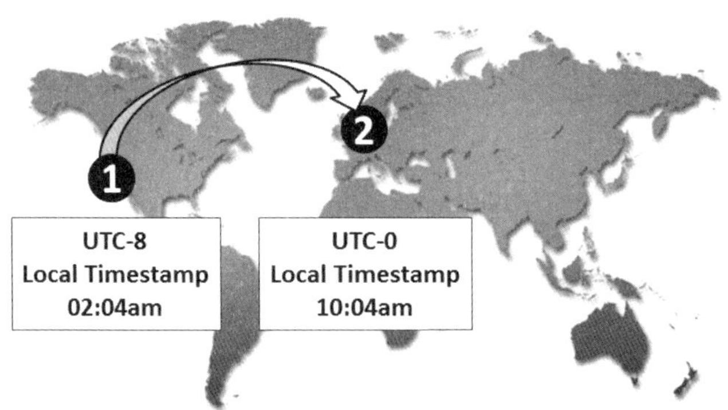

그림 115 추적 파일이 다른 시간 영역으로 전송될 때

시간 값으로 지연 식별

높은 지연으로 인해 발생되는 느린 성능을 구분하려면 View ❯ Time Display Format ❯ Seconds Since Previous Displayed Packet을 이용해 타임 칼럼 값을 Seconds since Previous Displayed Packet으로 설정한다. 와이어샤크는 환경설정 파일에서 이 시간 설정을 계속 유지한다.

지연시간이 긴 패킷을 식별하기 위한 시간 칼럼을 정렬할 수 있다.

그림 116에서 시간 칼럼은 Seconds since Beginning of Capture로 설정됐다. 패킷의 프레임 섹션을 확대하고 이전에 표시된 프레임 라인의 델타 시간을 오른쪽 클릭하고 Apply As Column을 선택함으로써 델타 시간 설정을 위한 또 다른 칼럼을 추가했다. 델타 시간을 내림차순으로 정렬하기 위해 새로운 delta Time column heading을 두 번 클릭했다. 그러면 정렬된 패킷 목록 상단에서 디스플레이된 패킷 간에 나타난 매우 큰 지연을 보게 된다.

추적 파일은 단일 파일 다운로드 프로세스를 포함하고 있다. 파일 다운로드 과정 중 델타 시간은 16초, 8초, 4초, 2초, 1초로 뛰었다. 이것은 367~375번 패킷 주변에서 성능 이슈가 발생한다는 것을 나타낸다. 인쇄 선명도를 위해 컬러링 사용이 중지됐다는 점을 주의하라. 컬러링 기능이 비활성화되면 정렬한 칼럼에 음영이 적용된 것을 볼 수 있다.

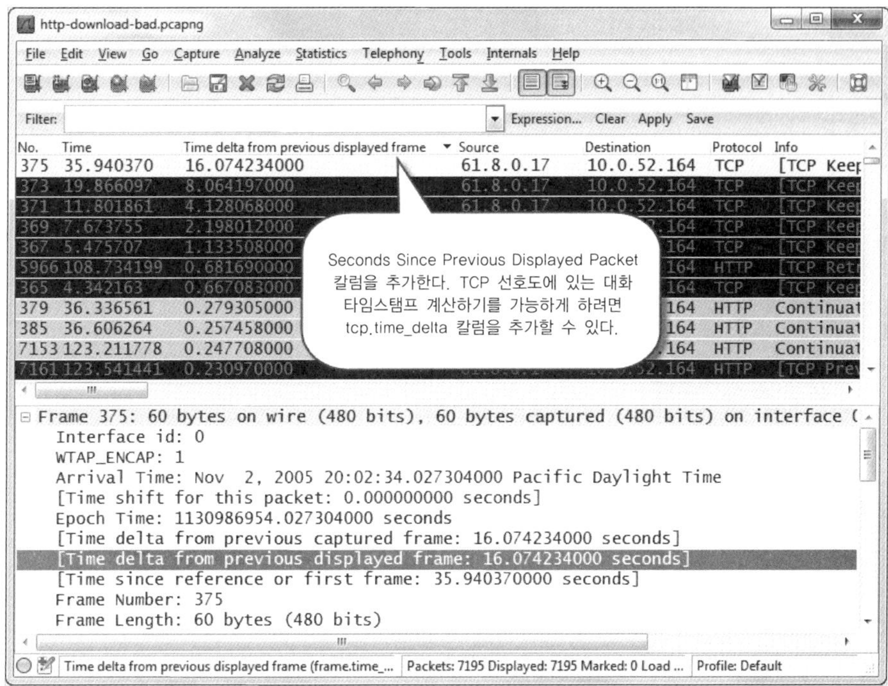

그림 116 델타 타임으로 디스플레이하기 위해 설정한 후에 시간 칼럼을 분류[http-download-bad.pcapng]

number 칼럼으로 추적 파일을 정렬하는 것은 문제점을 파악하기 위해 시간에서 생기는 큰 갭을 순차적으로 살펴볼 수 있게 한다.

칼럼 머리글을 숨기거나 표시하려면 오른쪽 클릭하면 된다.

✻ 시간 칼럼 추가 생성

패킷 목록 창에서 2개 이상의 시간 칼럼을 보려면 미리 정의된 시간 칼럼 값을 추가하기 위해 Edit ❯ Preferences를 이용하거나 프레임 헤더를 확장해 시간 필드에서 오른쪽 클릭한 후 Apply As Column을 선택한다. 또는 Edit ❯ Preferences ❯ Columns ❯ Add를 선택하고, 다음과 같은 시간 관련 필드 유형 중 하나를 선택한다.

- **Absolute date and time** 수집 호스트의 시간 및 날짜에 기반을 둔다(날짜 및 오늘의 시간 설정과 같다).
- **Absolute time** 수집 호스트의 시간을 기반으로 한다(오늘의 시간 설정과 같다).
- **Delta time(대화)** 대화에서 한 패킷의 종단점부터 다음 패킷의 종단점까지 시간이다.

- **Delta time displayed** 패킷의 한 종단점부터 표시된 패킷의 다음 패킷 종단점까지의 시간이다(Seconds Since Previous Displayed Packet과 같다).
- **Relative time** 추적 파일에서 첫 번째 패킷으로부터의 시간이다(Seconds Since Beginning of Capture 설정과 같다).
- **Relative time(대화)** 대화에 대한 추적 파일에서 첫 번째 패킷으로부터의 시간이다.
- **Time(지정된 형식)** 이 설정은 View ▶ Time Display Format을 이용해 설정한 값을 표시해준다.

두 개의 시간 칼럼을 이용하면 도착 패킷 시간(수집 시작 후의 시간)과 델타 시간(이전에 표시된 패킷 이후의 시간)을 쉽게 비교할 수 있다.

✻ 시간 기준을 이용해 패킷 도착 시간 측정

추적 파일에 있는 패킷의 종단점에서 더 멀리 있는 다른 패킷까지 걸리는 시간을 결정하려면 시간 기준을 설정하고 Seconds since Beginning of Capture를 이용한다. 예를 들어 www.aol.com에 대한 DNS 조회와 페이지가 로드됐을 때 전송된 패킷 사이에 시간을 알고 싶다면 시간 기준을 이용해 DNS 조회를 설정하고, 마지막 패킷으로 스크롤한다. 마지막 패킷의 전송에 보이는 시간은 DNS 조회 프로세스를 포함한 전체 로드 시간을 나타낸다.

시간 기준을 설정하기 위해 패킷을 오른쪽 클릭한 후 Set Time Reference(토글)를 선택한다. 시간 기준 패킷은 추적 파일(시간 칼럼에서 *REF*로 표시된)에서 일시적으로 00:00:00 타임스탬프 값을 받는다. 앞으로 도착할 모든 패킷의 시간은 이전에 시간 기준 패킷의 도착 시간을 기준으로 알 수 있다. 추적 파일에서 한 개 이상의 시간 기준 패킷을 설정할 수 있다.

그림 117에서 http-download-bad.pcapng의 363번 패킷에 시간 기준을 설정했다. 이것은 제로 윈도우 상태가 발생되기 전에 데이터를 포함하고 있는 마지막 패킷이다. 데이터 전송이 재개되면 379 패킷으로 스크롤한다. 그러면 32.661522초의 전체 지연시간을 볼 수 있다. 제로 윈도우 상태에 대한 자세한 내용은 20장을 참조하라.

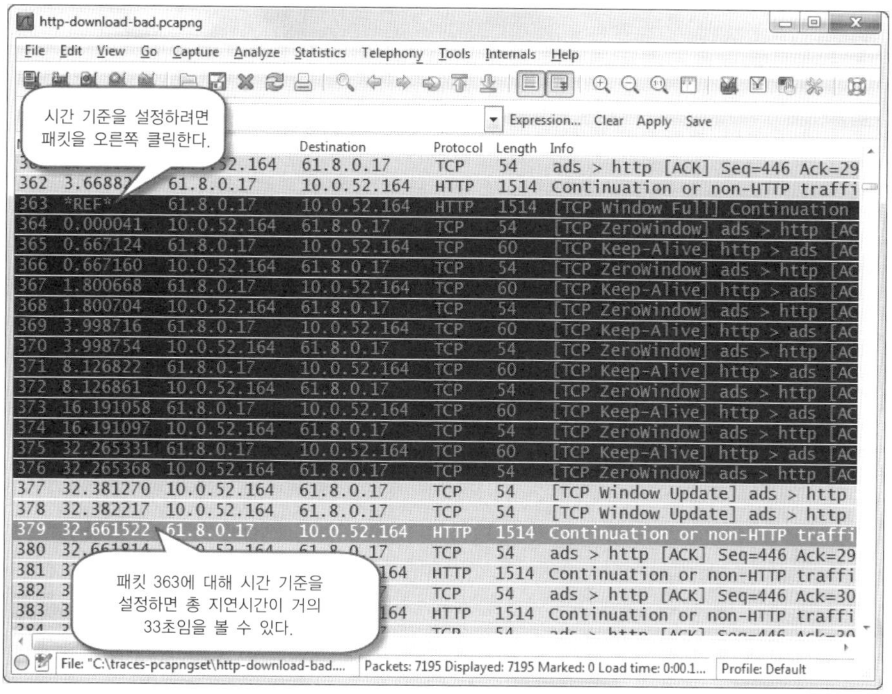

시간 기준을 설정하려면 패킷을 오른쪽 클릭한다.

패킷 363에 대해 시간 기준을 설정하면 총 지연시간이 거의 33초임을 볼 수 있다.

그림 117 전체 지연시간을 계산하기 위해 시간 기준을 사용[http-download-bad.pcapng]

클라이언트 지연, 서버 지연, 경로 지연 식별

그림 118은 TCP 연결 설정(1-3번 패킷에서 3 방향 핸드셰이크), HTTP GET 요청(4번 패킷), TCP 확인응답(5번 패킷)과 HTTP 데이터(6번 패킷)에 대한 서버 응답을 보여준다. 매체 지연과 프로세서 지연을 식별하기 위한 HTTP 연결 설정에서 패킷을 사용할 수 있다. 이 예제에서 다시 http-download-bad.pcapng를 이용한다.

핸드셰이크는 지연에 대해 좋은 스냅샷을 제공한다.

그 순간에 왕복 지연시간을 결정하기 위한 TCP 연결 설정 프로세스의 SYN와 SYN/ACK를 볼 수 있다. 이 측정은 호스트 사이 왕복 지연시간의 스냅샷만을 제공한다는 사실을 명심하라. 몇 초 후에 왕복 지연시간은 완전히 다를 수 있다. 추적 파일에서 평균 대기 시간을 그래프로 나타내는 방법을 알려면 21장의 '왕복 시간 그래프' 절을 참조하라.

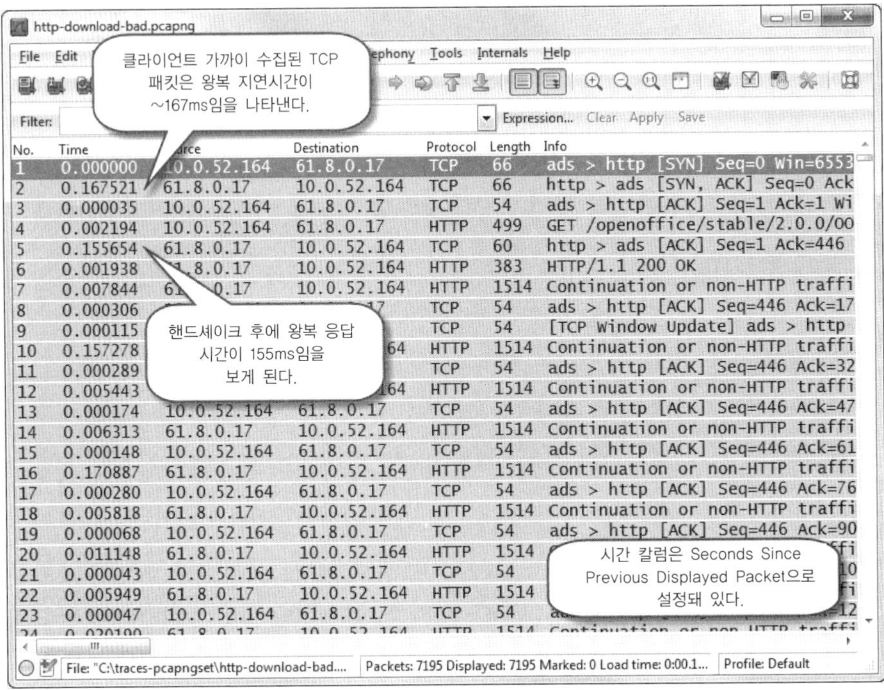

그림 118 시간 칼럼을 이용해 지연 평가하기[http-download-bad.pcapng]

클라이언트와 서버 사이에 지연의 3가지 유형을 식별하기 위해 통신의 짧은 부분을 이용할 수 있는데, 이는 종단 대 종단 경로 지연, 느린 서버 응답, 그리고 오버로드된 클라이언트다.

✻ 종단 대 종단 경로 지연 계산

그림 118에서 와이어샤크는 클라이언트에 가까이 위치하고 있다. 초기의 TCP SYN(1번 패킷)과 SYN/ACK(2번 패킷) 패킷 사이의 시간은 수집 지점에서의 왕복 경로 지연시간을 나타낸다. 경로에 따른 높은 지연시간은 TCP 핸드셰이크의 처음 2개 패킷을 보면 분명해질 것이다.

이 예제에서 시간 칼럼은 Seconds since Previous Displayed Packet으로 설정됐다. SYN과 SYN/ACK 패킷 사이의 지연시간은 167밀리초 이상이다(0.167521초). 다음으로 GET 요청(4번 패킷)과 응답 ACK(5번 패킷) 사이의 시간을 조사해보자. 왕복 지연시간은 155밀리초 이상이다(0.155654초).

경로에 따른 높은 지연시간은 패킷을 전달하는 네트워크 간 연결 장치, 경로에 따른 느린 링크, 종단 장치 사이의 거리와 기타 요소에 의해 야기된다.

✻ 느린 서버 응답 찾기

서버의 ACK(5번 패킷)와 잠재적인 서버 프로세서 지연 문제를 식별하기 위한 실제 데이터 패킷(6번 패킷) 사이에 시간을 조사하라.

예를 들어 http-slowboat.pcapng에서(그림 119 참조) 클라이언트의 GET 요청에 약 37ms로 응답(패킷 9의 ACK)하는 것을 볼 수 있다. 또 다른 4초가 데이터 전송 시작(패킷 10) 전에 경과했다.

서버는 다른 요청이나 프로세스들에 따른 과부하로 인해 파워 부족(프로세스 기능이나 메모리에서)이 생길 때 응답이 늦어진다. 이것은 매우 간단한 것이다. 서버 프로세스의 높은 지연시간을 확인하기 위해서는 추가적인 통신을 살펴봐야 한다.

✻ 오버로드된 클라이언트 찾기

클라이언트 지연 이슈는 클라이언트가 서비스에 대한 요청을 하기 전에 큰 지연이 발생할 때 발생한다. 예를 들어 ACK(3번 패킷)와 GET 요청(4번 패킷) 사이에 큰 지연이 발생하는 경우 클라이언트는 통신에 지연을 일으키게 된다.

클라이언트가 오버로드됐다면 통신에서 다음 요청이 느려질 수도 있다. 이런 문제는 부족한 처리 능력, 사용 가능한 메모리 공간의 부족, 읽기/쓰기 작업이 느린 디스크 등과 같은 문제 때문에 발생할 수 있다.

✣ 트래픽률, 패킷 크기, 전송되는 전체 바이트의 요약

저장되거나 저장되지 않은 추적 파일에 대한 기본적인 정보를 보려면 Statistics ❯ Summary를 보라. 요약 통계는 파일 형식 정보, 파일 길이, 시간 경과, 패킷의 개수, 초당 평균 패킷, 패킷 크기의 평균, 총 바이트 크기, 초당 평균 바이트, 초당 메가바이트 평균 들을 포함한다. 요약 정보는 적당한 네트워크 성능과 문제가 있는 네트워크 성능을 비교할 때 중요하다.

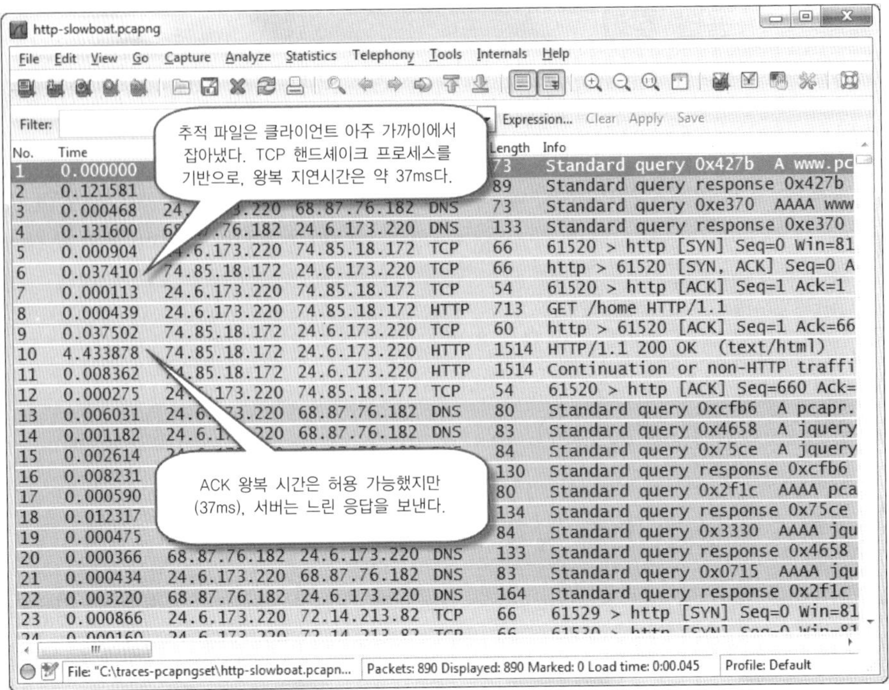

그림 119 이해가 되지 않는 서버 응답 시간[http-slowboat.pcapng]

✻ 단일 요약 창에서 3개의 트래픽 유형 비교

하나의 요약 창에서 3개의 트래픽 유형을 비교할 수 있다.

- 추적 파일에 있는 모든 수집 패킷
- 추적 파일에 있는 표시된 모든 패킷
- 추적 파일에 있는 마킹된 모든 패킷

그림 120에서 보는 것과 같이 3가지 트래픽 유형을 비교하려면 다음과 같은 3단계를 따라야 한다.

1. http-espn2012.pcapng를 연다. 디스플레이 필터에 dns를 입력한다. Edit | Mark All Displayed Packets를 선택한다. 모든 DNS 트래픽은 검은 배경과 흰색으로 디스플레이될 것이다.
2. `tcp.analysis.flags && !tcp.analysis.window_update`를 위해 새로운 디스플레이 필터를 적용한다. 이 디스플레이 필터를 초기화하지 말라.

3. Statistics | Summary를 선택하면 요약 창 아래쪽에 수집, 디스플레이, 마크된 칼럼을 볼 수 있다.

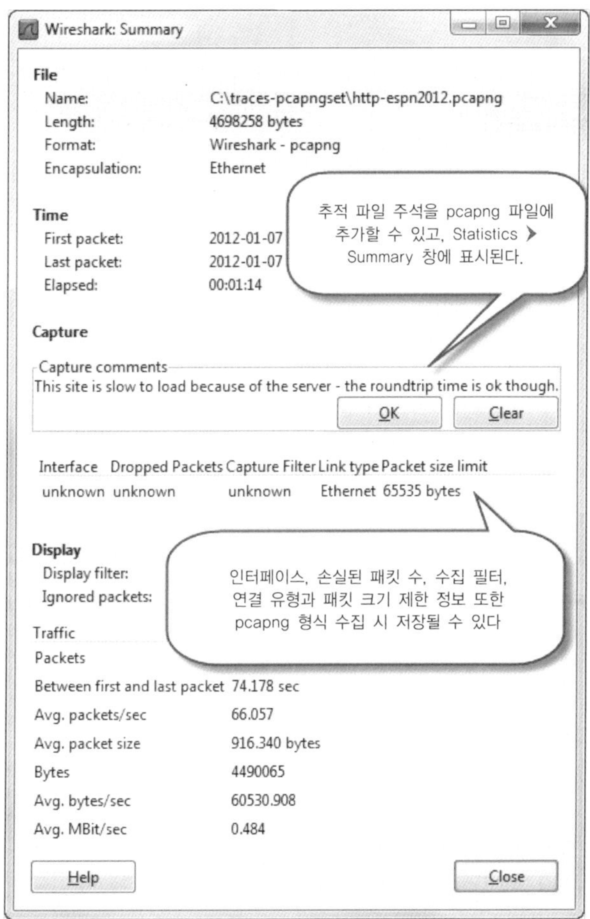

그림 120 요약 창은 데이터의 3가지 설정을 비교하기 위해 사용될 수 있다.

✻ 두 개 이상의 추적 파일에 대한 요약 정보 비교

성능을 수용할 만할 때 네트워크 통신의 베이스라인을 생성하면 성능을 수용할 수 없을 때 수집한 현재 수집 통계에 대해 베이스라인 트래픽의 기본 통계와 비교하기 위해 요약 창을 사용할 수 있다. 생성해야 할 베이스라인에 대한 자세한 정보는 28장을 참조하라.

그림 121은 2개의 요약을 보여준다. 이 경우 와이어샤크의 두 인스턴스를 시작해 각 인스턴스에서 분리된 추적 파일을 로드한 후 각 추적 파일에 대한 요약 창을 열었다.

두 개의 요약을 나란히 비교해보면 추적 파일은 빠른 다운로드 프로세스를 보여주는 추적 파일에 비해 더 느린 초당 패킷율과 초당 평균 메가 비트율을 갖는 좀 더 느린 다운로드 프로세스를 보여준다.

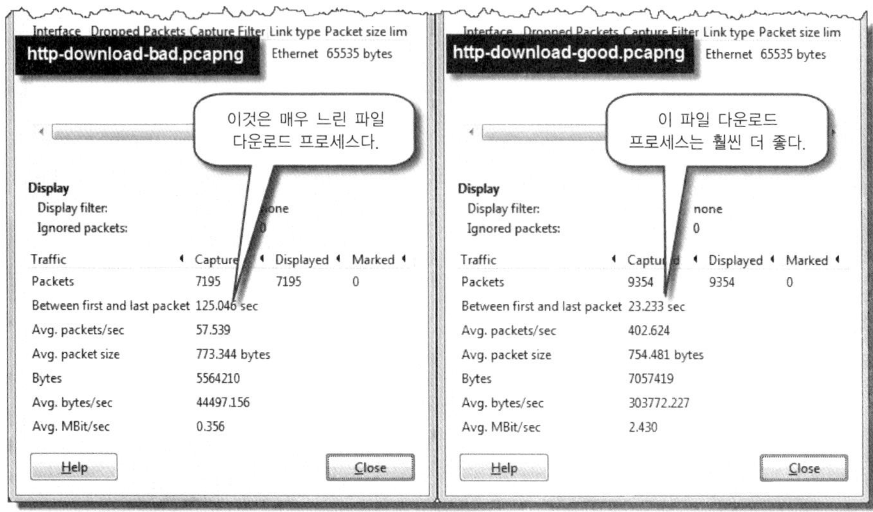

그림 121 와이어샤크의 두 인스턴스에 대한 요약 비교

이런 요약 뷰를 향상시키기 위해 와이어샤크는 값의 수에 필터를 할당할 수 있다. 그림 122에서 양쪽 추적 파일은 추적 파일 안의 모든 지연 지점이 `tcp.time_delta > .500`으로 필터링돼 디스플레이한다.

또한 `tcp.analysis.flags && !tcp.analysis.window_update`에 대한 필터 적용이 가능하고, Mark All Displayed Packets된다. 요약 창에 표시된 칼럼은 각 추적 파일에서 TCP 분석 이벤트의 수를 보여준다. 디스플레이 필터에 대한 자세한 정보는 9장을 참조하라.

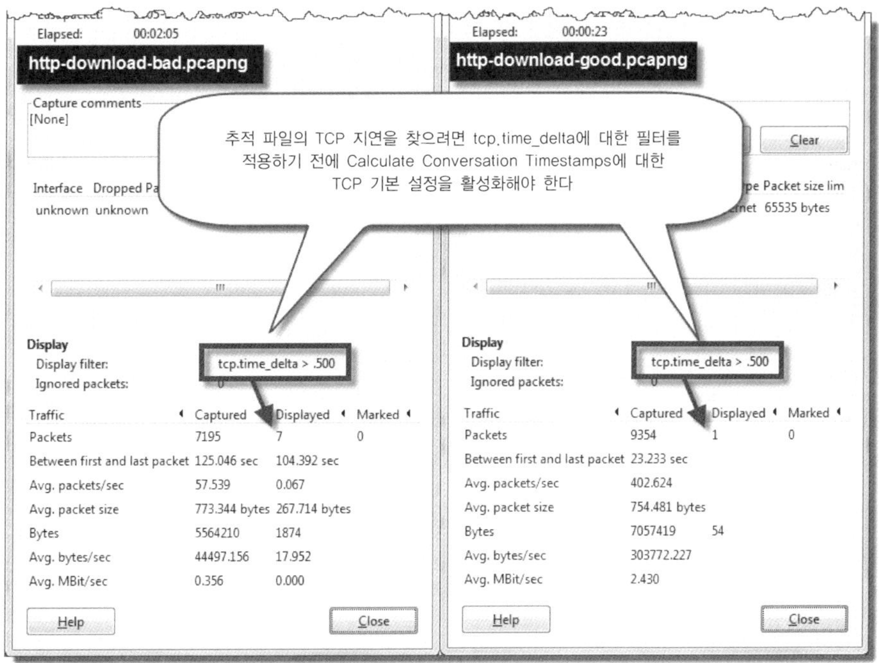

그림 122 델타 시간이 1초 이상인 필터를 이용해 추적 파일 비교하기

사례 연구: 시간 칼럼이 지연된 ACK 찾기

제출자 Allen Gittelson

고객들이 100 Mbps 이더넷을 통한 프린트 서버의 인쇄 작업이 너무 느리다고 불평했다.

나는 고객의 윈도우 라인 프린터LPR 클라이언트와 라인 프린터 데몬LPD 서버에 대한 통신의 네트워크 추적 파일을 얻었고, 비교를 목적으로 나의 베이스라인 추적 파일을 갖고 있었다. 이것은 일반적으로 '나쁜' 혹은 '비정상적인' 추적 파일과 베이스라인 추적 파일을 비교할 때 아주 유용하다. 우리는 발생하기 시작한 문제들 사이에서 차이점을 식별할 수 있었고, 차이점 분석을 통해 문제를 발견할 수 있었다.

어떤 분명한 문제가 있었다면 가장 먼저 한 일은 추적 파일을 통해 검사하는 일이었지만, LPR 프로토콜(RFC 1179) 통신에서 이상한 점을 발견할 수 없었다. 나는 패킷 간 타이밍을 보려고 설정된 와이어샤크의 시간 칼럼을 갖고 있었다(이것은 아주 도움이 된 경우의 예다).

추적 파일을 관찰하고 패킷 간 타이밍에 대해 주의를 기울이고 있을 때 LPR 통신에서 패킷 간의 간격이 ~200ms로 자주 반복된다는 점을 알아차렸다. 게다, 아주 명확한 패턴을 갖고 있었다. 일반적인 데이터 전송에서는 이런 지연이 수백, 수천 개에 이르기 때문에 주파수와 이들 지연의 용량은 데이터 전송을 매우 느리게 만들었다. 데이터 전송 속도는 전화 다이얼 연결 속도보다 더 느렸다(약 56Kbps).

앞으로 일어날 특별한 문제를 식별하기 위한 쉬운 방법 중 하나는, LPR 트래픽만 보는 와이어샤크의 디스플레이 필터를 사용하는 것이고, 패킷 간 시간이 가장 큰 순서대로 추적 파일을 정렬하는 방법이었다.

200ms 이하의 지연시간 목록이 아주 빈번하게 발생했다. 또한 이런 문제의 유형을 식별하는 데 도움이 되는 와이어샤크 기능은 IO 그래프 기능이다. X축을 0.1초 단위로, Y축을 틱tick당 바이트 전송률로 설정할 수 있다. 이 상황에서 IO 그래프는 각 버스트 설정 간에 지연에 대한 수많은 트래픽의 버스트를 보여줄 것이다. 나는 가끔 이 문제를 '빨리빨리 증후군hurry up and wait syndrome'으로 언급한다. 확인응답을 기다리는 동안 많은 시간을 소비함과 동시에 데이터가 신속하게 전송됐기 때문이다.

고객은 이 문제를 특별한 장비 때문이라고 믿는다. 다른 장치와 관련된 문제를 경험해보지 않았기 때문이다.

이 문제의 근본적인 원인은 마이크로소프트가 만든 LPR 클라이언트의 구현과 프린트 서버와 어떻게 상호작용하는지에 대한 문제였다. 우리가 제조한 제품에 대한 문제의 원리를 자세히는 알 수 없지만, support.microsoft.com/kb/950326과 support.microsoft.com/kb/823764에서 이런 문제 유형에 대해 제안하는 마이크로소프트 기술 자료를 참조할 수 있다. 이 특별한 문제에 대한 해결 방법은 SMB와 Port 9100/raw처럼 사용 가능한 다른 네트워크 프린팅 프로토콜을 사용하는 것이다.

정리

성능 문제는 경로에 따른 지연, 서버 지연 및 클라이언트 지연으로 발생할 수 있다. 추적 파일에서 특정 지점(시간 기준)으로부터의 시간을 측정하거나 패킷 간의 시간 측정을 돕기 위해서 와이어샤크의 기본 시간 칼럼 설정(tcp.time_delta 같은)을 바꾸거나 더 많은 시간 칼럼 설정을 추가할 수 있다. 시간 칼럼을 Seconds Since Previously Displayed Packet으로 설정하는 것은 추적 파일에서 연속적인 패킷 사이의 간격을 식별하는 데 도움을 준다.

각 추적 파일은 메인 타임스탬프 값(1970년 1월 1일 00:00:00:00 이후의 시간에 기반을 두는)이 들어있는 패킷마다 헤더를 포함한다. 와이어샤크는 패킷 상세 정보 창의 프레임 섹션에 패킷 타임스탬프 값이 표시되면 이런 헤더를 참조한다. 다른 시간 대역으로 구성된 호스트에서 추적 파일을 열면 추적 파일 타임스탬프 값은 다르게 표시될 것이다.

추적 파일에서 패킷 목록 창에 있는 패킷을 오른쪽 클릭하고, Set Time Reference(토글)를 선택함으로써 시간 참조를 설정할 수 있다. 그러면 시간 칼럼은 현재 패킷에서 시간 기준 패킷까지 시간을 제공할 것이다.

호스트 간에 왕복 지연시간의 스냅샷을 제공하기 위해 TCP 핸드셰이크를 사용할 수 있다. 이것은 스냅샷이지만 왕복 시간은 시간이 지남에 따라 달라질 수 있다.

추적 파일에 대한 기본적인 정보를 비교하려면 추적 파일 요약을 이용할 수 있고, 추적 파일에서 종종 보이는 시간의 큰 격차를 식별하기 위해 시간 필터를 사용할 수 있다.

Pcapng 추적 파일은 나노초 수준에서 시간을 정의할 수 있다. 이 세분화된 시간에 수집하는 특별한 하드웨어가 있어야 한다.

학습한 내용 복습

이 책의 웹사이트인 www.wiresharkbook.com의 다운로드 섹션에서 추적 파일을 다운로드할 수 있다. 7장에서 학습한 내용을 복습하기 위해이 추적 파일 중 일부를 사용한다.

느린 DNS 응답 시간 측정

- dns-slow.pcap를 연다. View > Time Display Format > Seconds Since Previous Displayed Packet을 선택한다.
- www.ncmec.org에 대한 첫 번째 DNS 조회와 두 번째 DNS 조회 사이에 얼마나 많은 시간이 지연됐는가? 1.00620초를 보게 될 것이다.
- www.ncmec.org에 대한 첫 번째 DNS 조회와 두 번째 DNS 조회 사이에 얼마나 많은 시간이 지연됐는가? 첫 번째 DNS 응답을 오른쪽 클릭하고, 이 값을 측정하기 위해 시간 기준을 설정한다(두 번째 DNS 응답이 도착함에 따라 클라이언트는 DNS 응답을 위한 수신 대기 포트를 닫을 것이다). 이것이 클라이언트가 ICMP 목적지 도달 불가/포트 도달 불가Destination Unreachable/Port Unreachable 응답을 보내기 때문

이다. ICMP 트래픽 분석에 대한 자세한 정보는 18장을 참조하라. 첫 번째와 두 번째 DNS 응답 패킷 사이에 0.184489초인 것을 보게 될 것이다.

- 98번 패킷에 서버가 DNS 조회 응답을 하기 위해 얼마나 많은 시간이 소요됐는가? 98번 패킷에서 DNS 조회와 107 패킷에서 DNS 응답 사이에 소요된 시간이 .207250초라는 것을 보게 될 것이다.

❊ 높은 지연 경로 측정

- http-download-good.pcap를 연다. 시간 칼럼을 Seconds Since Previous Displayed Packet으로 재설정 한다.[1] TCP 핸드셰이크의 첫 번째 패킷과 두 번째 패킷 사이의 지연 시간은 얼마인가?(1번과 2번). 0.179989초일 것이다.
- 시간 칼럼을 정렬하라. 추적 파일에서 가장 큰 시간 지연은 무엇인가? 추적 파일에서 가장 큰 시간 지연은 2.753091초일 것이다.
- 숫자(No.) 칼럼으로 정렬하라. 추적 파일에서 가장 큰 지연시간 주위에 어떤 일이 발생하는가? 지금 발생한 TCP 윈도우 업데이트 프로세스를 볼 수 있다. 윈도우 업데이트 패킷에 대한 자세한 정보를 위해 13장을 참조하라.

웹 서핑, 파일 서버 접근, 이메일을 받거나 보낼 때 등 속도가 느리다고 느낀다면 트래픽을 수집해 시간 칼럼을 조사하라.

다음 표는 이번 절에서 다뤘던 추적 파일의 요약을 보여준다.

dns-slow.pcapng	이 추적의 시작에서 DNS 조회와 응답 사이의 지연을 비교한다. 추적에서 나중에 DNS 응답 시간이 좋아지는가?
http-download2011.pcapng	애플리케이션을 다시 다운로드하기 위해 OpenOffice 웹사이트로 되돌아가 본다. 이것은 우리가 http-download-bad.pcapng와 http-download-good.pcapng에서 시도했던 것이다. 이번에는 어떻게 해볼까? 이전에 디스플레이된 패킷 이후의 시간에 시간 칼럼을 설정할 때는 주의하고, 최대 지연들을 확인하기 위해 정렬한다. 이전 FIN이나 RST의 지연을 해결하고 싶지는 않을 것이다.

(이어짐)

1. 와이어샤크가 이것을 활성화 설정으로 보여줄지라도 사용자가 시간 참조 패킷을 설정한 경우 Seconds Since Beginning of Capture의 실제 설정을 변경한다. 사용자는 항상 Seconds Since Previous Displayed Packet으로 재설정해야 한다.

http-download-bad.pcapng	이 추적 파일에는 몇 가지 심각한 문제가 있다. 작은 이슈의 문제 해결에 집착하지 마라. 이전 디스플레이된 패킷 이후의 초에 대한 시간 칼럼을 설정하고 정렬한다. 큰 지연을 일으키는 몇 가지 문제에 대한 정보는 13장을 참조하라.
http-download-good.pcapng	사용자가 이 추적 파일에서 표시된 OpenOffice 2진 데이터를 얻기 위해 요구되는 다운로드 시간은 상대적으로 괜찮을 것이다. 파일 전송에 시간이 얼마나 걸렸는가? 평균 초당 바이트 전송률이 얼마인가? 시간 칼럼을 Seconds Since Previous Displayed Packet으로 설정하고, 그 다음에 시간에 큰 격차를 찾기 위해 이 칼럼을 정렬하라.
http-slowboat.pcapng	이 상태가 지속된다면 다운로드가 완성되기까지 하루 종일 기다릴 것이다. 이 추적 파일은 서버의 대기 문제를 보여준다. 경로 지연을 첫 번째로 확인한 후 요청이나 실제로 보내는 정보에 대한 응답(ACK) 서버 사이 시간을 본다.

연습문제

Q7.1 네트워크 성능 문제의 원인을 식별하기 위해 시간 설정이 어떻게 사용될 수 있는가?

Q7.2 다른 회사로부터 전송된 추적 파일을 열었다. 타임스탬프 값은 밀리초 분석만을 보여준다. 왜 그런가? 추적 파일의 타임스탬프 분석을 향상시킬 수 있는가?

Q7.3 5개의 별도 대화를 포함하는 추적 파일을 열었다. 대화 중 하나에서 시간의 경과를 측정하기 위해 시간 기준이 어떻게 사용될 수 있는가?

연습문제 답

Q7.1 네트워크 성능 문제의 원인을 식별하기 위해 시간 설정이 어떻게 사용될 수 있는가?

A7.1 네트워크 문제를 식별하기 위한 한 가지 방법은 시간 칼럼을 Seconds since Previously Displayed Packet으로 설정하고, 자동 스트리밍 프로세스가 진행되는 동안의 통신에서 시간의 큰 간격을 찾는 것이다. 예를 들어 파일 전송이 진행되는 동안 파일은 시간의 큰 격차 없이 전송돼야 한다.

Q7.2 다른 회사로부터 전송된 추적 파일을 열었다. 타임스탬프 값은 밀리초 분석만을 보여준다. 왜 그런가? 추적 파일의 타임스탬프 분석을 향상시킬 수 있는가?

A7.2 대부분의 분석기는 정확한 타임스탬프를 제공할 수 없는 추적 파일을 수집하는 데 사용된다. 수집된 추적 파일의 타임스탬프 값을 수정할 수 없다.

Q7.3 5개의 별도 대화를 포함하는 추적 파일을 열었다. 대화 중 하나에서 시간의 경과를 측정하기 위해 시간 기준이 어떻게 사용될 수 있는가?

A7.3 관심 있는 통신의 첫 번째 패킷에서 시간 기준 설정을 할 수 있고, 대화의 끝부분으로 스크롤할 수 있다. 시간 칼럼은 시간 기준 패킷으로부터 경과된 시간과 통신의 마지막 패킷을 표시할 것이다. 반면, 관심 있는 대화에서 필터를 설정할 수 있고, 첫 번째 패킷에서 시간 기준을 설정할 수 있다. 마지막으로 표시된 패킷은 통신에 대한 경과 시간을 나타낸다.

기본 추적 파일 통계 해석

와이어샤크 공인 네트워크 분석가 시험에서 다루는 내용

- 와이어샤크 통계 시작
- 네트워크 프로토콜과 애플리케이션 식별
- 가장 활발한 대화 식별
- 지구상에 종단점 나열과 지도에 표시
- 특정 트래픽 유형에 대한 대화와 종단점 나열
- 패킷 길이 평가
- 트래픽의 모든 IP 주소 나열
- 트래픽의 모든 목적지 나열
- 사용된 모든 UDP 포트와 TCP 포트 나열
- UDP 멀티캐스트 스트림 분석
- 트래픽 흐름 그래프로 작성
- HTTP 통계 수집
- 모든 WLAN 통계 검사

❖ 사례 연구: 애플리케이션 분석– Aptimize Website Accelerator™
❖ 사례 연구: VoIP 품질 문제 찾기
❖ 정리
❖ 학습한 내용 복습
❖ 연습문제와 답

8장에서 참조한 추적 파일

- dns-slow.pcapng
- app-aptimizr-odd.pcpng
- app-aptimize-on-fromcache.pcapng
- http-chappellu2011.pcapng
- http-espn2010.pcapng
- http-espn2010.pcapng
- http-yahoo-viafirefox.pcapng
- udp-mcaststream-qrered2.pcapng
- http-download2011.pcapng
- app-aptimize-on.pcapng
- arp-sweep.pcapng
- http-espn2007.pcapng
- http-espn2011.pcapng
- http-wireshark-ipv6.pcapng
- sec-clientdying.pcapng

와이어샤크 통계 창 시작

와이어샤크는 많은 네트워크 패킷 유형과 전체적인 동작에 대한 통계를 표시할 수 있다. 와이어샤크 통계를 보려면 메뉴에서 Statistics를 선택한다. 여기에 포함돼 있는 통계는 다음과 같다.

프로토콜 계층	대화와 종단점
주소와 포트 정보	패킷 길이
멀티캐스트 스트림	BOOTP-DHCP
흐름 그래프	WLAN 트래픽

네트워크 프로토콜과 애플리케이션 식별

다양한 트래픽 형식이 들어있는 추적 파일을 검사할 때 추적 파일에서 프로토콜이나 애플리케이션을 식별하려면 Statistics ❯ Protocol Hierarchy를 선택한다.

프로토콜 계층의 통계 창에 패킷 카운트, 바이트 카운트, 메가비트/초 및 세 개의 최종 패킷 칼럼을 표시한다. 종단 패킷 칼럼은 프로토콜이나 애플리케이션이 최상위 해독된 프로토콜이나 애플리케이션의 패킷의 수, 바이트의 수와 메가비트를 표시한다. 그림 123은 http-espn2010.pcapng에 대한 프로토콜 계층 구조 정보를 보여주는데, www.espn.com에 대한 웹 탐색 세션을 나타낸다. 프로토콜과 애플리케이션은 프로토콜 계층에 따라 분류된다.[1]

1. 해당 사이트는 콘텐츠 제공자와 광고주에게 너무 많이 의존하기 때문에 www.espn.com 세션을 찾아 HTTP-espn2007.pcapng, HTTP-espn2010.pcapng, HTTP-espn2011.pcapng, HTTP-espn2012.pcapng에서 6년간의 브라우징 세션을 비교할 수 있다.

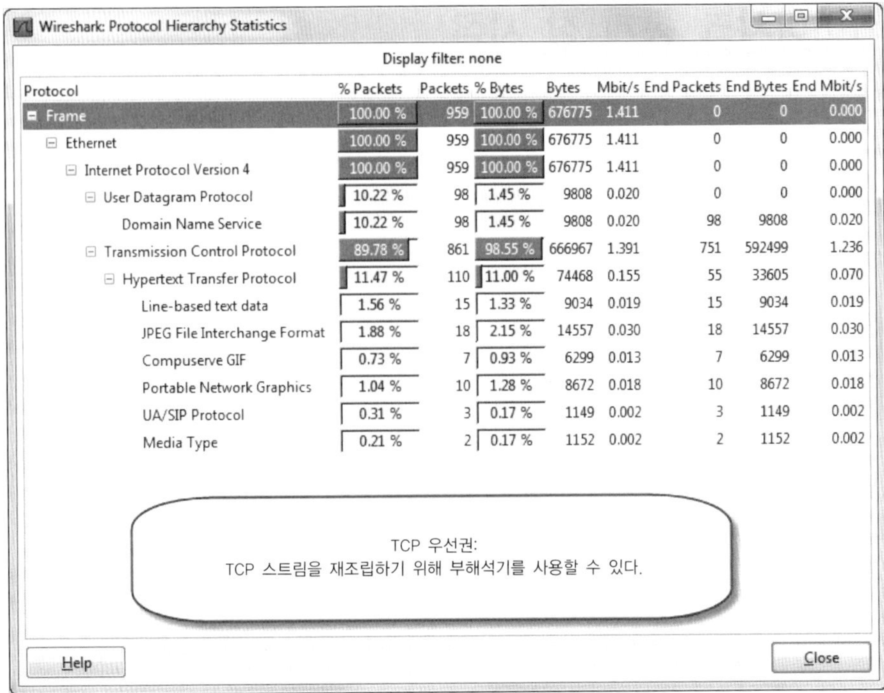

Protocol	% Packets	Packets	% Bytes	Bytes	Mbit/s	End Packets	End Bytes	End Mbit/s
Frame	100.00 %	959	100.00 %	676775	1.411	0	0	0.000
Ethernet	100.00 %	959	100.00 %	676775	1.411	0	0	0.000
Internet Protocol Version 4	100.00 %	959	100.00 %	676775	1.411	0	0	0.000
User Datagram Protocol	10.22 %	98	1.45 %	9808	0.020	0	0	0.000
Domain Name Service	10.22 %	98	1.45 %	9808	0.020	98	9808	0.020
Transmission Control Protocol	89.78 %	861	98.55 %	666967	1.391	751	592499	1.236
Hypertext Transfer Protocol	11.47 %	110	11.00 %	74468	0.155	55	33605	0.070
Line-based text data	1.56 %	15	1.33 %	9034	0.019	15	9034	0.019
JPEG File Interchange Format	1.88 %	18	2.15 %	14557	0.030	18	14557	0.030
Compuserve GIF	0.73 %	7	0.93 %	6299	0.013	7	6299	0.013
Portable Network Graphics	1.04 %	10	1.28 %	8672	0.018	10	8672	0.018
UA/SIP Protocol	0.31 %	3	0.17 %	1149	0.002	3	1149	0.002
Media Type	0.21 %	2	0.17 %	1152	0.002	2	1152	0.002

그림 123 웹 브라우징 세션에서 프로토콜 계층 정보 [http-espn2010.pcapng]

이 프로토콜과 애플리케이션은 프로토콜 계층에 따라 분류된다. 98 패킷(모든 트래픽 바이트의 1.45%)은 UDP 기반(DNS 요청 및 응답)이고, 861 패킷(모든 트래픽의 98.55%)은 TCP 기반이다.

110 패킷은 HTTP로 나타나 있다. HTTP에 디스플레이 필터를 적용할 경우와 패킷 수가 일치함을 볼 수 있다. 추적 파일을 통해 이동하는 경우 모든 TCP 트래픽은 HTTP 브라우징 트래픽으로 나타난다. 무슨 차이가 있는 것일까?

웹 브라우징 세션으로 추적 파일을 열었을 때 와이어샤크가 HTTP 트래픽을 절반도 되지 않게 표시하는 것을 보고 매우 놀랄 것이다. TCP 핸드셰이크, ACK, 연결 종료 패킷을 재조립한 물리적 데이터 단위인 TCP 세그먼트는 HTTP에 포함되지 않는다. `tcp && !http` 필터를 적용시키면 HTTP에 적용되지 않은 패킷들을 볼 수 있다. 이는 TCP 패킷과 HTTP 패킷 사이에 큰 차이가 있음을 설명한다.

필터 적용이나 준비, 패킷 검색이나 프로토콜 컬러링을 하려면 열에서 마우스를 오른쪽 클릭하면 된다.

✿ 네트워크 프로토콜과 애플리케이션 식별

그림 124는 웹사이트 로딩 프로세스에 관련된 패킷의 수를 보여주지는 않는다. 그림을 더 정확히 보려면 Subdissector가 TCP 스트림을 허용하지 않으므로 Edit ▶ Preferences ▶ Protocols ▶ TCP를 사용하거나 패킷 상세 정보 창에서 TCP 헤더를 오른쪽 클릭하고 Protocol Preferences를 선택한다.

그림 124는 TCP 기본 설정에서 프로토콜 계층 통계 창의 결과를 변경하는 방법을 보여준다. Subdissector가 TCP 스트림을 재조립하는 것을 허용하는 설정을 비활성화하고 와이어샤크가 HTTP로 웹페이지 데이터를 포함해 데이터 패킷을 정의한다.

TCP 핸드셰이크의 경우 ACK 패킷과 연결 종료 패킷은 TCP(HTTP가 아닌)로 정의된다.

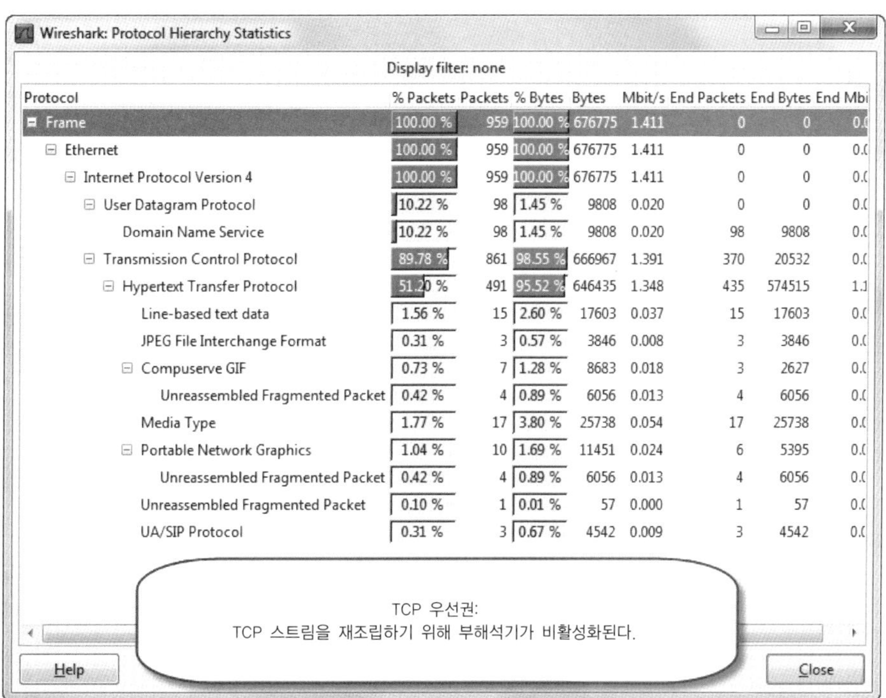

Protocol	% Packets	Packets	% Bytes	Bytes	Mbit/s	End Packets	End Bytes	End Mbi
Frame	100.00 %	959	100.00 %	676775	1.411	0	0	0.(
Ethernet	100.00 %	959	100.00 %	676775	1.411	0	0	0.(
Internet Protocol Version 4	100.00 %	959	100.00 %	676775	1.411	0	0	0.(
User Datagram Protocol	10.22 %	98	1.45 %	9808	0.020	0	0	0.(
Domain Name Service	10.22 %	98	1.45 %	9808	0.020	98	9808	0.(
Transmission Control Protocol	89.78 %	861	98.55 %	666967	1.391	370	20532	0.(
Hypertext Transfer Protocol	51.20 %	491	95.52 %	646435	1.348	435	574515	1.1
Line-based text data	1.56 %	15	2.60 %	17603	0.037	15	17603	0.(
JPEG File Interchange Format	0.31 %	3	0.57 %	3846	0.008	3	3846	0.(
Compuserve GIF	0.73 %	7	1.28 %	8683	0.018	3	2627	0.(
Unreassembled Fragmented Packet	0.42 %	4	0.89 %	6056	0.013	4	6056	0.(
Media Type	1.77 %	17	3.80 %	25738	0.054	17	25738	0.(
Portable Network Graphics	1.04 %	10	1.69 %	11451	0.024	6	5395	0.(
Unreassembled Fragmented Packet	0.42 %	4	0.89 %	6056	0.013	4	6056	0.(
Unreassembled Fragmented Packet	0.10 %	1	0.01 %	57	0.000	1	57	0.(
UA/SIP Protocol	0.31 %	3	0.67 %	4542	0.009	3	4542	0.(

그림 124 웹 브라우징 세션에서 프로토콜 계층 정보[http-espn2010.pcapng]

호스트에 의해 사용되는 모든 프로토콜과 애플리케이션 특징짓기

해당 호스트에 대한 트래픽 통계를 보기 위해 프로토콜 계층 통계 창을 열기 전에 IP 주소 디스플레이 필터를 적용한다. 이것은 호스트가 사용하는 모든 프로토콜과 애플리케이션을 특성화하는 아주 좋은 방법이다. 예를 들어 호스트가 유휴 상태인 동안 어떤 프로토콜이나 애플리케이션이 활성 상태인지 알고 싶다면(사용자가 시스템에서 작업하는 것을 제외하고) 해당 호스트의 IP 주소 필터와 프로토콜 계층 통계 창을 열면 된다.

프로토콜 계층을 검사하는 것은 문제가 있다고 생각되는 호스트로 오거나 나가는 트래픽의 특성을 살펴보고자 할 때 아주 중요한 단계다. 인터넷 중계 채팅IRC, Internet Relay Chat, 단순 파일 전송 프로토콜TFTP, Trivial File Transfer Protocol, 원격 프로시저 호출RPC, Remote Procedure Call, 또는 인식되지 않는 애플리케이션과 같이 특이한 프로토콜이나 애플리케이션을 검사해본다.

그림 125는 침해를 받았다고 생각되는 호스트에 대한 프로토콜 계층 정보를 보여준다. 이 네트워크는 일반적인 IRC나 TFTP를 지원하지 않는다. 이 시점에서 검토할 트래픽에 대한 필터를 생성하기 위해 나열된 비정상적인 프로토콜이나 애플리케이션 중 하나를 마우스 오른쪽 클릭할 수 있다.

침해를 받았다고 생각되는 호스트 분석에 대한 더 자세한 내용은 32장을 참조한다.

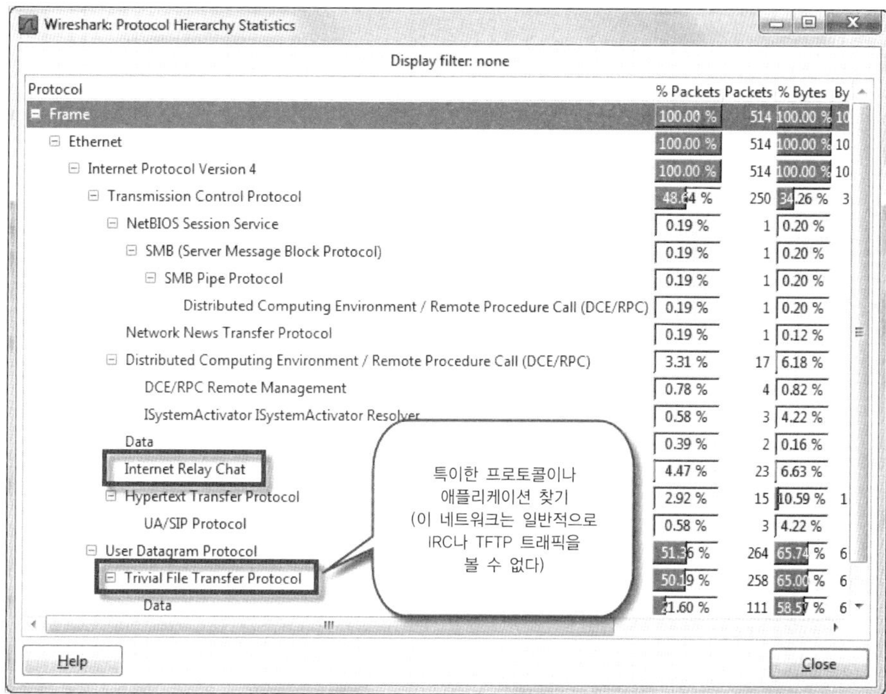

그림 125 프로토콜 계층은 몇 가지 의심스러운 트래픽을 표시한다.[sec.clientdying.pcapng]

가장 활발한 대화 식별

대화는 한 쌍의 장치 사이 통신이다. 대화는 MAC 계층 주소(ARP 대화), 네트워크 계층 주소(ICMP ping 대화), 포트 번호(FTP 대화) 등을 포함할 수 있다.

종단점은 대화의 한 측면인 반면, 대화는 한 쌍의 호스트 사이에 이뤄지는 통신이다. 호스트로부터 브로드캐스트 주소까지의 통신은 대화로 나열된다는 점을 주목하라. 브로드캐스트와 멀티캐스트 주소는 '브로드캐스트' 호스트나 '멀티캐스트' 호스트가 아닐지라도, 종단점 창에서 종단점처럼 나열된다.

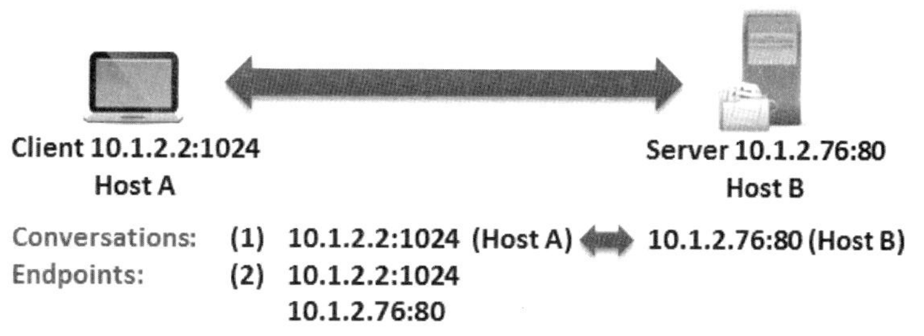

그림 126 종단점과 대화 비교

대화 창을 보려면 Statistics ➤ Conversations를 선택한다. 큰 추적 파일로 작업할 때 호스트 간에 전송된 바이트를 정렬하는 것은 패킷, 바이트, 비트/초 또는 총 대화의 지속 시간을 기준으로 가장 활발한 연결을 찾아낼 수 있게 해준다. 그림 127은 TCP 연결에 대한 대화 목록을 보여준다. 하나의 이더넷 대화를 통해 전송되는 수많은 IP, TCP, UDP 대화들이 있지만, 이것들은 오직 하나의 이더넷 대화라는 점을 기억하라.

예제에서 TCP 호스트 간에 전송된 바이트를 기준으로 가장 활발한 대화를 식별하기 위해 바이트 칼럼으로 정렬했다.

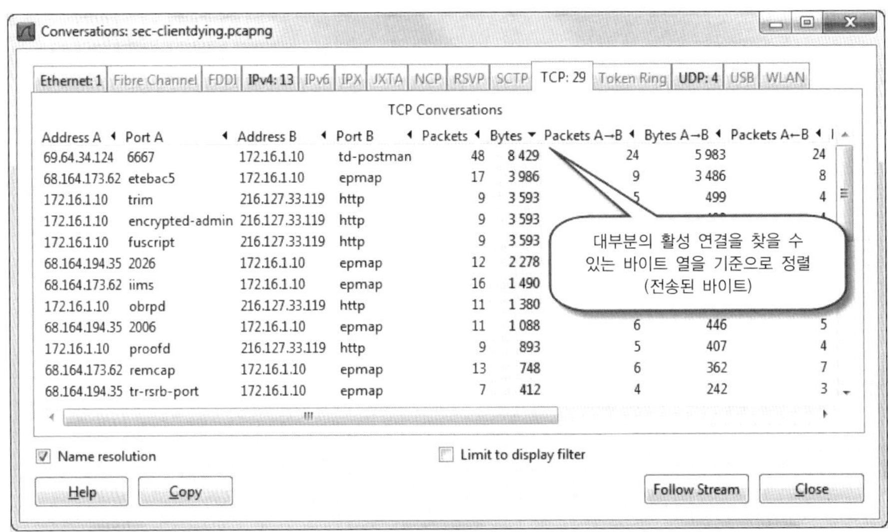

그림 127 대화는 통신하는 양 호스트 간에 이뤄진다.[sec-clientdying.pcapng]

종단점 나열과 지도에 표시

종단점은 대화의 한쪽 면이다(예를 들어 해당 IP 주소에서 사용되는 IP 주소와 포트 번호는 종단점으로 정의될 것이다). Statistics ➤ Endpoints를 선택해 종단점 창을 볼 수 있다.

그림 128에서 웹 브라우징 세션에서부터 파이어폭스를 사용해 www.yahoo.com까지의 패킷을 포함하는 추적 파일과 종단점 창을 열었다. 종단점 창은 패킷, 바이트, 전송된 패킷과 바이트, 수신된 패킷과 바이트에 관련된 세부 사항을 표시한다는 점을 기억하자(목적지 주소로, 대상이 패킷을 수신했다는 보증이 없다).

GeoIP 데이터베이스(www.maxmind.com)가 로드되면 와이어샤크로 Edit ➤ Preferences ➤ Name Resolution을 선택해 GeoIP 서비스의 데이터베이스 폴더를 확인하면 종단

점 창의 IPv4 탭 아래에 나열된 일부 또는 모든 호스트를 지도에 표시할 수도 있다.[2]

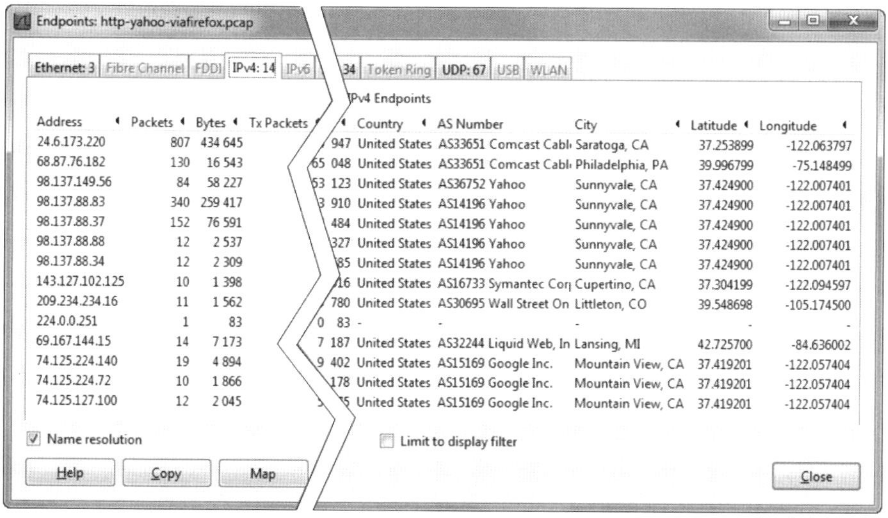

그림 128 종단점 IP 주소 검사[http-yahoo-viafirefox.pcapng]

IPv4 탭을 선택하면 종단점 창에 맵 버튼을 사용할 수 있다. 와이어샤크 1.8 이상에서 IPv4와 IPv6 주소 매핑이 지원된다.

GeoIP로 의심스러운 대상을 발견

그림 129에서처럼 IPv4 주소가 맵에 뜨면 www.wireshark.org에서 웹사이트 오른쪽 위 코너에 IPv6 이미지를 클릭해 IPv4/IPv6 테스트를 할 수 있다. 이 추적 파일은 http-wireshark-ipv6.pcapng이다. 이 종단 윈도우에서 IPv4 탭과 맵 버튼을 클릭한다. GeoIP 기능은 각 주소에 대해 GeoIP 감지 정보를 기반으로 붉은 깃발을 세우고, OpenStreetMap 보기를 시작한다.

와이어샤크 1.8에는 GeoIP IPv6 데이터베이스가 지원된다. 종단 윈도우에서 IPv6 탭을 클릭하면 IPv6 주소를 그려준다.

GeoIP의 단계별 지침은 5장의 'GeoIP로 세계 지도에 IP 주소 표시' 절에 있다.

---

2. 와이어샤크의 버전이 GeoIP를 지원해야 한다. Help ▶ About wireshark를 선택한 후 'with GeoIP'를 찾는다.

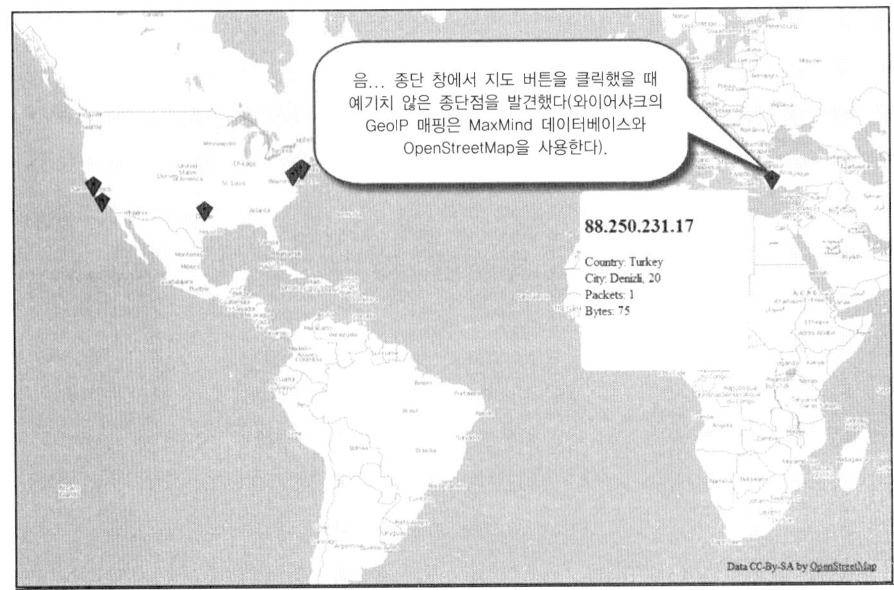

그림 129 GeoIP는 종단점 창의 IPv4와 IPv6 탭에서 실행할 수 있다.[http-wireshark-ipv6.pcapng]

특정 트래픽 유형에 대한 대화와 종단점 나열

Statistics ❯ Conversations나 Statistics ❯ Endpoints를 사용하는 것뿐만 아니라, 이더넷, FDDI, Fiber 채널, IPX, IPv4, JXTA, NCP, RSVP, SCTP, TCP, Token Ring, UDP, USB, WLAN 등 15개의 미리 정의된 대화와 종단점 조건을 보기 위해 Statistics ❯ Conversation 목록이나 Statistics ❯ Endpoints 목록을 클릭할 수 있다.

GeoIP가 설정돼 있다면 종단점 리스트는 GeoIP 장소 정보를 표시하고, 맵 버튼으로 OpenStreetMap을 실행할 수 있다.

패킷 길이 평가

네트워크 애플리케이션을 기준으로 하거나 분석할 때 Statistics ❯ Packet Lengths를 선택한다. 작은 패킷 길이는 파일 전송에 비효율적이며, 상위 프로토콜은 많은 비용을 요구한다. 예를 들어 TCP를 통해 500,000바이트 파일을 전송하는 데 사용되는 애플리케이션을 고려해야 한다.

가장 일반적인 네트워크 파일 전송 방법은 이더넷을 통해 TCP/IP 통신을 사용하는 것이다. 이더넷 802.3 네트워크는 그림 130와 같이 1518바이트 패킷 크기와 1500바이트 최대 전송 단위MTU, Maximum Transmission Unit를 지원한다.

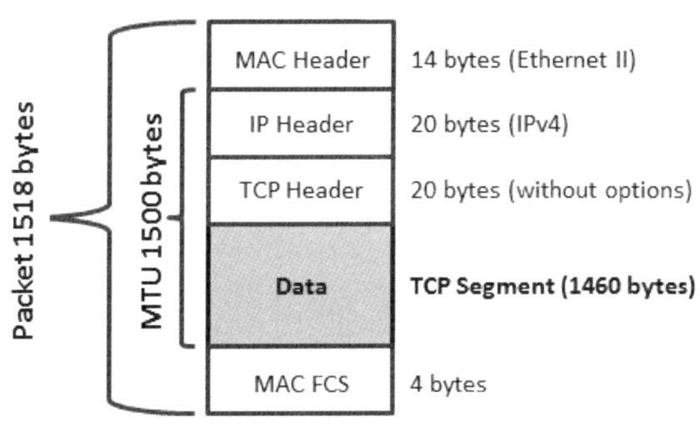

그림 130 표준 TCP 패킷 구조

그림 130에 보이는 MAC, IP, TCP 헤더 오버헤드는 프리앰블과 패킷 사이의 갭처럼 보이지 않는 오버헤드 요소에 해당하는 사항이 아니다.

그림 130에서 보는 것과 같이 1,518바이트가 될 수 있는 표준 이더넷 II 패킷 구조를 사용하고, 이더넷 헤더, IP 헤더, TCP 헤더, MAC 순환 중복 검사CRC, Cyclical Redundancy Check의 오버헤드를 제거할 때 TCP 세그먼트 데이터로 1,460바이트만 남게 된다. TCP가 이런 패킷에 배치할 수 있는 최대 세그먼트 크기MSS, Maximum Segment Size는 1,460바이트다.

몇 가지 기본적인 계산으로 네트워크를 통해 많은 양의 데이터를 전송하기 위한 작은 크기의 패킷 사용 문제를 설명할 수 있다.

- 애플리케이션이 패킷에서 총 1,460바이트의 MMS 크기를 갖는 데이터를 사용해 전송하는 경우, 500,000바이트 크기의 데이터를 전송하기 위해 343개의 패킷이 사용될 것이다. 이것은 헤더 오버헤드에 대해 19.894바이트(58바이트 오버헤드 × 343개의 패킷)를 요구할 것이다.
- 애플리케이션이 패킷에서 오직 320바이트 데이터를 전송한다면 500,000바이트의 데이터를 전송하기 위해 1,563개의 패킷이 사용된다. 이는 오버헤드에 대해 90,654바이트(58바이트 오버헤드 × 1,583개의 패킷)를 요구한다. 이것은 데이터 전송에 대해 효과적이지 않다.

데이터베이스 통신은 좀 이상하다

데이터베이스 통신은 파일 전체가 아닌 레코드나 필드 값을 전송하므로, 때때로 작은 패킷 크기를 사용한다. 이것은 대역폭을 효율적으로 사용하지는 않지만, 항상 그렇지는 않다. 사용자가 불평하지 않으면 데이터베이스 트래픽을 기준으로 하는 것은 가장 좋다. 이것은 데이터베이스의 상태가 아주 좋다는 것을 나타낸다.

파일 전송 애플리케이션은 특히 패킷 길이에 중점을 두고 검사해야 한다. 애플리케이션이 링크에서 허용되는 최대 MTU보다 더 작은 패킷을 전송한다면 그 이유는 다음과 같다.

- 애플리케이션은 MTU보다 더 작은 파일을 전송한다. 애플리케이션이 정말 작은 파일 크기를 전송하는지 확인하기 위해 파일 요청이나 파일 전송을 검사한다. 예를 들어 이메일을 읽거나 보낼 때 대부분의 이메일과 같이 작은 크기를 가지며, 각 이메일이 일반적으로 개별 파일로 처리되는 것을 볼 수 있다.
- 경로에 따른 장치는 MTU 크기를 제한한다. 모든 트래픽이 작은 MTU 크기를 갖는 패킷들을 압박하는 경우를 결정하기 위해 경로에 따라 다양한 ping 패킷의 크기나 다른 패킷을 전송해야 한다. MTU 감소는 하나의 특정 포트 값이나 발신지/목적지 한 쌍과 관련되는 것을 생각해야 한다. ICMP 유형 3, 코드 4 패킷을 찾는다(목적지에 도달할 수 없고, 단편화가 필요하지만, 단편 비트는 설정하지 않는다). ICMP에 대한 자세한 정보는 18장을 참조하라.
- 그림 131의 패킷 길이 창에 나타난 것처럼 애플리케이션은 최대 MTU 크기를 활용하기 위해 개발되지는 않는다. 대상으로/으로부터 파일을 송수신하는 다른 애플리케이션과 비교해보라. 예를 들어 파일 전송 테스트를 위해 FTP 또는 HTTP를 이용해 실험해본다.

그림 131은 파일 전송 작업 동안 작은 패킷들을 포함하는 추적 파일의 패킷 길이 창을 보여준다. 이 애플리케이션은 파일 전송 방법으로는 잘 수행되지 않는다.

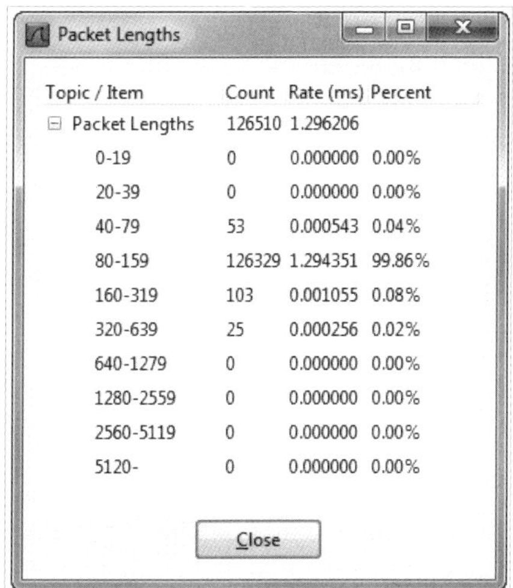

Packet Lengths

Topic / Item	Count	Rate (ms)	Percent
⊟ Packet Lengths	126510	1.296206	
0-19	0	0.000000	0.00%
20-39	0	0.000000	0.00%
40-79	53	0.000543	0.04%
80-159	126329	1.294351	99.86%
160-319	103	0.001055	0.08%
320-639	25	0.000256	0.02%
640-1279	0	0.000000	0.00%
1280-2559	0	0.000000	0.00%
2560-5119	0	0.000000	0.00%
5120-	0	0.000000	0.00%

Close

그림 131 대부분의 트래픽은 최소 크기 패킷을 사용한다. 이것은 네트워크를 통해 큰 파일을 전송하는 것에는 적합하지 않다.

✣ 트래픽에서 모든 IPv4/IPv6 주소 나열

그림 132와 같이 추적 파일에서 모든 IP 주소를 나열하려면 Statistics ❯ IP Addresses를 선택한다. 와이어샤크는 특정 주소, 서브넷, 프로토콜, 애플리케이션 혹은 다른 규칙에 중점을 두기를 원하는 경우에 디스플레이 필터를 사용한다. 추적 파일에 적용된 디스플레이 필터를 갖고 있는 경우 와이어샤크는 통계를 생성하기 위해 사용할 때에 디스플레이 필터가 포함된다.

IP 주소 통계 창은 발신지와 목적지 IP 주소를 동시에 포함한다. 종단 윈도우나 대화들을 찾을 때 더욱 유용하게 사용할 수 있다.

 **ARP 패킷은 IP 주소 필터와 일치하지 않는다.**

IP 주소 통계를 열 때 arp 디스플레이 필터를 적용하면 패킷이 나타나지 않을 것이다. ARP 패킷이 패킷에서 IP 주소를 가질지라도 IP 헤더를 갖지는 않는다. 그러므로 주소 필터는 ARP 패킷에서 동작하지 않는다.

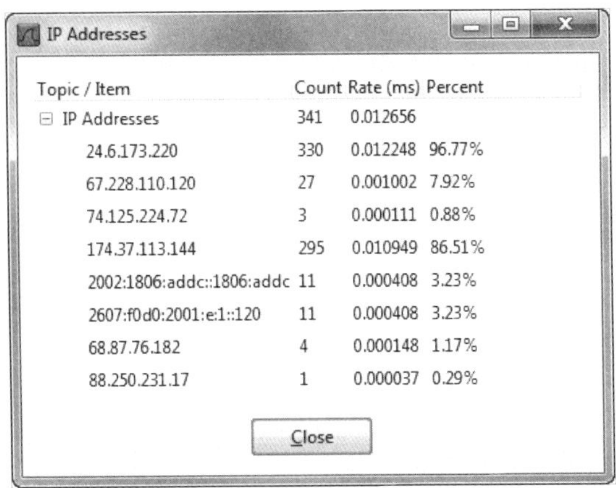

Topic / Item	Count	Rate (ms)	Percent
IP Addresses	341	0.012656	
24.6.173.220	330	0.012248	96.77%
67.228.110.120	27	0.001002	7.92%
74.125.224.72	3	0.000111	0.88%
174.37.113.144	295	0.010949	86.51%
2002:1806:addc::1806:addc	11	0.000408	3.23%
2607:f0d0:2001:e:1::120	11	0.000408	3.23%
68.87.76.182	4	0.000148	1.17%
88.250.231.17	1	0.000037	0.29%

그림 132 IP 주소 창은 추적 파일에서 보이는 IPv4나 IPv6 주소를 나열하지 않는다. [http-wireshark-ipv6.pcapng]

트래픽에서 모든 목적지 나열

각 목적지 IP 주소뿐만 아니라 목적지 전송(UDP 및 TCP) 및 목적지 포트 번호를 검사하려면 Statistics ➤ IP Destinations를 선택한다. 종단 윈도우나 대화들을 찾을 때 더욱 유용하게 사용할 수 있다.

와이어샤크는 특정 주소, 서브넷, 프로토콜, 애플리케이션 혹은 다른 규칙에 중점을 두기를 원하는 경우에 디스플레이 필터를 사용한다. 추적 파일에 적용된 디스플레이 필터를 갖고 있는 경우 와이어샤크는 통계를 생성하기 위해 사용할 경우에 디스플레이 필터가 포함된다.

예를 들어 SYN+ACK(이전 TCP 연결 시도가 성공적이라는 것을 표시) 메시지를 받은 모든 호스트를 보기 원한다면 Create Stat를 클릭하기 전에 디스플레이 필터에 `tcp.flags == 0x12`를 입력한다(SYN 및 ACK 비트 설정에 대한 모든 패킷을 보여준다).

다양한 TCP 플래그에 대한 디스플레이 생성에 대한 자세한 내용은 9장을 참조하라.

사용된 모든 UDP와 TCP 포트 나열

TCP 및 UDP 포트 번호를 기반으로 하는 트래픽을 요약하려면 Statistics ➤ IP Protocol Types를 선택한다. UDP 및 TCP 헤더들은 이런 통계에서 계산된다. 다시 와이어샤크는 특정 주소, 서브넷, 프로토콜, 애플리케이션 혹은 다른 규칙에 중점을 두기를 원하는 경우에 디스플레이 필터를 사용한다. 추적 파일에 적용된 디스플레이 이 필터를 갖고 있는 경우 와이어샤크는 통계를 생성하기 위해 사용할 경우에 디스플레이 필터가 포함된다.

이 창은 사용 중인 UDP와 TCP 포트만을 보여준다. 추적 파일(다른 패킷이 UDP와 TCP 포트를 사용하지 않는다면)에 ICMP 패킷이 있다면 이 윈도우에 none 카운트가 포함된다. 또한 종단 창이나 대화들을 찾을 때 더욱 유용하게 사용할 수 있다.

UDP 멀티캐스트 스트림 분석

와이어샤크는 자동으로 멀티캐스트 스트림과 기본 패킷율 통계와 대역폭 사용을 상세하게 제공한다.

멀티캐스트 트래픽 예 중 하나는 OSPF^Open Shortest Path First^ 라우터에 의해 생성된다. OSPF는 대규모 IP 네트워크에 사용되는 링크 상태 라우팅 프로토콜이다. OSPF 라우터는 멀티캐스트 광고를 전송한다.

또 다른 예는 인터넷 그룹 관리 프로토콜^IGMP, Internet Group Management Protocol^ 멀티캐스트 트래픽이다. IGMP는 멀티캐스트 그룹에 동적으로 참여하거나 그룹을 떠나는 호스트에 의해 사용된다. IGMP 전송 패킷 다운링크를 지원하게 구성된 라우터는 IGMP를 통해 알게 된 멀티캐스트 멤버를 지원한다.

또한 애플리케이션은 단일 데이터 스트림을 통해 다수의 호스트로 데이터를 전송하기 위해 멀티캐스트를 사용할 수 있다. 그림 133는 멀티캐스트 비디오 스트림에 대한 정보를 나타낸다.

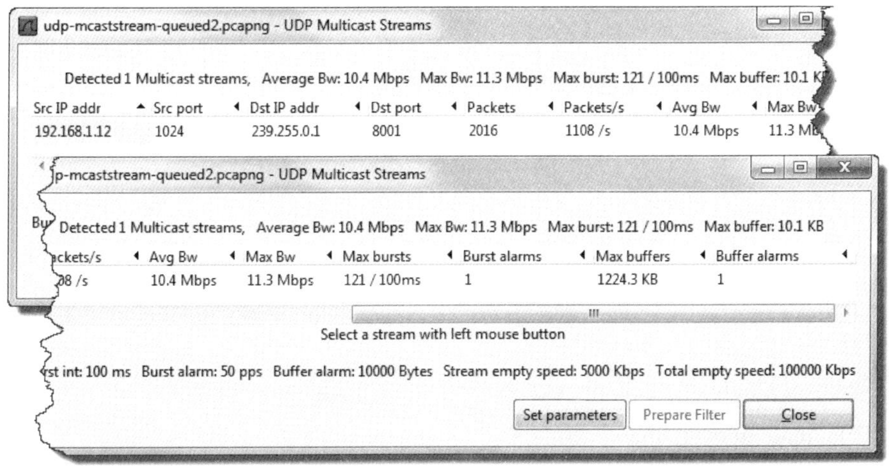

그림 133 UDP 멀티캐스트 스트림 통계는 버스트 정보를 포함한다.
[udp-mcaststream-queued2.pcapng]

발신지, 목적지 멀티캐스트, 포트 정보뿐만 아니라 패킷 속도와 버스트 통계를 식별하기 위해 Statistics ▶ UDP Multicast Streams를 선택한다(그림 134에 표시 된 것과 같이 설정할 매개변수를 기반으로).

버스트 측정 간격은 지정된 시간 내에 멀티캐스트 패킷 수를 측정한다(1000분의 1초로 정의). 임계값은 패킷의 특정 번호나 버스트 측정 간격에서 바이트의 범위 중 하나를 벗어나는 멀티캐스트 트래픽을 식별하기 위해 설정할 수 있다.

Wireshark: Set parameters for Multicast Stream Analysis	
Burst measurement interval (ms)	100
Burst alarm threshold (packets)	50
Buffer alarm threshold (bytes)	10000
Stream empty speed (kbit/s)	5000
Total empty speed (kbit/s)	100000
OK	Cancel

그림 134 멀티캐스트 버스트 통계는 테이블 설정 매개변수를 기반으로 한다.

트래픽 흐름 그래프로 작성

그림 135에 보는 것과 같이 칼럼을 통해 분산된 발신지/목적지 주소에 대한 트래픽을 살펴보려면 Statistics ▶ Flow Graphs를 선택한다.

흐름 그래프는 모든 트래픽, 필터링된 트래픽 또는 단순 TCP 흐름을 기반으로 생성될 수 있다. 그림 135에는 웹 브라우징 세션 www.espn.com에 대한 그래프가 있다. 추적 파일 http-espn2012.pcapng의 시작 부분은 TCP 핸드셰이크 프로세스와 HTTP GET 요청을 볼 수 있다. 전송된 www.espn.com에 아무것도 없는 것을 나타낸다.

클라이언트가 재전송(www.espn.com의 메인 페이지가 다른 위치(301 영구적 이동)라는 것을 표시하는)을 수신하기 때문에 클라이언트는 다른 서버(타임스탬프 0.168701)에 다른 TCP 핸드셰이크 프로세스를 실행하기 이전에 다른 DNS 조회(타임스탬프 0.105533)를 수행한다.

이전 표시 패킷 이후에 몇 초간 칼럼을 더 설정하면 흐름 그래프의 시간 칼럼이 표시된다는 점을 유의해야 한다(이 기능은 와이어샤크 1.8에서 적용됐다).

시간이 지나고 http-espn2007.pcapng, http-espn2010.pcapng, http-sdpn2011.

pcapng의 흐름 그래프를 비교한다. 흐름 그래프를 ASCII 텍스트 형식으로 저장할 수 있다. 이 형식은 이상적이지는 않지만, 네트워크의 통신 흐름을 나타내는 문서 전체를 출력하고 재구성하는 것을 허용한다.

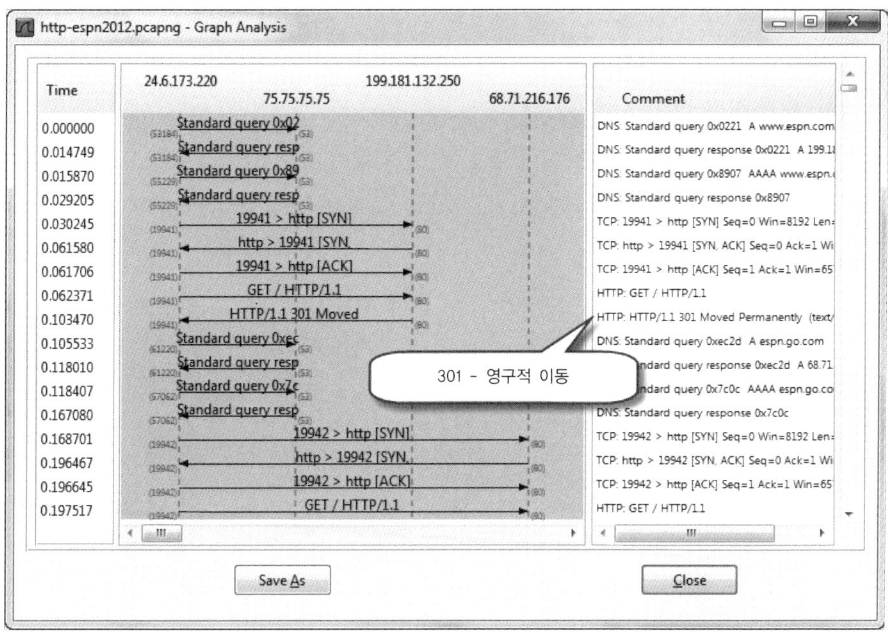

그림 135 흐름 그래프는 칼럼에 있는 발신지 및 대상을 나열한다. [http-espn2012.pcapng]

TCP 통신의 흐름 그래프를 생성하는 것은 트래픽에 대한 TCP 플래그, 순서 및 확인응답 번호 정보를 보여준다.

웹 브라우징 문제를 알아 보기 위해 흐름 그래프를 사용하기

웹 브라우징 세션의 Flow Graphs 생성은 사이트에 접속할 때 콘텐츠를 재지정하는 사이트의 수를 보여준다. 예를 들어 www.espn.com의 기본 웹 페이지를 로드하려면 Flow Graph는 클라이언트가 6개의 다른 웹 서버와 연결돼야 한다는 점을 알려준다. 이런 웹 서버들 중 하나가 느리거나 404 에러를 발생시킨다면 클라이언트는 느린 웹 브라우징 혹은 로드되지 않은 상태에 대해 불평할 것이다.

HTTP 통계 수집

로드 배포 정보, 패킷 카운터 및 요청을 보기 위해 Statistics ▶ HTTP를 선택한다. 와이어샤크는 특정 주소, 서브넷, 프로토콜, 애플리케이션 혹은 다른 규칙에 중점을 두기를 원하는 경우에 디스플레이 필터를 지정한다. 추적 파일에 적용된 디스플레이 필터를 갖고 있는 경우 와이어샤크는 통계를 생성하기 위해 지정할 경우에 디스플레이 필터가 포함된다.

로드 배포는 서버 호스트와 서버 주소에 의한 HTTP 요청을 나열한다. 패킷 카운터 정보는 HTTP 응답 코드(200,.403 혹은 404 같은)에 대한 HTTP 요청 유형(GET과 POST 같은)을 분석한다는 점을 그림 136에서 보여준다. 마지막으로 HTTP 요청은 모든 대상 HTTP 서버와 각 서버로부터 요청된 모든 파일을 나열한다.

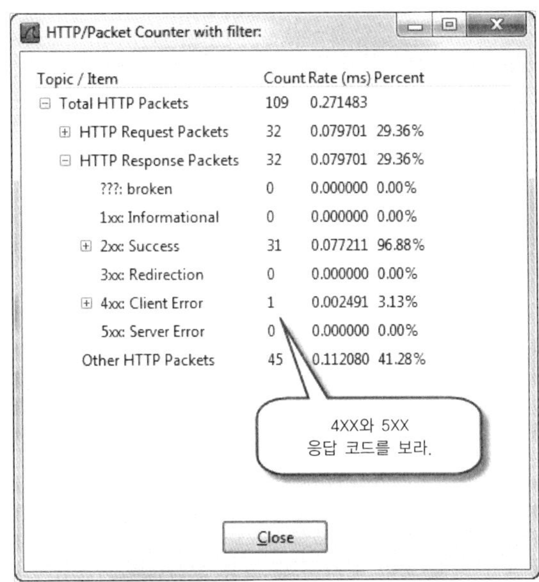

그림 136 HTTP 패킷 카운터는 404 에러를 보여준다.[http-chappellu2011.pcapng]

와이어샤크는 5개의 숫자로 HTTP 응답 코드 집합에 따라 응답 패킷들을 다음과 같이 정리한다.

- 1xx Informational
- 2xx Success
- 3xx Redirection

- 4xx Client Error
- 5xx Server Error

응답 코드는 다른 어떤 값이 파손됐을 때 시작된다(정적 윈도우 안의 ???:broken에 표시돼 있다). HTTP 통계는 23장에서 더 자세히 다룬다.

모든 WLAN 통계 검사

그림 137에서 보는 것과 같이 BSSID, 채널, SSID, 패킷 비율, WLAN 트래픽의 보호 메커니즘과 관리 및 제어 패킷 유형을 나열하기 위해 Statistics ❯ WLAN을 선택한다. 이 그림에서 두 개의 다른 채널 6 WLAN의 트래픽을 추적 파일로 볼 수 있다. 발견된 wlan1이란 이름의 WLAN 트래픽의 90% 이상이 DLink 장치로부터 송수신되는 흐름이다.

무선 네트워크 트래픽 분석 과정은 26장에서 다룬다.

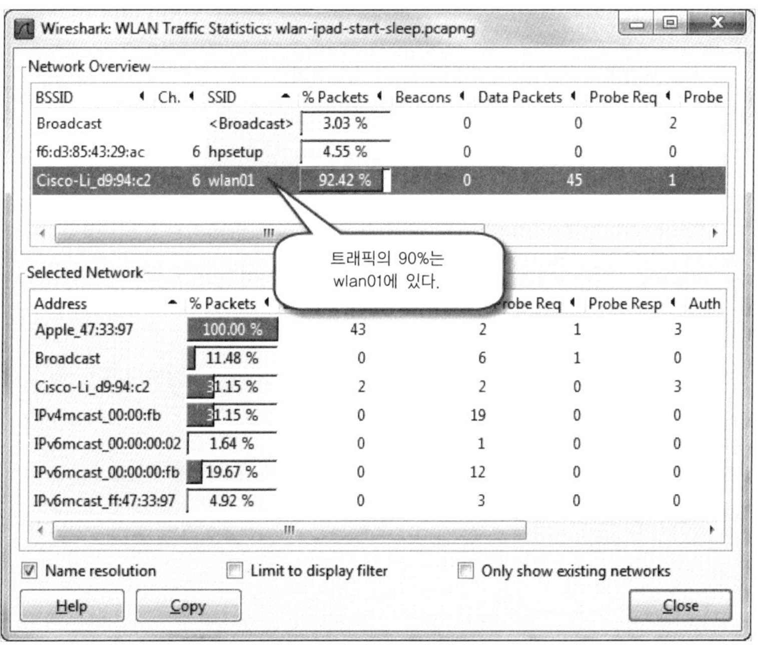

그림 137 WLAN 통계 창은 관리 및 제어 프레임 정보를 포함하고 있다. [wlan-ipad-start-sleep.pcapng]

특정 트래픽을 중점으로 살펴보려면 WLAN 통계 창(채널 6에 도착하는 트래픽에 대한 `radiotap.channel.freq == 2437`과 같은)을 열기 전에 디스플레이 필터를 적용한다.

또한 기존 네트워크만 보이게 선택할 수 있다. 이 옵션을 사용하는 경우 와이어샤크는 추가적인 WLAN 네트워크를 찾기 위해 Probe 요청을 보내지 않을 것이다.

 사례 연구: 애플리케이션 분석 – Aptimize Website Accelerator™

와이어샤크는 애플리케이션을 시험하기 위한 훌륭한 오픈 소스 솔루션을 제공한다. 내가 공급업체의 제품에서 제공되는 성능 향상을 야심차게 주장 할 때 많은 업체가 회의적이었다. 나는 내가 일하고 있는 분야에서 패킷 수준을 향상시키는 것을 증명하고 싶었다. 와이어샤크는 애플리케이션 동작을 보여줌으로써 이에 대한 통찰력을 제공한다. 성능이 변경되면 이를 확실하게 볼 수 있어야 하고, 고객 네트워크에서 애플리케이션의 배포에 대한 최종적인 판단을 내려야 한다.

Aptimize Website Accelerator(www.aptimize.com)는 코드 변환이나 추가적인 하드웨어 없이 웹사이트 성능을 향상시킨다고 주장한다. 이는 와이어샤크에 대한 완벽한 응용 주제다.

❊ 1단계: 시험 설정

내 좋은 친구 Mike Iem은 나에게 사례 연구를 제시했다(그는 나에게 마이크로소프트의 SharePoint 사이트가 로드된 Aptimize Website Accelerator 제품을 갖고 있다고 알려줬다). 마이크는 Aptimize Website Accelerator를 사용하지 않고 이 사이트 접속을 허락하는 URL 매개변수를 나에게 알려줬다.

SharePoint 사이트에서 송수신되는 트래픽만을 수집하기 위해 나는 내 로컬 테스트 시스템에서 트래픽을 생성하는 다른 애플리케이션을 종료했다. 이 애플리케이션은 바이러스 탐지, 안전 웹사이트 서핑 툴, 프린터 폴링 및 백그라운드 브로드캐스팅 같은 것이다. 또한 나는 뷰로부터 관련 없는 통신을 제거하기 위해 배제 필터를 생성했다.

애플리케이션 분석을 위한 배제 필터 생성에 관련된 자세한 내용은 9장을 참조하라.

❊ 2단계: 비교 시험 실행

와이어샤크를 백그라운드에서 실행해 Aptimize Website Accelerator를 사용하지 않고 SharePoint 사이트에 접속해 다음 URL을 입력했다.

http://sharepoint.microsoft.com/?wax=off

내 관점에서 탐색해 로드된 페이지를 천천히 읽어봤다(내 회사 사이트를 포함). 해당 페이지가 완전히 로드된 후 나는 수집을 멈췄다. 그리고 와이어샤크의 패킷은 증가가 정지된 패킷의 숫자를 셌다. 나는 내가 수집을 중지한 후 페이지가 완전히 로드되고 와이어샤크는 증가하던 패킷 카운터를 중지했다. 나는 aptimize-off.pcap 추적 파일에 표시된 패킷들을 저장했다(이 책의 웹사이트 www.wiresharkbook.com에서 app-aptimize-off.pcapng 파일).

다음으로 나의 브라우저 캐시를 삭제하고, 브라우저를 재시작하고, 나의 DNS 해결 캐시를 삭제하기 위해 ipconfig/flushdns를 사용했다. 브라우저 캐시를 삭제하는 것은 필수적이다(브라우저 캐시가 삭제되지 않는다면 브라우저는 'If-Modified-Since' HTTP 요청을 전송하고, 네트워크를 통해 로드된 페이지 대신에 캐시로부터 페이지를 로드할 것이다). DNS 캐시를 삭제하는 것은 DNS 성능 문제는 웹사이트 로딩 시간에 심각한 영향을 미치기 때문에 애플리케이션 분석에 아주 중요하다.

나는 배제 필터 설정을 이용해 다시 트래픽을 수집했다. 이때 Aptimize Website Accelerator를 사용해 SharePoint 사이트에 접속하기 위해 다음 URL을 입력했다.

http://sharepoint.microsoft.com/?wax=on

나는 새로운 추적 파일 aptimize-on.pcapng을 저장했다(파일 이름은 app-aptimize-on.pcapng이고, 이 책의 웹사이트인 www.wiresharkbook.com의 다운로드 섹션에서 찾을 수 있다). 와이어샤크는 Aptimize Website Accelerator가 어떻게 트래픽의 흐름을 수정하는지 정확하게 보여줄 것이다.

❊ 3단계: 결과 분석

'이전과 이후' 트래픽을 분석하는 첫 번째 단계는 와이어샤크의 두 가지 인스턴스를 실행하고 Statistics ➤ Summary 창을 나란히 여는 것이다.

Aptimize Website Accelerator의 동작 변경 방법에 관계없이 개선 사항들이 그림 138에 나타난 것과 같이 Summary 창 비교에서 사용자 관점을 뚜렷하게 확인해 보여준다.

측정을 잘 하기 위해 테스트를 여러 번 반복했다. 매 번 다운로드 과정에 최적화된 Aptimze는 성능 향상을 보여줬다. Summary 창은 Aptimize Website Accelerator가 사이트 로드 시간을 24% 이상 증가시키고, 패킷 오버헤드를 22% 이상 감소시킨다는 것을 입증했다.

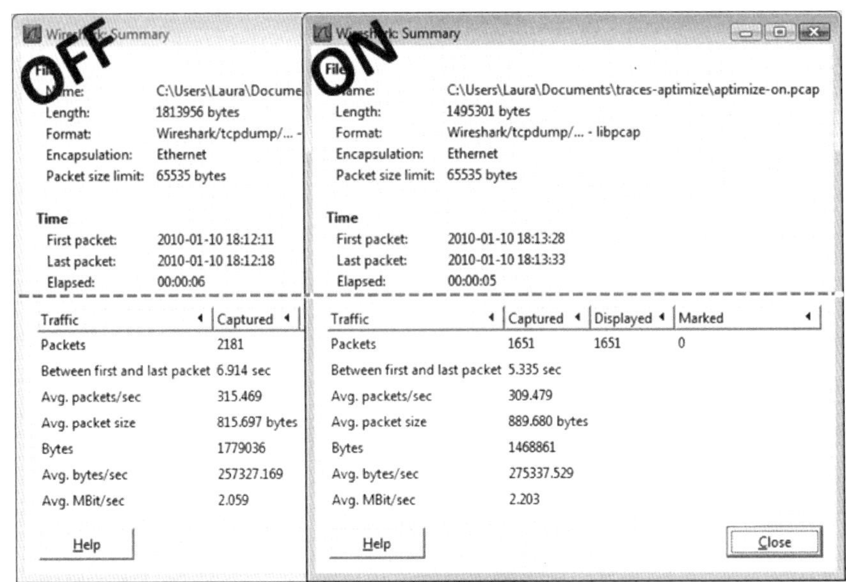

그림 138 Aptimize Website Accelerator를 사용하기 전과 후의 성능[app-aptimize-off.pcapng와 app-aptimize-on.pcapng]

이 얼마나 꿈같은 일인가? 나는 네트워크에서 어떻게 정확히 Aptimize Website Accelerator가 웹사이트 로딩 시간을 극적으로 개선시키고 오버헤드를 크게 줄여주는지 보기 위해 패킷을 뒤졌다.

추적 파일을 조사해 최적화가 활성화될 때 HTTP GET 요청 수가 놀랄 만큼 달라졌다는 것을 알았다(평균 요청에서 GET 요청은 60% 이상 적다). 이것은 로딩 시간에 큰 영향을 미친다. 페이지의 작은 조각을 천천히 요구하거나 수신하는 대신, 브라우저는 사이트의 한 조각(스타일시트, 그래픽 등)을 요청하고, 스트림에서 그것들을 수신한다.

다음 표에서는 Aptimize Website Accelerator를 사용하기 전과 후의 트래픽 차이를 보여준다.

statistics	Aptimize		Difference
	Off	On	
Time to Load Page Plus Links (secs)	6.91	5.33	24.30% faster launch
Packets to Load Page Plus Links	2,180	1,651	22.90% fewer packets
Bytes to Load Page Plus Links	1,779,036	1,468,861	17.44% fewer bytes
HTTP GET Requests	90	34	62.22% fewer GETs

Aptimize의 웹사이트(www.aptimize.com)에서 제공하는 2분짜리 동영상은 왜 이렇게 많은 사이트가 천천히 로드되는지 설명하는 이상적인 상황을 제공한다. 또한 Aptimize Website Accelerator에 의해 제공되는 기능의 명백한 목록을 갖고 있다. 와이어샤크를 사용해 최적화된 기술의 결과를 다음과 같이 증명할 수 있다.

- **HTTP 요청 감소** 이것은 추적 파일에서 입증됐다(90개의 HTTP GET 요청이 34개의 HTTP GET 요청으로 감소했다).
- **페이지 리소스 압축** 이것은 사이트를 로드하기 위해 요구되는 더 작은 총 바이트를 검사할 때 확실하게 나타난다(2,180개의 패킷에서 1,651개의 패킷으로 감소했다).

웹 브라우징 세션을 분석할 때 웹 페이지를 로딩하는 것은 많은 연결을 요구한다는 점을 깨닫는 것이 중요하다. 각 연결은 분석될 수 있다(이것은 단지 기본 페이지를 로드하기 위해 요구되는 연결이 아니다).

와이어샤크를 사용해 SharePoint 사이트에서 송수신되는 트래픽을 표시하기 위해 오직 IP 주소 필터만 생성했다(ip.addr==207.46.105.139). 다음으로 Statistics ❯ Conversations 창을 열고 **디스플레이 필터 제한** 박스를 클릭했다. 더 쉽게 읽게 **지속 시간**(Duration) 열을 바이트 열 옆으로 이동시켰다.

그림 139에서 볼 수 있듯이 웹 브라우징 세션은 SharePoint 사이트에 연결된 6개의 별도 HTTP를 요구한다. 모든 연결은 Aptimize Website Accelerator가 사용 가능할 때 좀 더 적은 패킷, 적은 바이트의 전송과 적은 시간을 요구한다.

6개의 연결에 대한 평균 연결 속도는 37%로 개선됐다. 이런 사이트 로딩 프로세스는 이런 연결들을 동시에 만든다는 점을 명심한다. 그것들이 없다면 우리는 Aptimize Website Accelerator를 사용하지 않으면 24초에 로드하겠지만, 이것을 사용하면 15초에 로드한다. 동시 TCP 연결에 대해 감사하자.

Statistic	Aptimize		Difference
	Off	On	
Connection 1	4.8290	3.7866	22% improvement
Connection 2	4.4863	3.2607	27% improvement
Connection 3	4.0549	1.9541	52% improvement
Connection 4	3.5741	2.183	39% improvement
Connection 5	3.5518	1.9237	46% improvement
Connection 6	3.5604	1.9742	45% improvement

웹 서버에 로드된 Aptimize Website Accelerator를 실행하기 전에 다음과 같은 중요한 사실을 알아야 한다.

귀하의 사이트가 최적화되지 않은 다른 사이트를 참조하는 경우 귀하의 사이트 방문자의 성능에 부정적인 영향을 줄 수 있다.

예를 들어 대부분의 사이트는 파트너 사이트에 연결된다. 이런 파트너 사이트로부터 요소들을 로드할 때 귀하의 방문자는 반드시 해당 사이트에 별도의 TCP 연결을 해야 한다. 'letting your friends drag you down'의 완벽한 예로, 나는 수많은 스포츠 리포팅 웹사이트들을 이용했다. 웹 개선 계획의 일환으로, 그들이 귀하의 사이트에 방문할 때 설립된 모든 연결을 분석하라. 당신은 사례 연구에서 보이는 것과 같이 동일한 단계를 사용할 수 있고, Statistics ❯ Conversations에 특별히 주의해야 한다.

이 애플리케이션 분석을 수행하고부터 나는 Aptimize가 유연하게 추가됐고, 그래서 Aptimize Website Accelerator가 이런 외부 스크립트/이미지 등을 로컬로 캐시에 저장할 수 있다는 점을 배웠다. 이것은 그들의 페이지를 로드하기 위해 다른 웹사이트에 연결하는 사람들에 대한 보너스다. 나는 이것이 정말로 웹사이트 로딩 시간 향상에 도움을 주기를 기대했고, 새로운 애플리케이션 분석 실습 테스트를 확인하기 위한 계획을 수립했다.

이 와이어샤크 애플리케이션 분석 세션은 Aptimize Website Accelerator가 웹 브라우징 속도를 증가시키고, 패킷의 오버헤드와 웹사이트를 보기 위해 요구되는 전체 트래픽을 감소시킨다는 사실을 결정적으로 입증했다.

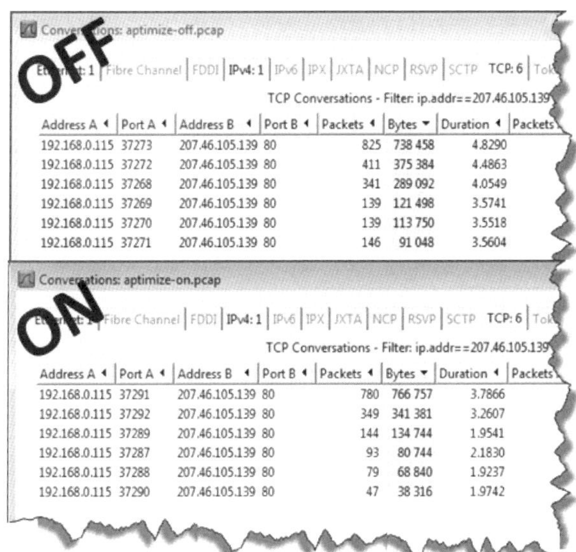

그림 139 SharePoint 사이트에 각 연결에 대한 지속 시간 비교[app-aptimize-off.pcapng와 app-aptimize-on.pcapng]

사이트가 더 복잡해지고 많은 연결과 많은 데이터 전송 능력을 요구함에 따라 Aptimize Website Accelerator 사용의 이점 또한 증가할 것이다.

이것이 귀하의 회사에 이익을 주는 경우 제품을 분석하기 위해서 얼마나 쉽게 와이어샤크를 사용할 수 있는지 보여주는 것과 같이 이것은 꿈의 프로젝트다.

사례 연구: VoIP 품질 문제 찾기

나는 유/무선 전화기(듀얼 모드 폰 같은)를 통한 VoIP 통화의 품질 문제를 식별하기 위해 와이어샤크를 사용했다.

와이어샤크는 VoIP 전화의 서브넷이나 음성 게이트웨이의 포트에서 패킷을 수집하기 위해 설정됐다.

2개의 필터를 사용해 I/O 그래프를 만들었다.

- 전화기에서 나가는 트래픽에 대한 필터(MAC 주소나 IP 주소 전화를 사용)
- 전화로 들어오는 트래픽에 대한 필터(MAC 주소나 IP 주소 전화를 사용)

이런 VoIP 전화기는 각 방향에서 초당 50개의 패킷을 지속적으로 전송하는(50 패킷/s) G.711 코덱을 사용한다. 패킷이 잘 전달됐다면 이런 트래픽은 Y축에 초당 50개의 패킷을 보여주는 I/O 그래프에서 직선으로 나타나야 한다.

선이 평평하지 않다면 통화 품질에 문제가 있음을 의미한다.

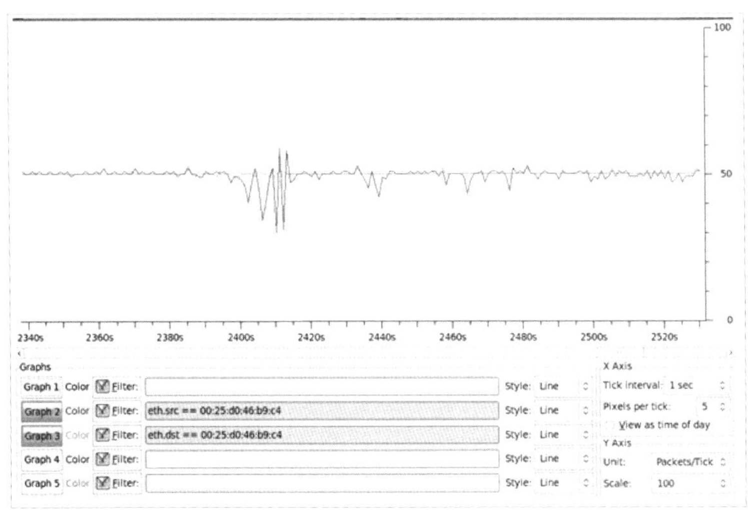

IO 그래프에서 WLAN을 통해 내 듀얼 모드 노키아 전화 통신의 추적 파일을 볼 수 있다. 와이어샤크는 무선 전화의 LAN 서브넷에서 수집한다.

어두운 선은 전화에서 들어오는 트래픽을 보여주고, 밝은 선은 전화로 향하는 트래픽을 보여준다.

2400초 쯤(X축), 어두운 선이 변동된다(전화에서 트래픽에 대한 음성 품질에 문제가 있음을 의미한다).

나는 WLAN 간섭 문제의 연관성을 알기 위해 추적 파일과 함께 이 기술을 사용했다. 스펙트럼 분석기나 WLAN 분석을 통해 WLAN 간섭을 모니터링했다.

이 방법은 심지어 암호화된 음성 같은 지속적인 트래픽의 문제 해결에 적합하다.

정리

와이어샤크의 통계는 가장 활발한 호스트 혹은 통신, 패킷 길이, 사용되는 포트와 WLAN 트래픽을 포함하고 있는 저장/비저장 추적 파일에서 볼 수 있는 프로토콜과 애플리케이션의 상세 내역을 제공한다.

또한 별도의 섞여있는 통신이나 다른 호스트에 의존하는 점을 분석하기 위해 트래픽의 흐름을 그래프로 나타낼 수 있다.

비정상적인 트래픽 통계를 살펴보는 것을 보장하기 위해 베이스라인 네트워크 통신에 시간을 많이 사용해야 한다. 기준이 되는 트래픽 유형에 대한 더 자세한 정보는 28장을 참조하라.

학습한 내용 복습

이 책의 웹사이트인 www.wiresharkbook.com의 다운로드 섹션에서 사용 가능한 추적 파일을 다운로드한다. 다음 추적 파일을 열고 통계 질문에 대답한다. 8장에서 정의된 단계를 수행해 이런 질문에 대한 답변을 찾아야 한다. 자세한 내용은 www.wiresharkbook.com을 참조하라.

app-aptimize-off.pcapng	어느 대화가 가장 액티브한가(바이트)? 추적 파일에 얼마나 많은 UDP 통신이 있는가? HTTP 재전송이 얼마나 많이 발생했는가? 192.168.0.115에 연결된 TCP 대상이 얼마나 있는가? 평균 Mbits/초는 얼마인가?
app-aptimize-on.pcapng	캐시에서 웹사이트를 로드할 때 성능 차이를 분석하려면 app-aptimize-on.pcapng와 app-aptimize-on-fromcache.pcapng 추적 파일에서 다음과 같은 통계를 비교한다. • HTTP 재지정 • 바이트 • 처음부터 마지막 패킷까지 시간
app-aptimize-on-fromcache.pcapng	캐시에서 웹사이트를 로드할 때 성능 차이를 분석하려면 app-aptimize-on.pcapng와 app-aptimize-on-fromcache.pcapng 추적 파일에서 다음과 같은 통계를 비교한다. • HTTP 재지정 • 바이트 • 처음부터 마지막 패킷까지 시간

(이어짐)

arp-sweep.pcapng	이 추적은 32장에서 언급하듯이 전형적인 ARP 스윕(sweep)을 보여준다. 이 ARP 스윕은 하나의 커다란 논스톱 스윕이 아니다. 이 ARP 스윕에서 초당 패킷율은 얼마인가? APR 스윕이 이 속도로 지속적으로 실행되거나, 초당 패킷 속도가 달라지는가? 흐름 그래프를 사용하면 ARP 스윕에 속하지 않는 부분을 식별할 수 있다.
http-chappellu2011.pcapng	추적 파일의 통계를 낸다. 얼마나 많은 연결이 필요한가? 모든 HTTP 에러 응답이 있는가? 같은 사이트를 공격한다면 같은 일반적 트래픽 패턴을 볼 수 있는가?
http-espn2007.pcapng	우리는 많은 웹사이트를 링크해도 HTTP 통계를 만들 수 있다는 점을 알고 있다. 메인 페이지가 로드됐을 때 다른 한 사이트의 클라이언트 바운스는 흐름 그래프를 실행시켜 볼 수 있다.
http-espn2010.pcapng	아직 사이트를 정리하지 못했는가? 이런 통계 및 변경될 경우를 결정할 때 흐름 그래프를 참조한다. 사이트 로딩이 빨라졌는가?
http-espn2011.pcapng	어떤 패킷 카운트는 IPv4와 IPv6를 모두 지원한다는 점이 다르다. 사이트에서 HTTP 에러가 생겼는가? 사이트에 얼마나 많은 TCP 연결이 요구됐는가?
http-espn2012.pcapng	2012년에 얼마나 많은 TCP 연결이 요구됐는가? HTTP 에러가 생겼는가?
http-wireshark-ipv6.pcapng	이것은 우리가 GeoIP를 실행하고 터키의 호스트와 통신을 확인하려고 사용하는 추적 파일이다. 시스템에 GeoIP를 설정하고 종단 윈도우를 체크(다음 설정을 시험하기 위해 몇 가지 매핑을 수행)한다. www.wireshark.org를 방문하면 IPv4,IPv6의 테스트 결과를 오른쪽 상단 모서리에서 볼 수 있다.
http-yahoo.viafirefox.pcapng	대화 창을 끌어와 설정된 연결 수를 볼 수 있는 TCP 탭을 선택한다. 모두 HTTP 연결인가? UDP 탭(나열된 트래픽의 유형)은 무엇인가?
sec-clientdying.pcapng	우리가 알고 있는 이 호스트는 이상하다. 대화 창과 TCP 대화를 통해 이 호스트에 연결을 시도한다.
udp-mcaststream-queued2.pcapng	우리는 이 추적 파일을 이용해 멀티캐스트 스트림 통계를 체크할 수 있다. 이것(추적 파일의 지속 시간을 확인하기 위해 요약을 본다)은 그렇게 길지 않다.

연습문제

Q8.1 위반 호스트를 식별하기 위해 어떻게 프로토콜 계층 창을 사용할 수 있는가?

Q8.2 추적 파일은 100개 이상의 TCP 연결을 포함하고 있다. 가장 활발한(바이트/초) TCP 연결을 어떻게 식별할 수 있는가?

Q8.3 GeoIP의 목적은 무엇인가?

연습문제 답

Q8.1 위반 호스트를 식별하기 위해 어떻게 프로토콜 계층 창을 사용할 수 있는가?

A8.1 호스트로부터 송수신되는 트래픽을 수집한 후 TFTP, IRC 등과 같은 비정상적인 애플리케이션을 검색하기 위해 프로토콜 계층 창을 연다. 프로토콜 계층 창에서 대화에 대한 디스플레이 필터를 적용할 수 있고, 그러면 통신을 재조립하기 위한 TCP나 UDP 스트림을 전송하고, 명령이나 교환된 정보를 식별할 수 있다.

Q8.2 추적 파일은 100개 이상의 TCP 연결을 포함한다. 가장 활발한(바이트/초) TCP 연결을 어떻게 식별할 수 있는가?

A8.1 Statistics ➤ Conversations 창을 열고 TCP 탭을 선택한다. 바이트 열을 기준으로 정보를 정렬한다. 마우스 오른쪽 클릭 후 더 많은 분석을 위해 가장 활성화된 대화를 기반으로 필터를 적용한다.

Q8.3 GeoIP의 목적은 무엇인가?

A8.3 GeoIP는 종단점 창에서 IP 주소를 전 세계의 OpenStreetMap 뷰에 지도로 표시한다. 이 기능은 (a) 와이어샤크가 GeoIP를 지원하고, (b) MaxMind GeoIP 데이터베이스 파일이 와이어샤크 시스템에서 로드되고, (c) GeoIP에 대한 와이어샤크 이름 변환 설정이 적절히 구성되는 경우 사용 가능하다.

9장

디스플레이 필터 생성과 적용

와이어샤크 공인 네트워크 분석가 시험에서 다루는 내용

- 디스플레이 필터의 목적 이해
- 자동 완성을 이용한 디스플레이 필터 작성
- 저장된 디스플레이 필터 적용
- 필터 지원을 위한 표현식 사용
- 오른쪽 클릭 필터링을 이용해 빨리 디스플레이 필터 생성
- 대화와 종단점에서 필터링
- 디스플레이 필터 구문 이해
- 비교 연산자를 이용해 디스플레이 필터 결합
- 삽입 어구(괄호 어구)를 이용한 디스플레이 필터 의미 변경
- 필드의 실체 필터링
- 패킷에서 특정 바이트 필터링
- 대소문자 핵심 단어 찾기
- 복잡한 필터링을 위한 디스플레이 필터 매크로 사용
- 일반적인 디스플레이 필터의 실수 방지
- dfilters 파일 수동으로 편집

- 사례 연구: 데이터베이스 문제를 해결하기 위해 필터와 그래프 사용
- 사례 연구: 복잡하고 어수선한 브라우저
- 사례 연구: 바이러스와 웜 잡아내기
- 정리
- 학습한 내용 복습
- 연습문제와 답

9장에서 참조한 추적 파일

- app-norton-update.pcapng
- app-norton-update2.pcapng
- ftp-crack.pcapng
- http-aol.pcapng
- http-download-bad.pcapng
- http-download-exe.pcapng
- http-download-good.pcapng
- http-slow-filexfer.pcapng
- sec-nessus.pcapng

디스플레이 필터의 목적 이해

디스플레이 필터는 사용자가 정의한 기준을 바탕으로 특정 패킷에 초점을 맞출 수 있게 한다. 보기를 원하는 트래픽(필터링 포함)을 필터링하거나 원하지 않는 트래픽을 필터링할 수 있다(필터링 제외).

디스플레이 필터는 다음과 같은 몇 가지 기술을 사용해 생성할 수 있다.

- 디스플레이 필터의 유형(가능한 한 자동 완성 기능을 사용)
- 저장된 디스플레이 필터 적용
- 표현식을 사용
- 오른쪽 클릭 필터
- 대화와 종단점 필터를 적용

디스플레이 필터를 적용할 때 그림 140에서 보는 것과 같이 상태 바는 패킷의 총 개수와 디스플레이된 패킷을 가리킨다. 예를 들어 추적 파일이 4,900개의 패킷을 포함하지만, 그 중 필터와 일치하기 때문에 180개 패킷만이 표시된다.

그림 140 상태 바는 필터 후 표시된 패킷 카운트를 보여준다

수집 필터는 BPF^Berkeley Packet Filtering 형식을 사용하는 동안 와이어샤크 디스플레이 필터는 전문적인 와이어샤크 필터 형식을 사용한다(이들은 서로 호환되지 않는다). BPF 필터 형식은 tcpdump에 의해 사용된다. 가끔 이 두 필터 메커니즘이 동일한 필터 구문을 지원하기 때문에 동일한 것을 찾는 수집 및 디스플레이 필터가 있을 수도 있다. 예를 들어 TCP 트래픽에 대한 수집 및 디스플레이 필터 구문은 `tcp`로 동일하다.

와이어샤크는 전역 환경설정 디렉토리의 dfilters 파일에 저장되는 디스플레이 필터의 기본 세트를 포함한다. 기본 디스플레이 필터를 수정하면 새로운 dfilters가 개인 구성 디렉토리에 저장되거나 활성화 프로파일 디렉토리에 저장된다.

디스플레이 필터는 상대적으로 간편하다. 필터 필드와 프로토콜은 대부분 소문자로 정의돼야 한다.[1] 9장 뒷부분에서 나중에 다루지만 ,필터의 값 부분에 대해 문자열은 대문자로 사용할 수 있다.

다음은 아주 기본적인 디스플레이 필터의 예다.

```
tcp
```
ip(IPv4 트래픽만)
```
ipv6
udp
icmp
```
bootp[2]
```
dhcpv6
arp
dns
nbns
```

디스플레이 필터는 원하는 경우에 따라 패킷의 특성을 기반으로 생성될 수 있다(실제 필드가 기준이 아닌). 예를 들어 다음 필터는 TCP 분석 플래그 패킷과 잘못된 IP 헤더 검사합 값을 갖는 패킷 중 하나를 포함하는 패킷을 표시한다. 이것들은 TCP 패킷에 있는 실제 필드가 아니다.

```
tcp.analysis.flags
ip.checksum_bad
```

연산자를 사용하면('비교 연산자를 이용한 디스플레이 필터 결합' 절 참조) 필드의 내용을 기반으로 하는 디스플레이 필터를 만들 수 있다. 다음 목록은 필드 값에 따라 디스플레이 필터의 예제를 보여준다.

---

1. VoIP 필터가 추가될 때까지 모든 필드 및 프로토콜 이름은 소문자로 한다. 일부의 VoIP 관련 필터는 대문자와 소문자 정의를 사용한다. VoIP를 필터링하는 데 도움이 되는 자동 완성 기능을 사용한다.

2. 와이어샤크는 디스플레이 필터인 DHCP를 인식하지 않는다. DHCP는 BOOTP와 와이어샤크를 기반으로 하는 모든 DHCP의 트래픽을 표시하는 필터로 BOOTP를 인식한다.

```
http.request.method == "GET"
tcp.flags == 0x20
tcp.window_size < 1460
tcp.stream eq 1
icmp.type == 8
dns.qry.name == "www.wireshark.org"
```

디스플레이 필터는 꽤 복잡할 수 있고, 반드시 일치해야 하는 수많은 기준을 포함할 수 있다. 다음은 여러 규칙을 사용하는 디스플레이 필터의 예를 보여준다.

- 다음 필터는 MAC 주소 00:01:5c:22:a5:82로부터의 ARP 요청을 제외한 ARP 요청을 표시한다.

  ```
  (arp.opcode == 0x0001) && !(arp.src.hw_mac == 00:01:5c:22:a5:82)
  ```

- 다음 디스플레이 필터는 중계 에이전트로서 73.68.136.1를 나열하는 74.31.51.150로부터 송/수신되는 모든 BOOTP/DHCP 패킷을 보여준다.

  ```
  (bootp.ip.relay == 73.68.136.1) && (bootp.ip.your == 74.31.51.150)
  ```

- 다음 필터는 TCP ACK 비트가 설정된 패킷을 표시하지만, TCP SYN 비트가 설정되지 않은 패킷은 표시하지 않는다.

  ```
  (tcp.flags.ack == 1) && !(tcp.flags.syn == 1)
  ```

- 다음 필터는 ICMP 목적지 도달 불가 패킷을 나타내고, 호스트 도달 불가나 프로토콜 도달 불가를 표시한다.

  ```
  (icmp.type == 3) && ((icmp.code == 0x01) || (icmp.code == 0x02))
  ```

다음은 디스플레이 필터의 다른 형태다(패킷의 특정 포인트에서 계산된 값과 오프셋을 사용한다). 이런 디스플레이 필터의 유형은 수집 필터 proto[expr:size] 오프셋 길이 같은 형태를 사용한다. 이런 필터는 자주 사용되지는 않지만, 필요한 경우 로딩되는 시간을 절약할 수 있게 만드는 방법을 알아야 한다.

```
eth.src[4:2] == 22:1b
ip[14:2] == 96:2c
```

이런 오프셋 필터는 '패킷에 있는 특정 바이트 필터링' 절에 나와 있다.

커맨드라인 수집에서 디스플레이 필터 사용하기

디스플레이 필터를 효율적으로 만드는 방법을 알고 있다면 이 필터는 커맨드라인 수집을 위해 티샤크와 함께 -R 매개변수로 사용될 수 있다. 기존 추적 파일을 읽기 위해 티샤크를 사용할 수 있고, 디스플레이 필터를 적용할 수 있으며, -r, -R, -w 매개변수를 함께 사용해 새로운 추적 파일에 출력할 수 있다. 실제 수집을 하는 동안 티샤크에 대한 디스플레이 필터를 사용하는 것은 수집하고 있는 패킷을 제한하지 않는다. 이는 오직 보이는 패킷만을 제한한다. 이전에 저장한 수집에 티샤크에 대한 디스플레이 필터를 사용하는 것은 원본 추적 파일의 서브셋을 생성할 수 있게 허용한다. 티샤크를 이용한 디스플레이 필터의 사용 예는 33장의 '티샤크의 예' 절을 참조하라.

자동 완성 기능을 이용한 디스플레이 필터 작성

사용하려는 디스플레이 필터 구문을 알고 있다면 디스플레이 필터 영역에 직접 입력할 수 있다. 와이어샤크는 필터 생성에 도움을 주는 자동 완성 기능을 제공한다. 예를 들어 그림 141과 같이 `tcp.`(tcp 다음에 점을 포함해야 한다)를 입력하는 경우 와이어샤크의 자동 완성 기능은 `tcp`로 시작해 생성할 수 있는 가능한 디스플레이 필터 값을 나열한다.

마침표가 없는 `tcp`는 올바른 디스플레이 필터(녹색 백그라운드로 알려진)이지만, 점이 있는 `tcp`는 올바른 디스플레이 필터가 아니다(점을 제거해 필터를 완성시키거나 드롭다운 리스트에 나타난 바와 같이 디스플레이 필터에 남아있는 텍스트를 추가해야 한다). 와이어샤크의 유효한 검사에 대한 자세한 정보는 '와이어샤크로 디스플레이 필터의 실수 잡아내기' 절을 참조한다.

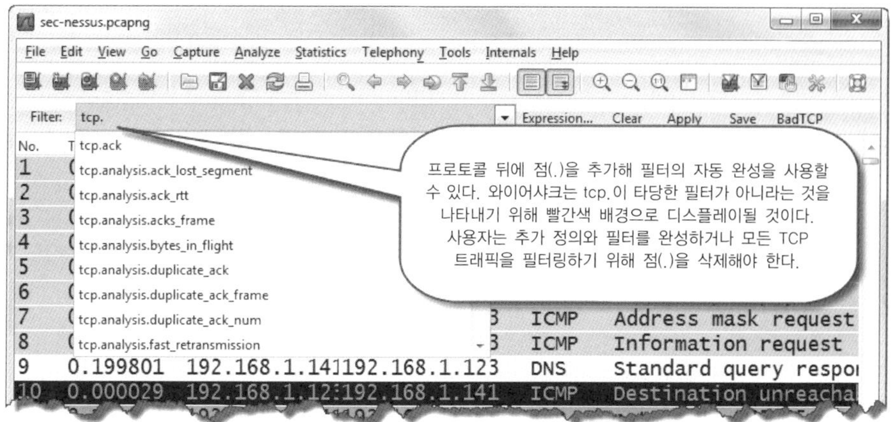

그림 141 와이어샤크의 자동 완성 기능은 정확한 필터를 만드는 데 도움을 준다.

저장된 디스플레이 필터 적용

그림 142에 나타난 바와 같이 디스플레이 필터 창을 열기 위해 디스플레이 필터의 왼편에 있는 필터 버튼을 클릭한다. 다시 사용하려는 필터를 생성하려면 디스플레이 필터 창을 이용해 저장한다.

새로운 디스플레이 필터를 생성하고 저장하기 위해 새로 만들기를 클릭하고, 필터 이름을 입력한 후 문자열을 필터링한다. 와이어샤크는 디스플레이 필터 박스에서 에러 검사와 자동 완성 기능을 제공한다.

디스플레이 필터가 저장됐는지 확인하는 방법

디스플레이 필터 목록에 나열된 필터가 보이지 않는다면 필터가 저장되지 않은 것이다. 새로운 필터를 생성하기 위해 'New'를 클릭해야 한다. 이것은 사람들이 새로운 디스플레이 필터를 생성할 때 자주 하는 일반적인 실수다.

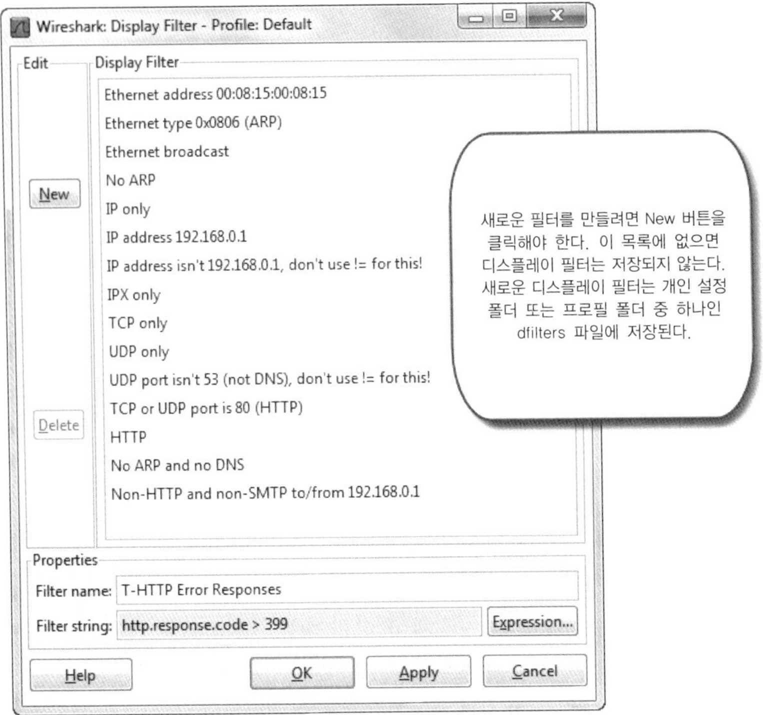

그림 142 디스플레이 필터 창

필터 지원을 위한 표현식 사용

좀 더 복잡한 필터를 생성하려고 하지만, 구문을 모를 때가 있다. 또한 특정 유형의 통신을 위해 사용 가능한 필드를 모를 수도 있다. Expression[표현식] 버튼은 디스플레이 필터 필드의 오른쪽에 위치해 있다.

표현식은 '차례대로' 필터 생성 과정을 제공한다.

일부 프로토콜이나 애플리케이션들은 개인 필드에 대해 미리 정의된 값을 포함하는 필터 표현식 창에 나열된다. ftp.response.code에 대한 FTP 표현식은 그림 143에서 보는 것과 같이 완전하게 정의된 표현식의 예를 제공한다.

표현식은 필드 이름, 관계, 값, 미리 정의된 값(가능한 경우)과 범위로 구성돼 있다. is present 관계를 선택하면 프로토콜, 애플리케이션이나 필드의 존재에 대한 필터를 간단하게 생성한다. 예를 들어 필드 이름으로 모바일 IP를 선택하는 것과 관계 영역에서 is present를 선택하는 것은 모든 모바일 IP 트래픽에 대해 검색을 하는 mip 필터를 생성할 것이다.

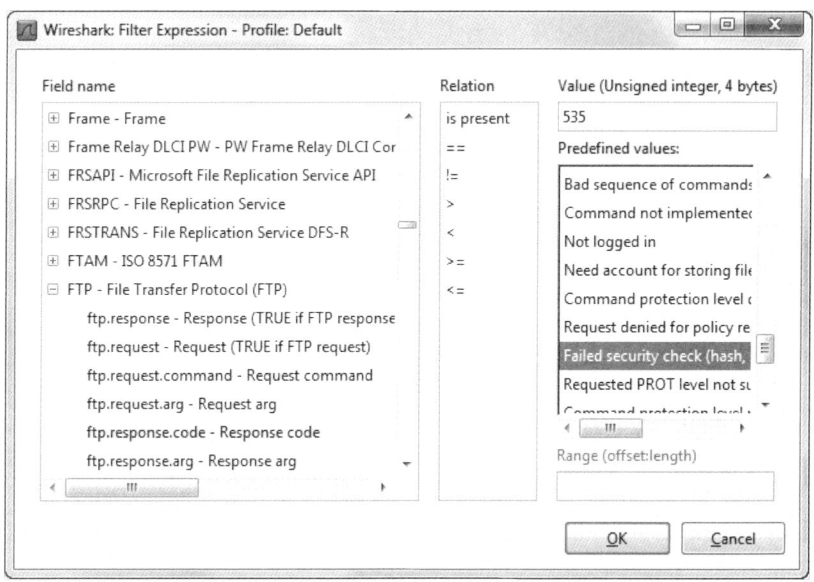

그림 143 일부 표현식 필드는 미리 정의된 값을 갖고 있다.

다음 표는 표현식으로 생성된 디스플레이 필터의 예를 제공한다.

디스플레이 필터	표현식 경로
expert.severity == 1536	Expert | Expert Severity | == | Warn
expert.message	Expert | Expert Message | is present
bootp.type == 1	BOOTP or DHCP | bootp.type | == | Boot Request
dns.flags.opcode == 1	DNS | dns.flags.opcode | == | Inverse Query

오른쪽 클릭 필터링을 사용해 빨리 디스플레이 필터 생성

패킷 목록 창과 패킷 상세 정보 창에서 오른쪽 클릭 필터링을 사용할 수 있다. 패킷 바이트 창에서는 이런 기술을 사용할 수 없다.

패킷 목록 창에서 오른쪽 클릭할 수 있고, 오른쪽 클릭한 칼럼이나 행을 바탕으로 필터를 준비하거나 적용할 수 있다. 또한 패킷 상세 정보 창에 필드 혹은 요약 라인에서 오른쪽 클릭할 수 있다. 필드에 값을 타이핑하는 것보다 그림 144와 같이 관심 있는 필드에 오른쪽 클릭하고, Apply as Filter ❯ Selected 혹은 Prepare a Filter

> Selected를 선택하는 편이 더욱 편리하다.

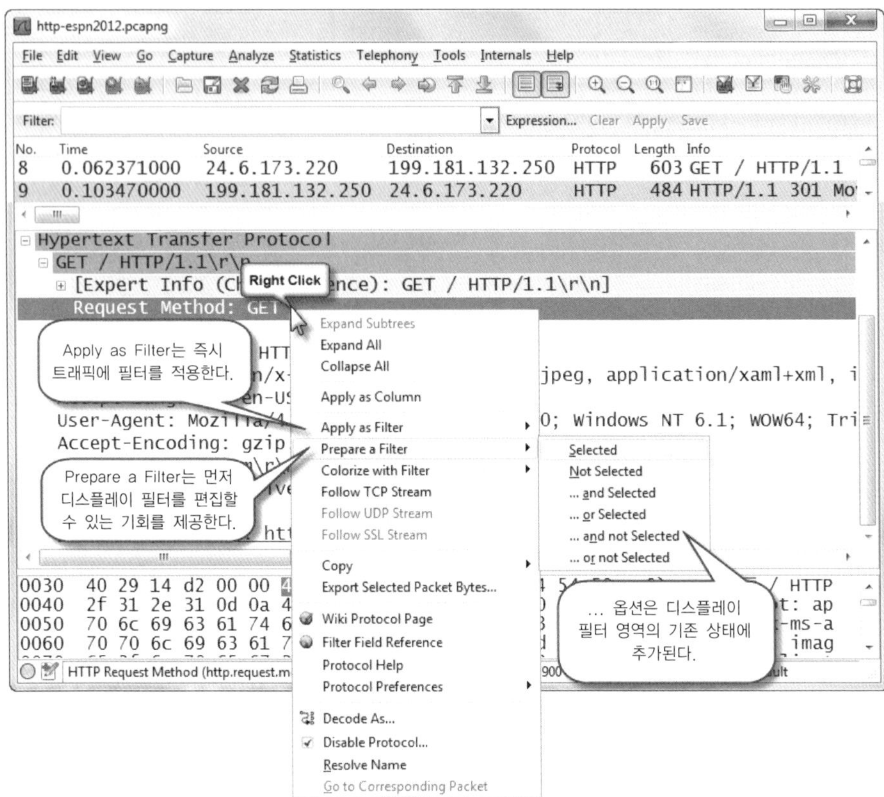

그림 144 Prepare a Filter는 필터를 즉시 적용하지 않는다.

✻ Apply as Filter

필터를 즉시 적용하기 위해 Apply as Filter를 사용한다. 다음과 같이 다른 필터 옵션 중에서 명시된 하나와 이런 기술을 이용해 필터를 확장하거나 적용한 후에 필터를 수정할 수 있다.

- **Not Selected(선택되지 않음)** 선택을 기반으로 배제 필터를 생성한다.
- **… and Selected(…이고 선택됨)** 기존 필터'와' 선택된 필터가 일치해야 한다.
- **… or Selected(…이거나 선택됨)** 기존 필터 '혹은' 선택된 필터가 일치해야 한다.
- **… and Not Selected(…이고 선택되지 않음)** 기존 필터'와' 선택된 필터가 '일치하지 않아'야 한다.

- … or Not Selected(…이거나 선택되지 않음) 기존 필터 '혹은' 선택된 필터가 '일치하지 않아'야 한다.

주의 Apply as ❯ Selected를 다시 선택하거나 Apply as ❯ Not Selected를 선택하면 현재 필드 이름이나 값으로 원본 필터가 저장될 수 있다. 이런 두 옵션은 이미 디스플레이 필터 창에서 보듯이 어떤 값으로 수정될 수 있다.

다른 옵션을 선택하면 (&& or || or != or !) 연산자는 선택된 필드 및 값, 존재하는 필터의 부분이 기존 필터에 추가된 후에 수정된다. 디스플레이 필터 연산자에 대한 자세한 정보는 '비교 연산자를 이용해 디스플레이 필터 결합' 절을 참조하라.

예를 들어 발신지 MAC 주소를 클릭하고 … and Not Selected를 선택했을 때 디스플레이 필터 창에서 arp를 갖고 있다면 필터는 선택된 MAC 주소를 제외한 모든 ARP 패킷을 표시할 것이다.

✻ Prepare a Filter

필터를 생성하기 위해 필드에서 오른쪽 클릭하고 Prepare a Filter를 선택한다. 하지만 이것은 즉시 적용되지는 않는다. 이 과정은 다수의 연산자와 복잡한 필터를 만들 때 유용하다. 예를 들어 ICMP 목적지 도달 불가/포트 도달 불가Destination Unreachable/Port Unreachable 패킷에 필터를 생성하기를 원하는 경우 ICMP code value of 3 값을 선택하고, … and Selected 연산을 사용하는 3개의 ICMP 코드 값을 선택할 수 있다. 필요한 경우 적용하기 전에 필터를 수정할 수 있다.

✻ Copy ❯ As Filter

와이어샤크의 디스플레이 필터 작성 과정에서 새로 추가된 기능 중 하나는 Copy ❯ As Filter에서 오른쪽 클릭하는 기능이다. 이 방법을 이용해 패킷 목록 창이나 패킷 상세 정보 창의 필드 중 하나에서 오른쪽 클릭할 수 있고, 이런 복사 기능을 이용하는 필드를 기반으로 디스플레이 필드를 버퍼링할 수 있다. 이 기술은 와이어샤크 인스턴스 간에 더 복잡한 디스플레이 필터나 복사 필터, 컬러링 규칙을 생성하는 데 아주 유용하다(이 기능을 만들어준 Sake Blok 님 감사합니다!).

대화와 종단점에서 필터링

대화 혹은 종단점 창 내용을 기반으로 필터를 생성할 수 있다. 관심 있는 대화에서 오른쪽 클릭하고 Prepare a Filter 혹은 Apply as Filter 둘 중 하나를 선택한다. 그림 145에서 보는 것과 같이 대화를 기반으로 필터를 생성할 때 기본 필터 유형에 추가된 대화의 방향에 대해 확인한다. 방향은 통신 창에 '주소 A'와 '주소 B' 칼럼 타이틀을 기반으로 한다.

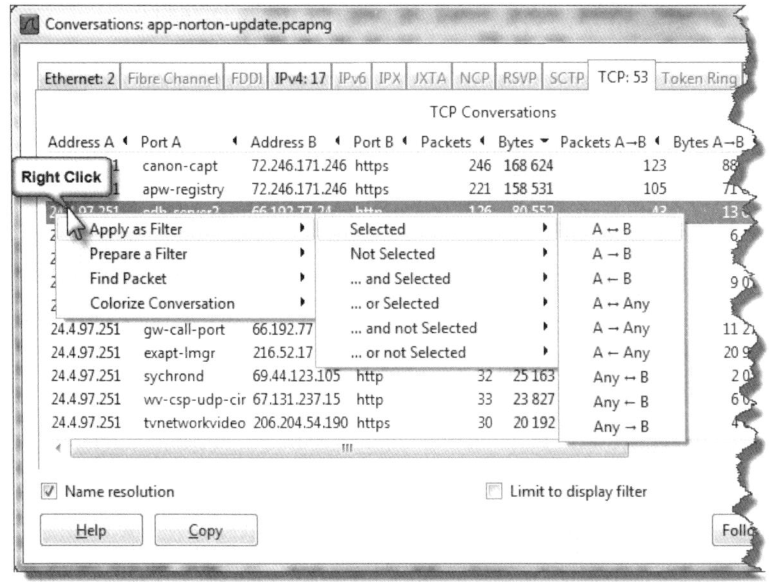

그림 145 대화를 기반으로 양방향 디스플레이 필터를 만든다. [app-norton-update.pcapng]

하나의 예외(종단점 창은 트래픽의 방향을 정의하기 위해 옵션을 제공하지 않음)와 함께 종단점 창을 기반으로 디스플레이 필터를 생성하기 위해 동일한 과정을 사용할 수 있다.

프로토콜 계층 창에 대한 필터

사용 중인 애플리케이션이나 프로토콜을 기반으로 트래픽을 추출하려면 Statistics ❯ Protocol Hierarchy를 선택하고 나열된 항목에 대해 오른쪽 클릭한다. 이것은 호스트로부터 또는 호스트에서 생기는 트래픽 분석을 하는 중요한 작업이다.

✿ 디스플레이 필터 구문 이해

디스플레이 필터 구문은 디스플레이 필터와 컬러링 규칙을 만드는 데 사용된다.

패킷 상세 정보 창에 표시된 모든 필드는(패킷에서 실제로 필드가 존재하거나 재전송 같은 단순한 패킷 특징) 이런 필터를 생성하기 위해 사용될 수 있다. 패킷 상세 정보 창에서 필드를 강조해 표시하면 관련된 디스플레이 필터 값은 상태 영역에 표시된다. 그림 146에서 TCP Calculated window size 필드를 선택했다. 필드 이름은 tcp.window_size다. 이제 필드 이름을 파악했고, tcp.window_size == 7104 필터를 만들 수 있다.

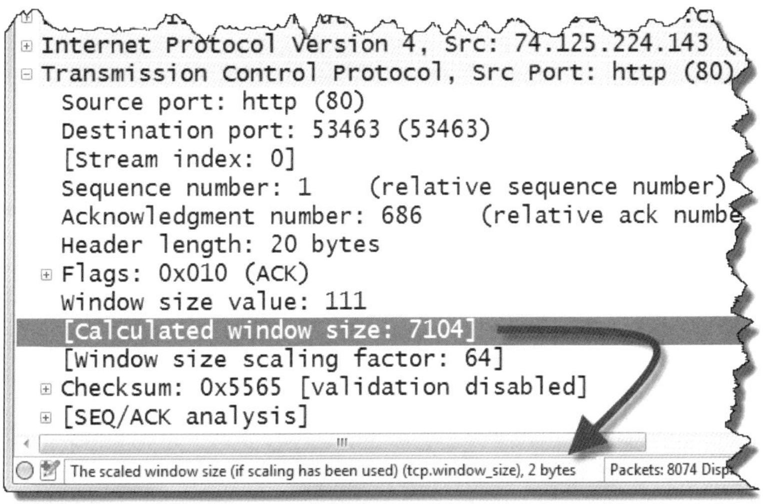

그림 146 패킷에서 선택된 필드의 이름은 상태 바에 나타난다. [http-download-exe.pcapng]

앞서 언급한 것과 같이 실제 필드와 반대되는 패킷의 특성에 대해 디스플레이 필터를 생성할 수 있다. 그림 147에서 '[This is a tcp window update]'라고 표시된 TCP 분석 줄을 선택했다. 모든 TCP 윈도우 업데이트 패킷에 대한 디스플레이 구문은 tcp.analysis.window_update다. 이런 필드가 존재하지 않더라도 TCP 윈도우 업데이트 패킷을 위해 필터를 오른쪽 클릭하고 적용할 수 있다.

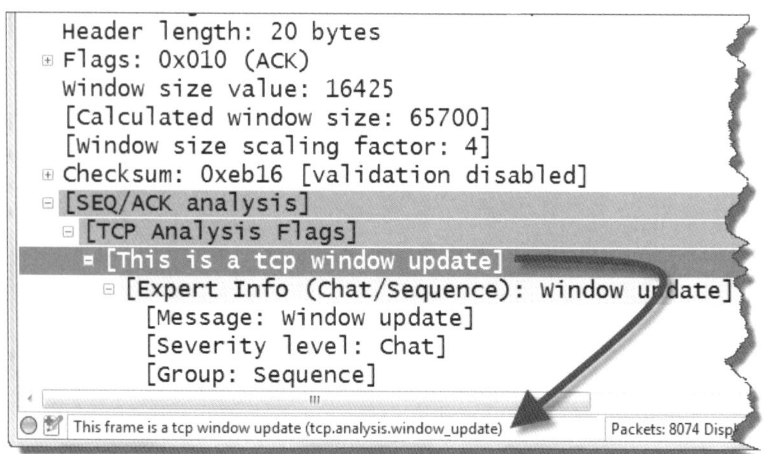

그림 147 패킷에 실제로 존재하는 모든 필드가 나타나지는 않는다. [http-download-exe.pcapng]

비교 연산자를 이용해 디스플레이 필터 결합

비교 연산자나 논리 연산자는 관심 있는 트래픽을 지정하기 위한 다수의 필터를 결합하고, 원하지 않은 트래픽(배제 필터링)을 필터링하기 위한 부정 피연산자를 제공한다.

설명	부호	텍스트
equal to	==	eq
or	||	or
and	&&	and
greater than	〉	gt
less than	〈	lt
greater than or equal to	〉=	ge
less than or equal to	〈=	le
not	!	not
not equal to	!=	ne
contains		contains
matches		matches

!= 사용에 대한 와이어샤크 경고를 이해해야 한다.

와이어샤크는 '!=' 연산자를 사용하는 경우 디스플레이 필터를 노란색으로 표시한다. 이것은 필터가 작동하지 않는다는 것을 뜻하는 바가 아니다(이는 단지 작동하지 않을 수도 있다는 것을 경고한다). 자세한 내용은 '와이어샤크로 디스플레이 필터의 실수 잡아내기' 절을 참조하라.

오른쪽 클릭 방법, 표현식 또는 필터 입력을 이용해 연산자와 함께 디스플레이 필터를 생성할 수 있다. 다음 표는 연산자를 이용한 다양한 디스플레이 필터의 예를 보여준다.

디스플레이 필터	설명
ip.addr==10.2.3.4 && port==80	10.2.3.4에서 송/수신되는 80번 포트 트래픽만 표시
!arp && !icmp	ARP와 ICMP 트래픽을 제외한 모든 트래픽 표시
bootp || dns	BOOTP/DHCP 혹은 DNS 트래픽만 표시
tcp contains "PASS"	TCP 세그먼트에 ASCII 문자열 'PASS'를 갖는 패킷만을 표현
dns.count.answers 〉 2	2개 이상의 응답을 포함하는 DNS 응답만을 표시
tcp matches "₩.(?i)zip"	TCP 패킷은 대소문자 텍스트 값 'zip'을 포함한다. 이것은 압축된 파일의 HTTP 다운로드를 검색하는 경우 아주 훌륭한 필터다. 대상 내용('zip'은 Accept-Encoding HTTP 수정자를 포함할 것이다)에 'exe'의 사용을 고려한다.

괄호를 적용해 디스플레이 필터의 의미 변경

특정 순서로 평가되는 조건을 갖기 위해 괄호를 사용한다. 예를 들어 다음 표에 표시된 두 개의 필터는 표에서의 괄호 집합에 따라 다른 해석을 갖는다.

괄호를 이용한 필터	해석
(ip.src==192.168.0.105 and udp.port==53) or tcp.port==80	네트워크상의 모든 HTTP/포트 80 트래픽과 192.168.0.105에서 전송되는 DNS/포트 53 트래픽
ip.src==192.168.0.105 and (udp.port==53 or tcp.port==80)	192.168.0.105로부터 전송되는 DNS/포트 53 또는 HTTP/포트 80 트래픽

필드의 실체 필터링

경우에 따라 패킷에 특정 필드가 있는지 알고 싶을 수 있다. 예를 들어 웹 브라우징 세션을 분석할 때 어떤 쿠키가 세션 과정 중 교환되는지 알 수 있다. 다음과 같은 디스플레이 필터는 쿠키(http.set_cookie)를 전달하면 클라이언트가 쿠키(http.cookie) 또는 HTTP 서버에 보낸 HTTP 패킷을 보여준다.

```
http.cookie or http.set_cookie
```

TCP 문제의 특정 유형 위치는 디스플레이 필터 유형의 또 다른 좋은 사용이다. 예를 들어 다음과 같이 디스플레이 필터는 와이어샤크는 TCP의 문제라고 믿는 모든 패킷을 보여준다.

```
tcp.analysis.flags && !tcp.analysis.window_update
```

또한 다음 세 가지 예에서와 같이 TCP 문제의 특정 유형을 표시하는 필터 디스플레이를 만들 수 있다.

```
tcp.analysis.lost_segment
tcp.analysis.duplicate_ack
tcp.analysis.retransmission
```
[3]

패킷에 있는 특정 바이트 필터링

오프셋 필터는 하위 연산자Subset Operator라고도 한다. 이런 필터들은 프레임 요소, 오프셋, 길이(옵션), 연산자 및 값을 정의한다. 더 간단한 필터 방법이 불가능할 때

3. tcp.analysis.retransmission에 대한 필터링도 빠른 재전송을 표시한다.

이런 필터들을 사용할 수 있다. 예를 들어 특정 2바이트 값으로 끝나는 이더넷 발신지 주소를 필터링하기 원할 경우 오프셋 필터를 사용한다.

오프셋 디스플레이 필터의 예는 다음과 같다.

```
eth.src[4:2] == 22:1b
```

디스플레이 필터는 이더넷 발신지 주소 필드를 프레임에서 검사하기 시작하고, 5바이트 이상(0부터 카운트 시작)을 카운트하며, 2바이트 값 0x221b를 검색한다. 이것은 값 0x221b에 대해 이더넷 발신지 필드에서 마지막 2바이트 값을 찾고 있다는 것을 의미한다.

0 Source Address	1	2	3
4 (source address continued)		6 Dest Address	7
8 (dest Address continued)		10	11
12 Type			

그림 148 eth.src [4:2] 필터는 이더넷 발신지 주소 필드의 마지막 2바이트 값을 검색한다.

오프셋 필터의 다른 예는 다음과 같다.

```
ip[14:2] == 96:2c
```

이 필터는 0x962c 값에 대한 IP 헤더(발신지 IP 주소의 마지막 2바이트)의 15번째 및 16번째 바이트를 검색한다(이것은 발신 IP 주소가 150.44로 끝나는 것으로 간주함). 그림 149는 손상된 IP 헤더를 보여준다. 값 [14:2]는 15바이트 이상(0으로 시작)을 카운트하고, 2바이트 값을 검색한다는 점을 기억하자.

0 Ver/Hdr Len	1 DiffServ	2 Total Length	
4 Identification		6 Flags/Fragment Offset	
8 TTL	9 Protocol	10 Hdr Checksum	
12 Source Address	13	14	15
16 Dest Address	17	18	19
20	21 Options (if any)		23

그림 149 ip[14:2] 필터 IP[14:2]는 IPv4 헤더 발신지 주소 필드에서 15번째, 16번째 바이트(0부터 카운트 시작)를 검색한다.

와이어샤크에 내장된 필터의 수 때문에 오프셋 필터를 생성해야 하는 필요성이 감소됐다. 하지만 여전히 부분적인 값의 일치를 위해 필드 내부에서 검색하기 위한 오프셋 필터의 사용이 필요할 때가 많이 있다.

대/소문자로 핵심 단어 찾기

연산자인 matches는 거의 사용하지 않지만 매우 강력하다. 또한 정규 표현식을 사용해 문자열/텍스트 필드에 검색 연산자를 사용할 수 있다.[4] 예를 들어 .zip 또는 .exe 로 끝나는 파일에 대한 모든 HTTP 요청에 관심이 있는 경우에 다음과 같이 디스플레이 필터를 사용할 수 있다.

```
http.request.method=="GET" &&
(httpmatches"\.(?i)(zip|exe)"
```

http-download-bad.pcapng, http-download-good.pcapng와 http-slow-filexfer.pcapng에 디스플레이 필터를 실행해보자. 이런 문자열이 HTTP 데이터에서 발견될 경우 몇 가지 오탐false positive을 얻을 수 있다는 점에 유의해야 한다.

다수의 비교 연산자 대부분은 이해하기 쉽고, 직접적으로 파악할 수 있다. 하지만 일치 연산자는 필드 내에서 문자열을 검색하는 펄 호환Perl Compatible 정규 표현식 라이브러리와 함께 사용된다. 이 기능은 펄 호환 정규 표현식 라이브러리인 libpcre를 통해 제공된다.

다음 필터는 대소문자 하나의 파일인 .exe, .zip, .jar를 포함하는 HTTP 패킷을 식별한다.

```
http matches "\.(?i)(exe|zip|jar)"
```

위의 필터는 HTTP 패킷만 볼 수 있다. 또한 \. 점을 찾아본다. (?i)는 검색을 할 경우 대소문자를 구분하지 않고 나타낸다. exe, zip, jar은 그 문자열의 이해관계를 나타낸다.

---

4. 온라인 설명서에 "와이어샤크는 matches 연산자를 사용할 수 있게 하려면 libpcre와 함께 구축해야 한다."고 기술돼 있지만 꼭 그렇지는 않다. Glib는 GRegex 지원을 제공한다. GRegex는 Philip Hazel에 의해 펄 호환 정규식(PCRE) 라이브러리를 포함하고 있다. GLib는 C로 작성된 라이브러리와 애플리케이션을 지원한다. Glib 지원은 Help ▶ About Wirshark를 이용하면 나타난다. 예를 들면 'Compiled (64-bir with GTK+2.22.1, with GLib 2.26.2...'와 같다.

실제로 9장의 끝부분을 배운 후 추적 파일의 'matches'를 사용해 테스트할 수 있는 기회를 가질 것이다.

흥미로운 정규식 필터

다른 정규식의 정의와 일치하는 연산자를 사용할 수 있다. 다음은 트래픽의 특정 문자열을 찾는 정규식을 사용하는 몇 가지 예를 보여준다.

- 프레임 안에서 아무 곳의 이메일 주소를 찾는다.
- `http.host && !http.host matches "\.com$"`가 아닌 다른 문자열로 끝나는 웹 사이트에 연결하기 위해 HTTP를 사용해 찾는다.

정규식에 대한 자세한 내용은 regexlib.com/CheatSheet.aspx 사이트에서 Regex Sheat Sheet를 참조하라.

배제 필드 필터를 이용해 포함 필드 추가하기

위의 필터에서 http.host && !http.host matches "\.com$"는 필드의 not 연산자를 사용해 필터의 흥미로운 문제를 제공한다. 또한 필터의 두 번째 절반 (! http.host 일치"\.com $ ")을 사용하는 경우 HTTP 호스트 필드의 끝에서 .com가 없는 모든 패킷을 볼 수 있을 것이다. DNS, DHCP, ARP, UDP 패킷 등을 포함한다. HTTP 호스트 필드의 끝에 .com 이 없다. 이 문제를 방지하려면 관심 있는 필드를 추가한다. 위의 예에서 이런 문제를 피하기 위해 http.host을 추가했다.

와이어샤크 디스플레이 필터의 실수 잡아내기

와이어샤크는 구문 문제와 심지어 `ip.adder != 10.2.4.1` 같은 디스플레이 필터 실수를 피하기 위해 도움을 주는 에러 검사 기능을 포함하고 있다. 이런 실수들은 '일반적인 디스플레이 필터 실수 방지' 절에 정의돼 있다.

- 녹색 배경은 필터 구문이 정확하고 논리적이라는 것을 나타낸다.
- 노란색 배경은 구문이 정확하지만, 논리적으로 정확하지 않을 수 있다는 것을 나타낸다. 노란색으로 된 필터의 예는 '일반적인 디스플레이 필터 실수 방지'

절을 참조하라.

- 빨간색 배경은 구문 에러를 나타낸다. 빨간색 배경으로 표시된 필터는 올바르게 처리되지 않을 것이다.

모든 디스플레이 필터 실수는 와이어샤크의 에러 검사 메커니즘에 의해 확인되지 않는다. 예를 들어 `HTTP & & arp` 필터를 생각해보자. 어떻게 패킷이 HTTP 패킷과 ARP 패킷으로 될 수 있는가? 이것은 불가능하다.

복잡한 필터링을 위한 디스플레이 필터 매크로 사용

디스플레이 필터 매크로는 좀 더 복잡한 디스플레이 필터에 대해 바로가기를 생성하기 위해 사용된다. 새로운 매크로를 생성하기 위해 Analyze ❯ Display Filter macros ❯ New를 선택한다.

디스플레이 필터 매크로는 개인 구성 폴더의 dfilters_macros에 저장된다. 기본 프로파일 이외의 다른 프로파일 아래에 디스플레이 필터 매크로를 만드는 경우 dfilters_macros 파일은 관련된 프로파일의 디렉토리 안에 저장된다. 이 파일에서의 구문은 '`name`', '`filter_string`'이다.

디스플레이 필터 매크로를 생성하려면 먼저 매크로의 이름을 정해야 한다. 디스플레이 창에서 매크로의 이름을 호출하기 위해 이 이름을 사용해야 한다. 그림 150은 5개의 포트로 향하는 트래픽을 관찰하기 위해 사용된 디스플레이 필터 매크로를 보여준다. 디스플레이 필터 매크로를 사용하지 않으면 디스플레이 필터의 구문은 `tcp.dstport == 5600 || tcp.dstport == 5603 || tcp.dstport == 6400 || tcp.dstport == 6500 || tcp.dstport == 6700`이 될 것이다.

그림 150에 매크로는 '5ports'라고 이름을 지었다. 달러($) 기호는 변수의 번호를 나타낸다. 이 매크로를 사용하기 위한 구문은 `${5ports:5600;5603;6400;6500;6700}`이 될 것이다.

디스플레이 필터 매크로를 실행하면 5개의 포트 변수들이 다음과 같이 변경될 것이다.

```
$1tcp.dstport == 5600
$2tcp.dstport == 5603
$3tcp.dstport == 6400
$4tcp.dstport == 6500
```

```
$5tcp.dstport == 6700
```

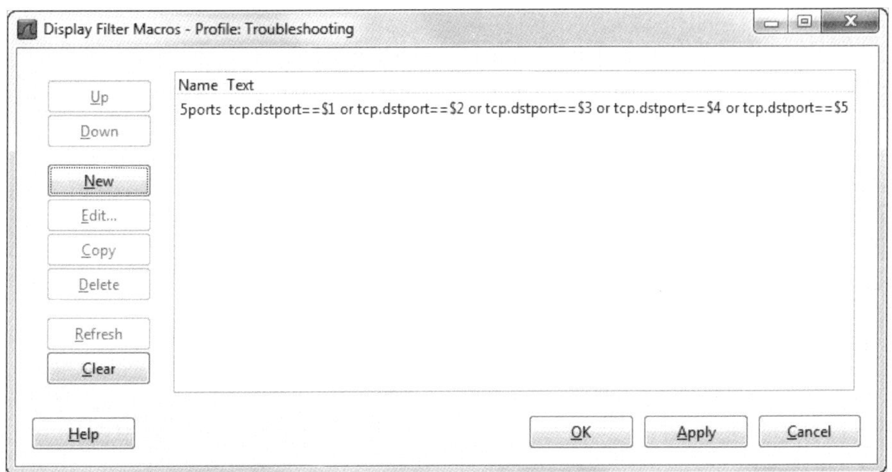

그림 150 디스플레이 필터 매크로는 더 복잡한 필터를 위한 바로가기 기능을 제공한다.

다른 예로 시간 절약 디스플레이 필터 매크로를 특정 대화에 대해 중점을 둔 것이다(이 매크로를 'tcp_conv'라 부른다. 디스플레이 필터 매크로 구문은 다음과 같다).

```
(ip.src == $1 and ip.dst == $2 and tcp.srcport == $3 and
tcp.dstport == $4) or (ip.src == $2 and ip.dst == $1 and
tcp.srcport == $4 and tcp.dstport == $3)
```

앞 예제에서 디스플레이 필터 매크로는 IP 주소와 TCP 포트 번호를 기반으로 하는 특정 대화에 중점을 두고 있다. 매크로를 실행하기 위해 디스플레이 필터 창에서 다음과 같은 명령을 사용한다.

```
${tcp_conv:192.168.1.1;192.168.1.99;1201;2401}
```

개인 환경설정 폴더와 다른 와이어샤크 시스템의 프로파일 폴더에 dfilters_macros 파일을 복사해 디스플레이 필터 매크로를 공유할 수 있다.

일반적인 디스플레이 필터 실수 방지

가장 일반적인 필터의 실수 중 하나는 ! 피연산자나 not 피연산자를 사용하는 것이다. 이런 문제는 ip.addr, tcp.port나 udp.port를 사용해 IP 주소나 포트 번호로부터 송수신되는 트래픽을 필터링할 때 나타난다.

많은 사람들이 발신지나 목적지 IP 주소 필드에 IP 주소 10.2.4.1을 포함하는 패킷을 표시하기 위해 ip.addr==10.2.4.1 구문을 사용하는 데 익숙하다. 당연히 10.2.4.1 주소를 제외한 모든 패킷들을 보기 위해 ip.addr != 10.2.4.1을 입력한다. 하지만 이 필터 구조는 동작하지 않는다.

필터 ip.addr != 10.2.4.1은 실제로 10.2.4.1이 아닌 다른 값을 포함하는 ip.addr 필드를 갖는 패킷을 검색하기 위한 것이라는 의미다. 패킷에 두 IP 주소 필드가 있다. 하지만 이 필터는 두 개의 필터 중 하나에서 10.2.4.1 주소를 갖는 경우 패킷의 표시를 허용할 것이다. 첫째, 와이어샤크는 필터가 일치하는 경우를 보기 위해 발신지 IP 주소 필드를 검색한다. 그리고 목적지 IP 주소 필드를 검색한다.

다음 표는 패킷이 어떻게 검사되는지를 보여준다. IP 주소 중 하나가 필터와 일치하는 경우 필터 ip.addr != 10.2.4.1를 사용하면 패킷이 표시될 것이다.

발신지 IP 주소	목적지 IP 주소	패킷이 보이는가?
10.2.4.1 (no match)	255.255.255.255 (match)	예
10.99.99.99 (match)	10.2.4.1 (no match)	예
10.2.4.1 (no match)	10.99.99.99 (match)	예
10.2.2.2 (match)	10.1.1.1 (match)	예

정확한 필터 구문은 !ip.addr==10.2.4.1이다. !가 ip.addr 앞에 와야 한다. 뿐만 아니라 IPv6 주소 필터링에 동일하게 적용된다.

IPv6 주소를 필터링하려면 ipv6.src == 2002:1806:ADDC::1806:ADDC를 대신해 ipv6.src = 2002:1806:ADDC::1806:ADDC를 사용하면 된다.

dfilters 파일을 수동으로 편집

와이어샤크 GUI 인터페이스를 통해 필터를 추가하거나 dfilters 파일을 직접 수정할 수 있다. 기본 dfilter 파일은 전역 환경설정 디렉토리에 위치한다. 새 필터는 dfilters 파일에 추가되고, 복사 파일은 개인 구성 폴더나 현재 프로파일 디렉토리에 저장된다.

dfilter 파일의 구문은 다음과 같다.

```
"filter name" filter string
```

dfilters 파일은 확장자를 갖지 않고, 마지막 디스플레이 목록 다음에 새로운 라인을 추가하거나 와이어샤크 디스플레이 필터 목록에 표시돼서는 안 된다. 수동으로 dfilters 파일을 편집할 때 텍스트 편집기를 사용한다. 이런 불필요한 문자와 파일의 코드에 추가해 '단어'로 워드프로세싱 프로그램을 사용하지 않는다.

dfilters 파일 수동 편집의 장점은 그림 151과 같이 디스플레이 필터 재배열, 들여쓰기, 제목 부가 기능이다.

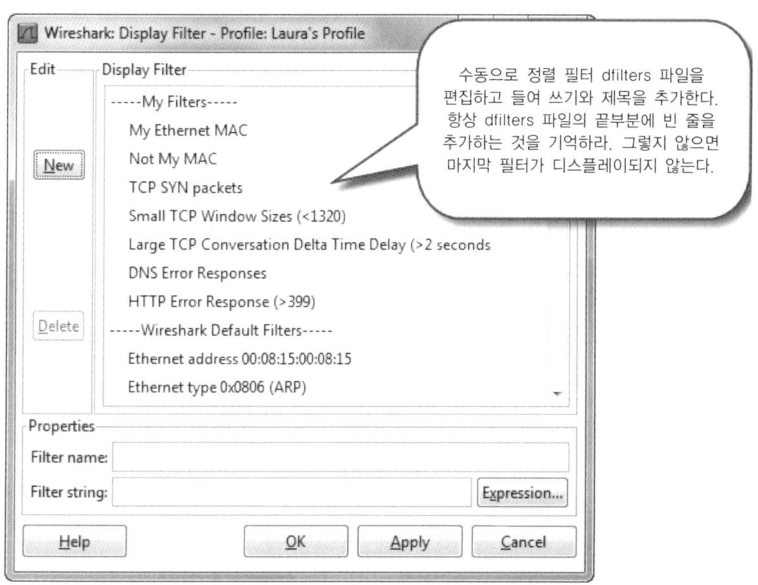

그림 151 개인 디스플레이 필터를 구성하기 위한 dfilters 파일 편집

디스플레이 필터 목록에 제목이나 들여쓰기를 추가하려면 dfilters 파일을 수동으로 편집하고, 그림 152와 같이 디스플레이 필터의 이름 주위에 사용된 따옴표 안에 밑줄이나 공백을 삽입한다.

이 책의 웹사이트인 www.wiresharkbook.com의 다운로드 섹션에서 dfilters 파일 양식이 포함돼 있는 서식 스타일을 사용한다.

```
"__________Laura's Display Filters____________________" Register for
Wireshark Certification Test Today
"    Default IRC TCP Ports 6666-6669 (IRC Traffic - Bot Issue?)"
tcp.port == 6666 || tcp.port == 6667 || tcp.port == 6668 || tcp.port ==
6669
"    DHCP NACK (DHCP Server Does Not Like Target)" (bootp.option.type
== 53) && (bootp.option.value == 06)
"    DNS Answers > 5 (Bot IRC List in this Packet?)" dns.count.answers
> 5
"    ICMP Protocol Unreachable (IP Scan Underway?)" icmp.type==3 &&
icmp.code==2
"    ICMP Response to TCP Packet (Sender Firewalled?)" (icmp) && (tcp)
```

그림 152 편집된 dfilters 파일

디스플레이 필터를 사용하는 것은 '건초더미에서 바늘 찾기 문제'를 피하는 데 도움을 주고, 네트워크 문제의 원인을 찾는 과정이나 비정상적인 트래픽 패턴을 식별하는 과정의 속도를 향상시킨다. '건초더미에서 바늘 찾기 문제'의 자세한 내용은 1장의 '건초더미에서 바늘 찾기 문제 극복' 절을 참조하라.

9장의 끝에 있는 사례 연구는 네트워크 문제를 해결하기 위해 디스플레이 필터 사용의 예를 제공하고, 애플리케이션 분석을 수행한다.

사례 연구: 데이터베이스 문제를 해결하기 위해 필터와 그래프 사용

제출자 Coleen D

네트워크 분석가

하루 중 특정 시간에 문서 서버에 너무 많은 연결이 있다고 나타났다. 서버 관리자는 누가 서버를 공격했다고 생각했고, 하루 동안 누구에 의해 얼마나 많은 연결이 만들어졌는지 알기를 원했다.

모든 성공적인 연결을 알아내기 위한 TCP 핸드셰이크 중 세 번째 패킷에 대한 디스플레이 필터를 사용했고, 이것을 IO 그래프에 나타냈다. 내가 사용한 필터는 다음과 같다.

```
(tcp.flags == 0x10) && (tcp.seq == 1) && (tcp.ack == 1)
```

내 필터의 첫 번째 부분에서 TCP 헤더에 ACK 비트가 설정된 패킷을 찾았다. 두 번째 부분은 TCP 순서 번호 필드를 1로 설정했고, 세 번째 부분에서 TCP 응답 번호 필드를 1로 설정해 검색했다.

항상 와이어샤크의 TCP 환경설정(그렇지 않으면 동작하지 않음)에서 사용 가능한 '상대적인 순서 번호'를 갖고 있고, 이런 필드 값은 항상 TCP 핸드셰이크의 세 번째 패킷에서 나타난다.

이런 연결을 보기 위해 이 디스플레이 필터를 IO 그래프의 빨간 그래프 라인에 입력했고, Fbar 형식을 이용했다. 그래서 이것이 실제로 나타났다.

확실히 매일 오후 2시쯤에 연결이 증가하는 것을 찾았다.

흥미롭게도 이것은 해당 시간 동안 서버에 1,000개 이상의 연결을 생성하는 문서 서버 관리자 기계 중의 하나였다. 이것은 그룹에 있는 누군가가 새 문서 관리 패킷(이것을 실행하는 모든 시간에 문서 서버로 연결이 들어오는)을 테스트하는 것으로 나타났다.

우리는 쉽게 연결의 발신지를 볼 수 있었고, 프로그램을 구매하도록 추천했다.

우리는 와이어샤크를 이용해 회사의 많은 돈과 고민거리를 줄일 수 있었다!

사례 연구: 복잡하고 어수선한 브라우저

트위터 트래픽을 분석하기 위해 나의 IP 주소(`ip.addr==192.168.0.106`)에서부터 모든 트래픽에 대한 필터를 생성했고, 그래서 나와 관련 없는 트래픽이 필터링됐다(이상적인 트래픽이나 배경 트래픽은 내 브라우저가 신뢰성 있는 웹이나 트위터 통신과 상관없는 다른 사이트에 접속됐을 때 전송됐다).

나는 반대로 작업을 진행했고, 나의 파이어폭스[Firefox] 트래픽이나 다른 노이즈(내 호스트는 상호작용 없이 생성한다)를 분리시켰다. 나는 백그라운드 트래픽을 나의 프린터에서 식별한 것처럼 번호를 제외해 디스플레이 필터에 생성했고, 내 라우터의 관리 포트, DHCP 노이즈, ARP 노이즈, 내 아이폰으로부터 트래픽(이는 유선 네트워크에 연결돼 있다), 구글 분석학 및 파이어폭스로부터의 구글 악성코드 업데이트, 세계적인 뉴스 및 BBC 백그라운드는 파이어폭스나 내 트위터 통신과 관련이 없는 다른 사이트로부터 제공됐다.

복잡한 디스플레이 필터가 완료됐을 때 필요 없는 프로세스로부터 백그라운드 트래픽을 볼 수 없었다.

마지막 디스플레이 필터는 아주 길었다.

```
ip.addr==192.168.0.106 && !srvloc && !dns &&
!ip.addr==74.6.114.56 && !ip.addr==239.255.255.250 &&
!ip.addr==96.17.0.0/16 && !ip.addr==192.168.0.102 && !smb
&& !nbns && !ip.addr== 192.168.0.103 &&
```

```
!ip.addr==64.74.80.187 && ! ip.addr==83.150.67.33 &&
!ip.addr==67.217.0.0/16 && !ip.addr==66.102.7.101 &&
!ip.addr==216.115.0.0/16 && !ip.addr==216.219.0.0/16 &&
!ip.addr==69.90.30.72
```

내가 트위터 트래픽의 분석을 시작하지만, 결국 우리의 브라우저 통신을 아주 복잡하게 만드는 파이어폭스에 추가한 모든 플러그인을 찾아냈다(그들은 언제나 대화를 하고 있다).

우리는 어떤 플러그인이 통신 중인지 쉽게 찾기 위해 와이어샤크에서 일시적으로 네트워크 이름 변환을 결정했다. 이것은 우리가 대화와 종단점 통계를 열 때 와이어샤크를 정말로 느리게 만들었지만, 대상으로부터의 플러그인 트래픽을 쉽게 찾을 수 있었다.

우리는 결국 백그라운드에서 하루 종일 실행되는 플러그인의 일부를 제거했다. 너무 많은 쓰레기(쓸모없는 트래픽)를 네트워크에 생성했기 때문에 그것들이 필요 없었다.

 사례 연구: 바이러스와 웜 잡기

제출자 Todd Lerdal

컴퓨터 바이러스와 웜은 패킷 분석에 대해 나에게 아주 좋은 학습 시간이다. 나는 패킷 분석에 있어 초보자였고, 나의 네트워크에서 어떤 것이 실행 중인지 '느낌'을 찾기 위해 VLAN에서 추적 파일을 제거했다. '비공식적인 베이스 라이닝'은 아마도 좀 더 나은 설명일 것이다(일반적인 나의 머리에서 생각하는 것보다 문서로 기록하라).

나는 NCP, Web, Telnet, Citrix, 등을 보기 위해 기대해야 하는 애플리케이션의 종류를 알고 있다. 내가 알지 못했던 무언가가 있었다면 "이것이 실행돼야 하는가?"에 대한 더 나은 이해를 위해 필터를 해제할 것이다.

그런 다음, 웜으로 공격한다.

나는 식별, 고립 및 감염된 워크스테이션을 예방하는 데 도움을 주는 웜이 어떻게 확산되는지 살펴보기 위해 서버 VLAN에 세션을 모니터링하는 데 많은 시간/일을 소요했다.

LAN에 있는 비정상적인 트래픽을 보기 위해 관찰을 시작하면 그리 오래 걸리지 않는다. 나는 여러 호스트에서 오는 어떤 ping이나 포트 스캔이 나타나는지 알고자 했다.

패킷을 충분히 수집하자마자 이런 ping 관찰을 식별하기 위한 더 나은 디스플레이 필터를 구축할 수 있었고, 그래서 나는 감염된 워크스테이션을 분리시키고, 네트워크에서 그들이 돌아가는 것을 허용하기 이전에 이런 장비를 초기화시키기 위한 데스크톱이나 서버 팀에 도움을 줄 수 있었다.

연습을 함에 따라 데스크톱을 제공하기 위한 장치 이름이나 IP 주소의 목록을 생성하는 데 많은 시간이 걸리지 않았고, 그래서 그들은 초기화를 시작할 수 있었다.

정리

디스플레이 필터는 특정 패킷, 프로토콜, 대화와 종단점에 중점을 두기 위해 사용된다. 디스플레이 필터는 특별한 와이어샤크 구문을 사용한다(이것은 BPF 필터 구문(tcpdump에서 사용)을 사용하는 수집 필터와 호환되지 않는다).

와이어샤크는 디스플레이 필터 구문의 자동 에러 검사 기능을 제공한다(녹색 = 올바른 구문, 붉은색 = 올바르지 않은 구문, 노란색 = 예기치 않은 결과). 또한 미리 정의한 필드와 필드 값을 사용하는 필터를 생성하기 위해 와이어샤크의 표현식을 사용할 수 있다.

디스플레이 필터를 만드는 가장 빠른 방법 중 하나는 필드에서 오른쪽 클릭하고, Apply as Filter나 Prepare a Filter를 선택하는 것이다. 다중 디스플레이 필터를 결합하기 위해 비교 연산자를 사용할 수 있지만, 필터의 괄호에 주의해야 한다. 괄호의 위치는 디스플레이 필터의 의미를 변경할 수 있다.

디스플레이 필터는 dfilters 파일에 저장되고, GUI를 통해서나 텍스트 파일에서 직접 수정될 수 있다. 간단히 dfilters 파일의 복사본을 다른 사람에게 전송함으로써 디스플레이 필터를 공유할 수 있다.

이 책의 웹사이트인 www.wiresharkbook.com에 포함돼 있는 와이어샤크 디스플레이 필터가 많이 있다. 온라인으로 사용 가능한 dfilters 파일 중 하나는 그림 136과 같다. 이 difilter 파일은 와이어샤크가 제공하는 기본 디스플레이 필터 집합과 15개의 추가 디스플레이 필터를 포함한다. dfilters 파일을 사용하려면 간단히 개인 구성 폴더로 파일을 복사하거나 새 프로파일을 생성한 후 프로파일의 폴더에 파일을 복사하면 된다. 새 프로파일의 생성에 대한 자세한 내용은 11장을 참조하라.

※ 학습한 내용 복습

다음의 표는 9장에서 배운 내용을 학습할 때 사용하기 위한 몇 가지 추적 파일을 보여준다.

app-norton-update.pcapng	이 Symantec 업데이트 프로세스는 몇 가지 HTTP 에러가 있다. http.response.code==404에 대한 필터를 구축하고 File Not Found 응답의 수를 주목하라. 이제 app-norton-update2.pcapng에 대해 동일한 필터를 적용하라.
app-norton-update2.pcapng	이 시만텍 업데이트 과정은 잘 작동하지 않는 것 같다. http.response.code==404에 대한 필터와 파일을 찾을 수 없다는 응답 번호를 기록한다. 디스플레이 필터 http.response.code !=404를 적용하면 왜 와이어샤크는 이 필터에 문제가 무엇이라고 생각하는가? 잘 작동했는가?
ftp-crack.pcapng	트래픽에 다음의 디스플레이 필터 적용: ftp.request.command=="USER" || ftp.request.command=="PASS" 패스워드 크래킹은 오직 관리자 계정과 사전에 포함된 이름으로부터의 시도로 나오는 것을 알 수 있다. 암호 목록을 통해 순환되는 것 같다. 문자 M에서 발견했지만 시작은 (패킷 4739)에서 시작한다.
http-aol.pcapng	이것은 www.aol.com 사이트를 불러오기 위해 17가지의 다른 TCP에 연결을 가진다. 최근에 당신의 회사 웹사이트에 대한 연결을 분석해 본 적이 있는가? http.request.uri를 사용하면 "laptop$"을 디스플레이 필터로 인식한다. 일치 연산자를 이용하는 또 다른 예는 http.request.uri가 "&+"로 인식하는 것이다. 이 필터는 값 '&'에 대한 URI 필드를 검사하고, 이 값이 1번 이상으로 +를 표시하면 해당 패킷을 표시한다. 디스플레이 필터의 일부 정규 표현식을 사용해보라. http.request.uri와 "\.[Jj][Ss]"의 일치에 대한 디스플레이 필터를 적용한다. 이 디스플레이 필터는 무엇을 했는가? 당신은 어떻게 웹 서버에서 누군가 요청하는 실행 파일을 식별하기 위해 필터에 추가할 것인가?
http-download-bad.pcapng	추적 파일의 모든 재전송 패킷을 볼 수 있게 디스플레이 필터링 기술을 사용한다. 이제 2초 이전 후 패킷에 도착한 좋은 색상 규칙에 모든 패킷을 보여 주어 디스플레이 필터를 설정한다.

(이어짐)

http-download-exe.pcapng	프레임 일치 MZ의 디스플레이 필터를 적용하려고 한다. 애플리케이션 프레임을 추가하고 다시 확인한다. 결과는 무엇인가? MZ는 윈도우 실행 파일의 파일 식별자다. 10장에서 이에 대해 자세히 알아본다.
http-download-good. pcapng	위의 http-download-exe.pcapng를 위해 같은 필터를 생성해보라. 첫 번째 파일 다운로드 프로세스 패킷을 찾을 수 있는가? 그 패킷은 또한 HTTP 헤더 파일의 길이를 나타낸다.
http-slow-filexfer.pcapng	이제 http-download-exe.pcapng 파일에서 해당 필터를 사용한다. 어떤 결과를 얻었는가? 무엇을 기대하게 됐는가?
sec-nessus.pcapng	패킷의 헤더나 데이터 부분에 대문자나 소문자 하나의 'Nessus'를 포함하는 패킷을 식별하는 디스플레이 필터를 사용한다. 무엇을 발견했는가?

연습문제

Q9.1 와이어샤크 디스플레이 필터에 사용되는 구문의 형식은 무엇인가?

Q9.2 왜 디스플레이 필터 arp && bootp는 정확한 표현식이 아닌가?

Q9.3 'Prepare a Fitter'와 'Apply as Filter'의 차이는 무엇인가?

Q9.4 다음 필터들의 차이점은 무엇인가?

```
(ip.src==192.168.0.1 and udp.port==53) or tcp.port==80
ip.src==192.168.0.1 and (udp.port==53 or tcp.port==80)
```

연습문제 답

Q9.1 와이어샤크 디스플레이 필터에 사용되는 구문의 형식은 무엇인가?

A9.1 디스플레이 필터는 와이어샤크의 특수 디스플레이 필터 형식을 사용한다. 수집 필터는 버클리 패킷 필터링BPF, Berkeley Packet Filtering 형식(또한 tcpdump에 사용)을 사용한다. 필터는 와이어샤크의 특수 디스플레이 필터 형식을 생성하고, BPF 필터 형식으로 생성된 필터들은 서로 호환되지 않는다.

Q9.2 왜 디스플레이 필터 arp && bootp는 정확한 표현식이 아닌가?

A9.2 이 필터는 ARP와 BOOTP/DHCP 패킷을 표시하는데, 이는 불가능한 표현식이다. 정확한 필터는 `arp || bootp`다.

Q9.3 'Prepare a Fitter'와 'Apply as Filter'의 차이는 무엇인가?

A9.3 Prepare a Filter는 단순히 필터를 생성하고 디스플레이 필터 창에서 이를 표시한다(필터는 아직 적용되지 않았다). 이는 필터를 적용하기 전에 수정이나 필터에 추가하는 것을 허용한다. Apply as Filter는 필터에 즉시 적용된다.

Q9.4 다음 필터들의 차이점은 무엇인가?

```
(ip.src==192.168.0.105 and udp.port==53) or tcp.port==80
ip.src==192.168.0.105 and (udp.port==53 or tcp.port==80)
```

A9.4 첫 번째 필터는 네트워크에서 내보내는 모든 HTTP/port 80 트래픽과 192.168.0.105로부터의 DNS/port 53 트래픽을 표시한다. 두 번째 필터는 192.168.0.105로부터의 DNS/port 53 트래픽 또는 HTTP/port 80 트래픽을 표시한다.

스트림 추적과 데이터 조립

와이어샤크 공인 네트워크 분석가 시험에서 다루는 내용

- UDP 대화 추적과 조립
- TCP 대화 추적과 조립
- SSL 대화 추적과 조립
- 공통 파일 유형 식별

  - 사례 연구: 알 수 없는 호스트 식별
  - 사례 연구: 바이러스와 웜 잡아내기
  - 정리
  - 학습한 내용 복습
  - 연습문제와 답

10장에서 참조한 추적 파일

- app-nodissector.pcapng
- ftp-clientside.pcapng
- ftp-download-good2.pcapng
- http-fault-post.pcapng
- http-proxy-problem.pcapng
- ipv6-worldipv6day.pcapng
- rsasnakeoil2.pcap
- udp-mcaststream-queued2.pcapng
- voip-extension2downata.pcapng

트래픽 조립

와이어샤크는 통신 스트림을 추적하는 기능을 제공한다. 스트림 추적 프로세스는 통신들을 재조립한다(물리 계층 헤더, 네트워크 계층 헤더, 전송 계층 헤더 제외).

그림 153은 FTP 명령 세션의 계속되는 TCP 스트림의 결과를 보여준다. 기본적으로, 와이어샤크는 스트림 창에서 대화를 색상으로 부호화한다(클라이언트로부터 생기는 트래픽은 빨강(대화를 시작하는 호스트), 그리고 서버로부터 생기는 트래픽은 파랑색이다). Edit ❯ Preferences ❯ Colors를 이용해 사용 중인 색상 코드를 바꿀 수 있다.

Follow UDP Stream, Follow TCP Stream, Follow SSL Stream을 선택하기 위해 패킷 목록 창이나 패킷 바이트 창에 있는 패킷에서 오른쪽 클릭한다. 사용자가 선택한 트래픽 유형은 목록에서 사용 가능한 옵션을 나타낸다.

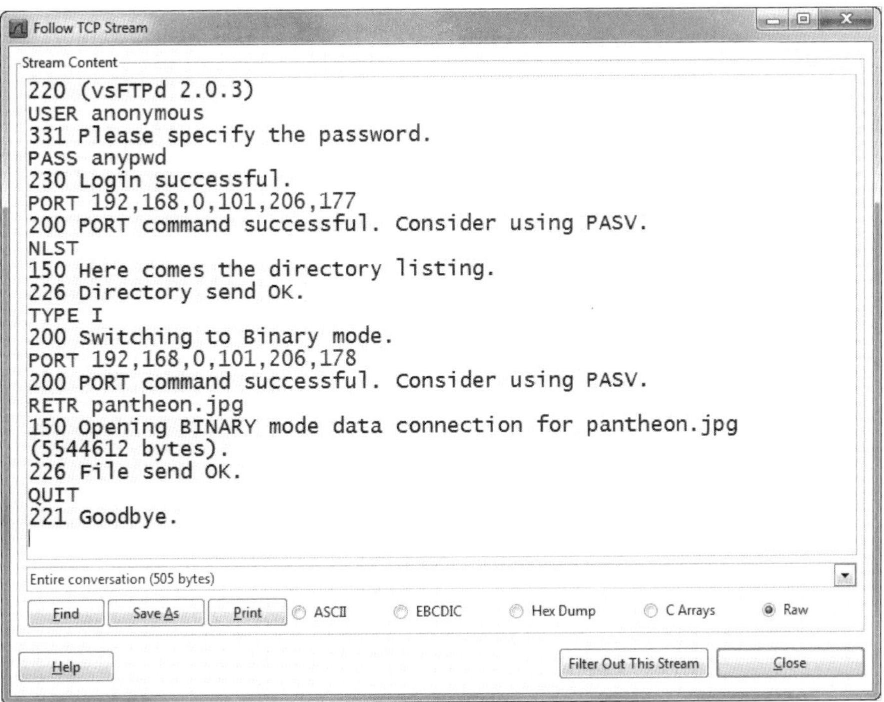

그림 153 계속되는 스트림은 명확한 명령 개요와 데이터 전송을 제공한다. [ftp-clientside.pcapng]

UDP 대화 추적과 조립

트래픽이 UDP 헤더를 갖고 있는 동안 UDP 스트림을 추적하는 옵션을 사용할 수 있다. UDP 패킷에서 오른쪽 클릭하고 Follow UDP Stream을 선택한다.

UDP 스트림 재조립 사용의 한 예는 멀티캐스트 비디오 스트림 재조립 과정이다. 비디오 데이터가 암호화되지 않은 한 데이터를 재조립할 수 있고, 비디오 파일에서 비디오 스트림을 저장하기 위해 다른 이름으로 저장을 사용할 수 있으며, 비디오 플레이어로 이를 열거나 재생할 수 있다.

비디오 파일을 재생하기 위해 VLC 플레이어 사용을 고려하라.

VLC 플레이어로서 여러 가지 오디오와 비디오 형식(MPEG-2, MPEG-4, H.264, DivX, MPEG-1, mp3, ogg, aac 등)을 읽을 수 있을 뿐만 아니라 다양한 프로토콜을 지원하는 오픈소스 미디어 플레이어를 권장한다. VLC에 대한 자세한 내용은 www.videotan.org를 참조하라.

그림 154는 백그라운드로 UDP 스트림을 보여준다. UDP 스트림을 재조립하면 디스플레이 필터는 UDP 대화를 위해 생성된다(`(ip.addr eq 192.168.1.12 and ip.addr eq 239.255.0.1)` 그리고 `(udp.port eq 1024 and udp.port eq 8001)`). 스트림 콘텐츠 창 안에 데이터는 기본으로 제공되는 원래의 형식으로 표시된다. 다른 이름으로 저장Save As을 클릭하면 videostream1 파일 안에 데이터가 저장된다. 우리는 실제 비디오 형식을 잘 모른다(VLC 플레이어가 해당 비디오 유형을 제공하기 때문에 비디오 유형을 자동으로 검색하고, 비디오 열기와 재생이 가능하다).[1]

---

1. 당신이 재조립을 위해 비디오 스트림을 수집할 때 작업 중인 파일의 크기를 인식한다. 예를 들어 5분짜리 유튜브 동영상은 44메가바이트 추적 파일을 생성한다. 와이어샤크의 최신 버전은 큰 추적 파일을 처리하기 위한 주요 개선을 포함하고 있지만, 여전히 큰 추적 파일이 갖는 더 긴 로드, 더 긴 디스플레이 필터 지원, 더 긴 데이터 스트림 등의 인식이 필요하다. 당신이 와이어샤크 시스템을 두고 자리를 비운다면 그것은 전체 하드 드라이브를 채우는 것이 가능하다.

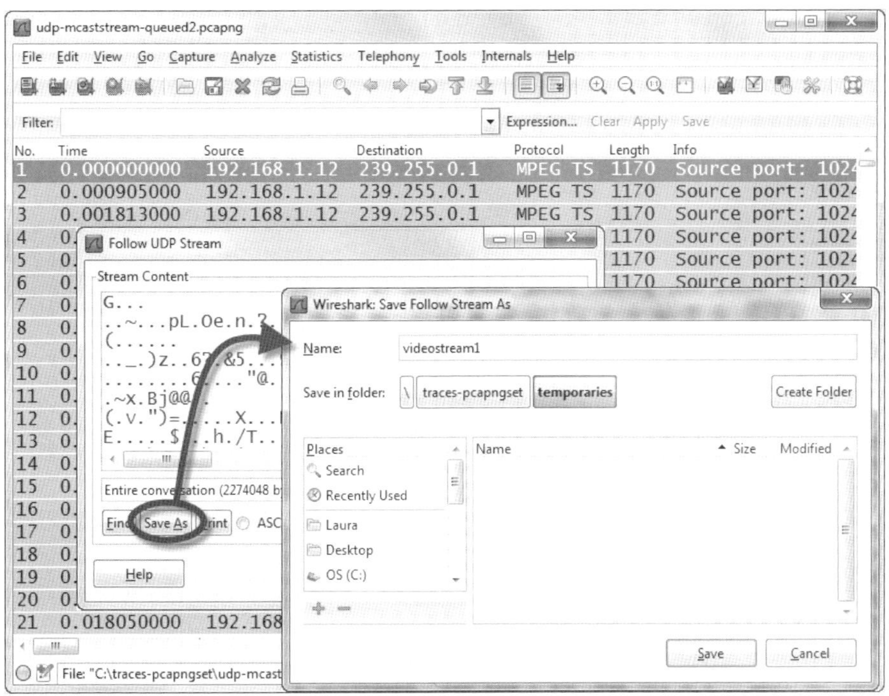

그림 154 UDP 스트림 추적을 이용해 비디오 스트림을 재생성할 수 있다. [udp-mcaststream-queued2.pcapng]

검사한 UDP 스트림이 VoIP RTP 스트림이면 암호화되지 않은 VoIP call을 재조립하기 위해 Telephony ▶ VoIP Calls ▶ 〈call 선택〉 ▶ Player ▶ Decode를 사용한다. voip-extension2downata.pcapng와 함께 이것을 시도하라. 더 많은 정보는 27장을 참조하라.

TCP 대화 추적과 재조립

사용자는 웹 브라우징 세션, FTP 명령 채널 세션, FTP 데이터 전송 채널 세션 또는 기타 TCP 기반 통신을 재조립할 수 있다. TCP 패킷에서 오른쪽 클릭하고 Follow TCP Stream을 선택한다.

이 경우 사용자는 명령과 전송되는 애플리케이션 헤더 머리말을 보게 될 것이다. 예를 들어 HTTP 웹 브라우징 세션을 재조립할 때 클라이언트로부터 GET 요청과 서버로부터 HTTP 응답 코드뿐만 아니라 전송된 데이터를 모두 볼 수 있다.

사용자가 TCP 스트림을 추적할 때 TCP 스트림 인덱스 번호를 기반으로 디스플레이 필터가 이 필터를 위해 사용된다. 필터의 형식은 `tcp.stream eq x`다. 이 필터 구문은 또한 SSL 스트림을 추적할 때 사용된다. tcp.stream 인덱스 값은 그림 155에서 보여준다. 패킷 상세 창에서 대화를 필터링하기 위해 이 필드를 사용한다.

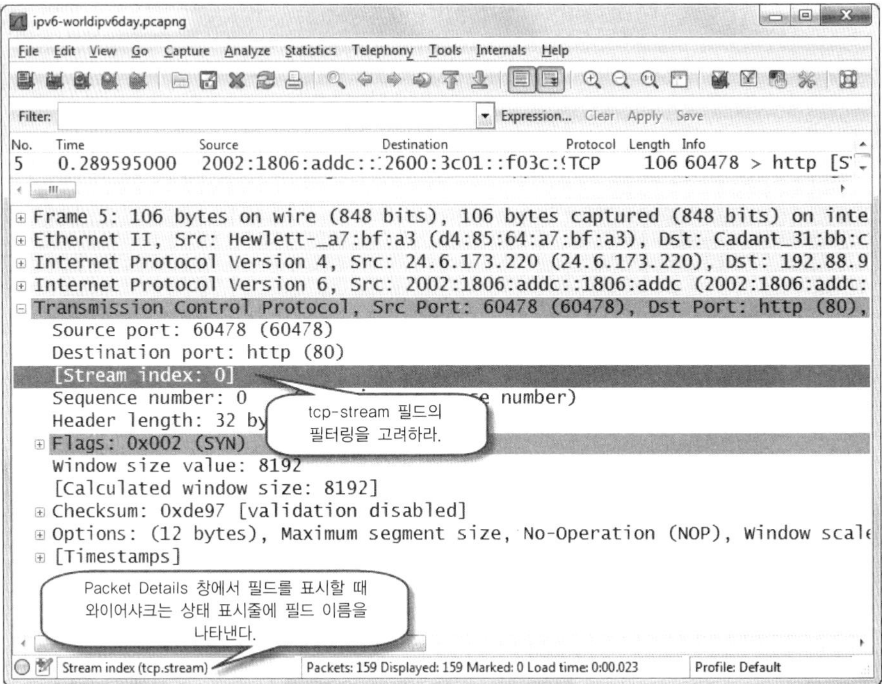

그림 155 스트림 인덱스 값은 TCP 헤더 내에 있다. [ipv6-worldipv6day.pcapng]

그림 156은 세계 IPv6의 날(2011. 6. 8)[2]의 웹 브라우징 세션 재조립을 보여준다. 브라우저 세션(파이어폭스), 대상(scanmev6.nmap.org)과 대상의 OS 유형(우분투)에 쓰이는 어떤 브라우저를 볼 수 있다.

HTTP 통신을 분석하거나 문제점을 해결할 때 Follow TCP Stream은 명령이나 응답을 검사하는 데 아주 유용할 수 있다. 그림 157은 클라이언트에서 HTTP 서버로 전송되는 데이터를 명확하게 볼 수 있는 HTTP POST 프로세스를 재조립한 것이다. 이 경우 사용자는 웹 서버에서 온라인 양식을 작성한 것이다.

2. www.worldipv6day.org에서 세계 IPv6의 날에 대해 더 자세한 내용을 볼 수 있다.

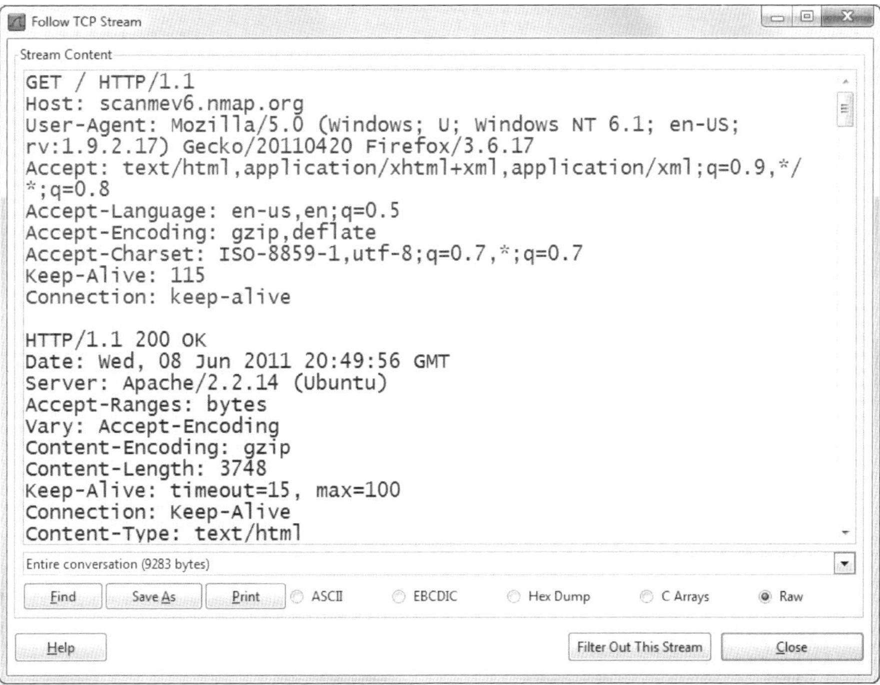

그림 156 HTTP 세션을 재조립하면 HTTP 요청이나 응답에 대한 상세 정보를 제공한다. [ipv6-worldipv6day.pcapng]

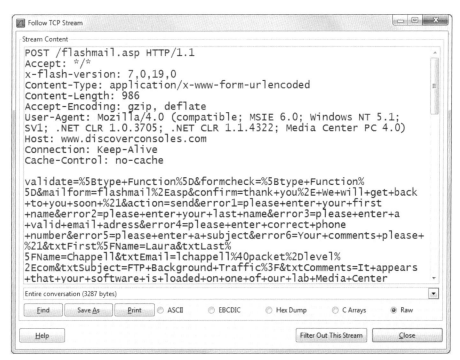

Follow TCP Stream

Stream Content

```
POST /flashmail.asp HTTP/1.1
Accept: */*
x-flash-version: 7,0,19,0
Content-Type: application/x-www-form-urlencoded
Content-Length: 986
Accept-Encoding: gzip, deflate
User-Agent: Mozilla/4.0 (compatible; MSIE 6.0; Windows NT 5.1;
SV1; .NET CLR 1.0.3705; .NET CLR 1.1.4322; Media Center PC 4.0)
Host: www.discoverconsoles.com
Connection: Keep-Alive
Cache-Control: no-cache

validate=%5Btype+Function%5D&formcheck=%5Btype+Function%
5D&mailform=flashmail%2Easp&confirm=thank+you%2E+We+will+get+back
+to+you+soon+%21&action=send&error1=please+enter+your+first
+name&error2=please+enter+your+last+name&error3=please+enter+a
+valid+email+adress&error4=please+enter+correct+phone
+number&error5=please+enter+a+subject&error6=Your+comments+please+
%21&txtFirst%5FName=Laura&txtLast%
5FName=Chappell&txtEmail=lchappell%40packet%2Dlevel%
2Ecom&txtSubject=FTP+Background+Traffic%3F&txtComments=It+appears
+that+your+software+is+loaded+on+one+of+our+lab+Media+Center
```

Entire conversation (3287 bytes)

Find | Save As | Print | ASCII | EBCDIC | Hex Dump | C Arrays | Raw

Help | Filter Out This Stream | Close

그림 157 HTTP 포스트 세션 재조립 [http-fault-post.pcapng]

HTTP 통신에서 데이터를 재조립하길 원한다면 무엇을 해야 하는가? 한 가지 선택 사항은 전체 HTTP 세션 동안 다운로드된 객체를 추출하기 위해 File ❯ Export Objects ❯ HTTP를 선택하는 것이다. 2장의 'File ❯ Export Objects' 절을 참조하라.

그러나 이 경우 내장된 파일을 찾기 위해 데이터 스트림을 살펴볼 필요가 있다. 사용자는 전송된 파일의 유형을 확인하기 위해 파일 확장자나 파일 식별자를 사용할 수 있다. 파일 식별자는 파일의 주요 바이트 내에 포함되고, 파일이 워드 문서, 추적 파일, 엑셀 스프레드시트 파일, 오픈 오피스 문서 등의 파일인지 나타낸다. '일반 파일 유형 식별' 절을 참조하라.

그림 158에서는 TCP 스트림이 그래픽 파일을 포함한다. 파일 식별자 JFIF JPEG File Interchange Format[3]로 이것을 확인할 수 있다. 와이어샤크에서 Save As를 사용해 .jpg 파일로 전체 TCP 스트림을 저장할 수 있고, 우리는 파일을 명확하게 볼 수 있다.

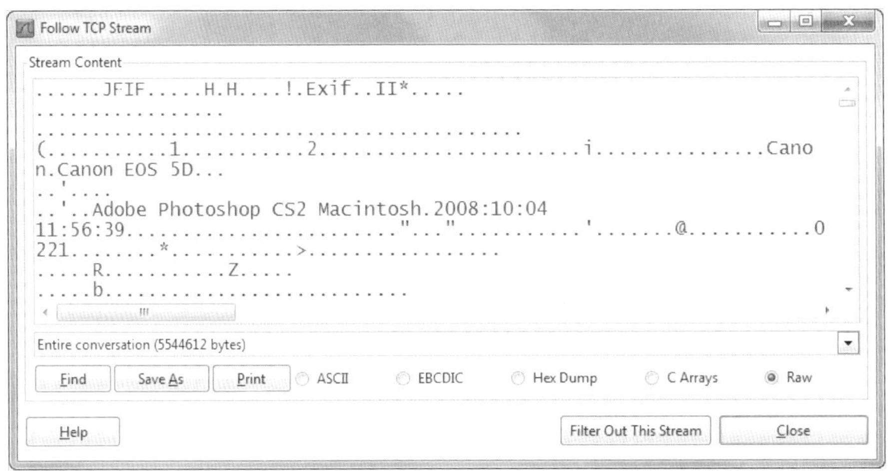

그림 158 때때로 스트림 안에서 파일을 추출할 필요가 있다. [ftp-clientside.pcapng]

✻ 일반 파일 유형 식별

파일은 파일을 열거나 생성하는 데 사용되는 애플리케이션을 나타내기 위해 파일 식별자로 시작한다. 다음 목록은 몇 가지 기본 파일 식별자 값을 제공한다. 16진수 덤프 형식에서 스트림을 실펴보라, 그러면 스트림에서 16진수 값 형태로 스트림을 보면 스트림에서 이런 16진수 값을 찾아내기 위해 'Find' 기능을 사용할 수 있다.

---

3. 이 파일에서는 또한 사용된 카메라 종류를 알아낼 수 있다(캐논 EOS 5D).

파일 형식과 파일 확장에 대한 더 자세한 내용을 보려면 mark0.net/soft-trid-deflist.html을 방문하라.

애플리케이션	확장자	값
Excel	xls	D0 CF 11 E0 A1 B1 1A E1 00
JPEG Bitmap	jpg	FF D8 FF
Open Office Document	odp	50 4B 03 04
Portable Network Graphics	png	89 50 4E 47 0D 0A 1A 0A 00 00 00 0D 49 48 44 52
Powerpoint Slide Deck	ppt	D0 CF 11 E0 A1 B1 1A E1 00
Powerpoint XML	pptx	50 4B 03 04
Word	doc	D0 CF 11 E0 A1 B1 1A E1
Word 2007	docx	50 4B 03 04
PK Zip File	zip	50 4B 03 04
Packet Capture File	pcap	D4 C3 B2 A1
Packet Capture File	pcapng	0A 0D 0D 0A

✻ FTP 파일 전송 재조립

FTP를 사용해 파일을 재조립하는 것은 쉬운 프로세스다. 첫 번째 단계는 FTP 데이터 채널을 찾는 것이다(FTP 명령과 데이터 채널에 대한 자세한 내용은 24장을 참조하라).

FTP 데이터는 포트 번호를 통해 전송될 수 있다. 데이터 전송에 사용되는 포트를 나타내는 FTP 명령 채널 트래픽을 보려면 `ftp.response.code == 227 || ftp.request.command == "PORT"` 명령으로 필터링하라. 응답 코드 227은 수동 FTP 데이터 채널이 설치되고 있는 것을 나타낸다. FTP 명령 PORT는 능동적인 명령에 사용된다. 이 두 가지 필터와 일치하는 패킷은 IP 주소와 데이터 채널의 포트 번호가 포함돼 있다.

그림 159는 데이터 전송을 위해 동적 포트 번호를 사용하는 FTP 통신을 보여준다.

다음에 따라 추적 파일은 ftp-download-good2.pcapng라고 한다(www.wiresharkbook.com에서 이용 가능하다).

ftp-download-good2.pcapng에서 클라이언트는 서버가 수동 모드(PASV)로 입력할 것을 요청했다. 패킷 8에서 서버는 FTP 통신을 위해 사용하고 있는 포트 번호를 정의하고, 수동으로 포트 번호를 입력하고 있다는 것을 나타낸다(포트 30189). 즉시 응답으로 클라이언트는 포트 30189에 대한 TCP 핸드셰이크를 완료한다. 클라이언트는 FTP 명령 채널에서 2개 이상의 명령 SIZE와 RETR을 전송한다. RETR 명령은 ICMP.zip 파일과 함께 OS 지문 파일을 전송하기 위한 요청이다(이름은 그림에서 제외됐다).

일단 제대로 전송된 FTP 데이터의 포트 번호가 무엇인지 알고 있으면 데이터 스트림에서 패킷을 오른쪽 클릭한 후 Follow TCP Stream을 선택한다.

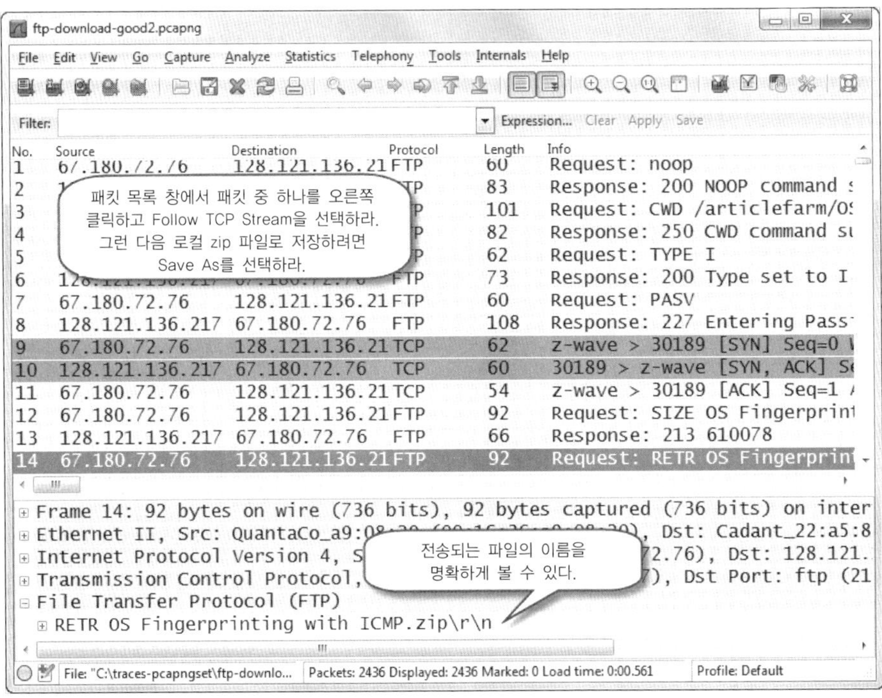

그림 159 FTP 데이터에 사용되는 포트를 찾기 위해 PORT 명령이나 227 응답 코드에 대한 필터를 생성한다. [ftp-download-good2.pcapng]

이제 데이터 채널 TCP 핸드셰이크의 첫 번째 패킷인 패킷 9에서 오른쪽 클릭하고 Follow TCP Stream을 선택한다. 이것은 파일 이름에 기반을 둔 .zip 파일이라는 것을 알고 있다. Save As를 선택하고 파일 이름을 지정하면 압축 해제를 하고, 그 안에 포함돼 있는 PDF 파일을 연다.

스트림을 추적할 때 와이어샤크는 TCP 스트림 인덱스를 기반으로 하는 대화에 대한 디스플레이 필터를 적용한다. 저장되거나 저장되지 않은 trace의 전체 콘텐츠를 보기 위해 이 필터를 초기화해야 한다.

SSL 대화 추적과 재조립

와이어샤크는 사용자가 Edit ❯ Preferences ❯ Protocols ❯ SSL에서 RSA 키를 지정하면 SSL 통신을 복호화할 수 있다. SSL 복호화와 예제 암호화된 SSL 파일에 대한 자세한 내용은 23장의 'TLS 암호화 경고 분석' 절을 참조하고, wiki.wireshark.org/SSL을 방문하라.

이 예에서 rsasnakeoil2.pcap 파일과 RSA 암호 해독 키[4]를 다운로드한다. 그리고 decrypted SSL packet에서 오른쪽 클릭하고 Follow SSL Streams를 선택한다.

그림 160은 rsasnakeoil2.pcap 추적 파일을 보여준다. RSA key에 연결돼 설정된 SSL 프로토콜이 없기 때문에 SSL 스트림을 추적할 때 사용 가능한 데이터는 없다.

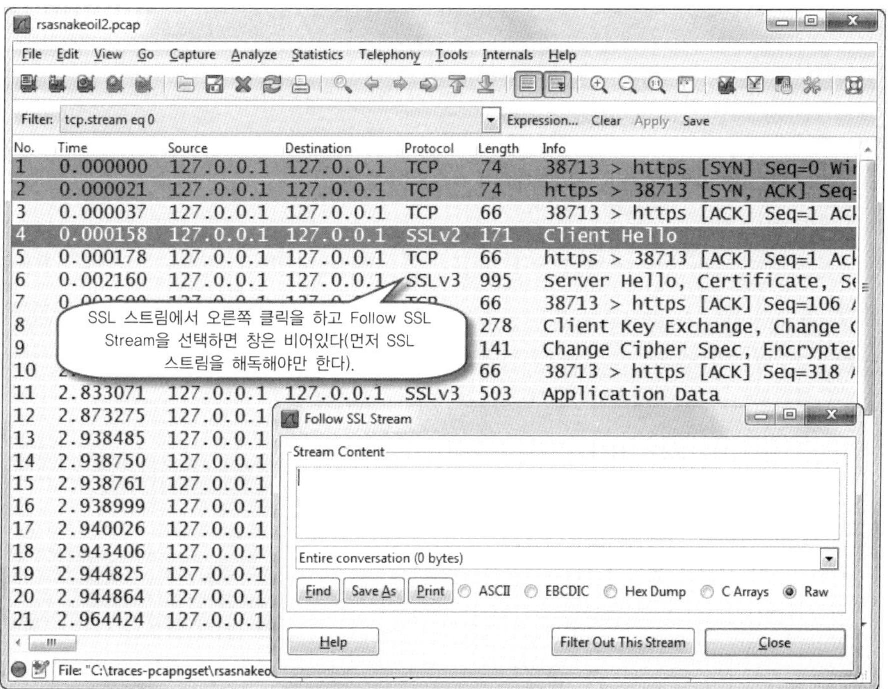

그림 160 rsasnakeoil2.pcap 추적은 SSL 트래픽을 포함한다. RSA 키를 적용할 때까지 SSL 스트림은 비어 있다. [rsasnakeoil2.pcap]

---

4. 와이어샤크는 패스워크 크래킹 툴이 아니다(WLAN이나 SSL 통신 복호화를 위해서는 키가 제공돼야 한다).

그림 161에서 preferences 아래의 SSL 프로토콜 섹션에서 RSA 키 정보를 입력했다. 설정에서 추적 파일의 호스트 IP 주소, 복호화를 위한 트래픽 포트 번호, 트래픽 형식과 경로와 키 파일 이름을 정의했다.

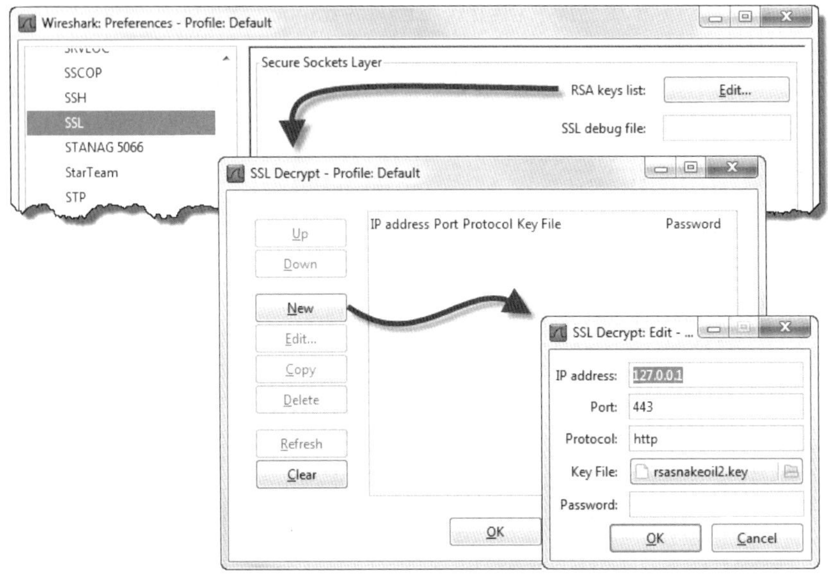

그림 161 SSL preferences 에서 RSA 키 설정을 추가한다.

그림 162에서는 와이어샤크 SSL 프로토콜 설정에서 RSA 키를 적용했다. RSA 키를 설정한 후 rsasnakeoil2.pcap 추적에서 SSL 스트림을 추적하면 HTTP 세션 콘텐츠와 HTTP 요청, 응답을 명확하게 볼 수 있다.

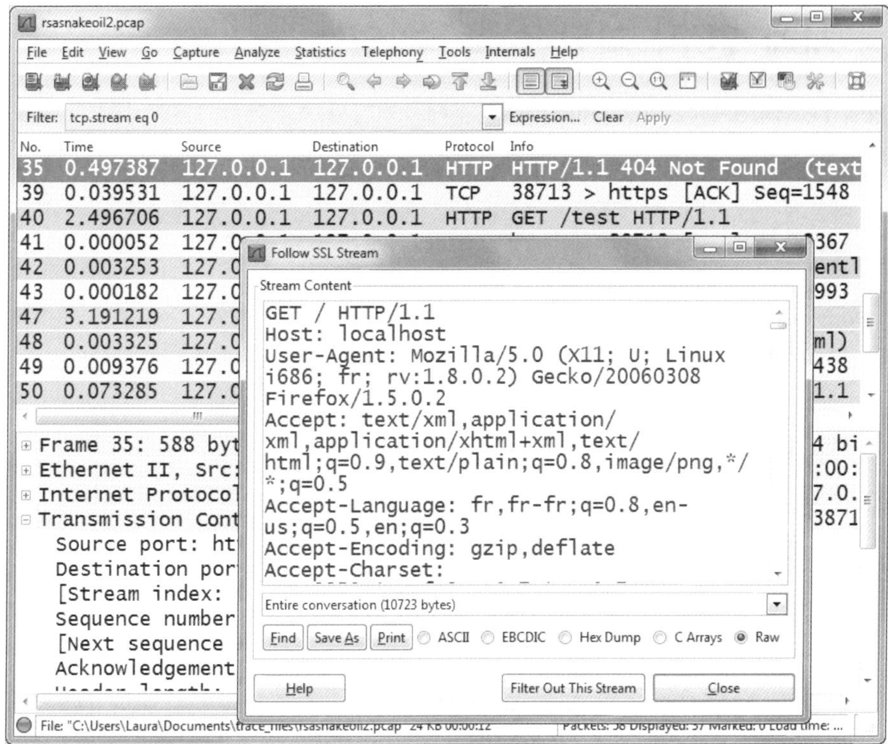

그림 162 명확하게 트래픽을 보기 위해 RSA 키를 적용한 후 SSL 스트림을 추적한다. [rsasnakeoil2.pcap]

SSL 스트림 복호화와 분석의 또 다른 예는 23장의 'HTTPS 분석' 절을 참조하라.

SMB 전송 재조립

SMB를 통한 파일 전송 재조립을 위한 가장 빠른 방법은 File ❯ Export Objects ❯ SMB를 사용하는 것이다. smb-filexfer.pcapng를 열고 파일의 이름을 위한 패킷 56을 조회한다.

TCP 스트림 추적은 SMB의 왔다 갔다하는 성질 때문에 SMB 데이터 전송과 함께 잘 작동하지 않는다. smb-filexfer.pcapng를 보면 정기적으로 파일의 다음 61,440바이트를 요청하는 클라이언트를 확인 할 수 있다. 이런 주기적 파일 요청은 응답 패킷에 클라이언트 요청과 SMB 헤더 같은 스트림을 입력한다. 그것들을 정리하는 것은 File ❯ Export Objects ❯ SMB 기능을 가질 때 시간낭비다. File ❯ Export Objects에 대해서는 2장을 참조하라.

 사례 연구: 파악된 알 수 없는 호스트

병원 IT 담당자들은 자신들이 일하는 곳에 458개의 호스트와 7개의 서버를 갖고 있다고 밝혔다. 이 담당자들을 훈련시키는 데 중점을 둔 것은 와이어샤크를 이용해 빠르게 네트워크 문제점을 찾아내고, 신속하게 해당 문제를 해결하기 위한 것이었다.

분석 과정 동안 우리는 스위치에서 모든 네트워크 트래픽을 수집했다. 포트를 확장하지 않았다(단지 네트워크상에서 브로드캐스트/멀티캐스트 트래픽만 검사했다). 브로드캐스트 트래픽 비율에 대해 이야기했던 것처럼 이 네트워크는 458개 이상의 호스트와 7개 이상의 서버를 갖고 있다는 증거가 됐다. 하루 종일 600개가 넘는 장치를 통해 ARP 브로드캐스트를 살펴봤다.

IT 팀은 이것이 가능하지 않다고 했다. 게다가 그들은 네트워크가 단조롭게 돼 있다고 믿지 않았다(그들은 적절한 위치에 라우터를 갖고 있었고, 210개 이상의 장비를 가진 단일 서브넷이 아니다).

이제 이 장치들로부터 더 많은 ARP 브로드캐스트를 수집하기 위해 다양한 스위치 포트를 확장할 시간이다.

IT 팀이 인식하지 못한 호스트로부터 일부 디코딩되지 않은 트래픽이 전달되는 것을 보는 데는 오래 걸리지 않았다. 우리는 이 트래픽에 중점을 뒀다.

와이어샤크는 이 트래픽에 대한 분석 장치를 갖고 있지 않기 때문에 우리는 어떤 이상한 장치가 작동 중인지 바로 말할 수 없었다.

UDP 스트림을 재조립함으로써 이런 장치들을 식별하는 데 도움을 주는 몇 가지 흥미로운 텍스트 문자열을 볼 수 있었다. 이들은 윈도우 XP가 내장된 다양한 의료 기기들이었다.

네트워크의 보안에 대해 심각한 우려가 제기됐다(잘 알려진 보안 문제를 보호하기 위해 이런 시스템이 패치되고 업데이트됐는가? 이런 '폐쇄 장치'를 최신으로 업데이트하는 책임은 누구에게 있는가?).

이 사이트 분석 프로젝트는 내장된 운영체제에 대한 보안 장치를 조사하기 위해 공급업체/고객과 협력하게 유도했다. 어떤 경우에는 이들 장치를 네트워크에서 완벽하게 제거하면 된다.

정리

스트림을 추적하는 것은 대화에서 전송된 명령과 데이터를 볼 수 있는 유용한 프로세스다. 와이어샤크는 데이터 링크 헤더, IP 헤더, TCP, UDP 헤더를 제거하고, 클라이언트와 서버 트래픽을 구분하기 위해 트래픽을 컬러링했다.

사용자는 UDP, TCP, SSL 스트림을 재조립할 수 있다. SSL 스트림은 복호화된 후의 재조립된 데이터만 보여준다.

FTP 데이터 전송 같은 일부 통신에서 사용자는 재조립된 데이터를 저장함으로써 전송된 원본 파일을 다시 만들 수 있다. 전송된 파일의 유형을 파악하려면 파일 식별자를 사용할 수 있다.

학습한 내용 복습

이 책의 웹사이트인 www.wiresharkbook.com의 다운로드 섹션에서 사용가능한 추적 파일을 다운로드한다. 스트림 재조립을 연습하기 위해 다음 목록의 추적 파일을 열라.

app-nodissector.pcapng	와이어샤크가 이 애플리케이션에 대한 분석기를 갖고 있지 않아도 TCP 스트림을 추적하는 것은 현재 사용 중인 애플리케이션임을 나타낸다. 와이어샤크가 사용자 트래픽에 대한 분석기를 갖고 있지 않아도 애플리케이션을 식별하는 데 도움을 주는 몇 가지 증거를 찾기 위해 페이로드를 검사하거나, www.iana.org에서 사용 중인 포트 번호를 검색한다.
ftp-clientside.pcapng	이 추적 파일을 볼 때 검사합 에러 컬러링 규칙을 적용하지 말라. 이것은 FTP 파일 전송이다. 데이터 전달의 TCP 스트림 추적이나 사진을 찍는 데 사용된 카메라 유형을 볼 수 있다는 점을 주목하라. 이 추적 파일은 ftp-serverside.pcap 추적 파일의 클라이언트 측이다. 이 대화가 진행되는 동안 교환된 데이터로부터 새로운 파일을 생성하기 위해 Save As를 사용하라.
ftp-download-good2.pcapng	이 FTP 작업에서 전송된 파일을 재조립하는 것을 연습하라. 당신은 또한 데이터 채널 설정 처리를 쉽게 보려면 명령 채널 패킷 중 하나를 오른쪽 클릭할 수 있다. 재조립 파일은 보는 것만으로 가치가 있다.

(이어짐)

http-fault-post.pcapng	추적 파일에 무슨 일이 있는지 해석하기 위해 재조립을 사용하는 것이 훨씬 빠르다. 클라이언트로부터 POST를 찾기 위해 디스플레이 필터 기술을 사용하라. 이 패킷에서 오른쪽 클릭하고 스트림을 재조립하라.
http-proxy-problem.pcapng	에러가 프록시 서버를 통해 생성되기 때문에 클라이언트는 다른 네트워크에 연결될 수 없다. TCP 스트림을 추적해 명확한 텍스트에서 프록시 응답을 찾고, 읽는다. 또한 느린 핸드셰이크 응답 시간도 주목하라. 이 사용자는 좋은 날이 없다.
ipv6-worldipv6day.pcapng	당신은 빠르게 추적 파일의 첫 번째 HTTP 연결을 재조립해 scanmev6.nmap.org에 도달하는 데 사용되는 브라우저 소프트웨어를 확인할 수 있다. File ▶ Export Objects ▶ HTTP를 sitelogo.png 재조립에 사용하라. 당신은 TCP 스트림 추적을 사용할 수 있겠는가?
rsasnakeoil2.pcap	이 추적 파일은 wiresharkbook.com 사이트와 wiki.wireshark.org/SSL(링크 이름은 SampleCaptures/snakeoil2_070531.tgz이다)에서 사용할 수 있다. SSL 스트림 재조립 연습을 할 수 있지만, 많이 알 수는 없다. 23장에서 SSL 트래픽 복호화를 알아보라.
udp-mcaststream-queued2.pcapng	물론 UDP 트래픽을 재조립할 수 있다. 패킷 목록 창에서 UDP 패킷을 마우스 오른쪽 클릭하고 Follow UDP stream을 선택하라. TCP 스트림을 저장할 수 있는 것처럼 UDP 스트림을 저장할 수 있다.
voip-extension2downata.pcapng	Telephony ▶ VoIP Calls ▶ 〈select call〉 ▶ Player ▶ Decode를 사용해 VoIP 전화 재생을 연습하라. "죄송합니다..."라고 들리고 VoIP 통화 연결에 문제가 있으면 그것은 가장 흥미로운 대화가 아니다.

연습문제

Q10.1 사용자는 패킷 목록 창에서 패킷을 선택했다. 그러나 Follow TCP Stream, Follow UDP Stream과 Follow SSL Stream을 사용할 수 없다. 이유가 뭔가?

Q10.2 사용자가 Follow TCP Stream을 선택했을 때 생성된 디스플레이 필터의 구문은 무엇인가?

Q10.3 사용자가 Follow TCP Stream을 사용할 때 FTP 연결을 통해 전송된 파일의 유형을 어떻게 알 수 있는가?

Q10.4 사용자가 Follow SSL Stream을 선택했을 때 왜 스트림 창이 비어있는가?

연습문제 답

Q10.1 사용자는 패킷 목록 창에서 패킷을 선택했다. 그러나 Follow TCP Stream, Follow UDP Stream과 Follow SSL Stream을 사용할 수 없다. 이유가 뭔가?

A10.1 사용자는 TCP 헤더, UDP 헤더 혹은 SSL 통신이 아닌 패킷을 선택해야 한다. 예를 들어 패킷 목록 창에서 ARP 패킷을 선택하는 경우 스트림을 추적할 수 없다.

Q10.2 사용자가 Follow TCP Stream을 선택했을 때 생성된 디스플레이 필터의 구문은 무엇인가?

A10.2 `tcp.stream eq x`에서 x는 TCP 스트림 번호다. 이와 같은 구문은 사용자가 SSL 스트림을 추적할 때 사용된다. 사용자가 UDP 스트림을 추적할 때 구문은 IP 주소와 포트 번호들을 나타낸다. `(ip.addr eq 24.6.150.44 and ip.addr eq 68.87.76.178)`와 `(udp.port eq 1427 and udp.port eq 53)`을 예로 들 수 있다.

Q10.3 사용자가 Follow TCP Stream을 사용할 때 FTP 연결을 통해 전송된 파일의 유형을 어떻게 알 수 있는가?

A10.3 사용자는 명령 채널에서 파일 이름을 볼 수 있거나 파일 자체에서 파일 식별자를 볼 수 있다.

Q10.4 사용자가 Follow SSL Stream을 선택했을 때 왜 스트림 창이 비어있는가?

A10.4 스트림 창은 SSL 스트림에 암호 해독 키를 성공적으로 적용할 때까지 비어있다.

와이어샤크 프로파일 사용자 기호에 맞게 변경

와이어샤크 공인 네트워크 분석가 시험에서 다루는 내용

- 프로파일을 이용해 와이어샤크를 사용자 기호에 맞게 변경
- 프로파일 새로 작성
- 프로파일 공유
- 문제 해결 프로파일 작성
- 공동 프로파일 작성
- WLAN 프로파일 작성
- VoIP 프로파일 작성
- 보안 프로파일 작성

  - 사례 연구: 고객을 위한 와이어샤크 기호에 맞게 변경
  - 정리
  - 학습한 내용 복습
  - 연습문제와 답

11장에서 참조한 추적 파일

- http-download-bad.pcapng
- sec-strangescan.pcapng
- wlan-airplane-laptopson.pcapng

프로파일을 이용해 와이어샤크를 사용자 기호에 맞게 변경

프로파일은 디스플레이 필터, 수집 필터, 컬러링 규칙, 칼럼, 작업 중인 환경에 대해 특별하게 구성된 레이아웃을 좀 더 효과적으로 작용하기 위해 사용할 수 있다.

예를 들어 라우팅 트래픽, 웹 브라우징 트래픽, VoIP 트래픽, DNS 트래픽으로 구성된 지사의 네트워크 세그먼트에서 작업할 경우 'Branch 01'이라는 프로파일 생성하고자 한다. 이 프로파일은 이해 과정을 빠르게 하기 위해 컬러링 규칙을 포함할 수 있다. 프로파일은 다양한 유형의 트래픽을 눈에 띄게 만들기 위한 컬러링 규칙을 포함할 수도 있다. 또한 프로파일은 TCP 통신에 대한 윈도우 길이 필드 값을 보기 위한 칼럼과 VoIP 트래픽의 비동기 라우팅을 기록하기 위한 IP DSCP 칼럼을 포함할 수도 있다.

그림 163은 와이어샤크 상태 바를 보여준다. 현재 사용 중인 프로파일은 오른쪽 열에 나열돼 있다. 이 경우 기본 프로파일로 작업하지만 목록에서 신속하게 다른 프로파일을 선택할 수 있다.

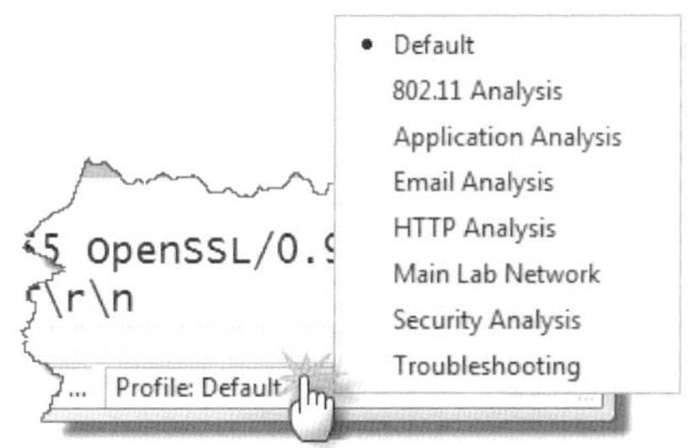

그림 163 선택한 프로파일을 빠르게 변경하기 위해 상태 표시줄의 프로파일 열을 클릭한다.

새 프로파일을 만들 때 와이어샤크는 같은 이름을 가진 디렉토리를 만든다. 프로파일의 디렉토리에 포함된 파일의 숫자는 사용자가 추가한 프로파일에 의해 결정된다. 기본 프로파일은 개인 구성 디렉토리 내부에 위치한 구성 파일을 사용한다.

와이어샤크를 종료하거나 다른 프로파일로 변경할 때 사용하는 프로파일이 저장된다. 와이어샤크를 다시 시작할 때 마지막으로 사용된 프로파일이 자동으로 다시 로드된다.

프로파일 새로 작성

상태 바에서 Profile area를 오른쪽 클릭하거나 새로운 프로파일을 생성하기 위해 Edit ❯ Configuration Profiles ❯ New를 선택한다. 와이어샤크는 사용자가 지정한 프로파일 이름을 사용해 새로운 디렉토리를 생성한다. 새 디렉토리는 개인 구성 디렉토리 안의 /profiles 디렉토리에 위치한다. 또한 이 영역에서 이름 바꾸기, 복사, 삭제를 할 수 있다.

그림 164 와이어샤크의 최신 버전에서 기존의 것을 기반으로 새 프로파일 만들기

그림 165는 개인 환경설정 디렉토리의 내용을 보여준다. 첫 번째 프로파일을 정의할 때 와이어샤크는 개인 환경설정 디렉토리 안에 /profiles를 생성한다. /profiles 디렉토리에는 다양한 프로파일에 대해 개별 프로파일 디렉토리를 갖고 있다.[1]

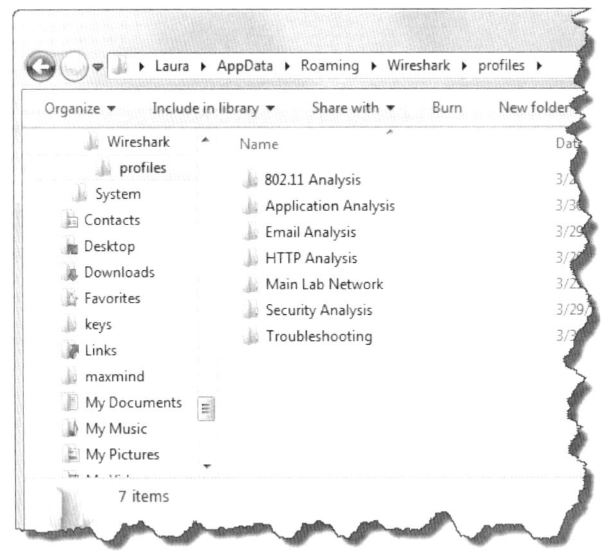

그림 165 개인 환경설정 디렉토리는 프로파일 폴더를 포함하고 있다.

1. 여러 가지 프로파일은 www.wiresharkbook.com에 있는 Download 섹션에서 이용 가능하다.

프로파일 디렉토리 안에는 여러 개의 파일이 있다. 이 파일은 프로파일에 대한 작업을 할 때 생성된 설정에 따라 존재한다. 이 파일들은 다음과 같다.

cfilters

dfilters

colorfilters

preferences

disabked_protos

dfilters_macros

decode_as_entries

recent

와이어샤크가 새 프로파일을 만들 때 이것은 전역 환경설정 디렉토리에서 기본 설정을 사용한다. 이런 설정을 변경함으로써 새로운 프로파일 환경설정 파일들은 프로파일의 디렉토리에 저장된다.

마스터 프로파일 처음부터 만들기

와이어샤크 1.8에서 기존 프로파일에 따라 새 프로파일을 작성하라는 메시지가 표시된다. 이것은 빠르게 각 프로파일에 사용하는 일반적인 설정으로 새 프로파일을 채운다. 기본 수집 필터, 디스플레이 필터, 컬러링 규칙, 프로토콜 설정을 포함하는 마스터 프로파일을 만드는 것이 좋다. 어떤 새로운 프로파일을 만들 때 원본으로 마스터 프로파일을 정의하기 위해 Create from을 사용하라. 이것은 와이어샤크에 큰 도움이 된다.

프로파일 공유

프로파일은 자신의 이름을 딴 디렉토리에 여러 개의 환경설정 파일로 구성된다. 예를 들어 'Corporate HQ'라는 프로파일을 생성하는 경우 와이어샤크는 와이어샤크 \profiles 디렉토리 안에 'Corporate HQ' 디렉토리를 만든다. 프로파일을 공유하기 위해 다른 와이어샤크 시스템 프로파일 디렉토리에 전체 'Corporate HQ' 디렉토리를 복사한다.

프로파일 공유를 조심하라

어떤 컴퓨터에서 다른 컴퓨터로 환경설정 파일을 복사할 때 주의해야 한다. 일부 설정은 새 컴퓨터의 디렉토리 구조나 환경설정과 호환되지 않을 수 있다. 환경설정 파일에서 발생하는 두 개의 충돌은 다음과 같다.

```
# Directory to start in when opening File Open dialog. gui.fileopen.dir: C: \
Users \ Laura \ Documents \ traces - master

#Default capture device capture.device: AirPcap USB wireless capture adapter
nr. 00: \\.\ airpacp00
```

문제 해결 프로파일 작성

일반적인 문제 해결 프로파일은 트래픽의 문제점을 해결하는 데 도움이 될 수 있다. 그런 프로파일은 다음 표와 같이 기호에 맞게 변경된 환경설정을 포함한다.

cfilters	cfilters 파일은 로컬 호스트 MAC 주소와 트래픽 포트 수집 필터를 포함하고 있다. My MAC: `ether host D4:85:64:A7:BF:A3` Not My MAC: `not ether host D4:85:64:A7:BF:A3` DHCP: `port 67` Inbound SYNs: `tcp[tcpflags] & (tcp-syn) != 0 and tcp[tcpflags] & (tcp-ack) = 0 and not src net 10.16`
dfilters	dfilters 파일은 트래픽의 주요 유형에 대한 필터가 들어있고, 다음에 정의된 문제점 해결 컬러링 규칙에 적용된다. TCP Issues: `tcp.analysis.flags` SYN Packets: `tcp.flags==0x0002` HTTP GETs: `http.request.method=="GET"` Info Packets: `frame.coloring_rule.name matches "^I-"` Trouble Packets: `frame.coloring_rule.name matches "^T-"`

(이어짐)

colorfilters	colorfilters 파일은 낮은 TCP 윈도우 크기 값과 애플리케이션 에러 응답과 같은, 오탐(false positives)을 재정의하고, 네트워크의 비정상적 트래픽을 강조하는 컬러링을 포함한다. G는 녹색 배경을 나타내며, O는 오렌지색 배경을 나타내고, R은 이 예제에서 빨간색 배경을 나타낸다. I-WinUpdates/G: `expert.message=="Window update"` I-TCP SYN/R: `tcp.flags.syn==1` I-TCP Win/O: `tcp.options.wscale.shift==0` T-HTTP-err/O: `http.response.code > 399` T-DNS-err/O: `!dns.flags.rcode==0 && dns.flags.response==1` T-TCP Delay/O: `tcp.time_delta > 2` T-SmallWin/O: `tcp.window_size < 1320 && tcp.window_size > 0 && tcp.flags.fin==0 && tcp.flags.reset==0 &&`
preferences	preferences 파일은 문제 해결을 위해 잘 작동하는 칼럼 설정이 포함돼 있다. TCP: `Enable Calculate conversation timestamps` IP: `Disable checksum validation` Time Column: `Set to Seconds Since Previous Displayed Packet` Add Column: `tcp.window_size` Add Column: `tcp.seq` Add Column: `tcp.nxtseq` Add Column: `tcp.ack` Add Column: `tcp.time_delta`

또한 preferences 파일은 필터 표현식 설정이 포함돼 있다. 가장 많이 사용하는 디스플레이 필터에 대한 필터 표현식 버튼을 작성하는 문제를 고려해야 한다. 필터 표현식에 대한 자세한 내용은 5장의 '필터 표현식 설정' 절을 참고하라.

프로파일 일부 가져오기

이 문제 해결 프로파일을 직접 만들기보다는 wiresharkbook.com 웹사이트에서 다운로드하라. 다양한 설정을 평가하고 자신의 네트워크에 가장 적합하게 변경하라.

회사 프로파일 작성

회사 프로파일의 샘플은 다음 표와 같이 기호에 맞게 변경된 환경설정을 포함한다.

cfilters	cfilters 파일은 MAC 주소나 해당 IP 주소(정적으로 할당된 경우), 주요 프로토콜이나 사용 중인 포트를 기반으로 하는 주요 호스트에 대한 수집 필터를 포함한다.
dfilters	dfilters 파일은 MAC 주소나 해당 IP 주소(정적으로 할당된 경우), 주요 프로토콜이나 사용 중인 포트와 주요 웹 서버 호스트 이름들을 기반으로 하는 주요 호스트에 대한 필터를 포함한다. 모든 디스플레이 필터는 컬러링 규칙과 같이 정의돼야 한다. 따라서 트래픽은 추적 파일에서 검색하기 쉽다.
colorfilters	colorfilters 파일은 낮은 TCP 윈도우 크기 값, 클라이언트(이것은 발신지 혹은 목적지 IP 주소 필드에서 서버의 IP 주소를 포함하는 트래픽을 제외함으로써 구축한다)와 애플리케이션 에러 응답 간의 트래픽 같은 네트워크에서 일반적이지 않은 트래픽에 대한 컬러링을 포함한다.
preferences	preferences 파일은 WLAN 주파수/채널에 대한 칼럼과 TCP 윈도우 크기 설정에 대한 열, 이전에 표시된 패킷 이후에 시간을 포함하는 칼럼 설정을 포함한다(WLAN 프로파일 섹션 다음에 정의된 다른 칼럼을 추가하는 것을 고려한다).

WLAN 프로파일 작성

WLAN 프로파일의 샘플은 다음 표와 같이 기호에 맞게 변경된 환경설정을 포함한다.

cfilters	cfilters 파일은 MAC 주소(WLAN 호스트 08:02:14:cb:2b:03)나 IP 주소(정적으로 할당된 경우) 중 하나와 주요 프로토콜이나 사용 중인 포트를 기반으로 하는 주요 WLAN 호스트에 대한 수집 필터를 포함한다. 또한 신호 프레임(wlan [0] != 0x80)이나 WLAN 트래픽의 다른 유형에 대한 수집 필터를 생성한다.

(이어짐)

dfilters	dfilters 파일은 모든 WLAN 트래픽(waln), 해당 MAC 주소(wlan.addr == 08:02:14:cb:2b:03) 또는 IP 주소(정적으로 할당된 경우) 중 하나와 주요 프로토콜이나 사용 중인 포트를 기반으로 하는 주요 호스트에 대한 필터를 포함한다. 또한 dfilters 파일은 신호(wlan.fc.type_subtype == 0x08)와 특정 SSID(wlan_mgt.ssid =="Corp WLANI")에 대한 관리 프레임 같은 주요 WLAN 트래픽 유형에 대한 필터를 포함한다. 모든 디스플레이 필터는 컬러링 규칙과 같이 정의돼야 한다. 따라서 트래픽은 추적 파일에서 검색하기 쉽다.
colorfilters	colorfilters 파일은 낮은 TCP 윈도우 크기 값, 클라이언트(이것은 발신지 혹은 목적지 IP 주소 필드에서 서버의 IP 주소를 포함하는 트래픽을 제외함으로써 구축한다)와 애플리케이션 에러 응답 간의 트래픽 같은 네트워크에서 일반적이지 않은 트래픽에 대한 컬러링을 포함한다. 또한 colorfilters 파일은 분리 프레임(wlan.fc.type_subtype == 0x0a), 재시도(wlan.fc.retry == 1)와 Radiotap 헤더에서 약한 신호 세기 같은 확실한 WLAN 트래픽에 대한 색상을 포함한다. 가능한 한 다른 디스플레이 필터 값을 식별하기 위해 wlan.(기간을 늘려 추가)에 대한 자동 완성 기능을 사용한다. 여러분은 26장에 설명돼 있는 것과 같이 WLAN 채널을 기반으로 하는 컬러링 규칙을 추가하기를 원할 것이다.
preferences	preferences 파일은 TCP 윈도우 크기 설정에 대한 칼럼과 WLAN 채널(주파수/채널), Radiotap 신호 세기 값(radiotap.dbm_antsignal) 또는 PPI 신호 세기 값(사용자 정의 : ppi.80211 – common.dbm.antsignal), 802.11 RSSI(필드 유형 IEEE 802.11 RSSI) 전송률(필드 유형 IEEE 802.11 TX율)에 대한 칼럼, 이전에 표시된 패킷 이후에 시간을 포함하는 칼럼 설정을 포함한다. WLAN 트래픽 분석에 대한 자세한 정보는 26장을 참조하라.

VoIP 프로파일 작성

VoIP 프로파일의 예는 다음 표와 같이 기호에 맞게 변경된 환경설정을 포함한다.

cfilters	cfilters 파일은 MAC 주소나 해당 IP 주소(정적으로 할당된 경우), 주요 프로토콜과 사용 중인 포트를 기반으로 하는 주요 호스트에 대한 수집 필터를 포함한다. SIP와 RTP 트래픽이 일반적으로 UDP를 기반으로 하기 때문에 UDP 수집 필터(udp)를 평소보다 더 자주 사용할 수 있다.

(이어짐)

dfilters	dfilters 파일은 MAC 주소나 해당 IP 주소(정적으로 할당된 경우), 주요 프로토콜과 사용 중인 포트나 주요 웹 서버 호스트 이름을 기반으로 하는 주요 호스트에 대한 필터를 포함한다. 모든 디스플레이 필터는 컬러 필터와 같이 정의돼야 한다. 따라서 트래픽은 추적 파일에서 검색하기 쉽다. dfilters 파일은 또한 SIP(sip)와 RTP(rtp) 트래픽에 대한 필터뿐만 아니라 다양한 SIP 에러 응답(sip.Status-Code == 401)에 대한 필터를 포함하고 있다. 모든 디스플레이 필터는 컬러링 규칙과 같이 정의돼야 한다. 따라서 트래픽은 추적 파일에서 검색하기 쉽다.
colorfilters	colorfilters 파일은 낮은 TCP 윈도우 크기 값, 클라이언트(이것은 발신지 혹은 목적지 IP 주소 필드에서 서버의 IP 주소를 포함하는 트래픽을 제외함으로써 구축한다)와 애플리케이션 에러 응답 간의 트래픽 같은 네트워크에서 일반적이지 않은 트래픽에 대한 컬러링을 포함한다. VoIP 프로파일에서 colorfilters 파일은 SIP 에러 응답(such as sip. Status-Code == 401)과 재전송(sip.resend == 1)에 대한 색상을 포함한다.
preferences	preferences 파일은 이전 표시된 패킷 이후의 시간, TCP 윈도우 크기 값에 대한 칼럼과 DSCP(차별화된 서비스 코드 포인트) 값(ip.dsfield.dscP)에 대한 칼럼을 포함하는 칼럼 설정을 포함한다. 또한, RTP 프로토콜 환경설정 '대화의 외부 RTP 디코딩을 하기 위한 시도'는 사용할 수 있어야 한다. VoIP 트래픽 분석에 대한 자세한 정보는 27장을 참조하라.

보안 프로파일 작성

보안 프로파일의 예는 다음 표와 같이 기호에 맞게 변경된 환경설정을 포함한다.

cfilters	cfilters 파일은 MAC 주소나 해당 IP 주소(정적으로 할당된 경우), 주요 프로토콜과 사용 중인 포트나 주요 웹 서버 호스트 이름을 기반으로 하는 주요 호스트에 대한 수집 필터를 포함한다.

(이어짐)

dfilters	dfilters 파일은 MAC 주소나 해당 IP 주소(정적으로 할당된 경우), 주요 프로토콜과 사용 중인 포트나 주요 웹 서버 호스트 이름들을 기반으로 하는 주요 호스트에 대한 수집 필터를 포함한다. 디스플레이 필터는 비정상적인 트래픽 유형을 기반으로 구성돼야 한다. 이는 이런 디스플레이 필터들이 컬러링 규칙으로써 정의돼야 한다는 것을 나타낸다. 예제들은 JOIN 명령(tcp matches "(?!)join")을 기반으로 한 IRC 트래픽에 대한 디스플레이 필터를 포함, 비정상적인 ICMP 트래픽(tcp && icmp.type==3 && (icmp.code==1 || icmp.code==2 || icmp.code==3 || icmp.code==9 || icmp.code==10 || icmp. code==13) 및 ICMP OS 지문(icmp. type == 13 || icmp.type ==15 || icmp.type == 17)들을 포함한다. 모든 디스플레이 필터는 컬러링 규칙과 같이 정의돼야 한다. 따라서 트래픽은 추적 파일에서 검색하기 쉽다. 보안 필터와 컬러링에 대한 더 많은 예제는 30장, 31장, 32장을 참조하라. 이 장들은 발견 프로세스의 탐지와 손상된 호스트의 증거에 중점을 둔다.
colorfilters	colorfilters 파일은 낮은 TCP 윈도우 크기 값(성능 상 문제의 신호나 TCP 취약성이 될 수 있다), 클라이언트(발신지 또는 목적지 IP 주소 필드에 서버의 IP 주소를 포함하는 트래픽을 제외해 구축), 애플리케이션 에러 응답과 일반적이지 않은 ICMP 트래픽이나 다른 의심스러운 트래픽 패턴 간의 트래픽 전송 같은 네트워크에서 비정상적인 트래픽에 대한 색상을 포함한다.
preferences	preferences 파일은 웹 서버 이름(http.host)과 TCP 스트림 인덱스 값(tcp.stream)에 대한 칼럼을 포함하는 칼럼 설정이 포함돼 있다.

사례 연구: 고객을 위해 와이어샤크 기호에 맞게 변경

내 고객 중 한 명은 정말 수백 개의 애플리케이션과 수천 개의 호스트를 갖고 있다. 네트워크의 클라이언트로부터 트래픽을 수집하는 것은 수집해서 정렬하면 엄청난 양의 트래픽이 될 것이다. 우리는 추적 파일을 쉽게 관리하고 분석하기를 원했다.

우리가 방문했던 세 개의 사무실에 대해 새 프로파일을 작성함으로써 트래픽 분석을 더 빠르게 할 수 있었다. 클라이언트는 특별하게 클라이언트와 하나의 데이터베이스 서버(DB912) 간의 느린 환경설정에 관심을 두고 있었다.

이 클라이언트에 대해 사용자 기호에 맞게 변경한 와이어샤크 영역은 다음과 같다.

- DB912 서버(`ip.src==10.6.2.2 && frame.time_delta_displayed > 0.200`)에 트래픽에서 큰 지연에 대한 컬러링 규칙을 생성했다. 이런 패킷들은 빨강 배경에 흰색으로

나타났다. 빨간 배경은 문제가 있는 트래픽임을 의미한다.

- 이 클라이언트가 윈도우 스케일링을 사용하기 위해 구성되지 않은 윈도우 XP 호스트를 갖고 있기 때문에 작은 윈도우 크기 필드에 대한 컬러링 규칙을 생성했다(TCP 버퍼 공간에 대한 문제가 있을 것이라고 상상할 수 있다). 더 자세한 정보는 20장을 참조하라. 이 컬러링 규칙은 문제에 대해 우리에게 경고하기 위해 빨간 배경에 흰 글씨로 사용된다.
- 그들의 내부 서버에 웹 브라우징에 대한 포트의 표준 설정보다 더 많이 사용되기 때문에 HTTP 환경설정에 2개 이상의 포트를 추가했다.
- TCP 핸드셰이크 프로세스(`tcp.flags == 0x02`)의 첫 번째 패킷에 대한 특정 컬러링 규칙을 만들었다. 이런 패킷은 진한 녹색 바탕에 및 흰색 글씨로 나타난다(패킷에 문제가 없기 때문에 빨간색을 사용하지 않았다).
- 각 사무실에서 네트워크 라우터의 물리 주소가 포함된 에테르 파일을 만들었다. 이것은 어떤 라우터의 네트워크가 꺼지면 클라이언트 트래픽을 살펴보고 식별하기 쉽게 만든다(이 고객은 각 네트워크에서 1개 이상의 라우터를 가지므로 선택한 경로를 보는 것이 중요하다).
- `tcp.window-size`와 `ip.dsfield.dscp` 칼럼을 패킷 목록 창에 추가했다.
- IP 환경설정에서 GeoIP를 구성하고 GeoIP 검색 기능을 활성화했다. 이는 마지막 IP 헤더 필드 바로 다음에 전역 대상 정보를 살펴볼 수 있게 허용한다. GeoIP 매핑에 대한 자세한 정보는 8장의 '종단점 나열과 지도에 표시' 절을 참조하라.

이런 모든 사용자 기호에 맞게 변경된 설정을 사용하면 더 빠르고 더 정확하게 네트워크 문제를 해결하고 이해할 수 있다.

정리

와이어샤크의 프로파일은 특정 분석 환경에서 좀 더 효율적으로 작업하기 위해 개인 환경설정을 사용자 기호에 맞게 변경할 수 있다. 예를 들어 WLAN 프로파일은 신호의 강도를 나타내기 위한 여분의 칼럼과 별도의 채널에서 트래픽을 식별하기 위해 특정 컬러링 규칙을 가질 것이다.

다른 와이어샤크 시스템에 복사하고 프로파일을 무제한으로 만들 수 있다. 메인 와이어샤크 시스템에 디렉토리 경로에 대한 구성 설정들은 디렉토리 구조가 일치하지 않는 경우 다른 와이어샤크 시스템에서 제대로 동작하지 않을 수 있다.

자신의 가정 환경, 사무실 네트워크, 지사 또는 무선 네트워크에 대한 프로파일을 만드는 것을 고려해보라. 또한 웹 브라우징 트래픽이나 VoIP, 데이터베이스, 무선 같은 특정 유형의 트래픽에 대한 프로파일을 작성할 수 있다.

학습한 내용 복습

이 책의 웹사이트인 www.wiresharkbook.com의 다운로드 섹션에 예제 고객 프로파일이 있다. 사용자의 로컬 와이어샤크 프로파일 디렉토리에 프로파일을 복사한다. 프로파일 디렉토리가 존재하지 않으면 만들 수 있으며, 해당 디렉토리에 프로파일을 복사한다.

다음의 네트워크 환경에 대한 자신의 프로파일 설정을 만들 때 어떤 요소가 포함될 수 있는가?

- 회사 사무실
- 홈 네트워크
- 무선 네트워크
- TCP 기반 애플리케이션

지정된 프로파일을 사용해 연습하기 위해 다음에 나열된 추적 파일을 연다.

http-download-bad.pcap	이 트래픽에 문제 해결(Troubleshooting) 프로파일을 사용한다. 이 추적에서 클라이언트와 서버는 윈도우 크기를 조정할 수 있지만, 데이터 흐름에 대한 문제는 여전히 남아있다. 이 프로파일은 낮은 윈도우 크기 설정의 트래픽에 대한 컬러링 규칙을 포함하고 있다.
sec-strangescan.pcap	이 트래픽에 대한 엔맵 탐지 프로파일을 사용한다. 지구상에 스캐너가 하는 일은 무엇인가? 스캔 패킷에 TCP 플래그 설정을 확인하라.

(이어짐)

wlan-airplane-lapopson.pcap	이 트래픽에 WLAN을 사용한다. 이 프로파일은 채널 1, 6과 11, WLAN 재전송 프레임, 연관되지 않는 프레임에 대한 별도의 컬러링 규칙을 포함하고 요청/응답 프레임을 증명한다. 이런 트래픽은 보드에 무선 네트워크가 없는 비행기에서의 방송이다. "노트북에서 무선 랜을 사용하지 마세요." 라는 말은 그쯤 하기로 하죠, 네?

연습문제

Q11.1 와이어샤크 프로파일을 이용해 사용자 기호에 맞게 변경할 수 있는 요소는 무엇인가?

Q11.2 어떻게 고객 프로파일을 다른 와이어샤크 시스템에 옮길 수 있는가?

Q11.3 고객 프로파일을 다른 와이어샤크 시스템으로 복사할 때 어떤 파일의 공유에 주의해야 하는가?

연습문제 답

Q11.1 와이어샤크 프로파일을 이용해 사용자 기호에 맞게 변경할 수 있는 요소는 무엇인가?

A11.1 사용자의 환경설정(이름 결정, 칼럼, 스트림 컬러링 및 프로토콜 분석 설정), 수집 필터, 디스플레이 필터, 컬러링 규칙 등을 사용자 기호에 맞게 변경할 수 있다.

Q11.2 어떻게 고객 프로파일을 다른 와이어샤크 시스템에 옮길 수 있는가?

A11.2 사용자는 전체 프로파일 디렉토리를 다른 와이어샤크 시스템으로 복사할 수 있다.

Q11.3 고객 프로파일을 다른 와이어샤크 시스템으로 복사할 때 어떤 파일의 공유에 주의해야 하는가?

A11.3 환경설정 파일은 원래의 와이어샤크 시스템에 특정한 설정을 포함할 수 있다. 이 파일은 새로운 추적 파일 열기와 기본 수집 장치 설정에 대한 기본 디렉토리 설정 같은 구성을 포함한다.

12장 패킷 저장, 추출, 인쇄, 주석

와이어샤크 공인 네트워크 분석가 시험에서 다루는 내용

- 패킷이나 전체 추적 파일에 주석 달기
- 필터링되고 마크되고 범위가 지정된 패킷 저장
- 다른 프로그램에서 사용하기 위해 패킷의 내용 내보내기
- SSL 키 내보내기
- 대화, 종단점, IO 그래프, 흐름 그래프 저장
- 정보
- 패킷 바이트 내보내기

- 사례 연구: 문제를 격리시키기 위해 트래픽의 일부분 저장
- 정리
- 학습한 내용 복습
- 연습문제와 답

12장에서 참조한 추적 파일

- http-riverbed-one.pcapng
- client_init_renego.pcap
- sec-nessus.pcapng
- icmp-redirect.pcapng
- sec-evilprogram.pcapng
- wlan-beacon-problem.pcapng

패킷이나 전체 추적 파일에 주석 달기

오래 기다렸던 이 기능은 추적 파일에 어떤 일이 일어나고 있는지 설명하는 방법을 변경한다. 이제 추적 파일 내의 전체 추적 파일이나 개별 패킷에 대해 주석을 추가할 수 있다. 추적 파일은 패킷이나 추적 파일 주석을 유지하기 위해 반드시 pcap-ng 형식으로 저장해야 한다. 이 주석은 추적 파일 내에 저장된다. 누군가가 다른 와이어샤크 시스템(버전 1.7 또는 이후 버전)에서 pcap-ng 파일을 연다면 추적 파일에 포함된 모든 주석을 읽을 수 있다.

패킷에 주석을 추가하는 데는 다음과 같은 두 가지 빠른 방법이 있다.

- 패킷 목록 창에서 패킷을 선택하고 메인 메뉴에서 Edit › Edit or Add Packet Comment...를 선택한다.
- 패킷 목록 창에서 패킷을 오른쪽 클릭하고 다음 그림과 같이 드롭다운 메뉴에서 Edit or Add Packet Comment...를 선택한다.

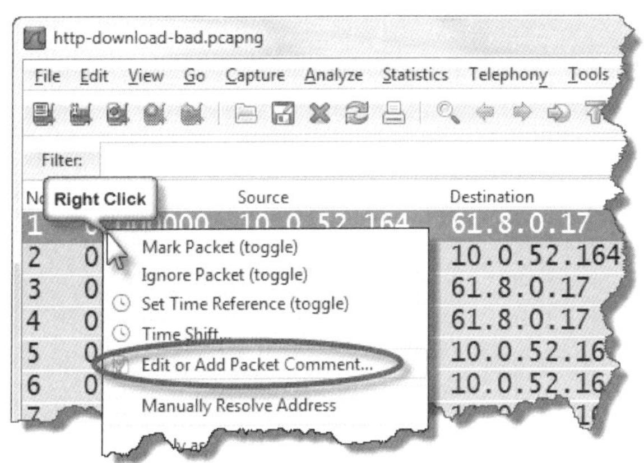

패킷 주석은 pkt_comment라는 필드의 패킷 상세 정보 창에 있는 프레임 섹션 위에 표시된다. 어느 패킷이 주석을 갖고 있는지 보기 위해 패킷 목록 창에서 오른쪽 클릭을 하고 이 열을 추가한다. 또한 모든 패킷 주석은 Expert Infos 창의 패킷 주석 탭 아래에 나열된다.

그림 166은 개별 패킷 주석, 패킷 주석 열과 Expert info 패킷 주석 탭을 보여준다. Expert info 탭에서 주석을 더블클릭해 주석을 열고 편집할 수 있음을 주목하라.

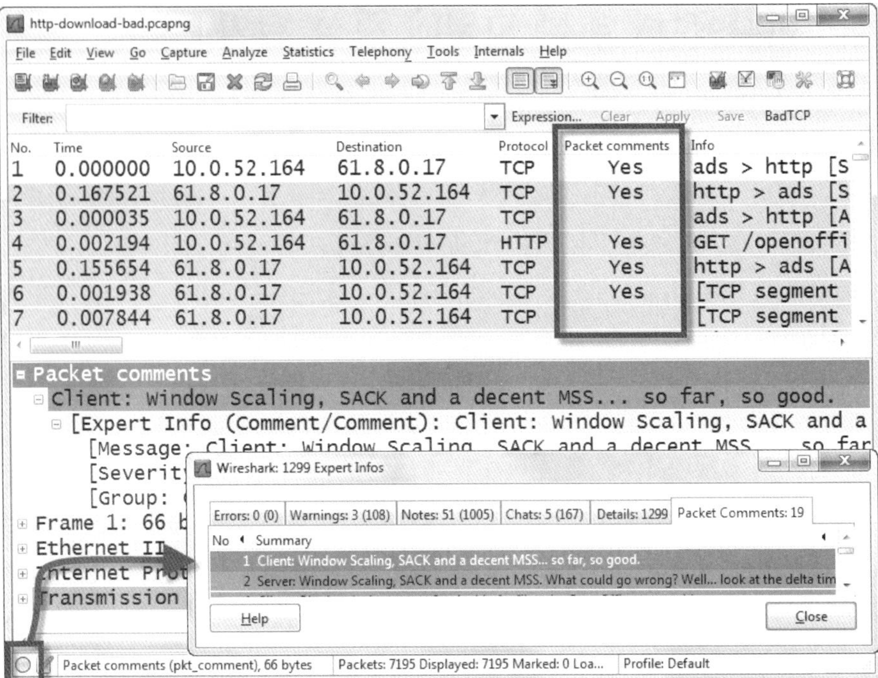

그림 166 패킷 주석은 추적 파일과 보이는 패킷 상세 정보 창에 Expert Info 패킷 주석 탭을 더해 저장한다. [http-download-bad.pcapng]

전체 추적 파일에 연결된 주석을 추가, 편집, 취소하려면 상태 바의 왼쪽 하단 모서리에서 주석 아이콘을 클릭한다(Expert info 다음에). 이 추적 파일 주석은 그림 167에서 보여주는 것처럼 추적 파일 요약 창에 나타난다.

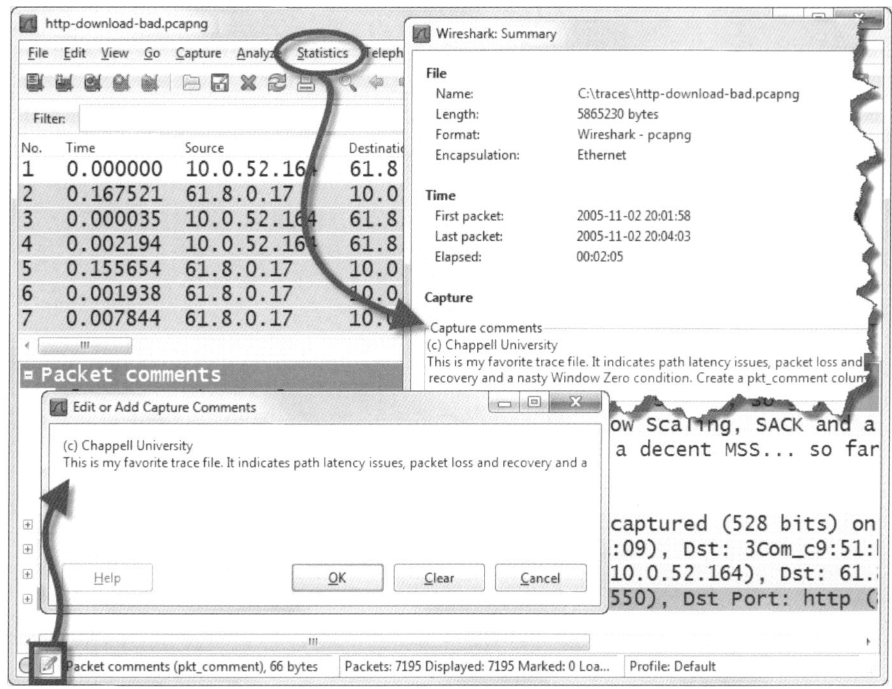

그림 167 Statistics > Summary 또는 상태 바에서 패킷 주석 아이콘을 클릭할 때 전체 추적 파일에 대한 설명을 볼 수 있다. [http-download-bad.pcapng]

부록 A에 있는 거의 모든 추적 파일은 주석을 갖고 있다. 이 파일들은 주석 아이콘으로 표시된다. 추적 파일 주석을 보려면 Statistics > Summary를 선택한다.

부록 A에서 추적 파일에 개별 패킷 주석이 들어있어도 이 아이콘이 나타난다. 상태 바에서 Expert Infos 버튼을 클릭하고 모든 패킷 주석의 목록을 보려면 패킷 주석 탭을 선택한다.

필터링되고 마크되고 범위가 지정된 패킷 저장

패킷의 필터와 마크된 것을 기반으로 패킷의 일부를 저장할 수 있다. 또한 필터와 관계없이 패킷 범위를 저장하는 것을 선택할 수 있다.

일부분을 저장해서 '건초더미에서 바늘 찾기 문제'를 피하라

네트워크 통신을 기준으로 할 때 패킷의 일부분을 저장하는 것을 고려하라. 시작, 로그인,

애플리케이션 시작 및 종료 중인 워크스테이션의 추적을 수집하는 경우 별도의 검토를 위해 분할 추적 파일에서 각 기능을 저장한다.

그림 168은 Save As 창을 보여준다. 디스플레이된 패킷, 선택된 패킷, 마크된 패킷, 처음부터 마지막까지 표시된 패킷을 저장하거나 패킷의 범위를 지정해 저장하는 선택을 할 수 있다. 추적 파일에서 디스플레이 필터 세트와 일치하는 4개의 마크된 패킷과 102개의 패킷을 가진다. 생성한 추적 파일이나 패킷 주석을 유지하려면 pcap-ng 형식으로 저장한다.

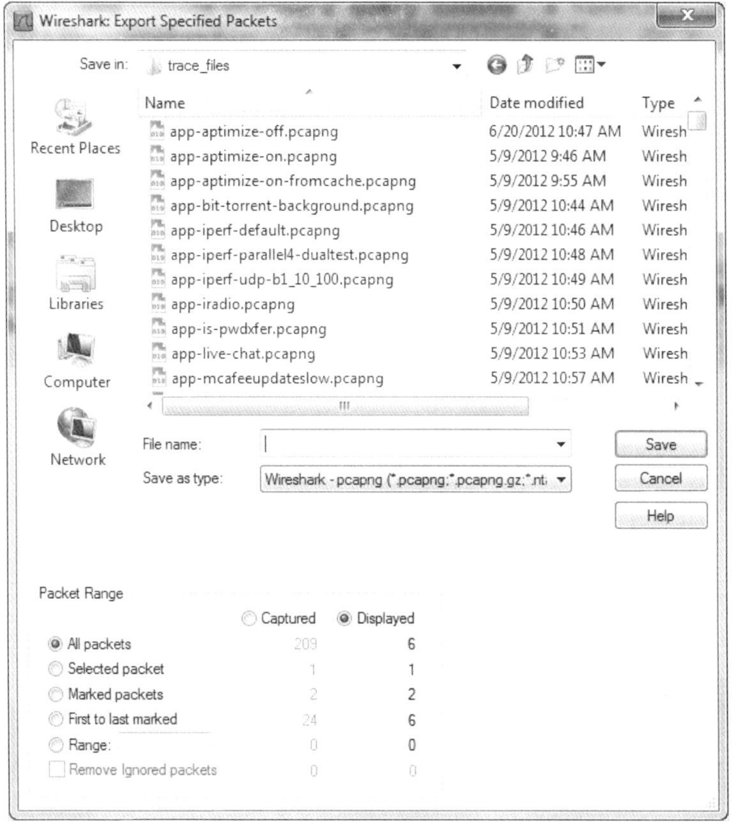

그림 168 모든 패킷, 디스플레이된 패킷, 마크된 패킷 혹은 패킷의 범위를 저장할 수 있다.

여러 가지 형식으로 추적 파일을 저장할 수 있다. Wireshark/tcpdump... libpcap(*.pcap; *.cap) 또는 Wireshark - pcap-ng(*.pcapng) 형식이 아닌 다른 형식을 선택하려면 유형 저장 필드의 우측에 있는 드롭다운 화살표를 클릭한다. 반면, 파일

(텍스트 파일 혹은 포스트스크립트 파일)에 패킷을 인쇄하기 위한 선택을 할 수 있다. 그림 169에서 보는 것과 같이 Print 창을 열려면 File ➤ Print를 선택한다.

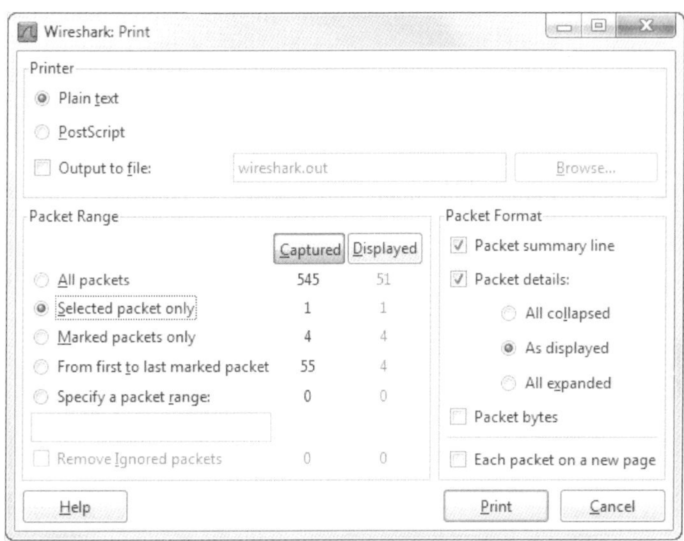

그림 169 텍스트 파일이나 포스트스크립트 파일로 인쇄할 수 있다.

인쇄를 할 때 패킷 목록 창의 요약 줄, 패킷 상세 정보(깨진, 표시, 확장) 혹은 패킷 바이트 인쇄를 선택할 수 있다. 별도의 줄(인쇄할 패킷의 수를 고려하라)에 각 패킷을 인쇄할 수 있다. 저장 시 사용자는 디스플레이된 패킷, 선택된 패킷, 표시된 패킷 혹은 패킷의 범위를 인쇄하기 위해 같은 선택 사항을 갖는다.

그림 170에서는 패킷 목록 요약 줄과 패킷 상세 정보(보이는 것과 같은)를 인쇄하기로 결정했다.

가로 모드로 패킷 요약 인쇄하기

패킷 요약을 인쇄할 때 가능한 한 많은 정보를 보기 위해 가로 형태로 인쇄한다. 하지만 페이지 크기 제약 때문에 정보의 일부분을 잃을 수 있다. 최적의 인쇄를 위해 데이터 형식을 재설정해 파일(예를 들어 print.txt)을 인쇄하는 것을 고려하라.

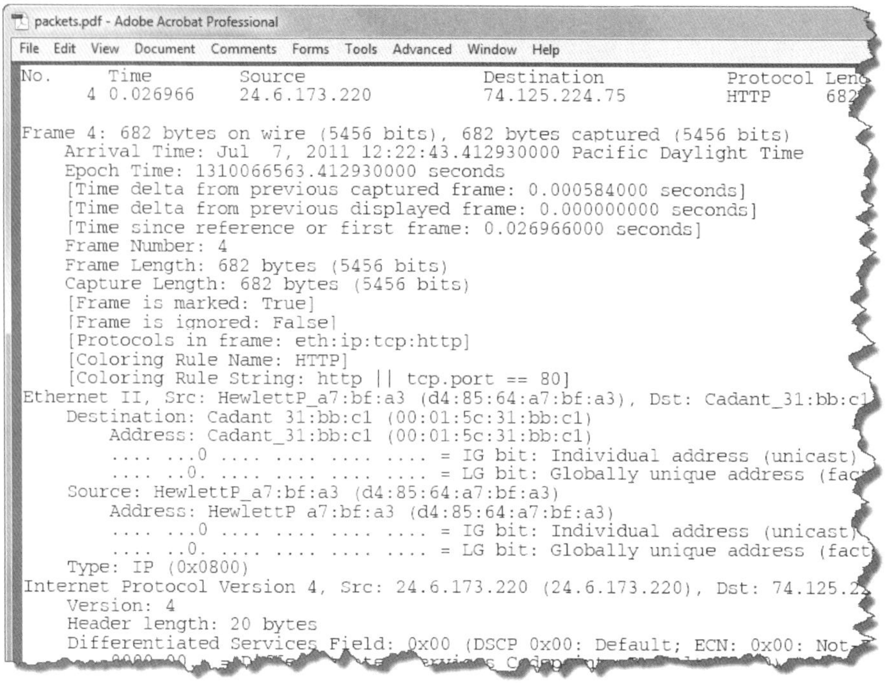

```
packets.pdf - Adobe Acrobat Professional
File Edit View Document Comments Forms Tools Advanced Window Help
No.     Time           Source                Destination           Protocol Len
      4 0.026966       24.6.173.220          74.125.224.75         HTTP     682

Frame 4: 682 bytes on wire (5456 bits), 682 bytes captured (5456 bits)
    Arrival Time: Jul  7, 2011 12:22:43.412930000 Pacific Daylight Time
    Epoch Time: 1310066563.412930000 seconds
    [Time delta from previous captured frame: 0.000584000 seconds]
    [Time delta from previous displayed frame: 0.000000000 seconds]
    [Time since reference or first frame: 0.026966000 seconds]
    Frame Number: 4
    Frame Length: 682 bytes (5456 bits)
    Capture Length: 682 bytes (5456 bits)
    [Frame is marked: True]
    [Frame is ignored: False]
    [Protocols in frame: eth:ip:tcp:http]
    [Coloring Rule Name: HTTP]
    [Coloring Rule String: http || tcp.port == 80]
Ethernet II, Src: HewlettP_a7:bf:a3 (d4:85:64:a7:bf:a3), Dst: Cadant_31:bb:c1
    Destination: Cadant_31:bb:c1 (00:01:5c:31:bb:c1)
        Address: Cadant_31:bb:c1 (00:01:5c:31:bb:c1)
        .... ...0 .... .... .... .... = IG bit: Individual address (unicast)
        .... ..0. .... .... .... .... = LG bit: Globally unique address (fac
    Source: HewlettP_a7:bf:a3 (d4:85:64:a7:bf:a3)
        Address: HewlettP_a7:bf:a3 (d4:85:64:a7:bf:a3)
        .... ...0 .... .... .... .... = IG bit: Individual address (unicast)
        .... ..0. .... .... .... .... = LG bit: Globally unique address (fact
    Type: IP (0x0800)
Internet Protocol Version 4, Src: 24.6.173.220 (24.6.173.220), Dst: 74.125.2
    Version: 4
    Header length: 20 bytes
    Differentiated Services Field: 0x00 (DSCP 0x00: Default; ECN: 0x00: Not
```

그림 170 인쇄된 패킷은 읽을 수 있는 형식으로 돼 있다.

다른 프로그램에서 사용하기 위해 패킷 내용 내보내기

수집된 데이터에 대해 추가적인 그래프를 생성하거나, 특정 내용을 탐색하거나, 그 밖의 고급 절차를 수행하려면 File ➤ Export를 이용한다.

패킷은 다음과 같은 여러 가지 형식으로 내보낼 수 있다.

- 평문(*.txt)
- 포스트스크립트(*ps)
- 쉼표로 구분된 값 - 패킷 요약(*csv)
- PSML - XML 패킷 요약(*psml)
- PSML - XML 상세 패킷(*pdml)
- C 배열 - 패킷 바이트(*.c)

위의 예에서 WLAN 패킷의 신호 비율을 표시하기 위해 필터링된 추적 파일의 내용을 추출했다(이와 같은 그래프는 IO 그래프에 대한 필터를 이용해 생성될 수 있지만, CSV 형식으로 추출했기 때문에 다른 형식으로 정보를 그래프로 나타내고 다룰 수 있었다).

델타 시간 값에 대한 칼럼을 포함하는 프로파일에 대한 작업을 했다. 단지 추적 파일에서 신호의 주파수를 보기 위해 델타 시간 칼럼을 그래프로 나타냈다.

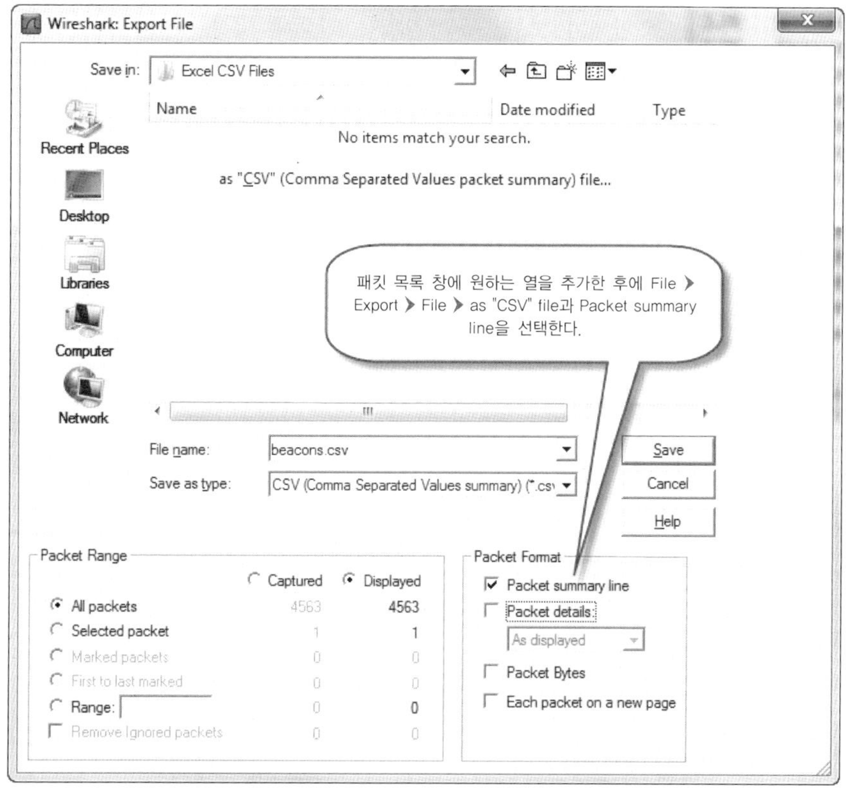

그림 171 표시된 패킷을 CSV 형식으로 내보내기 위한 선택을 할 수 있다. [wlan-beacon-problem.pcapng]

그림 171과 같이 추출된 파일의 이름을 beacons.csv로 저장했다. 그림 172는 엑셀로 연 파일을 보여준다. 델타 타임 칼럼은 타원 형태로 표시했다(이것이 그래프로 나타내고자 하는 칼럼이다).

	A	B	C	D	E	F	G	H
1	No.	Time	Delta	Source	Destination	Protocol	Length	Info
2	1	0	0	D-Link_cc:a3:	Broadcast	802.11	126	Beacon frame, SN=872, FN=0
3	2	0.10[illegible]349	0.102349	D-Link_cc:a3:	Broadcast	802.11	126	Beacon frame, SN=875, FN=
4	3	0.20[illegible]718	0.102369	D-Link_cc:a3:	Broadcast	802.11	126	Beacon frame, SN=876, FN=0
5	4	0.30[illegible]131	0.102413	D-Link_cc:a3:	Broadcast	802.11	126	Beacon frame, SN=877, FN=0
6	5	0.40[illegible]598	0.102467	D-Link_cc:a3:	Broadcast	802.11	126	Beacon frame, SN=878, FN=
7	6	0.819[illegible]14	0.409616	D-Link_cc:a3:	Broadcast	802.11	126	Beacon frame, SN=882, FN=0
8	7	0.92149[illegible]	[illegible].10228[illegible]	D-Link_cc:a3:	Broadcast	802.11	126	Beacon frame, SN=883, F

그림 172 델타 칼럼의 내용을 그래프로 나타낸다.

엑셀 파일에서 그림 173과 같은 그래프를 생성하기 위해 Delta column and Insert ▶ Line를 선택했다. 이제 데이터는 엑셀에서 그래프로 나타난다. 여기서 라벨을 추가할 수 있고 단일 또는 그 이상의 스프레드시트에서 그래프를 비교할 수 있다. 그 밖의 그래프는 `tcp.analsis.bytes_in_flight`[1]와 `wlan.analysis.retransmission`에 포함된 내보낸 CSV 파일을 이용해 생성할 수 있다.

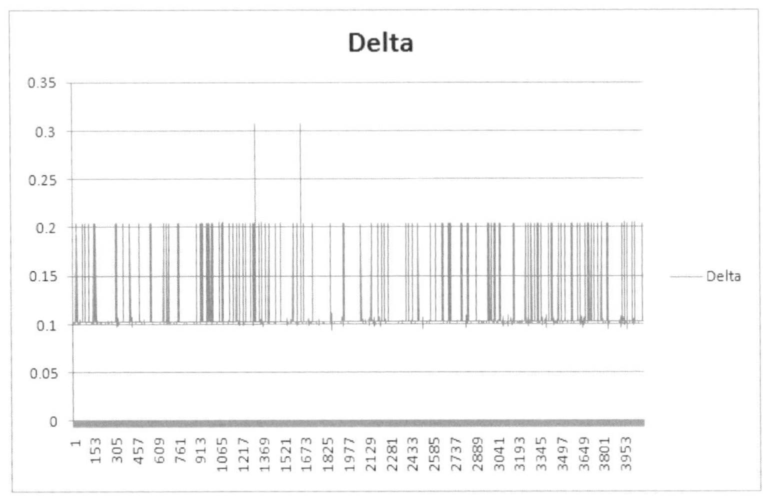

그림 173 신호들 간의 델타 시간을 표시[wlan-beacon-problem.pcapng]

화면 캡처 유틸리티를 사용하기

와이어샤크의 많은 화면은 인쇄 혹은 내보내기 기능을 제공하지 않기 때문에 테크스미스(TechSmith) 사의 스내그잇(SnagIt) 같은 화면 캡처 및 인쇄 유틸리티의 사용을 고려하라(www.techsmith.com).

SSL 키 내보내기

File ▶ Export ▶ SSL Keys를 이용하면 쉽게 SSL 키를 내보낼 수 있다. 내보낸 키는 .key 확장자로 저장하고 다음과 같은 값을 포함한다.

1. 이 칼럼 값을 사용하기 위해 Preferences ▶ Protocols ▶ TCP에서 이용 가능한 바이트의 트랙 번호를 가져야 한다.

```
RSA Session-ID: Master-
Key:df7be659ee74cad671c9962edd70cbe1aacc0175b14289362ddd985a3da6f24
ad03a6cdf3c4ffc91f5d69f6f1eceb450
```

client_init_renego.pcap의 SSL 키 내보내기를 시도해보라. 이 추적 파일은 www.wiresharkbook.com에서 찾을 수 있다.

대화, 종단점, IO 그래프, 흐름 그래프 정보 저장

대화, 종단점, IO 그래프, 기타 정보는 CSV 형태의 파일로 저장되거나, 일부 경우에는 그래프 파일로 저장될 것이다(IO 그래프의 경우).

흐름 그래프는 ASCII 텍스트 형식으로만 저장된다. 흐름 그래프 정보를 저장하기 위해 Save As 버튼을 클릭한다. 대화, 종단점이나 흐름 그래프 창에서 그림 174와 같이 CSV 형식에 데이터를 저장하기 위해 Copy 버튼을 클릭한다. IO 그래프의 경우 일부 포인트 번호와 값들이 저장된다.

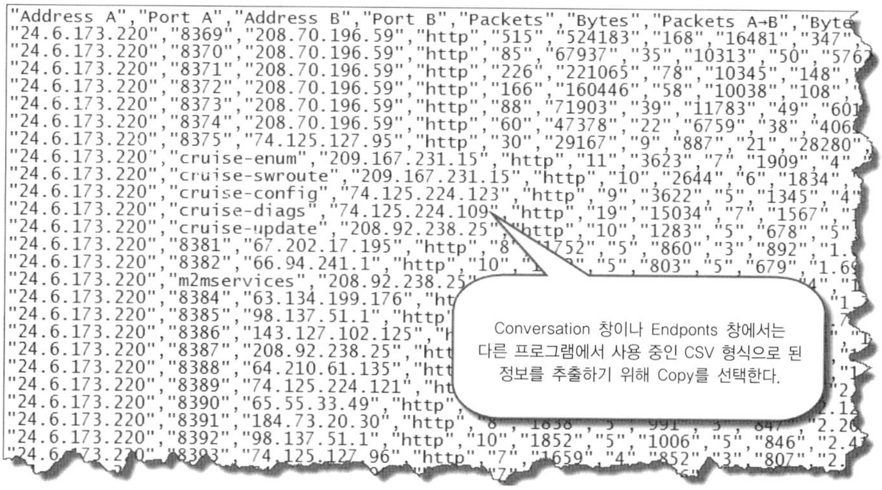

그림 174 CSV 형식에서 대화나 종단점 창을 저장하기 위해 Copy 버튼을 클릭한다. [http-riverbed-one.pcapng]

그래프에 대한 CACE Pilot™ 검사

광범위한 그래프 기능 확장을 위해 와이어샤크에 통합된 시각화 및 보고 도구인 Cascade Pilot을 고려할 수 있다. Cascade Pilot은 리버베드 테크놀로지에서 사용할 수 있다.

IO 그래프는 BMP, ICO, JPEG, PNG, TIFF 형식으로 그래픽 파일을 저장할 수 있는 Save 버튼을 갖고 있다. 저장된 그래픽은 아주 제한적이다. X(혹은 Y) 축 정보를 볼 수 없을 것이다.

패킷 바이트 내보내기

패킷 바이트를 내보내기 위해 패킷 상세 정보 창이나 패킷 바이트 창에서 반드시 필드나 바이트(들)를 선택해야 한다. 오른쪽 클릭하고 Export Selected Packet Bytes를 선택하거나 Ctrl+H를 누른다.

이 기능을 사용하면 패킷은 원본 데이터 형식으로만 보낼 수 있다. 이 형식은 형식이 없는 데이터에 대해 선택된 필드(들)의 16진수 형태다. 예를 들어 패킷 상세 정보 창의 IP 헤더에 오른쪽 클릭한 후 원본 형식 안에 패킷의 IP 헤더를 추출하기 위해 Export Selected Packet Bytes를 선택한다.

사례 연구: 문제를 분리시키기 위해 트래픽의 일부분 저장

고객은 자신들의 개인 부서에서 사용되는 데이터베이스 서버 중 하나에 연결하는 문제를 갖고 있었다. 가끔 연결이 잘 되는 것 같다가 어떤 때는 사용자들이 연결을 하지 못했다. 이는 아주 두려운 '간헐적인 문제'였다.

우리는 문제가 발생하기 이전에 알지 못했기 때문에 스태프 멤버 중 한 명이 교환기를 도청하게 와이어샤크를 설정했다. 최대 30MB로 각 파일을 설정하는 트래픽을 수집하기 위해 와이어샤크를 구성했다. 수집된 트래픽을 감소시키기 위해 데이터베이스 서버(호스트 10.3.3.4)에 모든 트래픽에 대한 수집 필터 설정을 사용했다.

사이트 내부에 있는 동안 문제점을 수집하는 것을 확인하기 위해 3개의 다른 개인 부서원들에 대해 같은 작업을 반복했다. 3개의 모니터 포트를 사용하고 있었기 때문에 스위치에서 포트 스캐닝을 사용하지 않았고, 포트 스캐닝이 보이지 않는 어떤 물리 계층 문제를 배제시키기를 원했다.

추적 파일에서 문제점을 지적할 수 있게 돕기 위해 사용자의 워크스테이션에 작은 트릭을 사용했다. 데이터베이스 서버를 테스트하기 위해 그들에 PC에 'Ouch'라는 작은 아이콘을 사용자에게 주었다. 사용자들에게 데이터베이스 서버와의 통신에서 심각한 문제가 발생하는 경우 이 아이콘을 더블클릭하라고 알려줬다.

이것이 추적 파일에서 문제점을 잡아주는 데 도움을 주었다.

문제가 다시 발생하기 시작하고 4명의 개인 부서 사용자가 'Ouch' 아이콘을 적어도 3번 클릭했고, 추적을 관찰하기 위한 준비를 했다.

간단하게 ICMP ping에서 패킷(icmp.type==8)을 걸러냈고, 이런 패킷에 표시를 했다. 데이터베이스 서버가 응답하지 않는 문제가 아니었다(이것들은 문제점을 찾는 데 도움을 주기 위한 파일에 표시했다). 패킷을 표시하는 것은 한 문제점으로부터 다음 지점까지 생략하기 위해 Ctrl+Shift+N을 이용해 쉽게 만들어줬다.

각 인스턴스에서 사용자들이 같은 파일에 접속하기 위한 시도를 하는 것을 봤고, 서버는 단순히 응답하지 않았다. 서버는 파일에 대한 요청을 받았다는 것을 알리는 TCP ACK를 전송했지만, 이는 요청된 파일에 전송되지 않았다. 특정 파일에 대한 반복 요청은 응답이 없었다. 시간 칼럼 이전 표시된 패킷 이후의 시간으로 설정은 23초의 평균 대기 시간을 나타냈다!

요청은 서버에 의해 확인응답됐고, 그래서 이것이 서버에 도달한다는 것을 알았다. 이것은 네트워크 문제라고 생각하지 않았다.

ASCII 문자열로 파일 이름을 검색하기 위해 '찾기' 기능을 사용했고, 그래서 사용자들이 문제없이 파일을 얻을 수 있을 때 시간을 볼 수 있었다.

파일이 있는지 알아보기 위해 서버를 살펴봤다. ASCII 문자열로 파일 이름을 검색하기 위해 'Find' 기능을 사용했고, 사용자가 문제점이 없는 파일을 얻을 때의 시간을 볼 수 있었다.

공급업체는 문제가 발생했다는 것을 부정했다. 그들은 네트워크상에서 패킷 손실이 있거나 서버가 '불안정'했을 것이라고 말했다.

소매를 걷어 올리고 문제를 입증하기 위한 추적 파일에서 한 부분을 얻어냈다. 파일 요청이나 표시되지 않은 ping 패킷을 포함하는 패킷의 수를 기록했다(우리는 icmp.type==8 필터를 이용해 빠르게 수행했고, 표시된 패킷들을 해제하기 위해 Ctrl+D를 선택했다).

Packet Range

	⊙ Captured	○ Displayed
○ All packets	16549	16549
○ Selected packet	1	1
○ Marked packets	0	0
○ First to last marked	0	0
⊙ Range: 2304-25	201	201

File ➤ Save As를 선택했고 분할 추적 파일과 같이 각 범위를 저장하기 위해 선택했다. 공급업체의 전체 추적 파일을 필요로 하지 않았다(확실하게 발생한 하나의 문제를 해결하는 것을 원했다). 이것을 공급업체에게 전송하기 이전에 이런 기물 정보가 포함되지 않았다는 것을 입증하기 위해 추적 파일을 조사했다(이를 기록하는 것은 매우 중요한 것이다).

약 3일 후에 공급업체는 프로그램에서 액세스하는 데 문제가 있는 파일의 횟수를 제한하는 것은 '비정상'을 나타낸다고 고객에게 응답해줬다. 짧은 시간에 파일에 접근을 시도하는 어떤 사용자의 수보다 많은 경우 프로그램은 요청을 취소할 것이다.

와이어샤크는 문제점이 어디에서 발생했는지 정확하게 보여줬다. 이것은 왜 문제가 발생했는지 알려주지는 않지만, IT 직원의 추측을 통한 문제 해결 시간을 단축시켜줬고, 네트워크가 잘못되지 않았다고 알려줬으며, 사용자의 성능상 문제점을 입증해줬고, 문제 해결 능력을 갖고 있지 않은 장비에서 비용의 소비를 줄일 수 있게 도와줬다.

정리

추적 파일과 개별 패킷은 와이어샤크 최신 버전에 주석을 달 수 있다. Expert Infos 창 패킷 주석을 통해 개별 패킷 주석은 빠르게 위치할 수 있지만, 파일 주석은 요약 창에 표시된다. 추적 파일은 주석을 유지하기 위해 pcap-ng 형식으로 저장돼야 한다.

와이어샤크는 단일 패킷에서 패킷 저장, 대화, 그래프 및 심지어 바이트를 저장하는 여러 가지 방법을 제공한다.

추적 파일을 작은 부분으로 분할하기 위해 필터된 파일, 표시된 파일, 패킷의 범위까지도 저장이 가능하다. 예를 들어 공급업체와 공유를 원하는 단일 대화를 찾는 경우 해당 대화에 필터를 적용할 수 있고, 분할 추적 파일에 대화 트래픽을 저장할 수 있다.

또한 패킷이나 다른 프로그램에서 교묘하게 조작된 파일 내용들을 추출할 수 있다. 예를 들어 TCP 윈도우 크기 필드에 대한 칼럼을 추가할 수 있고, 파일 정보를 CSV 형식으로 추출할 수 있으며, 다른 애플리케이션에서 차트와 그래프를 그릴 수 있다.

또한 많은 통계 창은 저장 기능을 제공한다. 예를 들어 대화나 종단점 정보뿐만 아니라, IO 그래프 표시 점까지 저장할 수 있다.

학습한 내용 복습

이 책의 웹사이트인 www.wiresharkbook.com의 다운로드 섹션에서 사용 가능한 추적 파일을 다운로드한다. 트래픽의 일부분을 저장하는 기술과 다음에 나열된 추적 파일을 이용해 대화 정보를 저장하는 기술을 연습하라.

client_init_renego.pcap	PhoneFactor 그룹에서 제공하는 추적 파일의 SSL 키를 내보내는 연습을 한다. 모든 키를 저장하는 /key 디렉터리를 만드는 것을 고려하라.
http-riverbed-one.pcapng	트래픽의 특정한 유형을 내보내는 실력을 테스트한다. 모든 DNS 트래픽을 필터링하고 riverbeddns.pcapng라는 추적 파일의 해당 패킷을 저장한다.
icmp-redirect.pcapng	이 추적은 ICMP가 트래픽의 방향을 재설정하는 것을 포함한다. 이 추적 파일을 검사함으로써 패킷 안에서 MAC 주소와 ICMP 방향 재설정 패킷(패킷 2)의 내용에 대해 세심한 주의를 할 수 있다. 해당 패킷은 10.3.71.7을 얻기 위한 제안된 라우터의 IP 주소를 포함한다. ICMP 패킷을 필터링하고, icmpredir.pcapng 분리 파일에 저장한다.
sec-evilprogram.pcapng	가장 고전적인 시스템의 추적 파일은 hijack spyware/malware/scumware 프로그램에 브라우징하는 Stopguard에 감염됐다. 클라이언트가 Virtumonde의 웹사이트를 검색하는 것을 보기 위해 DNS 필터를 생성한다. 이것이 문제가 시작되는 시점이다. vmonddns.pcapang로 불리는 분할 추적 파일에 DNS 패킷을 저장하라. 새 추적 파일의 내용을 기술하는 추적 파일의 주석을 추가한다.
sec-evilprogram.pcapng	Nessus(www.nessus.org)는 불법이 아닌, 통과된 시험 도구다. 이 추적 파일에서 문자열 'nessus'에 대한 검색을 하기 위해 '찾기' 기능을 이용하라. 사용자는 이 추적 파일 전체에 걸쳐 'nessus' 신호를 찾을 수 있을 것이다. 또한 Nessus 스캔을 실행할 때 Xprobe2를 사용함으로써 일반적이지 않은 ping 패킷(패킷 3)을 볼 수 있을 것이다. 대화 창을 열고, Copy를 선택한다. 메모장을 열고 파일에 데이터를 붙여 넣는다.
wlan-beacon-problem.pcapng	이 추적 파일 IO 그래프를 만들고 PNG 파일로 저장한다. 또한 이 그래프의 복사 기능을 확인한다. 더 나아가 작업할 스프레드시트로 CSV 정보를 가져온다.

연습문제

Q12.1 추적 파일의 모든 패킷 주석을 빠르게 보려면 어떻게 해야 하는가?

Q12.2 사용자가 추적 파일에 포함된 패킷의 일부분만을 저장하기 원하는 경우 사용 가능한 저장 옵션은 무엇인가?

Q12.3 스프레드시트 프로그램 내부에 패킷 목록 창으로부터 정보를 불러오려고 하는 경우 어떤 보내기 형식을 사용할 수 있는가?

Q12.4 TCP 헤더를 텍스트 파일로 저장하기를 원하는 경우 어떤 와이어샤크 기능을 사용해야 하는가?

연습문제 답

Q12.1 추적 파일의 모든 패킷 주석을 빠르게 보려면 어떻게 해야 하는가?

A12.1 Expert Infos 창을 열고 Packet Comments 탭을 선택한다.

Q12.1 사용자가 추적 파일에 포함된 패킷의 일부분만을 저장하기 원하는 경우 사용 가능한 저장 옵션은 무엇인가?

A12.1 사용자가 다른 이름으로 저장을 선택하는 경우 디스플레이된 패킷, 선택된 패킷, 표시된 패킷, 처음부터 마지막까지 표시된 패킷 혹은 패킷의 범위를 저장하기 위한 선택을 할 수 있다.

Q12.2 스프레드시트 프로그램 내부에 패킷 목록 창으로부터 정보를 불러오려고 하는 경우 어떤 내보내기 형식을 사용할 수 있는가?

A12.2 콤마로 구분된 값[CSV] 형식은 스프레드시트 프로그램에서 쉽게 가져온다.

Q12.3 TCP 헤더를 텍스트 파일로 저장하기를 원하는 경우 어떤 와이어샤크 기능을 사용해야 하는가?

A12.3 패킷에서 TCP 헤더를 선택하고, 패킷 형식 섹션에서 File ❯ Export와 Packet Bytes를 선택한다.

와이어샤크의 전문가 시스템 이용

와이어샤크 공인 네트워크 분석가 시험에서 다루는 내용

- 전문가 정보 빨리 실행
- 전문가 정보 요소 컬러링
- TCP 전문가 정보 요소에 대한 필터
- TCP 전문가 정보 이해

- 사례 연구: 전문가 정보가 원격 접속 골칫거리를 잡다.
- 정리
- 학습한 내용 복습
- 연습문제와 답

13장에서 참조한 추적 파일

- ftp-ioupload-partial.pcapng
- http-iewithtoolbar.pcapng
- tcp-winscaling-off.pcapng
- http-download-bad.pcapng
- sec-nessus-recon.pcapng

와이어샤크의 전문가 정보 가이드

와이어샤크의 전문가 정보는 분석기에 정의돼 있다. 예를 들어 TCP 전문가 정보는 packet-tcp.c 파일에 포함돼 있다. 사용자는 Develop ▶ Browse the Code를 선택할 때 www.wireshark.org에 있는 이 파일에 접근할 수 있다.

전문가 정보는 다음과 같은 네 개의 범주 중 하나로 분류된다.

- **에러(error)** 패킷이나 분석기 에러
- **경고(warning)** 애플리케이션/전송에서 비정상적인 응답
- **참고(note)** 애플리케이션/전송에서 비정상적인 응답(경고에서 복구 프로세스 일 수 있다)
- **대화(chats)** 작업 흐름에 대한 정보

각 범주는 전문가 정보 창에서 다른 탭 아래에 표시된다. 또한 패킷 주석 탭과 신호 위치에서 모든 에러, 경고, 주의 사항, 대화와 주석 패킷 탭의 세부를 나열하는 정보가 있다.

전문가 메모 확인과 경고

와이어샤크 1.8 이전에 TCP 빠른 재전송은 경고 창에 나타나는 반면에 재전송이나 중복 ACK는 참고에 나열됐다. 다행히도 빠른 재전송과 관련된 트래픽을 유지하기 위해 참고로 이동했을 때 와이어샤크 1.8로 변경된다.

전문가 정보 빠르게 실행

전문가 정보 버튼은 그림 175에서 보는 것과 같이 상태 바에서 사용 가능하다.

상태 표시줄 왼쪽에 Expert Info 버튼을 클릭함으로써 전문가 정보 창을 열거나 메뉴에서 Analyze ▶ Expert Info Composite를 선택한다. 전문가 정보 버튼은 나열된 전문가 정보의 분류 레벨에 따라 컬러링돼 있다.

Errors(에러)	Red
Warnings(경고)	Yellow
Note(참고)	Cyan(Light Blue)

Chats(대화) Blue
Commnets(주석) Green
None(없음) Grey

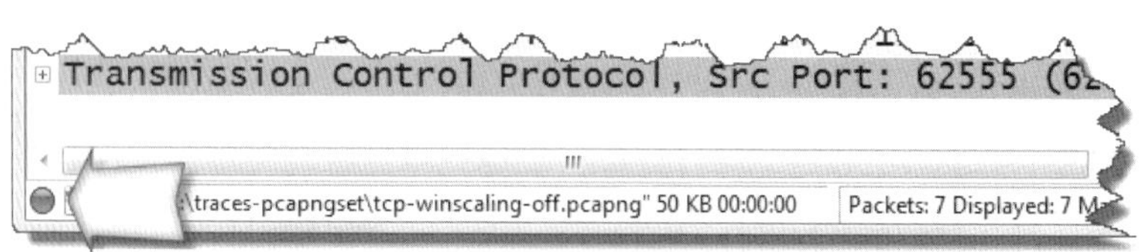

그림 175 상태 표시줄의 왼쪽 아래 부분에 있는 버튼은 전문가 정보 창을 연다.

와이어샤크의 이후 버전에서 전문가 요소의 수가 확장될지라도, 현재 요소의 대부분은 TCP 통신 문제를 기반으로 한다.

그림 176는 패킷 손실에 대해 감염된 네트워크를 나타내는 추적 파일에 대한 전문가 정보를 보여준다. 이 경우, 사용자는 웹사이트로부터 큰 파일을 다운로드하기 위한 시도를 한다.

경고 영역에서 100개의 수집되지 않은 이전 세그먼트 한 개의 창 전체 상태와 7개의 제로 창 전체 상태 표시를 참조하라. 참고 영역에서 중복 ACK, 빠른 재전송, 재전송 및 연결 유지를 참조하라. 창 크기 문제와 패킷 손실과 느린 다운로드와 연관 지을 수 있다.

항상 전문가 검색을 이중으로 확인하라.

전문가 정보 창이 문제의 원인을 지목할지라도 항상 추적 파일을 조사함으로써 현 상황을 확인하라. 예를 들어 한 상황에서 이것이 실제로 재전송하는 경우 와이어샤크가 '고장 난' 패킷으로 정의된 것을 알게 된다. 원래의 패킷은 추적 파일에서 거의 800ms 더 빨리 발생했고, 와이어샤크는 재전송을 원래의 패킷 이전의 것과 연관 짓지 않는다(대신에 와이어샤크는 TCP 순서 번호 필드 값이 이전 패킷에 비해 급격히 낮아지는 것을 볼 수 있고, 이를 고장 난 패킷으로 표시한다). 항상 전문가 검색을 2중으로 확인하라.

나열된 특정 패킷을 클릭하기 위해 전문가 정보 창Expert Information Window에서 선택 영역을 확장한다. 와이어샤크는 추적 파일에 패킷을 강조할 것이다. 예를 들어 그림 176에서는 참고 섹션에서 확장된 재전송 정보를 갖고 있다. 줄에서 374 패킷을

클릭할 수 있고, 와이어샤크는 패킷 목록 창에서 해당 패킷을 강조할 것이다.[1]

와이어샤크 1.8에서처럼 Expert Infos 창에 있는 각 탭의 관련 컬러 코드를 추가하기 위해 Expert Infos 대화 탭에 있는 Display LEDs preference 설정을 가능하게 할 수 있다.

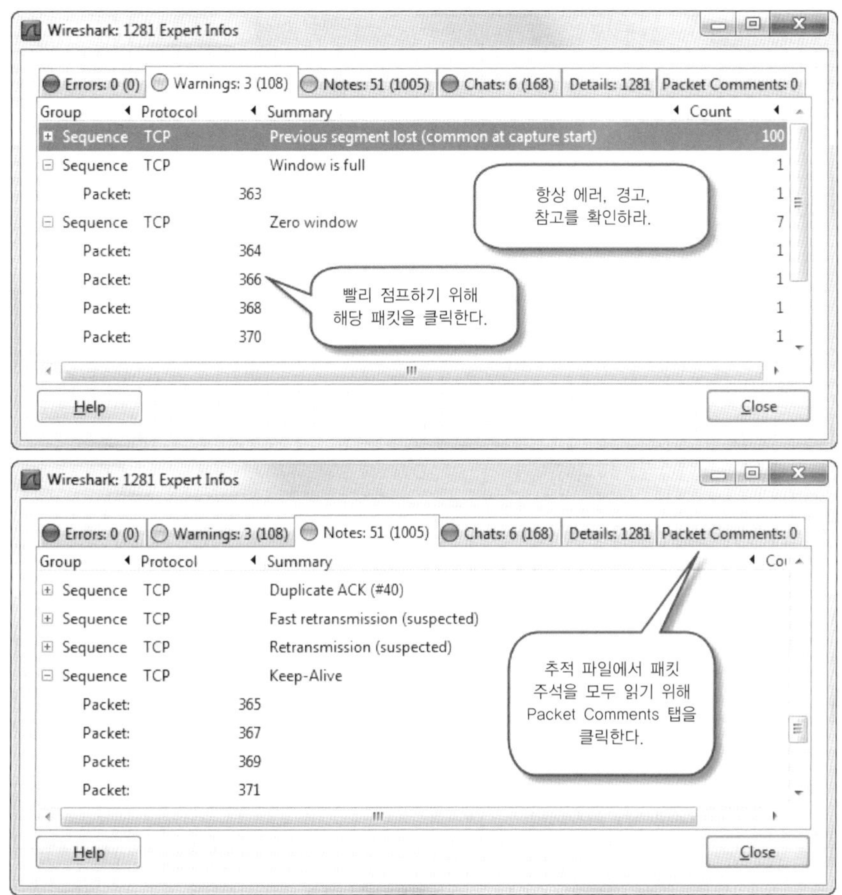

그림 176 전문가 정보 창은 패킷 손실 문제를 나타낸다.

✻ 전문가 정보 요소 컬러링

기본적으로 와이어샤크는 검정 배경에 흰 글씨에 대한 컬러링 규칙인 `tcp.analysis.flags`와 일치하는 패킷을 컬러링한다. 이런 패킷은 전문가 정보 창이나 참고 탭 중 하나에 나열된다. 패킷의 프레임 정보를 확장하는 것은 패킷이 일치하는

---

1. 와이어샤크 1.8처럼 빠른 재전송과 재전송은 참고 섹션에 나열돼 있다.

컬러링 규칙을 보여준다.

예를 들어 그림 177에서 패킷은 문자열 tcp.analysis.flags && !tcp.analysis.window_update를 사용하는 나쁜 TCP 컬러링 규칙과 매치시킨다. 사용자는 컬러링 규칙을 수정함으로써 이런 패킷의 색상을 변경할 수 있다. 컬러링 규칙 이름을 강조하는 필드는 필드 이름 frame.coloring_rule.name을 나타낸다.

사용자는 이 필터에 대한 예제 값을 기준으로 필터를 만들 수 있다. 사용자가 T-Low 창 크기라고 컬러링 규칙이 있는 경우, 컬러링 규칙과 일치하는 모든 패킷을 볼 수 있는 필터를 다음과 같이 적용할 수 있다.

```
frame.coloring_rule.name=="T-Low Window Sizes"
```

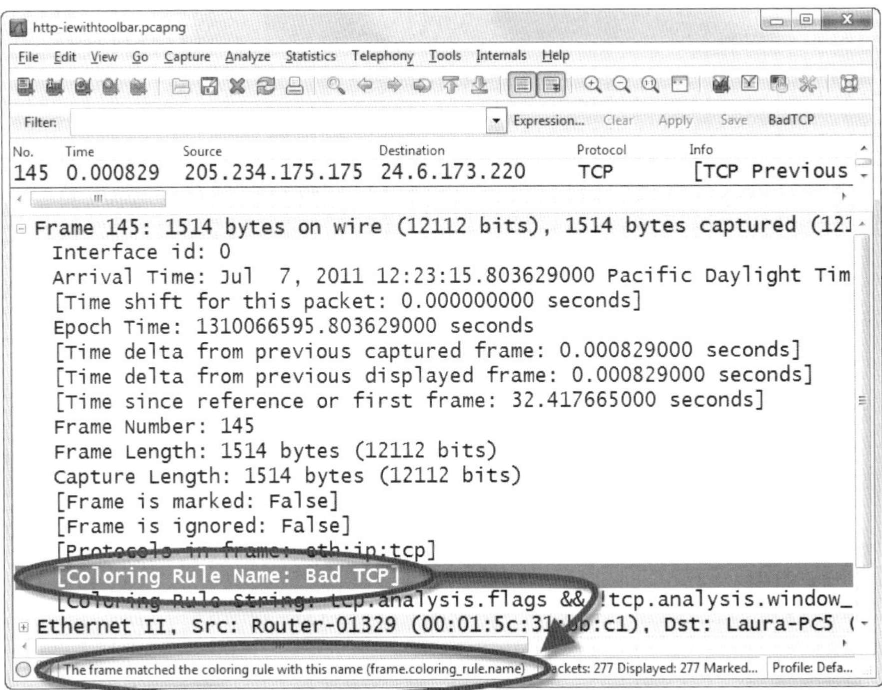

그림 177 적용된 컬러링 규칙을 식별하기 위해 프레임 섹션을 확장한다.

✻TCP 전문가 정보 요소 필터링

전문가 정보 참고 및 경고 트리거와 일치하는 패킷을 보기 위해 tcp.analysis.flags에 대한 디스플레이 필터를 적용한다.

그림 178은 tcp.analysis.flags 디스플레이 필터를 전체 추적 파일에 적용한 결과인데, 추적 파일에서 TCP 기반 문제를 탐지하기 위한 가장 빠른 방법이다.

tcp.analysis.flags 필터 표현식 버튼 사용

'나쁜 TCP'라는 필터 표현식 버튼으로 디스플레이 필터를 생성하고 저장하는 것을 고려한다. 가장 정확한 것은 필터에 && !tcp.analysis.window_update 필터를 추가하는 것이다. 사용자가 추적 파일을 열 때 나쁜 TCP 필터 표현식 버튼을 클릭해 가장 일반적인 TCP 관련 네트워크 전문가 정보 창의 문제를 찾는다.

특정 전문가 정보 심각도 수준을 충족하는 패킷을 조사하기 위해 디스플레이 필터를 생성할 수 있다. 다음은 4개의 심각도 수준 필터의 예를 제공한다('상세'는 심각도 수준을 고려하지 않는다).

```
expert.severity==error
expert.severity==warn
expert.severity==note
expert.severity==chat
```

다른 디스플레이 필터는 특정 정보 창 그룹의 일부 패킷을 사용할 수 있다. 구문은 expert.group==<group>이다. 다음은 와이어샤크 전문 정보 그룹의 일부다.

- **검사합** 검사합이 잘못됐다.
- **순서** 순서 번호가 정확하지 않거나 재전송을 나타냄
- **기형** 잘못된 패킷이나 분석기 버그
- **프로토콜** 잘못된 필드 값(가능한 사양의 위반)

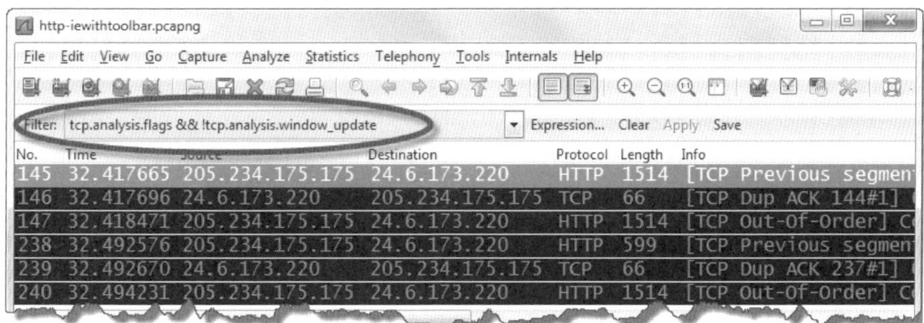

그림 178 A 디스플레이 필터는 TCP 문제를 보여준다.

TCP 전문가 정보 이해

TCP 분석기 파일 packet-tcp.c는 TCP 전문가 정보를 파일의 시작 부분과 각 전문가 정보의 상세 정보에 나열한다. 다음은 packet-tcp.c 파일에 포함된 전문가 정보를 보여준다. Analyze TCP Sequence Numbers(TCP 우선순위에서 기본 설정으로 가능한)는 TCP 전문가 통지를 이용한다.

```
TCP_A_RETRANSMISSION              0x001
TCP_A_LOST_PACKET                 0x0002
TCP_A_ACK_LOST_PACKET             0x0004
TCP_A_KEEP_ALIVE                  0x0008
TCP_A_DUPLICATE_ACK               0x0010
TCP_A_ZERO_WINDOW                 0x0020
TCP_A_ZERO_WINDOW_PROBE           0x0040
TCP_A_ZERO_WINDOW_PROBE_ACK       0x0080
TCP_A_KEEP_ALIVE_ACK              0x0100
TCP_A_OUT_OF-ORDER                0x0200
TCP_A_FAST_RETRANSMISSION         0x0400
TCP_A_WINDOW_UPDATE               0x0800
TCP_A_WINDOW_FULL                 0x1000
TCP_A_REUSED_PORTS                0x2000
```

전문가 시스템은 추적 파일에서 잠재적인 문제를 찾는 작업의 속도를 높일 수 있다. 다음 절은 packet-tcp.c에 정의된 14개의 TCP 전문가 정보의 정의를 제공한다. 정상이거나 비정상적인 TCP 통신에 대한 자세한 정보는 14장과 20장을 참조하라.

어떤 경고와 참고 항목이 생성되는가?

일부 전문가 정보 항목이 경고로 분류되는 반면에 다른 항목은 참고로 정의된다. 경고는 통신에서 문제를 나타내는 반면, 참고는 어떤 '정상' 트래픽(재전송)이 고려됐는지 나타낸다. 사실 재전송은 '좋은 것'으로 간주되지 않지만, 네트워크에서 패킷이 손실됐을 때 적절한 TCP 복구 프로세스의 일부다. 이것은 에러로 간주되지 않는다.

✻ TCP 재전송 트리거란?

재전송은 전문가 정보 창에 참고 탭 아래에 나열된다. 재전송은 패킷 손실의 결과물이며, 전송자의 TCP 재전송 타임아웃[RTO] 타이머가 만료되거나 분실된 세그먼트를 요청하기 위해 수신자가 중복 확인응답을 전송할 때 발생된다('중복 ACK 트리거란' 절을 참조하라).

TCP 세그먼트가 데이터를 포함하고 이전 패킷과 같은 순서 번호를 사용하는 경우 이는 반드시 TCP 재전송을 하거나 빠른 재전송이 돼야 한다('빠른 재전송 트리거란?' 절을 참조하라).

모든 재전송(고속 또는 일반)을 필터링하기 위해 `tcp.analysis.retransmission`을 사용한다.

패킷 손실은 보통 상호 연결 장치에서 발생하기 때문에 문제가 있는 장치를 분리시키기 위해 분석기를 어느 정도 이동시켜야 한다.

✻ 이전 세그먼트 손실 트리거란?

이전 세그먼트 손실 상황은 전문가 정보 창의 경고 탭 아래에 나열된다. 와이어샤크는 각 패킷의 TCP 순서 번호뿐만 아니라 패킷에서 데이터 바이트의 수를 추적한다. 그래서 와이어샤크는 TCP 스트림에 다음 예상 순서 번호를 알고 있다. 예상 순서 번호가 생략된 경우 와이어샤크는 손실된 패킷을 스트림에 즉시 재전송한 이전 세그먼트를 나타낸다.

다시 말해 이 패킷이 어디에서 폐기됐는지를 찾기 위해 와이어샤크를 이동하기에 좋은 시간이다.

✻ ACKed 손실 패킷 트리거란?

ACKed 손실 패킷은 전문가 정보 창에 경고 탭에 아래에 나열된다. 와이어샤크가 확인응답을 탐지했지만, 확인응답을 받은 패킷이 보이지 않는 경우 ACKed 손실 패킷 경고가 발생한다.

이것은 특이한 상황을 목격하는 것이다. 와이어샤크는 종종 네트워크에서 다중 경로를 지원하는 것을 나타낸다. 와이어샤크는 다른 경로로 택했기 때문에 와이어샤크는 데이터 패킷을 볼 수 없다. 이것은 종종 비대칭 라우팅이라고 하며, 네트워크 성능에 문제가 발생하고 더 복잡한 문제 해결을 할 수 있다. Sake Blok가 쓴

'비대칭 라우팅 문제 사례 연구' 예제는 16장에서 살펴볼 수 있다.

ACKed 패킷 손실 또한 수집 프로세스에 결함이 있음을 표시할 수 있다. 예를 들어 사용자가 스위치 포트와 스위치가 과부하 되는 동안, 모니터 포트의 모든 하향 트래픽이 전달되지 않을 수 있다.

추적 파일을 폐기를 고려해야 할 때

어떻게 볼 수 없는 것에 대한 문제점을 해결할 수 있는가? 와이어샤크는 추적 파일에 ACKed Lost Packet 지시가 있으면 전체 데이터 흐름을 볼 수 없다. 스위치는 스팬 모드에서는 정상적인 동작을 유지할 수 없다. 스위치가 분석기로 보내지는 패킷을 놓친다면 네트워크 트래픽의 정확한 그림을 볼 수 없다. 대안으로, 와이어샤크가 트래픽을 지속적으로 수집할 수 없다면(수집하는 동안 상태 바에 'Dropped'가 나타남) 트래픽의 완전한 모양을 볼 수 없다. 네트워크 이슈를 찾는 데 도움이 되지 않으므로 ACKed Lost Packet이 나타나는 추적 파일을 폐기하는 것을 고려하라. 완전한 통신을 볼 수 있는 위치에서 수집하라.

✻ 킵 얼라이브 트리거란?

TCP 킵 얼라이브keep alive 패킷은 전문가 정보 창의 경고 탭 아래에 나열된다. 각 TCP 연결은 킵 얼라이브 타이머를 유지한다. 킵 얼라이브 타이머가 만료됐을 때 TCP 호스트는 킵 얼라이브 증명을 원격 호스트에 전송한다. 원격 호스트가 킵 얼라이브 ACK(혹은 이 경우, 어떤 TCP 패킷)에 대한 응답을 하는 경우 이는 연결이 잘 됐다고 간주한다. 응답이 수신되지 않은 경우 연결이 끊어졌다고 간주한다.[2]

✻ 중복 ACK 트리거란?

중복 ACK는 전문가 정보 창에 있는 참고 탭에 나열된다. 수신자는 들어오는 TCP 순서 번호를 추적한다. 손실된 패킷이 발견되는 경우(기대 순서 번호가 생략된 경우) 수신자는 확인응답 번호 필드에 다음 기대 순서 번호를 나타내는 ACK를 생성한다.

수신자가 계속해서 중복 ACK(손실된 세그먼트를 요청)를 생성한다. 호스트가 3개의 동일한 ACK를 수신하는 TCP 세그먼트를 전송하는 경우 이것은 패킷 손실이 있었

---

2. 제로 윈도우 프루브 패킷 상황에서 킵 얼라이브 패킷 형식과 매치되기 때문에 킵 얼라이브 패킷으로 해석된다는 점을 주목하라.

고 손실된 패킷을 재전송하는 것으로 가정한다(RTO 만료 여부에 상관없다). 중복 ACK의 상위 번호는 TCP 호스트들 사이에 높은 지연을 표시할 뿐만 아니라 패킷의 손실률이 될 수 있다. 수신자는 이 상황이 해결될 때까지 중복 ACK를 생성할 것이다.

기본적으로 패킷 손실 이슈는 여전히 있다. 분석기를 다른 곳으로 옮겨서 다른 위치에 있는 네트워크에 연결하고 상호 연결 장치에 초점을 맞춘다.

✻ 제로 창 트리거란?

제로 창Zero Window 패킷은 전문가 정보 창의 경고 탭 아래에 나열된다. 수신자가 사용 가능한 수신 버퍼를 갖고 있지 않은 경우 TCP 윈도우 크기가 0이라고 나타내는 제로 창 패킷을 전송한다. 이것은 효과적으로 수신자에게 전송 중인 데이터를 중지시킨다. 데이터 전송은 보통 수신자 MSS가 1인 송신자로부터 대기된 데이터의 다음 총량을 받아들이기에 충분한 윈도우 크기를 가진 패킷을 보낼 때까지 재개되지 않을 것이다. 추적 파일 http-download-bad.pcapng는 제로 윈도우 상태에서 성능 저하의 완벽한 예제가 포함돼 있다. 궁극적으로 제로 윈도우 상태에서 충분히 수신 버퍼에서 데이터가 빨리 빠져나가지 않는 애플리케이션이 원인이다. 또는 이 호스트나 매우 느린 애플리케이션에 너무 많은 CPU를 사용하는 애플리케이션을 실행하거나, 전력이 부족한 시스템, 시작 창의 크기가 너무 작아 발생할 수 있다.

✻ 제로 창 탐색 트리거란?

제로 창 탐색은 전문가 정보 창의 노트 탭 아래에 나열된다. 제로 창 탐색 패킷은 원격 호스트가 윈도우 크기가 0이라고 알릴 때 TCP 호스트에 의해 전송된다. 명세서에 의하면 제로 창 탐색은 데이터 다음 세그먼트의 1바이트를 포함할 수 있다. 제로 창 상태가 해결됐으면 수신자는 새 바이트 수신에 대한 확인응답을 전송한다. 제로 창 상태가 해결되지 않았다면 수신자는 ACK를 전송하지만 새로운 바이트를 인정하지 않는다.

✻ 제로 창 탐색 ACK 트리거란?

제로 창 탐색 ACK는 전문가 정보 창의 노트 탭 아래에 나열된다. 이 패킷은 제로 창 탐색 패킷에 대한 응답이다. 제로 창 상태가 해결되면 제로 창 탐색 ACK는 수신된 새로운 바이트를 인정할 것이다. 제로 창 상태가 해결되지 않았다면 제로 창 탐색 ACK는 수신된 새로운 바이트를 인정하지 않을 것이다.

✻ 킵 얼라이브 ACK 트리거란?

킵 얼라이브 ACK는 전문가 정보 창의 참고 탭 아래에 나열된다. 킵 얼라이브 ACK는 킵 얼라이브 응답에서 전송된다. 킵 얼라이브 ACK가 0 크기의 창을 포함하는 경우 제로 창 상태는 해결되지 않은 것이다.

✻ 고장 난 트리거란?

고장 난Out of Order 패킷은 전문가 정보 창의 경고 탭 아래에 나열된다. 패킷이 데이터를 포함하지만 다음 순서 번호가 없는 경우 이는 재전송이나 빠른 재전송(이전 패킷과 같은 순서 번호를 사용) 중 하나이거나, 고장 난 패킷인 경우다. 고장 난 패킷은 이전 패킷보다 하위 순서 번호를 포함한다.

보통 데이터 트래픽이 목적지에 도착하기 위해 여러 경로를 따라 이동하는 표시인 '고장 난' 패킷을 보는 것은 아주 귀찮을 것이다. 여러 경로를 따라 이동하는 데이터 스트림은 서로 다른 대기 시간이 발생할 수 있다. 따라서 수신기가 패킷을 기다리는 동안 불필요한 재전송이 발생된다.

경로를 따라 디바이스가 도착하는 순서와 동일한 순서로 패킷을 전달하지 않는 경우 '고장 난'으로 표시된다. 예를 들어 패킷 1-2-3-4의 순서로 큐 디바이스에 도착하지만 1-3-2-4 순서대로 대기열에 전달된다. 애플리케이션은 약간의 재배치에 영향을 받지 않는다. 그러나 작동하는 큐 디바이스를 위한 이상적인 방법은 아니다.

✻ 빠른 재전송 트리거란?

빠른 재전송은 전문가 정보 창의 경고 탭과 노트 탭 아래에 나열된다. 빠른 재전송은 중복 ACK의 20ms 내에서 발생한다.

모든 재전송(고속, 일반)을 필터링하려면 `tcp.analysis.retransmission`을 사용한다.

실제적인 목적을 위해 빠른 재전송을 재전송한다. 유일한 차이점은 첫 번째 패킷 손실을 발견하는 것이다. 이런 경우 수신자는 패킷 손실을 발견하고 중복 ACK를 통해 불평하기 시작한다. 사용자는 이 문제를 해결하기 위해 패킷의 손실된 위치를 찾아야 한다. 재전송은 네트워크에서 심각한 성능 문제가 발생하는 경우 문제를 해결하기 위해 패킷의 손실된 위치를 찾을 수 있다.

✻ 창 업데이트 트리거란?

창 업데이트 패킷은 전문가 정보 창의 대화 탭 아래에 나열된다. 윈도우 업데이트 패킷은 데이터를 포함하지 않지만, 수신자의 증가된 TCP 윈도우 크기 필드 값을 나타낸다.[3]

이 패킷은 실제로 좋은 패킷이다. 클라이언트는 수신 버퍼에서 일부 데이터를 수집해 애플리케이션을 나타내는 수신 버퍼의 큰 공간을 선전한다. 이런 패킷은 윈도우 제로 상태에 대한 유일한 복구나 조치가 필요 없다.

잘못 컬러링된 윈도우 업데이트 패킷(와이어샤크 1.8)

와이어샤크 1.8 이전에 윈도우 업데이트는 실제로 좋은 이벤트일 때 Bad TCP로 컬러링됐다. 현재 와이어샤크 1.8에는 Bad TCP의 컬러링 규칙이 명시적으로 윈도우 업데이트(tcp.analysis.flags && !tcp.analysis.window_update)에 포함돼 있다. 이것을 변경한 개발자에게 감사드린다.

✻ 윈도우가 가득 찼음 트리거란?

윈도우가 가득 찼음 패킷은 전문가 정보 창의 참고 탭 아래에 나열된다. 와이어샤크는 수신자의 윈도우 크기를 추적하고, 데이터 패킷이 남아있는 버퍼 공간을 채우고자 전송될 때 기록한다. 이 패킷은 스스로 0의 창 크기 값을 갖지 않는다. 이 패킷은 그들의 수신 창 크기가 업데이트되지 않았을 경우 0의 창 크기 값이 외부에서 들어온다는 것을 나타낸다. 특별히 363패킷의 http-download-bad.pcapngpacket을 검사한다. 10.0.62.174에 의해 광고된 윈도우 크기 값과 해당 호스트로 보내지는 데이터의 총량을 주목하라.

3. 와이어샤크는 윈도우 크기를 줄이기 위한 Expert 통지를 갖고 있지 않다. 이 창 업데이트는 송신자의 윈도우 크기 값에서 증가되는 것과 관련이 있다. 이것은 데이터를 갖지 않은 패킷에 대해서만 트리거된다. 호스트가 데이터 패킷을 보내는 동안 윈도우 크기를 증가시키면 와이어샤크는 윈도우 업데이트 패킷을 놓치게 된다.

윈도우 전체 패킷은 IP 호스트 목적지에 초점을 둔다. 해당 대상 IP 주소는 애플리케이션이 수신 버터에서 데이터를 충분히 빠르게 수집하는 문제를 발생하는 장치를 나타낸다. 이에 대해서는 '제로 창 트리거란?' 절을 참조하라.

✻ 재사용된 TCP 포트 트리거란?

재사용된 TCP 포트는 전문가 정보 창의 참고 탭 아래에 나열된다. 이 전문가 알림은 와이어샤크에 추가된 `tcp.stream` 표시자를 같은 시간에 추가한다. 이 전문가 알림은 TCP SYN 패킷이 이 추적 파일에 대한 대화 목록에 이미 존재하는 세션에 대해 나타나는 경우 발생된다. 이 전문가 참고를 보기 위해 sec-nessus-recon.pcap에 대한 전문 정보 창을 연다.

이것은 종종 취약성 검사나 정찰 과정에서 볼 수 있다. 이런 패킷의 주소 보안 문제가 있는지 확인하기 위해 조사해야 한다.

✻ 4 NOP 연속 트리거란?

"4 NOP 연속에서 라우터는 몇 가지 옵션을 삭제할 수 있는가?"는 전문가 정보 윈도우에서 경고 탭 아래에 나열된다.[4]

경고 상태로, 이는 일반적으로 라우터 문제다. 라우터는 TCP 헤더 옵션(선택적 ACK)을 분리해 4 NOP들로 대체했다. 이런 핸드셰이크 과정에서 TCP 옵션을 변경하는 것은 나쁜 동작이다. 옵션은 라우터 버그, 라우터 특정 TCP 옵션이나 잘못된 라우터 구성을 지원하기 위해 제거할 수 있다. 서버 옵션이 수신된 TCP 핸드셰이크의 패킷이 손실되기 때문에 클라이언트는 SACK가 지원하지 않는다고 믿는다. 서버가 신뢰하는 이후 클라이언트는 SACK를 지원하지 않는다. 서버는 클라이언트가 핸드셰이크 패킷에 응답할 때 SACK 정보를 포함하지 않는다.[5]

초기 2011년에 동일한 목적을 위해 상호 연결 디바이스에 사용되는 4 EOL(옵션 목록의 끝)을 찾기 시작했다. EOL은 단순히 0x00이다. 다음 문자열을 사용해 이런 패킷을 식별하기 위해 컬러링 규칙을 만들 수 있다.

```
tcp.options contains 00:00:00:00
```

4. 이 전문가 경고는 내가 Sharkfest 2010에서 발표한 24시간 이내에 추가됐다. 개발자에게 감사한다.

5. ALWAYS는 TCP 핸드셰이크를 살펴본다. 이것은 라우터의 양쪽에서 패킷을 보고자 할 때다. 이 유형의 문제는 지금 IT 산업에 귀찮은 일이다. 주의 깊게 TCP SYN과 SYN/ACK를 살펴보라.

와이어샤크 전문가 기능 비활성화에 주의하라

전문가의 기능을 사용하지 않는다면 TCP 선호도 섹션에서 TCP 순서 번호 분석을 비활성화한다. 이 설정이 비활성화된 경우에는 "패킷이 일치하지 않는다."로 tcp.analysis.flags에 대한 필터 결과를 얻을 수 없다는 점을 주의하라.

사례 연구: 전문가 정보가 원격 접속 골칫거리를 해결하다.

제출자 Guy Talbot, CISSP

Conseiller Principal en Sécurife de l'Information et Réseautique

나는 큰 조직의 네트워크 설계사다.

우리의 네트워크는 거의 2,000개의 사이트로 구성돼 있고, 100,000개 이상의 워크스테이션을 포함하고 있다. 나는 일반적으로 (1) 통제 불능이 되거나, (2) 무엇이 일어났는지 누구도 생각할 수 없거나, (3) 나의 직장 상사가 참여를 결정하지 않는 한 네트워크 사고에 관여하지 않는다.

나는 반드시 금요일 오후까지 있어야 한다(그런데 일이 항상 금요일 오후에 생겨서 주말을 망치거나 월요일 아침을 힘들게 한다).

어쨌든 사용자들이 인터넷 접속이 아주 느리거나 사용할 수 없다는 문제에 대해 많은 불만이 접수된 우리 회사로 기술자가 왔다.

레벨 1, 2의 기술자들, 심지어 네트워크 분석가들도 문제를 파악하지 못했다. 여러 사이트는 영향을 받았고, 모든 감염된 사이트는 웹 프록시 서비스를 통해 인터넷을 사용하고 있다는 사실을 알고 있었다. 왜인지는 묻지 마라, 하지만 네트워크 사용자들은 웹 프록서 서버를 통해서 혹은 이런 서비스를 우회하기 위한 요청을 통해서 인터넷에 접속할 수 있었다. 레벨 1 기술자들은 이 문제에 대해 제2의 해결책으로 이미 우회 옵션을 사용 중이었고, 그래서 이것은 내가 관여해야 하는 (2)번 상황이었다.

감염된 사이트의 근거리 통신망은 웹 프록시 서비스를 우회할 때 모두 잘 작동했기 때문에 이런 문제의 원인은 대부분 확실하게 제거될 수 있었다. 결론은 다음과 같았다. 문제의 원인은 웹 프록시 서비스다.

잠깐, 하지만 웹 프록시 서비스를 사용하는 1,000여개의 사이트를 갖고 있고, 그 사이트들은 어떤 사고도 나지 않았다.

그래서 네트워크에 문제가 있다고 생각했다.

해결을 위한 와이어샤크. 웹 프록시 서비스에 트래픽을 수집하기 위한 시도는 소용없었다. 장치에 아주 근접한 사용 가능한 탭들을 갖고 있었지만, 이 서비스를 통해 전송되는 트래픽의 용량에 대해 문제가 있는 세션을 고립시키기 위한 시도들은 말 그대로 '건초더미에서 바늘 찾기' 문제였다.

네트워크 탭과 포트 미러링은 감염된 사이트의 네트워크에서 사용할 수 없다.

이전 상황에서 시간의 주기가 긴(하루 종일) 워크스테이션에서 트래픽을 수집해야 했다. 매시간 그들의 시스템이 재시작되거나, 발생된 변화를 이동시키는 시스템에서 와이어샤크가 계속 실행 중인 것을 확인하기 위해 사용자에게 의존할 수 없었다.

그래서 250GB USB 외장 드라이브를 구입했고, 티샤크뿐만 아니라 WinPcap도 설치했다. 윈도우 워크스테이션에서 서비스를 사용하기 위해 WinPcap와 티샤크를 설치하고 제거하기 위한 몇 가지 스크립트를 추가했다. 이를 '내부 고발자'라고 불렀다(아니, 이는 좋은 이름이 아니다). 이를 'USBTSHARK'라고 불렀다(이것이 더 낫다).

이 설정은 워크스테이션으로부터의 모든 트래픽을 수집했고, 이것을 200MB 크기로 USB에 저장했다(어리석게도 'C' 드라이브에 수집했다면 잠깐 동안 실행하고, 네트워크와 관련이 없는 문제가 생길 것이다).

이런 USB 드라이브의 일부를 로컬 관리자에게 전송했고, 워크스테이션에서 설정을 요청했다. 또한 로컬 관리자에게 웹 프록시 서비스와 이런 워크스테이션의 우회 사이에 인터넷 익스플로러의 구성을 변경하기를 요청했고, 마침내 구성과 참고 모두에 대한 웹 브라우징 로그인을 하기 위한 문제점이 인터넷에 접속됐다.

다시 추적으로 돌아와서 분석을 시작했다. 나는 길고, 지루하고, 문제점이 없다고 생각돼 이들 추적에 대해 행했던 필터링과 지연 계산들을 쓰지 않을 것이다. 하지만 여전히 해야 할 필요가 있었다.

와이어샤크에 있는 전문가 정보 탭의 차이점을 살펴봤고, 마침내 이상한 중복 ACK의 수, 즉 다음 그림에서 보는 것과 같이 높은 측면에 있는 것을 살펴봤다.

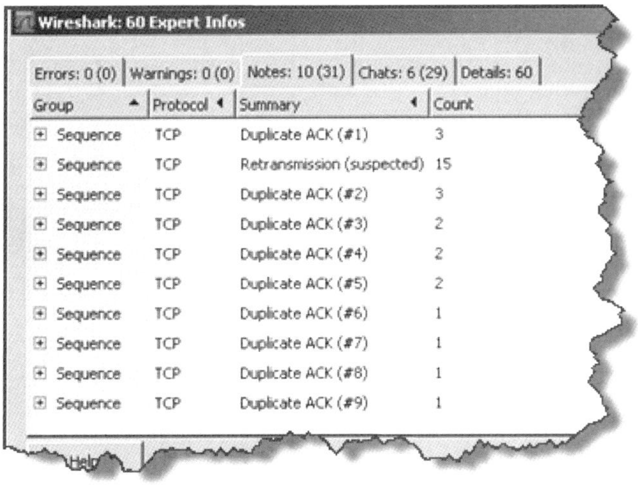

Wireshark: 60 Expert Infos

Errors: 0 (0) | Warnings: 0 (0) | Notes: 10 (31) | Chats: 6 (29) | Details: 60

Group	Protocol	Summary	Count
Sequence	TCP	Duplicate ACK (#1)	3
Sequence	TCP	Retransmission (suspected)	15
Sequence	TCP	Duplicate ACK (#2)	3
Sequence	TCP	Duplicate ACK (#3)	2
Sequence	TCP	Duplicate ACK (#4)	2
Sequence	TCP	Duplicate ACK (#5)	2
Sequence	TCP	Duplicate ACK (#6)	1
Sequence	TCP	Duplicate ACK (#7)	1
Sequence	TCP	Duplicate ACK (#8)	1
Sequence	TCP	Duplicate ACK (#9)	1

영향을 받았던 세션을 격리했을 때 알았다. 그래, 분실 프레임이나 가끔 분실 프레임이 마침내 재전송되고 확인됐다는 것을 나타내는 중복 'ACK'이구나!

하지만 특정 경우 웹 프록시 서버는 손실 프레임을 재전송하는 대신에 마지막 확인응답된 프레임을 재전송했다. 이 재전송은 중복 ACK에 의해 인정됐다. 몇 번의 시도 후에 워크스테이션은 마침내 진절머리가 나는 세션을 재시작했다.

평균 웹 필터링 서버가 갑자기 처분됐고, 재전송을 위한 적절한 프레임을 생각해 낼 수 없는가?

추적에서 몇 개의 프레임이 돌아오는 것을 보고, 웹 필터링 서버가 잘못된 프레임을 재전송하기 이전에 일부 프레임들이 중복 ACK에 의해 인정된다는 것을 알게 됐다. 이것은 일반적이다(이런 프레임들은 프레임이 손실된 후에 간단하게 재전송되고, 도착하게 된다).

TCP 헤더의 분석은 세션이 SACK 옵션을 사용한다는 것을 보여준다. 이것은 좋은 소식이다(이는 여러 프레임을 잃어버리는 경우 불필요한 재전송을 예방하는 데 도움을 준다).

하지만 무작정 기다리는 것은 옳지 않다. TCP 헤더에 TCP 순서 번호의 값과 SACK 옵션 필드에 값들은 같은 범위가 아니다(진짜 완벽하고 완전한 이런 번호들이 다음에 그림에서 볼 수 있듯이 각각 너무 멀리 있다고 믿는다).

```
⊞ Frame 290 (66 bytes on wire, 66 bytes captured)
⊞ Ethernet II, Src:                                         Ds
⊞ Internet Protocol, Src:
⊟ Transmission Control Protocol, Src Port: chmd (3099), Ds
    Source port: chmd (3099)
    Destination port: http-alt (8080)
    [Stream index: 6]
    Sequence number: 483    (relative sequence number)
    Acknowledgement number: 4141    (relative ack number)
    Header length: 32 bytes
  ⊞ Flags: 0x10 (ACK)
    Window size: 64860
  ⊞ Checksum: 0xac03 [correct]
  ⊟ Options: (12 bytes)
      NOP
      NOP
    ⊟ SACK: 975687856-975690616
        left edge = 975687856 (relative)
        right edge = 975690616 (relative)
  ⊞ [SEQ/ACK analysis]
  ⊞ [Timestamps]
```

TCP 헤더에 어떤 일이 일어났다. 확인응답 번호는 4141이지만, SACK 옵션 필드의 왼쪽 끝과 오른쪽 끝은 각각 975687856, 975690616이다.

이번에는 옵션을 갖고 있지 않다(더 이상 Mr. Nice Guy가 아니다). 나는 누가 나의 TCP 헤더를 수정하는지 알아내기 위해 다중 포인트 추적이 필요할 것이다. 내 네트워크가 아니고, 내 관할이 아니야!

내가 사고를 대체할 수 있는 사이트와 워크스테이션을 갖고 있다. 워크스테이션과 웹 필터링 서비스 간의 경로를 따른 프로브를 설치할 수 있다. 나는 클라이언트와 웹 필터링 장치의 IP 주소를 갖고 있기 때문에 추적의 크기를 제어하는 수집 필터를 생성할 수 있다. 4개의 프로브를 설치했다. 하나는 웹 프록시 서버, 다음은 데이터 센터의 WAN 라우터, 그리고 다른 하나는 내 워크스테이션이 고립된 사이트의 WAN 라우터이고, 'USBTSHARK'를 구성했다.

긴 설치와 아주 짧은 분석으로, TCP 헤더는 2개의 WAN 라우터 사이에서 수정됐다.

우리의 WAN은 VPN을 분리하는 방화벽을 이용한 다중 프로토콜 레벨 교환 VPN으로 구축됐다. 이 공공시설은 외부 조작자에 의해 관리된다. 이 공공장비에 어떤 장비가 TCP 헤더를 수정했다는 사실을 알고 있는지 물어보기 위해 조작자에게 요청을 전송했다. 그들의 네트워크가 문제가 없다는 확신을 받은 후에 응답이 도착했다. 그들은 우리의 공공장비를 사용하는 시스코의 방화벽 blade 모듈이 'TCP 랜덤화'라고 부르는 기능을 갖고 있다고 알려줬다. 이 기능의 목적은 RFC 793에 정의된 초기 순서 번호ISN의 취약성을 완화시키기 위한 것이다. 이 기능은

'더 안전한 ISN' 조건에 의해 클라이언트나 서버에 의해 생성된 ISN으로 대체됐고, TCP 헤더에 새 순서 번호로 유지됐다. 이 기능에 대한 나쁜 소식은 'SACK' 옵션 필드에 새 순서 번호를 유지할 수 없다는 점이다.

수신된 세션의 정보를 부정하기 위해 평균 웹 프록시 서버는 노출되고, 다시 전송돼야 하는 일부는 클라이언트가 '손실'했다고 결정할 것이며, 그들이 동의해야 하는 어떤 것에 대한 현실로 되돌아가기를 시도한다.

클라이언트의 관점에서 이는 반복해서 같은 프레임을 수신하고, 이 대화는 어디에도 없다. "나는 포기했고, 당신이 일반적인 대화를 가질 때 다시 시작할 것이다!"

이 날짜에 이 '기능'은 옵션이 아니다. 내 말은, 이것은 완전히 해제할 수 없다는 의미다. 특정한 경우 TCP 랜덤화 기능은 우회될 수 있지만, 당신은 우리의 구성이 그것들 중 하나가 아니라는 것으로 추측할 것이다.

무작위 또는 무작위가 아닌가? 대답은 "당신은 옵션을 갖고 있지 않다"이며, 당신은 'SACK'를 사용하는 것을 포기해야 한다.

●● Laura로부터 참고

선택적 ACK(SACK)에 대한 자세한 내용은 20장을 참조하라. TCP 랜덤화 기능에 대한 자세한 정보는 이 사례 연구에서 언급했다, ww.cisco.com/warp/pub;ic/707/cisco-sa-20010301-ios-tcp-isn-random.shtml을 참조하라.

정리

와이어샤크의 전문가 시스템은 네트워크 문제나 비정상적인 활동의 힌트인 트래픽을 빠르게 볼 수 있는 기능을 제공한다. 에러, 경고, 참고, 대화, 상세라는 5개의 전문가 시스템이 존재한다. 상태 표시줄의 전문가 정보 버튼은 추적 파일에서 실행된 전문가 알림의 가장 높은 수준을 표시한다. 이 버튼을 클릭하는 것은 전문가 정보 창을 실행시키는 가장 빠른 방법이다.

프로토콜에 대해 상세한 Export Info는 프로토콜 분석기에서 관리되고 있다. TCP는 이 시간에 지정된 많은 Expert 통지를 갖고 있다. 모든 TCP 전문가 알림을 보기 위해 `tcp.analysis.flags`에 대한 디스플레이 필터를 적용한다. 기본적으로 와이어샤크는 이 트래픽에 대한 컬러링 규칙을 갖고 있다.

항상 전문가 시스템에 의해 식별된 문제를 입증해야 한다.

학습한 내용 복습

이 책의 웹사이트인 www.wiresharkbook.com에서 사용 가능한 추적 파일을 다운로드한다. 다음 추적 파일을 열고 각각 식별된 전문가 정보 상세 사항을 조사한다. 그런 다음 문제에 답을 해보자.

ftp-ioupload-partial.pcap	이 FTP 서버에 파일을 업로드하기 위해 오랜 시간이 걸릴 것이다. 이것은 서버 문제인가? 클라이언트 문제인가? 네트워크 문제인가? 전체적인 그림을 얻기 위해 전문가 정보 창에 경고 및 참고를 조사한다. 데이터를 전송하는 호스트의 IP 주소는 무엇인가? 전송된 파일의 유형은 무엇인가? 추적 파일에서 기록된 가장 일반적인 에러는 무엇인가? 얼마나 많은 재전송을 볼 수 있는가? 얼마나 많은 빠른 재전송을 볼 수 있는가? 전송된 파일을 재조립할 수 있는가?
http-download-bad.pcap	클라이언트는 인터넷 연결에 대한 문제가 있다고 불평한다. 그들은 OpenOffice binary를 다운로드하는 시도를 했지만, 너무 오랜 시간이 걸렸다. 문제를 식별하기 위해 이 추적 파일에서 전문가 정보 창을 이용했다. 성능을 저하시키는 세 가지 주요 원인은 무엇인가?
http-iewithtoolbar.pcapng	이 추적 파일에서 패킷 145-147을 검사한다. 세 가지 패킷이 다른 이유에 대해 전문가 정보 창에 나열된다. 각 패킷이 비정상적인 상태의 일종으로 확인하는 이유를 설명한다.
sec-nessus-recon.pcapng	이 추적 파일과 관련된 전문가 정보의 특이한 유형을 검사한다. 누군가가 패킷 구조와 필드 값 주위를 재생하는 것을 확인할 수 있다.
tcp-winscaling-off.pcapng	윈도우 추적 파일에서 왜 떨어져 있는가? 세부 정보 창은 '윈도우 크기 배율 : -2(아무런 창 크기 조정을 사용하지 않음)'를 표시한다. 고객 지원 창 크기는 조정했는가? 통신을 향상시키기 위해 먼저 살펴봐야 할 통신 측 서버인가?

연습문제

Q13.1 전문가 정보 창을 실행하기 위해 가장 빠른 방법은 무엇인가?

Q13.2 패킷 목록 창에서 특정 전문가 정보 요소를 어떻게 눈에 띄게 만들 수 있는가?

Q13.3 TCP 전문가 알림을 발생시키는 모든 패킷을 어떻게 필터링할 수 있는가?

연습문제 답

Q13.1 전문가 정보 창을 실행하기 위해 가장 빠른 방법은 무엇인가?

A13.1 와이어샤크의 상태 표시줄 에서 전문가 정보 버튼을 클릭한다.

Q13.2 패킷 목록 창에서 특정 전문가 정보 요소를 어떻게 눈에 띄게 만들 수 있는가?

A13.2 기본적으로, 와이어샤크는 검정 배경과 빨강 글자로 모든 전문가 정보 요소를 컬러링한다. 사용자는 요소(예, `tcp.analysis.retransmission`)에 대한 컬러링 규칙을 생성함으로써 눈에 띄게 전문가 정보 요소를 생성할 수 있고, '좋지 않은 TCP' 컬러링 규칙을 좀 더 상위에 위치시킬 수 있다.

Q13.3 TCP 전문가 알림을 발생시키는 모든 패킷을 어떻게 필터링할 수 있는가?

A13.3 모든 TCP 전문가 알림들을 필터하기 위해 `tcp.analysis.flags`에 대한 디스플레이 필터를 적용한다.

TCP/IP 분석 개요

와이어샤크 공인 네트워크 분석가 시험에서 다루는 내용

- TCP/IP 기능 개요
- 다중 단계 변환 프로세스
- 1단계: 포트 번호 변환
- 2단계: 네트워크 이름 변환(옵션)
- 3단계: 대상이 로컬일 때 경로 변환
- 4단계: 로컬 MAC 주소 변환
- 5단계: 경로 변환(대상이 원격일 때)
- 6단계: 게이트웨이에 대한 로컬 MAC 주소 변환

- 사례 연구: 네트워크 책임 회피
- 정리
- 학습한 내용 복습
- 연습문제와 답

14장에서 참조한 추적 파일

- http-riverbed-one.pcapng
- http-riverbed-two.pcapng
- net-resolutions.pcapng

TCP/IP 기능의 개요

와이어샤크(혹은 다른 네트워크 분석기)를 이용해 문제를 해결하거나 네트워크 보안을 하려면 TCP/IP 통신을 확실히 이해해야 한다. 다음 12개의 장에서 TCP/IP 네트워크에서 가장 일반적인 트래픽의 패턴을 검사할 것이다.

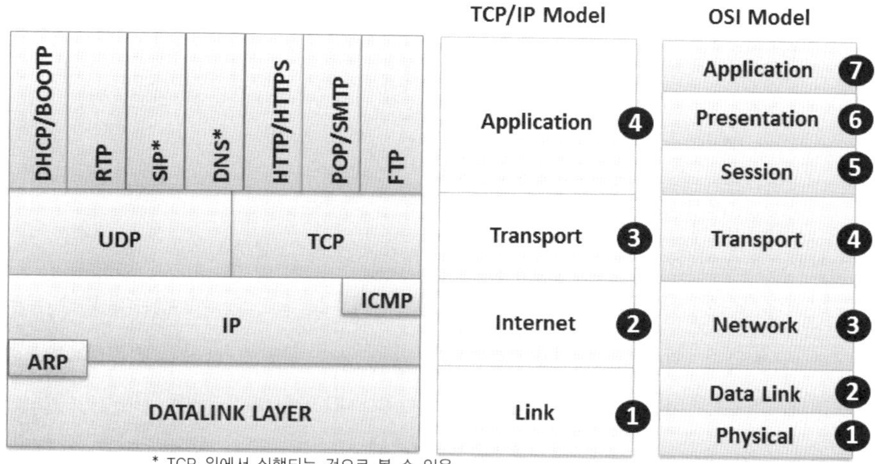

그림 179 TCP/IP 스택 요소와 TCP/IP 모델, OSI 모델 비교

그림 179는 주요 TCP/IP 스택 요소 옆에 TCP/IP 모델(과거 국방부 모델)과 OSI 모델을 나타낸 것이다. 또한 TCP/IP 요소는 TCP/IP 모델과 잘 맞으며, OSI 모델은 여전히 업계에서 지속적으로 언급되고 있다. TCP/IP 모델이 아닌 OSI 모델로 디자인돼 '계층 2' 디바이스(스위치)와 '계층 3' 디바이스(라우터)가 만들어졌다.

대부분의 네트워크 에러나 결함은 TCP/IP 프로토콜 또는 애플리케이션 문제에 의한 것일 수 있다. 본질적인 것을 해결할 때 먼저 물리 계층과 데이터 링크 계층에서 에러를 검사한다. 호스트가 전송 매체에 비트를 전송할 수 있는가? 이런 패킷에서 올바른 검사합이 적절하게 구성됐는가?[1] 다음으로, 문제점을 볼 수 있는 경우에는 결정하기 위해 TCP/IP 스택으로 이동한다. 이런 문제를 인식하기 위해 어떤 것이 일반적인 동작인지 알아야 한다.

1. 태스크 오프로딩(aka 검사합 오프로딩)은 여기서 고려하지 않는다. 와이어샤크 시스템으로부터 보낸 모든 패킷이 잘못된 검사합으로 나열된다면 네트워크 카드 인터페이스와 드라이버는 검사합 오프로딩을 사용하기 쉽고, 와이어샤크는 검사합(IP, UDP, TCP)이 적용되기 전에 패킷을 수집한 것이다.

- 인터넷 프로토콜(IPv4/IPv6)은 네트워크에서 종단-종단으로부터 패킷을 얻기 위해 사용되는 라우팅 가능한 네트워크 계층 프로토콜처럼 동작한다. 라우터는 전송 결정을 하기 위해 IP 헤더에 포함된 정보를 사용한다. '계층 3' 스위치는 트래픽을 라우팅할 수 있다.
- 사용자 데이터그램 프로토콜UDP과 전송 제어 프로토콜TCP은 비연결형 서비스나 연결형 서비스를 제공한다(각각 전송 계층 서비스 지향). UDP와 TCP 헤더의 포트 필드는 사용 중인 애플리케이션을 정의한다. TCP 헤더는 순서 및 확인응답 서비스를 제공하는 필드를 포함한다. UDP와 TCP는 OSI 모델의 '계층 4(전송 계층)'에 맵핑된다.
- 라우팅 정보 프로토콜RIP과 최단 경로 우선 프로토콜OSPF은 라우팅 장치 간의 전송 경로 정보 교환과 네트워크 제공 프로토콜의 2가지 예다.
- 인터넷 제어 메시지 프로토콜(ICMP/ICMPv6)은 네트워크의 정보를 제공하기 위해 사용되며, 일반적으로 핑ping에 사용되는 프로토콜로 인식된다. ICMPv6는 IPv6 주소가 이미 사용 중(중복 주소 검색)일 때 확인하고 사용된다.
- 도메인 이름 시스템DNS은 호스트 이름-IP 주소 변환 서비스를 제공한다. 'telnet station3'라고 입력할 때 DNS는 이름 station3을 해당 IP 주소로 결정한다. 다른 이름의 요소(메일 교환이나, MX 레코드)뿐만 아니라 DNS로 해결할 수 있다.
- 동적 호스트 구성 프로토콜DHCP는 동적 클라이언트 구성과 서비스 검색 서비스를 제공한다(단지 IP 주소 정보만이 아니다). DHCP는 또한 기본 게이트웨이 설정, DNS 서버 설정 등을 제공한다.
- 주소 변환 프로토콜ARP은 로컬 목적지 장치에 대한 물리 주소 검색 서비스를 제공한다. 또한 ARP는 IPv4 주소가 이미 사용 중인 경우 확인할 수 있게 한다(중복 주소 검사).

전체 복합 TCP/IP 프로토콜 스택에 많은 요소가 있다. 우선 모든 것이 정상으로 작동할 때 TCP/IP 통신이 어떻게 작동하는지 검사한다.

✻ 모든 것이 제대로 동작할 때

TCP/IP 통신에서 모두 올바르게 동작하는 경우 클라이언트는 서비스를 신속하게 찾는다. 이런 서비스는 요청을 위해 급하게 응답하고, 클라이언트 시스템은 서비스를 한 번 이상 요청하면 안 된다. 분석기는 통신, 이름 변환 에러, 중복 요청 및 재전송, 안전하지 않은 애플리케이션 등의 사이에서 큰 지연을 나타낼 수 있다.

에러를 식별하기 위한 트래픽을 분석하기 이전에 무엇이 일반 네트워크 통신에 고려됐는지 알아야 한다. 일반 네트워크 통신의 기준선을 생성하기 위해 사용돼야 하는 추적이 무엇인지 알고 싶으면 28장을 참조하라.

✻ 다중 단계 변환 프로세스

TCP/IP는 서버에서 클라이언트 통신을 할 때 그림 180에서 보는 것과 같이 다중 단계 변환 프로세스를 사용한다. 예제에서 클라이언트와 서버 모두 동일한 네트워크에 있다. 이 프로세스는 다음 단계를 포함한다.

- 애플리케이션에서 사용되는 발신지 및 목적지 포트(포트 번호 결정)를 정의한다.
- 필요한 경우 대상의 이름을 IP 주소로(네트워크 이름 변환) 변환한다.
- 대상 로컬 네트워크에 있으면 대상의 물리 주소를 얻는다(로컬 MAC 주소 확인).
- 대상이 원격인 경우 대상에 최적의 라우터를 식별한다(경로 결정).
- 대상이 원격인 경우 라우터의 MAC 주소를 식별한다(로컬 MAC 주소 재결정).

TCP/IP 변환 프로세스를 검사하기 위해 그림 180의 예제 시나리오와 그림 181의 TCP/IP 흐름 다이어그램을 사용할 것이다.

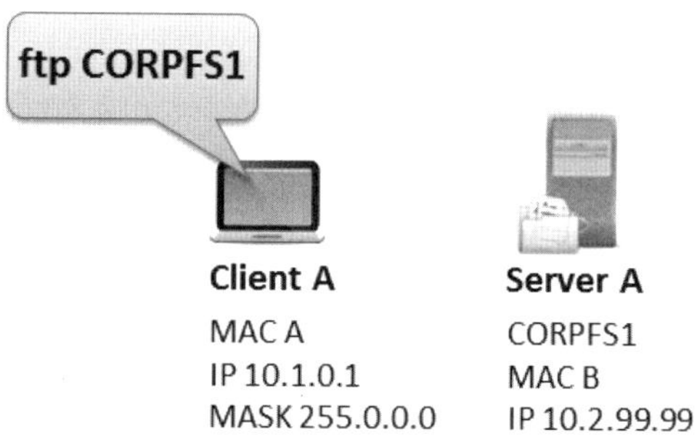

그림 180 클라이언트는 CORPFSI의 FTP 연결을 원한다.

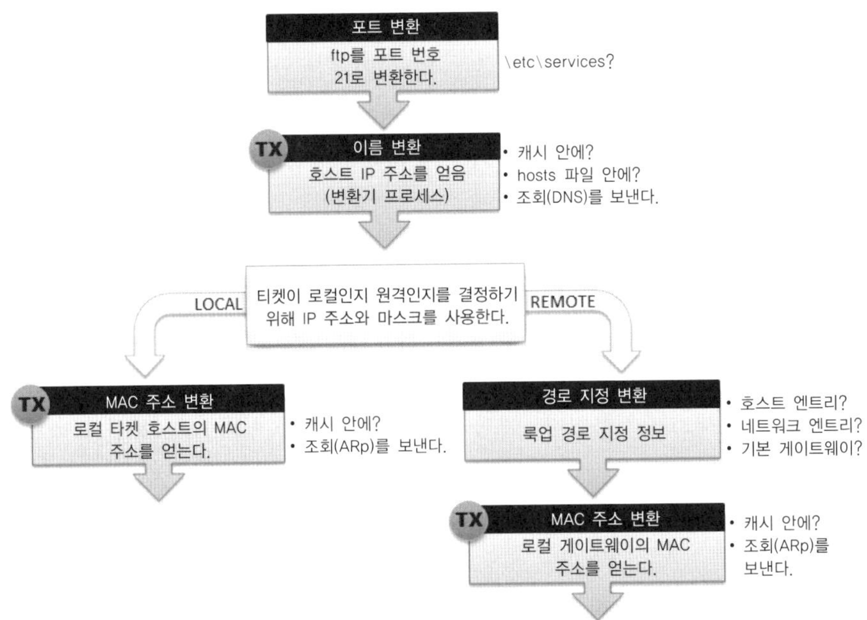

그림 181 TCP/IP 변환 프로세스

✻ 1단계: 포트 번호 변환

예제에서 사용자는 'ftp CORPFS1'을 입력했다. FTP는 일반적으로 로그인과 패스워드 승인 기능, USER와 PASS 같은 명령에 대한 21번 포트와 데이터를 전송하기 위한 동적 포트나 20번 포트를 사용한다.[2] 예제에서는 클라이언트가 21번 포트를 사용해 FTP 서버에 접속을 시도한다. 이 포트 번호는 클라이언트의 etc/services에 파일이 포함돼 있다. 이 번호는 아웃 바운드 패킷에서 TCP 헤더의 목적지 포트 필드에 배치될 것이다. 클라이언트는 발신지 포트 필드 값에 대한 동적(임시) 포트를 사용할 것이다.

이 프로세스는 네트워크에서 트래픽을 생성하지 않는다.

✻ 2단계: 네트워크 이름 변환(옵션)

명시적인 목적지의 IP 주소가 클라이언트에 의해 정의된 경우 네트워크 이름 변환 과정은 필수 사항이 아니다. 클라이언트가 목적지의 호스트 이름(위의 예에서 CORPFS1)

---

2. 애플리케이션과 어떤 경우에 사용자는 이 기본 포트 값을 겹쳐 쓸 수 있다. 예를 들면 클라이언트는 FTP 서버와 연결하기 위해 89번 포트를 사용할 것임을 나타내기 위해 CORPFS1:89를 사용할 것이다.

을 정의한 경우 네트워크 이름 변환 과정(일명 '변환기' 과정)은 대상 호스트의 IP 주소를 얻기 위해 요구된다.

이름 변환 설명서는 변환기 처리 과정이 실행될 때 특정 순서를 따라야 한다고 구술하고 있다.

1. 이름에 대한 DNS 변환기 캐시를 검색한다.
2. DNS 변환기 캐시가 항목에 없는 경우 로컬 호스트 파일(존재하는 경우)을 검사한다.
3. 로컬 호스트 파일이 존재하지 않거나 요구된 이름/주소가 호스트 파일에 없는 경우 DNS 서버(로컬 시스템에 구성된 경우)에 요청을 전송한다.

구성된 DNS 서버 목록에 첫 번째 DNS 서버로부터 응답이 없으면 클라이언트는 첫 번째 DNS 서버에 재요청을 하거나, 다음 알려진 DNS 서버에 요청할 수 있다. 아직도 대답이 없는가? 잘 알려진 DNS 서버가 더 이상 없는가? 클라이언트는 목적지 IP 주소 필드에 위치한 값을 결정하지 못하는 경우 패킷을 구성할 수 없다.

예제에서 클라이언트가 DNS 조회를 클라이언트의 로컬 구성에 나열된 첫 번째 DNS 서버에 전송하는 것을 볼 수 있다. DNS 서버에서 CORPFS1의 IP 주소가 포함된 회신을 볼 수 있다(잘 작동한 경우).

이 작업은 그림 181에서 'TX'에 대해 지정된 것과 같이 네트워크에서 트래픽을 생성할 것이다. 이름 변환이 로컬 호스트 파일을 사용하거나 캐시로부터 요구된 정보를 얻는 경우 어떤 패킷도 전송되지 않을 것이다. DNS 조회가 전송된 경우 추적 파일에서 볼 수 있을 것이다.

✻ 3단계: 대상이 로컬일 때 라우터 결정

작업이 진행되는 동안 클라이언트는 목적지 장치가 로컬(같은 네트워크)인지, 원격(다른 라우터)인지 결정한다. 클라이언트는 대상이 같은 네트워크에 존재하는지 확인하기 위해 자신의 네트워크 주소와 대상의 네트워크 주소를 비교한다. 그림 180의 예제에서 클라이언트의 IP 주소는 10.1.0.1/8(네트워크 10)이다. 서버의 IP 주소는 10.2.99.99다. 대상 또한 네트워크 10에 있다.

클라이언트의 IP 주소와 서브넷 마스크에 따른 가능한 결과를 고려하라.

발신지 주소	서브넷 마스크	CORPFS1가 로컬인가 원격인가?
10.1.22.4	255.0.0.0	Local (go to step 4)
10.1.22.4	255.255.0.0	Remote (go to step 5)
10.2.22.4	255.255.0.0	Local (go to step 4)

이 프로세스는 네트워크에서 트래픽을 생성하지 않는다.

✻ 4단계: 로컬 MAC 주소 변환

목적지 장치가 로컬인 경우 클라이언트는 로컬 대상의 MAC 주소를 변환해야 한다. 첫 번째 클라이언트는 정보에 대한 ARP 캐시를 확인한다.[3] 존재하지 않는다면 클라이언트는 대상의 물리 주소를 검색하는 ARP 브로드캐스트를 전송한다. ARP 응답을 수신하면 클라이언트는 ARP 캐시를 업데이트한다.

이 작업은 그림 181에서 'TX'에 대해 지정된 것과 같이 네트워크에서 트래픽을 생성할 것이다. MAC 주소가 캐시에 없는 경우 어떤 패킷도 전송되지 않을 것이다. ARP 조회가 전송된 경우 이것은 추적 파일에서 볼 수 있을 것이다.

✻ 5단계: 경로 변환(대상이 원격일 때)

목적지 장치가 원격일 경우 클라이언트는 적절한 다음 홉 라우터를 식별하기 위해 경로 변환 작업을 수행해야 한다. 클라이언트는 이것이 호스트나 대상에 대한 네트워크 라우팅 목록을 갖고 있는지 판단하기 위해 로컬 라우팅 테이블을 검색한다.[4] 사용 가능한 목록이 없다면 클라이언트는 기본 게이트웨이 목록을 검사한다. 이 프로세스는 네트워크에서 트래픽을 생성하지 않는다.

기본 게이트웨이는 '무조건 신임'의 경로를 제공한다. 클라이언트가 목적지에 대한 경로를 가지고 있지 않기 때문에 이것은 기본 게이트웨이에 패킷을 전송하고, 클라이언트 이후 대상 경로가 없는 기본 게이트웨이가 패킷을 보내고, 단지 기본 게이트웨이가 패킷에 대해 알아낼 수 있기를 기대한다.

기본 게이트웨이는 일반적으로 패킷 전달(목적지까지 최적의 경로를 갖고 있는 경우), 목

---

3. ARP 캐시를 보기 위해 커맨드라인에서 arp -a를 입력한다.

4. 라우트 테이블을 보기 위해 명령 프롬프트에서 route print를 입력한다.

적지에 대해 최적의 경로를 갖고 있는 다른 로컬 라우터를 지정하고 있는 ICMP 방향 재지정 응답을 전송하거나, 패킷을 어디에 전송해야 하는지 모르는 경우를 나타내는 응답 중 하나다(ICMP 목적지 도달 불가/ 호스트 또는 네트워크 도달 불가).

6단계: 게이트웨이에 대한 로컬 MAC 주소 변환

마지막으로, 클라이언트는 다음 홉 라우터의 MAC 주소나 기본 게이트웨이를 변환해야 한다. 클라이언트는 이런 ARP 패킷을 먼저 확인한다. 정보가 캐시에 존재하지 않는 경우 클라이언트는 다음 홉 라우터의 MAC 주소를 얻기 위해 ARP 브로드캐스팅을 전송하고, 이런 ARP 캐시를 업데이트한다.

이 작업은 그림 181에서 'TX'에 대해 지정된 것과 같이 네트워크에서 트래픽을 생성할 것이다. 캐시에 원하는 라우터의 MAC 주소가 없는 경우 어떤 패킷도 전송되지 않을 것이다. 원하는 라우터에 ARP 조회가 전송된 경우 이것은 추적 파일에서 볼 수 있을 것이다.

패킷 구축

모든 것이 잘 작동하는 경우(이 경우에 목적지는 로컬이다) 그림 182에서 보는 것과 같이 이 작업이 진행되는 동안 다음 정보가 결정될 것이다.

- 목적지 MAC 주소
- 목적지 IP 주소
- 발신지 및 목적지 포트 번호

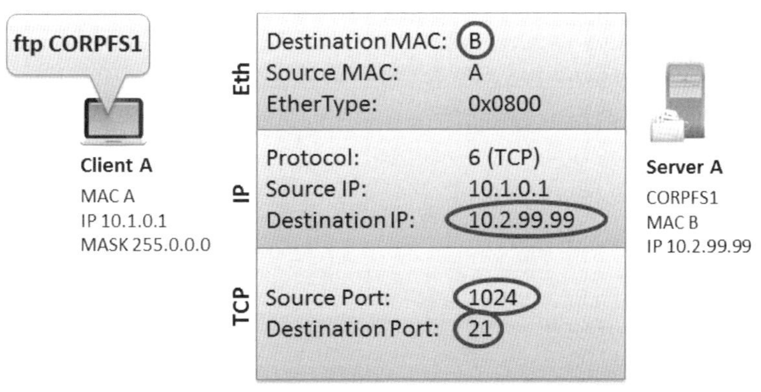

그림 182 TCP/IP를 통해 전송된 이더넷 패킷에 대한 정보를 발견

이 작업을 추적 파일에서 조사해보자.

그림 183은 클라이언트가 www.riverbed.com을 브라우징할 때 수집된 패킷을 보여준다. 이 추적 파일을 조사함으로써 현재 어떤 패킷이 클라이언트의 ARP 캐시나 DNS 캐시에 있는지 식별할 수 있다.

두 브라우징 세션을 비교할 수 있다.

- **http-riverbed-one.pcapng** Riverbed Technology 사이트를 방문한 후 DNS 캐시와 브라우징 히스토리를 삭제한다.
- **http-riverbed-two.pcapng** Riverbed Technology 사이트를 89초 후에 들어간다(어떤 아이템은 캐시로부터 로드할 것이고, 모든 패킷 수가 감소한다).

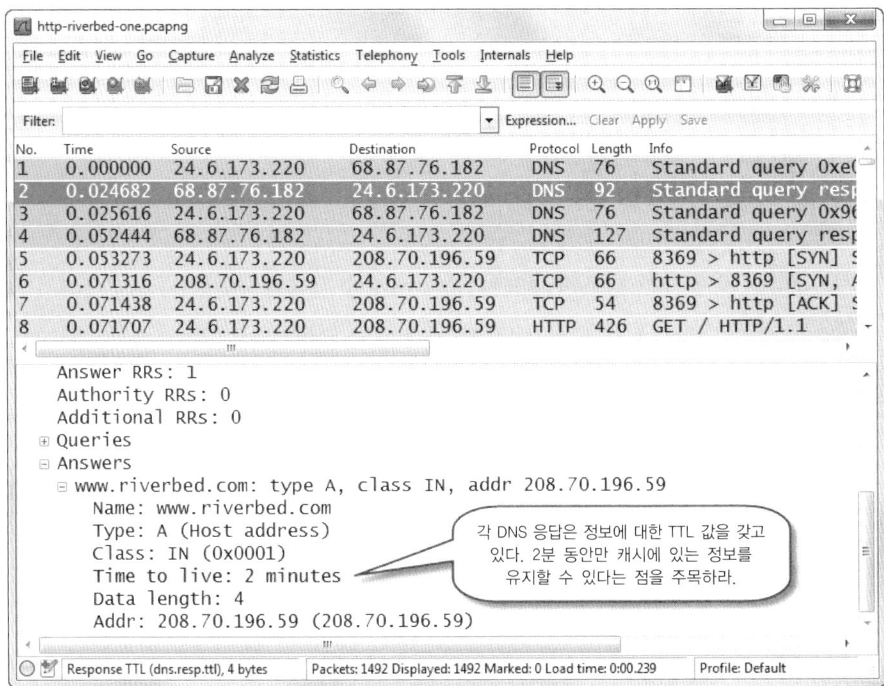

그림 183 웹사이트를 탐색하는 과정[http-riverbed-one.pcapng]

추적 파일 http-riverbed-one.pcapng에는 다음 패킷이 들어있다.

1. 추적 파일 안에는 ARP 조회가 없다. 클라이언트 24.6.173.220은 ARP 캐시의 MAC 주소가 필요하다. `arp -a`를 실행시켜 ARP 캐시의 내용을 볼 수 있다.

2. www.riverbed.com의 DNS 조회를 볼 수 있다. 이 조회는 클라이언트가 DNS 캐시에 www.reverbed.com의 IP 주소를 갖고 있지 않음을 나타낸다. 예제에는 클라이언트가 IPv4와 IPv6 스택을 동시에 실행하지만, 이것은 www.riverbed.com의 A 레코드[record](IPv4 주소)와 AAAA 레코드(IPv6 주소)의 DNS 조회를 만든다.
3. 클라이언트는 Packet 2에 있는 www.riverbed.com의 IPv4 주소로부터 DNS 응답을 받는다. IPv4 주소의 Packet 2는 현재 클라이언트의 DNS 캐시에 위치하고, Packet 2에 있는 DNS 응답 섹션에서 Time To Live를 정의(2분)한다. 클라이언트가 AAAA 레코드의 DNS 조회를 만든다는 점을 기억해야 하지만, Packet 4의 응답에는 IPv6 주소(이것은 해당 도메인의 이름 서버에 권한을 포함한다)가 제공되지 않는다. 이 클라이언트는 IPv6로 www.riverbed.com과 통신할 수 없다.
4. Packet 5에 클라이언트는 동적 발신지 포트 8369와 목적지 포트 80을 사용한 TCP SYN에 의해 TCP 핸드셰이크를 시작한다. 이 패킷은 기본 게이트웨이와 www.riverbed.com의 IP 주소를 하드웨어 주소로 전송한다.

추적 파일에서 남은 과정은 TCP 연결 프로세스와 www.riverbed.com의 메인 페이지를 요청하는 것이다. 전체 추적 파일은 1,492패킷이 포함돼 있다.

HTTP 트래픽 분석을 위한 최적 TCP 설정 사용하기

http-riverbed-one.pcapng를 열고, Packet 13의 정보 행에서 HTTP200 OK 응답을 보지 못했다면 TCP 기본 설정을 사용하지 않는 것이 부해석기가 TCP 스트림을 재조합할 수 있게 허락할 것이다. 이 설정을 이용해 추적 파일을 분석할 수 있다.

---

www.riverbed.com 사이트를 방문할 때 89초가 걸리길 바랍니까? http-riverbed-two.pcapng와 이 예전 추적 파일을 비교해본다.

http-riverbed-two.pcapng를 테스트할 때 DNS 조회가 없음을 확인할 수 있다. 이것은 클라이언트가 그 이름에 대한 조회를 생성할 필요가 없이 DNS 캐시에서 원하는 IP 주소의 일부를 갖고 있음을 나타낸다.

http-riverbed-one-pcapng에서의 많은 DNS 응답은 짧은 시간 동안 캐시 이름 확인 정보를 관리할 수 있게 한다(89초보다 빠른 브라우징 세션). 브라우저가 http-riverbed-two.pcapng의 이름을 다시 만드는 DNS 조회를 보내 해결하는 것을 볼 수 있다.

또한 총 http-riverbed-two.pcapng의 패킷 개수는 단지 319개다. 캐시의 DNS 정보의 일부를 취득하는 것 외에 브라우저 캐시에서 다양한 페이지 요소가 표시된다.

자신의 호스트에서 와이어샤크를 실행시키고 탐색한 웹사이트의 추적 파일을 수집한 다음 로컬 대상을 ping하거나 사용자의 서버에 로그인한다. 다음으로, 사용자의 ARP 캐시와 DNS 캐시를 초기화한다. 다시 수집을 시작하고 같은 웹사이트를 탐색한다. ARP와 DNS 조회에서 어떤 변화를 기록하는 두 추적 파일에서 트래픽을 비교한다.

와이어샤크는 훌륭한 문제 해결 및 보안 도구뿐만 아니라, TCP/IP 프로토콜과 애플리케이션이 어떻게 동작하는지 보여주는 완벽한 학습 도구다.

 사례 연구: 네트워크 책임 회피

트래픽을 관찰하는 것은 문제점을 표시할 수 있게 하고, 문제의 부분이 아닌 영역을 표시할 수 있게 한다.

갑자기 이메일 연결이 작동하지 않고 아웃룩이 혼란 상태인 것을 알게 됐을 때 트래픽의 추적 파일을 잡아냈다.

No.	Source	Destination	Protocol	Info
1	00:d0:59:aa:	ff:ff:ff:ff:ff	ARP	Who has 172.16.0.254? Tell 172.16.1.1
2	00:01:e1:01:	00:d0:59:aa:af	ARP	172.16.0.254 is at 00:01:e1:01:20:e8
3	172.16.1.10	172.16.0.254	DNS	Standard query A smtp.packet-level.com
4	172.16.0.254	172.16.1.10	DNS	Standard query response A 198.173.244.3
5	172.16.1.10	198.173.244.32	TCP	nicetec-nmsvc > smtp [SYN] Seq=0 Win=6
6	172.16.1.10	198.173.244.32	TCP	nicetec-nmsvc > smtp [SYN] Seq=0 Win=6
7	172.16.1.10	198.173.244.32	TCP	nicetec-nmsvc > smtp [SYN] Seq=0 Win=6

smtp.Packet-level.com에 대한 DNS 요청에 뒤이어 나오는 DNS 서버를 검색하기 위해 ARP 프로세스를 관찰할 수 있었다. 응답은 SMTP 서버의 정확한 IP 주소를 우리에게 제공했다.

그리고 문제가 나타났다.

클라이언트가 SMTP 서버에 핸드셰이크를 시도하는 것을 보았다. 응답이 없었다. 클라이언트는 다시 또다시 시도했지만 여전히 응답은 없었다.

문제는 경로에 따른 문제이거나 SMTP 서버 자체의 문제일 수도 있다. 우리가 알고 있고 열려있는 다른 포트에서 SMTP 서버 연결을 시도할 때 TCP 핸드셰이크가 성공하는 것을 봤다. 다른 위치에서 SMTP 포트로 연결을 시도했지만, 같은 문제를 겪었다. 하지만 다른 포트에서 연결은 성공했다. 이것은 경로에 따른 문제가 아닌 SMTP 서버 자체의 문제 같이 보였다.

SMTP 서버를 다시 시작해서 이메일 서비스의 액세스를 복원했다.

트래픽을 조사함으로써 로컬 네트워크 인터페이스 카드에 대한 문제, ARP 발견 프로세스 및 DNS 서버에 대한 문제를 배제시켰다. 트래픽을 분석하는 것은 너무 많은 추측을 하게 만든다.

정리

TCP/IP 통신은 사용하는 포트 번호, 대상 IP 주소, 사용하는 경로 및 대상 물리 주소를 결정하기 위한 수많은 변환 프로세스를 포함하는 표준 규칙을 따라야 한다.

변환 프로세스 중 하나가 실패하는 경우 호스트는 다른 호스트와 통신할 수 없다. 변환 프로세스의 일부는 네트워크에서 트래픽을 생성하지만, 일부는 그렇지 않다. 경우에 따라 호스트는 캐시나 로컬 테이블로부터 정보를 얻을 수 있다. 정보를 로컬로 얻을 수 없는 경우 호스트는 네트워크에서 대상을 요청할 수 있다.

이런 변환 프로세스는 포트 번호 변환, 네트워크 이름 변환, 경로 변환, 로컬 MAC 주소 변환(대상이나 게이트웨이에 대한)을 포함한다. DNS와 ARP 조회는 일반적으로 변환 과정이 진행되는 중에 나타난다.

학습한 내용 복습

이 책의 웹사이트인 www.wiresharkbook.com의 다운로드 섹션에서 사용 가능한 추적 파일을 다운로드한다. 변환 프로세스를 추적하기 위해 다음 추적 파일을 조사한다. 사용자의 변환 프로세스를 보기 위해 자신의 통신을 수집한다.

http-riverbed-one.capng	www.riverbed.com을 방문하기 전에 이전 DNS 캐시와 브라우저 캐시를 삭제한다. DNS 응답과 DNS 응답의 각 TTL을 확인한다. DNS TTL 필드를 마우스 오른쪽 버튼으로 클릭하고, 열로 적용을 선택하면 이것은 보기 쉽게(초 단위로 리스트됨) 바뀐다.
http-riverbed-two.capng	지금 www.riverbed.com에 돌아간다. DNS 응답의 시간 초과 시 다시 정보를 요청해야 한다. GET 요청이 수정된 이후를 보면 이는 캐시 정보를 갖고 있으며, 업데이트된 경우 새 복사본만 필요로 한다는 것을 나타낸다. 캐시된 요소의 복사본은 이 웹사이트의 로딩 시간과 패킷의 수를 줄이는 데 도움이 됐는가?
net-resolutions. cap	이 추적 파일을 조사하는 동안 14장에 나열된 변환 단계를 따른다. 이 추적 파일에서 arp와 dns 디스플레이 필터를 테스트할 수 있다. 5번 패킷에서 발신지/목적지 포트 번호, 목적지 물리 주소와 IP 주소를 기억하라. 이 정보는 포트 변환, MAC 주소 변환과 IP 주소 변환 프로세스를 이용해 얻어진다.

연습문제

Q14.1 애플리케이션이 포트를 명확하게 명시하지 않을 때 통신에서 사용하기 위한 포트를 결정하기 위해 참조되는 파일은 무엇인가?

Q14.2 클라이언트가 대상의 IP 주소를 결정하기 위한 DNS 조회를 생성하지 않는 경우를 가정할 수 있는가?

Q14.3 원격 대상에 대해 호스트가 ARP에 어떤 구성 문제를 발생시키는가?

연습문제 답

Q14.1 애플리케이션이 포트를 명확하게 명시하지 않을 때 통신에서 사용하기 위한 포트를 결정하기 위해 참조되는 파일은 무엇인가?

A14.1 클라이언트는 통신에서 사용하는 포트를 결정하기 위해 기타/서비스 파일을 참조한다.

Q14.2 클라이언트가 대상의 IP 주소를 결정하기 위한 DNS 조회를 생성하지 않는 경우를 가정할 수 있는가?

A14.2 클라이언트가 대상 IP 주소를 결정하기 위한 DNS 조회를 생성하지 않는 경우 클라이언트가 캐시에서 대상의 IP 주소를 가지고 있거나, 호스트 파일을 가지고 있다고 가정할 수 있다.

Q14.3 원격 대상에 대해 호스트가 ARP에 어떤 구성 문제를 발생시키는가?

A14.3 클라이언트는 아주 짧은 서브넷 마스크를 갖고 있을 것이다. 예를 들어 IP 주소 10.2.4.5에 대한 클라이언트가 255.255.0.0 대신 255.0.0.0의 서브넷 마스크 값을 갖고 있다면 클라이언트는 10으로 시작하는 IP 주소를 가진 어떤 대상에 대한 ARP일 것이다.

DNS 트래픽 분석

와이어샤크 공인 네트워크 분석가 시험에서 다루는 내용

- DNS의 목적
- 일반적인 DNS 요청/응답 분석
- DNS 문제 분석
- DNS 패킷 구조 분석
- DNS/MDNS 트래픽 필터

  - 사례 연구: DNS가 웹 브라우징 성능을 마비시킨다.
  - 정리
  - 학습한 내용 복습
  - 연습문제와 답

15장에서 참조한 추적 파일

- dns-errors-partial.pcapng
- dns-icmp-fault.pcapng
- dns-misc.pcapng
- dns-ptr.pcapng
- dns-serverfailure.pcapng
- dns-synbit-recursive.pcapng
- http-espn2007.pcapng
- http-espn2010.pcapng
- http-espn2011.pcapng
- http-msnbc.pcapng
- ipv6-worldipv6day.pcapng

❁ DNS의 목적

DNS(Domain Name System)는 www.wiresharkU.com과 같은 기호적인 호스트 이름을 IP 주소로 변환하는 데 사용된다. DNS는 또한 DNS 서버 간에 이름 정보를 전송하기 위해 사용되고, IP 주소(역포인터나 포인터 쿼리)와 관련된 호스트 이름을 식별하는 데 사용되며, MX 레코드(메일 교환) 같이 다른 이름을 검색하는 데 사용된다.

DNS는 네트워크에서 가장 중요한 애플리케이션 중 하나다. DNS 실패 시 호스트 이름을 사용하는 경우 서로 위치를 알아내지 못하게 호스트를 보호한다.

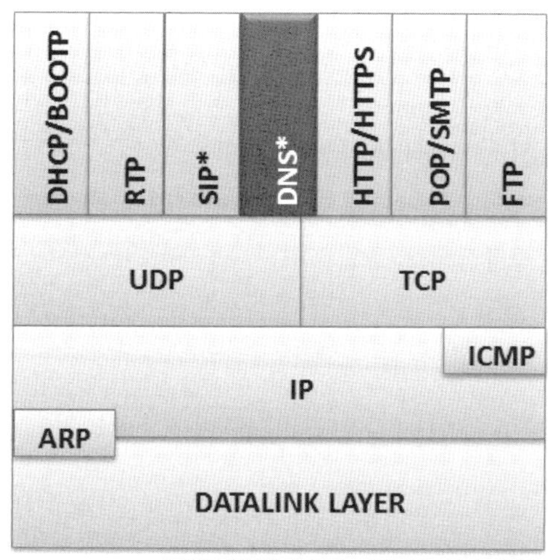

그림 184 DNS 요청/응답은 주로 UDP를 이용하고 영역 전송은 TCP를 사용한다.

변환기 프로세스는 DNS 이름을 변환하기 위해 실행된다.

DNS는 UDP나 TCP를 통해 실행될 수 있다. 가장 일반적으로 DNS 조회와 UDP를 이용한 응답을 볼 수 있다. 하지만 전송 영역이나 특히 큰 DNS 조회는 TCP를 통해 실행될 것이다. DNS에 대한 기본적인 포트는 53번이다.

RFC 1035에서 '도메인 이름 - 구현과 상세'는, UDP를 통한 패킷 페이로드를 512바이트로 제한한다. 이것은 일반적으로 DNS 조회에 대해 충분한 수치다. 그러나 응답이 512바이트 이상의 공간을 요구하면 제거된 플래그 비트는 응답에서 전송된다. 이것은 더 큰 패킷 크기를 허용하는 TCP를 사용해 DNS 조회를 다시 전송하기 위해 변환자를 동작시킨다.

RFC 2671에 'DNS(EDNS0)에 대한 메커니즘 확장'은, UDP를 통해 512바이트 이상을 허용한다. 이 추가된 기능은 마이크로소프트 DNS 서버가 EDNS0에 대한 추가 지원을 할 때 많은 사람에 의해 문제가 제기됐지만, 시스코 PIX 방화벽 6.3(2) 이전 버전은 그렇지 않았다. PIX 방화벽은 최대 구성된 길이(기본 값은 512바이트)보다 더 큰 DNS 패킷은 삭제할 것이다.

멀티캐스트 DNS^mDNS^는 DNS 서버가 설치돼 있지 않은 작은 네트워크에 대해 이름 변환 프로세스를 지원한다. 가장 높은 mDNS 이름 수준은 '.local'로 끝난다. '.local'로 끝나는 모든 DNS 조회는 mDNS 멀티캐스트 주소로 전송돼야 한다(224.0.0.251 또는 IPv6에 해당하는 FF02::FB).[1] 멀티캐스트 DNS에 대한 자세한 정보는 www.multicastdns.org를 참조하라.

일반적인 DNS 조회/응답 분석

네트워크 이름 변환 DNS 조회와 응답 프로세스는 아주 간단하다. 클라이언트는 호스트에 대한 IP 주소를 얻기 위해서 DNS 서버에 DNS 조회를 전송한다. DNS 서버는 정보에 대해 즉각적으로 응답하거나, 클라이언트를 대신해서 다른 DNS 서버에 요청한다(재귀 조회).

그림 185는 www.msnbc.com에 대한 A 레코드(호스트 주소)의 일반적인 DNS 요청을 보여준다. 이 DNS 조회는 사용자가 브라우저 URL 창에 호스트 이름을 입력하고 엔터를 누르면 자동으로 생성된다.

---

1. 네트워크에서 애플 제품을 사용하면 mDNS 트래픽을 볼 것이다. "mDNS는 안녕하십니까?" 부분이나 제로 구성 네트워킹에 사용된다.

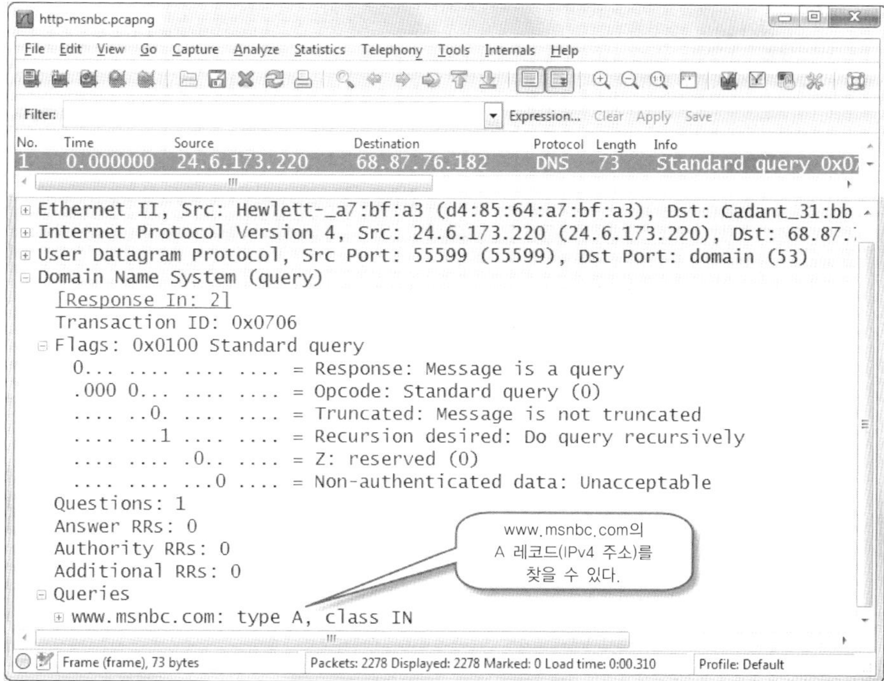

그림 185 표준 DNS 조회[http-msnbc.pcapng]

그림 186은 www.msnbc.com에 대한 A 레코드 요청에 따른 DNS 응답을 보여준다.

클라이언트가 요청하는 이름은 대상의 실제 이름이 아닐 수도 있다. 이 경우 정식 이름(CNAME)이나 진짜 이름은 www.msnbc.com에 의해 반환됐다. CNAME은 lb.msnbc.com이고, 호스트에 대한 주소는 207.46.245.32이다. DNS 디스플레이 필터(dns)를 적용시키고, 다양한 웹사이트를 찾는 동안 와이어샤크를 실행시킨다.

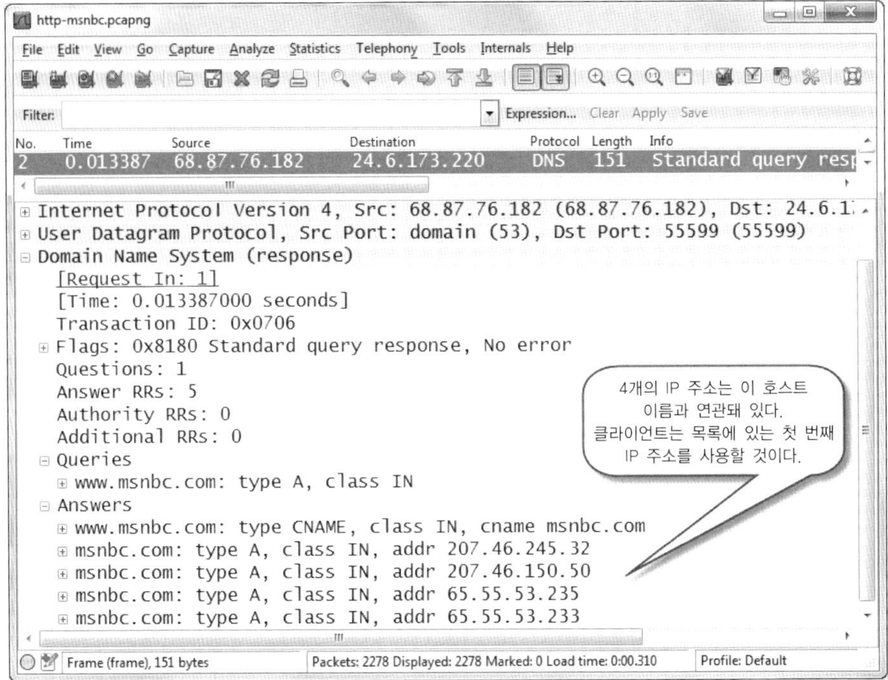

그림 186 표준 DNS 조회 응답[http-msnbc.pcapng]

그림 187은 scanmev6.nmap.org에 대한 AAAA 레코드 조회에 따른 DNS 응답을 보여준다. 이 조회는 IPv6의 날(2011년 6월8일)에 생성됐다. www.worldipv6day.org에서 이벤트에 대해 자세히 배울 수 있다. 클라이언트는 IPv6 네트워크에서 DNS 서버를 몰랐기 때문에 IPv6 주소는 IPv4의 패킷을 사용해 배치된 것을 알 수 있다.

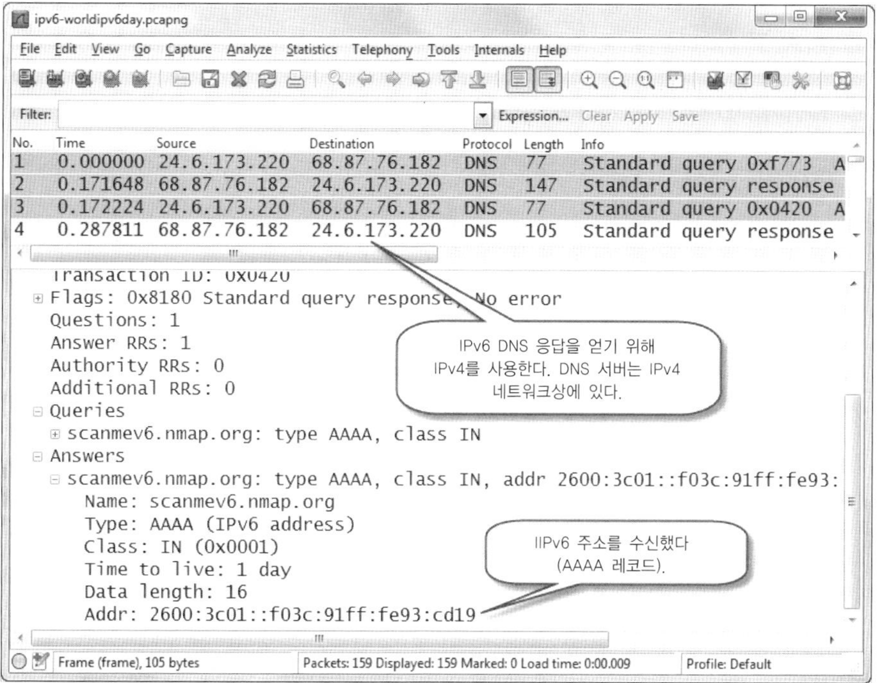

그림 187 호스트는 IPv4를 사용해 IPv6 주소(AAAA 레코드)를 발견할 수 있다. [ipv6-worldipv6day.pcapng]

DNS 문제 분석

가장 일반적인 DNS 문제는 이름 서버 데이터베이스에 이름이 존재하지 않아 에러가 발생하는 것이다. 이것은 잘못된 이름을 입력하거나 인터넷 이름 서버를 통해 아직 제공되지 않은 새로운 이름을 입력했기 때문에 발생한다.

그림 188에서 사용자는 www.us.gov로 브라우징을 시도한다. 이름 서버 응답은 다음과 같은 이름이 없다고 표시한다. 클라이언트는 부모 접미사(로컬 도메인 정보)를 조회에 추가한다. 이것은 클라이언트에 DNS 구성 설정 옵션이지만, 새 이름은 찾을 수 없다. 사용자가 이름을 찾지 못하면 이것은 대상 호스트에 도달하지 못한다.

추적 파일을 수집한 이후 문제가 해결됐다. www.us.gov는 www.usa.gov를 해결한다.

No.	Time	Source	Destination	Protocol	Info
1	0.000000	192.168.0.67	192.168.0.1	DNS	Standard query A www.us.gov
2	0.021377	192.168.0.1	192.168.0.67	DNS	Standard query response, No such name
3	0.001102	192.168.0.67	192.168.0.1	DNS	Standard query A www.us.gov.verio.com
4	0.049249	192.168.0.1	192.168.0.67	DNS	Standard query response, No such name

그림 188 DNS 응답은 이름이 존재하지 않는다고 표시한다.

서버 실패 응답은 이름 서버가 같은 에러 때문에 클라이언트에 대한 정보를 확인할 수 없음을 나타낸다. 이는 이름 서버가 조회를 다른 이름 서버에 전송(재귀 조회를 통해)했거나, 응답을 기다리다가 타임아웃이 됐거나, 응답이 이해 될 수 없거나, 어떤 종류의 내부 에러로 인해 조회에 연결되지 않은 것이다.

그림 189는 www.nmap.org를 받을 때 서버 에러 응답을 보여준다. 이것이 유효한 주소라는 것을 알지만, DNS는 확인할 수 없다. DNS 문제 때문에 사이트를 가져올 수 없다. 이 추적 파일(dns-errors-partial.pcapng)을 통해 보면 시간 칼럼을 기록한다(우리는 클라이언트가 조회를 재전송하기 전에 응답을 1초 기다린 다음 DNS 조회를 보내는 것을 볼 수 있다). 클라이언트는 세 번째 조회를 보내기 전에 1초를 기다렸다. 그러나 그것은 네 번째 DNS 조회를 보내기 전에 대략 두 배인 2의 대기 시간이다. 이전 표시 패킷은 쉽게 클라이언트 타이머 값을 평가하기 때문에 시간 열을 설정하는 것이 좋다.

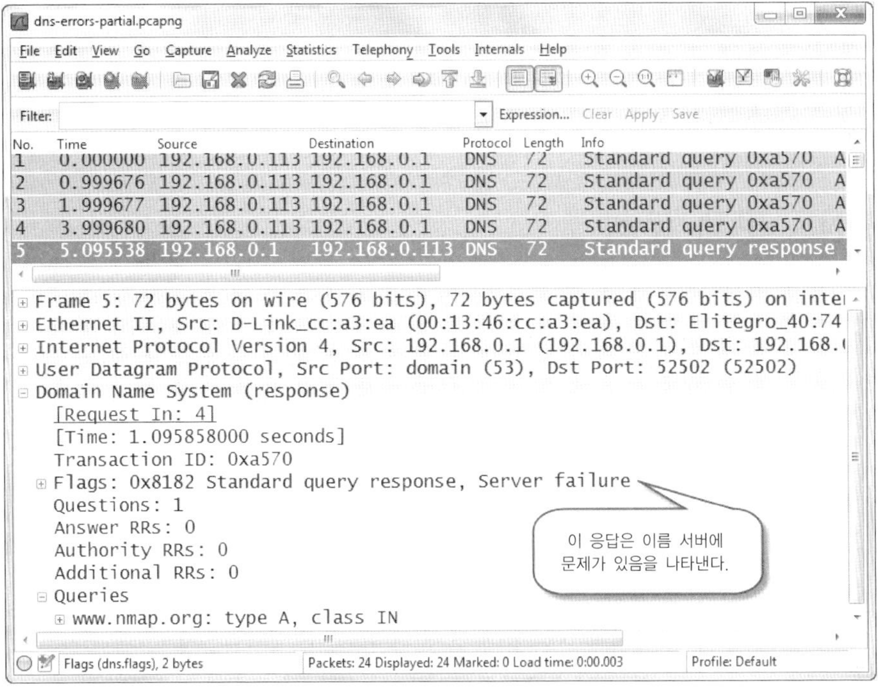

그림 189 DNS 서버 실패는 이름 변환을 방해한다.[dns-errors-partial.pcapng]

DNS 문제의 원인을 찾는 것은 해당 위치에서 프로세스를 검색하기 위해 DNS 서버의 와이어샤크 상향 이동을 요구할 것이다.

그림 190에서 클라이언트는 DNS 조회를 10.0.0.1에 전송할 것이고, 53번 포트

가 해당 호스트에서 열리지 않았다고 나타내는 ICMP 목적지 도달 불가/포트 도달 불가 응답을 받게 될 것이다.

누군가 클라이언트가 DNS 서버의 정확한 IP 주소를 갖는지, 아니면 DNS 서버 데몬이 10.0.0.1에서 실행되고 있지 않은지에 관련된 상황에서 실수를 저질렀다. 이 경우 클라이언트는 재시도한다. 이것은 오직 1개의 DNS 서버 구성을 가지며, 그래서 이것은 10.0.0.1에 대한 검색을 다시 시도한다. 다시 말해 클라이언트의 요청은 서버에 해당 포트에서 수신 대기하는 것이 아니므로 거부된다.

ICMP에 대한 자세한 정보는 18장을 참조하라.

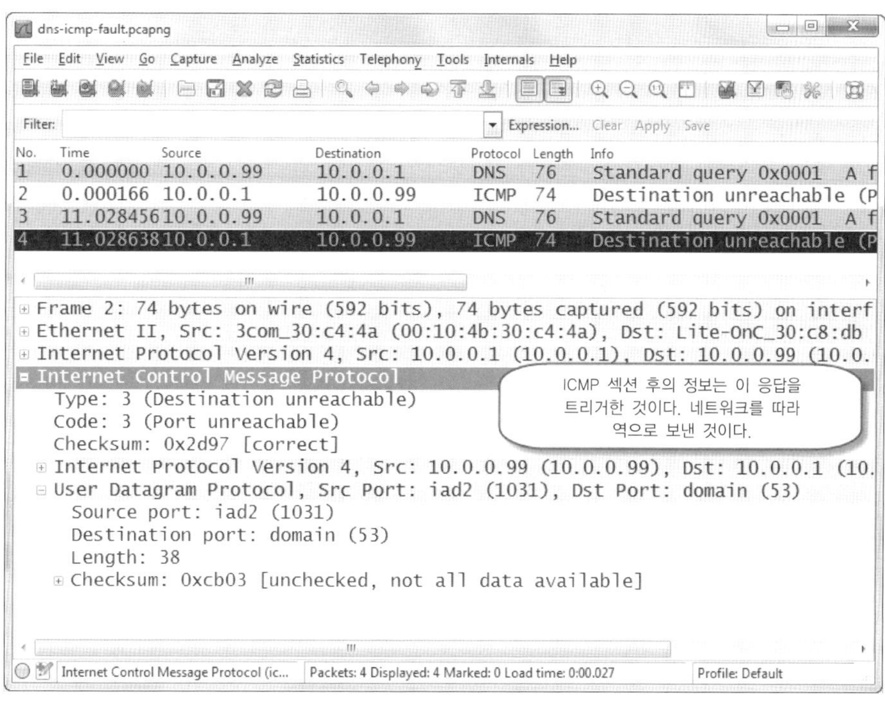

그림 190 ICMP 응답은 53번 포트가 대상에서 열려있지 않다고 표시한다.[dns-icmp-fault.pcapng]

DNS 패킷 구조 분석

단일 전송 메커니즘(UDP나 TCP)을 사용하는 다른 애플리케이션과 달리, DNS는 UDP와 TCP 모두를 사용한다. DNS는 일반적으로 이름 요청과 응답에 대해 UDP 53번 포트를 사용하고, 전송 대역과 더 큰 이름 요청이나 응답에 대해 TCP 53번 포트를 사용한다. 모든 DNS 패킷은 단일 기본 구조를 사용한다. 그림 191에서 보는 것과 같이 4개의 기본 섹션으로 구성돼 있다.

- 질문
- 답변 Resource Record
- 권한 Resource Records
- 추가 Resource Records

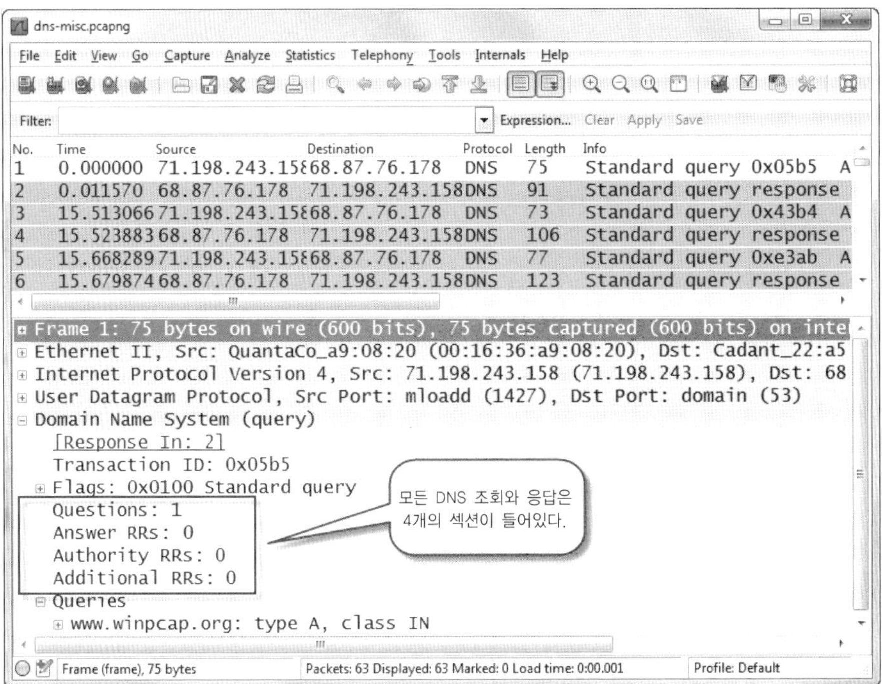

그림 191 www.msnbc.com에 대한 DNS 이름 요청[dns-misc.pcapng]

다음 절에서는 각 DNS 패킷 필드의 목적을 정의한다.

✻ 트랜잭션 ID

트랜잭션[Transaction] ID 필드는 DNS 조회와 응답에 연관돼 있다. 사용자는 이 필드에서 DNS 요청/응답과 관련된 모든 것을 보기 위한 값(예를 들면 dns.id==0x4269)을 필터링할 수 있다.

현재는 와이어샤크 1.8이고, 트랜잭션 ID 필드는 그림 192와 같이 대응 응답과 DNS 조회를 일치하는 데 도움이 되는 정보가 열에 표시된다.

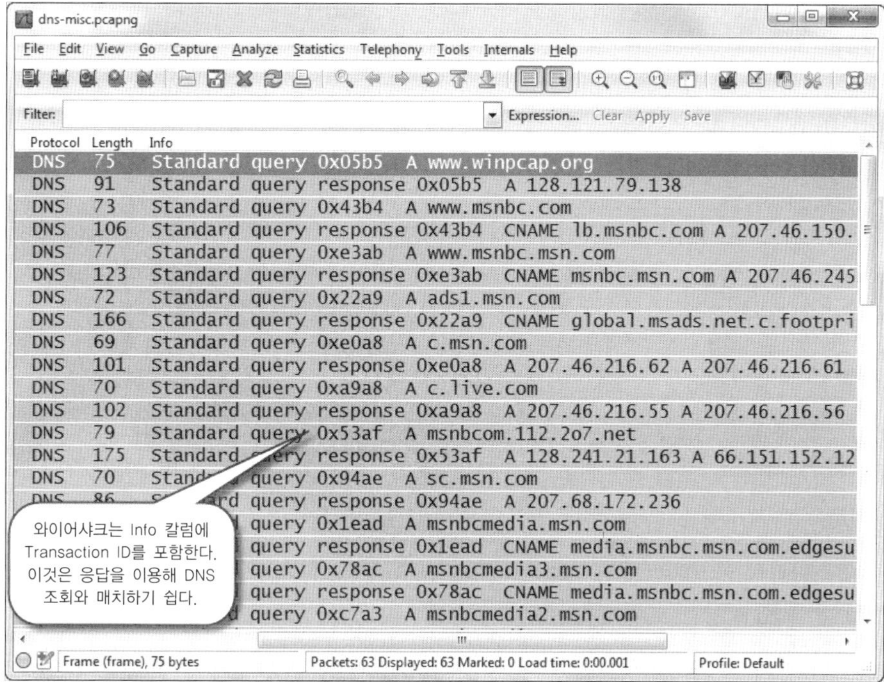

그림 192 트랜잭션 ID는 정보 열에 포함돼 있기 때문에 와이어샤크 1.8로 시작하는 질의/응답을 일치하는 것이 쉽다.[dns-misc.pcapng]

✻ 플래그

플래그Flags 바이트는 조회 특성을 정의하는 많은 필드로 구성돼 있다.

✻ 조회/응답

조회/응답Query/Response 비트는 패킷이 요청인지(0) 응답인지(1) 표시한다. DNS 요청(dns.flags.response == 0)이나 응답(dns.flags.response == 0)을 표시하기 위해 와이어샤크 필터를 작성할 수 있다.

✻ 오피코드

오피코드Opcode 필드는 조회의 유형을 지정한다. 가장 일반적으로 이 필드는 일반적인 요청에 대해 0000을 포함하고, 필드는 응답에 대해 0000으로 나타난다.

❊ 신뢰 응답

응답에 사용되는 신뢰 응답Authoritative Answer 필드는 도메인 이름에 대해 믿을 수 있는 서버로부터의 응답임을 표시한다.

❊ 절단

절단Truncation 필드는 DNS 응답이 길이 때문에 잘렸다는 것을 표시한다. 클라이언트가 잘린 DNS 응답을 보게 되면 TCP를 통해 조회를 재전송한다. 이것은 TCP 기반의 요청/응답에서 자주 볼 수 없는 광경이다.

❊ 재귀 요청

재귀는 서버가 재귀 조회 프로세스인지 표시하기 위해 DNS 요청에서 정의될 수 있다. 재귀는 클라이언트의 관점에서 응답에 대해 다른 서버에 요청하기 위한 DNS 서버를 허용한다. 로컬 네임 서버가 답변을 보내면 즉시 응답할 것이다. 답변이 없으면 이것은 클라이언트를 대신해서 프로세스 검색을 시작할 것이다.

이름 서버의 관점에서 재귀 DNS 프로세스를 보려면 dns-synbit-recursive.pcapng를 연다.

재귀가 요구되지 않으면 요청은 반복 요청으로 간주된다. 반복 요청을 이용해 지역적으로 사용 가능할 경우 DNS 서버는 정보를 반환할 것이다. 그렇지 않으면 DNS 서버는 요청을 위한 다른 DNS 서버의 IP 주소를 반환할 것이다. 대부분의 DNS 요청은 재귀를 사용한다.

❊ 재귀 이용 가능

응답에서 정의된 재귀 이용 가능Recursion Available 설정은, 재귀가 DNS 서버에서 사용 가능한지를 표시한다.

❊ 예약

예약Reserved 필드는 0으로 설정된다.

❊ 응답 코드

응답 코드Rcode, Response Code 필드는 응답에서 에러가 존재하는지를 표시한다. 다음 표는 가능한 Rcode 값을 나타낸다.

코드	값
0	에러 없음
1	형식 에러(조회를 설명할 수 없다)
2	서버 실패(서버가 이름 서버에 대한 문제 때문에 조회를 실행할 수 없다)
3	이름 에러(도메인 이름이 존재하지 않는다)
4	실행되지 않음
5	거부(이름 서버가 규정 때문에 제 기능을 수행하지 못함)

❊ 질문 횟수

이 필드는 질문 섹션에서 질문의 숫자를 표시한다. 일반적으로 조회 패킷당 하나의 질문을 볼 수 있다.

❊ 응답 리소스 레코드(RR) 수

이 필드는 응답Answer RR 섹션에서 답변의 수를 표시한다. 응답이 CNAME 정보를 포함하면 응답 RR 횟수Count 영역에서 2개를 볼 수 있을 것이다. 하나는 CNAME에 대한 것이고, 다른 하나는 CNAME 레코드의 IP 주소에 대한 것이다.[2]

❊ 권한 RR 수

이 필드는 권한Authority RR 섹션에서 응답의 수를 표시한다. 이런 응답은 명명 계층 구조에서 대상 이름에 더 가까운 서버로부터 수신된다.

❊ 추가 RR 수

이 필드는 추가Additional RR 섹션에서 응답의 수를 나타낸다. 이 영역에서는 추가 RR 섹션의 서버에 대한 A 레코드를 발견할 것이다.

2. 봇 감염 호스트들은 많은 RR 응답과 함께 DNS 응답을 받을 수 있다. 이 증거에 대한 좀 더 자세한 정보는 32장의 '이름 변환 프로세스 취약점' 절을 참조하라.

✻ 질의

이 가변 길이 필드는 해결 및 정보 유형의 변환 중인 이름을 정의한다.

✻ 이름

이 필드는 변환 중인 이름을 포함한다. 형식은 이름에서 영문자 바이트의 숫자를 표시하기 위해 숫자 구분 문자를 이용하는 가변 길이다. 다음은 몇 가지 예다.

```
3www9wireshark3org0
3www4iana3org0
```

✻ 유형

이 필드는 조회의 유형을 나타낸다. 등록된 숫자에 대한 전체 목록은 www.iana.org/assignments/dns-parameters를 참조하라.

유형	설명
A	호스트 주소
NS	Authoritative 이름 서버
CNAME	별칭에 대한 표준 이름
SOA	권한 영역의 시작
PTR	포인터 레코드
HINFO	호스트 정보
MX	메일 교환
AAAA	IPv6 주소

✻ 클래스

이 필드는 TCP/IP 통신에 대한 인터넷 클래스 주소를 표시하기 위해 1로 설정된다.

✻ 응답 RR

Questions 필드에서와 같은 형식이다.

❀ 권한 RR

Questions 필드에서와 같은 형식이다.

❀ 추가 RR

Questions 필드에서와 같은 형식이다.

❀ 자원 레코드 TTL 값

이 필드는 응답 DNS의 응답 세션에 포함돼 있고, 얼마나 오랫동안 수신기가 캐시에 있는 DNS 정보를 유지 관리할 수 있는지 나타낸다. DNS의 각 응답은 DNS 정보에 대한 TTL 값을 포함한다.

❀ DNS/MDNS 트래픽 필터링

tcpdump 필터 형식이 문자 형태의 dns를 이해할 수 없기 때문에 DNS 트래픽에 대한 수집 필터 구문은 포트 번호를 기반으로 한다. 이것은 업데이트된 libpcap와 WinPcap로 변환될 것이다.

mDNS가 포트 5353을 사용하고 수집 구문이 포트 5353인 것에 비해 UDP나 TCP에서의 표준 DNS 트래픽에 대한 수집 필터는 포트 53이다.

디스플레이 필터 구문은 간단한 dns다. 이 필터는 DNS와 mDNS 트래픽을 모두 표시한다. 다음 목록은 추가 DNS 디스플레이 필터다.

디스플레이 필터	설명
dns.flags.response == 0	DNS 조회
dns.flags.response == 1	DNS 응답
dns.flags.rcode != 0	DNS 응답이 에러를 포함[3]
dns.count.answers >= 5	DNS 응답이 5개 이상의 응답을 포함

(이어짐)

3. 와이어샤크는 != 연산자가 가끔 기대하는 결과를 제공하지 못하기 때문에 디스플레이 필터 영역을 노란색으로 컬러링한다. 어쨌든 이 경우에 연산자가 잘 적용된 것이다. dns-errors-partial.pcapng에 대해 시도해보라.

디스플레이 필터	설명
dns.qry.name == "www.abc.com"	DNS 조회가 www.abc.com에 대한 것임
dns contains "abc"	DNS 조회나 응답이 문자열 'abc'를 포함
dns.qry.type == 0x0001	DNS 조회가 호스트 이름에 대한 것임
dns.qry.type == 0x000c	DNS 조회가 도메인 이름 포인터 조회임(역조회)
dns.resp.type == 0x0005	DNS 응답이 CNAME 값을 포함(표준 이름)
dns.resp.type == 0x0005	DNS 응답이 SOA(권한의 시작) 정보를 포함
dns.flags.recdesired == 1	요구된 재귀에 대한 DNS 조회
dns.flags.recavail == 1	DNS 응답 상태가 재귀 가능

더 많은 디스플레이 필터 옵션은 www.wireshark.org/docs/dfref/d/dns.html에서 '와이어샤크의 디스플레이 필터 환경설정' 절에서 찾을 수 있다.

사례 연구: DNS가 웹 브라우징 성능을 저하시키다.

한 고객이 웹 브라우징 속도가 느리다는 불만을 제기했다. 그들이 말하기를 웹사이트를 열기 위해 가끔 10~15초의 시간이 지연된다고 말했다. 때때로 사이트가 모두 열리지 않았다.

문제는 밤에 시작되는 것 같이 보였다. 하루는 브라우징 응답 시간이 괜찮았지만, 다음날은 그렇지 않았다.

이 문제점을 해결하기 위해 네트워크에 있는 많은 '분명한' 사용자 중 하나와 로컬 스위치 사이에 있는 네트워크에 전이중 탭을 설치했다.[4]

이 분석에 대한 수집 필터 생성이 필요 없었다. 이 스위치는 오직 불만자의 네트워크 인터페이스로 전송될 것이다. 브로드캐스트와 멀티캐스트가 이 지국에 전송된다면 그것들이 있는지 보기 위해 큰 관심을 가질 것이다.

---

4. 오늘날 자신의 키보드가 갑자기 매우 민감하다고 불평하는 사람(네트워크는 잘 동작한다고 불평하는 사람)을 알 것이다. 이 사람들을 이용한다(문제점 해결 절차에서 실험 재료로서 사용한다). 그들은 기꺼이 문제점에 초점을 맞추기 위해 작업을 멈출 것이다. 아주 편안한 영역 안에서 행한다.

웹사이트의 수를 증가시키는 사용자로서 트래픽을 관찰했다. 웹 브라우징 세션은 빨랐다(페이지는 스크린에서 'popped(발생)'했다). 그러나 사용자가 방문했던 사이트를 표시한 트래픽이다(사이트 URL들을 해석하기 위한 DNS 조회가 존재하지 않았고, HTTP GET 요청은 모두 'If-Modified-Since' 요청 한정자를 포함했다). 캐시된 웹 페이지 분석 문제에 대한 상제한 정보는 23장을 참조하라.

우리는 새로운 사이트를 방문하는 사용자의 수를 물었다. 당연하게도 그들에게 이 행동을 하게 요구하면 그들은 브라우징하기 위한 단일 사이트의 생각을 할 수 없을 것이다. 으악!! 최근에 방문한 사이트의 수를 목록으로 만들었다(www.mensa.org, www.apa.org, www.angermgmt.com). 트래픽을 수집하는 동안 약 20개의 사이트를 방문하는 사용자가 있었다.

고객의 옆에 앉아있음으로써 그들의 고통을 경험할 수 있었다. 일부 사이트는 페이지 로딩 속도가 심각하게 느렸다. 다른 웹사이트 로딩 속도는 괜찮았다. 그러나 그곳에 있는 동안 모든 웹사이트는 마침내 로드됐다(일부 사이트는 정말 느렸다).

몇 분 동안 웹 브라우징 트래픽을 관찰했고, 문제가 나타났다. DNS 서버 중 하나로 향하는 3개의 DNS 조회를 발견했고, DNS 조회는 2번째 DNS 서버로 향했다. 로드할 페이지에 대해 너무 많은 DNS 조회가 존재했다.

IT 직원은 즉시 문제를 알아챘다(단일 DNS 서버는 자사 사무실에 위치해 있었다). 고객의 DNS 조회는 모든 인터넷을 거쳐 원격 사무실로 향하고 있었다(그리고 이런 조회 중 다수에 대한 응답을 받지 못해 여러 통신 문제가 발생했다).

불운하게도 원격 DNS 서버에 대한 이름 변환 시도가 실패한 이후, 고객의 시스템은 로컬 DNS 서버에 DNS 조회를 생성했을 것이다. DNS 요청과 응답의 수를 비교하기 위해 간단한 IO 그래프를 설계했다. 그래프는 응답보다 더 많은 요청 수를 나타냈다.

DNS 요청	`dns.flags.response==0`
DNS 응답	`dns.flags.response==1`

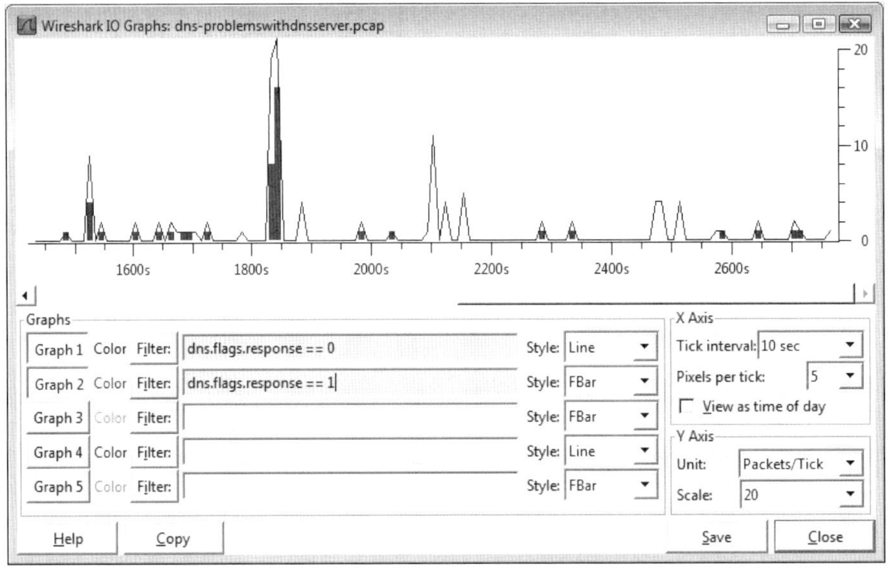

그래서 (a) DNS 구성 및 (b) 자사 통신에 문제가 있다는 것을 알아냈다.

왜 이 스테이션은 원격 DNS 서버를 먼저 요청했을까? 글쎄, 클라이언트는 DHCP를 통해 이런 DNS 구성 정보를 받았을 것이다. DHCP 서버를 검토해보면 모든 로컬 호스트가 이름을 결정하기 위해 먼저 원격 DNS 서버를 가리키는 것을 볼 수 있다.

이 문제는 실제로 웹브라우징 문제가 아니었다(이 문제는 이름 변환 문제였다). 간단하게 웹사이트를 재방문함으로써 고객의 컴퓨터에서 입증할 수 있었다. 우리는 불만자의 웹 캐시를 초기화했다(하지만 DNS 캐시는 아니다). DNS 지연이 없기 때문에 고객이 방문하는 사이트의 로딩 속도가 빨랐다.

다음 그림은 여기에서 알아낸 잘못된 구성을 보여준다.

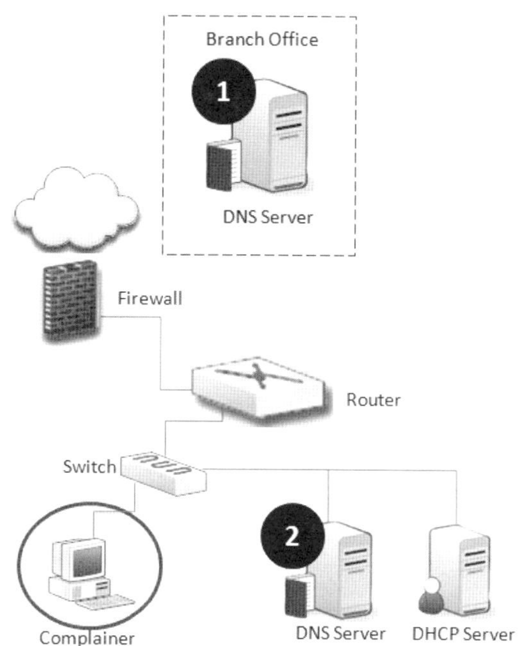

이제 IT 팀 간 손짓이 시작됐다. 그것은 분석기에 근접하기 위한 나의 신호였고, 보고서 작성을 시작했다. 분명하게 누군가가 로컬 DHCP 서버를 잘못 구성했다. 몇 분만에 문제를 발견했고, 해결 방법을 확인했다.

정리

DNS는 이름 정보를 변환하는 데 사용된다. 일반적으로 DNS 요청과 응답은 애플리케이션에 사용되는 이름과 관련된 IP 주소를 호스트에게 제공한다. 예를 들어 www.wireshark.org를 방문할 때 호스트는 www.wireshark.org를 IP 주소로 변환한다.

DNS는 단지 호스트 이름을 변환하는 것 이상으로 사용될 수 있다.

호스트 변환기 프로세스가 시작될 때 호스트는 정보가 이미 알려진 경우를 보기 위해 먼저 로컬 캐시에서 검색 작업을 해야 한다. 캐시에 항목이 없다면 클라이언트는 로컬 호스트 파일을 확인해야 한다. 호스트 파일이 존재하지 않거나 호스트 파일에 원하는 이름이 존재하지 않으면 호스트는 미리 정의된 DNS 서버에 DNS 요청을 생성할 수 있다. DNS 요청은 DNS 플래그 필드에 정의된 대로 재귀 혹은 중복이 될 수 있다.

DNS 서버는 검색의 성공 여부를 나타내는 숫자 코드로 응답한다. 응답 코드 0은 성공적인 요청을 나타낸다.

학습한 내용 복습

이 책의 웹사이트인 www.wiresharkbook.com의 다운로드 섹션에서 사용 가능한 추적 파일을 다운로드한다. 추적 파일 리스트에서 DNS 통신을 분석하고 다음의 질문에 답해보자.

dns-errors-partial.pcapng	표도르(Fyodor)의 엔맵 사이트와 www.insecure.org가 있다. 두 사이트에 한 가지 문제가 있다. www.nmap.org에 관련된 질의와 응답을 필터링한다. 프로세스의 타이밍은 무엇인가?
dns-icmp-fault.pcapng	우리가 원하는 사이트를 얻을 수 있지만, 그 곳에 이름 에러나 서버 에러는 없다. 이 통신의 문제는 무엇인가?
dns-misc.pcap	www.winpcap.org, www.msnbc.com, www.espn.com의 접근을 위한 DNS 검색 요청을 비교하라. 모든 DNS 요청이 성공적이었는가? 사용자의 서버에 접속할 때 생성된 DNS 트래픽을 확인하라. 사용자가 수행해야 하는 기준선의 완벽한 목록을 위해 28장을 참조하라.
dns-ptr.pcap	많은 DNS PTR 조회가 있으면 발신지를 살펴보라. 사용자의 와이어샤크 시스템이 아니라는 것을 확인하라(와이어샤크로부터의 DNS PTR 트래픽을 억제하기 위해 네트워크 이름 할당 기능을 해제하라). 모든 DNS PTR 요청이 성공적으로 수행됐는가?
dns-serverfailure.pcap	DNS 서버 에러는 서버가 긍정이나 부정 응답을 제공할 수 없다고 표시한다. 상향 DNS 서버는 적시에(혹은 모두) 응답하지 않았을 것이다. 이런 재귀 요청이 있었는가? 이런 DNS 서버 에러 응답을 보기 위해 dns.flags.rcode==2로 디스플레이 필터를 설정하도록 고려해보자.
dns-synbit-recursive.pcapng	이 추적 파일은 와이어샤크의 핵심 개발자 중 하나인 SYN 비트의 설립자인 Sake Blok에 의해 제공됐다. 이 DNS 변환 과정은 변환 이름 서버 관점에서 살펴보았다.
http-espn2007.pcap	내가 좋아하는 '어글리' 웹사이트(www.ebay.com 이외)는 www.espn.com이다. 이 웹사이트를 로드하기 위해 얼마나 많은 DNS 조회가 생성됐을까? 모든 DNS 조회가 실패했을까? 일반적인 DNS 요청과 응답 사이에 왕복 시간은 얼마나 될까? 방향 재설정(코드 301과 302) 횟수와 클라이언트 에러(코드 404)를 보기 위해 Statistics ❯ HTTP ❯ HTTP Packet Counter를 선택하라.

(이어짐)

http-espn2010.pcap	2010에 404 문제를 해결한 것을 발견한 www.espn.com 웹사이트를 방문했다. DNS 조회 수를 판명할 수 있다.
http-espn2011.pcap	오래된 즐겨 찾기 사이트를 반환할 수 있고, 이 추적 파일의 DNS 조회를 보면 이중 스택 클라이언트처럼 사용할 수 있다. DNS 조회의 총 수가 있기 때문에 A와 AAAA 레코드 요청과 동일하다. 호스트가 AAAA 레코드를 요청하는 횟수를 확인할 수 있다.
http-msnbc.pcapng	추적 파일에 전송 AAAA 레코드 조회를 보려면 추적 파일에 DNS 트래픽을 필터링한다. 이제 이중 스택 클라이언트를 사용하고 DNS 조회의 수는 두 배가 된다. AAAA 레코드 조회의 혜택이 있는가? AAAA 레코드 조회에 어떤 응답을 받을 수 있는가?
ipv6-worldipv6day.pcapng	14장에서 AAAA 레코드가 IPv6 주소를 받는 것을 보면서 추적 파일을 수정한다. 엔맵의 창시자인 표도르는 scanmev6.nmap.org에 세계 IPv6의 날에 대한 IPv6 주소와 DNS 서버를 채웠다. 레코드 조회에 어떤 응답을 받았는가? 왜 서버에 연결하기 위해 IPv6를 사용했는가?

연습문제

Q15.1 DNS의 용도는 무엇인가?

Q15.2 DNS 트래픽은 언제 TCP 전송을 사용하는가?

Q15.3 재귀와 반복 DNS 요청의 차이점은 무엇인가?

Q15.4 DNS 요청과 응답의 4가지 섹션은 무엇인가?

연습문제 답

Q15.1 DNS의 용도는 무엇인가?

A15.1 DNS는 이름 변환 서비스를 제공한다. 일반적으로 DNS는 호스트 이름과 관련된 IP 주소를 얻기 위해 사용되지만, 또한 IP 주소(PTR 조회)와 관련된 호스트 이름, 메일 교환 서버 이름과 IP 주소 등을 발견하기 위해 사용된다.

Q15.2 DNS 트래픽은 언제 TCP 전송을 사용하는가?

A15.2 DNS는 전송 영역에서의 전송과 큰 DNS 패킷들과 같은 TCP를 이용한다. DNS 응답이 너무 커서 기본 513바이트 DNS 페이로드 크기 제한에 맞지

않으면 DNS 서버는 응답에서 플래그 비트를 잘라낸다. 결정자 프로세스는 새로운 DNS 쿼리를 TCP를 통해 생성한다.

Q15.3 재귀와 반복 DNS 요청의 차이점은 무엇인가?

A15.3 재귀 요청은 클라이언트를 대신해서 이름 정보를 검색하기 위해 DNS 서버를 사용 가능하게 한다. 반복 요청은 응답이 지역적으로 사용 가능하지 않을 경우 요청을 위한 다음 DNS 서버에 대한 DNS 클라이언트를 제공한다.

Q15.4 DNS 요청과 응답의 4가지 섹션은 무엇인가?

A15.4 DNS 요청과 응답의 4가지 섹션은 다음과 같다.

Questions

Answers

Authority RR

Additional RR

ARP 트래픽 분석

와이어샤크 공인 네트워크 분석가 시험에서 다루는 내용

- ARP의 목적
- 일반적인 ARP 요청/응답 분석
- 불필요한 ARP 분석
- ARP 문제 분석
- ARP 패킷 구조 분석
- ARP 트래픽 필터

  - 사례 연구: ARP에 의한 죽음
  - 사례 연구: 누락된 ARP 이야기
  - 정리
  - 학습한 내용 복습
  - 연습문제와 답

16장에서 참조한 추적 파일

- arp-badpadding.pcapng
- arp-bootup.pcapng
- arp-ping.pcapng
- arp-poison.pcapng

ARP의 목적

ARP는 로컬 네트워크에서 IP 주소와 물리 주소를 연관 짓고, IP 주소(불필요한 ARP 프로세스) 중복을 테스트하기 위해 사용된다. ARP 같은 단순한 프로토콜은 네트워크 주소 지정이나 구성에 대한 신호 문제를 갖고 있는 프로토콜이 될 수 있다. ARP는 RFC 826, '이더넷 주소 변환 프로토콜'에 정의돼 있다.

ARP 패킷은 IP 헤더를 포함하지 않기 때문에 TCP 네트워크 트래픽에 있는 대부분의 패킷과 비교할 때 상대적으로 고유한 값을 갖는다. 이런 특징은 ARP 패킷이 라우팅되지 않는 패킷이라는 것을 의미한다.

ARP는 오직 로컬이다.

ARP 트래픽을 분석하는 동안 마음속으로 생각하라. ARP 패킷을 수집하기 위해 호스트가 ARP 패킷을 전송하는 동안 반드시 같은 네트워크 세그먼트에 있어야 한다.

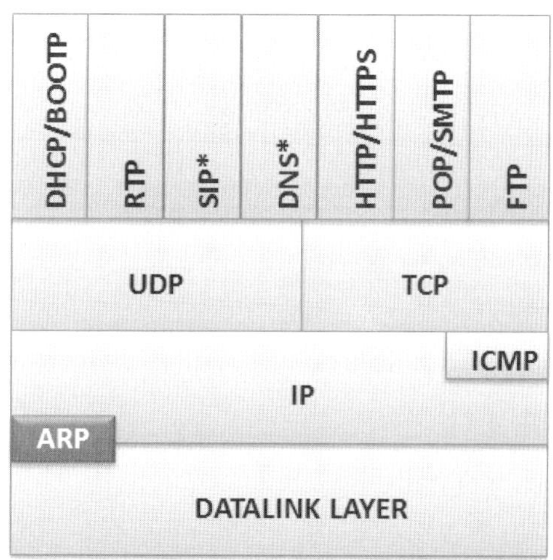

그림 193 ARP는 MAC과 IP 주소 계층 간 주소 변환을 제공한다.

정상적인 ARP 요청/응답 분석

정상적인 ARP 통신은 간단한 요청과 응답으로 구성된다. 호스트는 대상 IP 주소를 포함하는 ARP 브로드캐스트를 전송한다(대상 물리 주소가 없는 경우는 아직 변환(할당) 중인 상태다).

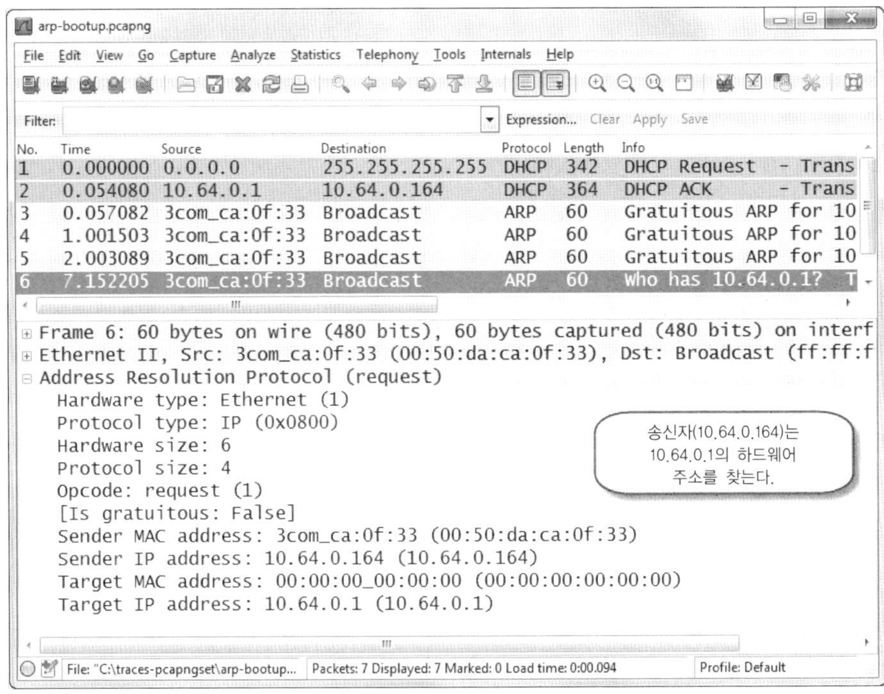

그림 194 표준 ARP 요청[arp-bootup.pcapng]

그림 194에서 물리 주소 00:50:da:ca:0f:33과 IP 주소 10.64.0.164에 대한 호스트는 10.64.0.1에 대한 물리 주소를 찾는다.

그림 195에서 보는 것과 같이 응답 패킷은 발신자 10.64.0.1의 IP 주소와 해당 장치에 대한 물리 주소를 포함한다. 발신자와 대상 주소는 ARP 요청과 응답에서 현재 패킷 전송자와 관련이 있음을 기억한다. 그림 194의 요청에서 발신자의 IP 주소는 10.64.0.164다. 그림 195의 응답에서 발신자 IP 주소는 10.64.0.1이다.

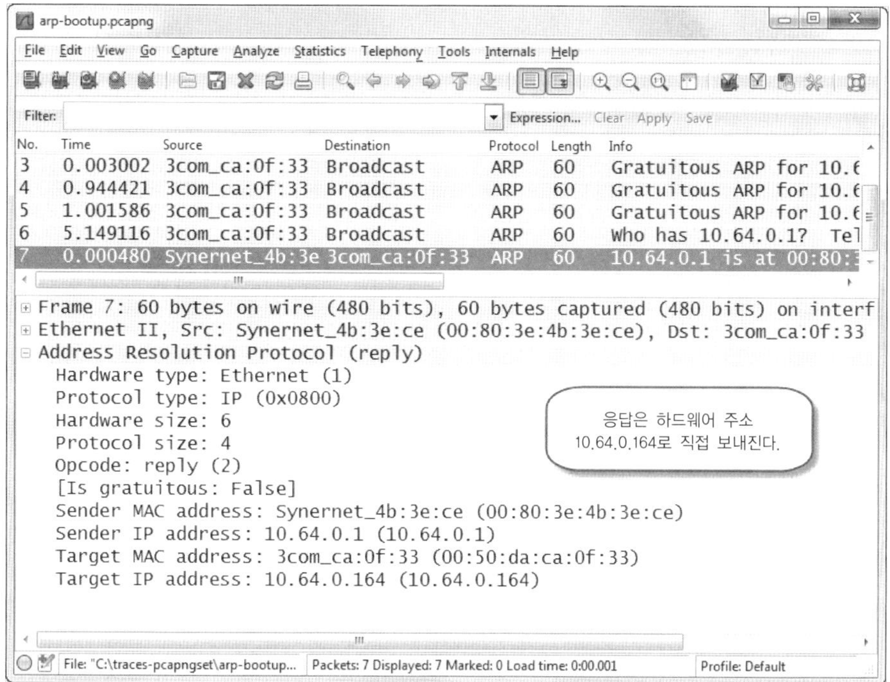

그림 195 표준 ARP 응답[arp-bootup.pcapng]

쓸모없는 ARP 분석

쓸모없는 ARP는 주로 네트워크에서 다른 호스트가 발신자와 같은 IP 주소를 갖는 것을 식별하기 위해 사용된다. 모든 호스트는 IP 주소가 정적이나 동적으로 할당되는지 여부에 상관없이 쓸모없는 ARP를 전송한다. 와이어샤크는 쓸모없는 ARP 패킷을 식별할 수 있다.

그림 196의 호스트는 네트워크에서 다른 장비가 IP 주소 10.64.0.164를 사용하고 있는지 확인한다. ARP 필터는 추적 파일에 적용됐고, 시간 칼럼은 Seconds since Previous Displayed packet으로 설정됐다.

새 호스트가 네트워크에서 부팅하고 DHCP 서버에서 IP 주소를 받거나 정적 주소를 부팅할 때 호스트는 하나 이상의 쓸모없는 ARP 요청을 전송한다. 호스트는 약 1초의 응답을 기다린다.

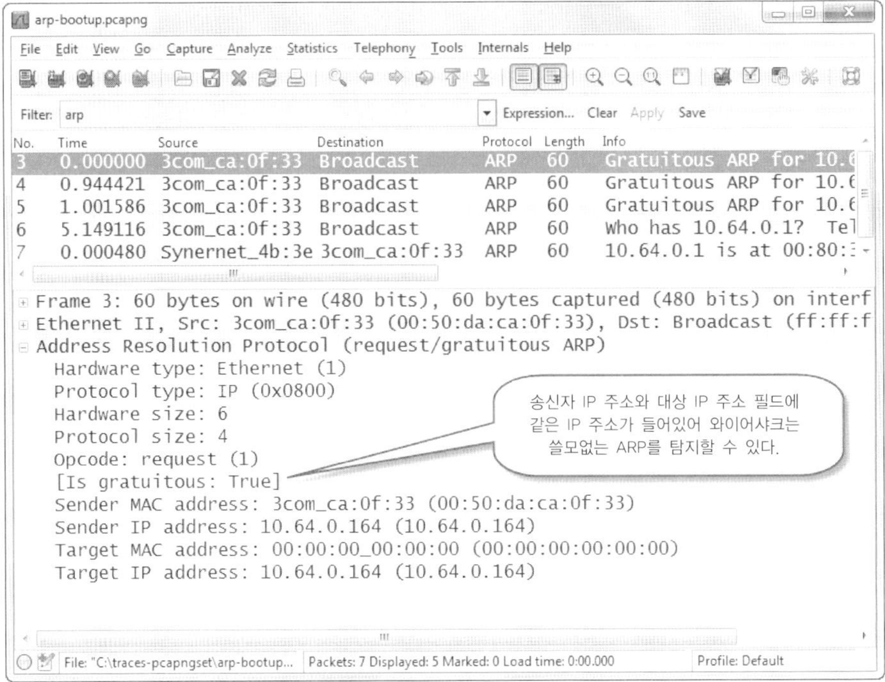

그림 196 쓸모없는 ARP 패킷[arp-bootup.pcapng]

arp-bootup.pcapng를 사용한 그림 196의 예제에서 호스트는 3개의 쓸모없는 ARP 패킷을 전송한다(시도마다 1초를 기다린다). 3번의 시도 후에 다른 1초 동안 응답이 없으면 IP 스택을 초기화하기 위해 새로 시작할 수 있다. 쓸모없는 ARP가 응답을 받으면 다른 호스트는 이상적인 IP 주소를 사용한다. 이것은 일반적으로 IP 주소 개시 작업을 정지하라는 'IP 주소 중복' 경고를 생성한다.

ARP 문제 분석

네트워크 주소 문제는 ARP 문제로 인해 발생할 수 있다. 예를 들어 그림 197에서 클라이언트 A는 잘못된 서브넷 마스크 값을 구성했다. 클라이언트 A가 10.2.99.99에 대상 서버 A가 로컬인지 원격인지 결정하기 위한 주소 변환 프로세스를 시작하면 클라이언트 A는 서버가 로컬이라고 결정한다. 클라이언트 A는 네트워크 10.0.0.0/8에 있다고 믿는다. 클라이언트 A는 서버 또한 10.0.0.0/8에 있다고 믿는다. 클라이언트 A의 서브넷 마스크는 255.0.0.0으로 설정돼 있다.

이것은 ARP 패킷이 라우팅되지 않고, 이들은 절대로 서버 A에 대해 만들지 않을 것이다.[1]

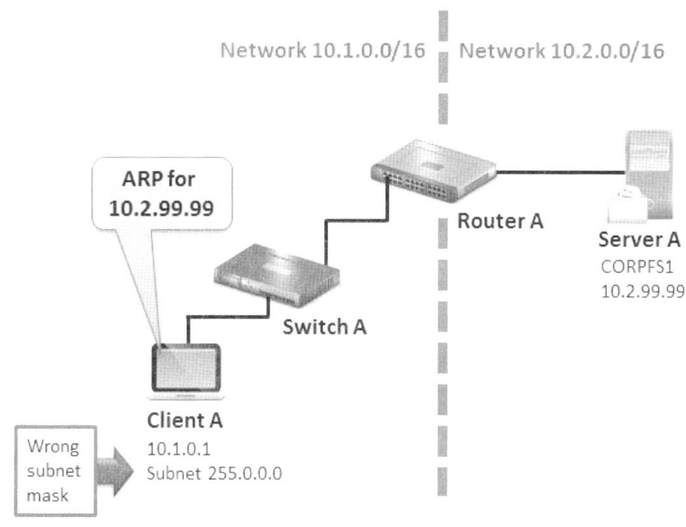

그림 197 잘못 구성된 호스트 서브넷 값에 의한 ARP 문제

Proxy ARP를 조심하라

Proxy ARP(RFC 1027에 정의된 '투명한 서브넷 게이트웨이를 시행하기 위해 ARP 사용')를 지원하는 라우터는 다른 네트워크에서 장치를 대신할 것이다. 전반적인 ARP 트래픽의 증가를 포함하는 proxy ARP 사용에는 많은 단점이 있다. proxy ARP 트래픽을 위한 필터링의 예는 'ARP 트래픽 필터' 절을 참조하라.

ARP 트래픽을 조사하지만 ARP 브로드캐스트에 대한 응답을 볼 수 없는 경우 사용자는 (a) 유니캐스트 응답을 볼 수 있는 곳에서 도청당하지 않을 것이다(이것은 교환된 네트워크를 통해 전달되기 때문에 ARP 브로드캐스트만 볼 수 있을 것이다). 혹은 (b) ARP 브로드캐스트는 쓸모없는 ARP이고, 응답이 없는 것은 IP 주소 충돌이 없다는 것을 나타낸다.

1. 어떤 텍스트에서는, ARP 패킷은 브로드캐스트이기 때문에 라우트되지 않는다고 기술하고 있다. 이것은 부정확한 것이다. ARP 응답 패킷은 브로드캐스트가 아니지만 라우트되지 않는다. ARP 패킷은 IP 헤더가 없고, 이것은 ARP 패킷이 라우트되는 것을 막는다.

ARP 포이즈닝poisoning 트래픽은 꽤나 독특해 보인다. 그림 198에서 와이어샤크는 중복된 주소 사용이 일어나는 것을 발견했다. 00:d0:59:aa:af:80의 호스트가 192.168.1.103과 192.168.1.1에 알린다는 것을 볼 수 있다. 이것은 전형적인 중간자 트래픽에 기반을 둔 ARP의 특징이다.

ARP 포이즈닝에 대한 자세한 정보는 32장을 참조하라.

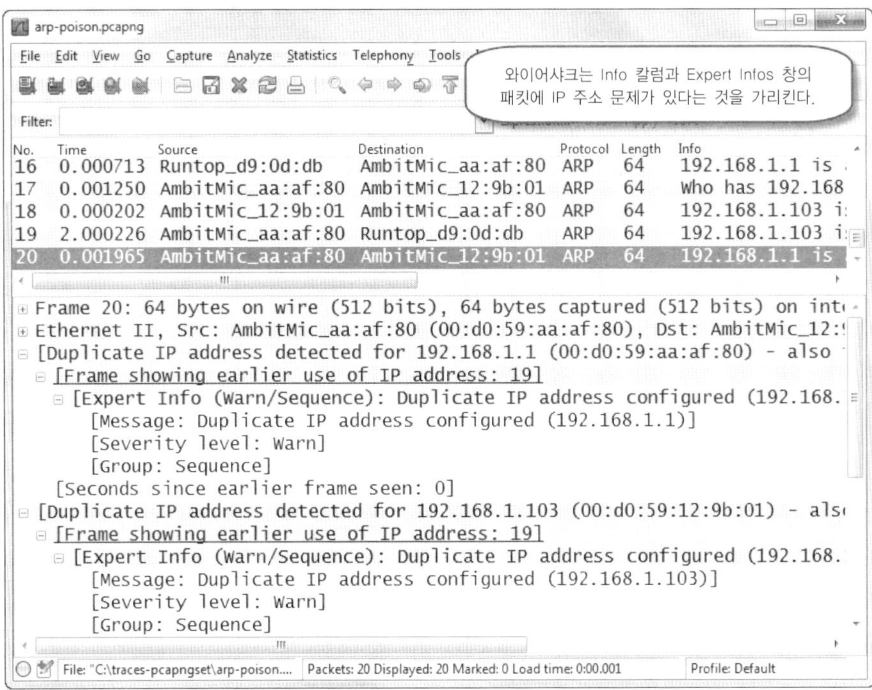

그림 198 와이어샤크는 중복 IP 주소 탐색이 가능하다.[arp-poison.pcapng]

그림 199에서와 같이 ARP/RARP 환경 설정에서 와이어샤크의 중복 IP 탐색 메커니즘을 비활성화할 수 있다.

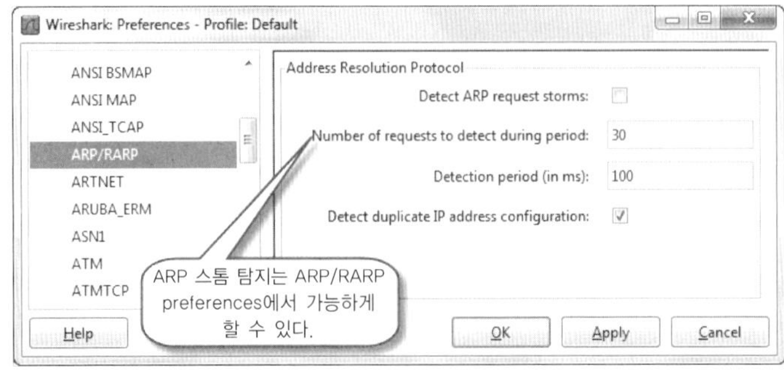

그림 199 ARP 중복 IP 주소 검색은 기본 설정이지만, ARP storm 탐색은 그렇지 않다.

사용자는 또한 와이어샤크의 ARP 스톰storm 탐색을 활성화할 수 있다. 이 기능을 활성화시키기 위해 탐색 기간 동안 검색을 위해 ARP 패킷의 수를 정의해야 한다. ARP 스톰 탐색을 활성화하면 와이어샤크는 트리거 이벤트 전에 100ms 내에서 발생하는 30개의 ARP 패킷을 검색할 것이다.

중복 IP 주소는 패킷 목록 창에 나타나 있다. ARP 스톰 조건은 Expert Info 창의 Notes 섹션에 추가됐다.

ARP 패킷 구조 분석

두 가지 ARP 패킷이 있다(ARP 요청 패킷과 ARP 응답 패킷). 두 가지 패킷 모두 같은 형식을 사용한다. ARP의 가장 혼란스러운 점은 발신지의 해석과 대상 주소의 정보다. ARP 브로드캐스트가 발신자로부터 보내지기 시작하면 발신지 호스트는 발신지 주소 필드에 물리 주소와 IP 주소를 받게 된다.

대상 프로토콜 주소 필드는 검색되고 있는 장치의 IP 주소를 포함한다. 대상 물리 주소 필드는 값을 모르는 정보를 나타내기 위해 모두 0으로 설정된다. ARP 응답에서 대상이나 발신 정보는 ARP 응답자가 발신자라는 사실을 보여주기 위해 반대로 바뀐다. 조회를 수행하는 본래의 위치는 이제 목적지다.

하드웨어 유형

하드웨어 유형은 사용 중인 물리 주소나 데이터 링크 유형을 정의한다. 물리 주소 유형 '1'은 이더넷에 할당된 것이고, 6바이트 하드웨어 주소 길이를 정의한다. 사용 가능한 전체 물리 주소 유형 필드 값 목록은 www.iana.org에 있다.

프로토콜 유형

프로토콜 유형 필드는 사용 중인 프로토콜 주소 유형을 정의한다. 이 필드는 이더넷 II 프레임 구조에 사용되는 표준 프로토콜 ID 값을 사용한다. 이 프로토콜 유형은 www.iana.org/assignments/protocol-numbers에 정의돼 있다.

하드웨어 주소 길이

하드웨어 주소 길이 필드는 해당 패킷에 사용되는 물리 주소의 길이(바이트)를 정의한다.

✽ 프로토콜 주소 길이

프로토콜 주소 길이 필드는 패킷에 사용되는 프로토콜(네트워크) 주소의 길이(바이트)를 정의한다.

✽ 오피코드

오피코드Opcode는 요청 패킷인지 응답 패킷인지와 발생하는 주소 변환 유형을 정의한다. RARP는 MAC 주소로부터 네트워크 주소를 얻게 해주는 프로세스다. RARP는 RFC 903, '역방향 주소 변환 프로토콜'에 정의돼 있다. RARP를 아주 오래된 네트워크 환경에서 쓰는 것은 좋지 않으며, 초기 주소 할당 프로토콜에 사용된다.

다음 목록은 ARP와 RARP역방향 ARP 작동 코드다.

Opcode	목적
1	ARP request
2	ARP reply
3	RARP request
4	RARP reply

✽ 발신자 하드웨어 주소

발신자 하드웨어 주소 필드는 요청과 응답을 전송하는 장치의 물리 주소를 나타낸다.

✽ 발신자 프로토콜 주소

발신자 프로토콜 주소 필드는 프로토콜이나 네트워크, 요청이나 응답을 전송하는 장치의 주소를 나타낸다.

✽ 대상 하드웨어 주소

대상 하드웨어 주소 필드는 잘 알려진 경우에 원하는 대상의 물리 주소를 표시한다. ARP 요청에서 이 필드는 일반적으로 0으로 채워진다. ARP 응답에서 이 필드는 ARP 요청을 전송하는 장치의 물리 주소를 함께 포함한다.

✻ 대상 프로토콜 주소

대상 프로토콜 주소 필드는 요청에서 원하는 대상 프로토콜(네트워크) 주소를 표시한다. 응답에서 이것은 요청이 발생한 장비의 주소를 포함한다.

✻ ARP 트래픽 필터링

ARP 트래픽을 위한 수집 필터 구문은 간단하게 arp다.

이 디스플레이 필터 구문은 간단하게 arp다. 다음 목록은 추가적인 ARP 디스플레이 필터들이다.

디스플레이 필터	설명
arp.opcode == 0x0001	ARP 요청
arp.opcode == 0x0002	ARP 응답
arp.src.hw_mac == 00:13:46:cc:a3:ea	ARP 발신 물리 주소는 00:13:46:cc:a3:ea(요청이나 응답)다.
(arp.src.hw_mac == 00:21:97:40:74:d2) && (arp.opcode == 0x0001)	발신 물리 주소 00:13:46:cc:a3:ea에 대한 ARP 요청
(arp.src.hw_mac == 00:d0:59:aa:af:80) && !(arp.src.proto_ipv4 == 192.168.1.1)	00:d0:59:aa:af:80에 호스트에 있는 ARP 패킷은 자신의 IP 주소(192.168.1.1)를 알리지 않는다. 왜 그럴까? 이상하다.
(arp.opcode == 0x0002) && !(arp.src.proto_ipv4 == 192.168.0.1/16)	할당된 IP 주소의 ARP 패킷은 원격 장치(ARP proxy 응답)에 대한 것이다. proxy ARP를 살펴보라.

사례 연구: ARP에 의한 죽음

제출자 Todd Dokey

나는 작년에 Infosec에서 임시직을 했고, 'Wiresharkage'를 많이 봤다. 나는 센트럴 밸리에 있는 큰 식료품 체인점에서 일했다. 그 전에, 그리고 그곳에 있는 동안 새로운 팀 구성과 소프트웨어 번들 회의를 위해 노벨 베타 테스트 팀에 참여했다.

그래서 두 경우 모두 나는 와이어샤크를 사용했고, 어떤 일이 일어나는지 보기 위해 항상 사용했다(SIP 트래픽은 언제나 즐겁다!).

Infosec 직장에서 했던 것 중 하나는 HP 프린터(대부분)로부터 패킷 스톰storm이 들어오는 것이었다.

패킷은 ARP 요청을 시작하고, 조금 뒤에 전체 네트워크는 ARPing 스톰을 시작했다. 그래서 나의 리눅스 박스는 이들의 테이블로 가득 차 있었다.

왜? 아, 이들의 네트워크를 설계한 *&$!#*는 *&$!#*였다. 네트워크는 모든 사이트 사이에서 하나의 큰 네트워크로 형성돼 있었다. 사랑스러운 시스코 장비들이 있었고, 비용을 지불하자 *&$!#*는 모두 브리지돼 있었다.

후에 이들은 사람들이 스트리밍 클라이언트를 사용하는 데 대한 문제를 가졌다. 인터넷 게이트웨이 그 자체에 대해서는 크게 다루지는 않지만, 나는 이것이 도메인 웹 사이트에 어떤 영향을 미칠 것이라고 확신한다. 하지만 실제 영향은 모든 비서가 음악을 듣는(혹은 유튜브에서 뮤직비디오 감상) 것이었고, 로그는 사이트 간의 라우팅을 방해했다.

결과적으로 백 앤드 데이터베이스 같이 유용한 것들에 대한 클라이언트 연결들이 타임아웃될 것이다. 이것이 얼마나 재미있는지 말할 필요가 없다. 그래서 그들은 지원(공급업체)을 요청했고, 공급업체는 스스로 알아챌 수 없었을 것이다. 청구서를 발구하고 결제를 하는 시간동안 아주 흥분됐다.

●● Laura의 메모

누군가가 유튜브 동영상을 볼 때 얼마나 많은 대역폭이 요구되는지 쉽게 알 수 있다. 'My MAC' 수집 필터를 사용하고, 비디오를 본다. 유튜브 서버로부터 트래픽을 보내고 받기 위해 대화 필터를 적용한다. 백그라운드에서 많은 일을 하지 않는 경우 스트림을 쉽게 알아내야 한다. TCP 헤더에 스트림 인덱스 값이 무엇인지 확인하고 사용자의 IO 그래프에서 이것(tcp.stream == x)에 대한 필터를 만든다. app-youtube1.pcapng와 app-youtube2.pcapng를 확인한다.

사례 연구: 누락된 ARP 이야기

제출자 Sake Blok
SYN-bit 창시자

몇 년 전 나는 큰 로펌의 문제를 해결하게 됐다. 이들은 VoIP 시스템에 많은 문제를 경험했다. 통화가 연결되지 않거나 상대방 말을 듣고 나서 끊기는 경우들이었다. 가족과 함께 조용한 식사를 즐기려 할 때, 물건을 판매하거나 다른 회사에 이야기할 때 이런 문제가 생기면 괜찮겠지만, 자신의 제한된 시간에 판사에게 얘기하는 동안 문제가 발생하면 그것은 정말 문제다.

회사는 WAN + LAN 기반 구조는 거의 새것이었다. 패킷 손실이 없어야 하며, VoIP 통화 실패는 말할 것도 없다.

그러나 그들의 L2/L3(계층 2와 계층 3) 구현의 검토에서 개선점이 몇 가지 나왔지만, 가끔 VoIP 서버에서 자신의 연결이 끊어지는 IP 폰이 많았고, 이유를 설명할 수 있는 것은 아무것도 없었다. 또한 연결 실패가 엄청나게 무작위였다. 이는 IP 폰에 순식간에 발생할 수 있었다.

어디서부터 시작할지가 최우선이었다. 개인 정보 보호는 문제도 아니었고, 모든 트래픽을 수집해야 했다.

다행히 VoIP 서버에 전원이 꺼지지 않은 상태이므로 IP 폰에 대한 로그가 있었다. 나는 대규모 지점을 포착하고, 연결이 계속 끊기면서도 HeartBeat 트래픽을 수집하기 시작했다. 수집 몇 시간 후 VoIP 서버의 로그를 획득했고, 실제로 VoIP 서버로 HeartBeat를 놓친 지사에 일부 IP 폰이 있었다. 좋다! 만반의 준비가 됐다!

로그 파일에 있는 IP 폰의 IP 주소를 필터링하고 차단된 정확한 시간에 초점을 맞춰 반복된 방해 패턴을 볼 수 있었다. IP 폰은 또다시 VoIP를 서버로 HeartBeat 패킷을 전송하는 것을 중지했다. 분명히 IP 폰이 원인이다. 그렇지 않은가? 파일 공유 또한 사용자에게 보고된 문제였지만, 어떤 사용자가 임의의 시간에 발생하는 빈도가 너무 심해 연결이 끊기는 이유를 설명할 수 없었다.

분명히 IP 폰이 원인이다. 그렇지 않은가?
항상 연구 결과의 재확인은 필수다.
난 이렇게 한다는 것이 정말 기쁘다.

항상 연구 결과의 재확인은 필수다. 난 이렇게 한다는 것이 너무 기쁘다.

IP 폰이 완전히 통신이 중지됐는지 여부를 확인하려고, 나는 IP 폰과 MAC 주소 중 하나를 필터링했고, HeartBeat 손실과 불신으로 화면을 계속 응시하며 탐색했다.

이 IP 폰의 게이트웨이 주소를 ARP로 시작했지만, L3 스위치에 반응이 돌아오지 않았다. ARP가 조금 작동하나 싶더니 IP 폰의 VoIP 서버로부터 HeartBeat가 돌아오는 것이 또다시 멈췄다. 마치 이 멍청한 IP 폰이 데이터를 게이트웨이를 통해 보내는 방법을 모르는 것 같았다.

IP 폰이 지속적으로 ARP 송신을 계속하고 나서 충분히 확인하니 L3 스위치가 잘 작동하고 있다는 생각이 들기 시작할 때 ARP 패킷에 응답하기 시작했다. 말할 필요가 있었겠는가 모두가 잠시 동안 행복했다. L3 스위치가 다시금 ARP 패킷 응답을 멈출 때까지……

알고 보니 L3 스위치는 LAN 세그먼트에 비대칭 라우팅돼 상태가 안 좋았던 것이다. 독점 라우터 리던던시 프로토콜을 실행시켰다. OSPF(최단 경로 우선) 라우팅은 L3 스위치 중 하나에 패킷을 전송할 수 있기 때문에 비대칭 라우팅은 불가피했었던 것이다.

스위치 공급 업체 측의 라우터 리던던시 프로토콜 구현을 수정해야 했다.

교훈으로 얻은 것 가정하지 말라
기대하지 말라
…… 그리고 항상 누락 ARP 패킷을 찾아라!

정리

기본적인 ARP는 로컬 대상의 물리 주소를 결정하기 위해 사용된다. 이런 로컬 대상들은 통신의 최종 목적지나 로컬 라우터일 수도 있다.

ARP 프로세스는 네트워크에서 ARP 요청이 생성되기 전에 로컬 ARP 캐시부터 조사한다. ARP 요청과 응답 모두 같은 패킷 형식을 사용한다.

일반적인 ARP 요청은, 요청자의 물리 주소로 직접 전달되는 동안 데이터 링크 브로드캐스트 주소로 전송된다. ARP는 로컬 네트워크에서 모든 장비를 발견하기 위해 사용될 수도 있다. 심지어 방화벽 뒤에 숨기려 노력하는 장비도 있다.

쓸모없는 ARP는 네트워크에서 중복 IP 주소를 탐지하기 위해 사용되고, IP 호스트는 IP 주소가 정적으로 할당됐든, 동적으로 할당됐든 상관없이 수행해야만 한다.

ARP 패킷은 IP 헤더를 갖고 있지 않아 라우팅할 수 없다.

학습한 내용 복습

이 책의 웹사이트인 ww.wiresharkbook.com의 다운로드 섹션에서 사용 가능한 추적 파일을 다운로드한다. 추적 파일 목록을 열고 다음 절에 나열된 질문에 대답하라.

arp-badpadding.pcapng	ARP 패킷은 최소 크기의 패킷이고, 이더넷 네트워크의 최소 64바이트의 길이를 충족시키기 위해 패딩해야 한다. 이런 패킷 ARP 패딩엔 무엇이 있는가? 왜 우리는 ARP 스트림을 추적할 수 없는가? 이것이 패딩 보안 결함으로 간주될 수 있는가?
arp-bootup.pcapng	이것은 고전적인 클라이언트 부팅 순서다. 이 추적 파일에서 ARP 패킷의 목적은 무엇인가? ARP 요청의 응답이 있었는가? 눈에 보이는 각 ARP 패킷 사이의 지연은 무엇인가? 지연이 필요한 이유는 무엇인가?
arp-ping.pcapng	이 추적 파일에서 각 ARP 패킷의 목적은 무엇인가? 각 프로세스가 성공적으로 수행됐는가?
arp-poison.pcapng	추적 파일의 MAC 주소나 IP 주소를 따라 무슨 일이 일어나고 있는지 다이어그램이 알고 있다. 포이즈너(poisoner)의 하드웨어 주소와 포이즌드(poisoned) 호스트는 무엇인가?

연습문제

Q16.1 ARP의 목적은 무엇인가?

Q16.2 원격 호스트에서 호스트가 ARP에 대한 구성 문제를 야기할 수 있는가?

Q16.3 왜 ARP 패킷은 라우터를 거쳐 갈 수 없는가?

Q16.4 ARP 트래픽에 대한 수집 구문과 디스플레이 필터는 무엇인가?

연습문제 답

Q16.1 ARP의 목적은 무엇인가?

A16.1 ARP는 대상 호스트나 게이트웨이/라우터의 물리 주소를 가져오는 데 사용된다.

Q16.2 원격 호스트에서 호스트가 ARP에 대한 구성 문제를 야기할 수 있는가?

A16.2 클라이언트의 서브넷 마스크가 너무 짧으면 이는 로컬 네트워크에서 더 많은 대상이 존재하고, 이런 대상의 물리 주소를 결정하기 위한 ARP 패킷을 브로드캐스트한다고 간주할 수 있다.

Q16.3 왜 ARP 패킷은 라우터를 거쳐 갈 수 없는가?

A16.3 ARP 패킷들은 라우팅 헤더(IP)를 갖고 있지 않기 때문에 라우팅할 수 없다.

Q16.4 ARP 트래픽에 대한 수집 구문과 디스플레이 필터는 무엇인가?

A16.4 수집 필터: `arp`
디스플레이 필터: `arp`

인터넷 프로토콜(IPv4/IPv6) 트래픽 분석

와이어샤크 공인 네트워크 분석가 시험에서 다루는 내용

- IP의 목적
- 일반적인 IPv4 트래픽 분석
- IPv4 문제 분석
- IPv4 패킷 구조 분석
- IPv4 트래픽 필터
- 추적 파일에서 자신의 IP 주소 삭제
- IPv4 프로토콜 환경설정

- 사례 연구: 모두가 라우터를 탓했다.
- 사례 연구: IPv6 주소 대혼란
- 사례 연구: 이것은 네트워크 문제가 아니다.
- 정리
- 학습한 내용 복습
- 연습문제와 답

17장에서 참조한 추적 파일

- app-iradio.pcapng
- ip-127guy.pcapng
- ip-fragments.pcapng
- ipv6-mcasts.pcapng
- ipv6-worldipv6day.pcapng
- pcaprnet-ip-sec.pcapng
- voip-extension.pcapng
- ftp-ioupload-partial.pcap
- ip-checksum-invalid.pcapng
- ipv6-general.pcapng
- ipv6-pinginipv4.pcapng
- pcaprnet-icmpv6-router-discovery.pcapng
- pcaprnet-teredo-small.pcapng

IP의 목적

IP(v4/v6 공통으로 IP라고 한다)는 연결된 시스템에 대한 데이터그램 전송 서비스뿐만 아니라, 낮은 MTU Maximum Transmission Unit 네트워크에 대한 단편화 및 재조립 기능을 제공한다. 또한 IP는 특정 트래픽에 대한 우선순위를 매기기 위해 서비스 품질 지정 기능을 제공한다.

IP는 비연결형, 신뢰할 수 없는 프로토콜이며, IP 호스트 간에 데이터그램의 최선 노력 전달 서비스를 제공한다. IP는 스스로 대상 위치에 패킷이 도착했는지 확인하기 위한 방법을 제공하지 않는다. 보장된 전송을 필요로 하는 애플리케이션은 IP를 통한 TCP를 사용해야 한다.

IP 헤더는 대개 20바이트의 길이를 갖지만, IP 헤더 길이를 늘일 수 있는 옵션 필드를 포함하고 있다(4바이트씩 증가).

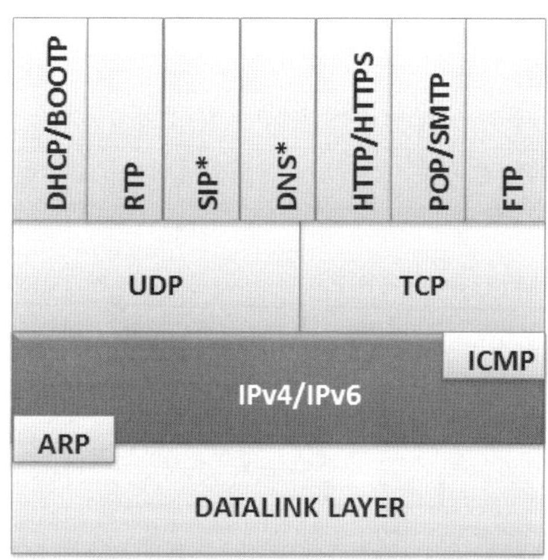

그림 200 UDP와 TCP 기반 애플리케이션과 ICMP를 위한 IP는 데이터그램 전송 서비스를 제공한다.

일반적인 IPv4 트래픽 분석

IPv4는 RFC 791에 정의돼 있다. 일반적인 IPv4 통신은 가장 효과적인 패킷 크기를 이용해서 한 장소에서 다른 장소로 패킷을 옮긴다.

IP 패킷들이 라우터에 의해 전송됨으로써 대상 IP 주소는 경로를 결정하기 위해서 검사되고, MTU 크기는 다음 링크의 MTU 크기(단편화가 필요하고, 허용된 경우를 확인하기 위해)를 검사한다. MAC 헤더는 분석되고 다음 네트워크에 대해 새로운 값이 적용되며, IP 헤더의 TTL 값은 감소한다. 또한 IP 헤더는 우선순위를 전달하기 위해 검사된다('차별화된 서비스 필드와 명시적 혼잡 알림' 절 참조).

IPv4 통신에서 모든 동작이 잘 작동하면 트래픽은 IP 주소로부터 송/수신될 것이다. 헤더에 IPv4 주소는 NAT/PAT 장치가 트래픽을 가로채고, 주소를 수정하지 않는 한 바뀌지 않아야 한다. 상세한 정보는 1장의 '프록시, 방화벽과 NAT/PAT 개요' 절을 참조하라.

패킷이 경로상에서 다음 링크에 전송되기까지 너무 먼 경우 라우터는 IP 헤더의 단편화 설정을 조사한다. 단편화 비트가 설정되지 않으면 패킷은 전송될 수 없다. 라우터는 MTU 제한을 정의하는 ICMP 유형 3, 코드 4 메시지(목적지 도달 불가/단편화가 필요하지만, 단편화 비트는 설정하지 않음)를 패킷 생성자에게 전송해야 한다. 생성자는 작은 패킷 크기로 패킷을 재전송해야 한다. 단편화가 허용된 경우 라우터는 단일 대량 패킷을 두 개(혹은 이상)의 작은 패킷으로 분할하고, 단편화 오프셋을 정의하며 패킷을 단편화하고 이들에게 전달한다고 나타낸다.

그림 201에서는 클라이언트 A에서 서버 A로 1500바이트의 MTU 패킷은 경로를 따라 전송할 수 없다. 라우터 B와 라우터 C 간의 링크에 제한이 있다. 라우터 B는 패킷(허용할 경우)과 앞쪽의 단편들을 단편화해야 하거나 유형 3, 코드 4 메시지를 클라이언트 A에 다시 생성해야 한다. MTU 제한에 대한 자세한 정보는 wiki.wireshark.org/MTU를 참조하라.

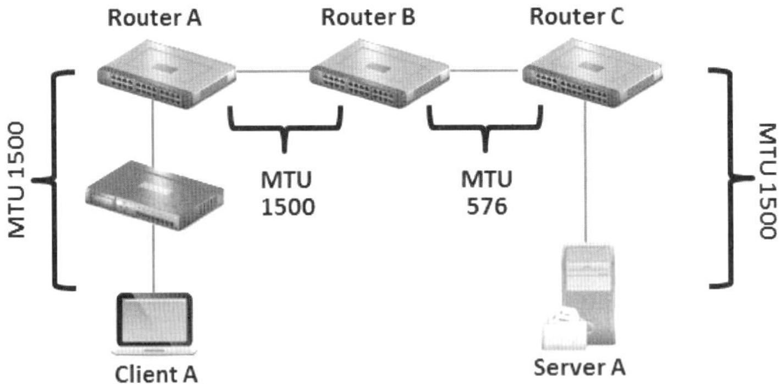

그림 201 링크의 MTU 크기가 데이터그램의 크기를 지원하지 않는 경우 IP는 패킷을 단편화한다.

단편화는 네트워크상에서 데이터 흐름의 효율성을 감소시키기 때문에 바람직하지 않다. 하지만 이는 불가피한 문제다. 가능한 MTU 문제 식별을 위해 Statistics ❯ Packet Lengths를 조사하거나 ICMP 유형 3/코드 4 패킷들(icmp.type==3 &&

icmp.code==4)에 대한 필터를 적용한다.

ICMP 필터링에 대한 자세한 정보는 18장을 참조하라.

IPv4 문제 분석

IPv4 문제는 대부분 단편화, 비정상적인 IP 주소와 과도한 브로드캐스트에 대한 것이다. 몇 가지 예는 다음과 같다.

- 단편화 문제는 ICMP 유형 3, 코드 4 패킷이 '왜 패킷이 목적지에 생성하지 않는지'에 대한 학습에 의해 호스트를 차단하는 경우 발생할 수 있다. ICMP 유형 3, 코드 4 패킷은 '블랙홀 탐지'에 사용된다.
- 비정상적인 IP 주소는 중복된 주소이거나 그림 202에 보이는 주소와 같이 네트워크에서 허용되지 않은 주소일 것이다. IP 발신지 주소는 루프백 주소(127.0.0.0/8), 멀티캐스트 주소 또는 브로드캐스트 주소일 수 없다.
- 네트워크를 통해 전송되는 과도한 브로드캐스트는 와이어샤크를 네트워크 스위치에 연결함으로써 쉽게 발견할 수 있다. IPv4 브로드캐스트와 멀티캐스트에 대한 자세한 정보는 '브로드캐스트/멀티캐스트 트래픽' 절을 참조하라.

그림 202는 네트워크에서 있을 수 없는 패킷을 보여준다(발신지는 루프백 주소 127.0.0.1이다).

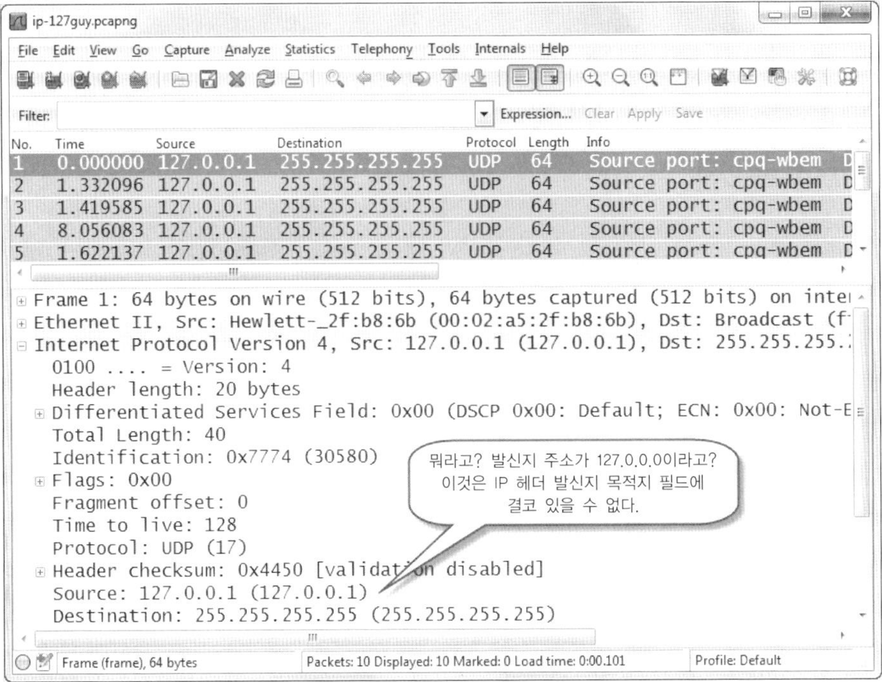

그림 202 발신지 주소 127.0.0.1의 주소는 문제가 있다.[ip-127guy.pcapng]

IPv4 패킷 구조 분석

이 절은 헤더 필드와 기능을 상세하게 알아본다. 각 필드에 대한 자세한 내용은 RFC 791을 참조하라. 그림 203은 허용된 IPv4 주소와 함께 표준 IPv4 헤더를 보여준다(그림 202와 달리).

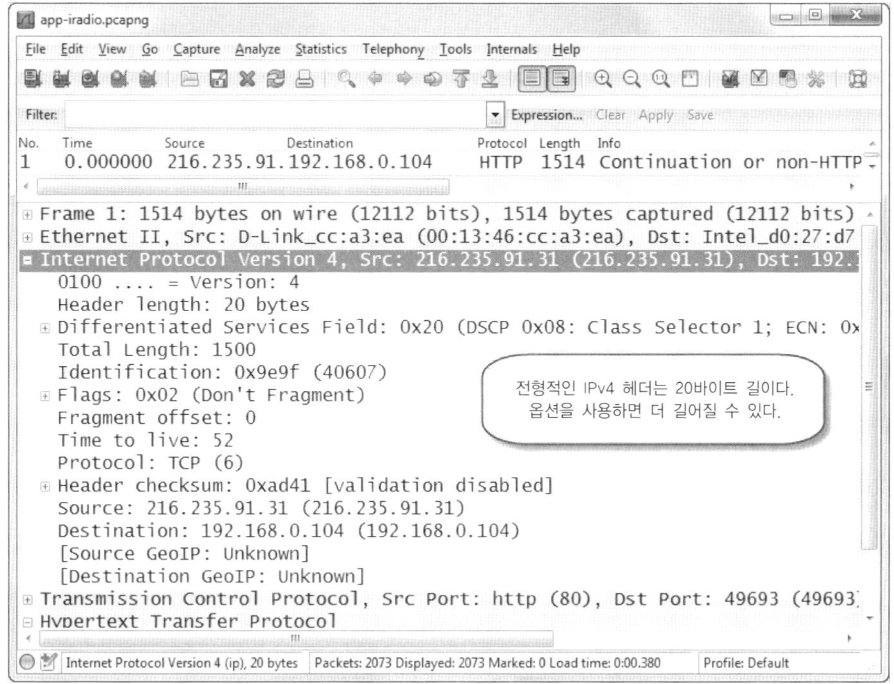

그림 203 IPv4 헤더[app-iradio.pcapng]

✻ 버전 필드

IP 헤더의 첫 번째 필드는 버전 필드다. 그림 203은 완전히 확장된 IPv4 헤더를 보여준다. 17장에서는 IPv4로 시작한 후 IPv6를 검사한다.

✻ 헤더 길이 필드

이 필드는 '인터넷 헤더 길이' 필드 또는 IHL에도 언급돼 있다. 이 필드는 IP 헤더의 길이만 나타낸다. IP 헤더는 옵션을 지원하기 때문에 필수적이고, 그래서 다양한 길이를 가질 수 있다. 이 필드 값은 여러 개의 4바이트로 제공된다. 예를 들어 실제로 10진 코드의 값은 5일 것이다. 와이어샤크는 20바이트의 실제 IP 헤더 길이 값을 생산하기 위해 4바이트의 값으로 증가한다. 그림 203에서 IP 헤더는 20바이트 길이다. 이 IP 헤더에는 옵션이 없다.

✻ 차별화된 서비스 필드와 명시적 혼잡 알림

6비트의 차별화된 서비스 필드(DiffServ)는 트래픽에 우선순위를 매기고, 특정 서비스 품질QoS의 수준을 제공하는 데 사용된다.

필드는 패킷을 다루는 방법(홉당 동작)을 결정하기 위해 사용되는 차별화된 서비스 코드 포인트DSCP 값을 포함한다. 그림 204는 SIP 패킷이 보증된 전달Assured Forwarding로 설정된 것에 대한 DSCP 값을 보여준다.

```
⊞ Packet comments
⊞ Frame 1: 946 bytes on wire (7568 bits), 946 bytes captured (7568 bits) on interf
⊞ Ethernet II, Src: QuantaCo_0e:b6:6b (00:1e:68:0e:b6:6b), Dst: QuantaCo_2f:1b:85
⊟ Internet Protocol Version 4, Src: 192.168.5.10 (192.168.5.10), Dst: 192.168.5.11
    Version: 4
    Header length: 20 bytes
  ⊟ Differentiated Services Field: 0x68 (DSCP 0x1a: Assured Forwarding 31; ECN: 0x0
      0110 10.. = Differentiated Services Codepoint: Assured Forwarding 31 (0x1a)
      .... ..00 = Explicit Congestion Notification: Not-ECT (Not ECN-Capable Transpo
    Total Length: 932
    Identification: 0x006b (107)
  ⊞ Flags: 0x00
```

그림 204 차별화된 서비스 코드 포인트 필드(DSCP)는 패킷에 대해 보증된 전달을 정의한다. [voip-extension.pcapng]

차별화된 서비스에 대한 자세한 내용은 RFC 2474를 참조하고, 차별화된 서비스 필드(DS 필드)의 정의는 IPv4나 IPv6 헤더를 참조한다. DiffServ와 관련된 RFC는 홉당 동작PHB, per-hop behavior을 시행하기 위한 방법을 구술하지 않는다. 이것은 공급업체의 책임이다. 서로 다른 값을 사용할 수 있으므로 라우터 공급 업체의 기술 문서를 참조하라.

홉당 확실한 전달과 신속한 동작

확실한 전달 PHB 그룹인 RFC 2597에는 DiffServ 고객으로부터 수신된 IP 패킷에 대한 서로 다른 전달 보장성을 제공하기 위해 DiffServ 제공자에 대한 방법으로 확실한 전달을 규정한다.

신속한 전달 PHB인 RFC 2598에서 신속한 전달은 "DS(DiffServ)를 통하여 낮은 손실, 낮은 지연, 낮은 지터, 보장된 대역폭, 종단 대 종단 서비스를 구축하는 데 사용될 수 있다. 이런 서비스는 점대점 연결처럼 종단점이나 가상 임대선에서 제공된다. 이 서비스는 또 프리미엄 서비스로 설명할 수도 있다."라고 규정하고 있다.

2비트의 명시적 혼잡 알림ECN 필드는 경로를 통한 네트워크 혼잡을 식별하기 위해 전송자나 경로에 따른 라우터로 사용된다.[1]

1. RFC 3168, IP에 명시적 혼잡 알림의 추가를 참조하라.

IP 헤더의 DSCP와 ECN 섹션은, 예전에는 서비스의 유형TOS 필드로 사용했다.

✻ 전체 길이 필드

이 필드는 IP 헤더의 길이나 유효한 데이터의 길이를 정의한다(이것은 모든 데이터 링크 채워 넣기는 포함하지 않음). 그림 203의 예제에서 총 길이 필드 값은 1500바이트다. 처음 20바이트는 IP 헤더의 길이다. 이는 남은 패킷(모든 데이터링크 채워 넣기는 포함하지 않음)의 길이가 1480바이트라는 것을 나타낸다(어떤 데이터 링크 패딩도 포함하지 않음).

✻ 식별 필드

각 개별 IP 패킷은 전송됐을 때 유일한 ID 값을 할당받는다. 패킷이 작은 패킷 크기를 지원하는 네트워크에서 크기를 맞추기 위해 단편화되는 경우 같은 ID 번호는 이런 단편들이 같은 원본 패킷의 일부라는 것을 나타내기 위해 각 단편에 위치될 것이다.

무한 반복되는 패킷을 찾기 위해 IP ID 필드를 사용

네트워크를 반복하고 있는 패킷으로 가득 차 있는 네트워크를 분석할 때 IP 헤더 ID 필드와 단편화 설정을 조사해야 한다. IP ID 필드가 패킷마다 다르면 패킷은 반복될 수 없다. 호스트는 분할 패킷에 대한 네트워크로 가득찰 것이다. 여러분은 호스트를 찾고, 닫아야 한다. 하지만 IP ID 필드가 같고 패킷이 단편화되지 않으면(모든 단편화 설정은 같은 IP ID 값을 포함한다) 사용자는 네트워크를 반복하는 같은 패킷이라고 가정할 수 있다. 문제의 원인으로 기반 구조 순환을 살펴보라.

✻ 플래그 필드

플래그 필드는 실제로 3비트의 길이이며, 다음의 할당된 비트 값을 가진다.

- Bit 0 예약됨(0으로 설정)
- Bit 1 단편화 비트가 아님(0=단편화, 1=단편화가 아님)
- Bit 2 더 단편화된 비트(0=마지막 조각, 1=전송될 조각이 더 있음)

애플리케이션은 허가되지 않은 단편화로 기록될 수 있다. 그렇다면 애플리케이션은 '단편화되지 않음' 비트를 1로 설정할 것이다. 단편화가 허용되고 패킷이 더 작은 MTU를 지원하는 네트워크를 통과하기 위해 단편화됐다면 '단편화되지 않음' 비트는 0으로 설정될 것이다. 패킷이 여러 개의 단편(예를 들어 3개의 단편)으로 나눠지는 경우 첫 번째 단편과 두 번째 단편은 '더 전송될 단편이 있음' 비트를 1로 설정할 것이다. 마지막 단편은 마지막 단편임을 알리는 '더 전송될 단편이 있음' 비트를 0으로 설정할 것이다. 모든 단편은 같은 IP ID 값을 사용할 것이다. 단편화 재조립은 종단점에서 발생한다.

혼합된 미디어 형식(이더넷과 PPP)을 갖고 있는 경우 1,467바이트의 일반 라우팅 캡슐화GRE 터널을 통해 1500크기의 MTU 패킷을 전송하기 위해 여러 패킷으로 분할함으로써 단편화가 필요할 것이다. 하지만 단편화는 많은 시간을 소요하며, 큰 오버헤드를 갖는다. 그림 203은 단편화할 수 없는 패킷을 보여준다.

✻ 단편화 오프셋 필드

패킷이 단편화된 경우 이 필드는 단편이 단일 패킷에서 재조립될 때 이런 패킷의 데이터를 어디에 위치시켜야 하는지 표시한다(목적지 호스트에서). 이 필드는 8바이트 값으로 오프셋을 제공한다. 예를 들어 첫 번째 단편은 0의 오프셋을 가지며, 1400바이트의 데이터를 포함할 것이다(헤더는 제외). 두 번째 단편은 175(175×8=1400)의 값을 가진다. 이 필드는 패킷이 단편화된 경우에만 사용된다(그렇지 않으면 이는 0으로 설정된다).

와이어셔크는 단편화된 패킷이 표시되는 방식에 영향을 주는 설정이 있다. 그림 205에서는 '단편화된 IP 데이터그램을 재조립' 설정을 변경해 제공하는 두 가지 해석을 볼 수 있다. 와이어샤크가 이 단편을 재조립하면 단편화 세트의 마지막 패킷은 단편화 세트의 전체 내용을 보여준다. 단편화가 비활성화된 경우 각 패킷은 별도로 처리된다(열린 각 패킷은 단편에 포함된 데이터의 부분을 볼 수 있다).

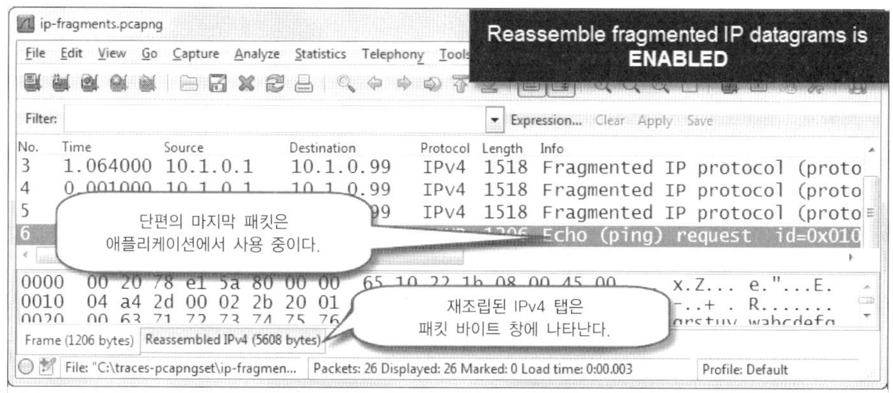

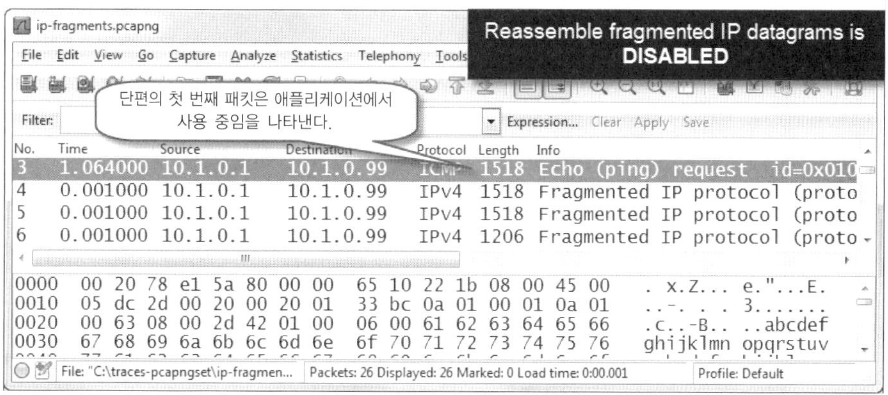

그림 205 IP 단편화의 와이어샤크 화면을 변경하려면 IP preference를 변경하라. [ip-fragments.pcapng]

✻ TTL 필드

이 필드는 패킷의 남은 수명(라우터를 통과할 때마다 초로 표시)을 표시한다. 일반적으로 TTL 초기 값은 32, 60, 128이다.

기본 TTL 값들은 공급업체의 TCP/IP 스택에 포함돼 있다. (traceroute 같은) 애플리케이션들은 이런 기본 값을 원하는 값으로 재정의할 수 있다. 라우터에 의해 패킷이 전송되는 각 시간마다 라우터는 TTL 필드를 1씩 감소시킨다. 라우터가 확장된 주기(1초 이상)에 대해 큐에 패킷을 보관해야 하는 경우 그 시간만큼 TTL 값을 감소시켜야 하고, 패킷은 큐에 보관될 뿐만 아니라 한 홉당 TTL 값을 감소시켜야 한다.

패킷이 라우터에 TTL=1로 라우팅해 도착하면 TTL 값을 0으로 감소시킨 후 패킷을 전송할 수 없기 때문에 라우터는 패킷을 폐기해야 한다. 라우터는 패킷이 TTL^Time to Live^ 값 때문에 전송될 수 없다고 나타내는 ICMP 유형 11, 코드 0 응답을 수신자에게 전달할 것이다(시간 초과, Time to Live 전송 시간이 초과됨).

패킷이 TTL=1 값으로 호스트에 전송된다면 호스트는 어떻게 해야 하는가? 물론 패킷을 처리해야 한다. 호스트는 바로 받은 TTL 값이나 라우터 패킷은 감소시킬 필요가 없다.

낮은 TTL 값들은 때때로 비정상적이라고 간주되기 때문에 와이어샤크는 기대하지 않거나 낮은 TTL이라 부르는 컬러링 규칙을 갖는다. 이 규칙은 추적 파일에서 이런 패킷을 식별하는 데 도움을 준다. 컬러링 규칙 필터는 `(!ip.dst==224.0.0.0/4 && ip.ttl < 5 && !pim) || (ip.dst==224.0.0.0/24 && ip.ttl != 1)`이다.

패킷이 단편화된 경우 모든 단편은 같은 TTL 값을 할당받는다. 네트워크를 통해 다른 경로를 받는다면 다양한 TTL 값으로 목적지에 도착할 것이다. 하지만 첫 번째 단편이 목적지에 도착할 때 목적지 호스트는 매초 패킷의 TTL 값을 1씩 감소시킬 것이다. 모든 단편은 시간이 만료되거나 단편 설정이 '미완성'이나 사용할 수 없다고 간주되기 이전에 도착해야 한다. 목적지는 패킷의 수명이 재조립 과정 중에 만료됐다고 표시하기 위해 ICMP 유형 11, 코드 1 응답(시간 초과, 단편화 재조립 시간 초과)을 목적지에 전송한다. 이것은 원래 단편화되지 않은 패킷을 재전송하기 위해 클라이언트에 알려준다.

✻ 프로토콜 필드

모든 헤더는 다음에 어떤 것이 수신될지 정의하는 필드를 갖고 있다. 예를 들어 TCP/IP 패킷에서 이더넷 II 헤더는 다음으로 IP가 수신된다는 것을 표시하기 위한 유형 필드를 갖고 있다. IP 헤더는 무엇이 다음에 수신될지 표시하기 위해 프로토콜 필드를 갖고 있다. 프로토콜 필드에서 좀 더 자주 볼 수 있는 값은 다음과 같다.

번호	설명
1	ICMP
2	IGMP
6	TCP
8	EGP
9	Cisco의 IGRP 같은 사설 내부 게이트웨이
17	UDP

(이어짐)

번호	설명
45	IDRP
88	Cisco EIGRP
89	OSPF

프로토콜 필드에 대한 최근 목록을 얻고 싶다면 www.iana.org/assignments/protocol-numbers에 방문하라.

✻ 헤더 검사합 필드

IP 헤더 검사합 필드는 IP 헤더에만 구성돼 있는 에러 검출 기능을 제공한다(이 필드는 IP 헤더에만 있다). 이 검사합은 계산을 할 때 자기 자신을 포함하지 않는다.

✻ IPv4 발신지 주소 필드

이 필드는 패킷을 전송한 장치의 IP 주소다. DHCP 재시작 작업 같은 일부 경우에 클라이언트는 이 IP 주소를 모를 것이며, 그래서 이 필드에서 0.0.0.0을 사용할 것이다. 이 필드는 멀티캐스트 주소나 브로드캐스트 주소를 포함할 수 없다.

✻ IPv4 목적지 주소 필드

이 필드는 유니캐스트, 멀티캐스트, 브로드캐스트 주소를 포함할 수 있다. 이 주소는 패킷의 최종 목적지다.

✻ 옵션 필드

IP 헤더는 옵션에 수에 따라 확장될 수 있다(이런 옵션이 자주 사용되지 않더라도). 헤더가 옵션에 의해 확장된 경우 인터넷 헤더 길이[IHL] 필드가 헤더 길이를 4바이트 단위로 정의하기 때문에 이런 옵션은 4바이트 단위로 끝나야 한다.

다음 목록은 옵션의 일부를 보여준다. 전체 목록은 www.iana.org를 참조하라.

번호	이름
0	옵션 목록의 종료(IP 옵션이 종료될 때 정의)
3	느슨한 발신지 경로(일부 경로 정보 제공)
4	타임스탬프(경로에 따른 타임스탬프)
7	경로 기록(라우터가 통과한 경로 표시)
9	엄격한 발신지 경로(상세 경로 정보 제공)

❋ IPv4 브로드캐스트/멀티캐스트 트래픽

네트워크에는 브로드캐스트/멀티캐스트의 2가지 기본 유형(검색 및 공지)이 있다. 검색의 예는 재시작하고 DHCP 서버의 검색을 필요로 할 때 DHCP 클라이언트가 전송한 브로드캐스트를 검색하는 것이다. 검색의 다른 예는 ARP MAC 대 IP 주소 결정 브로드캐스트다.

General Broadcast	255.255.255.255
Subnet Broadcast	10.2.255.255
Multicast	224.X.X.X - 239.x.x.x

이 예는 OSPF 광고 멀티캐스트다. 이런 패킷은 잘 알려진 링크 상태 라우팅 목록에 대한 요청하지 않은 공지들이다.

많은 대역폭을 차지하고 있는 브로드캐스트와 멀티캐스트에 대한 염려는 오늘날의 고성능 네트워크 링크에서는 하지 않아도 된다. 또 다른 염려는 전달과 수신 장치에서 패킷에 의해 요구되는 처리 능력이다. 스위치나 라우터가 과부하되고 패킷을 폐기시키거나 큐에 초과된 시간동안 보유하거나 하면 네트워크에 대한 브로드캐스트/멀티캐스트 전송률을 살펴보라.

❋ IPv6 트래픽 개요

IPv6는 여전히 계층 3 라우팅 프로토콜이다. 그림 206은 IPv6 헤더를 보여준다. 이더넷 헤더 유형 필드는 0x66dd이고, 이는 IPv6 헤더 다음에 나타나는 것을 주의하라.

RFC 2460, 인터넷 프로토콜 버전 6IPv6, Internet Protocol, Version 6 사양은 IPv6 헤더 사양을 정의한다. IPv6 주소는 RFC 4291, IP 버전 6 주소 지정 아키텍처IP Version 6 Addressing Architecture에 설명돼 있다. IPv6 호스트는 다른 지역 대상 위치를 찾는 방법의 자세한 내용은, RFC 4861, IP 버전 6IPv6에 대한 인접 노드 탐색 기법Neighbor Discovery을 참고하라.

IPv6의 이런 짧은 세션은 이중 스택 호스트와 확인할 수 있는 가장 일반적인 IPv6 트래픽에서 잠깐 확인만 할 수 있게 설계됐다.

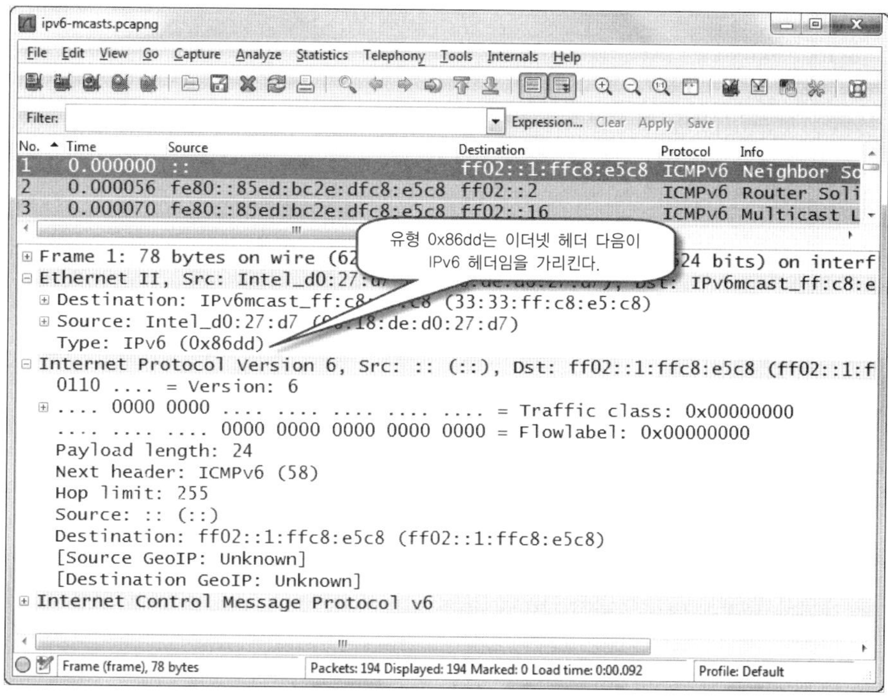

그림 206 IPv6 헤더[ipv6-mcasts.pcapng]

IPv6 패킷 구조 분석

각 필드의 목적을 정의하기 위해 IPv6 헤더 내부를 살펴보자. 일부 필드는 IPv4의 필드와 매우 흡사하다.

버전 필드

이 5비트 필드는 0110(10진수 10)으로 설정한다.

✻ 트래픽 클래스 필드(DiffServ, ECT와 ECN-CE)

그림 206을 자세히 보자. 어떻게 일부 필드가 중복되는지를 주목하라. 8비트 트래픽 클래스 필드는 차등화 서비스DiffServ, Differentiated Services 필드, ECN 가능 전송ECN-Capable Transport 필드, 그리고 ECN-CE 필드로 구성돼 있다.

6비트 DiffServ 필드는 IPv4 헤더의 DiffServ 필드와 같은 기능을 제공한다. 이 필드는 트래픽 우선순위를 정하고 서비스의 질QoS, Quality of Service을 일정 수준 제공하는 데 사용된다. 필드는 패킷(단위 홉 동작)을 처리하는 방법을 결정하는 데 사용되는 차별화된 서비스 코드 포인트DSCP, Differentiated Services Code Point 값을 포함한다.

ECN 가능 전송ECT, ECN-Capable Transport 비트는 ECN이 지원되는지 나타내기 위해 송신자와 함께 설정한다.

ECN-CECongestion Experienced, 혼잡 경험 비트는 임박한 혼잡을 감지하는 라우터에 의해 설정한다. ECT 비트는 ECN-CE 비트를 사용한 라우터를 위해 적합한 설정을 해야 한다.

✻ 흐름 라벨 필드

'흐름flow'은 세트와 같이 표시된 발신지로부터 목적지로의 단순한 패킷의 순서다. IPv6 흐름은 20비트 흐름 라벨 필드와, 발신지와 목적지 IPv6 주소 필드에 의해 정의된다. 0의 흐름 라벨 필드 값은 패킷이 어떤 흐름에 포함되지 않음을 나타낸다. 흐름 라벨 필드 값은 경로를 따라 변경되지 않는다. 흐름 라벨 필드의 사용에 대한 더 자세한 내용은 RFC 3697, IPv6 흐름 라벨 사용을 참고하라.

✻ 페이로드 길이 필드

이 필드는 IPv6 페이로드의 길이를 정의한다(IPv6 헤더 다음 바이트). 하지만 어떤 패킷 패딩도 포함하지 않는다. IPv6의 확장 헤더는 페이로드의 일부로 간주한다.

✻ 다음 헤더 필드

이 필드는 패킷 다음에 오는 것을 나타낸다(단지 IPv4 프로토콜 필드 같은). 유효한 프로토콜 번호의 전체 목록을 보려면 www.iana.org/assignments/protocol-numbers/protocol-numbers.xml를 참조하라. IPv6의 패킷은 IPv6 헤더 다음에 하나 이상의 확장 헤더가 있을 수 있다.

다음 표는 IPv6의 확장 헤더와 그 다음 헤더 필드의 값을 나열한다. 그것들은 사용 권장 순서대로 나열돼 있다.

확장 헤더	다음 헤더 필드 값
Hop-by-Hop 옵션	0
목적지 옵션 (라우팅 옵션과 함께)	60
라우팅 헤더	43
단편화 헤더	44
인증 헤더	51
캡슐화 보안 페이로드 헤더	50
목적지 옵션	60
이동성 헤더	135
다음 헤더가 없음	59

✻ 홉 제한 필드

이 필드는 패킷을 전달하는 각 장치에 따라 1씩 감소된다. 값이 1에 도달하면 패킷을 라우팅할 수 없다.

✻ 발신지 IPv6 주소 필드

128비트 IPv6 발신지 주소다. IPv6 주소에 대한 자세한 내용은 RFC 4291, IP 버전 6 주소 지정 아키텍처IP Version 6 Addressing Architecture를 참조하라.

✻ 목적지 IPv6 주소 필드

128비트 IPv6 목적지 주소다.

✲ 기본 IPv6 주소

IPv6 통신 주소는 다음과 같은 세 가지 다른 유형이 있다.

- **유니캐스트** 단일 인터페이스 주소

- **멀티캐스트** 인터페이스 그룹
- **애니캐스트** 인터페이스 그룹의 가장 가까운 그룹

IPv6에는 브로드캐스트 주소가 없다(멀티캐스트는 네트워크 브로드캐스트를 위한 교체로 사용된다).

IPv6 주소는 긴 16바이트이며, x:x:x:x:x:x:x:x 형태로 기록된다. 여기서 X는 1-4의 16진수를 나타낸다. 표현을 단축시키기 위해 개별 필드에서 행간인 0을 삭제할 수 있다.

RFC 4291은 IPv6 주소의 다음 예제를 제공한다.

주소	유형	단축된 버전
2001:0DB8:0:0:8:800:200C:417A	유니캐스트 주소	2001:DB8::8:800:200C:417A
FF01:0:0:0:0:0:0:101	멀티캐스트 주소	FF01::101
0:0:0:0:0:0:0:1	루프백 주소	::1
0:0:0:0:0:0:0:0	지정되지 않은 주소[2]	::

주소에서 ::는 한 번만 사용할 수 있고, 0 또는 그 이상의 0의 16비트 그룹을 표현한다. ::은 또한 위 표에서 보는 것과 같이 주소의 앞이나, 끝부분 0을 표현하는 데 사용할 수 있다. 그림 207과 같이 와이어샤크는 가능한 IPv6 주소의 단축 버전을 사용한다.

IPv6 네트워크 접두사를 나타낼 때 클래스 없는 인터도메인 라우팅CIDR, Classless Inter-Domain Routing 표기법이 사용된다. 예를 들어 2001:DB8:0:CD30::/64는 2001:DB8:0000:CD30::로 표현한다.

유니캐스트 주소는 2xxx로 시작한다. 멀티캐스트 주소는 FFxx로 시작한다. 링크 로컬 유니캐스트는 FE80으로 시작한다. 링크 로컬 주소는 단일 링크의 주소 지정에 사용되며, 라우팅되지 않는다. IPv6는 자동화된 주소 구성과 인접 검색을 위해 링크 로컬 주소를 사용한다.

2. IPv4와 같은 위치의 호스트는 로컬 주소가 할당되기 전에 0.0.0.0과 같은 발신지 주소를 사용할 수 있다. IPv6 주소를 초기화하기 전에 IPv6 네트워크의 ::을 사용할 수 있다.

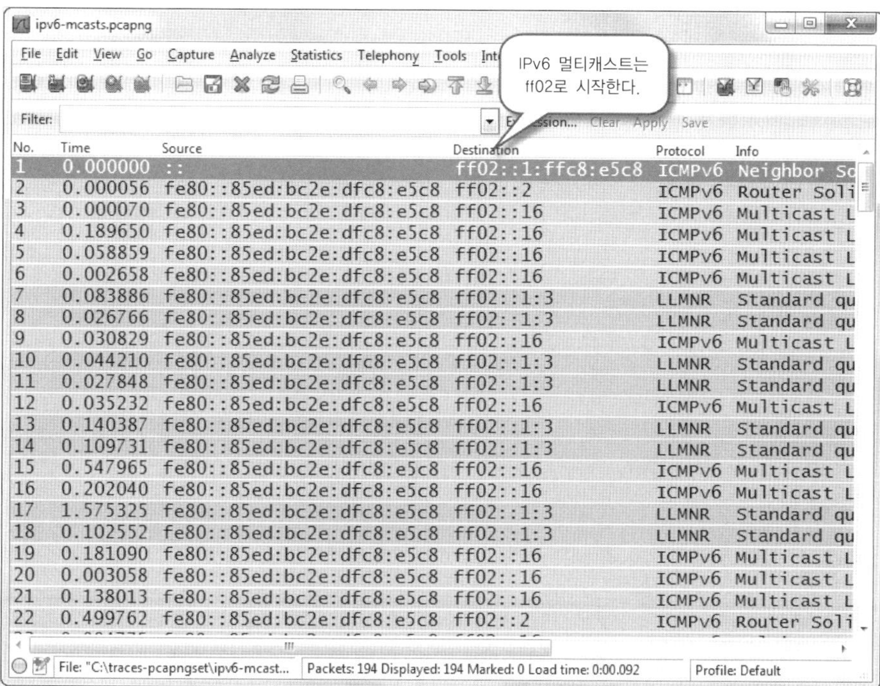

그림 207 멀티캐스트는 ff02와 같이 시작된다. [ipv6-mcasts.pcapng]

그림 207에서 볼 수 있는 첫 번째 패킷은 ICMPv6 인접 요청이다(이 기능은 ARP를 대체한다). 발신지 주소가 ::일 때 패킷의 목적은 중복 주소 감지DAD, Duplicate Address Detection, ARP의 불필요한 기능이나 IPv4에서 보여주는 ARP다(IPv4에서 ARP 프루브).

IPv6는 스타트업startup 과정 동안 다음 패킷 유형을 사용한다.

패킷 유형	목적
ICMPv6 인접 요청 (ICMPv6 Neighbor Solicitation)	먼저 중복 주소 감지를 위해 사용하고, 나중에 로컬 라우터의 MAC 주소를 얻는다.
ICMPv6 인접 통지 (ICMPv6 Neighbor Advertisement)	ICMPv6 인접 요청 메시지에 대한 응답이다.
ICMPv6 라우터 요청 (ICMPv6 Router Solicitation)	로컬 라우터를 발견한다.
ICMPv6 라우터 통지 (ICMPv6 Router Advertisement)	라우터는 ICMPv6 라우터 요청 메시지 응답에 이 패킷을 사용할 뿐만 아니라 인터페이스를 재구성한 후 초기화 단계와 정기적으로 실행하는 동안 이 패킷을 보낸다.

IPv6 호스트는 라우터 통지 패킷이 스타트업 과정 동안 IPv6 호스트에 전송되는 것을 정의하는 다양한 방법 중 하나를 사용해 주소를 얻을 수 있다. 그림 208에서 두 비트의 주의를 요청한다(관리 주소 구성 (M) 비트와 다른 구성 (O) 비트). DHCPv6 클라이언트 주소와 다른 매개변수는 이 두 비트 설정을 기반으로 구성할 것이다.

IPv6 클라이언트는 ICMPv6 라우터 통지 패킷의 M과 O 비트를 참고해 서로 다른 세 가지 방법으로 주소를 얻을 수 있다.

- 비상태형 주소 자동 구성SLAAC, Stateless Address AutoConfiguration
- 상태형 DHCPv6stateful DHCPv6
- 비상태형 DHCPv6stateless DHCPv6

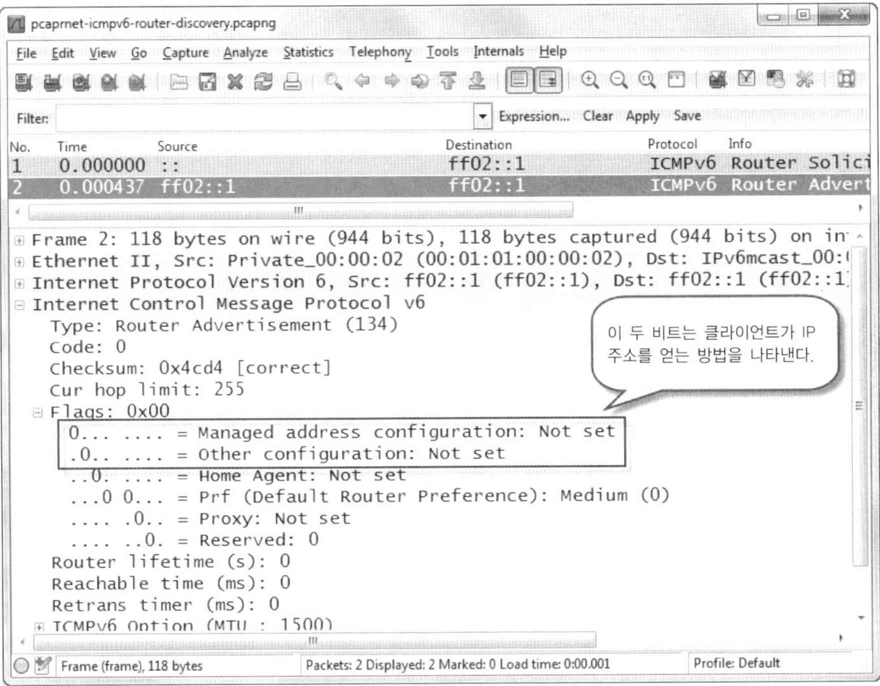

그림 208 관리 주소 구성과 기타 구성 비트는 DHCPv6를 클라이언트가 IPv6 주소나 기타 매개변수를 얻는 방법을 정의한다.[pcapr-icmpv6-router-discovery.pcapng]

✻ 자동 구성 모드(DHCP 서버 없음)(M=0 그리고 O=0)

IPv6 호스트는 로컬 라우터의 IPv6의 접두사를 학습한 후 고유한 IP 주소를 자동 할당하는 IPv6 비상태형 주소 자동 구성SLAAC, Stateless Address AutoConfiguration 프로토콜을 사용할 수 있다. 기본적으로, 클라이언트는 라우터 통지로부터 네트워크 접두사를 가져오고 IPv6 주소 완료에 64비트 확장 고유 식별자(EUI-64[3]) 또는 임의의 번호(프라이버시 확장privacy extension[4])를 추가한다. IPX 통신의 세계에서 왔다면 학습된 네트워크 주소와 고유한 호스트의 IPv6 주소를 생성한 호스트 MAC 주소 조합과 같은 SLAAC에 대해 매우 수월하게 느낄 것이다(이것은 IPX 세계에서 무엇을 사용했는지에 대해 정확하다).

마이크로소프트는 자신들의 IPv6 SLAAC 기본 설정을 변경했다.

마이크로소프트의 비스타, 윈도우 7과 윈도우 서버 2008은 기본적인 프라이버시 확장을 사용한다. 윈도우 XP-SP1과 윈도우 서버 2003은 IEEE 식별자(MAC 주소)로부터 전송된 EUI-64 형식을 사용해야만 한다. 이것은 다양한 마이크로소프트 클라이언트와 서버 제품 버전으로 구성된 네트워크를 분석할 때 다른 SLAAC 구현을 볼 수 있는 이유다.

자동 구성을 사용해 호스트는 기본 게이트웨이로 발견된 라우터를 정의하지만, 다른 구성 정보(예, DNS 서버)는 수동으로 구성해야 한다. 이런 경우 ICMPv6 라우터 통지에서 M과 O 둘 다 0(off)로 설정된다.

✻ DHCPv6 상태형 모드(M=1)

DHCPv6 상태형 모드에서 클라이언트는 DHCPv6 서버에서 IPv6 주소와 구성 매개변수를 가져온다. 클라이언트는 DHCPv6 상태형 모드가 스타트업 순서Startup Sequence인 동안 받는 라우터 통지 패킷에 따라 사용 중임을 알게 된다. 라우터 통지의 M 플래그는 클라이언트가 DHCPv6 상태형 모드에서 실행될 것이고, 그것의 IPv6 주소와 DHCPv6 서버로부터 다른 매개변수를 얻는 1 표시로 설정돼 있다.

---

3. RFC 4291은 IPv6 주소 완료에 사용된 수정된 EUI(확장 고유 식별자)-64 형식을 설명한다.

4. RFC 4941, 'IPv6의 비상태형 주소 자동 구성을 위한 프라이버스 연장(Privacy Extensions for Stateless Address Autoconfiguration in IPv6)'은 IPv6 클라이언트가 임의의 인터페이스 식별자 기반 주소를 생성할 수 있는 방법을 정의한다. 프라이버시 확장 기능은 좀 더 어려운 문제를 해결할 수 있다. 그러나 이 기능은 '다른 트랜잭션을 사용하는 다른 주소를 같은 노드에 실제로 연결시킬 때 식별을 위한 도청과 다른 정보 수집을 더 어렵게' 만들고 시간이 지연되며 인터페이스 식별자 변경과 함께 보안 강화를 제공한다.

✽ DHCPv6 비상태형 모드(M=0과 O=1)

DHCPv6 비상태형 모드에서 DHCPv6 서버는 클라이언트에 대한 IPv6 주소 정보를 유지하지 않는다. DHCPv6 서버는 DNS 서버 주소나 NTP 서버 주소와 같은 다른 구성 정보를 제공한다. 라우터 통지의 M 플래그는 0(OFF)으로 설정돼 있다. 그래서 클라이언트가 IPv6 주소를 얻기 위해 SLAAC을 사용해 DHCPv6를 비상태형 모드에서 실행할 것이다. 라우터 통지의 O 플래그는 1(on)로 설정돼 있다 그래서 클라이언트는 다른 구성 상세 정보(예, DNS 서버 주소) DHCPv6 서버에서 사용할 수 있는지 배운다.

✽ 6to4 터널링(IPv6는 IPv4 내부로 터널링)

IPv6로 전환하는 일부 과정으로, 현재 TCP/IP 호스트는 이중 스택과 IPv4 내부로 IPv6 터널링을 할 수 있는 기능을 지원한다. 이 패킷은 IPv4 네트워크를 통해 라우팅할 수 있다. 여기에는 세 가지 다른 캡슐화 방법이 있다(6to4, Teredo, ISATAP).

RFC 3056, IPv4 클라우드를 통해 IPv6 도메인의 연결은 6to4 터널링을 정의한다.

와어이샤크는 IPv6 헤더에 IPv4 헤더가 따라오는 것을 감지할 때 패킷에 두 개의 노트를 추가한다.

- 발신지 6to4 게이트웨이 IPv4(ipv6.src_6to4_gw_ipv4)
- 발신지 6to4 SLA ID(ipv6.src_6to4_sla_id)

발신지 주소의 처음 2바이트는 0x2002가 된다. 6to4 게이트웨이 주소는 캡슐화 호스트(클라이언트는 IPv6 헤더를 포함하거나 라우터는 IPv6를 포함한다)의 IPv4 주소다. 그림 209에서 발신지 IPv6 주소는 24.6.173.220(호스트의 IPv4 주소)을 변환한 0x1806addc가 포함돼 있다. 발신지 6to4 SLA ID는 서브넷을 정의하는 데 사용된다.

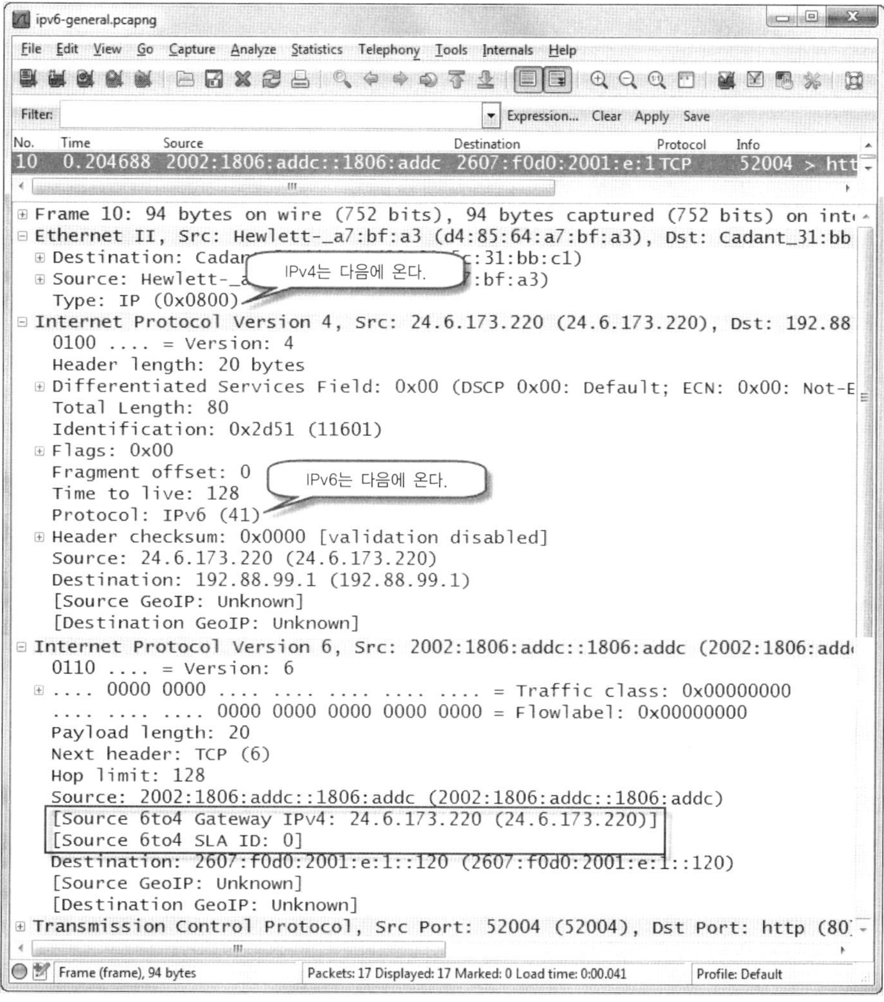

그림 209 프로토콜 값 41은 IPv6 헤더 다음에 오는 것을 나타낸다.[ipv6-general.pcapng]

✻ Teredo

Teredo는 UDP 패킷 안에 IPv6 헤더를 캡슐화하는 또 다른 터널링 방법이다. 이 기술은 프로토콜 41을 처리하지 않는 네트워크 주소 변환NAT, Network Address Translation 기기의 교차를 지원하기 위해 개발했다. Teredo은 RFC 4380, '네트워크 주소 변환을 통해 UDP상에서 IPv6 터널링Tunneling IPv6 over UDP through Network Address Translations(NATs)'에 설명돼 있다.

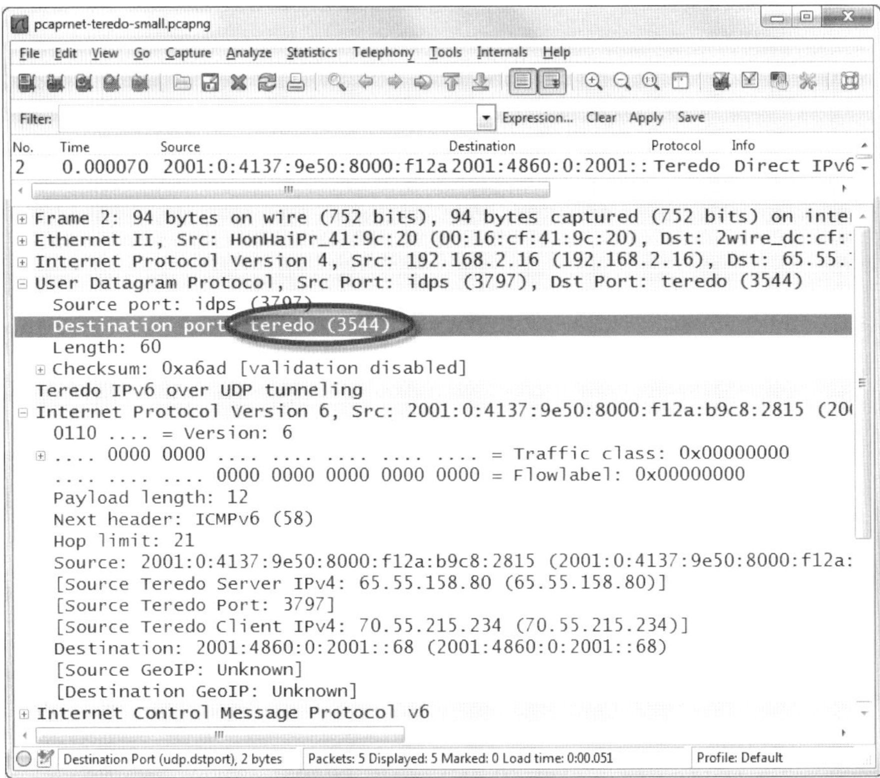

그림 210 Teredo 클라이언트로부터 Teredo 서버로의 패킷을 보여준다.[pcaprnet-teredo-small.pcapng]

이 경우에는 와이어샤크 표기법을 볼 수 있다.

- 발신지 Teredo 서버 IPv4(ipv6.src_ts_ipv4)
- 발신지 Teredo 포트(ipv6.src_tc_port)
- 발신지 Teredo 클라이언트 IPv4(ipv6.src_tc_ipv4)

✻ 사이트 내에서의 IPv6 자동 터널 설정 프로토콜(ISATAP)

6to4와 ISTAP 둘 다 IPv4 내부에 IPv6를 캡슐화하지만, 패킷은 다른 IPv4 네트워크를 통해 전송된다. 와이어샤크는 ISATAP[Intra-Site Automatic Tunnel Addressing Protocol]를 사용 중일 때 감지할 수 있다(그것은 알려져 있는 Teredo를 사용 중이며, 그림 210의 발신지 주소 필드 다음에 추가 정보를 덧붙인다).

6to4 터널링과 달리 ISATAP는 64비트 인터페이스 식별자를 만들려면 로컬로 할당된 IPv4 주소(공인 또는 사설)를 사용한다. 예를 들어 ISATAP의 IPv4 주소 24.6.173.220은 ::0:5EFE:1806:addc가 된다. 6to4 터널 구성에서는 그림 210에서

볼 수 있듯이 동일한 IPv4 주소는 2002:1806:addc::/48가 된다.

ISATAP는 IPv6 트래픽을 위한 사이트 내에서의 터널 구성에 ISATAP 라우터를 요구하며, RFC 5214 정보에 설명돼 있다.

추적 파일에서 불필요한 IP 주소 삭제

다른 사람(문제 해결에 도움을 주는 공급업체 또는 다른 분석가)과 추적 파일을 공유하고 싶을 때가 있다. 이때 회사 내부의 IP 주소를 노출시키기 싫은 경우 추적 파일을 삭제하기 원할 것이다.

추적 파일에서 모든 IP 주소에 대한 대체 기능과 검색 수행, hex 편집기를 사용해 추적 파일을 삭제할 수 있다. 이것은 헤더의 검사합을 재계산하지 않을 것이기 때문에 사용자의 추적 파일은 와이어샤크의 검사합 에러 컬러링 규칙을 발생시킬 것이다. 물론 다른 사람이 수정된 추적 파일을 열 수 있어야 하고, 컬러링 규칙을 사용하지 않아야 한다. pcap-ng 형식을 사용하고 이런 작업을 권장하는 추적 파일 주석을 추가할 수 있다.

다른 옵션은 자동으로 IP 주소를 변경하는 도구나 새로운 검사합 값을 계산하는 도구를 사용하는 것이다.[5] Bit-Twiste는 이런 도구 중 하나다(Bit-Twiste에 대해 더 자세히 알고 싶다면 bittwist.sourceforge.net에 ourceforge.net/projects/bittwist를 방문해 Bit-Twiste를 다운로드하라).

IPv6 주소 삭제하기

2판이 써진 때를 기준으로, Bit-Twiste는 IPv6를 지원하지 않는다. 이 경우 16진수 편집기를 사용하는 것이 최선의 방법이다. 16진수 편집기는 헤더 검사합을 계산할 수 없다는 점을 기억하자. 검사합 에러 표시를 방지하기 위해 와이어샤크의 IP 헤더 검사합 유효성 검사를 비활성화하라.

Bit-Twist 프로젝트 안에 포함된 2개의 도구가 있다. Bit-Twist와 Bit-Twiste(이름의 끝에 'e'가 있다)다. Bit-Twist는 패킷 생성기다. Bit-Twiste는 추적 파일 편집기

---

5. 모든 자동화된 도구는 헤더 검사합을 다시 계산할 수 없다. Bit-Twiste의 예를 들면 오직 단편화되지 않은 IPv4, IPv4, ICMP, TCP, 그리고 UDP 패킷만을 위해 검사합을 다시 계산할 수 있다.

이다(이것은 그림 211에서 사용한 것 중 하나다). Bit-Twist는 FreeBSD, OpenBSD, NetBSD, 리눅스, 윈도우 플랫폼에서 사용 가능하다. bittwist.exe와 bittwiste.exe 모두 \src 디렉터리 안에 포함돼 있다.

www.wiresharkbook.com에서 사용 가능한 ftp-ioupload-partial.pcap에 내부 호스트의 IP 주소를 변경하기 원할 것이다. 이 책이 써질 당시에는, Bit-Twist와 Bit-Twiste는 pcap-ng 파일에 작동하지 않는 것을 유의하라.

이 프로세스에 대해 사용되는 명령은 다음과 같다.

```
bittwiste -I ftp-ioupload-partial.pcap -O ftpmod.pcap
-Tip-s67.161.19.78,10.10.19.78-d67.161.19.78,10.10.19.78
```

그림 211에서 보는 것과 같이 IP 주소 67.161.19.78은 발신지 IP 주소와 목적지 IP 주소 필드에서 10.10.19.78로 변경됐다.

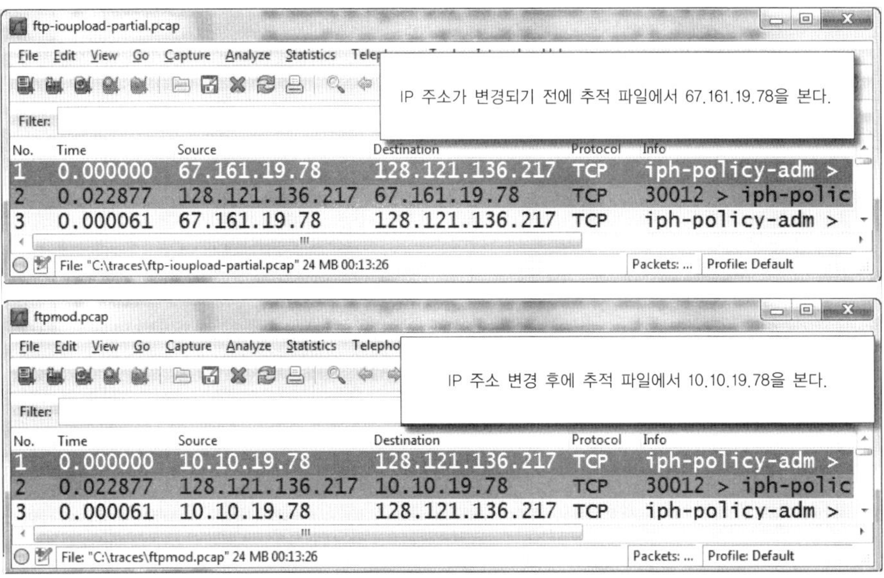

그림 211 Bit-Twiste는 추적 파일에서 IP 주소를 쉽게 변경할 수 있으며, 자동으로 검사합을 계산한다. [ftp-ioupload-partial.pcap]

IPv4 프로토콜 환경설정

IP 프로토콜 환경설정이나 사용/사용 안 함 설정을 빠르게 액세스하려면 패킷 상세 정보 창에 있는 IP 헤더의 어떤 필드를 오른쪽 클릭한다. 몇 가지 주요 설정은 다음에 정의된다.

✻ 단편화된 IP 데이터그램 재조립

이 설정은 IPv4와 IPv6를 위해 사용할 수 있다. 와이어샤크가 단편화된 IP 데이터그램을 재조립하기 위해 이 설정을 사용한다. 이 기능을 활성화할 때 IP 헤더의 하단 부분은 각 단편에 대한 연결을 포함한다. 단편화 설정의 마지막 패킷을 클릭하고, 패킷 바이트 창 아래의 재조립된 IPv4 탭을 찾는다.

이 IPv4 프로토콜 환경설정을 활성화/비활성화할 때 ip-fragments.pcap를 열고, 뷰를 비교해본다. 두 개의 IP 설정으로부터 출력을 비교한 그림 205를 참조하라.

✻ GeoIP 조회 기능 사용

IP 환경설정을 활성화시키고, GeoIP가 적절하게 구성될 때(5장의 'GeoIP로 세계 지도에 IP 주소 표시' 절을 참조) 와이어샤크는 패킷 상세 정보 창에 IP 헤더의 끝부분에서 발신지와 목적지 GeoIP 정보를 포함한다.

✻ 예약된 플래그를 보안 플래그로 해석(RFC 3514)〈g〉

이 놀라운 기능을 이해하려면 RFC 3541, IPv4 헤더에 보안 플래그(다음의 내용에 포함된)를 읽어보고, 날짜를 확인해야 한다.[6]

> 방화벽 패킷 필터, 침해 탐지 시스템 등은 종종 악의적인 의도를 갖고 있는 패킷 간에 특이한 어려움이나 비정상적인 문제를 갖는다. 문제는 이런 결정이 힘들다는 점이다. 이런 문제를 해결하기 위해 IPv4[RFC 791] 헤더에 '악마' 비트로 알려진 보안 플래그를 정의한다. 양성 패킷들은 0으로 설정된 비트를 갖는다. 이런 공격에 사용되는 패킷들은 1로 설정된 비트를 가질 것이다.

✿ 암호화된 통신 문제 해결

(a) 암호화된 키를 가질 수 없거나 (b) 와이어샤크가 해독할 수 없는 암호화된 통신을 지원하는 네트워크에서 트래픽을 분석할 때 문제 해결이 아주 불만스러울 수 있다.

---

6. 불행히도 거기에서 충분히 악의 없는 사람들이 만우절 RFC의 권장 사항을 읽고 따른다. 그들이 그랬다면 인생이 너무 쉬울 것이다. 진짜?

그림 187은 두 사용자 간의 IPsec 통신을 보여준다. IPsec의 보안 서비스들은 2개의 보안 프로토콜에 의해 지원된다(인증된 헤더AH 및 암호화된 보안 페이로드ESP). IP 헤더의 프로토콜 필드는 IP 헤더 뒤에 AH를 나타낸다.

두 헤더 모두 무결성, 데이터 원본 인증, anti-replay 보호와 기밀성을 제공한다. 암호화된 키를 알고 있다면 ESP 환경설정에서 이것을 설정할 수 있다.

와이어샤크가 해독할 수 없는 트래픽의 문제를 해결하는 경우 최적의 프로세스는 아래서부터 위로 문제 해결 방법이다. 모든 것을 보증하는 것은 보이는 것에 기반을 두고 적절하게 작업하는 것이다. 예를 들어 이 통신에서 이더넷 통신이나 IP 헤더에 대한 문제가 없음을 보장한다. 암호화된 트래픽이 파일 전송을 지원하게 설계된 경우 패킷의 크기를 관찰하라.

트래픽 해독에 대한 예는 23장의 'TLS 암호화 경고 분석' 절을 참조하라.

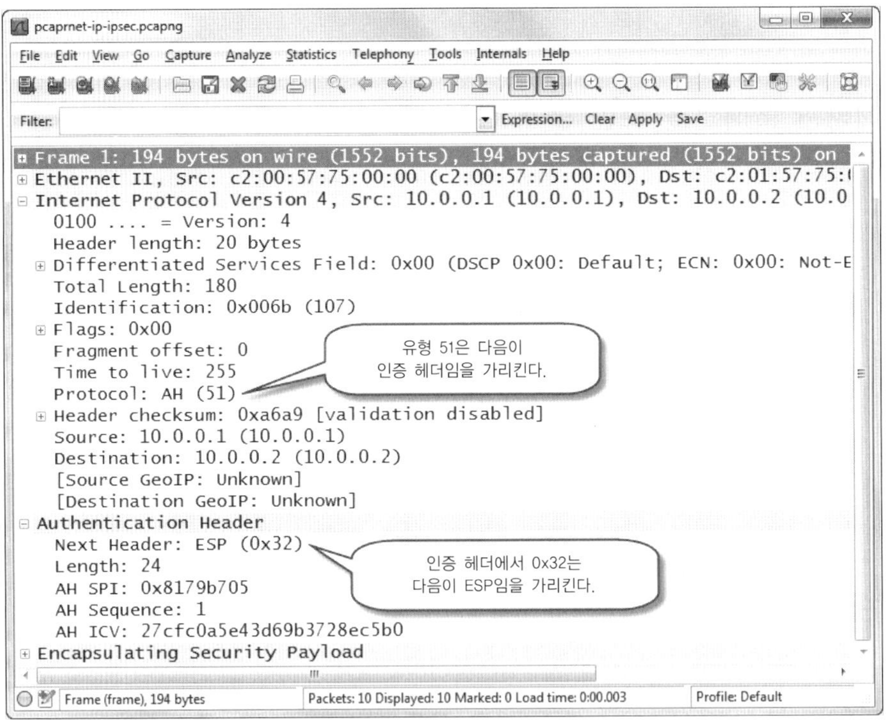

그림 212 암호화된 페이로드는 문제를 해결할 수 없다. [pcaprnet-ip-sec.pcapng]

IPv4 트래픽 필터링

IPv4 트래픽에 대한 수집 필터 구문은 그냥 ip다.

디스플레이 필터 구문 또한 ip이다. 다음은 추가 IP 디스플레이 필터를 나타낸다.

디스플레이 필터	설명
ip.src == 192.168.1.1	발신지 IPv4 주소 필드에 192.168.1.1을 포함하는 IP 패킷
ip.dst == 192.168.1.103	목적지 IPv4 주소 필드에 192.168.1.103을 포함하는 IP 패킷
ip.addr == 192.168.1.103	발신지나 목적지 IP 주소 중 하나가 192.168.1.103을 포함하는 IPv4 패킷
!ip.addr == 192.168.1.103	발신지나 목적지 IP 주소 중 하나가 192.168.1.103을 포함하지 않는 패킷
ip.hdr_len > 20	옵션에 대한 IPv4 헤더(헤더 길이가 20 바이트 이상)
(ip.flags.mf == 1) || !(ip.frag_offset == 0) && ip	단편화된 패킷('단편이 더 있음' 비트나 IP 단편 오프셋 필드에서 0이 아닌 값을 검색)이다. ARP를 포함한 모든 non-IP 프로토콜을 다루기 위해 '&& ip'를 추가한다. ip-fragments.pcap에서 테스트하라.
ip.ttl < 10	IP TTL 값이 10보다 작은 패킷

IPv6 트래픽 필터링

IPv6를 위한 수집 필터는 단순한 ip6다. 단일 호스트로부터 수집 트래픽에 host [IPv6 주소]를 사용한다(예를 들어 호스트 fe80::708d:fe83:4114:a512).

특정 IPv6 서브넷으로부터 트래픽을 위한 수집 필터를 적용하려면 다음 구문을 사용한다.

```
ip6 net [network]::/[net bits]
```

예를 들어 ip6 net fe00::/8은 0xfe으로 시작하는 주소로부터 또는 주소에 모든 IPv6 패킷을 수집해야 한다.

모든 IPv6 트래픽을 위한 디스플레이 필터는 ipv6다. 다음 표는 여러 다른 IPv6를 디스플레이 필터로 보여준다.

디스플레이 필터	설명
ipv6.nxt==0x06	TCP 헤더 앞에 IPv6 패킷
ipv6.src_6to4_gw_ipv4==24.6.173.220	24.6.173.220에 의해 캡슐화된 6to4 패킷
ipv6.hlim 〈 10	10보다 낮은 홉 한계 필드 값을 가진 IPv6 패킷
ipv6.src==2002:1806:addc::1806:addc	특정한 주소로부터의 IPv6 패킷
ipv6.src 〉= fe80:: && ipv6.src 〈= fec0	발신지 네트워크의 범위에서의 IPv6 패킷

사례 연구: 모두가 라우터를 탓했다.

제출자 Russ F.

어느날 우리는 라우터 문제 보고서를 받았다. 이것은 ping에 주기적으로 응답하지 않았다.

나의 동료는 라우터의 이더넷 NIC을 대체해 일을 시작하자고 제안했다. 이 제안을 수행하기 전에 와이어샤크를 같은 VLAN에 연결하고, 미러링을 사용하지 않고 네트워크를 추적하자고 제안했다(브로드캐스트 스톰을 보기를 기대했다).

이 추적은 라우터가 응답을 중지한 시각에 발생된 IP 멀티캐스트 스톰을 보여줬다. 멀티캐스트 패킷에서 서버의 IP 주소 중 하나를 볼 수 있었다.

서버의 위치를 정하고 네트워크로부터 서버의 연결을 끊었고, 라우터 문제를 해결하기 시작했다. 추가 조사는 서버에서 잘못 구성됐다는 것을 밝혀냈고, 쉽게 정정했다.

와이어샤크 없이 라우터 NIC을 대체하는 동안 주요 네트워크 중단 사태가 발생했고, 그래서 라우터를 적절하게 구성했다(문제를 해결했어야 했는데 그러지 못했다).

사례 연구: 이것은 네트워크 문제가 아니야!

제출자 Jennifer Keels
Coastal Bend 대학

프로그래머는 학생 기록 시스템에 문제가 있고, 이들은 DNS 서버에 어떤 문제가 있다고 믿었다.

스티브 시니어Steve Sinor는 최근 나에게 와이어샤크을 소개해줬고, 그래서 네트워크가 아무 문제가 없었다는 것을 증명하기 위해 (희망을 갖고) 그것을 사용하는 나의 첫 번째 기회가 됐다.

스위치 포트에서 주기를 시스템에 설정했고(내 탭을 아직 갖지 못했다), 패킷을 수집했다. 나는 즉시 시스템이 여러 해 전에 네트워크에서 제거된 보조 IP 주소가 사용되고 있었다는 것을 알 수 있었고, 어떤 이유인지 DNS 조회를 수행할 때 그 이전 IP 주소를 사용하고 있었다.

나는 와이어샤크에 대해 정말 초보자였지만, 난 정말 "이것은 네트워크 문제가 아니다."라는 것을 입증하기 위한 즐거운 경험을 했다.

나는 또한 와이어샤크를 나에게 소개한 스티브에게 감사하고 싶다. 그것은 내 문제 해결 장비에서 가장 가치 있는 도구로 입증됐다.

사례 연구: IPv6의 주소 대혼란

제출자 Jeff Carrell
네트워크 보안 컨설턴트, 네트워크 전환

최근 나는 IPv6 연구실 설치를 괴롭혀온 구성 에러를 감지하기 위해 와이어샤크를 사용했다.

연구실은 2008-R2 서버에 DHCP, DHCPv6, DNS 서비스를 제공하는 일반적인 네트워크를 갖고 있다. 그것은 VLAN 1과 이중 스택이다. 또한 2개의 라우터가 있다(HP 라우터와 시스코 라우터). 각각 일반적인 VLAN 1에 연결한 다음, 각각의 클라이언트를 지원하는 자신의 별도 네트워크(VLAN 1001과 2001)가 꺼졌다.

나는 DHCP/DHCPv6를 사용하게 구성된 VLAN 1의 윈도우 7 클라이언트를 갖고 있다. 처음에 그것은 IPv4와 IPv6 주소를 얻는 것은 잘 해결됐지만, 몇 가지 설명할 수 없는 어떤 이유로 인해 클라이언트는 단순히 IPv6 주소를 릴리스하고 다시 주소를 물어봤다. DHCPv6 서버는 그것을 IPv6 주소로 전송했지만, 클라이언트는 그것을 사용해서 구성하지 않을 것이다. 잠시 후 클라이언트가 다시 IPv6 주소를 얻겠지만, 잠시 후 클라이언트는 주소를 잃을 것이고, 또 물어볼 것이다.

신기하게 와이어샤크로 트래픽을 확인해 해결했다.

ICMPv6 라우터 통지RAs, Router Advertisements가 꺼진 것은 괜찮았다. 아... 하지만 잠깐, 나는 두 개의 IPv6 라우터, 이 네트워크에 보내진 각각의 RAs를 갖고 있다. 나는 HP 라우터로부터 M과 O 플래그 설정(1)을 가진 RA를 보았지만, 시스코 라우터로부터의 RA들은 M과 O 플래그(0)로 설정해 보내졌다.

클라이언트는 "DHCPv6 서버로부터 IPv6 주소를 얻었다."라고 말한 HP 라우터로부터 RA에서 작동됐지만, 클라이언트가 "너의 주소를 얻기 위해 DHCPv6 서버는 사용할 수 없다."고 한 시스코 라우터로부터 다음의 RA를 확인했을 때 클라이언트는 그 위에서 행동했고 DHCPv6 릴리스를 보냈다.

그런 다음 클라이언트는 DHCPv6를 사용한다고 하는 HP 라우터로부터 RA를 얻을 것이고, 그래서 클라이언트는 주소를 물을 것이다, 그리고 계속...... 계속......

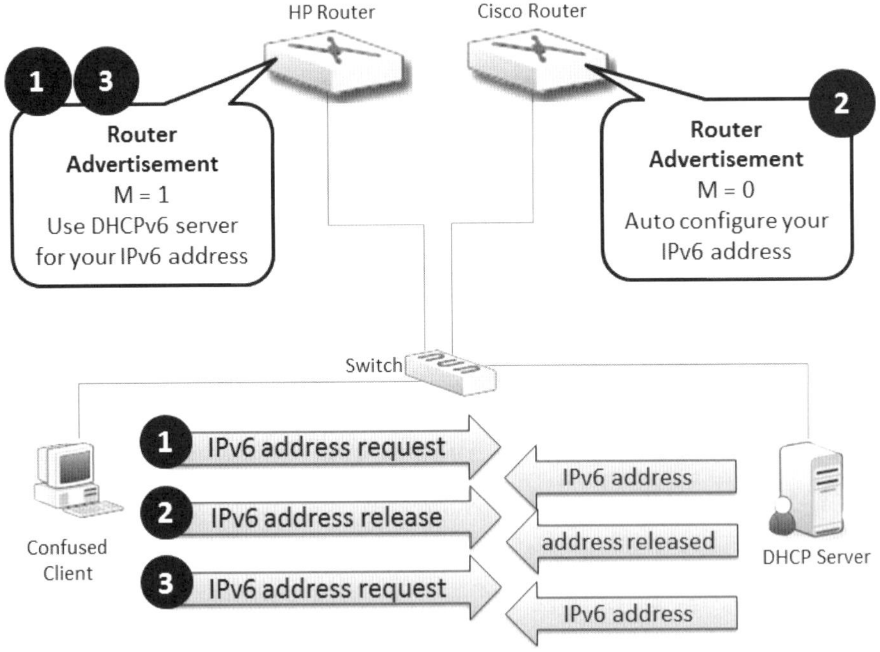

이슈는 추적 파일에서 내 앞에 있는 것이 맞다. 시스코 라우터는 HP 라우터처럼 M과 O 플래그를 1로 설정할 필요가 있다. 그래서 이 이야기에 대한 확신은 RA를 보내고자 하는 네트워크 세그먼트에 있는 ANY 라우터는 DHCP 서버로부터 IPv6 주소를 얻기 위한 클라이언트를 원한다면 M과 O 비트를 설정할 필요가 있다. 그렇지 않으면 손상과 혼잡이 발생할 것이다.

정리

IPv4는 네트워크를 통한 패킷 전송에 대해 비연결형 라우팅 서비스를 제공한다. 또한 IP는 패킷을 단편화하기 위한 기능을 제공하고, IP 헤더의 차별화된 서비스 코드 포인트에 QoS 정보를 포함한다. IP 헤더의 TTL 필드는 패킷이 라우터를 통과할 때마다 1씩 감소한다.

각 단편의 패킷은 같은 IP ID 필드 값을 유지한다. 단편화되지 않은 패킷이 같은 IP ID 값을 갖는다면 패킷들은 네트워크를 무한 반복할 수 있다. IP 패킷이 단편화를 허용하지 않는 경우 패킷은 링크에 전송되기에 너무 큰 것이기 때문에 버려질 것이다. 그리고 IP 응답은 최대 지원되는 MTU 값을 나타내기 위해 반환돼야 한다. 이는 원래의 호스트로부터 재전송된 새롭고 작은 패킷을 생성할 것이다. ICMP 응답이 차단되는 경우 전송자의 IP 호스트는 MTU 제한에 대해 학습할 수 없고, 대상과 통신할 수 없을 것이다. 이는 '블랙홀'을 생성한다(이 MTU 탐지 프로세스는 '블랙홀 탐지'로 언급돼 있다).

IP 헤더의 프로토콜 필드는 패킷에 포함된 다음 프로토콜을 나타낸다. 값 0x11은 UDP 헤더가 IP 헤더를 전송하는 것을 나타내는 반면에 0x06은 TCP 헤더가 IP 헤더를 전송한다는 것을 나타낸다.

IPv4 멀티캐스트 주소는 224-239로 시작한다. 브로드캐스트는 '모든 네트워크' 브로드캐스트(255.255.255.255) 또는 서브넷 브로드캐스트(10.2.255.255) 중 하나다.

IPv6은 16바이트 주소를 사용한다. ICMPv6는 인접 검색, 중복 주소 탐색과 주소 할당 방법 정의에 사용된다,

학습한 내용 복습

이 책의 웹사이트인 www.wiresharkbook.com의 다운로드 섹션에서 사용 가능한 추적 파일을 다운로드한다. 다음 나열된 추적 파일을 검사하고, 질문에 답하라.

app-iradio.pcapng	이 통신에서 클라이언트는 서버와 동일한 DSCP 값을 사용하지 않는다. 이 통신에 사용되는 DSCP 값은 무엇인가? 어떤 트래픽 방향이 더 높은 우선순위인가? 더 큰 패킷은 필요에 따라 단편화할 수 있는가?
ftp-ioupload-partial.pcap	클라이언트는 파일 업로드 과정의 중간에 있다. 필요한 경우 단편화를 사용할 수 있는가? 클라이언트는 허용한 MTU 크기를 사용할 수 있는가? 이 추적 파일에서 볼 수 있는 DSCP 값은 무엇인가?
ip-127guy.pcapng	이 추적 파일에서 잘못된 IP 주소 방식은 무엇인가? 패킷의 최초 전송자를 식별하기 위한 MAC 헤더를 볼 수 있는가?
ip-checksum-invalid.pcapng	와이어샤크의 컬러링 규칙은 이 추적 파일에서 검사합 에러가 있다는 것을 나타낸다. 어떤 호스트의 트래픽이 IP 헤더 검사합 문제를 가지고 있는가? 통신이 검사합 문제에 관계없이 적절하게 동작하는가? 왜 이런 검사합 에러가 발생됐는가? 추적 파일을 더 읽을 수 있게 만들 수 있는가?
ip-fragments.pcapng	클라이언트는 대상에 전송하는 fragment ICMP Echo 패킷이다. 사용자가 IP 단편 재조립이 가능한지 아닌지 이 추적을 볼 때 차이점은 무엇인가?(Edit ➤ Preferences ➤ Protocols ➤ IP)
ipv6-general.pcapng	약간의 시간을 들여 이 추적 파일을 검토하라. IPv4는 추적 파일의 어디서나 사용할 수 있는가? 각 DHCPv6 패킷의 IPv6 홉 제한은 무엇인가? 얼마나 많은 라우터를 이 패킷이 통과할 수 있는가? DHCPv6 패킷은 IPv4 헤더에 포함돼 있는가?
ipv6-mcasts.pcapng	이 추적 파일에서 당신의 IPv6와 ICMPv6 디스플레이 필터를 확인하라. 추적 파일의 시작에서 중복 주소 검사를 볼 수 있다(IPv6 주소 ::를 찾자). 왜 디스플레이필터 ip는 이 추적 파일에서 잘 작동하지 않는가?

(이어짐)

ipv6-pinginipv4.pcapng	6to4를 사용한 우리는 호스트에 ICMPv6 핑(유형 128)을 하는 중이다. 6to4는 캡슐화되고 Teredo는 캡슐화되지 못하는 이유를 말할 수 있는가?
ipv6-worldipv6day.pcapng	추적 파일에서 사이트의 AAAA 레코드에 대해 질의한 후 scanmev6.nmap.org에 연결한다. 당신은 로컬 클라이언트에 대한 기본 홉 한계를 확인할 수 있는가?
pcaprnet-icmpv6-router-discovery.pcapng [Mu Dynamics Trace File]	이 추적 파일은 pcapr.net 웹사이트로부터 Mu Dynamics에 의해 제공됐다. 17장에서 언급된 M 비트와 O 비트를 검사한 ICMPv6 라우터 통지 패킷을 확장한다.
pcaprnet-ip-sec.pcapng [Mu Dynamics Trace File]	이 추적 파일은 pcapr.net 웹사이트로부터 Mu Dynamics에 의해 제공됐다. 디스플레이 필터가 IPsec 트래픽만 보여주게 사용할 수 있는 건 무엇인가?
pcaprnet-teredo-small.pcapng [Mu Dynamics Trace File]	이 추적 파일은 pcapr.net 웹사이트로부터 Mu Dynamics에 의해 제공됐다. 어떤 요소가 와이어샤크를 Teredo 패킷으로 패킷 2를 정의하는 데 사용하는가?
voip-extension.pcapng	이 추적 파일에서 IP 헤더를 검사한다. DSCP 값은 추적에 사용하는 동안 얼마인가? IP 단편화는 이 VoIP 통신에서 허용될 것인가?

연습문제

Q17.1 IPv4/IPv6의 용도는 무엇인가?

Q17.2 IP 단편화에 사용되는 3개의 IPv4 헤더 필드는 무엇인가?

Q17.3 패킷이 TTL 값이 1로 전송됐을 때 라우터는 어떻게 해야 하는가?

Q17.4 차별화된 서비스 필드의 용도는 무엇인가?

Q17.5 IPv4와 IPv6 트래픽에 대한 수집과 디스플레이 필터의 구문은 무엇인가?

Q17.6 IPv6 6to4 패킷의 형식은 무엇인가?

연습문제 답

Q17.1 IPv4/IPv6의 용도는 무엇인가?

A17.4 IP는 연결된 시스템에 대한 데이터그램 전달 서비스, 단편화와 낮은 MTU 네트워크에 대한 재조립이나 다른 트래픽보다 우선시되는 특정 패킷을 사용하기 위해 설계된 서비스의 질을 제공한다.

Q17.2 IP 단편화에 사용되는 3개의 IPv4 헤더 필드는 무엇인가?

A17.4 3개의 필드는 Don't Fragment bit, More Fragments bit, Fragment Offset 필드다.

Q17.3 패킷이 TTL 값이 1로 전송됐을 때 라우터는 어떻게 해야 하는가?

A17.3 라우터는 패킷을 처분해야 한다. 이 프로세스는 조용하게 발생하거나 ICMP 유형 11, 코드 0 응답을 발신자에게 전달할 것이다(시간 초과, 전송에서 TTL 시간 초과).

Q17.4 차별화된 서비스 필드의 용도는 무엇인가?

A17.4 차별화된 서비스 필드는 경로에 따른 우선순위를 매기기 위해 사용될 수 있다. 이 우선순위는 경로에 따른 패킷은 차별화된 서비스를 제공하고, 우선순위 값을 인식하는 라우터를 요구한다.

Q17.5 IPv4와 IPv6 트래픽에 대한 수집과 디스플레이 필터의 구문은 무엇인가?

A17.5 수집 필터: `ip or ip6`
디스플레이 필터: `ip or ip6`

Q17.6 IPv6 6to4 패킷의 형식은 무엇인가?

A17.5 IPv6 헤더는 IPv4 헤더로 시작한다. IPv4 프로토콜 필드는 41(IPv6)로 설정된다.

18장

인터넷 제어 메시지 프로토콜(ICMP4/ICMP6) 트래픽 분석

와이어샤크 공인 네트워크 분석가 시험에서 다루는 내용

- ICMP의 목적
- 일반적인 ICMP 트래픽 분석
- ICMP 문제 분석
- ICMP 패킷 구조 분석
- 기본 ICMP/6 기능성
- ICMP와 ICMP/6 트래픽 필터

  - 사례 연구: Dead-End 라우터
  - 정리
  - 학습한 내용 복습
  - 연습문제와 답

18장에서 참조한 추적 파일

- icmp-dest-unreachable.pcapng
- icmp-ping-basic.pcapng
- icmp-redirect.pcapng
- icmp-traceroute-normal.pcapng
- icmp-payload.pcapng
- icmp-ping-2signatures.pcapng
- icmp-traceroute-2011.pcapng
- ipv6-pinginipv4.pcapng

ICMP의 목적

ICMP는 네트워크에서 에러, 경고, 일반 알림에 대한 메시지 시스템으로 사용된다. 다음과 같이 많은 ICMP 메시지 유형이 있다.

- **에코 메시지** ping이나 종단 대 종단 연결을 시험하기 위한 traceroute로 사용된다. 이들 중 대부분은 정찰 작업 신호이거나 가능한 DoS 공격일 수 있다.
- **재지정 메시지** 목적지에 대한 더 좋은 경로가 있다는 것을 알고 있는 발신지 라우터에 의해 사용된다. 이 패킷이 라우터에 의해 전송되지 않으면 이것을 의심해야 한다.
- **목적지 도달 불가 메시지** 어떤 이유로 전송되지 못한 발신지의 패킷을 알기 위해 사용한다(그 이유는 목적지 도달 불가 메시지에 나와 있다). 이런 많은 수의 응답 패킷은 UDP 포트 스캔 진행이 성공하지 못했다는 것을 표시한다.

몇 시간 혹은 며칠 동안 사용자의 네트워크에 ICMP 트래픽을 검토함으로써 네트워크가 얼마나 효과적으로 설계됐는지, 수많은 구성 에러, 기능상의 문제 또는 보안 결함 등을 확인할 수 있다. ICMP는 RFC 792에 정의돼 있다.

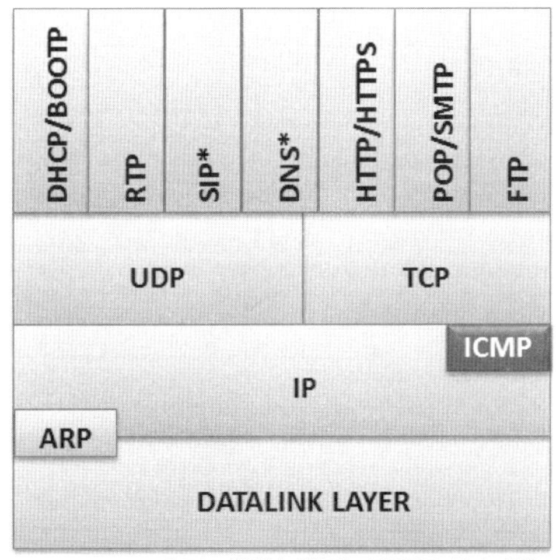

그림 213 ICMP는 IP 네트워크에서 메시징 서비스를 제공한다.

일반 ICMP 트래픽 분석

'일반' ICMP 트래픽을 주관적인 네트워크로 정의하기는 어렵다. 일부 네트워크 IT 직원은 연결을 수행하기 위해 ping을 사용하는 반면, 다른 회사들은 ICMP 에코 요청이나 응답을 제한한다.

이 책에서는 '일반 ICMP 트래픽'을 ping 테스트와 traceroute 테스트로부터 생기는 ICMP 트래픽으로 규정한다. ICMP 기반 ping은 에코 요청에 대해 ICMP 유형 8을 사용하며, 에코 응답에는 ICMP 유형 0을 사용한다. 그림 214는 일반적인 ICMP ping 프로세스를 보여준다.

ICMP 필터를 사용해 왕복 시간 측정

이전 표시된 패킷 이후의 시간 칼럼을 설정하고 ICMP 필터를 적용하면 에코 테스트를 실행할 때 수집 위치에 대한 왕복 시간 값을 제공한다. 와이어샤크의 시간은 일반적으로 커맨드라인의 응답 시간보다 더 세밀하다.

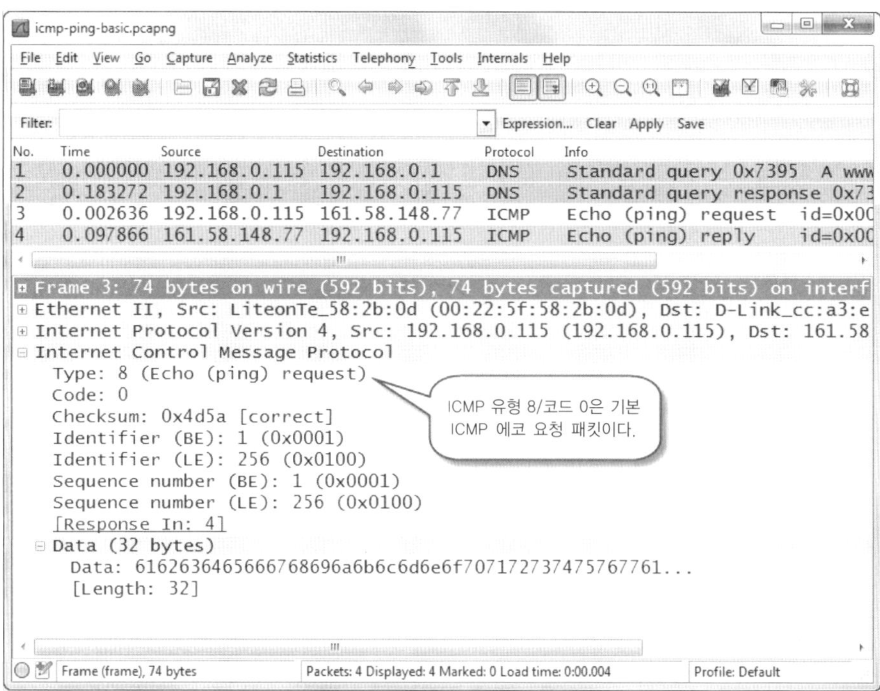

그림 214 정상적인 ICMP 기반 ping 프로세스

ICMP 기반, TCP 기반, UDP 기반의 3가지 다른 traceroute가 있다. ICMP 기반 traceroute는 ICMP 에코 요청을 사용하며, IP 헤더에 TTL 값을 수정한다. 경로를 따라 라우터에 도착한 패킷과 같이 들어오는 TTL 값은 검사가 됐다. 들어오는 TTL 값이 1이면 라우터는 ICMP 시간 초과/TTL 초과(유형 5, 코드 0)에 대한 응답을 한다(이 응답이 라우터에서 사용할 수 없을지라도). 이는 라우터의 IP 주소를 발견할 수 있게 한다.

그림 215는 traceroute 동작이 진행되는 동안 기본 지정 컬러링이 사용 가능할 때 와이어샤크가 보여주는 일반적인 'striping'을 나타낸다.

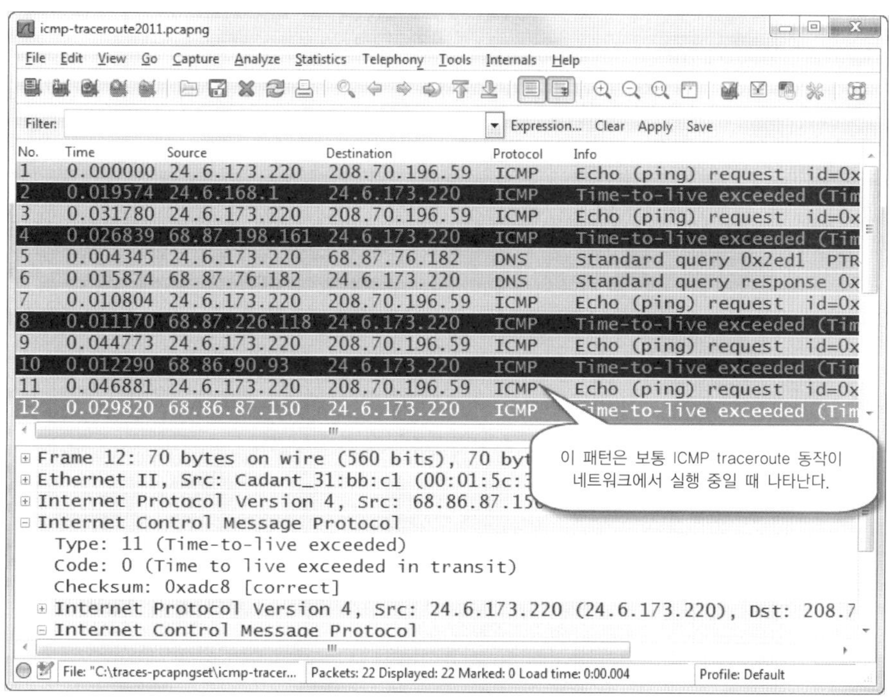

그림 215 ICMP 기반 traceroute 트래픽

ICMP 문제 분석

일반적인 ICMP 문제 중 하나는 답장을 받지 않는 에코 테스트로, 연결된 대상이 없다는 문제다. ICMP 트래픽을 식별하는 것은 패킷 손실이 일어난 지점에 도달할 때까지 와이어샤크는 경로를 따라 이동하는 요구를 폐기시키는 것이다.

하지만 ICMP는 스스로 많은 다른 네트워크 문제들과 보안 문제들을 찾는 것을 도울 수 있다. 예를 들어 DNS 조회가 목적지 도착 불가/포트 도달 불가(유형 3/코드3)

를 이끌어낸다. 클라이언트가 DNS 조회를 잘못된 대상에 전송하거나 네임 서비스 데몬이 DNS 서버에서 동작하지 않는 것이다.

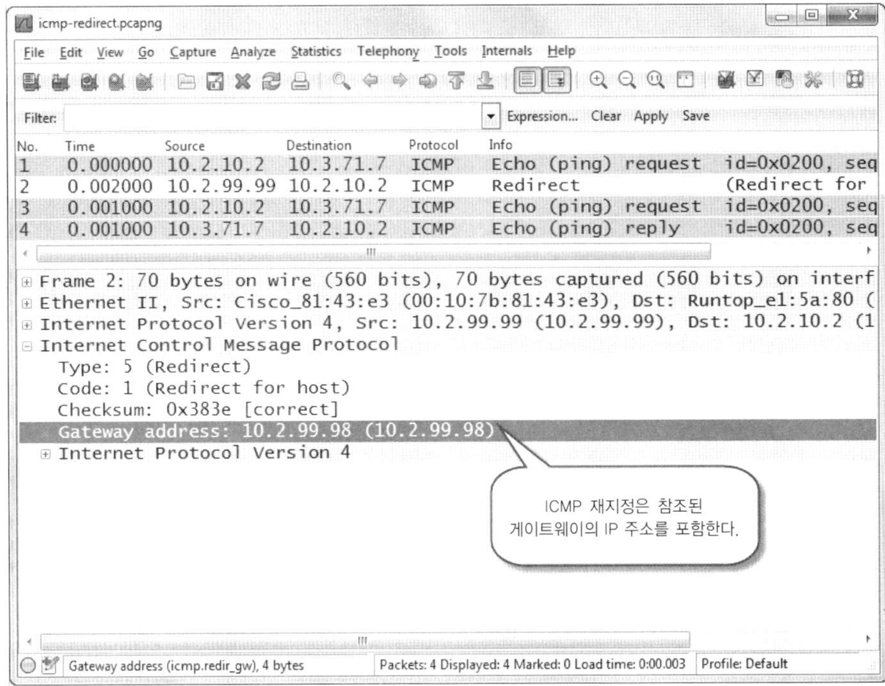

그림 216 ICMP 재지정 패킷

다른 예는 과도한 재전송이다. 그림 216은 10.2.99.98에 다른 게이트웨이에 ICMP 재지정 패킷을 전송하는 것을 보여준다. 이 패킷은 수신 라우터가 발신자에 대해 더 좋은 라우터를 식별할 때 전송된다. 수신 라우터는 사용을 위해 제안된 라우터에 대한 ICMP 재지정(유형 5/코드 1) 패킷을 생성한다. 받는 즉시 호스트는 라우팅 테이블을 업데이트해야 한다. 방향 재설정은 라우터에 의해 전송돼야 한다.

ICMP 재지정 패킷 같은 일부 ICMP 패킷은 ICMP 응답을 발생시킨 원본 패킷의 일부를 포함한다. 그림 216은 원본 IP 헤더 다음에 ICMP와 ICMP 응답을 발생시킨 ICMP 에코 패킷의 내용이다.

다음에 10.2.10.2는 10.3.71.7에 도달하기를 원하고, 이는 10.2.99.98 라우터를 통해 패킷을 전송해야 한다.

네트워크 보안에서 ICMP 통신의 해석에 대해 자세한 내용은 31장과 32장을 참조하라.

TCP 핸드셰이크 연결 요청에 대한 ICMP 목적지 도달 불가 응답은 TCP 연결 요청이 TCP SYN/ACK이나 TCP 리셋 중 하나를 이끌어내야 한다. TCP 핸드셰이크 연결 요청에 대한 ICMP 응답은 방화벽이 포트를 막고 있다는 응답이다. 포트에 접근할 수 없는 상태의 방화벽을 원하지 않을 것이다. TCP 패킷에 대한 ICMP 응답에 자세한 내용은 31장을 참조하라.

ICMP 패킷 구조 분석

ICMP 패킷은 UDP나 TCP 헤더를 포함하지 않는다. 포트 필터링 설정은 ICMP 트래픽에 영향을 주지 않는다. ICMP 패킷은 IP 헤더 다음에 3개의 요구된 필드(유형, 코드, 검사합)로 구성돼 있다. 일부 ICMP 패킷은 정보나 메시지에 세부 사항을 제공하기 위해 추가 필드를 포함하고 있다. 예를 들어 ICMP 재지정 패킷은 호스트가 재전송된 게이트웨이의 주소를 포함해야 한다. 이 패킷을 받으면 호스트는 동적 라우팅 목록을 그들의 라우팅 테이블에 추가해야 하고, 즉시 새로운 라우팅 정보를 이용해야 한다.

유형

다음 목록은 네트워크에서 전송될 수 있는 ICMP 메시지의 유형을 정의한다. 이 목록은 2012년 4월 23일에 업데이트된 IANA 문서 목록을 기반으로 한다. 이 목록의 최신 버전을 받고 싶으면 www.iana.org/assienments/icmp-parameters에 방문하라.

유형	이름
0	에코 응답[RFC 792]
1	할당되지 않음
2	할당되지 않음
3	목적지에 도달할 수 없음[RFC 792]
4	발신지 억제[RFC 792]
5	재지정[RFC 792]
6	호스트 주소 선택

(이어짐)

유형	이름
7	할당되지 않음
8	에코[RFC 792]
9	라우터 광고[RFC 1256]
10	라우터 간청[RFC 1256]
11	시간 초과[RFC 792]
12	매개변수 문제[RFC 792]
13	타임스탬프[RFC 792]
14	타임스탬프 응답[RFC 792]
15	정보 요청[RFC 792]
16	정보 응답[RFC 792]
17	주소 마스크 요청[RFC 950]
18	주소 마스크 응답[RFC 950]
19	예약됨(보안)
20–29	예약됨(견고성 실험)
30	Traceroute[RFC 1393]
31	데이터그램 대화 에러[RFC 1475]
32	모바일 호스트 재지정
33	IPv6 어디 있는가?
34	IPv6 여기 있음
35	모바일 등록 요청
36	모바일 등록 응답
37	도메인 네임 요청
38	도메인 이름 응답
39	생략
40	Photuris

 **Jon Postel에 대해서 알아야 한다.**

Jon B. Postel의 이니셜(JBP)은 TCP/IP 그룹에서 주요 프로토콜의 여러 곳에 나열돼 있다. Jon Postel은 인터넷 프로토콜 그룹의 창시자 중 한 명이었다. 긴 수염과 명석한 두뇌를 갖고 있었고, 1988년 10월에 예기치 못한 사고로 죽기까지 인터넷의 통신 시스템 및 수백만의 개인 네트워크 시스템을 위해 노력했다. 이 전문가에 대한 더 많은 정보는 www.postel.org/postel.html에 있다.

✻ 코드

대부분의 ICMP 패킷 유형은 몇 가지 가능한 '코드' 필드 값을 갖고 있다. 다음 목록은 일반적인 코드 필드의 설명을 제공한다.

유형 번호와 코드 설명	
유형 3 목적지 도달 불가 코드	
0	네트워크 도달 불가다. ICMP 전송자는 네트워크에 대해 알고 있지만, 이 시간에 'up'이 아니라고 믿는다. 너무 멀리 있거나 경로가 알 수 없을 경우 사용 가능하다.
1	호스트에 도달 불가다. ICMP 전송자는 호스트에 대해 알고 있지만, 호스트가 이 시간에 'up'이 아니라고 나타내는 ARP 응답이 없다.
2	프로토콜 도달 불가다. IP 헤더에 정의된 프로토콜은 몇 가지 이유에 진행될 수 없다. 이 응답은 31장에서 보는 것과 같이 IP 스캔에서 나타난다.
3	포트 도달 불가다. ICMP 전송자는 사용자에게 도달하기 위해 시도하는 포트 번호를 제공하지 않는다. 이런 패킷의 다수는 구성상의 문제나 가능한 UDP 포트 스캔을 표시한다. 이런 패킷들이 TCP 핸드셰이크 시도에 대한 응답을 전송한 경우 그들은 대상 포트가 방화벽에 막힐 수 있는 가능성이 있다고 나타낸다.
4	'Fragmentation 필요'와 'Fragment 금지'가 설정됐다. 라우터는 작은 MTU 크기를 지원하는 링크를 통해 패킷을 전송하기 위한 단편화가 필요하지만, 애플리케이션은 'Fragment(단편화 금지)' 비트로 설정돼 있다.
5	발신지 경로 실패다. ICMP 전송자는 원래의 패킷에 명시된 엄격하거나 느슨한 발신지 라우팅 경로를 사용할 수 없다.
6	목적지 네트워크를 알 수 없음이다. ICMP 전송자는 네트워크에서 한 번도 사용할 수 없었다는 것을 표시하는 목적지 네트워크에 대한 경로 목록을 갖고 있지 않다.

(이어짐)

유형 번호와 코드 설명	
유형 3 목적지 도달 불가 코드	
7	목적지 호스트를 알 수 없음이다. ICMP 전송자는 이것이 연결된 네트워크에서 한 번도 사용할 수 없었다는 것을 알려주는 호스트 목록을 갖고 있지 않다.
8	발신지 호스트가 단절됨이다. ICMP 전송자(라우터)는 발신지로부터 패킷을 전송하지 않게 구성돼 있다. 대부분의 라우터들은 이런 응답 코드를 생성하지 않을 것이다. 그들은 코드 0(네트워크에 연결할 수 없음)와 코드 1(호스트에 연결할 수 없음)을 생성할 것이다. 어느 쪽이든 하나는 적절한 것이다.
9	목적지 네트워크에 대한 통신이 관리상 금지돼 있음이다. ICMP 전송자(라우터)는 요구된 목적지 네트워크에 접속을 차단하기 위해 구성돼 있다.
10	목적지 호스트에 대한 통신이 관리상 금지돼 있음이다. ICMP 전송자(라우터)는 요구된 목적지 호스트에 접속을 차단하기 위해 구성돼 있다.
11	서비스 유형에 대해 목적지 네트워크에 연결할 수 없음이다. 서비스 유형(TOS) 알림은 특정 네트워크에 대한 라우터를 통해 사용 가능하지 않은 원래의 전송자에 의해 사용된다. 현재 네트워크는 TOS 또는 우선순위를 사용하지 않을 것이다. 그들은 대신 DiffServ를 사용할 것이다.
12	서비스 유형에 대해 목적지 호스트에 연결할 수 없음이다. 서비스 유형(TOS) 알림은 특정 호스트에 대한 라우터를 통해 사용 가능하지 않은 원래의 전송자에 의해 사용된다. 현재 네트워크는 TOS 또는 우선순위를 사용하지 않을 것이다. 그들은 대신 DiffServ를 사용할 것이다.
13	통신 관리상 금지돼 있음이다. ICMP 전송자는 이 시간에 통신을 사용할 수 없다. 이것은 장황한 방화벽에 의해 전송될 것이다.
14	호스트 우선순위 위반이다. 전송자의 원본 IP 헤더에 정의된 우선순위 값은 허용되지 않는다(예를 들어 플래시 오버라이드 우선순위를 사용). 현재 네트워크는 TOS 또는 우선순위를 사용하지 않을 것이다. 그들은 대신 DiffServ를 사용할 것이다.
15	효과적인 우선순위 자르기다. 네트워크 관리자는 라우터에 의해 서비스되기 위해 최소 수준의 우선순위를 시행하지만, 낮은 우선순위 패킷은 수신된다.
유형 5 재지정 코드	
0	네트워크에 대한 재지정 데이터그램(혹은 서브넷)이다. ICMP 전송자(라우터)는 원하는 네트워크에 전송하기 위한 최선의 방법이 아니다. 응답은 목적지에 대한 최적 라우터의 IP 주소를 포함한다. 동적으로 원래 전송자의 경로 지정 테이블에 네트워크 항목을 추가한다.

(이어짐)

유형 번호와 코드 설명	
유형 5 재지정 코드	
1	호스트에 대한 재지정 데이터그램(혹은 서브넷)이다. ICMP 전송자(라우터)는 원하는 호스트에 전송하기 위한 최선의 방법이 아니다. 응답은 목적지에 대한 최적 라우터의 IP 주소를 포함한다. 동적으로 원래 전송자의 경로 지정 테이블에 호스트 항목을 추가한다.
2	서비스 유형 및 네트워크에 대한 재지정 데이터그램이다. ICMP 전송자(라우터)는 요청된 TOS를 사용하는 목적지 네트워크에 대한 경로를 제공하지 않는다. 동적으로 원래 전송자의 경로 지정 테이블에 네트워크 항목을 추가한다. 현재 네트워크는 TOS 또는 우선순위를 사용하지 않을 것이다. 그들은 대신 DiffServ를 사용할 것이다.
3	서비스 유형 및 호스트에 대한 재지정 데이터그램이다. ICMP 전송자(라우터)는 요청된 TOS를 사용하는 목적지 호스트에 대한 경로를 제공하지 않는다. 동적으로 원래 전송자의 경로 지정 테이블에 호스트 항목을 추가한다. 현재 네트워크는 TOS 또는 우선순위를 사용하지 않을 것이다. 그들은 대신 DiffServ를 사용할 것이다.
유형 11 시간 초과 코드	
0	TTL 전송 시간 초과다. ICMP 전송자(라우터)는 발기인의 패킷이 TTL이 1인 값으로 들어온다는 것을 표시한다. 라우터들은 TTL 값을 0으로 감소시킬 수 없고 패킷을 전송할 수 없다.
1	단편화 재조립 시간 초과다. ICMP 전송자(목적지 호스트)는 첫 번째 수신된 단편화의 TTL 값이 만료(지정된 시간)되기 이전에 모든 단편을 수신할 수 없다.
유형 12 매개변수 문제 코드	
0	포인터는 에러를 표시한다. 이 에러는 ICMP 패킷 안에 상세하게 정의돼 있다.
1	원하는 옵션 분실이다. ICMP 전송자는 원래 패킷의 옵션 필드에 일부 추가 정보를 기대한다.
2	좋지 않은 길이다. 원래의 패킷 구조의 길이가 잘못돼 있다.

✻ 검사합

검사합 필드는 ICMP 헤더에 대해서만 다룬다.

✲ 기본적인 ICMPv6 기능

RFC 4443는 ICMPv6의 목적과 기능을 정의한다. ICMPv6을 패킷 구조는 ICMP 패킷 구조와 동일하다.

그림 217은 ICMPv6의 에코 요청을 보여준다. 이 추적의 패킷 4~6번 패킷이다.

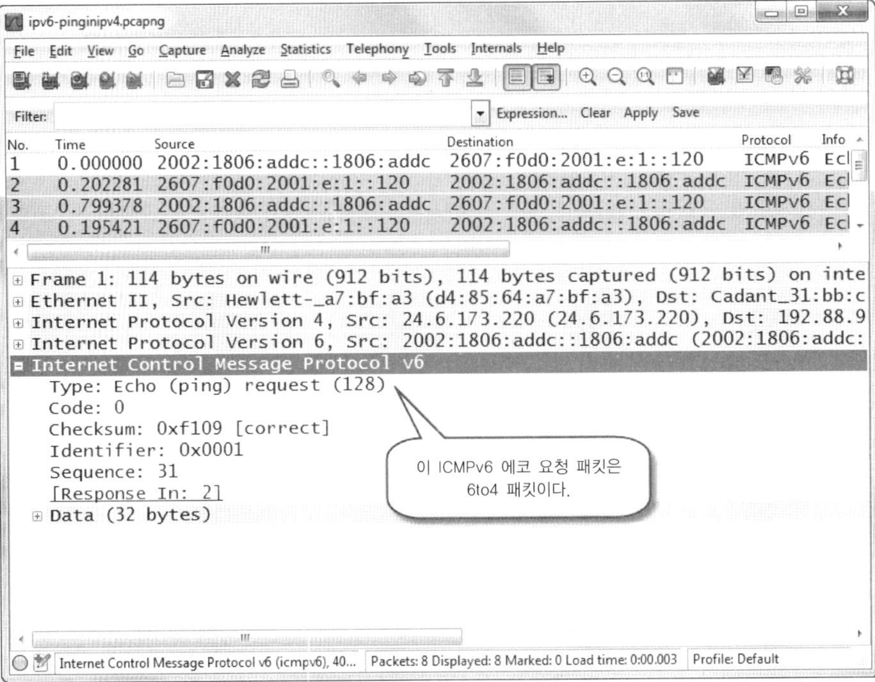

그림 217 ICMPv6는 에코 요청 및 응답을 유형 128과 129를 사용한다.

다음 목록은 네트워크에 전송될 때 ICMPv6의 메시지 유형을 정의한다. 이 목록은 지난 2012년 3월 28일에 업데이트된 IANA 문서를 기반으로 한다. 이 목록의 최신 버전을 얻으려면 www.iana.org/assignments/icmpv6-parameters를 참조하라.

ICMPv6 유형	이름
0	예약됨
1	목적지에 도달할 수 없음[RFC4443]
2	패킷이 너무 큼[RFC4443]
3	시간 초과[RFC4443]
4	매개변수 문제[RFC4443]
100	사설 실험[RFC4443]
101	사설 실험[RFC4443]
102–126	예약됨

(이어짐)

ICMPv6 유형	이름
127	ICMPv6 에러 메시지의 확장 예약[RFC4443]
128	에코 요청[RFC4443]
129	에코 응답[RFC4443]
130	멀티캐스트 수신 조회[RFC2710]다. 로컬 네트워크에서 일반 또는 특정 멀티캐스트 청취자를 찾을 IPv6 라우터로 보냄
131	멀티캐스트 수신 보고[RFC2710]다. 인터페이스에 특정 멀티캐스트 주소를 수신하는 것을 표시하기 위해 IPv6 호스트에서 전송된다.
132	멀티캐스트 수신 완료[RFC2710]다. 인터페이스에서 멀티캐스트 주소 수신을 중지하게 됐음을 나타내기 위해 IPv6의 노드가 전송된다.
133	라우터 요청[RFC4861]이다. 인터페이스가 활성화될 때 다음 예약 시간에 즉시가 아닌 라우터 알림을 생성하기 위해 라우터를 요청하거나 전송된다.
134	라우터 알림[RFC4861]이다. 다양한 링크 및 매개변수와 함께 자신의 존재를 알리기 위해 IPv6를 라우터로 사용하거나 주기적으로 또는 라우터 요청 메시지에 대한 응답에 의해 사용됨
135	인접 요청[RFC4861]이다. 인접 링크 계층 주소를 결정하거나 인접한 캐시 링크 계층 주소를 통해 연결할 수 있는지 확인하기 위해 노드가 전송된다. 그림 207에서와 같이 인접 요청은 중복 주소 검색에 사용된다.
136	인접 알림[RFC4861]이다. 인접 요청 메시지에 대한 응답, 노드의 링크 계층 주소 변경을 알려 요청하지 않은 인접 알림을 보냄
137	재지정 메시지[RFC4861]
138	라우터번호 매기기[Crawford]
139	ICMP 노드 정보 질의[RFC4620]
140	ICMP 노드 정보 응답[RFC4620]
141	역인접 검색 요청 메시지[RFC3122]
142	역이웃 검색 알림 메시지[RFC3122]
143	버전 2 멀티캐스트 수신 보고서[RFC3810]
144	홈 에이전트 주소 검색 요청 메시지[RFC6275]
145	홈 에이전트 주소 검색 응답 메시지[RFC6275]
146	모바일 접두사 요청[RFC6275]
147	모바일 접두사 알림[RFC6275]

(이어짐)

ICMPv6 유형	이름
148	인증 경로 요청 메시지[RFC3971]
149	인증 경로 알림 메시지[RFC3971]
150	'Seamoby'와 같은 실험 이동성 프로토콜을 활용한 ICMP 메시지[RFC4065]다.
151	멀티캐스트 라우터 알림[RFC4286]
152	멀티캐스트 라우터 요청[RFC4286]
153	멀티캐스트 라우터 종료[RFC4286]
154	FMIPv6 메시지[RFC5568]
155	RPL 제어 메시지[RFC-ietf-roll-rpl-19.txt]
155-199	할당되지 않음
200	사설 실험[RFC4443]
201	사설 실험[RFC4443]
255	ICMPv6 정보 메시지의 확장을 위해 예약된다[RFC4443].

다음 목록은 지원 코드 필드나 흥미로운 사용을 가지고 좀 더 일반적인 ICMPv6 유형에 대한 설명을 제공한다.

ICMPv6 유형 번호와 코드 설명	
유형 1 목적지 도달 불가 코드	
0	목적지에 라우터가 없음이다. 사용자는 라우터에 모든 방법을 갖고 있지만, 패킷을 전달할 수 있는 라우팅 항목은 없다(RFC가 방화벽 필터에 의해 전송될 수 있더라도, 방화벽이 조용하게 패킷을 폐기한다고 볼 수 있다).
1	목적지와의 통신은 관리자에 의해 금지된다. 사용자가 조용히 보호된 네트워크에 헤더의 승인되지 않은 패킷을 버리고자 하는 경우를 볼 수 있다.
2	발신지 주소의 범위 벗어남이다. 패킷이 링크 로컬 발신지 주소와 전역 범위의 목적지에 있을 때 생성된다.
3	연결할 수 없는 주소다. 다른 코드 번호에 맞지 않는 문제에 대한 캐치로 모든 에러 메시지를 잡아낸다.
4	포트에 연결할 수 없음이다. 일반 ICMP와 동일하다.

(이어짐)

ICMPv6 유형 번호와 코드 설명	
유형 1 목적지 도달 불가 코드	
5	발신지 주소 진입 실패/재출구 정책이다. 네트워크를 통해 보내고 싶지 않다.
6	목적지 경로 거부다. 일부 트래픽 목적지로 어떤 일반적인 표시를 얻을 수 없다.
7	발신지 라우팅 헤더 에러[RFC-ietf-roll-rpl-19.txt]
유형 2 패킷 크기가 큰 코드	
0	시간에 정의 된 유일한 코드 값이다. 이 패킷은 MTU 값을 포함하고 경로 MTU 발견을 위해 사용한다.
유형 3 시간 초과 코드	
0	홉 초과 제한 전송이다. 표준 ICMP 메시지를 일치시킨다.
1	단편 재조립 시간 초과다. 표준 ICMP 메시지를 일치시킨다.
유형 4 매개변수 문제 코드	
0	잘못된 헤더 필드 발생이다. IPv6 헤더에서 발생이 이해되지 않는다.
1	인식할 수 없는 다음 헤더 유형 발생이다. 다음 헤더 필드는 특별한 것을 포함한다. IPv6 다음 헤더 목록에 다음 Header/IPv4 프로토콜 필드 값의 www.iana.org/assignments/protocol-numbers/protocol-numbers.xml을 참조한다.
2	인식할 수 없는 IPv6의 옵션 발생이다. 이 패킷은 그 안에 포함된 잘못된 옵션과 하나 이상의 확장 헤더가 IPv6 패킷에 대한 응답으로 전송된다.
유형 128 에코 요청 코드	
0	시간에 정의된 유일한 코드 값이다. 이 패킷은 에코 응답이 에코 요청을 일치시키는 데 식별자 필드를 사용한다.
유형 129 에코 응답 코드	
0	시간에 정의 된 유일한 코드 값이다. 이 패킷은 관련 에코 요청 패킷에서 가져온 식별자 필드가 있다.
유형 138 라우터 재설정 코드	
0	라우터 번호 매기기 명령
1	라우터 번호 매기기 결과
255	시퀀스 번호 초기화

(이어짐)

ICMPv6 유형 번호와 코드 설명	
유형 139 ICMP 노드 정보 질의 코드	
0	데이터 필드는 이 질의의 대상이 IPv6 주소를 포함한다. 사용자가 생각처럼 이런 종류의 패킷은 검색에 사용할 수 있다. RFC 4620의 자세한 내용은 IPv6의 노드 정보 질의를 참조하라.
1	데이터 필드는 NOOP의 경우와 같이 질의의 대상이 이름을 포함하거나 비어 있다.
2	데이터 필드는 이 질의의 대상이 IPv4 주소를 포함한다.
유형 140 노드 정보 응답 코드	
0	성공적인 응답이다. 응답 데이터 필드는 비어있을 수도 있고 그렇지 않을 수도 있다.
1	응답자가 대답을 거부한다. 응답 데이터 필드는 비어 있다.
2	조회의 Qtype은 응답자 알 수 없다. 응답 데이터 필드는 비어 있다.

ICMPv6의 유형과 코드 번호에 대한 자세한 내용은 www.iana.org/assignments/icmpv6-parameters를 참조하라.

ICMP 확장

RFC 4884, 다중 메시지를 지원하는 ICMP 확장, ICMP 유형 3, 11, 12, ICMPv6을 유형 1과 3에 8 비트 길이의 필드를 추가 제안한다. 또한 하위 유형과 클래스 정의를 통해 MPLS 인식과 ICMPv4의 구현 등 RFC 세부 사항은 호환된다.

ICMP와 ICMPv6 트래픽 필터링

ICMP와 ICMPv6 트래픽에 대한 수집 필터 구문은 그냥 icmp와 icmp6다.

디스플레이 필터 구문은 그냥 icmp와 icmp6다. 다음은 추가 ICMP와 ICMPv6 디스플레이 필터들이다.

디스플레이 필터	설명
icmp.type == 8	ICMP ping 에코 요청
icmp.type == 8 || icmp.type == 0	ICMP ping 요청이나 응답
(icmp.type == 8) && !(icmp.code == 0)	비정상적인 ICMP ping 패킷(코드 필드는 0으로 설정되지 않음), 31장 참조
icmp.type == 13 || icmp.type == 15 || icmp.type == 17	ICMP 타임스탬프 요청, 정보 요청 또는 주소 마스크 요청(가능한 OS 지문), 31장 참조
tcp && icmp.type==3 && (icmp.code==1 || icmp.code==2 || icmp.code==3 || icmp.code==9 || icmp.code==10 || icmp.code==13)	'ICMP 목적지 도달 불가'는 TCP 핸드셰이크에 대해 응답한다(가능한 방화벽에 막힌 TCP 대상). 이것은 ICMP 헤더 다음에 추가된 TCP 헤더에 대한 것과 같이 유일한 필터다.
icmp.type==11	ICMP TTL 시간 초과(traceroute 진행?)
icmp.type == 3 and icmp.code == 4	단편화가 필요, 하지만 단편화 Bit 설정을 하지 않는다(MTU 발견 패킷 경로 - 이 패킷을 막지 마!).
icmpv6.type==133	ICMPv6 라우터 간청
(ipv6.src==::) && (icmpv6.type==135)	ICMPv6 중복 주소는 ICMPV6 이웃 간청을 이용해 시험한다.
icmpv6 && ipv6.src==fe80::85ed:bc2e:dfc8:e5c8	특정 IPv6 호스트로부터 오는 ICMPv6 패킷

 사례 연구: Dead-End 라우터

내 고객은 특정한 날에 자신들의 호스트 일부가 인터넷에 연결되지 않는다고 불평했다. 그들은 워크스테이션을 재부팅하면 작동이 잘된다고 했다.

트래픽은 클라이언트가 라우터 간청을 전송하는 것은 보여주는데, 이는 DHCP에 의해 제공되는 기본 게이트웨이가 로컬 네트워크에 들어있지 않기 때문이다.

계정 서버, 썬 호스트는 라우터 광고에 대해 응답하게 구성돼 있다. 하지만 썬 호스트는 라우터가 아니었다. 썬 호스트의 라우터 광고가 시스코 라우터의 라우터 광고 도착 이전에 도착한다면……? 클라이언트는 라우팅 테이블에 썬 호스트 IP 주소를 기본 게이트웨이로 사용했다. 다음 그림은 이 문제가 발생한 상황을 보여준다.

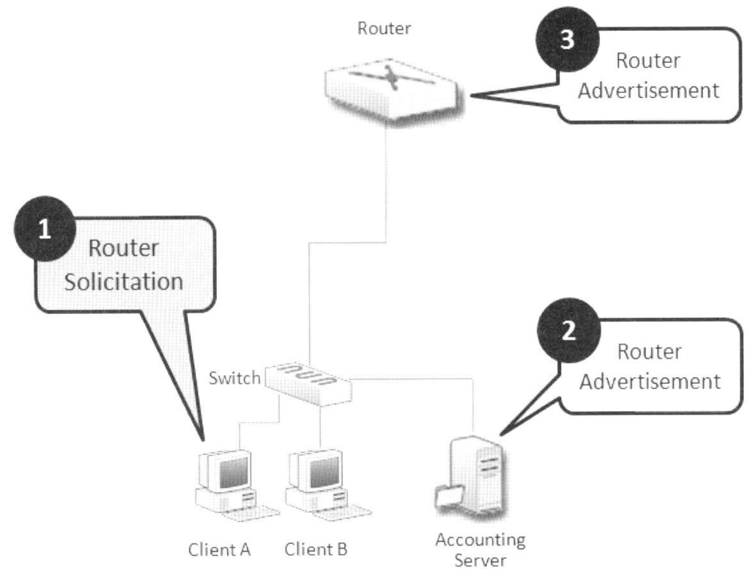

클라이언트가 계정 서버로부터 라우터 광고를 수신할 때 그들은 계정 서버의 IP 주소에 대한 라우팅 테이블을 기본 게이트웨이로 업데이트했을 것이다. 클라이언트가 다른 네트워크에 있는 호스트와 통신하기를 원할 때 그들은 라우팅 테이블을 검색할 것이고, 패킷을 기본 게이트웨이에 전송할 것이다.

라우팅을 위해 썬 박스에 전송된 패킷은 라우팅 서비스를 실제로 지원하지 않기 때문에 해당 박스에 의해 폐기될 것이다. 이는 고립된 호스트 문제를 발생시켰다.

이런 경우 몇 분 안에 문제를 찾아내기 쉽다.

정리

ICMP는 네트워크 구성문제, 서비스 불가, 너무 멀리 떨어져 있는 호스트, 단편화 문제 등을 나타내기 위한 메시징 서비스를 제공한다.

ICMP 패킷은 TCP 헤더나 UDP 헤더를 포함하지 않는다. 포트 필터링은 ICMP 트래픽을 차단할 수 없다.

대부분의 ICMP 패킷은 ICMP 패킷을 발생시킨 원래의 헤더에 포함돼 있다.

ICMP 에코 요청은 일반적으로 표준 ping 테스트나 traceroute 작업에 사용된다.

ICMPv6는 중복 주소 검색, 이웃 발견 등 IPv6의 통신에서 몇 가지 매우 중요한 역할을 한다.

학습한 내용 복습

이 책의 웹사이트인 www.wiresharkbook.com의 다운로드 섹션에서 사용 가능한 추적 파일을 다운로드한다. 다음 나열된 추적 파일들을 분석하고, 18장에서 학습한 내용을 복습하기 위해 질문에 답하라.

icmp-dest-unreachable.pcapng	이 ICMP ping의 실패에는 어떤 이유가 있는가? 호스트는 핑에 응답하고 무엇을 나타내는가?
icmp-payload.pcap	이 ICMP 패킷들의 페이로드에 무엇이 있는가? 왜 이런 트래픽 유형이 보안에 영향을 미치는가? 왜 통신을 재조립하기 위해 스트림을 전송할 수 없는가?
icmp-ping-basic.pcapng	이것은 표준 핑 과정이다. ICMP 에코 요청 구별은 어떻게 서로 분리하는가?
icmp-ping-2signatures.pcap	이들 ICMP 패킷의 페이로드에 무엇이 있는가? 어떻게 하나 또는 다른 페이로드를 포함하는 경우에만 ICMP 에코 패킷을 표시할 필터 표시를 만드는가?
icmp-redirect.pcapng	이 추적 파일에 어떤 일이 일어나는지 밖으로 매핑을 고려하오. 어떤 MAC 주소가 추적 파일에 사용되는가? 추적 파일에서는 왜 두 개의 ICMP 에코 회신이 있는가?
icmp-traceroute-2011.pcapng	traceroute는 대상 호스트에 도달했는가? 경로를 따라 모든 라우터가 발견됐는가? 목표는 얼마나 많은 홉이 있는가? 대상에서 홉까지 얼마나 떨어져 있는가?
icmp-traceroute-normal.pcap	이것은 경로에 따른 라우터를 찾기 위해 사용되는 전송 응답에서 ICMP TTL 초과/TTL 초과를 의존하는 것을 주는 고전적인 ICMP 기반 traceroute 작업이다. 경로에 따른 모든 라우터가 발견됐는가?
ipv6-pinginipv4.pcapng	ICMP 유형의 번호가 ICMPv6 에코 요청이나 ICMP 에코 회신에 사용되는가? 패킷이 수집된 지점에서 라우터의 에코 요청이나 에코 회신은 교차할 수 있는가?

연습문제

Q18.1 ICMP 용도는 무엇인가?

Q18.2 ICMP 유형 3 코드 13(목적지 도달 불가, 통신을 관리상으로 금지) 패킷을 생성하는 장치의 유형은 무엇인가?

Q18.3 당신의 네트워크에서 수집된 ICMP 패킷을 갖고 있다. 사용자의 추적 파일에서 보이는 ICMP 유형 3(목적지 도달 불가) 패킷을 무엇이 발생시키는지 어떻게 확인할 수 있는가?

Q18.4 어떤 ICMP 패킷들이 표준 ICMP 기반 traceroute 프로세스에 사용되는가?

Q18.5 호스트가 ICMP 유형 5, 코드 0(재지정, 네트워크/서브넷에 대한 재지정 데이터그램)을 수신할 때 무엇을 수행해야 하는가?

Q18.6 IP 트래픽에 대한 디스플레이 필터와 수집 구문은 무엇인가?

Q18.7 ICMPv6 패킷이 중복 IP 주소 할당을 확인하는 것은 무엇인가?

연습문제 답

Q18.1 ICMP 용도는 무엇인가?

A18.1 ICMP는 IP 네트워크상의 에러, 경고 및 알림에 대한 일반적인 메시징 시스템으로 사용된다.

Q18.2 ICMP 유형 3 코드 13(목적지 도달 불가, 통신을 관리상으로 금지) 패킷을 생성하는 장치의 유형은 무엇인가?

A18.2 이 패킷은 방화벽에 의해서 생성될 수 있다. 많은 방화벽이 이 패킷을 전송하는 것보다 묵시적으로 차단된 패킷을 폐기한다.

Q18.3 사용자의 네트워크에서 수집된 ICMP 패킷을 갖고 있다. 사용자의 추적 파일에서 보이는 ICMP 유형 3(목적지 도달 불가) 패킷을 무엇이 발생시키는지 어떻게 확인할 수 있는가?

A18.3 ICMP 유형 3 패킷은 IP 헤더와 적어도 이런 응답을 발생시키는 패킷 다음의 8바이트를 포함한다. 왜 이 패킷이 전송됐는지 확인하기 위해 다음의 ICMP 부분에 IP 헤더와 바이트를 검사한다. 다음에 예제 그림에서 이 ICMP 유형 3, 코드 1은 10.4.88.88에서 10.2.10.2 로의 ICMP 에코 요청으로 인해서 발생했다.

```
⊞ Frame 2: 74 bytes on wire (592 bits), 74 bytes captured (592 bits)
⊞ Ethernet II, Src: 00:10:7b:81:43:e3 (00:10:7b:81:43:e3), Dst: 00:20:78:e1:5a:80
⊞ Internet Protocol, Src: 10.2.99.99 (10.2.99.99), Dst: 10.2.10.2 (10.2.10.2)
⊟ Internet Control Message Protocol
    Type: 3 (Destination unreachable)
    Code: 1 (Host unreachable)
    Checksum: 0xa7a2 [correct]
  ⊞ Internet Protocol, Src: 10.2.10.2 (10.2.10.2), Dst: 10.4.88.88 (10.4.88.88)
  ⊟ Internet Control Message Protocol
      Type: 8 (Echo (ping) request)
      Code: 0
      Checksum: 0x265c [incorrect, should be 0xd0ff]
      Identifier: 0x0200
      Sequence number: 9472 (0x2500)
```

Q18.4 어떤 ICMP 패킷들이 표준 ICMP 기반 traceroute 프로세스에 사용되는가?

A18.4 표준 ICMP 기반 traceroute 프로세스는 ICMP 유형 8(에코 요청) 및 ICMP 유형 0(에코 응답) 패킷을 사용한다.

Q18.5 호스트가 ICMP 유형 5, 코드 0(재지정, 네트워크/서브넷에 대한 재지정 데이터그램)을 수신할 때 무엇을 수행해야 하는가?

A18.5 호스트가 ICMP 유형 5, 코드 0(재지정, 네트워크/서브넷에 대한 재지정 데이터그램) 패킷을 받을 때 ICMP 패킷에 포함된 게이트웨이 주소에 대한 라우팅 테이블을 업데이트해야 한다. 후에 네트워크에 대한 통신을 원하는 경우 이것은 라우팅 테이블에 새로운 게이트웨이 항목을 사용할 것이다.

Q18.6 ICMPv4 또는 ICMPv6 트래픽에 대한 디스플레이 필터와 수집 구문은 무엇인가?

A18.6 수집 필터: `icmp or icmp6`

디스플레이 필터: `icmp or icmpv6`

Q18.7 ICMPv6 패킷의 중복 IP 주소 검색을 확인하는 데 사용하는 것은 무엇인가?

A18.7 ICMPv6의 네트워크 환경 요청(ICMP 유형 135) 중복 주소 감지를 위해 사용된다.

사용자 데이터그램 프로토콜(UDP) 트래픽 분석

와이어샤크 공인 네트워크 분석가 시험에서 다루는 내용

- UDP의 목적
- 일반 UDP 트래픽 분석
- UDP 문제 분석
- UDP 패킷 구조 분석
- UDP 트래픽 필터링

- 사례 연구: 시간 동기화 문제 해결
- 정리
- 학습한 내용 복습
- 연습문제와 답

19장에서 참조한 추적 파일

- dhcp-boot.pcapng
- dns-misc.pcapng
- udp-echo.pcapng
- udp-general.pcapng
- udp-pentest.pcapng
- udp-snmpportblock.pcapng

UDP의 목적

브로드캐스트/멀티캐스트 트래픽 추적을 수집해보면 이미 많은 UDP 기반 통신을 갖고 있을 것이다. UDP는 비연결형 전송 서비스를 제공한다. 브로드캐스트와 멀티캐스트 트래픽은 UDP를 통해 전송된다.

UDP의 헤더 포트 필드는 전송을 이용하는 애플리케이션을 식별한다. UDP가 단순한 4개의 필드로 구성된 8바이트 헤더를 사용하기 때문에 UDP는 문제가 드물게 발생한다. UDP는 RFC 768, '사용자 데이터그램 프로토콜'에 정의돼 있다.

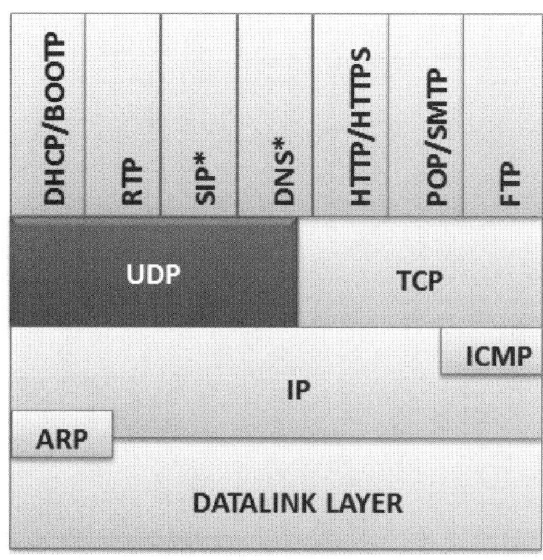

그림 218 UDP는 비연결형 전송 서비스를 제공한다.

UDP를 사용하는 일반적인 애플리케이션은 DHCP/BOOTP, SIP, RTP, DNS, TFTP, 다양한 스트리밍 비디오 애플리케이션이다.

일반 UDP 트래픽 분석

DHCP 검색 패킷 같은 일반 UDP 통신은 원하는 서비스의 목적지 포트 번호에 전송된다. 그림 219는 DHCP 패킷의 UDP 헤더를 보여준다. DHCP는 UDP를 전송 프로토콜로 사용한다. DHCP 통신은 클라이언트 포트 번호에 대해 68번 포트를 사용하고, 서버 포트 번호로 67번 포트를 사용한다.

대부분의 애플리케이션은 통신의 클라이언트 측면에서 단기 포트나 임시 포트 번호를 사용한다. 예를 들어 DNS 조회는 53번 포트를 통해 전송된다. 발신지 포트는 임시 포트 번호다.

DHCP 통신에 대한 자세한 내용은 22장을 참조하라.

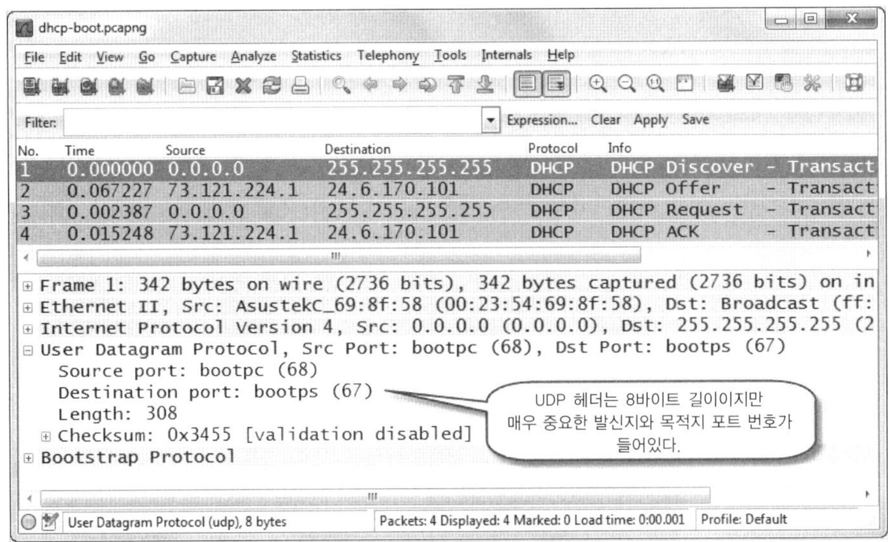

그림 219 DHCP 시작 순서를 기반으로 하는 UDP [dhcp-boot.pcapng]

UDP 문제 분석

UDP에 대해 직접 발생하는 문제가 몇 가지 있다. 한 가지 잠재적인 문제는 UDP 포트 번호 값을 기반으로 하는 트래픽이 차단되는 것이다. 그림 220은 특정 포트 번호에 대한 트래픽을 차단하기 위해 구성된 방화벽이 있는 네트워크에서 UDP 트래픽을 수집한 결과를 보여준다. 이 경우 방화벽은 161번 포트(SNMP)와 5060번 포트(SIP)에 대한 트래픽을 차단한다. ICMP 목적지 도달 불가/포트 도달 불가(유형 3/코드 3) 패킷에 대한 응답 대신, 방화벽은 조용히 패킷을 폐기한다. 사용자의 추적 파일은 UDP 트래픽만을 보여준다(응답은 보이지 않는다).

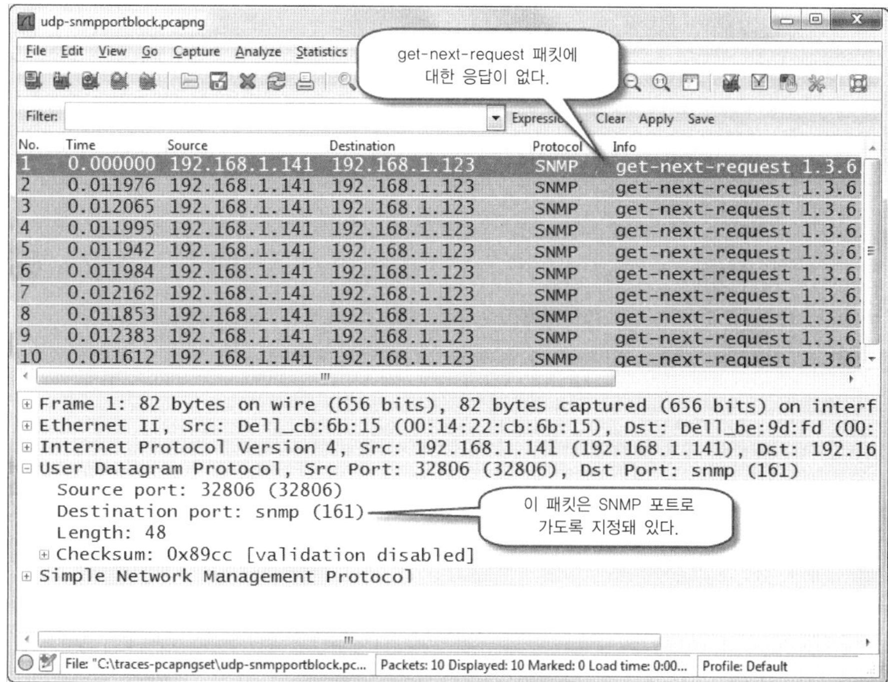

그림 220 응답이 없는 것은 포트 필터링 방화벽에 의한 것이다.[udp-snmpportblock.pcapng]

UDP 스캔은 UDP 패킷의 'striping'을 볼 때 눈에 띄게 나타나고, ICMP 응답은 와이어샤크의 기본 컬러링 규칙을 사용한다. 다시 말해 포트 필터링 방화벽이 트래픽을 차단하는 경우 ICMP 응답을 볼 수 없을 것이다.

그림 221은 192.168.1.123에 대한 UDP 스캔을 보여준다. UDP 스캔은 ICMP 목적지 도달 불가/포트 도달 불가 응답을 생성하는 각 UDP 패킷으로, 아직 UDP 포트가 열려있기 때문에 위치를 알지 못한다. UDP 스캔에 대한 자세한 내용은 31장을 참조하라.

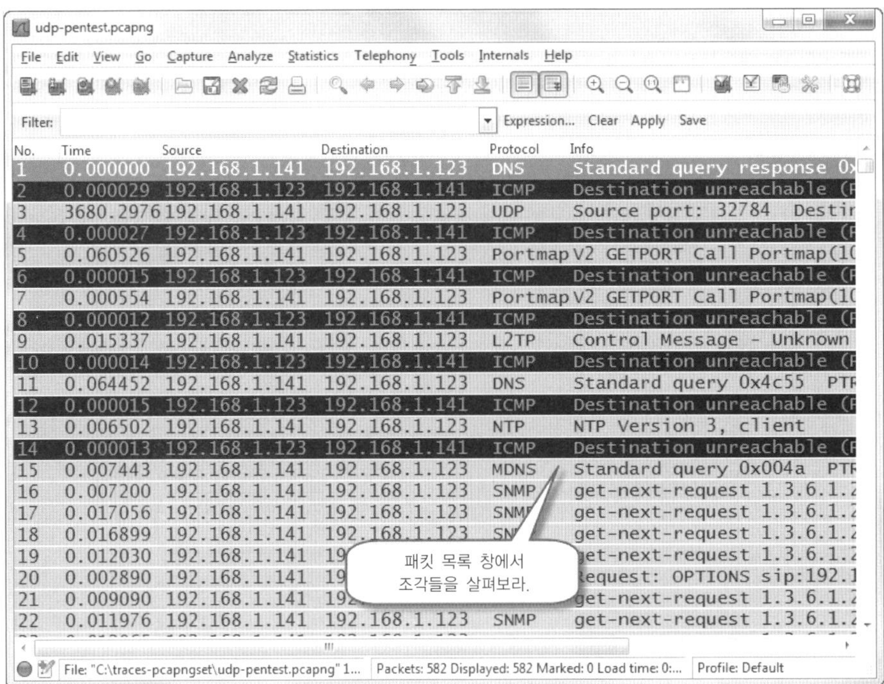

No.	Time	Source	Destination	Protocol	Info
1	0.000000	192.168.1.141	192.168.1.123	DNS	Standard query response 0x
2	0.000029	192.168.1.123	192.168.1.141	ICMP	Destination unreachable (F
3	3680.2976	192.168.1.141	192.168.1.123	UDP	Source port: 32784 Destir
4	0.000027	192.168.1.123	192.168.1.141	ICMP	Destination unreachable (F
5	0.060526	192.168.1.141	192.168.1.123	Portmap	V2 GETPORT Call Portmap(10
6	0.000015	192.168.1.123	192.168.1.141	ICMP	Destination unreachable (F
7	0.000554	192.168.1.141	192.168.1.123	Portmap	V2 GETPORT Call Portmap(10
8	0.000012	192.168.1.123	192.168.1.141	ICMP	Destination unreachable (F
9	0.015337	192.168.1.141	192.168.1.123	L2TP	Control Message - Unknown
10	0.000014	192.168.1.123	192.168.1.141	ICMP	Destination unreachable (F
11	0.064452	192.168.1.141	192.168.1.123	DNS	Standard query 0x4c55 PTR
12	0.000015	192.168.1.123	192.168.1.141	ICMP	Destination unreachable (F
13	0.006502	192.168.1.141	192.168.1.123	NTP	NTP Version 3, client
14	0.000013	192.168.1.123	192.168.1.141	ICMP	Destination unreachable (F
15	0.007443	192.168.1.141	192.168.1.123	MDNS	Standard query 0x004a PTR
16	0.007200	192.168.1.141	192.168.1.123	SNMP	get-next-request 1.3.6.1.2
17	0.017056	192.168.1.141	192.168.1.123	SNMP	get-next-request 1.3.6.1.2
18	0.016899	192.168.1.141	192.168.1.123	SN	get-next-request 1.3.6.1.2
19	0.012030	192.168.1.141	19		et-next-request 1.3.6.1.2
20	0.002890	192.168.1.141	19		equest: OPTIONS sip:192.1
21	0.009090	192.168.1.141	192		get-next-request 1.3.6.1.2
22	0.011976	192.168.1.141	192.168.1.123	SNMP	get-next-request 1.3.6.1.2

그림 221 UDP 스캔은 'ICMP 목적지 도달 불가/포트 도달 불가' 응답의 종류를 발생시킨다. [udp-pentest.pcapng]

UDP 패킷 구조 분석

UDP 헤더는 IP 헤더 프로토콜 필드에 17(0x11) 값으로 정의돼 있다. UDP 헤더는 그림 222와 같이 네 개의 필드로 구성돼 있고, 8바이트의 길이다.

발신지 포트 필드

발신지 포트 필드는 TCP나 UDP와 동일한 목적을 갖는다(응답 패킷을 청취하기 위한 포트를 열기 위해). 일부 경우 패킷을 전송하는 애플리케이션이나 프로토콜을 지정한다.

목적지 포트 필드

이 필드 값은 패킷에서 목적지 애플리케이션이나 프로세스를 정의한다. 일부 경우 발신지 포트나 목적지 포트 번호는 클라이언트나 서버 프로세스와 같다. 기타 경우 클라이언트와 서버 프로세스에 대한 별도 번호나 유일한 번호를 찾을 수 있다(DHCP의 경우). 또 다른 경우는 통신의 서버 측을 위해 잘 알려진 포트 번호를 사용하게 하고, 클라이언트에게는 임시 포트 번호를 사용하게 허용하는 것이다.

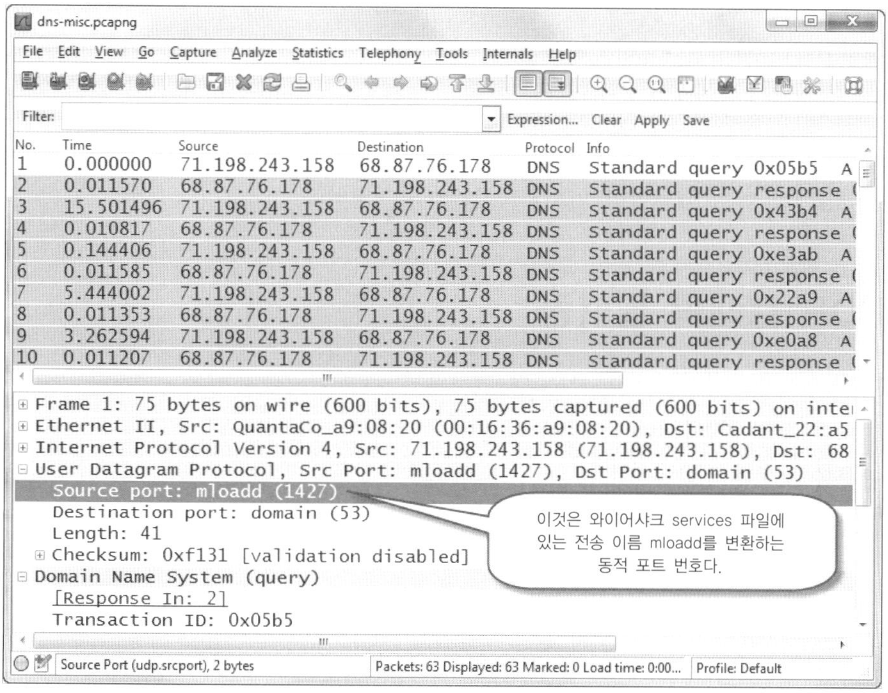

그림 222 UDP 헤더는 오직 8바이트 크기다.[dns-misc.pcapng]

✻ 길이 필드

길이 필드는 UDP 헤더에서 유효한 데이터의 끝까지 패킷의 길이를 정의한다(원하는 경우 데이터 링크 채워 넣기는 포함하지 않는다). 이것은 중복 필드이며, 전체 통신 프로세스에서 실제로 불필요하다. 다음 3개의 길이 필드와 설명에 유의하라.

- IP 헤더 길이 = 5(4바이트 단위로 나타냄)
- IP 헤더의 길이는 20바이트다.
- IP 총 길이 필드 = 329바이트
- IP 헤더 뒤에 데이터는 309바이트다(20바이트는 IP 헤더라는 것을 기억하라).
- UDP 길이 필드 = 309

IP 헤더(UDP 헤더 포함) 뒤에 데이터의 크기는 309바이트다. 이 IP 헤더에 전체 길이 필드에서 8바이트를 빼면 UDP 헤더가 된다는 점을 알아냈고, 데이터의 길이가 301바이트라는 것을 알 수 있다.

✽ 검사합 필드

검사합은 UDP 헤더(검사합 필드 자체는 제외)에서 수행되고, 데이터와 의사헤더는 IP 헤더로부터 파생된다. 의사헤더는 IP 헤더 발신지 주소 필드, 목적지 주소 필드, 프로토콜 필드나 UDP 길이 필드로부터 만들어진다. UDP 기반 통신은 항상 검사합을 요구하지 않는다. 가끔 사용자는 이 필드가 모두 0(0x00)으로 설정된 것을 볼 수 있는데, 이는 검사합이 인증되지 않았다는 의미다.

✲ UDP 트래픽 필터링

UDP 트래픽에 대한 수집 필터 구문은 그냥 udp다.

디스플레이 필터 구문은 그냥 udp다. 다음 표는 변경된 추가 UDP 디스플레이 필터를 보여준다.

디스플레이 필터	설명
udp. srcport == 161	SNMP 응답(161번 포트 기반)
udp. dstport == 137	NetBIOS 이름 서비스(137번 포트 기반)
udp. length 〉 248	UDP 패킷은 240 데이터 바이트 이상이다(udp 헤더에 8바이트로 예약).

UDP는 매우 복잡한 TCP에 비해 상대적으로 단순하다.

사례 연구: 시간 동기화 문제 해결

제출자 Delfino L. Tiongco
ESU 시애틀 네트웍스 지사

나는 NTP(네트워크 시간 프로토콜) 서버로부터 업데이트를 하지 않는 스위치의 문제 해결을 위해 문의했다. 조사한 결과 일부 라우터와 스위치들이 NTP 서버와 동기화되지 않는다는 문제가 나타났다.

나는 시스코에 대한 기술 지원 센터[TAC] 사례를 살펴보고, 문제 해결을 시작했다. 우리는 모든 NTP 트래픽(udp.port == 123)이 마지막 스위치 이전에 NTP 서버에 연결된 라우터에 의해 전송됐다는 것을 알아냈다. 따라서 이는 시스코 라우팅 문제가 아니었다.

나는 NTP 서버에 대한 트래픽이 어디에서 전송되는지 확인하기 위해 와이어샤크를 사용하기 시작했다.

놀랍게도,NTP 서버에 대한 계층 2 트래픽의 다음 홉은 가장 가까운 스위치와 라우터 대신 방화벽으로 향하고 있었다. NTP 서버는 우리의 기본 게이트웨이로 구성돼 있지 않았다. NTP 서버를 재구성해 문제를 수정했다.

또 다시 와이어샤크가 우리를 구해줬다!

정리

UDP는 비연결형 전송 서비스를 제공한다. UDP 헤더는 지원되는 서비스 포트 번호를 정의하기 위해 사용되는 주요 8바이트 헤더다. UDP 헤더에 검사합 필드는 사용되지 않을 수 있다.

대상이 원하는 포트에 서비스를 지원하지 않을 때 대상은 ICMP 목적지 도달 불가/포트 도달 불가 응답을 전송한다.

학습한 내용 복습

이 책의 웹사이트인 www.wiresharkbook.com의 다운로드 섹션에서 사용 가능한 추적 파일을 다운로드한다. 다음 추적 파일을 열고, 19장에서 학습한 내용을 복습하기 위해 질문에 답하라.

dhcp-boot.pcapng	이 추적 파일은 표준 DHCP 통신을 보여준다. 이 통신에서 어떤 포트 번호가 사용되는가?
dns-misc.pcapng	어떤 수집 필터가 DNS 트래픽을 수집하는 것과 비슷하게 적용되는가? 추적 파일에 있는 호스트가 UDP 검사합에 사용되는가?

(이어짐)

udp-echo.pcapng	사용자가 '에코'라는 용어를 언급할 때 대부분의 사람들은 ICMP 에코 요청이나 ICMP 에코 응답을 생각할지라도 이곳에는 TCP나 UDP 에코 통신이 있다. TCP나 UDP 에코에 어떤 것을 전송하는 것은 반드시 에코 응답을 받아야 한다. 이 UDP 통신을 위해 사용되는 포트 번호는 무엇인가? 발신지 포트나 목적지 포트가 에코 포트로 설정되면 어떤 일이 발생하는가?
udp-general.pcapng	DHCP, DNS NetBIOS 이름 서비스나 마이크로소프트 메신저는 이 추적에서 UDP를 기반으로 통신을 구성한다. 네트워크에서 NetBIOS 트래픽을 보기 위해 어떻게 디스플레이 필터를 적용해야 하는가? 어느 통신이 ICMP 목적지 도달 불가/포트 도달 불가 응답을 생성하는가?
udp-pentest.pcapng	UDP 침투 시험의 목표는 무엇인가? 추적의 모든 패킷은 UDP 헤더를 포함하고 있는가?
udp-snmpporblock.pcapng	UDP 포트 번호는 대상 프로세스에 도달하는 트래픽을 차단하는 것과 같다. 방화벽의 유형은 장소와 비슷하다. 네트워크 방화벽이나 호스트 방화벽인가? 동일한 발신지 포트 번호에서 모든 SNMP 요청이 전송됐는가?

연습문제

Q19.1 UDP의 용도는 무엇인가?

Q19.2 UDP 기반 애플리케이션은 패킷 손실을 어떻게 복구하는가?

Q19.3 왜 UDP 패킷은 0x0000의 검사합 값을 갖는가?

연습문제 답

Q19.1 UDP의 용도는 무엇인가?

A19.2 UDP는 비연결형 전송 서비스를 제공한다. UDP 헤더는 포트 필드에 전송을 이용하는 애플리케이션을 식별한다.

Q19.2 UDP 기반 애플리케이션은 패킷 손실을 어떻게 복구하는가?

A19.2 UDP 자체는 비연결형 서비스이기 때문에 패킷 손실로부터 복구하는 도움을 줄 수 없다. 애플리케이션은 시간 초과 값이나 재시도 횟수 값을 포함한 자기 자신의 재전송 프로세스를 사용해야 한다.

Q19.3 왜 UDP 패킷은 0x0000의 검사합 값을 갖는가?

A19.3 UDP 검사합은 선택 사항이기 때문에 이런 필드는 UDP 검사합이 사용되지 않을 때 0x0000 값을 포함할 것이다.

전송 제어 프로토콜(TCP) 트래픽 분석

와이어샤크 공인 네트워크 분석가 시험에서 다루는 내용

- TCP의 목적
- 일반적인 TCP 통신 분석
- TCP 연결 수립
- TCP 기반 서비스가 거부되는 경우
- TCP가 패킷들을 순차적으로 추적하는 방법
- TCP 흐름 제어의 이해
- TCP가 패킷의 손실을 복구하는 방법
- 선택적 확인응답을 통해 패킷 손실 복구 능력 향상
- TCP 문제 분석
- TCP 패킷 구조의 분석
- TCP 트래픽 필터
- TCP 프로토콜 환경설정

- 사례 연구: 연결의 4개의 시도를 요구한다.
- 정리
- 학습한 내용 복습
- 연습문제와 답

20장에서 참조한 추적 파일

- ftp-clientside.pcapng
- http-download-bad.pcapng
- http-google2012.pcapng
- sec-justascan.pcapng
- tcp-con-up.pcapng
- tcp-handshake-problem.pcapng
- http-cnn2011.pcapng
- http-google2011.pcapng
- http-msnbc.pcapng
- tcp-137port.pcapng
- tcp-fin-3way.pcapng
- tcp-problem.pcapng

TCP의 목적

TCP는 두 장치 간에 핸드셰이크로 시작하는 연결을 통해 연결 지향형 전송을 제공한다. 데이터가 적절하게 전송됐는지 확인하기 위해 순서를 매기고, 잃어버린 패킷을 자동으로 복원한다. 편지나 엽서로 비교한다면 UDP는 표준 메일 전송 시스템으로 간주할 수 있지만, TCP의 경우 편지나 엽서의 전송을 추적하고, 수령 여부를 알려주는 익스프레스 캐리어와 같다.

TCP에서는 윈도우window를 이용한다(패킷 수신에 대한 확인응답을 기다리지 않고도 순차적으로 수많은 데이터 패킷을 전송하는 과정). 윈도우 크기는 네트워크가 다룰 수 있는(네트워크 혼잡율) 트래픽이나 수신자가 사용할 수 있는 버퍼 공간을 기반으로 한다. 대부분의 파일 전송 프로토콜은 데이터가 잘 전송됐는지 확인하기 위해 TCP를 사용한다.

TCP는 RFC 739에 기술해놓았다. 하지만 원래 TCP 프로토콜의 보완 사항을 나중에 많이 추가했기 때문에 TCP 기능에 대해 공부할 때 이런 사항을 고려해야만 한다.

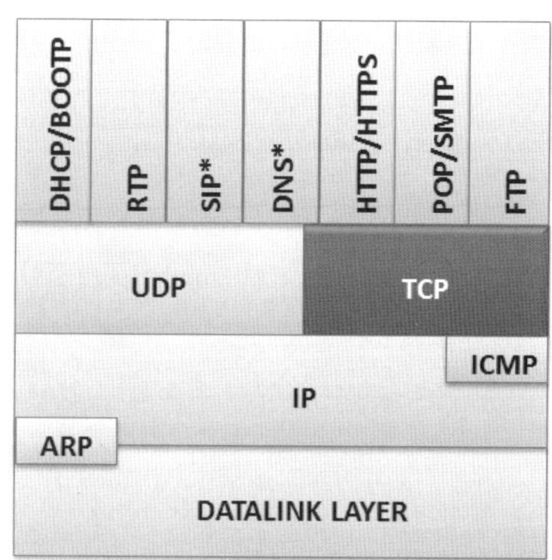

* TCP 위에서 실행되는 것으로도 볼 수 있음

그림 223 TCP는 HTTP, HTTPS, email, FTP 등과 같은 애플리케이션을 전송한다.

일반 TCP 통신 분석

일반적인 TCP 통신 과정에는 연결 설정, 순서 추적, 데이터 손실 복구, 연결 해제 프로세스가 있다.

TCP 연결 설정

TCP 연결은 3방향 핸드셰이크를 통해 설정된다. 기본 핸드셰이크 프로세스에서는 3개의 패킷(SYN, SYN/ACK, ACK)이 필요하다.

통신 양쪽에서 상대방의 시작 순서 번호를 알 수 있게 순서 번호를 동기화하는데 SYN 패킷을 사용한다. 이렇게 해서 양측은 지금까지 교환한 데이터의 순서를 유지하고 관리한다.

그림 224에서 192.168.0.105는 128.241.194.25에 TCP 연결을 설정한다. 패킷 1의 정보 칼럼에는 지정 [SYN]이 포함되며, 패킷 2에는 [SYN, ACK]가 들어있고, 패킷 3은 [ACK]가 들어있다. 이런 패턴은 연결을 설정하기 위해 사용되는 TCP 3방향 핸드셰이크다.

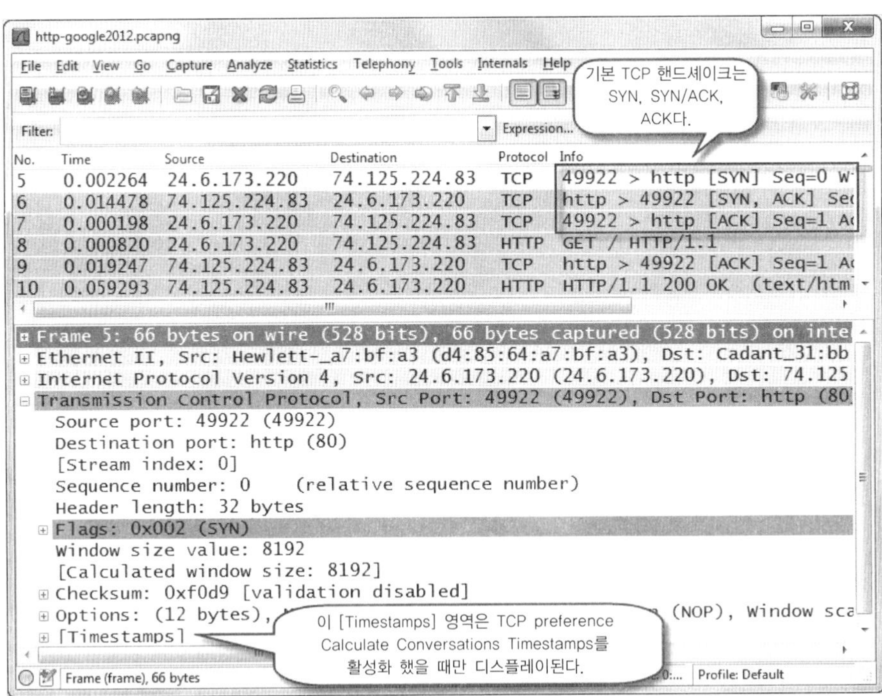

그림 224 3방향 핸드셰이크로 FTP 연결을 설정한다.[http-google2012.pcapng]

그림 225에서 나타낸 것처럼 최근에는 더 많은 TCP/IP 스택에서 핸드셰이크 중 3번째 패킷 안에 데이터를 포함시키는 경우를 많이 보게 된다. RFC 793의 3.4절(연결 설정)인 TCP를 보면 데이터에 자료를 포함하는 것이 “완벽히 합법적이다.”라고 명시돼 있다.

> 여러 개의 연결 초기화 예가 다음에 있다. 이들 예에서 데이터가 같이 포함된 세그먼트를 사용해 연결을 동기화하는 걸 보여주고 있지는 않지만, 수신 TCP가 데이터를 적법하다고 판단할 때까지 사용자에게 전달하지는 않는 한 이것은 완벽히 합법적이다(즉, 연결이 설정 단계에 이르기 전에는 데이터가 수신 측 버퍼에 있게 된다).

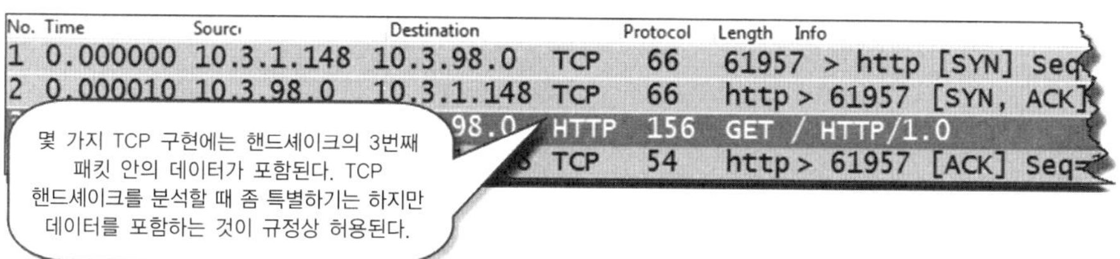

그림 225 3방향 TCP 핸드셰이크에서 3번째 패킷에 데이터를 포함할 수 있다

✽ TCP 기반 서비스가 거부되는 경우

대상 서버가 21번 포트에 들어오고 나가는 트래픽을 관찰하지 않는다면 SYN 패킷을 받고 나서 TCP Reset으로 응답하려고 할 것이다.

대상이 ICMP 목적지 도달 불가 패킷으로 응답한다면 해당 포트는 해당 시스템의 소프트웨어에 의해 침입 차단된 상태에 있음이 분명하다. ICMP 목적지 도달 불가 응답은 침입 차단시스템에 의해 생성된다. 해당 호스트에 접근할 수 없을 경우에는 라우터가 ICMP 메시지로 응답했을 것이다.

보게 될 ICMP 목적지 도달 불가 패킷은 유형 3일 것이며, 다음의 코드 중 하나를 가질 것이다.

코드	정의
Code 1	호스트에 도달할 수 없음
Code 2	프로토콜에 도달할 수 없음

(이어짐)

코드	정의
Code 3	포트에 도달할 수 없음
Code 9	네트워크와의 통신이 관리 면에서 금지됨
Code 10	호스트와의 통신이 관리 면에서 금지됨
Code 11	서비스 유형에 대해 목적지에 도달할 수 없음

TCP SYN이 어떤 응답도 받지 않았다면 (a) SYN 패킷이 목적지에 도달하지 못했거나 (b) SYN/ACK이 어떤 이유로 호스트로 돌아오지 못했거나 (c) 호스트 기반 침입 차단시스템이 조용하게 SYN 패킷을 제거했다고 가정할 수 있다. TCP 스택은 연결을 설정하기 위해 자동으로 SYN을 재전송한다. TCP 스택의 형태에 따라 연결을 재시도하는 횟수가 다르다.

✻TCP 연결의 종료

TCP 연결을 여러 가지 방법으로 종료시킬 수 있다. 한 가지 명확한 종료 방법은 TCP Reset을 사용하는 방법이다. 드러내지 않으면서 종료하려면 TCP FIN 패킷을 이용하면 된다.

FIN을 사용할 경우 호스트는 FIN 패킷을 보내고 나서 상대방이 FIN을 확인하고 응답으로 FIN을 되돌려줄 때까지 FIN-WAIT 상태를 유지한다. RFC 793 문서에 의하면 FIN을 사용해서 드러내지 않으면서 연결을 종료할 때 호스트는 여러 가지 상태에 놓일 수 있다.

	TCP 호스트 A 상태	전송된 패킷	TCP 호스트 B 상태
1.	설정		설정
2.	(폐쇄)FIN-WAIT-1	→FIN, ACK	CLOSE-WAIT
3.	FIN-WAIT-2	←ACK	CLOSE-WAIT
4.	TIME-WAIT	←FIN, ACK	(폐쇄) LAST-ACK
5.	TIME-WAIT	→ACK	CLOSED
6.	(2개 최대 세그먼트 라이프타임 대기) CLOSED		

윈도우나 리눅스 호스트일 경우 현재 TCP 연결 상태를 보고 싶으면 netstat -a를 입력한다. 다음은 윈도우 호스트에서 연결 상태를 나타낸 예다.

```
TCP  24.6.173.220:1035   poll:https                ESTABLISHED
TCP  24.6.173.220:1071   egw1:https                ESTABLISHED
TCP  24.6.173.220:9497   163-166:http              CLOSE_WAIT
TCP  24.6.173.220:9699   nuq04s07-in-f11:http      CLOSE_WAIT
TCP  24.6.173.220:9702   ec2-204-236-130-101:http  CLOSE_WAIT
TCP  24.6.173.220:9703   ec2-204-236-131-42:http   CLOSE_WAIT
TCP  24.6.173.220:9706   a184-84-222-33:http       CLOSE_WAIT
TCP  24.6.173.220:9798   163-166:http              CLOSE_WAIT
TCP  24.6.173.220:14717  nuq04s07-in-f5:http       CLOSE_WAIT
TCP  24.6.173.220:15582  163-166:http              CLOSE_WAIT
TCP  24.6.173.220:22167  66-151-158-187:https      TIME_WAIT
TCP  24.6.173.220:22168  216-115-209-254:https     TIME_WAIT
TCP  24.6.173.220:22169  probe-cgnt-sjc:https      TIME_WAIT
TCP  24.6.173.220:22170  probe-cgnt-sjc:https      TIME_WAIT
TCP  24.6.173.220:22171  216-115-209-254:https     TIME_WAIT
```

FIN은 '종료'를 의미하는 것이 아니다.

RFC 793에서는 FIN 비트의 목적이 송신 측에 더 이상 보낼 데이터가 없다는 것을 의미한다고 돼 있다. 그래서 이례적이기는 하지만 FIN 패킷 수신자가 허락된 추가적 데이터를 보내는 것을 막을 방법이 없다.

확실히 TCP 연결을 끊을 때 사용되는 Reset을 볼 수 있다. Reset보다 FIN을 먼저 보내거나 Reset만 보낸다. 그림 226을 보면 24.6.173.220이 설정한 HTTP 연결을 살펴볼 수 있다. 패킷 2210에서 서버는 더 이상 보낼 데이터가 없다는 것을 나타내기 위해 FIN 비트를 1로 설정한 패킷을 보낸다. 클라이언트는 응답을 확인하고 패킷 2242에서 FIN 비트를 설정한 패킷을 보낸다. 끝으로 서버는 패킷 2276에 TCP Reset을 보내 확실하게 연결을 종료한다.

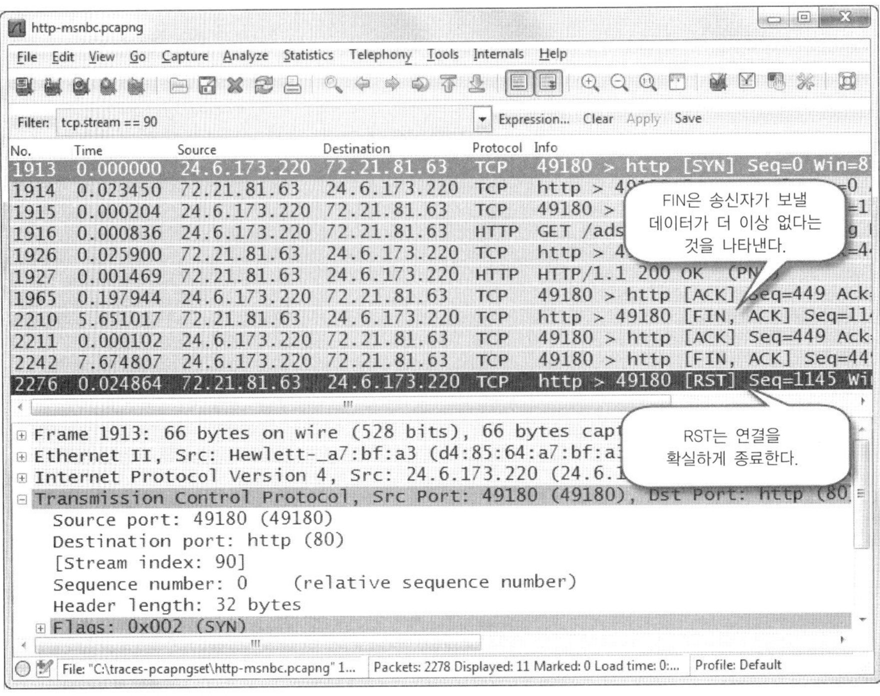

그림 226 TCP Reset을 사용해 TCP 연결을 완전히 종료한다.[http-msnbc.pcapng]

✻ TCP가 패킷들을 순차적으로 추적하는 방법

순차/확인응답 프로세스는 패킷의 순서를 추적하고, 손실된 세그먼트들을 탐지하거나 복구한다.

핸드셰이크하는 동안 연결하는 양측은 각자 자신의 시작 순서 번호(초기 순서 번호)[1]를 선택한다. 양쪽에서는 각자 각 패킷 안에 포함된 데이터의 양에 따라 순서 번호를 증가시킨다. 순차/확인응답 프로세스를 분석하는 경우 다음과 같은 간단한 방정식을 기억하고 있기 바란다.

```
    Sequence Number In
+   Bytes of Data Received
=   Acknowledgment Number Out
```

1. 초기 순서 번호는 임의의 값으로 설정되는데, RFC 1948인 순서 번호 공격 방어에 나와 있는 순서 번호 예측 공격을 막기 위한 것이다. 예를 들어 마이크로소프트 서버 2003은 RC4 기반 난수 생성기를 사용하는데, 이때 초기 값으로 사용하는 2048비트 랜덤 키는 시스템 부팅 때 만들어진다.

어떻게 통신의 순서 번호가 붙은 통신이 단순한 용어/번호로 나타나는지 예를 들어 살펴보자(확인응답 번호 필드에는 상대방으로부터 오게 될 다음 순서 번호에 대한 예측 값이 들어간다는 것을 기억하라).

확인응답 번호 필드는 데이터가 수신됐을 때에만 증가한다. 기본적으로, 와이어샤크는 연관 순서 번호 매기기Relative Sequence Numbering를 사용한다(순서 번호 값은 읽기 쉽도록 0에서 시작한다). 40269198976[2]와 같은 순서 번호로 표시하는 대신, 와이어샤크는 순서 번호를 0부터 시작한다. 작은 번호로 작업하는 것이 더욱 수월하기 때문이다. 실제 순서 번호를 보고 싶다면 TCP 환경설정에서 TCP Relative Sequence Numbers와 Window Scaling을 비활성화하면 된다.

그림 227에 나타낸 예제는 위에 보이는 순서 번호 규칙에 대한 예외를 보여준다. 핸드셰이크나 종료 작업 동안에 순서 번호는 데이터 바이트가 전송되지 않았음에도 불구하고, 1만큼 증가했다.

핸드셰이크가 설정된 이후 순서 번호는 전송된 실제 데이터 바이트 수만큼 증가한다. 이 예제에서 클라이언트는 데이터를 전송하기 위한 첫 번째 사용자다(웹 서버에서 주요 페이지를 얻기 위한 요청).

 **추적 파일을 따라가라.**

그림 227에 나타낸 TCP 통신은 http-espn2011.pcapng 파일 안에서 볼 수 있다. 이 파일에서 사용자는 www.espn.com에 접속했는데 자료가 go.espn.com[frame 9]로 영원히 이동됐다는 사실을 알게 됐다. 그래서 클라이언트는 go.espn.com[frames 15, 16 and 17]에 접속했다. 그림 227에 이 두 번째 연결의 시작 부분과 순차/확인응답 번호 필드 값을 나타냈다. 추적 파일을 열어 따라 내려가보라. packet 15를 오른쪽 클릭하고 Follow TCP stream이나 Conversation Filter > TCP를 선택해서 해당 단일 연결을 조사해보라.

---

2. 순서 번호 필드는 4바이트로 된 필드다. Relative Sequence Numbering를 활성화 하지 않으면 순서 번호는 커져서 다루기가 쉽지 않게 된다.

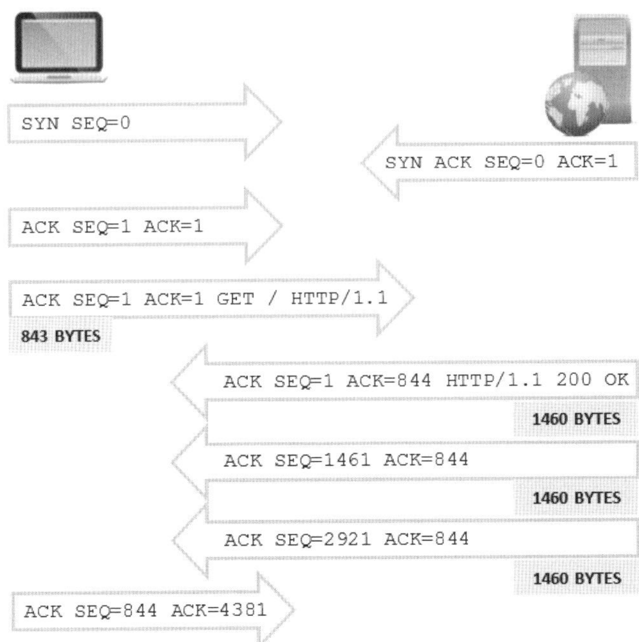

그림 227 TCP 순서 번호나 확인응답 번호는 교환된 데이터를 추적한다.

그림 227은 데이터가 교환될 때 순서 번호와 확인응답 번호 필드(ACK=)가 어떻게 증가되는지 보여준다. 모든 데이터 패킷이 TCP 데이터 세그먼트 확인응답을 필요로 하지 않는다는 사실에 유의하기 바란다.

그림 228에서 보듯이 여러 데이터 패킷에 대해 한 개의 ACK로 확인응답을 할 수 있다.

대부분의 TCP/IP 스택은 지연된 ACK도 지원한다. 지연된 ACK에 대해 더 자세히 알아보려면 'Nagling과 지연된 ACK 이해' 절을 참조하라.

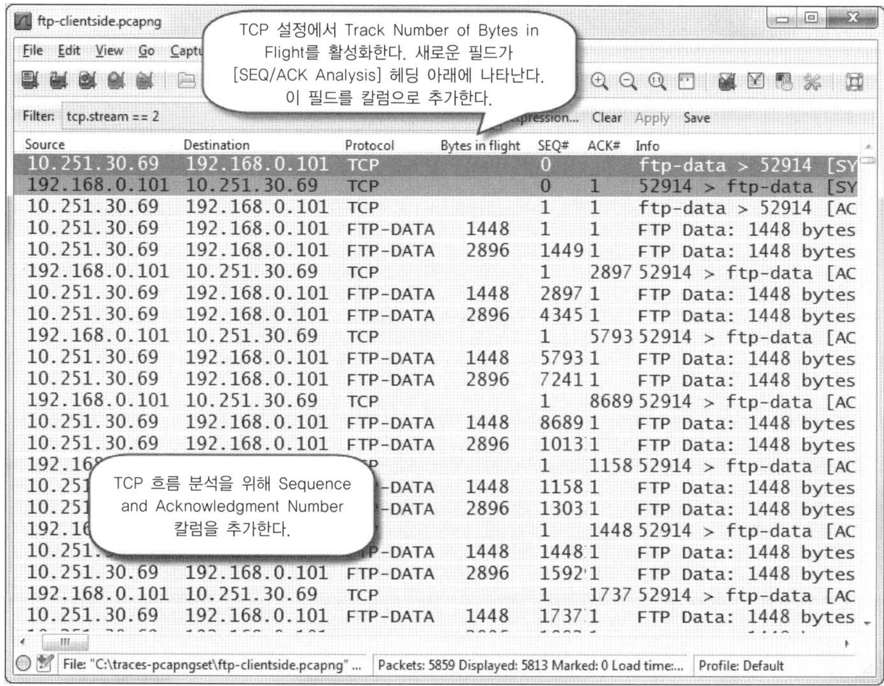

그림 228 모든 TCP 데이터 세그먼트들이 별도의 확인응답을 필요로 하지는 않는다. [ftp-clientside.pcapng]

✻ TCP가 패킷의 손실을 복구하는 방법

TCP는 패킷 손실(손실된 순서 번호에 기반을 둠)을 알아내는 기능이 있고, 데이터의 손실된 세그먼트를 요청하거나(수신자 측에서) 시간 초과나 확인응답 되지 않은 세그먼트를 재전송(발신자 측에서)해서 복구한다.

✻ 수신자가 탐지한 패킷 손실: 신속한 복구

패킷에 예상한 순서 번호가 아닌 다른 번호가 들어있다는 것을 수신자가 알게 되면 패킷이 손실됐다고 가정한다. 이 경우 수신자는 이 확인응답 번호 필드를 송신자가 보낼 것으로 예측했던 다음 순서 번호를 가진 ACK로 수정한다.

3개의 동일한 ACK를 수신하면 재전송을 시작한다.[3] 예를 들어 수신자가 그림 229에 나타난 것처럼 순서 번호 112750이 빠졌다는 것을 알게 되면 수신자는 순서 번호 필드에 112750을 기재한 ACK를 전송한다. 추가 데이터를 수신하게 됐는데,

3. 여기에는 원래 ACK와 두 개의 복제된 ACK가 들어간다(와이어샤크 Expert 시스템에서 언급했듯이).

그것도 순서 번호가 112750이 아니라면 또다시 ACK(확인응답 번호 필드에 112750을 기재해서)를 전송한다. 와이어샤크는 이것을 ACK 복제라고 한다.[4]

우리가 다루고 있는 파일은 http-download-bad.pcapng다. 추적 파일을 열어 따라가보라. 이 추적 파일은 다양한 TCP 문제를 나타낸다.

송신 측에서 타임아웃하기를 기다리지 않고 재전송 과정을 시작해버리는 것을 신속한 복구Fast Recovery라고 한다('발신자가 탐지한 패킷 손실: RTO 타임아웃' 절을 참조하라). 이 기능은 원래 RFC 2001, TCP Slow Start, Congestion Avoidance, Fast Retransmit, and Fast Recovery Algorithms에 정의해놓았다. 그 뒤 RFC 2581, TCP Congestion Control. RFC 2582, NewReno Modification to TCP's Fast Recovery Algorithm에 업데이트해놓았고, 'TCP 연결에서 TCP Selective Acknowledgment (SACK) 옵션'을 사용할 수 없을 때의 복구 메커니즘에 대해 추가적으로 연구했다.

지연이 많이 되는 경로일 경우 추적 파일 안에서 3개 이상의 동일한 ACK를 발견하기도 한다. 예를 들어 그림 229를 보면 웹브라우징을 하는 클라이언트는 10개의 동일한 ACK(패킷 134 안의 원래 ACK와 9개의 복제된 ACK)를 보냈다(각각의 ACK는 송신 측에 순서 번호 112750을 요청하고 있다).

---

4. TCP 통신에 대해 가르칠 때 나는 자주 "엄마...엄마...엄마..."하고 졸라대는 '식료품 가게 안의 아이'라고 비유하곤 한다. TCP 수신 측이 기대했던 순서 번호를 발견하지 못하면 이런 행동을 하기 때문이다. 수신 측 TCP는 손실된 패킷을 재전송을 위해 손실된 순서 번호에 대해 징징거리고 불만을 표현한다.

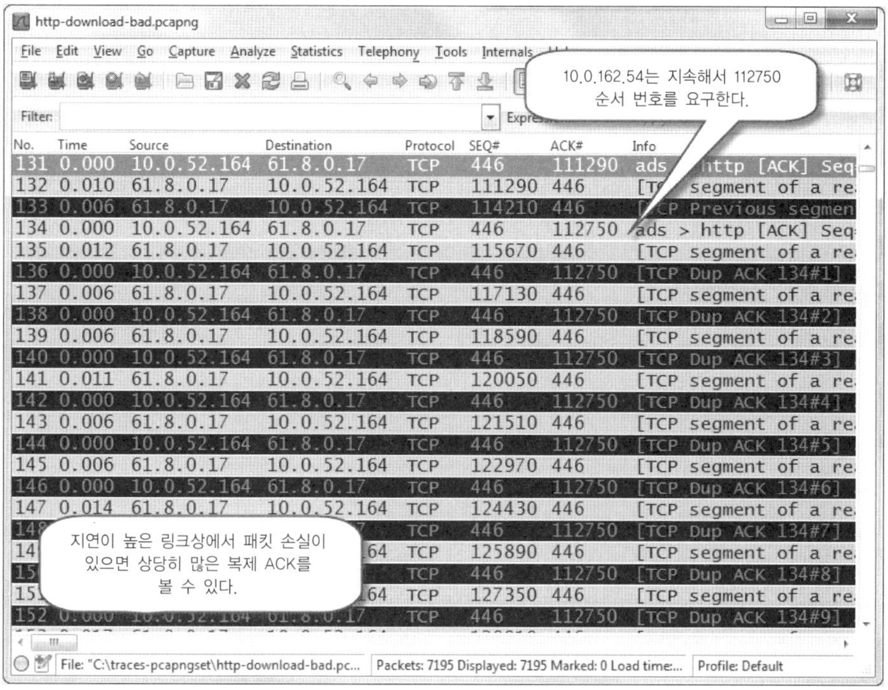

그림 229 높은 지연 경로에서는 3개 이상의 동일한 ACK를 야기한다.[http-download-bad.pcapng]

❊ 발신자가 탐지한 패킷 손실: RTO 타임아웃

TCP 전송자는 TCP 재전송 타임아웃RTO 값을 유지하고 있다가 TCP 수신 측으로부터 확인응답이 오지 않으면 언제 패킷을 재전송해야 하는지를 결정한다.

데이터 패킷을 전송했는데 RTO 타임아웃될 때까지 확인응답이 수신되지 않으면 TCP 송신 측은 원래 패킷의 순서 번호를 이용해서 패킷을 재전송한다.

그림 230을 보면 서버는 ACK를 기다리고 RTO 시간이 경과하기 이전에 ACK가 도착하지 않자, 데이터 패킷을 재전송한다. 대략 600밀리초 뒤에 또 다른 재전송이 이뤄졌다. TCP의 백오프 알고리즘을 이용해 시간 끼어들기를 하면 패킷에 대한 확인응답을 수신하기 전에 재전송 시도 시간을 두 배로 늘리거나, TCP 호스트가 5번의 재전송 시도를 한 뒤에 전송을 포기하게 할 수 있다.

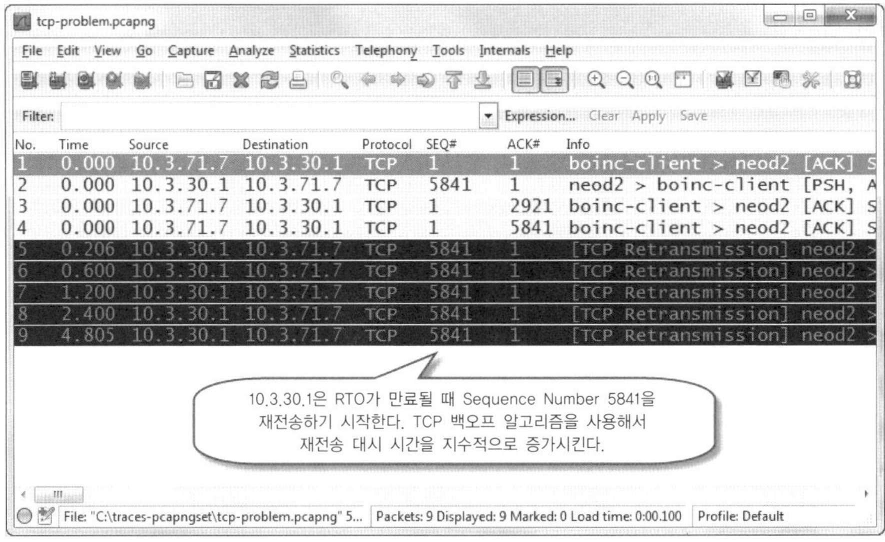

그림 230 HTTP 서버는 재전송 시간 초과 값에 도달했을 때 패킷을 재전송한다.[tcp-problem.pcapng]

패킷 손실을 알아채면 와이어샤크를 이동시켜라.

송신 측에 가까운 트래픽을 추적할 때 데이터 패킷이 목표에 도달했는지 아니면 도착은 했지만 ACK가 돌아오는 도중에 손실된 것인지에 대해 확신을 할 수 없다. 와이어샤크를 경로를 따라 더 이동시켜서 어느 경우가 맞는지 확인해보라.

✻ 선택적 확인응답을 통해 패킷 손실 복구 능력 향상

선택적 확인응답(SACKs, Selective ACKs)은 RFC 2018, TCP Selective Acknowledgment Options에 정의돼 있다. TCP 선택적 확인응답을 이용해서 TCP 데이터의 세그먼트 수신에 대한 확인응답을 할 수 있다. 한편으로는 손실된 세그먼트를 정의할 수도 있다.

선택적 ACK 능력은 그림 231에 나타낸 것처럼 TCP SACK Permitted 옵션을 이용해서 TCP 핸드셰이크 프로세스 중에 설정해야만 한다.

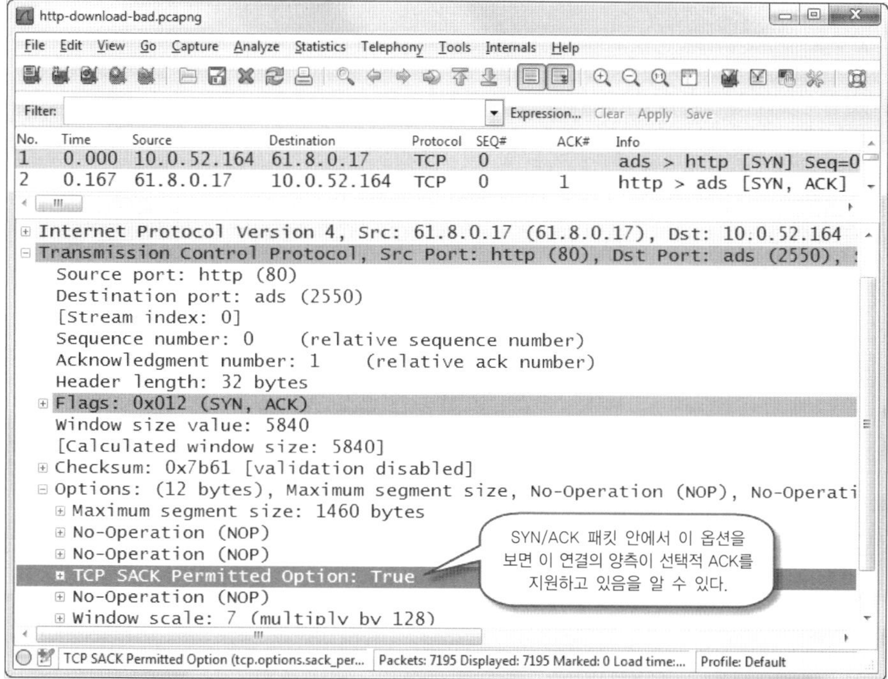

그림 231 이 TCP 호스트는 선택적 ACKs를 지원한다.[http-download-bad.pcapng]

SACK 지원은 핸드셰이크 과정 중 TCP 옵션 영역 안에서 통신의 양측이 설정해야만 한다.

패킷 손실이 생겼을 때 선택적 ACK를 사용하고 있었다면 복제 ACK는 확인응답 번호 필드에서 손실된 세그먼트를 나타내고, TCP 옵션 영역 안의 Left Edge와 Right Edge 값을 포함한다. 이 값은 패킷 손실 이후 수신된 데이터에 대한 확인응답이다. 송신자는 SACK 영역 안에서 확인응답된 다른 어떤 데이터든 전송할 필요가 없다.

그림 232에서 10.0.52.164는 순서 번호가 114210부터 120050까지인 데이터 바이트를 수신했다고 확인응답을 보내면서 순서 번호가 112750인 패킷을 요청하고 있다.

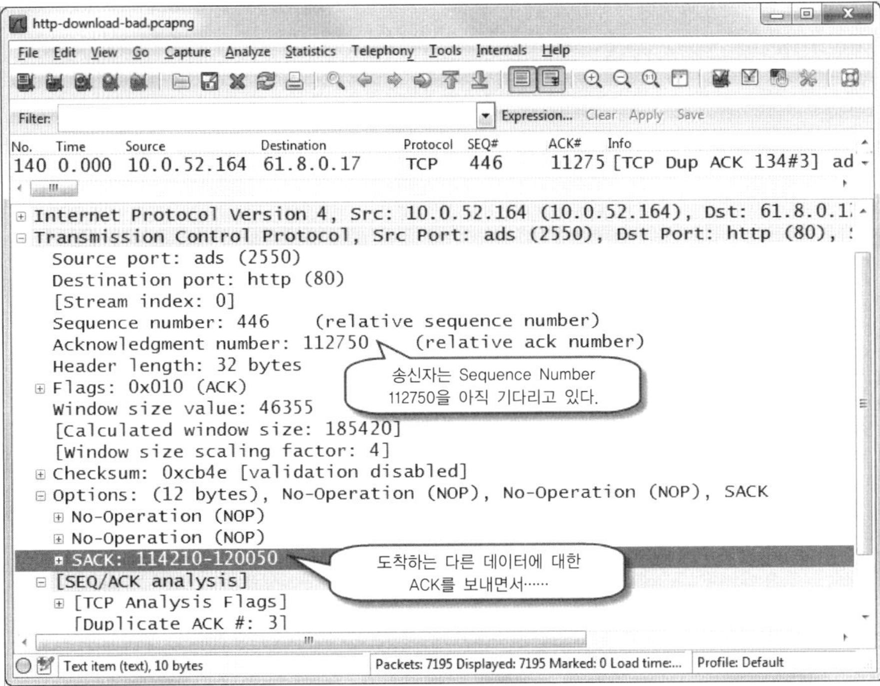

그림 232 각 선택적 ACK는 별개의 right edge를 갖는다.[http-download-bad.pcapng]

일단 10.0.52.164가 순서 번호 112750을 수신하면 SACK 정보는 더 이상 필요가 없다(112750에 대한 복구 과정에 또 다른 패킷이 손실되지 않는 한). http-download-bad.pcapng를 살펴보면 이런 경우가 나타나 있는 걸 볼 수 있다. 이 한 개의 손실된 패킷을 복구하는 동안에 여러 개의 패킷이 손실됐다.

✻ TCP 흐름 제어 이해

TCP는 과도한 트래픽으로 혼잡한 링크나 이미 과부하된 호스트로 전송하지 않게 보장하기 위한 흐름 제어 방법을 갖고 있다.

TCP 통신의 처리율은 혼잡 윈도우에 의해 좌우된다. 혼잡 윈도우에서는 제시간에 미해결된(확인되지 않은) 바이트의 수를 정의한다. 본질적으로 이것은 송신자가 부여한 흐름 제어 메커니즘이다. 혼잡 윈도우는 우리가 설정하는 것이 아니다. 이는 아래 3개의 주요 요소를 토대로 해 동적으로 결정된다.

- 통지된 수신자의 TCP 버퍼 공간
- 송신자의 전송 버퍼 능력

- 네트워크에서 허용된 트래픽의 양(네트워크 혼잡도/패킷 손실에 기반을 둠)

혼잡 윈도우 크기는 이들 3개의 값 중 제일 낮은 것이다. 네트워크 혼잡은 네트워크 스스로 데이터 전송률을 지원할 수 없기 때문에 전송 시 패킷을 손실시키는 조건으로 정의된다. 예를 들어 이더넷 네트워크는 수신자가 65,535바이트의 윈도우를 알린다고 가정하지만, 정상적인 상태에서도(상대방이 가진 커다란 65,535바이트 수신 버퍼를 이용하기 이전) 패킷 손실이 발생한다.

실제 혼잡 윈도우는 65,535바이트가 아니지만, 네트워크에서 지원하는 정도를 기준으로 하면 더 작은 값이 된다. 패킷 손실 이후의 혼잡 윈도우를 결정하는 과정은 RFC 2001: Slow Start, Congestion Avoidance, Fast Retransmit and Fast Recovery Algorithms에 잘 정의해 놨다. 가장 최신에 정의된 복구 메커니즘은 RFC 5681: TCP Congestion Control이다.

혼잡 윈도우는 때때로 cwnd로 나타낸다. 수신 윈도우는 때때로 rwin으로 나타낸다.

TCP 슬라이딩 윈도우는 흐름 제어를 활용하는 안정적인 데이터 전송 방법이다. 그림 233에서는 데이터 전송의 일부분인 8개의 TCP 세그먼트를 보여준다. 세그먼트 A+B는 이미 전송됐고, 확인응답도 받았다. 현재 윈도우는 세그먼트 C+D+E를 갖고 있고, 발신자는 확인응답을 기다리고 있다. 확인응답이 도착하면 윈도우는 왼쪽으로 이동하고, 더 크게 확장된다.

윈도우는 다음 세그먼트 F+G+H를 전송하기 위해 왼쪽으로 이동한다. 윈도우는 확인응답이 수신될 때마다 왼쪽으로 계속 이동한다.

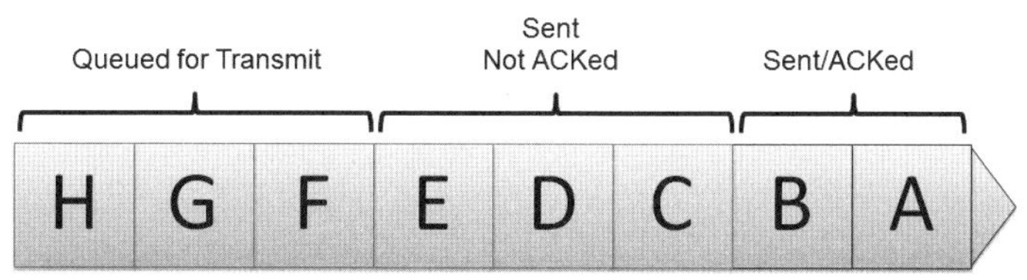

그림 233 TCP 슬라이딩 윈도우

TCP 수신 윈도우는 TCP 연결 수신 측에 있는 TCP 버퍼 공간이다. 수신 버퍼의 최대 크기는 수신자가 설정하거나 실제 활용할 수 있는 버퍼 크기에 따라 달라진다. 현재 수신 버퍼 크기는 애플리케이션까지 데이터를 올리기 전에 상대방으로부터 더 많은 데이터를 받아들일 수 있는 공간 크기가 얼마이냐에 따라 결정된다.

송신 버퍼와 애플리케이션 제한 문제

호스트의 수신 버퍼 크기를 확장하게 설정하고 패킷 손실이 없는 네트워크 경로에서 통신을 하게 되면 아주 빠른 전송 속도로 통신할 수 있을 것이라고 생각할 것이다. 하지만 고려해야 할 것이 두 가지 더 있다. 애플리케이션이 무엇을 조절할 수 있는가? 송신 버퍼 설정은 무엇인가? 예를 들면 iPerf는 전송률을 점검하는 좋은 도구이지만, 디폴트 송신 버퍼 크기는 현재 128KB로 정해져 있다. 이 조건 때문에 iPerf가 경로를 통해 전송하고자 하는 데이터의 양에 제한을 받을 수 있다. 이와는 반대로 호스트 TCP/IP 스택에도 송신 버퍼 설정이 돼 있어 전송률에 제한을 가하고 있을 수도 있다. 예를 들어 net.inet.tcp.sendspace 설정(FreeBSD와 MAC OS X)이 너무 낮게 돼 있을 수 있다는 것이다. 종합적으로 보면 이런 이유 때문에 송신 측의 연결부에서 전송률이 떨어질 수 있다.

TCP 연결의 양측에서는 자체 수신 윈도우 크기 값을 유지하게 되는데, 이 값은 전적으로 다를 수 있다. 예를 들어 서버는 수신 버퍼 크기로서 65,535바이트를 사용하는 반면, 클라이언트는 오직 14,600바이트만을 사용할 수 있다.

데이터 전송 도중에 수신 윈도우 크기가 0으로 떨어진다면 윈도우는 '동결' 상태가 되고, 송신자는 윈도우가 다시 열릴 때까지 데이터 전송을 중지해야 한다.

TCP 윈도우 크기 〉 0이어도 데이터 전송을 중지할 수 있다.

수신자가 최대 세그먼트 크기(MSS)보다 더 작은 윈도우를 알리면 발신자는 윈도우가 너무 작다고 인식하고, 윈도우의 크기가 MMS 값이 되거나 수신 버퍼의 절반 크기 둘 중 더 작은 것이 늘어나기를 기다린다. 사실상, 데이터 전송은 중단된다. 이것은 윈도우 제로 조건 때문에 멈추는 것과 같다. 'Low Window Size' 컬러링 규칙과 Filter Expression 버튼 생성을 생각해보기 바란다. 구문은 tcp.window_size 〈 1400 && tcp.window_size 〉 0이다. 첫 번째 수를 TCP 핸드셰이크 패킷에서 가장 자주 봤던 MSS 설정에 가깝게 설정해보라.

✽ Nagling과 지연된 ACK 이해

Nagle 알고리즘은 호스트가 작은 TCP 세그먼트들을 전송하는 곳에서 '작은 패킷 문제'를 해소하기 위해 정의됐다. 예를 들어 한 번에 10바이트의 데이터를 전송하는 애플리케이션을 생각해보라.

Nagle 알고리즘을 사용할 때 이전의 확인응답이 없는 세그먼트가 호스트에서 미처리된 채로 대기하고 있다면 밖으로 나가는 TCP 데이터는 버퍼링된다. Nagle 알고리즘은 RFC 896에 정의돼 있다. Nagle 알고리즘은 작은 데이터 전송 시 네트워크 통신의 속도를 늦출 수 있어 많은 TCP 구현에서 이 기능을 정지시켜놓는다.

TCP의 지연된 ACK를 이용하면 TCP 통신상 패킷 수를 감소시킬 수 있다. 수신한 모든 TCP 세그먼트마다 단일 ACK를 보내는 대신, TCP를 구현할 때 지연된 ACK 기능을 활용하면 다음 조건이 만족될 때만 ACK를 보내게 된다.

(a) 수신한 이전 세그먼트에 대한 ACK를 보내지 않았다.

(b) 세그먼트가 수신됐지만, 해당 연결에서 200ms 내에 다른 세그먼트가 도착하지 않았다.

일반적으로 TCP 연결을 살펴보면 수신된 연속된 두 개 중의 한 TCP 세그먼트에 대해서만 확인응답을 보낸다는 것을 알 수 있다. 지연된 ACK 타이머가 만료된 경우(200ms) ACK를 보내야만 한다. TCP 지연 ACK는 RFC 1122의 '4.2.3.2절, Requirements for Internet Hosts - Communication Layers'에 기술돼 있다.

지연된 ACK에 대한 문제가 있는 경우 TCP 시간 순차 그래프는 그림 234에서 보는 것과 같이 200ms의 지연을 보여줄 것이다. 와이어샤크의 TCP 시간 순차 그래프의 사용에 대한 자세한 내용은 21장을 참조하라.

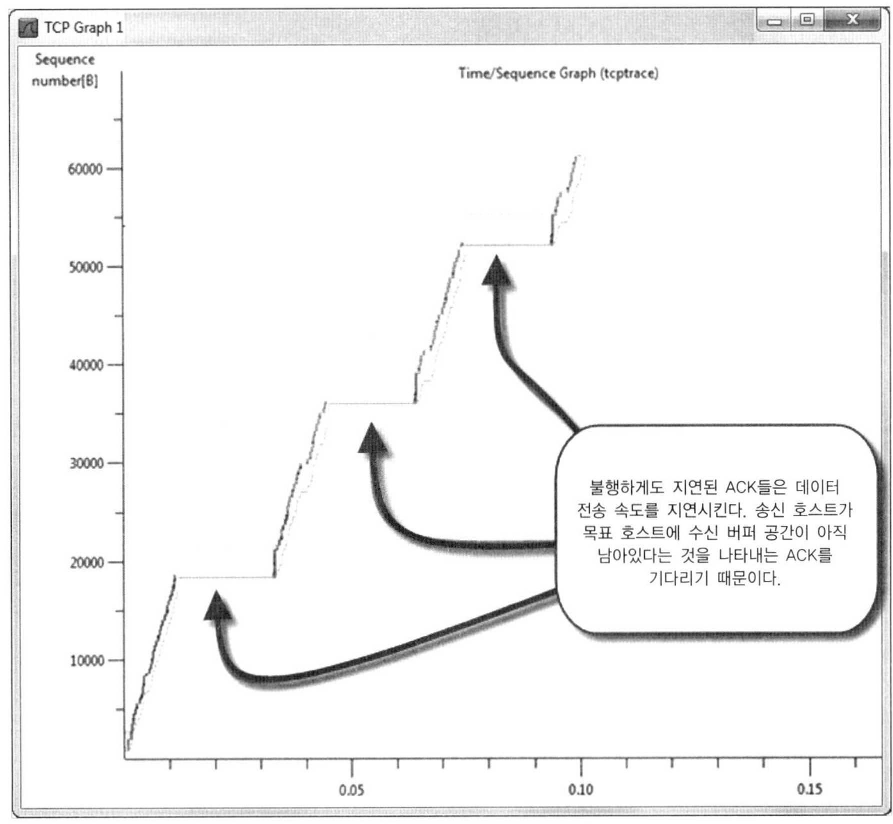

그림 234 지연된 ACK 문제는 TCP 시간 순차 그래프에 나타난다.

TCP 문제 분석

TCP 계층에서 일어날 수 있는 문제가 많이 있다. 이들 문제는 핸드셰이크 과정에서의 문제, 패킷 손실, TCP 연결 해제, 윈도우 동결 등이다. TCP 기반 통신 문제에 대한 자세한 내용은 29장을 참조하라.

TCP 핸드셰이크 문제에 대해 먼저 알아보자. 그림 235는 TCP 연결 거부를 보여준다. 그림 235에서 핸드셰이크의 초기 패킷(SYN)은 Reset(RST/ACK) 응답을 수신한다. 연결은 설정될 수 없다. 핸드셰이크 프로세스가 완전하게 성공하지 못하면 데이터는 호스트 사이에서 교환될 수 없다.

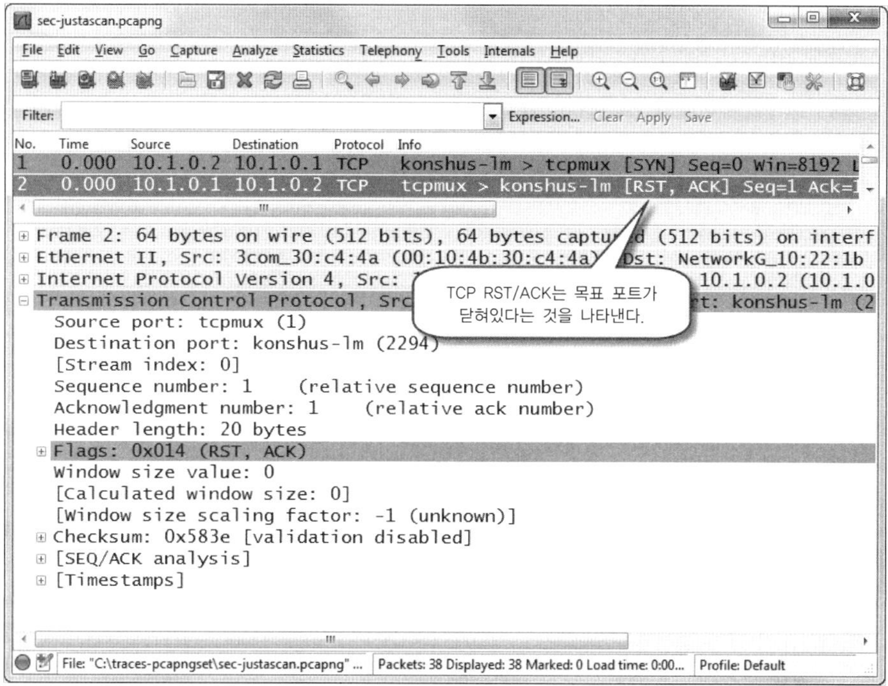

그림 235 RST/ACK로 거부된 TCP 연결[sec-justascan.pcapng]

TCP 연결을 상당히 많이 시도했지만 계속해서 실패한다면 TCP 스캔이 이뤄지고 있다는 것을 의미한다. 네트워크 스캔 분석에 대한 자세한 정보는 31장을 참조하라.

그림 236은 핸드셰이크 프로세스에 대한 다른 문제점을 보여준다. 이 추적 파일은 클라이언트(67.171.32.69)와 가까운 곳에서 수집한 것이다.

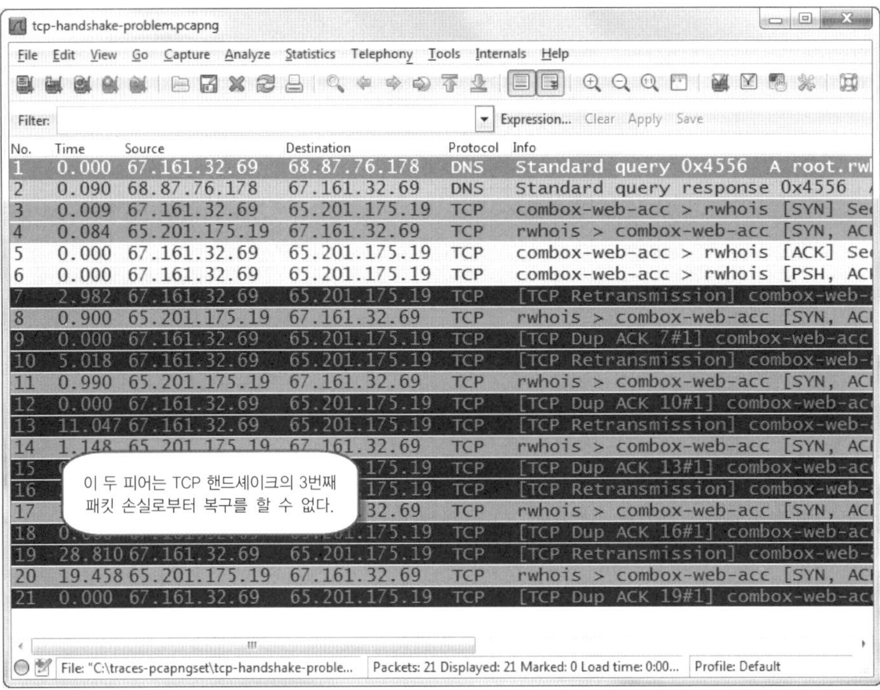

이 두 피어는 TCP 핸드셰이크의 3번째 패킷 손실로부터 복구를 할 수 없다.

그림 236 패킷 손실로 인해 실패한 TCP 연결[tcp-handshake-problem.pcapng]

그림 236을 분석해보면 다음과 같은 사항을 파악할 수 있다.

- 핸드셰이크는 정상적으로 보인다(패킷 3-5에 SYN, SYN/ACK, ACK). 핸드셰이크(SYN)의 첫 번째 패킷에서 클라이언트 67.161.32.69의 순서 번호가 0임에 주의하라. 이 순서 번호는 와이어샤크에서 정한 상대적 순서 번호다. 클라이언트가 보낸 다음 패킷인 패킷 번호 5번에는 클라이언트가 SYN 패킷에 어떤 데이터도 보내지 않았지만 클라이언트의 순서 번호가 1로 표시돼 있다. TCP 설명서(RFC 793, Transmission Control Protocol)는 SYN 패킷 이후의 첫 번째 데이터 패킷에는 초기 순서 번호(ISN)에 1을 증가시킨 번호를 부여해야 한다고 정의하고 있다.[5]
- 핸드셰이크 프로세스 후에 클라이언트는 14바이트 크기의 데이터를 서버로 보내고, 패킷 6에서 Push(PSH) 및 ACK 비트를 설정한다.

5. 이 번호를 '유령 바이트'로 생각하기 쉽다. 실제로 패킷 안에 존재하지 않는 바이트지만 순서 번호 값을 1 증가시킬 수 있기 때문이다.

- 패킷 7은 무언가 잘못됐다는 최초의 암시다. 패킷 6에 대한 확인응답 ACK를 기다리는 클라이언트의 RTO 값이 만료됐다. 패킷 7은 패킷 6의 재전송 패킷이다.
- 패킷 8도 재전송 패킷이다. 서버는 TCP 핸드셰이크로부터 SYN/ACK 패킷을 재전송했다. 이것은 서버가 핸드셰이크 프로세스의 3번째 패킷을 수신하지 않았다는 것을 나타낸다. 서버는 클라이언트에게 핸드셰이크 ACK 패킷을 요청하기 위해 확인응답 번호 필드 값을 1로 설정한다.
- 서버는 지속적으로 핸드셰이크의 3번째 패킷을 요구한다. 하지만 클라이언트는 순서 번호 1을 가진 2개의 패킷을 전송했다. 클라이언트는 핸드셰이크의 마지막 패킷 대신에 첫 번째 데이터 패킷을 재전송한다.
- 이 문제는 자체적으로 해결될 수 없다. 서버는 핸드셰이크 프로세스가 적절하게 해결될 때까지 14바이트의 데이터를 승인하지 않을 것이다. 포트 4321을 이용해 RWhois[Referral Whois] 서비스로 TCP 연결을 시도했던 애플리케이션은 다시 연결하기 위해 TCP 연결을 재시작해야만 한다.

완전한 핸드셰이크 이후 SYN/ACK 관찰.

TCP 핸드셰이크를 관찰한 뒤에 이상한 SYN/ACK를 보았다면 연결에 문제가 있다는 것을 알아야 한다. 해당 연결은 합법적이지 않은 연결로 간주해야 하고, 반드시 종료한 뒤에 다시 연결하도록 해야 한다.

그림 237은 윈도우 제로 조건 때문에 생긴 TCP 데이터 흐름에 대한 문제를 그림으로 나타낸 것이다. 패킷 364에서 클라이언트는 윈도우 크기를 0으로 알려서 더 이상 데이터를 수신할 수 없다는 것을 효과적으로 상대방에게 의사 표시한 것이다. 이 문제는 애플리케이션이 적시에 버퍼를 비우지 않아 생긴 문제다(호스트가 처리 능력이 떨어지기 때문에 애플리케이션이 효과적으로 기능하지 못했을 수도 있다).

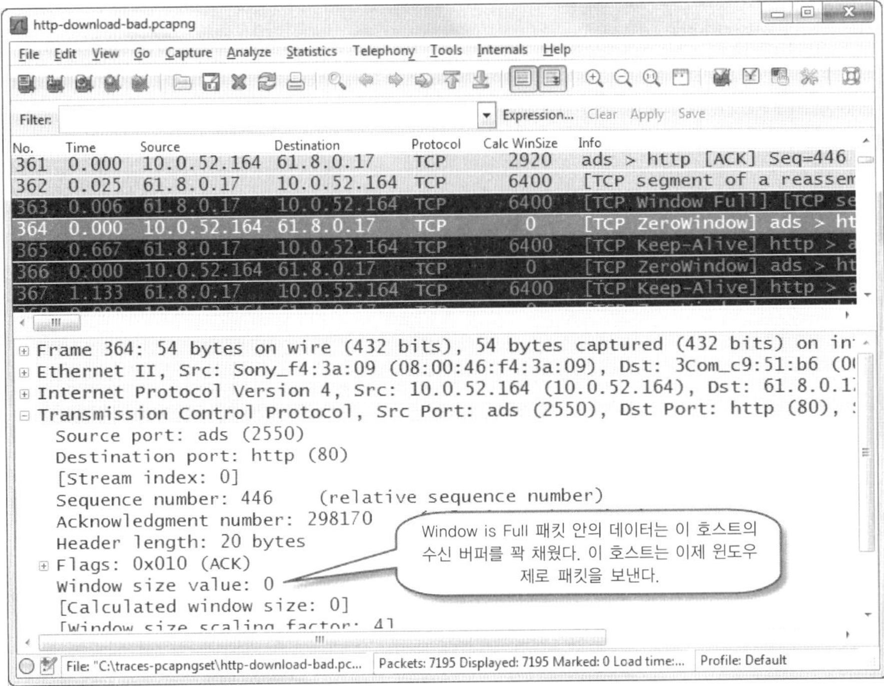

그림 237 수신 측 윈도우가 0이기 때문에 TCP 전송이 정지됐다. [http-download-bad.pcapng]

TCP 통신 문제 해결에 대한 자세한 내용은 29장을 참조하라.

TCP 패킷 구조 분석

TCP 헤더는 일반적으로 20바이트다. 그러나 TCP 헤더는 헤더 길이를 확장할 수 있는 옵션 필드를 제공한다.

발신지 포트 필드

TCP 발신지 포트는 발신지에서 열어놓은 청취 포트다. 할당된 포트 목록은 온라인 www.iana.org/assignments/service-names-port-numbers/service-names-port-numbers.xml에 있다.

목적지 포트 필드

TCP 목적지 포트는 수신지에서 열어놓은 목표 포트다. 할당된 포트 리스트는 온라인 www.iana.org/assignments/service-names-port-numbers/service-names-port-numbers.xml에 있다.

✽ 스트림 목록[와이어샤크 필드]

스트림 목록은 TCP 헤더에 실제로 있는 필드가 아니다. 스트림 목록 값은 와이어샤크가 정하는데, TCP 대화를 신속하게 필터링할 때 사용된다. 와이어샤크 1.8 버전에서 TCP 대화 안의 스트림 목록 값은 추적 파일 내의 모든 TCP 대화에 대해 0부터 시작해서 1씩 증가한다. 와이어샤크 1.8 버전 이전에는 UDP 대화에 스트림 목록 값을 부여했었는데, 보통 UDP 헤더는 스트림 목록 필드가 없기 때문에 많은 사람들이 이것 때문에 혼동을 했다.

✽ 순서 번호 필드

TCP 세그먼트(TCP 헤더 뒤에 이어지는 데이터를 TCP '세그먼트'라고 한다)를 구별할 수 있는 유일한 번호가 들어있다. 이 순서 번호로 TCP 세그먼트를 인식할 수 있고 수신자가 통신 흐름의 일부가 손실된 때를 알 수 있게 한다. 순서 번호는 각 패킷에 포함된 데이터 바이트 수만큼 증가한다.

각 TCP 장치는 스스로의 초기 순서 번호[ISN]을 배정한다. 이 순서 번호의 증가 프로세스는 'TCP가 패킷을 순차적으로 추적하는 방법' 절을 참조하라.

✽ 다음 기대 순서 번호[와이어샤크 필드]

이 필드는 오직 데이터를 포함하는 패킷에서만 나타난다(이 필드는 SYN 패킷이나 단순 ACK 패킷에도 없다). 와이어샤크는 현재 패킷 순서 번호를 점검하고 데이터 바이트 크기를 더해서 다음 기대 순서 번호를 만들어 제공한다.

✽ 확인응답 번호 필드

확인응답 번호 필드는 통신 상대방으로부터의 다음 기대 순서 번호를 표시한다. 호스트가 확인응답 번호 필드를 증가시킨 적이 없다면 단순히 해당 호스트가 어떤 데이터도 받지 않았다는 것을 나타낸다.

✽ 데이터 오프셋 필드

이것은 TCP 헤더의 길이를 정의한다. 이것은 4바이트씩 증가하게 정의돼 있고,

그래서 이 필드에 5라는 값이 있다면 그 값은 TCP 헤더가 20바이트 길이를 갖는다는 점을 표시한다. TCP 헤더 길이가 TCP 헤더 옵션의 사용 여부에 따라 다양하게 변화하기 때문에 이 필드가 필요하다. TCP 옵션 필드는 최대 세그먼트 크기[MMS]를 설정하기 위해 TCP 통신 설정 동안 사용되고는 한다.

✻ 플래그 필드

다음 표는 TCP 헤더에 사용되는 플래그를 설명한다.

플래그 필드 이름	설명
Reserved	이 3개 비트는 0으로 설정된다.
Nonce	Nonce 필드는 IP 헤더 안의 ECN 필드와 공조해 작동한다. 이 기능은 RFC 3540, Robust Explicit Congestion Notification(ECN) Signaling with Nonces에 설명이 있다.
Congestion Window Reduced(CWR)	데이터 송신자는 혼잡 윈도우 감소(CWR, Congestion Window Reduced) 플래그를 설정해서 혼잡 윈도우가 작아졌다는 사실을 데이터 수신자에게 알린다.
URG(Urgent)	긴급 포인터 필드를 반드시 검사해보라는 뜻이다. 긴급 포인터 필드는 TCP 검사합 필드에 이어져 있고, 사용되지 않을 경우에는 0x0000으로 설정돼 있다. 이 비트가 설정된 경우에만 긴급 포인터 필드가 처리된다.
ACK(Acknowledgment)	확인응답 패킷
PSH(Push)	네트워크에서 버퍼링을 우회하고 데이터를 네트워크에 직접 전달한다. 수신되는 데이터를 버퍼에 보관하지 않는다. 이것을 즉시 애플리케이션에 전달한다.
RST(Reset)	확실하게 연결을 종료한다.
SYN(Synchronize)	순서 번호를 동기화한다(핸드셰이크 프로세스에 사용됨).
FIN(Finish)	전송이 종료된다. 하지만 연결을 완전히 종료하지는 않는다.

다음은 분석할 때 이 필드 값들을 어떻게 사용하는지에 대한 간단한 설명이다.

- **긴급 비트(URG)** 이 비트 설정은 거의 사용하지 않는다. 이 비트가 1로 설정되면 사용자는 수신자가 패킷 데이터를 읽을 때 긴급 포인터 필드에 명시된 특정 위치부터 읽기를 원한다는 뜻을 나타낸다. 여기서 긴급 포인터 필드는 긴급

비트를 1로 설정할 경우에만 패킷에 포함시킨다. URG 비트를 사용하는 모든 패킷에 대한 디스플레이 필터는 `tcp.flags.urg == 1`이다.

- **확인응답 비트(ACK)** 이 비트를 설정하는 것은 이것이 확인응답이라는 것을 나타낸다. 이것이 프로세스에서 빠지게 되면 데이터 스트림은 계속 전송될 수 없다. 복제 ACK가 나타났다면 패킷이 분실됐다는 것을 의미한다(RFC 5681, TCP Congestion Control와 RFC 6582, The NewReno Modification to TCP's Fast Recovery Algorithm를 참조). ACK 비트를 사용하는 모든 패킷에 대한 디스플레이 필터는 `tcp.flags.ack == 1`이다.
- **Push 비트(PSH)** TCP 버퍼는 버퍼에 패킷이 수신되면 개별적인 바이트로 패킷을 전송하는 대신 적절한 크기의 패킷 크기로 전송하기 위해 밖으로 나가는 데이터를 저장한다. 이 버퍼는 또한 들어오는 데이터도 저장한다. PSH 플래그는 TCP 세그먼트를 발신자나 수신자의 버퍼에 보관하면 안 된다는 것을 표시한다. 시간에 매우 민감하고 사용자 중심적인 애플리케이션(문자 한 개 한 개를 입력하는 telnet 같은)에서는 모든 패킷에 PSH 플래그를 설정한다. PSH 비트를 사용하는 모든 패킷에 대한 디스플레이 필터는 `tcp.flags.Push == 1`이다.
- **Reset 비트(RST)** RST 비트가 설정된 TCP 패킷은 TCP 연결을 거절하거나 종료한다. 애플리케이션이 종료됐을 때 RST를 전송하지 않은 경우 연결은 여전히 유지된다. 애플리케이션은 연결을 종료하기 위해 TCP FIN 기반 연결 타임아웃을 활용한다. 애플리케이션에서 에러가 발생할 경우에는 애플리케이션이 통신 중간에 RST를 전송할 것이다. RST 비트를 사용하는 모든 패킷에 대한 디스플레이필터는 `tcp. flags. reset == 1`이다.
- **동기화 비트(SYN)** TCP 핸드셰이크 과정에서 처음 두 패킷 안의 SYN 비트를 설정해서 TCP 연결 상대 쪽에 ISN을 제공한다. DoS 공격의 한 유형은 각 패킷에서 순서 번호를 증가시키는 동안 목표로 대량의 SYN 트래픽을 전송해서 처리 능력을 초과시키는 공격이다. 공격의 목적은 대상의 연결 테이블을 과부하시키는 것이다. 침입 차단시스템은 호스트 간에 설정된 연결을 종료하기 위해서 신뢰할 수 없는 발신지로부터 들어오는 SYN 패킷들을 차단하게 구성할 수 있다. SYN 비트를 사용하는 모든 패킷에 대한 디스플레이 필터는 `tcp. flags. syn == 1`이다.
- **Finish 비트(FIN)** 이것은 프로세스가 완료됐고, 데이터 스트림이 전송됐다는 것을 나타낸다. 하지만 이 패킷은 연결을 완전히 종료하지는 않는다. PSH 플

래그는 FIN 플래그와 동시에 설정되는 경우가 많다. FIN 비트를 사용하는 모든 패킷에 대한 디스플레이 필터는 `tcp.flags.fin==1`이다.

TCP 플래그 요약 줄 필터링하기

tcp.flags.urg == 0 && tcp.flags.ack == 1 && tcp.flags.push == 0 && tcp.flags.reset == 0 && tcp.flags.syn == 1 && tcp.flags.fin == 0 같은 개별적인 비트 설정을 사용하는 필터를 생성하는 대신, TCP 플래그 요약 줄을 기반으로 하는 필터 생성을 고려하라. 예를 들어 이전 필터는 tcp.flags == 0x12로 대체될 수 있다. 이 필터는 모든 SYN/ACK 패킷을 디스플레이한다.

✻ 윈도우 필드

이 필드는 TCP 수신 버퍼를 바이트 크기로 표시한다. 윈도우 크기가 0인 경우는 수신자가 사용 가능한 버퍼 공간을 갖고 있지 않다는 것을 나타낸다. 이 2바이트 필드에 나타낼 수 있는 최댓값은 65,535다. 윈도우 스케일링(TCP 핸드셰이크 프로세스 중에 설정된)을 활용하면 호스트는 더 큰 윈도우를 사용할 수 있다. 65,535보다 작은 윈도우 크기 필드 값을 사용하는 모든 패킷에 대한 디스플레이 필터는 `tcp.window_size <= 65535`다. 13장의 '윈도우 풀 트리거란?' 절과 '윈도우 업데이트 트리거란?' 절을 참조하라.

✻ 검사합 필드

검사합 필드에는 TCP 헤더와 데이터의 내용(데이터 링크 채워 넣기는 포함하지 않음)뿐만 아니라 IP 헤더로부터 파생된 의사 헤더에 대한 내용을 대상으로 계산되는 값이 들어간다. 자세한 내용은 RFC 793을 참조하라.

✻ 긴급 포인터 필드(옵션)

이 필드는 URG 비트가 설정된 경우에만 실효성이 있다. URG 비트가 설정된 경우 수신자는 패킷을 어디서부터 검색/읽기를 해야 할지를 보기위해 반드시 이 필드를 검사해야 한다. 이것은 일반적인 기능이 아니다. 긴급 포인터 필드를 포함하는 모든 패킷에 대한 디스플레이 필터는 `tcp.urgent-Pointer`다. 와이어샤크는 긴급 비트가 1로 설정되지 않는 한 이 필드를 디스플레이하지 않는다.

✻ TCP 옵션 영역(옵션)

자주 볼 수 있는 옵션 중 하나는 최대 세그먼트 크기MSS이다. 이것은 3방향 핸드셰이크 프로세스의 처음 2개 패킷에 사용된다. 이 옵션의 용도는 호스트를 지원하는 패킷의 크기를 정의하는 것이다. 호스트는 두 개의 MMS 값 중에서 일반적으로 작은 값을 사용할 것이다. TCP 옵션을 포함하는 모든 패킷에 대한 디스플레이 필터는 `tcp.options`다. 다음 표에 더 일반적으로 볼 수 있는 TCP 옵션을 나열했다.

다른 TCP 옵션은 www.iana.org/assignments/tcp-parameters에서 찾아볼 수 있다.

옵션 번호	길이	정의
0	N/A	옵션 목록의 끝(이 옵션은 선택 사항)이다. 일단 사용하게 되면 다른 옵션은 사용할 수 없다. 최근 벤더 중 몇 군데에서 경로를 따라 TCP 옵션을 대체할 때(NOP를 사용하는 대신) 이 값을 사용하기 시작했다. 연속해서 4번 있는 이 옵션을 살펴보라. 이런 패킷을 하이라이트하기 위해 컬러링 규칙을 만들 수 있다. `tcp.options contains 00:00:00:00` 또는 `exxpert.message contains "4 NOP in a row"`[6]
1	N/A	NOP에서 알려진 것처럼 연산이 없다(헤더가 4바이트 단위로 끝난다는 사실을 확신하기 위해 패딩을 한다). TCP 옵션 중 몇 가지(Window Scaling과 SACK)는 4바이트 길이가 안 되기 때문에 반드시 패딩을 해야만 한다. NOP를 연속해서 4번을 보지 않았다면 모든 게 정상이고, 4번을 보았다면 이것은 논리적이지 못한 상황이다. 와이어샤크는 Expert 경고인 "메시지: 4개의 NOP가 연속해서 나타났다-라우터가 몇 가지 옵션을 제거했을 수도 있다."로서 이 상황을 감지할 수 있다. 연결된 장치들을 눈여겨보라!
2	4	최대 세그먼트 크기(각 사용자의 MMS) 값을 정의한다. 이것은 TCP 헤더 뒤에 이어질 수 있는 바이트 수를 나타낸다. 어떤 사람들은 VLAN 태깅이나 MultiProtocol Label Switching(MPLS) 같은 기술을 구현할 때 추가되는 오버헤드를 주기 때문에 이 값이 다른 값으로 보일 수도 있다.

(이어짐)

6. 이런 조건에 대한 경고를 하는 Expert를 통해 이 조건을 찾아낼 수 있다면 컬러링 규칙을 따로 만들 필요는 없다.

옵션 번호	길이	정의
3	3	WSOPT는 윈도우 스케일(양쪽 모두에서 사용해야만 작동함)으로, 매우 좋은 윈도우 스케일링 옵션이다. 윈도우 크기 값을 광고할 때 2바이트 길이만 허용되기 때문에 65535로만 광고할 수 있다. 윈도우 스케일링을 사용하면 윈도우 크기 필드를 몇 배로 키울 수 있는 요소를 추가할 수 있다. 클라이언트가 윈도우 스케일링 옵션을 지원하는 사실을 SYN 패킷에 나타내지 않았다면 서버도 이에 대해 언급할 수 없다.
4	2	SACK 허용(양쪽 모두에서 사용해야만 작동함)으로, 선택적 확인응답을 이용하면 손실된 패킷에 대한 질의도 하면서 수신되는 데이터에 대한 확인응답을 할 수 있다. 이 복구 과정에서는 손실된 패킷을 재전송하기만 하면 된다. 여기서도 마찬가지로 클라이언트가 SACK 지원 사항을 SYN에 명기하지 않았다면 서버도 이 기능을 사용할 수 없다.
5	N/A	SACK(패킷 손실을 복원하기 위해 사용)로, 핸드셰이크에서는 이 옵션을 볼 수 없는데, SACK를 지원하는 연결에서 패킷 손실이 발생할 경우에만 볼 수 있기 때문이다. SACK 옵션은 left edge 값과 right edge 값을 포함하고 있어 패킷 손실 후에 도착하는 데이터에 대해 송신자가 데이터 수신에 대한 확인응답을 할 수 있다.
8	10	TSOPT(TCP 타임스탬프)로, TCP 타임스탬프 옵션이지 와이어샤크의 TCP 타임스탬프 설정 설정이 아니다. 연결의 양쪽에서 이 옵션을 설정하면 연결 시 각 TCP 패킷은 TCP 헤더 옵션 영역에 10바이트 크기의 TCP 타임스탬프를 포함하게 된다. 양측은 이 기능을 활성화해 더 정확한 왕복 시간을 계산할 수 있고, Protection Against Wrapped Sequence Numbers(PAWS)를 추가할 수도 있다. PAWS는 TCP 타임스탬프와 순서 번호를 동시에 관찰한 뒤에 순서 번호 값을 늘릴 수 있다. PAWS에 대해 더 자세히 알고 싶으면 RFC 1323, TCP Extensions for High Performance를 살펴보기 바란다.

변경된 옵션에 주의

지난 수년 동안 내부 연결 장치(전형적으로 라우터)가 TCP 옵션 정보를 전송 도중에 변경할 때 발생하는 많은 네트워크 문제를 봐왔다. 이런 일이 발생하면 송신자는 하나의 설정이 광고됐다고 믿지만 수신자는 그렇게 생각하지 않는다. 라우터의 양쪽에서 TCP 핸드셰이크 트래픽을 수집해서 이 문제를 해결해보라. 4 NOP나 Window Scale 요소 1을 관찰해보라(원래 패킷은 경로에서 변경된 더 큰 수를 갖고 있었을 거다).

TCP 트래픽 필터링

TCP 트래픽에 대한 수집 필터 구문은 그냥 tcp다.

디스플레이 필터 구문도 tcp다. 다음 표는 추가적인 TCP 디스플레이 필터를 보여준다.

디스플레이 필터	설명
tcp.srcport == 21	FTP 응답(FTP가 21번 포트에서 사용 중이라고 가정)
tcp.dstport == 80	80번 포트로 향하는 트래픽(HTTP가 80번 포트에서 가장 많이 사용된다)
tcp.hdr_len 〉 20	1개 이상이 옵션을 포함하는 TCP 헤더
(tcp.window_size 〈 1460) &&(tcp.flags.fin==0) &&(tcp.flags.reset== 0)	RST 비트나 FIN 비트 설정이 되지 않은 패킷상 한 개의 MMS보다 작은 TCP 윈도우 크기(이것은 데이터 전송 프로세스를 느리게 할 것이다)로, 복구하려면 윈도우 업데이트가 요구된다. 예를 들면 추적 파일 http-download-good.pcapng에서 이런 유형의 패킷을 찾아보라.
!(tcp.flags.cwr == 0) || !(tcp.flags.ecn == 0)	혼잡 윈도우 감소 플래그나 ECN-Echo 플래그가 설정된 패킷
tcp.options.mss_val 〈 1460	1,460바이트보다 작은 TCP MSS 설정(핸드셰이크 프로세스에서 볼 수 있다)
tcp.options.wscale_val	TCP 윈도우 스케일 옵션은 TCP 헤더에 존재한다.
tcp.analysis.flags	TCP 문제 또는 알림으로 표시된 패킷(TCP 환경설정에서 TCP 순서 번호 분석을 사용하지 않을 경우 제대로 동작하지 않는다)
tcp.analysis.lost_segment	이 패킷 이전에 손실된 세그먼트가 탐지된다. 많은 개별적으로 사용 가능한 TCP 분석 플래그 중 하나다. 다른 TCP 분석 플래그를 보기 위해 자동 완성 기능(tcp.analysis)을 사용하라(주기를 포함). 또는 표현 기능을 사용하라.

TCP 프로토콜 환경설정

TCP 프로토콜 설정은 재조립, 분석, TCP 기반 트래픽 표시에 영향을 미치는 수많은 옵션들을 제공한다.

✻ 가능한 한 TCP 검사합을 검증

이 기능은 TCP 헤더 검사합을 조사한다. 자신의 시스템에서 추적 파일을 수집하고, 자신이 보낸 각 TCP 패킷의 TCP 검사합이 올바르지 않다고 나타난다면 네트워크 인터페이스 카드와 드라이버가 검사합 오프로딩offloading을 지원하고 있을지도 모른다. 검사합 에러 컬러링 규칙을 비활성화하거나 특정 검사합 점검 절차를 비활성화해보라.

✻ TCP 스트림을 재조립하기 위해 Subdissector 허가

TCP 데이터 스트림에 대한 작업을 할 때 와이어샤크가 스트림을 재조립하고, 스트림으로부터의 데이터를 포함하는 각 패킷을 연결하기 위한 선택을 할 수 있다. 이 설정을 통해 그림 238에서 보는 것과 같이 패킷 목록 창에 표시되는 내용을 변경할 수 있다.

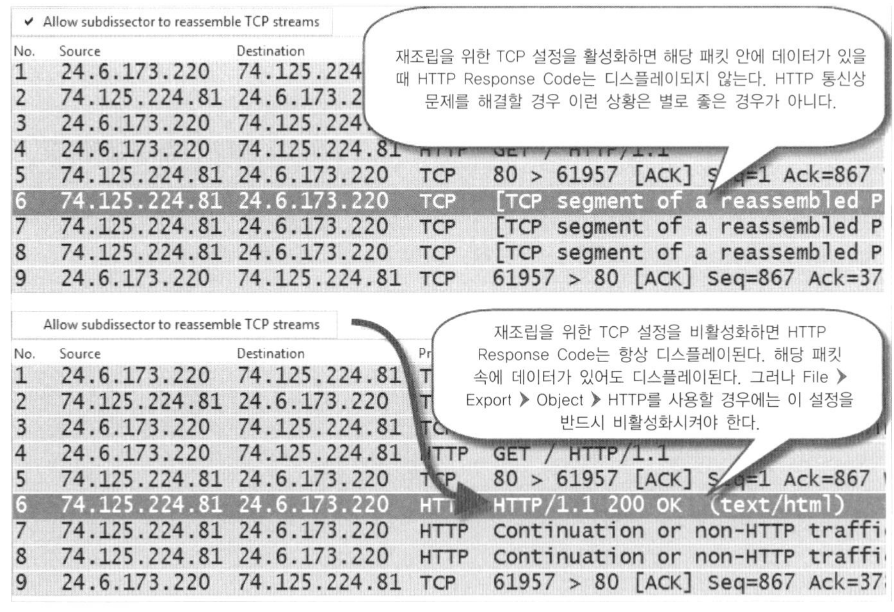

그림 238 TCP 스트림 재조립 설정 비교[http-google2011.pcapng]

그림 239는 패킷 내부에 재조립된 세그먼트 정보를 보여준다. 각 프레임 줄은 스트림 안의 다른 패킷에 연결돼 있다. 스트림 재조립을 사용하면 데이터 전송에 포함된 패킷 간에 이동을 빨리 할 수 있다.

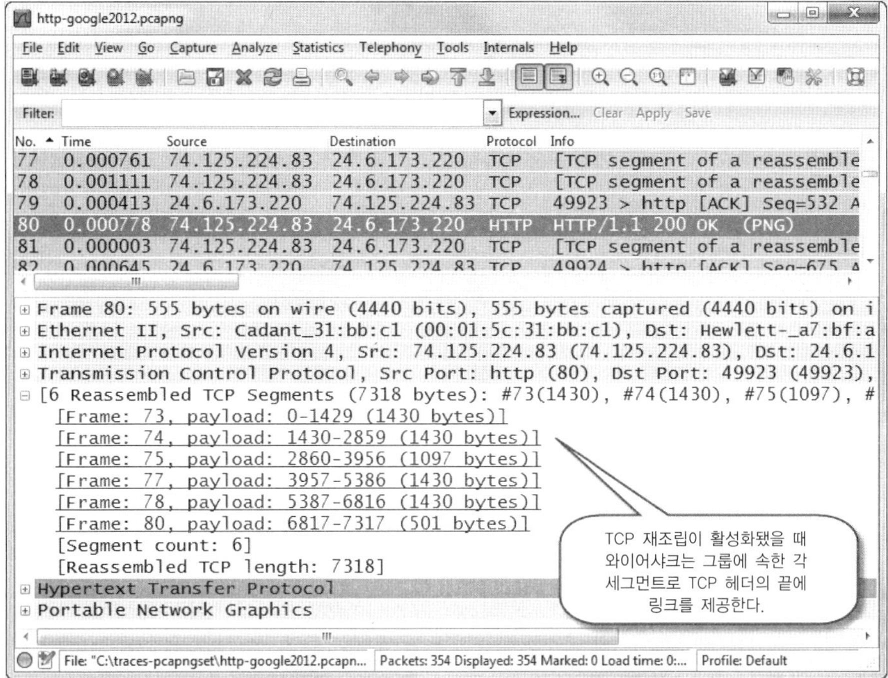

그림 239 재조립된 TCP 데이터 스트림은 연결된 패킷 목록을 포함한다. [http-google2012.pcapng]

재조립된 TCP 트래픽에 관심이 있다면 `tcp.reassembled_length`에 대한 사용자 정의 칼럼 생성을 고려해보라.

그림 240에서 TCP 환경설정을 'Allow subdissector to reassemble TCP streams'로 설정했고, 재조립된 패킷에 얼마나 많은 데이터가 있는지 보기 위해 `tcp.reassembled.length` 칼럼을 추가했다. 이 칼럼을 정렬해서 HTTP 브라우징 세션 동안 다운로드된 파일을 크기별로 나열할 수 있다.

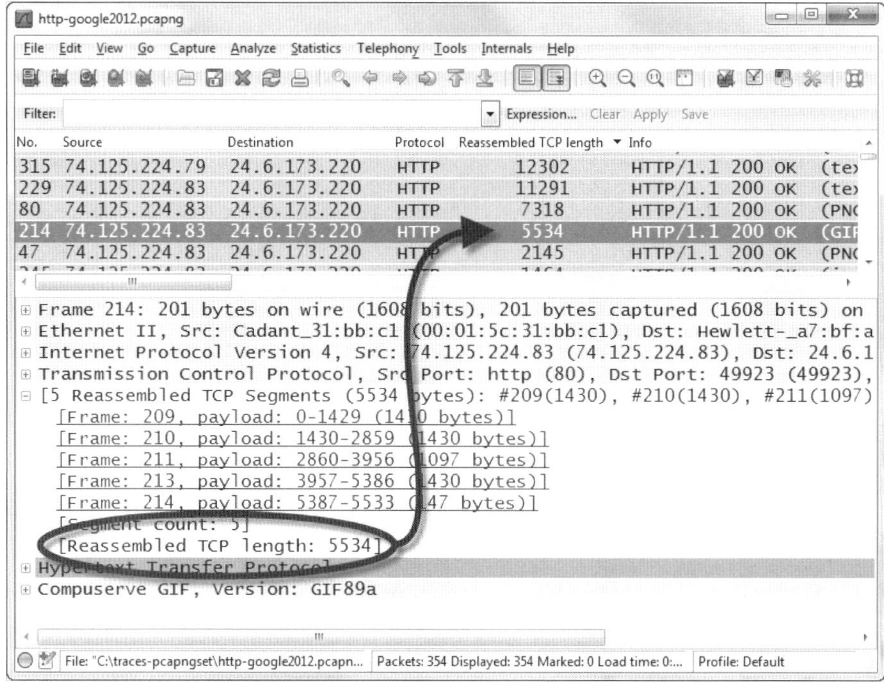

그림 240 연결된 패킷의 재조립된 길이를 표시하기 위해 칼럼을 생성한다. [http-google2012.pcapng]

✻ TCP 순서 번호 분석

이 설정은 기본으로 사용 가능하고, 순서 번호나 확인응답 번호 값을 추적함으로써 더욱 효과적인 분석을 제공한다. 이 기능을 비활성화하면 이들 TCP 조건과 연관된 Expert Info 정보를 비활성화시킨다. 이 기능은 다음과 같은 TCP 상태를 식별하기 위해 와이어샤크에서 사용된다.

- 세그먼트segment 손실
- 순서가 바뀐 세그먼트
- 복제 ACK
- 재전송 및 빠른 재전송
- 윈도우가 가득 참
- 윈도우 동결
- 윈도우 업데이트

✽ 연관된 순서 번호

이 설정은 기본으로 사용 가능하고, TCP 연결의 양쪽에서 TCP 순서 번호 값을 0으로 시작하게 설정함으로써 더욱 효과적으로 분석할 수 있게 한다.

✽ 자동으로 계산된 윈도우 스케일링

와이어샤크는 실제 윈도우 크기 필드뿐만 아니라 개별의 계산된 윈도우 크기 필드(와이어샤크가 생성한)까지 디스플레이한다. 와이어샤크가 TCP 핸드셰이크 과정을 발견하면 TCP 윈도우 스케일 옵션 값을 계산하고, 광고된 실제 윈도우 크기를 디스플레이하기 위해 계산을 수행한다.

와이어샤크가 TCP 핸드셰이크를 발견하지 못했다면 윈도우 크기 스케일링 요소를 -1로 표시한다. 와이어샤크가 TCP 핸드셰이크를 발견했지만 윈도우 스케일링을 사용하지 않으면 와이어샤크는 윈도우 크기 스케일일 요소를 -2로 표시한다.

그림 241에서 윈도우 크기 필드 값은 실제로 16,425이다. 하지만 TCP 핸드셰이크 동안에 이 송신자는 윈도우 크기를 4(윈도우 크기 스케일링 요소)의 배수가 되게 정의했다. 와이어샤크는 스케일된 값 65,700을 보게 된다.

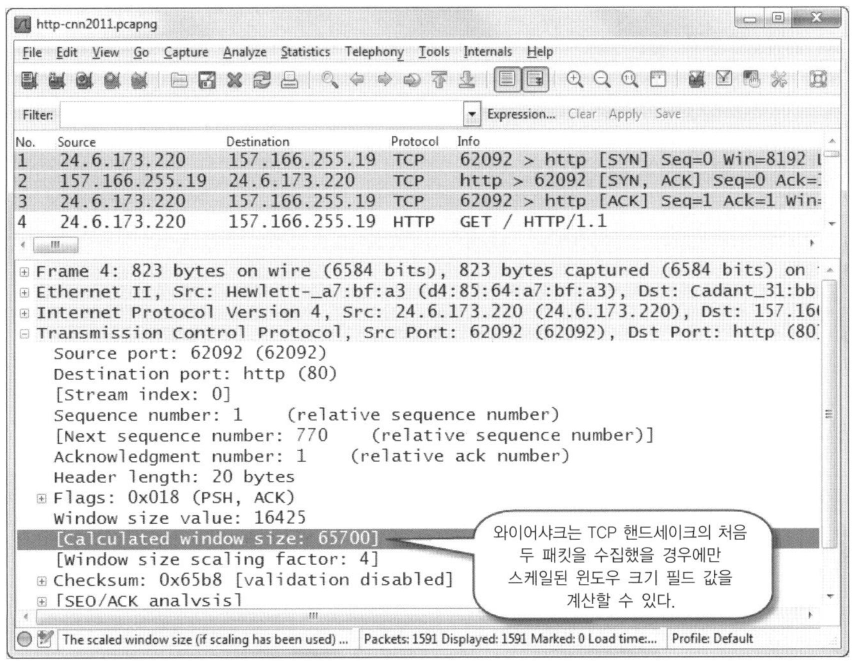

그림 241 와이어샤크는 TCP 핸드셰이크에 설정된 스케일 요소를 기반으로 실제 윈도우 값을 계산할 수 있다. [http-cnn2011.pcapng]

✻ 전송 중인 바이트 수 추적

이 설정을 통해 와이어샤크는 네트워크상에 흐르는 확인되지 않은 바이트의 수를 추적할 수 있다. 이 설정이 활성화된 경우 추적 파일의 총 바이트 수와 디스플레이 필터 값 `tcp.analysis.bytes_in_flight`를 사용하는 전송 중인 바이트 수를 나타내는 IO 그래프를 그릴 수 있다. 혼잡 윈도우 문제가 파일 전송 과정을 늦추고 있다고 의심이 들면 이 기능을 그래프로 그려보라. TCP 통신 도식화에 대한 자세한 정보는 21장을 참조하라. 이 설정을 사용하려면 반드시 TCP 순서 번호 분석 설정을 활성화해야만 한다.

SACK 동안 전송 중인 바이트 값 알아보기

와이어샤크 버전 1.7.2 버전 개발이 이뤄지기까지 선택적 확인응답을 통한 데이터 확인응답 바이트는 전송 중인 바이트를 계산할 때 집어넣지 않았다. 예를 들어 http-download-bad.pcapng의 패킷 133에서 시작하는 영역을 관찰해보자. tcp.analysis.bytes_in_flight, tcp.len과 tcp.options.sack_re(현재 SACK right edge 값)에 대한 칼럼을 추가하자. SACK right edge가 확장돼 데이터를 수신한 것을 확인한 것을 알 수 있지만, 전송 중인 바이트 값은 어떤 ACK도 수신되지 않은 것처럼 계속해서 증가하고 있다. 다행스런 것은 와이어샤크 최신 버전에서 이 문제를 수정했다는 점이다.

✻ 경험적 서브 분석을 먼저 시도

비표준 포트 번호를 사용하는 애플리케이션이 있고 와이어샤크가 자동으로 어떤 애플리케이션이 사용되고 있는지를 감지하고 거기에 따르는 적합한 분석기를 적용하고자 한다면 이 설정을 설정해놓기 바란다.

✻ 요약에서 TCP 타임스탬프 무시

이 환경설정은 와이어샤크 1.8 버전에서 할 수 있다. 위치에 따라 영향 받기 때문에 'Ignore TCP Timestamps in Info Column'라는 이름이 붙어야만 할 것 같다.

Info 칼럼에 모든 추가 정보를 집어넣는 것을 나는 정말 싫어한다. 와이어샤크 버그 6162 해결 'Feedback from the field(필드로부터 피드백 하라)' 영역에 의하면 'Finally that noise is removed from the summary line!(궁극적으로 이런 잡음은 요약 줄에서 제거됐다!)'고 명시돼 있다.

문제 해결을 위한 와이어샤크 TCP 타임스탬프 이용하기

이 기능을 활성화하면 매우 도움이 된다. 두 번째 타임스탬프 칼럼을 추가할 것을 고려해보라(이 TCP 스트림 안의 이전 프레임 이후의 시간). 필드 이름은 tcp.time_delta다. 이 칼럼을 추가한 뒤에 해당 칼럼을 기반으로 패킷을 쉽게 정렬해 각각의 TCP 통신에서 시간상 커다란 간격이 있다는 것을 발견할 수 있다.

✻ 대화 타임스탬프 계산

이 설정은 하나의 대화에 대한 시간 값을 추적한다. 이 시간에는 최초 패킷부터 경과된 시간이 포함되며, 그림 242에서 보인 것처럼 대화에서 이전 패킷 이후에 경과한 시간도 포함된다. 이 설정은 기본적으로 비활성화돼 있다. 그러나 TCP 환경설정 시 이 기능을 활성화시킬 것을 적극적으로 권장한다. 추가해서 Time Since Previous Frame in this TCP Stream을 오른쪽 클릭하고 Apply as Column을 선택해서 `tcp.time_delta` 칼럼을 추가한다.

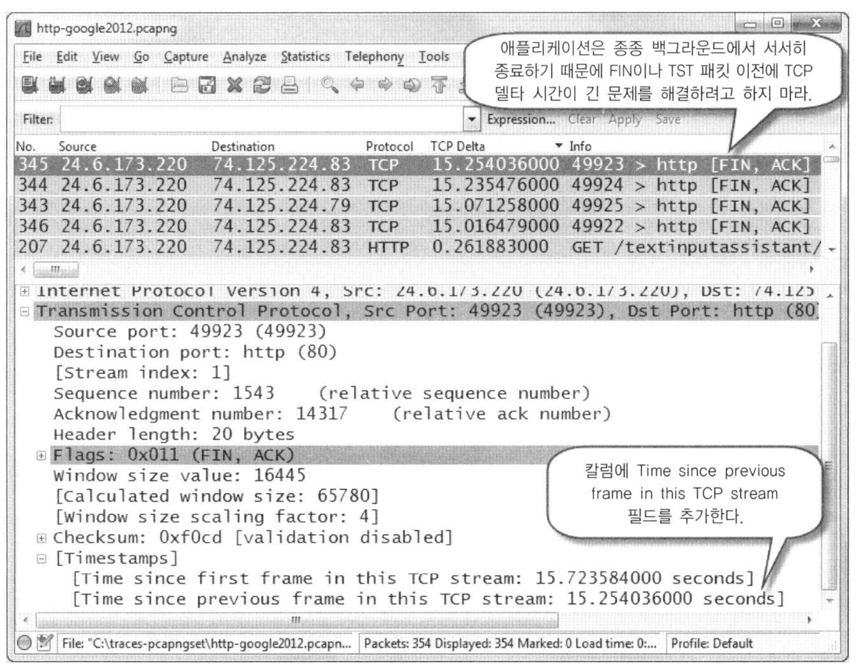

그림 242 통신 타임스탬프 계산은 스트림 타임스탬프 값을 기반으로 한다. [http-google2012.pcapng]

 사례 연구: 연결에는 4개의 시도가 필요하다

제출자 Todd DeBoard and Team
Tyco Electornics Corporation

우리는 원격 사용자 중 한 사람이 보내온 치명적 문제 보고서를 접수했다. 이 보고서의 내용을 살펴보면 원격 접속 클라이언트에서 4번의 연결 시도 끝에 겨우 연결할 수 있었다는 내용이다. 이 원격 접속 클라이언트는 자신의 시스템이 파워 사이클되기 전까지 매번 추가로 연결된 시간 동안 작업을 할 수 있었다. 그때에도 원격 접속은 초기 시도 동안에도 또다시 실패했다.

이런 현상은 집, 지역 도서관, 지역 커피숍에서도 일어났지만, 그의 집 지역에 멀리 떨어진 도로를 주행하는 동안에는 그런 일이 일어나지 않았다. 기술 지원 팀은 이것이 그가 거주하는 지역의 로컬 인터넷 서비스 제공자[ISP]에 대한 문제처럼 들린다고 알려줬지만, 그가 ISP에 접촉해서 물어본 결과 ISP는 고객으로부터의 어떤 트래픽도 차단하지 않는다는 확답을 받았다.

몇 달 동안 반복된 전화 후에 이것이 한 번 살펴볼 만한 가치가 있는 내용일 것이라는 결정을 내렸다. 우리는 와이어샤크를 설치했고, 그의 홈 PC에 일부 원격 접속 소프트웨어를 설치해서 목적했던 검사를 수행했다.

그의 컴퓨터가 파워 사이클된 후 언제 클라이언트가 최초로 구동됐는지를 와이어샤크는 명백하게 나타냈다. 컴퓨터는 그 회사에 접속하기 위해 항상 동일한 TCP 포트를 사용해서 최초 연결을 시도했고, 이어지는 시도에서는 포트 번호를 1 증가시켰다.

처음 3번의 연결 시도에 대해서는 어떤 응답도 받지 못했다. 하지만 4번째에는 응답을 받았다. 와이어샤크 패킷 수집을 통해 그의 ISP에 사용자 접속을 다시 시도했다.

이번에는 ISP가 실제로 의심의 대상이 되고 있던 포트를 차단하고 있었고 이들을 열어놓을 것이라는 사실을 확인할 수 있었다. 하지만 모든 포트를 열겠다는 것이 아니고 오직 우리가 문제로 삼은 원격 접속 게이트웨이의 IP 주소 목록에 대해서만 조치를 취하겠다는 것이었다.

드디어 사용자를 만족시킬 수 있었지만, 이 ISP를 사용하는 고객 중 얼마나 많은 사람들이 동일한 문제에 맞닥뜨리게 될지 의심할 수밖에 없었고 해당 회사 네트워크에 연결하기 위해 왜 그렇게 많은 시도를 하게 만드는지 놀라울 따름이다.

정리

TCP는 연결지향형 전송 서비스를 제공한다. TCP 데이터는 순차적이고, 목적지에 데이터가 도달했는지를 보장하기 위해 확인응답을 보낸다. TCP는 분실된 세그먼트에 대해 자동 재전송 기능을 제공하며, 네트워크나 TCP 호스트의 포화 상태를 피하기 위한 흐름 제어 메커니즘을 제공한다.

TCP 통신은 3방향 핸드셰이크 프로세스(SYN, SYN/ACK, ACK)로 시작한다. 데이터 전송 동안, 순서 번호 필드는 각 패킷에 포함된 데이터 바이트의 수만큼 증가해야 한다. TCP 통신의 양쪽에서는 각자의 순서 번호뿐만 아니라 상대방의 순서 번호도 추적한다.

패킷이 손실된 경우 재전송은 복제 ACK나 재전송 시간 초과[RTO] 조건에 의해 시작된다. 3개의 동일한 ACK는 재전송을 발생시킨다.

선택적 확인응답을 사용해서 패킷 손실의 경우 네트워크상의 TCP 패킷 수를 줄인다. 윈도우 스케일링을 이용하면 광고된 수신 버퍼 크기인 65,535바이트 제한 이상으로 수신 버퍼 공간을 증가시킬 수 있다. 호스트가 윈도우 크기가 0이라고 알리면 송신자 TCP 호스트로부터 더 이상의 데이터를 수신할 수 없다(데이터 전송이 중지된다).

이어샤크는 패킷 손실, 윈도우 제로 상태, 재전송 및 순서가 바뀐 패킷을 탐지하기 위해 많은 TCP Expert 알림 기능을 갖고 있다.

학습한 내용 복습

이 책의 웹사이트인 www.wiresharkbook.com의 다운로드 섹션에서 사용 가능한 추적 파일을 다운로드한다. 다음에 나열된 추적 파일을 분석하고, 20장에서 배운 내용을 복습하기 위해 질문에 답하라.

ftp-clientside.pcapng	이 추적 파일에서 어떤 유형의 TCP 문제를 볼 수 있는가? FTP 클라이언트의 윈도우 크기 스케일링 요소는 무엇인가?
http-cnn2011.pcapng	이 추적 파일은 패킷 139부터 시작해서 연속적 TCP Keep-Alive 패킷을 나타내고 있다. 이들 Keep-Alive는 단일 TCP 연결을 유지하고 있는가? 패킷 1306은 재전송이다. 패킷 손실이 발생한 시점으로부터 다운스트림이 이뤄지는가?

(이어짐)

http-download-bad.pcapng	이 연결은 SACK를 지원하는가? 이 연결은 윈도우 스케일링을 지원하는가? TCP 선택적 ACK 옵션이 패킷 136에 사용됐다. left edge 값과 right edge 값은 무엇을 나타내는가? 패킷 679에서 10.0.52.164는 61.8.0.17로부터 어떤 순서 번호를 기다리고 있는가? 와이어샤크는 패킷 손실부터 다운스트림(데이터를 수신하는 클라이언트에 가깝게)을 하는가? 업스트림(데이터를 전송하는 TCP 호스트에 가깝게)을 하는가?
http-google2011.pcapng	www.google.com를 브라우징한다. 이 사이트를 로드하려면 얼마나 많은 TCP 연결이 필요한가? 각 연결에서 양쪽은 동일한 MSS를 지원하는가?
http-msnbc.pcapng	이 추적 파일은 사이트 www.msnbc.com에 대한 브라우징 세션을 나타낸다. 서버 www.msnbc.com에서 지원하는 윈도우 스케일 요소는 무엇인가? 모든 TCP 핸드셰이크 패킷 안의 윈도우 스케일 곱셈 값을 가장 쉽게 보는 방법은 무엇인가? 이 추적 파일 안의 모든 TCP 호스트가 윈도우 스케일링을 지원하는가? 이들은 모두 SACK를 지원하는가?
sec-justascan.pcapng	이 TCP 스택의 목표는 윈도우 스케일링을 지원하는가? SACK는 지원하는가? 얼마나 많은 TCP 연결이 성공했는가?
tcp-137port.pcapng	이것은 NetBIOS 같다. NetBIOS처럼 느껴진다. 하지만 NetBIOS처럼 냄새가 나지는 않는다. 뭔지 잘못돼 있다고 느껴진다. TCP 스트림을 따라가보라. 이 포트에서 어떤 서비스가 제공되고 있는가? 이 트래픽을 잘 분석하려면 와이어샤크를 어떻게 설정해야 하는가?
tcp-con-up.pcapng	이것은 단순한 TCP 핸드셰이크 과정이다. 클라이언트가 TCP 연결을 요청할 때 사용한 실제 TCP 시작 순서 번호는 무엇인가? 왜 패킷 사이의 TCP 순서 번호 증가가 1과 3인가? 이 연결은 SACK를 지원하는가? 이 연결은 윈도우 스케일링을 지원하는가?
tcp-fin-3way.pcapng	이 추적에서는 3방향 TCP FIN 과정을 나타낸다. 이 과정에서 '유령 바이트'를 찾을 수 있는가?
tcp-handshake-problem.pcapng	67.161.32.69에서 보낸 패킷 안의 PUSH 플래그의 목적은 무엇인가?
tcp-problem.pcapng	이 추적 파일에서 어떤 순서 번호에 대해 확인응답이 되지 않았는가? 이 두 호스트의 윈도우 스케일링 지원에 대한 사항을 어떻게 판단할 수 있는가?

연습문제

Q20.1 TCP의 용도는 무엇인가?

Q20.2 TCP 연결을 설정하는 3개의 패킷은 무엇인가?

Q20.3 순서 번호 필드의 목적은 무엇인가? 확인응답 번호 필드의 목적은 무엇인가?

Q20.4 어떻게 TCP 호스트가 연결 요청을 거부하는가?

Q20.5 TCP 기반 애플리케이션은 패킷 손실을 어떻게 복구하는가?

Q20.6 TCP 윈도우 필드에 사용될 수 있는 최댓값은 무엇인가?

연습문제 답

Q20.1 TCP의 용도는 무엇인가?

A20.1 TCP는 연결 지향성 전송, 데이터 순서 및 확인응답, 패킷 손실에 대한 자동 복원을 제공한다.

Q20.2 TCP 연결을 설정하는 3개의 패킷은 무엇인가?

A20.2 TCP 핸드셰이크에 3개의 패킷은 SYN, SYN/ACK 및 ACK다.

Q20.3 순서 번호 필드의 목적은 무엇인가? 확인응답 번호 필드의 목적은 무엇인가?

A20.3 순서 번호 필드를 이용해서 각 TCP 세그먼트를 유일하게 추적한다. 순서 번호 필드 값은 전송된 데이터 바이트의 수를 기반으로 증가한다. 확인응답 번호 필드는 연결된 다른 TCP 호스트로부터 기대하는 다음 순서 번호를 나타낸다.

Q20.4 어떻게 TCP 호스트가 연결 요청을 거부하는가?

A20.4 TCP 호스트는 TCP 연결을 거부하기 위해 응답에서 TCP SYN 패킷에 Reset(RST) 비트를 설정한다.

Q20.5 TCP 기반 애플리케이션은 패킷 손실을 어떻게 복구하는가?

A20.5 전송자의 확인응답 대기 시간이 만료되면 재전송을 시작한다. 수신자가 세그먼트 손실을 알게 되면 복제 확인응답을 연결된 TCP 호스트로 전송한다. 3개의 동일한 확인응답 패킷들이 도착하는 대로 TCP 송신자는 재전송을 시작한다.

Q20.6 TCP 윈도우 필드에 사용될 수 있는 최댓값은 무엇인가?

A20.6 TCP 윈도우 필드는 2바이트 필드이다. 최댓값은 0xFFFF 또는 65,535다. 더 큰 윈도우 크기 값을 사용하기 위해 TCP 연결을 하고 있는 호스트들은 윈도우 스케일링을 지원해야만 한다.

IO 비율과 TCP 트렌드 그래프

와이어샤크 공인 네트워크 분석가 시험에서 다루는 내용

- 트렌드를 보기 위한 그래프 사용
- 기본 IO 그래프 생성
- IO 그래프 필터
- 고급 IO 그래프 생성
- IO 그래프에서 트래픽 트렌드 비교
- 왕복 시간 그래프
- 처리율 그래프
- 시간상에서 TCP 순서 번호 그래프
- TCP 윈도우 크기 문제 해석
- 패킷 손실, 복제 ACK, 재전송 해석

- 사례 연구: 성능 레벨 'Drop' 관찰
- 사례 연구: 회사 사무실 왕복 시간 그래프 만들기
- 사례 연구: QoS 정책 테스트
- 정리
- 학습한 내용 복습
- 연습문제와 답

21장에서 참조한 추적 파일

- http-download-bad.pcapng
- http-download-good.pcapng
- http-downloadvideo.pcapng
- net-latency-au.pcapng
- sec-clientdying.pcapng
- smb-filexfer.pcapng
- tcp-bad-download-again.pcapng
- tcp-uploadproblem-largefile.pcapng
- tcp-youtubebad.pcapng
- udp-mcastream-queued2.pcapng
- xfersmerged2.pcapng

트렌드를 보기 위한 그래프 사용

와이어샤크는 트래픽 흐름 트렌드를 표현하기 위한 다양한 그래프를 제공한다. 일부 그래프는 단방향성으로, 특정 방향으로 흐르는 트래픽에 초점이 맞춰져 있다. IO 그래프와 같은 그래프는 양방향으로 이동하는 트래픽을 나타낸다.

IO 그래프의 경우 X축 값과 Y축 값을 조작할 수 있다. 대부분의 다른 그래프에서는 그래프로 그릴 트래픽에 기반을 두고 자동으로 X축 값과 Y축 값이 정의돼 그래프로 만들어진다.

IO 그래프는 디스플레이 필터와 표현 기능을 제공하며, 고급 IO 그래프의 경우에는 연산 기능도 제공한다. 일부 그래프는 내보내기와 저장을 할 수도 있다.

21장에서는 다음과 같은 그래프들을 다룬다.

- 기본 IO 그래프
- 고급 IO 그래프
- TCP 왕복 시간 그래프
- TCP 처리율 그래프
- TCP 시간 순서 그래프

잘못된 패킷을 선택하면 빈 그래프가 나타날 수 있다

그래프가 비어있거나 너무 적은 점으로 표현돼 있으면 단방향성 그래프일 수 있다. 타이틀 바를 검사해 어떤 트래픽이 그래프로 표현됐는지 알아보라. 단일 방향성 그래프인데 잘못된 방향으로 이동하는 패킷을 선택했다면 그래프를 닫고 그래프를 다시 만들기 전에 반대 방향 패킷을 선택하라.

기본 IO 그래프 생성

IO 그래프는 저장됐거나 저장되지 않은 추적 파일 전체 트래픽을 보는 데 매우 유용하다. IO 그래프는 데이터와 헤더를 포함한 관찰된 바이트의 총 수를 나타낸다.

추적 파일에서 전체 트래픽의 초당 패킷률을 나타내려면 Statistics ❯ IO Graphs를 선택하라.[1] 기본적으로 X축은 1초 간격(tick)으로 설정하고 Y축은 패킷/tick으로 설정한다.

표준 IO 그래프와 고급 IO 그래프 모드에서 5개 트래픽 채널을 그래프로 나타낼 수 있다. 또한 초당 간격과 초당 픽셀을 바꾸기 위해 X축을 변경할 수 있다. 단위unit와 스케일scale을 조절하기 위해 Y축을 조절할 수도 있다. 그림 243은 표준 IO 그래프를 보여준다. 디스플레이 필터가 적용되지 않아서 추적 파일에 나타난 모든 트래픽이 그래프로 나타난다. 총 패킷의 수를 그래프로 나타내고 있다.

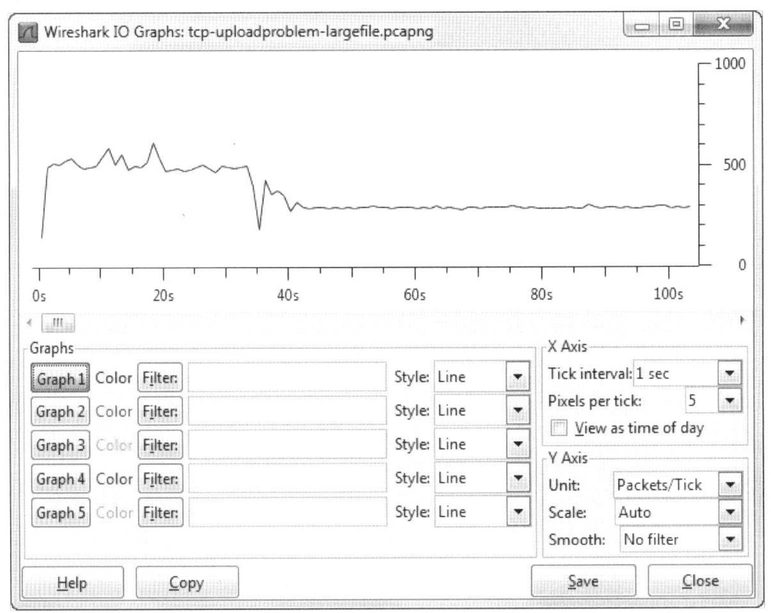

그림 243 와이어샤크는 트래픽을 기반으로 해 자동으로 X축과 Y축 스케일을 정의한다. [tcp-uploadproblem-largefile.pcapng]

그래프 포인트 연산을 위해 범위 안에서 사용한 첫 번째 패킷으로 이동하려면 IO 그래프 안의 포인트를 클릭한다.

---

1. IO 그래프는 방향에 무관하게 추적 파일상 모든 파일을 살펴본다. 반면에 다른 일부 그래프(왕복 시간 그래프와 처리율 그래프)는 한 방향으로 흐르는 트래픽만 관찰한다.

IO 그래프 필터

특정 트래픽을 그래프로 나타내고 전체 트래픽과 특정 트래픽을 비교하려면 5개 그래프 채널에 필터를 적용한다.

예를 들면 그림 244에서는 그래프의 2채널에 `tcp.analysis.flags`[2] 필터를 적용했다. 또한 이 채널에 FBar 스타일을 적용했다.

IO 그래프에 미리 정의된 디스플레이 필터를 적용하려면 Filter 버튼을 클릭한다. 추가적으로 추적 파일의 Packet Details 창의 필드를 오른쪽 클릭해 Copy ❯ Field 또는 Copy ❯ As Filter를 선택한다. 이렇게 하면 필드 값을 디스플레이 필터의 포맷으로 버퍼링할 수 있다. 이제 IO 그래프 채널에 필터를 붙여 넣을 수 있다.

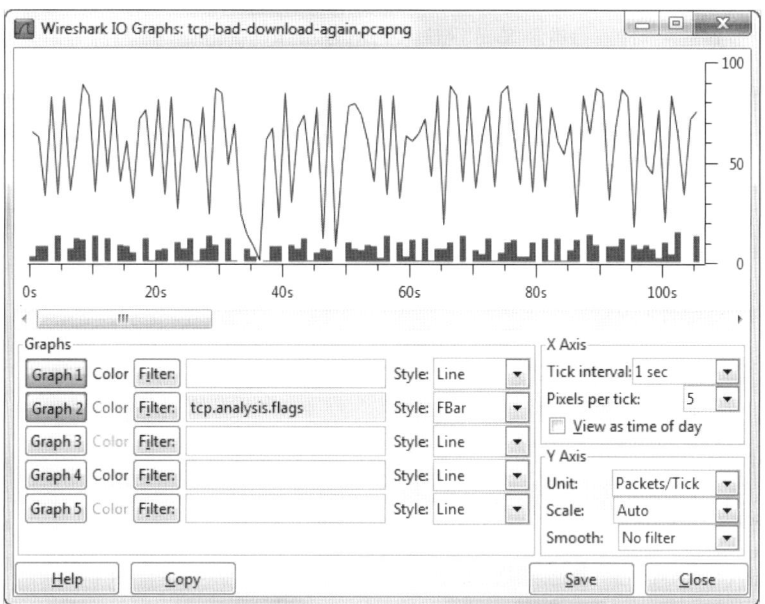

그림 244 와이어샤크는 IO 그래프 디스플레이 필터에 대한 자동 완성 기능을 제공한다. [tcp-bad-download-again.pcapng]

2. 이 디스플레이 필터는 재전송, 빠른 재전송, 수집되지 않은 이전 세그먼트, 제로 윈도우, 풀 윈도우와 복제 ACK 같은 다양한 TCP 문제를 나타낸다.

✽ 컬러링

와이어샤크의 IO 그래프는 특정 컬러를 사용하기 위한 5개 채널을 지원한다.[3]

- 그래프 1 블랙
- 그래프 2 레드
- 그래프 3 그린
- 그래프 4 블루
- 그래프 5 핑크[4]

레드는 나쁨, 그린은 좋음: 컬러 가정(Color Assumptions) 사용

가능하면 좋은 트래픽과 나쁜 트래픽에 대한 컬러를 선택할 때 '컬러 가정'을 고려하라. 예를 들면 세그먼트 플래그 손실을 그래프로 나타낼 때의 패킷 컬러는 레드다. 사람들은 레드는 나쁘고 그린은 좋다는 인식을 갖고 있다.

✽ 스타일과 레이어

IO 그래프 생성에 사용 가능한 4가지 스타일은 다음과 같다.

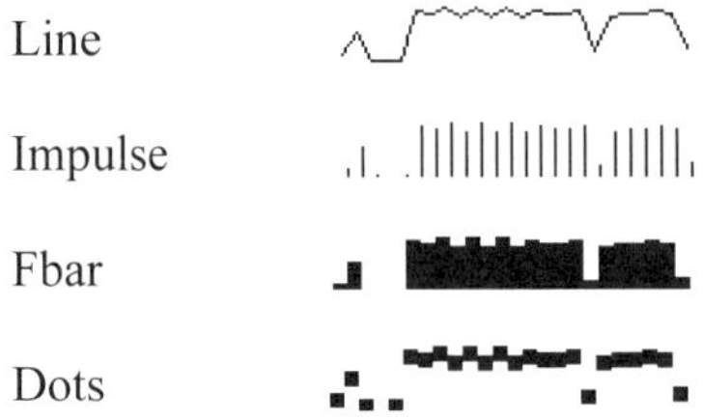

이런 스타일을 이용한 실험을 해보고 어떤 스타일이 가장 포괄적인 그래프 생성을 하는지를 결정하라.

---

3. 이 시점에서 다른 컬러를 와이어샤크 IO 그래프에 적용할 수 없다. 하지만 언젠가는 이게 큰 장점이 된다. 사이트 wiki.wireshark.org/WishList를 방문해 보강된 차세대 와이어샤크를 위해 제출된 아이디어를 알아보라.

4. 뭐? 핑크? 거의 볼 수도 없을 뿐더러 밋밋하고 보기도 흉하다. 좀 개선된 색에 대한 옵션이 조만간 있기를 기대해보자!

멀티그래프 채널을 이용할 때는 여러 레이어로 돼 있기 때문에 채널 중 하나를 볼 수 없을 수도 있다. 그래프 1은 전경 레이어foreground layer다. Fbar 형식을 사용해 그래프 1을 만들고 가장 높은 포인트를 표시하는 채널을 사용하면 다른 채널은 모두 가려진 형태의 그래프를 얻는다. 그러므로 그래프 채널과 스타일을 적절히 맞춰서 정의하라.

✻ X축과 Y축

와이어샤크는 트래픽을 기반으로 X축과 Y축이 자동으로 정의돼 그래프로 표현된다. 초당 간격Tick interval은 트래픽이 얼마나 자주 그래프에 표현되는지를 나타낸다. 간격이 1초(기본 값)로 설정되면 데이터를 1초 동안 검사하고 난 뒤에 그래프에 표시한다. 사용자는 다음 설정 중 하나로 시간 간격을 조정할 수 있다:

- 0.001초
- 0.01초
- 0.1초
- 1초
- 10초
- 1분
- 10분

그래프 보기에서 초Tick 간격을 바꾸려면 초당per tick 1, 2, 5, 10픽셀부터 초당 픽셀 수를 재정의한다. X축 라벨을 초에서 날짜 시간으로 변경하려면 View as Time of Day를 선택한다.

Y축에서는 다음 4가지로 설정할 수 있다.

- 초당 패킷
- 초당 바이트
- 초당 비트
- 고급(고급 IO 그래프 보기 시작)

Y축 값 생성을 위해 그래프로 나타내지는 트래픽의 최솟값과 최댓값을 사용하게

되면 스케일은 기본적으로 자동 설정된다.

스케일은 10에서 20억까지 또는 로그 값을 이용해 명확한 값을 설정할 수 있다. 로그 스케일은 수량 대신 수량의 로그 값을 사용할 필요가 있을 때 유용하다. 예를 들면 로그 Y축 값을 사용하는 IO 그래프는 1, 2, 3, 4 대신 1, 10, 100, 1000을 사용할 수 있다.

IO 그래프에서 로그 스케일 사용에 대한 고려

그림 244에서 모든 트래픽과 재전송을 그래프로 나타냈다. 이 두 종류의 수치 사이에는 상대적으로 매우 큰 차이가 있기 때문에 이들의 관계를 알아보기 어렵다. IO 그래프의 Y축 스케일을 로그 값으로 설정하면 이들 두 개의 그래프 값 사이의 관계를 보다 쉽게 파악할 수 있다.

✻ 스무싱

와이어샤크 1.8 버전에서 IO 그래프는 도식화된 데이터의 이동 평균moving average을 정의하기 위해 스무스 드롭다운을 지원한다. 이 드롭다운 옵션은 M.avg4(이동 평균 4)에서부터 M.avg1024까지의 다양한 이동 평균 값을 제공한다.

스무싱smoothing 필터는 모든 데이터 집합의 부분집합을 택해 평균을 취한 뒤에 그래프에 그림으로 나타낸다. 이동 평균값을 증가시켜 데이터를 도식화하기 전에 고려하고자 하는 커다란 부분집합 크기를 선택해서 스무싱한다. 와이어샤크는 데이터의 현재 부분집합에 과거와 미래의 부분집합을 집어넣어 계산하는 중앙 이동 평균CMA, central moving average 알고리즘을 이용해서 그래프에 표시할 위치를 구한다.

✻ IO 그래프 프린트

'백문이 불여일견'이라는 말이 있다. 그래프로 보면 성능이 떨어진 원인을 바로 알 수 있다. Save 버튼을 눌러 IO 그래프를 저장하라. 와이어샤크는 기본적으로 png 포맷으로 저장한다. 사용할 수 있는 다른 포맷으로는 bmp, gif, jpeg, tiff가 있다. 그러나 이것은 X축과 Y축 값을 저장하지는 않는다. 그래서 쓸모가 없어 보인다.

고급 IO 그래프 생성

고급 IO 그래프는 그림 245와 같이 Y축 단위Unit 드롭다운 메뉴에서 접근할 수 있다. 고급 IO 그래프는 다음과 같은 Calc 옵션을 제공한다.

- SUM(*) 틱 간격tick interval 동안 보이는 모든 인스턴스 필드 값을 합쳐서 표시
- MIN(*) 틱 간격 동안 필드에 보이는 최솟값 표시
- AVG(*) 틱 간격 동안 필드에 보이는 평균값 표시
- MAX(*) 틱 간격tick interval 동안 필드에 보이는 최댓값 표시
- COUNT FRAMES(*) 틱 간격 동안 보인 필드나 특성을 포함한 프레임의 개수를 계산
- COUNT FIELDS(*) 틱 간격 동안 보인 필드나 특성의 발생 횟수를 계산
- LOAD(*) 응답 시간 필드만 측정

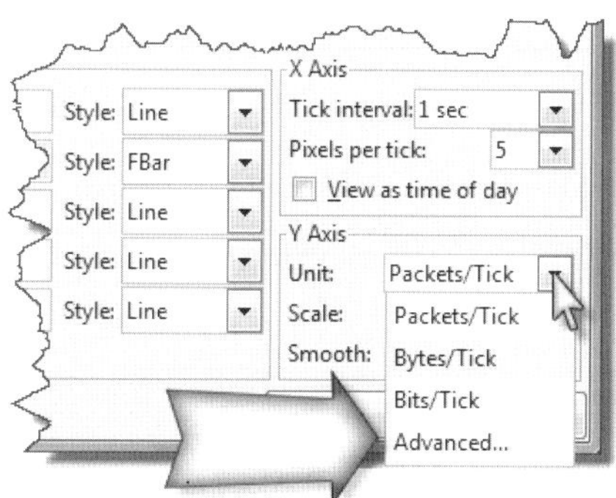

그림 245 기본 IO 그래프상의 Y축 단위 메뉴로 고급 IO 그래프 접근

SUM(*) Calc

SUM(*) 연산은 필드 값의 합을 계산한다. 예를 들면 추적 파일에서 TCP 데이터의 총합을 표현하기 원한다면 `tcp.len` 값을 사용한다. 트래픽의 양방향 흐름 중에서 단방향 데이터 크로싱 합에 관심이 있다면 그림 246에서와 같이 IP 발신지 주소와 목적지 주소에 대한 필터를 추가한다.

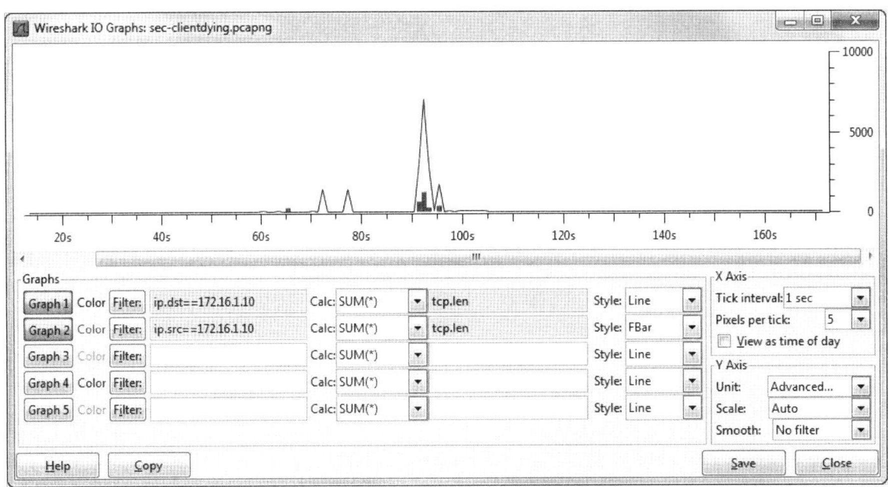

그림 246 TCP 페이로드의 IO를 측정하기 위해 tcp.len을 이용한 SUM(*)의 사용 [sec-clientdying.pcapng]

SUM(*) 사용의 또 다른 좋은 예는 그림 247에서 보인 것처럼 TCP 순서 번호를 증가하면서 그래프로 나타내기 위해 `tcp.seq`를 정의하는 것이다. 이 예에서 추적 중 대략 18초까지 TCP 순서 번호 값이 점진적으로 증가하는 것을 보여준다. 갑작스럽게 떨어진걸 보면 데이터 전송 프로세스에 문제가 있음을 알 수 있다. 패킷 목록 창에서 해당 패킷으로 이동하기 위해 IO 그래프의 해당 포인트를 클릭할 수 있다. 이는 양방향 트래픽의 TCP 순서 번호를 합하고 있다는 데 주의하기 바란다.

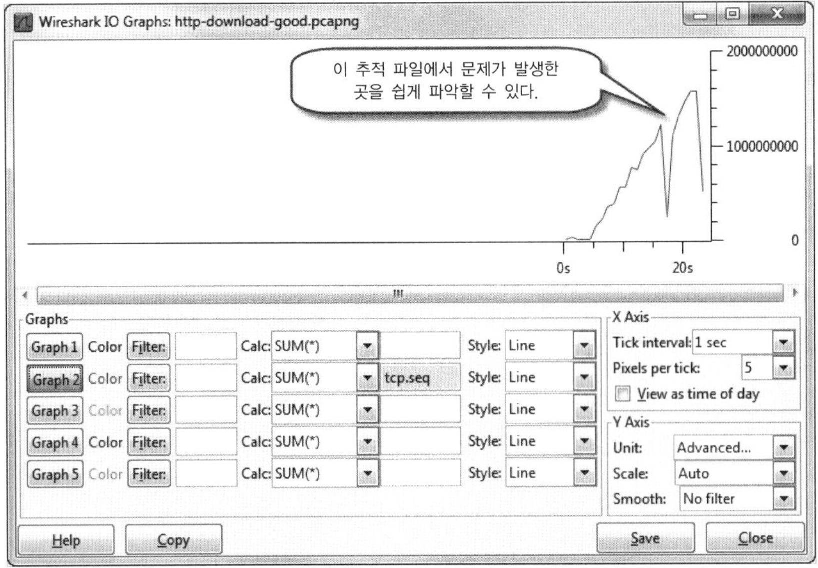

그림 247 데이터 전송 문제 지점을 위해 tcp.seq를 이용한 SUM(*) 사용

✻ MIN(*), AVG(*), MAX(*) Calc 값

이런 연산은 필드 값의 최소, 평균, 최대를 표시한다. 이는 패킷 사이의 대기 시간을 그래프로 나타낼 때 매우 유용하다. 예를 들면 그림 248에 보인 그래프는 `frame.time_delta`를 사용하는(또한 `tcp.time_delta`를 이용해 이를 시도해보라) 추적 파일에서 한 패킷의 끝에서 다음 패킷의 끝까지의 최소, 평균, 최대 시간을 그래프로 나타냈다.

이 그래프에서 왕복 대기 시간의 증가를 볼 수 있다. 그림 249에서 윈도우 제로 상태는 TCP 백오프backoff 알고리즘이 윈도우 탐색과 같이 사용되게 했다. 패킷 사이의 델타 시간이 폭발적으로 증가한 것을 볼 수 있다.

단일 대화를 위한 필터를 사용하면 통신이 느려진 대화의 지점을 측정할 수 있다. X축은 얼마나 많이 추적 파일에 지연이 발생했는지를 보여주는 동안 Y축은 델타 시간 값을 나타낸다.

IO 그래프를 이용해서 문제해결 중심에 우선권 부여하기

사용자는 IO 그래프 안의 모든 그림 포인트를 클릭해서 와이어샤크가 추적 파일 내의 해당 영역으로 점프하게 할 수 있다. IO 흐름상 문제 지점 주변의 트래픽을 조사하기가 매우 쉬워진다. 네트워크 성능 문제를 해결하고자 하면 IO 그래프를 그리고, 그래프상 낮은 포인트를 클릭한다. 우선적으로 이 영역을 집중적으로 다루자.

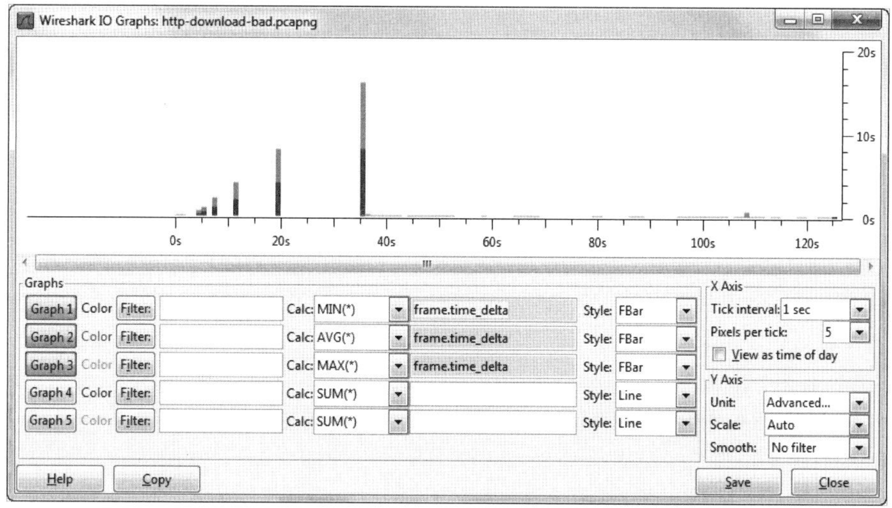

그림 248 TCP 백오프 프로세스는 frame.time_delta를 이용해 시각화할 수 있다. [http-download-bad.pcapng]

✻ COUNT FRAMES(*)와 COUNT FIELDS(*) Calc

COUNT FRAME(*) 연산은 필드나 특성의 발생 수를 센다. 이것은 tcp.analysis.retransmission이나 tcp.analysis.duplicate_ack 같은 와이어샤크의 TCP 분석 플래그를 그래프로 나타낼 때 매우 유용하다. ip.ttl 같은 필드에 이 연산을 적용하면 필드 안의 값이 아니라 관찰된 ip.ttl 필드 횟수를 세고 디스플레이한다.

COUNT FIELDS(*)는 필드나 특성의 발생 횟수를 센다. 이 기능을 와이어샤크 1.8.3에 슬며시 끼워 넣어 많은 사람을 혼란스럽게 했다. 패킷이 하나 이상의 동일한 필드를 포함하고 있으며, 얼마나 많이 이 필드가 발생했는지를 세고 싶을 때 매우 유용하다. 예를 들면 ICMP 목적지 도달 불가 패킷이 두 개의 IP 헤더를 포함한다(하나는 네트워크 전체의 ICMP 패킷을 얻기 위해 사용한 라우팅 헤더이고, 다른 하나는 패킷의 ICMP 부분 뒤에 놓이고 응답 호스트로 보낸 IP 헤더 복사본이다). ip.ttl과 icmp-lotsostuff.pcapng로 Calc 기능을 점검하라.

그림 249에서는 tcp.analysis.duplicate_ack, tcp.analysis.lost_segment, tcp.analysis.retransmission을 그래프로 그렸다.[5] 이 고급 IO 그래프는 손실된 패킷, 복제 ACK와 재전송 간의 관계를 나타낸다.[6] 이 경우 이들 값 사이의 관계를 명확히 파악하기 위해 Y축을 로그 함수 값으로 설정했다.

---

5. 디스플레이 필터로 tcp.analysis.retransmission을 사용하거나 고급 IO 그래프 계산에 사용할 때 정상적이고 빠른 재전송 두 가지 모두를 필터링하고 그림으로 그릴 수 있다.

6. 이 책을 흑백으로 인쇄하면 컬러링된 고급 IO 그래프를 정확히 보여줄 수 없다. 하지만 이 고급 IO 그래프를 이 책의 커버 뒷면에 이미지로 포함시켰다. 커버 뒷면의 예에서는 Y축 스케일과 그래프 2와 그래프 4 유형을 변경했다.

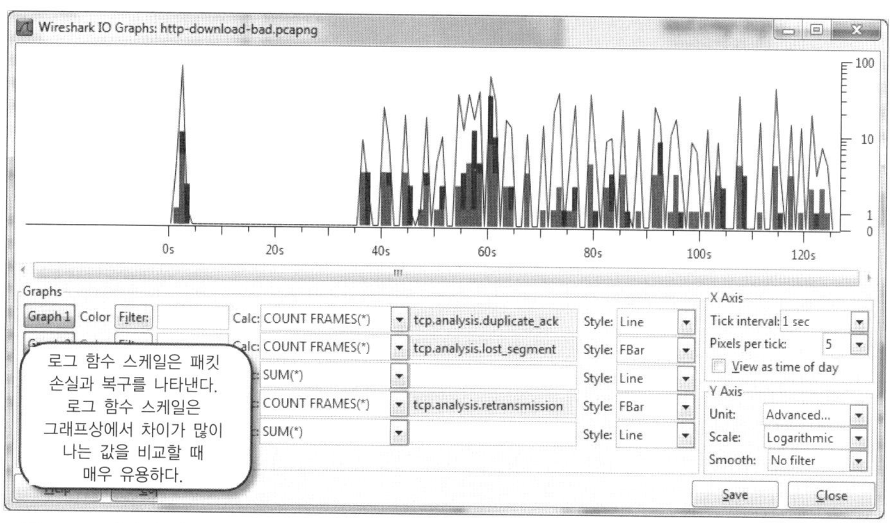

그림 249 패킷 손실과 복구 그래프로 그리기 [http-download-bad.pcapng]

TCP 패킷 손실 복구 프로세스의 이해와 표시

그림 249에 나타난 그래프를 완전히 이해해야만 한다.

수신자가 패킷 손실(TCP 순서 번호를 건너뜀)을 알게 되면 이런 손실 세그먼트는 재전송으로 이어질 수 있는 복제 ACK를 만드는 계기가 된다.

컬러링된 tcp.analysis.lost_segment, tcp.analysis.duplicate_ack와 tcp.analysis.retransmission 패킷을 비교한 IO 그래프를 보기 위해 책 커버 뒷면을 확인해보라.

✻ LOAD(*) Calc

이런 그래프는 smb.time과 rpc.time 같은 응답 시간 필드와 병행해서 사용한다. 핵심을 말하자면 LOAD 그래프를 사용해서 서버에 클라이언트 부하를 표현할 수 있다. 예를 들면 smb.time 값을 사용하면 언제든지 얼마나 많은 명령이 서버에 전송되는지를 알 수 있다. 스케일의 단위는 명령 수의 1,000배다.

Y축에서 1,000 값이 의미하는 것은 1000 단위 당 명령 한 개라는 뜻이다.

그림 250에서 SMB 요청 사이에 큰 간격을 볼 수 있다. 이런 간격 동안 서버는 요청을 기다리는 유휴 상태다. 이는 느린 클라이언트의 전형적인 예다. SMB 요청 당 1,000 단위로 Y축을 고려해야만 한다. 이 추적에서는 X축 한 단위(tick) 간격으로 0.001을 사용하는 틱당 최대 하나의 SMB 요청이 있음을 보여준다.

서버가 느려졌다면 이동 중인 요청이 증가하고 있음을 알 수 있다. 그래프에서 간격이 작거나 존재하지 않다면 클라이언트는 이동 중인 SMB 요청 양이 일정하게 유지되고 있다는 뜻이다.

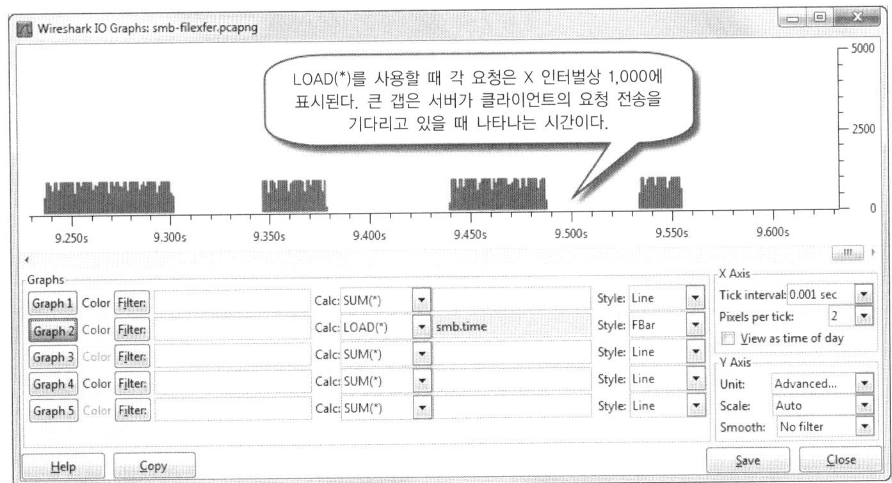

그림 250 그래프에서 간격은 서버가 클라이언트의 또 다른 SMB 요청을 기다리는 유휴 상태 시간을 나타낸다. [smb-filexfer.pcapng]

IO 그래프에서 트래픽 동향 비교

기준선의 IO 그래프와 또 다른 추적 파일의 그래프를 비교해보고 싶을 때가 있다. 예를 들면 두 개의 추적 파일(좋은 파일 전송 프로세스의 트래픽을 포함하는 추적 파일과 느린 파일 전송 프로세스의 트래픽을 포함하는 추적 파일)이 있다.

가끔 두 트래픽 흐름을 가까이 붙여놓고 비교해보고 싶을 때가 있다. 이는 4단계 프로세스를 가진다.

1. 추적 파일 사이의 시간 차이를 검사한다.
2. 필요하다면 추적 파일 타임스탬프 중 하나를 변경해 다른 추적 파일의 앞이나 뒤에 직접 나타나게 한다. Edit ❯ Time Shift를 살펴보라.
3. 두 추적 파일을 합친다. Merge Trace Files with Mergecap을 살펴보라.
4. 합친 추적 파일을 열고 IO 그래프를 생성한다.

추적 파일 타임스탬프 변경과 추적 파일 합치기에 대한 더 많은 정보는 33장을 참조하라.

그림 251에서는 합친 추적 파일의 IO 그래프를 보여준다. 여기서 다음과 같은 Mergecap 명령을 이용해 http-download-bad.pcapng와 http-download-good.pcapng를 합쳤다.

```
mergecap -w xfersmerged2.pcapng http-download-bad.pcapng
http-download-good.pcapng
```

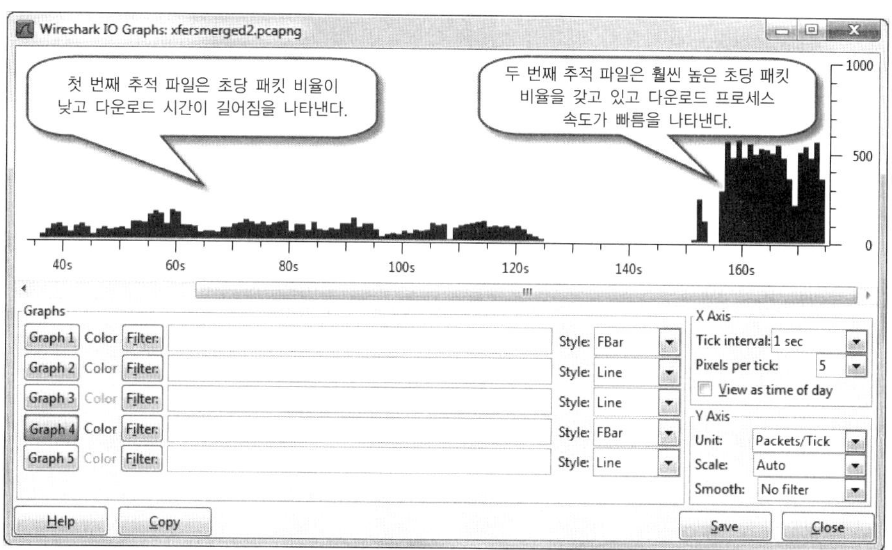

그림 251 단일 IO 그래프에서 두 파일 다운로드 비교 [http-download-bad.pcapng와 http-download-good.pcapngmergedintoxfersmerged2.pcapng]

여기서 느린 파일 전송 과정이 그래프 시작 부분부터 상당히 오랫동안 낮은 IO 비율을 나타내고 있음을 분명히 볼 수 있다. 게다가 왼편으로 스크롤해보면 데이터 전송이 없는 경우 다운로드 도중에 커다란 간격이 있음을 볼 수 있다.

그래프 우측에서는 틱당tickrate 높은 비트율을 확인할 수 있다. 짧은 시간에 데이터 전송이 이뤄지며 더 효율적이다. 여전히 데이터 전송이 없을 때 짧은 시간이 있다는 것을 확인할 수 있지만, 첫 번째 추적 파일에서 보던 문제보다는 훨씬 짧은 시간이다.

네트워크 분석 분야에서도 한 장의 그림이 천 단어의 가치가 있다는 것은 분명한 사실이다. 이는 수천 또는 수백만 패킷을 수집하는 한 방법이면서 이를 이해하기 위한 또 다른 방법이다.

Time-Shift 추적 파일 설정을 위한 -S Capinfos 사용

앞의 예에서 본 것처럼 합친 두 추적 파일은 며칠간의 간격을 두고 수집한 것이다. 두 개의 추적 파일만을 합치고 IO 그래프를 만들었다면 데이터를 그래프로 나타내는 부분을 분리하는 시간 때문에 그래프가 동떨어지게 됨으로써 비교하는 것이 힘들어질 것이다. 이런 문제는 -S 매개변수를 이용하면 해결할 수 있는데, 이 매개변수는 수집 시작과 종료 시간을 절대 초 단위로 디스플레이한다. 이 정보를 이용하면 Editcap을 사용해서 쉽게 추적 파일의 시간 단위를 이동시킬 수 있다(매개변수 editcap -t 〈seconds〉를 가지고). 그래서 추적 파일들을 하나의 IO 그래프 안에 집어넣을 수 있다. Capinfos 매개변수에 대한 상세 정보는 33장의 'Capinfos에 의한 추적 파일 상세 정보 목록' 절을 참조하라. 와이어샤크 1.8 버전에서는 패킷 목록t 창의 패킷을 오른쪽 클릭해서 Time Shift를 선택해 두 번째 추적 파일 내의 모든 패킷의 도착 시간을 변경하고 변경된 패킷 집합을 새 추적 파일에 저장할 수 있다. 원래의 파일 대신 시간을 이동한 추적 파일을 합쳐라.

왕복 시간 그래프

데이터 패킷에서부터 해당 ACK 패킷까지의 왕복 시간을 표시하기 위해 Statistics ❯ TCP Stream Graph ❯ Round Trip Time Graph를 선택한다. Y축은 가장 긴 왕복 지연 시간을 기반으로 생성된다. 지연 시간은 TCP 데이터 패킷과 그 패킷의 확인응답 사이의 시간으로 계산된다.

왕복 시간 그래프는 단방향이다. 왕복 시간 그래프를 열었을 때 아무런 표시를 볼 수 없다면 데이터 흐름 반대 방향으로 이동 중인 패킷을 보고 있는 것일 수 있다. 데이터 패킷을 선택하고 다시 그래프를 로딩하라.

그림 252는 느린 파일 전송 프로세스를 포함하는 추적에서의 왕복 시간을 나타낸다. Y축은 초 단위로 왕복 시간을 정의한다. X축은 TCP 순서 번호를 정의한다. 추적 파일의 많은 지점에서 지연 시간이 매우 길다는 것을 확인할 수 있고, 이는 실제로 트래픽 폭주가 있는 특정 순간이다.

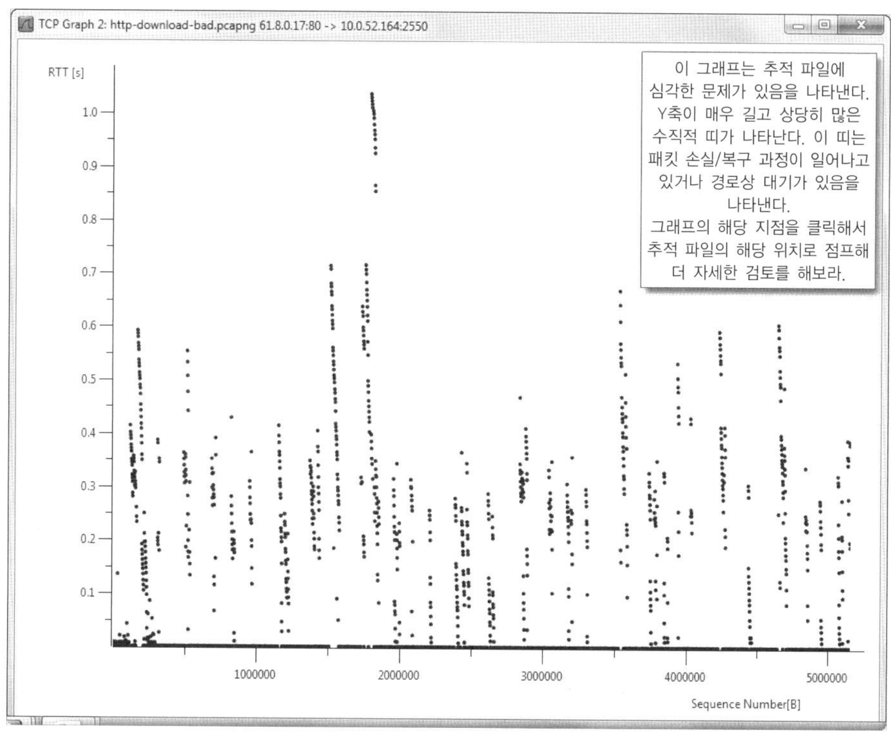

그림 252 긴 지연 시간을 나타내는 왕복 시간 그래프 [http-download-bad.pcapng]

세로줄 형태가 나타나는 위치에서 무슨 일이 일어나는지 판단해보려면 그림에 나타난 점 중의 하나를 클릭한다. 와이어샤크는 추적 파일 안의 해당 위치로 점프해서 가기 때문에 거기에서 더 자세한 상황을 파악할 수 있다.

패킷 손실이 일어나거나 복제 확인응답이 전송됐을 때 지속적인 세로줄 무늬가 나타난다는 걸 알 수 있다. 세로줄 무늬는 또한 데이터가 경로를 따라 큐에 대기하고 큐 장치를 통해 갑자기 전송될 때 나타난다는 것을 알 수 있다. 그래프의 한 영역을 확대하기 위해 관심 영역 위에 커서를 올려놓고 + 키를 누른다. 축소하려면 - 키를 누른다.

그림 253의 추적 파일을 보면 그림 252에 나타낸 것만큼 지연시간이 크지 않기 때문에 Y축 값이 적게 나타났다. 추적 파일에는 여전히 세로줄 무늬가 있다는 것을 확인할 수 있다. 이런 상황에서 패킷이 손실되거나 중복된 복제 ACK를 보내거나, 재전송이 발생하면 그 순간 갑작스런 세로줄 무늬 점들이 나타난다.

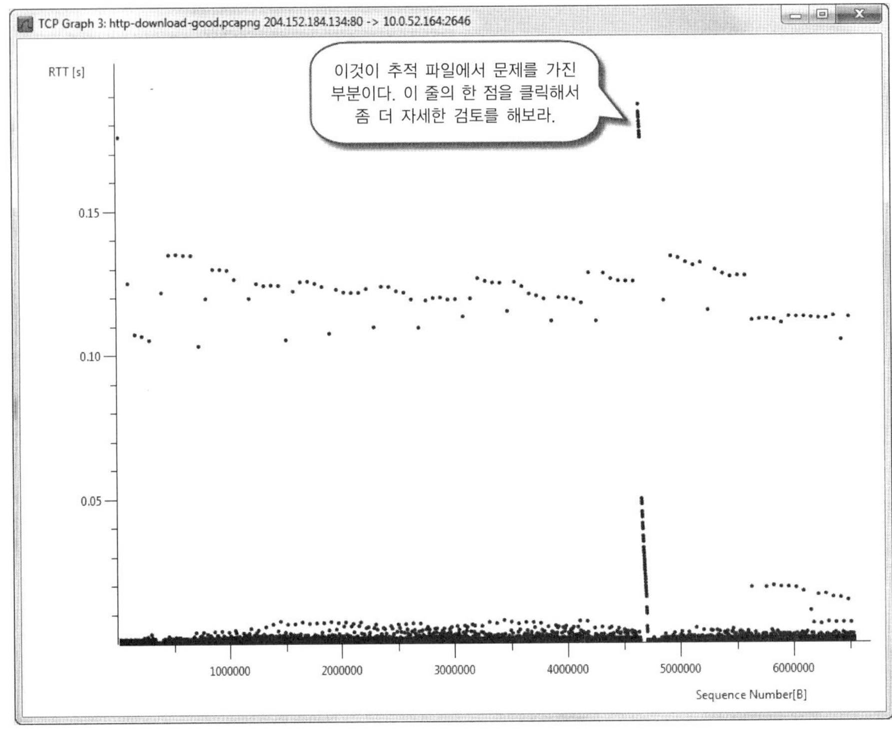

그림 253 왕복 시간 중 갑작스런 짧은 증가 [http-download-good.pcapng]

`tcp.analysis.ack_rtt`를 이용하는 평균(CALC: AVG) 왕복 시간을 표시하기 위해 고급 IO 그래프를 사용할 수 있다.

처리율 그래프

트래픽 흐름과 관련된 동향을 보려면 Statistics ❯ TCP Stream Graph ❯ Throughput Graph를 선택한다. TCP 처리율 그래프는 IO 그래프와 밀접한 관계가 있지만 점으로만 표현된다.

TCP 처리율 그래프는 단방향이다. 처리율 그래프를 열었을 때 아무것도 표시된 것이 없다면 다른 방향 쪽의 통신을 보고 있을 수 있다. 역방향으로 이동하는 패킷을 하이라이트시킨 뒤에 그래프를 다시 연다.

그림 254는 느린 다운로드 프로세스 동안의 추적 파일을 위한 TCP 처리율 그래프를 나타낸다. 이는 그림 252에서의 왕복 시간 그래프를 생성했던 추적 파일과 동일한 파일이란 점을 주목하라. 두 그래프가 일반적인 흐름 정보에서 얼마나 비슷한지 확인할 수 있다.

TCP 처리율 그래프는 패킷 목록 창에서 선택한 패킷을 기반으로 생성되기 때문에 추적 파일의 모든 통신에 대한 그래프를 쉽게 생성할 수 있다.

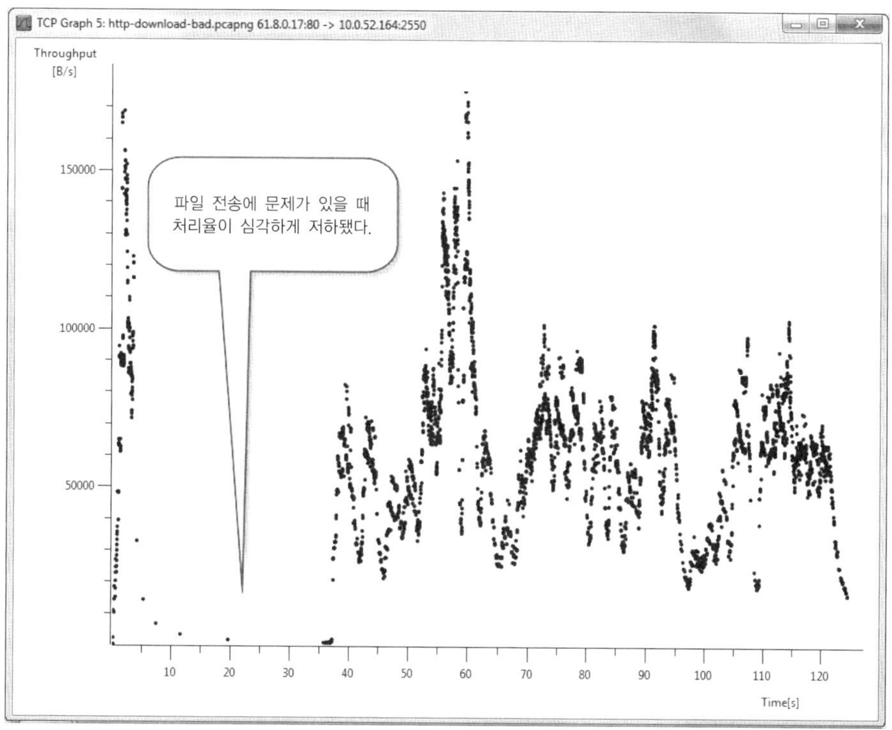

그림 254 TCP 처리율 그래프는 초당 바이트로 처리율을 나타낸다. [http-download-bad.pcapng]

시간상의 TCP 순서 번호 그래프

Statistics ➤ TCP Stream Graph를 선택한 후 Time-Sequence Graph(Stevens)나 Time-Sequence Graph(tcptrace)를 선택한다.[7] 와이어샤크의 시간 순서 그래프Time-Sequence Graph는 TCP 기반 트래픽을 시각화한다. 시간 순서 그래프(tcptrace)를 이용하면 더 많은 정보를 얻을 수 있기 때문에 21장에서는 이 그래프를 사용하기로 한다.

TCP 헤더는 데이터 전송 동안 바이트 전송 수에 의해 증가를 나타내는 순서 번호 필드를 포함한다. TCP 헤더 순서 번호가 1,000이고 패킷의 데이터 크기가 200바이트이면 TCP 헤더는 순서 번호 1,200을 포함한다. 다음 패킷의 순서 번호가 다시

7. TCP 추적 그래프가 Stevens 그래프보다 더 많은 정보를 제공한다. 그래서 Stevens 그래프보다 TCP 추적 그래프 사용을 권장한다. 이 책에서도 TCP 추적 그래프를 중점적으로 다뤘다.

1,000이면 이는 재전송 패킷이다. 다음 TCP 패킷의 순서 번호가 1,400이면 분명히 세그먼트가 손실된 것이다.

와이어샤크의 시간 순서 그래프는 TCP 기반 트래픽을 시각화한다. 이상적인 상황이라면 그래프는 좌측 하단 코너에서 우측 상단 코너로 움직이는 부드러운 대각선으로 표시돼야 한다. TCP 세그먼트는 'I bar' 형식으로 표시된다. I bar가 크면 클수록 더 많은 데이터가 포함돼 있다.

TCP 시간 순서 그래프는 한 방향으로 이동하는 데이터를 그래프로 그린다. 반드시 데이터를 포함하거나 데이터 흐름 방향으로 이동하고 있는 패킷 목록 창에서 패킷을 선택해야만 한다. 그래프가 비어 있어 있다면 어느 방향을 검사하고 있는지 타이틀 바를 살펴본다. 반대 방향으로 이동하는 패킷을 클릭한 후 트래픽을 그림으로 다시 나타낸다.

✻ TCP 윈도우 크기 문제 해석

TCP 윈도우 크기는 사용 가능한 버퍼 크기를 광고한다. TCP 윈도우 크기 회색선이 I bar에 근접해가면 수신 윈도우 크기는 감소한다. I bar에 닿게 되면 TCP 윈도우 크기가 제로라는 것을 나타내고 더 이상의 데이터를 수신할 수 없다는 것을 나타낸다. 그림 255에서는 윈도우 크기 줄이 어디에서 I bar와 만나는지를 나타냈다.

그림 255에서 TCP 시간 순서 그래프를 확대해 수신 윈도우 선(밝은 회색선)과 추적 파일 안의 TCP 세그먼트를 나타내고 있는 I bar를 조사했다.

수신 버퍼에서 데이터를 선택하면 수신 윈도우는 증가한다. 그림 255에서 수신 윈도우가 증가하지 않는 것을 확인할 수 있다. 결국 전송된 데이터가 아래 화살표로 나타낸 수신 윈도우에 채워진다. 데이터 전송은 수신 윈도우가 다시 열릴 때까지 중지된다.

작은 화살표는 윈도우가 열렸는지를 알아보기 위해 전송한 윈도우 탐색 패킷을 나타낸다.

TCP 시간 순서 그래프 스크린 수집

현재 와이어샤크는 시간 순서 그래프를 저장하거나 출력하는 기능을 지원하지 않는다. 그래프를 출력하거나 수집하려면 SnagIt(www.techsmith.com) 같은 스크린 수집용 유틸리티를 사용하라.

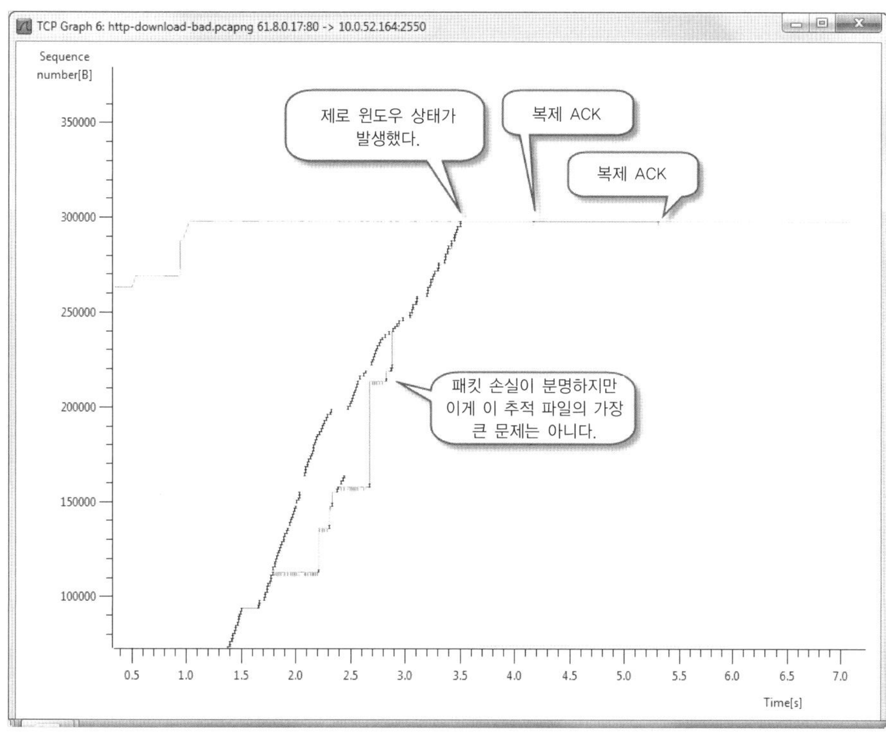

그림 255 TCP 세그먼트를 나타내는 I bar가 사용 가능한 윈도우 선과 만났을 때 윈도우 제로 상태가 발생한다. [http-download-bad.pcapng]

와이어샤크 1.6에서 새 TCP 그래프(윈도우 스케일링Window Scaling 그래프)를 소개했다. 이 그래프는 호스트가 보낸 모든 패킷의 계산된 윈도우 크기 필드(tcp.window_size) 값을 그림으로 나타낸다. 여기서도 이것은 한쪽 방향 그래프다.

가장 효율적인 윈도우 스케일링 그래프를 그리려면 패킷 목록 창에서 데이터를 수신하는 호스트가 보낸 ACK 패킷을 선택한다. 그런 다음 Statistics ❯ TCP Stream Graph ❯ Window Scaling Graph를 선택한다.

그림 256에서 http-downloadvideo.pcapng를 열어 24.4.7.217의 패킷을 선택한 후에 윈도우 스케일링 그래프를 그렸다.

1. 24.4.7.217의 모든 패킷의 계산된 윈도우 크기는 그래프상에서 '+'로 표시했다. 이 호스트로 추가 데이터가 보내지면 호스트가 보낸 ACK가 점점 더 작은 계산된 윈도우 크기를 나타낸다는 걸 알 수 있다. 애플리케이션은 호스트의 수신 버퍼에서 데이터를 가져가지 않는다.

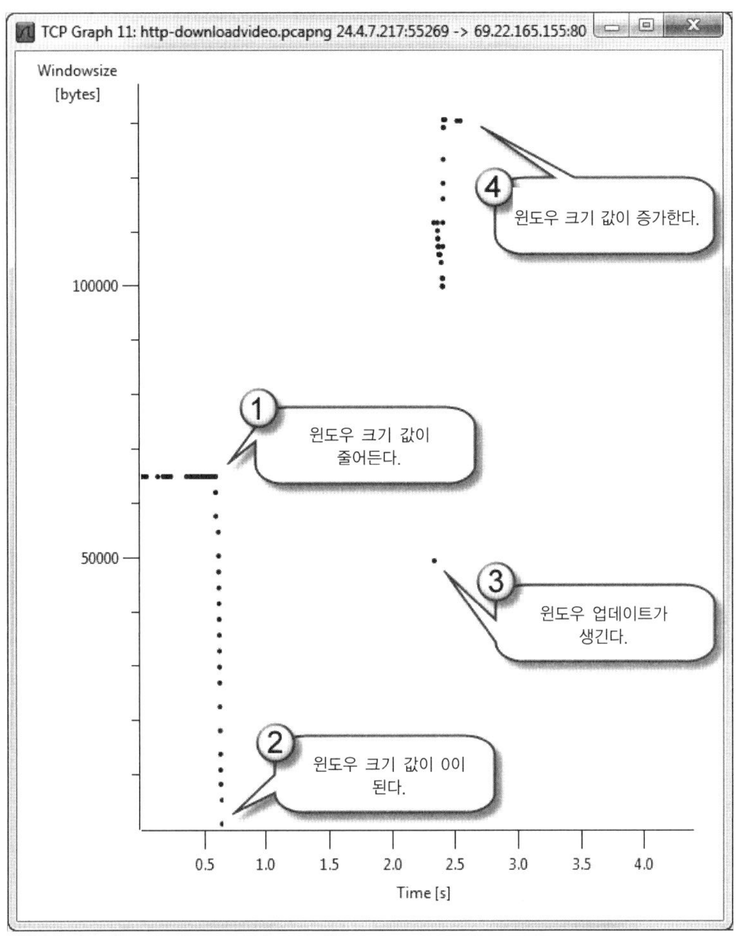

그림 256 윈도우 스케일링 그래프는 제로 윈도우 상태를 나타낸다. [http-downloadvideo.pcapng]

2. 계산된 윈도우 크기가 0에 이르게 되는 주기가 있다. 불행하게도 0 시점에 그림으로 나타나는 패킷을 볼 수가 없다. 뿐만 아니라 계산된 윈도우 크기 필드 값인 328을 보기 위해 확대(shift+'+')할 수도 없다.
3. 대략 마지막 점이 찍힌 뒤 2초 후에(계산된 윈도우 크기 1788) 윈도우 업데이트 과정이 시작된다. 계산된 윈도우 크기 값이 서버로부터의 통신을 위해 대기 중인 세그먼트의 크기와 같거나 클 경우에 데이터 전송이 재개된다.
4. 호스트가 수신 가능한 수신 버퍼 공간을 다시 광고하면 그 때서야 비로소 상황이 정상화 된다.

시간 순서 그래프가 그래프 중의 왕이다

새 윈도우 스케일링 그래프가 있어 좋기는 하지만, 시간 순서(tcptrace) 그래프만큼 그림을 잘 나타내지는 못한다. 한번 시도해보라. http-downloadvideo.pcapng를 열고 데이터 패킷을 하나 선택한 후에 TCP 시간 순서(tcptrace) 그래프를 열어라. 가능한 버퍼 공간이 소진되는 위치를 보기 위해 확대를 해보라. 훌륭하다.

✻ 패킷 손실, 복제 ACK와 재전송 해석

패킷 손실(패킷 손실이 발생하기 전 살펴본 패킷 위치)에서 업스트림이라면 복제 I bar(동일한 순서 번호이지만 그래프에서 다른 시간에 위치)를 볼 수 있다.

패킷 손실(생략된 TCP 순서 번호를 나타내는 위치)에서 업스트림이라면 I bar에서 공백을 볼 수 있다.

복제 ACK는 그림 257에서 보는 바와 같이 수신 선을 따라 다수의 눈금으로 나타난다. 복제 ACK의 개수가 많아지면 송신자와 수신자 사이에서의 경로 지연이 커진다는 것을 나타낸다. 복제 ACK 때문에 시작된 재전송은 복제 ACK들을 지나 가로 선을 따라 오른쪽에 나타나게 된다.

RTO(송신자로부터의 타임아웃)에 의해 재전송이 발생할 때 그림 257에서 다시 보이는 것처럼 복제 ACK보다 앞쪽에 나타나지는 않는다.

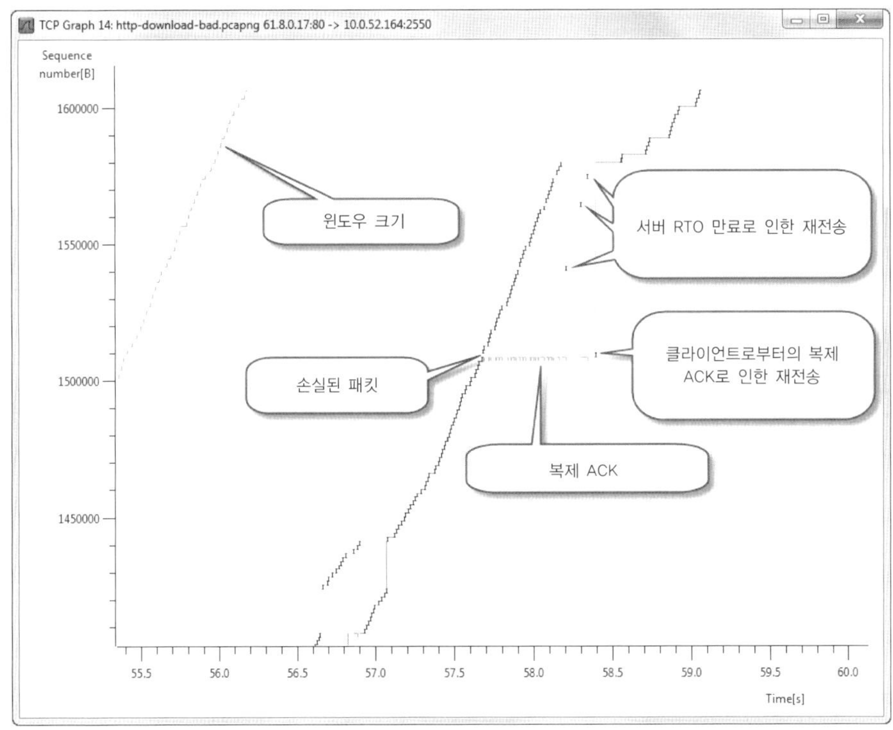

그림 257 패킷 손실, 복제 ACK, 재전송 프로세스를 나타내는 TCP Time-Sequence 그래프 [http-download-bad.pcapng]

사례 연구: 성능 레벨 'Drop' 관찰

제출자 Mark R.

Sr. Network Technician

인터넷에 접속할 때 가끔씩 장치가 잠긴다고 말하는 말단 사용자들의 간헐적인 불평들이 우리를 괴롭힌다.

모든 트래픽은 프록시 서버의 8080포트를 통과한다.

사용자가 인터넷의 여러 서버에 접속할 때 8080포트를 통과하는 트래픽의 추적 파일을 수집했다. 사용자가 접속이 안 될 때 경고음으로 알려달라고 부탁을 했다. 얼마 되지 않아 이곳저곳으로부터 경고가 울리기 시작했다.

우리가 추적 파일을 관찰할 적마다 알게 된 것은 항상 클라이언트가 'TCP 제로 윈도우'를 보고하고 약 10초 쯤 경과한 뒤 클라이언트 시스템이 TCP 리셋을 전송했다는 사실이었다.

우리는 최고 성능 문제에 대한 Laura의 강의 중 일부를 이용해 이것이 클라이언트의 자원과 연관된 문제라는 걸 알게 됐다. TCP 버퍼에서 시간에 맞춰 데이터가 빠져나오지 않았다. 사용자가 다른 웹사이트에 접속하는 도중에 리셋을 보내고 있는 것 같았다(사용자는 기다리는 데 지쳐서 다른 사이트로 이동해 가려고 했다). 여기서 우리가 덕분에 보너스로 알게 된 사실은 제로 윈도우 패킷과 리셋 사이의 시간 간격을 살펴보면서 사용자의 인내력 정도를 측정할 수 있었다는 점이다.

사용자가 불평할 때 사용자 장비에서 무엇이 구동되는지를 알아보기 위해 검사를 했다. 우리는 많은 클라이언트가 사진과 비디오를 서로 공유하기 위해 복사하는 Dropbox 프로그램을 사용한다는 것을 알았다. 불평을 제기한 사용자들은 Dropbox 프로그램을 사용하고 있었고 Dropbox 폴더를 동기화할 때 항상 이런 문제가 발생했다.

사용자 시스템에서 Dropbox를 비활성화하니 브라우저가 정상적으로 동작했다. 우리는 그들에게 인내심을 가지고 Dropbox를 계속해서 사용하거나 좀 더 나은 브라우징을 위해 Dropbox를 사용하지 말아야 한다고 옵션을 제시했다.

사용자를 가리키면서 "이건 당신 잘못이야!"라고 말하는 게 정말 좋았다.

 사례 연구: 회사 사무실 왕복 시간 그래프 만들기

제출자 Christy Z.
네트워크 관리자

다양한 사이트와 고객 회사 사무실 사이에 왕복 시간을 비교하기 위해 `tcp.analysis.ack_rtt`를 갖고 있는 AVG(*)를 사용했다. 내부 IT 팀과 밀접하게 일할 때 3개의 지사 사무실부터 시작했다. 회사 본부 빌딩에서 트래픽을 수집했다.

다음에서 보는 것처럼 각 지사 사무실에 각각 한 개씩 3개의 필터를 사용했다. 각 필터는 다른 지사 네트워크 주소로 오가는 트래픽을 찾았다. 좀 더 분명하게 트래픽 그래프를 보기 위해서 FBar 형식을 이용해 그래프 3과 그래프 4를 설정했다.

Graphs

Graph	Color	Filter:		Calc:		Style:
Graph 1	Color	Filter:		Calc: SUM(*)		Line
Graph 2	Color	Filter:	ip.addr==10.2.0.0/16	Calc: AVG(*)	tcp.analysis.ack_rtt	Line
Graph 3	Color	Filter:	ip.addr==10.3.0.0/16	Calc: AVG(*)	tcp.analysis.ack_rtt	FBar
Graph 4	Color	Filter:	ip.addr==10.4.0.0/16	Calc: AVG(*)	tcp.analysis.ack_rtt	FBar
Graph 5	Color	Filter:		Calc: SUM(*)		Line

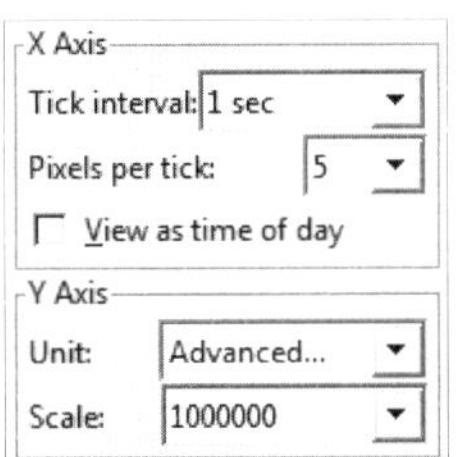

좀 더 명확하게 하기 위해서 X축과 Y축 값을 조정했다. 우리는 일반적으로 Y축 스케일을 약 1,000,000으로 수동 선택한다. 이는 시간 값을 밀리초로 나타냈을 때 1초와 동일하다.

트래픽을 그래프로 생성했을 때 네트워크 10.2와 네트워크 10.4로의 왕복 시간이 네트워크 10.3로의 왕복 시간보다 훨씬 길다는 것을 알았다.

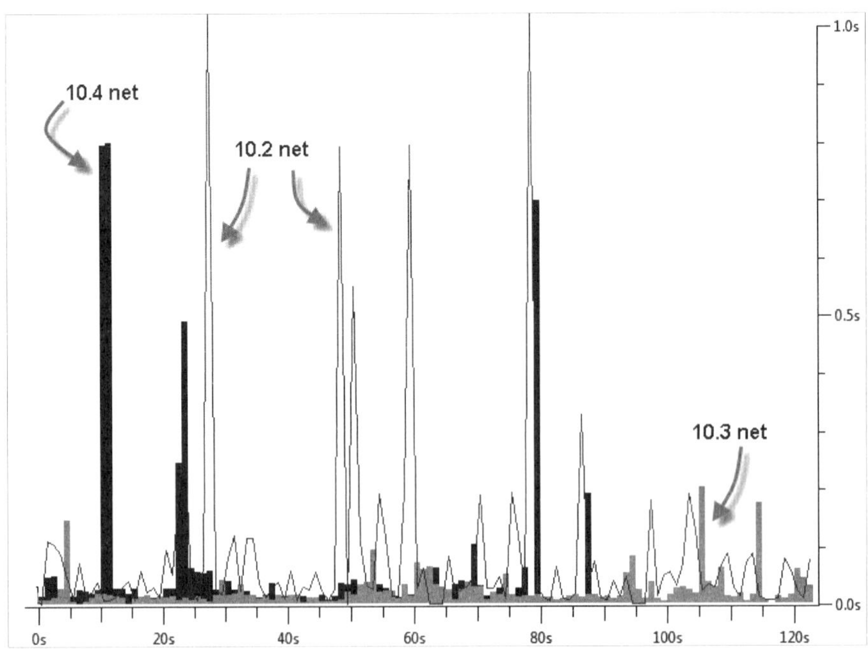

이는 두 지사의 사용자로부터 들었던 말과 일치했다. 그들은 파일 전송이 느리다고 불평을 했었다.

다음으로 우리는 트래픽 역시 동일하게 지연되는지를 확인하고 싶었다. 우리는 네트워크 10.2에 초점을 맞춰 시작했다. 지사 중 하나의 트래픽 유형을 분리하기 위해 추가로 IO 그래프를 생성했다. 고급 IO 그래프 설정은 다음과 같다.

동일한 네트워크 주소를 사용했지만 그래프 2, 그래프 3, 그래프 4에서 보기 위해 다른 포트 번호를 지정했다.

Graphs

Graph 1	Color	Filter:		Calc: SUM(*)	
Graph 2	Color	Filter:	ip.addr==10.2.0.0/16 && tcp.port==445	Calc: AVG(*)	tcp.analysis.ack_rtt
Graph 3	Color	Filter:	ip.addr==10.2.0.0/16 && tcp.port==80	Calc: AVG(*)	tcp.analysis.ack_rtt
Graph 4	Color	Filter:	ip.addr==10.2.0.0/16 && tcp.port==123	Calc: AVG(*)	tcp.analysis.ack_rtt
Graph 5	Color	Filter:		Calc: SUM(*)	

새 그래프에서 `tcp.analysis.rtt` 설정과 AVG(*)를 유지했다.

결과는 SMB 트래픽이 HTTP보다 왕복 시간이 길고 심지어 지사로 송수신되는 NTP 트래픽보다도 길었다.

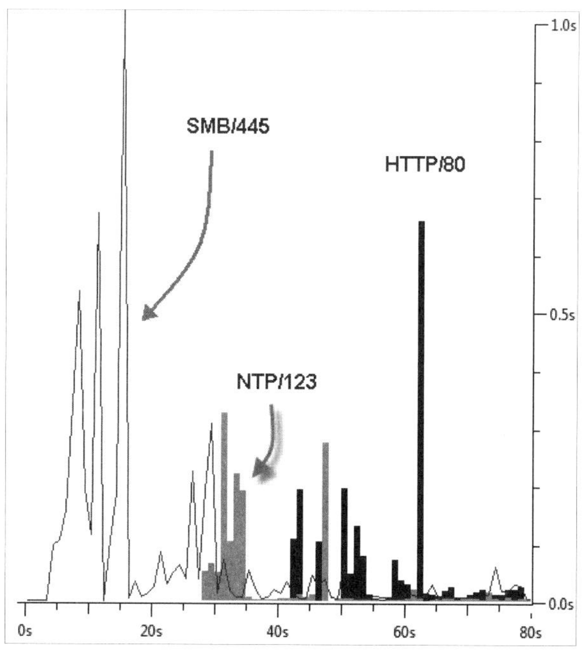

그래프를 확인한 결과 지사들 사이의 QoS 설정을 조사해야겠다고 생각했다. 우리는 VoIP 설치에 대비해 QoS 설정을 변경했다는 사실을 발견했다. 445번 포트에 대한 트래픽의 우선순위를 다른 트래픽 유형보다 더 낮게 설정했다.

IT 팀은 QoS 설정을 조정했고 사용자들은 성능 차이를 인지했다.

---

tcp.analysis.rtt와 tcp.time_delta 사용하기

이 사례 연구에서 tcp.analysis.rtt를 사용해 성능 문제점을 찾았다. 21장의 초반부에서 나는 tcp.time_delta 값을 언급했었다.

tcp.analysis.rtt는 ACK 도착 시간만 나타내지만, tcp.time_delta는 ACK와 데이터 패킷 도착 시간을 그래프로 나타낸다. 한번 시도해보라. 패킷 목록 창에 두 개의 자체 칼럼(tcp.analysis.rtt와 tcp.time_delta)을 추가하라. 추가하고 나서 변화된 사항을 알 수 있는가?

사례 연구: QoS 정책 테스트

제출자 Todd Lerdal

제안자는 외부 파트너가 100mbps 링크에서 오직 X만큼만 bandwidth off를 허용하는 고급 품질 서비스 정책이라고 여겨지는 매우 재미난 설정 임무를 맡게 됐다.

제안자는 무엇이 필요하고 어떻게 하는지 모든 이론을 알고 있었다. 하지만 외부 파트너가 설정을 잘못하거나(안티바이러스 소프트웨어 같은) 연결에 트래픽을 폭주시키려고 시도하거나 실제로 넘쳐나게 할지라도 대역폭 제한 정책을 굳건히 밀고 나가야 한다는 것을 확인하고 싶었다.

나는 테스트 실험실을 구성한 후 링크의 각 끝에 몇 개의 호스트를 시뮬레이트했다. 그 중 한 개는 우리 측 장비인 것처럼 행동하게 했고, 나머지 하나는 외부의 상대 호스트인 것처럼 행동하게 설정했다. 트래픽 경로 가운데 와이어샤크를 설정했고, 패킷 생성기를 이용해서 대역폭 허용량 이상의 트래픽을 외부 파트너로 보냈다.

제안자는 몇 가지 시나리오를 실험해볼 수 있었고, 그 다음 패킷을 수집해서 '관리자의 인터페이스'(컬러로 된 예쁜 그림으로)에서 볼 수 있게 몇 가지 그래프를 생성했다.

정리

와이어샤크의 IO 그래프, TCP 왕복 시간 그래프, 시간 순차 그래프, 처리율 그래프는 TCP 데이터 흐름을 그림으로 만들 수 있고, 네트워크 성능 문제의 원인을 밝히는 데 도움을 줄 수 있다.

고급 IO 그래프에서는 SUM(*), COUNT(*), MIN(*), MAX(*), LOAD(*) 같은 CALC 값을 트래픽에 사용할 수 있다. 디스플레이 필터는 또한 고급 IO 그래프의 트래픽에 사용할 수 있다.

왕복 시간 그래프는 전송된 데이터와 이와 관련된 TCP ACK 사이의 시간을 추적한다.

처리율 그래프는 단방향이고 특정 동일 시간 추적에 나타난 총 바이트 수를 그림으로 나타낸다. 처리율 값이 작다면 데이터 전송 시간이 증가한다.

TCP 시간 순서 그래프(단방향)는 시간 경과에 따른 TCP 순서 번호 변화를 기반으로 한 개별 TCP 패킷을 나타낸다. 게다가 그래프 유형은 관찰된 ACK와 윈도우 크기를 나타낸다. 부드러운 데이터 전송에서 'I bar line'은 좌측 하단 코너에서 우측 상단 코너까지 부드러운 경로로 상승한다.

학습한 내용 복습

이 책의 웹사이트인 www.wiresharkbook.com의 다운로드 섹션에서 사용 가능한 추적 파일을 다운로드한다. TCP 통신 분석의 복습을 위해서는 다음 추적 파일을 열어 질문에 대답하라.

http-download-bad.pcapng	이 추적 파일의 IO 그래프를 그려서 패킷 손실, 복제 ACK와 재전송을 나타내라. 고급 IO 그래프를 그려서 이 파일의 호스트와 tcp.analysis.flags 사이에 전송되는 TCP 데이터를 비교해보라. 그래프상에 이들 두 요소 사이의 관계를 어떻게 하면 더 명확하게 할 수 있는가?
http-download-good.pcapng	이 추적 파일에 대한 동일한 고급 IO 그래프를 그려라. 그래프가 tcp.analysis.flags와 데이터 전송률 간의 무엇을 제시하는가?

(이어짐)

http-downloadvideo.pcapng	이 추적 파일은 윈도우 크기 문제를 나타낸다. 24.4.7.217이 추적 파일 전체에 광고한 평균 윈도우 크기를 보여주는 고급 IO 그래프를 어떻게 생성하는가?
net-latency-au.pcapng	이 추적 파일에는 오직 DNS 쿼리/응답과 각 목표로 가는 TCP 핸드셰이크 처음 두 패킷만 들어있다. 이 추적 파일에서 패킷 사이의 지연을 고급 IO 그래프를 이용해 어떻게 나타낼 수 있는가?
sec-clientdying.pcapng	모든 TCP 호스트가 SACK를 지원하는가? TCP 핸드셰이크 패킷 안에서 SACK가 활성화돼 있는지 아닌지를 신속히 알아내기 위해 패킷 목록 창에 칼럼을 어떻게 추가할 수 있는가?
smb-filexfer.pcapng	이 추적 파일의 Expert에 의해 지적된 문제가 무엇인가? 이런 문제가 왜 일어났는가? 복제 ACK나 재전송 없이 Previous Segment Not Captured라는 주의가 나타났는가?
tcp-bad-download-again.pcapng	패킷 2에 기반을 둔 TCP 시간 순서 그래프가 거의 비어있는 이유는 무엇인가? 어떻게 TCP 시간 순서 값을 적절하게 그래프로 나타낼 수 있는가? 왕복시간 그래프를 그려보라. 이 추적 파일에서 가장 큰 RTT 값은 무엇인가? 다운로드가 느려진 이유가 RTT 값 때문인가?
tcp-uploadproblem-largefile.pcapng	암호화된 트래픽에서도 TCP 문제를 감지할 수 있다. Expert Info 윈도우를 조사해서 이 추적 파일의 주요한 문제가 무엇인지 판단해보라. 연결이 'health'라고 판단한 뒤에 업로드 능력이 ISP에 의해 약화됐다. 어떻게 모든 트래픽, 손실된 세그먼트, 그리고 모든 재전송을 그래프로 그릴 수 있는가? Y축을 바이트/틱으로 설정하라. 파일 업로드 과정의 어느 시점에서 전송률이 약화되는가?
tcp-youtubebad.pcapng	새 윈도우 스케일링 그래프를 이용해서 어떻게 비디오 시청자의 계산된 윈도우 크기가 변하는지 알아보라. 이 그래프에 나타난 상대적으로 평평한 최댓값을 어떻게 설명할 수 있는가? 감소하는 계산된 윈도우 크기뿐만 아니라 증가하는 크기에 대해 설명해보라.
udp-mcastream-queued2.pcapng	Statistics ▶ IO Graphs를 선택할 경우 대기 문제를 알 수 있는가? 어떻게 축을 설정하면 이 경로에서 패킷이 큐 안에 잠시 머무를 경우 불규칙한 IO 비율을 아는 데 도움이 되는가?
xfersmerged2.pcapng	다른 추적 파일에서 나온 트래픽을 어떻게 컬러링을 하면 합쳐진 추적 파일에서 구별을 쉽게 할 수 있는가?

연습문제

Q21.1 IO 그래프를 그릴 때 얼마나 많은 패킷을 대상으로 하는가?

Q21.2 빈 그래프의 가장 큰 원인은 무엇인가?

Q21.3 단일 대화와 비교해서 전체 트래픽을 그림으로 나타내기 위해 IO 그래프를 어떻게 사용할 수 있는가?

Q21.4 고급 IO 그래프에서 SUM(*) 계산의 목적은 무엇인가?

Q21.5 왕복 시간 그래프의 기반이 되는 데이터는 무엇인가?

Q21.6 TCP 시간 순서 그래프에서 보이는 이상적인 패턴은 무엇인가?

연습문제 답

Q21.1 IO 그래프를 그릴 때 얼마나 많은 패킷을 대상으로 하는가?

A21.1 페이로드와 헤더를 포함하는 전체 패킷이 IO 그래프에서 계산된다.

Q21.2 빈 그래프의 가장 큰 원인은 무엇인가?

A21.2 그래프가 단방향이고 그래프를 만들기 전에 잘못된 트래픽 방향으로 이동 중인 패킷을 선택했기 때문이다.

Q21.3 단일 대화와 비교해서 전체 트래픽을 그림으로 나타내기 위해 IO 그래프를 어떻게 사용할 수 있는가?

A21.3 두 번째 그래프 라인에 대화 필터를 적용하라.

Q21.4 고급 IO 그래프에서 SUM(*) 계산의 목적은 무엇인가?

A21.4 이 계산은 정의된 tick 값에 대한 필드나 특성(`tcp.len`과 같은) 값을 계산하고 그래프에 값을 표시한다.

Q21.5 왕복 시간 그래프의 기반이 되는 데이터는 무엇인가?

A21.5 와이어샤크는 데이터 패킷과 관련된 ACK 패킷 사이의 시간을 계산하고 표시한다.

Q21.6 TCP 시간 순서 그래프에서 보이는 이상적인 패턴은 무엇인가?

A21.6 이상적인 TCP 시간 순서 그래프 패턴은 좌측 하단에서 우측 상단까지 가파른 기울기로 표시된다.

DHCP 트래픽 분석

와이어샤크 공인 네트워크 분석가 시험에서 다루는 내용

- DHCP의 목적
- 정상적인 DHCP 트래픽 분석
- DHCP 문제점 분석
- DHCP 패킷 구조 분석
- DHCP/DHCPv6 트래픽 필터
- BOOTP-DHCP 통계 디스플레이

- 사례 연구: 클라이언트 거절
- 정리
- 학습한 내용 복습
- 연습문제와 답

22장에서 참조한 추적 파일

- dhcp-addressproblem.pcapng
- dhcp-boot.pcapng
- dhcp-decline.pcapng
- dhcp-jerktakesaddress.pcapng
- dhcp-relay-serverside.pcapng
- dhcp-renewtorebind.pcapng
- pcaprnet-dhcpv6-decline.pcapng

DHCP 목적

DHCP(Dynamic Host Configuration Protocol)에는 DHCPv4(IPv4 네트워크에서 사용)와 DHCPv6(IPv6 네트워크에서 사용), 두 가지가 있다.

22장에서는 DHCPv4를 집중적으로 다루고, 이를 그냥 DHCP라고 부를 생각이다. 물론 DHCPv6 기능도 살펴본다. 특별히 DHCPv6 프로토콜에 관련된 경우에는 DHCPv6라는 용어를 사용하겠다.

DHCP를 이용하면 클라이언트는 IP 주소와 설정 정보를 동적인 방법으로 획득할 수 있다. BOOTP에 기반을 두고 있기 때문에 DHCP는 주소/설정 할당에 대한 표준이다.

DHCP는 다양한 설정 옵션에 대한 비연결형 서비스를 제공하기 위한 전송으로 UDP를 사용한다. 현재 IPv4에서 DHCP에 대한 정의는 RFC 2131에 있다.

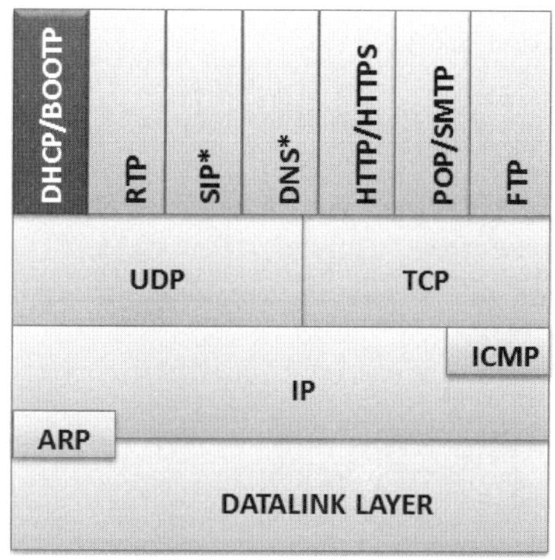

* TCP 위에서 실행되는 것으로도 볼 수 있음

그림 258 UDP에서 동작하는 DHCP/BOOTP

정상적인 DHCP 트래픽 분석

DHCP 통신을 위한 기본 포트는 68번 포트(클라이언트 프로세스)와 67번 포트(서버 데몬)다.

일반적인 DHCP 트래픽은 클라이언트의 현재 설정 상태와 클라이언트가 서버로부터 알고자 하는 내용에 따라 달라진다.

그림 259에서 클라이언트는 부팅 중이다. 클라이언트는 임대 시간 외이고 Discover 브로드캐스트 프롬프팅 중이다.

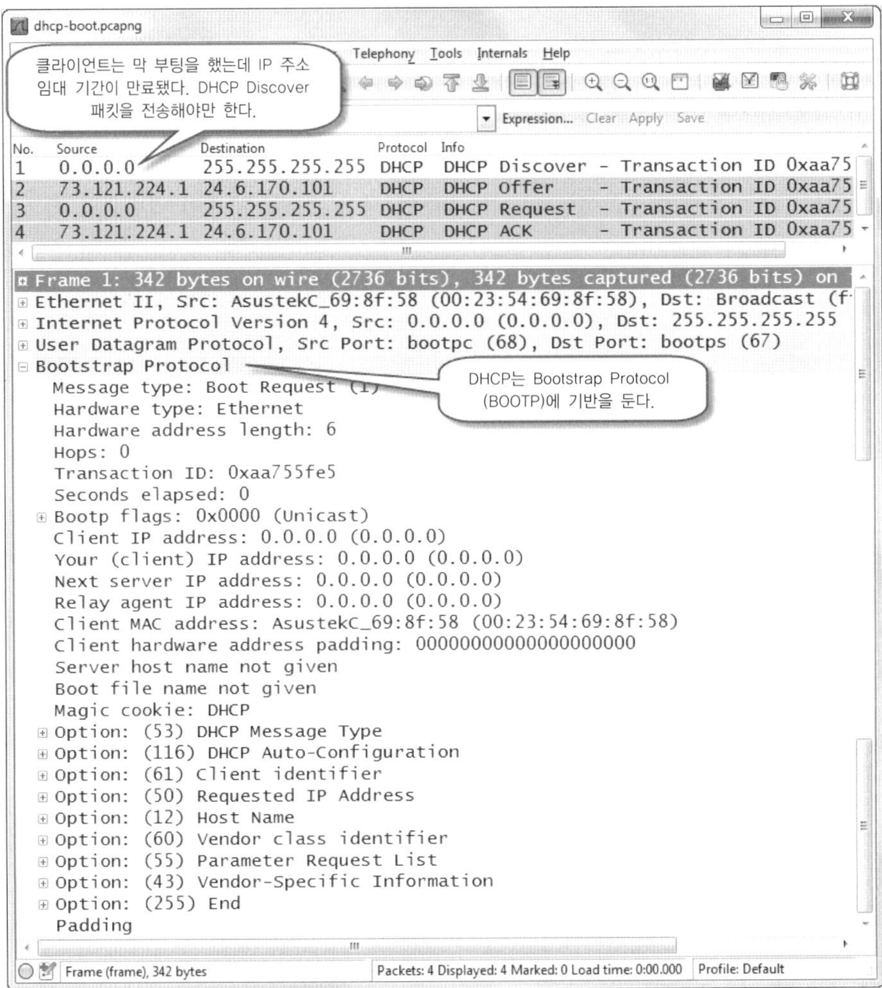

그림 259 4개 패킷의 DHCP 시작 순서[dhcp-boot.pcapng]

주소 임대 시간 외인 DHCP 클라이언트가 시작할 때 기본적으로 사용하는 순서는 `Discover - Offer - Request - Acknowledgement`다. 클라이언트가 주소 임대 시간 내에 있다면 `Request - Acknowledgement` 순서를 사용한다.

DHCP 메시지 유형은 8가지가 있다. 다음 표는 RFC 2131에서 정의한 메시지 유형과 설명을 보여준다.

번호	메시지 유형	설명
1	DHCP Discover	사용 가능한 DHCP 서버를 찾기 위한 클라이언트 브로드캐스트
2	DHCP Offer	서버가 클라이언트로부터의 DHCP Discover에 대한 응답으로 설정 매개변수를 제안한다.
3	DHCP Request	클라이언트가 서버로 보내는 메시지로 다음과 같은 내용이다. (a) 한 서버가 제안한 매개변수를 해당 서버에게 요청하고 다른 서버로부터의 제안을 거절과 (b) 시스템 재부팅 후 이미 할당된 주소의 정확성 확인, 또는 (c) 특정 네트워크 주소에 대한 임대 시간 확장
4	DHCP Decline	클라이언트는 서버가 제공한 네트워크 주소를 수용할 수 없다는 것을 서버에게 알림(클라이언트는 ARP 검사나 무료 ARP 테스트 프로세스를 통해 해당 주소가 이미 사용 중이란 것을 알게 됐을 거다)
5	DHCP Acknowledgment	서버가 클라이언트에게 설정 매개변수를 보낸다. 여기에는 수용하기로 한 네트워크 주소도 포함된다.
6	DHCP Negative Acknowledgment	서버가 클라이언트에게 보내는 것으로 클라이언트 네트워크 주소가 부정확함을 나타내거나(예를 들면 클라이언트가 새로운 서브넷으로 이동했을 때) 클라이언트의 임대가 만료됐음을 알림
7	DHCP Release	클라이언트는 서버에게 네트워크 주소를 포기하거나 남은 임대 취소를 알림
8	DHCP Informational	클라이언트는 서버에게 지역 설정 매개변수만을 요청, 클라이언트는 이미 외적으로 구성된 네트워크 주소를 확보했다.

DHCP의 가장 많은 용도는 동적 주소 할당이다. 그림 259는 호스트가 시작될 때 주소 임대와 매개변수를 획득하는 4개의 패킷 프로세스를 보여준다. DHCP 클라이언트가 DHCP 서버로부터 확인응답과 IP 주소를 성공적으로 수신하면 클라이언트는 '바운드bound' 상태로 진입한다.

주소 요청과 할당 프로세스 동안 클라이언트는 다음과 같은 3가지 시간 값을 얻게 된다.[1]

- 임대 시간(LT)
- 재설정 시간(T1)

1. DHCP 서버는 이 3가지 시간을 모두 제공할 필요는 없다. DHCP 클라이언트는 임대 시간을 근거로 재설정 시간과 재연결 시간을 계산할 수 있다.

- 재연결 시간(T2)

임대 시간(LT)은 클라이언트가 얼마나 오랫동안 할당된 IP 주소를 사용할 수 있는지를 정의한다. 디폴트 재설정 시간(T1)은 5.0*LT이다. 재연결 시간(T2)은 875*LT다. 하지만 기타 T1과 T2 시간 값은 DHCP 서버가 결정한다.

시각 T1에서 클라이언트는 재설정 상태가 되고 임대 시간을 연장하려면 DHCP 서버로 유니캐스트 DHCP 요청을 전송한다. DHCP 서버가 확인응답으로 응답하면 클라이언트는 바운드 상태로 돌아간다.

클라이언트가 T2가 될 때까지 확인응답을 받지 못하면 클라이언트는 재연결 상태rebinding state가 된다. 재연결 상태에서 클라이언트는 임대를 확장하기 위해서 브로드캐스트 DHCP 요청을 전송한다. 클라이언트가 확인응답을 수신하면 클라이언트는 바운드 상태로 되돌아가게 된다.

클라이언트가 확인응답을 받지 못햇으면 클라이언트는 T2가 최소 60초 이하로 내려갈 때까지 남은 시간의 반이 되는 시간마다 DHCP 요청을 시도한다. 클라이언트가 시간 T2에 이르러서도 확인응답을 받지 못하면 클라이언트는 재연결 상태로 들어간다. 재연결 상태에서 클라이언트는 임대시간 연장을 위해 브로드캐스트 DHCP 요청을 보낸다. 클라이언트가 확인응답을 받으면 클라이언트는 다시 바운드 상태로 돌아간다.

클라이언트는 LT 시간이 만료될 때까지 남은 시간의 반이 되는 시간마다 DHCP 요청을 재시도한다.

클라이언트가 LT 시간이 만료되기 전에 확인응답을 받지 못하게 되면 클라이언트는 반드시 초기화되지 않은 상태로 돌아가야만 하고, 가능하면 자신의 IP 주소를 반납하고 지역 DHCP 서버에게 DHCP 브로드캐스트를 전송해야 한다. 대부분의 DHCP 클라이언트 소프트웨어는 'sticky IP address'를 사용한다(클라이언트 시스템은 마지막으로 사용했던 IP 주소를 기억하고 있다가 해당 주소를 다시 사용하기 위해 그 주소를 요청한다). 이름은 동적 IP 주소 지정이지만 실제로는 이름만큼 동적이지 않다.

DHCP는 초기 DHCP 발견 프로세스 브로드캐스트를 기반으로 하기 때문에 DHCP 서버나 DHCP 중계 에이전트는 DHCP 클라이언트로서 동일 네트워크 세그먼트에 있어야만 한다.

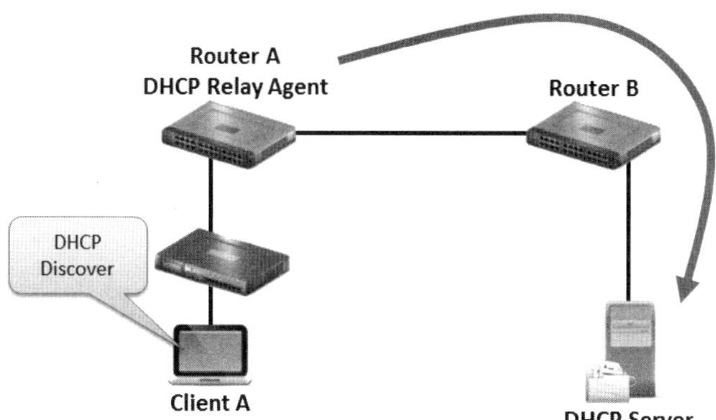

그림 260 DHCP 중계 에이전트는 DHCP 클라이언트와 DHCP 서버 사이에 메시지를 전달한다.

DHCP 중계 에이전트는 DHCP 클라이언트와 DHCP 서버 사이의 메시지를 전달한다. 그림 261에서는 DHCP 중계 에이전트를 통해 전달되는 패킷을 보여준다. DHCP 중계 에이전트의 IP 주소 10.2.99.99는 DHCP 요청에 수록돼 있다. DHCP 클라이언트의 MAC 주소는 클라이언트 MAC 주소 필드에 수록돼 있다. 이더넷 헤더를 검사해보면 해당 패킷이 DHCP 중계 에이전트 기능을 활성화한 시스코 라우터로부터 온 것임을 알 수 있다.

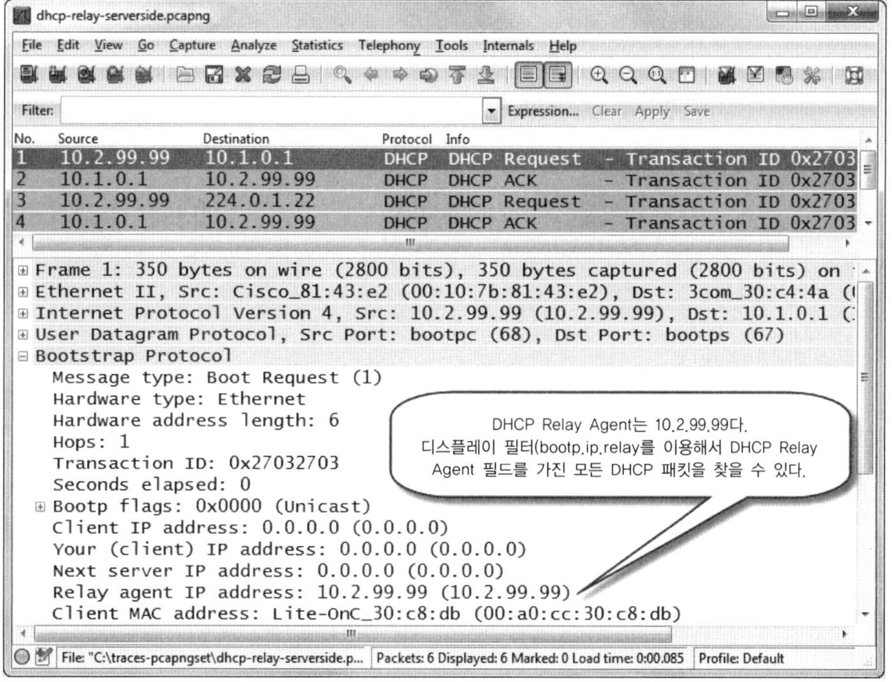

그림 261 해당 패킷은 DHCP 중계 에이전트에 의해 전송되고 있다.[dhcp-relay-serverside.pcapng]

DHCP 문제점 분석

DHCP가 적절히 동작하지 않으면 클라이언트는 IP 주소나 다른 클라이언트 설정을 획득하거나 유지할 수 없게 된다. 네트워크상의 호스트가 정적으로 할당된 주소를 갖고 있는데 DHCP 서버가 이를 인식하지 못한다면 이미 사용 중인 주소를 무심코 제공할 수도 있다. 그래서 DHCP 서버는 중복 주소 테스트(일반적으로 ICMP 에코 요청을 사용)를 해야만 한다.

서버 대신 클라이언트가 중복 주소 테스트를 수행할 수 있다. 클라이언트가 동일 주소를 가진 다른 호스트를 발견하면 DHCP 클라이언트는 DHCP Offer로 제공된 IP 주소 목록에서 해당 주소를 삭제해야만 한다.

그림 262에서는 DHCP 클라이언트 IP 주소 설정 문제점을 보여주준다. 이 추적 파일(dhcp-decline.pcapng)은 DHCP 서버(67번 포트)에 전달되는 트래픽에 대한 수집 필터를 이용해 수집됐다.

DHCP `Discover` 패킷에서 클라이언트는 192.168.0.102 주소(클라이언트가 마지막으로 사용한 주소)를 요청했다. DHCP `Offer`에서 서버는 클라이언트에게 192.168.0.104 주소를 제공했다. 클라이언트는 DHCP 과정을 계속하지만 DHCP `Decline` 패킷을 서버에 전송한다.

일반적으로 클라이언트가 중복 주소 테스트를 수행하고 주소가 사용 중인 것을 나타내는 응답을 수신할 때 이런 거절을 한다. 이 네트워크 설정에서 프린터는 이미 정적 IP 주소 192.168.0.104를 할당받았다. 그림 233에 나타난 문제점은 22장의 끝에 있는 '사례 연구: 클라이언트 거절' 절에서 다룬다.

이는 디스플레이 필터만으로 동작하는 대신 수집 필터를 적용했을 때 문제점을 보여준다. 67번 포트로 오가는 모든 트래픽에 대해 수집 필터를 사용하기 때문에 중복 주소 테스트를 수행하는 클라이언트를 돌아가서 볼 수 없다. 부분적으로 수집 필터를 사용하라.

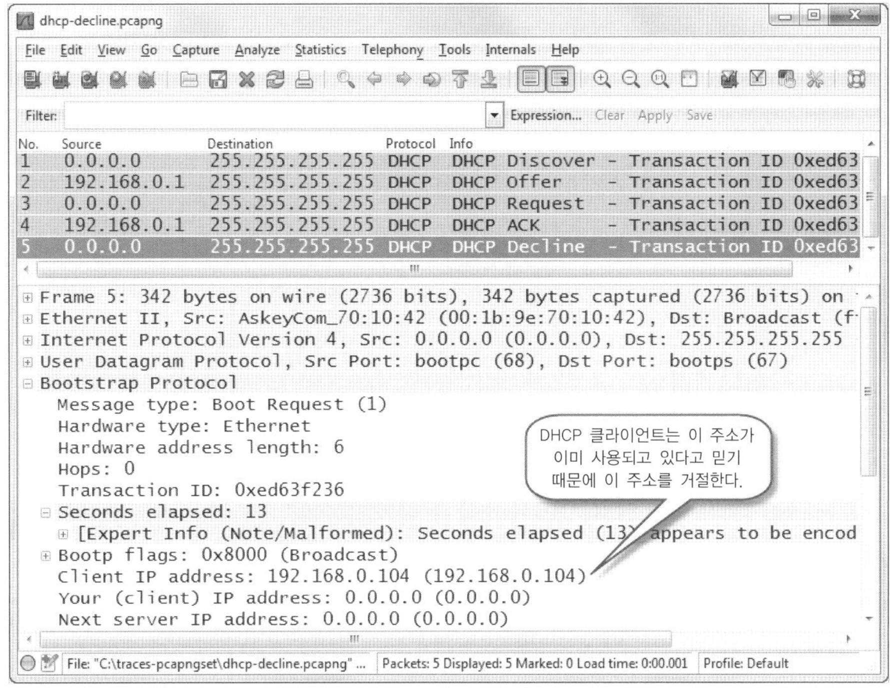

그림 262 클라이언트가 이미 주소를 사용하고 있다면 DHCP 클라이언트는 반드시 IP 주소 제안을 거절해야 한다. [dhcp-decline.pcapng]

DHCP 패킷 구조 분석

DHCP 패킷은 가변 길이다.

메시지 유형

이 필드는 연산 코드 필드Opcode field로 언급되며, 1은 DHCP 요청을 나타내고 2는 DHCP 응답을 나타낸다.

하드웨어 유형

이 필드는 사용 중인 하드웨어 주소 유형을 정의하고 ARP 하드웨어 주소 유형 정의와 일치한다. 0x0001 값은 하드웨어 주소가 이더넷 주소임을 나타낸다.

하드웨어 길이

이 필드는 하드웨어 주소 길이를 나타내고, 이더넷 주소는 6이다.

✻ 홉

이 필드는 DHCP 서버에 도착하기 위해 반드시 통과해야 하는 네트워크 수를 정의하는 DHCP 중계 에이전트가 사용한다.

✻ 트랜잭션 식별자

이 필드는 DHCP 요청과 응답 패킷을 연결하는 데 사용한다.

✻ 초 단위 경과 시간

이 필드는 클라이언트가 새 주소를 요청하거나 갱신 주소 요청을 시작했을 때부터 경과한 초를 나타낸다. 벤더 사에서 리틀 엔디언little-endian 형식으로 이 필드를 설정해놓았으면 와이어샤크는 오류 경고를 내린다는 것을 알 수 있다. 와이어샤크는 빅 엔디언big-endian 형식으로 필드를 나타낸다. 하지만 이 차이점을 알려주는 주의를 제공한다.

✻ BOOTP 플래그

이 플래그는 IP 스택이 완전히 구성되기 전에 클라이언트가 유니캐스트나 브로드캐스트 MAC 패킷을 받아들일지를 나타낸다. DHCPv4가 BOOTP에 기반을 둔다는 점을 인지하기 바란다. DHCPv6에서는 어떤 BOOTP 참조도 사용하지 않기 때문에 볼 수 없다.

✻ 클라이언트 IP 주소

클라이언트는 DHCP 서버가 할당한 IP 주소를 클라이언트 IP 주소에 채워 넣는다.

✻ 사용자(클라이언트) IP 주소

이 필드는 DHCP 서버가 제안한 주소를 나타낸다. DHCP 서버만 이 필드를 채워 넣는다.

✻ 다음 서버 IP 주소

중계 에이전트를 사용할 때 이 필드는 DHCP 서버의 주소를 포함한다.

✻ 중계 에이전트 IP 주소

이 필드를 사용할 때 DHCP 중계 에이전트 주소를 보여준다.

✻ 클라이언트 MAC 주소

이 필드는 클라이언트 MAC 주소를 포함하고 있다. 이 필드는 사용자가 부팅 과정에 대해 불평하고 DHCP 문제일 것이라고 예상할 때 매우 유용한 필드다.

✻ 서버 호스트 이름

이 필드는 DHCP 서버의 이름(옵션)을 포함할 수 있다.

✻ 부트 파일 이름

이 필드는 부트 파일 이름(옵션)을 나타낸다.

✻ 매직 쿠키

이 필드는 뒤에 이어지는 데이터 유형을 나타낸다. 0x63825363 값은 데이터가 DHCP임을 나타낸다.

✻ 옵션

옵션은 IP 주소와 설정 요청을 DHCP 서버에 제공하고 클라이언트에 응답하는 데 사용한다. 다음 표는 자주 사용하는 옵션 유형의 일부를 목록화한 것이다. 더 자세한 목록은 www.iana.org에서 이용 가능하다.

옵션	이름
1	서브넷 마스크
3	라우터
4	시간 서버
5	이름 서버

(이어짐)

옵션	이름
6	도메인 서버
12	호스트 이름
15	도메인 이름
31	라우터 발견

DHCPv6 소개

DHCPv6는 RFC 3315, 'Dynamic Host Configuration Protocol for IPv6(DHCPv6)'에 정의돼 있다.

IPv6에서는 브로드캐스트를 사용하지 않기 때문에 DHCPv6 클라이언트는 멀티캐스트 주소 `All_DHCP_Relay_Agent_and_Servers(ff02::1:2)`를 사용해 DHCPv6 서버와 중계 에이전트를 찾을 수 있다.

그림 263에 나타낸 것처럼 DHCPv6 클라이언트 포트는 546이고, DHCPv6 서버 포트는 547이다.

기본적 DHCPv6 통신에서는 다음 4개의 패킷을 사용한다.

- **DHCPv6 Solicit** DHCPv6 클라이언트가 DHCPv6 서버나 지역 DHCPv6 중계 에이전트를 찾고자 할 때 사용한다. 멀티캐스트 주소 `All_DHCP_Relay_Agent_and_Servers(ff02::1:2)`로 보낸다.
- **DHCPv6 Advertise** 한 개 또는 복수 개의 DHCPv6 서버가 클라이언트에게 요청한 주소나 기타 설정 정보를 제공할 때 사용한다.
- **DHCPv6 Request** DHCPv6 클라이언트가 DHCPv6 서버 중의 하나를 선정해서 보내는데, 할당된 주소와 기타 설정 정보를 확인하는 데 사용한다.
- **DHCPv6 Reply** DHCPv6 서버가 클라이언트에게 보내는데, 주소 할당과 기타 설정 정보를 확인하는 데 사용한다.

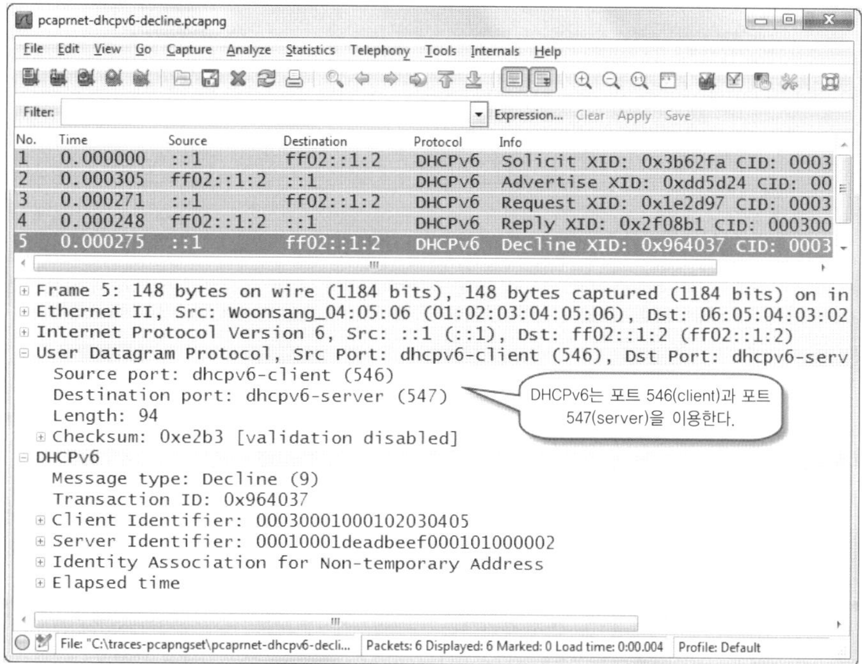

그림 263 DHCPv6는 포트 546번과 547번을 사용한다. [pcaprnet-dhcpv6-decline.pcapngng]

무엇인지 잘못되면 클라이언트는 DHCPv6 Decline을 보낼 수 있다. DHCPv6에서 사용하는 메시지 유형 전체 목록은 다음 표와 같다.

DHCPv6 메시지 유형 번호	보내는 주체	DHCPv6 메시지 유형 이름
1	클라이언트	SOLICIT로, 이 절 초반에 정의했다
2	서버	ADVERTISE로, 이 절 초반에 정의했다
3	클라이언트	REQUEST로, 이 절 초반에 정의했다
4	클라이언트	CONFIRM로, DHCPv6 클라이언트가 모든 가능한 서버에게 보내 할당받은 주소가 클라이언트가 연결된 링크에 아직 사용할 수 있는지 아닌지를 판단하고자 한다.
5	클라이언트	RENEW로, DHCPv6 클라이언트가 자신에게 클라이언트 주소와 설정 매개변수를 제공해줬던 원래 서버에게 보내는 메시지로, 이를 이용해서 클라이언트에 할당된 주소 유효기간을 연장하고 다른 설정 매개변수를 업데이트한다.

(이어짐)

DHCPv6 메시지 유형 번호	보내는 주체	DHCPv6 메시지 유형 이름
6	클라이언트	REBIND로, DHCPv6 클라이언트가 모든 가능한 서버로 보내는 메시지로 클라이언트에 할당된 주소 유효 기간을 연장하고 다른 설정 매개변수를 업데이트한다. 클라이언트가 보낸 Renew 메시지에 대한 응답을 받지 못하면 이 메시지를 보낸다. DHCPv4에서와 마찬가지로 클라이언트는 Rebind하기 전에 Renew를 반드시 시도해야만 한다.
7	서버	REPLY로, DHCPv6 서버가 보내는 메시지다. 클라이언트가 서버로 보낸 Solicit, Request, Renew, 또는 Rebind 메시지에 대한 응답으로 할당된 주소와 설정 매개변수를 포함한다. DHCPv6 서버는 Information 요청 메시지에 대한 응답으로 설정 매개변수가 포함된 Reply 메시지를 보낸다. 서버는 Confirm 메시지에 대한 응답으로 Reply 메시지를 보내는데, Confirm 메시지에는 클라이언트가 클라이언트에 할당된 주소를 자신이 연결하고 있는 링크에서 사용하는 것을 확인하든가 거절하는 데 사용한다. 서버는 Release 메시지나 Decline 메시지 수신을 확인응답해줄 때 Reply 메시지를 보낸다.
8	클라이언트	RELEASE로, DHCPv6 클라이언트가 자신에게 주소를 할당해 준 서버로 보내는 메시지로서 클라이언트가 더 이상 한 개 또는 여러 개의 할당된 주소를 사용하지 않을 것이란 걸 나타낸다.
9	클라이언트	DECLINE로, DHCPv6 클라이언트가 서버로 보내는 메시지다. 클라이언트는 서버가 지정해준 하나 또는 여러 개의 주소가 이미 자신이 연결된 링크에서 사용 중에 있다고 판단했음을 나타낸다.
10	서버	RECONFIGURE로, DHCPv6 서버가 클라이언트에 보내는 메시지로서 서버가 새로운 또는 업데이트된 매개변수를 가졌고, 업데이트된 정보를 클라이언트가 서버로부터 받기 위해 서버와 함께 Renew/Reply나 Information reques/Reply 전송을 시작해야 한다는 사실을 클라이언트에게 알린다.
11	클라이언트	INFORMATION-REQUEST로, DHCPv6 클라이언트가 서버에 보내서 클라이언트에 어떤 IP 주소도 할당하지 않으면서 설정 매개변수를 요청할 때 사용한다.
12	Relay 에이전트	RELAY-FORW(Relay Forward)로, DHCPv6 서버가 중계 에이전트로 보내 서버로의 메시지를 중계한다. 중계 메시지는 직접 전달하거나 다른 중계 메시지를 통해 전달한다. 수신된 메시지는 클라이언트 메시지이거나 다른 중계 에이전트가 보낸 Relay forward 메시지인데, 이것을 Relay forward 옵션으로 메시지 안에 캡슐화한다.

DHCPv6 메시지 유형 번호	보내는 주체	DHCPv6 메시지 유형 이름
13	Relay 에이전트	RELAY-REPL(Relay Reply)로, DHCPv6 서버가 중계 에이전트로 보내는 메시지다. 중계 에이전트가 클라이언트에게 전달하는 메시지가 들어있다. Relay reply 메시지는 목적지 중계 에이전트로 전달하기 위해 다른 에이전트가 중계를 하기도 한다. 서버는 클라이언트 메시지를 옵션으로 Relay reply 메시지 안에 캡슐화 한다. 이렇게 캡슐화된 메시지는 마지막 중계 에이전트가 캡슐을 풀어 클라이언트에게 전달한다.

BOOTH-DHCP 통계 디스플레이

BOOTP-DHCP 통계 윈도우는 추적 파일에서 DHCP 메시지 유형을 요약한다. 와이어샤크 1.7.2에서는 이 기능이 DHCPv6를 지원하지 않는다.

그림 264에서는 다양한 DHCP 패킷을 포함하는 추적 파일에 대한 DHCP 통계를 보여준다.

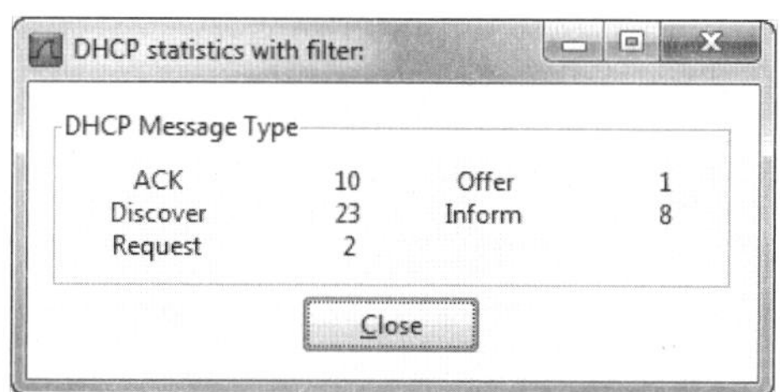

그림 264 DHCP 통계 [dhcp-addressproblem.pcapng]

DHCP 메시지 유형 전체 목록이 www.iana.org/assignments/bootp-dhcp-parameters에 있다.

DHCP/DHCPv6 트래픽 필터

DHCPv4 트래픽에 대한 수집 필터 구문은 port 67(DHCPv4가 DHCPv4 클라이언트 포트를 포트 68번을 사용하지만, 해당 트래픽은 항상 포트 67번을 통해서 전달된다)이다. DHCPv6 트래픽에 대한 수집 필터 구문은 port 546(여기서도 DHCPv6 트래픽은 포트 546과 547번으로 흐른다)이다.

DHCPv4는 BOOTP에서 파생됐고, bootp 디스플레이 필터 문자열을 사용한다.

DHCPv6는 BOOTP와는 무관하다. 디스플레이 필터 문자열은 단순히 dhcpv6 이다.

다음 표는 추가 DHCP 디스플레이 필터를 목록화한 것이다.

디스플레이 필터	설명
bootp.option.value==0	DHCPv4 Discover 메시지
bootp.option.value==04	DHCPv4 Decline 메시지
bootp.hw.mac_addr==00:1b:9e:70:10:42	MAC 주소 00:1b:9e:70:10:42을 포함하는 DHCPv4 메시지
bootp.option.type==12	호스트 이름 값(옵션 유형 12)을 포함하는 DHCPv4 메시지
!bootp.ip.relay !=0.0.0.0	DHCPv4 중계 에이전트 값을 포함하는 메시지
(bootp.ip.your==192.168.0.104) && (bootp.option.value==05)	IP 주소 192.168.0.104를 사용하는 클라이언트로부터의 DHCPv4 ACK 메시지
bootp.option.type==55 && bootp.option.value contains 1F	Perform Router Discover(0x1F)를 포함하는 DHCPv4 매개변수 요청 목록
dhcpv6.msgtype==9	DHCPv6 Decline 메시지
(eth.src==21:22:23:24:25:26) && (dhcpv6.msgtype==1)	특정 하드웨어 주소에서 온 DHCPv6 Solicit 메시지

사례 연구: 클라이언트 거절

다수의 호스트가 인터넷 통신을 하지 못한다고 한 고객이 문제를 제기했다. 재빨리 지역 설정을 살펴보니 IP 주소가 할당되지 않았음을 확인했다.

DHCP 프로세스에 확실한 문제가 있지만 DHCP 서버는 정상적으로 동작하는 것으로 보였다. 모든 DHCP 트래픽(port 67과 port 68)에 대해 와이어샤크 수집 필터를 적용했다.

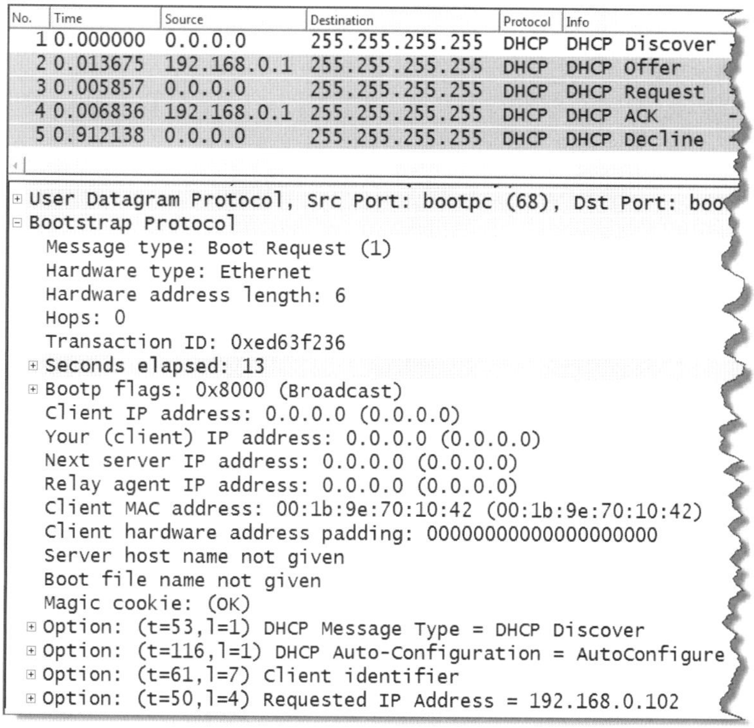

No.	Time	Source	Destination	Protocol	Info
1	0.000000	0.0.0.0	255.255.255.255	DHCP	DHCP Discover
2	0.013675	192.168.0.1	255.255.255.255	DHCP	DHCP Offer
3	0.005857	0.0.0.0	255.255.255.255	DHCP	DHCP Request
4	0.006836	192.168.0.1	255.255.255.255	DHCP	DHCP ACK
5	0.912138	0.0.0.0	255.255.255.255	DHCP	DHCP Decline

```
⊞ User Datagram Protocol, Src Port: bootpc (68), Dst Port: boo
⊟ Bootstrap Protocol
    Message type: Boot Request (1)
    Hardware type: Ethernet
    Hardware address length: 6
    Hops: 0
    Transaction ID: 0xed63f236
  ⊞ Seconds elapsed: 13
  ⊞ Bootp flags: 0x8000 (Broadcast)
    Client IP address: 0.0.0.0 (0.0.0.0)
    Your (client) IP address: 0.0.0.0 (0.0.0.0)
    Next server IP address: 0.0.0.0 (0.0.0.0)
    Relay agent IP address: 0.0.0.0 (0.0.0.0)
    Client MAC address: 00:1b:9e:70:10:42 (00:1b:9e:70:10:42)
    Client hardware address padding: 00000000000000000000
    Server host name not given
    Boot file name not given
    Magic cookie: (OK)
  ⊞ Option: (t=53,l=1) DHCP Message Type = DHCP Discover
  ⊞ Option: (t=116,l=1) DHCP Auto-Configuration = AutoConfigure
  ⊞ Option: (t=61,l=7) Client identifier
  ⊞ Option: (t=50,l=4) Requested IP Address = 192.168.0.102
```

추적 파일은 클라이언트가 부팅이 됐고 DHCP `Discovery` 패킷을 송신했으며 `offer`를 수신했음 보여준다. 서버는 클라이언트가 요청한 IP 주소와 동일한 IP를 제공하지는 않았지만 요청한 주소는 이미 할당됐다고 가정했다.

클라이언트는 192.168.0.102 주소를 요청했지만 서버는 192.168.0.104 주소를 제공했다. 클라이언트는 주소 요청을 보내고 ACK는 DHCP 시작 프로세스를 종료했다. 지금까지는 순조로워 보인다.

그러고 나서 대략 몇 초 후 클라이언트는 DHCP 서버에 Decline을 송신했다. 왜?

이는 부팅 과정에서 트러블슈팅 작업을 할 때 캡션 필터를 사용하지 말라는 중요한 교훈이었다. 우리는 문제를 완전히 놓쳐버렸다.

수집 필터 없이 다시 추적을 했을 때 클라이언트가 192.168.0.104 주소를 제공한 후 바로 제공된 주소로 ping을 수행했음을 알았다(서버가 우리가 시도할 때마다 똑같은 주소를 제공한 것이다).

놀랍게도 192.168.0.104 주소에 대한 ping 응답은 프린터로부터 왔다. 우리는 프린터의 IP 주소가 정적으로 할당됐다는 것을 알았다. DHCP 서버는 자신의 ping 프로세스로 주소가 사용되고 있는지 아닌지를 확인한 적이 없다(벤더는 많은 호스트가 ping 처리에 응답하지 않을 것이라고 가정했고 이는 '사용 중인 주소를 발견하기 위한 믿을 만한 방법'은 아니다).

IT 직원은 프린터를 위한 정적 엔트리를 갖는 DHCP 서버를 재설정했다. 이후로 DHCP 서버는 네트워크상에 있는 어떤 클라이언트에게도 이 주소를 할당하지 않았다.

정리

DHCP는 클라이언트 IP 주소 설정보다 더 많은 설정 구성을 제공하는 데 사용될 수 있지만 DHCP의 가장 일반적인 사용이 클라이언트 IP 주소 설정이다.

클라이언트가 임대 시간 외에 부팅될 때 4개의 DHCP 처리 패킷(Discover, Offer, Request, Acknowledge)을 볼 수 있다. 클라이언트가 임대 시간에 부팅될 때 두 개의 DHCP 처리 패킷(요청, 확인응답)을 볼 수 있다. 클라이언트는 DHCP Discover나 요청 패킷에서 마지막에 사용한 IP 주소를 요청할 수 있다.

IP 주소 0.0.0.0 로부터 송신된 패킷은 전형적인 DHCP Discover 패킷이다. 송신자는 그 당시 IP 주소를 갖고 있지 않았다. 이런 패킷은 브로드캐스트 주소(255.255.255.255)로 송신된다.

DHCP 서버가 지역 네트워크에 있지 않다면 DHCP 중계 에이전트에게 요청해서 원격 DHCP 서버로 DHCP 요청을 전송하게 한다.

IPv4 네트워크용 DHCP(DHCPv4)는 BOOTP에 기반을 둔다. 반면 DHCPv6는 그렇지 않다.

DHCP는 포트 67번과 68번을 사용한다. DHCPv6는 포트 546과 547을 사용한다.

학습한 내용 복습

이 책의 웹사이트인 www.wiresharkbook.com의 다운로드 섹션에서 추적 파일을 다운로드한다. DHCP 트래픽 분석을 위해 추적 파일을 열어 질문에 대답하시오.

dhcp-addressproblem.pcapng	DHCP 서버가 오작동하는 경우가 있다. 누가 주소를 얻으려 하고 누가 제대로 된 주소를 받는가? DHCP 서버를 재부팅하면 이런 문제를 해결할 수 있다. DHCP 통계를 뽑아 이 추적 파일의 DHCP 패킷 유형에 대해 신속히 감을 잡아라.

(이어짐)

dhcp-boot.pcapng	이 추적은 표준 DHCP 통신을 나타낸다. 클라이언트의 IP 주소 임대 기간이 이미 만료됐는가? 클라이언트는 원하던 IP 주소를 얻었는가? 새 IP 주소의 임대 시간을 얼마인가? DHCP 서버는 클라이언트에게 로컬한가?
dhcp-decline.pcapng	DHCP 클라이언트는 192.168.0.102 주소를 원했지만 서버는 192.168.0.104 주소를 제공했다. DHCP Decline을 생성하기 이전까지는 클라이언트가 문제가 없는 것처럼 보인다. 일반적으로 이 경우에 클라이언트는 그 주소를 다른 사람이 갖고 있다고 생각한다는 것을 나타낸다. 그렇게 생각된다! ARP 네트워크 스캔을 하게 되면 정적으로 할당된 192.168.0.104 주소를 확인할 수 있다.
dhcp-jerktakesaddress.pcapng	DHCP 서버는 다운됐지만, 클라이언트는 마지막 주소를 기억하고 그 주소를 고수하기로 결정했다. 물론 클라이언트는 무상 ARP(패킷 3)를 한다. 클라이언트는 또한 디폴트 게이트웨이를 찾기 위해 라우터 solicitation(ugh)을 이용한다. 마지막으로 12초 동안 추적을 한 결과 DHCP 서버가 다시 등장했다(패킷 8).
dhcp-relay-serverside.pcapng	이 통신이 DHCP 중계 에이전트에서 DHCP 서버로 가고 있다는 사실을 인지하기 위해 DHCP 패킷의 안에 Client MAC Address가 들어 있는 이더넷 헤더 안에 발신지 MAC 주소와 비교해보라. 클라이언트는 어떤 IP 주소를 요청하는가? 얼마나 오랫동안 클라이언트는 주소를 유지하는가? 클라이언트는 요청한 주소를 수신했는가? DNS 서버의 IP 주소는 무엇인가?
dhcp-renewtorebind.pcapng	DHCP 클라이언트는 10.1.0.1 주소로부터 IP 주소를 갱신하지 못했기 때문에 클라이언트는 새로운 DHCP 서버를 찾기 위해 DHCP 요청(DHCP Request)을 브로드캐스트한다. DHCP 서버로부터 응답을 받지 못했을 때 클라이언트는 어떤 반응을 하는가? 이런 프로세스를 무엇이라고 부르는가?
pcaprnet–dhcpv6–decline.pcapng	이 추적 파일은 DHCPv6 거절 메시지를 나타낸다. 전형적으로 이 메시지는 클라이언트가 제안 받은 주소가 이미 사용되고 있다고 믿을 때 보내는 메시지다. 어떤 디스플레이 필터가 DHCPv6 거절 메시지만 보여주는가?

연습문제

Q22.1 DHCP의 목적은 무엇인가?

Q22.2 임대 시간 외에 클라이언트가 부팅될 때 DHCP 트래픽 순서는 무엇인가?

Q22.3 DHCP Decline 패킷의 목적은 무엇인가?

Q22.4 왜 DHCP 클라이언트는 재연결 단계에 진입하는가?

Q22.5 DHCPv4와 DHCPv6 트래픽을 위한 디스플레이와 수집 필터 구문은 무엇인가?

Q22.6 DHCPv6 Solicit 메시지에서 사용된 IPv6 목적지 주소는 무엇인가?

연습문제 답

Q22.1 DHCP의 목적은 무엇인가?

A22.1 DHCP는 클라이언트가 IP 주소와 설정 정보를 동적 방법으로 획득할 수 있게 한다. BOOTP에 기반을 두고 있기 때문에 DHCP는 주소/설정 할당에 대한 표준이다.

Q22.2 임대 시간 외에 클라이언트가 부팅될 때 DHCP 트래픽 순서는 무엇인가?

A22.2 DHCP 클라이언트가 임대 시간외에 있을 때 시작 트래픽 순서는 `Discover - Offer - Request - Acknowledge`다.

Q22.3 DHCP Decline 패킷의 목적은 무엇인가?

A22.3 해당 DHCP 패킷은 DHCP 클라이언트에게 제공된 네트워크 주소가 이미 사용 중이라는 것을 알리기 위해 DHCP 서버로 전송한다.

Q22.4 왜 DHCP 클라이언트는 재연결 단계에 진입하는가?

A22.4 DHCP 클라이언트는 재설정 프로세스(renewal process)가 성공적이지 못할 때 재연결 단계(rebinding phase)에 진입하게 된다. 재연결 상태(rebinding state)에서 DHCP 클라이언트는 자신의 IP 주소를 반납하고 DHCP `Discover` 패킷을 브로드캐스트한다.

Q22.5 DHCPv4와 DHCPv6 트래픽을 위한 디스플레이와 수집 필터 구문은 무엇인가?

A22.5 DHCPv4 수집 필터: `port 67 또는 port 68`
DHCPv4 디스플레이 필터: `bootp`
DHCPv6 수집 필터: `port 546 또는 port 547`
DHCPv6 디스플레이 필터: `dhcpv6`

Q22.6 DHCPv6 Solicit 메시지에서 사용된 IPv6 목적지 주소는 무엇인가?

A22.6 IPv6 Solicit 패킷은 ff02::1:2로 보내진다. 이것은 All_DHCP_Relay_Agent_and_Servers 멀티캐스트 주소다.

HTTP 트래픽 분석

와이어샤크 공인 네트워크 분석가 시험에서 다루는 내용

- HTTP의 목적
- 정상적인 HTTP 통신 분석
- HTTP 문제점 분석
- HTTP 패킷 구조 분석
- HTTP와 HTTPS 트래픽 필터
- HTTP 객체 내보내기
- HTTP 통계 디스플레이
- HTTP 트래픽 흐름 그래픽
- HTTP 환경설정
- HTTPS 통신 분석
- SSL/TLS 핸드셰이크 분석
- TLS 암호 경고 분석
- HTTPS 트래픽 복호화
- SSL 키 내보내기

- 사례 연구: HTTP 프록시 문제
- 정리
- 학습한 내용 복습
- 연습문제와 답

23장에서 참조한 추적 파일

- client_init_renego.pcap
- http-500error.pcapng
- http-espn2007.pcapng
- http-espn2011.pcapng
- http-espn2012.pcapng
- http-facebook.pcapng
- http-fault-post.pcapng
- https-justlaunchpage.pcapng
- https-ssl3session.pcapng
- http-winpcap.pcapng
- sec-nessus.pcapng

HTTP의 목적

HTTPHypertext Transfer Protocol는 '분산된 하이퍼미디어 정보 분산 애플리케이션distributed hypermedia information distribution application'이라고 알려져 있다. HTTP는 누군가 인터넷에서 브라우징(보안되지 않은)할 때 사용되는 애플리케이션이다. HTTP는 요청/응답 모델을 사용한다.

HTTP v1.0은 현재 사용하지 않고 현재는 HTTP v1.1을 사용한다. HTTP v1.1은 RFC 2616 Hypertext Transfer Protocol-HTTP/1.1에 정의돼 있다.

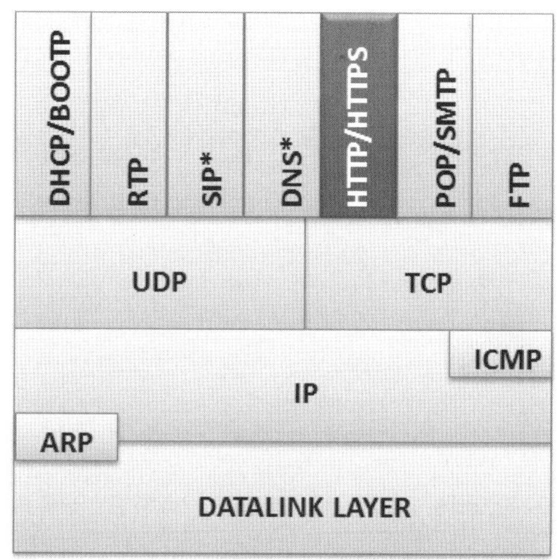

그림 265 HTTP와 HTTPS는 TCP 전송을 사용한다.

일반 HTTP 통신 분석

일반적인 HTTP 통신은 요청/응답 통신 방식을 사용한다. 클라이언트는 HTTP 서버 요청을 만들고 서버는 상태 코드로 응답한다.

그림 266은 www.facebook.com으로의 HTTP 통신을 보여준다. 다루고자 하는 추적 파일은 http-facebook.pcapng다. www.wiresharkbook.com에서 이 추적 파일을 다운로드해서 한 번 따라가며 살펴보라. 이 추적 파일은 매우 흥미롭다. 이 파일에서 몇 가지 패킷 손실과 매우 심각한 응답 시간을 보게 될 것이다.

클라이언트는 포트 65121에서 포트 80으로 TCP 3방향 핸드셰이킹을 시작한다(전송 이름 변환이 가능하기 때문에 Info 칼럼에 보면 http로 목록화돼 있음). 기본적으로 와이어샤크는 9개 포트(80, 3128, 3132, 5985, 8080, 8088, 11371, 1900, 2869)에서 HTTP를 분석한다.

물론 HTTP 통신은 다른 포트를 사용할 수 있다. 다른 포트에서 구동되는 HTTP 트래픽을 수집하려고 한다면 단순히 HTTP 환경설정에서 포트 번호를 추가하기만 하면 된다.

TCP 연결이 성공적으로 확립된 후 클라이언트는 '/'를 위한 HTTP GET 요청을 생성한다. 서버는 상태 코드Status Code 200 OK를 응답하고 www.wireshark.org 메인 페이지의 내용을 클라이언트로 전송한다. www.wireshark.org의 메인 페이지를 보기 위해 6번의 HTTP 연결을 한다.

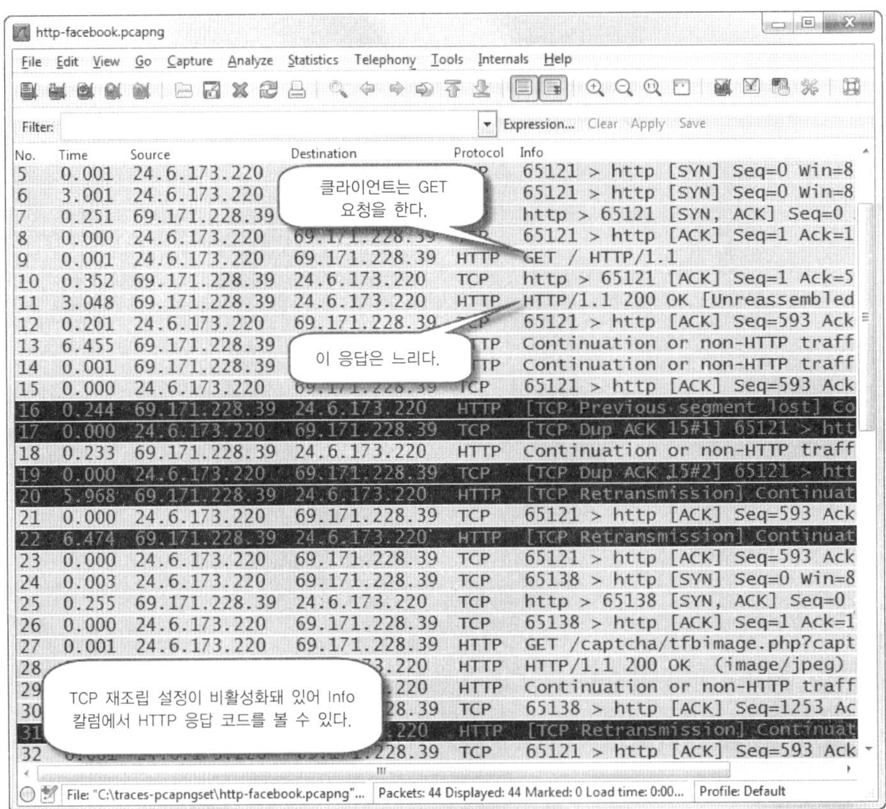

그림 266 HTTP는 요청/응답 패턴을 사용한다. 재조립을 위한 TCP 환경설정은 이 그림에서 비활성화돼 있다. [http-facebook.pcapng]

TCP 연결이 성공적으로 이뤄진 뒤에 클라이언트는 HTTP GET 요청 '/'을 한다. 서버는 상태 코드 200 OK로 응답하고 클라이언트에게 사이트 www.facebook.com의 메인 페이지 내용을 보내기 시작한다. www.facebook.com의 메인 페이지를 보려면 5개의 HTTP 연결이 필요하다.

http-facebook.pcapng에서 관찰된 모든 HTTP 상태 코드Status Code는 전부 정상이다. 모두 200 OK다.

HTTP 상태 코드 레지스트리Registry는 www.iana.org/assignment/http-status-codes에서 유지하고 있다. 현재의 상태 코드는 2012년 5월 1일 현재로 다음 목록으로 등록돼 있다.

값	설명	참조
1xx Informational		
100	Continue	[RFC2616]
101	Switching Protocols	[RFC2616]
102	Processing	[RFC2518]
2xx Success		
200	OK	[RFC2616]
201	Created	[RFC2616]
202	Accepted	[RFC2616]
203	Non-Authoritative Information	[RFC2616]
204	No Content	[RFC2616]
205	Reset Content	[RFC2616]
206	Partial Content	[RFC2616]
207	Multi-Status	[RFC4918]
208	Already Reported	[RFC5842]
226	IM Used	[RFC3229]
3xx Redirection		
300	Multiple Choices	[RFC2616]
301	Moved Permanently	[RFC2616]
302	Found	[RFC2616]
303	See Other	[RFC2616]
304	Not Modified	[RFC2616]

(이어짐)

값	설명	참조
305	Use Proxy	[RFC2616]
306	Reserved	[RFC2616]
307	Temporary Redirect	[RFC2616]
308	Permanent Redirect	[RFC-reschke-http-status-308-07]
4xx Client Error		
400	Bad Request	[RFC2616]
401	Unauthorized	[RFC2616]
402	Payment Required	[RFC2616]
403	Forbidden	[RFC2616]
404	Not Found	[RFC2616]
405	Method Not Allowed	[RFC2616]
406	Not Acceptable	[RFC2616]
407	Proxy Authentication Required	[RFC2616]
408	Request Timeout	[RFC2616]
409	Conflict	[RFC2616]
410	Gone	[RFC2616]
411	Length Required	[RFC2616]
412	Precondition Failed	[RFC2616]
413	Request Entity Too Large	[RFC2616]
414	Request-URI Too Long	[RFC2616]
415	Unsupported Media Type	[RFC2616]
416	Requested Range Cannot be Satisfied	[RFC2616]
417	Expectation Failed	[RFC2616]
422	Unprocessable Entity	[RFC4918]
423	Locked	[RFC4918]
424	Failed Dependency	[RFC4918]
425	Reserved for WebDAV-see IANA list	[RFC2817]

(이어짐)

값	설명	참조
426	Upgrade Required	[RFC2817]
428	Precondition Required	[RFC6585]
429	Too Many Requests	[RFC6585]
431	Request Header Fields Too Large	[RFC6585]
5xx Server Error		
500	Internal Server Error	[RFC2616]
501	Not Implemented	[RFC2616]
502	Bad Gateway	[RFC2616]
503	Service Unavailable	[RFC2616]
504	Gateway Timeout	[RFC2616]
505	HTTP Version Not Supported	[RFC2616]
506	Variant Also Negotiates (Experimental)	[RFC2295]
507	Insufficient Storage	[RFC4918]
508	Loop Detected	[RFC5842]
510	Not Extended	[RFC2774]
511	Network Authentication Required	[RFC6585]

좀 더 명확하게 HTTP를 보기 위해서는 스트림 재조립을 비활성화하라.

패킷 목록 창에서 HTTP 트래픽을 가장 명확하게 보려면 TCP 환경설정 'Allow subdissector to reassemble TCP streams'를 비활성화한다. 이렇게 하면 패킷 목록 창에서 HTTP GET 요청과 HTTP 응답 코드 전체를 볼 수 있다.

흥미로운 응답 코드 중 하나는 악명 높은 404 Not Found다. 이 응답 코드는 클라이언트가 방문하고자 하는 URL을 잘못 선택했다는 가정하에 클라이언트 에러로 분류된다는 점을 주목하라. 그러나 사실 대부분의 404 Not Found 에러는 웹사이트의 깨진 링크를 찾아가는 클라이언트에 대한 응답으로 보내진다.

캐시 로드된 웹 페이지를 조심하라.

HTTP 클라이언트가 최근에 페이지를 방문하고 해당 페이지가 지역적으로 캐시됐다면 클라이언트는 If-Modified-Since 매개변수를 전송하고 이전 페이지 다운로드 날짜와 시간을 제공한다. 서버가 304 Not Modified로 응답하면 서버는 이미 캐시된 페이지를 재전송하지 않는다.

이는 HTTP 성능 분석을 할 때 이해하고 있어야 하는 HTTP의 중요한 부분이다. 사용자가 처음으로 웹사이트에 방문할 때 낮은 성능을 불평한다면 캐시로부터 페이지를 로딩하기 때문일 수 있다. 심지어는 전체 다운로드 페이지를 볼 수 없을지도 모른다.

HTTP 문제점 분석

HTTP 통신 문제점은 사이트 이름 변환, TCP 연결 과정, 존재하지 않는 페이지나 목록에 대한 HTTP 요청, HTTP 서버나 클라이언트에서 발생한 혼잡과 같은 패킷 손실 때문에 발생할 수 있다.

모든 사람이 언젠가는 실수로 잘못된 웹사이트 주소를 입력한다. 사이트 이름이 해석될 수 없으면 해당 사이트에 접속할 수 없다. 이 경우 DNS Name Error가 생기게 된다. 웹 브라우징 문제점을 분석할 때 DNS 트래픽에 주목하는 것이 중요하다.

게다가 HTTP 데몬이 웹 서버에서 동작하지 않을 때 TCP 에러가 발생할 수 있다. HTTP 데몬이 서버에서 구동하지 않으면 서버는 클라이언트의 SYN에 대해 TCP RST/ACK로 응답한다. 그러면 연결은 설정되지 못한다. 그림 267에서 보였듯이 포트 스캔 과정 동안 SYN-RST/ACK 패턴이 나타난다면 이 상황을 주의 깊게 살펴봐야 한다.

TCP 연결 문제점에 대한 더 많은 정보는 20장과 29장을 참조하라.

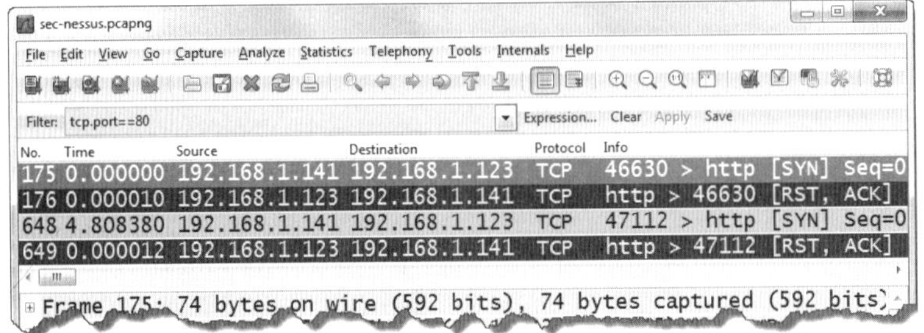

그림 267 HTTP 연결 시도를 여러 차례 실패하면 와이어샤크에 줄무늬 패턴이 생긴다. [sec-nessus.pcapng]

HTTP 클라이언트가 성공적으로 HTTP 서버에 연결했지만 존재하지 않는 페이지를 요청하게 되면 웹 서버는 HTTP 404 Not Found 에러를 생성한다.

어떤 재지정 서비스는 표준 404 Not Found 메시지를 제안된 링크로 대체하거나 HTTP 클라이언트를 완전히 다른 사이트로 재지정한다. `http.response.code >= 400`을 이용해 HTTP 클라이언트와 서버 에러에 대한 컬러링 규칙을 만든다.

그림 268은 www.frys.com 웹사이트에 세일 물품인 노트북 컴퓨터 목록을 공개할 때 생긴 문제를 보여주고 있다. 이 사이트에 대한 IP 주소를 해석할 수 있었고 해당 페이지는 존재한다. TCP 흐름을 따라가 보면 서버가 페이지 헤딩으로 응답을 한다는 걸 알 수 있다. 하지만 노트북 컴퓨터 항목이 페이지에 디스플레이되지 않는다(페이지가 비어있다).

추적 파일을 살펴보면 www.frys.com 웹 서버가 내부 서버 에러를 보고한 것을 알 수 있다. 이것은 클라이언트 시스템이나 네트워크의 문제가 아니다. 이 문제는 Fry의 웹 서비스 기반 구조 내부의 데이터베이스 문제 때문에 생겼을 가능성이 제일 크다.

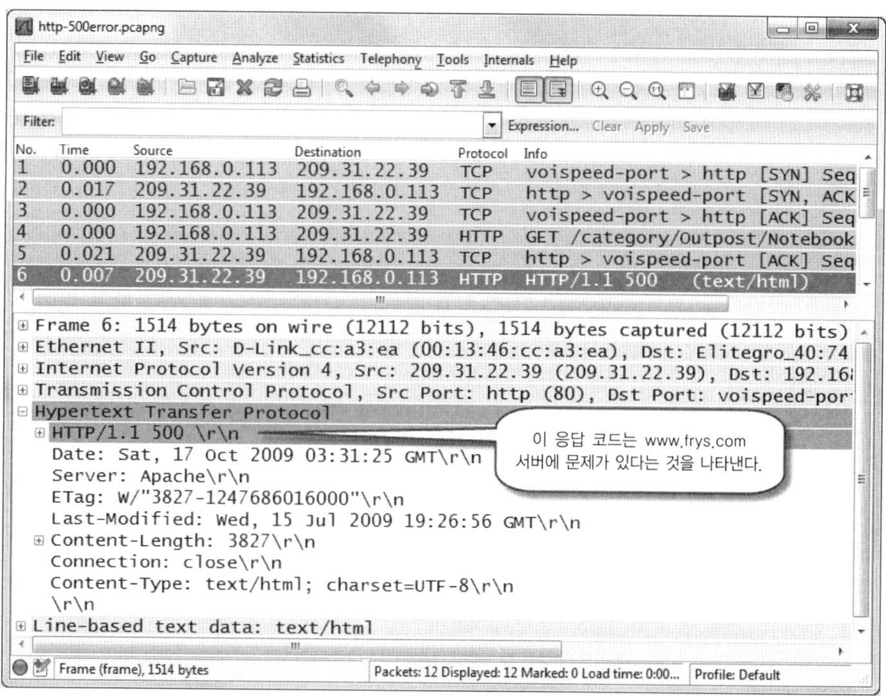

그림 268 fry.com 서버는 내부 서버 에러로 응답했다. [http-500error.pcapng]

FIN이나 Reset 패킷 이전에 커다란 지연을 수정하지 마라.

http-fault-post.pcapng를 열고 Time column to Seconds Since Previous Displayed Packet을 설정하라. 패킷 29 이전에 지연이 크게 있음에 주의하라. 여기서 주의하라. 패킷 29는 FIN 비트가 설정돼 있다. 이것이 의미하는 것은 클라이언트가 서버로 정보 보내기를 끝냈다는 것이다. 이들 패킷(Reset 비트가 설정된 패킷들도 포함해서)은 사용자가 요청한 데이터를 받는 것을 끝낸 후 한참 뒤에 발생될 수 있었다. 사용자는 이 지연 상태를 알아차리지 못했다. 그러므로 FIN(또는 Reset) 비트가 표시된 패킷을 받기 전에 지연 문제를 해결하려고 시간을 낭비하지 말라.

그림 269에서 온라인(http-fault-post.pcapng)으로 하나의 양식을 채우려고 한다. 하지만 제출 버튼을 클릭하자마자 클라이언트 시스템은 멈춘 듯이 보인다. 이 경우 HTTP 트래픽을 볼 수 있고 서버로부터 403 Forbidden 상태 코드를 관찰할 수 있다. TCP 스트림을 따라가보면 이 상황에 관한 더 많은 정보를 가진 평문 텍스트와 HTML 태그(HTML 태그는 제거했다)를 볼 수 있다.

페이지를 디스플레이 할 수 없다. CGI, ISAPI나 다른 실행 프로그램을 프로그램이 실행돼서는 안 되는 디렉터리에서 실행하려고 시도했다.

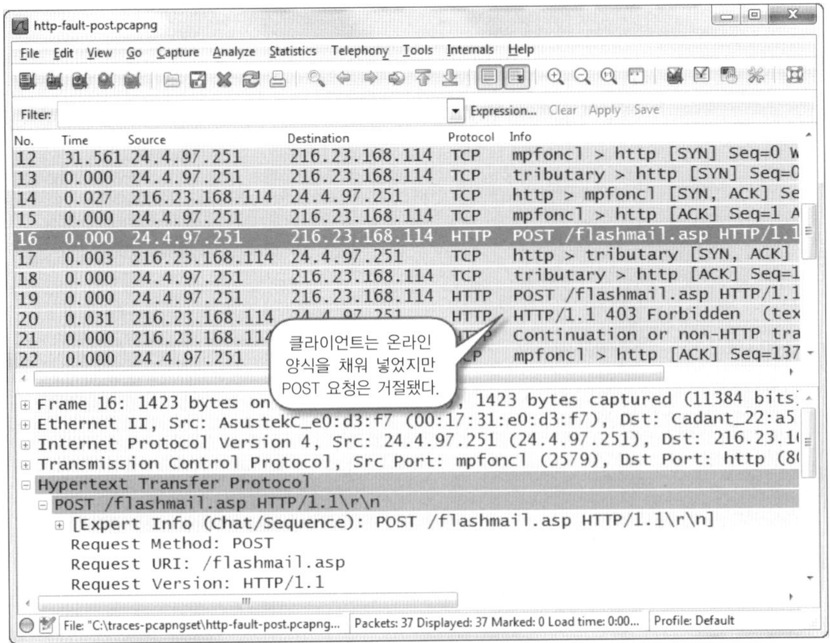

그림 269 클라이언트 POST는 성공하지 못했고 웹 서버 문제를 나타내고 있다. [http-fault-post.pcapng]

여기서도 마찬가지로, 이 문제는 클라이언트 측에 있는 것처럼 보이지 않고 TCP 전송 에러를 문제로 여기지도 않는다. 문제는 서버 측에 있다.

웹브라우징 문제를 해결할 때 HTTP 트래픽을 살펴보기 전에 TCP 에러를 먼저 살펴보라.

HTTP 패킷 구조 분석

HTTP 패킷은 가변 길이다. 이 절에서는 HTTP 패킷 구조의 핵심 영역 일부를 나열한다. HTTP 요청은 HTTP 요청의 목적을 정의하는 메소드[Method]로 구성돼 있다. HTTP 응답은 상태 코드라고 하는 수치로 된 응답 코드를 포함한다.

그림 270에서는 메인 페이스북 페이지에 대한 GET 요청을 보여준다. GET 요청에 포함되는 정보는 목적지 호스트의 이름, 이 GET 요청을 제시한 브라우저에 대한 세부 정보, 브라우저가 수용할 수 있는 데이터 유형과 포맷에 대한 정보다.

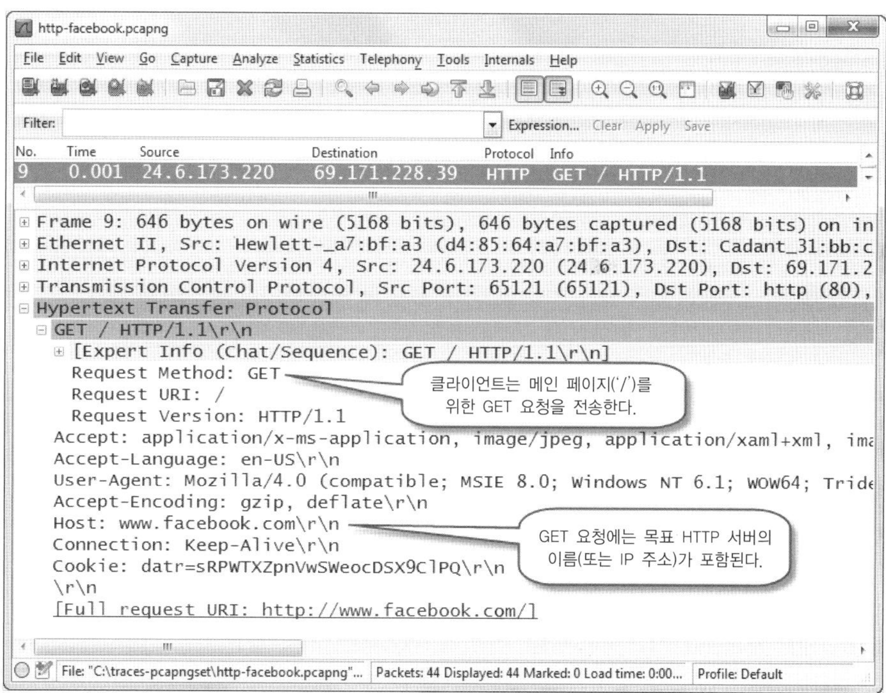

그림 270 Faceboo 메인 페이지에 대한 HTTP GET 요청 패킷 [http-facebook.pcapng]

✻ HTTP 메소드

또한 HTTP 명령으로도 간주되며, 메소드는 HTTP 패킷의 목적을 정의한다.

메소드	설명
GET	URI(Uniform Resource Indicator) 필드에 의해 정의된 검색 정보(Retrieves information)
HEAD	원하는 URI와 관련된 메타데이터 검색
POST	데이터를 HTTP 서버로 전송
OPTIONS	리소스와 관련된 옵션을 결정
PUT	데이터를 HTTP 서버로 전송
DELETE	URI에 의해 정의된 리소스 삭제
TRACE	클라이언트는 원격 루프백을 적용해서 서버가 클라이언트로부터 무엇을 수신했는지 볼 수 있다. 이는 크로스사이트 추적 취약점에 대비하기 위해 많은 회사들이 비활성화했기 때문에 거의 보기 힘들다.
CONNECT	프록시 장치에 연결

✻ 호스트

호스트 헤더 필드는 모든 HTTP/1.1 요청 메시지에서 요구된다. 호스트 필드는 요청되는 리소스의 인터넷 호스트와 포트 번호를 식별한다. 이전 예제에서 호스트는 www.facebook.com이다. 포트 번호를 정의하지 않으면 서비스에 대한 기본 포트 번호가 정의된다(예를 들면 HTTP 서비스는 80번 포트).

✻ 요청 수정자

HTTP 요청과 응답은 요청에 대한 세부를 제공하기 위해 요청 수정자를 사용한다. 다음 표는 일반적으로 사용되는 요청 수정자Request Modifiers다.

요청 수정자	설명
Accept	허용 가능한 콘텐츠 유형
Accept-Charset	허용 가능한 문자 집합

(이어짐)

요청 수정자	설명
Accept-Encoding	허용 가능한 인코딩
Accept-Language	허용 가능한 언어
Accept-Ranges	서버는 범위 요청을 허용할 수 있음
Authorization	HTTP 인증을 위한 인증서
Cache-Control	지시문 캐시
Connection	사용자 에이전트에 의해 선호하는 연결 유형
Cookie	HTTP 쿠키
Content-Length	요청 바디의 길이(바이트)
Content-Type	본문의 MIME 유형(POST와 PUT 요청에 사용되는)
Date	날짜와 시간 메시지 전송
Expect	클라이언트에 의해 예상된 서버 동작을 규정
If-Match	클라이언트가 제공한 정보와 일치하면 동작을 수행
If-Modified-Since	캐시 데이터의 날짜/시간을 제공, 현재라면 304 Not Modified
If-Range	부족한 정보 범위를 요청
If-Unmodified-Since	특정 날짜/시간 이후에 수정 되지 않는 경우에만 전송
Max-Forwards	프록시나 게이트웨이를 통한 전달 번호를 제한
Proxy-Authorization	프록시 연결에 대한 인증서
Range	개체의 일부분만 요청
Referrer	이전 웹사이트 주소를 현재로 연결
TE	전송 인코딩 허용
User-Agent	사용자 에이전트(일반적으로 브라우저나 운영체제)
Via	프록시 통과

HTTP/HTTPS 트래픽 필터

HTTP나 HTTPS 트래픽을 위한 수집 필터 구문은 `tcp port http` 또는 `tcp port https`다.

HTTP 또는 HTTPS가 비표준 포트에서 동작한다면 수집 필터 tcp port x를 사용하라. 이때 x는 HTTP나 HTTPS가 사용하는 포트를 나타낸다.

웹 브라우징 분석에 http 필터를 사용하지 마시오.

이는 상당히 직관적이지 않게 보일 수 있다.패킷 목록 창에서 Protocol 칼럼을 조사할 경우 어떤 패킷이 이 필터와 매치되는지 볼 수 있을 것이다. 바로 Protocol 칼럼 안에 http 값을 포함하고 있는 패킷들이다. HTTP Filters/TCP Reassembly Settings의 표를 조사해서 HTTP 분석에 사용할 가장 좋은 필터에 대해 알아보라.

HTTP를 위한 디스플레이 필터는 단순히 http다. 이 필터가 사용할 수 있는 가장 좋은 디스플레이 필터가 아닐지도 모른다는 점을 인지하라. 다음 표에서는 http를 사용하는 것과 tcp.port==x를 사용하는 것의 차이점을 설명한다. 여기서 x는 http 세션에 사용된 포트다. http 필터의 효과는 TCP 환경설정에서 TCP 조립이 활성화됐거나 비활성화됐느냐에 따라 달라진다.

HTTP 필터	TCP Reassembly Setting	결과
http	On	웹 브라우징 세션의 일부 • 명령과 응답 코드가 보인다. • 데이터 패킷은 없다. • TCP 핸드셰이크, FIN, RST, 또는 ACK 패킷이 없다.
http	Off	웹 브라우징 세션의 일부 • 명령과 응답 코드가 보인다. • 모든 데이터 패킷이 보인다. • TCP 핸드셰이크, FIN, RST, 또는 ACK 패킷이 없다.
tcp.port==80	On	웹 브라우징 세션의 모든 패킷이 전부 보인다.
tcp.port==80	Off	웹 브라우징 세션의 모든 패킷이 전부 보인다.

HTTP나 HTTPS용 필터는 반드시 HTTPS용 포트 443(tcp.port==443) 같이 사용중인 포트에 기반을 둬야 한다. 다른 방법으로는 디스플레이 필터로 ssl을 사용할 수 있다. HTTPS는 SSL에 기반을 둔 TLS[Transport Layer Security]를 사용한다. ssl을 디스플레이 필터로 사용하면 TCP 핸드셰이크 과정이나 ACK 패킷을 보지 못한다

는 점을 알아야 한다. SSL 통신의 모든 패킷을 볼 수 있는 가장 좋은 방법은 포트 번호 기반 디스플레이 필터를 이용하는 것이다.

다음 표는 추가적인 HTTP/HTTPS 디스플레이 필터 목록을 보여준다.

디스플레이 필터	설명
http.request.method == "GET" or http.request.method == "POST"	HTTP GET 요청 또는 POST 요청이다.
http.response.code > 399	HTTP 4xx 또는 5xx(클라이언트 또는 서버 에러)다.
http contains "If-Modified-Since"	클라이언트가 페이지를 이미 캐시하고 있는지 확인한다.
http.host == "www.wireshark.org"	타겟 호스트는 www.wireshark.org다.
http.user_agent contains "Firefox"	HTTP 클라이언트는 Firefox 브라우저를 사용하고 있다.
http.referer contains "wireshark.org"	HTTP 클라이언트는 wireshark.org 로의 링크로부터 현재 위치에 도달한다.
tcp.port == 443	HTTPS다.
ssl	보안 소켓 계층(보안 브라우징 세션)으로, tcp.port==443 이용을 고려한다.
ssl.record.content_type == 22	TLSv1 핸드셰이크
ssl.handshake.type == 1	핸드셰이크에서 TLSv1 Client Hello
ssl.handshake.type == 16	TLSv1 Client Key 교환
ssl.record.content_type == 20	TLSv1 Change Cipher Spec
http.content_type contains "ocsp"	OCSP(Online Certificate Status Protocol)를 사용

HTTP 객체 내보내기

HTTP를 사용하는 동안 다운로드한 객체를 저장하기 위해서는 File ❯ Export Objects ❯ HTTP Select를 선택한다. HTTP 객체 내보내기를 할 때 원래 객체 이름은 유지된다. 이 기능이 제대로 작동되게 하려면 TCP 환경설정에서 Allow subdissector to reassemble TCP streams를 활성화시켜야만 한다.

HTTP 세션 동안 다운로드한 데이터를 재조립한 예는 10장의 'TCP 대화 추적과 재조립' 절을 참조하라.

그림 271에서는 http-espn2012.pcapng를 연 다음에 File ❯ Export Objects ❯

HTTP를 선택했다. 와이어샤크는 웹 브라우징 세션 동안 다운로드한 객체 목록을 디스플레이한다. 한 개의 객체를 내보내려면 해당 객체를 선택한 뒤에 Save As를 선택하면 된다.

모든 객체를 내보낼 수 있기는 하지만 주의해야 할 것이 있다. 트래픽이 많은 웹사이트에서는 내보낼 객체가 워낙 많으므로 와이어샤크가 저장하는 동안 멈춰있는 것처럼 보일 수도 있다. 참을성을 갖기 바란다.

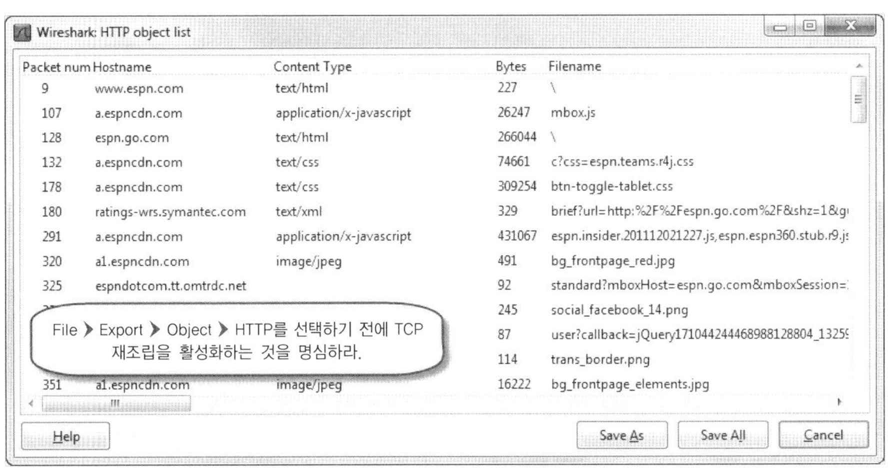

그림 271 ESPN 페이지를 참조한 사이트로부터 다운로드한 객체를 내보낼 수 있다. [http-espn2012.pcapng]

HTTP 통계 디스플레이

와이어샤크는 부하 분산, 패킷 카운터, HTTP 요청에 대한 HTTP 통계치를 추적한다. Statistics ❯ HTTP를 선택하고 사용자가 관심 있는 통계치 유형을 선택한다.

사용자가 디스플레이 필터를 통계에 적용하기 위한 옵션이 부여된다. 예를 들면 다수의 호스트에 대한 웹 브라우징 세션을 포함하고 있는 추적 파일을 갖고 있다면 www.wireshark.org에 웹 브라우징 세션을 위한 통계치를 검사하기 위해 `http.host == www.wireshark.org` 디스플레이 필터를 적용할 수 있다.

HTTP 부하 분산

HTTP 부하 분산HTTP Load Distribution은 서버에 의한 HTTP 요청과 응답을 목록화한다. HTTP 호스트 섹션에 의해 HTTP 요청을 확장하는 것은 접촉한 호스트를 목록화하고 요청 패킷의 수를 각각으로 전송한다.

HTTP 부하 분산 통계HTTP Load Distribution statistic는 웹사이트 재지정과 종속성을 결정하기 위한 훌륭한 자원이다. 그림 272는 www.espn.com을 브라우징할 때 HTTP 위탁과 종속성을 보여준다.

이 통계치를 검사할 때 www.espn.com(http-espn2012.pcapng)으로의 간단한 브라우징 세션이 콘텐츠 제공 파트너와 광고주를 포함하는 35개의 다른 서버가 포함된 HTTP 세션을 생성한다는 사실을 알았다. 이는 www.espn.com 사이트 로딩이 왜 느린지를 쉽게 이해할 수 있게 한다.

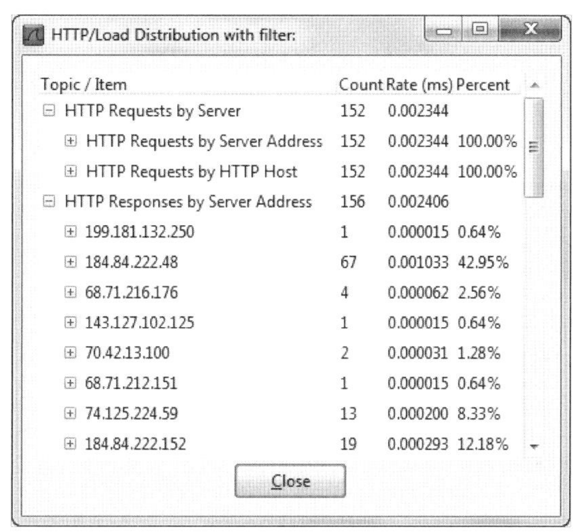

그림 272 HTTP 부하 분산은 www.espn.com을 브라우징 할 때 접속하는 서버의 수를 정의한다. [http-espn2012.pcapng]

✻ HTTP 패킷 카운터

HTTP 통신을 분석할 때 HTTP 패킷 카운터는 상태 코드 응답을 목록화하기 때문에 매우 중요하다. 4xx 클라이언트 에러 또는 5xx 서버 에러 응답은 간단하다.

그림 273은 www.espn.com(http-espn2012.pcapng)에 대한 브라우징 세션에 대한 HTTP 패킷 카운터를 보여준다. 일부 HTTP 재지정을 볼 수 있다.

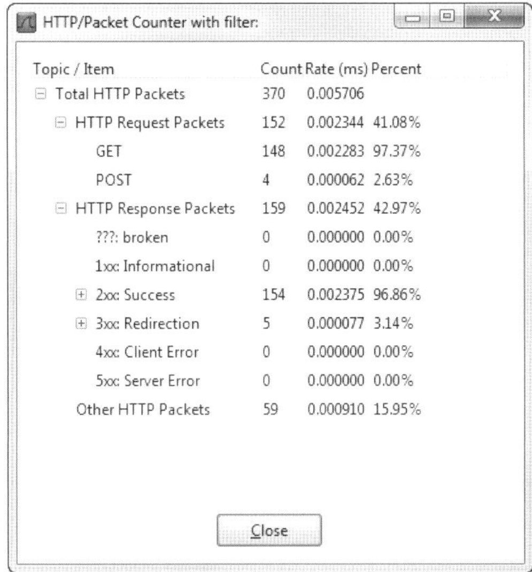

HTTP/Packet Counter with filter:

Topic / Item	Count	Rate (ms)	Percent
⊟ Total HTTP Packets	370	0.005706	
⊟ HTTP Request Packets	152	0.002344	41.08%
GET	148	0.002283	97.37%
POST	4	0.000062	2.63%
⊟ HTTP Response Packets	159	0.002452	42.97%
???: broken	0	0.000000	0.00%
1xx: Informational	0	0.000000	0.00%
⊞ 2xx: Success	154	0.002375	96.86%
⊞ 3xx: Redirection	5	0.000077	3.14%
4xx: Client Error	0	0.000000	0.00%
5xx: Server Error	0	0.000000	0.00%
Other HTTP Packets	59	0.000910	15.95%

Close

그림 273 HTTP 패킷 카운터는 HTTP 요청 메소드와 상태 코드 응답을 디스플레이한다. [http-espn2012.pcapng]

✻ HTTP 요청

HTTP 요청은 각 HTTP 서버가 요청한 각 항목을 나열한다. 그림 274에서 다시 http-espn2012.pcapng 파일을 이용해 www.espn.com을 웹 브라우징 세션하는 동안 송신된 HTTP 요청을 검사한다.

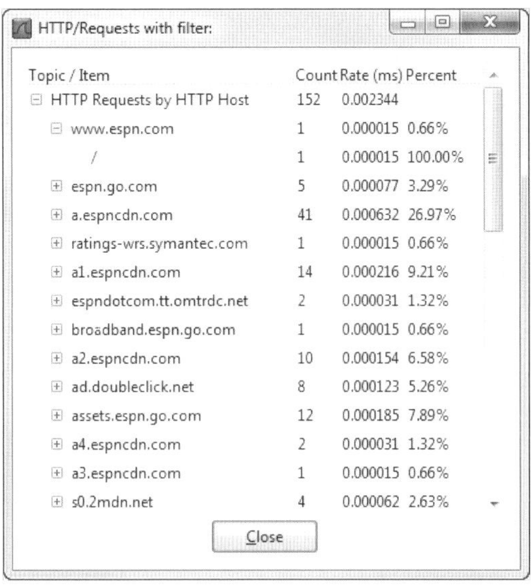

HTTP/Requests with filter:

Topic / Item	Count	Rate (ms)	Percent
⊟ HTTP Requests by HTTP Host	152	0.002344	
⊟ www.espn.com	1	0.000015	0.66%
/	1	0.000015	100.00%
⊞ espn.go.com	5	0.000077	3.29%
⊞ a.espncdn.com	41	0.000632	26.97%
⊞ ratings-wrs.symantec.com	1	0.000015	0.66%
⊞ a1.espncdn.com	14	0.000216	9.21%
⊞ espndotcom.tt.omtrdc.net	2	0.000031	1.32%
⊞ broadband.espn.go.com	1	0.000015	0.66%
⊞ a2.espncdn.com	10	0.000154	6.58%
⊞ ad.doubleclick.net	8	0.000123	5.26%
⊞ assets.espn.go.com	12	0.000185	7.89%
⊞ a4.espncdn.com	2	0.000031	1.32%
⊞ a3.espncdn.com	1	0.000015	0.66%
⊞ s0.2mdn.net	4	0.000062	2.63%

Close

그림 274 HTTP 요청 통계는 각 HTTP 서버로 이루어진 HTTP 요청을 상세화한다. [http-espn2012.pcapng]

보는 바와 같이 웹 브라우징 세션 동안 많은 다른 HTTP 서버로부터 콘텐츠를 다운로드했다.

HTTP 트래픽 흐름 그래픽

흐름 그래프는 HTTP 세션 동안 발생한 통신을 시각적으로 표현한다. 이는 웹 브라우징 세션 시 느린 문제점을 고칠 때 이상적인 통계 윈도우다. 각 타깃 호스트를 칼럼에 목록화하고 각 패킷을 행에 나타냈다.

웹사이트 종속성 지점을 찾기 위한 흐름 그래프 생성

사용자의 웹 브라우징 트래픽을 기반으로 흐름 그래프를 그려보자. 인기 웹사이트에 대한 브라우징 트래픽을 수집하고 기타 연결된 서버 때문에 생긴 칼럼 수를 확인한다.

그림 275에서 나타난 바와 같이 흐름 그래프 윈도우를 보기 위한 3가지 옵션을 선택하기 위해 Statistics ➤ Flow Graph를 선택한다.

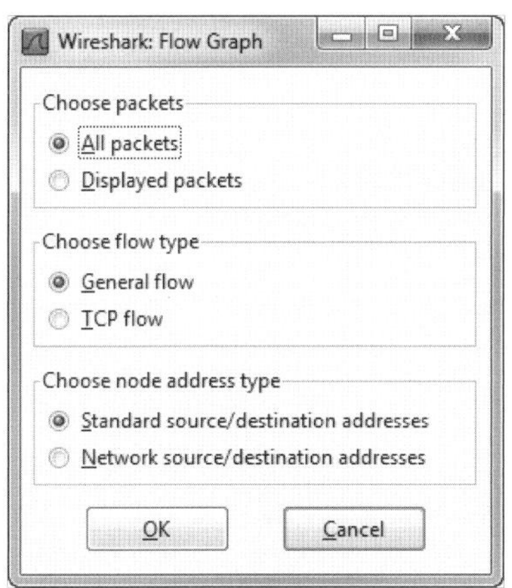

그림 275 일반적인 흐름이나 TCP 헤더만을 기반으로 하는 흐름 그래프 생성

패킷 선택

추적 파일에서의 모든 패킷 흐름이나 디스플레이된 패킷만을 그래프로 나타낼 수 있다. 추적 파일에 하나 이상의 대화가 포함돼 있다면 그래프로 나타내기를 원하는

대화에 필터를 적용하고 흐름 그래프 윈도우Flow Graph window를 연다.

✻ 흐름 유형 선택

일반적인 흐름 보기를 하면 요청, 응답 같은 애플리케이션 계층 정보를 볼 수 있다. TCP 흐름 그래프는 순서 번호, 확인응답 번호 값, TCP 플래그 설정 같은 TCP 헤더 값만을 보여준다.

✻ 노드 주소 유형 선택

표준 발신지/목적지 주소 옵션은 그래프에 나타난 장치의 IP 주소를 보여준다. 이 옵션은 다수의 호스트가 서로 통신할 때 공간 제약이 생기기 때문에 권장하는 사항이다. 와이어샤크의 네트워크 이름 분석을 사용한다면 네트워크 발신지/목적지 주소를 선택한다.

그림 276은 www.espn.com으로의 웹 브라우징 세션에 대한 흐름 그래프를 보여준다. 흐름 그래프는 IP 주소 칼럼을 포함하고 있는데, 이 안에는 HTTP 클라이언트, DNS 서버와 www.espn.com를 브라우징할 때 접촉했던 25개의 HTTP 서버가 들어 있다.

와이어샤크는 IP 주소 칼럼에서 패킷 설명을 클릭할 때 관련된 패킷을 하이라이트로 나타낸다.

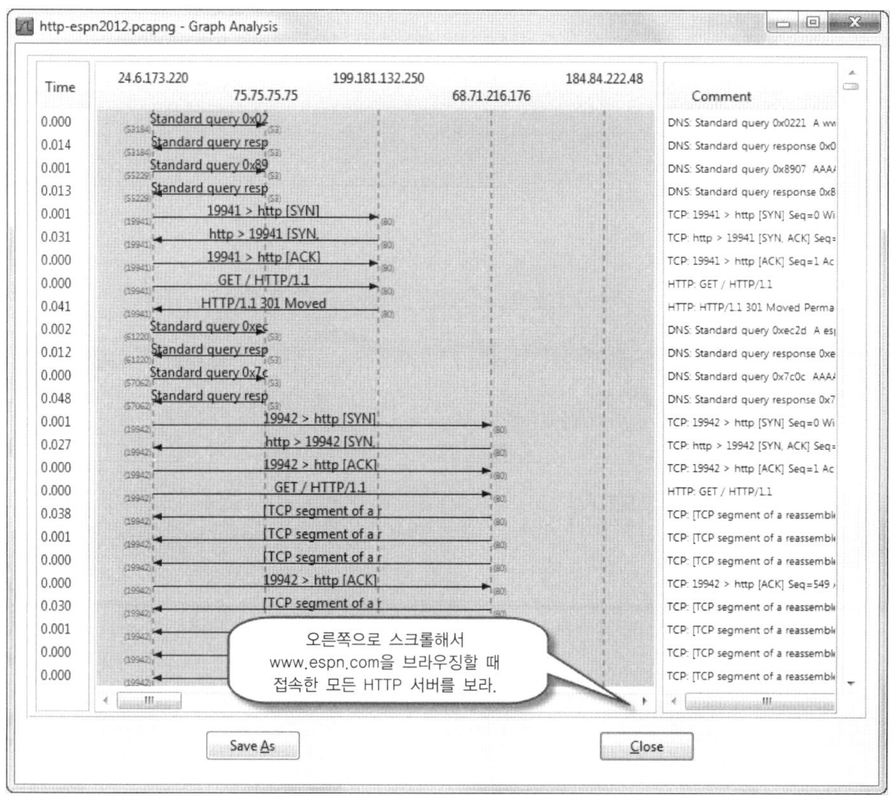

그림 276 흐름 그래프는 추적 파일에 각 호스트에 대한 열을 추가한다.

흐름 그래프 생성 후 텍스트 파일에서 흐름 그래프 내용을 저장하려면 Save As를 클릭한다. 흐름 그래프에 나타난 IP 주소 열의 수를 기반으로 하기 때문에 텍스트 파일 폭이 넓을 수 있어 가로 방향 인쇄 모드로 해야 인쇄가 깔끔하게 된다.

HTTP 환경설정

그림 277의 HTTP 환경설정 윈도우에서 보인 것처럼 HTTP 통신을 위한 7개의 환경설정이 있다.

변경이 필요한 중요한 설정 중 하나가 TCP 포트 목록이다. 이런 포트는 HTTP 분석기, SSL/TLS 분석기와 관련된 SSL/TLS 포트 번호다. HTTP 통신에 사용하는 포트 번호가 TCP 포트에 나타나 있음을 확인하라.

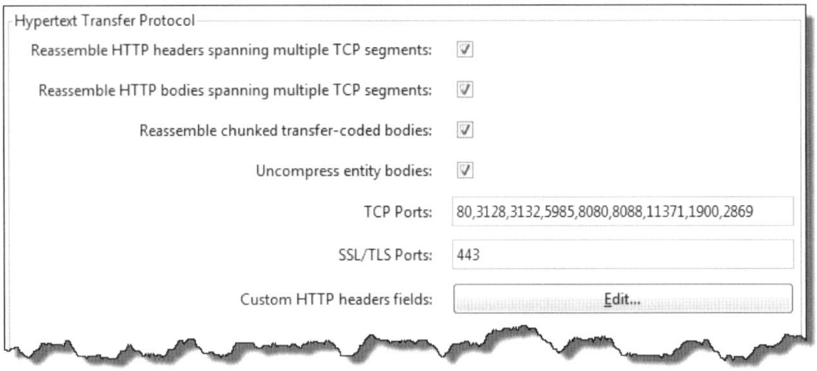

Hypertext Transfer Protocol
Reassemble HTTP headers spanning multiple TCP segments: ☑
Reassemble HTTP bodies spanning multiple TCP segments: ☑
Reassemble chunked transfer-coded bodies: ☑
Uncompress entity bodies: ☑
TCP Ports: 80,3128,3132,5985,8080,8088,11371,1900,2869
SSL/TLS Ports: 443
Custom HTTP headers fields: Edit...

그림 277 HTTP 환경설정

HTTPS 통신 분석

웹 브라우징 분석을 할 경우 HTTPS 통신 분석을 하게 될 것이다. 보안 HTTP 대화 초기에 표준 TCP 핸드셰이크는 보안 핸드셰이크 프로세스가 먼저 실행된 뒤에 실행된다.

RFC 2818은 보안 통신을 위한 TLS[1]상에서 HTTP 사용을 정의한다. RFC 2246은 SSL 3.0 버전을 기반으로 하는 TLS 1.0 버전에 대해 상세히 설명한다. TLS 1.0과 SSL 3.0은 거의 비슷하기는 하지만 동시에 이용할 수는 없다.

HTTPS 트래픽 작업을 할 때 그림 248과 같이 TCP 환경설정에서 Allow subdissector to reassemble TCP streams를 활성화한다. 그러면 4개의 SSL/TLS 핸드셰이크 패킷 전체를 보고 필터링할 수 있다.[2]

---

1. TLS는 SSL(Secure Socket Layer)의 후속 프로토콜이다. 23장에서는 와이어샤크 사용과 연관된 프로토콜을 참조하기로 한다. 와이어샤크는 프로토콜 칼럼에서 TLS를 사용하지만, 포트 설정은 SSL/TLS로 하며 복호화 키를 SSL 프로토콜 설정에 구성할 수 있게 한다.
2. 표준 HTTP 통신을 분석할 때 HTTP 요청과 응답을 패킷 목록 Info 칼럼에서 보려면 'Allow subdissector to resassemble TCP streams'를 비활성화하길 권장한다.

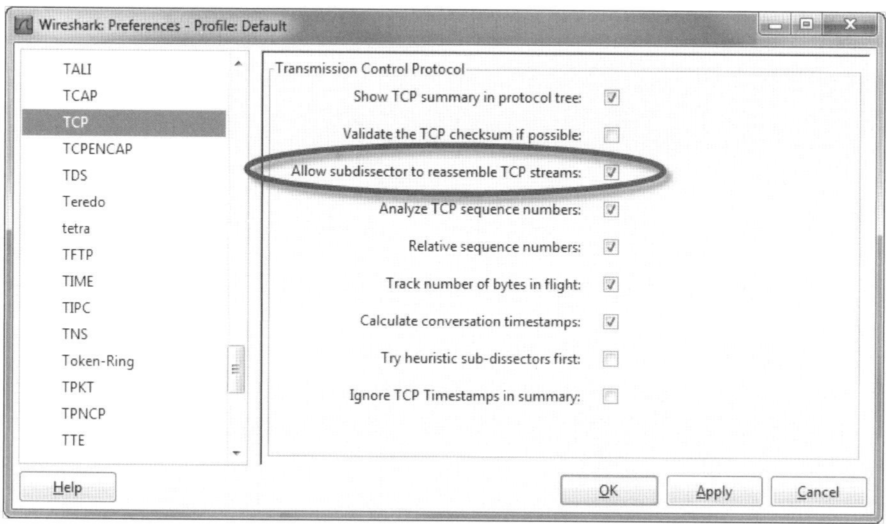

그림 278 HTTP 트래픽과 관련된 작업을 할 때 Allow the subdissector to reassemble TCP streams 활성화

✻ HTTPS 핸드셰이크 분석

HTTPS 통신은 보안 통신에 사용될 포트에서 TCP 핸드셰이크로 시작한다. 예를 들면 우리는 표준 HTTPS 포트 번호 443번을 사용한다. SSL/TLS 트래픽을 위해 다른 포트를 사용하고 싶다면 SSL/TLS 포트를 위해 HTTP 환경설정에서 해당 포트를 추가해야 한다. 포트 443번은 기본 값으로 정의돼 있다.

23장에서는 암호화된 트래픽을 먼저 검사하고 나서 복호화 키를 로컬 드라이브에 복사하고, 와이어샤크의 SSL 환경설정에 키 경로를 추가한다.

HTTPS 통신에서 TLS 핸드셰이크는 TCP 핸드셰이크가 이뤄진 뒤에 시작된다. TLS 핸드셰이크는 22의 콘텐츠 유형 값을 갖는 일련의 패킷으로 구성돼 있다. 그림 279와 같이 TLS 핸드셰이크 패킷을 보고 싶다면 디스플레이 필터 `ssl.record.content_type == 22`를 이용하라.

TLS 핸드셰이크를 이용해 통신 상대가 데이터 교환과 상호 인증을 할 때 필요한 보안 매개변수에 동의하게 할 수 있다. 추가로 핸드셰이크 과정상 에러는 TLS 핸드셰이크 패킷 안에서 중계할 수 있다.

핸드셰이크 과정에 다음과 같은 트래픽 유형이 사용된다.

- **세션 식별자** 새 세션과 재개된 세션을 식별
- **피어 인증서** 통신 상대방의 X.509 인증서

- **압축 방법** 암호화하기 전 데이터를 압축하는 방법
- **암호 명세** 데이터 암호 알고리즘을 정의
- **마스터 비밀** 클라이언트와 서버가 공유하는 48비트 비밀

HTTPS 핸드셰이크 분석 과정을 살펴보자.

앞으로 몇 페이지를 읽어보려면 이 책의 웹사이트 www.wiresharkbook.com에서 https-justlaunchpage.pcap를 다운로드하고 연다. 사용자는 그림 279에서 사용했던 TLS 핸드셰이크 필터를 적용하고, 이 과정을 따라가면서 각 패킷을 확장해 어떻게 TLS가 동작하는지 배울 수 있다.

그림 277의 패킷 4는 TLS 핸드셰이크의 첫 번째 패킷이며, 핸드셰이크 프로토콜 필드 안에 언급했듯이 Client Hello이다. 클라이언트는 또한 TLS 버전 1.0을 사용하고 있음을 나타낸다.

Random 섹션에 이 패킷에는 유닉스 형식으로 제공되는 클라이언트 측 UTM Universal Coordinated Time을 포함한다. 세션 ID 필드는 0으로 설정돼 있는데, 이것이 새 세션임을 나타낸다. 세션 ID 필드에 0이 아닌 수가 들어 있다면 이 세션은 재시작된 세션이다.

이 패킷은 또한 28 랜덤 바이트를 포함한다. 이 랜덤 바이트 집합은 핸드셰이크 뒷부분에 다시 보내기는 하지만 서버의 공개 키로 암호화한 뒤에 보낸다.

클라이언트는 브라우저가 지원하는 암호 세트 목록을 제공한다. 이 경우 클라이언트는 34개의 암호 세트를 지원하고 그림 280에 나타낸 것처럼 Client Hello 패킷 안에 전체 목록을 나타낸다. 궁극적으로 서버는 어떤 암호 세트를 사용할지 결정할 수 있다. 하지만 클라이언트가 선호하는 암호 세트는 목록의 가장 위에 나타난 암호다.

확장 필드를 이용해 TLS의 기능을 확대할 수 있다. Client Hello 패킷의 끝부분에 있는 Compression Methods 필드 뒤에 있기 때문에 확장 필드가 사용됐는지 아닌지를 알 수 있다.

확장 중의 하나는 서버 이름을 제공한다. 이 경우에는 www.bankofamerica.com이다. 서버 이름 확장을 이용하면 클라이언트가 컴퓨터상에 호스트된 가상 서버로 안전한 연결을 할 수 있다. 가상화된 이 컴퓨터는 하나의 IP에 여러 개의 서버를

운영할 수 있다.

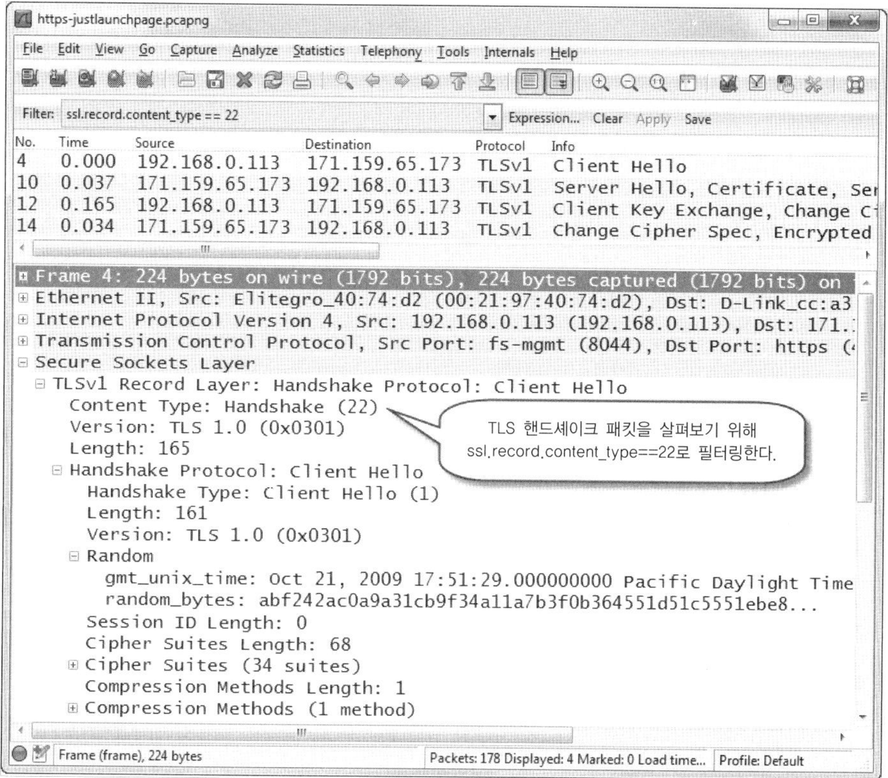

그림 279 TLS 핸드셰이크를 보기 위한 ssl.record.content_type==22 디스플레이 필터 [http-justlaunchpage.pcapng]

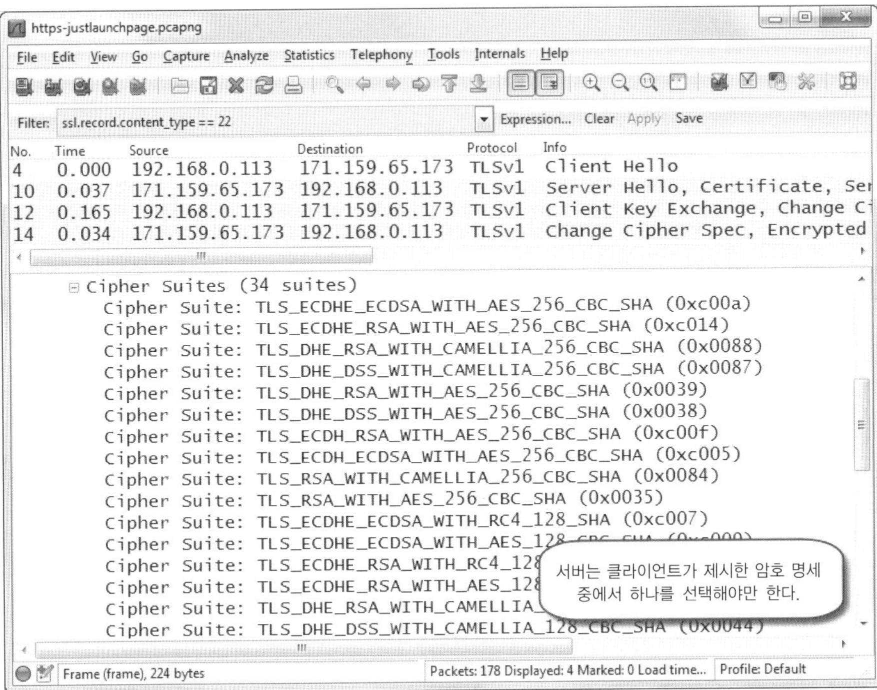

그림 280 클라이언트는 34개의 암호 세트 목록을 제시한다. 서버는 사용할 암호 세트를 선택한다. [https-justlaunchpage.pcapng]

추적 파일 http-justlaunchpage.pcapng를 열어 이 분석 과정을 살펴보라.

패킷 10에서 서버는 3개의 기능을 가진 패킷으로 응답한다. 이 세 개의 기능을 가진 패킷은 `Server Hello` 패킷, `Certificate` 패킷, `Server Hello Done` 패킷이다. 추적 파일 http-justlaunchpage.pcapng에서 서버는 연결 시 TLS 1.0을 사용한다고 나타내고 있다.

Random 섹션에서 서버는 28 랜덤 바이트를 제공하고 32바이트 ID 값을 제공해서 클라이언트가 나중에 재연결할 수 있게 한다. 이 랜덤 바이트 세트는 나중에 핸드셰이크 과정에서 보내진다. 하지만 그냥 보내지 않고 클라이언트의 공개 키로 암호화해서 보낸다. 이 랜덤 바이트를 이용해 키를 생성한다.

34개의 제시된 암호 세트 중에서 서버는 `TLS_RSA_with_RC4_128_MD5(0x0004)`를 선택했는데, 이것이 의미하는 바는 다음과 같다.

- RSA 공개 키 알고리즘을 사용해 인증 서명을 검증하고 키를 교환한다.
- RC4 암호 알고리즘을 사용해서 교환한 데이터를 암호화한다.
- 128비트 MD5 해시 함수를 이용해서 교환된 메시지의 내용을 검증한다.

핸드셰이크 과정 중 이 두 번째 패킷에는 서버의 인증서도 포함하고 있다. 이 동일한 패킷 속에 서버는 Server Hello Done을 포함시켜 서버가 Hello 과정을 완료했음을 나타낸다.

그림 281에 나타난 패킷 12는 클라이언트가 보낸 다음 패킷이다. 이 패킷은 클라이언트가 클라이언트와 서버가 공유하는 랜덤 값으로부터 프리마스터 비밀 값을 계산했다는 것을 나타낸다. Change Cipher Spec을 지정하면 클라이언트가 보내는 모든 이후의 메시지는 정의한 키와 알고리즘을 이용해서 암호화한다는 뜻이다.

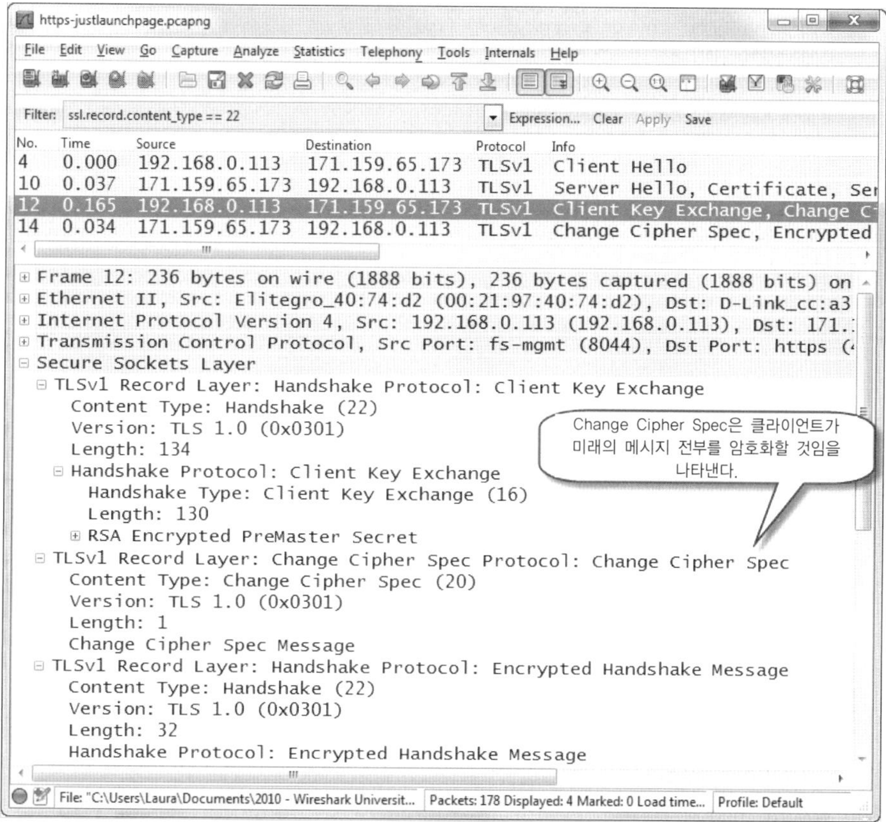

그림 281 클라이언트는 계산된 프리마스터 키(premaster key)를 갖고 있고 모든 다음 메시지를 복호화한다. [http-justlaunchpage.pcapng]

패킷 14에서 암호화되지 않은 핸드셰이크 과정은 종료되는데, 서버가 이후에 보내는 모든 메시지도 암호화될 것임을 나타낸다.

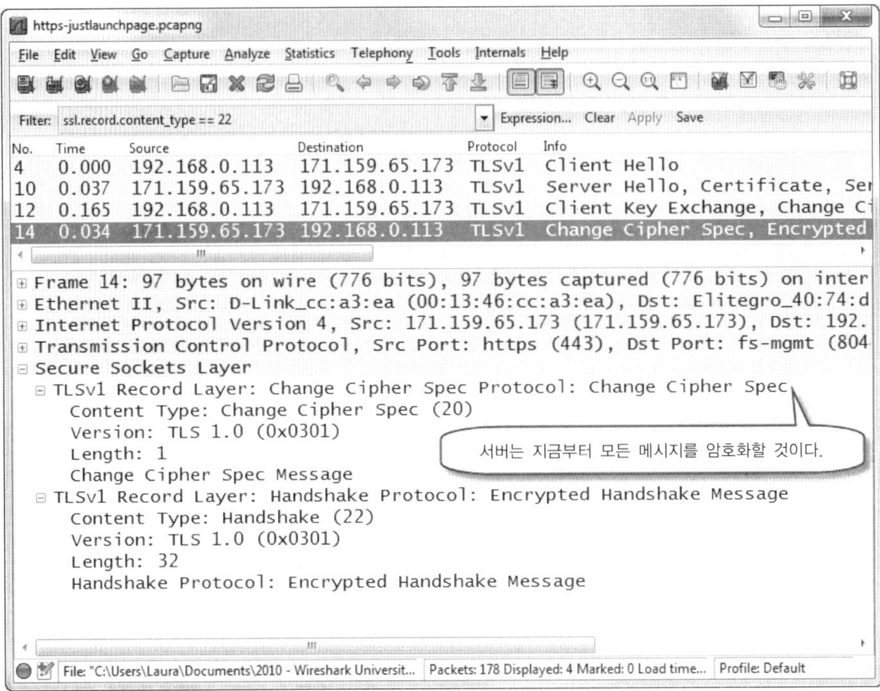

그림 282 서버는 모든 후속 메시지를 복호화 한다는 것을 나타낸다. [http-justlaunchpage.pcapng]

✻ TLS 암호화된 경고 분석

암호화된 경고를 HTTPS 통신에서 볼 수 있다. 가장 빈번하게 이 암호화된 경고로는 close_notify 경고이고, TCP FIN이나 Reset 패킷 바로 뒤에 따라온다.

다음 목록은 RFC 2246, 'The TLS Protocol Version 1.0'에서 가져온 것으로서 다양한 암호화된 경고 유형을 나타낸다.

close_notify (0)	unsupported_certificate (43)	decrypt_error (51)
unexpected_message (10)	certificate_revoked (44)	export_restriction (60)
bad_record_mac (20)	certificate_expired (45)	protocol_version (70)
decryption_failed (21)	certificate_unknown (46)	insufficient_security (71)
record_overflow (22)	illegal_parameter (47)	internal_error (80)
decompression_failure (30)	unknown_ca (48)	user_canceled (90)
handshake_failure (40)	access_denied (49)	no_renegotiation (100)
bad_certificate (42)	decode_error (50)	

치명적 단절을 나타내는 경고는 연결 종료를 유발한다. 이런 에러는 종종 실패 원인을 클라이언트에게 보여주기 위해 메시지로 디스플레이한다.

암호화된 경고 이전에 지연되는 것은 정상이다.

앞에 보여준 암호화된 경고 목록을 보았듯이 많은 에러는 TLS 핸드셰이크 과정 중에 탐지된다. 대부분의 이들 경고는 문제를 정의하는 에러 메시지를 생성할 것이다. 설정된 TLS 핸드셰이크와 암호화된 데이터 교환이 있음을 알고 나서 암호화된 경고 이전에 긴 지연이 FIN이나 Reset 패킷 뒤에 나타나는 것을 보면 그 경고는 대부분 close_notify이고, 고칠 필요가 없다.

HTTPS 트래픽 복호화

RSA 키를 갖고 있고 와이어샤크를 설정해야만 이를 이용해 HTTPS 트래픽을 복호화할 수 있다.

데이터를 복호화하려면 서버 인증서의 개인 키가 필요하다. 통신에서 클라이언트 측으로부터는 개인 키를 얻을 수 없기 때문에 개인 키를 얻으려면 서버 접속을 해야 한다. 뱅크오브아메리카Bank of America 웹사이트에서 웹 브라우징 세션을 사용하는 예에서 키를 얻을 수 없기 때문에 키를 가진 또 다른 HTTPS 추적 파일에 초점을 맞출 것이다.

2009년 11월 PhoneFactor의 스티브 디스펜사Steve Dispensa와 마르시 레이Marsh Ray는 TLS 재협상 프로세스를 둘러싼 보안 이슈에 관한 8페이지짜리 개요를 작성했다. 보안 이슈는 최근 마이크로소프트 IIS와 아파치 HTTPD 버전에 대해 제기됐다. 본질적으로 재협상 공격renegotiate attack 방법은 '보안secure' 연결에 악성코드를 주입하는 데 사용되는 공격 방법으로 정의된다.

30장에서 스티브 디스펜사의 사례 연구를 볼 수 있다.

다음 예는 PhoneFactor 문서 보충판으로 제공된 client_init_renego.pcap 파일로 작업을 한 것이다. 게다가 PhoneFactor는 `ws01.mogul.test.key`라는 RSA 키를 제공했다.

HTTPS 트래픽을 복호화하기 위해 로컬 와이어샤크 호스트의 \keys 디렉터리에 RSA 키를 복사했다. 와이어샤크가 키를 인식하려면 SSL 환경설정을 통해 복호화하고자 하는 대화를 인식하게 해야 하고, \key 디렉터리를 가리킬 수 있게 해야 한다.

와이어샤크의 RSA 키 목록 설정에는 서버 IP 주소, 암호화된 통신에 사용되는 포트, 암호화된 애플리케이션 이름, 그리고 키 이름뿐만 아니라 키 경로가 포함된다.

그림 283은 이 파일을 복호화하는 데 사용된 설정을 보여준다.

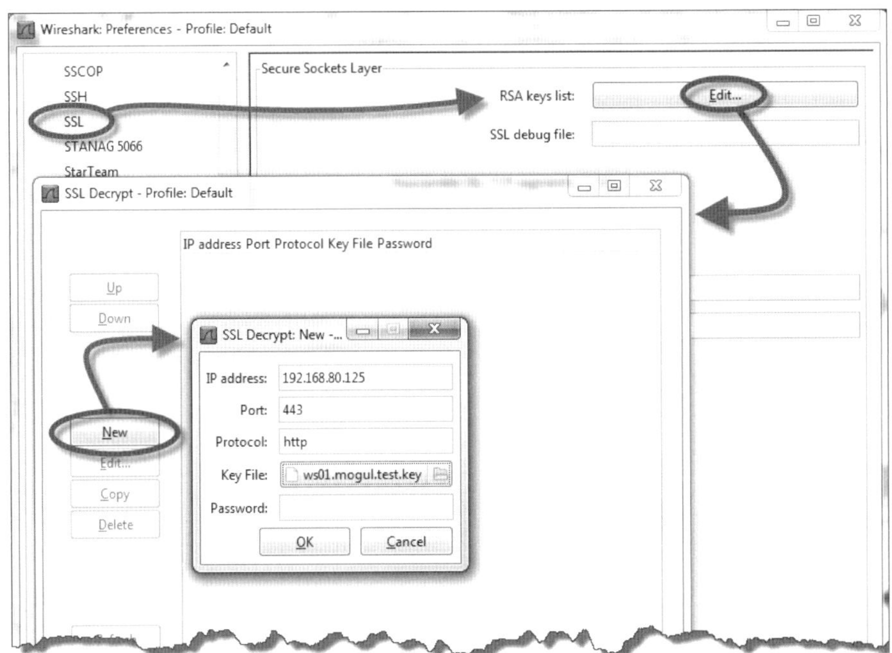

그림 283 트래픽을 복호화하기 위해 RSA 키 파일 경로를 입력 [client_init_renego.pcap]

그림 284는 키를 제공하기 전의 추적 파일을 나타낸다. `Protocol` 칼럼이 TCP, SSL, 또는 TLSv1을 나타내고 있음을 인지하라. 아직 복호화한 트래픽을 볼 수 없다.

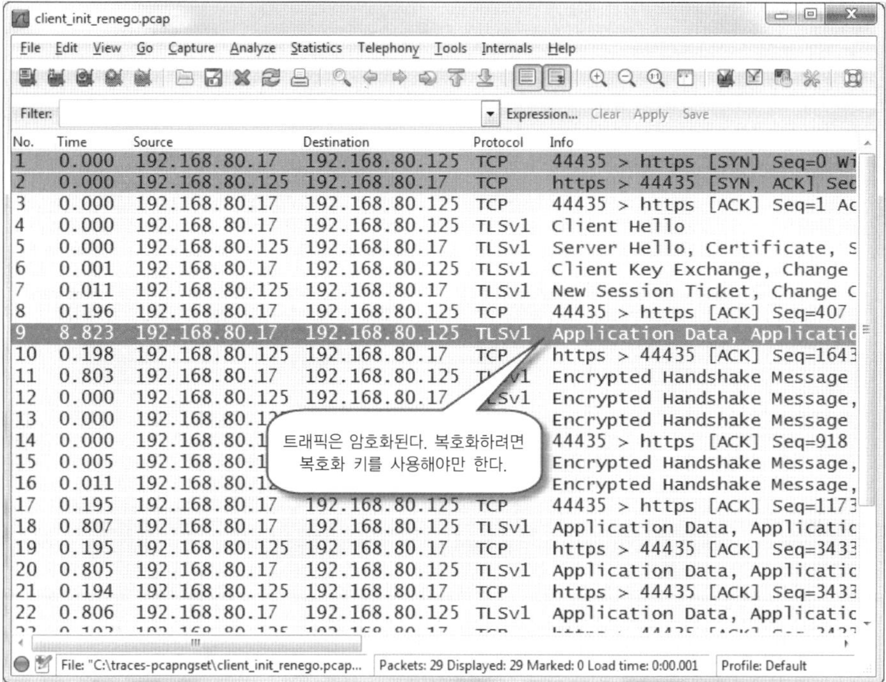

그림 284 HTTPS 트래픽은 RSA 키 구성없이 복호화할 수 없다. [client_init_renego.pcap]

그림 285는 키를 적용한 결과를 보여준다. `Protocol` 칼럼에서 여전히 TCP와 TLSv1을 볼 수 있지만, 복호화된 트래픽을 목록화한 HTTP 역시 볼 수 있다. 게다가 패킷 목록 창의 HTTP 패킷을 오른쪽 클릭할 수 있고, 좀 더 분명한 통신을 보기 위해 Follow SSL Stream을 선택할 수 있다.

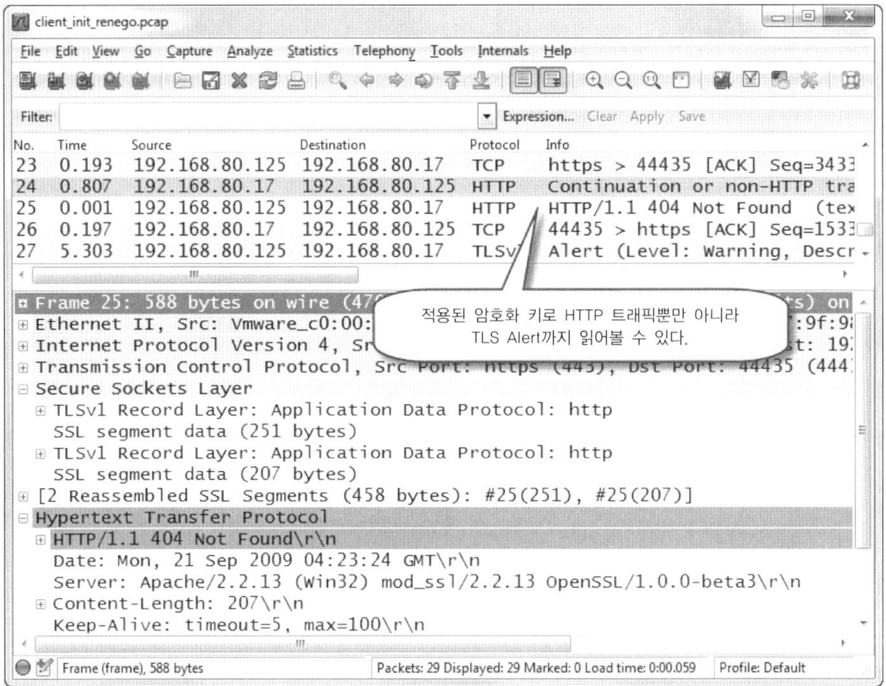

그림 285 키가 구성되고 적용되면 HTTP 통신을 분명히 볼 수 있다. [client_init_renego.pcap]

PhoneFactor 보고서, 추적 파일, 키, 프로토콜 다이어그램은 이 책의 웹사이트인 www.wiresharkbook.com의 다운로드 섹션에 있다. SSL/TLS 취약성 업데이트는 www.phonefactor.com/sslgap에 있다.

TLS 트래픽을 복호화할 때(WLAN 트래픽을 복호화할 때만) 그림 286에서 보인 것처럼 탭은 패킷 바이트 창 아래 나타난다. 패킷 바이트 창에서 복호화된 트래픽을 보려면 Decrypted SSL data 탭을 클릭한다. 이 탭은 (a) 암호화된 트랙픽을 갖고 있을 때와 (b) 패킷 바이트 창을 보이게 할 때만 나타난다.

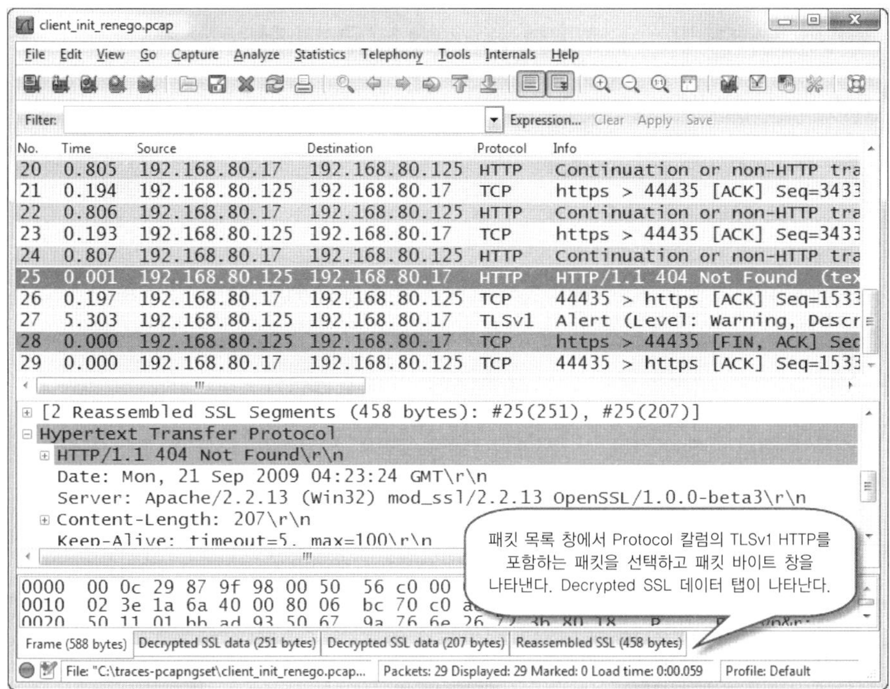

그림 286 복호화 태그는 트래픽에 복호화를 적용했을 때 패킷 바이트 창 아래 나타난다. [client_init_renego.pcap]

✻ SSL 키 내보내기

File ❯ Export ❯ SSL Session Keys를 이용해 SSL 키를 내보낼 수 있다. www.wiresharkbook.com(PhoneFactor SSL/TLS Vulnerabilities Info)의 다운로드 섹션에 위치한 추적 파일 client_init_renego.pcap에 이를 시도해볼 수 있다. 단계에 따라 차근히 수행하면 다음과 같은 값을 가진 SSL 세션 키 파일(.key)을 볼 수 있다.

```
RSA Session-ID: Master-Key: df7be659ee74cad671c9962edd70cbe1aacc0
175b14289362ddd985a.da3f01ad03a6cdf3c4ffc91f5d69f6f1eceb450
```

사례 연구: HTTP 프록시 문제점

제출자 Richard Hicks

Senior Sales Engineer, Product Specialist Edge Security Solutions, Celestix Networks, Inc.

애플리케이션 계층 트래픽 검사를 수행하는 프록시 서버를 통해 연결성 문제를 트러블슈팅할 때 와이어샤크는 매우 중요하다.

일반적인 시나리오의 경우에는 라우터를 통한 요청이나 단순 패킷 필터링 침입 차단시스템을 통한 요청은 아무런 문제없이 잘 동작한다. 하지만 프록시를 통하는 동일한 요청은 실패한다.

한 고객이 불만 사항으로 우리 지원 팀에 전화를 걸었기 때문에 최근에 나는 이 사례에 대해 관심을 갖게 됐다. 제3자 웹 기반 애플리케이션 접근을 위한 시도는 프록시를 통해 접근할 때 실패했고, 이 경우는 마이크로소프트 ISA 서버 2006의 경우다.

수신된 에러 메시지는 애매한 HTTP 502 에러였고, 이 에러를 보면 프록시가 요청을 거절한 이유는 분명하지 않다. 라우터를 통해 직접 통신할 때 클라이언트는 애플리케이션에 접근할 수 있기 때문에 자연적으로 고객은 ISA 침입 차단시스템이 깨졌다고 가정했다.

ISA 침입 차단시스템이 애플리케이션 계층 트래픽 검사를 수행한다는 것을 알고 있기 때문에 나는 그것이 사실이 아니라는 것을 물론 알고 있었다.

즉시 나는 에러를 재현할 수 있었고, 프록시 양쪽의 트래픽을 수집하기 위해 와이어샤크를 사용했다. 나는 흥미로운 사실을 발견했다.

애플리케이션 서버의 응답을 살펴보니 추적이 보여준 사실은 요청 버전이 HTTP 2.0(아래에서 보는바와 같이)이라는 것이다.

```
⊟ Hypertext Transfer Protocol
  ⊟ HTTP/2.0 302 Found\r\n
      Request Version: HTTP/2.0
      Response Code: 302
    Server: SmarterTools/2.0.2692.18364\r\n
    Date: Fri, 16 Jan 2009 19:06:41 GMT\r\n
    X-AspNet-Version: 2.0.50727\r\n
    Location: /Login.aspx\r\n
    Set-Cookie: ASP.NET_SessionId=fd2ll145nf5wum45td
    Cache-Control: private\r\n
    Content-Type: text/html; charset=utf-8\r\n
  ⊞ Content-Length: 128\r\n
    Connection: Close\r\n
```

HTTP 2.0에 대한 RFC 명세가 없기 때문에 흥미로웠다! 심층 애플리케이션 계층 검사 성능이 있는 ISA 침입 차단시스템은 TCP 80번 포트상의 통신만이 유효하고, RFC를 준수하는 HTTP로 제한한다. 이것은 기술적으로 RFC를 위반하는 것이기 때문에 ISA 침입 차단시스템이 트래픽을 거절한 것이다.

와이어샤크가 없었다면 이런 자세한 작업은 불가능했을 것이다.

정리

HTTP는 호스트들 사이에 데이터를 전달하기 위해 요청/응답 모델을 사용한다. HTTP 통신은 전송 메커니즘으로 TCP를 사용한다. 가장 일반적으로 사용하는 HTTP 포트 번호는 80번이다.

클라이언트는 GET, POST 같은 명령을 HTTP 서버로 전송한다. HTTP 서버는 숫자 응답 코드로 응답한다. 399보다 큰 수로 된 코드는 클라이언트와 서버 에러를 식별한다. 많은 사람들은 페이지가 존재하지 않을 때 보게 되는 '404 Not Found' 응답을 잘 알고 있다.

HTTP 통신을 분석할 때 'If-Modified-Since' 요청 수정자를 잘 살펴봐야 한다. 이는 클라이언트가 캐시에 페이지를 갖고 있다는 것을 나타낸다. 서버가 '304 Not Modified' 코드로 응답한다면 클라이언트는 네트워크상에서가 아닌 캐시에서 페이지를 로드할 것이다. 이는 웹 로딩 시간을 분석하는 데 영향을 미친다.

웹 브라우징 세션 속도가 느린 이유는 최적화되지 않은 웹사이트, 다른 웹사이트(광고자와 같은)에 대한 상호 의존성뿐만 아니라 TCP 문제 때문이다. 와이어샤크를 이용하면 웹페이지를 재구축할 수 있고 HTTP 객체를 내보낼 수 있다.

HTTPS 트래픽은 HTTP 트래픽을 보안하는 연결을 할 때 TLS를 사용한다. 이런 연결은 먼저 TCP 연결을 시작하고, 이어서 보안 핸드셰이크 연결을 한다. 이 연결 프로세스 동안 클라이언트와 서버는 보안 통신에 사용할 암호 세트와 같은 보안 매개변수를 협상한다.

와이어샤크가 복호화 키를 갖고 있고 그 키를 HTTPS 통신에 적용하게 와이어샤크를 설정하기만 하면 와이어샤크는 HTTPS 세션을 복호화할 수 있다. PhoneFactor 보고서, 추적 파일, 복호화 키, 프로토콜 다이어그램은 이 책의 웹사이트인 www.wiresharkbook.com의 다운로드 섹션에 있다.

PhoneFactor가 배포한 SSL/TLS 취약점 정보 업데이트는 www.phonefactor.com/sslgap에 있다.

학습한 내용 복습

다음 표의 추적 파일은 이 책의 웹사이트인 www.wiresharkbook.com 다운로드 섹션에서 사용 가능하다. HTTP 통신 분석 연습을 위해 추적 파일을 다운로드해 사용하시오.

client_init_renego.pcap [PhoneFactortracefile]	추적 파일은 PhoneFactor 그룹에서 제공했다. File ➤ Export를 이용해 SSL Session Key를 내보내라. 이 추적 파일에서 세션 키는 무엇인가?
http-500error.pcapng	이 추적 파일은 서버를 취급할 때 생기는 HTTP 에러를 설명하고 있다. 500이라는 수는 내부 에러로 정의된다. 모든 HTTP 서버 에러를 어떻게 필터링할 수 있는가?
http-espn2007.pcapng	Statistics ➤ HTTP ➤ HTTP Packet Counter를 선택하라. 이 추적 파일에는 얼마나 많은 재지정이 있는가? 이 추적 파일에는 얼마나 많은 클라이언트 에러가 있는가? www.espn.com을 브라우징할 때 메인 페이지를 열려면 얼마나 많은 GET 요청이 필요한가?
http-espn2011.pcapng	www.espn.com을 브라우징할 때 메인 페이지를 열려면 얼마나 많은 GET 요청이 필요한가? 이것이 2007보다 현재 더 효율적인가?
http-espn2012.pcapng	2012의 메인 페이지를 열려면 얼마나 많은 GET 요청이 필요한가? 그 페이지를 로드할 때 얼마나 많은 사이트에 연결을 했어야 하는가? 재지정이 있었는가?
http-facebook.pcapng	www.facebook.com를 브라우징할 때 메인 페이지를 열려면 얼마나 많은 GET 요청이 필요한가? 클라이언트는 이 과정에서 또 다른 DNS 쿼리를 그렇게 늦게 보내야만 했는가? 마지막으로 로드한 항목은 무엇이었는가? 이로 인해 페이지 로딩 과정 속도가 느려졌는가?
http-fault-post.pcapng	몇 번이나 HTTP 서버로 정보를 올리려고 노력했는가? 패킷 29 이전에 11초 지연 문제를 수정해야 하는가? 어떤 호스트로 정보를 POST 하려고 하는가?
https-justlaunchpage.pcapng	이 추적 파일에서 우리는 단순히 웹사이트를 열었다. TCP 핸드셰이크 뒤에 HTTPS 핸드셰이크를 볼 수 있을 것이다. 이 추적 파일에서 95초간의 지연을 찾아보라. 이 지연 뒤에 어떤 유형의 패킷이 오는가? 이 패킷은 암호화돼서 어떤 경고 메시지인지 알 수 없다. 그러나 close_notify일 것이다. 이어지는 FIN을 보고 이를 추측할 수 있다. 어떤 사이트에 연결했는가? HTTPS에게 몇 개의 암호 세트가 제시됐는가? 어떤 암호 세트가 이 HTTPS 연결에서 선택됐는가? 웹사이트를 로드하는 데 얼마나 걸렸는가?(FIN 처리는 생략하고)

(이어짐)

https-ssl3session.pcapng	이 SSL 연결(HTTPS)을 설정하는 동안에 문제가 발생한 것 같다. 힌트: SSL/TLS 핸드셰이크 과정을 조사할 때 Preferences ❯ Protocols ❯ TCP ❯ Allow subdissector to reassemble TCP streams를 비활성화시켜라. HTTPS 연결 동안 어떤 문제가 발생하는가? HTTPS 서버에게 몇 개의 암호 세트가 제시됐는가? 어떤 암호 세트가 이 HTTPS 연결에 선택됐는가?
http-winpcap.pcapng	이 추적에는 www.winpcap.org로의 웹브라우징 세션이 들어 있다. 이 클라이언트는 캐시 안에 어떤 웹사이트 요소라도 가지고 있는가? 추적 파일에서 가장 긴 지연은 무엇인가? 이 지연 문제를 해결해야만 하는가? WinPcap 서버에서는 어떤 운영체계가 구동 중인가? new.gif 파일의 크기는 얼마인가? new.gif 파일에는 무슨 그림이 들어 있는가? 이 연결은 윈도우 스케일링을 지원하는가?
sec-nessus.pcapng	추적 파일에 tcp.port==80필터를 적용해라. 이것은 서비스 거부를 나타낸다.-네트워크에서 서비스 거부를 항상 의심한다.

연습문제

Q23.1 한 사용자가 새 웹사이트를 브라우징할 때 HTTPS 세션을 분석하고 있다. 어떤 HTTP 응답 코드가 해당 페이지를 지역에서 발견했다는 것을 나타내는가?

Q23.2 HTTP 404 Not Found는 어떻게 분류되는가?

Q23.3 클라이언트가 캐시에서 웹 페이지를 로딩한다는 것을 어떻게 확인할 수 있는가?

Q23.4 웹 브라우징 세션 동안 TCP 핸드셰이크와 TCP ACK를 보기 원한다면 어떤 디스플레이 필터를 피해야 하는가?

Q23.5 HTTP 서버로 데이터를 전송하는 데 사용되는 HTTP 요청 메소드는 무엇인가?

Q23.6 80번 포트에서 동작하는 HTTP 트래픽을 위한 디스플레이 필터와 수집 필터 구문은 무엇인가?

Q23.7 SSL/TLS 포트로 444 포트를 항상 인식하기 위해 와이어샤크를 어떻게 설정해야 하는가?

Q23.8 와이어샤크를 이용해 HTTPS 트래픽을 복호화하기 위해서는 어떤 단계가 필요한가?

Q23.9 HTTPS 통신에서 어떤 측이 수용 가능한 암호 세트 목록을 제공하고 HTTPS 통신에서 어떤 측이 사용하기를 원하는 암호 세트를 선택하는가?

연습문제 답

Q23.1 한 사용자가 새 웹사이트를 브라우징할 때 HTTPS 세션을 분석하고 있다. 어떤 HTTP 응답 코드가 해당 페이지를 지역에서 발견했다는 것을 나타내는가?

A23.1 HTTP 응답 코드 200은 원하는 페이지 위치를 성공적으로 알았다는 것을 나타낸다.

Q23.2 HTTP 404 Not Found는 어떻게 분류되는가?

A23.2 이 응답은 클라이언트 에러로 분류된다(유효하지 않은 웹사이트 주소 때문에 발생할지라도).

Q23.3 클라이언트가 캐시에서 웹 페이지를 로딩한다는 것을 어떻게 확인할 수 있는가?

A23.3 클라이언트가 캐시에서 웹 페이지를 로딩하는지 확인하려면 클라이언트의 IF-Modified-Since 요청 수정자나 304 Not Modified 응답 코드를 확인한다.

Q23.4 웹 브라우징 세션 동안 TCP 핸드셰이크와 TCP ACK를 보기 원한다면 어떤 디스플레이 필터를 피해야 하는가?

A23.4 `http` 디스플레이 필터는 세션 동안 TCP 핸드셰이크 또는 TCP ACK를 디스플레이하지 않는다. 전체 HTTP 대화를 보기 원한다면 `tcp.port==80` 사용을 고려한다.

Q23.5 HTTP 서버로 데이터를 전송하는 데 사용되는 HTTP 요청 메소드는 무엇인가?

A23.5 HTTP 클라이언트는 HTTP 서버로 데이터를 전송하는 데 POST를 사용한다.

Q23.6 80번 포트에서 동작하는 HTTP 트래픽을 위한 디스플레이 필터와 수집 필터 구문은 무엇인가?

A23.6 수집 필터: `tcp port http`

디스플레이 필터: `http`

Q23.7 SSL/TLS 포트로 444 포트를 항상 인식하기 위해 와이어샤크를 어떻게 설정해야 하는가?

A23.7 SSL/TLS 포트로 444 포트를 추가하려면 Edit ❯ Preferences ❯ Protocols ❯ HTTP를 선택하고 SSL/TLS 포트 섹션에 444 포트를 추가한다.

Q23.8 와이어샤크를 이용해 HTTPS 트래픽을 복호화하기 위해서는 어떤 단계가 필요한가?

A23.8 복호화 키를 얻어서 와이어샤크 시스템에 복사해야만 한다. 그런 다음 적절한 구문으로 와이어샤크의 SSL 환경설정 RSA Key List를 설정해야만 한다. HTTPS 세션은 HTTPS 트래픽 추적 파일을 로딩할 때 반드시 복호화돼야 한다.

Q23.9 HTTPS 통신에서 어떤 측이 수용 가능한 암호 세트 목록을 제공하고 HTTPS 통신에서 어떤 측이 사용하기를 원하는 암호 세트를 선택하는가?

A23.9 HTTPS 클라이언트는 수용 가능한 암호 세트 목록을 제공하고 HTTPS 서버는 통신에 사용할 암호 세트를 선택한다.

FTP 트래픽 분석

와이어샤크 공인 네트워크 분석가 시험에서 다루는 내용

- FTP의 목적
- 정상적인 FTP 통신 분석
- 수동 모드 연결 분석
- 능동 모드 연결 분석
- FTP 문제점 분석
- FTP 패킷 구조 분석
- FTP 트래픽 필터
- FTP 트래픽 재조립

- 사례 연구: 비밀 FTP 통신
- 정리
- 학습한 내용 복습
- 연습문제와 답

24장에서 참조한 추적 파일

- ftp-bounce.pcapng
- ftp-clientside.pcapng
- ftp-download-good.pcapng
- ftp-download-good2.pcapng
- ftp-filesizeproblem.pcapng
- ftp-ioupload-partial.pcapng
- ftp-pasv-fail.pcapng

FTP의 목적

그림 287과 같이 TCP상에서 파일 전송을 위해 FTP를 사용하는데, 이는 RFC 959에 정의돼 있다. TFTP[Trivial File Transfer Protocol]는 비연결형 전송[UDP]이다. 24장에서는 FTP만을 다룬다.

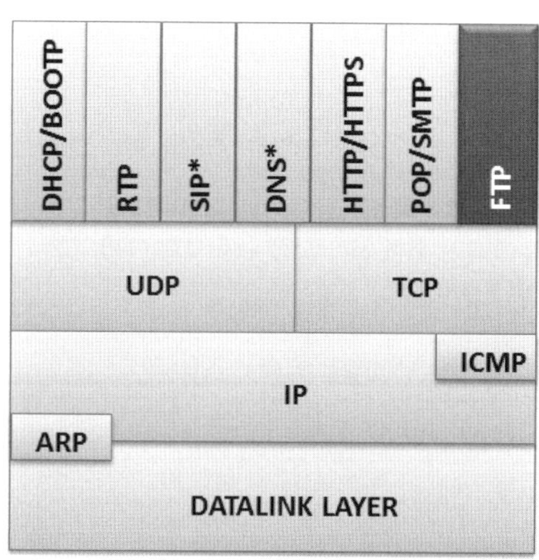

그림 287 FTP는 전송을 위해 TCP를 사용한다.

일반적인 FTP 통신에서 명령 채널은 FTP 서버 21번 포트에 설정한다. 데이터 전송(디렉터리 콘텐츠 또는 파일과 같은)을 위해 두 번째 데이터 채널은 동적 포트 번호를 사용해 설정한다. 명세서에는 20번 포트를 데이터 채널에 사용한다고 정의하고 있지만, 실제로는 동적 포트 번호를 사용한다는 점에 주목하라.

정상적인 FTP 통신 분석

FTP 연결은 TCP 핸드셰이크로 시작하고, 뒤이어 클라이언트는 배너를 기다리게 된다.

클라이언트는 명령을 보내고, 서버는 숫자 코드로 응답한다. 사용자가 FTP 서버에 로그인을 시도하는 모든 호스트를 찾고 싶다면 `ftp.request.command == "USER"` 필터를 사용하면 된다.

커맨드라인에 'PUT'를 타이핑하더라도 FTP는 이 명령을 STOR로 바꾼다. 마찬가지로 'GET'를 타이핑할 때 FTP는 패킷 안에서 이 명령을 RETR로 바꾼다. 다음 표는 표준 FTP 클라이언트 명령을 보여준다.

클라이언트 명령	설명
USER	FTP 서버에 접근하는 사용자 확인
PASS	사용자의 패스워드
CWD	작업 디렉터리 변경
QUIT	연결 종료
PORT	클라이언트의 데이터 연결 IP 주소와 포트 번호 설정(능동 모드 FTP)
PASV	데이터 연결 설정을 하기 위한 클라이언트의 기본 지정이 아닌 데이터 포트를 엿듣기 위한 서버 요청(수동 모드 FTP)
TYPE	전송되는 데이터 유형을 나타냄
RETR	FTP 서버에서 파일을 검색
STOR	FTP 서버로 파일 전송
DELE	파일 삭제
RMD	디렉터리 삭제
MKD	디렉터리 생성
PWD	작업 디렉터리 콘텐츠 출력(디스플레이)
NSLT	이름 목록(서버 디렉터리 디스플레이)
HELP	서버가 지원하는 명령을 보여줌

사용자는 개별 또는 그룹 FTP 응답 코드에 대한 필터를 만들 수 있다. 예를 들면 `ftp.response.code == 227` 필터는 FTP 서버가 수동 모드를 시작했음을 나타내는 모든 응답을 디스플레이한다. 다음 표는 FTP 통신에 대한 표준 서버 응답 코드를 보여준다.

응답 코드	설명
110	marker 응답 재시작. 이 경우에 텍스트는 정확하고 특정 구현으로 남지 않는다. 반드시 읽어야 한다. MARK yyyy = mmmm에서 yyyy는 사용자 처리 데이터 스트림 표시이고, mmmm은 서버의 대응되는 표시(표시와 '=' 사이에 공백이 있음에 주목)다.

(이어짐)

응답 코드	설명
120	서비스를 nnn분 안에 준비
125	데이터 연결이 이미 열렸음. 전송이 시작되고 있음
150	데이터 연결을 열기 위한 파일 상태 오케이
200	명령 오케이
202	구현되지 않거나 이 사이트에서는 불필요한 명령
211	시스템 상태 또는 시스템 도움말 응답
212	디렉터리 상태
213	파일 상태
214	도움말 메시지. 서버 또는 특정 비표준 명령의 의미를 사용하는 방법. 이 응답은 사람에게만 유용하다.
215	NAME 시스템 타입. NAME은 할당 번호 문서(Assigned Numbers document) 목록의 공식적인 시스템 이름이다.
220	새로운 사용자를 위한 서비스 준비
221	서비스가 제어 연결을 종료. 적절하면 로그아웃
225	데이터 연결 열기. 진행 동안에는 전송 없음
226	데이터 연결 종료. 요청된 파일은 성공적으로 수행(예를 들면 파일 전송 또는 파일 중단)
227	수동 모드로 진입(h1, h2, h3, h4, p1, p2), 여기서 h1, h2, h3, h4는 IP 주소를 나타내고, p1, p2는 포트 번호를 나타낸다.
230	사용자가 로그인하고 진행됨
250	요청된 파일 작업이 성공적으로 완료
257	'PATHNAME' 생성됨
331	사용자 이름 오케이, 패스워드 필요
332	로그인을 위해 계정이 필요
350	더 많은 정보가 올 때까지 요청된 파일 동작 보류
421	서비스 이용 불가능, 제어 연결 종료. 이는 알고 있는 서비스를 종료해야 할 때 모든 명령에 대한 응답
425	데이터 연결을 열 수 없음

(이어짐)

응답 코드	설명
426	연결 종료. 전송 취소
450	요청된 파일이 수행되지 않음. 파일 이용 불가
451	요청된 작업 취소. 처리 중 로컬 에러
452	요청된 작업이 수행되지 않음. 시스템 저장 공간 부족
500	구문 에러, 명령 인식되지 않음. 이는 너무 긴 커맨드라인 같은 에러가 해당
501	매개변수 또는 변수에서 구문 에러
502	명령이 구현되지 않음
503	명령 순서 에러
504	명령이 해당 매개변수에 대해 구현되지 않음
530	로그인되지 않음
532	파일 저장을 위해 계정 필요
550	요청된 작업이 수행되지 않음. 파일 사용 불가(예를 들면 파일 없음이나 접근할 수 없음)
551	요청된 작업 취소. 페이지 유형 알 수 없음
552	요청된 작업 취소. 할당된 저장 공간 초과(현재 디렉터리 또는 데이터 셋에 대한)
553	요청된 작업 취소. 허용되지 않는 파일 이름

FTP 클라이언트는 사용자 이름 뒤에 `USER` 명령(모든 FTP 명령은 대문자)을 전송하고 `PASS` 명령 뒤에 패스워드를 전송한다. FTP 사용자 이름이 정확하지 않아도 서버는 `username`에 대한 331 Password Required를 응답한다. 패스워드가 정확하지 않다면 서버는 530 Password Not Accepted로 응답한다. 일단 사용자가 로그인하면 디렉터리 콘텐츠를 검사하고, 디렉터리를 변경하고, 데이터 전송을 위한 두 번째 채널을 시작하기 위한 명령을 사용할 수 있다.

데이터 전송은 명령 연결로부터 분리된 연결을 통해 이뤄진다. 전송되는 데이터는 파일이나 디렉터리 콘텐츠다.

데이터 전송에는 수동 모드passive mode와 능동 모드active mode 두 가지가 있다.

✻수동 모드 연결 분석

PASV 명령은 클라이언트가 보내는데, 이를 통해 FTP 클라이언트가 설정한 별도의 데이터 연결을 서버가 수신하게 요청한다. 서버가 PASV 명령에 응답할 때 응답에는 PASV 연결을 수신하는 IP 주소와 포트 번호를 포함시킨다.

그림 288은 FTP 연결(이 추적은 TCP 핸드셰이크나 TCP ACK 패킷을 포함하고 있지 않다)의 일부를 보여준다. 클라이언트는 작업 디렉터리를 변경(CWD)하고 이미지나 바이너리를 위한 표현 유형인 I를 설정했다.

패킷 7에서 클라이언트는 PASV 명령을 송신한다.

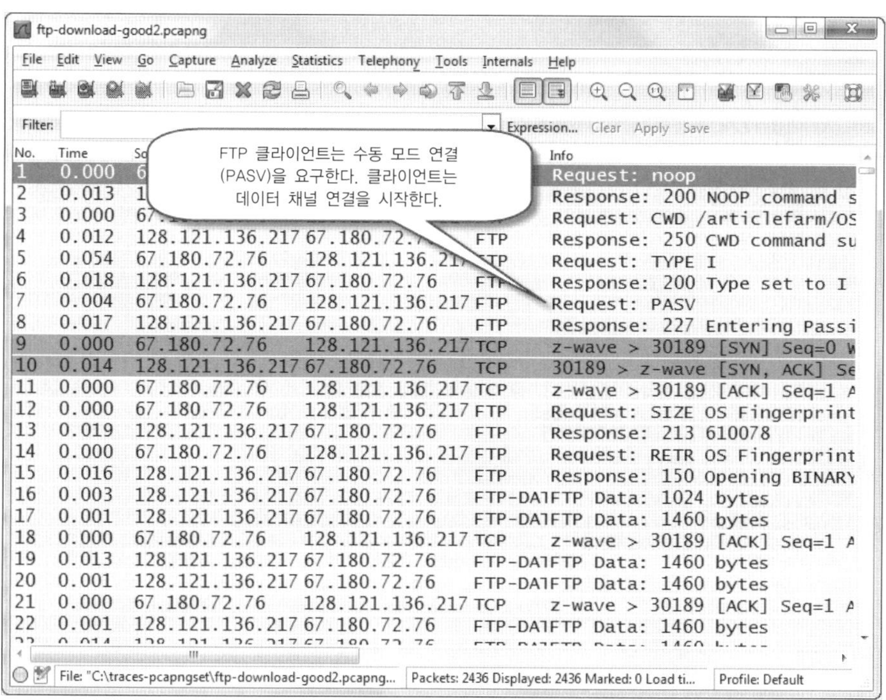

그림 288 데이터 전송을 위한 FTP 수동 모드 연결 [ftp-download-good2.pcapng]

와이어샤크는 그림 289에서 보는 바와 같이 서버가 수동 모드에 진입하는 것을 나타내는 227 응답을 해석할 수 있다. PASV 명령을 사용해 성립된 두 번째 채널을 통해 데이터가 이동하는 동안 FTP 명령은 명령 채널을 통해 이동된다. ftp-download-good2.pcapng에서 클라이언트는 검색 명령(RETR)을 생성하고, 서버는 파일 전송을 위한 바이너리 모드 데이터 연결을 오픈하는 것을 나타내는 코드 150을 응답한다.

사용자는 FTP 명령 채널과 FTP 데이터 채널을 모두 보기 위한 디스플레이 필터 `ftp || ftp-data`를 사용할 수 있다. 와이어샤크는 스마트하다. FTP 데이터 채널 트래픽은 동적으로 정의된 포트상에서 동작하기 때문에 와이어샤크는 트래픽이 `ftp- data` 필터와 일치하는지 확인하기 위해 PORT 명령이나 PASV 명령에 대한 응답 패킷을 포함하는 패킷의 주소와 포트 번호를 분석한다.

일부 FTP 서버는 수동 모드 데이터 전송을 지원하지 않을 수도 있다. 이런 경우의 예는 'FTP 문제점 분석' 절에서 언급한다.

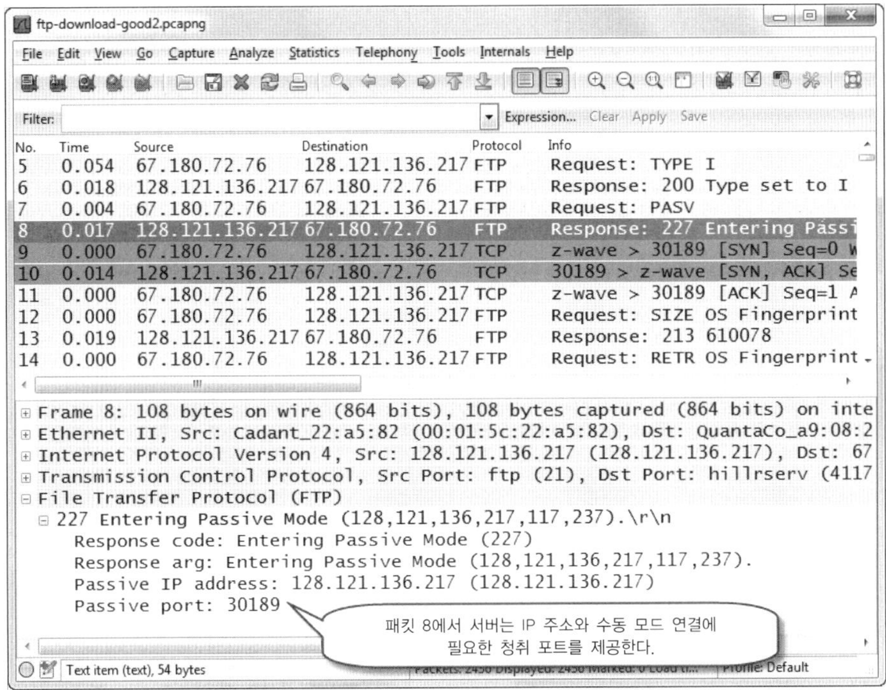

그림 289 PASV 응답은 서버가 수신할 IP 주소와 포트 번호를 포함하고 있다.
[ftp-download-good2.pcapng]

✻ 능동 모드 연결 분석

능동 모드 데이터 전송에서 클라이언트는 PORT 명령을 생성하고 서버가 설정할 데이터 채널 연결에 대해 모니터링할 IP 주소와 포트 번호를 보여준다.

그림 290에서 FTP 클라이언트는 로그인하고 디렉터리 목록(NLST)을 전송하기 위해 PORT 명령을 생성했다. PORT 명령 패킷에는 서버의 연결 요청을 수신하기 위한 클라이언트 IP 주소와 포트가 포함돼 있다.

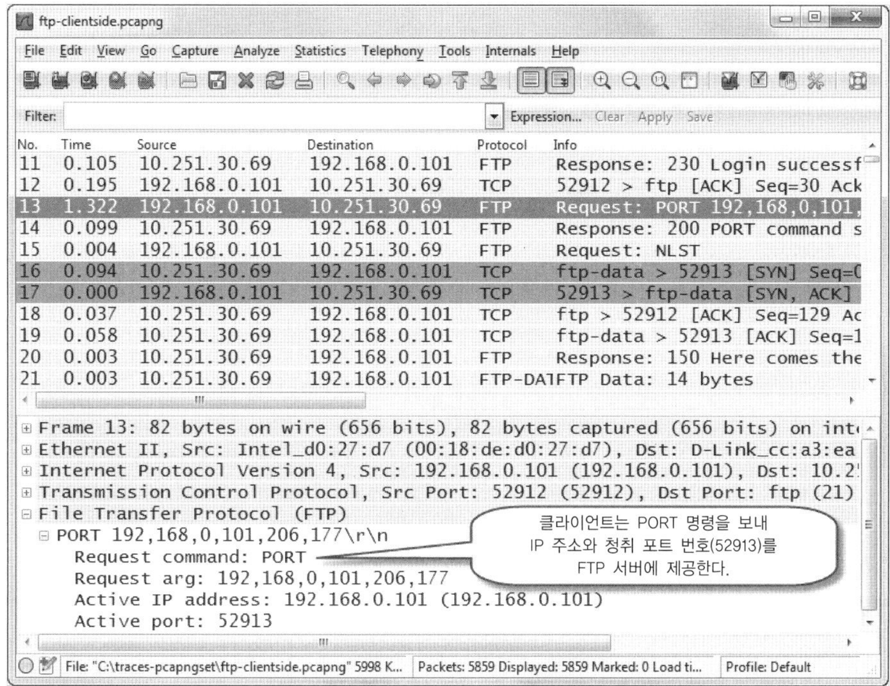

그림 290 FTP 클라이언트는 데이터 전송을 위한 능동 모드 채널을 설정하기 위해 PORT 명령을 생성한다. [ftp-clientside.pcapng]

FTP 문제점 분석

FTP 통신 문제점은 TCP 핸드셰이크 단계에서 생기기 시작한다. 서버가 구동중인 FTP 데몬을 갖고 있지 않다면 TCP SYN 패킷에 대한 응답으로, FTP 포트로 TCP RST를 보낸다. FTP 서버가 클라이언트가 사용하는 포트와 다른 포트를 사용하게 설정돼 있다면 FTP 연결은 제대로 이뤄지지 않는다.

또한 침입 차단시스템이 수동 모드 지원을 차단했을 때 수동 모드로 연결하려 하면 그림 292와 같이 실패할 것이다. 이 예에서 클라이언트는 PASV 명령을 전송하고 서버는 수동 모드 연결을 위한 포트 IP 주소와 포트 번호로 응답한다. 이는 서버 자체가 수동 모드 연결을 지원하고 있음을 나타낸다.

클라이언트는 제공된 포트에서 연결을 설정하려고 시도하지만 서버는 연결 시도에 응답하지 않는다. 포트가 열리면 서버는 반드시 SYN/ACK로 응답해야만 한다. 포트가 닫히면 서버는 TCP RST로 응답해야만 한다. 응답이 없으면 경로나 서버 측에 있는 침입 차단시스템은 해당 포트로의 연결 시도를 차단할 것이다. 다섯 번의 연결 시도 후 클라이언트는 포기하게 된다. 게다가 클라이언트는 명령 채널을 닫아버린다.

서버는 "인사는 하고 가야지"와 같은 메시지를 응답한다. 도대체 무슨 태도가 이런지!

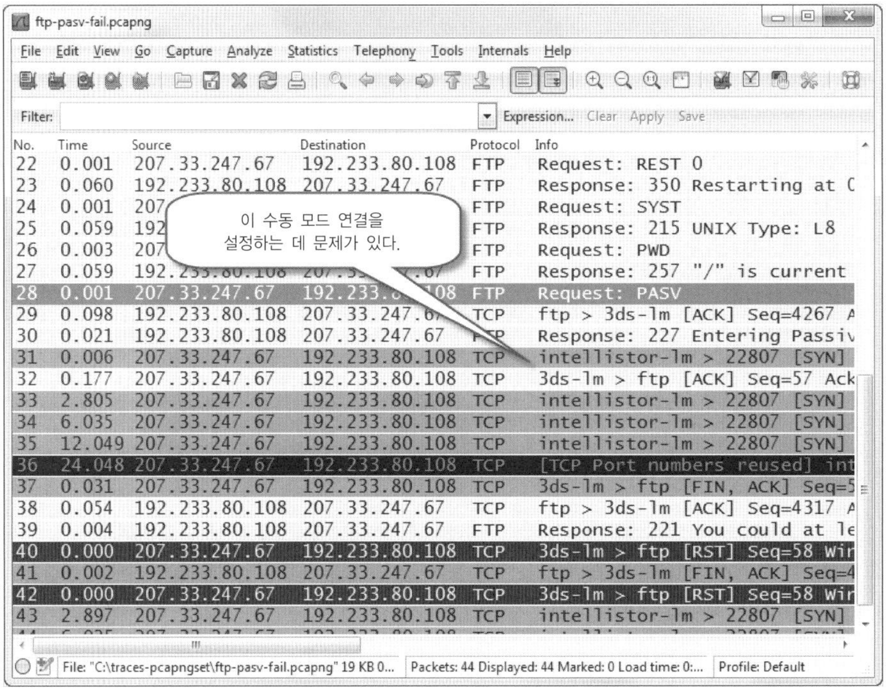

그림 291 클라이언트는 수동 모드 연결을 설정할 수 없다. [ftp-pasv-fail.pcapng]

그림 292에서는 또 다른 클라이언트가 수동 모드 연결을 시도하고 있다. 이 경우 서버는 425 에러로 응답한다. 바운스 공격/FXP 전송일 가능성이 있다. 이 경우 수동 모드 연결은 설정될 수 없다. 하지만 서버는 그 이유를 설명한다.

FTP 바운스 공격에 대한 더 많은 정보는 32장을 참조하라.

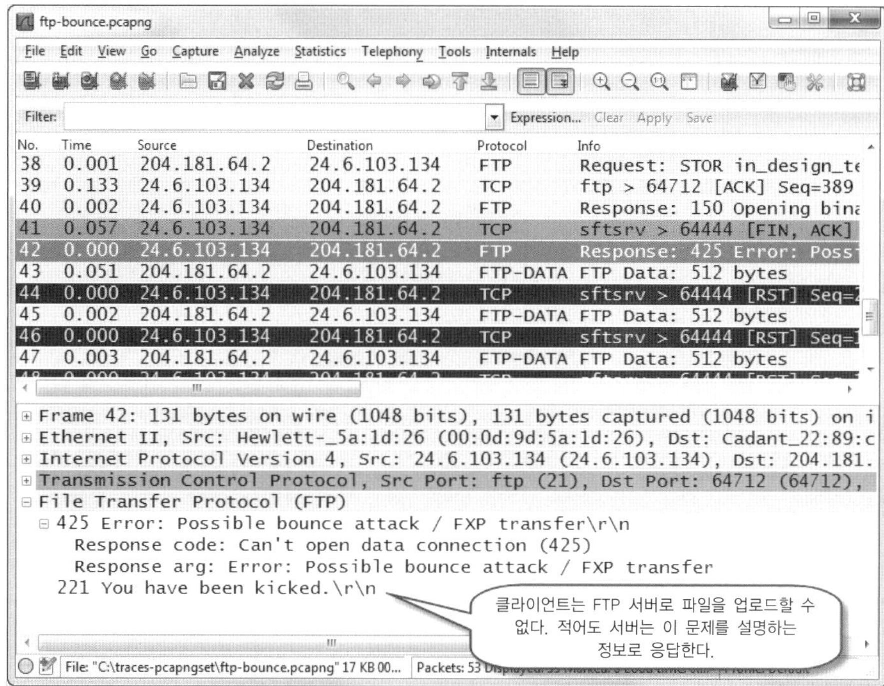

그림 292 FTP 서버는 보안 우려를 나타내는 425 응답을 전송한다. [ftp-bounce.pcapng]

FTP 패킷 구조 분석

FTP 패킷 구조는 매우 간단하다.

FTP 클라이언트의 명령은 그림 264에서 나타나는 바와 같이 TCP 헤더 뒤에 바로 뒤따른다. 일부 명령은 RETR 명령의 경우에서와 같이 변수를 포함한다. 변수를 사용하는 명령 목록은 다음과 같다.

명령	변수
USER	사용자 이름
PASS	패스워드
RETR	디렉터리/파일 이름
TYPE	표현 유형
PORT	IP 주소, 포트 번호

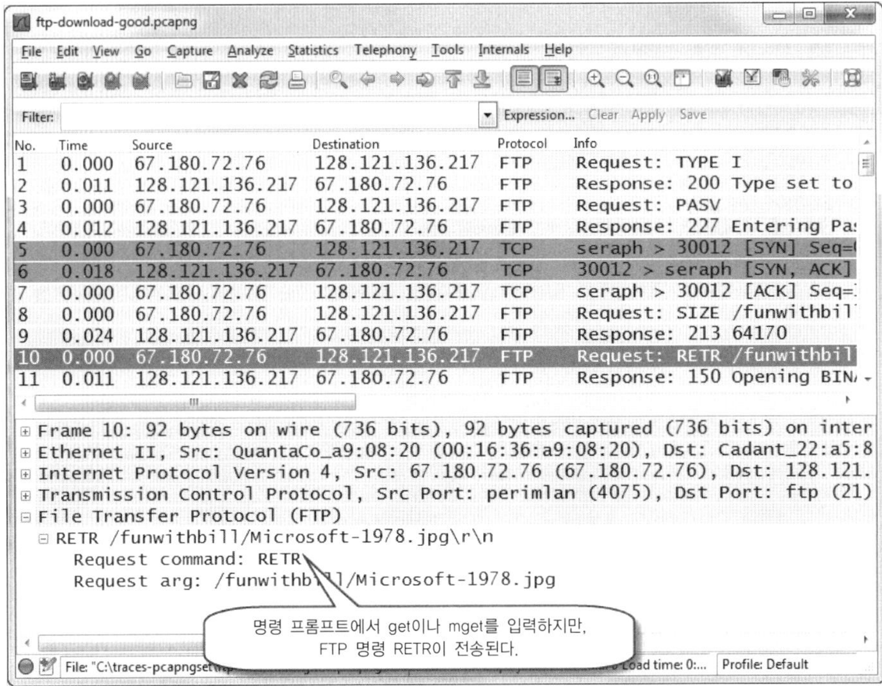

그림 293 FTP 명령은 TCP 헤더 뒤에 나온다. [ftp-download-good.pcapng]

응답은 그림 294에서 보여주는 바와 같이 숫자 코드와 텍스트를 포함한다. 응답 코드와 응답 변수는 응답 패킷에 일반 텍스트로 돼 있다.

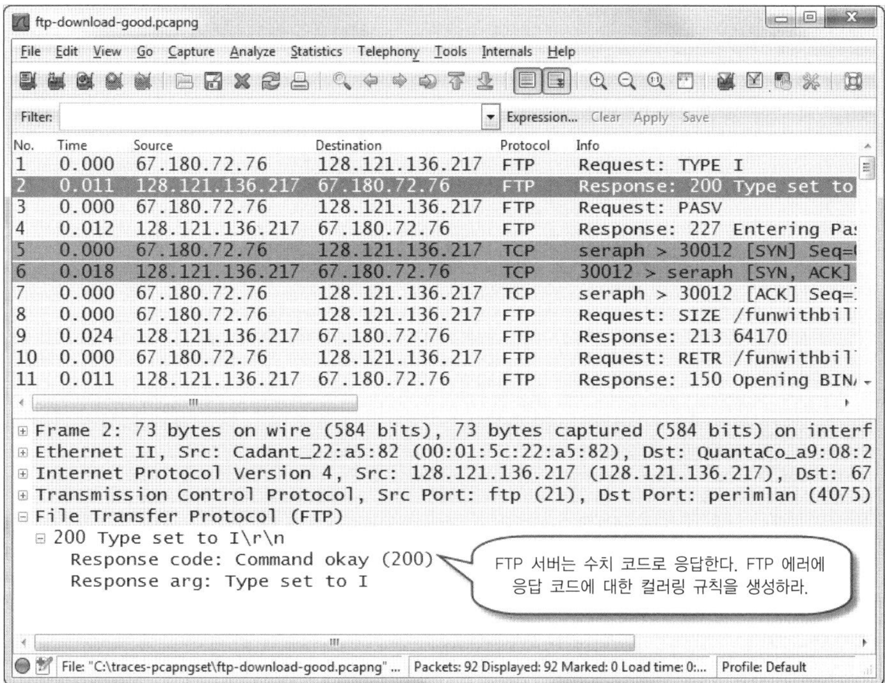

그림 294 응답 코드 뒤에 텍스트가 이어진다. [ftp-download-good.pcapng]

데이터 패킷은 심지어 더 간단한 형태다. 데이터는 그림 295에서 보여주는 바와 같이 TCP 헤더 뒤에 붙는다. 이 채널에서는 추가 명령이 요구되거나 허용되지 않는다.

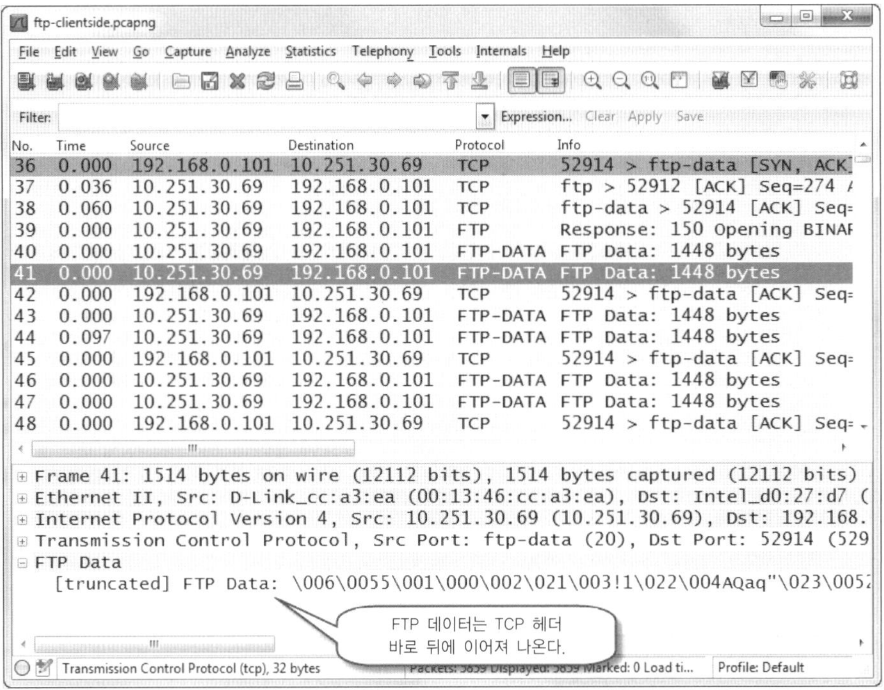

그림 295 FTP 데이터 전송에서 데이터는 TCP 헤더 뒤에 붙는다. [ftp-clientside.pcapng]

FTP 트래픽 필터

FTP 명령 채널 트래픽을 위한 수집 필터 구문은 tcp port 21이다. FTP 데이터 채널을 위한 필터는 이 트래픽에 사용되는 포트에 의존한다. 데이터 트래픽이 20번 포트를 지나간다면 수집 필터는 `tcp port 20`이 될 것이다.

FTP를 위한 디스플레이 필터는 간단하게 `ftp`다. 기본 포트 21번을 사용한다면 이 필터는 FTP 명령 채널에서 트래픽을 디스플레이만 한다는 점을 주목하라. FTP 데이터 채널 트래픽을 디스플레이하려면 `ftp-data` 디스플레이 필터를 사용하라. 와이어샤크가 FTP 데이터 채널에 사용되는 연결을 식별할 수 없다면 FTP 데이터 전송(`tcp.port==30189`)에 사용되는 TCP 포트 기반의 필터를 적용할 필요가 있다.

다음 표는 추가적인 FTP 디스플레이 필터 목록을 보여준다.

디스플레이 필터	설명
ftp.request.command == "USER"	FTP USER 패킷
ftp.request.command == "USER" || ftp.request.command == "PASS"	FTP USER 또는 PASS 패킷
ftp.request.command == "USER" && ftp.request.arg == "Fred"	사용자 이름 Fred를 갖는 FTP USER 명령(사용자 이름 변수는 대소문자 구별)
ftp.request.command == "PASS" && ftp.request.arg == "Krueger"	패스워드 Krueger를 갖는 FTP PASS 명령(패스워드 변수는 대소문자 구별)
ftp.request.command == "PASS" && ftp.request.arg == matches "(?i)krueger"	패스워드 Krueger를 갖는 FTP PASS 명령(패스워드 변수는 케이스별로 달라지지 않고 일반적 표현으로 matches를 사용한다)
ftp.response.code == 230	FTP 로그인 성공
ftp.request.command == "PASV"	FTP 수동 모드 요청
ftp.request.command == "MKD" && ftp.request.arg == "dir01"	디렉터리 이름 'dir01'(디렉터리 이름 변수는 대소문자 구별)을 위한 FTP MKD(디렉터리 생성) 명령
ftp.response.code == 257	성공적인 디렉터리 생성 응답

FTP 트래픽 재조립

FTP 트래픽 재조립은 데이터 채널이 전송되는 데이터만을 포함하기 때문에 매우 쉽다. 어떤 추가 명령이든 데이터 스트림에 내장되지 않는다.

데이터 채널의 Follow TCP Stream에서 FTP 트래픽을 재조립하기 위해서는 raw로 형식을 정의하고 Save As를 선택한다. 추적 파일에서 데이터 전송 앞의 명령 순서를 수집했다면 전송되는 원본 파일의 이름을 갖고 있어야만 한다. 이는 파일 형식을 확실히 알 수 없거나 파일 식별자를 인식하지 못했을 경우 유용하다.

FTP 트래픽 재조립에 대한 더 많은 정보는 10장을 참조하라.

 사례 연구: 비밀 FTP 통신

사무실에 새로운 컴퓨터가 들어왔을 때 우리는 일반적으로 시스템의 유휴idle 분석을 수행한다.

어느 날 새로운 윈도우 XP 홈 에디션 노트북이 도착했다. 보통 노트북 테스트를 위해 윈도우 비스타로 업그레이드한다. 부팅을 하고 운영체제를 설치한 후 유휴 시스템으로 오고 가는 트래픽을 수집할 때까지 가만히 두었다.

No.	Source	Destination	Protocol	Info
23	24.4.97.251	68.87.76.178	DNS	Standard query 0x8577 A rockford.discov
24	68.87.76.178	24.4.97.251	DNS	Standard query response 0x8577 A 207.15
25	24.4.97.251	207.154.29.20	TCP	alpha-sms > ftp [SYN] Seq=0 Win=65535 L
26	207.154.29.20	24.4.97.251	TCP	ftp > alpha-sms [SYN, ACK] Seq=0 Ack=1
27	24.4.97.251	207.154.29.20	TCP	alpha-sms > ftp [ACK] Seq=1 Ack=1 Win=6
28	207.154.29.20	24.4.97.251	FTP	Response: 220 Microsoft FTP Service
29	24.4.97.251	207.154.29.20	FTP	Request: USER discover
30	207.154.29.20	24.4.97.251	FTP	Response: 331 Password required for dis
31	24.4.97.251	207.154.29.20	FTP	Request: PASS qu1ckp41ncry
32	207.154.29.20	24.4.97.251	FTP	Response: 230 User discover logged in.
33	24.4.97.251	207.154.29.20	FTP	Request: CWD DISCoverFTP/SystemUpdates/
34	207.154.29.20	24.4.97.251	FTP	Response: 550 DISCoverFTP/SystemUpdates
35	24.4.97.251	68.87.76.178	DNS	Standard query 0x2977 PTR 20.29.154.207
36	24.4.97.251	207.154.29.20	FTP	Request: QUIT
37	68.87.76.178	24.4.97.251	DNS	Standard query response 0x2977, No such
38	207.154.29.20	24.4.97.251	FTP	Response: 221
39	207.154.29.20	24.4.97.251	TCP	ftp > alpha-sms [FIN, ACK] Seq=185 Ack=
40	24.4.97.251	207.154.29.20	TCP	alpha-sms > ftp [ACK] Seq=79 Ack=186 Wi
41	24.4.97.251	207.154.29.20	TCP	alpha-sms > ftp [FIN, ACK] Seq=79 Ack=1
42	207.154.29.20	24.4.97.251	TCP	ftp > alpha-sms [ACK] Seq=186 Ack=80 Wi

하루 후 가만히 내버려둔 시스템에서 트래픽을 검토한 결과 흥미로운 트래픽 패턴인 FTP 연결을 발견했다.

운영체제를 설치한 것 이외에 아무것도 하지 않았다는 점을 고려해보면 어떤 흥미로운 트래픽이 있을 것이라고 생각되지 않는다.

하지만 rockford.discoverconsole.com으로 불리는 서버에 성공적으로 FTP 연결이 된 것을 볼 수 있었다. 평문에서 사용자 이름 'discover'와 패스워드 'qu1ckp41cry'도 볼 수 있었다.

또한 DISCoverFTP/SystemUpdates/HP_DEC를 위한 CWD 요청도 볼 수 있었다. 왜 새로운 시스템은 원격 FTP 서버에 FTP 연결을 생성하려고 했을까? 무엇을 하려고 했을까? 업체는 사용자도 다 알 수 있는 이런 불완전한 동작을 수행한 시스템을 제품으로 출시하지는 않았겠지?

잠시 조사를 해본 후에 discoverconsole.com(현재는 CompuExpert)에 대한 정보를 발

견했다. 이는 HP가 시스템에 제공한 윈도우 XP 미디어 센터 에디션에 '부가' 게임 세트를 사전에 설치했고, 이 게임이 시스템에서 자동으로 업데이트되게 설정해놨다는 걸 알았다. 조사를 하는 동안 HP 노트북의 느린 시작을 불평하는 많은 사람들을 볼 수 있었다. 많은 IT에 정통한 사람들은 부팅 시간이 느린 원인이 DISCover 게임 콘솔과 연관성을 가진다고 말한다. 다음은 이 문제와 관련된 기술 포럼의 질문이다.

> DISCover 게임 콘솔을 컴퓨터 시작에서 제거하는 방법 아는 사람?
> DISCover 게임 콘솔은 심각하게 시작을 지연시키고 있다. 나는 내 설정에서는 발견할 수 없지만 C:\Program Files\DISC\DiscStreamHub.exe, C:\Program Files\DISC\DISCover.exe, C:\Program Files\DISC\GameGuide\browser\DiscoverSA.exe 프로세스에 나타나고 시작한다. 이 프로그램은 프로그램 추가/삭제에도 나타나지 않는다.

시작 프로세스에서 디렉터리를 찾을 수 없었기 때문에 시스템 시작은 그렇게 크게 영향을 받지 않았다(이전 페이지의 시간 칼럼 이미지에서 볼 수 있는 바와 같이). 우리가 시작 트래픽을 관찰하지 않았다면 백그라운드에서 이런 종류의 치졸한 행동이 벌어지고 있다는 사실을 알 수 없었을 것이다.

이제 새로운 노트북을 시작하기 전에 반드시 의무적으로 분석해야 한다.

정리

FTP는 TCP 기반 파일 전송 애플리케이션이다. FTP 통신은 명령과 데이터 전송을 위해 분리된 연결을 사용한다. FTP 명령 채널에 사용하는 일반적인 포트 번호는 21번이지만, 원한다면 다른 포트 번호로 구성해 동작하게 할 수 있다. 데이터 채널은 20번 포트를 사용하거나 PORT 또는 PASV 명령 채널 프로세스를 통해 설정된 포트를 사용한다.

FTP 전송 프로세스에는 능동 모드와 수동 모드가 있다. 능동 모드 FTP 데이터 전송은 PORT 명령을 사용한다. 이때 데이터 전송 연결은 FTP 서버가 FTP 클라이언트로 설정한다. 수동 모드 데이터 전송은 PASV 명령을 사용하고 데이터 전송 연결은 FTP 클라이언트가 FTP 서버로 설정한다.

재미있게도 많은 FTP 사용자가 친숙한 `get`, `put` 명령은 네트워크상에서 FTP 통신에 실제 사용되는 명령이 아니다. 사용자가 `get` 명령을 입력하면 FTP는 RETR 요청을 전송한다. 사용자가 `put`을 입력하면 FTP는 STOR 명령을 생성한다.

학습한 내용 복습

이 책의 웹사이트인 www.wiresharkbook.com의 다운로드 섹션에서 추적 파일을 다운로드한다. FTP 통신 분석을 위해 추적 파일을 열어 질문에 답하시오.

ftp-bounce.pcapng	명령 채널 스트림을 재조립한다. FTP 서버가 보낸 메시지는 무엇인가? 모든 FTP 에러에 대한 디스플레이 필터는 무엇인가?
ftp-clientside.pcapng	전송된 파일을 보면 무슨 생각이 드는가? 약간의 숨겨진 유머가 있다.
ftp-download-good.pcapng	이 FTP 파일 전송에는 약간의 숨겨진 유머가 있다. 이는 능동 모드 FTP 전송인가, 수동 모드 전송인가? 데이터 채널에서 전송되는 파일의 유형은 무엇인가? 파일을 재조립할 수 있는가?
ftp-download-good2.pcapng	FTP 사용자가 파일을 다운로드하려고 한다. 하지만 파일 크기를 알고 난 뒤에 하려 한다(패킷 12). 도중에 몇 개의 패킷이 손실됐지만 심각한 것은 하나도 없다. Time Display Format ❯ Seconds Since Beginning of Capture를 설정하고 첫 번째 데이터 전송 패킷(패킷 16)에 시간 환경설정을 하라. 다운로드 시간은 언제인가?
ftp-filesizeproblem.pcapng	왜 이 파일 전송 프로세스는 제대로 동작하지 않았는가? 이는 수동 모드였는가, 능동 모드 전송이었는가? 클라이언트 FTP가 요청한 파일 이름은 무엇인가?
ftp-ioupload-partial.pcapng	FTP 업로드 프로세스가 오래 걸리고 있다. 이는 서버 잘못인가? 클라이언트 잘못인가? 네트워크 잘못인가? 전체 그림을 보기 위해 Expert Info Composite 안의 Warning and Notes를 조사해보라.
ftp-pasv-fail.pcapng	이 추적 파일 때문에 웃을 수밖에 없었다. 추적 파일의 끝부분에서 FTP 서버가 보낸 끙끙거리는 메시지가 맘에 든다. 이 FTP 통신에서 실제 무슨 일이 일어났는가? 왜 제대로 동작하지 않았는가?

연습 문제

Q24.1 FTP의 목적은 무엇인가?

Q24.2 FTP 통신에 사용되는 두 연결은 무엇인가?

Q24.3 FTP PORT 명령의 목적은 무엇인가?

Q24.4 FTP PASV 명령의 목적은 무엇인가?

Q24.5 FTP 트래픽은 얼마나 안전한가?

Q24.6 21번 포트에서 동작하는 FTP 명령 트래픽을 수집하기 위한 구문과 디스플레이 필터는 무엇인가?

연습문제 답

Q24.1 FTP의 목적은 무엇인가?

A24.1 FTP는 기본 파일 전송 프로토콜이다. 어떤 파일도 FTP를 이용해 전송될 수 있다.

Q24.2 FTP 통신에 사용되는 두 연결은 무엇인가?

A24.2 FTP 통신은 명령 채널에 첫 번째 연결을 사용하고, 데이터 채널에 두 번째 연결을 사용한다.

Q24.3 FTP PORT 명령의 목적은 무엇인가?

A24.3 PORT 명령은 능동 모드 FTP 연결 설정 시 클라이언트가 사용한다. PORT는 FTP 서버에 의해 확립된 데이터 채널을 클라이언트가 수신하기 위해 IP 주소와 포트 번호를 서버에게 말해주기 위해서 클라이언트에 의해 사용된다.

Q24.4 FTP PASV 명령의 목적은 무엇인가?

A24.4 PASV 명령은 수동 모드 FTP 연결 설정 시 클라이언트가 사용한다. FTP 서버가 수동 모드 연결을 지원한다면 서버는 서버가 FTP 클라이언트에 의해 확립된 데이터 채널 연결을 수신하기 위해 IP 주소와 포트 번호를 갖는 PASV 패킷을 응답한다.

Q24.5 FTP 트래픽은 얼마나 안전한가?

A24.5 FTP는 안전하지 않다. FTP 사용자 이름과 패스워드가 평문으로 전송된다.

Q24.6 21번 포트에서 동작하는 FTP 명령 트래픽을 수집하기 위한 구문과 디스플레이 필터는 무엇인가?

A24.6 수집 필터: `tcp port 21`

디스플레이 필터: `ftp`

Email 트래픽 분석

와이어샤크 공인 네트워크 분석가 시험에서 다루는 내용

- POP의 목적
- 정상 POP 통신 분석
- POP 문제점 분석
- POP 패킷 구조 분석
- POP 트래픽 필터
- SMTP 목적
- 정상 SMTP 통신 분석
- SMTP 문제점 분석
- SMTP 패킷 구조 분석
- SMTP 트래픽 필터

- 사례 연구: SMTP 문제점(Scan2Email 작업)
- 정리
- 학습한 내용 복습
- 연습문제와 답

25장에서 참조한 추적 파일

- pop-normal.pcapng
- pop-problem.pcapng
- pop-spamclog.pcapng
- smtp-normal.pcapng
- smtp-prob.pcapng
- smtp-sendone.pcapng
- smtp-strange.pcapng

POP의 목적

POP(Post Office Protocol)은 이메일 검색 방법 중 여전히 인기 있는 방법이고, RFC 1939에 정의돼 있다. IMAP(Internet Message Access Protocol)는 또 다른 인기 있는 이메일 검색 애플리케이션이다. IMAP는 RFC 1730에 정의돼 있다.

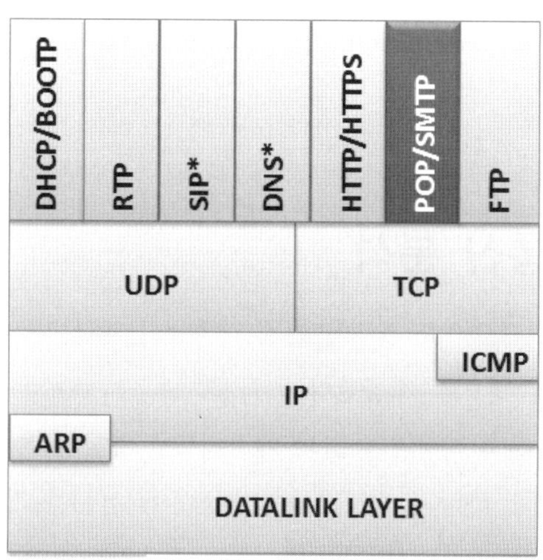

그림 296 이메일 프로그램은 언제나 TCP 상에서 동작한다.

25장에서는 POP와 SMTP(Simple Mail Transfer Protocol)에 대해 알아본다.

POP 자체는 이메일 데이터 전송에서 보안을 제공하지 않는다. 제3의 애플리케이션과 도구가 이런 추가 기능을 제공한다.

추적 파일에 웜이 있는가?

pop-spamclog.pcapng 파일이 공개된 뒤로 다음과 같은 몇 개의 이메일을 수신했다.

"며칠 전에 새 안티바이러스 프로그램(clamav)을 설치하고 거기에 972,000개의 알려진 바이러스와 웜 등의 시그니처를 올리고 시스템 전체에 대해 스캔을 했다. 스캔 결과 파일(pop-spamclog.pcapng)을 발견했고, 'Worm.Sobig.F-1' 웜을 포함하고 있다는 플래그를 나타냈다." - Steve F

고맙다, Steve. 이 추적 파일은 'document_9446.pif'의 일부를 포함하고 있는데, 이 파일은 아주 오래 전에 Sobig 웜에 같이 붙여져 보내진 악성 첨부물의 하나다(이메일의 날짜 스탬프를 보아라). 이 추적으로부터 파일을 재조립하고 저장하고 바이러스 탐지 프로그램이 탐지하지 못하게 하려면 새 바이러스 탐지 프로그램을 사용해야 한다. 만약을 위해 추적 파일에서 document_9446.pif의 일부를 제거했다.

Sobig은 2003년 9월 10일에 활동이 정지됐다. 2003년 11월 5일에 마이크로소프트는 Sobig(더 최근에는 Conficker) 제작자를 잡는 데 5백만 달러를 지원한 안티바이러스 리워드(Anti-Virus Reward) 프로그램을 발표했다. 더 자세한 정보를 알고 싶으면 다음 사이트를 방문해보기 바란다.

www.microsoft.com/presspass/press/2003/nov03/11-05antivirusrewardspr.mspx

일반 POP 통신 분석

그림 297에서 와이어샤크 Info 칼럼은 전체 과정을 쉽게 설명하기 위해 POP 통신에 대해 충분히 자세한 정보를 제공한다.

POP 사용자는 자신의 사용자 이름과 패스워드를 제공한다. POP 서버는 메일박스를 열고 사용자에게 하나의 메시지(메시지는 11,110바이트)가 기다리고 있다는 것을 알린다. 클라이언트는 RETR 명령을 생성하기 전 UIDL[Unique Identification Listing]을 요청하고, POP 서버는 필요한 경우 다중 TCP 패킷으로 데이터를 클라이언트에게 전송하기 시작한다.

이메일 메시지 다운로드가 성공하면 클라이언트는 DELE(delete) 명령을 전송한다. 서버는 메시지를 삭제했다는 것을 나타내는 응답을 보낸다. 그런 다음 POP 통신은 클라이언트에 의해 종료된다.

POP은 지속적인 연결을 유지 하지 않는다. 연결은 이메일 검색을 위해 설정되고 성공적으로 완료되면 종료된다.

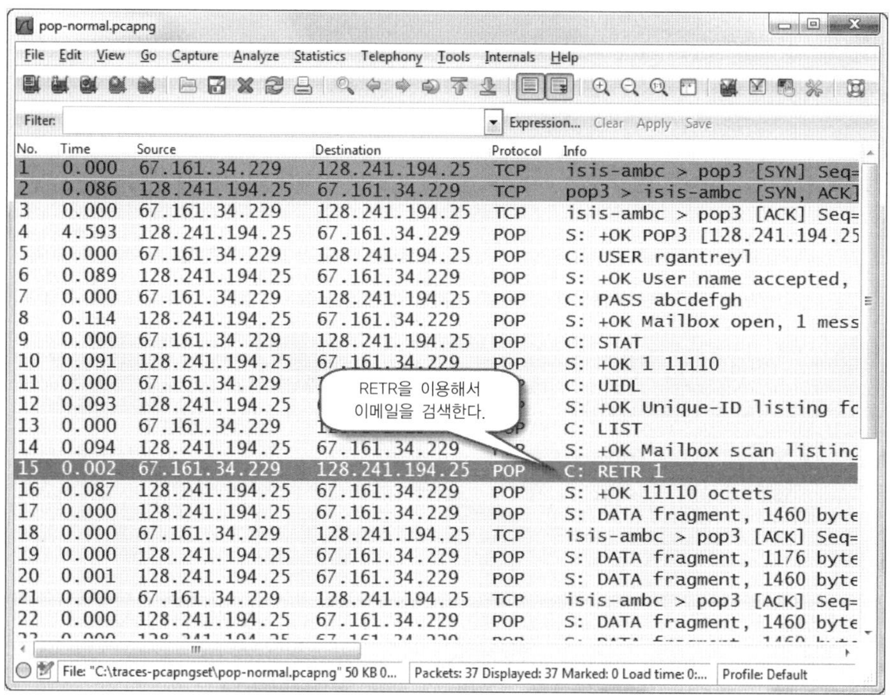

그림 297 사용자는 하나의 이메일 메시지를 검색한다. [pop-normal.pcapng]

POP 문제점 분석

POP 통신 문제점은 TCP 연결 프로세스가 시작되면서 생기며, 높은 지연과 패킷 손실에도 영향을 미친다.

POP 서버에서 문제점은 클라이언트의 이메일 수신 능력에도 영향을 미친다. 그림 298에서 보듯이 클라이언트는 POP 서버에 로그인조차 할 수 없다. 서버는 바쁜 상태를 나타내고 있다. ERR 응답 전, 이 추적 파일에 또 다른 문제점이 있다. 클라이언트는 서버와의 연결을 위해 두 개의 TCP 핸드셰이크 요청(SYN)을 생성했다.

이 추적 파일은 POP 서버의 용량 문제점을 나타내고 있다. 하루 중 가장 바쁜 시간에는 클라이언트가 이메일을 검색을 할 수 없었다.

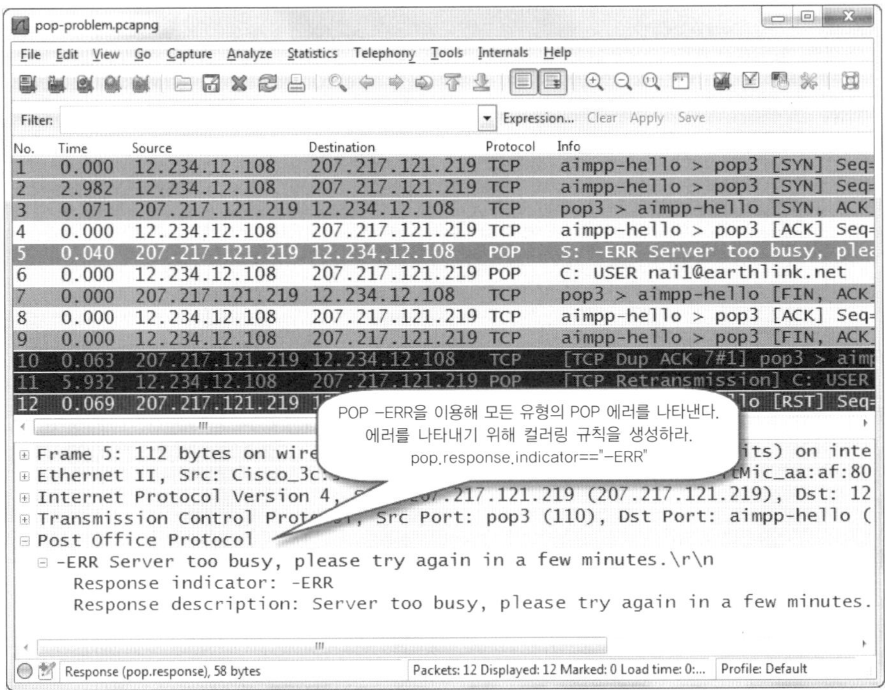

그림 298 POP 에러 메시지는 POP 서버가 바쁘다는 것을 나타낸다. [pop-problem.pcapng]

메일박스를 가득 채운 스팸 메일 역시 성능에 영향을 미친다. 그림 299에서는 스팸 메일로 가득 찬 클라이언트의 메일박스에서 메일을 다운로드하는 과정을 볼 수 있다. 각 스팸 메시지는 2진 첨부 파일(이 경우 .pif)을 갖고 있다. 하지만 사용자는 스팸 메일에 대해 불평을 하지 않는다.

사용자의 이메일 검색 프로세스 검사는 스팸 메시지와 첨부 파일을 보여준다. 수백 통의 이메일이 사용자가 이메일을 검색했을 때 사용자에게 전달되고 있다. 스팸 메시지의 대부분은 자동으로 사용자의 스팸 메시지 폴더로 이동된다(그러므로 많은 양의 스팸이 전달되는 데 대한 인식이 부족).

스팸 검색 프로세스는 정상적인 이메일 트래픽 검색을 느리게 한다. 더욱 강력한 스팸 필터링을 POP 서버에 적용해야만 한다.

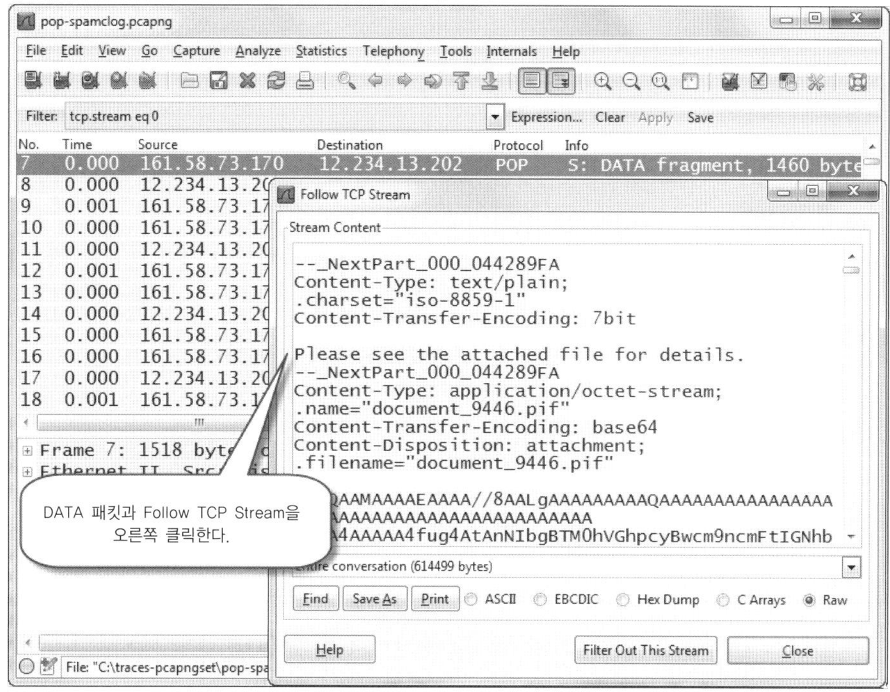

그림 299 수신함을 가득 채운 스팸 메일(이메일 검색에 30분 이상 걸린다) [pop-spamclog.pcapng]

POP 패킷 구조 분석

POP 패킷 구조는 매우 단순하다. POP 요청은 Request 명령과 Request 매개변수로 구성돼 있다. 응답은 응답 표시기Response Indicator와 응답 설명Response Description으로 구성돼 있다. 요청 명령은 다음 표에 수록돼 있다.

명령	설명
USER	사용자 이름을 나타냄
PASS	패스워드를 나타냄
QUIT	연결 종료
STAT	서버 상태 획득
LIST	리스트 메시지와 메시지 크기
RETR	메시지 검색
DELE	메시지 삭제

(이어짐)

명령	설명
PIPELINING	서버는 동시에 다중 명령을 수신할 수 있음[RFC2449]
UIDL	고유 ID 목록(모든 이메일 목록)[RFC2449]

그림 297은 메시지를 검색하기 위한 POP 요청을 보여준다. 요청 명령은 RETR 이며, 요청 매개변수는 클라이언트가 메시지 번호 1을 검색하기 원하는 것을 나타내는 1이다.

그림 300은 이메일 응답을 보여준다. 응답은 응답 표시기와 응답 설명으로 시작된다. POP 통신에 사용되는 응답 표시기는 다음 두 개뿐이다:

+OK

-ERR

이메일 교환 서버를 통한 패킷 경로를 확인하기 위해 POP 메일 메시지 헤더를 따라가면서 확인할 수 있다.

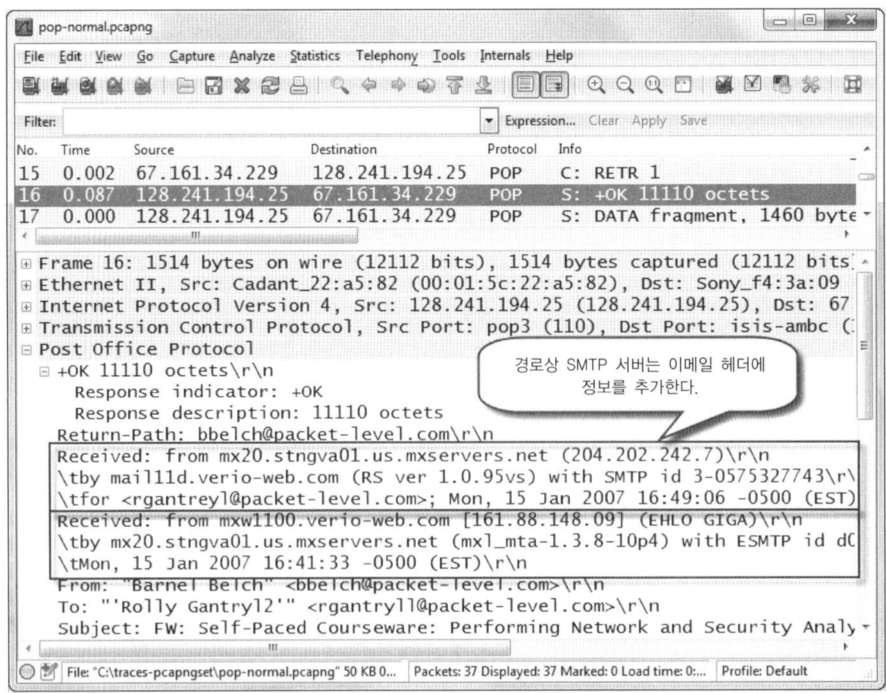

그림 300 RETR 명령에 대한 응답은 이메일 헤더 정보와 이메일을 포함하고 있다. [pop-normal.pcapng]

POP 트래픽 필터

POP 트래픽을 위한 수집 필터 구문은 tcp port 110이다. POP 트래픽이 다른 포트 번호에서 동작하고 있다면 구문은 tcp port x다. 여기서 x는 POP 트래픽에 사용되는 포트다.

POP를 위한 디스플레이 필터는 간단히 pop이다. 이 필터는 POP 명령과 이메일 트래픽을 디스플레이할 뿐이다. TCP 핸드셰이크나 TCP ACK 패킷을 디스플레이하지는 않는다. POP 통신과 관련된 모든 패킷을 보려면 tcp.port==110 필터나 대화 필터conversation filter를 사용한다.

다음 표는 추가적인 POP 디스플레이 필터를 보여준다.

디스플레이 필터	설명
pop.response.indicator == "+OK"	POP +OK 응답
pop.response.indicator == "-ERR"	POP -ERR 응답
pop.request.command == "USER"	POP USER 명령
(pop.request.command == "USER") && (pop.request.parameter == "Fred")	사용자 이름 Fred를 가진 POP USER 명령(사용자 이름은 대소문자 구별)
(pop.response.indicator == "+OK") && (pop.response.description contains "octets")	이메일 UIDL 값과 각 이메일 메시지 길이를 포함하고 있는 POP 응답(첨부 파일을 갖고 있는 스팸 메시지 그룹을 찾을 때 좋음)

SMTP의 목적

SMTPSimple Mail Transfer Protocol는 이메일 전송에 사용되는 표준 애플리케이션이며, RFC 5321에 정의돼 있다. SMTP는 송신자 SMTPSender-SMTP와 수신자 SMTP Receiver-SMTP 프로세스를 사용한다. 기본적으로 SMTP 통신은 안전하지 않다.

SMTP 통신에 사용되는 기본 포트는 25번 포트이지만, SMTP는 (많은 애플리케이션과 마찬가지로) 다른 포트로 설정할 수도 있다. ISP 수의 증가와 침입 차단시스템 설정은 25번 포트에서 SMTP 연결을 차단한다. 이는 스팸이 ISP 네트워크를 통해 밖으로 나가는 것을 막기 위해서다.

SMTP 메시지는 RFC 2822에 정의된 인터넷 메시지 포맷Internet Message Format으로 전달된다.

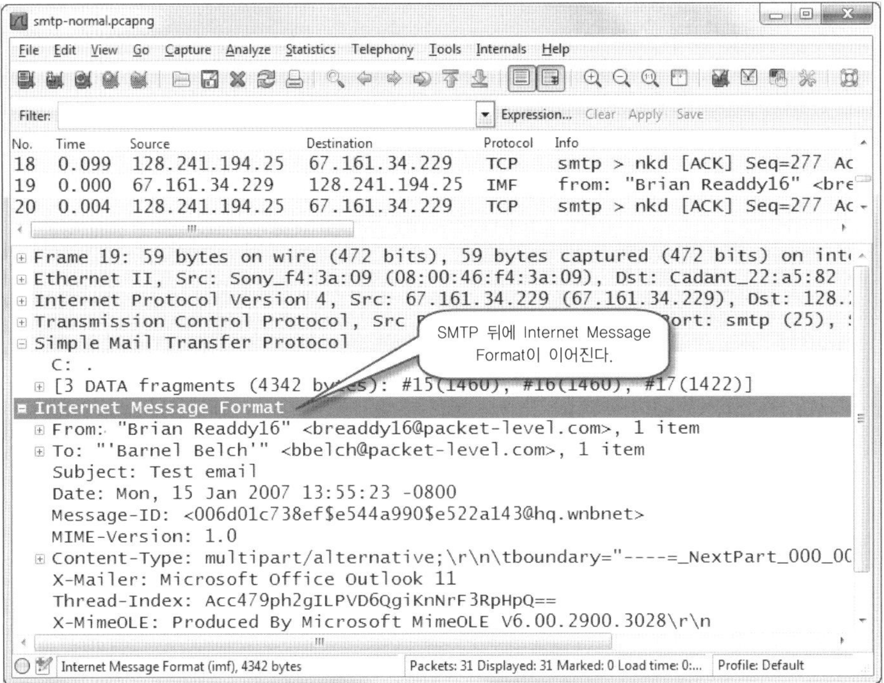

그림 301 SMTP 메시지는 인터넷 메시지 형식으로 전달된다. [smtp-normal.pcapng]

일반 SMTP 통신 분석

성공적인 TCP 핸드셰이크 후 SMTP 서버는 서버가 준비 중임을 나타내는 숫자 코드 220으로 응답한다. 이 응답은 SMTP 서버를 식별하고 인사말에 'ESMTP' 등의 메일 확장을 지원한다는 것을 나타낸다.

클라이언트는 호스트 이름에 HELO나 EHLO를 붙여 전송한다. HELO는 표준 SMTP 세션을 시작하지만 EHLO는 메일 서비스 확장을 지원하는 SMTP 세션을 시작한다. 이 경우 서버가 인사말에 메일 서비스 확장 지원을 나타냈기 때문에 클라이언트는 EHLO를 사용한다.

이 시점에서 서버는 클라이언트에 대한 성능 정보를 전송할 수 있다. 그림 302에서 서버는 파이프라이닝pipelining 지원을 나타내는 패킷(패킷 8)을 전송했다. 파이프라이닝이란 클라이언트가 이전 응답을 기다리지 않고 다른 요청을 전송할 수 있게끔 한다는 것을 나타낸다.

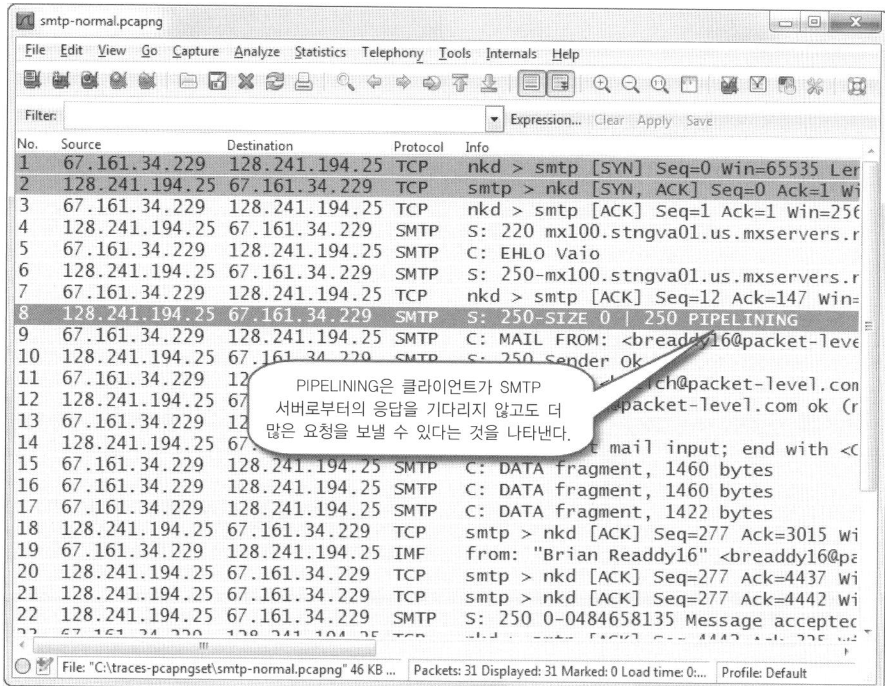

그림 302 SMTP 클라이언트는 이메일 메시지를 전송한다. [smtp-normal.pcapng]

SMTP 클라이언트는 MAIL FROM을 전송하고 SMTP 서버에게 발신지 이메일 주소를 제공한다. 이 주소는 반드시 SMTP 서버에 의해 승인받아야만 한다. 다음으로 클라이언트는 이메일이 누구에게 가야 하는지를 나타내는 RCPT TO를 전송한다.

DATA 명령은 클라이언트가 이메일을 전송할 준비가 됐다는 것을 나타내고, 서버가 준비되면 354 Start Mail Input으로 응답한다. 이제 클라이언트는 SMTP로 이메일을 전송할 수 있다.

메시지 본문의 끝을 알리는 '<CRLF><CRLF>'를 표시한다. 일단 이메일이 전송되면 클라이언트는 연결 종료 프로세스를 시작하기 위해 QUIT 명령을 생성한다.

SMTP 문제점 분석

SMTP 통신 문제점은 TCP 연결 프로세스가 시작되면서 생기고 높은 지연과 패킷 손실에도 영향을 미친다.

SMTP 서버가 숫자 코드 399 이상을 응답한다면 서버는 이메일 전송 프로세스에 문제가 있음을 나타내는 것이다.

그림 303은 비정상적인 SMTP 트래픽 패턴을 보여준다. 호스트의 이메일 프로그램은 서버가 받아들일지를 테스트하기 위한 일련의 MAIL FROM 주소를 생성함으로써 SMTP 릴레이 테스트를 수행한다.

이는 감염된 호스트에서 이메일을 시도하는 바이러스나 악성코드 때문일 수 있다. 그러나 이 경우에는 SMTP 서버 테스트를 수행하기 위해 NetScanTools Pro를 사용했다.

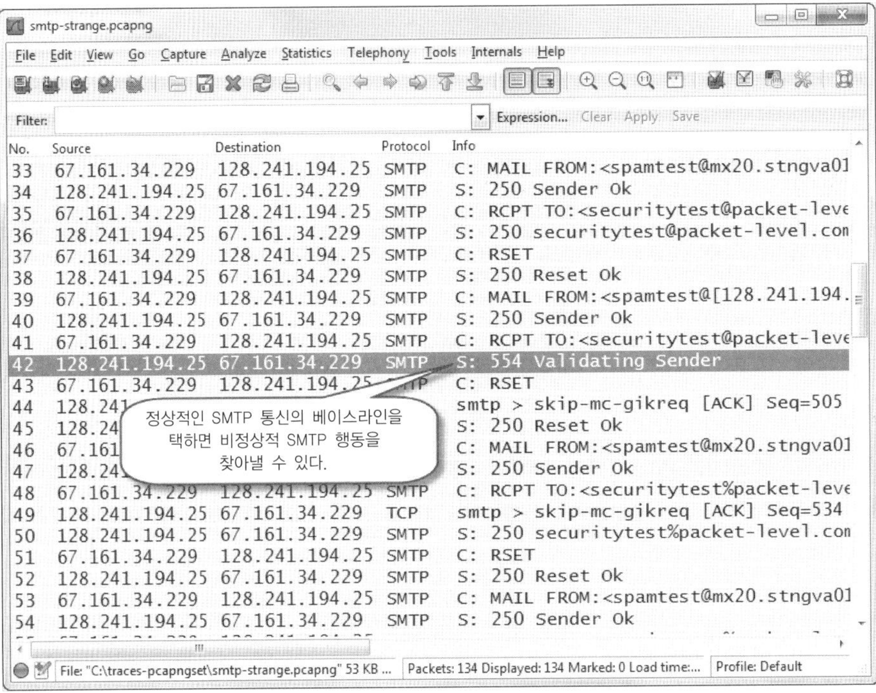

그림 303 호스트는 SMTP 서버에 대한 릴레이 테스트를 수행하고 있다. [smtp-strange.pcapng]

SMTP 서버 응답 중 하나(패킷 42)는 매우 흥미롭다. 응답 코드 554는 '트랜잭션 실패Transaction Failed'이지만 서버는 '송신자 확인Validating Sender'으로 응답했다. 텍스트는 코드 번호를 갖고 있는 응답 안에 포함돼 있다. 다른 응답들은 '554 Transaction Failed Listed in connection control deny list' 같은 메시지를 봤다고 보고했다. 일반적으로 554는 일반적인 트랜잭션 실패 메시지다. 일부 SMTP 서버는 트랜잭션이 왜 실패했는지 자세하게 알려주지만 대부분의 SMTP 서버는 이메일 전송 프로세스가 왜 실패했는지 이해하는 데 도움을 주지 못하는 애매모호한 메시지로 응답한다.

그림 303에서 보면 MAIL FROM 주소를 250 Sender OK 응답으로 허용한 것을 알 수 있다. 많은 RCPT TO 라인은 553 Invalid Recipient(허용되지 않는 메일박스 이름), DN(domain name)을 생성한다.

매 시도 이후 송신 이메일 프로그램은 RST를 생성한다.

네트워크에서 이는 분명히 정상적인 동작은 아니다. 이메일 통신은 네트워크에서 일반적인 통신을 식별하기 위한 기준이 돼야만 한다. 네트워크 통신 기준에 대한 더 많은 정보는 28장을 참조하라.

SMTP 패킷 구조 분석

SMTP 통신은 명령과 응답 코드로 구성된다. SMTP 명령과 응답 코드는 TCP 헤더 바로 뒤에 붙는다.

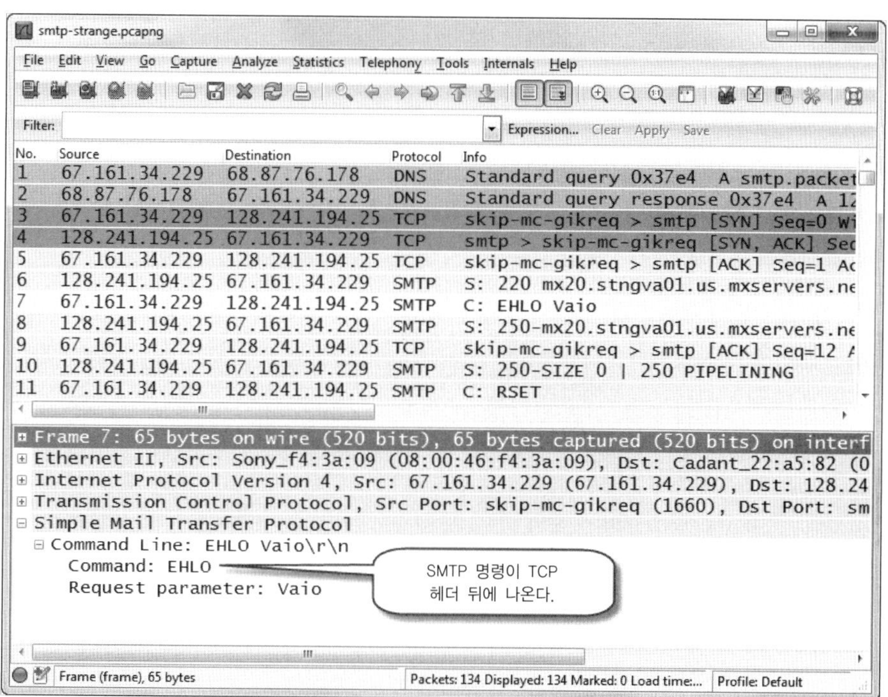

그림 304 SMTP EHLO 명령 패킷 내부 [smtp-strange.pcapng]

그림 304는 EHLO 명령 패킷을 보여준다. 이 패킷에서 명령 뒤에 요청 매개변수인 이메일을 보내는 호스트 이름이 이어진다.

다음 표는 가장 일반적으로 볼 수 있는 SMTP 클라이언트 명령을 보여준다.

명령	설명
HELO	SMTP 세션 시작
EHLO	SMTP 이메일 서비스 확장을 지원하는 송신자로부터 SMTP 세션을 시작
MAIL	이메일 전송 시작
RCPT	이메일 수신 확인
DATA	이메일 데이터 전송 시작
VRFY	수신 존재 검사
RSET	이메일 트랜잭션 중단
NOOP	서버로 테스트 연결
QUIT	SMTP 연결 종료
EXPN	메일링 리스트 확장
HELP	도움말 정보 목록

다음 표는 SMTP 서버에서 전송된 가장 일반적으로 볼 수 있는 SMTP 응답 코드를 보여준다.

코드	설명
211	시스템 상태
214	도움말 메시지
220	〈domain〉 서비스 준비
221	〈domain〉 서비스 종료 채널
250	요청된 동작을 승인하고 완료
251	로컬 사용자가 아님, 〈path〉로 보내짐
354	이메일 입력 시작
421	〈domain〉 서비스를 이용할 수 없음
450	메일박스를 이용할 수 없음

(이어짐)

코드	설명
451	로컬 에러
452	저장 공간 부족
500	구문 에러, 명령 인식 불가
501	매개변수나 인수에서 구문 에러
502	구현되지 않은 명령
503	잘못된 명령 순서
504	구현되지 않은 명령 매개변수
521	〈domain〉 이메일을 수신할 수 없음(RFC 1846 참조)
550	메일박스를 이용할 수 없음
551	로컬 사용자가 아님, 〈path〉 시도
552	할당된 용량 초과
553	허용되지 않는 메일박스 이름
554	트랜잭션 실패

SMTP 트래픽 필터

SMTP 트래픽을 위한 수집 필터 구문은 `tcp port 25`다. SMTP 서버가 다른 포트 번호를 사용하고 있다면 수집 필터를 적절하게 조정해야만 한다.

SMTP를 위한 디스플레이 필터는 간단히 `smtp`다. 이 필터는 SMTP 명령과 데이터를 디스플레이할 뿐이다. TCP 핸드셰이크와 TCP ACK는 디스플레이하지 않는다. TCP 핸드셰이크와 TCP ACK를 보기 위해서는 `tcp.port==25`를 사용한다(항상 그렇듯이 25번 포트를 사용하고 있지 않다면 사용하는 포트로 변경하라). 다음 표는 추가적인 SMTP 디스플레이 필터를 보여준다.

디스플레이 필터	설명
smtp.req.command == "EHLO"	사용자와 서버는 메일 확장을 지원하고 SMTP 통신을 설정한다.
(smtp.req.command == "MAIL") && (smtp.req.parameter == "FROM: 〈laura@chappellu.com〉")	laura@chappellu.com에서 이메일을 보낸다.
(smtp.req.command == "RCPT") && (smtp.req.parameter == "TO: 〈brenda@chappellu.com〉")	brenda@chappellu.com로 이메일이 전송된다.
smtp.response.code 〉 399	이메일 서버가 이메일에 문제점이 있다는 것을 나타낸다.

사례 연구: SMTP 문제점(Scan2Email 작업)

제공자 Christian kreide

사실

1) 스캔 장치는 다기능 장치[MFD, multifunctional device]였다.

2) 디바이스는 인터넷상의 IPsec VPN을 통해 SMTP 서버에 연결됐다.

3) 스캔 장치는 수동 MTU discovery를 지원하고 IP 단편화를 허용하지 않았다.

증상

와이어샤크를 이용하지 않았을 때는 알 수 없는 이유 때문에 Scan2Email 작업이 중단됐다고 알고 있었다.

와이어샤크를 이용했더니 SMTP '핸드셰이크' 동작이 정상이란 것을 알았다. 하지만 라우터가 ICMP Type 3 Code 4 패킷을 전송해서 패킷 크기 문제를 제기했을 때 데이터 전송이 실패했다는 것을 알게 됐다. MFD에서 Path MTU discovery를 지원하지만, 더 작은 MTU를 이용해 거절된 패킷을 재전송하지는 않았다.

원인

고객은 TCP 일련번호를 랜덤화하는 시스코 PIX 침입 차단시스템을 사용한다. 이는 MFD에서 온 원래 패킷의 TCP 순서 번호가 ICMP Type 3 Code 4 패킷에 의해 전달된 TCP 헤더 부분에 수신된 TCP 순서 번호와 다르다는 것을 의미한다.

MFD는 변경된 순서 번호를 갖는 TCP(SMTP) 패킷을 전송하지 않기 때문에 ICMP 패킷을 거부한다(이는 보안 기능이다!).

이는 VPN 연결상에서 이메일이 전달되지 않는다는 것을 의미한다.

우리의 해결책

a) 고객 네트워크에서 VPN 게이트웨이 라우터의 MTU 크기를 줄였다. 수신된 ICMP Type 3 Code 4 패킷에서 정의된 것처럼 다음 홉의 최대 MTU 크기를 최소한으로 줄였다.

b) MFD에서 IP 단편화를 허용했다.

정리

POP와 SMTP 통신은 각각 이메일을 송수신하는 데 사용된다. POP 통신은 사용자 이름과 패스워드 기반이지만, 기본 SMTP 통신은 그렇지 않다. POP와 SMTP 모두 TCP상에서 동작한다. 흔히 인증된 POP 통신은 SMTP 통신이 확립되기 전에 설정돼야만 한다.

POP와 SMTP 통신에서는 평문으로 된 요청 명령을 사용한다. POP 통신에서는 두 개의 응답 표시자는 +OK 또는 -ERR이다. 그러나 SMTP 응답은 숫자 코드를 사용한다. 400 이상의 응답 코드는 SMTP 통신에 문제가 있음을 나타낸다.

학습한 내용 복습

이 책의 웹사이트인 www.wiresharkbook.com의 다운로드 섹션에서 추적 파일을 다운로드한다. 이메일 통신 분석을 위해 추적 파일을 열어 질문에 대답하시오.

pop-normal.pcapng	이 추적은 정상 POP 통신을 나타낸다. 추적 파일 재검토를 위해 검사합 에러 컬러링 규칙(Checksum Errors coloring rule)을 비활성화하라. 얼마나 많은 이메일 메시지를 사용자가 검색했는가? 사용자가 POP 서버로부터 메시지를 받은 후 메시지를 삭제했는가? 이 추적 파일에서 느린 동작을 볼 수 있는가? 네트워크 속도가 느리다면 클라이언트 문제인가, 서버 문제인가?

(이어짐)

pop-problem.pcapng	POP 이메일 애플리케이션은 이메일 수신이 느린 이유를 알려주지 않는다. 느린 이유는 무엇인가?
pop-spamclog.pcapng	이메일을 검색하고 있는데 다른 사람이 악성 .pif 파일을 보냈다. 어떤 패킷에 pif 파일의 이름이 들어 있는가? 이 추적 파일에서 얼마나 많은 이메일을 검색했는가? 각 RETR 패킷을 보여주는 필터는 무엇인가?
pop-normal.pcapng	이것은 매우 짧은 통신이다. 하지만 통신이 느려지는 시점이 있다. Time 칼럼에 근거해볼 때 누가 통신을 느리게 만드는가?
smtp-prob.pcap	사용자(10.1.0.1)가 SMTP 서버(10.2.23.11)로 이메일을 전송할 수 없음을 불평하고 있다. 이 추적 파일을 조심스럽게 살펴보라! 여기에는 SMTP 서버와 통신을 시도하기 이전에 FTP 세션과 ping 세션이 포함돼 있다. 클라이언트가 SMTP 서버(10.2.23.11)에 접근하려는 시도를 나타내는 것이 무엇인지 살펴보라. 클라이언트, 서버, 네트워크 중 어디가 문제인가?
smtp-sendone.pcap	이 추적은 SMTP를 통해 보내진 표준 단일 이메일을 보여준다. 클라이언트가 사용한 이메일 애플리케이션은 무엇인가?
pop-strange.pcapng	여기 이것은 독특하다. 이것은 NetScanTools Pro(매우 훌륭한 프로그램)을 이용한 실제 SMTP 스팸 테스트다. 임의의 SMTP 패킷을 오른쪽 클릭하고 통신을 자세히 보기 위해 스트림을 재조립하라. 얼마나 많은 이메일이 보내졌는가? 이들을 신속하게 세기 위해 어떤 필터를 사용할 수 있는가? 트랜잭션이 실패했다는 것을 어떤 패킷이 나타내고 있는가? 이들을 신속하게 찾으려면 어떤 컬러링 규칙을 만들 수 있는가?

연습문제

Q25.1 POP의 목적은 무엇인가? SMTP의 목적은 무엇인가?

Q25.2 POP 서버가 클라이언트에게 이메일을 다운로드하게 하는 요청을 하려면 POP 클라이언트가 어떤 명령을 사용해야 하는가?

Q25.3 POP 응답 코드 두 개는 무엇인가?

Q25.4 SMTP EHLO와 HELO 메시지의 차이점은 무엇인가?

Q25.5 POP 통신을 위한 수집 구문과 디스플레이 필터는 무엇인가?

Q25.6 SMTP 통신을 위한 수집 구문과 디스플레이 필터는 무엇인가?

연습문제 답

Q25.1 POP 목적은 무엇인가? SMTP 목적은 무엇인가?

A25.1 POP는 이메일 검색에 사용되는 애플리케이션이다. SMTP는 이메일 전송에 사용된다.

Q25.2 POP 서버가 클라이언트에게 이메일을 다운로드하게 하는 요청을 하려면 POP 클라이언트가 어떤 명령을 사용해야 하는가?

A25.2 POP 클라이언트는 POP 서버에게 이메일을 요청하기 위해 RETR 명령을 생성한다.

Q25.3 POP 응답 코드 두 개는 무엇인가?

A25.3 +OK와 -ERR

Q25.4 SMTP EHLO와 HELO 메시지의 차이점은 무엇인가?

A25.4 HELO는 표준 SMTP 세션 시작이지만, EHLO는 메일 서비스 확장 SMTP를 지원하는 클라이언트를 시작한다.

Q25.5 POP 통신을 위한 수집 구문과 디스플레이 필터는 무엇인가?

A25.5 수집 필터: `tcp port 110`
디스플레이 필터: `pop`

Q25.6 SMTP 통신을 위한 수집 구문과 디스플레이 필터는 무엇인가?

A25.6 수집 필터: `tcp port 25`
디스플레이 필터: `smtp`

802.11(WLAN) 분석 소개

와이어샤크 공인 네트워크 분석가 시험에서 다루는 내용

- 신호 강도와 간섭 분석
- WLAN 트래픽 수집
- 모니터 모드와 무차별 모드 비교
- 무선 인터페이스 선택
- WLAN 복호화 설정
- Radiotap이나 PPI 헤더 추가를 위한 선택
- 신호 강도와 신호 대 잡음비 비교
- 802.11 트래픽 기본 이해
- 정상 802.11 통신 분석
- 802.11 프레임 구조 분석
- 모든 WLAN 트래픽 필터
- 프레임 제어 유형과 서브 유형 분석
- WLAN 분석을 위한 와이어샤크 맞춤

- 사례 연구: 지저분한 바코드 통신
- 사례 연구: WLAN 조작
- 정리
- 학습한 내용 복습
- 연습문제와 답

26장에서 참조한 추적 파일

- wlan-ap-problem.pcapng
- wlan-ppi.pcapng
- wlan-signalissue.pcapng
- wlan-wpa-induction.pcap
- wlan-beacon-problem.pcapng
- wlan-radiotap.pcapng
- wlan-videodownload.pcapng

WLAN 트래픽 분석

무선 LAN^WLAN^은 IEEE 802.11 표준을 기반으로 한다.

802.11 WLAN의 주요 특징 중 하나는 반송파 감지(모든 WLAN 호스트가 듣고 있는), 다중 접속(공유 매체)과 충돌 회피(단지 회복보다는 충돌을 피하는 것에 초점을 두고 있음), 또는 CSMA/CA 프로토콜을 사용한다는 점이다.

802.11 동작을 구체적으로 참조하려면 standards.ieee.org/about/get에서 무료로 다운로드할 수 있는 IEEE 명세를 살펴보기 바란다. 표준으로 정의한 데에는 재미난 목적이 있다(유선 네트워크처럼 상위 계층에 나타나게 하려는 목적이다).

WLAN 분석이 별도 수준의 복잡성을 갖게 된 이유는 이동 지국이면서 개방적이고 공유된 매체를 필요로 하는 환경 때문이다.

네트워크 트래픽을 분석할 때 '정상' 상태가 어떤지 아는 것이 중요하다. 영역 내에서(간섭 없이) 정상 신호 강도 값, 정상 라디오 주파수 신호, 정상 연관 프로세스, 802.11에서 정상 데이터 교환, 정상 연관 해제 등에 대해 알아야 한다. 사이트 조사를 수행하고 프로세스상 추적 파일을 포함시키면 WLAN 트래픽에 대한 가치 있는 기본 정보를 알 수 있다.

WLAN을 알고 싶으면 유선 네트워크는 배제 하라

유선 네트워크 통신만을 관찰한다면 WLAN 문제의 일부분만 알아낼 수 있다. WLAN 지국의 SYN 패킷(서버에 연결 설정을 시도하려고 하는)을 확인할 수 없다면 WLAN에서는 뭔가 어떤 일이 발생하고 있는 것이다.

WLAN 트래픽을 분석할 때 AP^Access Point^에 의해 제어되는 서브넷인 BSS^Basic Service Set^를 생각하라. 그림 305는 유선망에 연결된 매우 간단한 WLAN 네트워크를 보여준다. 26장에서는 WLAN 트래픽을 살펴볼 때 이 간단한 네트워크 다이어그램을 사용한다.

각 BSS는 MAC^Media Access Control^ 주소를 기반으로 하는 ID^identification^ 값을 갖는다.

사용자가 무선 네트워크에서 이더넷^Ethernet^ 유선 네트워크로 통신할 때 연관 액세스 포인트는 802.11 헤더를 벗기고 유선 네트워크로 보내기 전 패킷을 이더넷 프레임 안에 캡슐화한다.

먼저 WLAN상의 신호 강도와 간섭을 분석해보자.

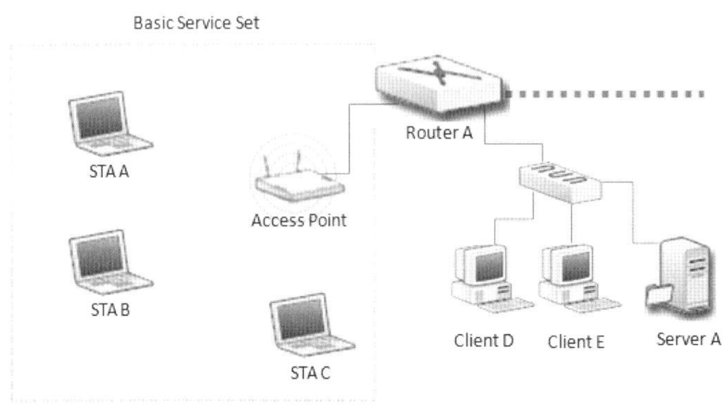

그림 305 간단한 WLAN 네트워크

신호 강도와 간섭 분석

무선 매체상에서 트래픽 관리와 데이터 트래픽 수신을 하는 WLAN 네트워크는 RF^radio frequency^ 신호의 강도에 의존한다. 무선 신호가 전송될 때 매체와 장애물을 통과해서 이동하는 동안 신호 강도는 감소한다. 또한 다른 장치에서 나온 동일한 주파수를 갖는 다른 라디오파 형태의 RF 에너지가 신호를 방해할 수 있다.

WLAN 분석을 할 때는 다른 RF 활동으로부터 간섭을 알아내기 위해 AP의 위치와 WLAN 지국의 위치에서 신호와 강도를 조사할 필요가 있다(무선 전화기, 마이크로웨이브나 무선 보안 카메라 등). 심지어 기준 신호 강도를 초과하는 AP도 간섭을 일으킬 수 있다.

WLAN 신호를 검사하는 데 사용되는 가장 유용한 도구 중 하나는 스펙트럼 분석기다. 이런 장치는 매우 비싸기는 하지만 WLAN을 설치하고 문제점을 해결하고 WLAN 분석을 하려면 반드시 이 도구가 있어야 한다. 다른 도구로는 이런 문제를 적절하게 진단하고 살펴보는 것이 불가능하기 때문에 스펙트럼 분석기가 없다면 RF 간섭을 전혀 알 수 없다.

RF 에너지를 802.11 프레임처럼 변조하지 않는 한 와이어샤크는 RF 에너지를 인지, 수집, 디스플레이할 수 없다. 마찬가지로 스펙트럼 분석기는 패킷을 수집하거나 디스플레이 할 수 없다. 스펙트럼 분석기는 '가공되지 않은' RF 에너지를 나타낼 뿐이다. 같이 어울려 동작하는 이 두 가지의 기술은 무선 네트워크 문제 해결을 위한 최상의 옵션이다.

26장에서는 Metageek 사의 스펙트럼 분석기(Wi-Spy 어댑터와 Chanalyzer Pro 소프트웨어)를 사용한다.[1]

그림 306 RF 신호를 수신하는 Metageek Wi-Spy DBx 어댑터

사용자가 WLAN 성능에 대해 불평할 때 가능하면 사용자와 가장 가까운 위치에 Wi-Spy/Chanalyzer Pro 시스템을 설치한다. RF 신호는 Wi-Spy 어댑터의 안테나 수신 지점에서 측정된다. 해당 기지국이나 AP의 관점에서 RF 신호를 조사해보고 싶다고 가정하자.

다음과 같은 다양한 작업 수행을 위해 Wi-Spy/Chanalyzer Pro 시스템을 사용할 수 있다.

- RF 에너지 검사(와이파이와 비와이파이 모두)
- 간섭 디바이스 위치 파악
- WLAN 네트워크와 사용하는 채널 찾기
- WLAN 구성을 위한 최적 채널 확인
- 나중에 RF 작동 조사를 위한 노트 추가
- 현재 RF 조건 문서화와 벤치마킹

그림 307은 Chanalyzer Pro의 기본적인 RF 활동을 나타내고 있다. 이 예에서 WLAN상의 채널 1(2412MHz), 채널 6(2437MHaz)과 채널 11(2462MHz)에 강한 RF 간섭을 볼 수 있다. 이 채널은 네트워크에서 사용하기 위해 설정해놓은 것이다.

---

1. www.metageek.net 사이트에 가면 MetaGeek 스펙트럼 분석 제품에 관한 정보를 볼 수 있다. 좀 특별한 걸 보고 싶다면 사이트 www.metageek.net/wiresharkbook을 방문해보라.

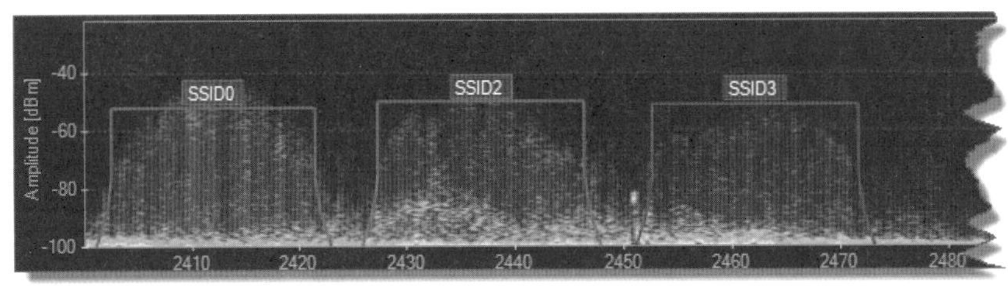

그림 307 Chanalyzer Pro가 채널 1, 6과 11에서의 기본 RF 활동을 보여준다.

그림 308에서는 어떻게 전자레인지, 무선 보안 카메라, 무선 전화가 RF 활동에 영향을 미치는지를 보여준다.

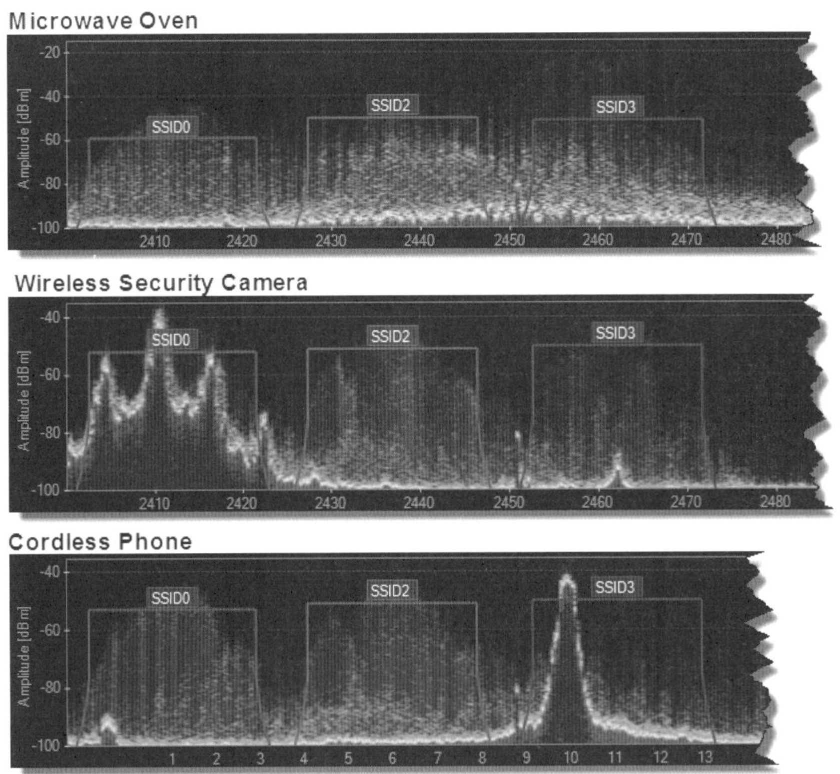

그림 308 Chanalyzer Pro가 전자레인지, 무선 보안 카메라, 무선전화기로부터의 간섭을 보여준다.

RF 에너지와 간섭이 문제가 되지 않는다고 결정했다면 연결 프로세스와 인증 같은 WLAN 트래픽을 조사하는 수준의 패킷으로 넘어가자.

데이터 패킷을 조사하기 전에 WLAN 제어와 관리 프로세스를 살펴보고 모든 것이 제대로 기능하고 있는지 확인하라.

WLAN 트래픽 수집

와이어샤크를 이용해 WLAN 트래픽을 분석할 때 불평하는 사용자와 가능하면 가깝게 접근하라. 일반적으로 사용자 관점에서 통신 문제를 보는 것이 좋다. 이는 유선 네트워크에서 수집할 때 사용했던 기법과 동일하다.

특정 AP를 통해 연결하는 모든 사용자가 불평을 한다면 AP에 가까운 곳에서 트래픽을 수집하는 것이 좋다. 수신 지점, 재전송, AP를 찾는 문제, AP의 '실종', 인증 프로세스 문제 등과 같은 문제점에서 보고된 낮은 신호 강도를 찾아보라. 와이어샤크로 WLAN 트래픽을 수집하는 데 관련된 자세한 내용은 3장의 '무선 네트워크 분석' 절을 참조하라.

모니터 모드와 무차별 모드 비교

무차별 모드에서 802.11 어댑터는 자신이 소속된 SSID의 패킷만을 수집한다.

어댑터가 수신할 수 있는 모든 트래픽을 수집하려면 어댑터를 모니터 모드로 설정해야 한다. 그리고 이 모드를 종종 rfmon 모드라고 한다. 모니터 모드를 사용할 때 드라이버는 어댑터가 네트워크의 어떤 서비스도 하지 않게 만든다. 모니터 모드에서는 현재 선택된 채널상의 모든 SSID의 모든 패킷을 수집할 수 있다.

모니터 모드에서, 어댑터는 어떤 서비스 세트의 일부가 아니므로 일반적인 네트워크 통신(웹 브라우징, 이메일, 등)을 지원하지 않는다. 드라이버는 수신한 패킷을 네트워크 스택이 아니라 패킷 수집 메커니즘으로만 제공한다.

WinPcap은 모니터 모드를 지원하지 않는다. 그래서 이것 때문에 마이크로소프트 윈도우상에서 와이어샤크와 티샤크의 분석 능력이 제한된다. 모니터 모드는 리눅스, FreeBSD, NetBSD, OpenBSD, 맥 OS X의 일부 버전에서 적어도 몇 가지 네트워크 인터페이스 카드를 지원한다. 이들 운영체제를 사용할 경우에는 WLAN 분석을 하기 위해 별도의 카드나 드라이버가 필요 없다. 모니터 모드에서 동작되는지 확인해보려면 이들 플랫폼에서 네트워크 인터페이스 카드/드라이버를 검사해보라.

그림 309와 같은 에러 메시지를 받았다면 WLAN에서 수집하는 동안 무차별 모드를 해제해보라. 다른 장치의 트래픽을 도청할 수 없게 된다. 관심 있는 트래픽이 있다면 그 트래픽이 발생되는 호스트에서 직접 와이어샤크를 실행해야만 한다.

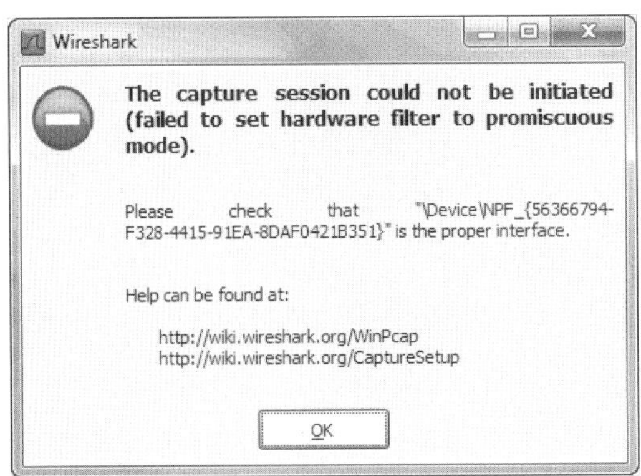

그림 309 무차별 모드 수집 문제를 나타내는 와이어샤크 에러 메시지

WLAN 수집 프로세스가 필요하기 전에 이들을 검사해보라. 비상 분석emergency analysis 요청이 들어왔는데 모든 데이터, 관리, 제어 프레임을 볼 수 없다는 사실을 발견하는 것보다 더 황당한 일이 어디 있겠는가?

WLAN 수집 설정하기 도움말 획득

가끔 WLAN 수집 프로세스가 복잡할 수 있다. 제대로 작동하는 운영체제/어댑터/드라이버 솔루션을 찾아야 한다. WLAN 수집과 관련된 괜찮은 도움이나 정보를 얻으려고 한다면 wiki.wireshark.org/CaptureSetup/WLAN을 참조하라.

다음 표는 무차별 모드와 모니터 모드 설정으로 조합된 4가지 구성을 보여준다.

무차별 모드	모니터 모드	수집 능력	고려사항
On	Off	패킷 앞에 가짜 이더넷 헤더가 추가됨. 관리 패킷이나 제어 패킷이 수집 안 됨	문제?(무차별 모드 비활성화)
Off	Off	패킷 앞에 가짜 이더넷 헤더가 추가됨. 관리 패킷이나 제어 패킷이 수집 안 됨	관심 호스트상에서의 트래픽 수집이 필요
Off	On	802.11헤더로, 관리 패킷이나 제어 패킷이 수집됨	관심 호스트상에서의 트래픽 수집이 필요

(이어짐)

무차별 모드	모니터 모드	수집 능력	고려사항
On	On	802.11헤더로, 관리 패킷이나 제어 패킷이 수집됨	대단함. 다양한 채널과 모든 SSID로부터 트래픽을 수집할 수 있음

✻ 무선 인터페이스 선택

그림 310은 USB 허브를 통해 연결된 세 개의 AirPcap 어댑터를 가진 시스템에서 수집 인터페이스Capture Interface 윈도우를 보여준다.

- AirPcap Multi-Channel Aggregator를 사용해 동시에 3개의 AirPcap 어댑터를 수집한다.
- AirPcap USB 무선 수집 어댑터 nr. 00은 채널 1을 수신하게 구성
- AirPcap USB 무선 수집 어댑터 nr. 01은 채널 6을 수신하게 구성
- AirPcapUSB 무선 수집 어댑터 nr. 02는 채널 11을 수신하게 구성
- 마이크로소프트 드라이버는 본래 WLAN 인터페이스로 사용
- 리얼테크Realtec PCIeFE 패밀리 컨트롤러Family Controller를 사용해 유선 네트워크에 접속

AirPcap 제어판Control Panel을 이용해 각 AirPcap 어댑터를 설정한 후 다른 채널을 엿듣는다. AirPcap Multi-Channel Aggregator 드라이버는 설정된 어댑터 3개에서 동시에 수집할 수 있다.

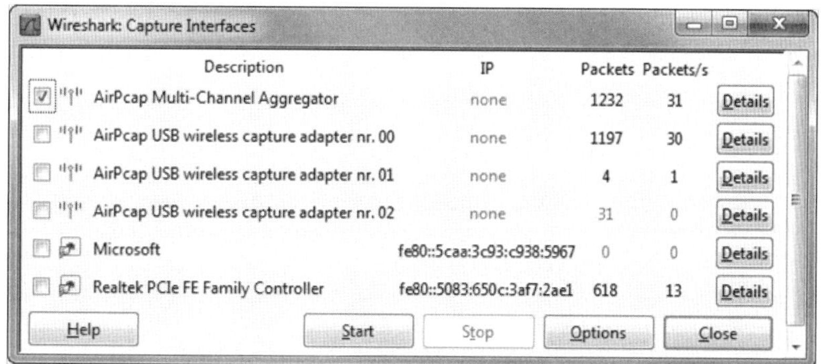

그림 310 Capture Interfaces 목록은 세 가지 AirPcap 어댑터와 Multi-Channel Aggregator 드라이버를 보여준다. 뿐만 아니라 원래 WLAN 인터페이스와 이더넷(Ethernet) 인터페이스도 보여준다.

Missing Details 버튼

그림 310에 보여준 것처럼 Details 기능은 네트워크 인터페이스 카드 드라이버의 통계 자료를 디스플레이한다. Details 기능은 와이어샤크의 윈도우 버전에서만 사용할 수 있고 드라이버가 제공하는 정보만 볼 수 있다.

✻WLAN 복호화 설정

WLAN 트래픽을 복호화하려면 복호화 키를 갖고 있어야만 한다. 복호화 키는 그림 311에 나타낸 것처럼 Wireless Toolbar 또는 IEEE 802.11 환경설정에서 Decryption Mode and Decryption Key Management를 사용해 입력할 수 있다.

Wireless Toolbar를 사용할 경우에는 세 가지 복호화 모드를 선택할 수 있다. 없음(복호화 없음), 와이어샤크(와이어샤크에 의한 복호화 수행), 드라이버(AirPcap 드라이버에 의한 복호화 수행) 중에서 선택할 수 있다. 복호화 키는 그림 312에서 보는 바와 같이 Wireless Toolbar를 사용해 와이어샤크에 설정할 수 있다.

와이어샤크를 이용해 WLAN 복호화 키 충돌을 해결

이미 AirPcap 제어판을 이용해 정의된 복호화 키를 갖고 있다면 와이어샤크는 사용자가 어떤 키를 유지할 것인지 또는 AirPcap에서의 키와 와이어샤크 키를 결합해야 하는지 아닌지를 결정하게 한다. 'none'을 지정하면 키가 목록에 있어도 복호화 키를 트래픽에 적용하지 않는다.

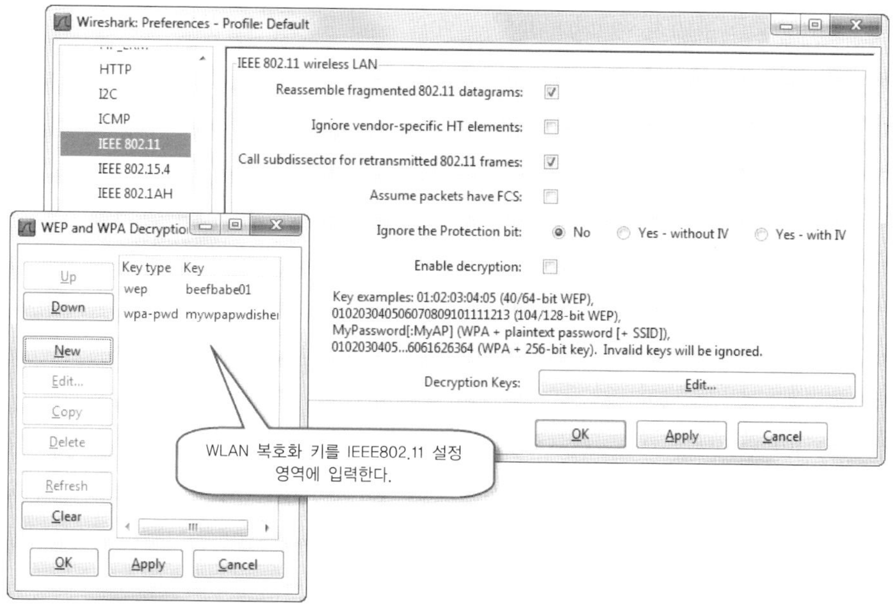

그림 311 IEEE 802.11 환경설정에 복호화 키 입력

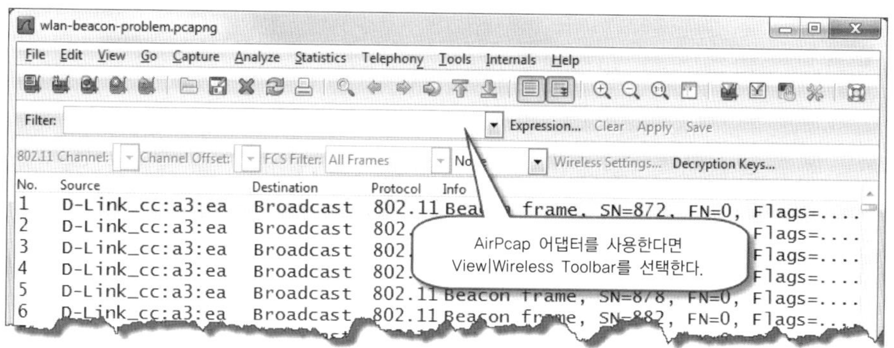

그림 312 와이어샤크 Wireless Toolbar [wlan-beacon-problem.pcapng]

드라이버 모드Driver mode를 지정하면 트래픽을 복호화할 때 WEP 키만 사용할 수 있다. 이는 복호화를 수행하기 위해 AirPcap 드라이버를 사용하기 때문이다. AirPcap 드라이버는 WEP 복호화로 제한돼 있다.

와이어샤크는 WEP, WPA, WPA2로 트래픽을 복호화할 수 있다. WPA 트래픽을 복호화할 때 반드시 4개의 패킷 EAPOLExtensible Authorization Protocol을 수집해야만 한다. 복호화 방법을 확인하려면 사이트 wiki.wireshark.org/HowToDecrypt802.11을 방문해서 해당 페이지와 관련된 wpa-Induction.pcap를 다운로드한 후 그림 313에 보인 것처럼 패스워드 'Induction'과 SSID 'Coherer'를 사용해 트래픽을 복호화한다. 다운로드 페이지 wiresharkbook.com에 추적 파일(바뀐 이름 wlan-wpa-Induction.pcap)이 있다.

 **키 목록 상단에 가장 자주 사용하는 복호화 키를 배치하라.**

키는 나열된 순서대로 적용된다. 효율적인 작업을 위해 현재 사용하고자 하는 복호화 키를 목록 상단에 배치하라.

모든 WLAN 한정 칼럼, WLAN 한정 디스플레이 필터, WLAN 한정 컬러링 규칙을 저장하는 WLAN 프로파일을 생성해보라. WLAN 추적 파일을 열거나 WLAN 상에서 수집할 때 Edit > Profiles를 선택하고 새로운 프로파일을 사용한다. 프로파일 사용과 생성에 대한 더 많은 정보는 11장을 참조하라.

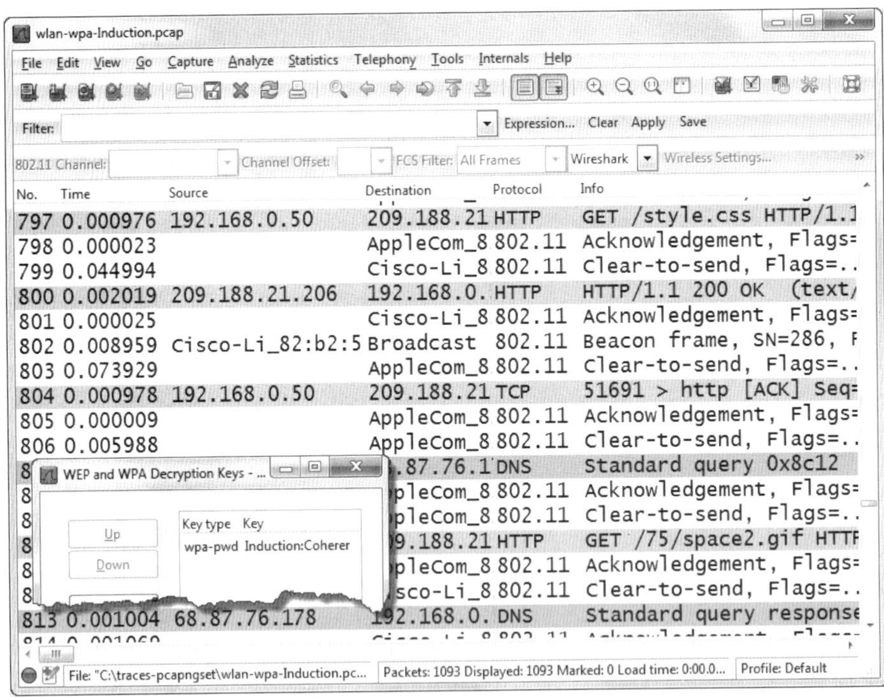

그림 313 WPA 패스워드를 적용하면 와이어샤크는 트래픽을 복호화한다. [wlan-wpa-Induction.pcap]

✽ Radiotap이나 PPI 헤더 추가를 위한 선택

헤더 WLAN 설정에는 다음과 같은 세 가지가 있다.

- 802.11 헤더만[2]
- Radiotap 의사 헤더pseudo header 추가
- PPIPer-Packet Information 의사 헤더 추가

적용할 헤더를 정의하려면 Wireless Settings(Wireless Toolbar에 있는)를 사용한다. Radiotap과 PPI 의사 헤더는 802.11 헤더에서 정의하는 것보다 더 많은 프레임 정보를 제공한다.

그림 314는 Radiotap 헤더가 앞에 오는 표준 802.11 헤더를 보여준다.

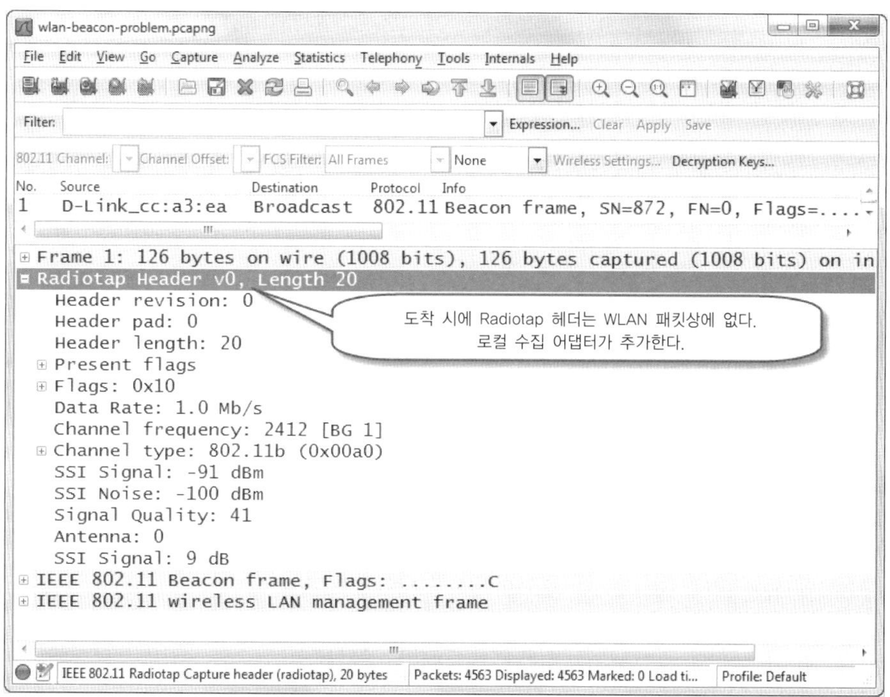

그림 314 표준 802.11 프레임 [wlan-beacon-problem.pcapng]

Radiotap과 PPI의 헤더는 수집된 프레임에 대한 추가 정보를 제공한다. Radiotap 헤더는 AirPcap이나 libpcap 드라이버로부터의 정보를 와이어샤크에 제공한다. 그

---

2. 이렇게 하면 실제 802.11 헤더를 얻을 수 있다. 하지만 로컬 수집 인터페이스로는 정보를 얻을 수 없다. 이것이 사용할 수 있는 최소 적정 옵션이다.

림 315는 패킷 앞에 Radiotap 헤더를 붙인 802.11 패킷을 보여준다.

```
⊟ Radiotap Header v0, Length 24
    Header revision: 0
    Header pad: 0
    Header length: 24
  ⊟ Present flags
      .... .... .... .... .... .... .... ...0 = TSFT: False
      .... .... .... .... .... .... .... ..1. = Flags: True
      .... .... .... .... .... .... .... .1.. = Rate: True
      .... .... .... .... .... .... .... 1... = Channel: True
      .... .... .... .... .... .... ...0 .... = FHSS: False
      .... .... .... .... .... .... ..1. .... = DBM Antenna Signal:
      .... .... .... .... .... .... .1.. .... = DBM Antenna Noise: Tr
      .... .... .... .... .... .... 1... .... = Lock Quality: True
      .... .... .... .... .... ...0 .... .... = TX Attenuation: False
      .... .... .... .... .... ..0. .... .... = DB TX Attenuation: Fa
      .... .... .... .... .... ..0. .... .... = DBM TX Attenuation:
      .... .... .... .... .... 1... .... .... = Antenna: True
      .... .... .... .... ...1 .... .... .... = DB Antenna Signal: Tr
      .... .... .... .... ..0. .... .... .... = DB Antenna Noise: Fal
      .... .... .... .... .1.. .... .... .... = RX flags: True
      .... .... .... .0.. .... .... .... .... = Channel+: False
      .... .... .... 0... .... .... .... .... = HT information: False
      ..0. .... .... .... .... .... .... .... = Radiotap NS next: Fa
      .0.. .... .... .... .... .... .... .... = Vendor NS next: Fals
      0... .... .... .... .... .... .... .... = Ext: False
  ⊟ Flags: 0x10
      .... ...0 = CFP: False
      .... ..0. = Preamble: Long
      .... .0.. = WEP: False
      .... 0... = Fragmentation: False
      ...1 .... = FCS at end: True
      ..0. .... = Data Pad: False
      .0.. .... = Bad FCS: False
      0... .... = Short GI: False
    Data Rate: 54.0 Mb/s
    Channel frequency: 2462 [BG 11]
  ⊟ Channel type: 802.11g (pure-g) (0x00c0)
      .... .... ...0 .... = Turbo: False
      .... .... ..0. .... = Complementary Code Keying (CCK): False
      .... .... .1.. .... = Orthogonal Frequency-Division Multiplexin
      .... .... 1... .... = 2 GHz spectrum: True
      .... ...0 .... .... = 5 GHz spectrum: False
      .... ..0. .... .... = Passive: False
      .... .0.. .... .... = Dynamic CCK-OFDM: False
      .... 0... .... .... = Gaussian Frequency Shift Keying (GFSK): F
      ...0 .... .... .... = GSM (900MHz): False
      ..0. .... .... .... = Static Turbo: False
      .0.. .... .... .... = Half Rate Channel (10MHz Channel Width):
      0... .... .... .... = Quarter Rate Channel (5MHz Channel Width)
    SSI Signal: -68 dBm
    SSI Noise: -100 dBm
    Signal Quality: 75
    Antenna: 0
    SSI Signal: 32 dB
  ⊟ RX flags: 0xc644
      .... .... .... .... .... ..0. = Bad PLCP: False
```

그림 315 802.11 Radiotap 헤더 [wlan-radiotap.pcapng]

PPI^{Per-Packet Information} 헤더는 2007년에 개발됐다. PPI 헤더는 일반적이고 확장 가능한 메타 정보 헤더 형식으로, 802.11n 라디오 정보를 제공하기 위해 개발됐지만 다른 정보도 처리할 수 있다. 현재 PPI_Header_format_1.0.1.pdf를 www.cacetech.com/documents[3]에서 다운로드해서 PPI 헤더 형식에 대해 더 알아볼 수 있다. 그림 316은 패킷 앞에 PPI 헤더를 붙인 802.11 패킷을 보여준다.

```
⊟ PPI version 0, 32 bytes
    Version: 0
  ⊟ Flags: 0x00
      .... ...0 = Alignment: Not aligned
      0000 000. = Reserved: 0x00
    Header length: 32
    DLT: 105
  ⊟ 802.11-Common
      Field type: 802.11-Common (2)
      Field length: 20
      TSFT: 0 [invalid]
    ⊟ Flags: 0x0001
        .... .... .... ...1 = FCS present flag: Present
        .... .... .... ..0. = TSFT flag: microseconds
        .... .... .... .0.. = FCS validity: Valid
        .... .... .... 0... = PHY error flag: No errors
      Rate: 54.0 Mbps
      Channel frequency: 2462 [BG 11]
    ⊟ Channel type: 802.11g (pure-g) (0x00c0)
        .... .... ...0 .... = Turbo: False
        .... .... ..0. .... = Complementary Code Keying (CCK): False
        .... .... .1.. .... = Orthogonal Frequency-Division Multiplex
        .... .... 1... .... = 2 GHz spectrum: True
        .... ...0 .... .... = 5 GHz spectrum: False
        .... ..0. .... .... = Passive: False
        .... .0.. .... .... = Dynamic CCK-OFDM: False
        .... 0... .... .... = Gaussian Frequency Shift Keying (GFSK)
      FHSS hopset: 0x00
      FHSS pattern: 0x00
      dBm antenna signal: -58
      dBm antenna noise: -100
```

그림 316 802.11 PPI 헤더 [wlan-ppi.pcapng]

WLAN 채널을 필터링하기 위해 Radiotap이나 PPI 헤더 사용

802.11 채널/주파수 정보를 필터링하기 위해서는 Radiotap이나 PPI 헤더를 적용해야만 한다. 이 정보는 필드 값으로 패킷과 함께 전송되지 않는다. WLAN 패킷을 어댑터가 수신했을 때 패킷이 수집된 주파수를 이용해 어느 채널에 패킷이 있는지를 정의한다. 이 주파수/채널 정보는 Radiotap과 PPI 헤더에 표시된다.

3. Riverbed가 CACE Technologies를 2010년 말에 인수했기 때문에 이 문서도 Riverbed 웹사이트인 www.riverbed.com로 이동됐을 것이다.

Radiotap과 PPI 헤더는 모두 신호 강도에 대한 정보를 포함하고 있다는 점에 주의하기 바란다. 신호 강도 값은 패킷이 수신된 위치와 시간에서의 신호 강도에 따라 달라진다.

✻ 신호 강도와 신호 대 잡음비 비교

신호 강도 표시기 값은 전력을 정의하지만 신호의 품질은 아니다. 값은 dBm(1밀리와트milliwatt당 데시벨 전력 비율)로 정의된다.

0에서 -65dBm 사이의 신호 강도는 수용할 만한 좋은 신호 강도로 간주된다. 반면 신호 강도가 더 낮아지면 문제가 된다(-100dBm에 가까울 경우). 신호 강도가 -80 dBm 아래가 되면 문제 가능성이 있다. WLAN 호스트와 AP 사이의 신호 강도에 문제가 있으면 재전송을 해야 하거나 연결이 끊어질 수도 있다.

신호 대 잡음비는 신호와 잡음 값 차이를 정의한다. 비율의 값이 높다는 말은 잡음 장애가 적다는 뜻이다. 이 값이 15dB보다 낮으면 성능이 저하된다.

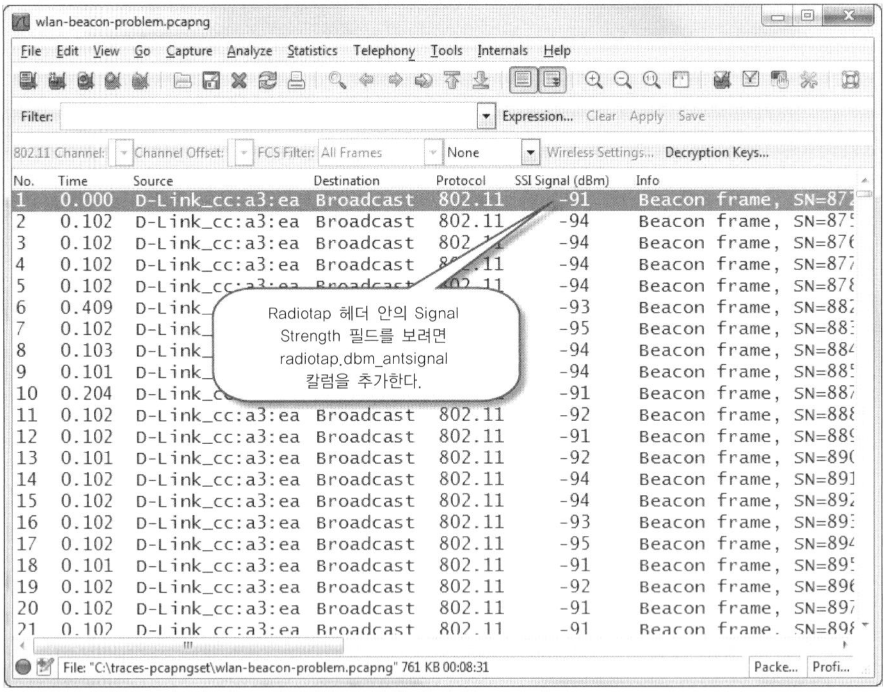

그림 317 신호 강도 값을 위해 칼럼 추가를 고려한다. [wlan-beacon-problem.pcapng]

IEEE 802.11 RSSI 사전 정의 칼럼이나 Radiotap과 PPI 헤더에 포함된 개별 필드를 이용하면 수신 신호 강도 값을 보기 위한 칼럼을 생성할 수 있다. 그림 317에서는 `radiotap.dbm_antsignal` 필드를 위해 칼럼을 추가했다.

802.11 환경을 조정하기 위한 더 많은 정보를 보려면 뒤쪽의 'WLAN 분석을 위한 와이어샤크 사용자 정의' 절을 참조하라.

802.11 트래픽의 기본 이해

WLAN에서는 세 종류의 802.11 프레임을 볼 수 있다.

데이터	일부 데이터 포함
관리	MAC 계층 연결 설정에 사용. 관리 프레임의 예로는 Association Request/Responses, Probe Requests/Responses, Beacon 등이 있다.
제어	데이터와 관리 프레임 전달에 사용. RTS(Request-to-Send), CTS(Clear-to-Send), ACK는 제어 프레임이다.

관리 및 제어 프레임은 기본 802.11 프로세스를 활성화하는 데 사용된다. 데이터 프레임은 아주 간단하게 WLAN를 통해 데이터를 전송하는 데 사용된다.

데이터 프레임

데이터 프레임은 유선 네트워크로 전달될 수 있는 유일한 WLAN 프레임 유형이다.[4]

IEEE 802.11 명세서에는 MSDU^MAC Service Data Unit^가 최고 2304바이트라고 정의돼 있다. 하지만 이런 프레임이 이더넷 네트워크로 브릿지될 때는 더 작은 크기의 데이터 프레임으로 전달되는 걸 볼 수 있다.

예를 들어 STA가 유선 네트워크상의 HTTP 서버로 연결할 때 TCP 핸드셰이크 프로세스 동안 MSS를 협상하게 될 것이다. 이는 TCP와 IP 헤더가 앞부분에 추가된 뒤에 802.11 헤더 안에 캡슐화된 TCP 세그먼트의 크기다.

802.11 프레임 크기에 대한 더 많은 정보는 '802.11 프레임 구조 분석' 절을 참조하라.

4. 유일한 예외는 'Null' 데이터 프레임으로, 전혀 데이터를 보내지 않으며 유선 네트워크로 넘어가지도 않는다. 오직 다른 WLAN 지국으로 정보를 전달하는 경우에만 사용한다.

✻ 관리 프레임

다음은 가장 흔히 볼 수 있는 802.11 관리 프레임의 일부를 나열한 것이다. 802.11 관리 프레임에 대한 좀 더 완벽한 목록은 '프레임 제어 유형과 서브 유형 분석' 절을 참조하라.

관리 프레임	
인증	STA는 AP로 ID를 전송한다. • OpenSysAuth: AP는 성공 또는 실패를 나타내는 인증(Authentication) 프레임을 다시 전송한다. • SharedKey: AP는 챌린지 텍스트를 전송한다. NIC는 키를 이용해 챌린지 텍스트 버전을 암호화해 전송한다. AP는 성공 또는 실패를 나타내는 인증을 전송한다.
인증 해제	STA는 보안 통신을 종료하기 위해 전송한다.
연관	STA 무선과 동기화하고 능력을 정의하기 위해 AP에 의해 사용된다.
재연관	새로운 AP로 STA에 의해 전송 된다. AP가 버퍼링된 데이터(있다면)를 이전 AP로부터 수신하게 한다.
연관 해제	AP를 가진 연관을 종료하기 위해 STA에 의해 전송한다.
비콘	존재를 알리고 정보를 제공하기 위해 AP가 100ms(기본 값)마다 전송한다. STA는 지속적으로 다른 AP를 검색한다.
탐색	요청/응답으로, STA는 다른 STA로부터 정보를 획득하기 위해 사용한다. 예를 들면 범위 안에 있는 AP를 찾는다(요청/응답).

WLAN에서 가장 중요한 관리 프레임 중 하나가 비콘 프레임beacon frame이다. 사용자가 WLAN 연결 중간에 끊어지는 것을 불평한다면 비콘 프레임에 대한 필터를 사용하는 IO 그래프를 생성해보라. 이 프레임은 약 100ms 주기로 발생한다.

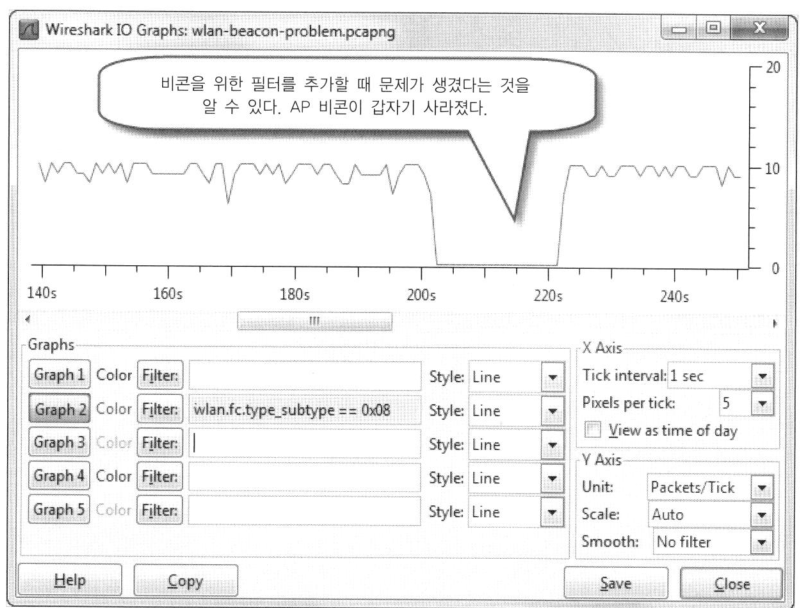

그림 318 비콘에서 IO 그래프 필터링은 예상 간격 동안 비콘을 볼 수 없음을 나타낸다. [wlan-beacon-problem.pcapng]

그림 318에 설명한 비콘 문제는 두 가지 요인(AP가 일정 기간 동안 비콘을 중단한 경우[5]와 비콘을 수집할 수 없는 경우)에 의해 발생할 수 있다. 두 번째 분석기에서 비콘을 수집함으로써 어느 상황이 맞는지 판단할 수 있다. IO 그래프에 사용할 수 있는 디스플레이 필터 목록에 대한 정보는 '모든 WLAN 트래픽 필터' 절을 참조하라.

✻ 제어 프레임

다음 목록은 가장 흔히 볼 수 있는 802.11 제어 프레임을 보여준다. 802.11 제어 프레임의 전체 목록은 '프레임 제어 유형과 서브 유형 분석' 절을 참조하라.

제어 프레임	
Request-to-Send	(선택적) 전송 특권을 요청하기 위해 2방향 핸드셰이크의 일부로 사용됨
Clear-to-Send	(선택적) 2 방향 핸드셰이크의 두 번째 부분
ACK	ACK는 송신자에 의해 802.11 재전송을 발생하지 않는다.

5. 이는 매우 특별한 경우로 간주된다. 하지만 802.11 명세는 '모든 비콘 전송은 매체 정체 조건 때문에 지연될 수 있음'을 확인한다. 이런 장시간 지연은 RF 간섭이나 오작동인 AP로 간주될 수 있는 심각한 문제가 될 수 있다.

정상적인 802.11 통신 분석

26장에서는 어떻게 지국이 무선 네트워크에 연결되는지를 보기 위해 WLAN 통신을 살펴본다. 이 프로세스에서는 한 지국이 하나의 무선 네트워크를 찾고, 해당 네트워크로 인증을 하고 연관하는 과정이 필요하다. 한 지국이 무선 네트워크로 접근을 원할 때 바람직한 SSID를 지원하는 AP로 연결해야만 한다.

지국은 AP로부터 비콘 프레임을 기다리거나(수동 모드) 또는 AP를 찾기 위한 탐색 요청을 전송할 수 있다(능동 모드). AP가 SSID를 브로드캐스트하지 않게 구성하면 하나의 SSID 값으로 구성된 지국은 SSID를 갖는 AP를 찾기 위해 WLAN에 탐색 요청을 브로드캐스트한다. 비콘 프레임은 기본 값인 100ms 간격으로 전송된다.

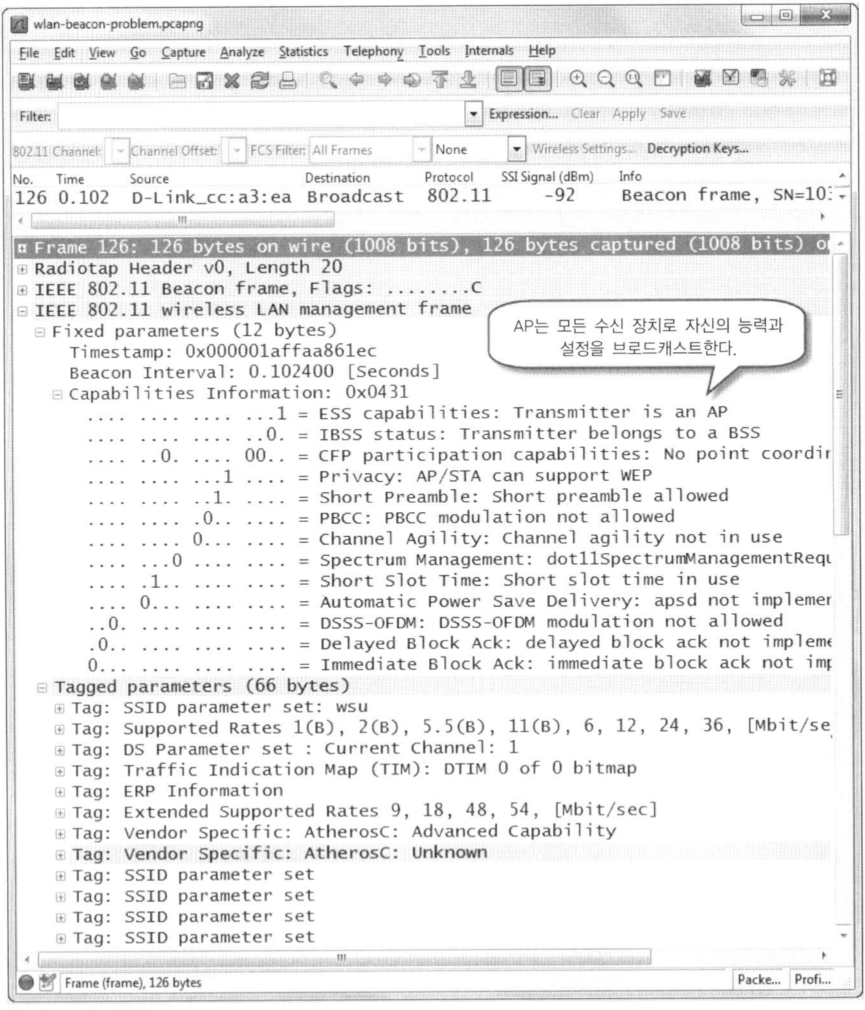

그림 319 비콘 프레임은 SSID 매개변수 집합을 알린다.[wlan-beacon-problem.pcapng]

그림 319는 확장된 AP 능력 정보 섹션을 가진 비콘 프레임을 보여준다.

WLAN에 연결하려면 STA가 (a) 어떤 AP에 연결할지를 결정하고, (b) 성공적으로 인증 프로세스를 완료하고, (c) 성공적으로 연관 프로세스를 완료할 필요가 있다.

802.11 프레임 구조 분석

802.11 헤더는 세 개의 필드(패킷 끝의 FCS 제외)를 가진 간단한 이더넷 헤더보다 훨씬 더 많은 정보를 갖고 있다. 예를 들면 802.11 연관 프레임은 헤더에 17개 필드를 포함한다. 필드 대부분은 단일 비트다. 예를 들면 재시도 플래그retry flag는 1비트다.

프레임 바디는 가변 길이다. 최대 크기는 사용하는 암호화 유형에 따라 달라진다. 26장의 앞에서 언급했듯이 IEEE 802.11 명세서에서는 MSDUMAC Service Data Unit를 2,304바이트로 정의하고 있다.[6]

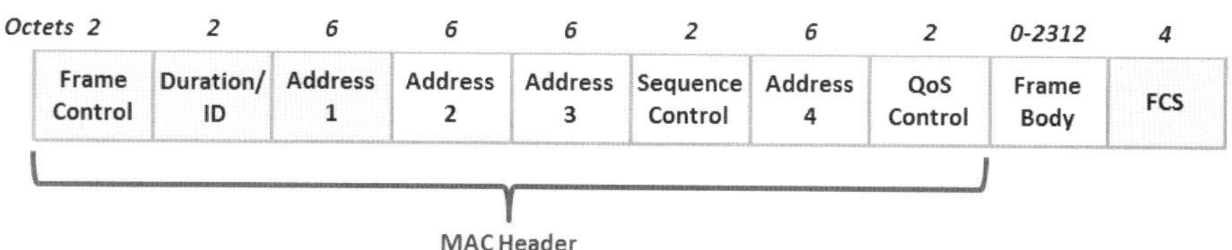

그림 320 기본 802.11 프레임 구조

802.11 프레임의 최대 프레임 바디 길이로 나열되는 2,312를 자주 보게 될 것이다. 이 길이는 암호화된 WEP 프레임을 가정한다. 암호화는 802.11 패킷의 길이에 영향을 미친다.

- WEP　MSDU 길이에 8바이트를 더한다(2,312).
- WPA(TKIP)　MSDU 길에 20바이트를 더한다(2,324).
- CCMP(WPA2)　MSDU 길이에 16바이트를 더한다(2,320).

프레임 제어 필드는 2바이트지만, 많은 정보를 전달하고 그 안에 포함된 많은 필드에 많은 필터를 만들 수 있다. 프레임 제어 필드에 대한 더 많은 정보는 '프레임 제어 유형과 서브 유형 분석' 절을 참조하라.

---

6. 암호화하기 이전의 최대 프레임 크기다. 하지만 실제로는 더 작은 패킷을 보게 되는데, 데이터 트래픽이 이더넷 네트워크로 브릿지되고, TCP의 경우에 MSS 값이 핸드셰이크 동안 정의되기 때문이다.

그레이 필드는 모든 802.11 프레임에 필요하다. 802.11 주소 지정에 대한 정보는 그림 322를 참조하라. 802.11 프레임 끝에는 프레임 콘텐츠의 에러 검사를 제공하는 FCS[Frame Check Sequence]가 붙어있다.

모든 WLAN 트래픽 필터

특정 WLAN 호스트를 위한 수집 필터 구문은 `wlan host wlan_mac`이다. 예를 들면 `wlan host 08:00:34:2a:f3:3b`다. 또한 `wlan[0] = 0x80` 구문을 이용해 프레임 특정 유형을 위한 수집 필터를 만들 수 있다.

다음 4개의 WLAN 주소 필드 중 하나에 기반을 둔 수집 필터를 만들 수 있다.

WLAN 수집 필터	설명
wlan addr1=00:22:5f:58:2b:0d	수신자 주소 수집 필터(addr1)
wlan addr2=00:22:5f:35:2b:0d	트랜스미터 주소 수집 필터(addr2)
wlan dst=00:22:5f:58:2b:0d	목적지 주소 수집 필터(dst)
wlan src=00:22:5f:58:2b:pd	발신지 주소 수집 필터(src)

802.11 트래픽을 위한 기본 디스플레이 필터는 `wlan`이다.[7]

다음 표는 여러 802.11 디스플레이 필터를 보여준다.

WLAN 디스플레이 필터	설명
radiotap.channel.freq == 2412	채널1 트래픽(Radiotap 헤더)
radiotap.channel.freq == 2437	채널6 트래픽(Radiotap 헤더)
radiotap.channel.freq == 2462	채널11 트래픽(Radiotap 헤더)
wlan.fc.type_subtype == 8	비콘 프레임만

(이어짐)

7. 이것은 흥미로운 디스플레이 필터다. 왜 이것을 사용했는가? 와이어샤크 1.8 버전 이전에서는 WLAN 트래픽을 수집하거나 다른 유형의 트래픽을 수집했다. 그러나 대체로 두 가지 트래픽 유형을 합친 것을 수집하지는 않았다. 와이어샤크 1.8 이후 버전에서는 다중 인터페이스상 수집을 지원하기 때문에 유선상 인터페이스와 무선상 인터페이스를 동시에 수집할 수 있어 이런 필터가 매우 유용하게 쓰인다.

WLAN 디스플레이 필터	설명
!wlan.fc.type_subtype == 8	비콘을 제외한 모든 프레임
wlan.fc.type_subtype == 4 || wlan.fc.type_subtype == 5	탐색 요청과 탐색 응답
wlan.fc.retry == 1	프레임이 재전송

프레임 제어 유형과 서브 유형 분석

그림 321은 802.11 헤더의 프레임 제어 필드를 보여준다. 그림에서 보는 바와 같이 프레임 제어 필드는 다양한 개별 필드를 포함한다.

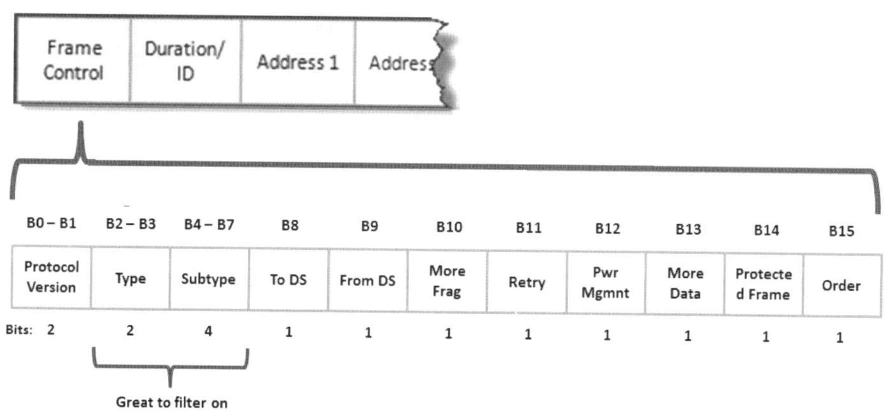

그림 321 802.11 프레임 제어 필드 내부

다음 표는 기본 802.11 프레임 제어 필드 요소를 보여준다.

필드	설명
Protocol Version	프로토콜 버전 번호로, 항상 00부터 설정
Type/Subtype	관리, 제어, 데이터 프레임
To DS/From DS	동일 BBS(DS 분산 시스템)에서 지국 사이는 0,0 • 0,1 to DS • 1,0 From DS • 1,1 From DS to DS
More Fragments	1로 설정, 단편화는 802.11 MAC 계층에서 설정

(이어짐)

필드	설명
Retry	1로 설정, 802.11 재전송[8]
Power Management	1로 설정, STA는 전원 절전 모드를 시작
More Data	전원 절전 모드에서 STA에 더 많은 데이터가 버퍼에 있다는 것을 알리기 위해 AP가 사용
Protected Frame	데이터가 암호화될 때 1로 설정
Order	순서가 중요할 때 1로 설정, 순서 밖이면 프레임 폐기

802.11 프레임은 다음과 같이 생략된 5개의 주소 필드를 사용할 수 있다.

- **BSSID** Basic Service Set identifier
- **DA** Destination address
- **SA** Source address
- **RA** Receiver address
- **TA** Transmitter address

WLAN 패킷에서 주조 지정은 혼동될 수 있다. 'Institute for Network Professionals'(wirelesslanprofessionals.com)의 케이스 퍼슨스Keith Parsons는 다음과 같은 표를 만들었고, 그림 322는 확장된 WLAN을 통해 이동하는 트래픽 위에서 어떻게 'To DS'와 'From DS' 비트가 설정되는지를 보여준다.

To DS	From DS	Address 1	Address 2	Address 3	Address 4
0	0	RA/DA	TA/SA	BSSID	n/a
0	1	RA/DA	TA/BSSID	SA	n/a
1	0	RA/BSSID	TA/SA	DA	n/a
1	1	RA	TA	DA	SA

8. Retry 비트가 설정되면 프레임은 802.11 재전송을 나타낸다. 이것은 MAC 계층 재전송이다. 전송 계층에서, 또는 응용 계층에서 추가적으로 재전송이 있을 수도 있다(예를 들면 TCP 재전송의 경우). 재전송을 더 쉽게 찾으려면 이 비트가 설정(wlan.fc.retry==1)된 802.11 패킷을 하이라이트하기 위해 컬러링 규칙을 세우라.

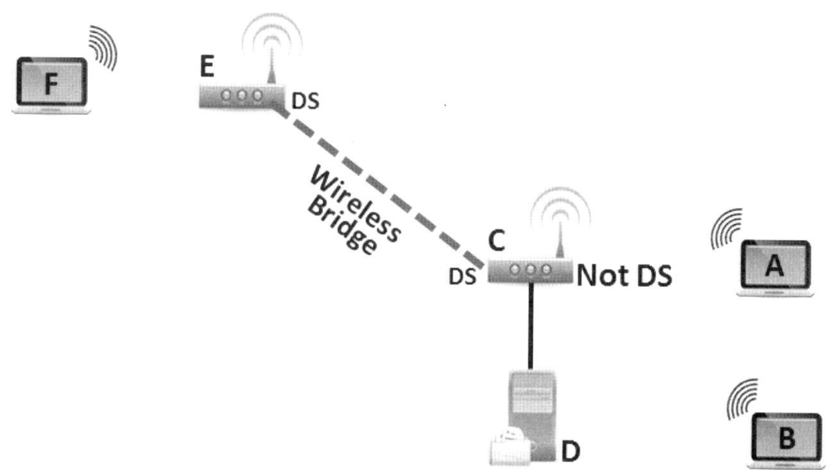

그림 322 WLAN 헤더는 트래픽이 분산 시스템(DS) 내에 포함돼 있는지, 또는 분산 시스템으로 가는지, 분산 시스템에서 출발하는지를 나타낸다.

쉬운 필터링을 위해 WLAN 유형/서브 유형 값을 헥사(Hex)로 변환

이런 값에 디스플레이 필터를 만들고, 다음 페이지에서 참고로 사용할 때 유형/서브 유형을 헥사(hex)로 변환하고 wlan.fc.type_subtype 필드 값을 사용하라.

예를 들어 탐색 응답 패킷을 필터링하려면 다음과 같다.

00101을 16진수로 변환

처음 두 비트는 = 00 = 0x0이고, 다음 네 비트는 = 0101 = 0x5다.

디스플레이 필터는 `wlan.fc.type_subtype == 0x05`다.

그림 323에서는 디스플레이를 탐색 요청과 탐색 응답에 대한 필터에 적용했다. 또한 재전송 패킷에 대한 컬러링 필터를 만들었다. 이 네트워크에서 802.11 재전송이 많이 나타나는 것을 볼 수 있다.

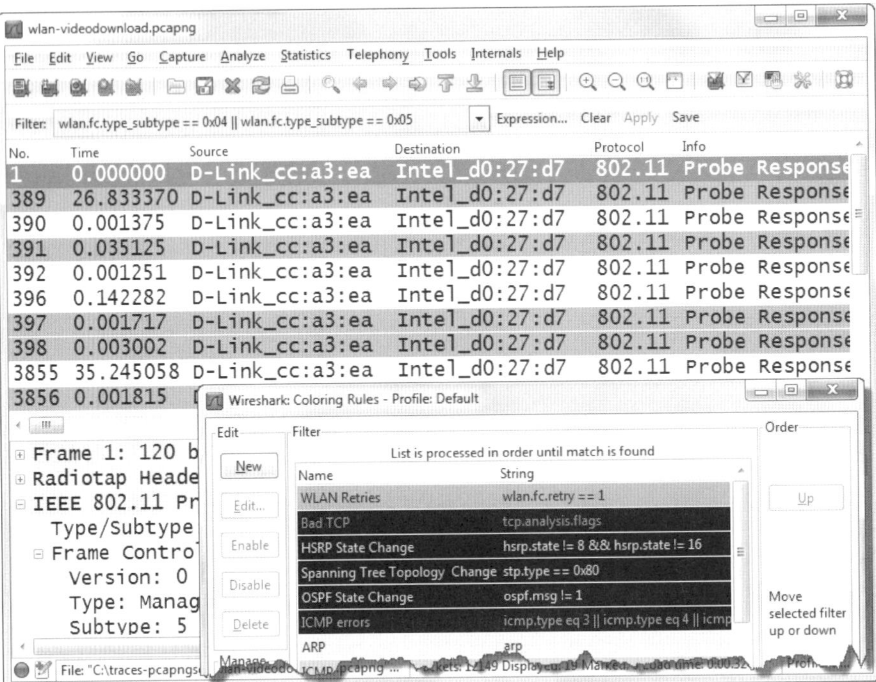

그림 323 탐색 요청과 탐색 응답을 위한 디스플레이 필터가 재전송을 위한 컬러링 필터와 같이 사용됐다.

다음 표는 802.11 패킷에서의 관리, 제어, 데이터 프레임 유형과 서브 유형 값에 대한 와이어샤크 필터를 보여준다.

와이어샤크 유형/서브 유형 디스플레이 필터	유형	서브 유형
wlan.fc.type_subtype ==0	Management	Association Request
wlan.fc.type_subtype ==1	Management	Association Response
wlan.fc.type_subtype ==2	Management	Reassociation Request
wlan.fc.type_subtype ==3	Management	Reassociation Response
wlan.fc.type_subtype ==4	Management	Probe Request
wlan.fc.type_subtype ==5	Management	Probe Response
wlan.fc.type_subtype ==6 || wlan.fc.type_subtype ==7	Management	Reserved
wlan.fc.type_subtype ==8	Management	Beacon

(이어짐)

와이어샤크 유형/서브 유형 디스플레이 필터	유형	서브 유형
wlan.fc.type_subtype ==9	Management	ATIM
wlan.fc.type_subtype ==10	Management	Disassociation
wlan.fc.type_subtype ==11	Management	Authentication
wlan.fc.type_subtype ==12	Management	Deauthentication
wlan.fc.type_subtype ==13	Management	Action
wlan.fc.type_subtype ==14 || wlan.fc.type_subtype ==15	Management	Reserved
wlan.fc.type_subtype 〉 15 && wlan.fc.type_subtype 〈= 0x23	Control	Reserved
wlan.fc.type_subtype ==24	Control	Block Ack Request
wlan.fc.type_subtype ==25	Control	Block Ack
wlan.fc.type_subtype ==26	Control	PS–Poll
wlan.fc.type_subtype ==27	Control	Request to Send
wlan.fc.type_subtype ==28	Control	Clear to Send
wlan.fc.type_subtype ==29	Control	ACK
wlan.fc.type_subtype ==30	Control	CF–End
wlan.fc.type_subtype ==31	Control	CF–End + CF–ACK
wlan.fc.type_subtype ==32	Data	Data
wlan.fc.type_subtype ==33	Data	Data + CF–ACK
wlan.fc.type_subtype ==34	Data	Data + CF–Poll
wlan.fc.type_subtype ==35	Data	Data+CF–ACK + CF–Poll
wlan.fc.type_subtype ==36	Data	Null(no data)
wlan.fc.type_subtype ==37	Data	CF–Ack(no data)
wlan.fc.type_subtype ==38	Data	CF–Poll(no data)
wlan.fc.type_subtype ==39	Data	CF–ACK + CF–Poll(no data)
wlan.fc.type_subtype ==40	Data	QoS Data
wlan.fc.type_subtype ==41	Data	QoS Data + CF–ACK

(이어짐)

와이어샤크 유형/서브 유형 디스플레이 필터	유형	서브 유형
wlan.fc.type_subtype ==42	Data	QoS Data + CF-Poll
wlan.fc.type_subtype ==43	Data	QoS Data + CF-ACK + CF-Poll
wlan.fc.type_subtype ==44	Data	QoS Null(no data)
wlan.fc.type_subtype ==45	Data	Reserved
wlan.fc.type_subtype ==46	Data	QoS CF-Poll(no data)
wlan.fc.type_subtype ==47	Data	QoS CF-ACK + CF-Poll(no data)
wlan.fc.type_subtype 〉 47 && wlan.fc.type_subtype 〈= 63	Reserved	Reserved

WLAN 분석을 위한 와이어샤크 사용자 정의

다음 검사 목록은 와이어샤크를 위한 WLAN 프로파일을 만들 때 고려해야 할 항목을 정의하고 있다. 이런 설정은 'Radiotap이나 PPI 헤더 추가를 위한 선택' 절에서 설명했듯이 수신된 패킷에 Radiotap 헤더를 추가한다고 가정한다.

사용자 정의	설명
radiotap.channel.freq == 2412	컬러링 규칙: 채널 1(하얀 배경; 녹색 전경)
radiotap.channel.freq == 2437	컬러링 규칙: 채널 6(하얀 배경; 빨간 전경)
radiotap.channel.freq == 2462	컬러링 규칙: 채널 11(하얀 배경; 파란 전경)
wlan.fc.retry == 1	컬러링 규칙: WLAN 재시도(오렌지 배경; 검은 전경)[9]
Frequency/Channel	칼럼: 이미 정의된 칼럼으로 사용 가능
radiotap.dbm_antsignal	칼럼: Radiotap 헤더 안의 안테나 신호 정보 디스플레이
radiotap.datarate	칼럼 : WLAN 프레임의 탐지된 데이터 비율 디스플레이
wlan.fc.ds	칼럼: 'To DS'와 'From DS' 비트의 설정을 나타냄

9. 이 컬러링 규칙이 채널 컬러링 규칙보다 위에 배치된다면 패킷을 열어보지 않고서는 어느 채널 위에서 재시도를 하고 있는지 탐지하지 못할 것이다. 채널과 재시도 컬러링 규칙을 합치거나(예를 들어 radiotap.channel.freq==2412 && wlan.fc.retry==1에 대해 오렌지색 배경에 초록색 글씨인 컬러링 규칙을 생성할 수 있다) 주파수/채널 칼럼을 패킷 목록 창에 추가할 수 있다.

이 설정으로 'WLAN' 프로파일 생성을 고려한다. 와이어샤크 프로필 생성에 대한 더 자세한 정보는 11장을 참조하라.

 사례 연구: 지저분한 바코드 통신

제출자 Vik Evans

최근에 나는 대형 선박 회사의 무선 엔지니어로 근무했다. 우리는 소포/화물을 스캔하기 위한 수백 개의 사이트를 몇 개의 벤더에게 의뢰해 무선 환경을 구축했다. 우리는 또한 상당히 많은 구형 802.11b 스캐너뿐만 아니라 새로운 802.11b/g 스캐너를 갖고 있다.

나는 많은 사이트에 위치한 무선 스위치 소프트웨어를 업그레이드했는데, 곧 바로 구형 스캐너에서 애플리케이션 속도 저하에 대한 불만 전화가 오기 시작했다. 그들이 사용하는 스캐너와 애플리케이션은 수년 동안 생산에 사용해왔다. 하지만 실질적 유지 보수 없이 사용해왔다.

어쨌든 지금 스캐너가 느린 것에 대한 불평의 전화가 걸려오기 시작했다. 실제 증상은 스캔할 때마다 스캔 사이에 화면 갱신 시간이 몇 초 걸린다는 것이다. '정상'일 때는 스캔 사이에 1~3초 소요되는데, 사용자 말에 따르면 현재 7~10초가 소요된다고 한다. 사용자는 스캔 사이의 갱신이 완료될 때까지 패키지 스캐닝을 계속할 수 없었다.

문제의 무선 스위치는 기본적인 와이어샤크 버전이나 티샤크를 포함하는 운영체제를 구동하고 있다. 여기서 와이어샤크나 티샤크는 `pktcap` 명령으로 커맨드라인에서 실행된다. 나는 스위치의 ETH 포트나 VLAN 인터페이스에서 수집을 실행할 수 있었다. 이 스위치는 각각 듀얼 ETH 포트인 eth1과 eth2를 갖고 있었다.

그들이 말한 것처럼 eth1에서의 수집은 일부 독점적인 방법으로 캡슐화된 접근 포트로부터 2계층 프레임 수집만 수행됐다. 나는 서버로 가는 애플리케이션 통신 내에 '문제'가 있다고 믿을 만한 이유를 갖고 있었다. eth2에서 수집을 하면 무선 클라이언트에서 유선 서버로의 가는 암호화된 IP 패킷을 얻을 수 있고 이를 와이어샤크로 복호화할 수 있기 때문이다.

수집을 검토해보니 스캔 트랜잭션이 발생한 것을 볼 수 있었다. 바코드가 스캔되고 나서 서버는 확인응답을 수신한 후 클라이언트로 화면 새로 고침을 전송한다. 그러나 서버에 의해 반환된 데이터는 64바이트 패킷으로 돌아오고 있고, 게다가 보내진 첫 번째 데이터 패킷 전송에 대한 확인응답은 없지만 남은 패킷들에 대해서는 클라이언트 확인응답을 볼 수 있다.

서버로부터 패킷을 복호화하고 있을 때 서버는 갱신 데이터를 한 번에 한 패킷씩 단일 문자로 보내고 있었음을 알았다. 클라이언트로부터 초기 확인응답 손실 때문에 서버는 데이터를 재전송하려고 한다. 그러나 이번에는 트랜잭션이 단일 'full' 1,500바이트 패킷으로 보내진다. 단일 패킷을 수신하자마자 클라이언트 화면은 갱신되고 스캔을 계속 할 수 있다. 사용자들이 보고한 것처럼 서버에 의해 전송된 첫 번째 패킷부터 마지막 '전체' 패킷과 그 다음에 이어지는 클라이언트 확인응답까지 시간을 재보면 항상 7~10초였다.

왜 서버는 항상 작은 패킷을 보내는 것인가? 이것은 전혀 효율적이지 않다!

'핵심'이 뭔지 알기 위해 유닉스를 운영체제로 사용하는 서버의 시스템 관리자와 의논해봤다. 관리자는 서버를 설정해서 서버가 단일 1,500바이트 패킷을 보낼 때까지 반환 데이터를 버퍼링되게 할 수 있었다.

이렇게 해서 스캐너 클라이언트와 서버 사이에 성공적인 전송-수신-확인응답 트랜잭션을 할 수 있게 됐고, 수년간 문제점으로 남아있던 것을 '수정'했다. 하지만 나의 무선 스위치 운영체제 업그레이드 때문에 이런 문제가 일어난 것으로 밝혀졌다. 이 업그레이드는 스위칭 속도 개선과 전반적으로 더 높은 데이터 처리 효율성을 위한 것이었고, 우리의 문제점을 드러냈다.

서버가 전송한 처음 64바이트 패킷에 대한 확인응답의 '손실'은 스캐너가 대기 모드로 진입했기 때문에 발생했다. 스캐너는 그 첫 번째 패킷을 수신하기 위해 시간 안에 준비 상태로 돌아가지 못했다. 그러나 스캐너는 그 후에는 모든 다른 패킷을 수신하고 확인했다.

그렇다. 더 많은 문제가 있었다. 기반 시스템 업그레이드에 연동해서 스캐너 드라이버를 업그레이드한 적이 없었다(스캐너는 우리 책임 범위에 들어 있지 않았다). 하지만 내 문제는 해결됐다.

 사례 연구: WLAN 조작

제출자 Mark Jensen
Product manager at MetaGeek

MetaGeek에서 가장 좋아하는 고객 이야기 중 하나는 거대 해산물 배급자 중의 하나와 패킹 웨어하우스 중의 하나에서 갖고 있는 약간의 와이파이 문제다.

이야기는 이렇게 시작된다. 특별한 이유도 없이 매시간 10분씩 WLAN 연결이 완전히 끊어지고, 그 다음에는 완벽하게 원상복귀한다는 것이다. 말할 필요도 없이 이것은 작업을 마무리하려고 노력하는 사람들에게는 심각하게 짜증나는 일이고, 불이 난 곳에 서 있어야 하고, '아무튼 고치기나 해!'라는 소리를 듣게 되는 네트워크 관리자에게는 더 짜증나는 일이다.

['아무튼 고치기나 해!']

관리자는 자신의 AP 벤더 대리인에게 전화를 해서 무슨 문제가 있는지 알아봤다. 이것은 벤더의 장비에 에러가 생겨서 이런 일이 생긴 것이 분명해 보이기 때문이다. 그렇지 않는가? 예상했듯이 대리인은 Wi-Spy 스펙트럼 분석기를 갖고 왔고 무선 문제점을 해결하기 위한 첫 번째 단계가 스펙트럼 스캔이란 것을 알고 있었다.

대리인과 관리자는 웨어하우스 안으로 같이 걸어 들어갔고 Chanalyzer가 구동되는 노트북 컴퓨터로 가장 앞쪽 사무실을 샅샅이 조사했다. 하지만 오직 평균 잡음 플로어보다 조금 높은 잡음을 찾았을 뿐이고, 건물 내에는 완벽한 802.11g 네트워크의 신호 실루엣뿐이었다.

짧게 말해보면 스펙트럼 상황은 이상적인 것처럼 보였고, 또한 WLAN도 스캔을 하는 동안 흠 없이 성능을 발휘하고 있었다. 그런 후 한꺼번에 모든 것이 거기 있었다!

우리는 2.4GHz 밴드에 나타난 엄청난 양의 RF 에너지가 와이파이 채널의 전 대역에 걸쳐 나타나는 것을 봤다. 웨어하우스의 신호를 완전히 짓밟았다.

노트북을 손에 들고 걸어가면서 대리인과 관리자는 Chanalyzer의 Waterfall View로 잡음을 따라가서 휴게실로 들어갔다. 거기서 교대 근무자들이 자신의 음식을 데우기 위해 전자레인지 5대를 사용하고 있었다.

여기가 문제를 해결할 수 있는 실마리였다. 이 웨어하우스에서는 매시간 교대 근무가 이뤄지면서 10분간 휴식시간을 갖는데, 휴게실의 전자레인지를 지속적으로 사용하기 때문에 2.4GHz 방해 전파가 나와 WLAN을 완전히 교란시키고 있었다.

전자레인지를 차단하는 것은 이 빌딩에서 불가능해보였다. 하지만 사무실 직원과 관리 팀은 최근에 노트북을 5GHz 와이파이 모델로 바꿨고, 연결 문제를 피하려 한다면 사용자들이 무선 연결을 시도할 때 802.11a/n SSID로 변경하게 유도하면 단순히 해결할 수 있는 문제였다.

결론적으로, 네트워크 관리자와 장비 대리인은 면목을 세울 수 있었고 이런 기괴한 문제를 해결할 수 있었다.[10]

정리

무선 네트워크WLAN는 IEEE 802.11 표준을 기반으로 하고 통신에 라디오 주파수RF 신호를 사용한다. WLAN은 CSMA/CACarrier Sense, Multiple Access with Collision Avoidance를 사용한다. WLAN 문제가 발생하면 RF 신호의 무결성과 신호 강도 측정에 스펙트럼 분석기를 사용해야만 한다.

일반적인 WLAN 환경에서 트래픽은 지국(STA)과 AP 사이에 흐른다. STA로부터의 트래픽이 유선 네트워크상의 목표로 가게 돼 있는데, 해당 트래픽이 그 유선 네트워크에 도착하지 않았다면 통신의 WLAN 측에 문제가 발생했다고 가정할 수 있다.

이상적으로 와이어샤크 WLAN 인터페이스는 연관된 SSID에 상관없이 다른 디바이스로부터 오고가는 트래픽을 수집하기 위해 무차별 모드와 모니터 모드를 지원한다.

WLAN 트래픽은 여러 가지 방법으로 암호화될 수 있다. 와이어샤크는 이런 트래픽을 복호화하기 위해 정확한 키나 패스프레이즈passphrase로 구성돼야만 한다.

와이어샤크는 802.11 헤더에 두 가지 유형의 의사 헤더(Radiotap 또는 PPI 헤더)를 추가할 수 있다. 이런 헤더는 수신된 프레임에 802.11 헤더 자체로는 제공하지 못하는 추가 정보를 제공한다.

3가지 WLAN 트래픽 유형(제어, 관리, 데이터)이 있다. WLAN 프레임 유형은

---

10. Chappell Summit 행사 중 한 곳에서 6대의 전자레인지를 가져왔고 팝콘 백을 꽉 채우고 50피트 길이의 VGA 케이블도 가져왔다. 팝콘을 전자레인지에서 튀기기 시작했고 Wi-Spy 어댑터와 Chanalyzer를 이용해서 전자레인지에서 점점 멀어지면서 RF 동작 상황을 측정했다. 전자레인지에서 나오는 전파가 방해를 어떻게 하는지 볼 수 있는 좋은 경험이 됐다. 어떤 장치들은 정말 악마와 같다! Mark의 사례 연구는 이에 대한 또 다른 증거다.

Type/Subtype 필드에 정의돼 있다. 제어 프레임은 데이터와 관리 프레임 전달에 사용된다. 관리 프레임은 STA와 AP 사이에 MAC 계층 연결을 설정하는 데 사용된다. 데이터 프레임은 일부 유형의 데이터를 포함하고 있다.

와이어샤크의 WLAN 통계 자료는 SSID, 채널 번호, 모든 네트워크 트래픽의 패킷 유형, 선택된 채널을 목록으로 나타낸다. 다양한 채널의 WLAN 트래픽을 분석할 때 채널 트래픽을 구별하기 위해 컬러링 규칙을 사용하고, 채널/주파수와 신호 강도 정보를 위해 칼럼을 추가하는 것을 고려하라.

학습한 내용 복습

이 책의 웹사이트인 www.wiresharkbook.com은 다양한 Chanlyzer Pro 문서를 제공한다(부록 A에 수록된). www.metageek.net/wiresharkbook에서 Chanlyzer Pro의 최신 버전을 다운로드하고 RF 신호 기록을 재검토하기 위해 File > Open 을 선택하라. MetaGeek 팀에서 이런 멋진 Chanalyzer Pro 문서를 제공해줘서 고맙다.

80211n40 MHz file transfer.wsx	이 파일에서는 24GHz 대역 안에서 40MHz 폭 802.11n 설정에 대해 자세히 다룬다. 이것은 거의 대역의 반을 차지하며, WLAN 구현에 있어 무간섭 채널의 수를 심각하게 줄인다. 5GHz 대역에 대한 채널 본딩을 남겨두라.
Lotsa Interference.wsx	이 파일에는 와이파이 네트워크, 무선 전화, A/V 트랜스미터에 대해 설명한다. SSID1이 연결을 유지하는 와이파이 채널 1에 간섭이 생겨서 문제가 있으면 Networks Graph에서 SSID1을 점검하라.
Pocket jammer.wsx	주머니에 들어가는 크기의 2.4GHz 재머에 대한 설명이다. 기대했듯이 이것은(의도적으로) 대역 전체를 교란시키고 범위 안의 모든 통신(Fifi를 포함해서)을 거의 불가능하게 만든다.
Soundalier.wsx	Soundalier는 소비자용 오디오/비디오 장치로, 집 전체를 스테레오로 설정한 곳에서 원격 스피커로 신호를 전송하는 데 사용한다.

다음 표는 이 책의 웹사이트인 www.wiresharkbook.com의 다운로드 섹션에 있는 여러 개의 추적 파일을 목록으로 나타냈다. WLAN 트래픽에 관련된 질문에 대답하려면 이 추적 파일을 다운로드하라.

wlan-ap-problem.pcapng	이 비콘 트래픽을 위해 IO 그래프를 생성하라. 사용자들이 가끔 WLAN에 연결할 때 왜 문제가 발생하는가?
wlan-beacon-problem.pcapng	IO 비율을 그래프로 그릴 때 이 추적 파일은 어떻게 생겼는가? 오직 비콘 프레임만 수집하려면 어떤 수집 필터를 사용해야 하는가?
wlan-ppi.pcapng	이는 WLAN상에서 동작하는 TCP 핸드셰이크이고 PPI(Per-Packet-Information) 헤더가 추가된다. PPI 헤더를 완전히 확장하라. 어떤 채널에서 이런 패킷을 수신하는가? 이런 패킷의 데이터율은 얼마인가? WLAN 어댑터에 의해 수집된 시간에서 이런 패킷의 dBm 안테나 신호 강도 값은 얼마인가?
wlan-radiotap. pcapng	이것은 WLAN상의 TCP 핸드셰이크이고, Radiotap 헤더가 앞에 붙는다. Radiotap 헤더를 완전히 확장하라. 어떤 채널로 이 패킷들을 수신하는가? 이 패킷의 데이터율은 얼마인가? WLAN 어댑터에 의해 수집된 시간에서 이런 패킷의 dBm 안테나 신호 강도 값은 얼마인가?
wlan-videodownload.pcapng	이 추적 파일은 다운로드 과정을 나타내고 큐 프로세서를 자세히 보여준다. 추적 파일로부터 IO 그래프를 그려보라. Select Statistics ❯ WLAN을 선택해서 추적 파일 내의 한 SSID를 살펴보라. 이 추적 파일을 보면 수차례의 WLAN 재시도를 볼 수 있다.
wlan-signalissue.pcapng	이 트래픽은 192.168.0.106이 WLAN AP 192.168.0.1로 핑을 했을 때 AirPcap 어댑터와 와이어샤크로 수집한 것이다. 수집하는 동안 192.168.0.106은 이동하고 있다. AirPcap 어댑터가 WLAN AP 안테나에 직접적으로 거의 닿게 되는 시점까지 PPI 안테나 신호 값에 대한 디스플레이 필터를 만들어 적용하라. 이 추적 파일에 나타난 안테나 신호의 범위는 무엇인가? PPI 안테나 신호 값을 사용자 정의 칼럼으로 추가하고 192.168.0.106으로부터의 트래픽에 대한 디스플레이 필터를 적용해보라. 이 호스트에서 나오는 트래픽 안의 안테나 신호의 범위는 무엇인가? 지금 192.168.0.1에서의 트래픽에 대해 필터를 적용하라. 이 호스트에서 나오는 트래픽 안의 안테나 신호의 범위는 무엇인가? 신호 강도가 너무 약해서 목적지에 도달하지 못하는 곳을 추적해서 찾을 수 있는가? AirPcap 어댑터가 AP 안테나에 가장 가깝게 접근했던 위치를 찾을 수 있는가?
wlan-wpa-Induction.pcap	이 추적 파일에서 WLAN 트래픽을 복호화하는 기법을 연습해보라. 패스워드 'induction'을 이용해서 트래픽을 복호화하고 'Coherer'를 이용해서 SSID를 이용해 트래픽을 복호화해보라. 복호화한 후에 이 추적 파일에는 무엇이 들어 있는가? 어떻게 하면 데이터 패킷만 필터링할 수 있는가?

연습문제

Q26.1 이더넷 네트워크로 패킷이 전송될 때 AP는 802.11 헤더를 어떻게 하는가?

Q26.2 RF 간섭과 RF 에너지를 확인할 수 있는 도구는 무엇인가?

Q26.3 모니터 모드란 무엇인가?

Q26.4 WLAN 어댑터가 무차별 모드를 지원하지 않을 때 수집 제한은 무엇인가?

Q26.5 AP 가용성을 검증하기 위해 어떤 그래프를 만들 수 있는가?

Q26.6 802.11 트래픽에 Radiotap 헤더를 추가할 때 어떤 장점이 있는가?

Q26.7 데이터 전송, MAC 계층 연결 설정, 프레임 전달 가능에 사용되는 3가지 WLAN 트래픽 유형은 무엇인가?

Q26.8 WLAN에서 연관 프레임(Association frame)의 목적은 무엇인가?

Q26.9 WLAN 비콘 프레임의 기본 간격은 얼마인가?

연습문제 답

Q26.1 이더넷 네트워크로 패킷이 전송될 때 AP는 802.11 헤더를 어떻게 하는가?

A26.1 패킷을 전송하기 전 AP는 802.11 헤더를 벗기고 이더넷 헤더를 적용한다.

Q26.2 RF 간섭과 RF 에너지를 확인할 수 있는 도구는 무엇인가?

A26.2 Wi-Spy와 Chanalyzer 같은 스펙트럼 분석기는 RF 인터페이스와 RF 에너지 분석을 제공한다.

Q26.3 모니터 모드란 무엇인가?

A26.3 모니터 모드에서 어댑터는 어떤 SSID와도 연관 짓지 않는다. 선택 채널에 있는 모든 SSID의 모든 패킷이 수집된다.

Q26.4 WLAN 어댑터가 무차별 모드를 지원하지 않을 때 수집 제한은 무엇인가?

A26.4 어댑터가 무차별 모드를 지원하지 않는다면 다른 하드웨어 주소로 전송되는 트래픽을 들을 수 없다. 사용자가 관심 있는 호스트에서 직접 트래픽을 수집해야만 한다.

Q26.5 AP 가용성을 검증하기 위해 어떤 그래프를 만들 수 있는가?

A26.5 AP 가용성을 위해 IO 그래프를 만들고 비콘 프레임에 대한 필터를 생성할 수 있다(`wlan.fc.type_subtype == 0x08`).

Q26.6 802.11 트래픽에 Radiotap 헤더를 추가할 때 어떤 장점이 있는가?

A26.6 Radiotap 헤더는 `radiotap.channel.freq` 필드를 포함하고 있다. 패킷에 이런 헤더를 추가하면 WLAN 채널을 필터링할 수 있다.

Q26.7 데이터 전송, MAC 계층 연결 설정, 프레임 전달 가능에 사용되는 3가지 WLAN 트래픽 유형은 무엇인가?

A26.7 3가지 WLAN 트래픽 유형은 데이터, 관리, 제어다.

Q26.8 WLAN에서 연관 프레임(Association frame)의 목적은 무엇인가?

A26.8 지국에 의해 전송된 연관 요청과 응답 프레임은 AP를 동기화하고 성능 정보를 교환하기 위해서다.

Q26.9 WLAN 비콘 프레임의 기본 간격은 얼마인가?

A26.9 기본 값으로, 비콘 프레임은 100ms마다 전송된다.

VoIP 분석 소개

와이어샤크 공인 네트워크 분석가 시험에서 다루는 내용

- VoIP 트래픽 흐름 이해
- 세션 대역폭과 RTP 포트 정의
- VoIP 문제점 분석
- SIP 트래픽 시험
- RTP 트래픽 시험
- VoIP 통신 재생
- RTP 플레이어 마커 정의
- VoIP 프로파일 생성
- VoIP 트래픽 필터

- 사례 연구: VoIP 음성 손질
- 정리
- 학습한 내용 복습
- 연습문제와 답

27장에서 참조한 추적 파일

- voip-extension.pcapng
- voip-extension2downata.pcapng

⁂ VoIP 트래픽 흐름 이해

와이어샤크는 많은 통화 설정 프로토콜과 음성 스트림 자체를 분석할 수 있다.

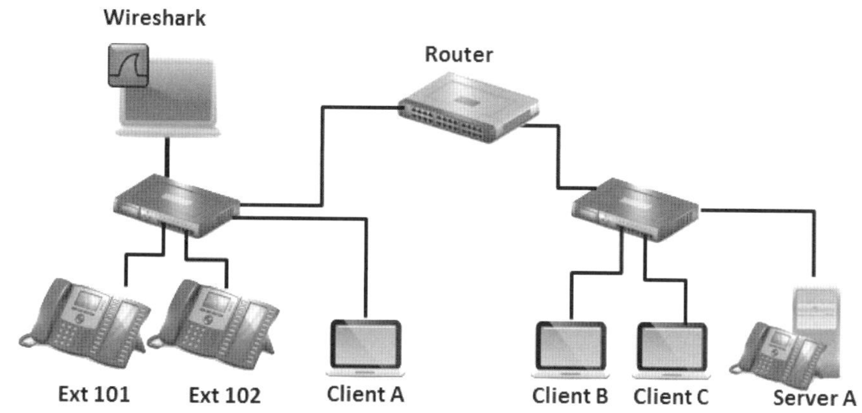

그림 324 VoIP 문제점을 해결하려면 가능한 전화기에 근접해 트래픽을 수집한다.

VoIP^Voice over IP 통신은 두 개의 주요 부분으로 구성된다. 통화 설정과 해제를 위한 신호 방식 프로토콜과 음성 통신을 위한 전송 프로토콜이 그것이다.

SIP^Session Initiation Protocol은 VoIP 신호 방식 프로토콜의 한 예다. SIP는 UDP나 TCP 5060번 포트에서 동작한다(UDP에서 SIP가 동작하는 것이 가장 일반적이다).

RTP^Realtime Transport Protocol는 음성 통화 자체를 전송한다. 와이어샤크는 VoIP 대화를 재생하기 위한 RTP 플레이어를 포함한다.

또 다른 프로토콜 RTCP^Realtime Transport Control Protocol는 RTP 흐름에 대한 대역 외 통계^out-of-band statistics와 제어 정보를 제공한다.[1]

RTP는 임의의 짝수 번호 포트에서 동작하고, RTCP는 그 다음 높은 홀수 번호 포트에서 동작한다. 예를 들어 RTP가 8000번 포트에서 동작한다면 RTCP는 8001번 포트에서 동작한다.

VoIP 세션을 분석하면 DTMF^Dual-Tone Multi-Frequency 전화 통신 이벤트를 볼 수 있다. 예를 들어 사용자가 전화 버튼을 누르거나 내선 번호를 누를 때 DTMF는 톤^tone을 전송한다. 때때로 이 신호는 대역 내 신호^in-band signaling와 관련될 때 음성 채널로 전송된다. 게다가 대역 외 신호^out-of-band signaling라고 하는 DTMF에 대한 별도의 제어 패킷을 자주 볼 수 있다. 와이어샤크는 대역 외 DTMF 트래픽

---

1. 와이어샤크는 안전 VoIP 트래픽을 복호화하거나 재생할 수 없다.

out-of-band DTMF traffic을 인식하고 분석한다.

그림 324는 간단한 VoIP 네트워크 구성을 보여준다. 서버 A는 전화 통신 서버이고, 네트워크는 두 개의 VoIP 전화기를 갖고 있다. VoIP 트래픽 분석을 할 때는 전화기 관점에서 왕복 시간round trip time과 패킷 손실packet loss을 알아내기 위해서 가능하면 VoIP 전화기에 가까운 곳에 분석기를 둬야 한다.

와이어샤크가 신호 프로토콜을 볼 수 없으면 VoIP 데이터 스트림 식별과 패킷 목록 창의 프로토콜 칼럼에서 UDP 트래픽으로 대화 표시를 할 수 없다. RTP 환경 설정에서 Try to decode RTP outside of conversations를 선택한다. 트래픽이 RTP가 확실하다면 패킷을 오른쪽 클릭해 Decode As를 선택한다. 'both'에 대한 UDP 포트 옵션을 선택하고 프로토콜 목록에서 RTP를 선택한다.

다음 예제에서는 내선 번호 201에서 내선 번호 204로 연결하는 통화 설정 프로세스를 살펴본다.

VoIP 통화가 시작될 때 신호 방식 프로토콜은 통화를 설정하는 데 사용된다. 이 예제에서는 전화기가 초청invite을 보낼 때 신호 방식 트래픽은 전화 서버를 통해 흐르게 된다. 100 Trying 메시지를 호출자에게 전송하는 동안 전화 서버는 대상 전화기로 Invite를 전송한다. 수신 전화기가 울리고(180 Ringing), 이는 전화 요청자에게도 전송된다.

내선 번호 204는 사용자가 전화를 받을 때 전화를 받았음을 나타내는 200 OK를 전송한다.

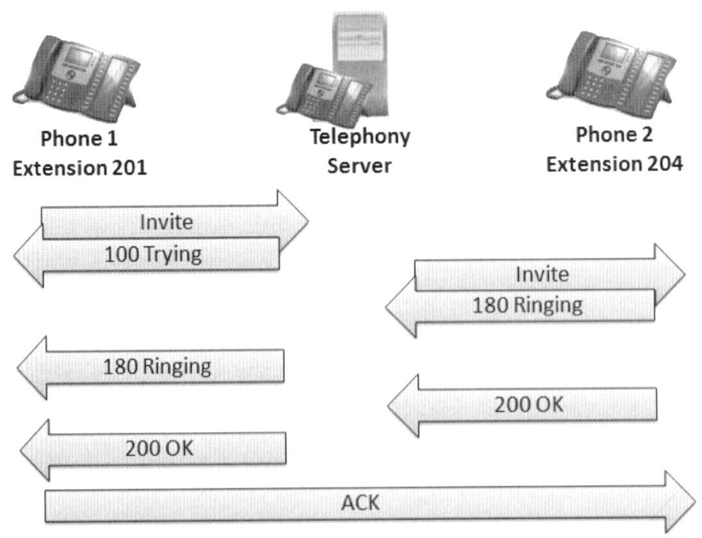

그림 325 VoIP 통화 설정 프로세스

그림 326은 와이어샤크에서 VoIP 통화 설정과 통화를 보여준다. 이 경우 호출자는 전화 서버(dialing 0)에 연결하고 있다. 전화 서버는 듣고 있음을 나타내는 톤tone으로 응답한다. 이 예제에서 SIP와 RTP 모두 UDP를 사용한다. 통화 설정이나 통화 자체에 TCP 핸드셰이크를 사용하지는 않는다.

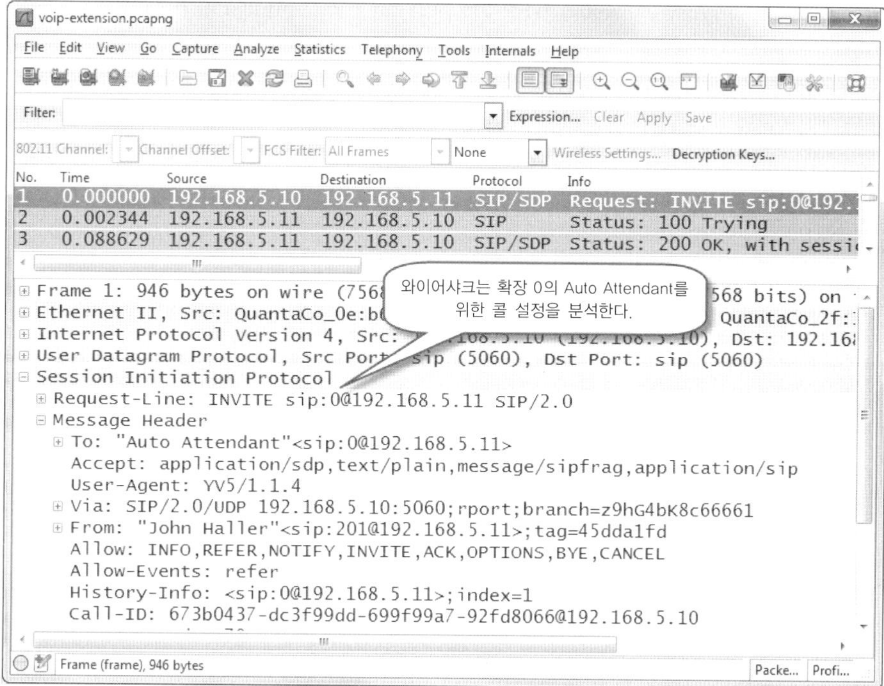

그림 326 SIP를 사용하는 VoIP 통화 설정이 RTP를 사용하는 통화보다 먼저 이뤄진다.

와이어샤크는 VoIP 통신에 사용되는 많은 프로토콜을 위한 분석기를 제공한다. 이런 프로토콜은 wiki.wireshark.org/VOIPProtocolFamily에 표기돼 있고 다음 내용을 포함한다.

- **Call control** SIP, SDP, RTSP, H.323, H225, Q.931, H.248/MEGACO, MGCP, Cisco Skinny(SCCP)
- **Transport** RTP, RTCP, SRTP
- **Authentication, Authorization, Accounting** Radius, Diameter

VoIP 분석 능력에 대해 최신 정보를 보려면 wiki.wireshark.org/VoIP_calls를 방문하라.

❖ 세션 대역폭과 RTP 포트 정의

그림 327은 200 OK 응답 내용을 보여준다. 이 SIP 패킷은 SDP^Session Description Protocol^를 포함한다. SDP는 멀티미디어 세션에서 멀티미디어 스트림에 대한 정보를 제공하는 데 사용한다. RFC 4566, SDP: Session Description Protocol과 RFC 3264, SDP: An Offer/Answer Model with the Session Description Protocol을 참조하라.

SDP 정보에는 다음과 같은 내용이 들어있다.

(o) 세션 소유자/생성자

(s) 세션 이름(있을 경우)

(c) 연결 정보(IP 주소)

(b) 대역폭 계산(27장 후반후의 통화 정보에 따른 대역폭 참조)

(m) 미디어 이름(이 경우 RTP는 25,426포트가 통화에 사용한다)

(a) 세션 속성(G.711 코드가 제공됨)

코덱은 아날로그 음성을 디지털 부호화 신호로 변환하는 데 사용한다. 코덱은 품질, 압축률, 대역폭 요구 사항이 다양하다. 그림 297에서 VoIP 통화는 코덱으로 G711을 사용한다.

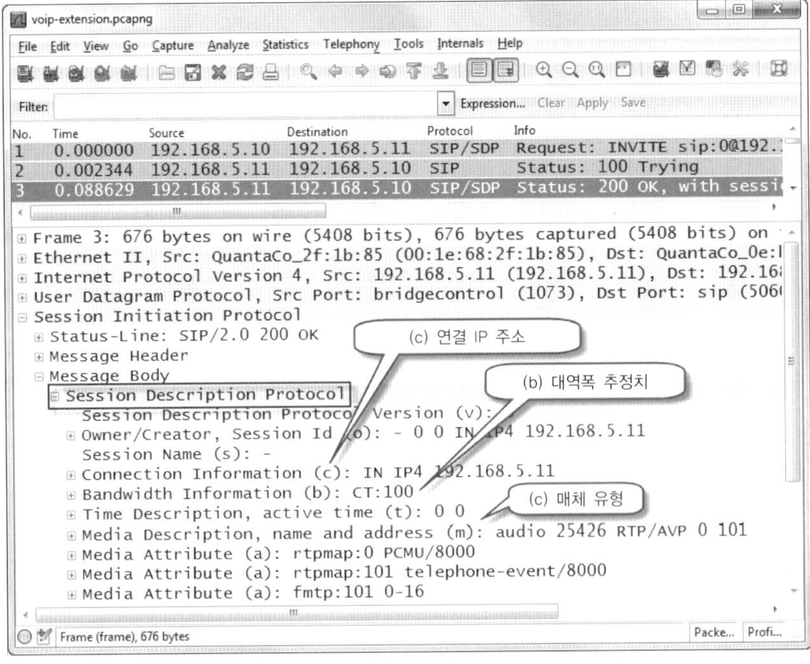

그림 327 VoIP 코덱과 대역폭 정보는 SIP 통신의 SDP 부분에 포함된다. [voip-extension.pcapng]

음성 전화에 사용되는 코덱은 SIP 통신 SDP 부분에서 정의한다. 그림 327은 대역폭 값(양방향 전화를 위한)과 통화에 사용되는 RTP 포트를 보여준다.

사용된 코덱을 기반으로 초당 패킷을 살펴보기 위한 IO 그래프는 각 통화 방향에서의 문제점을 쉽게 나타내도록 도와줄 수 있다. 다음 표는 VoIP 전화 양측에 필요한 초당 패킷율과 대역폭을 보여준다.

코덱	초당 패킷율	전화당 대역폭(kbps)[2]
G711	50	87.2
G729	50	31.2
G723.1	34	21.9
G726	50	47.2
G728	34	31.5

8장의 사례 연구에서 어떻게 VoIP 전화의 양측을 보여주는 IO 그래프를 만들 수 있는지 설명했다.

VoIP 문제점 분석

VoIP 통신에 문제가 발생하면 통화가 되지 않거나 통화 품질이 떨어진다. 전화를 건 사람은 울림을 듣거나 음성이 때때로 들리지 않을 수도 있다.

VoIP 통신은 패킷 손실과 지터jitter에 의해 부정적인 영향을 받게 된다. 이 절에서는 이런 상태의 원인과 특징을 살펴본다.

패킷 손실

RTP는 보통 비연결 프로토콜인 UDP로 전화 데이터를 전송한다. UDP는 패킷이 목적지에 도달했는지 확인하지 않는다. 패킷이 손실돼도 UDP는 재전송하지 않는다. 애플리케이션이 패킷을 재전송해야만 한다. VoIP에서 재전송을 하면 단어의 순서가 뒤바뀐 대화가 만들어지거나 왜곡될 수 있기 때문에 좋은 방법은 아니다.

---

2. 이 계산은 이더넷 네트워크를 통과하는 VoIP 전화에 기초해서 만들어졌고, 이더넷 헤더 오버헤드인 30바이트 IP 헤더와 8바이트 UDP 헤더를 감안해서 계산됐다.

"Hello, Laura. How…… you are?" 같은 전화가 왔다고 생각해보라.

그림 328에서는 Telephony ▶ RTP ▶ Show All Streams를 선택했고 한 통화 방향에서 12% 이상의 패킷 손실을 확인했다. 이 윈도우로부터 스트림의 발신지 IP 주소와 목적지 IP 주소를 기반으로 필터를 생성하거나 스트림의 모든 패킷을 표시할 수 있다.[3]

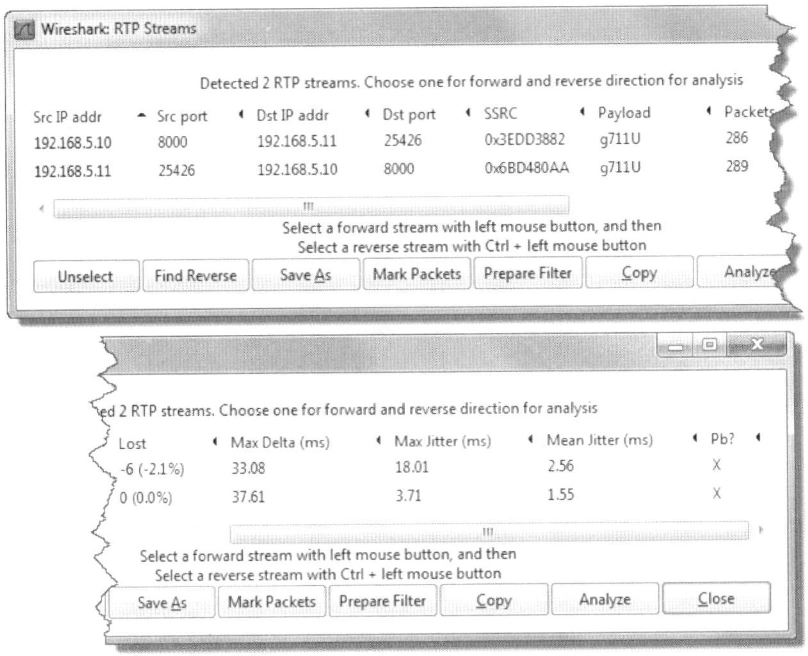

그림 328 VoIP 전화에서 Telephony ▶ RTP ▶ Show All Streams를 사용해 패킷 손실을 식별한다. [voip-extension.pcapng]

Analyze를 선택할 때 와이어샤크는 RTP 스트림의 패킷을 나열하고 VoIP 전화에 추가적 세부 사항을 제공한다. 상태 칼럼Status column RTP 스트림에 문제가 있음을 나타낸다. 그림 329에서는 패킷 손실을 상태 칼럼 안에 잘못된 순서Wrong sequence로 나타냈다.

패킷 손실은 VoIP 최종 지점 사이의 시간 왜곡이나 과도한 지터jitter 같은 시간 문제 때문에 발생할 수 있다.

---

3. 추적을 하면서도 RTP 스트림을 신속하게 저장하는 방법이다. 이 윈도우로부터 스트림을 표시하고 나중에 File ▶ Export Specified Packets...를 선택하고 Marked 패킷을 선택한다.

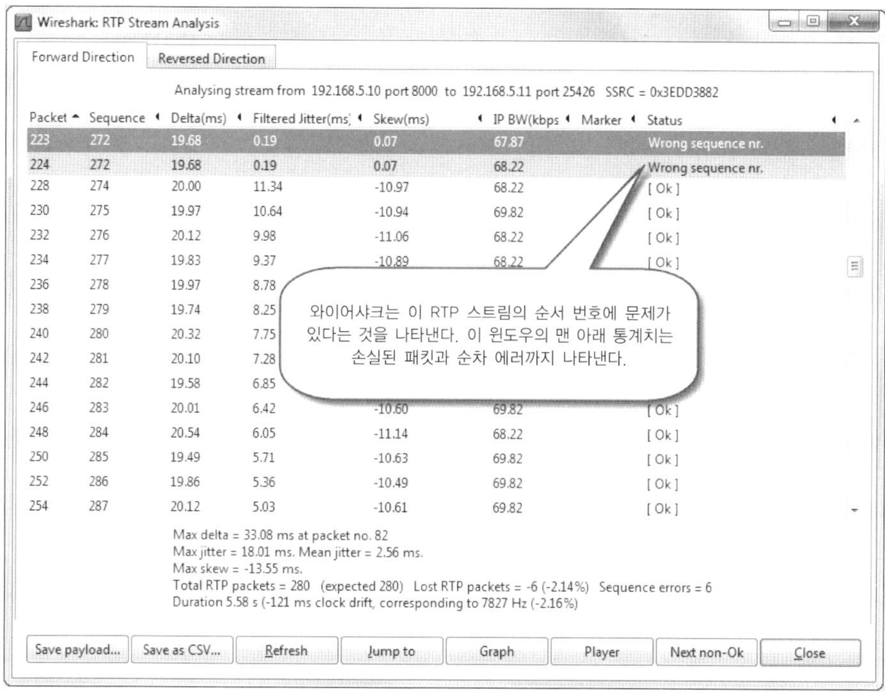

그림 329 와이어샤크의 VoIP 분석기는 패킷 손실이 발생한 부분을 표시한다. [voip-extension.pcapng]

그림 329의 델타 시간 칼럼delta time column은 마지막 RTP 패킷을 수신한 이후 시간을 보여주고, 비교적 일관성 있게 유지되고 있다. 그림에서 대부분의 델타 시간은 대략 20ms인데, 이 시간은 사용한 코덱의 패킷화 시간(ptime)이다. ptime은 각 패킷에 기록된 음성 길이를 말한다. 다시 말하면 ptime이 '20'이면 각 RTP 패킷은 음성 시간(또는 전화를 건 사람이 아무 말도 하지 않으면 침묵 시간) 20ms를 포함한다. ptime 값은 그림 330의 속성 (a)에서 보여준다.

✽ 지터

지터Jitter는 패킷률에서 변화량이다. 와이어샤크는 RFC 3550(RTP)에 따른 지터를 계산한다. 과도한 지터는 네트워크 혼잡, 로드 밸런싱load balancing, 서비스 구성 품질, 낮은 대역폭 링크 때문에 발생한다. 높은 지터율(20ms 이상)은 사용자가 짜증날 정도까지 전화에 영향을 미칠 수 있다. 지터 레벨이 과도하게 높으면 수신 VoIP 호스트에서 지터 버퍼에 의해 패킷이 폐기될 수도 있다. 그림 329는 패킷 손실을 초래하기에는 충분하지 않은 18.01밀리초에서의 최대 지터를 보여준다.

SIP 트래픽 검사

SIP는 RFC 3261에 정의돼 있으며, 일반적으로 VoIP 전화 설정과 관련이 있지만 SIP는 다른 애플리케이션 세션을 설정하는 데도 사용할 수 있다. 'RFC 3665, Session Initiation Protocol(SIP) Basic Call Flow Examples'는 VoIP 통신 분석을 시작하기 좋은 곳이다. 이 문서는 일반적이고 예외적인 전화 설정 시나리오에서 패킷 단위 예제를 제공하기 때문이다.

그림 330은 SIP Invite 패킷을 보여준다. 이 초청invitation은 내선 번호 204(204@192.168.5.20)에 전송되고 운영자(0@192.168.5.11)가 참조했다. 전화는 John Haller(201@192.168.5.10)가 먼저 시작했다.

SDP 미디어 속성 섹션에서는 RTP 스트림이 반드시 UDP 포트 8002에서 동작해야만 하고(m 속성), 송신자는 다음(a 속성)을 제공하는 것을 나타낸다.

- G.729 @ 8KHz(G729/8000)
- G.711 mu-law @ 8KHz(PCMU/8000)
- G.711 A-law @ 8Khz(PCMA/8000)
- DTMF payload type 101(예를 들어 out of band DTMF tones)
- 20ms packetization(standard) (ptime)
- 'fmtp' is passing '0-16' to item 101(DTMF signaling) saying it supports encoding of all 16 DTMF digits(0-9, *, #, A-D)

SIP 명령

와이어샤크는 패킷 목록 창의 Info 칼럼에서 SIP 명령과 응답 코덱을 정의하고 있다. 다음 표에서는 SIP 명령을 보여준다.

SIP 명령	설명
INVITE	사용자를 통화로 초대한다.
ACK	확인응답은 INVITE에 대한 신뢰성 있는 메시지 교환을 쉽게 하기 위해 사용된다.
BYE	사용자 사이의 연결을 종료한다.

(이어짐)

SIP 명령	설명
CANCEL	사용자를 위해 요청이나 검색을 종료한다. 이는 클라이언트가 INVITE를 전송하고 나서 전화 수신자에 대한 결정을 변경을 할 때 사용된다.
OPTIONS	서버 성능에 대한 정보를 요청한다.
SUBSCRIBE	또 다른 호스트에 대한 상태 변경 정보를 요청한다.
REGISTER	사용자의 현재 위치를 등록한다.
INFO	통화 중 신호 방식(mid-session signaling)에 사용하다.

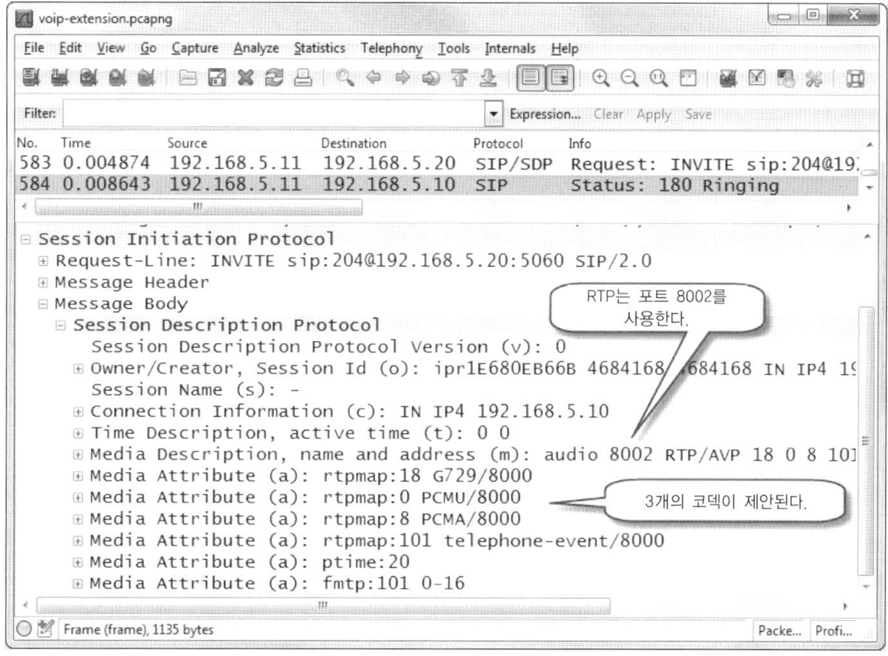

그림 330 SIP Invite 패킷은 사용할 RTP 포트를 정의하고 코덱을 제공한다. [voip-extension.pcapng]

✻ SIP 응답 코드

SIP 응답 코드는 다음과 같이 6개 그룹으로 분류된다.

- 1xx: **임시** 요청을 계속 처리하면서 요청을 수신한다.
- 2xx: **성공** 작업이 성공적으로 수신되고 이해되고 허용됐다.
- 3xx: **재지정** 요청 완료를 위해 추가 작업이 필요하다.
- 4xx: **클라이언트 에러** 요청 안에 잘못된 구문이나 서버에서 실행될 수 없는

구문이 포함돼 있다.

- **5xx: 서버 에러** 서버가 유효 요청을 실행하는 데 실패했다.
- **6xx: 전체 실패** 요청이 어떤 서버에서도 실행될 수 없다.

에러 응답 코드에 대한 필터 사용법은 'VoIP 트래픽 필터' 절을 참조하라. 다음 표는 가장 일반적으로 볼 수 있는 SIP 응답 코드를 보여준다. 전체 SIP 응답 코드는 www.iana.org/assignments/sip-parameters를 참조하라.

SIP 응답 코드	설명
100	시도
180	전화 울림(Ringing)
181	전화가 전송되고 있음
182	대기
183	세션 진행
199	초기 대화 종료
200	OK
202	허용됨(추천 사용)
204	경고 없음
300	다중 선택
301	영구 삭제
302	임시 삭제
305	프록시 사용
380	서비스 대체
400	잘못된 요청
401	승인되지 않음, 등록자에 한해 이용 가능, 프록시는 프록시 인증 407을 사용해야만 함
402	결재 요청(향후 사용을 위해 예약됨)
403	금지
404	찾을 수 없음, 사용자를 찾을 수 없음

(이어짐)

SIP 응답 코드	설명
405	허용되지 않는 메소드
406	허용 불가
407	프록시 인증 필요
408	요청 시간 초과, 해당 시간에 사용자를 찾을 수 없음
409	충돌
410	사라짐, 사용자가 존재했으나 더 이상 사용 불가
412	조건부 요청 실패 [RFC 3903]
413	요청 속성이 너무 큼
414	요청(너무 긴 URI)
415	지원되지 않는 미디어 타입
416	지원되지 않는 URI 제도
417	알려지지 않은 자원 우선순위 [RFC 4412]
420	잘못된 확장, 잘못된 SIP 프로토콜 확장이 사용돼 서버가 수용 불가
421	확장이 필요
422	세션 간격이 너무 작음
423	간격이 너무 짧음
428	식별자 헤더 사용 [RFC 4474]
429	조회 식별자 제공
430	흐름 실패 [RFC 5626]
433	익명 불허 [RFC 5079]
436	잘못된 식별자 정보 [RFC 4474]
437	지원되지 않는 인증서 [RFC 4474]
438	부적격 식별자 헤더 [RFC 4474]
439	첫 번째 홉은 외부로 나가는 지원 안 됨 [RFC 5626]
440	최대 폭 초과 [RFC 6086]
469	잘못된 정보 패키지 [RFC 6086]
470	합의 필요 [RFC 5360]

(이어짐)

SIP 응답 코드	설명
480	일시적인 사용 불가
481	전화/트랜잭션이 존재하지 않음
482	루프 감지
483	너무 많은 홉
484	불완전한 주소
485	모호함
486	바쁨
487	요청 종료
488	여기서는 허용되지 않음
489	잘못된 이벤트 [RFC 3265]
491	요청 보류
493	판단하기 어려움, S/MIME 본문 부분을 해독할 수 없음
494	합의된 보안 요구 [RFC 3329]
500	서버 내부 에러
501	실행되지 않음, SIP 요청 방법이 여기서는 실행되지 않음
502	잘못된 게이트웨이
503	서비스 이용 불가
504	서버 시간 초과
505	지원되는 버전이 아님, 서버는 SIP 프로토콜의 해당 버전을 지원하지 않음
513	너무 긴 메시지
580	사전 조건 실패 [RFC 3312]
600	모두 통화 중
603	거부
604	존재하지 않음
606	허용 불가

그림 302에서 보여주는 바와 같이 SIP statistics 윈도우를 보기 위해서는 Telephony ❯ SIP를 선택한다. 이 statistics 윈도우는 클라이언트 에러, 서버 에러,

전체적인 실패를 나타내는 SIP 응답을 식별하기 위한 가장 빠른 방법을 제공한다. 그림 331에서 SIP statistics 윈도우는 추적 파일에 두 개의 클라이언트 에러(488 Not Acceptable Here)가 있음을 나타낸다. 이는 공통 코덱을 정의할 수 없음을 나타낸다.

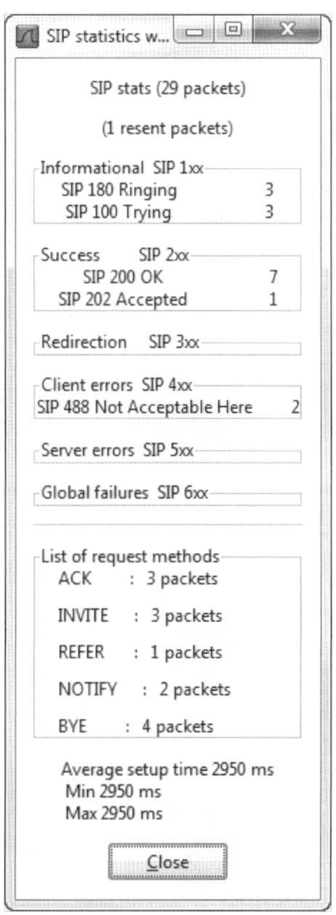

그림 331 와이어샤크 SIP Statistics 윈도우

RTP 트래픽 검사

RTP는 오디오, 비디오 같은 실시간 데이터나 멀티캐스트 또는 유니캐스트 네트워크 서비스에서 시뮬레이션 데이터를 위한 종단 대 종단 전송 기능을 제공한다. RTP(Real-time Transport Protocol)는 RFC 3550에 정의돼 있다. 그림 332는 VoIP 전화 데이터를 포함하는 RTP 패킷을 보여준다.

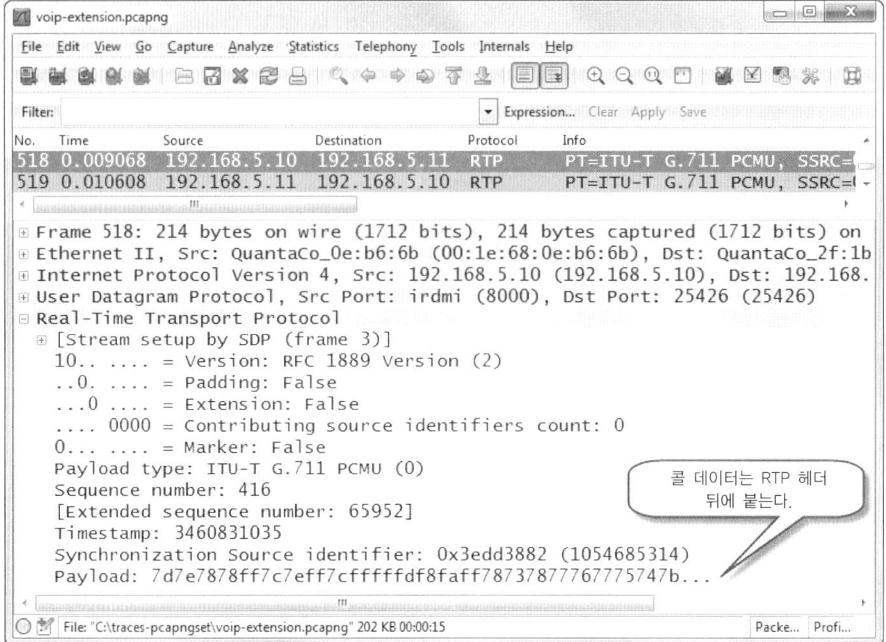

그림 332 RTP 패킷은 VoIP 통화를 전송한다. [voip-extension.pcapng]

RTP는 RTP 데이터 전달 모니터링을 허용하고 최소한의 제어와 식별 기능을 제공하기 위해 제어 프로토콜RTCP에 의해 보강된다.

그림 333은 RTCP 패킷을 보여준다. 5개의 RTCP 패킷 유형이 있다. 그림 333은 종료 패킷goodbye packet을 보여준다.

약어	이름	값
SR	송신자 보고	200
RR	수신자 보고	201
SDES	소스 설명	202
BYE	종료	203
APP	애플리케이션 정의	204

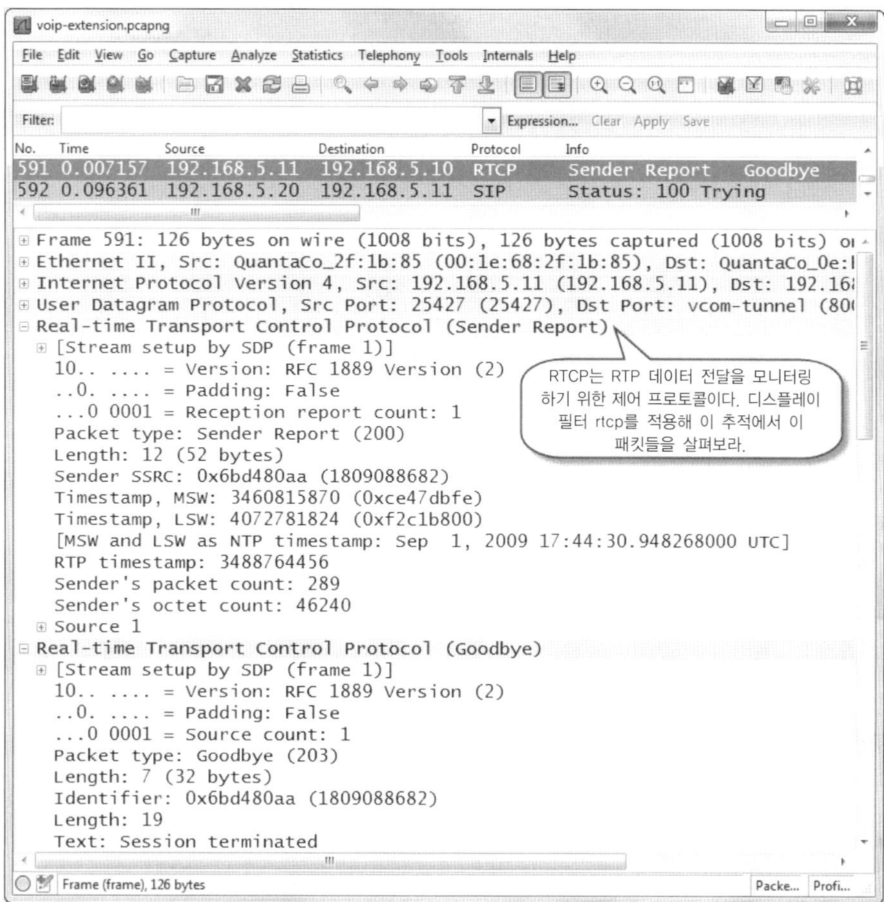

그림 333 실시간 전송 제어 패킷.[voip-extension.pcapng]

VoIP 대화 재생

VoIP RTP 스트림을 재생하기 위해 그림 334에서 보는 바와 같이 Telephony ❯ VoIP Calls를 선택한다. 통화를 선택(또는 Ctrl 키를 이용해 여러 전화를 선택)하고 Player를 클릭한다.

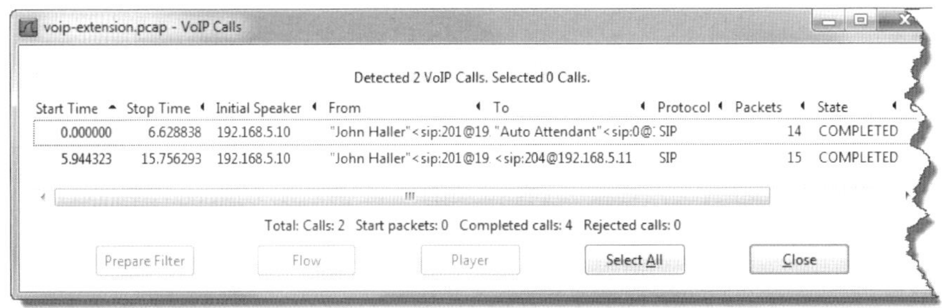

그림 334 와이어샤크는 추적 파일에서 VoIP 전화를 식별하고 분류한다.[voip-extension.pcapng]

그림 335에서 보는 바와 같이 VoIP 통화를 재생하기 전에 특정 지터 버퍼 설정을 에뮬레이션할 수 있다. 지터 버퍼 값을 낮추면 더 많은 패킷을 폐기한다. VoIP 통화를 보고 재생하기 위해 Decode 버튼을 클릭한다.

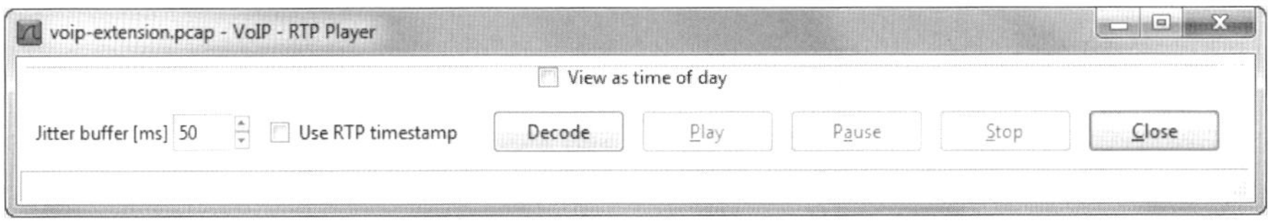

그림 335 VoIP 통화를 재생하기 전에 지터 버퍼 값을 변경할 수 있다. [voip-extension.pacpng]

RTP 플레이어는 감지된 각 스트림의 재생 영역을 포함하고 있다. 그림 336에서 두 개의 재생 영역을 볼 수 있다. 전화 통신의 각 방향, 지속, 거절, 틀린 순서와 잘못된 타임스탬프 정보가 각 재생 영역 아래에 나타나있다.

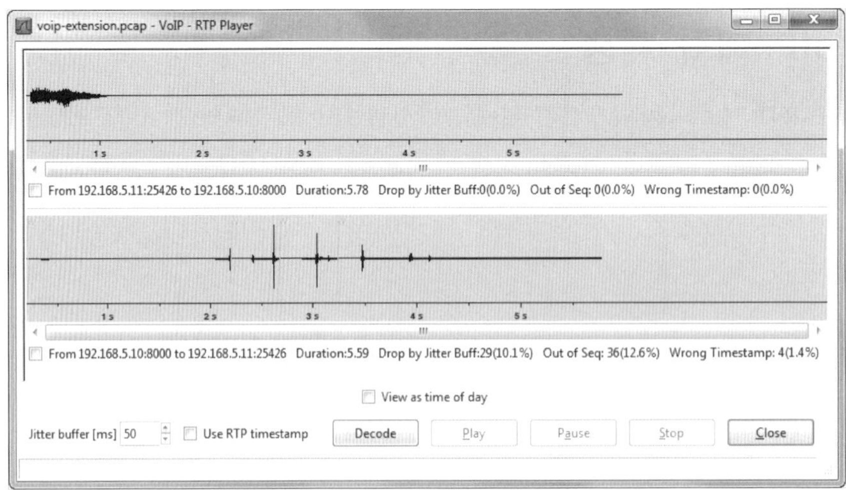

그림 336 와이어샤크는 G711 A-Law과 G711 u-Law RTP 스트림을 재생할 수 있다. [voip-extension.pcapng]

관심 있는 스트림의 Form 영역 다음에 있는 checkbox를 클릭하고 Play를 클릭해서 VoIP 통화 내용을 들어보라. 와이어샤크가 VoIP 전화에 에러가 있다고 나타내면 재생하는 동안에 이들 에러의 품질 문제를 들을 수 있을 것이다.

플레이어 마커 정의

와이어샤크의 RTP 플레이어는 X축상에 날짜 시간을 사용할 수 있고,마커를 이용해서 통화 중에 언제 특정 문제가 나타나는지를 표시할 수 있다.

다음은 3개의 마커를 정의한 RTP 플레이어[4]에 대한 와이어샤크 코드 일부를 보여준다.

```
if (status==S_DROP_BY_JITT) {
gc = red_gc;
} else if (status==S_WRONG_TIMESTAMP) {
gc = amber_gc;
} else if (status==S_SILENCE) {
gc = white_gc;
} else {
gc = rci->draw_area->style->black_gc;
}
```

붉은색 선을 이용해서 지터 버퍼에 의해 폐기된 패킷을 나타냈다. 노란색 선으로 패킷의 잘못된 타임스탬프를 나타냈고, 흰색 선으로는 재생 시 음성 없음을 나타냈다. 기본 재생 선의 색은 검은색이다.

VoIP 프로파일 생성

효율적인 VoIP 분석과 문제점 해결을 위해 VoIP 프로파일 생성을 고려해야 한다. VoIP 프로파일은 다음과 같은 요소를 포함할 수 있다.

- 'Seconds Since Previous Displayed Packet'를 위한 시간 칼럼 설정
- 서비스 설정의 트래픽 품질을 식별하는 IP DSCP^Differentiated Services Code Point^ 칼럼 추가

---

4. anonsvn.wireshark.org/viewvc/에서 이 코드를 볼 수 있다. 보고 싶은 trunk 디렉터리를 선택한 후 gtk 디렉터리를 클릭해서 rtp_player.c 파일을 찾아보라.

- 재전송하는 모든 SIP를 컬러화
- 399보다 큰 모든 SIP 응답 코드를 컬러화

VoIP 트래픽 필터

VoIP 트래픽만을 수집하려면 SIP에서 사용하는 포트(예를 들면 `udp.port=5060`)를 기반으로 수집 필터를 생성할 수 있다. 그러나 RTP에서 사용하는 포트 번호를 모를 수도 있다. 이때는 SIP와 RTP가 UDP로 전송된 후부터 모든 UDP 트래픽(udp)에 대한 수집 필터를 생성하는 것이 최선일 수 있다. 예를 들어 그림 330에서는 RTP 통신에 대해 8002 포트를 선택했다. 그림 327에서는 RTP 통신에 대해 25,426 포트를 선택했다.

VoIP 디스플레이 필터는 프로토콜이나 프로토콜 트래픽 내의 특정 필드를 기반으로 할 수 있다. 다음 표는 여러 가지 가능한 VoIP 디스플레이 필터를 보여준다.

디스플레이 필터	설명
sip	SIP 트래픽만
rtp	RTP 트래픽만
rtcp	실시간 전송 제어 프로토콜(TRCP)
sip.Method == "INVITE"	SIP 초청[5]
sip.Method == "BYE"	SIP 연결 종료
sip.Method == "NOTIFY"	SIP 알림 패킷
sip.Status-Code 〉 399	클라이언트나 서버 또는 전체적인 실패를 나타내는 SIP 응답 코드
sip.resend == 1	SIP 패킷이 재전송될 때 감지[6]
rtp.p_type == 0	페이로드 타입을 위한 G.711 코덱 정의

(이어짐)

5. 대부분의 와이어샤크 디스플레이 필터는 필터 이름에 소문자를 사용한다. 드물기는 하지만 SIP 필드 일부에서는 몇 개의 대문자를 사용하기도 한다.

6. 아주 유용한 이 제안은 와이어샤크 개발 핵심 인물 중의 한 사람인 Martin Mathieson이 해준 것으로, 그는 이것을 '서버가 멈췄거나 서버가 오버로드됐다는 첫 번째 사인 :).'으로 사용한다. "Martin 멋진 제안이야!"

디스플레이 필터	설명
rtpevent.event_id == 4	이중 톤 다중 주파수 전화 키패드에서 4를 눌렀음
(sip.r-uri.user == "0")	SIP 패킷은 운영자(0) 또는 운영자(0)를 위한 ACK를 가진 세션을 확립하는 데 사용
rtcp.pt == 200	RTCP 송신자 보고

사례 연구: VoIP 톤 손실

제출자 Sean Walberg
네트워크 엔지니어

DTMF 문제점 해결은 신호 방식과 음성 트래픽 사이의 일반적인 경계를 넘나들면서 이뤄진다. 나는 호출자로부터 메시지를 수신하고 나서 사전에 구성된 기술자 전화번호 목록상의 기술자에게 전화를 하는 IVR Interactive Voice Response 시스템인 애플리케이션을 작성했다. 누군가 대답하면 메시지는 재생되고 기술자는 '1'번 키를 눌러 메시지에 대해 확인응답을 해야만 한다. 애플리케이션은 광범위한 테스트를 거쳤지만, 생산을 시작한 첫 날 밤에 일부 기술자가 불평을 했다. 한 명의 기술자가 메시지를 확인한 뒤에도 목록에 있는 다음 사람에게 다시 전화가 걸린다는 내용이었다.

전화가 IP 전화를 사용하는 운영 데스크로 가면 번호는 잘 수집됐다. 그래서 처음 든 생각은 휴대 전화를 사용했을 경우에 이런 문제가 생길 것이라는 점이었다. 사실 유선 전화도 문제가 있었다. 오직 IP 전화만 작동되는 것 같았다.

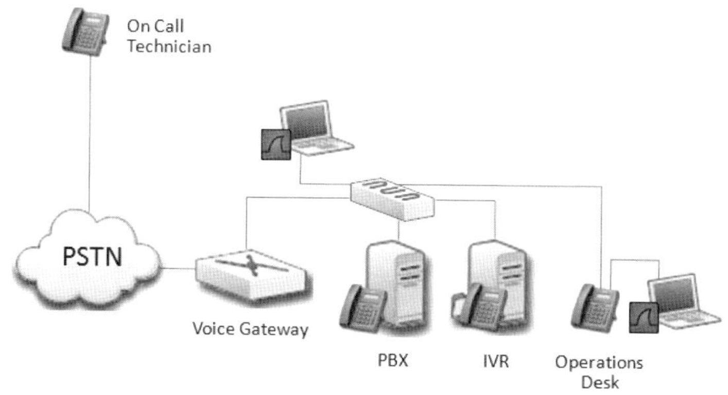

이 시점에서 나는 사람들의 통화 패킷 추적을 수집하고 시스템에 의해 만들어지는 그다음 통화를 수집하기 시작했다. 와이어샤크는 운영 데스크 IP 전화(연결된 PC에 전화를 연결해)와 음성 게이트웨이의 이더넷 포트(SPAN 세션을 통하는)의 추적을 수집했다. 다양한 컴포넌트들 사이의 모든 시그널링 때문에 네트워크 가장자리에서 출발해 안쪽으로 가는 것이 가장 쉽기 때문이다.

동작하지 않는 통화의 VoIP 게이트웨이 수집을 시작해 추적 파일의 모든 통화를 보기 위해 Telephony ▶ VoIP Calls를 적용한 다음, IVR부터 전화까지의 통화를 선별했다. 여기에 나는 시그널링과 RTP 트래픽이 어디로 가는지를 눈으로 볼 수 있게 Graph 버튼을 클릭했다. 이 시점에서 추적이 잘 됐다는 것을 확실히 하고 싶었다. 그래서 게이트웨이, PBX, IVR, 음성 트래픽 사이의 시그널링을 보고 싶었다. 추적은 잘 됐다. 그래서 창을 닫았고 재생 버튼을 눌러 통화 내용을 재생했다.

통화는 깨끗했고 DTMF 전화번호가 눌리는 것을 들을 수 있었다. 그러고 나서 잘 동작되는 IP 전화에 대해서도 동일하게 작업을 했다. 신기하게도 전화번호 대신 클릭을 들었다. 통화 그래프로 돌아가서 RTP 스트림에서 전화번호를 위한 톤tone 대신 대역 외로 보내진 H.245 User Input 패킷을 볼 수 있었다. 제대로 작동하지 않은 전화에서는 그런 일이 없었다. 그 번호는 대역 안에서 재생됐기 때문이다. 그리고 누군가 통화하고 있는 곳의 추적을 보기위해 되돌아갔고 그들도 또한 많은 대역 외 신호 방식을 갖고 있었다.

이를 염두에 두고 IVR 시스템 매뉴얼을 보며 골똘히 생각하기 시작했고 마침내 DTMF 전화번호에서는 대역 외 신호 방식을 요구했다는 것을 발견했다. 이 후 IVR이 DTMF 릴레이를 사용하지 않는 PSTN로 전화를 걸었는지 아닌지를 알아내기 위해 음성 게이트웨이에서 디버깅만 하면 문제를 해결할 수 있게 된 것이다. 전화가 게이트웨이에서 IVR로 오면 릴레이가 사용됐다. IP 전화에서 IVR로의 통화에 대해서는 장치가 릴레이를 디폴트로 협상하게 하면 된다.

정리

VoIP 트래픽은 통화 설정 트래픽(신호 방식 트래픽)과 통화 트래픽 자체로 구성돼 있다. SIP는 통화 설정에 사용되는 프로토콜의 예이고, RTP는 실제 VoIP 통화에 사용되는 프로토콜의 예다.

SIP는 UDP 또는 TCP 포트 5060번상에서 동작할 수 있다. UDP상에서 SIP가 동작하는 것이 일반적이지만, 일부 제조업체는 TCP에서 동작하는 SIP를 지원한다.

일반적인 SIP 통화 설정은 Invite, 100 Trying, 180 Ringing, 200 OK, ACK 순서로 이뤄진다. 399보다 큰 SIP 응답 코드는 클라이언트 에러, 서버 에러, 또는 전체적인 실패를 나타낸다. 와이어샤크의 SIP 통계는 이런 에러를 쉽게 탐지하는 데 사용할 수 있다.

RTP는 음성 통화 자체를 전송한다. 와이어샤크는 암호화되지 않은 VoIP 대화를 들을 수 있는 RTP 플레이어를 갖고 있다. 와이어샤크가 통화 트래픽을 인식하지 못하면 Try to decode RTP out of conversations를 활성화하거나 RTP 트래픽이 확실할 경우 RTP 분석기에서 Decode As를 사용한다. RTP는 RTP 데이터 전달 시스템을 모니터링하기 위한 RTCP에 의해 보강된다.

통화 대역폭 요구 사항은 통화에 사용된 코덱을 기반으로 하기 때문에 다양하다. 통화 대역폭 요구 사항과 코덱은 SIP 통신에 정의돼 있다.

패킷 손실, 지터, 비동기 QoS 설정은 VoIP 통신에 부정적인 영향을 미칠 수 있다. 지터는 패킷율의 변화다. 비동기 QoS 설정은 IP 헤더의 DSCP 필드에 칼럼을 추가함으로써 탐지할 수 있다.

학습한 내용 복습

이 책의 웹사이트인 www.wiresharkbook.com의 다운로드 섹션에서 추적 파일을 다운로드한다. VoIP 분석 스킬을 연습하기 위해 추적 파일을 열어 아래의 질문에 대답하시오.

voip-extension.pcapng	이 VoIP 통신은 SIP 통화 설정 프로세스로 시작한다. 이 통화는 VoIP 서버(운영자)로 향하고 있다. 추적 파일의 뒷부분에서 사용자는 내선 번호 204를 입력한다. 이는 단지 테스트 전화다. 패킷 1부터 시작하는 SIP 대화를 Color 1로 컬러화하라. 패킷 4부터 시작하는 RTP 대화를 Color 2로 컬러화하라. 추적 파일의 뒷부분에 다른 대화가 있는가? 내선 번호 204는 VoIP 서버를 통하는가 아니면 전화기로 바로 통하는가? 운영자에게 가는 통화를 재생하라. 운영자에게 연결할 때 사용자는 무엇을 듣는가? IP DSCP 값을 위한 칼럼을 추가하라. 양쪽 방향 트래픽이 모두 동일한 DSCP 값을 사용하는가?

(이어짐)

voip-extension2downata.pcapng	이 VoIP 통화를 재생하라. 사용자가 듣는 메시지는 무엇인가? 이 경우 통화 목표 측의 아날로그 전화 어댑터는 꺼진다. 399보다 큰 모든 SIP 응답 코드를 식별할 수 있는 VoIP 에러 컬러링 규칙을 생성하라. 이 추적 파일에서 컬러링 규칙을 테스트하라. 4개의 패킷이 컬러링 규칙과 일치할 것이다.

연습문제

Q27.1 SIP의 목적은 무엇인가?

Q27.2 RTP의 목적은 무엇인가?

Q27.3 와이어샤크가 SIP 트래픽을 볼 수 없고 VoIP 통화를 식별 할 수 없다면 어떻게 구성을 변경해야만 하는가?

Q27.4 지터란 무엇인가?

Q27.5 와이어샤크의 RTP Stream Analysis 윈도우에서 wrong sequence number의 이유는 무엇인가?

Q27.6 SIP 트래픽에 사용되는 기본 포트는 무엇인가? RTP 포트 번호는 어디에 정의돼 있는가?

Q27.7 sip.Status-Code 〉 399 필터를 사용해 표시되는 패킷 유형은 무엇인가?

Q27.8 VoIP 트래픽에서 QoS 문제를 찾을 때 패캇 목록 창에 추가하는 유용한 칼럼은 무엇인가?

Q27.9 모든 SIP 트래픽을 수집하는 데 사용되는 수집 필터는 무엇인가?

연습 문제 답

Q27.1 SIP의 목적은 무엇인가?

A27.1 SIP)은 통화 설정 및 해지를 위한 신호 방식 프로토콜이다.

Q27.2 RTP의 목적은 무엇인가?

A27.2 RTP(Realtime Transport Protocol) 음성 통화 자체를 전송한다.

Q27.3 와이어샤크가 SIP 트래픽을 볼 수 없고 VoIP 통화를 식별 할 수 없다면 어떻게 구성을 변경해야만 하는가?

A27.3 와이어샤크가 통화를 전송하는 RTP 스트림을 식별할 수 없다면 Edit ❯ Preferences ❯ RTP의 Try to Decode RTP Outside of Conversations를 활성화하는 것을 고려해봐야 한다.

Q27.4 지터란 무엇인가?

A27.4 지터는 패킷율에서 변화량이다.

Q27.5 와이어샤크의 RTP Stream Analysis 윈도우에서 wrong sequence number의 이유는 무엇인가?

A27.5 패킷 손실이나 잘못된 패킷은 RTP Stream Analysis 윈도우에서 wrong sequence number를 표시하게 된다.

Q27.6 SIP 트래픽에 사용되는 기본 포트는 무엇인가? RTP 포트 번호는 어디에 정의돼 있는가?

A27.6 기본 값 SIP 포트는 5060번(UDP 또는 TCP 상에서)이다. SIP 패킷 미디어 속성 절에 RTP 스트림이 동작하는 포트 번호를 나타내고 있다.

Q27.7 sip.Status-Code 〉 399 필터를 사용해 표시되는 패킷 유형은 무엇인가?

A27.7 이 필터를 사용한다면 모든 SIP 클라이언트 에러, 서버 에러, 전체적인 실패를 수집하게 된다.

Q27.8 VoIP 트래픽에서 QoS 문제를 찾을 때 패킷 목록 창에 추가하는 유용한 칼럼은 무엇인가?

A27.8 QoS 문제점을 식별할 때 VoIP 통화 설정과 통화 데이터 트래픽의 우선 설정을 검사하기 위해 DSCP 칼럼을 추가한다.

Q27.9 모든 SIP 트래픽을 수집하는데 사용되는 수집 필터는 무엇인가?

A27.9 UDP 상의 모든 SIP 트래픽을 수집하기 위해서 udp port 5060 수집 필터를 사용할 수 있다. VoIP 솔루션이 TCP 상에서 동작하는 SIP를 사용한다면 UDP 상에서 동작하는 모든 SIP 트래픽을 수집하기 위해서 tcp port 5060 수집 필터를 사용하라.

'정상' 트래픽 패턴 베이스라인

와이어샤크 공인 네트워크 분석가 시험에서 다루는 내용

- 베이스라인의 중요성 이해
- 브로드캐스트, 멀티캐스트 유형 및 비율 베이스라인
- 프로토콜 및 애플리케이션 베이스라인
- 부트업 순서 베이스라인
- 로그인/로그아웃 순서 베이스라인
- 유휴 시간 동안 트래픽 베이스라인
- 애플리케이션 시작 순서와 중요 작업 베이스라인
- 웹브라우징 세션 베이스라인
- 이름 변환 세션 베이스라인
- 처리율 테스트 베이스라인
- 무선 연결성 베이스라인
- VoIP 통신 베이스라인

- 사례 연구: 로그인 로그 잼
- 사례 연구: SAN 연결 해제 해결
- 정리
- 학습한 내용 복습
- 연습문제와 답

28장에서 참조한 추적 파일

- app-zonealarm-update.pcapng
- dns-misc.pcapng
- icmp-traceroute-normal.pcapng
- sec-clientdying.pcapng
- smtp-normal.pcapng

베이스라인의 중요성 이해

베이스라인 작업은 네트워크의 '정상' 통신을 기술하는 일련의 추적 파일을 만드는 과정이다. 네트워크 문제나 보안 문제가 발생하기 전에 베이스라인을 만들어 비정상 네트워크 활동 식별 속도를 높일 수 있다. 궁극적으로 베이스라인은 효과적이고 효율적으로 문제점을 해결할 수 있게 한다.

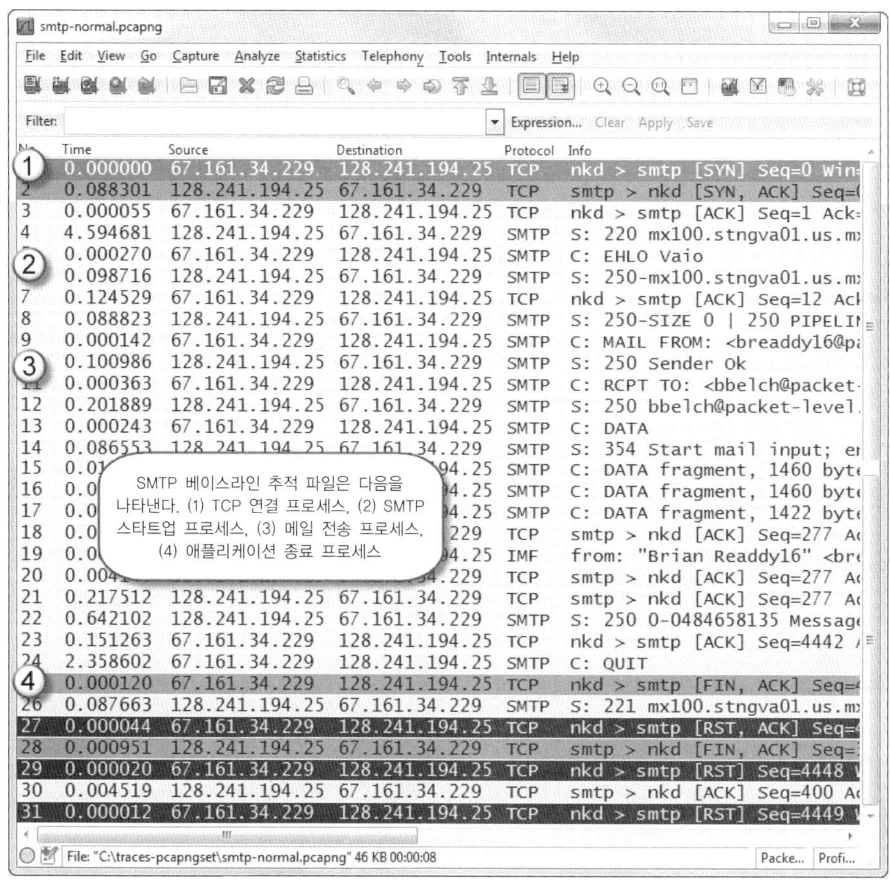

그림 337 SMTP 베이스라인 추적 [smtm-normal.pcapng]

그림 337은 SMTP 베이스라인 추적을 보여준다. TCP 핸드셰이크를 보면 왕복 시간이 8ms를 조금 넘는다는 점과 mx100.stngva01.us.mxservers.net로 연결하고 있음을 알 수 있다(smtp-normal.pcapng를 조사해서 전체 패킷 내용을 살펴보라). 서버와 클라이언트는 강화된Enhanced SMTP와 인증된 로그인을 지원한다. 이 베이스라인에 대한 요약 정보는 초당 평균 바이트 비율이 대략 1,490이란 것을 보여준다.

베이스라인 프로세스에는 추적 파일보다 더 많은 내용이 들어 있다. 이 프로세스에는 클라이언트나 서버의 스크린 이미지와 요약 데이터, IO 그래프 정보, 네트워크 지도를 포함시킬 수 있다.

베이스라인을 이용하는 한 가지 방법은 문제 네트워크에서 정상 트래픽 패턴을 식별하는 것이다. 예를 들어 어느 날 한 사용자가 성능에 대해 불평한다면 당신은 현재 트래픽의 추적 파일을 취할 수 있다. 베이스라인 추적 파일을 참조해서 '정상' 트래픽을 필터링해서 골라낼 수 있고, 비정상 트래픽을 집중해서 살펴볼 수 있다. 이렇게 하면 문제를 해결하는 시간을 현저히 줄일 수 있다.

보안 침해가 발생할 경우 정상 프로토콜, 애플리케이션과 트래픽 패턴을 알아볼 수 있다면 비정상 통신을 쉽게 구별하는 데 도움이 된다. 예를 들어 사용자의 호스트가 IRC를 절대 사용하지 않는데, 어느 날 갑자기 이와 관련된 트래픽을 발견하게 된다면 호스트는 봇에 감염된 것일 수 있다. 트래픽을 더 분석해보면 어느 봇인지를 밝힐 수 있고, 이런 봇을 어떻게 다뤄야 하는지 도움을 줄 수 있다.

다음 절에서는 수집하려는 베이스라인 정보의 예를 제공한다. 하지만 사용자의 베이스라인은 다를 수 있기 때문에 이것이 완전한 목록은 아니다.

✻ 브로드캐스트, 멀티캐스트 유형과 비율 베이스라인

브로드캐스트와 멀티캐스트를 베이스라인으로 처리해서 트래픽이 갑자기 증가하는 것을 식별하거나 수동적인 방법으로 네트워크의 새로운 호스트를 식별한다.

- 누가 브로드캐스트하고 있는가?
- 어떤 애플리케이션이 브로드캐스트를 사용하고 있는가?
- 초당 패킷에서 일반적인 브로드캐스트 비율은 무엇인가?
- 누가 멀티캐스트하고 있는가?
- 어떤 애플리케이션이 멀티캐스트하고 있는가?
- 초당 패킷에서 일반적인 멀티캐스트 비율은 무엇인가?

✻ 프로토콜과 애플리케이션 베이스라인

네트워크에서 정상 프로토콜 및 애플리케이션의 베이스라인을 생성하면 이상이 있는 호스트를 찾는 데 도움이 된다. 예를 들어 호스트가 침해된 것으로 의심이 된다면 현재 트래픽의 추적 파일과 자신이 가진 베이스라인을 비교할 수 있다. 네트워크가 정상적으로 IRC나 TFTP 트래픽을 지원하지 않는다면 그림 338에서와 같은 Protocol Hierarchy 윈도우 상태가 보일 경우 걱정을 해야 할 것이다.

- 어떤 애플리케이션이 네트워크에서 동작 중인가?
- 이 애플리케이션에서 사용 중인 프로토콜은 무엇인가?
- 사용 중인 UDP 포트는 무엇인가?
- 사용 중인 TCP 포트는 무엇인가?
- 사용 중인 라우팅 프로토콜은 무엇인가?
- 라우팅 업데이트 프로세스는 어떻게 보이는가?
- 어떤 ICMP 트래픽이 네트워크에 보이는가?

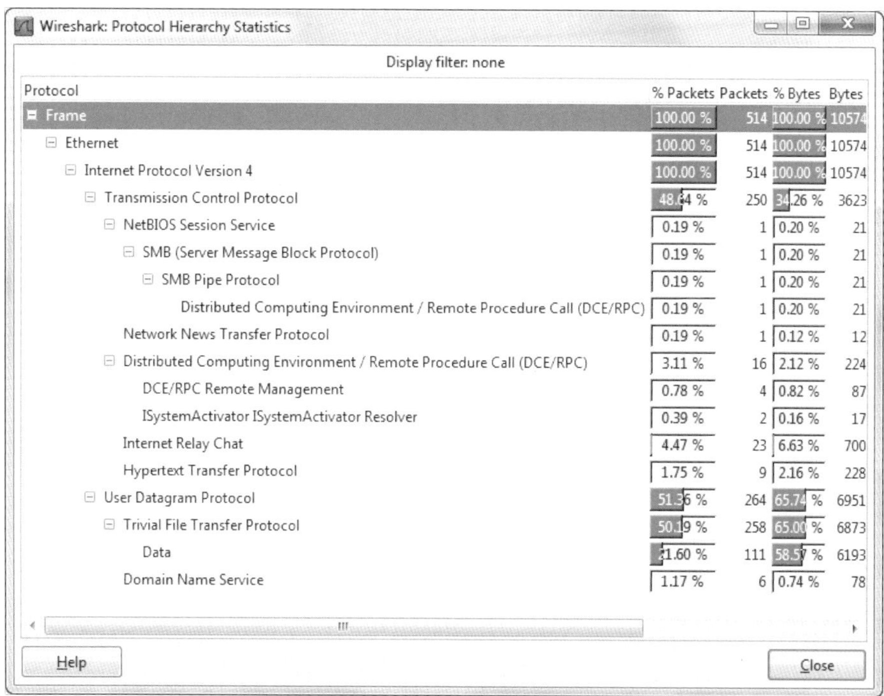

그림 338 이 네트워크는 보통 IRC, TFTP 트래픽을 갖고 있지 않다는 것을 알고 있다. [sec-clientdying.pcapng]

✻ 부트업 순서 베이스라인

부트업 순서 분석은 남은 시간 동안의 순서가 클라이언트 일반 설정과 성능을 설정하기 때문에 중요하다. 부트업 베이스라인은 네트워크에서 새로운 부트업 프로세스가 실행될 때 성능 변화를 찾을 수 있게 도와줄 수 있다. 또한 부트업 순서를 주기적으로 검사할 것을 권장한다.

- 초기 DHCP 시작 순서(중계 에이전트, 매개변수 요청)에 무엇인 포함돼 있는가?
- 시작 순서 동안 어떤 애플리케이션이 트래픽을 생성하는가?

이 절에 수록된 대부분의 다른 베이스라인과는 달리 이 베이스라인은 와이어샤크가 실행되는 호스트로 들어오고 나가는 트래픽에 기반을 두고 수집할 수 없다. 사용자는 기존 네트워크 연결에 접근(가능한 가까운 클라이언트에 접근)해서 수집을 시작하고 베이스라인 호스트를 부트업해야만 한다.

✻ 로그인/로그아웃 순서 베이스라인

로그인 순서는 새로운 설정을 할 때마다(설정하기 전의 실험 환경에서도 마찬가지) 베이스라인을 만들어야 한다. 이는 무엇이 '정상'이고 허용할 수 있는 상황인지를 판단할 수 있게 도움을 주고, 이 중요한 프로세스에서의 작거나 큰 변화가 주는 효과를 이해하는 데 도움을 준다.

- 로그인 동안 어떤 검색 프로세스가 구동되는가?
- 어떤 서버가 클라이언트에 연결되는가?
- 로그인 동안 어떤 프로세스를 볼 수 있는가?
- 일반적은 로그인에 필요한 패킷 수는?
- 로그인에 종속된 것이 있는가?

이 베이스라인은 와이어샤크를 실행하고 있는 호스트의 트래픽을 기반으로 수집할 수 없다. 기존 네트워크 연결에 접근(최대한 가까운 클라이언트네 접근)해서 와이어샤크를 이용해 수집을 시작한 뒤에 베이스라인 호스트로부터 네트워크에 로그인해야만 한다.

✻ 유휴 시간 동안 트래픽 베이스라인

유휴 시간 동안(아무도 호스트를 사용하지 않을 때) 호스트로 오가는 트래픽 흐름을 관찰하는 것은 자동으로 발생하는 백그라운드 트래픽(호스트에 로딩된 애플리케이션에 의해 트래픽이 생성)을 식별하기 위해 매우 중요하다.

- 유휴 시간 동안 어떤 프로토콜이나 애플리케이션을 볼 수 있는가?
- 어떤 호스트가 연결됐는가(IP 주소, 호스트 이름)?
- 유휴 트래픽 발생 빈도는 얼마인가?
- 추적 파일에서 이 트래픽을 제거할 때 필터링할 수 있는 이 트래픽의 특징은 무엇인가?

✻ 애플리케이션 시작 순서와 중요 작업 베이스라인

네트워크의 중요 애플리케이션 또한 베이스라인을 만들어야 한다. 애플리케이션 베이스라인의 첫 번째 부분은 애플리케이션 시작에 초점이 맞춰져 있다. 그렇게 하는 이유는 상호 의존성을 파악하고 사용된 일반적인 포트, 시작 절차를 식별하고자 하기 때문이다. 중요 작업은 어떻게 동작하고 일반적인 응답 시간이 무엇인지를 알기 위해 다음과 같은 베이스라인을 지켜야만 한다.

- 애플리케이션에 의존하는 검색 프로세스는 무엇인가?
- 이 애플리케이션은 TCP 기반인가 UDP 기반인가?
- TCP 기반이라면 어떤 TCP 옵션을 핸드셰이크 패킷에 설정해야 하는가?
- 애플리케이션이 사용하는 포트는 무엇인가?
- 애플리케이션이 시작될 때 연결되는 호스트는 무엇인가(상호 의존성)?
- 시작이 완료될 때까지 얼마나 많은 패킷이 생성되고 얼마나 많은 시간이 소요되는가?
- 시작 순서 동안 IO 비율은 얼마인가?
- 애플리케이션 유휴 시간 동안 무슨 일이 일어나는가?
- 평문에서 볼 수 있는 로그인 부분이 있는가?
- 애플리케이션 시작 동안 왕복 지연은 얼마인가?

- 애플리케이션 시작 동안 실패나 재시도가 있는가?
- 요청 요구 시 서버 지연이 있는가?
- 요청 전에 클라이언트 지연이 있는가?
- 시작 동안 패킷 손실, 재전송 패킷이 있는가?
- 개별적으로 중요 작업을 분석(애플리케이션 기반)

✻ 웹 브라우징 세션 베이스라인

일반적인 특징과 지연 시간을 결정하기 위해 가장 인기 있는 웹 호스트에 대한 웹 브라우징 세션 베이스라인을 생성한다. 이런 프로세스는 다음에 정의된 이름 변환 name resolution 베이스라인 프로세스와 밀접한 관계가 있다.

- 변환에 사용되는 브라우저는 무엇인가?
- 이름 변환 프로세스를 위한 목표는 무엇인가?
- 이름 변환 응답 시간은 무엇인가?
- 클라이언트와 목표 서버 사이 왕복 지연 시간은 얼마인가?
- 페이지 요청에 대한 애플리케이션 응답 시간은 얼마인가?
- 웹 브라우징 세션동안 어떤 호스트와 통신하는가?
- 추적 파일에 HTTP 에러가 있는가?

✻ 이름 변환 세션 베이스라인

이름 변환 프로세스 동안 생기는 문제점은 성능에 중요한 영향을 미칠 수 있다. 미래의 추적 파일과 비교하기 위해 이런 프로세스의 베이스라인을 만드는 것은 이름 변환 성능 문제의 원인을 식별하는 데 도움을 줄 수 있다.

- 테스트 이름 변환 프로세스에 사용되는 애플리케이션은 무엇인가?
- 해결된 이름과 유형은 무엇인가?
- 목표 네임 서버의 IP 주소는 무엇인가?
- 이름 변환 프로세스 동안 왕복 응답 시간은 얼마인가?

✻ 처리율 테스트 베이스라인

처리율 테스트를 수행하기 위해서는 iPerf 같은 애플리케이션을 사용해보라. IO 비율 그래프와 이미 발생한 성능 문제를 발견하기 위한 테스트를 수행하는 동안 추적 파일을 수집한다.

- 처리율 테스트를 수행하는 데 사용된 애플리케이션은 무엇인가?
- 호스트 1과 호스트 2의 설정은 무엇인가?
- 처리율 테스트에 사용된 패킷 크기는 얼마인가?
- 테스트에 사용된 전송은 무엇인가?
- 호스트 1에서 호스트 2까지의 초당 Kbyte율은 얼마인가?
- 호스트 2에서 호스트 1까지의 초당 Kbyte율은 얼마인가?
- 각 방향에서 패킷 손실률은 얼마인가?
- 각 방향의 지연(측정 가능하다면)은 얼마인가?
- 처리율 테스트로부터 IO 그래프를 저장하시오.

✻ 무선 연결성 베이스라인

WLAN을 설치하기 전에 사이트를 조사하는 것은 중요하다. 네트워크의 WLAN 트래픽 베이스라인은 나중에 문제점을 식별하고 해결하는 데 도움을 줄 수 있다.

- 패킷 수집 지점은 어디인가?
- 어떤 패킷이 AP 접속 설정과 관련이 있는가?
- 어떤 방식의 암호화가 사용되는가?
- WLAN 재시도가 있는가?(재시도 비트에서의 필터)
- 비콘률은 얼마인가(비콘 필터를 갖는 IO 그래프)?
- Statistics ❯ WLAN Traffic의 베이스라인 정보를 복사하고 저장하라.

✻ VoIP 통신 베이스라인

기본적인 VoIP 트래픽 패턴을 이해(통화 설정과 실제 통화 프로세스를 포함)할 수 있다면 추후에 비교 분석을 신속하게 할 수 있다. 지터율, 패킷 손실률, 통화 설정 절차에 초점을 맞춰라.

- 통화 설정 과정에 무슨 프로토콜을 사용했는가?
- 통화 설정 과정 동안 왕복 지연 시간은 얼마인가?
- 평균 통화 설정 시간은 얼마인가(Telephony ➤ SIP)?
- 압축에 어떤 코덱을 사용하는가(예를 들면 페이로드 유형 G.711)?
- 와이어샤크는 추적 파일에서 VoIP를 탐지했는가(Telephony ➤ VoIP)?
- SIP 오류 응답이 있는가(Telephony ➤ SIP)?
- 지터율은 얼마인가?
- 통신에서 패킷 손실이 있는가(Telephony ➤ RTP ➤ Stream Analysis)?

사례 연구: 로그인 로그 잼

한 고객은 로그인 순서가 70,000개 이상의 패킷을 요구한다는 것을 알고 놀랐다. 그들은 로그인 과정이 느리다고 느꼈지만, 아침 시간에 서버에 연결되는 수가 늘어나서 문제가 생긴다고 생각했다.

로그인 프로세스가 느려진 원인은 로그인 프로세스 완료 전에 교환되는 높은 패킷률 때문이었다.

업데이트 프로세스 동안 클라이언트의 로밍 프로파일이 제대로 설정되지 않아 원래 호스트 캐시에 있는 많은 폰트와 데이터를 다운로드했다. 클라이언트가 로그인할 때 복제돼 다운로드되는 이들 데이터는 원래 이미지 상태로 돼 있어서는 안 되는 데이터다.

트래픽에 대해 연구한 후 로그인 프로세스를 높이기 위해 프로파일에서 제외할 요소 목록을 만들었다. 사용자는 실제로 변화를 인식하고 IT 부서에는 큰 충격이었다고 말했다.

사례 연구: SAN 연결 해제 해결

제출자 Robert M.

제록스 사 네트워크/연결 팀 수석

나는 최근 필드 기술자로 하여금 SMB 프로토콜을 사용하는 SAN[Storage Area Network] 디바이스에서 지속적인 문서 스캔에 실패하는 다기능 프린터[Multifunction Printer]의 네트워크 추적 파일을 수집하게 했다.

필드 기술자는 나에게 두 개의 추적 파일을 보내왔다. 하나는 윈도우 워크스테이션에서의 실패 프로세스이고, 다른 하나는 성공한 스캔이었다.

프린터와 목적지 사이에 통신된 트래픽만 골라내기 위해 정렬을 한 뒤에 프린터가 SMB 연결을 협상하고 목적지 폴더에 대한 접근을 요청할 수 있다는 것을 알았다. 프린터는 SAN으로부터 긍정적인 SMB 응답을 받은 후 즉시 TCP FIN을 보냈다.

나는 워크스테이션에서 제대로 동작하는 것과 SAN의 SMB 응답을 비교했고 SMB 헤더에 있는 Tree Connect ANDX Response 마지막 줄에서 파일 시스템 타입(이 경우에서는 NTFS)을 알리는 데 실패했음을 알았다.

프린터는 SAN과 통신을 할 때 사용할 파일 시스템에 대한 확신이 없기 때문에 연결을 종료했다.

두 파일을 비교해서 고객이 가진 문제점을 해결할 수 있었다. 문제를 해결하기 위해서는 SAN 설정을 변경할 필요가 있었다.

정리

베이스라인은 네트워크가 잘 동작하고 있을 때 만들어져야 한다. 이런 베이스라인은 성능 문제나 보안 문제점이 의심될 때 비교 분석 세션에 사용될 수 있다. 사용자는 네트워크의 정상[usual] 트래픽을 알지 못한다면 비정상[unusual] 트래픽을 식별할 수 없다.

학습한 내용 복습

28장에서는 사용자가 당장 만들어야 할 다양한 베이스라인을 수록했다. 다음과 같은 베이스라인을 만들기 위해 트러블슈팅에 대한 관심은 잠시 잊고 베이스라인 세트를 구성해보라. 이들을 만들 때 베이스라인을 off로 표시하라.

- □ 브로드캐스트와 멀티캐스트
- □ 일반적인 프로토콜과 애플리케이션(수많은 호스트로부터 수집)
- □ 일반적인 부트업 순서
- □ 로그인 순서
- □ 로그아웃 순서
- □ 유휴 시간 트래픽
- □ 애플리케이션 시작 순서(각 애플리케이션에 대한 하나의 추적 파일)
- □ 애플리케이션 중요 작업(각 작업에 대한 하나의 추적 파일)
- □ 웹 브라우징 세션(가능하면 기업 사이트)
- □ 이름 변환 세션
- □ 처리율 테스트(다른 도구를 가지고 있지 않다면 iPerf를 사용)
- □ 무선 연결 프로세스
- □ VoIP 통화 설정과 VoIP 통화

이 책의 웹사이트인 www.wiresharkbook.com의 다운로드 섹션에서 추적 파일을 다운로드한다. 다음 파일은 각각의 베이스라인으로 볼 수 있다. 연습을 위해 추적 파일을 재검토하라.

app-zonealarm-update.pcapng	이 파일은 업데이트를 찾는 정상적인 ZoneAlarm 체크인 프로세스다. 개인 침입 차단시스템과 바이러스 탐지 도구가 어떻게 업데이트를 수행하는지와 홈에 전화하는지를 아는 것이 중요하다. 이 체크인 프로세스로 어떤 사이트에 접근했는가?
dns-misc.pcapng	www.winpcap.org, www.msnbc.com, www.espn.com에 접근하는 데 필요한 DNS 조회를 비교하라. 자신의 회사 서버에 연결할 때 생성되는 DNS 트래픽을 확인하라. DNS 쿼리 이름 칼럼을 생성하고, DNS 쿼리에만 필터를 적용하고(응답 없음) File > Export > File을 선택해 Packet summary line and CSV format을 선택하라.
icmp-traceroute-normal.pcap	이 파일은 전형적인 ICMP 기반 traceroute 동작이다. Traceroute를 사용해 목표 서버에 대한 경과 시간을 베이스라인할 수 있다. 71.198.243.158과 128.241.194.25 사이의 왕복 시간은 얼마인가?

(이어짐)

sec-clientdying.pcapng	베이스라이닝의 한 가지 매우 중요한 부분은 네트워크상 구동되는 프로토콜을 알아내는 것이다. 이 추적 파일에서 UDP상으로 구동되는 프로토콜은 무엇인가?
smtp-normal.pcapng	이메일 트래픽에 대한 완벽한 베이스라인을 생성해보라. 이 추적 파일은 정상적인 SMTP 동작을 나타낸다. 클라이언트가 강화된 SMTP를 지원하는가? 이메일은 암호화됐는가?

연습문제

Q28.1 베이스라인의 목적은 무엇인가?

Q28.2 부트업 순서 베이스라인을 어떻게 획득할 수 있는가?

Q28.3 왜 유휴 시간 동안 베이스라인 트래픽을 만들어야 하는가?

연습문제 답

Q28.1 베이스라인의 목적은 무엇인가?

A28.1 베이스라인 생성은 네트워크에서 '정상' 통신을 기술하는 일련의 추적 파일을 생성하는 것이다. 이상을 식별하기 위해 베이스라인과 비정상 트래픽 패턴을 비교하라.

Q28.2 부트업 순서 베이스라인을 어떻게 획득할 수 있는가?

A28.2 사용자가 분석하고 있는 실제 호스트의 베이스라인을 획득할 수 없다. 기존 네트워크 연결에 접근(가능한 가까운 클라이언트)해서 수집을 시작하고 베이스라인 호스트를 부트업해야만 한다.

Q28.3 왜 유휴 시간 동안 베이스라인 트래픽을 만들어야 하는가?

A28.3 유휴 시간 동안(아무도 호스트를 사용하지 않을 때) 호스트로 오가는 트래픽 흐름을 관찰하는 것은 자동으로 발생하는 백그라운드 트래픽을 식별하는 데 도움을 준다.

성능 문제의 가장 큰 원인 찾기

와이어샤크 공인 네트워크 분석가 시험에서 다루는 내용

- 성능 문제 트러블슈팅
- 높은 지연시간 확인
- 프로세스 시간을 느리게 하는 지점
- 패킷 손실 위치 찾기
- 구성 에러 신호 관찰
- 재지정 트래픽 분석
- 작은 페이로드 크기 관찰
- 혼잡 검색
- 애플리케이션 결함 확인
- 이름 변환 실패

- 사례 연구: 한 방향 문제
- 사례 연구: 네트워크 문제의 완벽한 폭풍
- 정리
- 학습한 내용 복습
- 연습문제와 답

29장에서 참조한 추적 파일

- dhcp-server-slow.pcapng
- dns-slow.pcapng
- http-download-good.pcapng
- http-facebook.pcapng
- http-slow-filexfer.pcapng
- tcp-window-frozen.pcapng
- dns-errors-partial.pcapng
- http-download-bad.pcapng
- http-espn2011.pcapng
- http-slowboat.pcapng
- tcp-pktloss94040.pcapng
- udp-mcaststream-queued2.pcapng

성능 문제 트러블슈팅

가장 인기 있는 트러블슈팅 방법 중 하나는 물리 계층에서 시작해 상향식 방법으로 애플리케이션 계층까지 가는 것이다.

사용자가 성능이 떨어진 것을 불평할 때 증상으로는 느린 애플리케이션 로딩 시간, 느린 파일 전송 시간, 특정 서비스에 연결되지 않는 것 등이 있다.

문제는 또한 해석 과정에서 발생할 수도 있다(그림 339에서 보는 바와 같이). 예를 들어 DNS 문제는 호스트가 타겟 호스트의 IP 주소를 획득하지 못하게 막을 수도 있다. 잘못된 서브넷 마스크 값 때문에 호스트가 실제로 원격에 있는 로컬 호스트를 검색하게 된다. 잘못된 경로 테이블 값이나 사용할 수 없는 게이트웨이 때문에 호스트는 고립될 수도 있다.

정상 네트워크 통신 베이스라인과 잘못된 통신을 비교해서 차이점을 찾을 수 있고 문제의 출처를 신속히 찾을 수 있다.

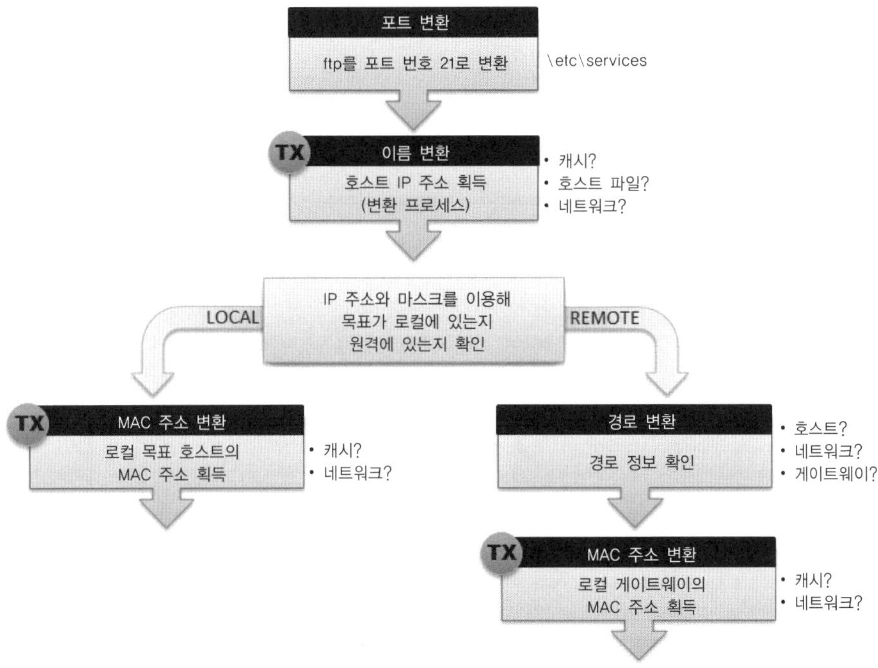

그림 339 에러는 해석 과정에서 어디서든 발생할 수 있다.

TCP/IP 추적을 분석할 때 어떤 프로세스가 성공적으로 완료된 것인지를 판단할 수 있어야만 한다. 그리고 또한 통신 결함이 있는 곳을 찾아낼 수 있어야만 한다.

다음 몇 페이지에 걸쳐 허용 불가한 성능을 초래하는 가장 자주 볼 수 있는 문제들 몇 가지를 복습해보자.

높은 지연시간 확인

지연시간이 길어지는 원인은 거리(위성 통신의 경우에서), 경로에 따른 큐 지연, 프로세스 지연 등 때문이다.

추적 파일에서 지연을 식별하는 쉬운 방법 중 하나는 그림 340에서 보는 바와 같이 Previous Displayed Packet 이후 Time column to Seconds를 설정하고 난 뒤 이 칼럼을 정렬하고 추적 파일 안에 있는 패킷 사이의 큰 시간 차이에 주의를 기울이는 것이다.

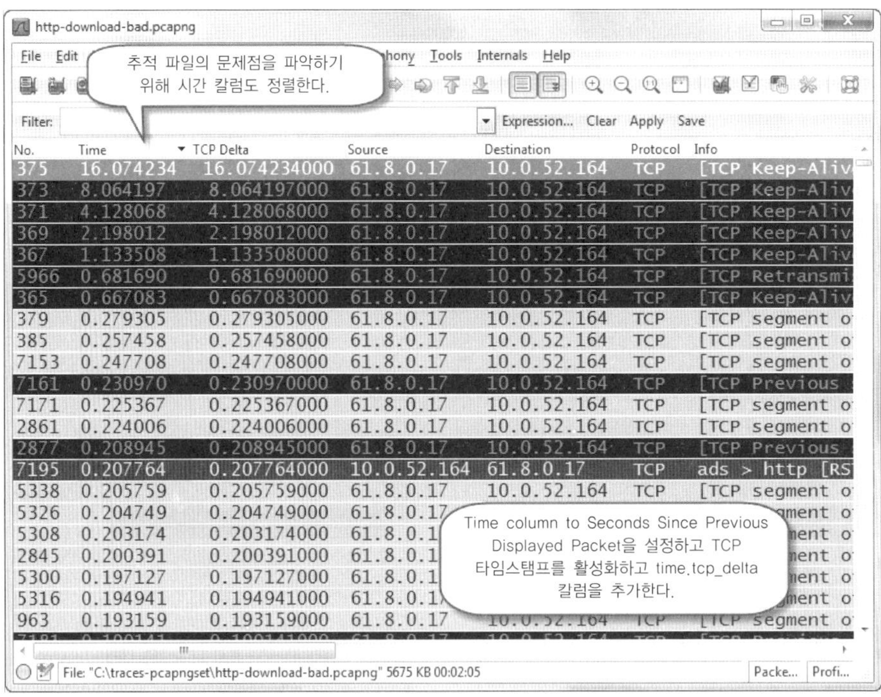

그림 340 통신을 필터링한 후 Time 칼럼을 정렬 [http-download-bad.pcapng]

Time 칼럼을 정렬하기 전에 대화를 필터링하라.

추적 파일이 다수의 대화를 포함하고 있다면 단일 대화 내의 시간을 비교하고 있다는 것을 보증하기 위해 반드시 시간 칼럼을 정렬하기 전에 대화를 필터링하라. 다른 방법으로 대화의 패킷 사이의 큰 시간차를 인지하기 위해 Delta Time(대화) 칼럼을 추가할 수 있다. Preferences ▶ Columns를 선택해서 이 칼럼을 생성하라.

프레임 섹션 안의 여러 시간 값을 볼 수 있다. 이 값이 패킷 안의 실제 필드가 아니지만, 와이어샤크는 이런 값을 기반으로 패킷을 찾을 수 있다. 그림 341에서는 내부에 목록화된 6개의 시간 필드를 보기 위해 이더넷 II 헤더 앞의 프레임 섹션을 확장했다. 와이어샤크 1.8에서는 타임 시프트Time Shift 기능을 부여했다.

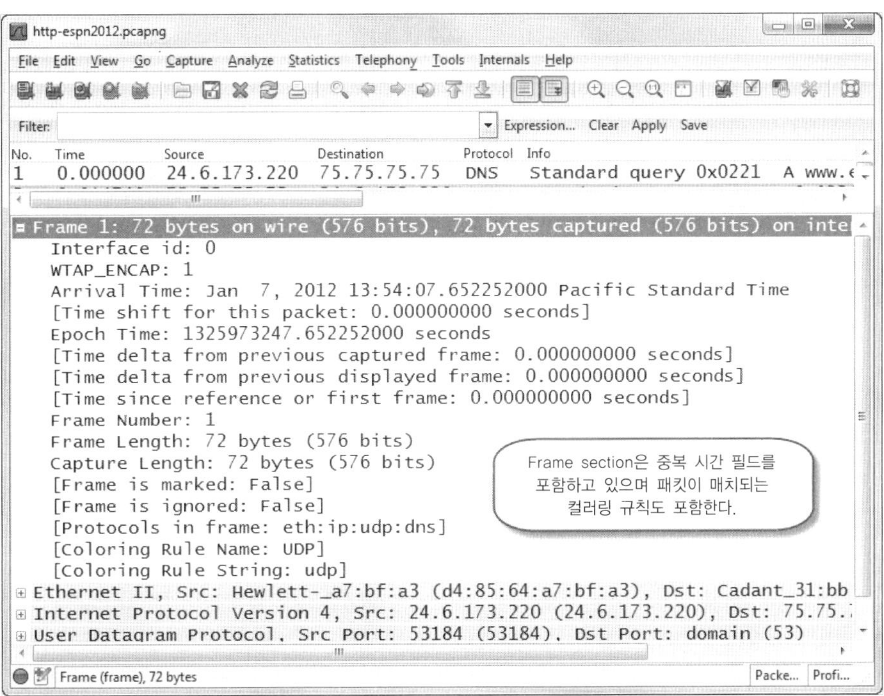

그림 341 시간 세부 정보를 보기 위해 프레임 섹션을 확장 [http-espn2012.pcapng]

패킷 타임스탬프는 패킷이 수집될 때 Wincap, libpcap, AirPcap 라이브러리 등에 의해 제공된다. 이는 추적 파일에 저장된다. 이 라이브러리는 마이크로초microsecond 단위의 분해를 지원한다. 특별한 하드웨어로 트래픽을 수집하면 더욱 정밀한 타임스탬프 값(나노초nanosecond)을 얻을 수 있다. 다른 방법으로 밀리초 타임스탬프를 지원하는 소프트웨어로 트래픽을 수집하면 밀리초 수준의 시간 지정을 볼 수 없다.

✻ 도착 시간 필터

도착 시간 값Arrival Time Value은 패킷이 수집된 시스템 시간을 기반으로 한다. 다음은 패킷 도착 시간 필터의 예를 보여준다.

```
frame.time == "Mar 1, 2010 12:21:31.121493000"
frame.time < "Jan 15, 2010 00:00:00.000000000"
frame.time > "Jan 27, 2010 23:59:59.000000000"
```

✻ 델타 시간 필터

이전에 수집된 프레임Previous Captured Frame의 델타 시간Time Delta은 필터에 관계없이 이전에 수집한 패킷 시간과 비교해서 패킷이 도착한 시간을 나타낸다. 예를 들면 HTTP 통신을 필터링했지만 추적은 HTTP 서버에 대한 TCP 핸드셰이크 이전 DNS 쿼리를 포함한다. 첫 번째 TCP 핸드셰이크 패킷의 시간 값은 DNS 응답 패킷의 끝부터 첫 번째 TCP 핸드셰이크 패킷의 끝까지의 시간을 비교한다. 다음은 이런 시간 값에 대한 필터 예를 보여준다.

```
frame.time_delta == 0.001536000
frame.time_delta < 0.001
frame.time_delta > 1
```

---

frame.time_delta_displayed 알기

ftp-putfile.pcapng를 연다. frame.time_delta_displayed 값을 위한 칼럼을 추가한다(Time delta from previous displayed frame을 오른쪽 클릭하고 Apply as Column을 선택한다). 8개의 프레임이 1초 이상인 델타 시간을 갖고 있다. 디스플레이 필터 frame.time_delta_diaplayed 〉 1을 적용한다. frame.time_delta_displayed 칼럼이 8개의 패킷을 디스플레이했지만, 어떤 패킷도 디스플레이되지 않는다. 올바른 절차는 관심 있는 대화를 먼저 필터링하고, 그 뒤에 필터 frame.time_delta_diaplayed 〉 1을 적용하는 것이다.

분명 frame.time_delta_displayed는 시간 값을 필터링하기에 좋은 필드가 아니다. 왜 그런가? 필터링을 할 때 시간 값에 기반을 두고 디스플레이된 패킷 목록을 변경한다. 이 경우 시간 값도 필터링한다. 이것은 닭이 먼저냐 알이 먼저냐는 논리다!

✽ 참조 또는 첫 번째 패킷 이후 시간 필터

이런 시간 참조에서는 현재 패킷 시간을 추적 파일의 첫 번째 패킷이나 시간 참조 세트를 가진 가장 최근 패킷과 비교한다. 다음은 이런 시간 값을 필터링한 예를 보여준다.

```
frame.time_relative == 0
frame.time_relative < 0.001
frame.time_relative > 1
```

frame.time_relative == 0 디스플레이 필터는 추적 파일에서 첫 번째 패킷과 참조 시간으로 표시된 패킷을 보여준다.

✽ TCP 대화 시간 필터링

TCP 대화 시간 필터링은 TCP 대화의 지연을 감지하기 위한 좋은 옵션이다. 대화를 필터로 골라내거나 분리할 필요가 없다. Edit ➤ Preferences ➤ Protocols ➤ TCP를 선택하고 Calculate Conversation Timestamps를 활성화하기만 하면 된다. 이제 tcp.time_delta 필터 값에 기반을 둔 필터를 적용할 수 있다. 다음 목록은 이 시간 값에 대한 필터링의 예를 보여준다.

```
tcp.time_delta > 1
tcp.time_delta > 1 && tcp.flags.fin==0 && tcp.flags.reset==0
```

몇 가지 추가적 TCP 플래그 정의를 두 번째 필터에 더했다는 점에 주의하기 바란다. 직접적이든 간접적이든 연결 종료 프로세스 이전에 긴 지연시간 문제를 해결하고 싶지는 않을 거다. 일반적으로 애플리케이션에서는 다른 곳으로 이동한 한참 후에 아무 때나 원하는 시간에 연결을 종료한다.

✲ 프로세스 시간을 느려지게 하는 지점

호스트가 충분한 프로세스 전력이나 메모리를 갖고 있지 않거나 애플리케이션이 제때 응답하지 않을 때 요청과 응답 사이에서 응답 시간 차이(간격)를 볼 수 있다. 이런 예를 추적 파일 http-facebook.pcapng에서 볼 수 있다.

이런 간격gap은 TCP 윈도우 크기 0이나 TCP MSS 값보다 작은 TCP 윈도우 크기와 같은 문제에 대한 증거를 동반할 수 있다. 다른 경우에는 애플리케이션 응답이 과부하 상태를 나타낼 수도 있다. 평문 메시지가 있다면 모든 평문 메시지를 해독하기 위해 스트림을 재조립해보라. 이 메시지는 애플리케이션 문제점을 명확하게 정의할 것이다.

시간 문제 작업 연습

느린 통신의 예를 한 번 살펴보자. 추적 파일 http-slowboat.pcapng를 이용해 따라가 보자. wiresharkbook.com에서 추적 파일을 다운로드하고 웹사이트 로딩 속도가 늦는 원인을 알아보기 위해 파일을 따라가 보자.

http-slowboat.pcapng를 연다. 사용자가 무엇을 하고 있는지 살펴보기 위해 시간을 가지고 추적 파일 전체를 살펴본다. GET 요청과 HTTP 응답을 살펴본다. 이 파일을 살펴보면서 지연이 어디에서 일어났는지 알아보고 다음 절차대로 실행한다.

1단계 먼저 TCP 핸드셰이크의 TCP 왕복 지연시간에 초점을 맞춰본다. 그림 342에서처럼 필터 `tcp.flags == 0x12(SYN/ACK` 패킷)을 적용한다.

2단계 패킷 상세 정보 창의 TCP 헤더를 오른쪽 클릭하고 20장에서 설명한 것처럼 Calculate Conversation Timestamps를 활성화한다.

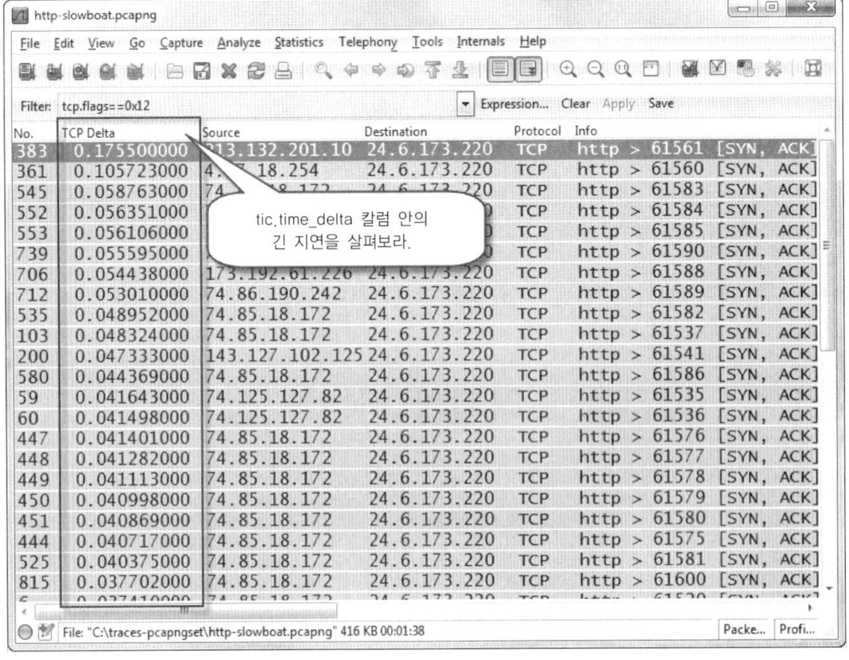

그림 342 SYN와 SYN/ACK 패킷 사이의 왕복 시간을 검사한다. [jtt[-slowboat.pcapng]

3단계 Time since previous frame in this TCP stream(`tcp.time_delta`) 칼럼을 적용한다. 이 칼럼을 정렬해서 TCP 연결의 왕복 지연시간에 대한 감을 잡아본다. 그림 342에서는 임시로 시간 칼럼을 감춰놓았다.

몇 개의 긴 왕복시간이 있다. 175ms가 가장 긴 시간이다. 원인이 경로 지연 때문에 생긴 것은 아니다. 오직 몇 개의 통신만이 매우 긴 왕복 지연시간을 나타내고 있기 때문이다.

4단계 필터를 제거하고 TCP Delta column를 더블 클릭해서 그림 343에 보인 것처럼 큰 수에서 낮은 수로 정렬한다.

이렇게 해서 각각의 TCP 흐름에서 패킷 사이의 주요 지연을 볼 수 있다. 이제 어떤 문제를 수정하고 싶은지, 그리고 어떤 문제는 수정하지 않을지를 생각해봐야 할 때가 됐다.

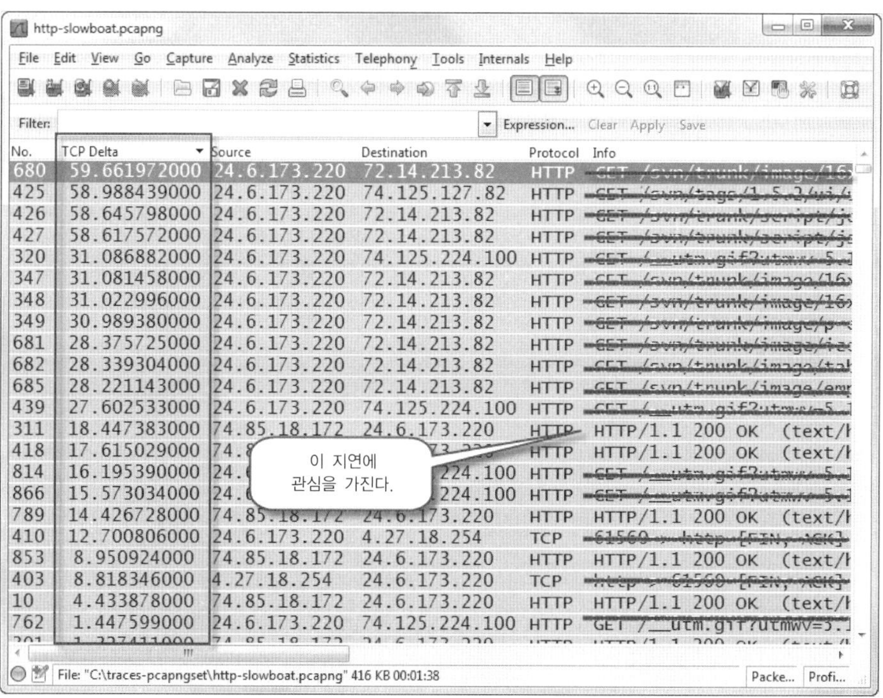

그림 343 GET이나 FIN 패킷 때문에 혼동하지 말라. 사용자가 웹사이트 링크를 클릭하고 브라우저 애플리케이션이 간접적 연결 종료를 할 때 생기는 이런 유형의 패킷 이전에 지연이 있을 것이라고 생각한다. [http-slowboat.pcapng]

문제 해결을 신속히 하기 위해 패킷 마킹을 활용하라.

그림 343을 보면 집중적으로 살펴봐야 할 여러 개의 순서에 맞지 않는 패킷들이 있다. 모두 다 HTTP 서버의 응답 시 생기는 지연이다. 지금 이 패킷을 오른쪽 클릭해 Mark Packet(toggle)을 선택하기 좋은 시점이다. 문제 해결을 위해 더 진행하다 보면 이전으로 돌아가야 할 때가 생기는데, Edit ▶ Find Next Mark 나 Edit ▶ Find Previous Mark를 이용하면 이들 패킷으로 언제나 쉽게 돌아갈 수 있다.

5단계 그 다음으로, 가장 긴 델타 시간을 가진 HTTP/1.1 200 OK 패킷(패킷 311)을 오른쪽 클릭하고 TCP conversation filter를 적용한 다음 무슨 일이 생기는지 살펴본다. No. 칼럼을 정렬한다. 그림 344에서 핸드셰이크의 왕복시간(34ms 조금 넘는)을 분명히 볼 수 있을 것이다(경로 지연과는 무관한 문제다).

TCP 핸드셰이크 다음에 바로 이어서 보낸 GET 요청을 볼 수 있다(이것으로 인해 연결 설정이 시작된다). 서버는 GET 요청에 대한 응답으로 시간 안에 ACK 메시지를 보낸다(35ms 조금 넘는). 그러고 나서 기다린다. 또 기다린다. 그리고 또 기다린다. 서버의 응답이 오는 데 18초가 걸린다. 후아~ 정말 느리군!

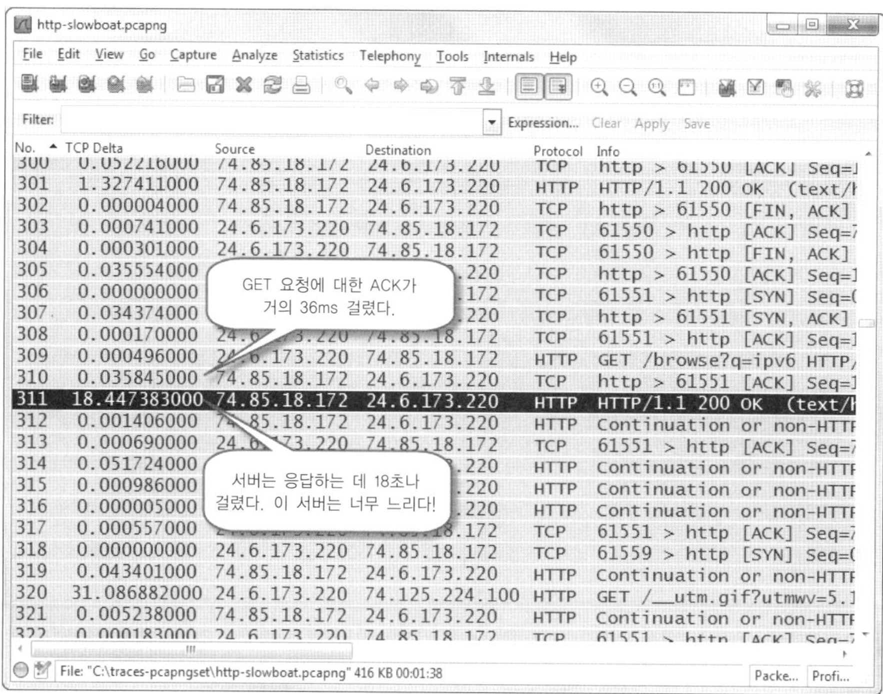

그림 344 지연이 서버 측에 있음을 알 수 있다. [http-slowboat.pcapng]

6단계 각 TCP 연결을 조사해서 이것이 서버에서 지속적으로 일어나는 문제인지를 알아본다.

패킷 손실 위치 찾기

패킷 손실은 수신자가 재전송을 요청해야만 하고 데이터를 애플리케이션에게 넘겨주기 전에 재전송을 기다릴 때 성능에 영향을 미칠 수 있다. 예를 들어 선택적 ACK[Selective ACK]를 지원하지 않는 TCP 연결에서 패킷 손실이 발생할 때 손실된 패킷 이후에 수신자가 데이터 수신에 대한 확인응답을 할 수 없기 때문에 많은 패킷을 재전송해야만 한다.

UDP 기반 애플리케이션에서 재전송 타임아웃 값은 애플리케이션 자체에 의해 결정된다. 재전송 요청을 느리게 하는 애플리케이션은 애플리케이션 전체 성능에 영향을 미친다.

그림 345는 DHCP 클라이언트의 느린 재전송 프로세스를 보여준다. 원래 DHCP `Discover`는 응답을 하지 않는다. DHCP 클라이언트는 `Discover` 패킷 재전송을 할 때까지 약 6초 동안 기다린다. 6초 지연은 부트업 프로세스 동안 패킷 손실의 원인

이 된다. DHCP 서버나 중계 에이전트가 동일 네트워크 세그먼트에 있어야 하기 때문에 이는 상당히 긴 시간으로 간주된다.

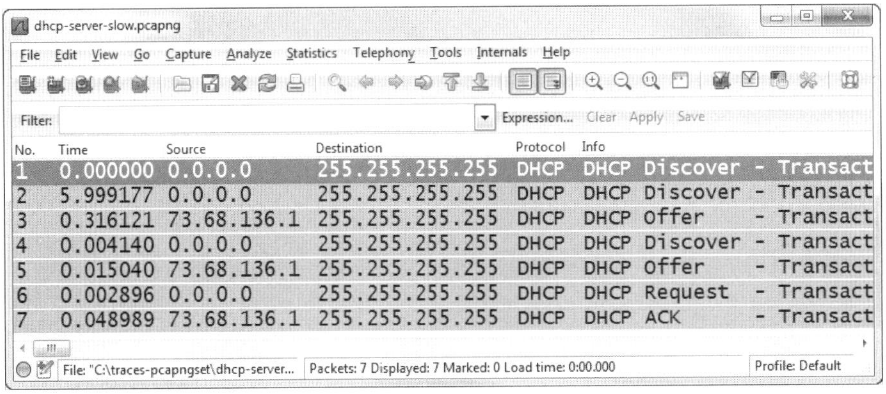

dhcp-server-slow.pcapng

File Edit View Go Capture Analyze Statistics Telephony Tools Internals Help

Filter: Expression... Clear Apply Save

No.	Time	Source	Destination	Protocol	Info
1	0.000000	0.0.0.0	255.255.255.255	DHCP	DHCP Discover - Transact
2	5.999177	0.0.0.0	255.255.255.255	DHCP	DHCP Discover - Transact
3	0.316121	73.68.136.1	255.255.255.255	DHCP	DHCP Offer - Transact
4	0.004140	0.0.0.0	255.255.255.255	DHCP	DHCP Discover - Transact
5	0.015040	73.68.136.1	255.255.255.255	DHCP	DHCP Offer - Transact
6	0.002896	0.0.0.0	255.255.255.255	DHCP	DHCP Request - Transact
7	0.048989	73.68.136.1	255.255.255.255	DHCP	DHCP ACK - Transact

File: "C:\traces-pcapngset\dhcp-server... Packets: 7 Displayed: 7 Marked: 0 Load time: 0:00.000 Profile: Default

그림 345 DHCP 클라이언트는 DHCP Discover 패킷 재전송이 느리다. [dhcp-server-slow.pcapng]

인프라에서 트래픽을 수집하고 원래 패킷과 재전송을 보는 경우 사용자는 패킷 손실 지점으로부터 업스트림에 있다. '업스트림Upstream'은 데이터 송신자에 더 가깝게 있음을 의미한다. 패킷 손실이 일어나는 곳을 찾기 위해 원래 패킷과 재전송을 더 이상 볼 수 없을 때까지 경로를 따라가면서 어디서 패킷이 손실됐는지 찾아야 한다.

패킷 손실은 일반적으로 스위치와 라우터 같은 상호 연결 장치에서 일어난다. 이는 와이어샤크가 어느 패킷이 재전송인지를 나타내기 때문에 TCP 통신에서는 상대적으로 간단한 프로세스다.

여기에 극단적인 패킷 손실과 IO 비율 효과에 대한 예가 있다. 이 추적 파일에서 갑작스럽게 끊어진 통신 때문에 총 751,080바이트가 손실됐다. 패킷당 평균 세그먼트 크기가 1,340바이트라고 보면 한 번에 560개 이상의 패킷이 손실됐다는 뜻이다. 저런!

그림 346은 어떻게 대량의 패킷 손실이 네트워크 IO 비율을 떨어뜨리는지 보여준다. 단일 혼잡 윈도우에서는 TCP도 대량의 패킷 손실 문제를 처리하지 못한다.

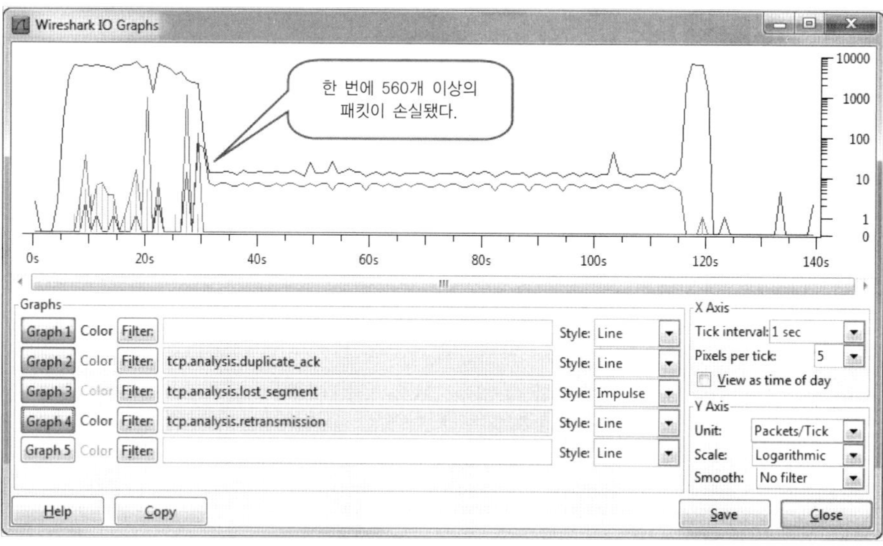

그림 346 한 지점에서 대량의 패킷 손실이 발생한다면(그 시점에 오직 하나의 tcp.analysis.olst_segment만 생성한다) 이것은 네트워크에서는 악몽이다.

구성 에러 신호 관찰

다양한 구성 에러는 네트워크 성능에 영향을 미칠 수 있다. 예를 들면 파일 전송, 음성, 이메일 트래픽보다 낮은 순위의 비디오 멀티캐스트 트래픽이 경로상의 큐에 있을 수 있다. 이런 트래픽이 (더 높은 우선순위를 갖는 트래픽이 먼저 전송되는) 큐에 있으면 그림 347에서 보는 바와 같이 IO 그래프상에 'heartbeat' 효과가 나타난다.

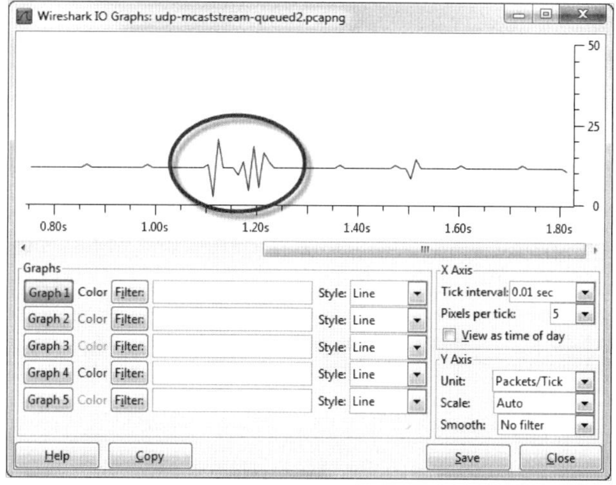

그림 347 경로 큐에 있는 트래픽은 IO 그래프에 'heartbeat' 같은 패턴이 나타난다. [udp-mcaststream-queued2.pcapng]

재지정 트래픽 분석

네트워크에서 보게 되는 대부분의 재지정은 최적이 아니거나 이용 불가능한 기본 경로 때문에 생긴다. 이는 목표 네트워크로 최선의 경로 지정을 제공하지 않는 기본 게이트웨이다(ICMP 재지정 패킷으로 응답).

또 자주 있는 다른 재지정으로는 웹사이트에 연결할 때 클라이언트가 페이지를 만들기 위해 다른 사이트로 재지정되는 세션에서 볼 수 있다. 그림 348은 클라이언트가 www.espn.com에 연결할 때의 재지정을 보여준다. 서버는 클라이언트가 espn.go.com에 반드시 연결해야 한다는 것을 나타낸다. 이는 클라이언트가 TCP 핸드셰이크를 하기 전에 새로운 사이트를 위한 DNS 쿼리를 만들게 한다.

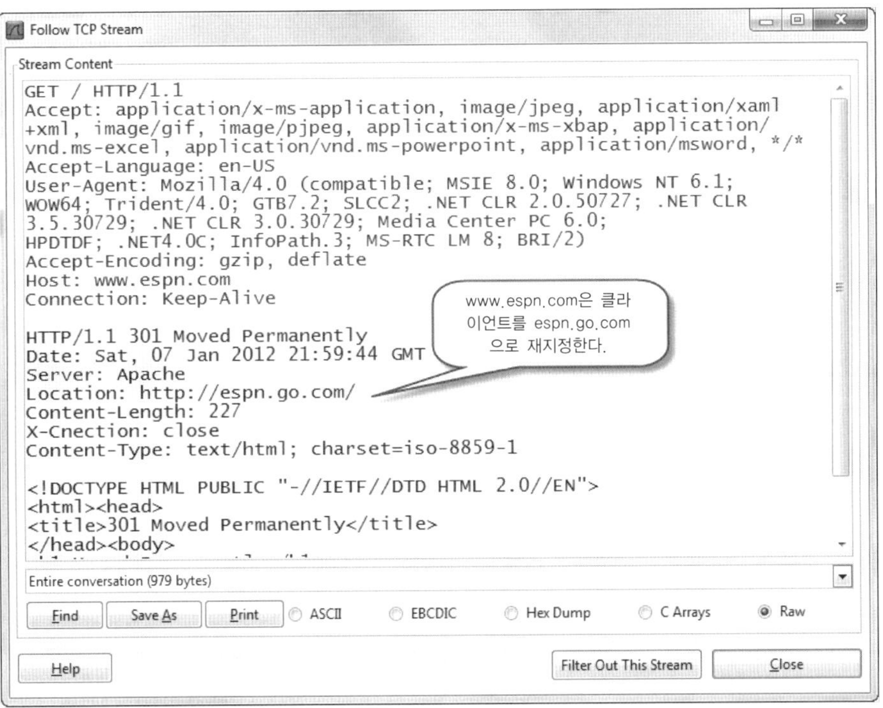

그림 348 웹 브라우징 클라이언트는 다른 사이트로 재지정된다. [http-espn2012.pcapng]

작은 페이로드 크기 관찰

500MB 파일이 1,460 대신 512바이트 세그먼트로 교환한다면 전송을 완료하기 위해 데이터 교환에 664,898개 이상의 데이터 패킷이 필요하다.

일부 애플리케이션은 고의적으로 작은 페이로드를 사용할 수 있다. 예를 들면 데이터베이스 애플리케이션은 레코드나 레코드 모음을 동시에 전송할 수 있다. 레코드는 파일에서 비연속적일 수 있기 때문에 규칙적인 큰 데이터 세그먼트 스트림이 불가능하다.

예제에서는 두 TCP 호스트가 MSS 값 1,460바이트를 나타내는 핸드셰이크를 완료할 때를 보여준다. 네트워크 경로의 일부에서 MTU 크기 512만을 지원한다면 패킷은 라우터에 의해 제한된 세그먼트 결합을 하거나 통신할 때 사용하는 새로운 MTU를 확인하기 위해 ICMP 경로 발견을 사용해야만 한다. 그림 349에서는 평균 TCP 패킷 크기에 갑작스런 변화를 나타내는 IO 그래프를 보여준다.

ICMP Type 3/Code 4 메시지를 사용하는 일반적인 경로 발견(단편화는 필요하지만 단편화 비트 모음은 하지 않는)은 'RFC 1191, Path MTU Discovery'에 정의돼 있다.

쉽게 페이로드 크기를 보기 위해 tcp.len 칼럼을 사용하라.

와이어샤크는 현재 자동으로 패킷 길이 칼럼을 사용한다. 그러나 데이터 패킷의 페이로드 크기를 디스플레이하려면 tcp.len을 위한 칼럼을 만들어라. 추가로 그림 349에서 보는 바와 같이 페이로드 크기 트래픽을 나타내는 IO 그래프를 만들어라. 고급 IO 그래프(Advanced IO Graph)에서 AVG(*)tcp.len 값을 사용하라.

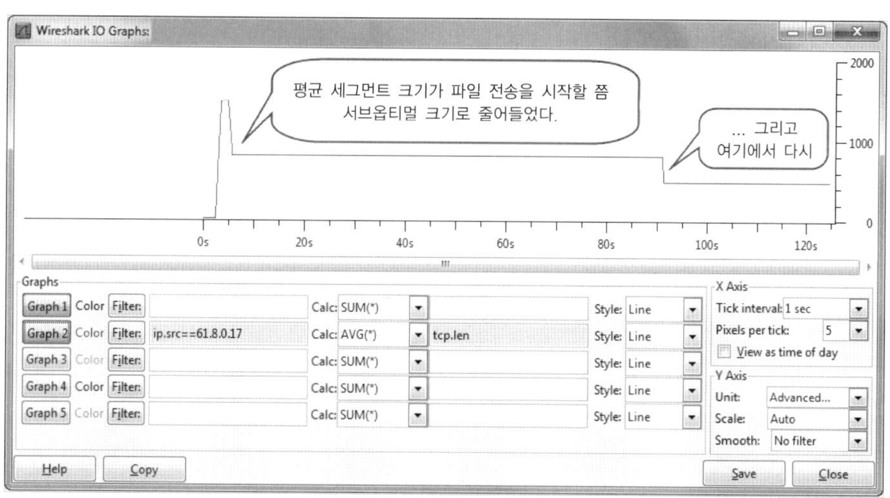

그림 349 tcp.len 그래프는 데이터 전송에 사용된 서브옵티멀 세그먼트 크기를 보여준다.

혼잡 검색

네트워크 경로에 대한 혼잡이 생기면 패킷 손실, 대기, 최대 처리량의 축소 등이 발생할 수 있다. 윈도우 제로 상태는 수신 호스트에서 발생할 수 있는 혼잡의 한 예다. 이는 잘못된 애플리케이션에 의해 발생할 수 있다. 호스트에서 윈도우 크기가 제로일 때는 데이터를 보낼 수 없다. 사실 IO는 제로 바이트/초로 떨어진다. RFC 1323에 언급된 바와 같이 윈도우 제로Windows Zero 상태에 대한 해결책 중 하나는 윈도우 스케일링Window Scaling을 사용하는 것이다. 윈도우 스케일링은 호스트가 윈도우 크기를 지수적으로 증가시킬 수 있게 한다. 윈도우 스케일링은 핸드셰이크 프로세스 동안 TCP 옵션으로 정의된다. 네트워크 폭주(초당 최대 패킷이나 초당 바이트 비율이 지속되는 상태)가 생기면 통신에는 장애가 생긴다. 일부의 경우 트래픽 폭주는 와이어샤크도 감당하기 어려울 때가 있다. 파일 세트에서 트래픽을 수집할 때 티샤크를 사용하고 추적 파일을 분리해 검사한다.

애플리케이션 결함 확인

애플리케이션 결함은 응답 코드 분석이나 효율적으로 데이터가 흐르지 못하게 함으로써 확인할 수 있다.

자주 접하게 되는 일반적 결함 중 하나는 HTTP 404 Not Found 응답을 웹 브라우징 클라이언트가 수신할 때다. 이 상태 이후에는 대상 페이지로부터 데이터 전송이 없고 재지정도 발생하지 않는다.

그림 350에서는 IO 그래프가 갑작스럽게 떨어진 처리율을 나타내고 있는 걸 보여준다. 이는 인터넷 익스플로러 TCP 수신 버퍼로부터 데이터를 끄집어내는 것을 중단할 때 발생한다.

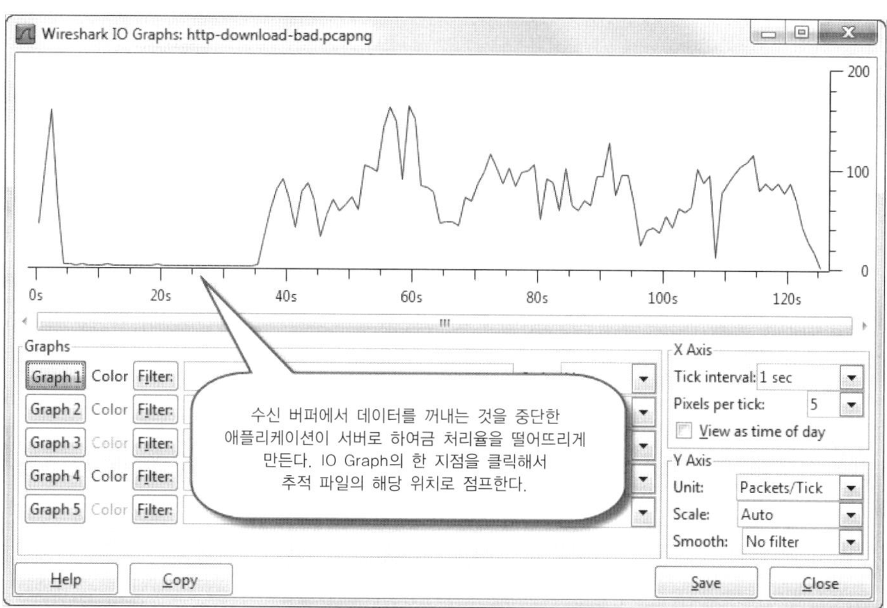

그림 350 인터넷 익스플로러가 수신 버퍼에서 데이터를 끄집어내는 것을 중단할 때 IO 비율은 떨어진다. [http-download-bad.pcapng]

모든 이름 변환 실패 인지

DNS, LDAP, NetBIOS 네임 서비스나 다른 네임 검색 프로세스를 사용하더라도 이름 변환 실패는 네트워크 성능에 심각한 영향을 미칠 수 있다. 이런 에러 유형은 추적 파일에 분명히 나타나 있다.

그림 351에서는 이름 변환 문제가 있음을 나타내는 DNS 서버 실패Server Failure 응답을 보여준다.

dns-errors-partial.pcapng

Destination	Protocol	Info
192.168.0.1	DNS	Standard query 0xa570 A www.nmap.org
192.168.0.1	DNS	Standard query 0xa570 A www.nmap.org
192.168.0.1	DNS	Standard query 0xa570 A www.nmap.org
192.168.0.1	DNS	Standard query 0xa570 A www.nmap.org
192.168.0.113	DNS	Standard query response 0xa570 Server failure
192.168.0.113	DNS	Standard query response 0xa570 Server failure
192.168.0.113	DNS	Standard query response 0xa570 Server failure
192.168.0.113	DNS	Standard query response 0xa570 Server failure
192.168.0.1	DNS	Standard query 0x8b73 A d.getdropbox.com
192.168.0.113	DNS	Standard query response 0x8b73 A 174.36.30.68
192.168.0.1	DNS	Standard query 0x66fd A mail.google.com
192.168.0.113	DNS	Standard query response 0x66fd CNAME googlemail.
192.168.0.1	DNS	Standard query 0x654a A www.insecure.org
192.168.0.1	DNS	Standard query 0x654a A www.insecure.org
192.168.0.1	DNS	Standard query 0x654a A www.insecure.org
192.168.0.1	DNS	Standard query 0x654a A www.insecure.org
192.168.0.113	DNS	Standard query response 0x654a Server failure
192.168.0.113	DNS	Standard query response 0x654a Server failure
192.168.0.1	DNS	Standard query 0x9cd0 A ratings-wrs.symantec.com
192.168.0.113	DNS	Standard query response 0x9cd0 A 143.127.102.125
192.168.0.113	DNS	Standard query response 0x654a Server failure
192.168.0.113	DNS	Standard query response 0x654a Server failure
192.168.0.1	DNS	Standard query 0xface A liveupdate.symantecliveu
192.168.0.113	DNS	Standard query response 0xface CNAME liveupdate.s

File: "C:\traces-pcapngset\dns-errors-... Packets: 24 Displayed: 24 Marked: 0 Load time: 0:00.004 Profile: Default

그림 351 분명 이름 변환 문제는 성능 저하의 원인이다. [dns-errors-partial.pcapng]

성능 문제 분석 시 중요 사항

느린 응답 때문에 네트워크 성능을 분석할 때, 첫 번째 규칙은 "시간 칼럼 관찰"이다. 일부 프로세스가 문제 원인으로 보일 수 있지만 각 프로세스에 의해 발생한 시간 지연 합계를 고려해야 한다.

예를 들면 윈도우 XP 클라이언트가 지속적으로 네트워크 드라이브 desktop.ini에 대한 질문을 한다면 검색 프로세스에 의해 소모된 시간의 총 합계를 측정해야 한다. 이 프로세스는 오직 100밀리초가 소요됐다는 것을 알 수 있다. 사용자가 이런 결함을 발견하기는 거의 불가능하다. 결함을 나타내는 것처럼 보이지만 성능에 영향을 주지 않는 트래픽에 집착하지 말라.

 사례 연구: 한 방향 문제

제출자 P.C.
Sr. 네트워크 기술자

우리는 정말 이상한 문제점에 부딪혔고, 와이어샤크를 이용해서 디바이스 사이의 경로를 따라 검토함으로써 어디에서 문제가 발생했는지 찾아냈다.

사용자가 WLAN 링크를 통해 한 방향으로 파일을 전송할 수 있지만 역방향으로는 전송할 수 없었다. 예를 들면 지사 #1에서 지사 #2로 파일을 전송할 수는 있지만, 지사 #2에서 지사 #1로는 파일을 전송할 수 없었다. 이 방향으로 파일을 전송하려고 할 때 '정지stalled'가 전송되고 시스템은 각 전송 파일에 대해 다양한 에러를 생성했다.

추적 파일은 한 방향으로 전송될 때만 패킷 손실이 일어난다는 것을 보여준다. 우리는 WAN 라우터에 최대한 가까운 곳으로 와이어샤크를 이동했고 패킷을 폐기하는 스위치를 발견했다.

우리는 교환기 업체에게 교환기를 통과하기 전과 후의 트래픽에 대한 추적 파일을 보여줬다. 업체에서 다른 스위치 카드를 보내줌으로써 문제를 해결했다.

나는 처음으로 와이어샤크 추적 파일을 업체에 보내봤다. 이는 실제로 문제를 즉시 해결할 수 있게 도와줬다. 패킷은 정확하게 어디에 문제가 있는지 보여줬다. 그들은 이를 부정할 수 없었다.

 사례 연구: 네트워크 문제의 완벽한 폭풍

제출자 P. Erskine
네트워크 분석가

네트워크에서 한 방향으로 파일 전송 속도가 느려지는 문제를 알게 된 몇 달 후이 고객은 마침내 추측을 그만 두고 추적 파일 권고를 받아들였다. 고객은 경로에 문제가 있다고 직관적으로 믿고 있었기 때문에 인프라 장치에 책임이 있는 업체들에 추적 파일을 전해줬다. 게다가 그들은 내부적으로 추적 파일을 재검토했다.

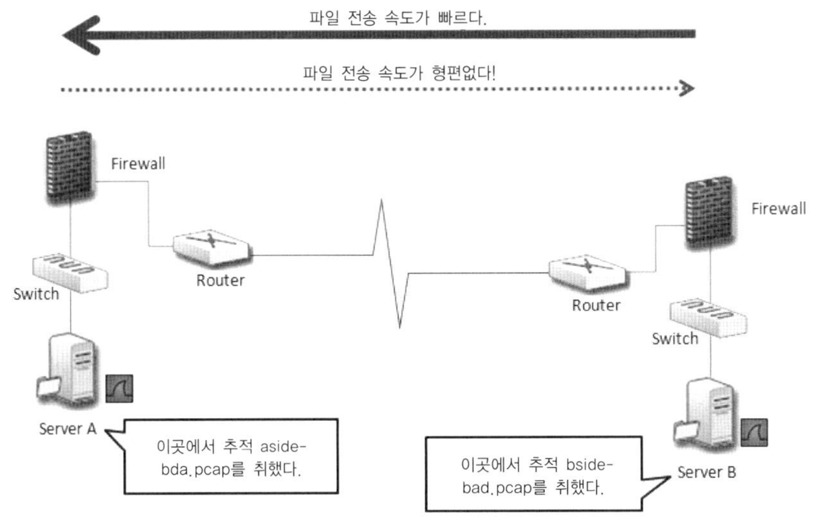

서버 B에서 서버 A로 데이터가 이동될 때는 성능이 좋다. 그러나 반대 방향으로 데이터가 이동할 때 성능이 형편없다는 것을 알았다. 무엇이 문제인지를 확인하기 위해서 고객은 와이어샤크를 서버 A와 서버 B에 직접 설치했다. 그리고 그들은 FTP상에서 파일 전송을 실행했다. 그들은 양쪽으로 동일한 파일을 전송했다.

출발지	목적지	전송 시간
Server A	Server B	8초
Server B	Server A	157초

각각의 경우 우리는 연결의 양쪽 끝에서 파일 전송 프로세스를 수집했다. 느린 파일 전송 프로세스로부터 추적 파일을 열었을 때 일부 흥미로운 트래픽을 보게 됐다.

❊ aside-bad.pcap 결과

이 추적 파일에서는 패킷이 서버 A로 잘 흘러갔다는 것을 알았다. 서버 A는 데이터에 대해 확인 응답을 했고 서버 B의 다운로드 프로세스는 순조로워 보였다. 하지만 갑자기 중간부터 데이터 패킷을 재전송하기 시작했다. 이상하다. 와이어샤크는 패킷 173이 순서에 위배된 패킷이라고 말했다. 그러나 중요한 것은, 이 패킷은 첫 번째이고 가장 앞의 재전송이다. 순서 번호 110401은 추적 파일 앞쪽에서 발생했다.

게다가 패킷 176에서 시작되는 복제 ACK는 모든 것이 순조롭게 진행된다면 수신하게 될 다음 패킷을 요청하고 있다(#157321). 추적을 통해 본 것처럼 우리는 많은 재전송을 보았다. 이는 서버 A가 순서 번호 110401을 받지 못했기 때문에 서버 B가 재전송하는 것처럼 보였다. 그 다음 서버 B는 순서 번호 157321까지 모든 다른 패킷을 재전송했다. 이는 선택적 ACK(Selective ACK)가 사용되고 있지 않음을 확실히 보여준다.

No.	Time	Source	Destination	Protocol	SEQ#	Window size	Info
160	0.000013	10.2.2.2	10.1.1.1	FTP-DATA	144901	522560	FTP Data: 1380 bytes
161	0.000020	10.2.2.2	10.1.1.1	FTP-DATA	146281	522560	FTP Data: 1380 bytes
				TCP	1	106874	ftp-data > 4724 [ACK] Seq=1 Ack=147661 Win=10
				FTP-DATA	147661	522560	FTP Data: 1380 bytes
				FTP-DATA	149041	522560	FTP Data: 1380 bytes
				TCP	1	106874	ftp-data > 4724 [ACK] Seq=1 Ack=150421 Win=10
				FTP-DATA	150421	522560	FTP Data: 1380 bytes
				FTP-DATA	151801	522560	FTP Data: 1380 bytes
				TCP	1	106874	ftp-data > 4724 [ACK] Seq=1 Ack=153181 Win=10
				FTP-DATA	153181	522560	FTP Data: 1380 bytes
				FTP-DATA	154561	522560	FTP Data: 1380 bytes
171	0.000012	10.1.1.1		TCP	1	106874	ftp-data > 4724 [ACK] Seq=1 Ack=155941 Win=10
172	0.000017	10.2.2.2	10.1.1.1		155941	522560	FTP Data: 1380 bytes
173	0.000009	10.2.2.2	10.1.1.1	FTP-DATA	110401	522560	[TCP Out-Of-Order] FTP Data: 1380 bytes
174	0.000008	10.1.1.1	10.2.2.2	TCP	1	106874	ftp-data > 4724 [ACK] Seq=1 Ack=157321 Win=10
175	0.000110	10.2.2.2	10.1.1.1	FTP-DATA	111781	522560	[TCP Out-Of-Order] FTP Data: 1380 bytes
176	0.000007	10.1.1.1	10.2.2.2	TCP	1	106874	[TCP Dup ACK 174#1] ftp-data > 4724 [ACK] Seq=
177	0.064069	10.2.2.2	10.1.1.1	FTP-DATA	113161	522560	[TCP Retransmission] FTP Data: 1380 bytes
178	0.000008	10.1.1.1	10.2.2.2	TCP	1	106874	[TCP Dup ACK 174#2] ftp-data > 4724 [ACK] Seq=
179	0.000279	10.2.2.2	10.1.1.1	FTP-DATA	114541	522560	[TCP Retransmission] FTP Data: 1380 bytes
180	0.000007	10.1.1.1	10.2.2.2	TCP	1	106874	[TCP Dup ACK 174#3] ftp-data > 4724 [ACK] Seq=
181	0.000328	10.2.2.2	10.1.1.1	FTP-DATA	115921	522560	[TCP Retransmission] FTP Data: 1380 bytes
182	0.000006	10.1.1.1	10.2.2.2	TCP	1	106874	[TCP Dup ACK 174#4] ftp-data > 4724 [ACK] Seq=
183	0.000250	10.2.2.2	10.1.1.1	FTP-DATA	117301	522560	[TCP Retransmission] FTP Data: 1380 bytes
184	0.000006	10.1.1.1	10.2.2.2	TCP	1	106874	[TCP Dup ACK 174#5] ftp-data > 4724 [ACK] Seq=
185	0.000234	10.2.2.2	10.1.1.1	FTP-DATA	118681	522560	[TCP Retransmission] FTP Data: 1380 b

이 패킷(순차번호 110401)은 이미 나타났고, 위에서 ACKed 됐다. 왜 서버 B는 이들을 다시 전송하는가?

TCP Time Sequence 그래프를 살펴봤을 때 추적 파일을 통해 재전송이 발생하는 것을 볼 수 있었다. 서버 A에서 받은 추적 파일을 검사할 때 원래 데이터 패킷과 서버 A의 확인응답을 볼 수 있었다. 서버 B는 왜 갑자기 패킷 재전송을 시작했을까? 서버 A에서 수신한 ACK는 경로를 따라 폐기되는가? 이제 서버 B의 관점에서 트래픽을 살펴보자.

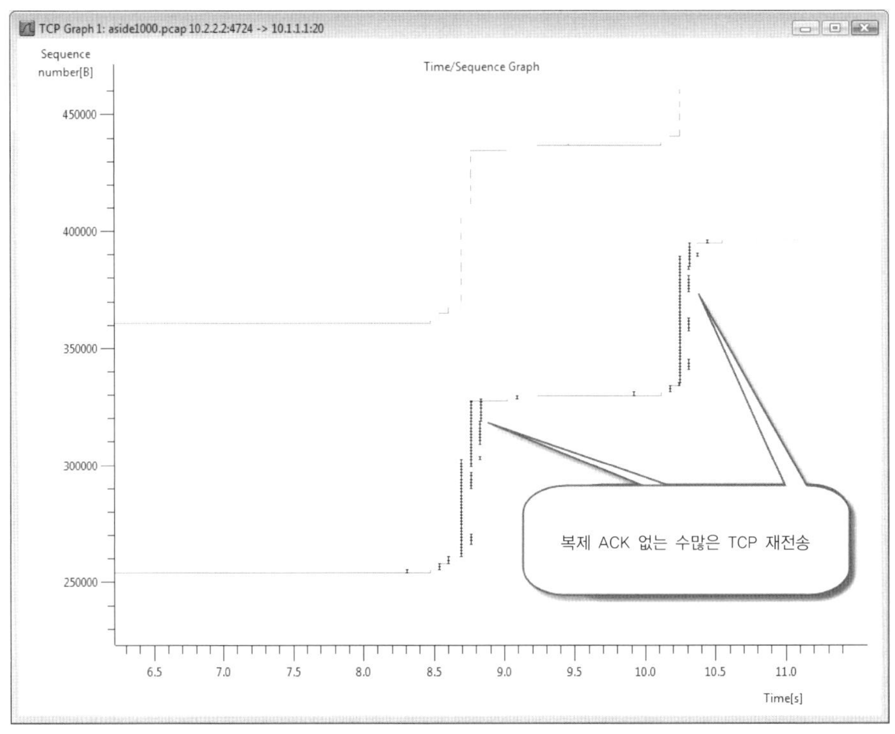

❊ bside-bad.pcap 결과

그래! 이것 이상하다. 서버 B에서는 서버 A로부터 오는 많은 복제 ACK를 볼 수 있었다. 서버 B는 단지 요구한 데이터를 재전송하는 것이다. 복제 ACK는 어디서 오는가?

우리는 이 문제를 더 살펴봤다. 그리고 경로에 '지능형 보안 디바이스'가 (a) 핸드셰이크의 TCP 헤더로부터 선택적 ACK 옵션을 벗기고 (b) 주기적으로 서버 A에 관한 복제 ACK를 생성한다는 것을 알았다.

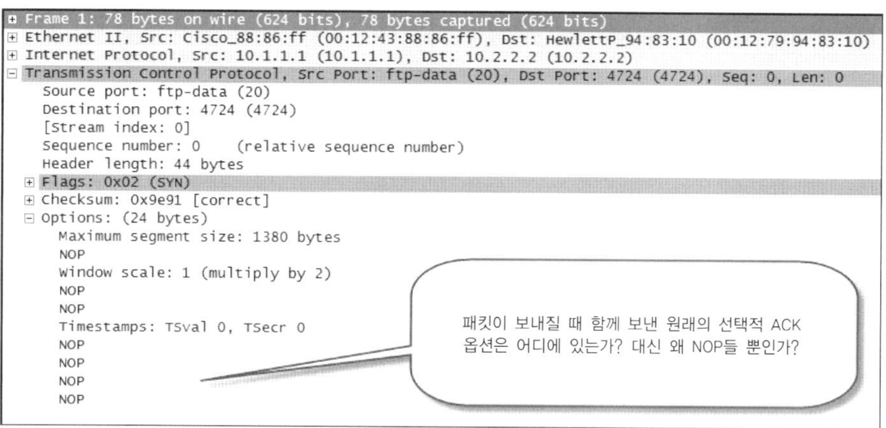
Frame 1: 78 bytes on wire (624 bits), 78 bytes captured (624 bits)
Ethernet II, Src: Cisco_88:86:ff (00:12:43:88:86:ff), Dst: HewlettP_94:83:10 (00:12:79:94:83:10)
Internet Protocol, Src: 10.1.1.1 (10.1.1.1), Dst: 10.2.2.2 (10.2.2.2)
Transmission Control Protocol, Src Port: ftp-data (20), Dst Port: 4724 (4724), Seq: 0, Len: 0
Source port: ftp-data (20)
Destination port: 4724 (4724)
[Stream index: 0]
Sequence number: 0 (relative sequence number)
Header length: 44 bytes
Flags: 0x02 (SYN)
Checksum: 0x9e91 [correct]
Options: (24 bytes)
Maximum segment size: 1380 bytes
NOP
Window scale: 1 (multiply by 2)
NOP
NOP
Timestamps: TSval 0, TSecr 0
NOP
NOP
NOP
NOP
패킷이 보내질 때 함께 보낸 원래의 선택적 ACK 옵션은 어디에 있는가? 대신 왜 NOP들 뿐인가?

우리는 중앙의 일부 디바이스가 트래픽에 영향을 주는지 알았다. 우리는 선택적 ACK 옵션 대신 많은 NOP[No Option]을 가진 TCP 핸드셰이크 패킷을 보았다. 이는 서버가 손실됐다고 생각한 패킷보다 많은 재전송을 하는 이유를 설명한다. '지능형 보안 디바이스' 중 하나의 양측에서 더 많은 추적을 얻어낸 다음에 우리는 디바이스가 선택적 ACK 옵션을 벗기는 것을 볼 수 있었다. 또한 디바이스가 전송 중간에 복제 ACK 전송을 시작하는 것을 볼 수 있었다.

느린 성능의 궁극적인 원인은 '패킷 손실(실은 전혀 손실 되지 않음)' 때문에 혼잡 윈도우가 감소돼 서버가 느려지게 됐다. 서버는 SACK가 비활성화돼 있었기 때문에 필요 이상으로 재전송했고, 우리는 서버가 패킷을 느리게 전송하는 것을 볼 수 있었다. 서버는 더 많은 데이터를 보내기 전에 ACK를 기다려야만 했다.

이는 정말 모든 속도를 느리게 했다!

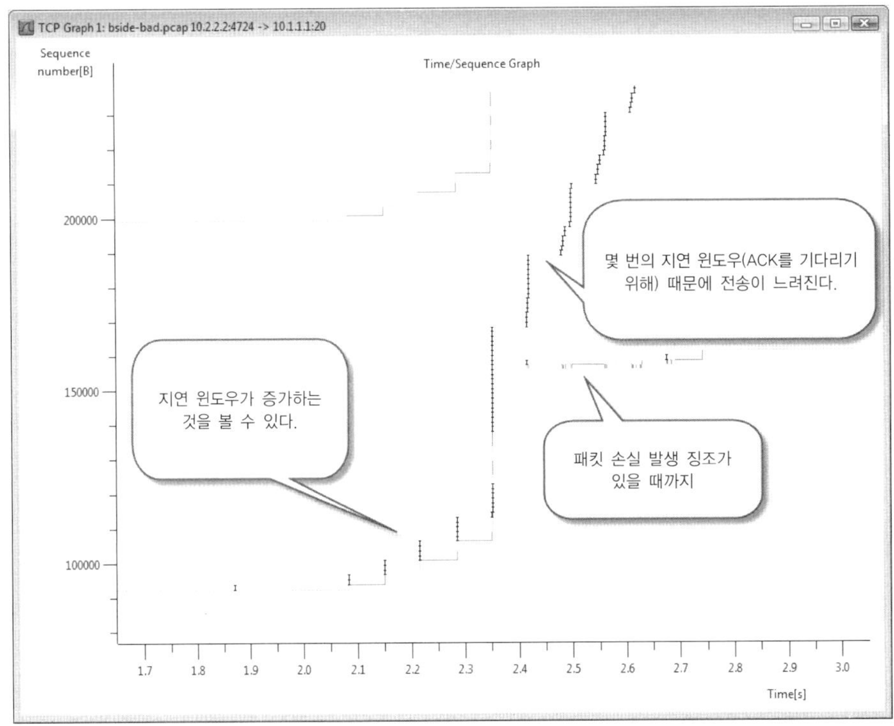

서버가 정상적으로 동작 중임을 설명하기 위해 우리는 업체와 같이 추적 파일을 패킷별로 살펴봤다. 그러나 디바이스가 한 방향에서 우리의 통신을 방해하고 있었다.

4개의 NOPS Expert 경고

와이어샤크는 Expert 경고로 이것을 감지한다(이 사례 연구를 생성한 뒤에 추가했다). "열에서 4개의 NOP 라우터는 몇 가지 옵션을 제거했는지" 찾아보라. 분석기를 라우팅 장비의 다른 쪽으로 이동해 핸드셰이크의 TCP 옵션을 비교해보라.

정리

와이어샤크는 네트워크 문제를 해결하기 위한 이상적인 도구다. 낮은 네트워크 성능은 일반적으로 지연, 패킷 손실, 잘못된 구성, 잘못된 애플리케이션, 잘못 설계된 애플리케이션, 최적화되지 않은 호스트, 또는 애플리케이션, 재지정, 네트워크, 호스트 혼잡, 이름 변환 결함 때문이다.

관찰할 첫 번째 문제는 지연이다. Previous Displayed Packets 때문에 와이어샤크의 Time column to Seconds 설정을 고려한다. 큰 간격을 찾기 위해 Time 칼럼을 정렬한다. 지연은 높은 지연, QoS 설정, 클라이언트 혼잡, 또는 서버 혼잡 때문에 발생한다.

패킷 손실 또한 네트워크 성능에 영향을 미친다. TCP 기반 트래픽이 패킷 손실을 경험할 때 TCP는 자동으로 문제 해결을 시도한다. UDP 기반 트래픽은 타임아웃 값과 재시도 횟수를 정의하는 애플리케이션에 의존한다.

설정이 잘못되거나(그리고 서비스를 거부할 수 있는) 엉성하게 설계된(최소 패킷 크기를 사용하는 전송) 애플리케이션도 사용자가 불평을 시작하게 되는 정도까지 성능에 영향을 미칠 수 있다.

이름 변환 문제(또는 다른 변환 문제)는 완전히 네트워크 통신을 중단시킬 수 있다.

학습한 내용 복습

이 책의 웹사이트인 www.wiresharkbook.com의 다운로드 섹션에서 추적 파일을 다운로드한다. 낮은 성능의 원인을 확인하기 위해 추적 파일을 열어 질문에 대답하시오.

dhcp-server-slow.pcapng	DHCP 서버가 응답하는 데 얼마나 많은 시간을 낭비해야 하는가?
dns-errors-partical.pcapng	에러 응답을 생성하는 DNS 서버의 IP 주소는 무엇인가?
dns-slow.pcapng	이 추적 파일의 문제를 조사하라. 클라이언트가 두 개의 DNS 패킷을 대략 1초 간격으로 보내는 데 주의하라. 두 개의 요청은 반드시 DNS 서버에 도착해야만 한다. 그래야 두 개의 응답을 할 수 있다.
http-download-bad.pcapng	이 추적 파일에서 실제 문제를 해결하는 연습을 해보라. IO 그래프를 생성해서 처리율이 떨어지는 지점을 찾아라. 이 점들을 클릭해서 이 추적 파일의 이 영역에서 트래픽 문제를 분석하라. 성능이 떨어지는 주요 원인은 무엇인가?

(이어짐)

http-download-good.pcapng	이 추적 파일에 나타낸 OpenOffice 바이너리를 획득하기 위해 필요한 다운로드 시간에 대해 사용자는 상대적으로 만족하고 있다. 파일 전송이 얼마나 걸리는가? 평균 바이트/초 비율은 얼마인가? 사용자는 이 추적 파일에 나타난 OpenOffice 바이너리를 획득하기 위해 소요되는 다운로드 시간에 만족한다. 파일 전송에 걸리는 시간은 얼마나 되는가?
http–espn2011.pcapng	전체 웹사이트 로딩 프로세스 시간이 얼마나 걸렸나? [마지막 데이터 패킷까지의 시간만 측정하라]
http–facebook.pcapng	회사 페이스북 페이지를 업데이트하라는 요청을 받았다. 하지만 메인 페이지를 로딩하는 것이 주요 골칫거리다. 이 추적 파일을 살펴보고 TCP 핸드셰이크 동안 왕복시간 지연을 계산해보라. 다른 긴 지연시간을 찾아보라. 어디에 문제가 있는가?
http–slowboat.pcapng	이 웹사이트의 로딩 시간을 분석하기 위해 이 추적 파일을 사용하지 않았는가? Expert Info Errors, Warnings 또는 Notes가 많이 있는가? 성능 문제의 주요 원인은 무엇인가?
http–slow–filexfer.pcapng	왜 이 파일 전송 프로세스가 이렇게 느린가? 이 추적 파일에 대해 무슨 Expert Info 지적 목록을 제시했는가? TCP Roundtrip Time 그래프를 생성하라. 그림에 나타난 가장 큰 왕복 시간은 무엇인가? 추적 파일에서 이 시간 주위에 무슨 일이 일어났는가?
tcp–pktloss94040.pcapng	이 추적은 www.cnn.com 브라우징 세션을 나타낸다. 대량의 패킷 손실이 있다. 패킷 손실 상황의 IO 그래프를 생성하라. 패킷 손실이 추적 파일 전반에 있었는가, 아니면 특정 시간에만 있었는가?
tcp–window–frozen.pcapng	윈도우가 동결되면 파일 전송 속도를 떨어뜨릴 수 있다. Set a Time Reference를 위해 첫 번째 Zero Window 패킷(패킷 30)을 오른쪽 클릭하라. 이 윈도우 동결 상태가 얼마나 오랫동안 시간을 낭비하는가?
udp–mcaststream–queued2.pcapng	추적 파일의 IO 그래프를 그려라. X축을 0.01초로 변경하라. 이 스트림에서 패킷 손실이 생기면 IO 그래프는 어떤 모양이 되는가?

연습문제

Q29.1 어떻게 신속하게 대화 패킷 사이의 큰 간격을 찾을 수 있는가?

Q29.2 TCP 기반 파일 전송 프로세스 동안 패킷 손실 원인을 찾는 단계는 무엇인가?

Q29.3 어떤 그래프가 파일 전송 프로세스 동안 작은 패킷 크기를 디스플레이할 수 있는가?

Q29.4 TCP 수신자가 사용 가능한 버퍼 공간을 갖고 있지 않으면 어떤 상태가 발생하는가?

Q29.5 파일 전송 추적 파일을 분석할 때 파일 위치 프로세스 동안 당신은 100개 이상의 에러 응답이 있음을 알게 된다. 당신은 이런 것이 항상 클라이언트가 주목할 만한 지연 원인이라고 가정할 수 있는가?

❖ 연습문제 답

Q29.1 어떻게 신속하게 대화 패킷 사이의 큰 간격을 찾을 수 있는가?

A29.1 대화 패킷 사이의 긴 시간 갭을 찾으려면 Previous Displayed Packet 이후 Time column to Seconds를 설정하고, 단일 대화를 필터링하고 Time 칼럼을 정렬해 가장 큰 값이 맨 위에 오게 한다.

Q29.2 TCP 기반 파일 전송 프로세스 동안 패킷 손실 원인을 찾는 단계는 무엇인가?

A29.2 분석기를 경로를 따라 이동해서 원래 패킷과 재전송 패킷을 보게 되는 지점을 찾는다. 패킷 손실이 아직 일어나지 않았다. 패킷을 제거하는 장치는 현재 위치보다 다운스트림(수신자에 가까운 쪽)에 있다.

Q29.3 어떤 그래프가 파일 전송 프로세스 동안 작은 패킷 크기를 디스플레이할 수 있는가?

A29.3 Advanced IO Graph 안의 `AVG(*)tcp.len`를 그래프로 그린다.

Q29.4 TCP 수신자가 사용 가능한 버퍼 공간을 갖고 있지 않으면 어떤 상태가 발생하는가?

A29.4 TCP 수신자가 버퍼 공간을 모두 소비할 때 윈도우 제로window zero 상태를 알린다.

Q29.5 파일 전송 추적 파일을 분석할 때 파일 위치 프로세스 동안 당신은 100개 이상의 에러 응답이 있음을 알게 된다. 당신은 이런 것이 항상 클라이언트가 주목할 만한 지연 원인이라고 가정할 수 있는가?

A29.5 가정할 수 없다. 사용자는 에러로 인해 생긴 지연시간 총량을 분석해서 이들이 눈에 띌만한 효과를 일으킨다고 말해야만 한다.

네트워크 포렌식 개요

와이어샤크 공인 네트워크 분석가 시험에서 다루는 내용

- 호스트 포렌식과 네트워크 포렌식 비교
- 증거 수집
- 탐지 회피
- 올바른 증거 취급
- 비정상 트래픽 패턴 인식
- 비정상 트래픽 패턴 컬러링
- 보완적 포렌식 도구 확인

    - 사례 연구: SSL/TLS 취약점 연구
    - 정리
    - 학습한 내용 복습
    - 연습문제와 답

30장에서 참조한 추적 파일

- arp-pmode-scan-nstpro.pcapng
- sec-dictionary2.pcapng
- sec-macof.pcapng
- mcaststream-queued2.pcapng
- dns-ptr.pcapng
- sec-evilprogram.pcapng
- sec-nmap-osdetect-sV-O-v.pcapng

호스트 포렌식과 네트워크 포렌식 비교

호스트 포렌식은 내부 하드 드라이브나 외부 하드 드라이브 같은 미디어 저장장치를 조사하는 처리 절차다. 증거에는 데이터 파일, 로컬에 저장된 이메일, 레지스트리 설정, 브라우저 사용 기록 등이 해당된다.

네트워크 포렌식은 비정상적이거나 악의적인 트래픽의 증거에 대한 네트워크 트래픽을 조사하는 처리 절차다. 이 트래픽은 예비 점검(발견) 처리, 전화 홈 동작, 서비스 거부 공격, 중개자 문제, 봇넷 명령 등이 포함될 수 있다. 이런 비정상 트래픽의 형태는 32장에서 다룬다.

네트워크 포렌식은 네트워크 방어 메커니즘을 올바르게 구성하기 위해 악의적인 행동의 트래픽 패턴을 연구하는 데도 사용된다.

증거 수집

네트워크 포렌식 증거는 순행 분석이나 역행 분석을 위해 수집할 수 있는데, 순행 분석 기술은 네트워크상의 여러 중요 장소에 네트워크 수집 장치를 위치시키고 대용량 트래픽을 저장하도록 요구할 수 있다.

침입 탐지시스템[IDS]은 네트워크 트래픽을 검사하고 IT 직원에게 비정상 트래픽 패턴을 알려주는 추가적인 기능을 제공한다.

와이어샤크를 설치할 장소는 조사하고자 하는 문제에 따라 달라진다.

와이어샤크를 사용해서 수상한 호스트에게, 그리고 수상한 호스트로부터 트래픽을 수집하는 것은 역행 분석의 예다. 많은 위협에 노출된 호스트가 C&C 서버와 통신을 하는 것 같은 의심이 생기면 와이어샤크를 사용해 네트워크의 출구 지점을 폐쇄하고, 의심 가는 호스트의 IP 주소나 사용 중인 프로토콜을 필터링해야 한다.

네트워크 포렌식 분석의 목적은 트래픽 데이터를 줄여 유용한 정보를 얻으려는 것이다. 많은 양의 트래픽을 수집하고 이것을 별도의 대화, 프로토콜, 시간 세트로 분류하면 침해의 가능성을 찾아낼 수 있다.

탐지 회피

기본적으로 와이어샤크는 네트워크상으로 데이터를 전송하지 않는다. 그러나 와이어샤크가 설치된 동일한 호스트에서 실행 중인 다른 애플리케이션은 통신이 가능하다.

네트워크 이름 변환이 가능하다면 와이어샤크를 탐지해낼 수 있다. 예를 들어 그림 352에서 와이어샤크가 동작하는 호스트(192.168.0.111)는 이더넷 네트워크에서 트래픽을 수집하고, 수집된 각 IP 주소로 DNS PTR 조회를 전송한다. 와이어샤크를 노출시키는 것 이외에 수집한 IP 주소 수가 많아지면 이런 조회 트래픽이 DSN 서버를 당황하게 할 수도 있다.

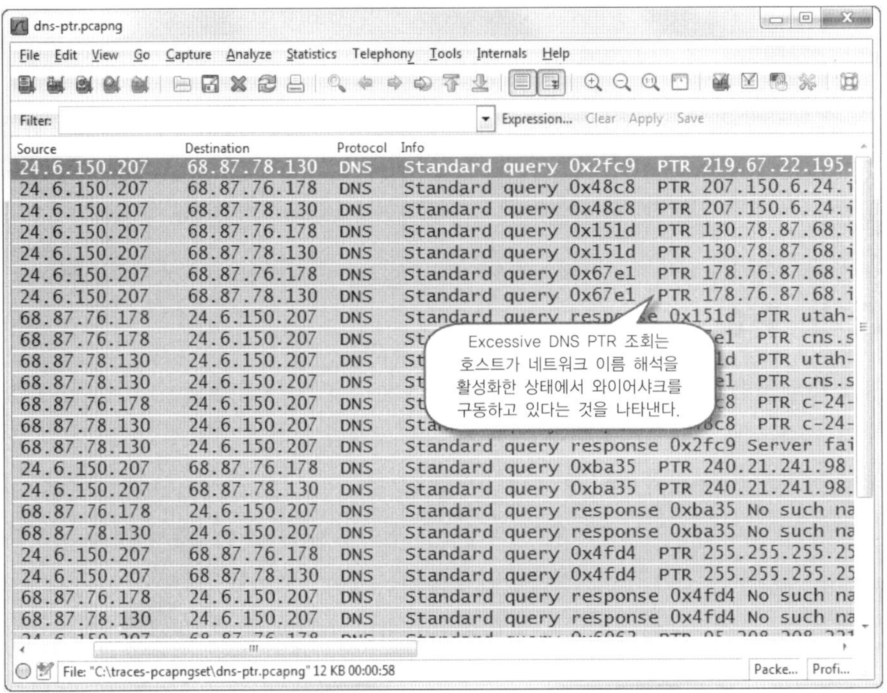

그림 352 와이어샤크는 네트워크 이름 해결이 가능할 경우 PTR 조회를 생성할 수 있다.[dns-ptr.pcapng]

흥미롭게도 그림 353이 보여주는 것과 같이 와이어샤크는 TCP/IP 스택이 비활성화된 경우에도 트래픽을 수집할 수 있다. TCP/IP 스택을 비활성화하면 와이어샤크 시스템이 네트워크상으로 어떤 트래픽도 보내지 않게 주의해야 한다(탐지를 회피하기 위한 하나의 방법이다).

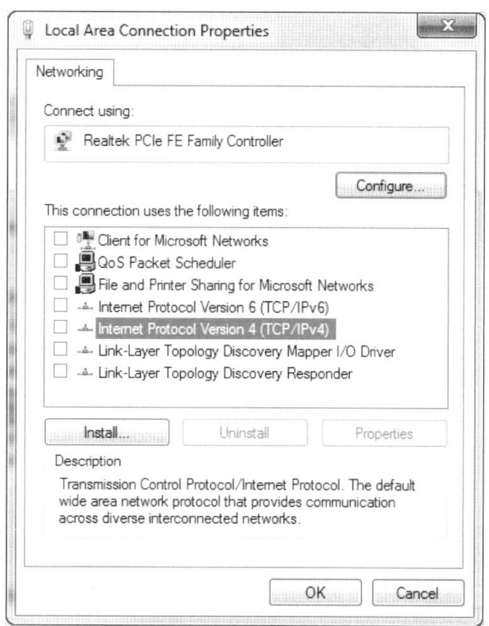

그림 353 와이어샤크는 TCP/IP 스택이 비활성화된 경우에도 트래픽 수집을 할 수 있다.

NetScanTools Pro(www.netscantools.com) 같은 몇 가지 제품은 무차별 모드에서 호스트를 식별하게 발견 처리를 수행할 수 있다. 이 기능은 다른 호스트의 하드웨어 주소로 가게 된 트래픽을 수집할 때 필요한 사항이다.[1]

그림 354는 와이어샤크나 다른 패킷 수집 도구를 구동하고 있는 호스트를 찾기 위해 네트워크를 대상으로 NetScanTools의 무차별 모드 스캐너 도구를 사용한 결과다.

1. 많은 네트워크 인터페이스 카드와 어댑터가 기본적으로 무차별 모드로 설정돼 있기 때문에 이렇게 스캔한 결과는 매우 높은 비율로 긍정 오류일 가능성이 있고, 이런 분석기 탐지 방법을 신뢰하기 어렵게 만든다.

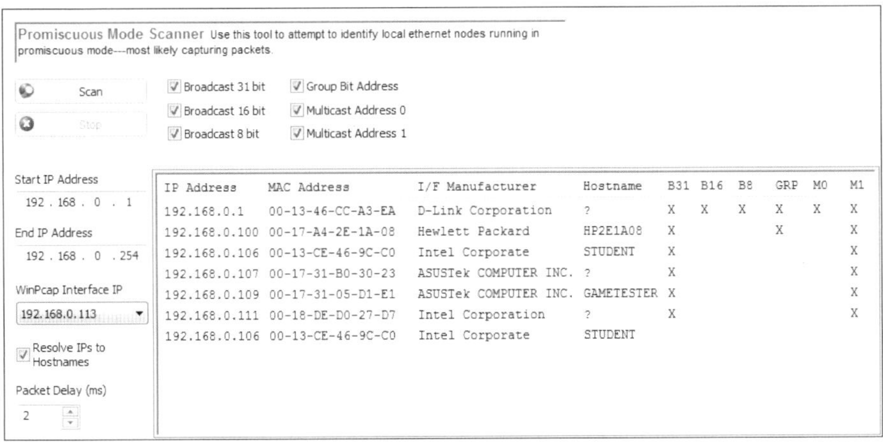

그림 354 NetScanTolls Pro는 무차별 모드 스캐너를 포함한다.

이 무차별 모드 스캔에서는 먼저 ARP 스캔을 전송해서 로컬 네트워크상의 모든 장치를 발견한다. 다음과 같은 결과 칼럼은 다음 테스트에 대한 응답을 보여준다.

컬럼	설명
B31	31비트 브로드캐스트 MAC 주소(0xff:ff:ff:ff:ff:fe)
B16	16비트 브로드캐스트 MAC 주소(0xff:ff:00:00:00:00)
B8	8비트 브로드캐스트 MAC 주소(0xff:00:00:00:00:00)
M0	0으로 끝나는 멀티캐스트 MAC 주소 (0x01:00:5e:00:00:00)
M1	1로 끝나는 멀티캐스트 MAC 주소(0x01:00:5e:00:00:01)

그림 354에서 NetScanTools Pro는 테스트의 결과를 나열한다. 둘 이상의 'X'가 나열된 어댑터를 따른다면 어댑터가 무차별 모드에 있거나 패킷을 수집하고 있었을 가능성이 있다. 이 테스트에서는 단 하나의 장치에서만 실제로 와이어샤크를 실행한다. 몇 개의 긍정 오류가 대부분의 무차별 모드 테스트의 유효성을 무효화시킨다.

이 무차별 모드 스캔의 트래픽 패턴은 식별하기가 쉽다. 그림 355는 ARP 스캔 동안의 목적지 MAC 주소 필드의 변동을 보여준다.[2]

---

2. 발견 툴이나 검사 툴을 구동할 때 자신의 트래픽을 수집하라. 추적 파일을 어떻게 이 애플리케이션이 네트워크를 살펴보는지에 대한 베이스라인으로 저장하라. 그래서 이들 도구를 제 3자가 본인을 대상으로 사용하면 그 사실을 인지할 수 있다.

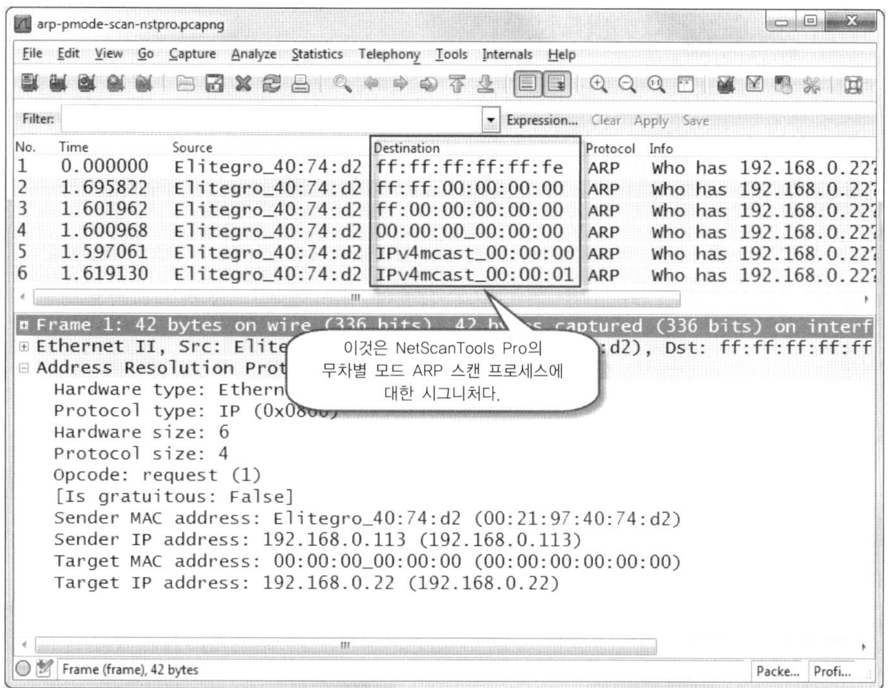

그림 355 이 무차별 모드 스캔은 ARP 변동을 사용한다. [arp-pmode-scan-nstpro.pcapng]

올바른 증거 취급

증거 취급 시 내용을 변경하지 말아야 하며, 무결성에 관한 우려가 없어야 한다. 추적 파일은 항상 안전한 장소에 보관해야만 하며, 연속된 보관 문서에서는 수집 처리와 장소, 추적 파일 제어, 전송 및 분석 처리 세부 정보를 정의해야 한다. IT 직원은 증거를 포함하는 자기 미디어 안전을 위해 불연성 금고를 사용하고, 모든 권장된 증거 취급 절차를 따라야 한다.

디지털 증거 취급 절차의 권장 사항은 경우마다 다르다. 로컬 법률과 법규는 디지털 증거의 무결성과 허용성을 유지하게 고려해야 한다.[3] 1장의 '네트워크 트래픽 리스닝에 대한 법적 이슈' 절을 참조하라.

---

3. HTCIA(High Technology Crime Investigation Association)은 보안 전문가와 법 집행기관에게 열려있는 국제 회원그룹이다. www.htcia.org를 방문해서 다양한 포렌식 자료를 살펴보라.

비정상 트래픽 패턴 인식

비정상 트래픽 패턴을 인식하기 위해서는 먼저 일반 트래픽 패턴을 인식해야 한다. 베이스라인은 트래픽 유형을 구별하는 데 필수적이다.

침투 테스트를 해보면 정찰과 비정상 트래픽을 생성하기 위한 매핑 도구가 이런 트래픽 유형을 이들 도구와 연관시킬 수 있다. 예를 들어 그림 335에서는 엔맵Nmap 도구를 이용해 OS 핑거프린트 동작을 수집했다. NetScanTolls Pro를 이용해 수행된 OS 핑거프린팅 동작을 수집했다. ICMP Echo 요청 패킷의 일부에서 코드 필드는 9로 설정됐다. 이는 좀 특이하다. 명세에서는 ICMP Echo 요청 패킷의 코드 필드가 0으로 설정돼야 한다고 설명돼 있기 때문이다.

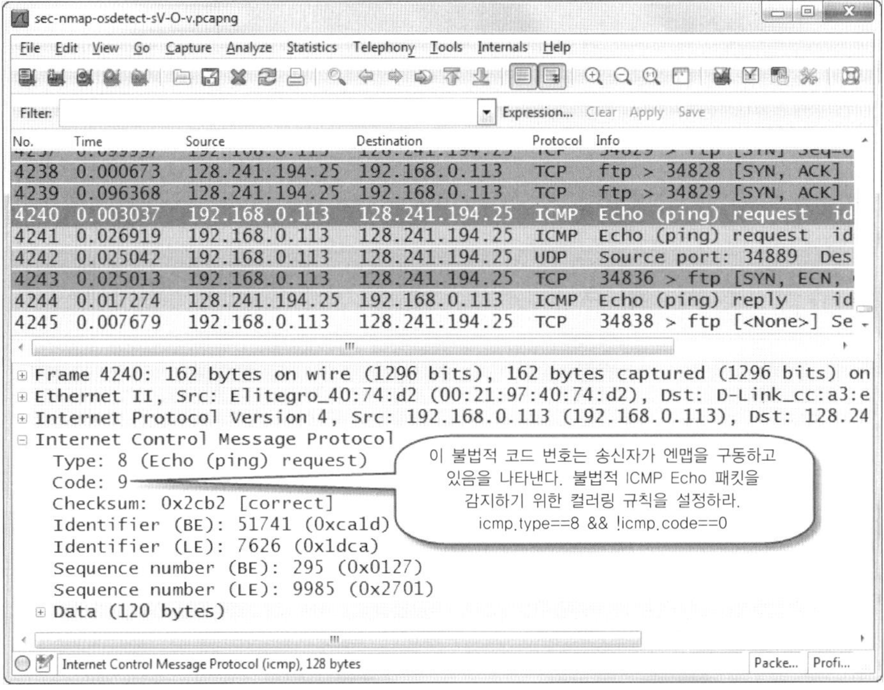

그림 356 비정상 트래픽 패턴을 보면 네트워크에서 사용된 도구를 식별할 수 있다. [sec-nmap-osdetect-sV-O-v.pcapng]

비정상 트래픽 패턴 컬러링

좀 더 효과적으로 비정상 트래픽을 찾아내려면 트래픽이 눈에 띄도록 컬러링 규칙을 생성해보라.

예를 들어 문자열 (icmp. type == 8) && ! (icmp.code ==0x00)을 사용한 컬러링 규칙은 NetScanTools에 의한 이상한 ICMP Echo 요청을 하이라이트시킬 수 있다. 다음 표는 이상한 트래픽을 하이라이트하는 추가적인 컬러링 규칙을 보여준다.

<table>
<tr><th>컬러링 규칙 문자열</th><th>컬러링 규칙 이름/설명</th></tr>
<tr><td>(tcp.flags==0x00) || (tcp.options.wscale_val==10) || (tcp.options.mss_val 〈 1460) || (tcp.flags==0x29) && tcp.urgent_pointer==0 || (tcp.flags==0x02 && frame[42:4] != 00:00:00:00) || (tcp.flags==0x02 && tcp.window_size 〈 65535 && tcp.options.wscale_val 〉 0)</td><td>엔맵 일반 트래픽(특별한 패턴을 찾기 위한 긴 필터)</td></tr>
<tr><td>tcp.window_size 〈 65535 && tcp.flags.syn==1</td><td>작은 WinSize SYN(서브옵션 설정이나 발견 패킷인가?)</td></tr>
<tr><td>tcp.port==6666 || tcp.port==6667 || tcp.port==6668 || tcp.port==6669</td><td>기본 IRC TCP 포트 6666-6669(IRC 트래픽 봇 이슈인가? 연산자 '〉'와 '〈'로 생성될 수 있는가?)</td></tr>
<tr><td>dns.count.answers 〉 5</td><td>DNS 응답 〉 5(봇 C&C 서버가 이 패킷에 목록화됐는가? 항상 문제가 되지는 않는다. 하지만 의심스럽다. 응답에서 여러 개의 다른 IP 주소를 찾아보라)</td></tr>
<tr><td>icmp.type==3 && icmp.code==2</td><td>ICMP 프로토콜에 도달할 수 없음(IP 스캔이 진행 중인가?)</td></tr>
<tr><td>(icmp) && (tcp)</td><td>TCP 패킷에 대한 ICMP 응답 (전송자는 침입 차단 시스템을 갖췄는가?)</td></tr>
<tr><td>icmp.type==3 && icmp.code==4</td><td>ICMP 유형 3/코드 4(블랙홀 탐지인가?)</td></tr>
<tr><td>icmp.type==13 || icmp.type==15 || icmp.type==17</td><td>ICMP 유형 13, 15 또는 17(OS 핑거프린팅인가?)</td></tr>
<tr><td>icmp.type==8 && !icmp.code==0</td><td>비표준 ICMP 에코 요청(사용한 애플리케이션을 탐지할 수 있는가?)</td></tr>
<tr><td>tcp.window_size 〈 1460 && tcp.flags.reset==0</td><td>TCP 윈도우 크기 〈 1460(수신자는 데이터 전송을 중단시키는가?)</td></tr>
<tr><td>(tcp.window_size==0) && (tcp.flags.reset==0)</td><td>TCP 제로 윈도우(수신자는 데이터 전송을 멈춘다)</td></tr>
</table>

(이어짐)

컬러링 규칙 문자열	컬러링 규칙 이름/설명
http.request.metoho=="GET" && http matches "\(?i)(exe|zip|jar|tar)"	exe, zip, jar, tar 파일을 가진 모든 HTTP GET 패킷을 찾는다.

보완적 포렌식 도구 확인

여러 가지 많은 보안 도구로 와이어샤크의 패킷 수집 능력을 보완할 수 있다. sectooks.org[4]를 살펴보면 고든 표도르 라이언Gordon 'Fyodor' Lyon(엔맵 개발자)이 관리하고 있는 상위 100개의 네트워크 보안 도구 목록이 있다. 이것은 상위 100개의 목록 중 일부분이다.

- Nessus(www.nessus.ors)
- Snort(www.snort.org)
- Netcat(netcat.sourceforge.net)
- NetScanTools(www.netscantools.com)
- Metasploit Framework(www.metasploit.com)
- Hping2(www.hping.org)
- Kismet(www.kismetwireless.net)
- Tcpdump(www.tcpdump.org)
- Cain and Abel(www.oxid.it)
- John the Ripper(www.openwall.com/john)
- Ettercap(ettercap.sourceforge.net)
- Nikto(www.cirt.net/nikto2)

와이어샤크 기능을 보완하는 다른 도구 목록을 보려면 wtki.wireshark.org/Toots 사이트를 방문하라.

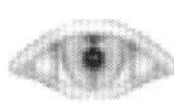

엔맵도 반드시 이 목록에 있어야 한다. 표도르는 'Security Tools Survey'를 컴파일하기 때문에 목록에 엔맵이 포함되지 않는 것을 선택했다.

4. 표도르가 주관한 가장 최근의 보안 도구 조사에서 와이어샤크는 보안 도구 부분 1위를 차지했다. 자세한 사항을 보려면 sectools.org를 살펴보라.

 사례 연구: SSL/TLS 취약점 연구

제출자 Steve Dispensa

PhoneFactor의 최고 기술 책임자

> **저자의 노트** 2009년 11월 5일에 글로벌하게 적용되고 있는 SSL/TLS가 중간자 공격에 취약하다는 말이 IT 커뮤니티에 돌았다. 사실 취약성은 PhoneFactor(www.phonefactor.com)의 Marsh Ray와 Steve Dispensa가 2009년 8월에 발견한 것이다. 이 문제를 공개적으로 발표한 설명 문건에서 악성 SSL/TLS 트래픽에 대한 추적 파일과 복호화 키는 이 책의 웹사이트인 www.wiresharkbook.com에서 찾아볼 수 있다. 이 취약성 상태에 대한 더 자세한 정보를 알고자 한다면 www.phonefactor.com/sslgap/를 방문해보라.

PhoneFactor에서 우리는 수 년 동안 와이어샤크(이전에는 이더리얼Ethereal)의 애용자였다. 중대한 프로토콜 개발을 와이어샤크 없이 했다는 것은 상상하기도 힘들다. 2009년 11월에 발표한 보고서를 위해 TLS 취약점을 연구하는 동안 처리 과정의 일부 지점에서 와이어샤크를 사용했다.

아파치에서 인증서 인증 처리 방식에 대해 개발자가 의심을 품은 후에 TLS 문제가 무엇인지 알았다. 우리는 몇 개의 패킷을 수집했고 소스코드 분석과 관련 있는 표준 문서를 신중하게 읽어 문제를 해결했다.

의심되는 프로토콜이 TLS이기 때문에 와이어샤크는 수집된 패킷에 의미 있는 정보를 표시하기 위해 약간의 추가적인 작업을 해야 했다. TLS 세션의 중간 부분에서 패킷을 수집할 때(예를 들면 네트워크 중간의 교환기로부터) TLS의 그 지점에서 초기 핸드셰이크가 레코드로 암호화된 후에 볼 수 있었다. 이들 암호화된 패킷을 해독하기 위해 와이어샤크는 일반적으로 개인키가 포함된 연결에서 사용하는 인증서 사본과 함께 제공돼야 한다. 이것은 약간 까다롭지만, 한 번 설정된 후에는 복호화된 데이터에 전적으로 접근할 수 있다.

문제가 무엇인지를 확인한 후 이것이 진짜 문제라는 것을 공급업체에 증명하기 위해 쟁점을 재현하기를 원했다. 이 작업을 통해 많은 TLS 프로토콜의 작동되는 구현을 개발했다. 그래서 다시 한 번 우리는 와이어샤크에 많이 의존해서 패킷 구조가 올바르다는 것을 확인할 수 있었다.

그 문제가 진짜라는 것을 증명하기 위해 활동 중인 악성코드 패킷을 수집해봤는데, 그것이 우리가 본 것이 무엇인지에 대해 생각할 수 있는 어떤 종류의 외부적 상호작용도 아니었다는 것을 확신할 수 있었다. 그것이 확실해지자 우리가 본 효과가 확인한 결점 이외의 어떤 것에 의해 야기됐을 가능성이 없다는 것을 알 수 있었다.

다른 사람에게 문제를 확인시키기 위한 목적으로 먼저 프로토콜 다이어그램과 패킷 수집을 보여줬다. 표준임에도 불구하고 프로토콜의 메커니즘을 배우는 가장 좋은 방법은 패킷 수집을 공부하는 것이며, 공급업체 커뮤니티에게 제공한 패킷 수집은 문제의 세부 사항을 정확하게 전달할 수 있게 해줬다.

표준 문서의 에디터가 구현을 위해 생각하는 방법과 프로그래머가 실제로 코드를 작성하는 방법에는 종종 차이가 있다. 와이어샤크는 현장에서 실제로 구현에 잘 적응하기 때문에 훌륭한 참고 도구가 된다. 우리가 계속 TLS를 연구할 것이기 때문에 이런 종류의 정보들은 계속 가치를 갖게 될 것이다.

정리

호스트 포렌식은 하드 드라이브, USB 드라이브, 메모리 같은 전자 미디어의 내용을 조사하는 과정이다. 네트워크 포렌식은 데이터 통신 증거를 조사하는 과정이다.

어디에서, 그리고 어떻게 네트워크 트래픽을 수집하는지 아는 것은 네트워크 포렌식의 가장 중요한 요소다. 트래픽 증거 수집을 놓친다면 분석할 것이 하나도 없다. 가능하면 수집 필터 사용을 피한다. 수집 필터를 사용해서 트래픽이 한 번 필터링되면 트래픽에 다시 접근할 수 없다. 네트워크 포렌식을 조사하는 동안에는 디스플레이 필터를 사용한다. 많은 양의 데이터를 수집한다면 파일 집합을 수집하는 것도 생각해보기 바란다.

탐지를 피하기 위해 와이어샤크의 네트워크 이름 변환 프로세스를 사용하지 말아야 한다는 점을 확실히 하고 싶다.

그것이 언젠가 법적 절차에 쓰일 수 있다고 가정을 하고 증거를 다루도록 한다. 적절한 연속 보관 절차를 사용하고 네트워크 트래픽 증거가 안전한 위치에 보관되는지를 확실히 해야 한다.

베이스라인 프로세스를 수행했다면 비정상 트래픽 패턴을 찾아내기가 더 수월하다. 이런 비정상 패턴을 찾아냈을 때 그것을 더욱 눈에 잘 띄게 컬러링 규칙을 생성하는 것을 고려한다.

와이어샤크를 보완하는 수많은 포렌식 도구가 있다. 엔맵 개발자인 표도르는 sectools.org에 상위 보안 도구 목록을 유지 관리한다.

학습한 내용 복습

이 책의 웹사이트인 www.wiresharkbook.com의 다운로드 섹션에서 사용 가능한 추적 파일을 다운로드한다. 몇 개의 비정상 트래픽 패턴을 조사하기 위해 다음에 열거된 추적 파일을 오픈한다.

arp-pmode-scan-nstpro.pcapng	이 파일은 NetScanTools Pro로 수행한 무차별 모드 스캔이다. 이 스캔에는 어떤 목표 MAC과 IP 주소를 사용했는가? 이 스캔을 기업 네트워크 전체에 있어 무차별 모드로 구동되는 목표를 발견하는 데 사용할 수 있는가?
dns-ptr.pcapng	어떤 와이어샤크 설정을 하면 이런 유형의 트래픽을 생성하는가?
sec-dictionary2.pcap	이 패스워드 크랙 시도는 단일 연결 위에서 구동됐는가, 아니면 다중 연결 위에서 구동됐는가? 어떤 사용자 계정이 목표인가? 이 크래킹 시도에서 사용된 패스워드 목록을 어떻게 내보낼 수 있는가? 크래커가 빈 패스워드를 사용하려고 시도했는가?
sec-evilprogram.pcap	이 추적 파일의 첫 번째 패킷을 살펴보라. 이미 이 추적 파일에 문제가 있음을 나타내는 것은 무엇인가?
sec-macof.pcapng	Dug Song이 만든 Macof는 네트워크 스위치 MAC 주소 테이블을 넘치게 하고 '허브 모드'로 이동시킨다. 이 도구는 여전히 네트워크상에서 혼란을 초래한다. 이 플러드(홍수) 트래픽의 특징을 식별할 수 있는가?
sec-nmap-osdetect-sV-O-v.pcapng	이 추적 파일에서 의심스런 트래픽을 찾아내기 위해 어떤 컬러링 규칙을 생성할 수 있는가?

연습문제

Q30.1 네트워크 포렌식의 목적은 무엇인가?

Q30.2 와이어샤크 시스템을 다른 사람에게 보이게 하는 트래픽 패턴 중 하나는 무엇인가?

Q30.3 왜 정찰과 공격 도구를 연구할 때 자기 자신의 트래픽을 수집해야 되는가?

Q30.4 어떻게 와이어샤크에서 이상한 트래픽을 좀 더 쉽게 찾을 수 있는가?

연습문제 답

Q30.1 네트워크 포렌식의 목적은 무엇인가?

A30.1 네트워크 포렌식은 비정상적이거나 허용되지 않는 트래픽 증거를 위해 네트워크 트래픽을 검사하는 과정이다. 이 트래픽은 점검(발견) 처리, 전화 홈 행동, 서비스 거부 공격, 중개자 중독, 봇 명령 등을 포함한다.

Q30.2 와이어샤크 시스템을 다른 사람에게 보이게 하는 트래픽 패턴 중 하나는 무엇인가?

A30.2 네트워크 이름 변환을 활성화했다면 와이어샤크는 호스트 이름으로 IP 주소를 변환하기 위해 많은 DNS PRT 조회를 발생시킨다.

Q30.3 왜 정찰과 공격 도구를 연구할 때 자기 자신의 트래픽을 수집해야 되는가?

A30.3 트래픽에서 특성을 식별하기 위해 이들 도구를 사용해 조사를 할 때 자신의 트래픽을 수집한다. 그리고 네트워크에서 성공적으로 사용될 이들 도구를 방지하는 방어 메커니즘을 생성한다.

Q30.4 어떻게 와이어샤크에서 이상한 트래픽을 좀 더 쉽게 찾을 수 있는가?

A30.4 이상한 패킷에 대해 컬러링 규칙을 생성하는 것을 고려한다. 그러면 패킷 창에서 이상한 패킷을 신속하게 식별할 수 있다.

스캐닝 탐지와 발견 처리

와이어샤크 공인 네트워크 분석가 시험에서 다루는 내용

- 발견과 점검의 목적
- ARP 스캔(일명 ARP 스윕) 탐지
- ICMP 핑 스윕 탐지
- 다양한 유형의 TCP 포트 스캐닝 탐지
- UDP 포트 스캐닝 탐지
- IP 프로토콜 스캔 탐지
- 아이들 스캔 이해
- ICMP 유형과 코드
- Traceroute 경로 발견 분석
- 동적 라우터 발견 탐지
- 응용 맵핑 프로세스 이해
- 수동 OS 핑거프린팅을 위한 와이어샤크 사용
- 능동 OS 핑거프린팅 탐지
- 공격 도구 식별
- 스캔에서 스푸핑되는 주소 식별

  - 사례 연구: Conficker 레슨으로 배운 점
  - 정리
  - 학습한 내용 복습
  - 연습문제와 답

31장에서 참조한 추적 파일

- arp-recon.pcapng
- icmp-traceroute-normal.pcapng
- sec-nmap-ackscan.pcapng
- sec-nmap-osdetection.pcapng
- sec-nmapscan.pcapng
- sec-nst-osfingerprint.pcapng
- sec-strangescan.pcapng
- icmp-routersolicitation.pcapng
- sec-active-scan.pcapng
- sec-nmap-ipscan.pcapng
- sec-nmap-robotsplus.pcapng
- sec-nmap-udpscan.pcapng
- sec-spoofedhost.pcapng

발견과 점검 처리 목적

범죄자가 은행을 털기 전에 해당 은행의 작업 과정을 조사하는 것과 같이 악성 프로그램과 프로세스들 또한 공격을 시도하기 전에 개방 포트와 동작 중인 호스트를 조사한다. 적시에 이런 탐색 프로세스와 정찰 프로세스를 식별할 수 있다면 궁극적으로 공격을 좌절시킬 수 있다.

이런 탐색 방법의 목적을 이해하는 것은 공격자가 찾는 것이 무엇이고, 해당 트래픽을 막기 위해 사용할 수 있는 옵션들이 무엇인지를 알 수 있게 도와준다.

엔맵은 네트워크 장치와 서비스를 발견하는 데 이용되는 가장 보편적인 도구들 중 하나다.[1] 31장에서는 엔맵 탐색 처리를 수행하고 식별하는 방법을 자세히 다룬다.

 **네트워크에서 엔맵 사용하기(권한이 있다면)**

엔맵은 nmap.org에서 받을 수 있는 무료이며, 다중 플랫폼(윈도우, 리눅스/유닉스, 맥 OS X) 보안 스캐너다. 이것은 와이어샤크만큼이나 잘 알아야 하는 도구다. 엔맵을 실행할 때에는 반드시 31장에서 보는 것과 같이 엔맵이 생성하는 트래픽을 분석하라.

ARP 스캔(일명 ARP 스윕) 탐지

ARP 스캔은 ARP 패킷이 라우팅될 수 없기 때문에 로컬 호스트만을 찾는 데 사용된다. ARP 패킷은 IP 헤더를 갖고 있지 않다.

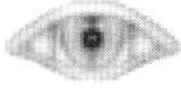 **Nmap_ARP 스캐닝 처리**

ARP 스캔을 실행하기 위한 엔맵 매개변수는 -PR(ARP 핑처럼 언급됐던)이다. 그러나 엔맵은 사용할 수만 있다면 자동으로 ARP 스캔을 사용하기 때문에 이 매개변수는 거의 쓰지 않는다(예를 들어 목적지가 발신지와 같은 이더넷 세그먼트에 있을 때). 해당 프로세스가 사용할 수 있을 때마다 ARP 스캔을 사용할 때 엔맵 Ping 스윕 동작 분석을 고려한다. 그래야 단일 분석 세션에서 두 프로세스를 분석할 수 있다.

---

1. 고든 '표도르' 라이언(엔맵 제작자)가 쓴 『엔맵 네트워크 스캐닝』(에이콘출판, 2009)은 엔맵을 사용하기 위한 가장 종합적인 가이드다. IT 전문가라면 누구나 읽어야만 하는 책이다. 이 멋진 책에 대해 자세히 알고 싶으면 nmap.org/book을 참조하라.

ARP 스캔 사용의 단점은 ARP 트래픽이 라우터나 3계층 장치를 통과하지 못한다는 점이다. ARP 스캔 실행의 장점은 침입 차단시스템에 의해 숨겨져 있어 다른 발견 방법으로도 찾을 수 없었던 로컬 장치들을 발견할 수 있다는 점이다. 침입 차단시스템이 ICMP 기반 ping을 차단하는 경우 장치를 발견하기 위해 ARP 스캔을 사용할 수 있다. ARP 응답을 비활성화시킬 수 없다(그렇게 하면 TCP/IP 통신 시스템을 차단하게 된다).

ARP 스캔은 라우터를 가로지를 수 없다는 점을 명심하자. ARP 스캔이 이뤄지고 있다는 것을 탐지한다면 발신지와 목적지는 트래픽을 수집한 해당 네트워크에 있을 것이다.

일반적인 ARP 스캔 처리는 MAC 주소(0xff:ff:ff:ff:ff:ff)를 브로드캐스트하기 위해 ARP 요청을 전송한다. ARP 트래픽이 그림 357에서 보이는 것처럼 추적 파일에서 명확하게 보이게 초당 높은 패킷 전송률을 사용하지 않는다면 ARP 스캔 트래픽을 발견하는 것은 어려울 수 있다.

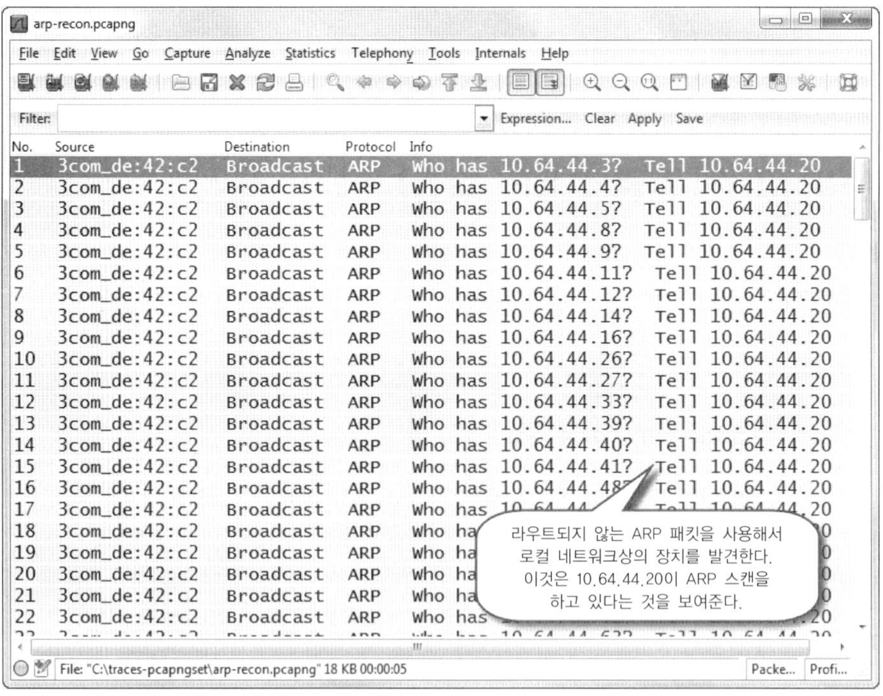

그림 357 ARP 스캔은 모든 로컬 TCP/IP 장치를 발견할 수 있다. [arp-recon.pcapng]

ICMP Ping 스윕 탐지

대부분의 사람들이 ping 스윕을 ICMP Type 0 Echo Reply를 수반하는 ICMP Type 8 Echo Requests를 사용하는 스캔scan이라고 생각하지만 ping 스윕은 세 가지의 가능한 변종이 있다. 다른 변종으로는 TCP ping 스캔과 UDP ping 스캔이 있다. TCP와 UDP 변종은 둘 다 echo 포트인 목적지 포트 8을 사용한다. 대부분의 호스트는 TCP나 UDP 포트 8에서 에코 서비스를 지원해서는 안 된다. 그래서 TCP와 UDP ping 스캔 방식을 사용하는 것은 썩 유용하지 않다.

표준 ICMP 기반 ping 스윕은 침입 차단시스템(호스트와 네트워크)이 이런 종류의 ICMP 패킷을 막게 설정하기 전까지 수 년 동안 잘 통했다. 그림 358은 192.168.1.103 목적지를 발견하는 데 사용된 표준 ICMP 기반 ping 처리를 보여준다.

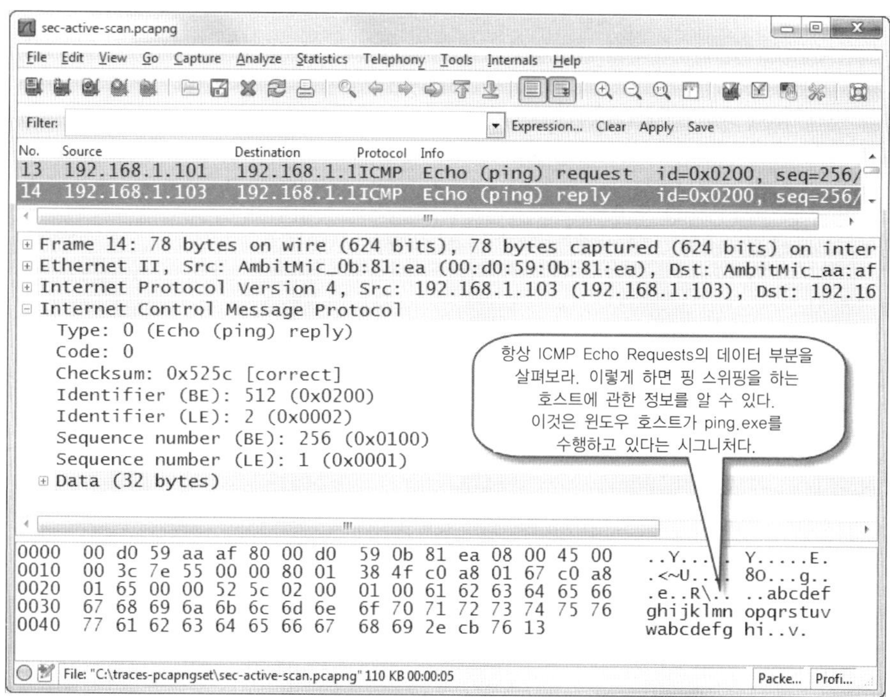

그림 358 ping 스윕의 가장 일반적인 변종은 ICMP Echo 요청/응답을 사용한다. [sec-active-scan.pcapng]

ICMP 기반 ping 스윕은 간단한 `icmp.type==8 || icmp.type==0` 필터를 이용해 탐지하기 쉽다. 에코 응답은 ICMP type 0을 사용하고 에코 요청은 ICMP type 8을

사용한다. 목적지가 ICMP ping을 차단한다면 네트워크에서 호스트를 식별하기 위해 TCP나 UDP 포트 스캔을 사용해보라.

엔맵 구문 Ping 스윕 매개변수

ICMP 기반 ping 스윕을 위한 엔맵 구문은 -sP다.

다양한 타입의 TCP 포트 스캔 탐지

포트 스캔은 목표를 탐색하고 목표상에 제안된 서비스를 탐색할 때 사용한다.[2]

웹 브라우징이나 이메일 서비스 같은 대부분의 대중적인 서비스는 TCP에서 동작한다. 다음 표는 TCP에서 동작하는 일부 대중적인 서비스를 열거한다. 그리고 이들은 네트워크 스캐닝을 하는 사람에게는 흥미로울 것이다.

서비스	TCP 포트 번호
FTP	21
Secure Shell (SSH)	22
Telnet	23
SMTP	25
HTTP	80
POP	110
NTP	123
Endpoint Mapper Resolution	135
NetBIOS Session Service	139
HTTP over SSL/TLS	443
Microsoft Directory Services	445

(이어짐)

2. 대부분의 사람은 TCP 스캔이 활성화된 서비스를 탐색하는 데에만 사용된다고 생각한다. 그러나 사실 TCP 스캔은 단순히 활성화된 목표를 찾는 데에도 사용된다.

서비스	TCP 포트 번호
Microsoft SQL Server	1433
VNC Server	5900
HTTP Alternate	8080

할당된 포트 번호의 완전한 목록을 보려면 www.iana.org/assignments/port-numbers를 방문하라. isc.sans.org/toplO.html의 ANS ISC(Internet Storm Center)를 방문하면 가장 대중적인 스캔 목적지 포트와 발신지 IP 주소의 최근 목록을 볼 수 있다.

TCP 스캔에는 몇 개의 변종이 있다. 기본 TCP 연결 설정에서 하나의 TCP 호스트는 목적지 포트로 TCP SYN을 전송한다. 그 목적지는 RST(포트가 닫혀 있다면) 또는 SYN/ACK(포트가 열려 있다면) 중 하나로 응답해야 한다. 이것이 빠른 연결성 테스트를 제공한다.

✻ TCP 반개방 스캔(일명 '스텔스 스캔')

엔맵은 기본적으로 TCP 반개방(일명 스텔스 스캔)을 사용한다. 포트가 열려 있으면 완전한 연결을 만들기 위해 3방향 핸드셰이크를 완료하지 않는다. 목적지로부터 SYN/ACK을 수신하자마자 엔맵을 실행하는 호스트는 연결 시도를 끝내기 위해 TCP Reset을 생성한다.

마이크로소프트 제한 연결 시도에 대한 경계

마이크로소프트가 XP용 서비스팩 2를 출시했을 때 그들은 의도적으로 외부로 나가는 반개방 연결의 수를 최대 10개로 제한했다. 이것은 10개 이상의 연결 시도를 실시하는 합법적인 애플리케이션에 몇 가지 문제를 일으켰다(특히 P2P 애플리케이션). 대체적으로 엔맵(윈도우 호스트에서 실행되는)은 이더넷 프레임 레벨에서 패킷을 전송함으로써 이와 같은 제한을 회피한다. 하지만 이것은 TCP 연결 스캔(-sT)을 상당히 느리게 할 수 있다. 마이크로소프트는 비스타 SP2와 그 이후 OS 버전에서는 이 제한(EnableConnectionRateLimiting 레지스트리 엔트리)을 없앴다.

TCP Reset 응답은 목적지 포트가 닫혀 있음을 나타낸다. 응답이 수신되지 않는다면 포트가 열려있는지 닫혀있는지 가정할 수 없다. TCP SYN이나 응답은 도중에

폐기될 수 있다. 엔맵 같은 고급 포트 스캐너는 바쁜 네트워크에서 예상될 수 있는 이따금 발생하는 패킷 손실과 고의적인 패킷 필터링을 구별하게 탐사 패킷probe packet을 재전송한다.

코드 1, 2, 3, 9, 10, 13을 이용한 ICMP 목적지 도달 불가Destination Unreachable(유형 3) 응답은 포트가 침입 차단될 것임을 나타낸다. 18장의 'ICMP 패킷 구조 분석' 절을 참조하라.

TCP 반개방 스캔에서 스캐너가 3방향 핸드셰이크를 완료하지 않았을 때 목적지는 그들의 개방 연결 목록에서 찾을 수 있고 스캐닝 호스트는 보이지 않는다(그러므로 이름이 '스텔스 스캔'이다). 반개방 TCP 스캔은 목적지에서 은닉과 자원의 보호를 위해 바람직한 TCP 스캔 유형이다.

그림 359에 나타난 것처럼 추적 파일에서 스캔이 아주 가까운 곳에서 이뤄지고 분명히 있지 않는 한 와이어샤크[3]를 이용해 TCP 스캔을 탐지하는 것은 어려울 수 있다. 데이터 전송도 없는데 대단히 많은 RST나 많은 수의 SYN/ACK가 발생했다면 TCP 스캔이 진행되고 있음을 보여주는 강력한 표시다.

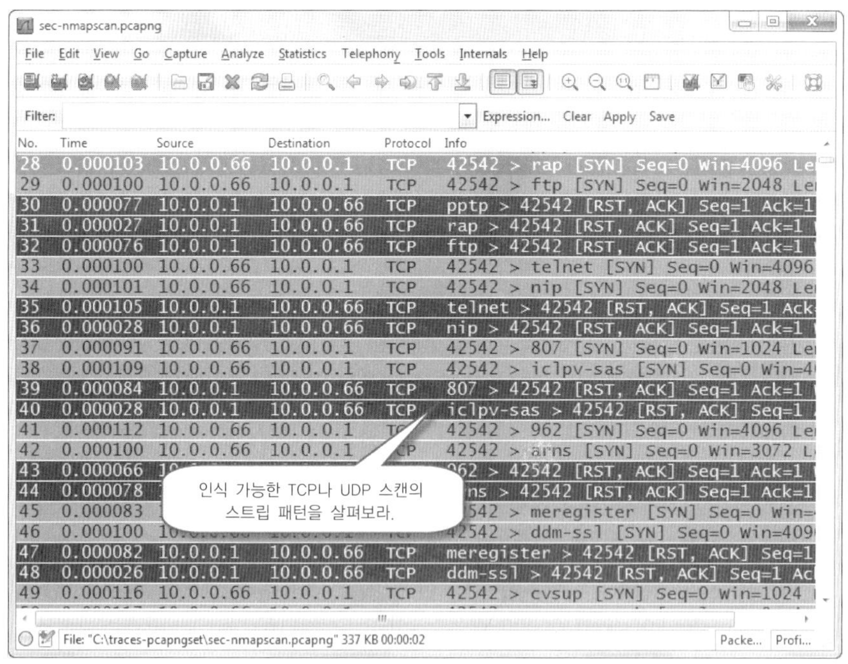

그림 359 근접한 TCP 스캔은 식별하기 쉽다. [sec-nmapscan.pcapng]

3. 이 부분이 Snort나 Suricat 같이 스캐닝을 탐지하게 설계된 전문 포트 스캐닝 탐지기나 침입 탐지 도구와 크게 차별화되는 부분이다.

✻TCP 전체 연결 스캔

TCP 전체 연결 스캔TCP full connect scans은 열려있는 포트로부터 SYN/ACK 패킷을 받은 후에 3방향 핸드셰이크를 완료한다. TCP Reset 응답은 목적지 포트가 닫혀 있음을 나타낸다. 응답을 수신하지 못했다면 포트가 열려있는지 닫혀 있는지를 가정할 수 없다. TCP SYN이나 응답은 도중에 폐기될 수도 있다. 코드 1, 2, 3, 9, 10, 13을 이용한 ICMP 목적지 도달 불가(유형 3) 응답은 포트가 침입 차단될 것임을 나타낸다. 18장의 'ICMP 패킷 구조 분석' 절을 참조하라.

TCP 반개방 스캔과 마찬가지로 TCP 전체 연결 스캔을 탐지하는 것은 추적 파일에서 스캔이 근접하고 분명하지 않는 한 와이어샤크를 이용해 TCP 스캔을 탐지하는 것은 어려울 수 있다. 데이터 전송도 없는데 대단히 많은 RST나 많은 수의 SYN/ACK가 발생했다면 TCP 스캔이 진행되고 있음을 보여주는 강력한 표시다.

그림 360은 TCP 전체 연결 스캔의 패턴을 보여준다. 패킷 15에서 스캐너는 3방향 핸드셰이크 검사를 완료하고 있다는 점에 주의하라. tappi-boxnet이라는 포트 설명에 현혹되지 마라. 이것은 단순히 스캐너가 사용하는 2306번 포트가 와이어샤크 서비스 파일 안의 tappi-boxnet으로 목록화된 것뿐이다.

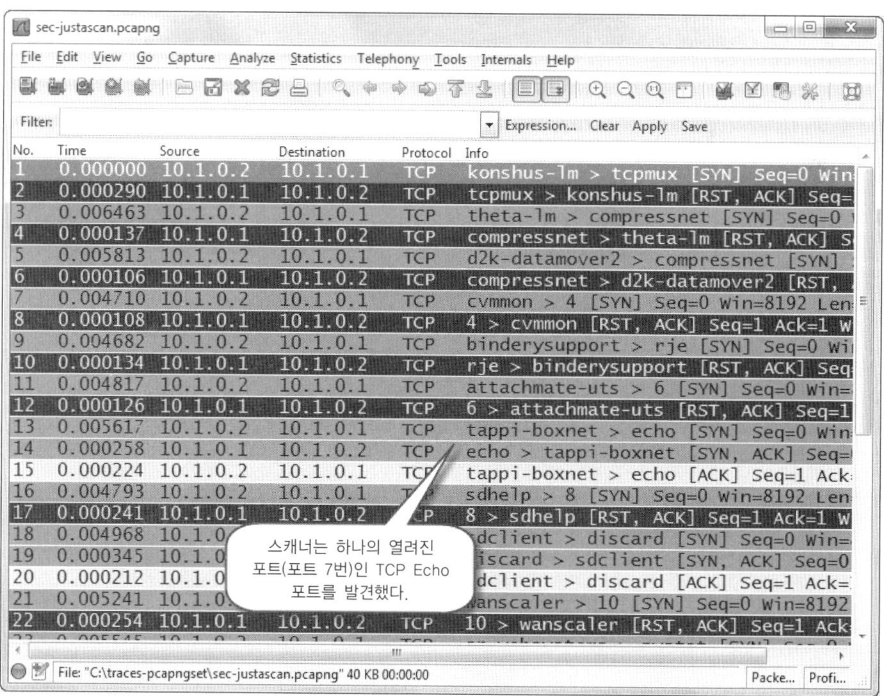

그림 360 전체 연결 스캔은 목적지에서 Echo 포트가 열려있는 것을 발견했다. [sec-justascan.pcapng]

✻ 널 스캔

널[null] 스캔은 특별한 TCP 패킷 형태를 사용한다. 그림 361에서 보여주는 것처럼 어떤 TCP 플래그도 설정되지 않는다. 널 스캔에 대한 무응답은 포트가 열려 있거나 필터링된 것을 나타낸다. TCP 재설정 응답은 포트가 닫혀있다는 것을 나타낸다. 코드 1, 2, 3, 9, 10, 13을 이용한 ICMP 목적지 도달 불가(유형 3) 응답은 포트가 침입 차단될 것임을 나타낸다.[4]

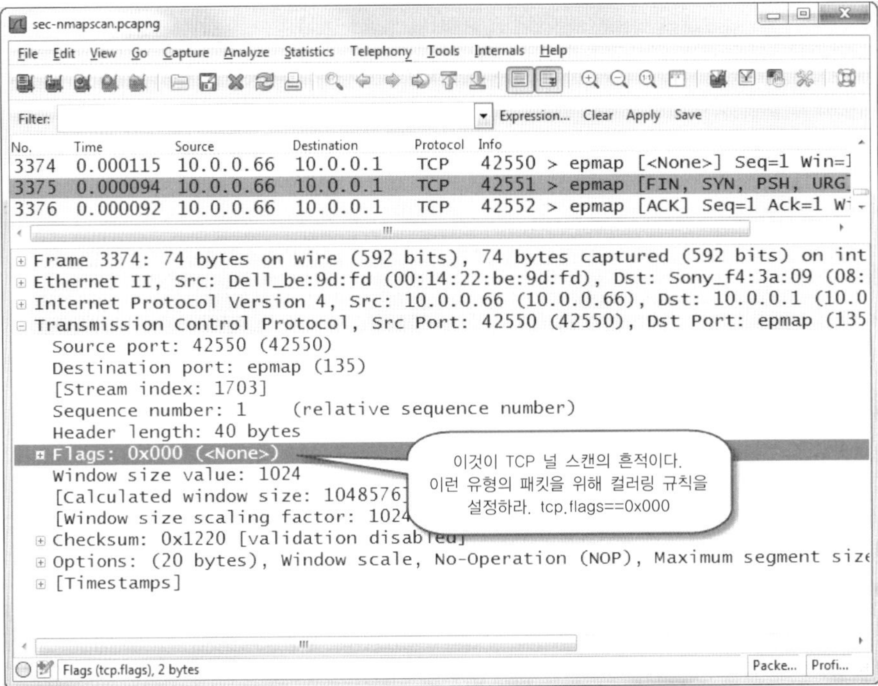

그림 361 널 스캔은 어떤 TCP 플래그 설정이든 필요 없다. [sec-nmapscan.pcapng]

null 스캔을 탐지하려면 컬러링 규칙을 생성하거나 TCP 플래그 설정 `tcp.flags==0x00`을 갖지 않는 TCP 패킷을 디스플레이해보라.

---

4. 널 스캔, FIN 스캔과 Xmas 스캔은 정확히 RFC 793인 TCP를 준수하지 않기 때문에 마이크로소프트 호스트를 대상으로 제대로 작동하지 않는다. 이 RFC는 '반개방 연결과 기타 비정상 행위'에 대해 호스트가 어떻게 반응해야 하는지를 구체적으로 나타낸다.

✲ Xmas 스캔

Xmas 스캔은 URG, FIN, PUSH 플래그 설정을 가진다.

Xmas 스캔에 대한 무응답은 포트가 열려 있거나 필터링된 것을 나타낸다. TCP Reset 응답은 포트가 닫혀있음을 나타낸다. 코드 1, 2, 3, 9, 10, 13을 이용한 ICMP 목적지 도달 불가(유형 3) 응답은 포트가 침입 차단될 것임을 나타낸다.

엔맵 구문: Xmas 스캔 매개변수

Xmas 스캔을 위한 엔맵 구문은 -sX다.

Xmas 스캔을 탐지하려면 컬러링 규칙을 생성하거나, 이들 3개의 플래그 설정만을 갖는 TCP 패킷을 위한 필터를 디스플레이해보라.

다음은 TCP 플래그 요약 라인에 기반을 둔 디스플레이 필터에 대한 구문이다. 그림 362는 Xmas 스캔 패킷 형태와 TCP 플래그 요약 라인을 보여준다.

```
tcp.flags==0x29
```

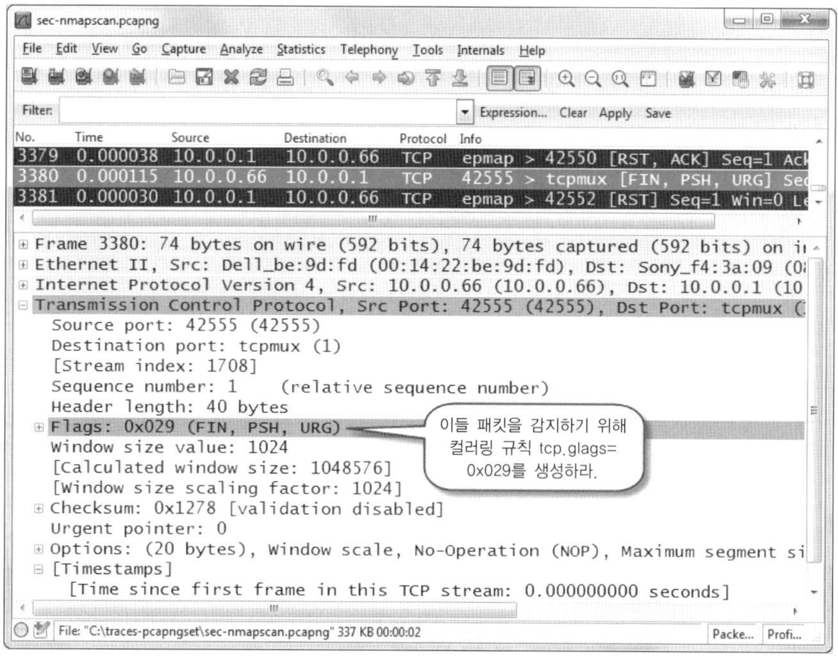

그림 362 Xmas 스캔은 Urgent, Push, Finish 플래그 설정을 가진다. [sec-nmapscan.pcapng]

✽ FIN 스캔

FIN 스캔은 단지 TCP FIN 비트 설정만 스캔한다.

FIN 스캔에 대한 무응답은 포트가 열려 있거나 필터링된 것을 나타낸다. TCP Reset 응답은 포트가 닫혀있음을 나타낸다. 코드 1, 2, 3, 9, 10, 13을 이용한 ICMP 목적지 도달 불가(유형 3) 응답은 포트가 침입 차단될 것임을 나타낸다.

FIN 스캔을 탐지하는 것은 추적 파일에서 스캔이 근접하고 분명하지 않는 한 어려울 수 있다.

 **엔맵 구문: FIN 스캔 매개변수**

FIN 스캔을 위한 엔맵 구문은 -sF다.

✽ ACK 스캔

ACK 스캔은 일반적으로 포트가 확실히 막혀있는지를 보기 위해 침입 차단시스템 규칙을 검사하는 데 사용한다. ACK 스캔은 윈도우 스캔 기법(엔맵을 이용한 -sW)이 사용되지 않는 한 열려 있는 포트를 식별하는 데에도 사용하지 않는다.[5]

ACK 스캔은 ACK(승인) 플래그 비트를 1로 설정한 TCP 패킷만을 보낸다. ACK 스캔보다 먼저 이뤄지는 TCP 핸드셰이크는 없다. 그림 363에서는 ACK 스캔을 보여준다.

TCP RST 응답은 포트가 필터링되지 않는 것을 나타낸다. 이것은 포트가 열려있다는 것을 나타내지 않는다. TCP 스캔은 포트가 열려있는지 아닌지를 결정할 때 사용할 수 있다.

ICMP 목적지 도달 불가 응답(유형 3, 코드 1, 2, 3, 9, 10, 13)은 필터가 될 것 같은 포트를 나타낸다. 응답이 없다는 것은 포트가 잘 필터링된다는 것을 나타낸다.

와이어샤크의 기본 컬러링 규칙에는 ICMP 목적지 도달 불가 패킷(검정색 배경, 밝은 녹색 전경)을 위한 컬러링 규칙이 포함된다. 규칙 구문은 `icmp.type eq 3 ||`

---

5. 윈도우 스캐닝은 목적지에서 온 RTS 응답 안의 TCP 윈도우 크기 필드를 조사한다. 어떤 호스트는 포트가 닫혀있으면 윈도우 크기 필드를 0으로 응답하고, 포트가 열려있으면 0이 아닌 윈도우 크기 필드 값으로 응답한다. 윈도우 스캔 기법은 더 일관성 있는 응답을 할 수 있게 TCP/IP 스택이 업데이트돼 있는 장치에서는 포트가 열려있든 닫혀있든 상관없이 전혀 작동하지 않는다.

icmp.type eq 4 || icmp.type eq 5 || icmp.type eq 11 || icmpv6.type eq 1 || icmpv6.type eq 2 || icmpv6.type eq 3 || icmpv6.type eq 4다.

엔맵 구문: ACK 스캔 매개변수

ACK 스캔을 위한 엔맵 구문은 -sA다.

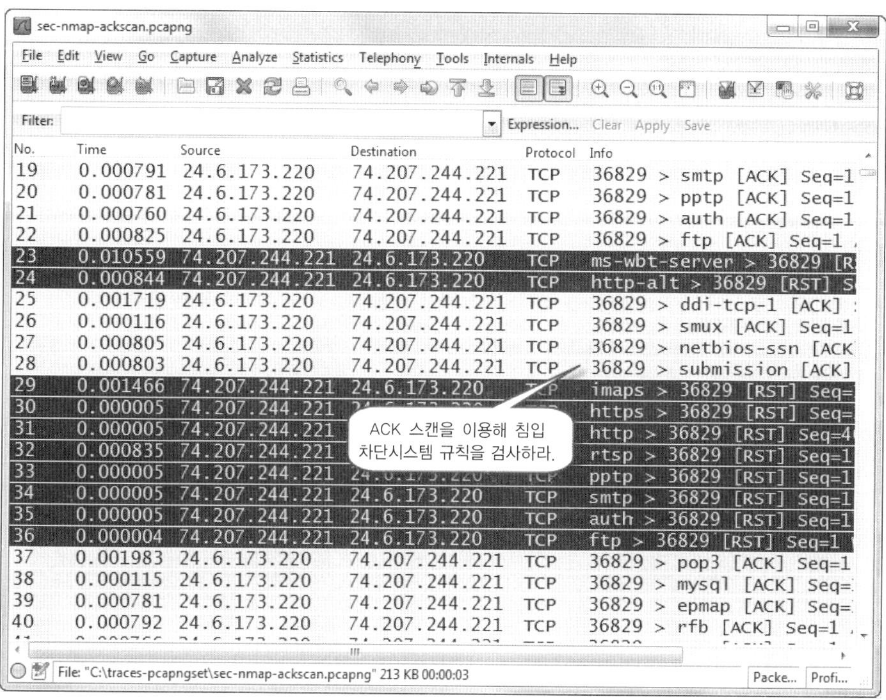

그림 363 ACK 스캔은 침입 차단시스템 규칙 점검과 차단된 포트를 식별하기 위해 사용된다. [sec-nmap-ackscan.pcapng]

UDP 포트 스캔 탐지

웹 브라우징이나 이메일 서비스 같은 자주 쓰이는 서비스의 대부분이 TCP에서 수행되지만, 어떤 흥미로운 서비스는 UDP에서 수행된다.

다음 표는 몇 가지 더 흥미로운 UDP 기반 서비스를 보여준다.

서비스	UDP 포트 번호
DNS	53
SNMP	161/162
DHCP	67/68
SIP	5060
Microsoft Endpoint Mapper	135
NetBIOS Name Service	137/139

할당된 포트 번호의 전체 목록을 보려면 www.iana.org/assignments/port-numbers를 방문하라.

UDP 포트 스캔은 UDP 포트에서 실행되는 서비스나 간단한 연결성 검사를 탐지하기 위해 사용될 수 있다.

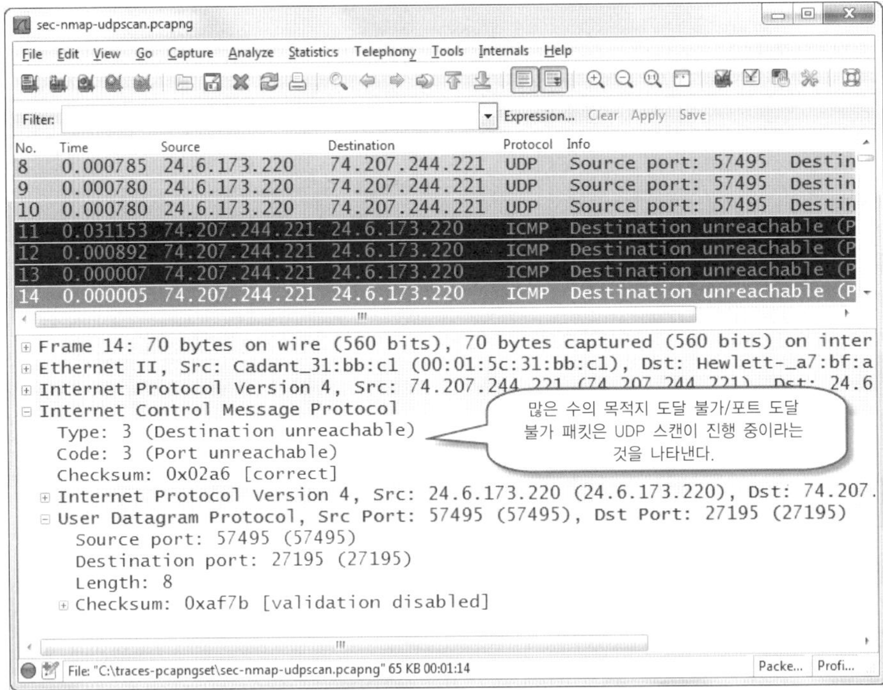

그림 364 차단된 포트에 대한 UDP 스캔은 ICMP 목적지 도달 불가/포트 도달 불가 응답을 하게 한다. [sec-nmap-udpscan.pcapng]

ICMP 목적지 도달 불가/포트 도달 불가 응답은 그림 364에서처럼 서비스가 목적지에서 사용되지 않는 것을 나타낸다. 응답이 없다는 것은 서비스가 사용될 수 있거나 서비스가 필터링될 수 있음을 나타낸다. 어떤 다른 ICMP 응답은 서비스가 필터링된다는 것을 나타낸다.

이상하게 매우 많은 ICMP 목적지 도달 불가/포트 도달 불가 패킷이나 많은 수의 응답되지 않는 UDP 패킷이 있다면 UDP 스캔이 아직 진행 중임을 강하게 나타내고 있는 것이다.

 **엔맵 구문: UDP 스캔 매개변수**

UDP 스캔을 위한 엔맵 구문은 -sU다.

와이어샤크의 기본 컬러링 규칙은 ICMP 목적지 도달 불가 패킷(검정색 배경, 밝은 녹색 전경)에 대한 컬러링 규칙이다. 규칙 구문은 `icmp.type eq 3 || icmp.type eq 4 || icmp.type eq 5 || icmp.type eq 11 || icmpv6.type eq 1 || icmpv6.type eq 2 || icmpv6.type eq 3 || icmpv6.type eq 4`다.

IP 프로토콜 스캔 탐지

IP 프로토콜 스캔은 IP에서 실행되는 서비스의 위치를 직접 찾기 위해 설계됐다. 예를 들어 IP 스캔은 EGRP(Enhanced Interior Gateway Routing Protocol)를 지원하는 장치의 위치를 찾을 수 있다.

그림 365는 IP 프로토콜 스캔의 패턴을 보여준다.

다음 표는 IP에서 직접 실행되는 몇 가지 서비스를 보여준다.

서비스	IP 프로토콜 번호
ICMP	1
IGMP	2
TCP	6

(이어짐)

서비스	IP 프로토콜 번호
EGP	8
IGP (used for IGRP)	9
UDP	17

할당된 IP 프로토콜 번호의 전체 목록을 보려면 www.iana.org/assignments/protocolnumbers를 방문하라.

프로토콜이 목적지에서 지원되지 않을 때 목적지는 ICMP 목적지 도달 불가, 프로토콜 도달 불가(유형 3/코드 2)으로 응답할 것이다. 응답을 못 받으면 서비스가 사용 가능하거나 응답이 필터링됐다고 가정한다(개방|필터링된).

 **IP 프로토콜 스캔 매개변수**

IP 프로토콜 스캔을 위한 엔맵 구문은 -sO다.

IP 프로토콜 스캔을 탐지하기 위해 ICMP 유형 3/코드 2 패킷을 위한 컬러링 규칙이나 디스플레이 필터 `icmp.type==3 && icmp.code==2`를 생성해보라.

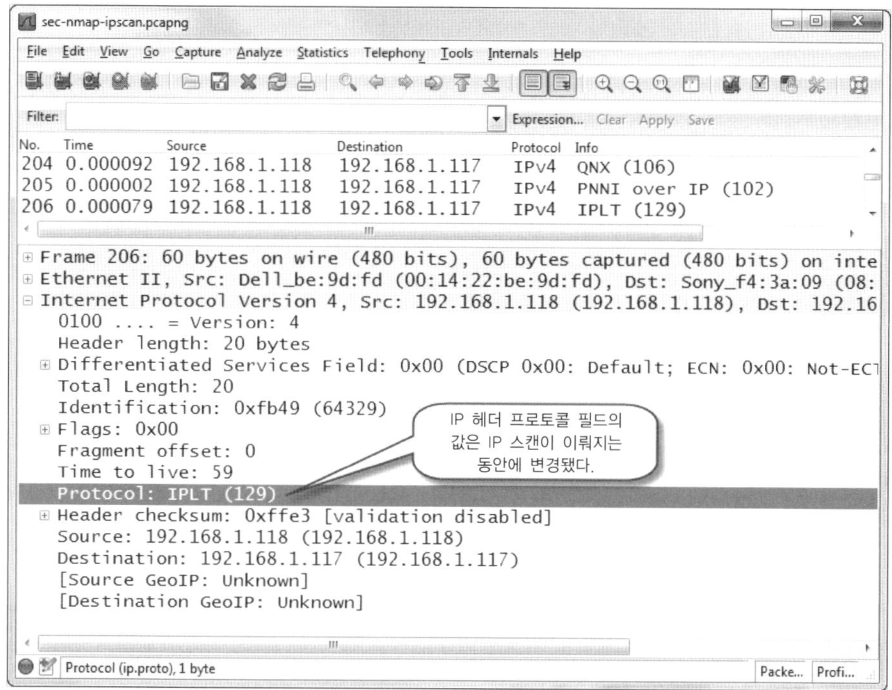

그림 365 IP 스캔은 IP에서 직접 실행되는 서비스의 위치를 찾기 위해 사용된다. [sec-nmap-ipscan.pcapng]

아이들 스캔 이해

아이들 스캔idle scan은 스캐너가 목적지와 직접 통신하는 것이 금지됐을 때 사용된다 (침입 차단시스템이 스캐너의 IP 주소에 기반을 둔 트래픽을 차단할 것이다).

아이들 스캔은 목적지에 도달할 수 있는 또 다른 호스트를 사용한다. 이런 호스트를 좀비zombie라고 부른다.

1단계 먼저 스캐너는 닫혀있을 것으로 예상되는 TCP 포트에 있는 좀비에게 TCP 스캔을 전송한다. TCP Reset 응답을 받으면 스캐너는 IP 헤더 ID 필드 값을 적어둔다(ID=n). 이 값은 일반적으로 TCP/IP 스택을 통해 전송되는 각 IP 패킷에 대해 순차적으로 값이 증가된다.

2단계 그 다음 스캐너는 발신지 주소를 좀비 PC의 IP 주소로 해 목적지에게 TCP 스캔을 전송한다.

목적지 포트가 닫혀있다면 목적지는 TCP Reset 패킷과 함께 좀비 PC에게 응답할 것이다. 좀비는 이 TCP Reset 패킷을 폐기할 것이다. 좀비가 보내는 다음 IP 패킷은 1만큼 증가될 것이다(ID=n+1).

목적지 포트가 열려있다면 목적지는 SYN/ACK를 좀비 PC에게 전송한다. 좀비는 핸드셰이크를 초기화하지 않고, TCP Reset 패킷을 목적지로 전송한다. 이것은 좀비의 IP ID 값을 1만큼 증가시키게 만든다(ID = n+1). 좀비가 보내는 다음 IP 패킷은 2만큼 증가될 것이다(ID=n+2).

3단계 1단계가 반복된다.

좀비의 IP ID 필드가 1만큼 증가되면 이것이 목적지로부터 TCP RST 응답을 받았고, 목적지 포트는 열리지 않았다고 가정한다. 좀비의 IP ID 값이 2만큼 증가됐다면 목적지에 있는 포트가 열려있었다고 가정한다.

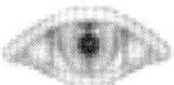 **엔맵 구문: 아이들 스캔 매개변수**

아이들 스캔을 위한 엔맵 구문은 -sI 〈zombie host〉 [:probeport]다.

그림 366은 목적지 포트가 닫혔을 때 IP 아이들 스캔의 통신 패턴을 보여준다.

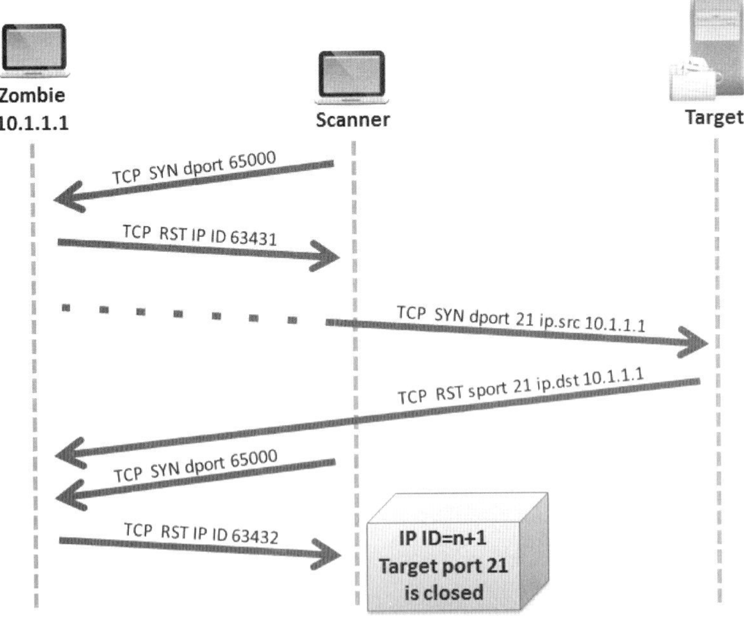

그림 366 좀비의 IP ID값이 1만큼 증가하면 목적지 포트는 닫혀있는 것이다.

그림 367은 목적지 포트가 열렸을 때 IP 아이들 스캔 통신 프로세스를 보여준다. 이런 스캔 유형은 TCP SYN 패킷을 따라가는 TCP Resets를 찾는 추적 파일에서 탐지하기 어려울 수 있다.

TCP Resets는 기본적으로 빨간색 배경과 노란색 전경으로 컬러링된다. 컬러링 규칙 문자열은 `tcp.flags.reset eq 1`이다.

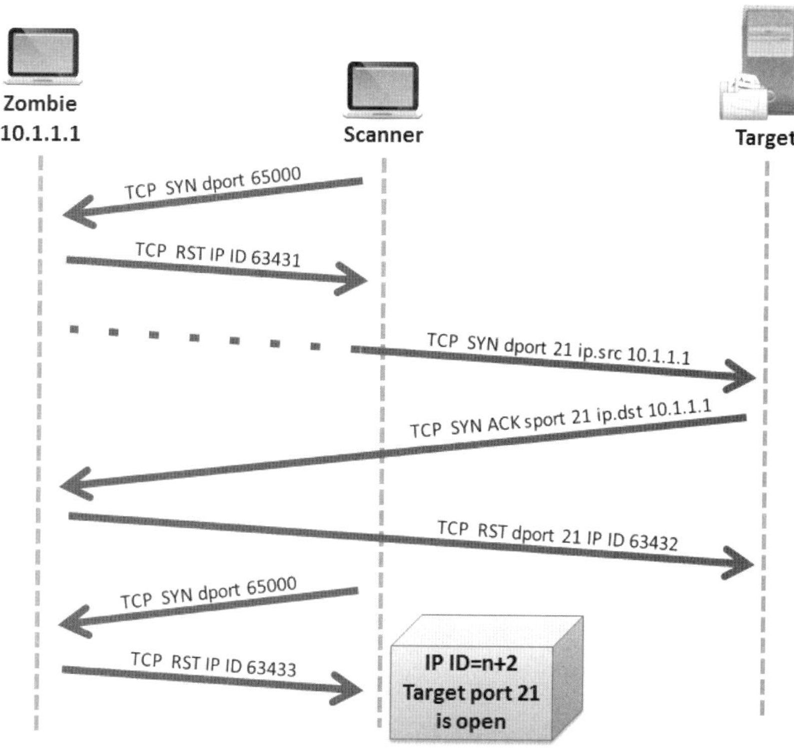

그림 367 좀비의 IP ID 값이 2만큼 증가됐다면 목적지 포트는 열려 있다.

ICMP 유형과 코드

이 책에서 UDP와 TCP 스캔 동안 볼 수 있는 ICMP 유형 3(목적지 도달 불가) 응답에 대해 이미 설명했다. 이런 응답이 전송되는 데에는 수많은 이유가 있다.

효과적으로 문제를 해결하고 네트워크를 안전하게 하기 위해 ICMP를 철저하게 알아야 한다. 많은 점검 프로세스는 동작 중인 서비스를 탐지하고 연결성 테스트 수행을 위해 ICMP를 사용한다. 추가적으로 ICMP는 라우트 재지정을 위해 사용될 수 있다(ICMP 유형 5). 경로 재지정에 대해 더 자세히 알고 싶다면 32장의 'ICMP를 사용하는 경로 재지정 위치 알아내기' 절을 참조하라.

다음 표는 ICMP 유형 3 패킷에서 정의될 수 있는 코드를 보여준다.

코드	설명
0	Net 도달 불가
1	호스트 도달 불가
2	프로토콜 도달 불갈
3	포트 도달 불가
4	단편화 필요 및 단편화 설정 금지
5	발신지 라우팅 실패
6	알려지지 않은 목적지 네트워크
7	알려지지 않은 목적지 호스트
8	발신지 호스트 고립
9	목적지 네트워크에 대한 통신이 관리상으로 차단됨
10	목적지 호스트에 대한 통신이 관리상으로 차단됨
11	서비스 유형에 대한 목적지 네트워크에 도달 불가
12	서비스 유형에 대한 목적지 호스트 도달 불가
13	통신이 관리상 차단됨
14	호스트 우선순위 위반
15	우선순위가 효과적으로 제거됨

블랙홀을 만들지 말라

많은 ICMP 패킷이 차단되거나 호스트가 그들을 생성하지 않게 구성돼 있을지라도 ICMP 유형 3/코드 4는 차단되지 않을 것이다. 이 ICMP 패킷은 패킷이 너무 커서 링크로 전달할 수 없어 IP 헤더의 "Don't Fragment" 비트를 1로 설정하라고 호스트에게 경고한다. 이 ICMP 유형 3/코드 4 패킷을 수신하면 전송하는 호스트는 즉시 자동으로 원래의 TCP 세그먼트 데이터를 작은 패킷으로 분할하고, 데이터를 다시 전송한다.

엔맵 스캔 명령 시도

추적 파일에서 컬러링 필터, 디스플레이 필터를 테스트하고, 이런 스캔의 특징을 식별하는 실습을 하기 위해 이들 스캔을 구동할 때 트래픽을 수집하라. 이들 예는 기본 엔맵 GUI인 젠맵[Zenmap]의 기본 스캔 프로파일이다. 이 경우 목적지는 192.168.0.1이다.

젠맵 프로파일 이름	커맨드라인 구문
Intense Scan	nmap -T4 -A -v -PE -PA21,23,80,3389 192.168.0.1
Intense Scan Plus UDP	nmap -sS -sU -T4 -A -v -PE -PA21,23,80,3389 192.168.0.1
Intense Scan, All TCP Ports	nmap -p 1-65535 -T4 -A -v -PE -PA21,23,80,3389 192.168.0.1
Intense Scan, no Ping	nmap -T4 -A -v -PN 192.168.0.1
Ping Scan	nmap -sP -PE -PA21,23,80,3389 192.168.0.1
Quick Scan	nmap -T4 -F 192.168.0.1
Quick Scan Plus	nmap -sV -T4 -O -F --version-light 192.168.0.1
Quick Traceroute	nmap -sP -PE -PS22,25,80 -PA21,23,80,3389 -PU -PO --traceroute 192.168.0.1
Regular Scan	nmap 192.168.0.1
Slow Comprehensive Scan	nmap -sS -sU -T4 -A -v -PE -PP -PS21,22,23,25,80,113,31339 -PA80,113,443,10042 -PO --script all 192.168.0.1

Traceroute 경로 발견 분석

ICMP의 일반적인 용도 중 하나는 ICMP Echo Request(유형 8)와 Echo Reply(유형 0) 패킷(일명 '핑' 패킷)을 사용하는 경로 발견 메커니즘이다. 이것은 윈도우 호스트에서 사용되는 기본적인 traceroute 기법이다. 하지만 유닉스 호스트는 기본적으로 traceroute 경로 발견을 위해 UDP를 이용한다.

그림 368에서 시스템은 목적지에 대한 경로를 발견하기 위해 연속되는 ping 패킷에서 IP 헤더 TTL 필드 값을 증가시킨다. 패킷이 네트워크를 통과해서 TTL 값이

1로 감소될 때 라우터는 TTL 값이 1인 패킷이 도착하면 그것을 폐기한다. 라우터는 ICMP Time Exceeded in Transit(유형 11) 패킷을 생성해서 폐기된 패킷을 보내온 발신지로 보낸다.

5 이하의 TTL 값을 갖는 패킷은 의심스러운 것으로 간주된다. 와이어샤크는 낮은 TTL 값을 포함하는 패킷에 대한 기본적인 컬러링 규칙을 갖고 있다. 컬러링 규칙의 구문은 `(! ip.dst == 224.0.0.0/4 && ip.ttl < 5) || (ip.dst == 224.0.0.0/24 &&. ip. ttl ! = 1)`이다. 이 컬러링 규칙은 멀티캐스트를 찾기 위해 목적지 IP 주소 필드를 검사한다는 것을 알려준다. 이것이 멀티캐스트가 아니거나 IP TTL 값이 5보다 작거나 이것이 멀티캐스트이지만 IP TTL 값이 1과 같지 않다면 트래픽은 빨간색 배경에 하얀색 전경으로 나타난다.

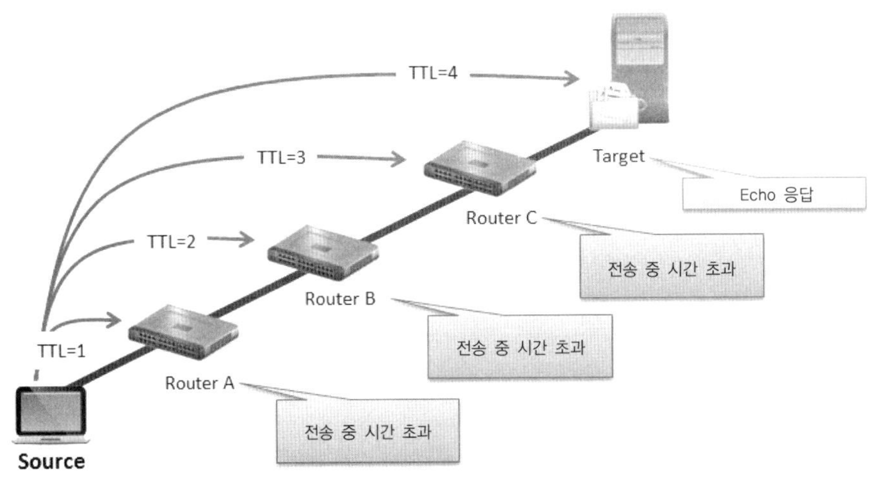

그림 368 ICMP 기반 traceroute는 ICMP Time Exceeded in Transit에 따라 다르다.

그림 369는 TTL=1인 ICMP Echo 패킷에 대한 ICMP Time to Live Exceeded 응답을 보여준다.

그림 369에서 TTL 칼럼은 각각의 ICMP Time-to-Live Exceeded in Transit 응답에 대해 두 개의 값을 포함한다. 이 패킷들은 이 패킷을 인터네트워크를 통해 라우팅하는 데 필요한 IP 헤더 안에 하나의 TTL 값을 갖고 있고, 또 다른 TTL 필드는 패킷의 ICMP 부분에 들어있다. 원래 IP 헤더와 적어도 그 뒤에 이어지는 8바이트는 다시 ICMP Time-to-Live Exceeded in Transit 패킷 안에 넣어져 보내진다.

이 칼럼을 변경해서 첫 번째 IP 헤더 안의 TTL 값만 보고자 한다면 칼럼 헤더를 오른쪽 클릭하고 Edit Column Detail을 선택한다. Occurrence value를 1로 설정한다. 다음은 Occurrence 영역에서 사용되는 값 목록을 보여준다.

0 All occurrences of a field(기본 값)

1 First occurrence of a field only

2 Second occurrence of a field only

3 Third occurrence of a field only(기타 등등)

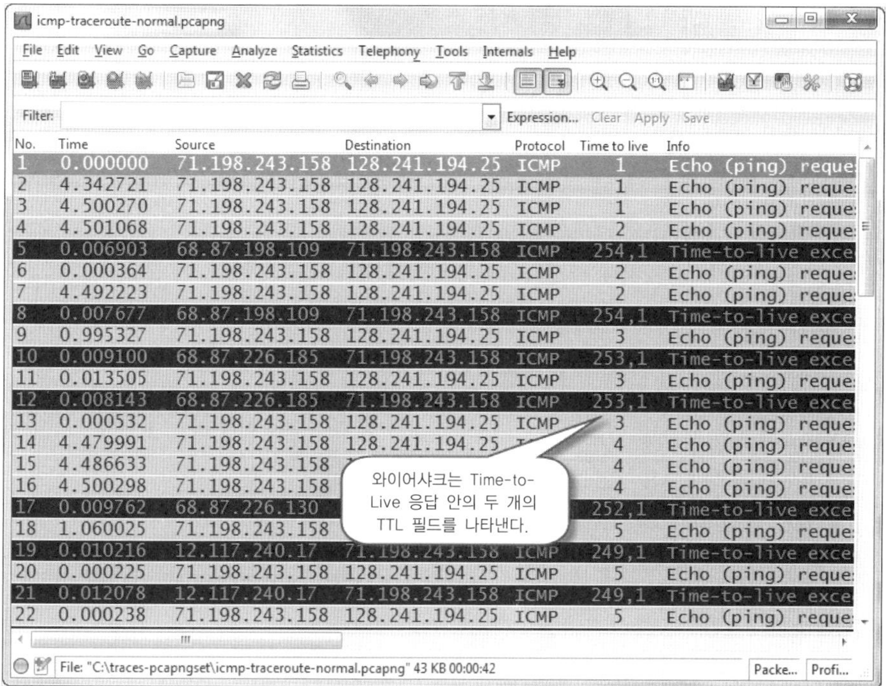

그림 369 Traceroute는 경로상의 라우터 위치를 찾는 ICMP Time-to-Live 응답에 의존한다. [icmp-traceroute-normal.pcapng]

두 개의 traceroute의 다른 변종은 UDP traceroute와 TCP traceroute다.

UDP traceroute는 UDP 패킷을 닫힌 UDP 포트로 전송한다. 경로상에 있는 라우터로부터의 Time-to-Live Exceeded in Transit 응답을 이용해서 목적지까지의 경로를 알아낸다. 예상되는 응답은 ICMP 유형 3/코드 3(목적지도달 불가/포트 도달 불가)이다.

TCP traceroute는 TCP 패킷을 모든 TCP 포트로 전송한다. 경로상에 있는 라우터로부터의 Time-to-Live Exceeded in Transit 응답을 이용해서 목적지까지의 경로를 알아낸다. 예상되는 응답은 TCP Reset이나 TCP SYN/ACK다.

IPv4 환경에서 경로상의 라우터들이 Time-to-Live Exceeded in Transit ICMP 패킷으로 응답한다면 ICMP 기반, UDP 기반, 또는 TCP 기반 traceroute를 탐지하는 일은 단순해질 수 있다. 컬러링 규칙과 디스플레이 필터 `(icmp.type==11) && (icmp.code==0)`를 생성하라. 이 컬러링 규칙은 반드시 디폴트 ICMP Error 컬러링 규칙보다 상위에 있어야만 한다.

동적 라우터 발견 탐지

IPv4 환경에서 호스트는 ICMP Router Solicitations(ICMP 유형 10)를 멀티캐스트 주소 224.0.0.2(모든 라우터로 멀티캐스트 하는 주소), 로컬 IP 브로드캐스트 주소, 또는 IP 브로드캐스트 주소로 보낼 수 있다. 라우터는 이 solicitation에 대한 응답으로 ICMP Router Advertisement(유형 9) 패킷을 보낸다.

로컬 라우터를 발견하기 위한 사용 외에 이들 ICMP Router Advertisements는 네트워크 성능과 보안에 영향을 줄 수 있다. 공격자가 라우터가 아닌 호스트를 열거하는 라우터 광고 패킷을 만든다면 어떤 일이 일어날지 고려해보자.

그림 370은 ICMP Router Solicitation 패킷을 보여준다. ICMP Router Advertisement와 ICMP Router Solicitation을 탐지하기 위해 이들 패킷에서 사용되는 ICMP 유형 번호에 기반을 두는 컬러링 규칙/디스플레이 필터 `icmp.type==9 || icmp.type==10`를 사용해보라. ICMPv6 Router Solicitation과 ICMP Router Advertisement를 포함시키려면 필터를 `icmp.type==9 || icmp.type==10 || icmpv6.type==133 || icmpv6.type==134`로 확장하라.

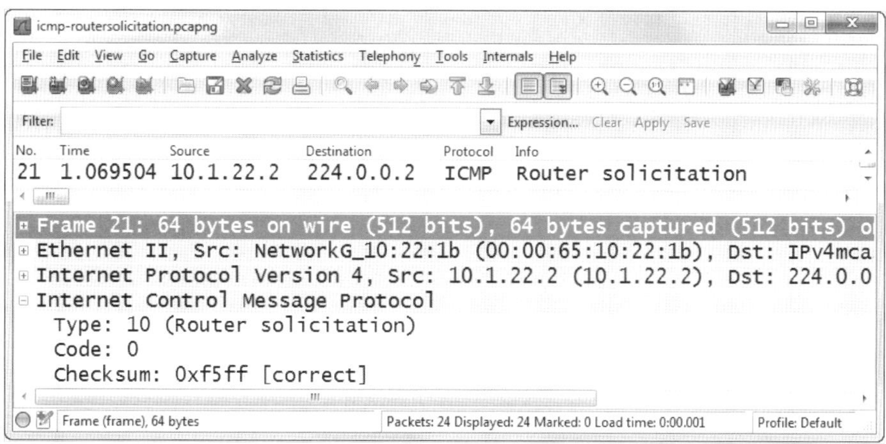

그림 370 ICMP Router Solicitation 패킷은 탐지되기 쉽다.[icmp-routersolicitation.pcapng]

IPv6 네트워크에서는 ICMPv6 Router Advertisement(유형 133)와 ICMP Router Solicitations(유형 134)를 이용할 수 있다.

애플리케이션 매핑 프로세스 이해

애플리케이션 매핑은 심지어 해당 서비스가 표준 포트를 사용하지 않을 때에도 목적지의 서비스를 식별할 수 있다. 예를 들어 누군가가 80번 포트에서 FTP 서버 프로세스를 실행한다면 애플리케이션 매핑 도구는 포트에서 실행하는 것이 HTTP가 아닌 FTP임을 식별한다.

엔맵은 훌륭한 애플리케이션 매핑 능력을 제공하고, 이 절에서 예제 도구로 사용할 것이다. 또 다른 흥미로운 도구는 Amap이다(www.thc.org/thc--amap).

기본적으로 포트를 스캐닝할 때 엔맵은 포트 번호와 서비스를 연관시키기 위해 nmap-services 파일을 참조한다.

애플리케이션 매핑은 두 개의 전혀 다른 기능에 의존한다. 검사probing와 매칭matching 기능이 그것이다. 검사는 목적지에서 사전에 응답을 생성하게 전송된다. 응답은 발견된 서비스를 식별하기 위해 미리 정의된 응답 패턴과 매치시킨다. 경우에 따라 검사는 서비스를 식별할 때 요구되지 않는다.

예를 들어 TCP 연결이 포트에 설정된다면 엔맵은 5초 동안 트래픽을 수집한다. FTP, POP3와 SMTP 같은 많은 애플리케이션은 다음 연결에서 바로 배너를 제공한다. nmap-services-probes 파일의 내용이 있다면 엔맵은 수신된 응답을 비교한다.

이 패킷 수집 프로세스를 NULL 검사라고 한다. 하지만 이것은 어떤 TCP 플래그 설정 없이 패킷을 생성하는 TCP Null 스캔과 관련이 없다.

다음은 nmap-services-probes 파일에서 FTP 매치 섹션의 일부분을 보여준다.

- `match ftp m|^220[- ]FileZilla Server version (\d[-.\w]+)\r\n|p/FileZillaftpd/v/$1/o/Windows/`
- `match ftp m|^220 ([-\w_.]+) running FileZilla Server version (\d[-.\w]+)\r\n| p/FileZilla ftpd/ v/$2/ h/$1/ o/Windows/`
- `match ftp m|^220 FTP Server - FileZilla\r\n| p/FileZilla ftpd/ o/Windows/`
- `match ftp m|^220-Welcome to ([A-Z]+) FTP Service\.\r\n220 All unauthorized access is logged\.\r\n| p/FileZilla ftpd/ h/$1/ o/Windows/`
- `match ftp m|^220.*\r\n220[- ]FileZilla Server version (\d[-.\w]+)\r\n|sp/FileZillaftpd/v/$1/o/Windows/`
- `match ftp m|^220-.*\r\n220-\r\n220 using FileZilla FileZilla Server version ([^\r\n]+)\r\n|s p/FileZilla ftpd/ v/$1/ o/Windows/`
- `match ftp m|^431 Could not initialize SSL connection\r\n| p/FileZilla ftpd/ i/Mandatory SSL/ o/Windows/`
- `match ftp m|^550 No connections allowed from your IP\r\n| p/FileZilla ftpd/ i/IP blocked/ o/Windows/`

검사 프로세스는 프로토콜 정의와 응답을 하게 하는 문자열을 패킷과 함께 전송한다. 응답은 매치 라인과 비교된다. 다음 검사 예제는 『엔맵 네트워크 스캐닝』(에이콘출판, 2009)에 포함돼 있으며, 매치와 검사를 병합하는 훌륭한 예제를 제시한다.

```
Probe UDP Help q|help\r\n\r\n|
rarity 3
ports 7,13,37
match chargen m|@ABCDEFGHIJKLMNOPQRSTUVWXYZ|
match echo m|^help\r\n\r\n$|
```

위 예제에서 'UDP Help' 검사는 UDP 포트 7, 13과 37로 캐리지 리턴/라인피드하는 두 세트로 이어지는 ASCII 문자열 'help'를 전송한다. 응답에 문자열 @ABCDEFGHIJKLMNOPQRSTUVWXYZ가 포함된다면 포트는 Character Generator(chargen) 서비스에서 사용하는 것으로 간주된다. 응답에 전송한 텍스트와 동일한 텍스트인 help와 캐리지 리턴/라인피드 세트가 포함돼 있다면 포트는 UDP Echo 포트로 식별된다.

다행스럽게 그림 371에 보인 것처럼 User-Agent 필드에 기반을 둔 네트워크에서 엔맵 스크립트를 구동하는 사람을 탐지할 수 있다.

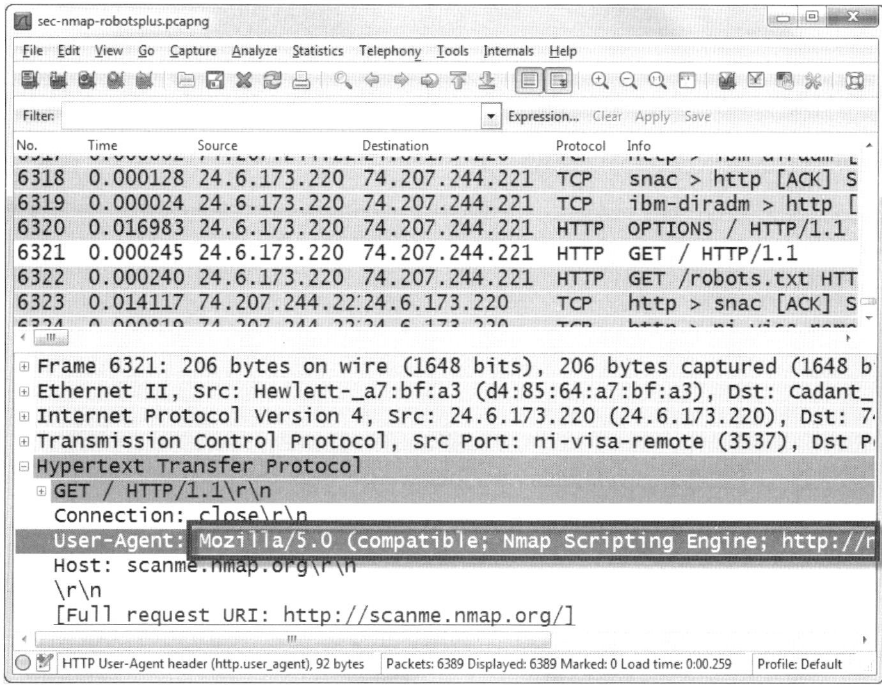

그림 371 엔맵의 검사는 HTTP 서비스를 검증하기 위해 80번 포트를 테스트한다. 이것은 루트 문서('/')에 대한 다른 GET 요청으로 보인다. 하지만 User-Agent 정보는 엔맵 스크립팅 엔진을 식별한다. [sec-nmap-robotsplus.pcapng]

대부분의 사례에서 서비스에 사용되는 표준 포트를 발견할 수 있지만, 엔맵은 비표준 포트 번호에서 실행되는 서비스를 식별하기 위해 목적지 스캐닝을 할 때 아주 좋은 도구다.

수동 OS 핑거프린팅을 위한 와이어샤크 사용

OS 핑거프린팅은 능동 스캐닝 또는 수동 리스닝을 통해 목적지의 운영 체제를 알아보는 프로세스이다. 와이어샤크는 수동 리스닝 장치처럼 사용될 수 있고, 와이어샤크는 능동 OS 핑거프린팅 프로세스를 식별할 수 있다.

와이어샤크에 의해 얻어진 추적 파일은 호스트에서 실행되는 운영체제에 대한 몇 가지 가정을 만드는 데 사용할 수 있다.

예를 들어 트래픽이 호스트의 136, 137, 139, 445 포트를 통해 오고가면 호스트가 윈도우 호스트임을 기본적으로 가정할 수 있다. 윈도우 2000 이전의 윈도우 버전은 445 포트(TCP/IP를 통한 SMB)에서 서비스를 지원하지 않기 때문에 호스트가 윈도우 버전이 아니라고 짐작할 수 있다.

많은 패킷 안에는 호스트의 운영체제에 대한 증거가 포함돼 있다.

그림 371에서 보는 것과 같이 HTTP GET 요청은 User-Agent 정의를 포함하고 있다. 이 경우 브라우징 클라이언트는 Firefox v3.5.5를 사용하는 윈도우 호스트다.

다음은 몇 가지 `User-Agent` 정의를 나열한 것이다.

- `Mozilla/5.0(Windows; U; Windows NT 6.0; en-US; rv:1.9.1.5) Gecko/20091102 Firefox/3.5.5 (.NET CLR 3.5.30729)` [likely a Vista host with .NET framework running Firefox v3.5.5]
- `Mozilla/5.0 (Windows; U; Windows NT 5.1; de; rv:1.9.1.4) Gecko/20091016 Firefox/3.5.4 (.NET CLR 3.5.30729)` [likely a Windows XP host running Firefox v3.5.4]
- `Mozilla/4.0 (compatible; MSIE 6.0; Windows NT 5.1; SV1; GTB6.3; .NET CLR 2.0.50727; InfoPath.2)` [likely a Windows XP host running Internet Explorer v6.0 and Service Pack 2]
- `Mozilla/4.0 (compatible; MSIE 7.0; Windows NT 5.1; .NET CLR 1.1.4322; .NET CLR 2.0.50727; .NET CLR 3.0.04506.30; InfoPat` [likely a Windows XP host with the .NET framework running Internet Explorer v7.0]
- `Mozilla/4.0 (compatible; MSIE 7.0; Windows NT 6.1; WOW64; Trident/4.0; SLCC2; .NET CLR 2.0.50727; .NET CLR 3.5.30729; .N` [likely a Windows 7 host with .NET framework running 32-bit version of Internet Explorer v8.0 compatibility view on a 64-bit Windows OS]

- Mozilla/5.0 (Windows; U; Windows NT 6.0; en-US) AppleWebKit/532.0 (KHTML, like Gecko) Chrome/3.0.195.33 Safari/532.0 [likely a Vista host running Chrome v3.0.195.33]
- Mozilla/4.0 (compatible; MSIE 7.0; Windows NT 6.0; SLCC1; .NET CLR 2.0.50727; Media Center PC 5.0; OfficeLiveConnector.1 [likely a Vista Media Center Edition host with .NET framework running Internet Explorer v7.0 with Office Live Workspace installed]
- vodafone/1.0/SFR_v3650/1.25.163.3 (compatible; MSIE 6.0; Windows CE; IEMobile 7.6) [likely Windows CE running Internet Explorer v7.6 on a mobile device (Vodafone)]
- Mozilla/5.0 (X11; U; Linux i686; en-US) AppleWebKit/532.5 (KHTML, like Gecko) Chrome/4.0.251.0 Safari/532.5 [likely a Linux host running Chrome v4.0.251.0]
- Mozilla/5.0 (webOS/1.3.1; U; en-US) AppleWebKit/525.27.1 (KHTML, like Gecko) Version/1.0 Safari/525.27.1 Pre/1.0 [likely a Palm Pre 1.0 running Safari v1.0]
- Mozilla/4.0 (compatible; MSIE 7.0; Windows NT 6.0; Trident/4.0; SLCC1; .NET CLR 2.0.50727; InfoPath.2; .NET CLR 3.5.3072 [likely a Windows Vista host with .NET framework running Internet Explorer v8.0 compatibility view]
- Mozilla/5.0 (compatible; Nmap Scripting Engine; http://nmap.org/book/nse.html) [확인해보라! 좋지, 응? 이것을 알려준 엔맵 제작자인 표도르에게 감사! 그림 371에서 이 User-Agent 설정을 볼 수 있다]

User-Agent 정보는 브라우저 애플리케이션 이름과 버전 번호, 버전 토큰(브라우저를 정의하는)과 플랫폼 토큰(사용 중인 운영체제를 정의하는)을 포함한다.

```
Mozilla/5.0 (compatible; MSIE 9.0; Windows NT 6.1; WOW64)
```

Version Token *Platform Token* *Feature Token*

대부분의 버전 토큰은 상대적으로 자체 설명을 포함한다. MSIE 9.0은 인터넷 익스플로러 버전 9.0이다. MSIE 9.0에 이어 나온 WOW64는 64비트 플랫폼에서 구동되는 320비트 버전 인터넷 익스플로러를 나타낸다.

이 라인은 스푸핑될 수 있고, 그래서 부가적인 OS 핑거프린팅 기술은 이런 수동적인 핑거프린팅 기법들과 함께 사용될 수 있어야 한다.

HTTP User-Agent 값 생성하기

브라우저가 생성한 User-Agent 문자열을 보려면 브라우저의 주소 표시줄에javascript: alert(navigator.userAgent)를 입력하라.

옵션으로 설치된 요소는 User-Agent 문자열을 변경할 것이다. 다음의 표는 User-Agent 문자열에 추가되는 요소를 나열한다.

요소	설명
Trident/4.0	인터넷 익스플로러 8.0에서 호환 모드로 사용
Trident/5.0	인터넷 익스플로러 9.0에서 호환 모드로 사용
.NET CLR	닷넷 프레임워크 공통 언어 런타임, 뒤에 버전 번호가 이어짐
SV1	강화된 보안 기능을 가진 인터넷 익스플로러 6(윈도우 XP SP2와 윈도우 서버 2003에서만)
Tablet PC	태블릿 서비스가 설치됨, 번호는 버전 번호를 나타냄
Win64; IA64	시스템이 64비트 프로세서임(인텔)
Win64; x64	시스템이 64비트 프로세서임(AMD)
WOW64	인터넷 익스플로러의 32비트 버전이 64비트 프로세서에서 실행 중

User-Agent의 수많은 변이를 재미있게 보려면 webaim.ors/blog/user-agent-string-history/를 방문하라.

특정 브라우저의 트래픽을 보려면 User-Agent 문자열에 기반을 두고 필터를 만들어라. 예를 들어 파이어폭스Firefox를 구동하는 호스트에서 HTTP 통신을 탐지하려면 디스플레이 필터 `http contains "Firefox"`를 적용하라. 이 문자열 필터는 경우에 따라 달라진다. 하지만 파이어폭스에서는 항상 첫 글자를 대문자로 사용한다.

다음 절에서는 능동 OS 핑거프린팅을 살펴본다. 엔맵을 아직 설치하지 않았다면 nmap.org에서 가장 최신 버전을 다운로드하라. 설치한 뒤에 능동 OS 핑거프린팅 명령을 구동할 때 트래픽을 수집하라.

능동 OS 핑거프린팅 탐지

능동 OS 핑거프린팅은 수동 OS 핑거프린팅보다 좀 더 효과적일 수 있지만, 와이어샤크 같은 리스닝 애플리케이션에 의해 탐지될 수 있다. 엔맵은 OS 핑거프린팅 도구의 훌륭한 예다.

엔맵은 일련의 포트 스캔, ICMP 핑, 순서 번호 탐지 패킷, TCP Explicit Congestion Notification 테스트, 수신된 응답에 기반을 둔 닫힌 포트 테스트와 많은 추적 테스트에 기반을 둔 운영체제 버전 정보를 탐지할 수 있다. 이런 뒤에 이어할 수 있는 테스트는 nmap-os-db 파일에 정의돼 있다.

 **엔맵 구문: OS 핑거프린팅 매개변수**

변형과 버전 탐지를 가진 OS 핑거프린팅을 실행하기 위한 엔맵 매개변수는 -sV -O -v다.

OS 핑거프린팅에서 엔맵의 프로세스를 조사해보면 이들 트래픽의 수많은 특징을 알아낼 수 있다.

- 페이로드 없는 ICMP Echo Request(유형 8)
- 0x00s의 120이나 150바이트 페이로드를 가진 ICMP Echo Request(유형 8)
- 0으로 설정된 Originate 타임스탬프 값을 가진 ICMP Timestamp Request
- 40바이트 옵션 영역을 가진 TCP SYN
- 10으로 설정된 윈도우 크기 값Window Scale Value을 가진 TCP SYN
- 256으로 설정된 최대 세그먼트 크기Maximum Segment Size를 가진 TCP SYN
- 0xFFFFFFFF으로 설정된 타임스탬프 값을 가진 TCP SYN

- 옵션과 SYN, FIN, PSH와 URG 비트 옵션 설정을 가진 TCP 패킷
- 옵션과 플래그 설정이 없는 TCP 패킷
- ACK 비트 설정 없이 제로가 아닌 TCP 확인응답 번호 필드
- 비정상 TCP 윈도우 길이 필드 값을 가진 TCP 패킷

그림 372는 엔맵 OS 탐지 프로세스에서 유일한 패킷 중 일부를 보여준다. 이 경우 2개의 칼럼 TCP Maximum Segment Size[MSS] 칼럼과 Window Scale Shift Count를 추가했다. 또한 TCP MSS 칼럼을 정렬했고, 필터 `tcp or icmp`를 적용했다.

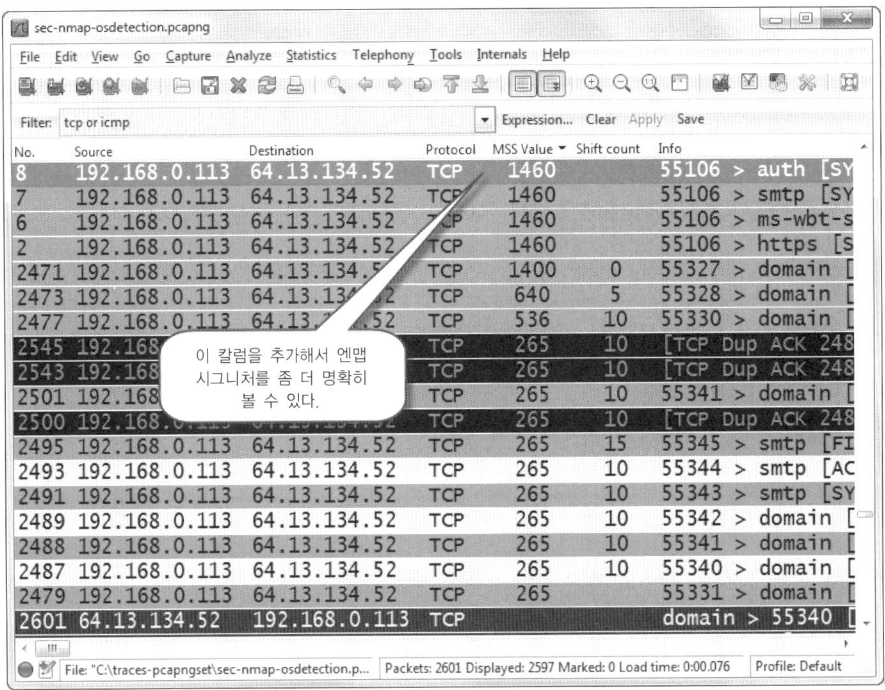

그림 372 엔맵의 OS 탐지 프로세스는 수많은 특징을 갖는다. [sec-nmap-osdetection.pcapng]

이런 유일한 패킷의 일부를 위한 컬러링 규칙을 생성하는 것은 엔맵의 OS 탐지 프로세스를 탐지하는 것을 훨씬 쉽게 한다. 독특하게 컬러링된 다음 표와 같은 컬러링 규칙을 설정해보자.

디스플레이 필터	설명
(tcp.flags==0x02) && (tcp.window_size 〈 1025)	TCP 윈도우 크기 필드의 TCP SYN/ACK 값이 1025보다 작음
tcp.flags==0x2b	TCP SYN, FIN, PSH, URG bits set
tcp.flags==0x00	TCP 플래그 세트가 없음
(icmp.type==13) && (frame[42:4]==00:00:00:00)	원래 타임스탬프 값에 대한 ICMP 타임스탬프 요청을 0으로 설정(이더넷 2 헤더 구조)
tcp.options.wscale_val==10	TCP 윈도우 스케일 옵션을 10으로 설정
tcp.options.mss_val 〈 1460	TCP 최대 세그먼트 크기 값을 1460보다 작게 설정

이제 엔맵 책을 주문할 때가 됐다

nmap-services-probes 파일 포맷은 고든 '표도르' 라이언이 쓴 『엔맵 네트워크 스캐닝』(에이콘출판, 2009)에 자세히 정의돼 있다. 온라인 nmap.org/book/vscan-fileformat.html에 책의 한 섹션이 있다.

NetScanTools Pro와 Xprobe 같은 도구에 의해 사용되는 또 다른 대중적인 OS 핑거프린팅 기술은 일련의 ICMP 패킷에 기반을 둔다. 이들 패킷은 트래픽과 아주 가까운 곳에서 볼 수 있다.

Type 13 ICMP Timestamp Requests

Type 15 ICMP Information Requests

Type 17 ICMP Address Mask Requests

NetScanTools Pro는 네트워크 테스팅, 점검, 발견 등을 위해 사용되는 44개 이상의 도구들로 이뤄졌다. NetScanTools Pro에 대해 좀 더 자세한 정보를 알고 싶으면 www.netscantools.com을 방문해보라.

Ofir Arkin은 목적지 OS 타입과 버전을 식별하게 절차의 조합을 사용하는 OS 핑거프린팅 도구인 Xprobe을 만들었다.

그림 373은 NetScanTools Pro의 OS 핑거프린팅 프로세스와 이런 ICMP 패킷의 유사성을 보여준다.

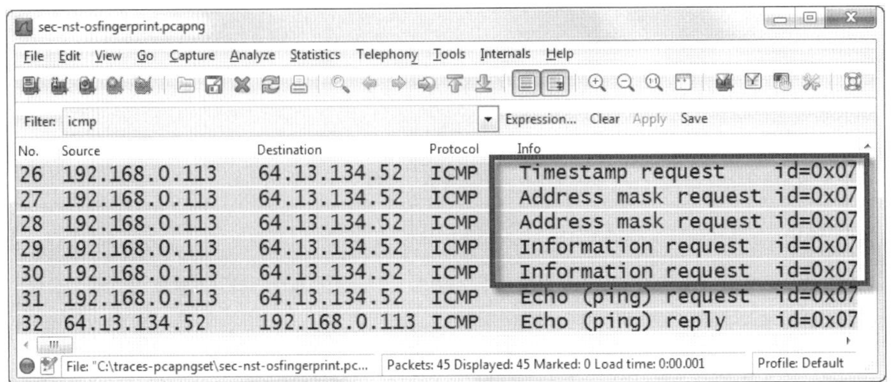

그림 373 ICMP Timestamp Requests, Address Mask Requests와 Information Requests를 이용해서 OS 핑거프린팅을 할 수 있다. [sec-nst-osfingerprint.pcapng]

와이어샤크를 설정해서 다음과 같은 필터링 문자열을 가진 컬러링 규칙을 사용하는 3가지 ICMP 패킷을 탐지할 수 있다.

```
icmp.type==13 || icmp.type==15 || icmp.type==17
```

공격 도구 식별

NetScanTools Pro, Xprobe와 많은 다른 OS 핑거프린팅 도구는 또 다른 특징을 가진다(특별한 ICMP Echo Request 패킷). 그림 374는 정의되지 않은 코드 값 1을 포함하는 ICMP Echo Request 패킷을 보여준다.

NetScanTools Pro는 코드 1을 가진 ICMP 유형 8을 사용하는 반면 Xprobe는 코드 123을 가진 ICMP 유형 8을 사용한다. 다음과 같은 필터링 문자열을 가진 컬러링 규칙을 사용해 특별한 ICMP Echo 패킷을 탐지하기 위해서 와이어샤크를 설정할 수 있다.

```
(icmp.type ==8) && ! (icmp.code == 0x00)
```

또한 Xprobe는 ICMP 목적지 도달 불가/포트 도달 불가 응답을 이끌어내기 위해 목적지에게 원치 않는 DNS 응답 패킷을 생성한다. 이 응답의 형태는 목적지 OS를 식별하기 위해 사용된다.

다음의 필터링 문자열을 가진 컬러링 규칙을 사용해 DNS 응답 패킷을 탐지하기 위해 와이어샤크를 설정할 수 있다.

```
(dns.qry.name == "www.securityfocus.com") && (dns.flags.response == 1)
```

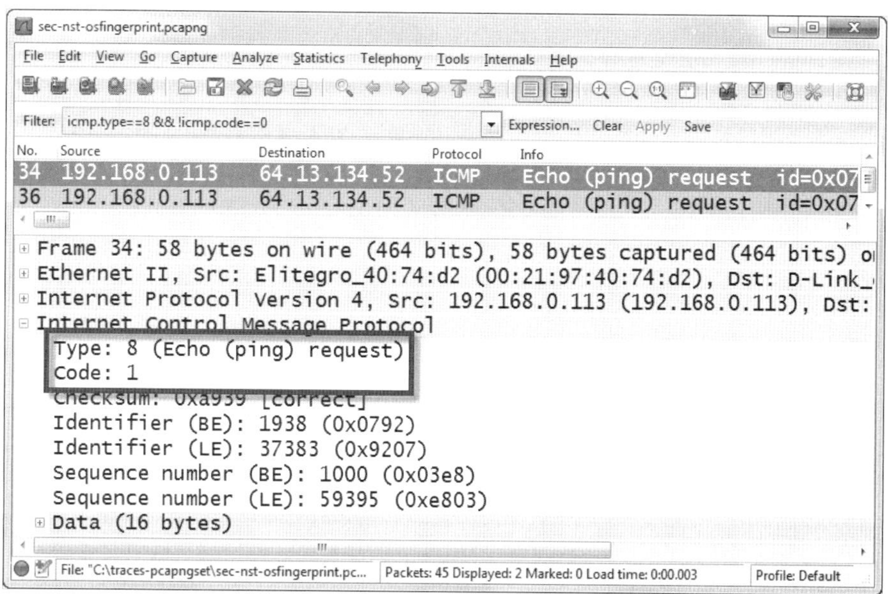

그림 374 특별한 ICMP Echo 패킷 형식은 또한 몇 가지 OS 핑거프린팅 도구에 의해 사용된다. [sec-nst-osfingerprint.pcapng]

스캔에서 스푸핑된 주소 식별

공격자와 스캐닝을 하는 자는 MAC이나 IP주소 스푸핑을 해 자신의 실제 하드웨어나 네트워크 주소를 숨기려고 하거나 네트워크의 필터링 장비를 통과하기 위해 다른 시스템처럼 보이게 할 것이다.

DoS 홍수 스타일 공격에서 공격자는 양방향 통신에 의존하지 않고, 그들의 MAC 주소나 IP 주소를 스푸핑할 것이다. 자신의 패킷에 수신되는 응답을 신뢰하지 않기 때문이다. IP 주소 스푸핑을 테스트하려면 엔맵 -S 매개변수를 시도해보라.

그림 375에서 반개방 스캔의 결과를 볼 수 있다. 모든 주소가 스푸핑됐다고 생각할 수 있다. TCP 3방향 핸드셰이크에서 최종 ACK를 볼 수 없기 때문이다. 그러나 이 경우 목표를 꾀어내기 위한 미끼를 사용하고 있다. 미끼 사용을 검사하려면 엔맵 -D 매개변수를 시도해보라.

누구든지 MAC 주소를 속일 수 있다!

당신이 무엇을 보든 믿지 말라. 엔맵은 -spoof-mac 옵션을 이용해 MAC 주소 스푸핑을 지원한다! 완전히 임의의 MAC 주소나 첫 번째 바이트에 특정 값으로 시작하고 랜덤 바이트로 끝나는 MAC 주소를 이용해서 패킷을 전송할 수 있다. 또한 애플이나 시스코 같은 공급업체에 할당된 특정 OUI 값을 사용해 패킷을 보낼 수도 있다. OUI 값을 모른다면 엔맵은 -mac-prefixes 파일에서 그것을 검색할 수 있다.

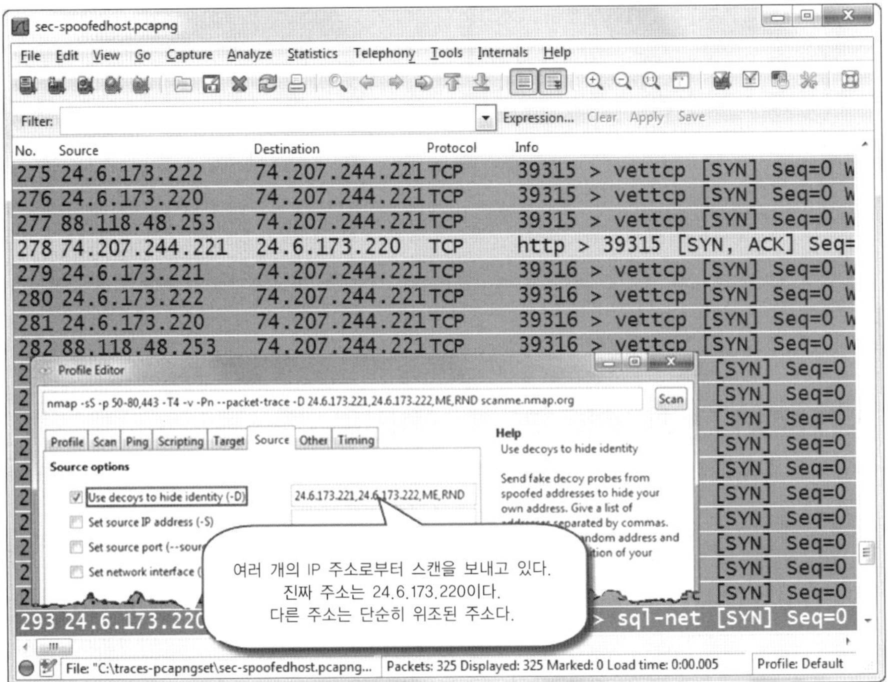

그림 375 스캐너가 3방향 핸드셰이크를 완료하지 못했다면 스푸핑된 IP 주소를 사용하고 있을 수도 있다. [sec-spoofedhost.pcapng]

사례 연구: Conficker 레슨으로 배운 점

출제자 Bill Bach

Goldstar Software

한 클라이언트가 있는데, 바로 학교다. 이 학교는 옆의 도서관에 연결된 간단한 광섬유 케이블 브리지를 통해 인터넷에 접근한다. 도서관은 광섬유 연결, T1, DHCP 서버 등 운영과 연결을 포함한 모든 관리를 한다. 그리고 학교와 도서관은 동일한 서브넷에서 하나의 큰 좋은 네트워크로 구성된다.

지난주에 학교의 인터넷 연결이 다운됐다는 전화 연락을 받았다. 추가적인 조사를 해본 결과, 도서관의 IT 직원이 '바이러스 같은' 활동을 탐지했을 때 플러그를 뽑아냈다는 사실을 발견했다. 그들은 모든 시스템이 깨끗해질 때까지 학교 백본에 재연결을 하지 않겠다고 말했다.

마침내 우리는 학교 측에 모든 학교 PC들이 회선에서 뽑혀있다는 것을 확신시켰고, 학교 실험실의 모든 PC를 스캐닝하기 시작했다. 누구도 악성 소프트웨어를 발견하지 못했다. 도서관 IT 직원과의 추가적인 토론을 한 결과 비난받고 있는 2개의 장비 이름이 나왔다. 신속히 검토해보니 이들 2개의 장비 중 하나는 2개월 이상 동안 꺼놓고 있었고, 다른 하나는 6개월 이상 사용하지 않고 있었다.

그래서 2개의 장비가 종료돼 있다는 것을 알게 됐고, 다른 모든 장비는 깨끗했다. 이런 사실을 알고 나서 랩에 사용자를 들여보내고 네트워크를 사용하게 했다. 또한 '이상한' 일이 일어나면 그것을 보기를 원했다 그래서 브리지된 링크에 와이어샤크를 사용했다. 노트북 컴퓨터를 재부팅하자마자 일련의 상황을 보여주는 네트워크 패킷을 보았다.

흠... 도서관의 일부 장치는 새로 부팅된 랩의 컴퓨터 중 하나와 연결을 시도했다. 그것은 옳지 않다. 추적을 통해 아래로 스크롤하자(다음 페이지에 나타내었다) 다음 IP 주소를 스캐닝하는 동일한 시스템을 바로(OK—실제로는 1/4초 뒤에) 볼 수 있었다.

그 후에 우리는 .96, .97 그리고 계속해서 나오는 네트워크 주소를 볼 수 있었다. 말할 필요도 없이 즉시 브리지 링크(이번에는 우리 쪽 종단장치)를 차단했고, 그들의 링크 쪽에 감염된 장치들을 제거할 것을 도서관의 IT 직원에게 요청했다.

링크를 재연결하기 전에 학교 안의 모든 장치에 대해 완벽한 NAT 보호를 제공하는 새로운 서브넷을 설정했다(도서관의 장치로부터 네트워크를 분리해서). 많은 학교에서의 상황이 그렇듯이 이 하드웨어 대한 예산이 없었다. 그래서 DHCP 능력을 가진 낮은 비용의 ‘home’ 라우터를 구성했다. 하지만 이 해결 방법을 통해 더 이상의 학교 컴퓨터 감염을 막을 수 있었다.

```
HewlettP_1c:fd:a6 Broadcast         ARP     60 Who has 192.168.22.95?  Tell 192.168.22.124
Dell_b5:25:7a     HewlettP_1c:fd:a6 ARP     60 192.168.22.95 is at 00:13:72:b5:25:7a
192.168.22.124    192.168.22.95     TCP     62 payrouter > microsoft-ds [SYN] Seq=0 Win=65535 Len=0 MSS=1460
192.168.22.95     192.168.22.124    TCP     62 microsoft-ds > payrouter [SYN, ACK] Seq=0 Ack=1 Win=65535 Len=
192.168.22.124    192.168.22.95     TCP     60 payrouter > microsoft-ds [ACK] Seq=1 Ack=1 Win=65535 Len=0
192.168.22.124    192.168.22.95     SMB    105 Negotiate Protocol Request
192.168.22.95     192.168.22.124    SMB    163 Negotiate Protocol Response
192.168.22.124    192.168.22.95     SMB    131 Session Setup AndX Request, User: anonymous
192.168.22.95     192.168.22.124    SMB    143 Session Setup AndX Response
192.168.22.124    192.168.22.95     TCP     60 payrouter > microsoft-ds [FIN, ACK] Seq=129 Ack=199 Win=65337 L
192.168.22.95     192.168.22.124    TCP     60 microsoft-ds > payrouter [FIN, ACK] Seq=199 Ack=130 Win=65407
192.168.22.124    192.168.22.95     TCP     60 payrouter > microsoft-ds [ACK] Seq=130 Ack=200 Win=65337 Len=0
192.168.22.124    192.168.22.95     TCP     62 visionpyramid > microsoft-ds [SYN] Seq=0 Win=65535 Len=0 MSS=14
192.168.22.124    192.168.22.95     TCP     62 hermes > netbios-ssn [SYN] Seq=0 Win=65535 Len=0 MSS=1460
192.168.22.95     192.168.22.124    TCP     62 microsoft-ds > visionpyramid [SYN, ACK] Seq=0 Ack=1 Win=65535 Le
192.168.22.95     192.168.22.124    TCP     62 netbios-ssn > hermes [SYN, ACK] Seq=0 Ack=1 Win=65535 Len=0 MSS
192.168.22.124    192.168.22.95     TCP     60 visionpyramid > microsoft-ds [ACK] Seq=1 Ack=1 Win=65535 Len=0
192.168.22.124    192.168.22.95     TCP     60 hermes > netbios-ssn [RST] Seq=1 Win=0 Len=0
192.168.22.124    192.168.22.95     SMB    191 Negotiate Protocol Request
192.168.22.95     192.168.22.124    SMB    235 Negotiate Protocol Response
192.168.22.124    192.168.22.95     SMB    294 Session Setup AndX Request, NTLMSSP_NEGOTIATE
192.168.22.95     192.168.22.124    SMB    408 Session Setup AndX Response, NTLMSSP_CHALLENGE, Error: STATUS_MO
192.168.22.124    192.168.22.95     SMB    316 Session Setup AndX Request, NTLMSSP_AUTH, User: \
192.168.22.95     192.168.22.124    SMB    184 Session Setup AndX Response
192.168.22.124    192.168.22.95     SMB    150 Tree Connect AndX Request, Path: \\192.168.22.95\IPC$
192.168.22.95     192.168.22.124    SMB    114 Tree Connect AndX Response
192.168.22.124    192.168.22.95     SMB    158 NT Create AndX Request, Path: \srvsvc
192.168.22.95     192.168.22.124    SMB     93 NT Create AndX Response, FID: 0x0000, Error: STATUS_ACCESS_DENI
192.168.22.124    192.168.22.95     SMB    160 NT Create AndX Request, Path: \browser
192.168.22.95     192.168.22.124    SMB    193 NT Create AndX Response, FID: 0x4000
192.168.22.124    192.168.22.95     DCERPC 194 Bind: call_id: 1 SRVSVC V3.0
192.168.22.95     192.168.22.124    SMB    105 Write AndX Response, FID: 0x4000, 72 bytes
192.168.22.124    192.168.22.95     SMB    117 Read AndX Request, FID: 0x4000, 1024 bytes at offset 0
192.168.22.95     192.168.22.124    DCERPC 186 Bind_ack: call_id: 1 accept max_xmit: 4280 max_recv: 4280
192.168.22.124    192.168.22.95     SRVSVC 846 NetPathCanonicalize request
192.168.22.95     192.168.22.124    SRVSVC 950 NetPathCanonicalize response[Long frame (804 bytes)]
192.168.22.124    192.168.22.95     SMB     99 Close Request, FID: 0x4000
192.168.22.95     192.168.22.124    SMB     93 Close Response, FID: 0x4000
192.168.22.124    192.168.22.95     SMB     97 Logoff AndX Request
192.168.22.95     192.168.22.124    SMB     97 Logoff AndX Response
192.168.22.124    192.168.22.95     SMB     93 Tree Disconnect Request
192.168.22.95     192.168.22.124    SMB     93 Tree Disconnect Response
192.168.22.124    192.168.22.95     TCP     60 visionpyramid > microsoft-ds [FIN, ACK] Seq=2068 Ack=2104 Win=
192.168.22.95     192.168.22.124    TCP     60 microsoft-ds > visionpyramid [FIN, ACK] Seq=2104 Ack=2069 Win=
192.168.22.124    192.168.22.95     TCP     60 visionpyramid > microsoft-ds [ACK] Seq=2069 Ack=2105 Win=65414
```

물론 근본적인 문제가 어디서부터 발생했는지, 이것이 도서관으로부터 오는지 아니면 학교 안의 사용자로부터 불법적인 다운로드 때문인지 확신할 수 없었지만, 3일간 작업을 더 한 뒤에 네트워크로부터 Conficker를 제거할 수 있었다. 그리고 모든 사용자가 다시 네트워크를 사용할 수 있게 됐다.

무엇을 배웠는가? 몇 가지 배운 것은 다음과 같다.

1) 네트워크 파트너를 아무리 신뢰할지라도, 심지어 이것이 간단한 NAT 장치일지라도 이웃한 네트워크 파트너의 장비들로부터 자신의 네트워크를 항상 분리시켜야 한다.

2) 와이어샤크를 이용해 문제를 관찰하려면 네트워크 경계를 주기적으로 모니터링하는 것은 언제나 좋은 생각이다.

3) 코어 스위치상의 스팬 포트를 이용해 대부분의 전송에서 새로운 바이러스 감염의 근원지를 쉽게 찾아낼 수 있다.

정리

발견과 정찰 프로세스를 사용해서 네트워크에 있는 호스트와 서비스의 위치를 찾을 수 있다. 최종적인 목적은 네트워크나 네트워크 장치에서 임박한 공격을 위해 네트워크 장치 밖으로 매핑하거나 취약한 시스템의 위치를 찾는 것이다. 이들 프로세스를 인지하는 것은 네트워크 위반을 방지하는 것을 도울 수 있다.

다양한 스캔 기법은 ARP 스캔, Ping 스캔, UDP 스캔, TCP 스캔 같은 네트워크 장치를 발견하는 데 사용할 수 있다. 각각의 이런 스캔은 네트워크에서 알아볼 수 있는 트래픽 패턴을 생성한다. 정상적인 네트워크 통신을 위한 각각의 이런 프로토콜이 어떻게 동작하는지 철저히 이해하면 이런 프로토콜이 악의적인 목적으로 사용될 때 식별에 도움이 된다.

학습한 내용 복습

지금이 시스템에 엔맵을 로드하기 좋은 시간이다(어쩌면 이것을 와이어샤크 시스템에 직접 로드한다). 그리고 다른 호스트를 테스트 목표로 설정하라. 31장에서는 다양한 발견 및 정찰 프로세스의 특징에 대한 자세한 내용을 제공했다.

이 책의 웹사이트인 www.wiresharkbook.com의 다운로드 섹션에서 사용할 수 있는 추적 파일을 다운로드한다.. 그들의 고유한 특성을 발견하기 위해 다음 열거된 추적 파일을 검사하라.

arp-recon.pcapng	이 추적은 ARP 정찰 프로세스를 나타낸다. 순서대로 있지 않은 목표 IP 주소를 어떻게 설명하겠는가? ARP 목표 주소로 트랜스미터의 서브넷 마스크를 알아낼 수 있는가?
icmp-routersolicitation.pcapng	이 추적 파일은 다양한 발견 패킷을 포함하고 있다. ICMP Router Solicitation를 이용해서 10.1.22.2의 디폴트 게이트웨이 설정을 어떻게 변경할 수 있는가?
icmp-traceroute-normal.pcapng	이 tracetoute 동작에서 발견되지 않은 라우터가 몇개인가? 라우터가 발견되지 않게 차단을 어떻게 하는가?
sec-active-scan.pcapng	이것은 LANguard 네트워크 스캐너를 이용한 능동 스캔이다. ICMP 패킷에서 특별한 특성을 식별해낼 수 있는가?

sec-nmap-ackscan.pcapng	이 추적 파일은 기본 엔맵 스캔 프로세스를 나타낸다. 얼마나 많은 서로 다른 발견 프로세스를 탐지했는가?
sec-nmap-ipscan.pcap	이것은 네트워크에서 결코 보기를 원하지 않는 트래픽의 종류다. 누군가 IP 스캔을 하고 있다. 그들은 UDP 스캔이나 TCP 스캔을 하는 것이 아니다. 이 사람은 IP 헤더 상단에 어떤 서비스가 직접적으로 지원되는지를 알고 싶어 한다. 예제로는 EGP, IDRP, ICMP, 캡슐화된 IPv6가 있다. 정보 칼럼 헤딩을 정렬해서 쿼리된 모든 프로토콜을 살펴보라.
sec-nmap-osdetection.pcapng	이 추적 파일을 sec-nmapscan.pcapng와 비교하라. ICMP 패킷에서 특성을 탐지할 수 있는가?
sec-nmap-robotsplus.pcapng	엔맵은 robots.txt 파일(사이트를 방문할 때 어떻게 웹 로봇이 행동해야 하는지를 정의한 파일)을 위한 사이트를 스캐닝한다. 특히 엔맵은 무엇이 허가되지 않은지 관심이 있다. 필터 http.request.methd를 적용하라. 이 외에 엔맵이 할 수 있는 게 무엇인가?
sec-nmapscan.pcapng	이것은 엔맵에 의한 기본 스캔이다. 스캔은 사전 정의된 포트 집합에 대해 진행된다. 모든 연결 시도가 성공적이었는가? 특별한 TCP 패킷을 시작으로 해서 패킷 3373 주변을 둘러보라. 그들만 갖고 있는 유일한 특성을 식별해보고 이들을 신속히 탐지하는 컬러링 규칙을 생성하라.
sec-nmap-udpscan.pcapng	이 UDP 스캔에서 목적지 MAC 주소 필드의 관심 있는 특성은 무엇인가?
sec-nst-osfingerprint.pcapng	이 추적은 NetScanTools Pro로부터 OS 핑거프린팅 운영을 보여준다. 0이 아닌 코드 값을 가진 ICMP Echo 패킷에 대한 컬러링 규칙을 생성하라. 이 필터는 추적 안에 어떤 NetScanTools Pro의 특성이 있는지를 발견하는 것을 도와줄 것이다.
sec-spoofedhost.pcapng	엔맵을 사용해서 IP 주소를 다른 발신지 주소 속에 감추고 싶다. 이 추적은 스캔을 수행하는 호스트에서 수집한 것이다. 우리가 사용하고 있던 진짜 IP 주소를 탐지할 수 있는가?
sec-strangescan.pcapng	도대체 스캐너는 무엇을 하고 있는가? 스캔 패킷에서 TCP Flag 설정을 살펴보라. 무엇이 와이어샤크에서 'TCP ACKed 손실 세그먼트' 전문 통지를 일으키는가?

연습문제

Q31.1 발견과 정찰 프로세스의 목적은 무엇인가?

Q31.2 ARP 스캐닝의 한계는 무엇인가?

Q31.3 누군가가 TCP 포트가 실행하는 두 가지 이유는 무엇인가?

Q31.4 당신은 어떻게 TCP 완전 연결 스캔과 TCP 반개방 스캔을 구별할 수 있는가?

Q31.5 어떤 종류의 장치가 TCP 연결 시도를 위해 ICMP 목적지 도달 불가 응답을 전송할 수 있는가?

Q31.6 어떤 프로세스가 낮은 TTL 값을 포함하는 특별한 IP 패킷의 번호에 의해 탐지될 수 있는가?

Q31.7 애플리케이션 매핑의 2가지 다른 기능은 무엇인가?

Q31.8 와이어샤크를 이용해 수행되는 수동 OS 핑거프린팅의 장점은 무엇인가?

연습 문제 답

Q31.1 발견과 정찰 프로세스의 목적은 무엇인가?

A31.1 발견과 정찰 프로세스는 네트워크상의 호스트를 식별하고 네트워크 서비스 위치, 호스트에서 실행되는 운영체제의 버전 및 네트워크 장치의 다른 정보를 알기 위해 사용된다.

Q31.2 ARP 스캐닝의 한계는 무엇인가?

A31.2 ARP가 비라우팅 프로토콜이기 때문에 ARP 스캐닝은 로컬 장치만을 발견할 수 있다. ARP 스캐닝의 장점은 프로세스가 침입 차단시스템 사용을 통해 ICMP ping을 차단하는 장치의 위치를 찾을 수 있다는 점이다.

Q31.3 누군가가 TCP 포트가 실행하는 두 가지 이유는 무엇인가?

A31.3 TCP 포트 스캔은 목적지에서 수행되는 TCP 기반 서비스를 식별하기 위해 이용될 수 있거나 네트워크에서 어떤 호스트가 실행되는지를 간단하게 알아

내기 위해 사용될 수 있다.

Q31.4 당신은 어떻게 TCP 완전 연결 스캔과 TCP 반개방 스캔을 구별할 수 있는가?

A31.4 TCP 완전 연결 스캔은 개방 port가 발견됐을 때 3방향 TCP 핸드셰이크를 완료한다. 패킷 순서열은 SYN, SYN/ACK, ACK이다. TCP 반개방 스캔은 3방향 TCP 핸드셰이크를 완료하지 못한다. 패킷 순서열은 SYN, SYN/ACK이다.

Q31.5 어떤 종류의 장치가 TCP 연결 시도를 위해 ICMP 목적지 도달 불가 응답을 전송할 수 있는가?

A31.5 TCP 연결이 ICMP 목적지 도달 불가 응답을 수신하는 것을 시도한다면 목적지가 로컬이나 ICMP 응답을 생성하는 네트워크 침입 차단시스템 뒤에 있다고 가정할 수 있다.

Q31.6 어떤 프로세스가 낮은 TTL 값을 포함하는 특별한 IP 패킷의 번호에 의해 탐지될 수 있는가?

A31.6 traceroute 프로세스는 낮은 TTL 값을 갖는 많은 패킷을 생성한다. 예를 들어 traceroute 운영의 첫 번째 패킷에서 TTL은 1이다. 다음 패킷이 TTL 값 2를 가진다. 다음 패킷은 TTL 값을 3을 갖는다.

Q31.7 애플리케이션 매핑의 2가지 다른 기능은 무엇인가?

A31.7 애플리케이션 매핑은 2가지 다른 기능에 의존한다(검사, 매칭). 검사는 사전에 응답을 생성하게 목적지에게 전송된다. 응답은 발견된 서비스를 식별하게 응답을 미리 정의해 매치한다.

Q31.8 와이어샤크를 이용해 수행되는 수동 OS 핑거프린팅의 장점은 무엇인가?

A31.8 수동 OS 핑거프린팅은 네트워크 트래픽을 조용히 리스닝하는 데 의존하고 어떤 트래픽을 발생하지도 않으며, IDS 장치에 의해 발견되지도 않는다. 능동 OS 핑거프린팅은 패킷을 생성하는 데 목적지에서 이에 대한 응답을 하게 해 목적지를 식별할 수 있다.

의심스런 트래픽 분석

와이어샤크 공인 네트워크 분석가 시험에서 다루는 내용

- TCP/IP 해석 프로세스에서 취약점 식별
- 악의적이고 변형된 패킷 발견
- 쓸모없거나 '알기 어려운' 목적지 주소 식별
- 플러딩과 서비스 거부 트래픽 구별
- 평문 텍스트 패스워드와 데이터 찾기
- 전화 홈 트래픽 식별
- 이상 프로토콜과 애플리케이션 잡아내기
- ICMP를 사용하는 라우트 재지정 위치 알아내기
- ARP 중독 잡아내기
- IP 단편화와 덮어쓰기 잡아내기
- TCP 꼬임 찾기
- 기타 이상 TCP 트래픽 살펴보기
- 패스워드 크래킹 시도 식별
- IDS 규칙에서 필터와 컬러링 규칙 생성

- 사례 연구: Flooding 호스트
- 사례 연구: 키로깅 트래픽 잡아내기
- 사례 연구: 수동으로 악성 소프트웨어 찾기
- 정리
- 학습한 내용 복습
- 연습문제와 답

32장에서 참조한 추적 파일

- app-norton-update2012.pcapng
- arp-poison.pcapng
- arp-sweep.pcapng
- icmp-redirect.pcapng
- ip-fragments.pcapng
- sec-bruteforce.pcapng
- sec-clientdying.pcapng
- sec-dictionary2.pcapng
- sec-macof.pcapng
- sec-password-setting.pcapng
- sec-sickclient.pcapng
- sec-sql-attack.pcapng
- smb-protocol-request-reply.pcapng
- tcp-splice.pcapng

‘의심스런’ 트래픽이란?

의심스런 트래픽은 네트워크 베이스라인과 일치하지 않는다. 이유는 프로토콜 타입, 포트 사용법, 패킷 빈도수, 요청, 응답 등 때문에 그렇다. 의심스런 트래픽은 익숙하지 않은 정상적 네트워크 통신이거나 이상 패턴을 가진 트래픽일 수 있다.

반면 의심스런 트래픽은 단순히 불안정하게 행동하는 애플리케이션, 잘못된 구성, 의도하지 않은 실수 또는 잘못된 장치로 인해 발생할 수 있다.

실수로 의심스런 트래픽이라고 판단하게 되는 상황을 배제하려면 무엇이 정상인지를 알 필요가 있다. 그래서 베이스라인이 소중한 자원이 된다고 말하는 것이다.

32장에서는 탐색 프로세스 후 또는 탐색 프로세스 없이 발생할 수 있는 악의적인 트래픽 패턴에 초점을 둔다. 침해가 있다고 가정하고 해석 프로세스 검토부터 시작한다.

TCP/IP 해석 프로세스의 취약점 식별

비정상적인 통신을 식별하려면 정상적인 TCP/IP 통신을 이해하는 것이 중요하다. 32장을 학습하려면 14장을 복습해보라.

그림 376은 TCP/IP 통신에 대한 표준 흐름도다. 한 가지 다른 점은 각 상자 옆에 고려해야 할 보안 문제를 언급해놓은 것이다.

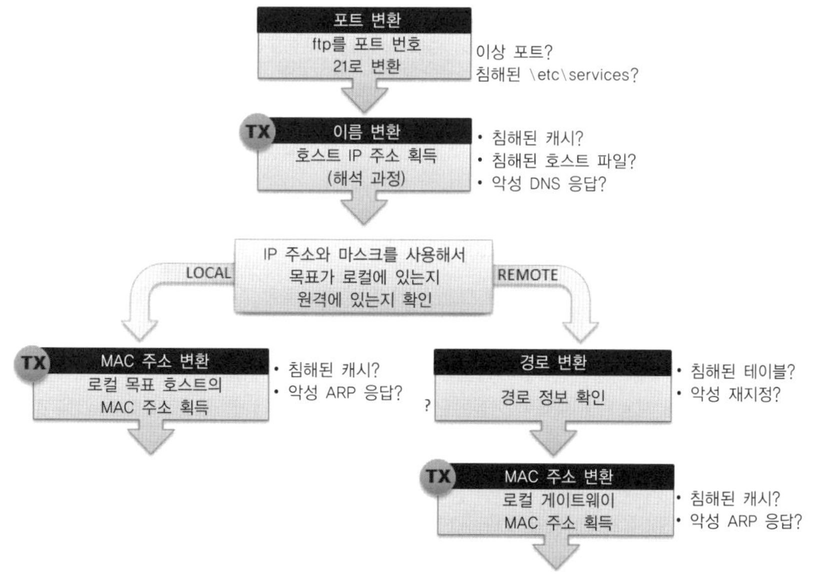

그림 376 취약점은 해석 프로세스를 통해 찾을 수 있다.

✻ 포트 해석 취약점

포트 해석은 서비스 파일의 무결성과 특정 포트 번호 사용을 요청하는 애플리케이션에 의존한다.

악의적인 사용자나 프로그램이 서비스 파일 내용을 변경했다면 포트 해석 프로세스는 영향을 받을 것이다. 애플리케이션은 또한 그들이 어떤 포트를 사용할 것인지 정의할 수 있다. 악의적인 FTP 프로그램은 많은 회사들이 이 포트로부터 나가는 트래픽을 차단하지 않는다는 것을 알고 있기 때문에 포트 80번을 사용한다.

그림 377은 비표준 포트 번호(18067)를 사용하기 때문에 IRC 통신처럼 디코드되지 않는 IRC 통신을 보여준다.

봇에 감염된 호스트는 종종 C&C[Command and Control] 서버와 대화할 때 IRC[Internet Relay Chat]을 사용한다. 이 경우 봇에 감염된 호스트는 포트 18067로 IRC 서버에 연결하고, 와이어샤크는 IRC 통신을 단순히 '데이터'라고 정의한다. 와이어샤크의 바이트 창에서 IRC 패킷이 채널로 연결할 때 사용하는 JOIN 명령을 포함한 것을 볼 수 있다.

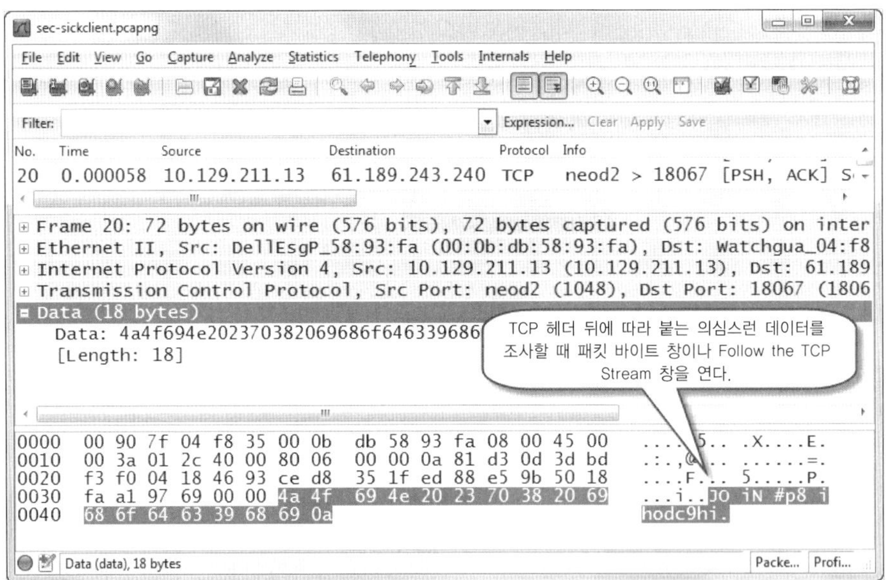

그림 377 비표준 포트를 사용하는 트래픽은 잘못된 분석기를 사용하거나 전혀 디코드 되지 않을 것이다. [sec-sickclient.pcapng]

오른쪽 클릭 후 Decode As를 선택하면 그림 378에서 보였듯이 IRC 트래픽처럼 포트 18067에 들어오고 나가는 트래픽을 임시로 와이어샤크가 분석하게 할 수 있다.

와이어샤크를 다시 시작하거나 다른 프로파일로 변경하게 되면 분석기가 제자리에 있지 않을 것이다.

와이어샤크 1.8에서는 Decode As 설정을 프로파일 내에 저장할 수 있다. 임시 디코드를 적용한 뒤에 Analyze ❯ User Specified Decodes를 선택한다. Save를 클릭하면 와이어샤크는 새 디코드 설정을 프로파일 디렉터리 안의 decode_as_entries 파일에 유지한다.

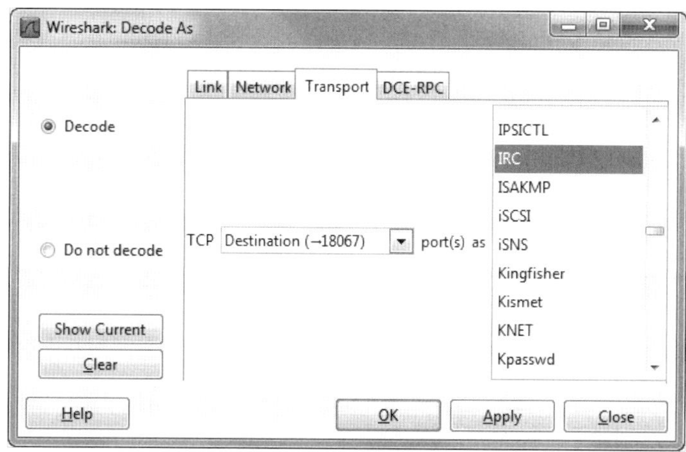

그림 378 'Decode As'를 사용해 IRC 분석기를 트래픽에 적용한다. [sec-sickclient.pcapng]

다른 방법으로, 와이어샤크가 영구적으로 포트 번호를 IRC로 목록화하고자 한다면 와이어샤크 Program Files 디렉터리 안의 서비스 파일을 편집하면 된다. 이렇게 하면 그림 379에 보인 것처럼 IRC 분석기를 이 트래픽에 강제로 적용하지 않는다.

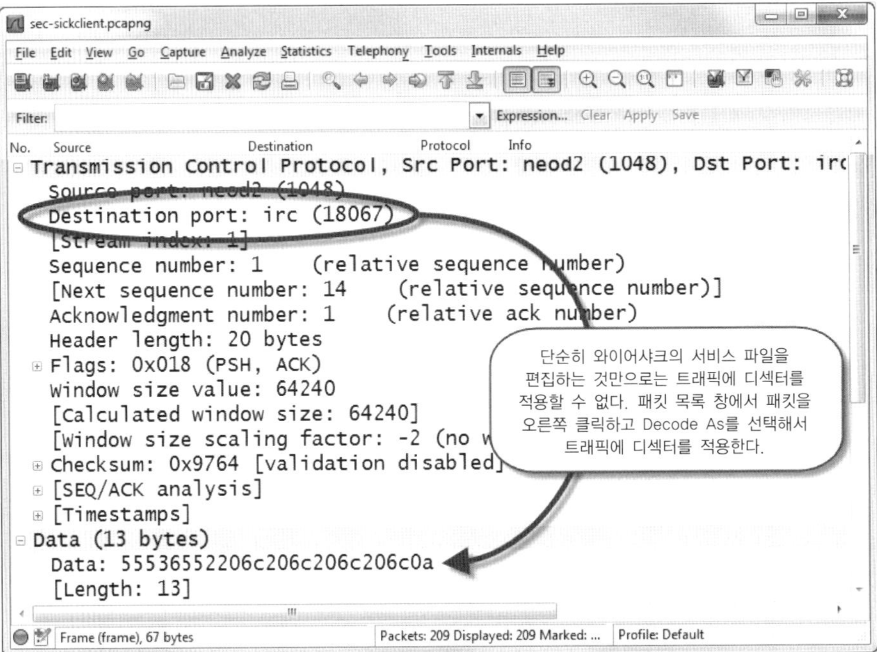

그림 379 services 파일에 엔트리를 추가하거나 편집하면 분석기를 적용하지 않는다. [sec-sickclient.pcapng]

HTTP 같은 애플리케이션을 위한 환경을 설정해서 와이어샤크가 애플리케이션을 위해 추가됐거나 대체된 포트 번소를 인식하게 만들 수 있다. 그림 380은 HTTP 환경설정을 보여준다. 이 설정에서 보면 HTTP 트래픽으로 디코드될 TCP 포트와 SSL/TLS 트래픽으로 분석될 포트 한 개가 나열돼 있다.

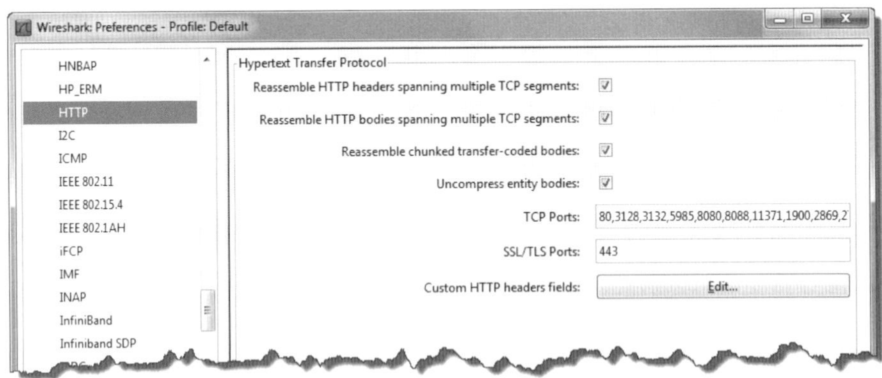

그림 380 환경설정을 통해 분석기 연계를 추가할 수 있다.

임시 디코드를 적용하거나 환경설정을 변경하는 대신 컬러링 규칙을 생성해서 특정 문자열을 포함하고 있는 패킷을 식별할 수 있다. 대문자로 된 JOIN 명령을 포함하는 코드 패킷을 컬러링하려면 구문 `frame contains "JOIN"`을 사용한다.

대문자 또는 소문자 필터링하기

앞에 정의한 컬러링 규칙 구문은 전부 대문자로 이뤄진 JOIN이라는 단어를 가진 프레임에만 영향을 미친다. 소문자 대문자로 된 JOIN이란 단어를 포함한 패킷을 찾으려고 한다면 frame matches "[Jj][Oo][Ii][Nn]" 나 frame matches "(?i)join"을 사용한 컬러링 규칙을 세워야 한다.

✻ 이름 변환 프로세스 취약성

악의적인 애플리케이션이 클라이언트의 hosts 파일을 변경했다면 클라이언트 시스템은 DNS 질의를 생성하기 전에 그 파일의 정보를 사용할 것이다.

응답과 응답하는 DNS 서버를 인증할 때 안전한 형태의 DNS를 사용하지 않는 한 클라이언트는 트랜잭션 ID 번호와 재선언된 질의가 원래 요청과 일치하면 모든 DNS 요청을 받아들인다.

제공된 DNS 정보가 올바르지 않거나 대체 호스트로 유도한다면 클라이언트는 잘못된 호스트에 연결하기 위해 해석 프로세스를 계속해서 진행한다. 이 정보가 DNS 캐시에 저장돼 있다면 클라이언트는 그것을 다시 사용한다(정보가 만료될 때 까지).

호스트 이름에 대응되는 IP 주소를 알지 못한다면 악의적인 의도를 가진 트래픽을 발견해내기는 어렵다.

하지만 봇에 감염된 호스트의 경우 DNS 질의가 많은 IP 주소를 가진 CNAME canonical name 응답을 생성하는 것은 보기 드문 일은 아니다. 그림 381은 bbjj.househot.com으로의 질의에 대한 상세한 DNS 응답 내용을 보여준다. 이 DNS 질의에 대한 12가지의 응답이 있다. IP 주소들은 단일 주소 블록의 일부가 아닌 것처럼 보인다는 점에 주의하라.

5개 이상의 IP 주소를 포함하는 DNS 응답을 식별하기 위해 컬러링 필터를 생성하면 이들 패킷을 쉽게 발견할 수 있을 것이다. 컬러링 필터를 위한 구문은 `(dns.flags.response == 1) && (dns.count.answer > 5)`다.

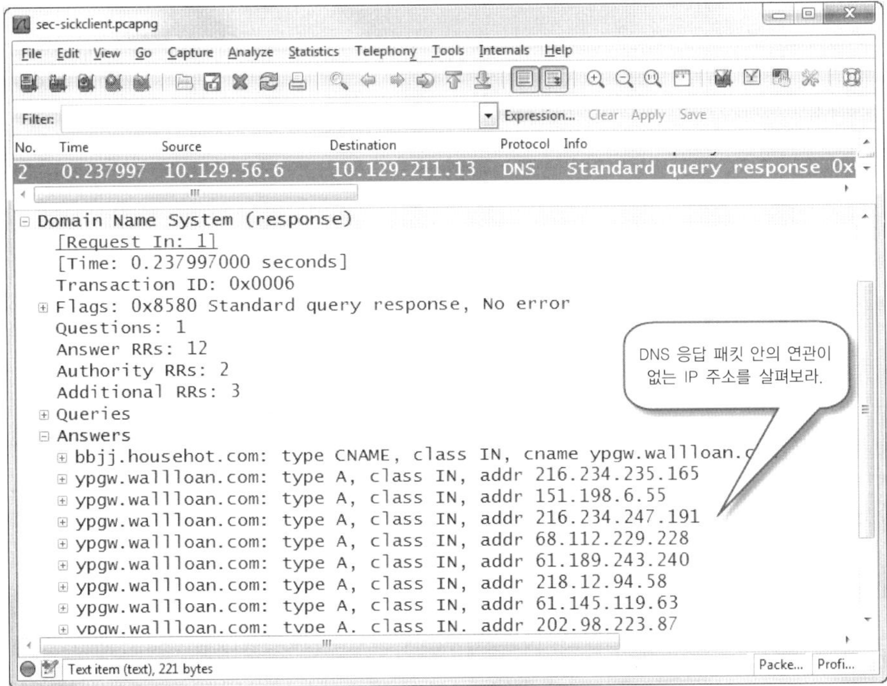

그림 381 매우 많은 대답과 CNAME 응답은 조사할 가치가 있다. [sec-sickclient.pcapng]

✻ MAC 주소 변환 취약성

로컬 목적지나 라우터의 하드웨어 주소를 해석할 때 클라이언트는 뒤에 이어지는 패킷에 적합한 MAC 주소를 사용하기 위해 ARP 응답이나 로컬 ARP 캐시에 존재하는 엔트리의 유효성을 확인한다.

이것은 중간자 공격을 하는 일부 공격자가 사용할 수 있는 MAC 주소 재지정이다. 이상 ARP 트래픽의 예로, 뒤에 나오는 'ARP 오염 잡아내기' 절을 참조하라.

✻ 라우트 변환 취약성

클라이언트가 데이터를 원격 네트워크에 있는 목적지로 전송할 때 클라이언트는 최상의 게이트웨이나 기본 게이트웨이를 식별하기 위해 자신의 라우팅 테이블을 참고한다. 로컬 라우팅 테이블이 오염됐다면 클라이언트는 패킷을 잘못 지정된 곳으로 전송한다.

이것이 라우트 재지정이고, 중간자 공격에 사용될 수 있다.

수용 불가 트래픽 식별

와이어샤크는 네트워크 스캔의 이상 패턴(점검), 시도된 로그인, 안전하지 않은 통신이나 이상 프로토콜, 또는 이상 애플리케이션 행동을 밝혀낼 수 있다.

관계된 트래픽을 컬러링해서 이상 트래픽을 쉽게 식별하게 만들 수 있다. 다음 절에서는 이상 트래픽 패턴을 검사하고 와이어샤크에서 이 트래픽을 좀 더 잘 볼 수 있게 디스플레이 필터와 컬러링 규칙에 사용할 구문을 정의한다.

트래픽 스캐닝은 일반적으로 네트워크에서는 수용되지 않는다. 그러나 어떤 경우에는 스캔이 네트워크에서 데이터베이스를 만들고 관리하는 네트워크 모니터링 장치에서 의해 생성된다는 것을 발견할 것이다.

다음 트래픽들은 허용되지 않는 것으로 간주될 것이다. 베이스라인 정보와 가끔 비논리적인 네트워크 통신 동작을 명심하라.

- **악의적으로 변형된 패킷** 고의적 악성 패킷
- **유효하지 않거나 '알기 어려운' 주소로의 트래픽** 할당되지 않은 IP나 MAC으로 주소된 패킷들
- **플러딩(FLooding) 또는 서비스 거부 트래픽** 단일, 그룹, 또는 모든 호스트에게 높은 초당 패킷률로 전송하는 트래픽
- **평문 텍스트 패스워드** 읽을 수 있는 패스워드는 안전하지 않다.
- **평문 텍스트 데이터** 읽을 수 있거나 재구성될 수 있는 데이터
- **전화 홈 트래픽** 원격 호스트와 주기적으로 점검하는 애플리케이션을 가리키는 트래픽 패턴
- **이상 프로토콜과 애플리케이션** 네트워크에서 자주 관찰되지 않거나 허용되지 않는 프로토콜이나 애플리케이션
- **라우트 재지정** 중간자 공격에 대비한 ICMP 기반의 라우트 재지정
- **ARP 오염** 또 다른 호스트(중간자 공격에 사용되는)를 통한 로컬 트래픽을 재지정하기 위해 목적지 ARP 테이블을 변경한다.
- **IP 단편화와 덮어쓰기** 목적지로 전송된 이전 데이터를 덮어쓰게 설정하는 IP 단편화 오프셋 필드 사용
- **TCP 짜깁기** 피어에서 처리되는 실제 TCP 데이터를 알기 어렵게 만든다.

- **패스워드 크래킹(cracking) 시도** 단일 연결이나 다중 연결에서 계정 패스워드를 반복적으로 유추하는 것

이것은 반드시 조사해야 할 트래픽 패턴의 샘플일 뿐이다.

✻ 악의적으로 변형된 패킷 찾기

악의적인 패킷은 프로토콜이나 애플리케이션의 취약점을 악용한다. 2009년 9월에 악의적으로 변형된 패킷에 의해 발생한 보안 위반 사례를 소개했다(CVE-2009-3103, 자세한 사항은 아래에).

CVE-2009-3103
마이크로소프트 윈도우 비스타 Gold, SP1, SP2, 윈도우 서버 2008 Gold와 SP2, 그리고 윈도우 7RC의 srv2.sys에서 SMBv2 프로토콜을 구현할 때의 배열 인덱스 에러 때문에 원격 공격자는 임의의 코드를 실행하거나 서비스 거부(시스템 마비)를 할 수 있다. 원격 공격자는 이를 위해 NEGOTIATE PROTOCOL REQUEST 패킷 안의 Process ID High 헤더 필드 안에 문자 '&'를 이용하는데, 이 문자 때문에 일명 'SMBv2 Negotiation Vulnerability'라고 알려진 범위 밖의 메모리 위치에 대한 미수에 그친 역참조를 한다. 주의: 이 세부 사항 중 일부는 제 3자 정보로부터 얻어진다.

이 취약성의 세부 내용은 SMB 헤더 안의 Process ID High 필드 내에 '&' 값을 포함하는 패킷 때문에 생긴다고 말한다. 그림 382는 SMB Negotiate Protocol Request의 패킷 상세 정보 창을 보여준다.

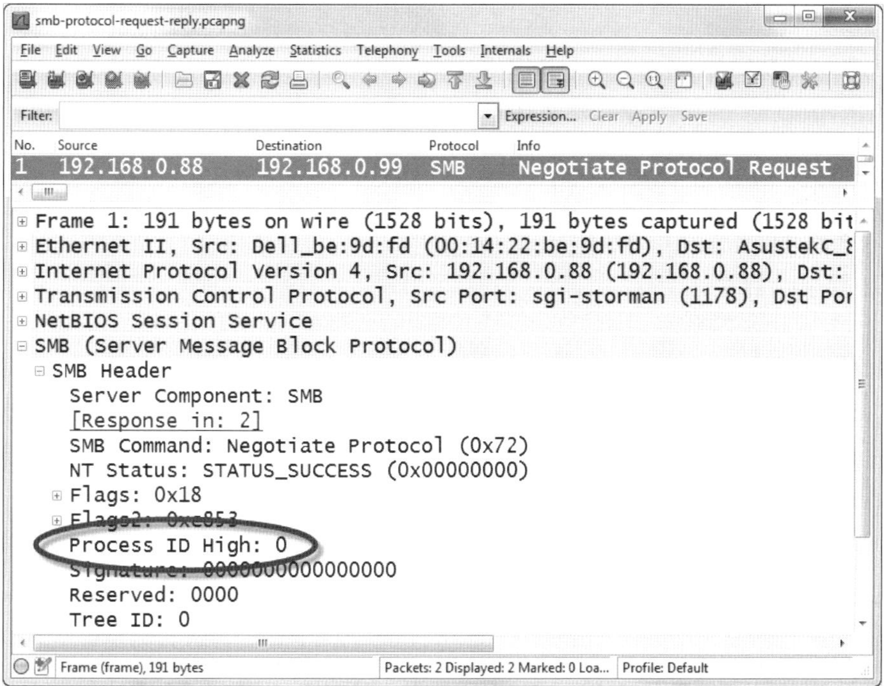

그림 382 SMB 헤더의 Process ID High 필드는 0으로 설정돼야 한다.
[smb-protocol-request-reply.pcapng]

이 문제에 대해 마이크로소프트는 10월 13일에 'Microsoft Security Bulletin MS09-050 -SMBv2 Could Allow Remote Code Execution(975517)에서의 중대한 취약점'으로 대응했다.

취약점을 가진 상태로 출시된 패킷 상세 정보는 이런 트래픽을 차단하는 침입 차단시스템과 IDS 솔루션을 구성하는 데 사용할 수 있다. 디스플레이 필터나 컬러링 규칙을 이용해서 이 트래픽을 식별하게 와이어샤크를 설정할 수 있다.

다음과 같은 필터를 단독으로 사용하거나 컬러링 규칙으로 사용하면 이들 변형된 패킷을 탐지할 수 있다.

```
(smb.cmd == 0x72) && (smb.flags - resPonse == 0) && !(smb.pid.high == 0)
```

이 필터는 이들 악의적인 패킷을 식별하기 위해 다음과 같은 세 부분으로 구성돼 있다.

(smb.cmd==0x72)	SMB 명령 0x72는 Negotiate Protocol Request다.
(smb.flags.response==0)	SMB Flags Response는 요청일 때는 0으로, 응답일

	때는 1로 설정한다. 요청에 관심이 있다.
`!(smb.pid.high==0)`	SMB Protocol ID High는 0으로 지정돼야 한다. 이 필드에서 0이 아닌 값을 갖는 패킷에 관심이 있다.

변형된 패킷 취약점이 드물지는 않다. 2012년 3월에 시스코는 변형된 패킷과 관련된 취약점을 업데이트했다(cisco-sa-20120215-nxos). 다음은 이 취약점 보고서에서 발췌한 내용이다.

> Cisco Nexus 1000v, 1010, 5000, and 7000 Series 스위치에 대한 Cisco NX-OS Software, Nexus 1000V Series 스위치에 대한 Cisco Virtual Security Gateway(VSG)의 어떤 버전은 영향을 받은 장치를 재로드하게 하는 취약점에 영향을 받는다. 이런 일이 일어나는 때는 운영체제의 IP 스택이 변형된 IP 패킷을 처리하고, 패킷으로부터 Layer 4(UDP나 TCP) 정보를 얻을 필요가 있을 때다. 취약점은 운영체제의 IP 스택에 있고 IP 패킷을 파싱하기 위해 IP 스택이 제공한 서비스를 이용하는 모든 기능은 영향을 받는다. 예를 들어 다음 시나리오는 취약점을 일으킨다. 설정된 기능을 수행하려면 Layer 4(UDP와 TCP) 정보를 요구하기 때문이다.
> 스위치가 정상적으로 전달하는 변형된 전송 IP 패킷을 수신하는데 TTL(Time-to-Live) 값은 1이다. 이 경우 ICMP 에러 메시지(시간 초과)가 생성돼야만 한다. 이 ICMP 메시지를 생성하는 동안, 버그가 활동할 수 있다.

tools.cisco.com/security/center/content/CiscoSecurityAdvisory/cisco-sa-20120215-nxos를 보면 좀 더 자세한 사항을 알 수 있다.

취약점에 대해 발표할 때(그리고 그것이 패킷 세부 정보를 제공하면) 사용자가 열 수 있는 모든 추적 파일에서 이들 패킷을 하이라이트하게 컬러링 규칙을 생성해보라. 추가적으로 필터 구문과 맞는 트래픽을 보기 위해 `-R` 매개변수를 가진 티샤크를 사용할 수 있다. 커맨드라인 수집에서 디스플레이 필터 사용에 대한 더 많은 정보를 얻으려면 33장의 '티샤크 구문' 절을 참조하라.

✻ 유효하지 않거나 'Dark' 목적지 주소 식별

호스트와 하드웨어 주소에 대한 수많은 해석 프로세스들이 주어졌을 때 할당되지 않은 주소로 목적지가 된 트래픽을 보게 되면 이상 징후로 생각해야 한다. 예를 들어 사용자 네트워크가 10.2.0.0/16으로 설정돼 있고 사용자에게 10.2.0.1부터

10.2.0.20까지 할당됐다면 10.2.0.99로 향하는 트래픽을 보는 것을 기대할 수 없다.

할당되지 않은 MAC 주소를 'Dark MAC 주소'라고 한다. 할당되지 않은 IP 주소는 'Dark IP 주소'라고 한다. 할당되지 않은 주소로 전송하거나 참조하는 트래픽은 블라인드 발견 프로세스가 진행 중이라는 의미다. 누군가가 네트워크의 호스트를 찾기 위해 이들 호스트 주소를 스캔하고 응답을 모니터링한다는 의미다.

그림 383은 여러 개의 dark IP 주소를 참조하는 트래픽에 대한 ARP 스캔을 보여준다. 어떤 모니터링 장치로든 이 트래픽을 제대로 볼 수 없다면 조사를 해봐야 한다.

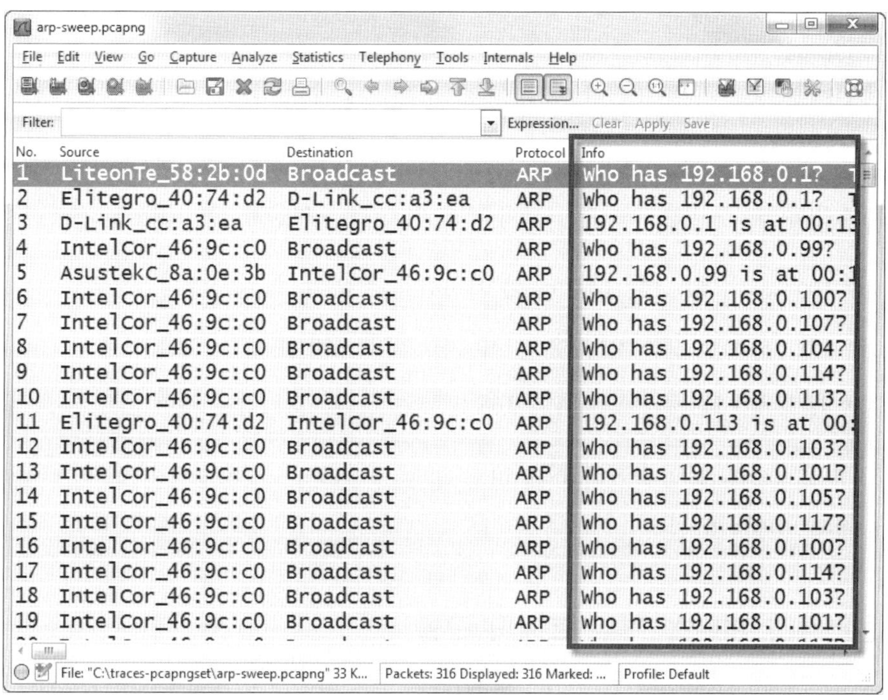

그림 383 이 ARP 스캔으로 다양한 dark IP 주소를 찾아낸다. [arp-sweep.pcapng]

이상한 목적지 주소로 전송되는 트래픽은 또한 설정이나 애플리케이션 문제일 가능성이 높다. 예를 들어 127.0.0.1(루프백 주소)로 전송되는 트래픽이 있다면 이상 현상으로 봐야 한다.

사용자는 사용하지 않은 주소로 가거나 그곳에서 오는 트래픽을 찾을 수 있다, 그러나 사용자가 주소 지정 시 인접한 주소를 사용하지 않았다면 디스플레이 필터는 매우 길어질 것이다.

예를 들어 사용자의 네트워크가 다음 IP 주소 범위를 사용하게 구성돼 있다고 고려해보자.

192.168.0.1-4	라우터에 할당
192.168.0.100-112	서버에 할당
192.168.0.140-211	클라이언트에 할당

192.168 네트워크 범위 내에서 할당되지 않은 IP 주소로 가거나 그곳에서 오는 트래픽에 대한 디스플레이 필터는 다음과 같다.

```
(ip.dst > 192.168.0.4 && ip.dst < 192.168.0.100) ||
(ip.dst > 192.168.0.112 && ip.dst < 192.168.0.140) ||
(ip.dst > 192.168.0.211 && iP.dst <= 192.168.0.255)
```

필터 섹션을 그룹화하기 위해 괄호를 사용한 점에 주목하라. 괄호를 이용해서 디스플레이하고 싶은 주소를 그룹화한다. 이 필터는 다음과 같이 해석될 수 있다.

- 192.168.0.4와 192.168.0.100 사이의 목적지 IP 주소, 또는
- 192.168.0.112와 192.168.0.140 사이의 목적지 IP 주소, 또는
- 92.168.0.211보다 크고 192.168.0.255보다 작거나 같은 목적지 IP 주소

이 패킷들을 추적 파일에서 좀 더 눈에 띄게 하려면 이 트래픽에 대한 컬러링 규칙을 생성하면 된다.

✻ 플러딩과 서비스 거부 트래픽 구별

플러드[flood]는 서비스 거부 공격의 한 형태다. 지속적인 연결 요청은 서비스 거부의 또 다른 형태다. 서비스 거부 공격은 다른 사람이 자원을 사용하지 못하게 설계됐다. 이 공격은 목적지 호스트, 호스트 그룹, 네트워크 구조 자체를 공격 대상으로 할 수 있다.

플러딩을 이용해서 네트워크 연결, TCP 연결 테이블, 네트워크 인터페이스 카드의 버퍼, 스위치 테이블, 라우팅 테이블, 네트워크의 다른 요소들을 포화시킬 수 있다.

네트워크 플러딩을 분석할 때 잘못된 설정이 플러드의 원인이 될 수 있다는 점을 알아야 한다. 플러드가 네트워크의 루프 때문에 생기는가? 그렇다면 네트워크상에

서 같은 패킷이 순환되는 것처럼 모든 플러딩 패킷의 IP ID 필드는 같아질 것이다. 이런 종류의 플러드는 전형적으로 2계층 루프에 의해 발생된다. 예를 들어 누군가가 두 개의 스위치에 허브를 연결했을 때 스패닝 트리는 2계층 루프 문제를 해결하기 위해 설계된 프로토콜이다.

IP ID 필드 값(또는 다른 패킷 값)이 모든 패킷에서 다르다면 이것은 루프 상황이 아니다. 각 패킷은 IP 스택 요소를 통해 개별적으로 생성된다.

Macof는 고의적으로 네트워크를 플러드하는 도구다. Macof의 목적은 스위치의 전달 결정을 중단시키려고 스위치의 MAC 주소 테이블을 과부하시키고, 모든 패킷을 모든 포트(그것에 의해 본질적으로 허브가 되는)로 전송하거나 한꺼번에 전송 패킷을 중단하는 것이다(그것에 의해 기능이 멈추는).

와이어샤크는 플러드된 네트워크의 트래픽을 모두 수집하지 못한다. 초당 패킷 수가 매우 많아지면 와이어샤크가 패킷을 잡지 못하고 놓쳐버리는 것을 알 수 있다. 수집하지 못한 패킷은 상태 바에 나타나기도 한다. 운영체제에서 패킷이 손실됐는지 아닌지를 판단하는 드라이버를 활성화했으면 상태 바에 나타난다.

플러드된 네트워크에서 수집을 할 때 사용할 수 있는 몇 가지 최적화 기법이 있다. 첫 번째로 가장 효과적인 방법은 트래픽을 수집할 때 와이어샤크 대신 티샤크나 Dumpcap을 사용하는 것이다. 플러드된 네트워크에서 플러드의 특성을 식별하기 위해 그렇게 많은 패킷을 수집할 필요는 없다.

트래픽 수집에 와이어샤크를 사용하기로 했다면 실시간 패킷 목록 업데이트, 컬러링 같은 불필요한 기능을 정지시키고 네트워크 이름 변환도 사용하지 못하게 해야 한다.

그림 384는 Macof 플러드를 보여준다. Time 칼럼은 Seconds since Previously Displayed Packets를 디스플레이하게 설정돼 있다.[1] 기본적으로 Macof는 SYN 패킷을 임의의 목적지 주소로 보낸다.

---

1. 이 추적 파일을 열면 대부분의 플러드가 42마이크로초(백만분의 1초) 간격으로 보내지고 있다는 것을 알 수 있다.

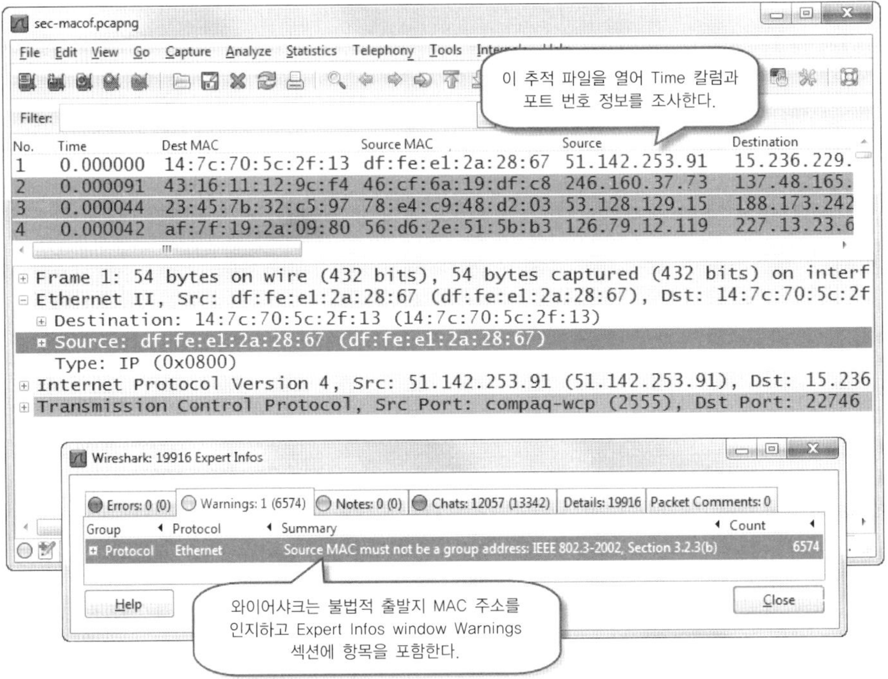

그림 384 Macof는 랜덤한 MAC과 IP 주소로 패킷을 전송한다. [sec-macof.pcapng]

Macof 시그니처 필터링

Macof는 각 SYN 패킷의 TCP 헤더 안에 특징을 갖고 있다. sec-macof.pcapng를 조사해서 Window Size 필드를 살펴보라. 512라는 값은 비논리적이다. 오히려 65535를 보기를 기대한다. 또한 Window Scaling도 사용되고 있기를 희망한다. 컬러링 규칙 tcp.window_size==512 && tcp.flags.syn==1을 구성해보라.

평문 텍스트 패스워드와 데이터 발견

일부 애플리케이션은 평문 텍스트 패스워드를 사용한다고 알려져 있고, 와이어샤크는 그것들의 패스워드를 쉽게 수집하고 표시할 수 있다. 이렇게 볼 수 있는 패스워드는 보안상 문제가 된다.

와이어샤크를 사용해서 네트워크상으로 전송되는 모든 평문 텍스트 통신을 디스플레이할 수 있다. 네트워크 보안 입장에서 보면 이런 애플리케이션이 네트워크에서 민감한 데이터를 공개하고 있는지 아닌지를 파악하기 위해 반드시 조사를 해야만 한다. 침입자 입장에서 보면 이런 정보를 이용해서 네트워크 취약성을 악용할 수 있다.

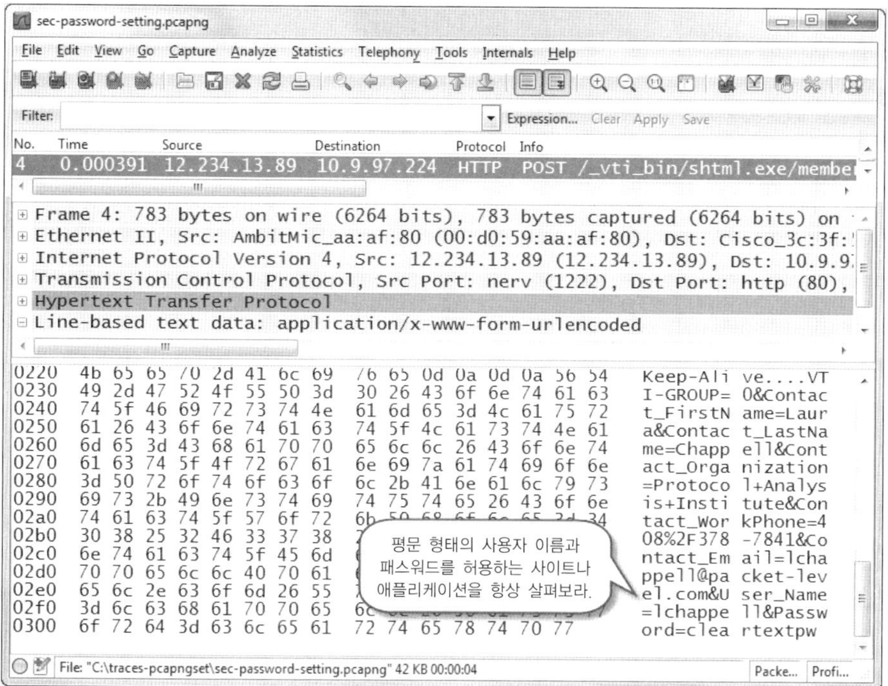

그림 385 와이어샤크는 평문 텍스트 형태로 볼 수 있는 패스워드 설정 프로세스를 나타낸다. [sec-password-setting.pcapng]

그림 385는 사용자 패스워드를 설정하는 HTTP POST 과정의 트래픽을 나타낸다. 확실히 이 패스워드를 평문 텍스트 형태로 전송해서는 안 된다. 패스워드 프롬프팅 페이지는 안전하게 암호화된 연결을 통해 접근해야 한다.

애플리케이션이 패스워드를 설정하고 패스워드 입력할 때 암호를 사용하고 있음을 확인하는 것은 네트워크 보안 분석에 있어 중요한 단계다.

평문 텍스트 패스워드가 네트워크를 가로지르는지 식별하는 한 가지 방법은 패킷 수집을 시작하고 그 다음에 패스워드를 사용해 호스트에 접속하는 것이다. Find 기능을 사용해서 추적 파일 내 전체에서 문자열을 찾아보거나 단순 Follow the TCP Stream(또는 UDP Stream)을 이용해서 읽을 수 있는 포맷의 패스워드를 찾아보라.

평문 텍스트 데이터 또한 관심 대상이다. 예를 들어 금융 정보가 네트워크를 가로지른다면 이에 대해 알고 있어야 한다. 그리고 가능하면 데이터 전송 절차는 좀 더 안전한 방법으로 바꿔야 한다.

다시 말하는데 평문 텍스트 데이터를 탐지하려면 트래픽을 수집한 뒤 스트림을 재조립해서 평문으로 된 텍스트 데이터를 식별하라.

다시 말해 명백한 텍스트 데이터를 탐지하기 위해 트래픽을 수집하고 명백한 텍스트 데이터를 식별하게 스트림을 재조립해야 한다.

✻ 폰 홈 트래픽 식별

폰 홈Phone home 트래픽은 애플리케이션이 업데이트를 하거나 명령을 취득할 목적 등으로 원격 호스트에 주기적으로 연결할 때 나타난다. 폰 홈 동작은 일반적으로 사용자의 관여 없이 일어난다.

가장 일반적으로 볼 수 있는 폰 홈 동작은 새로운 위험 시그니처를 주기적으로 획득하는 바이러스 탐지 프로그램에 의해 생성된다. 그림 386은 사용자가 관여하지 않은 상태에서 노턴 바이러스 탐지 시그니처를 업데이트하는 호스트를 보여준다.

수용 가능한 폰 홈 동작(바이러스 탐지 업데이트 프로세스의 경우처럼)과 악의적인 동작(봇에 감염된 호스트 프로세스의 경우처럼)을 구별할 수 있는 능력이 매우 중요하다.

봇에 감염된 호스트는 대개 사용자 관여 없이 C&CCommand and Control 서버로부터 명령을 수신한다(봇 프로그램이 이들 서버로 연결한다).

폰 홈 트래픽 감지 방법 중 하나가 유휴 상태인 호스트에서 들어오고 나가는 트래픽을 수집하는 것이다. 이것은 매우 중요한 베이스라인이고 28장의 '유휴 시간 동안에 트래픽 베이스라인' 절에서 언급했다.

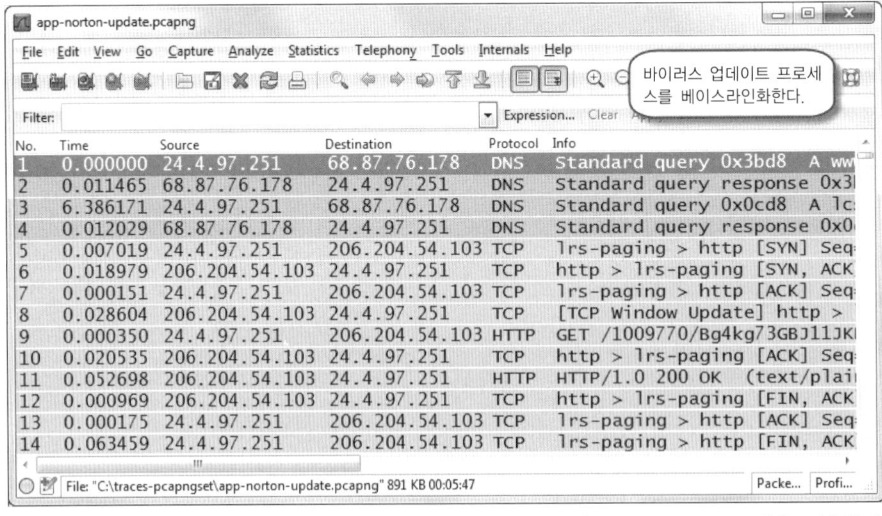

그림 386 바이러스 탐지 서비스는 시그니처 업데이트 획득에 '폰 홈(phone home)'을 사용한다. [app-norton-update.pcapng]

바이러스나 운영체제 업데이트 트래픽 같이 수용 가능한 폰 홈 트래픽을 필터링해서 제거(화면에서 삭제)하자. 호스트가 폰 홈을 하는 수많은 애플리케이션을 갖고 있다면 이런 필터는 매우 길어진다.

✽ 이상 프로토콜과 애플리케이션 잡아내기

정상적인 통신에서 견고한 베이스라인을 갖고 있으면 네트워크상의 이상 프로토콜과 애플리케이션을 찾아내는 데 도움이 된다.

프로토콜 계층 통계Protocol Hierarchy Statistics 창은 트래픽에서 이상 프로토콜과 애플리케이션을 식별하는 것을 돕는다. 그림 387은 침해된 호스트로 들어가고 나오는 트래픽을 포함하는 추적 파일에 대해 열려있는 프로토콜 계층 통계 창을 보여준다.

침해된 호스트는 윈도우 컴퓨터다. SMB에 사용된 DEC RPC 트래픽은 이 호스트에서 정상이다. IRC와 TFTPTrivial File Transfer Protocol 트래픽은 정상이 아니다.

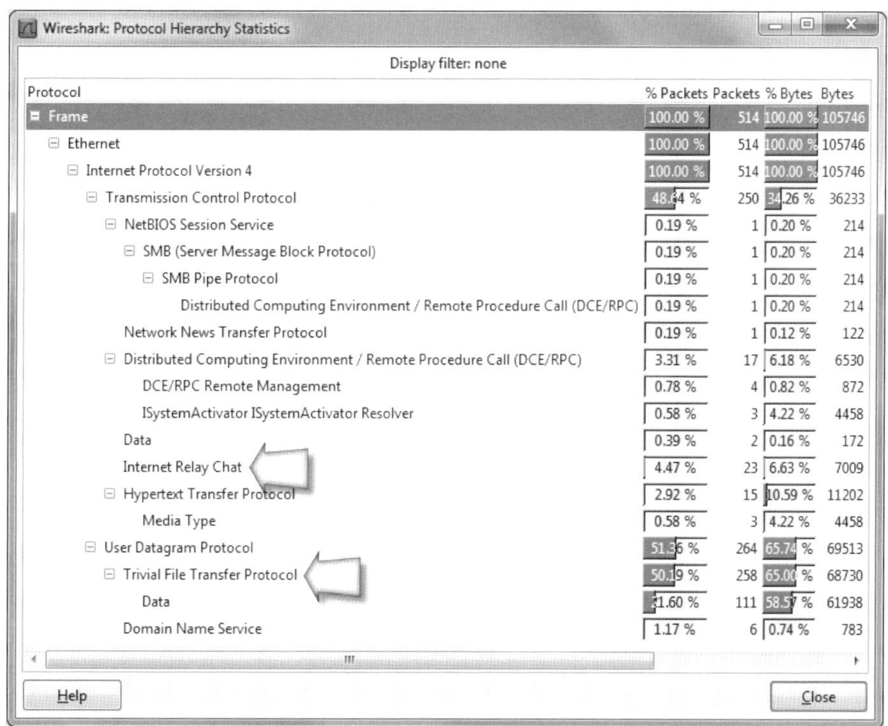

Protocol	% Packets	Packets	% Bytes	Bytes
Frame	100.00 %	514	100.00 %	105746
Ethernet	100.00 %	514	100.00 %	105746
Internet Protocol Version 4	100.00 %	514	100.00 %	105746
Transmission Control Protocol	48.64 %	250	34.26 %	36233
NetBIOS Session Service	0.19 %	1	0.20 %	214
SMB (Server Message Block Protocol)	0.19 %	1	0.20 %	214
SMB Pipe Protocol	0.19 %	1	0.20 %	214
Distributed Computing Environment / Remote Procedure Call (DCE/RPC)	0.19 %	1	0.20 %	214
Network News Transfer Protocol	0.19 %	1	0.12 %	122
Distributed Computing Environment / Remote Procedure Call (DCE/RPC)	3.31 %	17	6.18 %	6530
DCE/RPC Remote Management	0.78 %	4	0.82 %	872
ISystemActivator ISystemActivator Resolver	0.58 %	3	4.22 %	4458
Data	0.39 %	2	0.16 %	172
Internet Relay Chat	4.47 %	23	6.63 %	7009
Hypertext Transfer Protocol	2.92 %	15	10.59 %	11202
Media Type	0.58 %	3	4.22 %	4458
User Datagram Protocol	51.36 %	264	65.74 %	69513
Trivial File Transfer Protocol	50.19 %	258	65.00 %	68730
Data	21.60 %	111	58.57 %	61938
Domain Name Service	1.17 %	6	0.74 %	783

그림 387 Protocol Hierarchy Statistics 창은 이상 프로토콜이나 애플리케이션을 탐지하는 것을 돕는다. [sec-clientdying.pcapng]

IRC 또는 TFTP 라인을 오른쪽 클릭하면 추가 조사를 위한 이 트래픽의 필터 옵션이 나타난다.

프로토콜 계층 통계 창을 열기 전에 트래픽에 디스플레이 필터를 적용했다면 모든 트래픽에 대한 통계를 볼 수 없을 것이다. 적용된 디스플레이 필터는 창의 타이틀 바 아래에 나타난다.

추적 파일 전체를 스크롤하면서 트래픽을 쉽게 구별하려면 표준 포트상의 이상 트래픽에 대한 컬러링 규칙(irc || tftp)을 생성해보라.

와이어샤크가 인식하지 못하는 포트를 이상한 트래픽이 이용하고 있다면 프로토콜 계층 통계 창에는 그림 388에 나타난 것처럼 'Data'라고 목록화된 패킷의 비율은 매우 높게 나타날 것이다. 이 경우 오른쪽 클릭을 해서 인식되지 않은 트래픽을 필터링하고, 스트림을 재조립해서 트래픽의 목적을 식별해낼 수 있는 무엇인가를 찾아본다.

주의 sec-sickclient.pcapng(그림 388에 나타낸)를 열 때 'data'를 보지 못했다면 Analyze ❯ User Defined Decodes를 선택해서 사용자 정의 디코드를 점검해보라. 이미 포트 18067을 Internet Relay Cant로 추가했을 것이다.

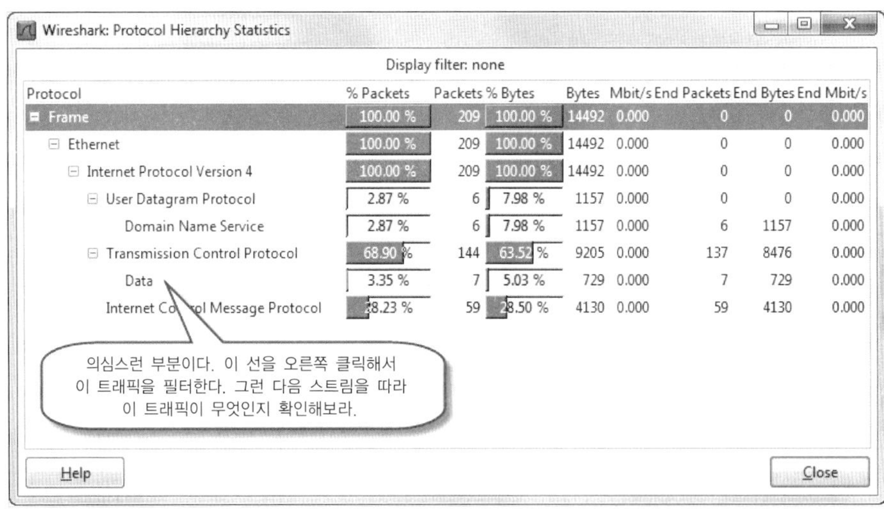

Protocol	% Packets	Packets	% Bytes	Bytes	Mbit/s	End Packets	End Bytes	End Mbit/s
Frame	100.00 %	209	100.00 %	14492	0.000	0	0	0.000
Ethernet	100.00 %	209	100.00 %	14492	0.000	0	0	0.000
Internet Protocol Version 4	100.00 %	209	100.00 %	14492	0.000	0	0	0.000
User Datagram Protocol	2.87 %	6	7.98 %	1157	0.000	0	0	0.000
Domain Name Service	2.87 %	6	7.98 %	1157	0.000	6	1157	0.000
Transmission Control Protocol	68.90 %	144	63.52 %	9205	0.000	137	8476	0.000
Data	3.35 %	7	5.03 %	729	0.000	7	729	0.000
Internet Control Message Protocol	28.23 %	59	28.50 %	4130	0.000	59	4130	0.000

그림 388 와이어샤크가 애플리케이션을 인식하지 못한다면 이것은 'Data'로 목록화돼 있다. [sec-sickclient.pcapng]

✻ICMP를 사용하는 라우트 재지정 위치 찾기

중간자 공격에 사용되는 한 가지 방법이 라우트 재지정이다.

ICMP는 네트워크에 하나 이상의 라우터를 사용할 때 최고의 라우터를 동적으로 발견하는 방법을 제공한다. 호스트가 사용할 수 있는 좀 더 나은 라우터(목적지 네트워크나 호스트에 가까운)를 알고 있는 게이트웨이로 패킷을 보낼 때 호스트는 좀 더 나은 경로를 제공하는 게이트웨이의 IP 주소가 포함된 ICMP Redirect(타입 5)를 전송한다.

그림 389는 게이트웨이 10.2.99.99로부터의 한 ICMP Redirect를 보여주는데, 사용하기 가장 좋은 게이트웨이가 10.2.99.98이라는 것을 나타낸다. 이 패킷을 받자마자 호스트는 10.2.99.98을 위한 엔트리를 추가해서 라우팅 테이블을 업데이트해야만 한다.

10.2.0.2가 10.3.71.1(패킷의 ICMP 부분 뒤에 보이는 원래 IP 헤더 복사본 안에 보이는)과 통신을 원할 때 10.2.0.2는 10.2.99.98을 통해 패킷을 전송해야 한다.

공격자는 이 재지정을 이용해서 정상적인 경우에는 공격자의 IP 주소로 향하지 않을 트래픽을 가로채서 공격자에게 전달한다. 비정상적 게이트웨이 주소 엔트리를 가진 ICMP 재지정에 대해 특별한 컬러링 규칙을 생성해보라.

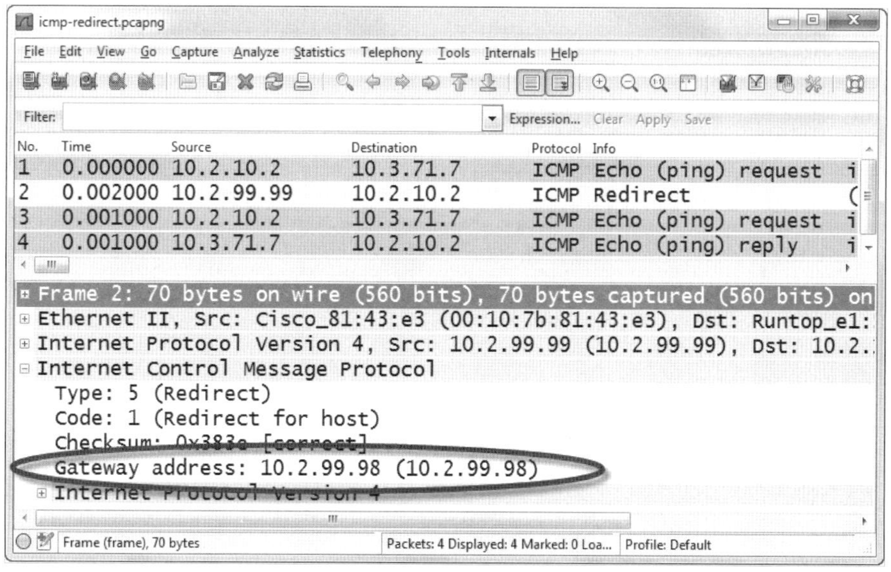

그림 389 ICMP Redirect 패킷은 호스트에 도달하기 위해 사용할 더 나은 라우터를 가리킨다. [icmp-redirect.pcapng]

ICMP 재지정 패킷은 디스플레이 필터나 컬러링 필터 icmp.type==5를 이용해 쉽게 발견할 수 있다.

✻ ARP 오염 잡아내기

ARP 오염은 전형적으로 중간자 공격에 사용된다. 공격자는 공격받는 호스트의 ARP 테이블을 변경시키는 잘못된 정보를 가진 일련의 ARP 패킷을 생성한다.

Ettercap과 Cain and Abel은 ARP 오염을 수행하기 위해 사용될 수 있는 두 개의 도구다.

그림 390은 ARP 오염 프로세스 추적 파일을 보여준다. 오염시키는 호스트의 MAC 주소는 00:d0:59:aa:af:80이다. 이 추적 파일을 열고 패킷 6과 7을 조사해보라. 오염시키는 호스트는 192.168.1.103과 192.168.1.1 두 주소 모두 MAC 주소 00:d0:59:aa:af:80에 있다고 선언하고 있다.

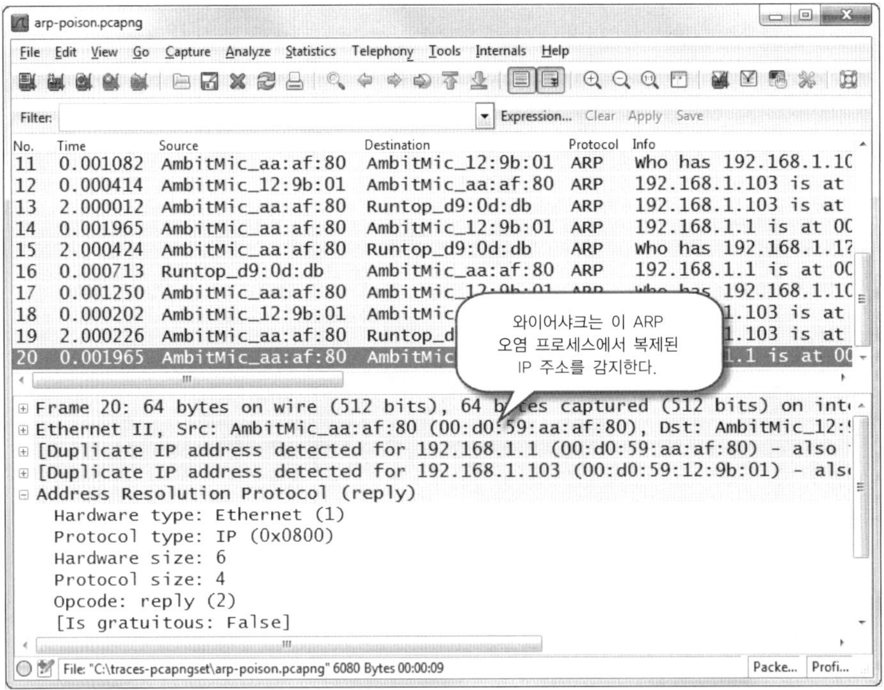

그림 390 와이어샤크는 ARP 오염 동안 IP 주소의 이중 사용을 탐지한다. [arp-poison.pcapng]

패킷 20에서 와이어샤크는 'Duplicate IP 주소 설정됨'을 나타낸다.

그림 391은 Expert Info Warning 탭을 보여주는데, 이 탭은 192.168.1.1과

192.168.1.103에서 복제 주소가 탐지됐다고 알려준다.

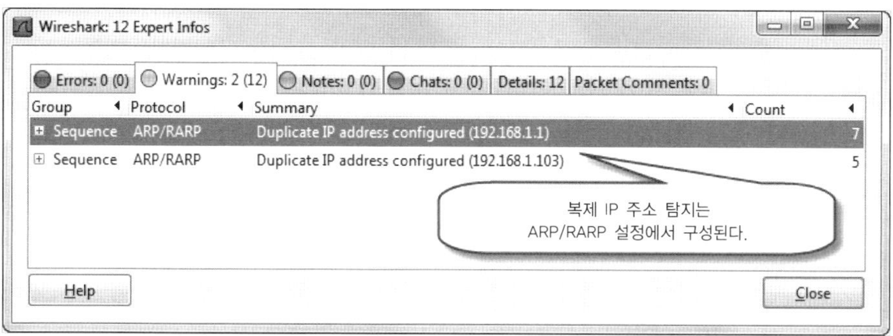

그림 391 와이어샤크는 Expert Info 창에 복제 IP 주소가 있다는 것을 표시한다. [arp-poison.pcapng]

이 경우 호스트는 ARP 오염 프로세스 동안 알게 된 정보를 기반으로 자신의 ARP 테이블을 업데이트한다. 호스트가 또 다른 IP 주소로 데이터를 전송할 때 호스트는 자신의 ARP 테이블을 참고하고, 목적지 IP 주소와 연관된 MAC 주소로 패킷을 전달한다.

그림 390에서 보인 ARP 오염에서 192.168.1.103과 192.168.1.1 두 주소는 다른 사용자의 MAC 주소가 00.d0:59.aa.af.80이라고 믿고 있다(오염된 호스트의 MAC 주소). 이 ARP 오염은 Ettercap로 수행됐다.

악의적 도구를 실행할 때 트래픽 잡아내기

사용자의 실험실에서 공격 도구를 평가할 때 반드시 이들 도구가 생성한 트래픽을 수집해야 한다. 이 트래픽을 조사해서 공격 도구가 어떻게 작동하는지, 그리고 이 트래픽의 시그니처가 무엇인지 이해하라. 이 시그니처를 이용하면 자신이 사용하는 네트워크에서 트래픽을 막고 식별할 수 있다.

✻ IP 단편화와 덮어쓰기 잡아내기

IP 단편화는 좀 더 작은 MTU 크기를 지원하는 네트워크 세그먼트를 통과하기 위해 좀 더 작은 크기로 패킷을 나누는 처리다.

IP 헤더는 IP 패킷이 단편화될 것인지와 IP 패킷이 단편화됐는지를 정의하는 세 개의 필드를 포함한다. 이들 필드는 다음 표와 같다.

필드	상세 설명
May Fragment field(1비트 길이)	0 = 단편화할 수 있음, 1 = 단편화하지 않음
More Fragments field(1비트 길이)	0 = 더 이상 단편화 않음, 1 = 단편화 계속함
Fragment Offset field(13비트 길이)	필드는 정확한 명령으로 분할된 데이터를 재조립하기 위해 사용됨

단편화 오버라이팅은 단편화 집합 안에서 나중에 생긴 데이터가 이전 데이터 위에 겹쳐 쓸 때 생긴다. 오버라이팅은 데이터를 재조립할 때 단편화 오프셋 필드 값에 의해 결정된다.

그림 392는 단편화된 통신에서 IP 헤더의 내용을 보여준다.

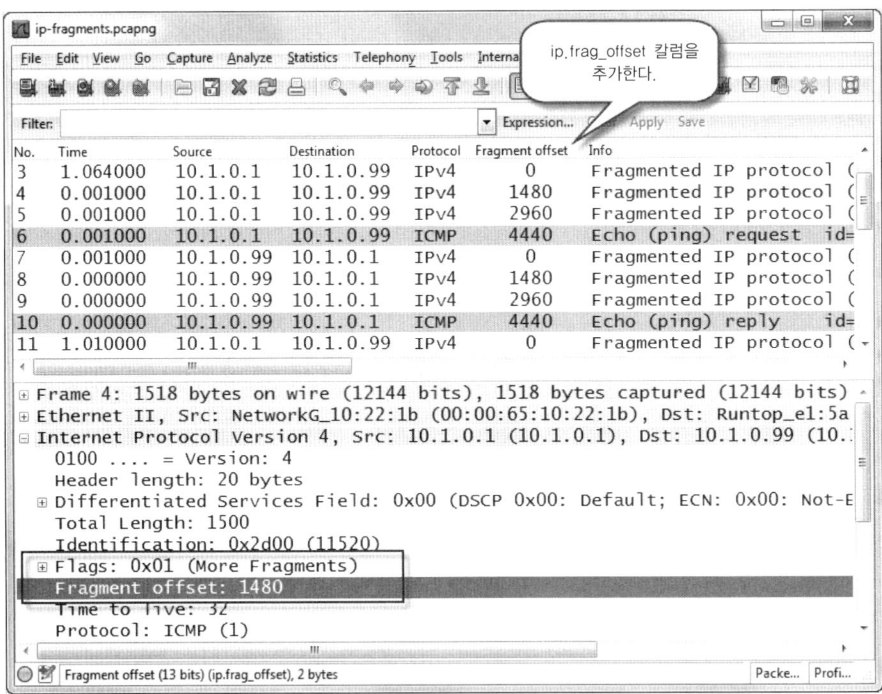

그림 392 와이어샤크는 Info 칼럼에 IP 단편화의 오프셋을 목록화한다. [ip-gragments.pcapng]

단편화 겹쳐 쓰기를 찾으려면 ip.frag-offset 칼럼을 패킷 목록 창에 추가한다. 단편화 오프셋 값이 각 새 단편에서 증가하지 않는다면 그 전체 통신은 의심스럽다. 예를 들어 ip.frag-offset 칼럼에 단편화 오프셋 값이 0, 1480, 2960, 4400, 1480, 5920, 7400, 8880임을 표시한다면 이 설정에서 5번째 패킷을 의심해야 한다. 이것이 재전송인가? 아니라면 이것이 바로 IP 단편화 겹쳐 쓰기 상황이다.

✻ TCP 스플라이싱 발견

침입 차단시스템, 침입 탐지시스템, 침입 예방시스템을 우회하기 위해 수많은 TCP 회피 기술이 사용된다.

TCP 회피 방법 중 하나는 TCP 스플라이싱이다(다중 패킷에서 TCP 세그먼트를 분할하기). 각 패킷은 1바이트 크기의 데이터만을 포함할 것이다. 그림 393은 한 번에 한 바이트씩 TCP 데이터를 전송하는 FTP 통신을 보여준다. 이것은 와이어샤크로 쉽게 탐지할 수 있다.

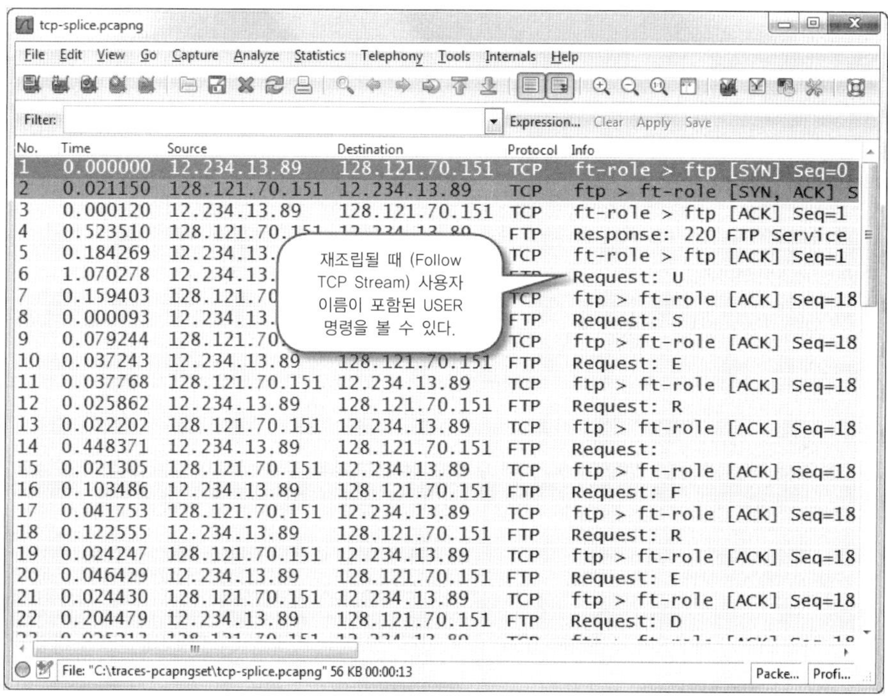

그림 393 FTP 로그인 순서는 한 번에 한 바이트씩 전송된다. [tcp-splice.pcapng]

TCP 페이로드 값을 검사하는 보호를 실행하기 위해 침입 차단시스템, IDS, 또는 IPS는 TCP 세그먼트를 재조립해야만 하고, 전달하거나 이벤트를 시작하기 전에 해당 페이로드를 조사해야만 한다.

스플라이싱이 진행 중이라는 징조는 TCP 연결의 양방향에 지속적으로 전송되는 작은 패킷 스트림이다. ACK 패킷을 전송하는 수신 쪽 호스트로부터 극단적으로 작은 패킷들이 들어오는 것이 예상된다. 데이터를 전송하는 호스트는 그렇게 극단적으로 작은 패킷을 보내지 않는다. 와이어샤크에 tcp.len 칼럼을 추가해서 이런 이상 패킷을 발견하는 데 도움이 되게 하자. 스플라이스된 패킷을 단일 스트림으로 재조립하기 위해 오른쪽 클릭을 한다.

✽ 다른 이상 TCP 트래픽 살펴보기

네트워크상에서 IDS나 침입 차단시스템 요소를 우회하게 TCP 통신을 조작하는 많은 방법이 있다.

다음 목록은 네트워크상에서 이상 패킷으로 간주되거나 악의적일 것으로 고려되는 TCP 패킷의 일부다.

취약성 이름	설명
TCP Segment Overwrite	스트림 초기에 발생한 1개 이상의 세그먼트를 오버라이트하는 스트림 안의 1개 이상의 TCP 세그먼트[2]
TCP Options Occurring after an End of Options Indicator	추가적인 TCP 옵션은 End of Option(0) 표시자 뒤의 TCP 헤더 옵션 영역 있음
TCP SYN Packet Contains Data	초기 TCP SYN 핸드셰이크 패킷은 데이터를 포함하고 있음[3]
TCP Bad Flags Combination	비논리적 TCP 플래그 결합이 존재
TCP URG Bit Set with Illogical Urgent Pointer Value	긴급 포인터 비트가 설정됐고, 긴급 포인터 필드는 데이터가 존재하지 않는다고 나타냄
TCP Timestamp Not Allowed	연결에서 해당 옵션을 허용하지 않을 경우 패킷은 TCP 타임스탬프 값을 포함
TCP SYN/ACK but Not SYN Window Scale Option	두 번째 핸드셰이크 패킷(SYN/ACK)은 SYN 패킷이 이 옵션을 포함하지 않는 경우에 윈도우 스케일 옵션 설정을 포함

2. 와이어샤크의 디스플레이 필터 tcp.segment.overlap.conflict는 다른 데이터를 갖고 있기는 하지만 중복된 오프셋을 가진 TCP 세그먼트를 탐지할 수 있다. 이를 쉽게 파악할 수 있고 다른 악성 패킷도 찾기 위해 'butt ugly' 컬러링 규칙을 생성하라.

3. 이런 행동은 함축적으로 TCP 명세에서 금지하고 있다.

✽ 패스워드 크래킹 시도 식별

패스워드 크래킹 시도는 회선상에서 쉽게 알 수 있다(연결이 암호화돼 있더라도). 성공하지 못한 시도 때문에 에러 응답을 해야 하고, 그래서 또 다른 TCP 연결이 설정되는 계기가 된다.

암호화되지 않은 크래킹 시도를 하면 틀린 FTP 패스워드를 입력했을 때와 마찬가지로 평문 텍스트 에러 응답을 생성한다. 패스워드 에러 응답을 하이라이트하려면 컬러링 규칙을 생성한다.

암호화되지 않은 패스워드 크래킹 과정에서는 그림 394에 나타낸 것처럼 평문 텍스트로 여러 차례의 로그인 시도를 하게 된다. 암호화된 로그인 시도일 경우에 크래킹 시도가 각 시도마다 별개의 연결을 사용한다면 보통 매우 많은 수의 작은 패킷들이 발생되고, 목적지 서버로 동일한 수의 새 연결이 이뤄질 것이다.

✽ 전수 패스워드 크랙 시도 분석

전수 패스워드 크랙은 패스워드를 알아내기 위해 문자, 숫자, 키 값의 순서 열을 사용한다. 이런 시도는 간단한 로그인 보안 조치로도 막을 수 있다. 성공하지 못한 로그인 시도의 수를 제한해서 해당 계정에서 더 이상 로그인을 할 수 없게 만드는 방법이다.

✽ 사전 패스워드 크랙 시도

사전 공격은 크래킹 사전 안에 수록된 일반 단어, 이름과 숫자들을 사용한다. 이런 시도도 간단한 로그인 보안 조치로도 막을 수 있다. 성공하지 못한 로그인 시도의 수를 제한해서 해당 계정에서 더 이상 로그인을 할 수 없게 만드는 방법이다.

그림 394는 FTP 서버의 관리자 계정에 대한 사전 패스워드 크래킹 시도를 보여준다. 이 공격자는 이 시도에서 blank password, salt, aaa, abc, academia, academic, access, ada 등을 시도했다.

크래킹 시도의 유형에 관계없이 크래킹이 이뤄진다면 일반적인 수준보다 높은 에러 응답 횟수를 네트워크상에서 볼 수 있을 것이다. FTP 패스워드 에러를 하이라이트하려면 디스플레이 필터나 컬러링 규칙 `ftp.response.code==530`을 이용한다.

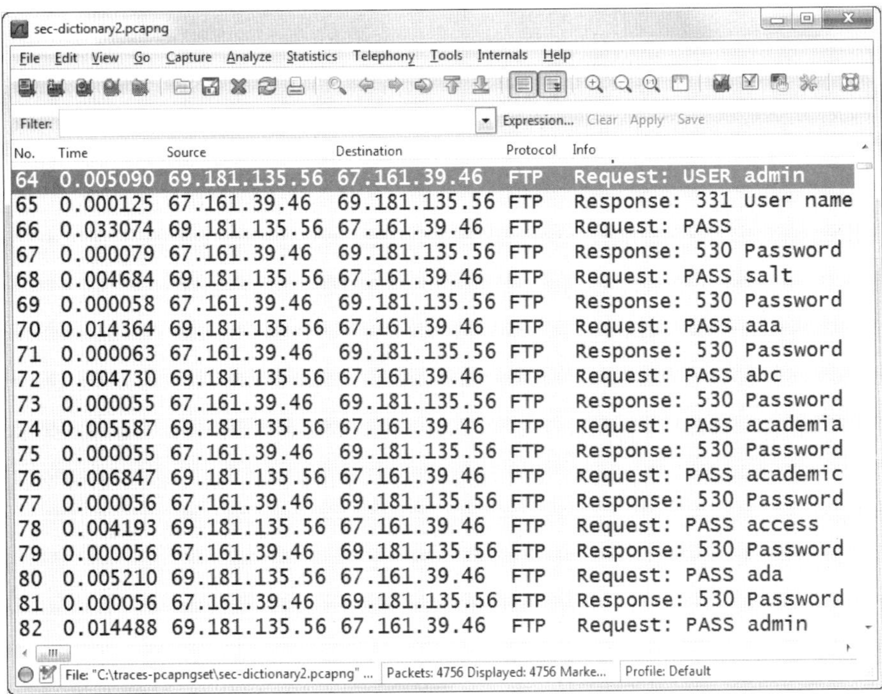

그림 394 이 사전 패스워드 크래킹 시도는 아직 성공하지 못했다. [sec-dictionary2.pcapng]

IDS 규칙으로 필터와 컬러링 규칙 생성

침입 차단시스템이나 IDS 규칙을 작성하려고 한다면 사용자는 이미 정찰과 공격 시그니처가 존재하는 트래픽상의 많은 위치에 대해 잘 알고 있을 것이다. 규칙은 이들 시그니처에서 기반한다. 취약점이 외부에 공개적으로 알려지게 되면 종종 명확한 트래픽 시그니처가 드러난다.

많은 경우 사용자는 사용자의 침입 차단시스템이나 IDS 규칙을 와이어샤크 디스플레이 필터나 컬러링 규칙과 서로 관련지을 수 있다. 예를 들어 사용자의 IDS가 5보다 낮은 Time to Live를 갖는 비멀티캐스트 패킷을 발견할 때 경고를 발생시킨다면 이 규칙에 맞춰 와이어샤크 디스플레이 필터나 컬러링 규칙을 생성할 수 있다.

다음은 emergingthreats.net[4]에서 참조한 규칙의 한 예다.

4. Emerging Threats(이전의 Bleeging Snort와 Bleeding Threats)는 오픈소스 프로젝트로서 Suricata and Snort 규칙에 무료 접근을 제공한다. 이 규칙은 rules.emergingthreats.net/open-nogpl/snort-2.9.0/emerging-all.rules에 포함돼 있다.

```
#by Christian Teutenberg
#
alert tcp $EXTERNAL_NET any -> $HOME_NET
$HTTP_PORTS (msg:"ET ATTACK_RESPONSE
Backdoor reDuh http initiate";
flow:to_server,established;
content:"?action=checkPort&port=";
http_uri; content:"User-Agent|3A|";
nocase; http_header; content:"Java/";
reference:url,www.sensepost.com/labs/tools
/pentest/reduh; reference:url,doc.
emergingthreats.net/2011667;
classtype:trojan-activity; sid:2011667;
rev:5;)
```

위의 규칙에 기반을 두고 이런 요소에 기반을 둔 와이어샤크 디스플레이 필터나 컬러링 규칙을 구축할 수 있다.

- 이것은 TCP 패킷이다(tcp).
- 트래픽은 로컬 네트워크를 목적지로 한다(예를 들어 ip.dst==10.2.0.0/16).
- 트래픽은 TCP 포트를 목적지로 한다(tcp.dstport==80).
- http.request.uri 필드는 특정 ASCII 문자열(http.request.uri contains "?action=checkPort&port=")을 포함하고 있다.
- User-Agent 필드가 존재한다(http.user_agent).
- HTTP 패킷은 'Java/'를 포함한다(http contains "Java/").

이 요소를 다 합쳐서 다음의 디스플레이 필터나 컬러링 규칙을 만들 수 있다.

```
(ip.dst==10.2.0.0/16 && tcp.dstport==80) &&
(http.request.uricontains"?action=checkPort&port="
&& http.user_agent && http contains "Java/")
```

✻ 헤더 시그니처

시그니처가 IP, UDP, TCP 헤더 안에 존재할 때가 있다.

헤더	잠재적인 시그니처
IP Header	TTL(너무 낮은가?)
	ID 필드(특별하거나 인식된 값인가?)
	총 길이(작은 데이터 패킷들 - 단편화됐는가?)
	단편화(단편화 공격인가?)
	발신지 IP 주소(알려진 공격자인가?)
	목적지 IP 주소(치명적인 시스템인가?)
UDP Header	목적지 포트 번호(잘 알려진 목적지 애플리케이션인가?)
TCP Header	목적지 포트 번호(잘 알려진 대상 애플리케이션인가?)
	플래그(특별한 설정인가?)

✻ 순서열 시그니처

이것은 특정 개별 패킷에 관한 문제가 아니라 상호 간 특정 패킷 유형의 인접성과 이들 패킷의 순서에 관한 문제다.

예를 들면 인접한 ICMP 타입 13, 15, 17은 ICMP 기반 OS 핑거프린팅의 시그니처다.

또 다른 예는 1로 시작하는 TTL 값들을 순차적으로 증가하는 일련의 패킷들이다. 이것은 traceroute 동작의 시그니처다.

✻ 페이로드 시그니처

페이로드를 살펴보면 다양한 공격 양상을 살펴볼 수 있다. 페이로드는 명령 문자열, 실행 파일이 다운로드되는 것을 나타내는 파일 ID 값이나 우려할 만한 다른 트래픽을 포함한다.

✻ IDS/IPS 규칙의 샘플 와이어샤크 필터

다음은 Emerging Threats에서 제공한 IDS/IPS 규칙 샘플과 이들 규칙에 대한 와이어샤크 디스플레이 필터 구현이다. 이 예에서는 10.2.0.0/16을 사용해서 '홈 네트워크'를 나타내고 목표 HTTP 포트로 80번 포트를 나타낸다.

Emerging Threats rule #1:

```
#alert tcp $HOME_NET any -> $EXTERNAL_NET $HTTP_PORTS (msg:"ET TROJAN
TROJAN LDPinch Loader Binary Request"; flow:established,to_server;
content:"HTTP/1.0|0D 0A|Host|3a|"; content:".exe"; http_uri; nocase;
content:"User-Agent|3a| "; http_header; content:"|0D 0A|Connection|3a|
close|0D 0A 0D 0A|"; http_header; classtype:trojan-activity; sid:2014015;
rev:3;)
```

Sample Wireshark filter #1:

```
(ip.src==10.2.0.0/16 && tcp.dstport==80) && (http.request.version ==
"HTTP/1.0" && http.host && http.request.uri matches "\.[Ee][Xx][Ee]" &&
http.user_agent && http.connection == "close")
```

Emerging Threats rule #2:

```
alert tcp $HOME_NET any -> $EXTERNAL_NET $HTTP_PORTS (msg:"ET TROJAN
Backdoor.Win32.Sykipot Get Config Request"; flow:established,to_server;
content:"GET"; http_method; content:"/kys_allow_get.asp?"; http_uri;
content:"name=getkys.kys"; http_uri; reference:cve,CVE-2011-2462;
reference:url,contagiodump.blogspot.com/2011/12/adobe-zero-day-cve-20
11-2462.html; reference:url,blog.9bplus.com/analyzing-cve-2011-2462;
classtype:trojan-activity; sid:2014008; rev:3;)
```

Sample Wireshark filter #2:

```
(ip.src==10.2.0.0/16 && tcp.dstport==80) && (http.request.method == "GET"
&& http.request.uri contains "/kys_allow_get.asp?" && http.request.uri
contains "name=getkys.kys")
```

Emerging Threats rule #3:

```
alert tcp $HOME_NET any -> $EXTERNAL_NET $HTTP_PORTS (msg:"ET TROJAN
Win32/Rimecud.A User-Agent (giftz)"; flow:to_server,established;
content:"User-Agent|3a| giftz|0d 0a|"; http_header;
reference:url,www.threatexpert.com/report.aspx?md5=0f726e84bae5a8d1f1
66bbf6d09d821b; reference:url,www.microsoft.com/security/portal/
Threat/Encyclopedia/Entry.aspx?Name=Trojan%3AWin32%2FRimecud.A;
classtype:trojan-activity; sid:2013954; rev:1;)
```

Sample Wireshark filter #3:

```
(ip.src==10.2.0.0/16 && tcp.dstport==80) && (http.user_agent contains
"giftz")
```

Emerging Threats rule #4:

```
alert tcp $EXTERNAL_NET any -> $HTTP_SERVERS $HTTP_PORTS (msg:"ET
WEB_SERVER Weevely PHP backdoor detected (pcntl_exec() function used)";
flow:to_server,established; content:"JGFyZ3MgPSBh"; http_header;
content:"Referrer|3a| http|3a|//www.google.com/url?sa="; http_header;
reference:url,bechtsoudis.com/security/put-weevely-on-the-your-nids-r
adar; classtype:web-application-activity; sid:2013943; rev:1;)
```

Sample Wireshark filter #4:

```
(ip.dst==10.2.0.0/16 && tcp.dstport==80) && (http contains
"JGFyZ3MgPSBh" && http.referer contains
"http://www.google.com/url?sa=")
```

 사례 연구: 플러딩 호스트

제출자 Martin B.
네트워크 관리자

사용자들이 성능에 대해 불평하거나 네트워크가 제대로 작동하지 않는다고 생각할 때마다 보통 와이어샤크를 실행하고 트래픽 검사를 시작한다.

최근에 나는 와이어샤크를 실행시키고, 하나의 네트워크 호스트가 네트워크에 있는 내 컴퓨터와 거의 모든 다른 컴퓨터로 엄청난 양의 브로드캐스트를 전송하는 것을 보고 정말로 놀랐다. 발신지 컴퓨터는 이전에 익스플로잇에 사용됐던 포트인 135번 포트로 전송하고 있었다. 그래서 무슨 일이 일어나는지 정말 걱정스러웠다.

나는 플러딩 호스트로부터 스위치 업스트림으로 이동했고, 아무도 그 컴퓨터에 앉아 있지 않은 것을 보았다. 그때서야 정말 문제가 있다는 것을 알게 됐다.

인터넷에서 통신을 하는 서버를 찾는 데 단지 몇 분이 걸렸다. TCP 스트림을 재조립해서 서버가 포트 18067을 이용해서 IRC 채널을 설정하고 있다는 것을 알았다. 추적 파일에서 찾은 기본적인 정보를 이용해서 몇 가지 조사를 해봤더니 그 호스트가 봇에 감염됐다는 걸 알았다. 그 호스트에서 봇을 명확히 식별해낼 수 있었고, 우리는 즉시 호스트를 끄고 네트워크상의 다른 컴퓨터들을 점검해서 감염 여부를 확인했다.

와이어샤크는 우리가 추측했던 모든 문제점을 제거해줬다.

사례 연구: 키로깅 트래픽 잡아내기

제출자 Jim McMahon,
'우리의 보안인' 전략 컨설턴트 설립자

어느 날 공급자의 허가를 받고 10일간 점검 중이던 소프트웨어를 사용해 관리 트래픽 흐름을 위해 네트워크를 스캐닝하고 있었다. 우리는 다양한 유형의 트래픽에 대한 로드와 흐름을 보기 위해 이 제품을 사용하고 있었다. 정상적으로 예상되는 트래픽을 가진 포트를 스캐닝했고, 트래픽이 어디에서 고르지 못한지, 그리고 특정 동작에 의해 생긴 트래픽은 어느 것인지를 파악해서 어떻게 로드밸런싱을 할 수 있는지 살펴보고 있었다.

이 과정 동안 네트워크를 떠나는 주기적인(정확히 10분 간격으로) 패킷이 있음을 알았고, 두 번째로 큰 패킷이 한 시간에 한 번씩 무관한 사설 도메인으로 나가고 있는 것을 알았다.

흥미를 가지고 내부 IP 주소를 추적했고, 이것이 재정 분석자 계정으로부터 나오고 있었다(회사에는 대단히 나쁜). 이 패킷은 비즈니스와 관련이 없는 도메인에 있는 IP로 간다는 것을 알았다.

즉시 저장된 자료를 살펴봤다(그것은 전송 후 스스로 뒤처리를 하지 않은 것을 보니 공격자에 의해 엉성하게 설정돼 있었다). 그리고 일련의 스크린샷들이 밖으로 나가고 있었고, 한 시간에 한 번씩 배치되는 큰 패킷은 키스트로크 모니터링 집합이라고 판단할 수 있었다.

신속히 컴퓨터를 오프라인시키고 EnCase® 검사를 했고, 상업적으로 이용 가능한 키로거가 컴퓨터에 설치돼 있다는 증거를 파악했다. 하지만 이 키로거를 제대로 숨겨놓지는 못했다는 것도 알았다.

직원들을 인터뷰해 본 결과 그 배경에는 질투심 많은 약혼자가 있었고, 그녀에게 '예쁜 사진'을 전송해 다운로드하게 했다는 것을 알았다. 물론 이것은 그녀가 그 사진을 열고 컴퓨터에 설치할 때 설치되는 트로이 목마를 운반했다. 그러고 나서 키로거는 스크린과 키스트로크 모니터링 내용을 주기적으로 전송하기 시작했다.

남자 친구로부터 자백을 받아냈다(그는 여자 친구를 잃었고 교도소의 좁은 방에서 새 친구를 만났다).

 사례 연구: 수동으로 악성 소프트웨어 찾기

제출자 Labnuke99

와이어샤크를 악성소프트웨어에 감염된 호스트 탐지기로 사용했다.

와이어샤크는 멀티플랫폼에 사용할 수 있으므로 포트 139와 445을 리스닝하는 윈도우 네트워크의 리눅스 컴퓨터에 이것을 사용했다. 이 특정 리눅스 호스트는 액티브 디렉터리Active Directory 또는 DNS가 아니었다. 그래서 이 시스템에 연결하는 유일한 방법은 네트워크를 스캐닝하거나 IP 주소로 직접 연결하는 것이다.

이 특정 네트워크에는 안티바이러스 애플리케이션이 버퍼 오버플로우 탐지를 보여주는 수많은 컴퓨터들이 있다. 네트워크가 내가 있는 곳에서 지구 반대편에 있기 때문에(11시간의 시차) 이들 버퍼 오퍼플로우가 발생하는 동안 정보를 수집하는 것은 매우 어려운 일이다.

나는 다른 컴퓨터들을 공격하고 악용하는 네트워크상의 악성 소프트웨어에 감염된 컴퓨터가 있는 것은 아닌지 의심했다.

이 네트워크상의 많은 Windows-to-Windows 통신이 있기 때문에 감염된 호스트를 찾아내는 가장 좋은 방법이 리눅스 호스트에서 와이어샤크를 시작하고 포트 139와 445만을 리스닝하는 것이라고 판단했다.

이건 또 어찌된 일인가? 다음날 아침 포트 139와 445 둘 다에서 이 리눅스 호스트로 접속하려고 애쓰는 범죄자를 발견했다. 잡았다!

감염된 컴퓨터에 대한 것을 사이트 관리자에게 알렸고, 이것은 깨끗하게 다시 구축됐다.

와이어샤크는 악성 소프트웨어에 감염된 호스트를 탐지하기 위한 아주 훌륭한 도구다.

정리

'의심스런' 트래픽은 이상 프로토콜이나 애플리케이션, 이상 형태의 패킷, 이용되지 않은 주소, 또는 의심스러운 목적지, 높은 트래픽 비율이나 기준에 부합하지 않거나 옳지 않다고 여겨지는 것들을 포함한다.[5]

5. 무엇이 '정상'인지 알지 못한다면 무엇이 '의심'스러운 것인지 어떻게 알 수 있는가? 죽어있는 서버를 공격하고 싶지 않다. 하지만 28장에서 언급했던 이런 베이스라인을 생성할 필요가 있다.

TCP/IP 통신을 높은 수준으로 이해하고 있으면 침해를 위해 사용되는 프로토콜과 애플리케이션 트래픽을 쉽게 발견할 수 있다. 예를 들어 많은 수의 ICMP 목적지 도달 불가 패킷은 진행 중인 UDP 발견 프로세스가 있다는 것을 나타낼 것이다. 이것은 어떤 이유인지 모르지만 서비스를 거부하고 있는 호스트에 문제점이 있음을 나타낸다.

이상 트래픽은 간단히 정상이 아닌 대화 쌍으로 구성될 것이다. 지적 재산권에 대해 흥미를 갖고 있다고 믿어지는 나라에서 민감한 호스트와 목적지 사이에서 방대한 양의 트래픽이 발생하는 것을 목격했을 경우에는 어떻게 하겠는가?

학습한 내용 복습

이 책의 사이트인 www.wiresharkbook.com의 다운로드 섹션에서 이용 가능한 추적 파일들을 다운로드한다. 일부 명백하게 이상한 트래픽 패턴과 가까운 다음에 열거된 추적 파일을 열고 검사하자.

app-norton-update2012.pcapng	'정상' 네트워크가 어떤지를 알아야 한다. Norton 업데이트 트래픽에서 구별할 수 있는 시그니처는 무엇인가?
arp-poison.pcapna	펜과 종이를 꺼내서 통신을 그려보라(MAC 헤더와 ARP 패킷 안의 광고된 MAC). ARP와 ICMP Echo 요청을 조합해서 사용하면 시스템을 오염시킬 수 있고 오염 프로세스를 테스트해볼 수 있다. 각 오염된 호스트의 ARP 테이블 내용을 준비할 수 있는가? ARP 오염 수행 시 제한 사항은 무엇인가?
arp-sweep.pcapng	NetScanTools Pro를 이용해서 네트워크상의 ARP 발견을 수행했다. ARP 스윕의 제한 사항은 무엇인가? 이 스윕 트래픽을 수집하기 위해 스위치 포트를 탭하거나 스팬을 사용할 필요가 없는가?
icmp-redirect.pcapng	언제 ICMP 재지정이 네트워크에서 수용되는가? 수용할 수 없는 ICMP 재지정을 찾기 위해 어떤 유형의 컬러링 규칙을 생성할 수 있는가?
ip-fragments.pcapng	Fragment Offset 필드 값 칼럼을 추가하라. 송신자가 단편화 겹쳐 쓰기를 사용하고 있다는 것을 어떻게 알 수 있는가?

(이어짐)

sec-bruteforce.pcapng	어떤 사람이 FTP 서버(creditus.com)에 패스워드를 크래킹하기 위해 전수 공격을 시도하고 있다. USER나 PASS 명령을 가진 패킷에 대해 디스플레이 필터를 적용하라. 어떤 사용자 이름과 패스워드로 공격을 했는가? 이 패스워크 크랙에서 얼마나 많은 연결을 설정했는가?
sec-clientdying.pcapng	이 추적 파일은 침해된 호스트로 들어가고 그곳에서 나오는 트래픽을 보여준다. 어떤 파일을 이 호스트는 다운로드했는가? 다운로드할 때 어떤 프로토콜을 사용했는가?
sec-dictionary2.pcapng	이것은 사전 패스워드 크래킹 시도다. 어떤 컬러링 규칙을 생성하면 Password not accepted 지정을 더 잘 나타낼 수 있는가?
sec-macof.pcapng	Dug Song은 Macof를 제작해서 네트워크 스위치 MAC 주소 테이블을 플러드시키고 결국 'hub mode'로 만들었다. 이 도구는 아직도 네트워크를 엉망으로 만들고 있다. 트래픽의 IO 비율은 얼마나 되는가? 트래픽의 초당 패킷 수는 얼마인가? 이 플러드 트래픽의 시그니처를 식별할 수 있는가?
sec-password-setting.pcapng	어떤 고객은 암호화되지 않은 트래픽을 IT 관리자가 보지 못하게 하려고 자신의 네트워크를 IT 관리자가 스니핑하지 못하게 한다. 아주 작은 희생인데, 그렇지 않은가? 무엇이 암호화되지 않은 것인지 알아야 그것을 고칠 수 있는 것이 최선이 아닌가? 소문자와 대문자를 포함하는 'password' 문자열을 포함하는 트래픽을 어떻게 필터링하는가?
see-siekelient.pcapng	이 클라이언트는 사용자 l l l l (공백으로 구분된 4개의 소문자 'L'들)(패킷 14)로 IRC 채널에 접속하고, 나중에 네트워크상에서 포트 139을 스캔하기 시작한다. 이것은 마치 봇이 다른 시스템을 감염시키기 위해 찾는 것과 같다. 스캔의 속도를 점검해보라. 응답은 추적의 끝에 집중된다. 이 추적에서 보이는 증거를 사용하고 인터넷에서 몇 가지 조사를 해보라. 무엇이 이 호스트를 감염시키는가?
sec-sql-attack.pcapng	포트 1433(ms-sql-s)에 SQL 연결 테스트를 수행한 후 공격자는 클라이언트 이름 SYD-S-21-ESXI와 사용자 이름 sa로 로그인을 시도한다. 사용자 sa의 로그인이 실패했기 때문에 응답으로 에러를 표시한다. SQL Error Number 18456에 디스플레이 필터를 적용하라. 얼마나 많은 패킷들이 필터와 일치되는가?
smb-protocol-request-reply.pcapng	이 추적 파일은 SMB 패킷 유형을 보여준다. 부적합한 Protocol ID High 값을 찾기 위해 어떤 필터를 생성하는가?
tcp-splice.pcapng	쪼개진 패킷 안의 진짜 메시지를 보기 위한 가장 빠른 방법은 무엇인가?

연습문제

Q32.1 '의심스런 트래픽'은 무엇인가?

Q32.2 어떻게 이름 변환 취약점이 네트워크 보안에 영향을 미칠 수 있는가?

Q32.3 악의적으로 변형된 패킷이란 무엇인가?

Q32.4 'Dark' 목적지 주소란 무엇인가?

Q32.5 스위치 네트워크를 루프하는 패킷의 핵심적인 시그니처는 무엇인가?

Q32.6 네트워크상의 이상 프로토콜과 애플리케이션을 발견하게 도와줄 수 있는 와이어샤크의 특징은 무엇인가?

Q32.7 중간자 공격을 용이하게 하는 두 개의 재지정 프로세스는 무엇인가?

Q32.8 어떻게 TCP 스플라이싱 트래픽의 완전한 페이로드를 판단할 수 있는가?

연습문제 답

Q32.1 '의심스런 트래픽'은 무엇인가?

A32.1 의심스런 트래픽은 네트워크상에서 이상하게 여겨지는 트래픽이다. 예를 들어 어떤 네트워크가 중국 사이트나 TFTP 통신으로 대량의 연결을 일반적으로 지원하지 않는다면 이것이 의심스런 트래픽이라고 간주할 수 있을 것이다.

Q32.2 어떻게 이름 변환 취약점이 네트워크 보안에 영향을 미칠 수 있는가?

A32.2 이름 변환 프로세스가 이행되지 않는다면 공격자는 의도된 시스템이 아닌 시스템과 통신을 하게 호스트를 재지정할 수 있다. 예를 들어 공격자가 DNS 서버 캐시에 악의적인 엔트리를 추가한다면 그 서버는 질의하는 호스트에게 이 정보를 제공할 것이다. 호스트의 시각에서 보면 이것은 재지정이 분명하다.

Q32.3 악의적으로 변형된 패킷이란 무엇인가?

A32.3 악의적으로 변형된 패킷은 프로토콜이나 애플리케이션 취약점을 이용해 의도적으로 생성된 패킷이다. Process ID High 필드의 앰퍼샌드(&) 문자를 포함하는 2009 SMB2 Negotiate Protocol Request 패킷이 악의적으로 변형된 패킷의 예다.

Q32.4 'Dark' 목적지 주소란 무엇인가?

A32.4 'Dark' 목적지 주소는 사용 중인 네트워크 주소 범위 내에 있는 주소이지만 현재 호스트로 할당되지 않는 주소다.

Q32.5 스위치 네트워크를 루프하는 패킷의 핵심적인 시그니처는 무엇인가?

A32.5 스위치 네트워크에서 루프되는 패킷은 IP ID 값을 동일하게 갖고 있다. 패킷의 플러드를 수집하고 모든 패킷이 동일한 IP ID 값을 갖지만, 패킷이 단편화 집합의 부분이라면 이것은 루프되는 패킷이 아닐 것이다.

Q32.6 네트워크상의 이상 프로토콜과 애플리케이션을 발견하게 도와줄 수 있는 와이어샤크의 특징은 무엇인가?

A32.6 와이어샤크의 프로토콜 계층 창은 이상 프로토콜과 애플리케이션을 식별할 수 있게 돕는다. 베이스라인을 갖고 있고 무엇이 '정상' 네트워크 통신으로 간주되는지를 아는 것은 중요하다. 그래서 이들 이상 프로토콜과 애플리케이션을 발견할 수 있다.

Q32.7 중간자 공격을 용이하게 하는 두 개의 재지정 프로세스는 무엇인가?

A32.7 ARP 오염과 ICMP 재지정은 중간자 공격을 용이하게 하는 두 개의 재지정 프로세스다.

Q32.8 어떻게 TCP 스플라이싱 트래픽의 완전한 페이로드를 판단할 수 있는가?

A32.8 트래픽이 쪼개졌을 때 재구성된 TCP 페이로드를 보기 위해 TCP 재조립을 사용한다.

커맨드라인 도구의 효과적인 사용

와이어샤크 공인 네트워크 분석가 시험에서 다루는 내용

- 커맨드라인 도구의 효력 이해
- Wireshark.exe(커맨드라인 실행) 사용
- 티샤크로 트래픽 수집
- Capinfos로 추적 파일 상세 정보 나열
- Editcap로 추적 파일 편집
- Mergecap로 추적 파일 병합
- Text2pcap로 텍스트 변환
- Dumpcap로 트래픽 수집
- Rawshark 이해

- 사례 연구: GETS와 혐의자 찾기
- 정리
- 학습한 내용 복습
- 연습문제와 답

33장에서 참조한 추적 파일

- ftp-clientside.pcapng
- ftp-serverside.pcapng
- tcp-pktloss94040.pcapng

커맨드라인 도구의 효력 이해

와이어샤크는 다음과 같은 커맨드라인 도구를 포함하고 있다.

- Capinfos
- Dumpcap
- Editcap
- Mergecap
- Rawshark
- Text2pcap
- 티샤크Tshark

또한 설치 과정에서는 wireshark-exe를 실행해서 GUI를 시작하고, 다수의 시작 매개변수를 제공한다. 이들 전체 실행 파일은 그림 395에 나타난 것처럼 기본적으로 설치된다.

경로에 와이어샤크 추가하기

경로에 와이어샤크 프로그램 파일 디렉터리를 추가하라. 그래서 모든 디렉터리에서 이들 도구를 실행할 수 있다.

33장에서는 네트워크를 분석하기 위해 이들 애플리케이션을 어떻게 사용하는지 몇 가지 예를 제공한다.

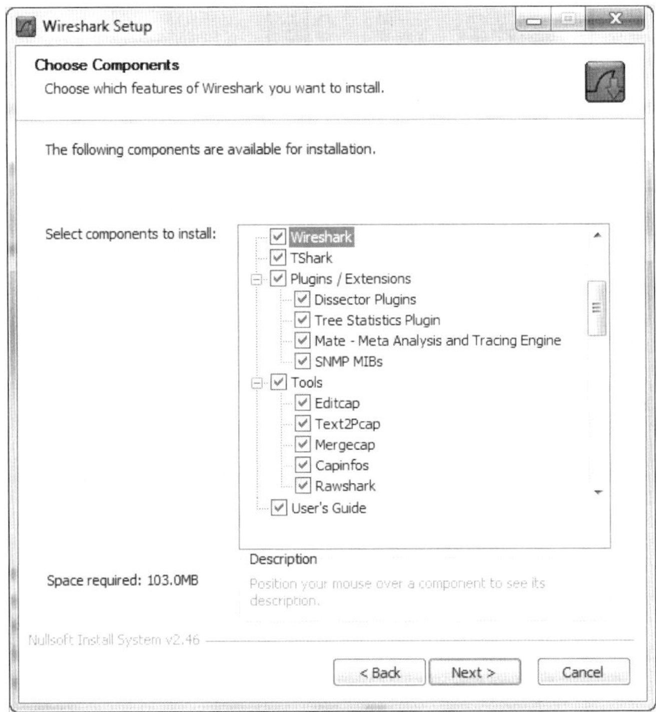

그림 395 티샤크와 다른 커맨드라인 도구는 기본적으로 설치된다.

Wireshark.exe(커맨드라인 실행) 사용

Wireshark.exe는 와이어샤크를 그래픽으로 보여준다. 사용할 수 있는 다양한 매개변수가 있는데, 이들을 이용해 특정 인터페이스에서 나오는 트래픽 수집을 시작하고, 수집 필터를 적용하고, 다양한 수집 매개변수를 설정한다.

와이어샤크 구문

사용법 `wireshark [options] ...`

기능/매개변수	설명
수집 인터페이스	
-i 〈interface〉	인터페이스의 이름이나 id(기본 값: 첫 번째 비루프백)
-f 〈capture filter〉	libpcap 필터 구문으로 된 패킷 필터

(이어짐)

기능/매개변수	설명
수집 인터페이스	
-s 〈snaplen〉	패킷 스냅샷 길이(기본 값: 65535)
-p	무차별 모드로 수집을 하지 않는다.
-k	즉시 수집을 시작한다(기본 값: 아무것도 하지 않는다).
-Q	수집 후에 와이어샤크를 끝낸다.
-S	새로운 패킷이 수집될 때 패킷 디스플레이를 업데이트한다.
-l	-S를 사용하면 자동 스크롤링을 활성화한다.
-B 〈buffer size〉	커널 버퍼의 크기(기본 값: 1MB)
-y 〈link type〉	링크 계층 유형(기본 값: 첫 번째로 적절한)
-D	인터페이스의 목록을 출력하고 exit한다.
-L	인터페이스의 링크 계층 유형 목록을 출력하고 exit한다.
수집 정지 조건	
-c 〈packet count〉	n 패킷 후에 정지(기본 값: 무한)
-a 〈autostop cond.〉 ...	duration:NUM은 NUM 초 후에 정지한다.
	filesize:NUM은 NUM KB 후에 이 파일을 정지한다.
	files:NUM은 NUM 파일 후에 정지한다.
수집 출력	
-b 〈ringbuffer opt.〉 ...	duration:NUM은 NUM 초 후에 다음 파일로 이동한다.
	filesize:NUM은 NUM KB 후에 다음 파일로 이동한다.
	files:NUM은 ringbuffer: NUM 파일 후에 대체한다.
입력 파일	
-r 〈infile〉	읽어 들일 파일 이름을 설정(존재하는 추적 파일로부터 읽기)
처리	
-R 〈read filter〉	와이어샤크 디스플레이 필터 구문으로 된 패킷 필터
-n	모든 이름 변환 비활성화(기본 값: 모두 활성화)

(이어짐)

기능/매개변수	설명
처리	
-N 〈name resolve flags〉	〈name resolve flags〉는 특정 이름 변환을 활성화: 'mntC' m MAC 주소 변환을 활성화 n 네트워크 주소 변환을 활성화 t 전송 계층 포트 번호 변환을 활성화 C 동반하는(비동기적인) DNS lookup을 활성화
사용자 인터페이스	
-C 〈config profile〉	지정된 설정 프로파일을 이용한 시작
-d 〈display filter〉	지정된 디스플레이 필터를 이용한 시작
-g 〈packet number〉	'-r' 후에 지정된 패킷 번호로 이동
-J 〈jump filter〉	디스플레이 필터에 매칭되는 첫 번째 패킷으로 이동
-j	뒤로 가며 -J 후의 매칭 패킷 찾기
-m 〈font〉	대부분의 텍스트에 사용되는 폰트 이름 설정
-t ad|a|r|d|dd|e	타임스탬프의 출력 포맷. 기본 포맷은 relative다. ad absolute with date: 절대 날짜와 시간은 패킷이 수집된 실제 날짜와 시간 a absolute: 절대 시간은 패킷이 수집된 실제 시간, 날짜는 출력되지 않는다. r relative: 상대 시간은 첫 번째 패킷과 현재 패킷 사이의 경과 시간 d delta: 델타 시간은 이전 패킷이 수집된 이후의 시간 e epoch: 특정 날짜 이후의 초 시간(Jan 1, 1970 00:00:00)
-u s|hms	초 출력 포맷(기본 값 s:seconds)
-X 〈key〉:〈value〉	확장 옵션, 상세한 정보를 위해 man 페이지 참조
-z 〈statistics〉	다양한 통계를 보여준다. 상세한 정보를 위해 man 페이지 참조
출력	
-w 〈outfile|-〉	출력 파일이름 설정(또는 스크린 같은 표준 출력을 위해 '-')
기타	
-h	도움말 정보를 표시하고 exit한다.
-v	버전 정보를 표시하고 exit한다.

(이어짐)

기능/매개변수	설명
기타	
-P <key>:<path>	persconf;path는 개인적인 설정 경로 persdata;path는 개인적인 데이터 파일
-o <name>:<value> ...	환경설정이나 최근 설정을 제거
-K <keytab>	Kerberos 복호화를 위해 사용되는 keytab 파일

✽ 와이어샤크 시작 맞춤형 설정

그림 396은 개별적 와이어샤크 인스턴스를 시작하는 일련의 와이어샤크 아이콘을 보여준다. 각 아이콘은 특정 특성을 갖게 설정돼 있다. 각 아이콘에 대한 목표 구문을 그림 396 아래에 나타냈다.

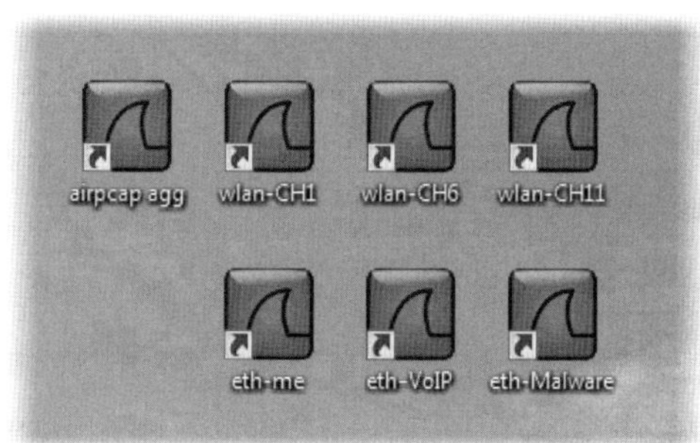

그림 396 맞춤형 와이어샤크 설정에서 시작하게 단축 아이콘을 생성할 수 있다.

단축 이름과 목적지 구문
airpcap agg (WLAN Profile) `"C:\Program Files (x86)\Wireshark\wireshark.exe" -k -C "WLAN" -i "\\.\airpcap_any"`
wlan-CH1 (uses first AirPcap adapter connected) `"C:\Program Files (x86)\Wireshark\wireshark.exe" -k -C "WLAN" -i "\\.\airpcap00"`
wlan-CH6 (uses second AirPcap adapter connected) `"C:\Program Files (x86)\Wireshark\wireshark.exe" -k -C "WLAN" -i "\\.\airpcap01"`
wlan-CH11 (uses third AirPcap adapter connected) `"C:\Program Files (x86)\Wireshark\wireshark.exe" -k -C "WLAN" -i "\\.\airpcap02"`

(이어짐)

단축 이름과 목적지 구문
eth-me (traffic to and from local Ethernet NIC) `"C:\Program Files (x86)\Wireshark\wireshark.exe" -k -R eth.addr==00:21:97:40:74:d2 -i " \Device\NPF_{C4226BEC-969C-4E62-A4A3-A0427B7AE12D}"`
eth-VoIP (VoIP Profile) `"C:\Program Files (x86)\Wireshark\wireshark.exe" -k -C "VoIP" -i " \Device\NPF_{C4226BEC-969C-4E62-A4A3-A0427B7AE12D}"`
eth-Malware (Malware Profile) `"C:\Program Files (x86)\Wireshark\wireshark.exe" -k -C "Malicious" -i " \Device\NPF_{C4226BEC-969C-4E62-A4A3-A0427B7AE12D}"`
eth-me (traffic to and from local Ethernet NIC) `"C:\Program Files (x86)\Wireshark\wireshark.exe" -k -R eth.addr==00:21:97:40:74:d2 -i " \Device\NPF_{C4226BEC-969C-4E62-A4A3-A0427B7AE12D}"`
eth-VoIP (VoIP Profile) `"C:\Program Files (x86)\Wireshark\wireshark.exe" -k -C "VoIP" -i " \Device\NPF_{C4226BEC-969C-4E62-A4A3-A0427B7AE12D}"`
eth-Malware (Malware Profile) `"C:\Program Files (x86)\Wireshark\wireshark.exe" -k -C "Malicious" -i " \Device\NPF_{C4226BEC-969C-4E62-A4A3-A0427B7AE12D}"`

그림 397에서 보인 것처럼 수집 옵션Capture Options 창에서 인터페이스 정보를 구할 수 있다. 콜론 뒤에 이어지는 텍스트나 문자를 사용하라.

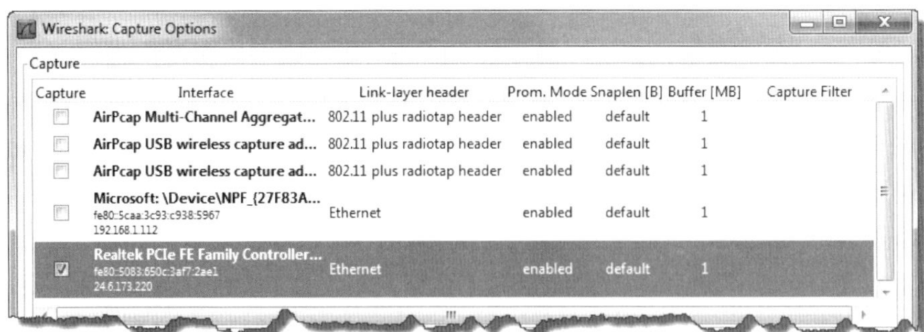

그림 397 수집 옵션 창은 장치 정보를 제공한다.

다음 표는 특정 설정에서 와이어샤크를 시작하게 하는 명령 문자열의 여러 가지 예를 보여준다.

명령 문자열과 설명
`wireshark -k -S -l` 와이어샤크를 구동하고 즉시 수집을 시작한다. 실시간으로 패킷의 목록을 갱신하고 자동으로 스크롤을 사용한다.
`wireshark -k -i 7` 와이어샤크를 구동하고 7번째 인터페이스에서 즉시 수집을 시작한다.
`wireshark -r noarp.pcapng` 와이어샤크를 구동하고 추적 파일 noarp.pcapng를 연다.
`wireshark -k -i 7 -c 1000` 와이어샤크를 구동하고 7번째 인터페이스에서 즉시 수집을 시작한다. 1,000개의 패킷을 수집하고 수집을 중지한다.
`wireshark -k -i 7 -a duration:200` 와이어샤크를 구동하고 7번째 인터페이스에서 즉시 수집을 시작한다. 200초 동안 수집하고 자동으로 수집을 중지한다.
`wireshark -k -i 7 -b duration:7 -b files:2 -a files:4 -w capset.pcapng` 와이어샤크를 구동하고 7번째 인터페이스에서 즉시 수집을 시작한다. 4개의 파일 중 마지막 2개의 파일을 7초만 저장하게 링 버퍼를 사용해 수집한다. 각 파일을 capset_[num]_[date/timestamp].pcapng이라고 이름 붙인다.
`wireshark -k -i 7 -n -f "ether host 00:21:97:40:74:d2"` 와이어샤크를 구동하고 7번째 인터페이스상의 MAC 주소 00:21:97:40:74:d2로 나가고 들어오는 트래픽 수집을 즉시 시작한다.[1]

티샤크를 이용한 트래픽 수집

티샤크는 현재 이동 중인 트래픽을 수집하거나 저장된 추적 파일을 디스플레이하는 데 사용할 수 있다. 패킷은 표준 출력(화면)으로 표시할 수 있고, 추적 파일로 저장할 수 있다.

1. 하이픈이나 콜론 기호로 MAC 주소의 바이트를 구분 지을 수 있다.

✻ 티샤크 구문

사용법 `tshark [options] ...`

기능/매개변수	설명
수집 인터페이스	
-i 〈interface〉	인터페이스의 이름 또는 ID(기본 값: 첫 번째 비루프백)
-f 〈capture filter〉	libpcap 필터 구문 패킷 필터
-s 〈snaplen〉	패킷 스냅샷 길이(기본 값: 65535)
-p	무차별 모드로 수집을 하지 않는다.
-B 〈buffer size〉	커널 버퍼의 크기(기본 값: 1MB)
-y 〈link type〉	링크층 유형(기본 값: 첫 번째로 적절한)
-D	인터페이스의 목록을 출력하고 exit한다.
-L	인터페이스의 링크 계층 유형 목록을 출력하고 exit한다.
수집 정지 상황	
-c 〈packet count〉	n 패킷 후에 정지(기본 값: 무한)
-a 〈autostop cond.〉 ...	duration:NUM은 NUM 초 후에 정지
	filesize:NUM은 NUM KB 후에 이 파일 정지
	files:NUM은 NUM 파일 후에 정지
수집 출력	
-b 〈ringbuffer opt.〉 ...	duration:NUM은 NUM 초 후에 다음 파일로 분기
	filesize:NUM은 NUM KB 후에 다음 파일로 분기
	files:NUM은 ringbuffer: NUM 파일 후에 대체
입력 파일	
-r 〈infile〉	읽어 들일 파일 이름 설정(존재하는 추적 파일 읽기)
처리	
-2	와이어샤크 1.8과 이후 버전: two-pass 분석을 수행

(이어짐)

기능/매개변수	설명
처리	
−R 〈read filter〉	와이어샤크 디스플레이 필터 구문 패킷 필터[2]
−n	모든 이름 해석 비활성화(기본 값: 모두 활성화)
−N 〈name resolve flags〉	〈name resolve flags〉 특정 이름 변환 활성화: 'mntC' m MAC 주소 변환을 활성화 n 네트워크 주소 변환을 활성화 t 전송 계층 포트 번호 변환을 활성화 C 동반하는(비동기적인) DNS lookup들을 활성화
−d 〈layer_type〉==〈selector〉, 〈decode_as_ protocol〉...	"Decode As"; 예: tcp.port==8888,http
−H 〈hosts file〉	호스트 파일에서 엔트리 목록을 읽고 수집 파일에 기록한다. −W n을 지시한다(와이어샤크 1.8과 그 이후 버전).
출력	
−w 〈outfile|−〉	출력 파일 이름 설정(또는 스크린 같은 표준 출력을 위해 '−')[3]
−C 〈config profile〉	특정한 구성 프로파일을 이용한 시작
−F 〈output file type〉	출력 파일 형태를 설정, 기본 값은 libpcap이고 빈 '−F' 옵션은 파일 형태를 열거할 것이다.
−V	패킷 트리의 출력을 추가한다(패킷 상세 정보).
−O 〈protocols〉	이 프로토콜에 대해서만 패킷 세부정보를 나타낸다(콤마로 분리)
−P	와이어샤크 1.8과 이후 버전: 파일에 기록하는 도중에도 패킷을 디스플레이한다.
−S	파일을 작성할 때라도 패킷을 출력한다.
−S 〈separator〉	와이어샤크 1.8과 이후 버전: 패킷 사이의 줄 분리자

(이어짐)

2. 와이어샤크 Bug 2234는 파일에 쓰기를 할 때 읽기 필터(디스플레이 필터라고 알려진) 사용을 못하게 한다. 이 문제에 대해서는 더 많이 주어지는 특권과 보안 문제 요구를 어떻게 처리할지를 두고 많은 토론이 있어 왔다. 개발자들과 한 바탕하려면 사이트 bugs.wireshark.org를 방문해서 '2234'를 찾아보라. 뒤에 나오는 'Bug 2234 처리' 절을 참조하라.

3. 앞 페이지의 −R 매개변수에 대한 Bug 2234 관련 노트를 보라.

<table>
<tr><th>기능/매개변수</th><th>설명</th></tr>
<tr><td colspan="2">출력</td></tr>
<tr><td>−x</td><td>hex와 ASCII 덤프 출력을 추가한다(패킷 바이트).</td></tr>
<tr><td>−T pdml|ps|psml|text|fields</td><td>텍스트 출력 포맷(기본 값: text)

pdml Packet Details Markup Language, 복호된 패킷의 상세 정보를 위한 XML 기반 형식. 이 정보는 −V 플래그를 이용해 출력되는 패킷 상세 정보와 동일하다.
psml Packet Summary Markup Language, 복호된 패킷의 요약정보를 위한 XML−기반 형식. 이 정보는 디폴트에 의해 출력되는 한−줄 요약에서 보이는 정보와 동일하다.
ps 각 패킷들의 사람이 읽을 수 있는 한−줄 요약을 위한 PostScript, 또는 −V가 지정됐는지 여부에 따라, 각 패킷 상세정보의 다중−라인 보기.
text 각 패킷의 사람이 읽을 수 있는 한−줄 요약의 텍스트, 또는 −V가 지정됐는지 여부에 따라, 각 패킷의 상세 정보의 다중−라인 보기. 이것이 디폴트이다.
fields −e 옵션을 이용해 지정된 필드의 값. −E 옵션에 의해 지정된 형태로</td></tr>
<tr><td>−e 〈field〉</td><td>−Tfield가 선택된다면 출력하는 필드(예 tcp.port); 이 옵션은 다중 필드를 출력하기 위해 반복될 수 있다</td></tr>
<tr><td>−E 〈fieldsoption〉=〈value〉</td><td>아래에 열거된 것처럼 −Tfield가 선택될 때 출력을 위한 옵션 설정

• header=y|n 헤더를 켜거나 끈다.
• separator=/t|/s|〈char〉 분리자로서 tab, space, 출력 가능한 문자를 선택한다.
• quote=d|s|n 값을 위해 double 따옴표, single 따옴표, 따옴표가 없음을 선택한다.
• occurrence=f|l|a 필드에서 사용하기 위한 발생을 선택, f는 처음, 1은 마지막 그리고 a는 모두(기본 값)
• aggregator=,|/s|〈character〉 필드가 다중 발생할 때 사용하기 위한 aggregator를 선택(occurrence와 병행 사용)</td></tr>
</table>

(이어짐)

기능/매개변수	설명
–t ad|a|r|d|dd|e	타임스탬프의 형식을 출력한다. 기본 포맷은 relative다. ad absolute with date: 절대적인 날짜와 시간은 수집된 패킷의 실제 날짜와 시간 a absolute: 절대적인 시간은 수집된 패킷의 실제 시간, 날짜는 출력되지 않는다. r relative: 상대적인 시간은 첫 번째 패킷과 현재 패킷 사이의 경과 시간 d delta: 델타 시간은 이전 패킷이 수집된 이후의 시간 dd delta_delayed: 표시된 델타 시간은 이전에 표시된 패킷이 수집된 이후의 시간 e epoch: 특정 날짜 이후의 초 시간(Jan 1, 1970 00:00:00)
–u s|hms	초 단위로 출력(기본 값 s: seconds)
–l	각 패킷 후의 표준 출력 왼쪽 정렬
–q	출력을 최소화(예, 통계를 사용할 때)
–W n	와이어샤크 1.8과 이후 버전: 지원할 경우 파일에 추가 정보 저장(n = 네트워크 주소 변환 정보 기록)
–X 〈key〉:〈value〉	확장 옵션, 상세한 정보를 위해 man 페이지를 보자
–z 〈statistics〉	다양한 통계 보기, 다음의 '티샤크 통계 보기' 절을 참조하라.
기타	
–h	도움말 정보 표시하고 exit한다.
–v	버전 정보를 표시하고 exit한다.
–o 〈name〉:〈value〉 ...	환경설정을 제거한다.
–K 〈keytab〉	Kerberos 복호화를 이용해 keytab 사용
–G [report]	여러 개의 사용할 수 있는 report 중 하나를 덤프하고 exit한다. Default report="fields" –G를 이용해서 도움말을 보라; 다음 정보를 보라.
–G [fields]	원래 포맷으로 용어 해설을 덤프하고 exit한다.
–G fields2	포맷 2로 용어 해설을 덤프하고 exit한다.
–G fields3	포맷 3으로 용어 해설을 덤프하고 exit한다.

(이어짐)

기능/매개변수	설명
기타	
–G protocols	등록 데이터베이스로 프로토콜을 덤프하고 exit한다.
–G values	값, 범위, 참/거짓 문자열을 덤프하고 exit한다.
–G decodes	'layer type'/'decode as' 연관을 덤프하고 exit한다.
–G defaultprefs	기본 환경설정을 덤프하고 exit한다.
–G currentprefs	현재 환경설정을 덤프하고 exit한다.

✻ 티샤크 통계 보기

티샤크를 이용하면 현재 이동 중인 트래픽이나 추적 파일에서 통계를 빠르게 모을 수 있다. 필터를 패킷에 적용할 때 특정 패킷 유형으로 통계를 제한할 수 있다(이들 필터는 수집을 위한 패킷을 필터링하지 않는다).

티샤크를 실행하는 동안 통계만 보기 원하고 패킷들을 보기 원하지 않는다면 -q 옵션을 사용한다. 예를 들어 그림 398에서는 티샤크로 볼 수 있는 트래픽의 프로토콜 계층 통계를 표시하기 위해 -qz io, phs 옵션을 사용해 티샤크를 실행했다. 그러나 화면에는 표시되지 않는다. 프로세스 동안에 어떤 트래픽도 수집하지 않았다. Ctrl+C를 사용해 티샤크를 중지시킨다.

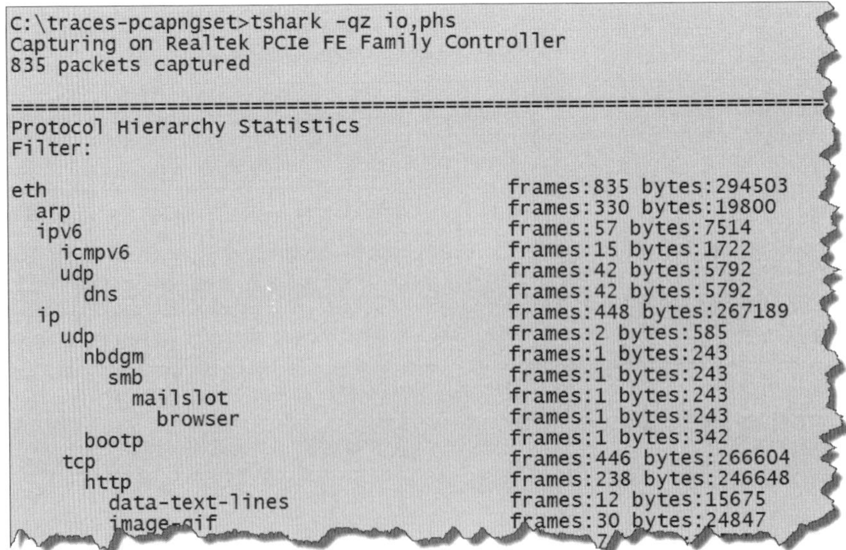

```
C:\traces-pcapngset>tshark -qz io,phs
Capturing on Realtek PCIe FE Family Controller
835 packets captured

===================================================================
Protocol Hierarchy Statistics
Filter:

eth                                     frames:835 bytes:294503
  arp                                   frames:330 bytes:19800
  ipv6                                  frames:57 bytes:7514
    icmpv6                              frames:15 bytes:1722
    udp                                 frames:42 bytes:5792
      dns                               frames:42 bytes:5792
  ip                                    frames:448 bytes:267189
    udp                                 frames:2 bytes:585
      nbdgm                             frames:1 bytes:243
        smb                             frames:1 bytes:243
          mailslot                      frames:1 bytes:243
            browser                     frames:1 bytes:243
      bootp                             frames:1 bytes:342
    tcp                                 frames:446 bytes:266604
      http                              frames:238 bytes:246648
        data-text-lines                 frames:12 bytes:15675
        image-gif                       frames:30 bytes:24847
```

그림 398 tshark –qz io, phs를 사용해 프로토콜 계층 통계만 표시한다.

티샤크에서 -z 옵션을 사용하면 프로토콜 통계, 대화 통계, IO 통계와 그 외의 것들을 볼 수 있다.

한 개의 Tshak 커맨드라인을 이용한 많은 통계 보기

대부분의 -z 옵션은 한 커맨드라인 문자열에서 여러 번 사용할 수 있다. 예를 들어 그림 399처럼 한 커맨드라인에서 IP 대화 통계와 TCP 대화 통계를 가진 이더넷 대화 통계를 위해 요청을 결합시킬 수 있다.

```
C:\traces-pcapngset>tshark -qz conv,eth -qz conv,tcp
Capturing on Realtek PCIe FE Family Controller
7279 packets captured
================================================================
TCP Conversations
Filter:<No Filter>
                                                      | Frames   Bytes
24.6.183.156:lnvstatus <-> 208.111.173.165:http        2478     3688321
24.6.183.156:lnvalarm  <-> 208.111.173.165:http        1756     2614288
24.6.173.220:29246     <-> 68.142.213.151:http           34       45958
24.6.173.220:29243     <-> 198.66.239.146:http           29       38282
24.6.173.220:29245     <-> 68.142.213.151:http           26       34134
24.6.173.220:29238     <-> 198.66.239.146:http           20       23432
24.6.173.220:29247     <-> 68.142.213.151:http           14       14505
24.6.173.220:29240     <-> 198.66.239.146:http           10        8686
24.6.173.220:29261     <-> 68.142.213.151:http           11       11105

================================================================
Ethernet Conversations
Filter:<No Filter>
                                                    | Frames   Bytes |
00:21:cc:40:d6:91    <-> 00:01:5c:31:bb:c1           4248    6305277
d4:85:64:a7:bf:a3    <-> 00:01:5c:31:bb:c1            328     247232
ff:ff:ff:ff:ff:ff    <-> 00:01:5c:31:bb:c1            533      32560
33:33:00:00:00:01    <-> 00:01:5c:31:bb:c1              8       1072
```

그림 399 많은 -z 옵션은 한 커맨드라인 문자열에서 여러 번 사용할 수 있다.

✻ 티샤크로 호스트 이름 수집

티샤크를 이용해 호스트 정보를 수집할 수 있다. 그림 400에서 호스트 정보를 hostinfo.txt 파일로 내보내기 위해 `tshark -i 1 -qz hosts > hostsinfo.txt` 명령을 사용했다.

물론 호스트 통계와 다른 통계를 조합할 수 있다. 예를 들어 IP 대화 통계와 호스트 정보를 디스플레이하려면 `tshark -i 1 -qz hosts -z conv,ip`를 사용하면 된다.

```
C:\traces-pcapngset>tshark -i 1 -qz hosts > hostsinfo.txt
Capturing on Realtek PCIe FE Family Controller
23682 packets captured

C:\traces-pcapngset>type hostsinfo.txt
# TShark hosts output
#
# Host data gathered from C:\Users\Laura\AppData\Local\Temp\
  wireshark_6E79FEC0-FF790A9B9F_20120507110126_a01856

143.127.102.25     shasta-rrs.symantec.com.ntn.symantec.com
63.245.217.113     services.addons.mozilla.org
63.245.217.162     addons-versioncheck-single3.zlb.phx.mozilla
67.199.28.223      www.fiddler2.com
72.167.18.239      ocsp.godaddy.com.akadns.net
173.194.79.121     ghs.l.google.com
93.184.216.119     gs1.wac.v2cdn.net
184.84.222.90      a1733.g.akamai.net
184.84.222.91      a1733.g.akamai.net
198.66.239.146     www.chappellu.com
74.125.224.70      www4.l.google.com
74.125.224.68      www4.l.google.com
74.125.224.64      www4.l.google.com
74.125.224.69      www4.l.google.com
174.137.42.65      www.wireshark.org
174.121.94.41      lcuportal2.com
178.255.83.1       ocsp.comodoca.com
74.125.224.145     www.l.google.com
74.125.224.144     www.l.google.com
74.125.224.147     www.l.google.com
74.125.224.148     www.l.google.com
74.125.224.146     www.l.google.com
184.84.222.122     a55.cf.akamai.net
131.246.123.4      ftp.uni-kl.de
```

그림 400 호스트 정보를 내보내기 위해 티샤크를 사용한다.

다음 표는 통계를 검사하기 위한 다양한 티샤크 명령을 보여준다. 티샤크 통계의 추가적인 상세 정보는 www.wireshark.org/docs/man-pages/tshark.html에서 찾아볼 수 있다.

-z 〈statistics〉 예	설명
tshark -qz io,phs	그림 367과 같은 프로토콜 계층 통계를 표시한다.
tshark -qz conv,eth -z conv,ip -z conv,tcp	Ethernet, IP와 TCP 대화 통계를 표시한다.
tshark -qz io,stat,10,ip,udp,tcp	10초 간격으로 IP, UDP와 TCP 트래픽에 대한 IO 통계를 표시한다.

(이어짐)

-z 〈statistics〉 예	설명
tshark -z io,stat,5,icmp -w allpkts.pcapng	5초 간격으로 ICMP 트래픽에 대한 IO 통계를 표시한다. 모든 트래픽은 allpkts.pcapng라 불리는 추적 파일로 저장된다(ICMP를 위해 사용되는 필터가 수집된 트래픽에는 적용되지 않는다는 점에 주의하자. 수집된 트래픽에 이 필터를 적용하려면 -f 매개변수를 사용한다).
tshark -i 1 -qz hosts 〉 hostsinfo.txt	인터페이스 1에서 구동 중인 티샤크 세션 동안 발견된 호스트 이름을 갖는 hostinfo.txt 파일을 생성한다.

✽ 티샤크로 서비스 응답 시간 조사

티샤크를 이용해 다음 프로토콜에 대한 서비스 응답 시간(SRT, Service Response Times) 값을 구할 수 있다. 구문은 `tshark -i <adapter_number> -qz <protocol>,srt`다. SRT를 구하고자 하는 프로토콜 목록은 다음과 같다.

```
afp,srt          icmpv6,srt
camel,srt        rpc,srt
dcerpc,srt       scsi,srt
h225,srt         smb,srt
icmp,srt
```

```
C:\traces-pcapngset>tshark -i 1 -qz icmp,srt
Capturing on Realtek PCIe FE Family Controller
52068 packets captured

===========================================================================
ICMP Service Response Time (SRT) Statistics (all times in ms):
Filter: <none>

Requests  Replies  Lost     % Loss
176       176      0          0.0%

Minimum   Maximum  Mean     Median   SDeviation     Min Frame Max Frame
29.448    69.389   32.760   31.520   6.392          48197     10663
===========================================================================

C:\traces-pcapngset>
```

그림 401 여러 가지 프로토콜에 대한 서비스 응답 시간을 수집할 수 있다.

✻ 티샤크 사용 예

다음 표는 특정 설정을 이용해 티샤크를 시작하기 위한 많은 명령 문자열의 예를 보여준다.

명령 문자열과 설명
tshark -h
Tshark 매개변수를 열거한다.
tshark -D
인터페이스 목록을 표시한다.
tshark -b filesize:1000 -b files:2 -w traces-test.pcapng
각각 1000KB짜리 2개의 파일을 가진 링 버퍼를 수집하고, traces-test.pcapng를 이용해 시작하는 추적 파일에 패킷을 작성한다.
tshark -i 3 -a duration:20 -w shorttrace.pcapng
3번째 인터페이스에서 20초 동안 수집하고 shorttrace.pcapng라 불리는 추적 파일에 저장한다.
tshark -c 100 -w 100pts.pcapng -S
100개의 패킷을 수집하고 100pkts.pcapng라 불리는 추적 파일에 저장한다. 추적 파일이 생성되는 동안 패킷을 표시한다.
tshark -R "!arp && !bootp" -n -t dd
이름 해결을 사용하지 않고 패킷을 수집한다. 델타 표시 형식으로 시간을 보여준다. ARP나 BOOTP/DHCP 패킷을 표시하지 않는다.
tshark -qz io,stat,5,ip.addr==255.255.255.255 -w bcasts.pcapng
수집하고 bcasts.pcapng라 불리는 파일에 패킷을 작성하는 동안 IP 주소 255.255.255.255를 포함하는 패킷을 위해 5초 간격으로 IO 통계를 표시한다.
tshark -r general.pcapng -q -z conv,tcp
추적 파일을 열고 TCP 대화 통계를 표시한다.
tshark -r sip.pcapng -R "sip.Call-ID contains "12013223"" -w sipcalls.pcapng
추적 파일을 열고 the Call ID 값 12013223을 포함하는 SIP 패킷을 위한 디스플레이 필터를 적용하고, 이들 패킷들을 바로 표시한다.
tshark -r test.pcapng -R "ip.addr==192.168.0.1 && tcp.port==2058 && ip.addr==192.168.0.2 && tcp.port==80"
test.pcapng를 열고 정의된 대화를 위한 필터를 적용하고 결과를 표시한다.

(이어짐)

명령 문자열과 설명
`tshark -r gen1.pcapng http.request -T fields -e http.host -e http.request.uri -c 100`
gen1.pcapng를 열고 최대 100개의 패킷을 위해 http.requests의 http.host와 http.request.uri 필드들을 표시한다.
`tshark -r "icmp-dest-unreachable.pcapng" -T fields -e ip.ttl -E occurrence=f`
icmp-dest-unreachable.pcapng 안의 모든 패킷에서 첫 번째 IP TTL 필드를 추출한다.

✻ Bug 2234 처리

이 버그는 원래 2008년 1월에 제출됐다. 이 버그는 와이어샤크 0.99.7 이후 계속해서 사람들을 힘들게 했다. 근본적으로 (a) 라이브 수집을 하거나 (b) 파일에 패킷을 저장하는 동안에는 디스플레이 필터가 제대로 작동하지 않는다. 그림 402는 라이브 수집을 하는 동안에 -R과 -w 매개변수를 사용하려고 할 때 생기는 에러 메시지를 보여준다.

```
C:\traces-pcapngset>tshark -i1 -R "arp" -w testarp.pcapng
tshark: Read filters aren't supported when capturing and
        saving the captured packets.

C:\traces-pcapngset>
```

Bug 2234는 파일에 저장할 때 디스플레이
필터로 라이브 수집을 막을 수 있다.

그림 402 Bug 2234 때문에 디스플레이 필터로 동시에 수집하고 저장하지 못한다.

이것이 정말 버그인지 아니면 특권 분리에 의해 생긴 의도적인 결과인지에 대한 의문이 있다. 몇 가지 해결책에 대한 제안이 있기는 했지만, 이 '버그'는 와이어샤크 1.7.2[4]에서도 여전히 존재한다.

한 가지 해결책은 디스플레이 필터 없이 수집을 하고 나서 티샤크를 그 파일에 대해 구동하는 방법이다. 이때 디스플레이 필터 세트와 새 파일에 쓰기 위한 -w를 사용한다.

---

4. 이 버그에 대한 토론을 보려면 bugs.wireshark.org/bugzilla/show_bug.cgi?id=2234를 참조하라.

Capinfos로 추적 파일 상세 정보 목록화

capinfos.exe는 추적 파일에 대한 정보를 출력한다.

Capinfos 구문

사용법 `capinfos [options] <infile> ...`

기능/매개변수	설명
일반	
-t	수집 파일 유형을 디스플레이한다. 파일의 SHA1, RMD160, MD5 해시를 디스플레이한다.
-E	수집 파일 캡슐화를 디스플레이한다.
-H	파일의 SHA1, RMD160, MD5 해시를 디스플레이한다.
크기	
-c	패킷의 수를 디스플레이한다.
-s	파일의 크기를 디스플레이한다(바이트 단위).
-d	모든 패킷의 총 길이를 디스플레이한다(바이트 단위).
-l	패킷 크기 한계를 디스플레이한다(스냅샷 길이).
시간	
-u	수집되는 시간을 디스플레이한다(초 단위).
-a	수집 시작 시간을 디스플레이한다.
-e	수집 종료 시간을 디스플레이한다.
-o	수집 파일 연대기적 상태를 디스플레이한다(참 또는 거짓).
-S	raw 초로서 수집 시작과 종료 시간을 디스플레이한다.[5]
통계	
-y	평균 데이터율을 디스플레이한다(바이트/초).
-i	평균 데이터율을 디스플레이한다(비트/초).

(이어짐)

5. 예를 들어 시간 이동 추적 파일에 -S 매개변수를 사용하고 싶을 경우 21장의 'IO 그래프에서 트래픽 동향 비교' 절을 참조하라.

기능/매개변수	설명
통계	
-z	평균 패킷 크기를 디스플레이한다(바이트 단위).
-x	평균 패킷률을 디스플레이한다(패킷/초).
출력	
-L	긴 보고서를 생성한다(기본 값).
-T	표 보고서를 생성한다.
표 보고서 옵션	
-R	헤더 레코드를 생성한다(기본 값).
-r	헤더 레코드를 생성하지 않는다.
-B	TAB 문자로 정보를 구분한다(기본 값).
-m	컴마(,) 문자로 정보를 구분한다.
-b	SPACE 문자로 정보를 구분한다.
-N	정보를 인용하지 않는다(기본 값).
-q	작은따옴표로 정보를 인용한다(').
-Q	큰따옴표로 정보를 인용한다(").
기타	
-h	도움말 정보를 디스플레이하고 나간다.
-C	파일 열기를 실패하면 처리를 취소한다(기본 값은 계속이다).
-A	모든 정보를 발생시킨다(기본 값).

그림 403에 나타난 것과 같이 한 커맨드라인에서 여러 옵션을 함께 문자열로 나열할 수 있다.

```
C:\traces-pcapngset>capinfos http-espn2012.pcapng -tEcsduae
File name:            http-espn2012.pcapng
File type:            Wireshark - pcapng
File encapsulation:   Ethernet
Number of packets:    4900
File size:            4698292 bytes
Data size:            4490065 bytes
Capture duration:     74 seconds
Start time:           Sat Jan 07 13:54:07 2012
End time:             Sat Jan 07 13:55:21 2012

C:\traces-pcapngset>
```

그림 403 capinfos는 추적 파일에 대한 기본적인 정보를 표시한다.

✻ Capinfos 예

다음 표는 추적 파일의 내용을 검사하는 다양한 명령 문자열의 예다.

명령 문자열과 설명
capinfos -h
capinfo 매개변수 정보를 표시한다.
capinfos -csd 100pkts.pcapng
100pkts.pcapng에서 패킷의 수, 파일의 크기(바이트 단위), 모든 패킷의 총 길이를 표시한다.
capinfos -uae 100pkts.pcapng
capinfo를 시작하고 100pkts.pcapng에 대한 수집 시간뿐만 아니라 시작 시간과 종료 시간을 표시한다.
capinfos -yizx 100pkts.pcapng
capinfo를 시작하고 100pkts.pcapng에 대한 바이트 단위와 비트 단위의 평균 데이터 전송률뿐만 아니라 바이트 단위의 평균 패킷 크기와 패킷/초 단위의 평균 패킷 전송률을 표시한다.
capinfos -aeS before.pcapng after.pcapng
raw초 단위로 2개의 추적 파일인 before.pcapng과 after.pcapng의 시작과 종료 시간을 출력한다. 이 정보를 이용해서 after.pcapng로 시간 이동을 할 수 있다. 그래서 이것의 시작 시간은 before.pcapng의 종료 시간과 근접하고 IO 그래프에서 비교할 수 있게 같은 표에 더 근접하게 그릴 수 있다. 파일에서 이 명령을 수행한 후에 추적 파일을 병합하기 전에 after.pcapng에서 edit –t〈seconds〉를 사용해야 한다.
capinfos -H tcp*.pcapng
'tcp'로 시작하는 모든 pcapng 추적 파일의 SHA1, RIPEMD 160, MD5 해시를 디스플레이한다.

Editcap으로 추적 파일 편집

Editcap을 사용해서 추적 파일을 분할하고, 추적 파일 타임스탬프를 변경하고, 복사를 제거하고, 다른 추적 파일을 편집한다.

Editcap 구문

사용법 editcap [options] ... <infile> <outfile> [<packet#>[-<packet#>]...]

반드시 <infile>과 <outfile>을 명시해야 한다. 단일 패킷이나 패킷 범위를 정의할 수 있다.

그림 404는 각각 최대 20,000 패킷들로 구성된 파일 집합 내로 단일 파일을 분할 처리하는 것을 보여준다. 파일 이름은 파일 번호와 날짜/타임스탬프를 포함한다. 그래서 파일 집합처럼 연결될 수 있다. 파일 집합은 와이어샤크에서 File ❯ File Set를 이용해 접근할 수 있다.

```
C:\traces-pcapngset>editcap -c 20000 tcp-pktloss94040.pcapng split.pcapng

C:\traces-pcapngset>dir split*.*
 Volume in drive C is OS
 Volume Serial Number is BCA1-E39D

 Directory of C:\traces-pcapngset

05/07/2012  10:34 AM        12,178,912 split_00000_20080507233453.pcapng
05/07/2012  10:34 AM        13,910,868 split_00001_20080507233758.pcapng
05/07/2012  10:34 AM        11,413,716 split_00002_20080507234029.pcapng
05/07/2012  10:34 AM        11,506,788 split_00003_20080507234342.pcapng
05/07/2012  10:34 AM         8,051,108 split_00004_20080507234653.pcapng
               5 File(s)     57,061,392 bytes
               0 Dir(s)  359,648,870,400 bytes free

C:\traces-pcapngset>
```

그림 404 Editcap을 사용해 큰 추적 파일을 파일 집합으로 분할한다.

Editcap을 사용해 큰 추적 파일을 파일 집합으로 분할하기

와이어샤크에서 로드하기에는 너무 큰 추적 파일을 분리하려면 Editcap을 사용하라. Editcap은 파일을 파일 집합으로 분리한다. 파일 중 하나를 연 후에 목록을 위해 File ❯ File Sets를 선택하고 파일 집합에서 파일 사이에 이동한다.

기능/매개변수	설명
패킷 선택	
−r	선택된 패킷들을 보존한다. 기본적으로는 선택된 패킷을 삭제한다.
−A 〈start time〉	주어진 시간 전에 누구의 타임스탬프인 패킷을 출력하지 않는다.
−B 〈stop time〉	주어진 시간 후에 누구의 타임스탬프인 패킷을 출력하지 않는다.
복사 패킷 제거	
−d	중복된다면 패킷을 제거한다(기본 윈도우는 5 패킷이다).
−D 〈dupe window〉	중복된다면 패킷을 제거한다. 구성될 수 있는 〈dup window〉 Valid 〈dup window〉 값은 0에서 1,000,000이다. 주의: −v (verbose 옵션)를 가진 0의 〈dup window〉는 MD5 해시를 출력하는 데 유용하다.
−w 〈dup time window〉	중복된 패킷이 현재의 패킷보다 전에 EQUAL TO OR LESS THAN 〈dup time window〉로 발견된다면 패킷을 제거한다. 〈dup time window〉는 상대적인 초로 명시된다(예. 0.000001). 주의: −v를 제외한 다른 editcap 옵션을 가진 '복사 패킷 제거' 옵션의 사용은 항상 예상대로 동작하지는 않을 것이다. 특히 −r과 −t 옵션이 −d, −D, −w와 조합된다면 원하는 효과를 가진 NOT일 가능성이 높다.
패킷 조작	
−s 〈snaplen〉	각 패킷을 최대로 자른다. 데이터의 〈snaplen〉 바이트다.
−C 〈choplen〉	〈choplen〉 바이트에 의해 끝에서 각 패킷을 자른다.
−t 〈time adjustment〉	각 패킷의 타임스탬프를 조정한다. 〈time adjustment〉는 상대적인 초다(예. −0.5).
−S 〈strict adjustment〉	엄격한 연대순으로 증가하는 순서를 적용하기 위해 필요할 경우 패킷의 타임스탬프를 조정한다. 〈strict adjustment〉는 가장 이상적인 0이나 0.000001 값으로 상대 초를 구체적으로 나타낸다. 음수 조정 값은 타임스탬프를 수정해서 각 패킷의 델타 시간이 지정된 절대 조정 값이 된다. 0 값은 모든 패킷을 첫 번째 패킷의 타임스탬프로 설정한다.
−E 〈error probability〉	특정한 패킷 바이트가 임의적으로 변경될 수 있는 확률(0.0과 1.0 사이의)을 설정한다.

(이어짐)

기능/매개변수	설명
출력 파일	
-c 〈packets per file〉	각 〈packets per file〉의 최댓값을 가진 동일한 패킷 카운트에 기반을 둔 다른 파일을 출력하는 패킷을 분리한다.
-i 〈seconds per file〉	각 〈seconds per file〉의 최댓값을 가진 동일한 시간 간격에 기반을 둔 다른 파일을 출력하는 패킷을 분리한다.
-F 〈capture type〉	출력 파일 유형을 설정한다. 기본 값은 libpcap이다. 빈 '-F' 옵션은 파일 유형을 열거한다.
-T 〈encap type〉	출력 파일 캡슐화 유형을 설정한다. 기본 값은 입력 파일과 같다. 빈 '-T' 옵션은 캡슐화 유형을 열거한다.
기타	
-h	도움말을 표시하고 종료한다.
-v	Verbose를 출력한다. -v가 어떤 '복사 패킷 제거' 옵션(-d, -D 또는-w)으로 사용된다면 패킷 길이와 MD5 해시는 표준 출력으로 출력된다.

✼ Editcap 예

다음 표는 Editcap을 이용해 추적 파일을 편집하는 명령 문자열의 예를 제공한다.

명령 문자열과 설명
`editcap -h`
editcap을 시작하고 사용 가능한 옵션을 본다.
`editcap -d dupes.pcapng nodupes.pcapng`
5 패킷 이내에서 중복된 패킷을 추적하기 위해 dupes.pcapng를 조사한다. 중복을 제거하고 nodupes.pcapng라 불리는 새로운 추적 파일을 생성한다.
`editcap -c 2000 dbad.pcapng dbadsplit.pcapng`
'dbadsplit'로 시작하는 별도의 추적 파일로 dbad.pcapng를 분리한다. 각각의 새로운 파일은 파일 내에 최대 2,000패킷들을 가져야 한다. 파일 번호와 날짜/타임스탬프는 자동으로 새로운 파일 이름에 추가될 것이다.
`editcap -t -0.2 oldtime.pcapng newtime.pcapng`
newtime.pcapng라고 불리는 oldtime.pcapng의 새로운 버전을 만들고 newtime.pcapng 추적 파일에서 모든 타임스탬프로부터 0.2초를 뺀다.

Mergecap으로 추적 파일 병합

두 개 이상의 수집 파일을 하나로 병합하기 위해 mergecap을 사용한다.

IO 그래프에서 그들을 나란히 비교하기 위한 병합 추적

둘 이상의 추적 파일을 함께 병합하는 것은 IO 그래프에서 그들의 내용을 비교하는 데 유용한 작업이다. 사용자의 IO 그래프에서 그들을 근접시켜 그래프로 그려 하나의 추적 파일에서 타임스탬프 후에 Editcap을 사용하는 것을 고려하라.

추적 파일을 병합하는 데 사용 가능한 3가지 방법이 있다.

둘 또는 그 이상의 추적 파일을 클릭해서 와이어샤크 데스크톱으로 드래그한다(추적 파일은 패킷 타임스탬프에 따라 연대순으로 병합될 것이다).

File ❯ Merge를 선택한다(추적 파일은 가장 최근에 병합된 추적 파일 순으로 정렬된다. 즉, 2008년으로 타임스탬프된 추적 파일 안의 패킷은 2007년으로 타임스탬프된 추적 파일에서 나온 패킷들보다 앞에 나타난다).

Mergecap을 사용하라.

그림 405는 'split'으로 시작하는 다섯 개의 추적 파일을 하나의 새 파일 join.pcapng로 결합하는 과정을 보여준다.

```
C:\traces-pcapngset>mergecap -w join.pcapng split*.*

C:\traces-pcapngset>dir join*.*
 Volume in drive C is OS
 Volume Serial Number is BCA1-E39D

 Directory of C:\traces-pcapngset

05/07/2012  10:37 AM        57,061,376 join.pcapng
               1 File(s)     57,061,376 bytes
               0 Dir(s)  359,356,928,000 bytes free

C:\traces-pcapngset>
```

그림 405 추적 파일을 결합하기 위해 Mergecap 사용

Mergecap 구문

사용법 `mergecap [options] -w <outfile>|- <infile> ...`

기능/매개변수	설명
출력	
-a	파일을 병합하는 것보다는 연결하는 것이다. 기본 값은 패킷 타임스탬에 따라 병합한다.
-s 〈snaplen〉	데이터의 〈snaplen〉 바이트로 패킷을 자른다.
-w 〈outfile〉|-	화면과 같은 표준 출력을 위해 〈outfilr〉 또는 '-'으로 출력 파일 이름을 설정한다.
-F 〈capture type〉	출력 파일 유형을 설정한다. 기본 값은 libpcap이다. 빈 '-F' 옵션은 파일 유형을 열거한다.
-T 〈encap type〉	출력 파일 캡슐화 유형을 설정한다. 기본 값은 첫 번째 입력 파일과 동일하다. 빈 '-T' 옵션은 캡슐화 유형을 열거한다.
설정	
-h	도움말 정보를 디스플레이하고 종료한다.
-v	verbose를 출력한다.

✽ Mergecap 예

다음 표는 특정한 설정을 가지고 Mergecap을 시작하기 위한 많은 명령 문자열의 예를 보여준다.

명령 문자열과 설명
`mergecap -h`
mergecap 옵션 보기
`mergecap -w allinone.pcapng file1.pcapng file2.pcapng`
file1.pcapng와 trace2.pcapng를 allinone.pcapng로 병합한다. 파일 타임스탬프에 따라 파일을 병합한다.
`mergecap -a -w neworder.pcapng trace1.pcapng trace2.pcapng`
neworder.pcapng라 불리는 새로운 파일로 열거된 순서대로 trace1.pcapng와 trace2.pcapng를 병합한다. 파일의 타임스탬프와 관계없다.

Text2pcap으로 텍스트 변환

Text2pcap은 패킷들의 아스키[ASCII] 16진수 덤프[dump]에서 추적 파일을 생성한다. 그림 406은 트래픽의 평문 버전을 보여준다. 16진수 값을 조사해보면 이들 패킷이 UDP 패킷일 가능성이 높다(오프셋 0x0c에서 0x0800과 오프셋 0x17에서 0x11 값을 기반으로).

```
0000  ff ff ff ff ff ff 00 50 da ca 0f 33 08 00 45 00   .......P...3..E.
0010  01 48 00 00 00 00 80 11 39 a6 00 00 00 00 ff ff   .H......9.......
0020  ff ff 00 44 00 43 01 34 e6 fe 01 01 06 00 07 02   ...D.C.4........
0030  85 2a 00 00 00 00 00 00 00 00 00 00 00 00 00 00   .*..............
0040  00 00 00 00 00 00 00 50 da ca 0f 33 00 00 00 00   .......P...3....
0050  00 00 00 00 00 00 00 00 00 00 00 00 00 00 00 00   ................
0060  00 00 00 00 00 00 00 00 00 00 00 00 00 00 00 00   ................
0070  00 00 00 00 00 00 00 00 00 00 00 00 00 00 00 00   ................
0080  00 00 00 00 00 00 00 00 00 00 00 00 00 00 00 00   ................
0090  00 00 00 00 00 00 00 00 00 00 00 00 00 00 00 00   ................
00a0  00 00 00 00 00 00 00 00 00 00 00 00 00 00 00 00   ................
00b0  00 00 00 00 00 00 00 00 00 00 00 00 00 00 00 00   ................
00c0  00 00 00 00 00 00 00 00 00 00 00 00 00 00 00 00   ................
00d0  00 00 00 00 00 00 00 00 00 00 00 00 00 00 00 00   ................
00e0  00 00 00 00 00 00 00 00 00 00 00 00 00 00 00 00   ................
00f0  00 00 00 00 00 00 00 00 00 00 00 00 00 00 00 00   ................
0100  00 00 00 00 00 00 00 00 00 00 00 00 00 00 00 00   ................
0110  00 00 00 00 00 00 63 82 53 63 35 01 03 3d 07 01   ......c.Sc5..=..
0120  00 50 da ca 0f 33 32 04 0a 40 00 a4 0c 08 43 50   .P...32..@....CP
0130  51 31 32 30 38 00 37 07 01 0f 03 2c 2e 2f 06 ff   Q1208.7....,./..
0140  00 00 00 00 00 00 00 00 00 00 00 00 00 00 00 00   ................
0150  00 00 00 00 00 00                                 ......

0000  00 50 da ca 0f 33 00 80 3e 4b 3e ce 08 00 45 00   .P...3..>K>...E.
0010  01 5e c8 59 00 00 40 11 9c 11 0a 40 00 01 0a 40   .^.Y..@....@...@
0020  00 a4 00 43 00 44 01 4a 28 4c 02 01 06 01 07 02   ...C.D.J(L......
0030  85 2a 00 00 00 00 00 00 00 00 0a 40 00 a4 00 00   .*.........@....
0040  00 00 0a 40 00 01 00 50 da ca 0f 33 00 00 00 00   ...@...P...3....
0050  00 00 00 00 00 00 00 00 00 00 00 00 00 00 00 00   ................
0060  00 00 00 00 00 00 00 00 00 00 00 00 00 00 00 00   ................
0070  00 00 00 00 00 00 00 00 00 00 00 00 00 00 00 00   ................
0080  00 00 00 00 00 00 00 00 00 00 00 00 00 00 00 00   ................
0090  00 00 00 00 00 00 00 00 00 00 00 00 00 00 00 00   ................
00a0  00 00 00 00 00 00 00 00 00 00 00 00 00 00 00 00   ................
00b0  00 00 00 00 00 00 00 00 00 00 00 00 00 00 00 00   ................
00c0  00 00 00 00 00 00 00 00 00 00 00 00 00 00 00 00   ................
00d0  00 00 00 00 00 00 00 00 00 00 00 00 00 00 00 00   ................
00e0  00 00 00 00 00 00 00 00 00 00 00 00 00 00 00 00   ................
```

그림 406 수집된 트래픽의 평문 버전

그림 407은 텍스트 파일을 pcap 추적 파일로 변환하는 간단한 처리를 보여준다. 원래 텍스트가 날짜/타임스탬프를 포함하고 있거나 특정 헤더들을 포함하고 있지 않다면(예를 들어 이더넷[Ethernet] IP, UDP 또는 TCP) Text2pcap 옵션을 사용해서 데이터 앞에 더미 헤더를 붙여 적절히 포맷된 추적 파일을 생성한다.

```
C:\Users\Laura>text2pcap plain.txt plain.pcap
Input from: plain.txt
Output to: plain.pcap
Wrote packet of 342 bytes at 0
Wrote packet of 364 bytes at 342
Wrote packet of 60 bytes at 706
Wrote packet of 60 bytes at 766
Wrote packet of 60 bytes at 826
Wrote packet of 60 bytes at 886
Wrote packet of 60 bytes at 946
Read 7 potential packets, wrote 7 packets

C:\Users\Laura>_
```

그림 407 Text2pcap을 사용해 텍스트 형식의 트래픽을 pcap 형식으로 변환

✻Text2pcap 구문

사용법 text2pcaP [options] <infile> <outfile>

기능/매개변수	설명
입력	
-o hex|oct|dec	(h)ex, (o)ctal 또는 (d)ecimal처럼 오프셋을 분석한다. 기본 값은 hex다.
-t 〈timefmt〉	날짜/시간 코드로, 패킷 전에 텍스트를 다룬다. 특정한 인수는 시간의 문자열 표현에 의해 지원된 정렬의 형식 문자열이다. 예를 들어 시간 '10:15:14.5476'은 형식 코드 '%H:%M:%S'를 가진다. 주의: 현재의 date/time으로부터 date/time 필드는 특별히 명시되지 않은 필드를 위해 기본 값으로 사용된다.
-a	아스키 텍스트 덤프 식별을 활성화한다.
출력	
-l 〈typenum〉	링크 계층 유형 번호다. 기본 값은 1(Ethernet)이다. 번호의 목록은 bpf.h 파일을 보라. 사용자의 덤프가 캡슐화된 패킷의 완전한 16진수 덤프라면 이 옵션을 사용한다. 그리고 캡슐화의 정확한 유형을 명시하기를 바란다. 드물게 사람들이 추적 파일의 16진수 덤프를 나에게 전송한다. 그러나 사용자가 언젠가 누군가와 일할 필요가 있다면 이것이 사용을 위한 도구가 된다.
-m 〈max-packet〉	출력에서 최대 패킷 길이다. 기본 값은 64,000이다.
더미 헤더 붙이기	누군가가 사용자에게 헤더들이 없는 패킷을 포함한 파일을 준다면 와이어샤크에서 추적 파일의 결과를 열 수 있기 전에 패킷 상의 더미 헤더를 미리 붙일 필요가 있다.

(이어짐)

기능/매개변수	설명
출력	
−e 〈l3pid〉	명시된 L3PID(HEX)를 가진 더미 이더넷 II 헤더를 미리 붙인다. 예: ARP 피킷을 명시하기 위한 −e 0x806
−i 〈proto〉	명시된 IP 프로토콜(DECIMAL)을 가진 더미 IP 헤더를 미리 붙인다. 또한 자동으로 이더넷 헤더를 미리 붙인다.
−u 〈srcp〉,〈destp〉	명시된 목적지와 발신지 포트들(10진수)을 가진 더미 UDP 헤더를 미리 붙인다. 또한 자동으로 이더넷 & IP 헤더들을 미리 붙인다. 예: TFTP/U에 패킷들 같이 보이는 패킷들을 만들기 위한 −u 1000 69
−T 〈srcp〉,〈destp〉	명시된 목적지와 발신지 포트들(10진수)을 가진 더미 TCP 헤더를 미리 붙인다. 또한 자동으로 이더넷 & IP 헤더를 미리 붙인다. 예: −T 50,60
−s 〈srcp〉,〈dstp〉, 〈tag〉	명시된 목적지/발신지 포트들과 검증 태그(10진수)를 가진 더미 SCTP 헤더를 미리 붙인다. 또한 자동으로 이더넷 & IP 헤더들을 미리 붙인다. 예: −s 30,40,34
−S 〈srcp〉,〈dstp〉,〈ppi〉	명시된 목적지/발신지 포트들과 검증 태그 0를 가진 더미 SCTP 헤더를 미리 붙인다. 자동으로 페이로드 프로토콜 식별자 ppi에 더미 SCTP 데이터 부분 헤더를 미리 붙인다. 예: −S 30,40,34
기타	
−h	도움말 정보를 표시하고 종료한다.
−d	파서 상태의 상세한 디버그를 보여준다.
−q	어떤 것도 출력하지 않는다(자동으로 정지한다. −d).

✻ Text2pcap 예

다음 표는 text2pcap을 사용해 텍스트 파일을 pcap 추적 파일로 변환하게 하는 명령 문자열의 다양한 예를 보여준다.

명령 문자열과 설명
`text2pcap -h`
text2pcap 옵션을 표시한다.
`text2pcap plainfile.txt newtrace.pcap`
텍스트에서 pcap 형식으로 기본 변환한다.
`text2pcap -e 0x0800 iptext.txt iptrace.pcapng`
미리 붙여진 더미 이더넷 헤더에 의해 텍스트 파일을 pcap 추적 파일로 변환한다. -e 0x0800은 iptext.txt에서 패킷들이 IP 패킷들을 표시한다.

Dumpcap으로 트래픽 수집

Dumpcap은 네트워크 패킷을 수집하고, 수집된 패킷을 libpcap 형식 파일로 저장하는 데 사용된다. 언제든지 수집을 중지하려면 Ctrl-C를 사용하라. Dumpcap은 티샤크의 수집 엔진으로 사용한다. Dumpcap은 티샤크보다는 적은 자원을 사용한다(어떤 상황에서는 장점이다).

Dumpcap 구문

사용법 `dumpcap [options] ...`

기능/매개변수	설명
수집 인터페이스	
-i ⟨interface⟩	인터페이스의 이름이나 인덱스(디폴트: 첫 번째 비-루프 백)
-f ⟨capture filter⟩	libpcap 필터 구문에서 패킷 필터
-s ⟨snaplen⟩	패킷 스냅샷 길이(기본 값: 65535)
-p	promiscuous 모드로 수집하지 않는다.
-B ⟨buffer size⟩	커널 버퍼의 크기(기본 값: 1MB)
-y ⟨link type⟩	링크 계층 유형(기본 값: 첫 번째 적절한)
-D	인터페이스의 목록을 출력하고 종료한다.
-L	인터페이스의 링크 계층 유형의 목록을 출력하고 종료한다.

(이어짐)

기능/매개변수	설명
수집 인터페이스	
-d	수집 필터로 생성된 BPF(Berkeley Packet Filter) 코드를 출력한다.
-S	매초 한 번 각 인터페이스에 대한 통계를 출력한다.
-M	-D, -L, -S는 기계어 출력을 생산한다.
rpcapd 옵션	
-r	수집에서 자신의 rpcap 트래픽을 무시하지 않는다.
-u	rpcap 데이터 전송을 위해 UDP를 사용한다.
-A 〈user〉:〈password〉	rpcap 패스워드 인증을 사용한다.
-m	패킷 샘플링을 사용한다.
중지 상황	
-c 〈packet count〉	n 패킷들 이후 중지(기본 값: 무한)
-a 〈autostop cond.〉 ...	duration:NUM은 NUM초 후 중지한다. filesize:NUM은 NUM KB 후 이 파일을 중지한다. files:NUM은 NUM 파일 후 중지한다.
출력	
-w 〈filename〉	저장하는 파일의 이름(기본 값: tempfile)
-g	출력 파일에 대한 그룹 읽기 접근을 활성화
-b 〈ringbuffer opt.〉 ...	duration:NUM은 NUM초 후 다음 파일로 분기한다. filesize:NUM은 NUM KB 후 다음 파일로 분기한다. files:NUM은 ringbuffer: NUM 파일 후 대체한다.
-n	pcap 형식 대신에 pcapng 형식을 사용한다.
기타	
-t	와이어샤크 1.8과 그 이후 버전: 인터페이스별 스레드 사용
-q	패킷 수집 카운트를 보고하지 않는다.
-v	버전 정보를 출력하고 종료한다.
-h	도움말 정보를 표시하고 종료한다.

✽ Dumpcap 예

다음 표는 특정 설정을 이용해 Dumpcap을 시작하는 수많은 명령 문자열의 예를 보여준다.

명령 문자열과 설명
dumpcap -h
dumpcap 옵션을 표시한다.
dumpcap -i 7 -b files:25 -b filesize:25000 -w capset.pcapng
25,000KB의 최대 파일 크기를 가진 가장 최근의 25개 파일을 수집하고 저장한다. 집합에서 각 파일은 'capset'을 이용해 시작해야 한다.
dumpcap -a duration:3000 -w 5mins.pcapng
3,000초 동안 트래픽을 수집하고 5mins.pcap라 불리는 파일에 이것을 저장한다.

✣ Rawshark 이해

Rawshark은 패킷 데이터 다음에 raw libpcap 패킷 헤더가 있을 것으로 예상한다.

티샤크와는 달리 Rawshark는 캡슐화나 입력 형식에 대한 가정이 없다. Rawshark와 함께 -d <encap:dlt> | <proto:protoname>과 -r <infile> 플래그를 반드시 사용해야 한다. 유용한 출력을 위해 -F <field> 옵션을 사용하는 것을 추천한다.

가장 많은 경우는 커맨드라인 패킷 수집을 위해 티샤크와 dumpcap을 사용하는 것이다. libpcap 파일에 대해서는 파일 헤더(첫 번째 24바이트)를 건너뛰어야 하고, 그 다음에 나오는 파일 데이터에 Rawshark을 적용해야 한다. 다른 종류의 데이터에 대해서는 사용자가 Rawshark에 전송하는 모든 패킷의 패킷 헤더를 생성해야만 한다.

✽ Rawshark 구문

사용법 `rawshark [options] ...`

기능/매개변수	설명
입력 파일	
-r 〈infile〉	읽기 위해 파이프나 파일 이름을 설정한다.
처리	
-R 〈read filter〉	와이어샤크 디스플레이 필터 구문에서의 패킷 필터
-F 〈field〉	표시할 필드
-s	입력에서 PCAP 헤더를 건너뛴다.
-n	모든 이름 변환을 비활성화(기본 값: 모두 활성화)
-N 〈name resolve flags〉	〈name resolve flags〉은 특정한 이름 변환을 가능하게 한다. "mntC" m MAC 주소 변환 활성화 n 네트워크 주소 변환 활성화 t 전송 계층 포트 번호 변환 활성화 C 동시(비동기) DNS lookup을 활성화
-d 〈encap:dlt〉|〈proto:protoname〉	패킷 캡슐화 또는 프로토콜
-p	와이어샤크 1.8과 그 이후 버전: 시스템의 패킷 헤더 포맷을 사용(64비트 타임스탬프를 갖고 있을 수도 있음)
출력	
-S	필드에 대한 형식 문자열(%D는 name, %S는 stringval, %N은 numval)
-t ad|a|r|d|dd|e	타임스탬프의 출력 형식(기본 값: r은 첫 번째에 대해 상대적) ad absolute with date: 절대적인 날짜와 시간은 수집된 패킷의 실제 날짜와 시간 a absolute: 절대적인 시간은 수집된 패킷의 실제 시간, 날짜는 출력되지 않는다. r relative: 상대적인 시간은 첫 번째 패킷과 현재 패킷 사이의 경과 시간 d delta: 델타 시간은 이전 패킷이 수집된 이후의 시간 dd delta_delayed: 표시된 델타 시간은 이전에 표시된 패킷이 수집된 이후의 시간 e epoch: 특정 날짜 이후의 초 시간(Jan 1, 1970 00:00:00)

(이어짐)

기능/매개변수	설명
출력	
-l	각 패킷 후에 출력을 플러시(flush)한다.
기타	
-h	도움말 정보를 표시하고 종료한다.
-v	버전 정보를 표시하고 종료한다.
-o 〈name〉:〈value〉 ...	환경설정을 제거한다.

사례 연구: GETS와 혐의자 찾기

제출자 익명(그렇지 않으면 바보로 보기 때문이다)

한 직원의 PC에 들어오고 나가는 모든 트래픽을 살펴보기 위해 1주 동안 와이어샤크를 실행했다. 그 직원은 어쨌든 경쟁사의 사이트에 연결했고 경쟁사는 우리 회사의 가격표 일부분을 갖고 있었다. 우리는 그들이 불법적으로 획득했다고 확신했다. 우리는 100MB 크기인 일련의 추적 파일을 생성해냈다. 와이어샤크를 이용해 열기에는 너무나 큰 크기다.

티샤크를 좀 더 조사한 후에 우리는 HTTP GET 요청에서 그 파일 이름을 참조하는 모든 패킷을 쉽게 끄집어낼 수 있음을 알았다. 심지어는 패킷 속의 어디에 있는지도 알 수 있다.

다음 티샤크 명령을 사용했다.

```
tshark -r capcorp1.pcap -R "http.request-method--GET &&
frame contains "pricex""
```

관심 있는 파일 이름은 문자열 pricex를 포함하고 있는 파일이다. 티샤크에서는 특정하게 HTTP GET 요청만을 살펴볼 수 있었다. 그래서 pricex를 찾기 위해 해당 부분을 실행했다.

바로 파일 결과를 저장할 필요가 있음을 깨달았다 그래서 별도의 파일에 이들 패킷을 저장하게 -w project.pcap를 추가했다(와이어샤크의 최신 버전은 라이브 트래픽 수집을 하는 중에는 -R 매개변수를 사용할 수 없음을 알았다. 그래서 트래픽을 .pcap 파일로 수집하고 수집된 파일에 대해 티샤크를 실행했다. 이것이 Bug2234에서 취급하고 있는 방법이다. 디스플레이 필터 -R을 가진 티샤크 수집을 필터링하는 것은 더 이상 동작하지 않는다). 나는 이것이 고쳐지기를 바란다.

파일이 있는 사이트를 살펴보는 용의자를 볼 수 있을 것이라고 생각했다. 그런데 3일 후에, 빙고! 며칠 전에 발표된 새로운 가격표 복사본을 업로드까지 하는 그들을 보았다.

경쟁사로 모든 가격 데이터를 전송한 직원에 대한 명백한 증거를 갖게 됐다.

정리

와이어샤크는 네트워크 트래픽을 수집하고 조작하고 분석하는 추가적인 기능을 제공하는 커맨드라인 도구를 포함한다. 또한 wireshark.exe가 와이어샤크의 GUI 버전을 시작하더라도 이것은 특정 인터페이스, 필터, 또는 다른 로딩 순서 열을 위해 적소에 특정 매개변수를 이용해 시작하게 설정할 수 있다.

티샤크는 트래픽 수집과 심지어 적소에 특정 매개변수를 가진 추적 파일을 로드하기 위한 커맨드라인 도구를 제공한다. 자원 오버헤드가 와이어샤크의 GUI 버전보다 훨씬 적다. 그러나 다른 커맨드라인 수집 도구인 Dumpcap보다는 크다. Rawshark는 3번째이지만 드물게 사용되며, 와이어샤크와 함께 포함된 커맨드라인 수집 도구다. Capinfos는 추적에서 패킷의 수, 평균 데이터율과 평균 패킷 크기 같은 추적 파일의 상세 정보를 빠르게 볼 수 있다. Mergecap은 여러 추적 파일을 병합하는 데 사용할 수 있다. 병합은 File ▶ Merge를 통해서도 가능하지만 도구는 파일에 있는 타임스탬프에 명시된 이외의 순서대로 추적 파일을 병합하는 데 사용할 수 있다. Editcap은 추적 파일 타임스탬프를 변경하고, 큰 추적 파일을 파일 세트로 분리하고, 중복된 패킷을 제거하거나 추적 파일 유형을 바꾸는 것까지 하는 대단한 도구다. Text2pcap은 텍스트 파일을 추적 파일로 변환시키는 데 사용할 수 있다. 이것은 다른 도구를 사용해 추적 파일을 조작하거나 와이어샤크에서 추적을 로드하는 것을 허가한다.

학습한 내용 복습

이 책의 웹사이트인 www.wiresharkbook.com의 다운로드 섹션에서 사용 가능한 추적 파일을 다운로드한다. 다음 추적 파일을 사용해 커맨드라인 도구를 연습하시오.

ftp-clientside.pcapng와 ffp-serverside.pcapng	이들 추적 파일은 FTP 파일 전송을 나타낸다. 하나의 추적 파일은 전송 중 클라이언트 측에서 수집했고, 다른 하나는 서버 측에서 수집했다. 이들 2개의 추적 파일에 있는 타임스탬프를 검사하라. 네트워크에 있는 두 지점에서 수집한 추적이 시간이 동기화되지 않은 호스트에서 수집한 것이라면 한 파일에서 타임스탬프를 변경할 필요가 있을 것이다. 각 추적 파일에서 첫 번째 패킷의 타임스탬프는 무엇인가?(한 추적 파일의 타임스탬프를 변경할 필요가 있다면 editcap를 사용하시오) 2개의 추적 파일을 결합하기 위해 Mergecap을 사용하라. 와이어샤크는 타임스탬프 정보를 기반으로 파일을 병합한다. 결합된 추적 파일을 검사할 때 클라이언트와 서버 위치 모두에서 수집되기 때문에 패킷들이 중복돼 나타나는 것을 보게 될 것이다. 그것들은 중복이 아니다, 그러나 이 상황을 좀 더 분명하게 만드는 패킷 목록 창을 보기 위해 MAC 헤더를 검사하라. 패킷 목록 창에 하드웨어 주소 칼럼을 추가해서 이 상황을 더 자세히 볼 수도 있다.
tcp-pktloss94040.pcapng	이 추적은 www.cnn.com으로 브라우징하는 세션을 보여준다(매우 큰 패킷 손실). 다양한 TCP 문제를 비교하기 위해 IO 그래프를 구축하는 것을 고려하자. 이것은 유익하다. 94,000개 패킷 이상 크기의 파일이 작동한다. 이것을 로드하는 데 너무 시간이 오래 걸린다면 좀 더 작은 크기로 나누기 위해 Editcap를 사용하는 것을 고려해보라.

연습문제

Q33.1 티샤크의 중요한 목적은 무엇인가?

Q33.2 어떤 커맨드라인 도구가 추적 파일에서 패킷 타임스탬프를 변경하는 데 사용될 수 있는가?

Q33.3 어떤 커맨드라인 도구가 수집 파일 유형, 패킷 수, 그리고 추적 파일의 수집 시간을 표시하는 데 사용될 수 있는가?

Q33.4 사용자가 메모리가 낮은 시스템과 패킷으로 포화된 네트워크에서 작업하고 있다. 트래픽을 수집하기 위해 tcpdump나 티샤크를 사용하겠는가?

연습문제 답

Q33.1 티샤크의 중요한 목적은 무엇인가?

A33.1 티샤크의 중요한 목적은 커맨드라인 패킷 수집을 제공하는 것이다. 티샤크는 GUI 수집을 선호한다. GUI WIreshark.exe보다 적은 자원을 요구하기 때문이다.

Q33.2 어떤 커맨드라인 도구가 추적 파일에서 패킷 타임스탬프를 변경하는 데 사용될 수 있는가?

A33.2 Editcap을 이용하면 -t 매개변수를 사용해 패킷 타임스탬프를 변경할 수 있다.

Q33.3 어떤 커맨드라인 도구가 수집 파일 유형, 패킷 수, 그리고 추적 파일의 수집 시간을 표시하는 데 사용될 수 있는가?

A33.3 Capinfos는 추적 파일에 대한 많은 통계를 보여주는 데 사용될 수 있지만, 추적 파일에 포함된 프로토콜과 애플리케이션에 대한 정보는 보여주지 않는다. 추적 파일에 있는 프로토콜과 애플리케이션에 대한 정보를 위해 -z 매개변수를 가진 티샤크를 사용하라.

Q33.4 사용자가 메모리가 낮은 시스템과 패킷으로 포화된 네트워크에서 작업하고 있다. 트래픽을 수집하기 위해 tcpdump나 티샤크를 사용하겠는가?

A33.4 tcpdump와 티샤크 사이에서 tcpdump는 좀 더 적은 시스템 자원을 사용하지만 많은 수집 구성 옵션을 제공하지는 않는다.

참고 웹사이트

부록의 목록을 다운로드하려면 www.wiresharkbook.com을 방문하시오.

- Video Starters
- Chanalyzer Pro/Wi-Spy Recordings(.wsr 파일)
- MaxMind GeoIP 데이터베이스 파일(.dat Files)
- PhoneFactor SSL/TLS 취약성 문서/추적 파일
- 와이어샤크 맞춤형 프로파일
- 추적 파일 지침

Video Starters

패킷 수집, 수집 필터, 디스플레이 필터링, 프로파일 생성, 프로파일 가져오기 등과 같은 기본적 와이어샤크를 무료 온라인 비디오 시리즈로 볼 수 있어 와이어샤크에 빨리 가까워질 수 있다.

Chanalyzer/Wi-Spy Recording(.wsr 파일)

이 책의 웹사이트(www.wiresharkbook.com)에서 다운로드 섹션은 WLAN 환경에서 간섭을 시험하는 데 사용되는 Metageek의 Chanalyzer 소프트웨어로 재생할 수 있는 수많은 Wi-Spy 기록을 제공한다. 이렇게 멋진 Chanalyzer Pro Recording을 제공해 준 MetaGeek 팀에게 고맙게 생각한다.

www.metageek.net/wiresharkbook에서 Chanalyzer 최신 버전을 다운로드하라.

.wsr 레코딩 이름	설명
80211n 40 MHz file transfer.wsx	이 비디오 파일은 2.4GHz 대역 안의 40MHz 폭의 802.11n 설정을 잘 설명해준다. 이렇게 하면 대역의 반 이상을 거의 차지하고, WLAN 구현에 간섭 없는 채널의 수를 심각하게 제한한다. 5GHz 대역 본딩을 통해 채널을 절약하라.
Lotsa Interference.wsx	와이파이 네트워크, 무선 전화기와 A/V 트랜스미터에 대한 비디오다. 와이파이 채널 1에서 간섭이 있을 때 연결을 유지하는 데 문제가 있으면 네트워크 그래프 안의 SSID1을 점검하라.
Pocket Jammer.wsx	이것은 포켓 크기 2.4GHz 재머에 대한 비디오다. 생각했겠지만, 이것은 의도적으로 대역 전체를 재밍하고 범위 안의 모든 통신을 마비시킨다(와이파이도 포함해서).
Soundalier.wsx	Soundalier는 소비자 오디오/비디오 장치로서 집안 전체를 스테레오로 설정했을 때 원격 스피커로 전송하는 데 사용된다. 이 신호는 많이 사용되고 특성이 거의 35MHz 폭을 갖기 때문에 이런 장치는 2.4GHz 대역 와이파이에서 문제가 많다.

MaxMind GeoIP 데이터베이스 파일(.dat 파일)

이 책의 웹사이트(www.wiresharkbook.com/download)에서 다운로드 섹션은 OpenStreetMap 윈도우에서 IP 주소를 그들의 위치에 매핑하게 하는 세 개의 MaxMind GeoIP 데이터베이스 파일을 포함하고 있다. 세 데이터베이스 파일은 ASN 정보, 도시 정보, 국가 정보를 포함한다. 무료 데이터베이스의 가장 최신 복사본은 www.maxmind.com에서 받을 수 있다.

이 디렉터리는 또한 최신 MaxMind GeoIP 데이터베이스 파일을 어떻게 얻을 수 있고, GepIP를 사용하고, OpenStreetMap 윈도우에 IP 주소를 배치하기 위한 와이어샤크 설정을 보여주는 MP4 트레이닝 동영상(geoip_wireshark.mp4)을 포함한다.

PhoneFactor SSL/TLS 취약성 문서/추적 파일

이 책의 웹사이트(www.wiresharkbook.com)에서 다운로드 섹션은 Steve Dispensa와 PhoneFactor 사의 Ray Marsh가 작성한 TLS 재협상 취약성에 대한 연구 문서를 갖고 있는 zip 파일을 포함한다. 또한 zip 파일은 프로토콜 다이어그램, 추적 파일 인증서, 키를 포함한다.

Steve와 Ray가 어떻게 그들의 연구에서 와이어샤크를 사용했는지에 대한 더 자세한 정보는 30장의 'SSL/TLS 취약성 연구'라는 사례 연구를 확인하라.

Wireshark 맞춤 프로파일

이 책의 웹사이트(www.wiresharkbook.com/download)에서 다운로드 섹션은 4개의 프로파일Profile을 포함한다. 이런 프로파일을 어떻게 사용하는지에 대한 더 자세한 정보는 11장을 참조하라.

- Troubleshooting
- Exploits(MS TCP Windows Issues)
- Nmap Detection
- VoIP
- WLAN

와이어샤크에서 Help ▶ About Wireshark ▶ Folders를 선택해서 개인 설정 폴더가 어디에 있는지 찾아보라. 이미 프로파일을 생성했다면 Profiles 디렉터리를 볼 수 있다. 이곳이 전체 프로파일 디렉터리 집합 www.wiresharkbook.com/download 을 복사할 수 있는 곳이다.

추적 파일 지침

이 책의 웹사이트(www.wiresharkbook.com)에서 다운로드 섹션은 부록의 추적 파일을 포함한다. 이 책의 웹사이트와 다음과 같은 사용에 대한 라이선스를 확인하라.

합리적인 변호사 수임료를 포함한 제 3자에 의해 만들어진 포함된 추적 파일의 사용에서 발생되는 TOS의 위반이나 또 다른 권리 위반으로부터 Protocol Analysis Institute와 그것의 자회사, 계열사, 임원, 대리인, 직원, 파트너, 악의 없는 라이선서를 유지하고 보장하는 데 동의한다.

상업적 재사용 금지

사용자는 www.wiresharkbook.com에서 사용 가능한 어떤 추적 파일도, 상용 목적을 위해 재생산, 복제, 복사, 판매, 매매, 재판매 또는 활용하지 말아야 한다.

추적 파일과 패킷 설명

이 아이콘은 추적 파일에 추적 파일 설명을 포함하고 있음을 나타낸다. 추적 파일에 대한 설명을 보려면 Statistics ▶ Summary를 선택하거나 상태 바에서 Comments button을 클릭하라.

⊞ 이 아이콘은 추적 파일에 패킷 설명을 포함하고 있음을 나타낸다. Expert Infos 창을 열고 패킷 주석Packet Comments 탭을 클릭해서 추적 파일 안에 있는 모든 패킷 설명을 보라. 설명을 두 번 클릭하면 해당 패킷으로 점프할 수 있다.

추적 파일 이름		설명
app-aptimize-off.pcapng	⊞	이 추적 파일은 8장의 례 연구에서 언급된다. 이것은 비활성화된 Aptimize Web Accelerator가 없는 웹 브라우징 세션이다.

추적 파일 이름	설명
app-aptimize-on.pcapng	이 두 번째 추적 파일도 8장의 사례 연구에서 언급된다. 이것은 활성화된 Aptimize Web Accelerator가 없는 웹 브라우징 세션이다.
app-aptimize-on-fromcache.pcapng	이것은 sharepoint.microsoft.com 사이트에서 로드 시간이 활성화된 Aptimize Web Accelerator와 함께하는 것처럼 보이고 페이지는 캐시 밖에 제공된다. If-Modified-Since 요청 기법에 대한 정보를 위해 23장을 참조하라.
app-bit-torrent-background.pcapng	사용자가 BitTorrent를 사랑하지 않는가? 이것 참, 사용자의 네트워크는 그렇지 않다. 이것은 깨끗한 시스템에서 BitTorrent를 시작함으로써 오는 백그라운드 트래픽이다. 패킷/초와 바이트/초를 보기 위해 IO Graph를 구축하자. 기본 IO 그래프에 대한 상세한 정보를 위해 8장을 참조하라.
app-iperf-default.pcapng	iPerf 기본 테스트에서 트래픽은 단지 클라이언트로부터 서버로 전송된다. 패킷 목록 창에 tcp.len 칼럼을 추가하는 것을 고려하자. 그리고 발신지 칼럼을 정렬하자. 사용자는 0의 길이를 갖는 192.168.0.99부터의 모든 패킷을 볼 것이다. tcp.len 값 추적에 대한 상세한 정보는 21장과 29장을 참조하라.
app-iperf-parallel4-dualtest.pcapng	이 테스트는 iPerf 클라이언트와 서버 사이에서 8개의 개별적인 연결을 병렬로 수행한다. 구성에서는 병렬로 4개의 테스트를 수행하기 원하는 것을 표시하기 위해 -P 매개변수를 사용했다. 그것은 총 8개의 연결을 생성했다(각 방향으로 4개). 이것은 두 호스트 사이의 다중 연결 능력을 검사하는 아주 좋은 방법이다. tcp.len 값 추적에 대한 상세한 정보는 21장과 29장을 참조하라.
app-iperf-udp-b1_10_100.pcapng	우리는 10Mbps와 100Mbps에서 대역폭을 정의하기 위해 -b 매개변수를 사용한 UDP에서 iPerf 검사를 수행했다. 각 예에서 우리가 설정한 대역폭의 50% 정도만 도달했다. UDP 대화들을 비교하고 iPerf 설정 변경을 보기 위한 기본 IO Graph을 생성하는 상세한 정보는 8장을 참조하라.
app-iradio.pcapng	라디오는 나의 귀에 대해 최소한의 오버헤드를 가진 음악이다! 라디오는 네트워크에서 비디오보다 선호된다. 이 트래픽에서 IO Graph를 생성하는 상세한 정보는 8장을 참조하라. app-youtube1.pcapng나 app-youtube2.pcapng 추적 파일을 위한 IO Graph와 이 IO Graph를 비교하자.

추적 파일 이름	설명
app-is-pwdxfer.pcapng	눈에 보이지 않는 비밀은 최초로 스티가노 그래픽를 위해 사용됐다. 그러나 이것은 안전하게 패스워드를 전송할 수 있었다. 이 추적은 안전한 패스워드 전송 프로세스를 보여준다. 이것이 보이지 않는 비밀 4 통신이라는 명확한 텍스트 표시를 공지한다. 와이어샤크를 이용해 해부되지 않는 트래픽의 목적을 해석하는 상세한 정보는 10장을 참조하라.
app-live-chat.pcapng	이것은 아주 안전한 연결을 생성하는 지원 라인인 라이브 챗이다. 기다리자! 122개의 아주 안전한 연결을 만들자. 너무 심한 것 아닌가? 얼마나 많은 트래픽이 하찮은 물의를 일으키는 패킷을 사용하는지 보기 위해 Statistics ❯ Packet Length를 선택하자. 8장을 참조하라.
app-mcafeeeupdateslow.pcapng	이것이 클라이언트 또는 서버 또는 네트워크에 문제인가? McAfee 업데이트는 너무 오래 걸린다(60초 이상). 평균 Mbit/초를 보기 위해 Statistics ❯ Summary를 열자. 문제 해결 시간을 위한 방법(기본 문제들)을 검사하려면 7장을 참조하라.
app-messenger-ugly.pcapng	Messenger 팝업을 기반으로 하는 제품을 사는 누구도 그들이 원하는 것을 얻을 가치가 있다. 이 팝업은 ICMP 목적지 도달 불가/포트 도달 불가 응답(패킷 2)을 사용해 거절된다. 두 패킷 모두에서 'message'는 평문 텍스트 형식이다. 윈도우 목적지 시스템이 ICMP 응답에서 완전한 근원 요청을 포함하기 때문이다(사양에서는 근원지 데이터그램 데이터의 첫 번째 64비트를 포함하기 때문에 불필요하다고 말한다). 다양한 ICMP 응답에 대한 상세한 정보는 18장을 참조하라.
app-nodissector.pcapng	와이어샤크가 이 애플리케이션을 위한 분석기를 갖고 있지 않더라도 다음의 TCP 스트림이 이것이 AIDA32 트래픽임을 보여준다. 와이어샤크가 사용자 트래픽을 위한 분석기를 갖고 있지 않다면 응용을 식별하는 데 도움을 주는 어떤 증거를 찾거나 www.iana.org에서 포트를 룩업 하게 페이로드를 검사한다. 와이어샤크를 이용해 해부되지 않는 트래픽의 목적을 알아내기에 대해 상세한 정보를 보려면 10장을 참조하라.

추적 파일 이름	설명
app-norton-failed.pcapng	http상의 필터는 무엇이 발생했는지를 좀 더 명확히 볼 수 있다. 이것은 핸드셰이크 패킷과 ACK 응답을 제거할 것이다. 왜 이 Symantec LiveUpdate 프로세스가 실패하는가? 왜 http 필터가 tcp.port==80로부터 다른지 배우기 위해 23장을 참조하라.
app-norton-update.pcapng	클라이언트는 최소한의 HTTTP 404 응답 코드를 가진 Symantec 제품을 위해 이것의 가입을 갱신한다. 주기적인 GET 요청(15초 간격으로)(패킷 20)(패킷 415)(패킷 431)이 나타난다. 얼마나 이 질의가 자주 일어나는지를 발견하기 위해 이들 패킷의 하나에 http.request.uri 필드를 필터링하자. 모든 대답이 동일한가? 23장을 참조하라.
app-norton-update2.pcapng	이 Symantec 업데이트 프로세스는 매우 잘 동작하는 것처럼 보이지 않는다. http.response.code==04를 위한 필터를 구축하고 'File Not Found' 응답의 번호를 주목하자. 적용된 (1) !http.response.code==404와 (2) http.response.code !=404 사이의 다른 점을 비교하자. 좋아! 네거티브 피연산자를 사용한 상세한 정보는 9장을 참조하라.
app-norton-update2012.pcapng	2012년 1월에 Norton Update를 다시 방문한다. 많은 수의 HTTP 304 응답을 조사하면서 최근에 클라이언트는 업데이트를 수행했다는 것을 말할 수 있다. 이 추적 파일에는 몇 가지 흥미로운 응답이 들어있다. HTTP Packet Counter를 점검하라. 23장을 참조하라.
app-twitter_post_tweet.pcapng	이 추적은 네트워크상 Tweet 포스팅이 하는 일이 무언지 보여준다. 사용자는 www.chappellseminars.com에서 완전한 Twitter 분석 보고서를 발견할 수 있다. 응용 테스팅을 위한 필터 설정에 대한 좀 더 많은 정보는 4장을 참조하라.
app-twitternames.pcapng	분석하는 것이 지겨워질 때 이들 Twitter 간략 소개의 이름을 수집하고 점검해보면 재미있다. Twitter에서 이미지로 사용하기 위해 어떤 것을 선택하든 파일 이름에 _normal.jpg가 붙는다. 하지만 어떤 이름은 정상이 아니다. 이 추적은 필터 없이 수집했지만 디스플레이 필터로 http.request.method=="GET"을 사용했고, 바로 필터링된 패킷을 저장했다. 9장을 참조하라.

추적 파일 이름	설명
app-webcast-keepalive.pcapng	이 비디오캐스트는 추적 파일로 130초에 종료된다. IO 그래프를 생성해서 비디오가 끝나고 클라이언트가 연결을 살려놨을 때(패킷 2562)(패킷 2572) 6초마다 caption.spx?iletype=1에 대한 GET 요청을 보내 keep alive 프로세스를 관찰해보라. 이것은 비디오를 다운로드하는 동안 계속 발생한다. 23장을 참조하라.
app-wow-look4wireshark.pcapng	이것은 챗을 포함한 World of Warcraft 세션이다. TCP 스트림을 재조립하고 스트림에서 와이어샤크의 위치를 정하기 위해 Find를 사용하라. 재미있지? 10장을 참조하라.
app-youtube1.pcapng	어떤 응용 분석을 하는 시간에 얼마나 많은 대역폭이 YouTube 비디오를 소비하는 데 사용되는가? IO 그래프를 생성하고 bits/tick을 위해 Y축을 설정하자. 8장에서 보여주는 응용 분석 프로세스를 참조하라.
app-youtube2.pcapng	YouTube 대역폭의 또 다른 검사로, IO 그래프를 생성하고 bits/tick을 위해 Y축을 설정하자. 8장의 응용 분석 사례 연구를 참조하라.
app-zonealarm-update.pcapng	이것은 정상 ZoneAlarm 업데이트다. 어떻게 사용자의 개인 방화벽과 바이러스 탐지 도구들이 갱신을 수행하는지를 아는 것은 중요하다. 8장의 응용 분석 사례 연구를 참조하라.
arp-badpadding.pcapng	ARP 패킷들은 최소 크기 패킷들이고, 이 이더넷 네트워크를 위해 최소 64바이트 길이가 되게 채워져야 한다. 이들 패킷의 패딩을 살펴볼 때 놀랄만한 것을 볼 수 있다(패딩 내의 데이터). 이것은 2003 주위로 포장되는 보안 결점이다. NIC 드라이버가 캐시로부터 정보를 이용해 패킷들을 패딩하는 것을 보자. 여전히 이것을 가끔씩 본다. 얼마나 길게 사용자 시스템들이 NIC/driver를 가져야 하는가? 16장을 참조하라.
arp-bootup.pcapng	이것은 DHCP Request/ACK 순서로 시작하는 고전전인 클라이언트 부트업 순서다(클라이언트가 아직 이것의 임대 시간 안에 있다는 것을 표기한다). 그리고 ARP를 DHCP ACK(패킷 2)에 정의된 기본 게이트웨이로 전송하기 전에 무상 ARP 프로세스로 이동한다. 그러나 이것은 빠른 프로세스가 아니다. 사용자들은 일반적으로 느린 부트 프로세스를 받아들이기는 하지만 느린 로그인 순서는 수용하지 않는다. 22장을 참조하라.

추적 파일 이름	설명
arp-bootup2.pcapng	또 다른 고전적 클라이언트 부트업 순서다. 클라이언트는 기본 게이트웨이(24.6.168.1)를 찾는 데 놀랍게도 13초나 걸리는 Asus 기종이다. 랙에 있기에 좋은 컴퓨터는 아니다. 그렇지 않은가? 16장을 참조하라.
arp-iphonestartup.pcapng	자기 중요성으로 꽉 찬 감정과 느낌을 가진 아이폰 ARP는 ARP 찾기와 무상 ARP로 네트워크를 혼란스럽게 만든다. 무상 ARP 이전에는 출발지가 0.0.0.0이었음을 알고 있었는가? 169.255.255.255에 대한 ARP를 알고 있는가? 이들 폰들은 제로 구성 네트워크 설정을 위해 특별한 단계를 수행한다. 좋아하거나 싫어하거나 그들 말에 따라야 한다. 16장은 네트워크에서 볼 수 있는 ARP 트래픽의 일반적인 유형을 다룬다.
arp-ping.pcapng	이 추적 파일은 새로 할당된 IP 주소를 이용해 시동 순서를 보여준다. 무상 ARP와 10.1.0.1를 위한 ARP 사이에서 지연이 되는 원인은 무엇인가? 사용자는 ICMP Echo 요청에서 인식 가능한 패딩을 볼 수 있는가? 16장과 18장을 참조하라.
arp-pmode-scan-nstpro.pcapng	이 추적 파일은 30장에서 강조한 NetScanTools Pro의 무차별 모드 스캐닝 프로세스를 보여준다. 이 스캔 프로세스에서 사용된 다른 발신 MAC 주소에 주의하라. 응답이 없다는 뜻은 무차별 모드에 있기 때문에 192.168.0.22를 인식할 수 없다는 뜻이다. 무차별 모드에 대한 더 많은 정보는 30장을 참조하라.
arp-poison.pcapng	통신을 스케치하기 위해 펜과 종이를 꺼내라(MAC 헤더에 대해 주의를 기울이는 것뿐만 아니라 ARP 패킷 안에 광고된 MAC 주소에도 주의하라). ARP와 ICMP Echo 요청을 결합해서 사용하면 시스템은 오염되고 오염 프로세스를 검사한다. 오염시키는 자의 IP 주소를 알아낼 수 있는가? ARP 오염에 대한 좀 더 많은 정보는 32장을 참조하라.
arp-recon.pcapng	이 추적 파일은 ARP 정찰 프로세스에 대해 설명한다. 무엇이 비순차적 목적지 IP 주소를 설명하는가? 사용자는 ARP 목적지 주소로 트랜스미터의 서브넷 마스크를 결정할 수 있는가? 31장을 참조하라.

추적 파일 이름	설명
arp-standard.pcapng	이것은 16장에서 설명하는 것처럼 기본적인 ARP 요청과 응답이다. 모든 ARP 응답이 로컬 네트워크상의 장치로부터 오는 것처럼 요청과 응답 사이에서 시간 안에 큰 갭이 있어서는 안 된다. 무엇이 이 표준 ARP 조회에서 응답 시간인가?
arp-sweep.pcapng	이 추적 파일은 32장에서 언급하는 클래스 ARP 스윕을 보여준다. 이 ARP 스윕은 단지 큰 논스톱 스위프가 아니다. IO 그래프를 그리고 Fbar 형식으로 Graph 2에 arp.src.proto_ipv4 == 192.168.0.102 필터를 적용하라. 그러면 ARP 스윕 패킷을 디스플레이할 것이다. 응답은 아니다.
cdp-general.pcapng	이것은 네트워크상에서 떨어져 있는 Cisco Discovery Protocol(CDP) 채팅이다. 목적지 주소와 IP 헤더의 부족을 공지한다. 이것은 단지 로컬 링크 자료다. 어떤 VLAN이 이 네트워크에서 구동한다고 말할 수 있는가? VLAN에서 트래픽을 수집 하는 상세한 정보는 3장을 참조하라.
cldap-general.pcapng	이것은 마이크로소프트 환경에서 일반적인 Connectionless Lightweight Access Directory Access Protocol(CLDAP) 조회 서비스다. 15장에서 보여준 DNS 조회 프로세스와 이 조회 프로세스를 비교하라.
client_init_renego.pcap [PhoneFactor Trace File]	PhoneFactor 그룹에서 제공한 추적 파일로, SSL 키를 내보내는 실습을 해보라. 모든 키를 저장할 \key 디렉터리를 생성해보라. 와이어샤크 1.6에서는 File ❯ Export를 이용해서 SSL Session Keys를 내보낼 수 있다. 추적 파일에서 세션 키는 무엇인가? 23장을 참조하라.
dhcp-addressproblem.pcapng	어떤 때는 DHCP 서버에 문제가 발생한다. 누가 주소를 얻으려고 시도하고 누가 제대로 된 주소를 갖는가? DHCP 서버를 다시 부팅해서 이 문제를 해결할 수 있다. 22장을 참조하라.
dhcp-boot.pcapng	이 추적 파일은 임대 시간 밖에 있는 클라이언트를 위한 기본 DHCP 부트 순서열을 보여준다. 이 클라이언트가 요구한 IP 주소를 받았는지 아닌지를 결정하는 DHCP Discover 패킷을 조사하라. 4 패킷 DHCP 부트 순서열에 대한 좀 더 많은 정보를 보려면 22장을 참조하라.

추적 파일 이름	설명
dhcp-decline.pcapng	이 추적 파일은 22장에서 언급된다. DHCP 클라이언트는 192.168.0.102를 원한다. 그러나 서버는 192.168.0.104를 제공한다. 클라이언트가 DHCP Decline을 생성하기 전까지는 OK처럼 보인다. 네트워크를 ARP 스캔하고 나서 192.168.0.104가 정적으로 할당됐다는 사실을 알면 일반적으로 이것은 클라이언트가 누군가 그 IP 주소를 갖고 있다고 생각한다는 것을 나타낸다. 오직 DHCP 트래픽만을 필터링했기 때문에 다른 지국의 통신 내용은 알 수 없다.
dhcp-jerktakesaddress.pcapng	DHCP 서버는 다운돼 있다. 그러나 클라이언트는 이전에 사용하던 마지막 주소를 기억하고 있고 그것을 되돌려 받으려고 한다. 물론 이것이 무상 ARP(패킷 3)를 수행한다. 클라이언트는 기본 게이트웨이를 발견하기 위해 라우터 solicitation(ugh)를 사용한다. 결국 12초 동안 추적을 해서 DHCP 서버를 다시 찾았다(패킷 8). 22장을 참조하라.
dhcp-nackweirdudp.pcapng	시간을 가지고 이 추적 파일을 전반적으로 살펴보기 바란다. 첫 번째 DHCP 요청 패킷의 문제점은 무엇인가? 어떤 이상 ARP 패킷이라도 있었는가? 22장과 16장을 참조하라.
dhcp-offer-info.pcapng	사용자는 네트워크상의 다른 장치에 대해 많은 것을 배울 수 있다. 사용자가 스위치에 매달려 있지 않거나 사용자가 라우터의 다른 쪽에 있다고 하더라도(그들의 DHCP 트래픽 흐름이 사용자의 네트워크를 가로지르는 동안). DHCP Offer 패킷은 교환된 네트워크상의 어디에나 가는 브로드캐스트 주소로 전송되고 흥미 있는 정보를 포함하고 있다. 예를 들어 패킷 3을 살펴보자. DHCP Discovery 패킷에는 또한 상당히 많은 정보가 들어있다. 22장을 참조하라.
dhcp-relay-serverside.pcapng	이 통신이 DHCP Relay Agent에서 DHCP Server로 간다는 것을 알아보기 위해 DHCP 패킷 내의 클라이언트 MAC 주소와 Ethernet 헤더에서 발신지 MAC 주소를 비교하자. 클라이언트는 이것이 아직 이것의 임대 시간 내에 있기 때문에 Requested IP Address를 전송하고 DHCP Request 시작한다. 22장을 참조하라.
dhcp-renewtorebind.pcapng	DHCP 클라이언트는 10.1.0.1로부터 자신의 IP 주소를 갱신하는 데 실패했다. 그래서 클라이언트는 새로운 DHCP 서버를 발견하기를 기대하며 DHCP Request을 브로드캐스트한다. DHCP 클라이언트가 응답을 받지 못하면 클라이언트는 IP 주소를 포기하고 처음부터 다시(패킷 7) 발견 프로세스를 시작한다. 22장을 참조하라.

추적 파일 이름	설명
dhcp-serverdiscovery.pcapng	이 추적은 NetScanTools Pro을 사용한 네트워크상의 나쁜 DHCP 서버 위치를 알아내기 위해 사용되는 2개의 다른 DHCP Discover 패킷을 보여준다. 차이점을 알아보기 위해 DHCP 패킷의 클라이언트 ID 필드 안을 살펴보자. 22장을 참조하라.
dhcp-server-slow.pcapng	DHCP 서버와의 사이에 문제가 발생했다. 클라이언트가 부트업하고 주소를 획득하려고 할 때 트랜잭션 ID 번호를 살펴보라. 왜 6초씩이나 기다려야 했는가? 패킷이 손실된 것인가 아니면 DHCP 서버의 문제인가? 패턴을 살펴보기 위해 상당히 많은 DHCP 트래픽을 확보하려고 한다. 22장을 참조하라.
dns-errors-partial.pcapng	이 상황에서 엔맵의 사이트 www.nmap.org나 www.insecure.org 에 접속을 시도한다. 연결이 되지 않는 것 같다. DNS 서버가 다운됐는가? 추적 파일을 보면 알 수 있다. DNS 분석상의 좀 더 많은 정보를 위해 15장을 참조하라.
dns-icmp-fault.pcapng	이 DNS 조회에 무슨 잘못이 있는가? 왜 이것은 동작하지 않는가? 그건 쉽다. ICMP Type 3/Code 3 응답이 무엇을 의미하는지 알고 있다면 18장을 참조하라.
dns-lousyhotelnetwork.pcapng	이 추적 파일은 정말로 느린 DNS 응답을 가지고 시작한다. 실제로 클라이언트는 2개의 DNS 조회를 전송한다. 첫 번째 DNS 응답이 도착할 때 클라이언트는 리스닝 포트를 종료하고 두 번째 DNS 응답에 대해 ICMP 목적지 도달 불가/포트 도달 불가로 응답한다. 패킷 손실로 인해 얼마나 많은 지연이 일어나는가? 15장을 참조하라.
dns-misc.pcapng	www.winpcap.org, www.msnbc.com, www.espn.com에 접속하기 위해 요구되는 DNS lookup들을 비교하라. 회사 서버에 연결할 때 발생하는 DNS 트래픽을 검사하라. 그 트래픽을 베이스라인화하는 것을 고려하라. 수행해야만 하는 완전한 베이스라인 목록을 위해 28장을 참조하라.
dns-misc2.pcapng	www.cnn.com, www.microsoft.com, www.espn.com을 브라우징하면 그들은 사용자를 그들의 광고와 데이터 스트리밍 계열사로 유도하기 때문에 많은 조회와 응답(이 추적에서 필터 아웃되는)이 발생된다. 많은 수의 서버 이름은 그들이 사이트를 광고한다는 것을 의미한다. 와이어샤크의 HTTP 통계에 대한 정보를 위해 8장을 참조하라.

추적 파일 이름	설명
dns-mxlookup.pcapng	클라이언트는 www.packet-level.net의 Mail Exchange (MX) 서버만을 찾는다. 응답(패킷 2)은 네임 서버와 그들의 IP 주소를 포함한다. 15장을 참조하라.
dns-ptr.pcapng	DNS PTR 조회 수가 엄청 증가한 것을 보면 발신지를 살펴보라. 이것이 사용자의 와이어샤크 시스템이 아닌지 확인하라(와이어샤크로부터 DBS PTR 트래픽을 억제하기 위해 네트워크 이름 해석을 정지시켜라). 왜 네트워크의 다른 장치가 이들 DNS PTR 조회를 수행하는가? 그들은 목적지의 네트워크 이름을 알지 못하는가? 15장을 참조하라.
dns-root.pcapng	〈Root〉에 대한 이 DNS 조회 때문에 A.ROOT.SERVERS.NET 값을 가진 MNAME(주요한 마스터 서버 이름) 응답이 나타난다. 대답은 책임 있는 컴퓨터의 메일박스가 Verisign에 있고 수신자가 6분 19초 동안 이 정보를 단지 캐시만 할 수 있다는 것을 나타낸다. 15장을 참조하라.
dns-serverfailure.pcapng	DNS 서버 실패(패킷 4)(패킷 17)(패킷 23-25)가 이름을 발견하지 못했다는 것을 나타내지 않는다. 이것을 보면 서버가 긍정 또는 부정 응답을 할 수 없다는 것을 알 수 있다. 아마도 업스트림 DNS 서버는 적시에(또는 전혀) 응답하지 않았다. 이들 DNS 서버 실패 응답을 보기 위해 디스플레이 필터 dns.flags.rcode==2를 구축하라. DNS 응답 필터를 생성하는 데 대한 상세한 정보는 15장을 참조하라.
dns-slow.pcapng	이 추적 파일의 문제점을 조사하라. 클라이언트가 두 개의 DNS 패킷을 약 1초 간격으로 보내야만 한다는 점을 알기 바란다. 두 번째 DNS 조회를 두 번째 DNS 서버로 보냈다. 304.127.202.4는 기능이 살아있는 것으로 보인다. 클라이언트는 216.138.227.68이 DNS 조회에 대해 응답해주기를 희망한다. 15장을 참조하라.
dns-synbit-recursive.pcapng [SYN-bit Trace File]	이 추적 파일은 와이어샤크 핵심 개발자 중의 한 사람이며 SYN-bit 창업자인 Sake Blok이 제공했다. 이 DNS 솔루션 프로세스는 이름 변환 서버의 위치에서 수집한 것이다. 15장을 참조하라.

추적 파일 이름	설명
dns-ttl-issue.pcapng	이 클라이언트는 DNS가 주소를 올바로 해석하지 않기 때문에 웹사이트에 접속할 수 없다. 이것은 일반적인 Name Error나 Server Error 응답이 아니다. 뭔가 이상한 일이 일어나고 있다. ICMP 패킷의 발신지, ICMP 패킷 유형, 그리고 이들 ICMP 패킷 내부로 다시 내놓는 원래 DNS 조회 패킷 내용을 살펴보라. 이 문제의 발신지를 발견하기 위해 가장 먼저 검사해야 할 장치는 무엇인가? 18장을 참조하라.
dns-walk.pcapng	이 DNS 'walking' 동작은 도메인을 위해 SOA(Start of Zone Authority)를 살펴보고 나서 동일한 도메인에 대해 NS(name servers)를 살펴보는 것으로 시작한다. 네임 서버에 대한 몇 가지 조사를 시작한 후에 클라이언트는 TCP 기반 Zone Transfer(AXFR)(패킷 7)를 시작한다. 응답(패킷 14) 번호와 형식에 주목하라. 15장을 참조하라.
dtp-dynamictrunking-cisco.pcapng	시스코에 독점권이 있는 Dynamic Trunking Protocol (DTP)은 2개의 VLAN 가능 교환기 사이에서 중계 회선을 협상하기 위해 사용된다. VLAN 트래픽 수집에 대한 정보는 3장을 참조하라.
ftp-bounce.pcapng	명령 채널의 스트림을 재조립하라. FTP 서버가 보낸 메시지는 무엇인가? 모든 FTP 에러를 위한 디스플레이 필터를 어떻게 생성할 것인가? 24장을 참조하라.
ftp-clientside.pcapng	사용자는 이 추적 파일을 볼 때 Checksum Errors 컬러링 규칙을 비활성화하고 싶을 것이다. 이것은 FTP 파일 전송이다. 사용자가 TCP 스트림을 따라 갈 수 있고 사진을 찍는 데 사용되는 카메라의 유형을 볼 수 있다. 이 추적 파일은 ftp-serverside.pcapng 추적 파일의 클라이언트 쪽이다. Checksum Errors 컬러링 규칙에 대해 좀 더 많은 정보를 보려면 6장을 참조하라.
ftp-crack.pcapng	트래픽에 다음의 디스플레이 필터를 적용하는 것을 고려하자. ftp.request.command == "USER" || ftp.request.command == "PASS". 이것은 패스워드 크래킹 시도가 단지 관리자 계정에 초점을 두고 있으며, 패스워드는 이름이 포함된 사전에서 온다는 것을 보여준다. 그들이 패스워드 목록을 순환하는 것처럼 보인다. 문자 M에서 그들을 잡았다, 그러나 그들은 나중에 처음부터 다시 시작한다(패킷 4739). 24장을 참조하라.

추적 파일 이름	설명
ftp-dir.enc	이 추적은 Sniffer DOS 파일 형식(.enc)으로 저장된다. 도대체 왜 이것을 와이어샤크 책에 포함시켰을까? 사용자가 이 추적 파일을 열 때 사용자는 와이어샤크가 인식할 수 있는 형식으로 변환하기 위해 Wiretap Library(도청 라이브러리)를 사용한다. 24장을 참조하라.
ftp-dir.pcapng	이 추적 파일은 USER, PASS, PWD, SYST, HELP, PORT, LIST와 QUIT을 포함하는 다양한 FTP 명령을 누군가 사용하고 있다는 것을 보여준다. 사용자는 TCP 스트림을 따라가면서 데이터 채널을 통해 전송된 디렉토리 목록을 재구축할 수 있다. 데이터 채널을 위해 사용되는 포트는 무엇인가? 이것이 수동 또는 능동 전송 프로세스인가? 24장을 참조하라.
ftp-download-good.pcapng	이 FTP 파일 전송에는 숨겨진 유머가 있다. 그런데, 첫 번째로 전송 유형을 확인하자. 이것이 능동 FTP 전송 또는 수동 모드 전송인가? 데이터 채널에서 전송되는 파일의 유형은 무엇인가? 사용자는 파일을 재조립할 수 있는가? 24장을 참조하라.
ftp-download-good2.pcapng	FTP 사용자는 파일을 다운로드하기를 원한다. 그러나 이것이 파일의 크기(패킷 12)를 알기 전까지는 아니다. 다운로드 동안에는 약간의 패킷이 손실됐지만 중요한 것은 없다. Time Display Format > Seconds Since Beginning of Capture 설정을 고려하자. 그리고 첫 번째 데이터 전송 패킷(패킷 16)에서 Time Reference를 설정하자. 다운로드 시간을 발견하기 위해 추적의 끝부분까지 스크롤하자. 다른 Time 칼럼 값을 사용하는 상세한 정보는 7장을 참조하라.
ftp-failedupload.pcapng	이것은 FTP 파일 업로드 프로세스로서 영원히 끝나지 않을 것처럼 보이고, 결국 에러를 발생하는 흥미 있는 추적이다. 여기서 어떤 일이 일어났는가? 사용자는 방향 패킷 손실이 발생하는 것을 알아낼 수 있는가? 24장을 참조하라.
ftp-filesizeproblem.pcapng	이 경우 FTP 다운로드는 FTP 서버에 의해 한계가 정해져 있기 때문에 성공적이지 않다. 응답 메시지는 매우 명백하다(패킷 38). 24장을 참조하라.

추적 파일 이름	설명
ftp-haha-at-client.pcapng	FTP 데이터 채널에서 전송된 파일을 재구축하는 사용자의 기술을 검사하기 위해 이 추적을 사용하라. 전송된 파일의 근원 이름을 결정하기 위해 명령 채널에 주의하라. 어떤 파일이 전송됐는지 보기 위해 10장을 참조하라.
ftp-ioupload-partial.pcap과 ftp-ioupload-partial.pcapng	아무도 이 FTP 서버에 파일을 업로드할 만큼 오래 살지는 않는다. 서버가 잘못했는가? 클라이언트가 잘못했는가? 완전한 그림을 얻기 위해 Expert Info Composite에서 Warnings and Notes를 검사하라. 13장을 참조하라.
ftp-pasv-fail.pcapng	이 FTP 서버가 PASV 명령(패킷 30)을 받아들이는 것처럼 보인다고 하더라도 사용자가 제공된 포트로 연결을 시도할 때 서버는 대답하지 않는다. FTP 서버가 FTP 데이터 연결을 종료하더라도 이것은 클라이언트에게 책임을 돌린다(패킷 39). 수동 모드와 능동 모드 FTP 연결에 대한 정보는 24장을 참조하라.
ftp-putfile.pcapng	클라이언트는 능동 FTP 연결 동안 STOR 명령을 사용한다. PORT 명령(패킷 16)(패킷 37)(패킷 55)(패킷 71)의 와이어샤크 디코드에 주목하라. 서버에 의해 확립되는 부차적인 연결을 통해 전송되는 데이터는 무엇인가? 24장을 참조하라.
ftp-secret.pcapng	트래픽은 BitTorrent를 로드한 이 새 시스템에서 이미 문제가 많아 보인다. 백그라운드 FTP 연결에 대한 추적을 살펴보자. 클라이언트는 이 연결이 백그라운드에서 확립된다는 생각을 갖지 않았다. 일부 연구가 모든 HP 미디어 센터 PC들이 비밀 FTP 연결을 만드는 게임 콘솔 프로그램을 포함하고 있다는 것을 나타내고 있다. 32장을 참조하라.
ftp-serverside.pcapng	사용자는 이 추적 파일을 볼 때 Checksum Errors 컬러링 규칙을 비활성화하기 원할 것이다. 이 추적 파일은 ftp-clientside.pcapng 추적 파일의 서버 쪽이다. 필요하다면 추적 파일들을 병합하고 타임스탬프를 변경하는 방법을 배우기 위해 33장을 참조하라.
ftp-tcp-segment.pcapng	FTP 통신에서 무슨 일이 일어나는가? 첫 번째로, 트래픽은 효과적이지 않다. 두 번째로, 이것은 보안 팀의 경고다. 이것은 FTP 트래픽을 서버에게 전송하는 뚜렷한 비표준 방법이다. 32장을 참조하라.

추적 파일 이름	설명
ftp-transfer.pcapng	이 FTP 전송 프로세스는 5개의 TCP 연결로 구성된다. TCP 통신 정보를 검토해보면 어떤 연결이 트래픽의 대부분을 지원하는지 알 수 있는 최선의 방법이다. Expert Info 창에서 표시되는 것처럼 몇 가지 문제가 있다. 20장을 참조하라.
ftp-unusualport.pcapng	이 통신에 대해 뭔가 이상하다고 느껴진다. TCP 스트림을 따라가서 여기에서 실제로 무엇이 일어나는지 알아보라. 지금이 트래픽에서 프로포콜 forcing(Decode As)를 할 때이다. 트래픽에서 분석기에 맞춘 정보는 2장을 참조하라.
ftp-up-disconnect.pcapng	파일(추적에서 PPT 파일 이름을 볼 수 있다) 업로드를 시도하는 도중 연결이 끊어졌다. 재전송을 하게 되면 전체 대량의 FIN/ACK 패킷이 생긴다는 데 주목하라. TCP 연결 스캔이 종료되는 다양한 방법에 대한 상세한 정보는 20장을 참조하라.
gen-googlemaps.pcapng	이 추적 파일은 호스트가 maps.google.com를 열 때 발생되는 트래픽을 보여준다. 이 프로세스는 DNS 서버(라우터도 또한)의 하드웨어 주소를 알기 위해 ARP로 시작한다. 그다음에 DNS 요청과 응답을 볼 수 있다. 마지막으로 페이지가 로드된다. 맵을 로드하기 원할 때 연결해야만 하는 모든 사이트를 보려면 dns 필터를 적용하라. 23장을 참조하라.
gen-googleopen.pcapng	Google 사이트에 접속해봤다면 google.com가 아주 간결한 사이트임을 알 수 있다. 이 사이트 오프닝 프로세스는 단지 37개의 패킷을 요구한다. 23장을 참조하라.
google-http.pcapng	2010년에 Google은 'Secure Search' 또는 Google SSL을 공개했다. Googlel SSL의 성능을 분석하기 전에 어떻게 표준 Google이 동작하는지에 대한 베이스라인을 알아봐야 한다. 이 추적 파일은 wiresharkbook.com 사이트 안의 Analyzing Google HTTP/HTTPS Traffic 비디오에서 언급된 파일이다. 23장을 참조하라.

추적 파일 이름	설명
google-https.pcapng	이것은 처음으로 Google SSL을 살펴본 것이다. 추적 파일이 탐색 용어나 참고 사이트를 보여주지 않는다는 것을 증명할 수 있다. 행복했다. 그때 누군가 Google SSL 안의 링크를 체크했다! 이 수집과 분석 프로세스는 wiresharkbook.com 사이트 안의 OUCH! Google over SSL-the Cached Link Issue 비디오에 언급됐다. 23장을 참조하라.
http-1.pcapng	이 HTTP 추적 파일은 누군가가 GET 명령 대신에 HEAD 명령을 사용한다는 것을 보여준다. HEAD 명령은 전송되는 파일을 예상하지 않는다는 것만 제외하면 GET 명령과 비슷하다. 이것은 연합된 헤더 라인을 가진다. 예를 들어 HEAD 명령이 If-Modified-Since 라인 다음에 나온다면 센서는 HTTTP 서버의 파일의 최신 버전인지 결정할 수 있다. If-Modified-Since 요청 방법에 대한 상세한 정보는 23장을 참조하라.
http-500error.pcapng	이 추적 파일은 요청을 다룰 수 없는 웹 서버로부터 HTTP 500 에러 응답을 보여준다. 이 경우에 Fry's Electronics의 웹사이트(Outpost)에서 판매하는 노트북 목록을 얻는 것을 시도한다. 문제는 뒤에 달려있는 데이터베이스 서버에 있는 것 같다. 웹 브라우징 문제를 분석하는 데 대한 상세 정보는 23장을 참조하라.
http-a.pcapng	이 추적 파일은 목적지에 대한 몇 가지 흥미 있는 정보를 제공한다. 응답에서 우리는 그들이 Redline Networks Web I/O Processor를 사용하는 것을 볼 수 있다. HTTP 응답 정보에 대한 상세 정보는 23장을 참조하라.
http-aol.pcapng	이것은 www.aol.com 웹사이트를 로드하기 위한 17개의 다른 TCP 연결을 사용한다. 사용자는 최근에 사용자 회사의 웹사이트에 대한 연결을 분석해봤는가? 웹사이트 관계 식별을 위한 HTTP Flow Graph 사용에 관한 정보는 23장을 참조하라.

추적 파일 이름	설명
http-browse-ok.pcapng	이 사용자는 최근에 www.packet-level.com 사이트를 브라우징 했음이 틀림없다. 서버가 보낸 엄청나게 많은 수의 HTTP 304 Not Modified 응답(모두에서 39개)을 보면 알 수 있다. 사용자가 이전 연결에서 느린 수행에 대해 불만을 말했고 이 문제를 해결하려고 한다면 그들이 어떤 HTTP 304 Not Modified 응답도 수신하지 않게 보장해야만 한다. 그들은 모든 파일을 다운로드해야 한다. 그리고 캐시에서 그들을 가져오지 않아야 한다. 23장을 참조하라.
http-chappellu2011.pcapng	웹사이트 www.chappellU.com를 브라우징하고 있는데 404 에러가 발생했다. 브라우저는 페이지 요소를 다운도드하려고 여러 개의 연결을 요구한다. 그래서 무엇이 'Not Found'인지 알기 위한 최선의 방법은 404 응답 스트림을 따라가 보는 것이다. 23장을 참조하라.
http-chappellu2012.pcapng	웹사이트 www.chappellU.com를 브라우징하고 있으며, 404 에러를 찾고 있다. 23장을 참조하라.
http-client-refuses.pcapng	이 클라이언트는 스트리밍 비디오 서버에 대해 한 개 이상의 연결을 가진다. 그러나 그들이 스트림 보기 프로세스를 시작할 때는 아무것도 나타나지 않는다. 추적 파일을 빨리 검토해봤더니 클라이언트가 연결을 종료하기 위해 미숙하게 TCP RST 패킷(패킷 28)(패킷 29)을 전송한다는 것을 알 수 있다. 잘못은 클라이언트에 있다. 원인은 거의 팝업 차단기 프로세스에 있는 것 같다. TCP 연결이 스캔이 종료되는 다양한 방법에 대한 상세 정보는 20장을 참조하라.
http-cnn2011.pcapng	이 추적 파일은 패킷 139에서 시작하는 연속된 TCP Keep-Alive 패킷을 나타낸다. 이 Keep-Alives는 단일 TCP 연결을 유지하는가? 패킷 1306은 재전송이다. 패킷 손실이 발생한 곳으로부터 다운스트림을 하고 있는가? 20장과 13장을 참조하라.
http-cnn2012.pcapng	2012년의 www.cnn.com으로 돌아가 보자. 메인 페이지를 로드하는 데 얼마나 많은 DNS 조회가 필요한가? 클라이언트가 캐시 안에 사이트의 일부를 가지고 있는지 아닌지 말할 수 있는가? 23장을 참조하라.

추적 파일 이름	설명
http-download2011.pcapng	Open Office 웹사이트로 다시 돌아가서 애플리케이션을 다시 다운로드해 보자. 이것이 바로 http-download-bad.pcapng와 http-download-good.pcapng에서 우리가 한 것이다. 이번에는 어떻게 했는가? Time column to Seconds Since Previous Displayed Packet을 설정했고 가장 긴 지연을 식별하기 위해 정렬을 해보라. FIN이나 RST 패킷보다 앞서서 지연 문제를 해결하려고 하지 말아라. 23장을 참조하라.
http-download-bad.pcapng	클라이언트 인터넷 연결을 하는 데 문제가 있다고 호소한다. 그들은 OpenOffice 바이너리의 다운로드를 시도한다. 그러나 너무 오래 걸린다. 이 추적 파일의 문제점을 식별하기 위해 Expert Info and Expert Info Composite를 사용하라. 취약한 성능이 발생하게 된 3가지 중요한 원인은 무엇인가? 즉시 문제점을 식별하는 데 관련된 정보는 13장을 참조하라.
http-download-exe.pcapng	디스플레이 필터 frame matches "MZ"를 적용해보라. 결과가 어떻게 됐는가? MZ는 윈도우 실행 파일에 대한 파일 식별자다. 10장을 보면 더 자세한 사항을 알 수 있다. 또한 9장을 참조하라.
http-download-good.pcapng	사용자들은 이 추적 파일에서 보여주는 OpenOffice 바이너리를 얻는 데 요구되는 다운로드 시간에 비교적 만족하고 있다. 파일을 전송하는 데 얼마나 걸리는가? 평균 바이트/초는 얼마인가? 와이어샤크의 요약 창을 사용하는 방법에 대한 상세 정보는 7장을 참조하라.
http-downloadvideo.pcapng	이 추적 파일은 윈도우 크기 문제를 나타낸다. 추적 파일 전체에서 24.4.7.217이 광고한 평균 윈도우 크기를 보여주는 고급 IO 그래프를 어떻게 그릴 수 있는가? 21장을 참조하라.
http-espn2007.pcapng	마음에 드는 'ugly' 사이트(www.ebay.com 이외의)는 www.espn.com이다. 재지정 수(코드 301와 302)와 클라이언트 에러(코드 404)를 보기 위해 Statistics > HTTP > HTTP Packet Counter를 선택해보라. 자, 왜 클라이언트는 이들 404 에러를 비난하는가? 우리가 그래서는 안 되는 다른 곳을 찾고 있는 것은 ESPN의 잘못이다. 23장을 참조하라.

추적 파일 이름	설명
http-espn2010.pcapng	2007에서 주어진 하나와 이 추적 파일을 비교하자. 그 이후 ESPN은 사이트를 개선했는가? 2개의 요약을 비교하기 위한 상세한 정보에 대해 알아보려면 7장을 참조하라.
http-espn2011.pcapng	이 추적 파일을 http-espn2007.pcapng, http-espn2010.pcapng, http-espn2012.pcapng와 비교해보라. 몇 년이 지난 지금 ESPN 웹사이트 로딩 프로세스가 개선됐는가? 클라이언트는 어떤가? 우리가 dual-stack 클라이언트를 사용하고 있다는 것을 알았는가? 그래서 DNS 조회 수가 증가했다. 이전의 추적 파일과 추적 파일을 비교해보기 위해 dns 필터를 사용하라. 9장을 참조하라.
http-espn2012.pcapng	이 추적 파일을 http-espn2011.pcapng와 비교해보라. IO 그래프를 비교해보라. 추적 파일 뒷부분에서 주기적 52바이트 데이터 전송은 페이지의 flashing 'Live' 주의 때문에 생긴 것이다. DNS 필터를 생성해서 추적 파일과 이전의 추적 파일을 비교해보라. 9장과 21장을 참조하라.
http-facebook.pcapng	요즘은 Facebook 페이지를 반갑게 맞이하는 것이 그렇게 쉽지 않다. 통신상 심각한 문제를 갖고 있다. 이것은 TCP의 Calculate Conversation Timestamps를 활성화하고 칼럼으로 tcp.time_delta를 추가하는 좋은 추적 파일이다. DNS 트래픽은 타임스탬프를 갖지 않지만, TCP 세션은 가지고 있다. 20장과 5장을 참조하라.
http-fault-post.pcapng	이 업체가 좋은 피드백 형식 온라인을 갖고 있더라도 사용자가 양식을 채우고 제출을 클릭할 때 그들은 미숙하게 HTTP 에러 코드 403을 전송한다(패킷 10)(패킷 13). 누군가는 웹마스터가 양식이 깨졌다는 것을 알기를 원한다. 23장을 참조하라.
http-google.pcapng	빨리 로드되는 간단한 사이트를 보기 원하는가? 그렇다면 그렇게 해줄 수 있다. Google의 메인 페이지가 그렇다. 페이지를 로드하는 데 요구되는 총 시간을 재어보자. 빠른가? 23장을 참조하라.
http-google2011.pcapng	www.google.com을 브라우징했다. 이 사이트를 로드하는 데 얼마나 많은 TCP 연결이 필요한가? 통신의 양쪽이 모두 동일한 MSS를 지원하는가? 20장과 8장을 참조하라.

추적 파일 이름	설명
http-google2012.pcapng	이 추적 파일과 http-google2011.pcapng를 비교하라. 페이지 로드 프로세스에 전혀 변화가 없다. 페이지를 로드하는 데 DNS 조회와 총 패킷 수를 검사해보라. 23장을 참조하라.
http-googlesearch.pcapng	와! Google Suggestions가 좋은 줄 알았다! 이 추적 파일은 이 기능이 이상하게 행동하는 것을 보여준다. 모든 GET 응답에 대한 필터를 적용하라. http.request.method =="GET"을 적용해보니 Suggestions의 이상스러움을 실제로 볼 수 있다. 9장을 참조하라.
http-iewithtoolbar.pcapng	이 추적 파일의 패킷 145-147을 조사해보라. 3개의 패킷 모두가 서로 다른 이유 때문에 Expert Infos 윈도우에 나타났다. 왜 각 패킷이 어떤 이상 상태 때문에 식별되는지 설명해보라. 11장을 참조하라.
http-ifmodified.pcapng	이 짧은 추적 파일은 If-Modified-Since HTTP 요청 변경자와 304 Not Modified 응답을 보여준다. 이 페이지는 캐시로부터 로드될 것이다. If-Modified-Since 요청 방법에 대한 상세 정보는 23장을 참조하라.
http-microsoft.pcapng	이것은 www.microsoft.com에 대한 웹 브라우징 세션이다. http-microsoft-fromcache.pcapng 추적 파일과 이것을 비교하라. 사용자가 캐시로부터 패킷을 로드할 때 매우 적은 패킷들이 요구된다. 23장을 참조하라.
http-microsoft-fromcache.pcapng	이 서버와 캐시로부터 www.microsoft.com 웹사이트 로딩 사이의 차이점을 보기 위해 http-microsoft.pcapng와 이 추적 파일을 비교하라. 23장을 참조하라.
http-msnbc.pcapng	이 추적 파일은 www.msnbc.com에 대한 브라우징 세션을 보여준다. 서버 www.msnbc.com이 지원하는 윈도우 스케일 요소는 무엇인가? 모든 TCP 핸드셰이크 패킷에서 모든 윈도우 스케일 승수를 쉽게 볼 수 있는 방법은 무엇인가? 이 추적 파일의 TCP 호스트는 윈도우 스케일링을 지원하는가? 이들은 SACK을 지원하는가? 20장을 참조하라.
http-pcaprnet.pcapng	이것은 서버 측에서의 문제점을 설명하기에 아주 좋은 추적 파일이다. 서버가 요청을 수신하고 ACK를 상당히 빨리 응답으로 보낸다는 것을 알았다. 그다음 클라이언트는 데이터를 기다리고...기다리고... 기다린다.... 무슨 일인가? 7장과 20장을 참조하라.

추적 파일 이름	설명
http-post-slow.pcapng	이 파일은 추적 파일 http-pcaprnet.pcapng와 관련돼 있다. 웹사이트 pcapr.net에 로그인 하려고 한다. 하지만 잘못된 패스워드를 사용했다. 우리에게 알려주는 것이 지연되고 있음에 주의하라. 20장을 참조하라.
http-proxy-problem.pcapng	클라이언트는 프록시 서버를 통해 에러를 얻기 때문에 네트워크를 떼어낼 수 없다. 사용자는 평문 텍스트 형태로 프록시 응답을 읽을 수 있다(Follow TCP Stream). 또한 느린 핸드셰이크 응답 시간에 주목하라. 사용자를 위해서는 좋지 않은 일이다. 10장을 참조하라.
http-riverbed-one.pcapng	사이트 www.riverbed.com을 방문하기 전에 DNS 캐시와 브라우저 캐시를 지웠다. 각각의 DNS 응답에 대한 DNS 응답과 Time to Live를 검사해보라. DNS Time to Live field를 오른쪽 클릭하고 Apply as Column을 선택한다면 순식간에 이들 값을 목록화할 수 있다. 15장을 참조하라.
http-riverbed-two.pcapng	사이트 www.riverbed.com으로 돌아왔다. 몇 가지 DNS 응답은 타임아웃됐기 때문에 정보를 다시 요청해야 한다. GET 요청에서 If-Modified-Since를 살펴보라. 결과를 보면 정보가 캐시에 들어 있다는 것을 알 수 있다. 캐시에 들어 있는 요소가 패킷 수를 줄이고 웹사이트를 로드하는 시간을 줄이는 데 도움이 되는가? 15장과 23장을 참조하라.
http-slowboat.pcapng	계속한다면 다운로드를 마치는 데 하루 종일 걸릴 것이다. 이 추적 파일은 서버 측 지연 문제를 식별하는 데 아주 좋은 예다. 경로 지연을 먼저 검사해보고, 요청에 대해 ACK를 보내고, 정보를 실제로 보내는 서버 사이의 시간을 살펴보라. 20장을 참조하라.
http-slow-filexfer.pcapng	패킷 손실로 인해 또 다른 문제 파일이 다운로드된다. 얼마나 많은 패킷이 이 추적 파일 전송에서 손실되는지를 결정하기 위해 Expert Info Composite 창을 사용하라. 패킷 손실을 발견하는 것을 배우기 위해 13장을 참조하라.
http-thesearchenginelist.pcapng	이 사이트는 흥미 있다. 이것은 클라이언트가 페이지를 로드할 때 자동으로 일련의 DNS 조회를 만드는 원인이 되는 다양한 검색 엔진의 모든 URL들을 가진 클라이언트를 공급한다. 23장을 참조하라.

추적 파일 이름	설명
http-winpcap.pcapng	이 추적 파일은 www.winpcap.org에 대한 간단한 웹 브라우징 세션을 보여준다. 이 클라이언트가 캐시에 어떤 웹사이트 요소라도 갖고 있는가? 추적 파일에서 가장 긴 지연은 무엇인가? 이 지연 문제를 해결해야만 하는가? WinPcap 서버에서 어떤 운영체제가 구동 중인가? new.gif 파일의 크기는 얼마나 되는가? new.gif 파일은 어떤 이미지를 포함하고 있는가? 이 연결은 윈도우 스케일링을 지원하는가? 23장과 20장을 참조하라.
http-wiresharkdownload.pcapng	Gerald는 wireshark.org 사이트에 재미난 것을 넣어 놨다. 패킷 6의 X-Slogan 텍스트를 검사해보라. 이것만이 따라오는 슬로건은 아니다. 디스플레이 필터 http.response.code를 적용해서 Gerald가 감춰놓은 다른 메시지를 찾아보라. 23장을 참조하라.
http-wiresharkdownload-slow.pcapng	이 추적 파일에서 사이트 www.wireshark.org로부터의 와이어샤크 파일이 느리게 다운로드되는 것을 경험할 수 있다. 파일을 다운로드하는 데 얼마나 오래 걸리게 할지를 결정하기 위해 패킷 561에 Time 환경설정을 해보라. 이 프로세스에서 FIN 패킷 수를 세는 것을 피하도록 주의하라. 7장을 참조하라.
http-wireshark-ipv6.pcapng	이 추적 파일은 17장에서 GeoIP를 구동하고 터어키에 있는 호스트와 통신을 했는지를 판단하기 위해 사용했던 파일이다. 시스템에서 GeoIP를 설정하고 Endpoint 윈도우를 점검해서 설정을 점검하기 위해 몇 가지 매핑을 해보라. 사이트 www.wireshark.org에 가보면 IPv4/IPv6 검사를 오른쪽 상단에서 찾아볼 수 있을 것이다. 17장을 참조하라.
http-wiresharkorg.pcapng	사이트 www.wireshark.org를 브라우징하고 있다. 이 추적 파일에서 패킷 사이의 가장 긴 지연은 무엇 때문에 일어나는가? 생각하기에 왜 이렇게 많은 DNS 조회가 보내지는가? 7장을 참조하라.
http-yahoo-viafirefox.pcapng	Conversation 창을 띄우고 TCP 탭을 검사해서 설정된 통신의 수를 확인해보라. 이들이 모두 HTTP인가? 어떤 유형의 트래픽이 UDP 탭 아래에 목록화돼 있는가? 8장을 참조하라.

추적 파일 이름	설명
https-justlaunchpage.pcapng	이 추적 파일에서 웹사이트 www.bankofamerica.com을 단순히 열었다. TCP 핸드셰이크 뒤에 HTTPS 핸드셰이크를 볼 수 있을 것이다. HTTPS 트래픽에 대한 복호화와 문제 해결에 대해 자세히 알고 싶으면 23장을 참조하라.
https-ssl3session.pcapng	이 SSL 연결(HTTPS)을 설정하는 동안 재전송을 일으키는 통신 문제가 일어난 것 같다. SSL/TLS 핸드셰이크 프로세스를 검사할 때 Preferences › Protocols › TCP › Allow subdissector to reassemble TCP streams를 불능화시켜라. HTTPS 트래픽에 대한 복호화와 문제 해결에 대해 자세히 알고 싶으면 23장을 참조하라.
icmp-dest-unreachable.pcapng	클라이언트는 ping 10.4.88.88을 시도한다. 그러나 이것은 로컬 라우터가 다음 네트워크 장치의 위치를 찾을 수 없다는 것을 보여준다. 로컬 라우터는 이것이 목적지를 위해 ARP를 시도한다는 것을 표시하는 ICMP 목적지 도달 불가/호스트 도달 불가 메시지를 전송한다. 그러나 응답을 수신하지 않는다. 사용자는 사용자의 네트워크를 효과적으로 안전하고, 최적화하고, 문제 해결을 하기 위해 철저히 ICMP를 배워야 한다. 18장을 참조하라.
icmp-lotsostuff.pcapng	이 추적은 몇 개의 흥미로운 ICMP 트래픽을 포함한다. 사용자가 엄밀히 살펴본다면 사용자는 네트워크에서 이상한 행동을 하는 두 개의 시스템을 알아볼 수 있다. 무엇이 ICMP 목적지 도달 불가/프로토콜 도달 불가 응답을 일으키는가? 18장을 참조하라.
icmp-payload.pcapng	ICMP Echo Request는 페이로드에 데이터를 포함하지 않게 돼 있다. 그러나 그것이 바로 이들 패킷 안에서 보고자 하는 것이다. 페이로드가 로컬 시스템에서 나올 때 데이터가 포함되지 않는다는 것을 보장하기를 원한다. ICMP Echo 패킷 안에 트래픽을 터널링하는 'Loki'라 불리는 오래된 익스플로잇이 있다. 18장을 참조하라.
icmp-ping-2signatures.pcapng	회선에서 ICMP echo 요청 패킷을 보게 되면 페이로드를 검사해서 사용자가 데이터를 전송하는 애플리케이션을 식별해낼 수 있는지 살펴보라. 다음 디스플레이 필터를 사용해보라. data contains "from" 디스플레이 필터와 함께 contains를 사용하는 데 대한 정보를 보려면 9장을 참조하라.

추적 파일 이름	설명
icmp-ping-basic.pcapng	이것은 DNS 요청/응답에 선행되는 간단한 ICMP 기반 핑 프로세스다. 이 핑은 윈도우에 포함되는 ping.exe를 사용해서 윈도우 호스트에 의해 수행됐다. 페이로드를 보고 판단할 수 있다(마이크로소프트는 알파벳을 안다. 그러나 모든 알파벳은 아니다. 그들은 단지 'w'까지 갈 수 있다. 검사해보라). 18장을 참조하라.
icmp-redirect.pcapng	ICMP 재지정의 명확한 케이스다. 이 추적을 검사할 때 패킷 내의 MAC 주소와 ICMP Redirect 패킷(패킷 2)의 내용을 자세히 살펴보라. 이 패킷은 10.3.71.7로 가기 위해 권장된 라우터의 IP 주소를 포함한다. 32장을 참조하라.
icmp-routersolicitation.pcapng	와우, 내가 주소를 갱신하기를 원할 때 나의 DHCP server(10.1.0.1)는 켜있지 않았다. DHCP 서버가 다시 시작했을 때 나의 기본 게이트웨이를 위해 다른 주소와 가짜 주소를 나에게 제공했다. 이 때문에 내 시스템은 ICMP Router Solicitation을 수행했다. 이것은 네트워크에서 보았을 때 일반적으로 좋은 ICMP 패킷이 아니다. [그렇다, 사용자는 추적 파일에서 나의 이름을 볼 수 있다. 왜 이것을 숨기는가? 나는 실험실에서 DHCP 서버를 멈추게 한 사람이고 그 댓가를 치뤘다.] 18장을 참조하라.
icmp-standardping.pcapng	이 추적 파일은 표준 ICMP 기반 핑 프로세스를 보여준다. 기본적으로 ping.exe 파일은 별도의 ICMP Echo Request 패킷을 대략 1초 주기로 전송한다. 18장을 참조하라.
icmp-traceroute2011.pcapng	이 traceroute가 목표 호스트까지 도착했는가? 경로상의 모든 라우터를 찾았는가? 목표까지 총 몇 홉이나 됐는가? 18장을 참조하라.
icmp-traceroute-normal.pcapng	이것은 경로 중에서 라우터들의 위치를 정하는 데 사용되는 ICMP Time to Live Exceeded/Time to Live Exceeded in Transit 응답에 의존성을 보여주는 고전적인 ICMP 기반 traceroute 동작이다. 라우터 중 하나는 이런 응답을 발생시키지 않는다. traceroute 트래픽에 대한 상세 정보는 18장을 참조하라.
icmp-tracert_au.pcapng	이 추적 파일은 네덜란드에서 호주에 있는 사이트로의 traceroute 동작을 보여준다. traceroute 추적 파일에서 시각적인 형식으로 경로를 보기 위해 GeoIP 매핑을 사용하라. GeoIP를 구성하는 정보를 보려면 8장을 참조하라.

추적 파일 이름	설명
icmp-tracert-slow.pcapng	이 traceroute 클라이언트는 TTL 증가 집합의 일부 사이에서 매우 느리다. 무엇이 ICMP 목적지 도달 불가/포트 도달 불가 메시지를 클라이언트에게 전송하게 하는가(패킷 64)? 목적지까지 몇 홉이나 되는가? 18장을 참조하라.
igmp-joinleave.pcapng	이 추적 파일은 멀티캐스트 그룹에 가입된 장치의 IGMP 트래픽을 보여준다. 할당되지 않는 IP 주소 169.254.229.200(고정될 필요가 있다)로부터 멀티캐스팅하는 장치를 갖고 있다는 데 주의하라. 멀티캐스트 트래픽 분석에 대한 상세 정보는 8장을 참조하라.
ip-127guy.pcapng	이 추적 파일은 127.0.0.1에서 전송되는 트래픽을 나타낸다. 뭔가 심각하게 잘못됐다! 발신지 MAC 주소를 살펴보라. 어떤 애플리케이션이 이 트래픽을 발생했는지 말할 수 있는가? 그 애플리케이션을 반드시 조사해봐야 할 것이다. 17장을 참조하라.
ip-checksum-invalid.pcapng	이것은 검사합 오프로드의 고전적인 경우다(또한 작업 오프로드라고도 한다). 10.2.110.167상의 트래픽을 수집하고 이 발신지 IP 주소로부터의 모든 트래픽은 잘못된 검사합 값을 가진다는 것을 나타낸다. 패킷 상세 정보 창을 열고 헤더가 잘못된 검사합을 갖는지 살펴보자. 회선상에서는 검사합이 유효해져야만 한다는 것을 어떻게 알 수 있는가? 쉽다. HTTP 웹 브라우징 세션은 성공적이었기 때문에 알 수 있다. Checksum Errors 컬러링 규칙을 불능화하는 것을 고려하라. 6장을 참조하라.
ip-fragments.pcapng	클라이언트는 목적지에 단편화된 ICMP Echo 패킷을 전송한다. IP 단편화 재조립을 갖거나 갖지 않고 와이어샤크를 설정하고 이들을 비교해보라. Edit > Preferences > Protocols > IP를 선택한다. 5장을 참조하라.
ip-icmp-frag-needed.pcapng	여기서 무언가 분명히 잘못돼 있다. IP 헤더 Total Length 필드의 위치를 찾기 위해 목적지 도달 불가/단편화 요구(Fragmentation Needed) 패킷을 들여다보라. 트리거링 패킷이 너무 길지 않는가? 광고되는 다음 홉의 MTU는 무엇인가? 17장과 18장을 참조하라.

추적 파일 이름	설명
ip-llmnr.pcapng	Link-Local Multicast Name Resolution(LLMNR)은 또 다른 이름 변환 프로세스다. 어떻게 이들 패킷이 DNS 질의 같은 동일한 형식을 사용하는지 주목하라. LLMNR은 'zero configuration networking'의 일부분이다. LLMNR은 RFC 4795에 정의돼 있다. 15장에서 이들 LLMNR 패킷들과 DNS 패킷들을 비교하자.
ip-pingfrag.pcapng	이 추적 파일은 IP를 이용해 단편화되는 ICMP Echo 프로세스(ping)를 보여준다. 왜 사용자는 통신을 재구축하기 위해 스트림을 따라갈 수 없는가? 어떻게 이것이 트래픽 디스플레이에 영향을 주는지 보기 위해 Preferences ❯ Protocols ❯ IP ❯ Reassemble fragmented IP datagrams 설정을 조정하라. 5장을 참조하라.
ipv6-general.pcapng	시간을 내어 이 추적 파일을 자세히 살펴보라. 이 추적 파일에서는 모든 곳에서 IPv4를 사용했는가? 각 DHCPv6 패킷에서 IPv6 Hop Limit는 무엇인가? 이 패킷은 몇 개의 라우터를 거쳐 가는가? DHCPv6 패킷은 IPv4 헤더에 임베디드되는가? 17장과 22장을 참조하라.
ipv6-mcasts.pcapng	이 추적 파일은 IPv4 네트워크상에 위치하는 호스트에서 기본 IPv6 트래픽을 나타낸다. 이 트래픽은 LLMNR 조회, ICMPv6 Router Solicitations와 ICMPv6 Multicast Listener Reports로 구성된다. 이 추적 파일상의 IPv6와 ICMPv6 디스플레이 필터를 점검해보라. 추적 파일의 앞부분에서 복제 주소 검사를 볼 수 있다(IPv6 주소 ::를 찾아보라). 왜 디스플레이 필터 ip가 이 추적 파일과는 잘 동작하지 않는가? 이들 패킷과 ICMPv4 패킷을 비교하기 위해 18장을 참조하라.
ipv6-pinginipv4.pcapng	6to4를 이용해 호스트로 ICMPv6 ping을 하고 있다. 왜 이것이 6to4 캡슐화이고 Teredo 캡슐화가 아닌지 말할 수 있는가? IPv6 ICMP Echo Request와 ICMP Echo Replies에서 무슨 ICMP 유형 번호를 사용했는가? ICMP Echo Request와 ICMP Echo Replies가 이들 패킷이 수집된 지점으로부터 몇 개의 라우터를 거치는가? 17장을 참조하라.

추적 파일 이름	설명
ipv6-worldipv6day.pcapng	이 추적 파일에서는 첫 번째 HTTP 연결을 재조립해서 scanmev6.nmap.org 에 접근하기 위해 사용된 브라우저 소프트웨어를 신속하게 판단할 수 있다. AAAA 레코드가 IPv6 주소를 수신하는 것을 볼 수 있다. 엔맵 제작자인 표도르는 World IPv6 날을 맞이해서 준비된 scanmev6.nmap.org의 DNS 서버를 IPv6 주소로 채웠다. 17장을 참조하라.
irc-channel.pcapng	당신은 사냥꾼의 표적이 되고 있다! 이 IRC 채널은 악성 소프트웨어가 로드된 시스템에 의해 설정된다. TCP 스트림을 따라가면 평문으로 된 전체 IRC 통신을 볼 수 있다. 파일 다운로드 명령에 주목했는가? 매우 안 좋은 징조! 32장을 참조하라.
kerberos.pcapng	이 짧은 추적 파일은 패킷 2의 ERR_RESPONSE_TOO_BIG 응답 때문에 UDP에서 TCP로 바꾼 Kerberos 통신을 보여준다. Kerberos의 UDP와 TCP 문제를 보기 위해 19장의 사례 연구를 참조하라.
net-latency-au.pcapng	이 추적 파일은 오직 DNS 조회/응답과 각 목적지로의 첫 번째 2개의 TCP 핸드셰이크로 구성돼 있다. Advanced IO Graph에서 어떻게 frame.time_delta를 사용하는지 배우기 위해 21장을 참조하라.
net-loopflood.pcapng	이것이 이 네트워크에서 루핑되고 있는 동일한 패킷인지를 확인하기 위해 이 추적 파일에서 IP ID 값을 검사하라. 이 추적 파일에서 검사합 컬러링 규칙을 사용하지 않기를 원할 것이다. 이 트래픽은 네트워크를 멈추게 한다. 그러나 고치기는 쉽다. IP TLL 값은 감소하지 않는다. 그래서 이것은 3계층 문제는 아니다. 이것은 2계층 루프였다. 17장을 참조하라.
net-lost-route.pcapng	클라이언트가 Google 툴바 페이지에 접속할 수 있더라도 클라이언트가 Verio 홈페이지에는 접근하지 못한다. 목적지에 대한 경로가 나타나지 않는다. 왜 TCP RST 패킷들이나 ICMP 목적지 도달 불가 패킷들이 거기에 없는가? 1장을 참조하라.

추적 파일 이름	설명
net-msloadbalance.pcapng	이것은 Network Load Balancing 클러스터 서버가 클러스터의 다른 호스트들에게 전송한 심장 박동 메시지다. 이들 서버들은 클러스터가 실패할 때를 식별해내기 위해 다른 호스트들의 심장 박동을 듣는다. 이런 일이 발생하면 나머지 호스트들은 클라이언트에게 서비스를 지속적으로 제공하는 동안 워크로드를 조정하고 재배분할 것이다. 1장를 참조하라.
net-noenet.pcapng	이 추적 파일은 네트워크에 연결하는 데 문제를 갖고 있는 호스트에서 발생한다. 이것은 speed/duplex 부정합의 정형적인 표시다. 호스트는 데이터 링크 계층에서 지나간 문제를 얻을 수 없다. 1장을 참조하라.
net-resolutions.pcapng	이 추적 파일은 웹 서버에 대한 아주 깨끗한 연결을 보여준다. 먼저 DNS 서버의 MAC 주소를 얻기 위한 ARP 해석 프로세스를 갖게 되고, 그다음 DNS 해석 프로세스를 갖고, 끝으로 웹브라우징 세션을 위한 포트 80으로의 TCP 핸드셰이크를 얻게 된다. 이 추적에서 모든 것이 좋아 보인다. 14장을 참조하라.
nicname.pcapng	NICNAME 애플리케이션 트래픽(포트 43을 사용하는)은 WHOIS 조회에 의해 발생된다. 이 경우 조회는 IP 주소에 기반을 둔다. 조회가 성공적인가? 32장을 참조하라.
ntp-gettime.pcapng	클라이언트는 자신의 타임을 동기화하기 위해 포트 123상의 pool.ntp.org에 연결한다. 사용자는 NTP 클라이언트 모드와 NTP 서버 모드에서 사용되는 정적 구조를 볼 수 있다. DNS 응답에서 12개의 IP 주소가 제공된다는 것을 주목하라(패킷 2). 15장을 참조하라.
ntp-gettime-bootup.pcapng	윈도우 호스트는 부트업하고 time.windows.com의 IP 주소를 변환한다. 두 개의 NTP 패킷은 NTP 서버로 보내고 두 개의 응답은 돌아온다. 두 개의 응답을 비교하기 위해 각 패킷을 클릭해서 새로운 윈도우에서 열어라. 2장을 참조하라.
ntp-timesync.pcapng	이 추적 파일은 tock.usno.navy.mil을 위한 DNS 조회를 수행하는 시스템을 보여준다. 그리고 이때에 포트 123상의 Network Time Protocol 요청을 수행한다. 15장을 참조하라.

추적 파일 이름	설명
pcaprnet-dhcpv6-decline.pcapng [Mu Dynamics Trace File]	이 추적 파일은 웹사이트 pcapr.net의 Mu Dynamics 사람들이 제공한 것이다. 이 추적 파일은 DHCPv6 거절 메시지를 나타낸다. 전형적으로 이 메시지는 클라이언트가 제안 받은 주소가 이미 사용되고 있다고 믿을 때 보낸다. 어떤 디스플레이 필터가 DHCPv6 거절 메시지만을 보여주는가? 22장을 참조하라.
pcaprnet-icmpv6-router-discovery.pcapng [Mu Dynamics Trace File]	이 추적 파일은 웹사이트 pcapr.net의 Mu Dynamics 사람들이 제공한 것이다. IPv6 주소를 정의하기 위해 SLAAC를 사용할 클라이언트를 찾고 있다. 클라이언트에게 가용한 DHCPv6 서버가 없다. 라우터 광고 패킷의 ICMPv6 부분 안의 M과 O 비트를 점검하라. 17장을 참조하라.
pcaprnet-ip-sec.pcapng [Mu Dynamics Trace File]	이 추적 파일은 웹사이트 pcapr.net의 Mu Dynamics 사람들이 제공한 것이다. 어떤 디스플레이 필터를 사용하면 IPSEC 트래픽만 볼 수 있는가? 17장을 참조하라.
pcaprnet-teredo-small.pcapng [Mu Dynamics Trace File]	이 추적 파일은 웹사이트 pcapr.net의 Mu Dynamics 사람들이 제공한 것이다. 어떤 요소를 와이어샤크가 패킷 2를 Teredo 패킷이라고 정의하는 데 사용했는가? 17장을 참조하라.
pop-normal.pcapng	이 추적 파일은 일반적인 POP 통신을 보여준다. 사용자는 이것을 검토하기 위해 Checksum Errors 컬러링 규칙을 비활성화시키기를 원할 것이다. 좀 더 명확하게 POP을 보기 위해 Follow TCP를 사용하게 하라. USER, PASS, STAT, UIDL, LIST, RETR, DATA, DELE, QUIT 명령을 보게 될 것이다. 25장을 참조하라.
pop-problem.pcapng	POP 이메일 애플리케이션은 메일을 가지러 오는 데 왜 시간이 오래 걸리는지와 같은 표시를 하지 않는다. 이 추적 파일에서는 '-ERR-' 응답(패킷 5)을 반송하는 이메일 서버 측에서 발생되는 문제를 명확하게 볼 수 있다. 25장을 참조하라.

추적 파일 이름	설명
pop-spamclog.pcapng	사용자들이 그들의 이메일을 가져올 수 없다. 이것은 그들이 송신/수신을 시도할 때 그들의 이메일 프로그램들이 아무 일도 하지 않는 것처럼 보인다. 사실 거기에는 장시간 다운로드해야 하는 큰 첨부 파일(.pif)을 가진 스팸 메일이 있다는 것을 알 수 있다. 사용자들은 인내심이 있어야 하고 업체는 스팸 메일이 클라이언트 시스템까지 전달되기 전에 이 스팸 메일을 필터링하게 해야 한다. 모든 POP 패킷상의 TCP 스트림을 따라가며 스팸 메시지를 살펴보라. 25장을 참조하라.
ppp-general.pcapng	이것은 표준 PPP(Point-to-Point Protocol) 통신이다. IP header Type 필드는 47 값을 포함한다. GRE는 General Router Encapsulation의 약자다. 17장을 참조하라.
rpcap-findinterfaces.pcapng	이 작업은 올바르게 작동하지 않았다. rpcap 연결이 거부됐다. 패킷은 이 상황을 해결하기 위한 쉬운 방법을 보여줬다. rpcap 연결은 2002 포트에서 설정됐다는 데 주의하라(rpcap에 대한 기본 포트다). 이 포트를 'globe' 대신 rpcap로 표시하기 위해 와이어샤크의 서비스 파일을 변경할 수 있다. rpcap 원격 수집에 대한 자세한 정보는 3장을 참조하라.
rpcap-refused.pcapng	이 작업은 올바르게 작동하지 않았다. rpcap 연결은 거부됐다. 패킷은 이 상황을 해결하기 위한 쉬운 방법을 보여줬다. rpcap 연결은 2002 포트에서 설립됐다는 것을 기억한다(rpcap에 대한 기본 포트다). 이 포트를 'globe' 대신 rpcap로 표시하기 위해 와이어샤크의 서비스 파일을 변경할 수 있다. rpcap 원격 수집에 대한 자세한 정보는 3장을 참조하라.
rsasnakeoil2.pcap [Wireshark.org Trace File]	이 추적 파일은 wiresharkbook.com에서 찾아볼 수 있고 wiki.wireshark.org/SSL(링크 이름은 SampleCaptures/snakeoil2_070531.tgz다)에서도 찾아볼 수 있다. SSL 스트림을 재조립하는 연습을 해볼 수 있지만 그렇게 많은 것을 보지는 못할 것이다. SSL 트래픽을 RSA 키로 복호화하는 데 대해 알아보려면 23장을 참조하라.
rwhois.pcapng	이 질의는 포트 4321에서 RWHOIS(Referral WHOIS)를 사용한다. RWHOIS는 계층적 구조에서 WHOIS의 능력을 확장한다. 이 추적 파일은 root.rwhois.net에 의해 다루어지는 성공적인 RWHOIS 조회를 보여준다. 20장을 참조하라.

추적 파일 이름	설명
sec-active-scan.pcapng	이 스캔은 LANguard Network Security Scanner에 의해 수행된다. LNSS의 시그니처인 특별한 ICMP Echo 요청 패킷((유형 8; 코드 19)을 찾아보라. 31장을 참조하라.
sec-bruteforce.pcapng	누군가 FTP 서버(creditus.com)에서 전수 패스워드 크랙을 하고 있다. 다음 필터를 적용해서 USER과 PASS 명령을 가진 모든 패킷을 디스플레이하라. ftp.request.command==USER || ftp.request.command==PASS. 32장을 참조하라.
sec-clientdying.pcapng	클라이언트 시스템(172.16.1.10)은 문제가 있다. 이것은 부팅한 후에 CPU 사용률이 100%로 올라가고 시스템이 3분 내에 정지했다. 이 추적에서 많은 문제를 볼 수 있다. 들어오는 DCE RPC 통신과 클라이언트가 원격 시스템으로 설정한 TTTP와 IRC 통신이다. IRC 통신에서 TCP 스트림을 따라가 보라. 이 클라이언트는 sdbot 웜의 변종에 의해 감염됐다. 32장을 참조하라.
sec-dictionary2.pcapng	이 사전 패스워드 크랙을 통해 FTP 서버상의 관리자 계정에 침입하려고 하는 데 초점이 있다. 시도된 모든 패스워드를 나타내려면 다음 필터를 적용하라. ftp.request.command==PASS. 크래커가 빈 패스워드를 이용해 시도했는가? 32장을 참조하라.
sec-ettercap-poisoner.pcapng	이 훌륭한 추적 파일은 누군가가 Ettercap의 'Check for Poisoner' 기능을 구동하고 있다는 것을 보여준다. 이들 핑 패킷의 IP ID 필드는 시그니처 0xe77e를 포함한다 (eleet은 ettercap을 줄인 'ette'를 대신 말한다). 같은 IP ID 값을 이용해 대답하는 시스템은 또한 Ettercap을 실행하고 있을 가능성이 높다. 0xe77e의 ICMP ID 값 때문에 혼란스러워 하지 마라. 모든 응답자 모두는 그 값으로 에코해야만 한다. 그래서 에코 요청과 대답이 올바르게 연관된다. 32장을 참조하라.

추적 파일 이름	설명
sec-evilprogram.pcapng	Stopguard 브라우저 하이재킹 스파이웨어/멀웨어/스컴웨어 프로그램에 의해 감염된 시스템의 진정 고전적인 추적 파일이다. 클라이언트가 재부팅하지 않는 것은 필수다. 그러나 운 좋게 추적 파일을 가질 수 있었다. 클라이언트가 Virtumonde의 웹사이트를 검색하고 있다는 것을 확인하기 위해 DNS 필터를 생성하라. 이 때가 바로 문제가 발생하는 시점이다. www.spywarewarrior.com을 확인하라. 스파이웨어/애드웨어/멀웨어/스컴웨어 등을 위한 훌륭한 참고 자료다. 32장을 참조하라.
sec-honeypots-fighting.pcapng	이것은 고양이 싸움이다! 하나의 호전적인 허니팟이 또 다른 호전적인 허니팟에 의해 스캔이 될 때 스캔 프로세스의 방향 변화를 살펴보라. 두 개의 필터를 가진 IO 그래프를 그려보라. Graph 1 라인: ip.src==24.6.137.85 && tcp.flags == 0x02; Graph 2 라인: ip.src==24.6.138.50 && tcp.flags == 0x02 사용자는 X 좌표 tick 간격을 조정할 필요가 있을 것이다. 어떤 필터도 적용하지 않고 초록색 그래프 라인을 켜자. 9장을 참조하라.
sec-justascan.pcapng	이것이 정말로 TCP 스캔인가? 이것은 처음에 그렇게 나타난다. 어떻게 스캔 변화의 흐름이 있는지 보기 위해 이 추적에서 타이밍을 검사하라. 31장을 참조하라.
sec-macof.pcapng	Dug Song은 네트워크 스위치 MAC 주소 테이블을 플러드시켜서 '허브 모드'로 들어가게 하는 Macof를 개발했다. 이 도구는 아직도 네트워크를 엉망으로 만들 수 있다. 이 플러드 트래픽의 시그니처를 식별할 수 있는가? 31장을 참조하라.
sec-nessus.pcapng	침투 검사 도구인 Nessus(www.nessus.org)는 몰래 시도하지 않는다. 이 추적 파일에서 문자열 'nessus'를 검색하기 위해 Find 기능을 사용하라(검색 시 대소문자를 구분하지 않는다). 사용자는 이 추적 파일의 온 곳에서 'nessus' 시그니처를 발견할 것이다. 추가적으로 사용자는 Nessus 스캔이 실행될 때 Xprobe2에 의해 사용된 특별한 핑 패킷(패킷 3)을 볼 것이다. 32장을 참조하라.

추적 파일 이름	설명
sec-nessus-recon.pcapng	이 추적은 목적지에 대한 Nessus 정찰을 보여준다. 특별한 코드 번호를 가진 ICMP Echo 패킷에 대한 컬러링 규칙을 생성해보라. (icmp.type==8) && !(icmp.code==0) 탐지되는 스캔 시그니처 탐지에 대해 자세한 사항을 보려면 31장을 참조하라.
sec-nmap-fragscan.pcapng	이 추적 파일은 IP 단편화 스캔을 전송하는 시스템을 나타낸다. IP 헤더를 검사한다면 프로토콜 필드는 TCP가 이어진다는 것을 나타낸다. 사용자는 TCP 패킷의 목적을 식별하기 위해 TCP 헤더를 수동으로 디코드할 수 있다. 이어지는 단편화를 볼 수 있는가? IP 단편화 재조립에 대한 정보를 보려면 17장을 참조하라.
sec-nmap-ipscan.pcapng	이것은 사용자가 자신의 네트워크에서 결코 보고 싶지 않은 트래픽 종류다. 누군가 IP 스캔을 한다. USP 스캔은 아니다. TCP 스캔도 아니다. 이 사람은 IP 헤더의 상단에 직접 지원되는 서비스가 무엇인지 알기를 원한다. 예로는 EGP, IDRP, ICMP와 캡슐화된 IPv6 등이 있다. Info 칼럼 헤딩을 정렬해서 모든 프로토콜 조회를 살펴보라. 31장을 참조하라.
sec-nmap-osdetection.pcapng	이 추적 파일은 엔맵을 이용한 OS 탐지 프로세스를 보여준다. 특별한 코드 번호를 가진 ICMP Echo 패킷에 대한 컬러링 규칙을 생성해보라. (icmp.type==8) && !(icmp.code==0) 일단 이 필터를 적용하면 사용자는 엔맵 시그니처를 발견할 수 있다. 31장을 참조하라.
sec-nmap-osdetect-sV-O-v.pcapng	이 엔맵 스캔은 서비스/버전 탐지와 OS 탐지를 수행한다. 거의 3,000 TCP 연결 시도에서 이것은 그렇게 스텔스한 스캔 처리는 아니다. 8장과 31장을 참조하라.
sec-nmap-robotsplus.pcapng	엔맵은 사이트를 스캔해서 사이트 방문 시 웹 로봇이 어떻게 행동해야 하는지를 정의한 robots.txt 파일을 찾으려고 한다. 특히 엔맵은 허락되지 않는 것이 무엇인지 관심이 있다. 필터 http.request.method를 적용하라. 엔맵이 할 수 있는 일이 추가로 무엇이 있는가? 31장을 참조하라.

추적 파일 이름	설명
sec-nmapscan.pcapng	이 추적 파일은 엔맵 스캔을 설명한다. Statistics > Conversation 창을 열고 TCP 대화를 검사하라. 이 스캔을 수행하는 데 엔맵이 사용하는 일반 포트 번호를 볼 수 있는가? 엔맵이 한 번 이상 사용한 포트가 있는가? 8장을 참조하라.
sec-nmap-see-short-ping.pcapng	이 엔맵 스캔을 살펴보면 몇 개의 특별한 ICMP Echo 요청이 있다(패킷 1)(패킷 8). 반송돼야 하는 데이터는 무엇인가? 다른 ICMP Echo 요청에서 페이로드는 무엇인가? ICMP 목적지 도달 불가/포트 도달 불가 응답을 일으키는 포트 1에서 몇 개의 특별한 스캔이 있다. 31장을 참조하라.
sec-nmap-udpscan.pcapng	이 UDP 스캔에서 목적지 MAC 주소 필드 안의 재미있는 시그니처는 무엇인가? 31장을 참조하라.
sec-nst-axfr-refused.pcapng	AXFR 명령은 아주 두드러진다. 누군가 DNS zone 전송을 시도하고 있고 그들의 요청은 거절된다. 이 추적은 두 가지 형태의 DNS 조회를 보여준다는 데 주목하자(UPD 기반과 TCP 기반). 32장을 참조하라.
sec-nst-nslookup-mx.pcapng	누군가는 메일 교환 서버(MX)의 네임 서비스 항목을 살펴보고 있다. 이 같은 유형의 조회는 네트워크상에서 정상적인 것이 아니기 때문에 경고 플래그를 전송해야만 한다! 32장을 참조하라.
sec-nst-osfingerprint.pcapng	이 추적 파일은 NetScanTools Pro부터 OS 핑거프린팅 동작을 보여준다. 특별한 코드 번호를 가진 ICMP Echo 패킷을 위한 컬러링 규칙을 생성하라. (icmp.type==8) && !(icmp.code==0) 이 필터는 사용자가 이 추적에서 NetScanTools Pro의 시그니처가 무엇인지를 발견하게 도와준다. 31장을 참조하라.
sec-nstpro-automatic-recon.pcapng	NetScanTools Pro(NSTPro)는 훌륭한 다중 기능 도구다. 이 추적은 회선상 자동화된 정찰 프로세스를 보여준다. 프로세스의 일환으로 NSTPro는 실시간 블랙리스트 검사, WHOIS 조회, 네임 서버 lookup, traceroute [필터 ip.ttl < 10]를 수행한다. 또한 아래에 제시된 필터를 이용해 성공적인 FTP 연결을 찾는 필터를 생성한다. (ip.dst==67.169.189.113) && (tcp.flags==0x12) 31장을 참조하라.

추적 파일 이름	설명
sec-nst-rblcheck-soforems.pcapng	우리는 softorems이 블랙리스트에 목록으로 나와 있는지 알고 싶다. 목록에 나와 있다면 별로 좋지 않다는 것을 알기 때문에 이들에 대해 RBL 검사를 했다. Realtime Blacklist(RBL) 검사가 어떻게 동작하는지 보는 것은 흥미롭다. DNS를 사용해서 검사자는 블랙리스트에 있는 서버의 IP 주소와 도메인 네임을 가진 수많은 DNS 조회를 전송한다. 32장을 참조하라.
sec-password-setting.pcapng	이 웹사이트 접속은 문제점을 갖고 있다. 패스워드 설정 프로세스는 평문 텍스트 상태로 회선상으로 전달된다(패킷 4). 아이고 저런!. 30장을 참조하라.
sec-sickclient.pcapng	이 클라이언트는 사용자 l l l l(스페이스로 구분되는 4개의 소문자 'L')(패킷 14)로 IRC 채널에 연결하고 나중에 포트 139를 개방하고 있는 모든 호스트를 찾기 위해 네트워크 상에서 스캔을 시작한다. 마치 감염시키기 위해 다른 시스템을 찾는 봇처럼 느껴진다. 스캔의 빠른 속도를 살펴보라. 이것 때문에 응답이 추적의 끝 부분에 모이게 된다(주의: 이 추적에서 사용자의 머리가 폭발하지 않게 하려면 컬러링을 정지시켜라. 사용자는 IP 주소 클리너를 통해 이 추적을 실행하지만 이것은 검사합을 재계산하지는 않는다). Symantec: Wargbot, MS: Graweg, Trend: Worm_IRCbot, McAfee: Mocbot, F-Secure: IRCBot이 있다. 30장을 참조하라.
sec-spoofedhost.pcapng	엔맵을 사용할 때 다른 발신지 주소 사이에 자신의 IP 주소를 숨기고 싶다. 이 추적은 스캔을 수행하는 호스트에서 수집한 내용이다. 사용하는 진짜 IP 주소를 탐지할 수 있는가? 31장과 32장을 참조하라.
sec-sql-attack.pcapng	포트 1433 ms-sql-s에 대한 SQL 연결 검사를 수행한 후에 공격자는 클라이언트 이름 SYD-S-21-ESXI와 사용자 이름 sa를 이용해 로그인 시도를 한다. 이 응답은 사용자 sa에 대한 로그인이 실패했기 때문에 에러임을 나타낸다. 구문 frame[65:4]==18:48:00:00을 사용해 SQL Error Number 18456를 필터링해보라. 32장을 참조하라.
sec-strangescan.pcapng	스캐너는 도대체 무슨 일을 하는가? 스캔 패킷에서 TCP Flag 설정을 살펴보라. 와이어샤크에서 'TCP ACKed lost segment' 전문적 통지를 일으키는 것이 무엇인가? 20장과 13장을 참조하라.

추적 파일 이름	설명
sec-weirdscan.pcapng	이것은 특별한 스캔이다. TCP 플래그 설정은 논리적이지 않다(FIN, RST, ACK). 목적지는 RST를 반환하게 될 것이다. 31장을 참조하라.
sec-xprobe2.pcapng	Xprobe2는 Ofir Arkin가 개발한 OS 핑거프린팅 도구다. 이 추적 파일은 ICMP Echo, Timestamp, Address Mask와 Information requests 동안 ICMP 기반 처리를 나타낸다. 특별한 ICMP Echo 요청 코드 필드 값(패킷 3)에 주목하라. 이것은 Xprobe2의 시그니처 값이다. 31장을 참조하라.
smb-filexfer.pcapng	이 추적 파일은 마이크로소프트 클라이언트와 서버가 SMBv1를 이용해 파일 전송을 처리하는 과정이다. 전송된 파일은 OOo_2.4.1_SolarisSparc_install_en-US.tar.gz 다. 사용자는 파일 다운로드 처리 동안 주기적으로 SMB Read ANDX Request와 Read ANDX Response 인터럽션을 볼 수 있다. 20장을 참조하라.
smb-joindomain.pcapng	이 추적 파일은 마이크로소프트 윈도우 환경에서 도메인에 연결하는 컴퓨터를 보여준다. 성공적인 연결 작업 이전에 발생하는 Kerberos 에러를 주목하라. 추가적으로 사용자는 클라이언트가 Kerberos 통신(KRB5KRB_ERR_RESPONSE_TOO_BIG)에 반드시 TCP를 사용했어야 한다는 것을 서버가 나타냄을 볼 수 있을 것이다. 19장의 사례 연구를 참조하라.
smb-protocol-request-reply.pcapng	이것은 2009년 말에 악용됐던 SMB 통신에 많은 초점을 맞춘다. 익스플로잇은 Process ID High 필드를 사용했다. 32장을 참조하라.
smtp-fault.pcapng	이 추적 파일은 DNS가 SMTP 서버 동작이 제대로 작동하게 살펴볼 때 무엇이 발생하는지를 보여준다. 그러나 실제적인 연결 시도는 아니다. 14장과 25장을 참조하라.
smtp-normal.pcapng	보통의 SMTP 연결에서 사용자는 사용자 이름이나 패스워드를 전송하지 않는다. 완전한 메시지를 명확하게 보기 위해 TCP 스트림을 따라가 보자. 초기 통신 처리 동안 서버가 파이프라인을 지원하고 이메일 크기의 제한을 받지 않는다는 것을 나타낸다(패킷 8). 10장과 25장을 참조하라.

추적 파일 이름	설명
smtp-prob.pcapng	IP 주소 10.1.0.1를 가진 사용자가 10.2.23.11 주소를 가진 SMTP 서버로 이메일을 보낼 수 없다고 불평한다. 이 추적 파일을 조심스럽게 살펴보라! 여기에는 ICMP 기반 핑 프로세스와 FTP 세션이 포함돼 있다. 10.1.0.1이 네트워크로 패킷을 전송할 수 있다는 것을 볼 수 있다. 클라이언트가 SMTP 서버(10.2.23.11)에 접속하려고 노력한다는 것이 무엇을 의미하는지 찾아보라. 추적 파일을 조사하고 이 결함이 클라이언트인지 서버인지 아니면 네트워크인지 판단해보라. 10장과 25장을 참조하라.
smtp-sendone.pcapng	이 추적 파일은 SMTP를 통해 전송된 표준 단일 이메일을 나타낸다. 스트림을 따라 가면서 전송하는 애플리케이션(Outlook)을 볼 수 있다. 25장을 참조하라.
smtp-strange.pcapng	지금 이것은 특별하다! 이것은 실질적인 NetScanTools Pro(매우 훌륭한 프로그램)를 이용한 SNMP 스팸 검사다. 임의의 SMTP 패킷을 오른쪽 클릭해 스트림을 재조립한 후 통신을 자세히 살펴보라. 얼마나 많은 이메일이 전송됐는가? 이 숫자를 세기 위해 무슨 필터를 사용하면 되는가? 트랜잭션이 실패했다는 것을 무엇을 보고 알 수 있는가? 어떤 컬러링 규칙을 사용하면 이들을 신속히 파악할 수 있는가? 25장을 참조하라.
snmp.pcapng	이 추적 파일은 통신의 단일 SNMP 질의 응답 쌍을 포함한다. 그들 모두가 동일한 정보를 찾는가? 1.3.6.1.2.1.25.3.2.1.5.1 위치를 찾기 위해 몇 개의 인터넷 조사를 해보라(SNMP MIB-2.25.3.2.1.5.1을 찾는). 사용자는 INTEGER 5의 응답 코드를 보고 장치의 상태가 'down'을 나타내고 있음을 알 수 있다. 추가되는 SNMP MIB들의 정보는 5장을 참조하라.
snmp-mibwalk.pcapng	SNMP MIB 진행은 목적지에서 정의된 모든 MIB(Management Information Base) 객체를 탐색하는 처리다. 추가되는 SNMP MIB의 정보는 5장을 참조하라.
srvloc-locateprinter.pcapng	이것은 네트워크 프린터를 발견하는 데 사용되는 Service Location Protocol(SLP)이다. 15장에서 DNS 패킷 구조에 대한 SLP 구조를 비교하라.
stp-spanningtree-changes.pcapng	이 추적 파일은 로컬 스위치에서 얻은 스패닝 트리 트래픽으로만 구성돼 있다. 이 트래픽은 클라이언트가 아무것도 하지 않는 동안 필수적이지 않은 클라이언트의 포트를 따라 내려온다. 1장을 참조하라.

추적 파일 이름	설명
syslog.pcapng	이 추적 파일은 네트워크상의 포트 514에서 이동하는 SYSLOG 트래픽을 보여준다. SYSLOG가 침입 차단시스템이나 IDS의 경보를 전송하는 데 사용된다면 보안 시스템에 대해 무엇을 배울 수 있는지 생각해보라. 30장을 참조하라.
tcp-104-103problem.pcapng	클라이언트(192.168.0.104)는 192.168.0.103에 있는 프린터에 연결을 시도한다. 어제는 모든 것이 원활하게 동작했다. 그러나 오늘은 아니다. 이 호스트 실체가 뭔지 알아보기 위해 ip.src==192.168.0.103으로 필터링을 해보라. 이것은 프린터인가? 29장을 참조하라.
tcp-137port.pcapng	이것은 NetBIOS처럼 보인다. 이것은 NetBIOS 같아 보인다. 그러나 이것은 NetBIOS 냄새는 나지 않는다. 뭔가 기분이 좀 안 좋다. 이 통신에서 TCP 스트림을 따라가 이것이 실제로 무엇인지 알아보라. 포트 137 트래픽을 FTP처럼 디코드되게 하는 프로토콜을 사용해보라. 10장을 참조하라.
tcp-ack-scan.pcapng	ACK 스캔은 개방 포트를 발견하는 데 사용되지 않는다. 이것은 목적지 시스템으로 가는 필터링되지 않는 경로가 있을 수 있는지 판단하는 데 사용된다. 예를 들어 포트 80을 ACK 스캔해 TCP RST 응답을 얻는다는 사실은 이 아웃바운드 포트 값이 방화벽이나 라우터에서 필터링되지 않음을 나타낸다. 12.234.14.63부터의 모든 응답을 보기 위해 Source 칼럼 헤딩을 정렬하라. 응답이 포트상의 ACK 스캔으로부터 수신된다면 그 포트는 중간 장치에 의해 차단되지 않는다. 31장을 참조하라.
tcp-bad-download-again.pcapng	이 파일 다운로드 프로세스는 참기 어려울 정도로 느리다. 와이어샤크가 무엇을 탐지했는지 보기 위해 Expert Info Composite 창을 열어라. 다양한 경고의 원인이 무엇인지를 배우기 위해 13장을 참조하라. 다운로드 처리에서 이미 얼마나 많은 시간이 경과했는지를 보기 위해 Statistics > Summary를 열어라. 모든 트래픽에서 IO 그래프를 구축하는 것을 고려하고, Graph 2에서 tcp.analysis.flags를 사용하라. 20장을 참조하라.

추적 파일 이름		설명
tcp-con-up.pcapng		이것은 평범하고 간단한 TCP 핸드셰이크 처리다. 사용자의 TCP 환경설정 제대로 해서 와이어샤크가 상대적인 순서 번호를 사용하지 않게 하라. 사용자는 통신에 사용되는 실제 순서 번호를 볼 수 있다. 이 짧은 추적에서 사용자는 핸드셰이크 처리 동안 순서 번호(Sequence Number) 값을 증가하는 'phantom' 바이트를 목격할 수 있다. 23장을 참조하라.
tcp-filexfer-notgood.pcapng		이 추적은 상대적으로 느린 파일 전송 프로세스를 보여준다. 핸드셰이크 프로세스를 조사해보고 윈도우 Scaling이 반드시 작동하게 하라. 이 추적 파일에서 문제점을 파악하기 위해 전송 중인 바이트에 대한 칼럼을 추가하라. 20장을 참조하라.
tcp-fin-3way.pcapng		이 추적 파일은 3 방향 TCP FIN 처리를 보여준다. 20장을 참조하라.
tcp-fin-4way.pcapng		이 추적 파일은 4 방향 TCP FIN 처리를 보여준다. 실제로 이 처리는 두 개의 일반적인 변이가 있다(tcp-fin-3way.pcapng을 보자). 이 추적 파일은 FIN, FIN ACK, ACK를 보여준다. TCP 연결이 아직 활동 중이고 타임아웃을 기다린다는 점에 주의하기 바란다. 20장을 참조하라.
tcp-fin-orphaned.pcapng		이것은 4 방향 TCP FIN 처리라고 여겨지지만 한쪽이 협조하지 않는다. 이것은 지속적으로 재시도되기 때문에 연결은 개방을 유지한다. 버려진 TCP 연결에 대해 좀 더 많은 정보는 33장을 참조하라.
tcp-handshake-problem.pcapng		TCP 핸드셰이크 때문에 모두 잘못된 놀랄 정도로 간단한 통신이다. 핸드셰이크의 각 패킷은 문제가 없어 보인다(패킷 3-5). 그러나 클라이언트가 RWHOIS 서버에게 데이터를 전송하기 시작할 때 응답으로 SYN ACK 패킷들을 수신한다. 모든 이 문제는 핸드셰이크의 3번째 패킷이 도착하지 않기 때문이다. 복제 ACK들은 순서 번호 1을 다시 요청한다. 불행하게도 클라이언트 패킷 두 개는 동일한 순서 번호를 갖는다. 이것은 결코 해결할 수 없다. 20장을 참조하라.

추적 파일 이름	설명
tcp-keepalive.pcapng	긴 유휴 시간 동안 TCP 연결 개방을 유지하기 원하는 애플리케이션은 TCP 유지 생존 기능을 일으킬 수 있다. 이 추적은 포트 1863과 2042 사이의 연결을 유지하는 트래픽을 위한 그런 프로세스를 보여준다. 이들 TCP 유지 생존 패킷에 포함되는 데이터가 있는가? 어떻게 와이어샤크가 이들이 TCP 유지 생존이라고 판단하는가? 20장을 참조하라.
tcp-keepalive-applevel.pcapng	이것은 과거의 추적 파일이다. 그러나 이것은 애플리케이션 레벨 유지 생존 프로세스를 설명해준다. 이 애플리케이션은 최대 513바이트의 오프셋 3584에 있는 파일로부터 읽는 것을 나타낸다(응답에 있는 데이터를 확인한다)(패킷 1)(패킷 5)(패킷 9)(패킷 13)(패킷 17). 좋은 사이트는 아니다. 프로그래머가 생각하고 있는 것은 무엇인가? 20장을 참조하라.
tcp-low-mss.pcapng	이 HTTP 파일 전송에 있어서 Maximum Segment Size (MSS) 문제 때문에 결코 잠재적인 최대 처리량까지 도달하지 못한다. 이 문제가 클라이언트 쪽에 있는가, 아니면 HTTP 서버에 존재하는가? Flow Graph는 클라이언트가 하나 이상의 HTTP 서버와 통신을 하고 있다는 것을 나타낸다. 이 문제가 두 번째 서버에서의 증거인가? 17장을 참조하라.
tcp-pktloss94040.pcapng	이 추적 파일은 www.cnn.com으로 브라우징하는 세션을 보여준다. 상당히 많은 패킷 손실이 있다. 다양한 TCP 문제를 비교하기 위해 IO 그래프를 구축하는 것을 고려해보라. 이것은 처리하기 좋은 적당한 크기의 파일이다(94,000개 조금 넘는 패킷). 추적 파일을 추적 파일 집합으로 분리하는 Editcap을 어떻게 사용하는지 배우기 위해 33장을 참조하라.
tcp-problem.pcapng	사용자가 Seconds Since Previous Packet으로 Time Display Format을 설정할 때 사용자는 ACK(패킷 2)를 수신하지 않는 5개의 패킷의 재전송을 가진 TCP 재시도 처리를 쉽게 볼 수 있다. 20장을 참조하라.

추적 파일 이름	설명
tcp-problem-pointA.pcapng	이 추적 파일 tcp-problem-pointA.pcapng를 반드시 다음 2개의 파일 tcp-problem-pointB.pcapng, tcp-problem-pointC.pcapng와 비교해봐야만 한다. 이 추적 파일은 웹 서버를 브라우징하는 클라이언트에 근접해서 수집한 것이다. 웹 서버로 가는 경로에는 침입 차단시스템/NAT와 로드밸런서가 있다. 성능 문제를 식별할 수 있는가? TCP 핸드셰이크 프로세스를 주의 깊게 관찰해보라. 20장을 참조하라.
tcp-problem-pointB.pcapng	이 추적 파일 tcp-problem-pointB.pcapng를 반드시 다음 2개의 파일 tcp-problem-pointA.pcapng, tcp-problem-pointC.pcapng와 비교해봐야만 한다. 이 추적 파일은 침입 차단시스템/NAT 이후에 수집한 것이다. 몇 가지 클라이언트 연결 속성은 NAT 프로세스를 통과했다. 아직도 성능 문제를 볼 수 있는가? TCP 핸드셰이크에서 어떤 관심 가는 것이 있는가? 20장을 참조하라.
tcp-problem-pointC.pcapng	이 추적 파일 tcp-problem-pointC.pcapng를 반드시 다음 2개의 파일 tcp-problem-pointA.pcapng, tcp-problem-pointB.pcapng와 비교해봐야만 한다. 이 추적 파일은 로드밸런서 이후에 수집한 것이고, 이것은 tcp-problem-pointC.pcapng와 동일하다. 이렇게 비교해보면 로드밸런서가 트래픽에 영향을 미치지 못한다는 점을 확실히 알 수 있다. 20장을 참조하라.
booktcpset*.pcapng	이 추적 파일 집합은 하나의 덩치가 큰 파일보다 연속된 작은 추적 파일들로 작업하는 것이 얼마나 빠른지를 보여준다. 이들을 다시 하나의 파일로 묶으려면 Mergecap을 이용하라. 3장과 33장을 참조하라.
tcp-slow-wireshark.pcapng	wireshark.org에서 와이어샤크 코드로 크루징을 하는 동안 우리가 갖게 될 문제를 점검해보라. 산란을 제거하고 시간 칼럼을 정렬하기 위해(Seconds Since Previous Displayed Packet를 설정) 디스플레이 필터 tcp.flags.fin==0을 적용해보라. 7장을 참조하라.
tcp-splice.pcapng	쪼개진 패킷 안의 진짜 메시지를 보기 위한 가장 빠른 방법은 무엇인가? 32장을 참조하라.

추적 파일 이름	설명
tcp-traceroute.pcapng	모든 traceroutes가 동일하게 만들어지는 것은 아니다. 사용자는 표준 ICMP 기반 traceroute 동작을 잘 알고 있다. 그러나 이것은 ICMP echo 패킷에 대해 응답하지 않는 호스트에 대한 연결 검사로서 사용될 수 있는 TCP 기반 traceroute이다. 31장을 참조하라.
tcp-tracert_au.pcapng	이 추적 파일은 TCP 기반 traceroute을 보여준다. traceroute를 위한 TCP 사용은 많은 목적지가 ICMP 기반 traceroute에 대해 응답하지 않음으로써 좋은 선택이다. 이 라우터 발견 처리는 두 버전에서 동일하다. 이 경우에 사용자는 TCP 포트 99를 사용한다. 31장을 참조하라.
tcp-uploadproblem-largefile.pcapng	암호화된 트래픽에서도 아직 TCP 문제를 탐지할 수 있다. Expert Infos 윈도우를 조사해서 이 추적 파일의 중요한 문제가 무엇인지 판단해보라. 업로드 기능은 ISP가 통신의 'health'를 판단한 후에 ISP에 의해 좌절된다. 어떻게 모든 트래픽, 실종된 세그먼트, 모든 재전송을 그래프로 그리고 비교할 수 있는가? Y축을 Bytes/Tick으로 설정하라. 파일 업로드 프로세스 중 어느 시점에서 처리율이 떨어지는가? 20장을 참조하라.
tcp-window-frozen.pcapng	윈도우 불능 상황은 파일 전송 속도를 떨어뜨릴 수 있다. Time Display Format to Seconds Since Beginning of Capture를 설정하고 Set Time Reference를 위해 첫 번째 Zero Window 패킷(패킷 30)을 오른쪽 클릭한다. 이 상황은 얼마나 많은 시간을 소비하는가? 13장을 참조하라
tcp-winscaling-bad.pcapng	이 HTTT 연결을 위해 TCP 창 크기를 설정하는 것은 좋은 일이다. 클라이언트는 2의 윈도우 스케일(65,535에 4를 곱한다)(패킷 1)을 통지한다. 그러나 서버는 TCP 윈도우 크기를 지원하지 않는다. 20장을 참조하라.
tcp-winscaling-good.pcapng	이제 이것이 삶이다! 클라이언트는 2의 TCP 윈도우 스케일(윈도우에 4를 곱한다)을 통지하고 서버도 또한 윈도우 크기를 지원한다(0의 윈도우 크기를 갖더라도 수신자 측면에서 좋은 것은 아니다). 클라이언트를 위해 올바른 윈도우 크기(패킷 3)를 계산하는 와이어샤크의 능력을 확인하라. 이것은 Preferences ▸ TCP 영역에서 사용자가 켜거나 끌 수 있는 기능이다. 20장을 참조하라.

추적 파일 이름	설명
tcp-winscaling-off.pcapng	이 추적 파일에서는 왜 Window Scaling이 꺼져 있는가? 상세 정보 창은 '윈도우 크기 스케일링 요소:-2(윈도우 스케일링 미사용)'이라고 나타내고 있다. 클라이언트는 윈도우 스케일링을 지원하지 않았는가? 서버는 어땠는가? 통신을 보강하기 위해 통신의 어느 쪽을 먼저 살펴봐야 할까? 13장과 20장을 참조하라.
tcp-winscaling-wishful.pcapng	클라이언트와 서버는 윈도우 크기를 조정할 수 있다. 그러나 클라이언트에 대한 크기 값(패킷 3)을 볼 때 이것은 5840으로만 설정된다. 이것이 높아야 하는 것 아닌가(5,840의 4배)? TCP 윈도우 필드를 하이라이트 처리하고 우리가 왜 아직까지 5,840에 있는지 알게 될 것이다. 실망스럽다. 이것은 어쨌든 이상한 HTTP 통신이다. 20장을 참조하라.
tcp-wont-shutup.pcapng	통신의 어느 쪽이 TCP 연결을 종료하려고 하는가? 연결의 다른 쪽으로부터 응답은 무엇인가? 전송되는 파일의 크기는 얼마인가? 완전한 그래픽 파일이 클라이언트에 의해 수신된다고 생각하는가? 20장을 참조하라.
tcp-youtubebad.pcapng	Window Scaling 그래프를 이용해서 어떻게 비디오 시청자가 윈도우 크기를 변경했는지 판단해보라. 이 그래프에서 볼 수 있는 상대적으로 평평한 최댓값을 어떻게 설명할 것인가? 축소된 윈도우 크기뿐만 아니라 증가된 윈도우 크기에 대해서도 설명해보라. 20장을 참조하라.
telnet.pcapng	누군가 'show version'을 구동하기 위해 시스코 라우터로 telnet 연결을 시도한다. 이것은 'exit' 명령으로서 에코돼 돌아온다. 그러나 패스워드는 에코되지 않는다. 클라이언트와 서버가 연결 동작을 협상할 때 DO, DON'T, WILL, 그리고 WON'T를 따르게 하라. 20장과 30장을 참조하라
telnet-questionable.pcapng	telnet 클라이언트와 서버가 통신 설정에서 동의했는지 아닌지를 판단하기 위해 이 추적을 조사해보라. DO, DON'T는 발신지에서 목적지로 가는 요청이다. WILL, WON'T는 발신지가 무엇을 기꺼이 하고 기꺼이 하지 않을 것인지를 표시하는 문장이다. 로그인 프롬프트를 얻는 데 얼마나 오래 걸리는가? 20장과 30장을 참조하라.

추적 파일 이름	설명
telnet-refuse_via_rst.pcapng	전통적인 TCP RST/ACK 기법에서 이 클라이언트의 telnet 연결 요청이 목적지에 의해 거절됐다. 회선에서 과도한 RST/ACK/의 수는 TCP 포트 스캔의 징조가 될 것이다. 이 경우 이것은 하나의 다루기 어려운 telnet 클라이언트다. 20장을 참조하라.
udp-echo.pcapng	사용자가 'echo' 라는 용어를 언급할 때 대부분의 사람들이 ICMP Echo Request들과 ICMP Echo Reply들을 생각하지만 TCP와 UDP echo 통신도 있다. 이 UDP 통신에 사용되는 포트를 식별할 수 있는가? 발신지와 목적지 포트가 echo 포트로 설정되면 어떤 일이 발생하는가? 31장을 참조하라.
udp-general.pcapng	DHCP, DNS, NetBIOS 네임 서비스와 마이크로소프트 Messenger는 이 추적에서 UDP 기반 통신을 대체한다. 사용자는 최악의 적이 이 NetBIOS와 Messenger 트래픽을 보내지 않기를 바란다. 더러운 네트워크 같으니라고. 19장을 참조하라
udp-mcastream-queued2.pcapng	이 멀티캐스트 비디오 트래픽에서 IO 그래프를 구축하라. 큐잉이 발생할 때 보기 위해 0.01초로 시간 간격을 설정하자. 안정된 비율의 트래픽상에서 트래픽률의 변화를 정확히 보기 위해 시간 간격을 변경할 수 있어야 한다. 이 기술을 사용하는 예를 위해 27장을 참조하라.
udp-pentest.pcapng	이 추적 파일은 Nessus 스캔으로부터 UDP 트래픽을 포함하고 스캔 때문에 생긴 수많은 ICMP 목적지 도달 불가/포트 도달 불가 응답을 포함한다. 이 침해 검사에서 목적지 포트를 타격하는 범위를 보기 위해 Statistics > Protocol Hierarchy를 살펴보라. 19장을 참조하라
udp-port5678rrac.pcapng	이 추적 파일에서 무슨 일이 일어나는지 알아보기 위해 재조립 스트림 기능을 사용하라. 192.168.0.1에 대해 무엇을 알아냈는가? 31장을 참조하라.
udp-refusal.pcapng	SNMP 패킷의 진짜 목적은 무엇인가? SNMP 부분을 확장하거나 패킷을 전반적으로 스크롤하면서 패킷 바이트 창을 살펴보라. 32장을 참조하라.

추적 파일 이름	설명
udp-snmpportblock.pcapng	목적지 프로세스에 접근하지 못하게 이 트래픽을 막기 위해 주로 어떤 UDP 포트 번호를 막아놓는가? 어떤 유형의 침입 차단시스템을 설치하는가? 네트워크 침입 차단시스템인가, 호스트 침입 차단시스템인가? 모든 SNMP 요청이 동일한 발신지 포트 번호에서 보내지는가? 32장을 참조하라.
udp-tracert.pcapng	목적지가 핑에 대답하지 않아 핑 연결 검사를 마칠 수 없을 때 UDP 연결 검사를 고려해보라. 이 UDP 기반 traceroute는 포트 32767로 시작하는 위조 포트 번호의 목적지가 된다. 처리는 목적지 도달 불가/포트 도달 불가 응답(패킷 59)을 반송하는 목적지에 의존한다. 이것은 또한 이 UDP traceroute 유틸리티가 이름 변환처럼 보인다. 31장을 참조하라.
vlan-general.pcapng	이 추적 파일은 VLAN상의 X11 통신을 보여준다. 사용자는 이더넷 헤더 뒤와 IP 헤더 전에 VLAN 태크를 직접적으로 볼 수 있다. 3장을 참조하라.
voip-extension.pcapng	이 VoIP 통신은 SIP 전화 설정 처리로 시작한다. 이 전화는 VoIP 서버(운영자)에 직행한다. 나중에 추적 파일에서 사용자는 내선 번호 204를 입력한다. 이것은 바로 테스트 전화다. 27장을 참조하라.
voip-extension2downata.pcapng	이 VoIP 전화를 재생해서 사랑스러운 "미안합니다..."라는 메시지를 들어라. 이 메시지는 완전히 완료되지 못했다는 것을 알 수 있다. 이 경우 목적지 편에 있는 아날로그 전화 어댑터가 꺼져있다. 27장을 참조하라.
voip-skype-conn-disconn.pcapng	스카이프 전화가 확립되고 종료되는 것을 살펴보는 동안, 전화가 시작되고 끝나는 동안 다양한 UDP 연결이 요구되며, TCP를 사용하는 명령 채널처럼 보이는 UDP를 알 수 있었다. 27장을 참조하라.
wlan-airplane-laptopson.pcapng	이것은 무선 네트워크가 없는 비행기 내에서의 트래픽 브로드캐스트다. "노트북의 무선통신을 꺼 주시기 바랍니다." 같은 너무 진부한 기내 방송과 같다. 26장을 참조하라.
wlan-ap-problem.pcapng	이 트래픽을 그래프로 그려서 무선 네트워크의 AP에서 무슨 일이 발생하는지 살펴보라. 이것은 너무 자주 발생하고 WLAN에서 연결을 잃게 한다. 26장을 참조하라.

추적 파일 이름		설명
wlan-beacon-problem.pcapng		AP가 'goes missing'일 때 생기는 반복적 WLAN 문제점 발생을 점검하기 위해 IO 그래프를 사용하라. 26장을 참조하라.
wlan-dupes.pcapng		이 WLAN 추적 파일은 패킷의 중복 문제가 있는 것처럼 보인다. 802.11 헤더를 확장하고 이들 패킷들이 중복되지 않는다는 점에 주목하라. Frame Control/Flags 세션을 확장하라. 첫 번째 패킷은 AP를 통해 STA에서 DS까지 간다. 패킷의 초 설정을 필터링하고 싶지 않다면 디스플레이 필터 wlan.fc.ds==0x01을 사용하라. 'To DS'와 'From DS' 비트 설정에 대해 좀 더 많은 정보를 알고 싶으면 26장을 참조하라.
wlan-fragments.pcapng		모든 이 단편들은 802.11 단편들이다. 모든 WLAN 단편 패킷을 표시하기 위해 디스플레이 필터 wlan.frag 〉 0을 사용하라. 26장을 참조하라.
wlan-ipad-start-sleep.pcapng	+	아이패드로부터의 802.11 관리 및 제어 프레임을 점검하고 있다. WLAN상에서 상승했다가 잠잠해지는 현상을 확인해보라. WLAN 트래픽 분석에 대해 좀 더 자세히 알아보려면 26장을 참조하라.
wlan-ppi.pcapng		이것은 802.11 프레임상의 PPI (Per-Packet-Information) 헤더다. 26장을 참조하라.
wlan-radiotap.pcapng		이것은 802.11 프레임상의 Radiotap 헤더다. 26장을 참조하라.
wlan-signalissue.pcapng	+	AP로부터 가까운 곳에서 핑을 해보고 멀리 가면서 핑을 해봤을 때 신호 세기 변화(아마 ppi.80211-common.dbm.antsignal 필드를 그래프로 그린다) 그래프를 살펴보라. 26장을 참조하라.
wlan-videodownload.pcapng		비디오를 다운로딩하는 클라이언트의 WEP 암호화된 WLAN 추적이다. 비디오 다운로드에서 갑자기 늘어난 트래픽 특성을 보기 위해 IO 그래프를 그려보라. 26장을 참조하라.
wlan-wpa-Induction.pcap [Wireshark.org Trace File]		이 추적 파일에서 WLAN 트래픽을 복호화하는 연습을 해보라. 패스워드 'Induction'과 SSID 'Coherer'를 사용해서 트래픽을 복호화하라. 복호화를 하면 이 추적 파일에는 무엇이 들어있는가? 오직 데이터 패킷만 필터링하려면 어떻게 해야 하는가? 26장을 참조하라.

추적 파일 이름	설명
xfersmerged2.pcapng	합쳐진 추적 파일 안에서 이들을 구별하기 위해 서로 다른 추적 파일에 속한 트래픽을 어떻게 컬러링할 수 있는가? 21장과 33장을 참조하라.

찾아보기

숫자/기호

! 피연산자 351
2.4GHz 방해 전파 762
2.4GHz 재머 763
250 Sender OK 723
2방향 핸드셰이크 749
304 Not Modified 658
331 Password Required 696
354 Start Mail Input 721
3방향 핸드셰이크 558
4 NOP 연속 트리거 422
403 Forbidden 660
404 Not Found 657
4xx 클라이언트 에러 667
530 Password Not Accepted 696
553 Invalid Recipient 723
5GHz 와이파이 모델 762
5ports 350
5xx 서버 에러 응답 667
6to4 터널링 506
802.11 Type 222
802.11a/n SSID 762

ㄱ

가상 LAN 태깅 79
간섭 734
강화된 SMTP 795
개방형 네트워크 컴퓨팅 138
개인 환경설정 231
개인 환경설정 디렉토리 382
검사 873
검사합 77, 415
검사합 에러 컬러링 규칙 262, 727
검사합 오프로딩 586
검사합 필드 550
검색 명령 697
경고 411
경고 영역 412
경로 변환 438
경로 테이블 값 809
경험적 서브 분석 590
고급 IO 그래프 605
고장 난 패킷 420
공통 코덱 781
과도한 재전송 526
관리 프레임 748
괄호 345
광역 통신망 80
교환기 71, 76
교환형 77
구성 에러 819
권한 RR 461
권한 RR 섹션 459
그래프 생성 73
그래픽 파일 368
글로벌 환경설정 223
긍정 오류 839
기가비트 광섬유 포트 탭 180
기본 게이트웨이 820
기본 컬러링 규칙 547
기본식 키워드 214
기형 415
긴급 비트 580
길이 필드 549

ㄴ

낮은 대역폭 링크 775
내비게이션 툴바 아이콘 148
널 스캔 858
네임 서버 59
네임 서비스 데몬 526
네트워크 보안 526
네트워크 분석 59

네트워크 분석 도구 198
네트워크 분석 프로세스 240
네트워크 이름 변환 241, 436
네트워크 주소 변환 78
네트워크 취약점 71
네트워크 타임 프로토콜 282
네트워크 트래픽 177
네트워크 폭주 822
네트워크 혼잡 775
노드 정보 응답 코드 536
노드 주소 유형 670
노란색 배경 349
녹색 배경 349
논리 연산자 344
높은 지연시간 810
높은 지터율 775
느린 다운로드 412
느린 통신 814
능동 OS 핑거프린팅 879
능동 모드 196, 696

ㄷ

다기능 장치 726
다기능 프린터 803
다음 기대 순서 번호 579
다음 헤더 필드 500
다중 연결 능력 972
다중 접속 733
다중 프로토콜 레이블 스위칭 79
단방향 데이터 크로싱 합 605
단순 파일 전송 프로토콜 306
단위 600
단일 요약 창 292
단일 전송 메커니즘 455
단일 혼잡 윈도우 818
단편화 487
대상 프로토콜 주소 479
대상 하드웨어 주소 478
대역 내 신호 769
대역 외 DTMF 트래픽 769
대역 외 신호 769
대역 외 통계 769
대역폭 계산 772
대화 403, 411
대화 창 308
대화 컬러링 121
대화 필터 132, 719
대화와 종단점 134
대화와 종단점 목록 135
더미 장치 177
데이터 세그먼트 스트림 821
데이터 손실 복구 558
데이터 오프셋 필드 579
데이터 채널 트래픽 704
데이터 패킷 189
데이터 프레임 747
데이터그램 487
데이터베이스 요청 164
델타 시간 288
델타 시간 값 401
델타 시간 설정 283
델타 시간 칼럼 401, 775
델타 시간 필터 812
델타 타임 칼럼 401
도메인 이름 시스템 434
도움말 툴바 아이콘 150
도착 시간 값 812
도착 패킷 시간 288
도청 라이브러리 108
동기화 비트 581
동적 발신지 포트 441
동적 주소 할당 633
동적 포트 번호 369, 693
동적 호스트 구성 프로토콜 434
듀얼 ETH 포트 759
드라이버 모드 741
드롭다운 화살표 398
디스플레이 구문 343
디스플레이 옵션 199
디스플레이 필터 73, 99, 127, 333
디스플레이 필터 구문 333

디스플레이 필터 매크로 128, 351
디스플레이 필터 목록 749
디스플레이 필터 제한 323
디코드 130

ㄹ

라디오 주파수 187
라우터 재설정 코드 535
라우트 재지정 911
라우팅 정보 프로토콜 434
라우팅 캡슐화 터널 494
라우팅 트래픽 381
레이어 602
레지스트리 설정 837
레코드 헤더 281
로그 스케일 604
로그아웃 순서 베이스라인 798
로그인 순서 베이스라인 798
로드 밸런싱 775
로컬 MAC 주소 변환 438
로컬 인터페이스 239
리로드 123
리스닝 71
리틀 엔디언 638
링크 계층 인터페이스 96
링크 상태 라우팅 프로토콜 315

ㅁ

마스터 비밀 674
마스터 프로파일 383
맞춤형 와이어샤크 설정 935
매개변수 문제 코드 531
매직 쿠키 639
매체 접근 제어 76
매체 정체 조건 749
매칭 873
맥 OS X 737
맥스마인드 데이터베이스 245
멀티캐스트 307, 503, 796
멀티캐스트 DNS 450
멀티캐스트 광고 315
멀티캐스트 비디오 스트림 315
멀티캐스트 비디오 스트림 재조립 364
멀티캐스트 트래픽 316
멀티캐스팅 138
메소드 661
메시징 서비스 523
메인 툴바 147
메일 확장 720
메일링 리스트 160
메일박스 716
명령 채널 699
모니터 모드 60, 188, 737
모니터 포트 179
모니터링 트래픽 185
모바일 IP 트래픽 338
목적지 IP 주소 313, 439
목적지 IPv6 주소 필드 501
목적지 MAC 주소 439
목적지 도달 불가 메시지 523
목적지 도달 불가 코드 529
목적지 포트 번호 439
목적지 포트 필드 548
무간섭 채널 763
무상 ARP 647
무선 LAN 733
무선 연결성 베이스라인 801
무선 툴바 103, 152
무차별 모드 188, 239
문자열/텍스트 필드 348
문제점 해결 69
미디어 이름 772

ㅂ

바운드 상태 633
바운스 공격/FXP 전송 700
바이트 칼럼 308
반송파 감지 733
반이중 네트워크 178
반이중 네트워크 트래픽 177

반이중 옵션 178
발신자 프로토콜 주소 478
발신자 하드웨어 주소 478
발신지 IPv6 주소 필드 501
발신지 포트 필드 548
방향 한정자 213
방화벽 70, 78
배제 필드 필터 349
배제 필터 218
백그라운드 트래픽 799
백오프 알고리즘 607
버그질라 95
버전 필드 491, 499
베이스라인 795
베이스라인 프로세스 796
베이스라인 호스트 798
변환 탭 182
변환기 프로세스 449
보기 툴바 아이콘 150
보안 프로파일 388
보안 플래그 511
복사 옵션 155
복제 ACK 593, 619
봇넷 명령 837
부정 피연산자 344
부트 파일 이름 639
부트업 순서 베이스라인 798
부트업 프로세스 817
분석기 411
브라우저 사용 기록 837
브로드캐스트 307, 796
브로드캐스트 주소 502
비교 136
비교 분석 세션 803
비교 연산자 344
비디오 스트림 364
비디오 파일 364
비디오 플레이어 364
비상 관리 91
비상 분석 738
비상태형 DHCPv6 504
비상태형 주소 자동 구성 504
비연결형 487
비연결형 전송 693
비정상 트래픽 803
비정상 트래픽 패턴 837, 842
비집합적 탭 179
비콘 프레임 748
비트토런트 트래커 220
비표준 포트 664
빅 엔디언 638
빠른 재전송 420
빨간색 배경 350

ㅅ

사용 가능한 프로토콜 129
사용자 데이터그램 프로토콜 434
사용자 인터페이스 116
사용자 인터페이스 설정 234
사용자 지정 디코드 130
사이트 이름 변환 658
사전 공격 917
사전 패스워드 크래킹 917
상태 바 104
상태 칼럼 774
상태 코드 654
상태형 DHCPv6 504
상향식 방법 809
새 창에서 패킷 보기 122
새로 만들기 337
서버 호스트 이름 639
서브 유형 755
서브넷 마스크 437
서비스 거부 687
서비스 거부 공격 837, 904
서비스 구성 품질 775
서비스 응답 시간 75, 135, 945
서비스 품질 76
서비스 품질 지정 487
서비스의 질 500
선택된 패킷 바이트 110

선택적 ACK 817
선택적 확인응답 568
선호 설정 116
설치 마법사 175
세그먼트 손실 트리거 417
세션 ID 필드 674
세션 대역폭 772
세션 소유자/생성자 772
세션 속성 772
세션 식별자 673
세션 이름 772
송신 버퍼 572
송신자 SMTP 719
송신자 확인 722
수동 MTU discovery 726
수동 OS 핑거프린팅 879
수동 모드 196, 369, 696
수신 윈도우 571
수신 윈도우 선 616
수신 지점 737
수신자 SMTP 719
수용 불가 트래픽 899
수집 116
수집 도움말 영역 102
수집 시작 126
수집 영역 101
수집 옵션 109, 126, 199
수집 인터페이스 125, 191
수집 툴바 아이콘 147
수집 필터 126, 209, 333
수집 필터 구문 550
수집 환경설정 238
순서 415
순서 번호 579, 670
순서 번호 탐지 패킷 879
순서 추적 558
순서열 시그니처 920
순차/확인응답 562
순환 중복 검사 311
스노트 181
스니퍼 60, 91
스무스 드롭다운 604
스무싱 604
스위치 71
스캔 트랜잭션 759
스케일 600
스타일 602
스타트업 과정 503
스텔스 모드 68
스텔스 스캔 855
스트리밍 비디오 애플리케이션 545
스트림 목록 579
스트림 재조립 131
스트림 창 363
스트림 추적 프로세스 363
스트림 컬러링 269
스트림 콘텐츠 창 364
스티그 비를리케 244
스티브 디스펜사 679
스팸 메시지 폴더 716
스팸 메일 716
스팸 필터링 716
스펙트럼 분석기 735
시간 동기화 550
시간 순서 그래프 615
시간 이동 114
시간 참조 113
시간 초과 코드 531
시간 칼럼 설정 281
시간 표시 형식 117
시스코 PIX 방화벽 450
시스코 PIX 침입 차단시스템 726
시작 순서 번호 562
식별자 213
신뢰 응답 458
신속한 복구 566
신호 강도 734
신호 강도 표시기 746
신호 대 잡음비 746
신호 방식 프로토콜 769
실시간 전송 프로토콜 252
심각도 수준 415

쓸모없는 ARP 473

ㅇ

아이들 스캔 865
아이콘 도구 모음 262
악성 트래픽 시그니처 70
악의적으로 변형된 패킷 900
안테나 신호 강도 764
암호 명세 674
암호 세트 목록 674
암호화된 IP 패킷 759
암호화된 WEP 프레임 751
암호화된 경고 678
압축 방법 674
압축률 772
애니캐스트 502
애플리케이션 결함 822
애플리케이션 로딩 시간 809
애플리케이션 매핑 873
애플리케이션 베이스라인 796, 799
애플리케이션 분석 217
액티브 디렉터리 924
업스트림 818
업스트림 스위치 64
에러 411
에러 검사 메커니즘 350
에러 팝업 창 195
에이전트 182
에코 메시지 523
에코 요청 코드 535
에코 응답 코드 535
에테르 파일 242
엑셀 스프레드시트 파일 368
엔맵 851
엔맵 스캔 명령 869
역DNS 조회 243
역다중화 78
연결 설정 558
연결 정보 772
연결 종료 679
연결 집합적 탭 181
연결 해제 558
연관 순서 번호 매기기 563
연관 프레임 751, 765
연관된 순서 번호 589
연산 코드 필드 637
연산자 220
예비 점검(발견) 처리 837
예약 필드 458
오탐 348
오프셋 필터 335, 346
오픈 오피스 문서 368
오피코드 457
온라인 영역 102
올바른 증거 취급 841
옵션 필드 497
와이어샤크 91
와이어샤크 구문 932
와이어샤크 인터페이스 목록 239
와이어샤크 환경설정 231
왕복 시간 770
왕복 시간 그래프 612
왕복 시간 측정 524
외국인 지적감시법 72
요약 창 133
요청 매개변수 723
요청 수정자 662
워드 문서 368
원격 데스크톱 프로토콜 224
원격 수집 데몬 193
원격 윈도우 호스트 194
원격 프로시저 호출 138, 306
웹 로딩 시간 685
웹 브라우징 세션 664
웹 브라우징 세션 베이스라인 800
웹 브라우징 세션 속도 685
웹 브라우징 세션 재조립 366
웹 브라우징 트래픽 381
웹사이트 로딩 속도 814
윈도우 동결 574
윈도우 스캔 기법 860

윈도우 스케일링 390, 582
윈도우 크기 스케일링 589
윈도우 크기 필드 617
윈도우가 가득 찼음 트리거 421
유니캐스트 501
유령 바이트 594
유선 네트워크 187
유형 460
유형 한정자 213
유휴 분석 706
유휴 트래픽 799
음성 게이트웨이 788
음성 스트림 769
응답 RR 460
응답 RR 섹션 459
응답 변수 702
응답 설명 717
응답 시간 차이 813
응답 코드 458, 702
응답 패킷 472, 702
응답 표시기 717
이더넷 대화 308
이더넷 유선 네트워크 733
이더넷 포트 788
이더넷 헤더 190, 311, 751
이더넷 헤더 오버헤드 773
이더넷 헤더 유형 필드 498
이더리얼 91
이동 평균 604
이름 460
이름 변환 116, 119
이름 변환 베이스라인 프로세스 800
이름 변환 세션 베이스라인 800
이름 변환 실패 823
이름 변환 프로세스 119, 897
이름 서버 데이터베이스 453
이메일 검색 713
이메일 트래픽 805
인라인 포트 181
인쇄 툴바 아이콘 148
인접 노드 탐색 기법 499
인증 프레임 748
인증 프로세스 737
인증된 로그인 795
인터넷 그룹 관리 프로토콜 77, 315
인터넷 메시지 포맷 719
인터넷 제어 메시지 프로토콜 434
인터넷 중계 채팅 306
인터넷 프로토콜 434
인터넷 프로토콜 버전 6 499
인터넷 헤더 길이 491
인터페이스 상세 정보 창 192
인터페이스 설정 창 211
인터페이스 필터 211
일반 트래픽 패턴 842
임대 시간 634
입력 트래픽 183

ㅈ

자동 구성 모드 504
자동 스크롤 149
자동 완성 기능 585
자동 터널 설정 프로토콜 508
자원 레코드 TTL 461
작은 페이로드 820
잘못된 순서 774
장치 스패닝 185
재귀 DNS 프로세스 458
재귀 요청 458
재귀 이용 가능 458
재사용된 TCP 포트 트리거 422
재생성 탭 181
재설정 시간 634
재시도 플래그 751
재연결 시간 634
재조립 487
재지정 71
재지정 메시지 523
재지정 코드 530
재지정 트래픽 분석 820
재협상 공격 679

전경 레이어 603
전달 의뢰자 75
전문가 시스템 105
전문가 정보 105, 132, 411
전문가 정보 창 412
전송 변환 241
전송 이름 변환 120
전송 제어 프로토콜 434
전송 프로토콜 769
전수 패스워드 크랙 917
전역 환경설정 231
전이중 장치 178
전이중 탭 64, 68
전화 홈 동작 837
절단 필드 458
정규식 349
정상 데이터 교환 733
정상 라디오 주파수 신호 733
정상 신호 강도 값 733
정상 연관 프로세스 733
정상 연관 해제 733
정상 트래픽 796, 803
제로 창 탐색 ACK 트리거 419
제로 창 탐색 트리거 419
제어 정보 769
제어 프레임 749
젠맵 869
조회/응답 비트 457
좀비 865
종단점 307, 403
종료 패킷 782
주석 395
주석 버튼 105
주석 아이콘 396
주소 변환 프로토콜 434
주소 필드 754
중간자 공격 912
중개자 문제 837
중계 에이전트 335, 818
중복 ACK 65, 412, 418
중복 IP 주소 477
중복 IP 탐색 메커니즘 476
중복 주소 감지 503
중복 주소 테스트 636
중앙 이동 평균 604
중요 작업 베이스라인 799
증거 수집 837
지능형 탭 182
지연시간 290
지원 프로토콜 144
지터 773
지터 레벨 775
지터 버퍼 설정 784
지터율 802
질의 460

ㅊ

차등화 서비스 500
차별화된 서비스 코드 포인트 492, 500
차별화된 서비스 필드 491
참고 411
참고 영역 412
창 업데이트 패킷 421
채널 319
채널 본딩 763
채널 트래픽 763
챌린지 텍스트 748
처리율 테스트 베이스라인 801
초당 간격 603
초당 패킷율 773
초당 픽셀 수 603
초청 776
총 길이 필드 493
최근 파일 열기 107
최단 경로 우선 프로토콜 434
최대 목록 항목 235
최대 세그먼트 크기 311, 572, 879
최대 전송 단위 310
최대 처리량의 축소 822
추가 RR 461
추가 RR 섹션 459

추적 테스트 879
추적 파일 65
추적 파일 요약 창 396
추적 파일 주석 396
출력 트래픽 183
충돌 회피 733
침입 탐지시스템 837

ㅋ

칼럼 적용 128
칼럼 표시 121
캡슐화된 IPv6 888
캡슐화된 TCP 세그먼트 747
커맨드라인 도구 931
커맨드라인 실행 932
컬러링 261, 602
컬러링 규칙 121, 261, 413
컬러링 규칙 파일 261
컬러링 옵션 266
컴퓨터 바이러스와 웜 356
코어 엔진 98
쿠키 346
큐 지연 810
크래커 847
클라이언트 MAC 주소 639
클라이언트 지연 이슈 291
클래스 460
클래스 없는 인터도메인 라우팅 502
킵 얼라이브 ACK 418
킵 얼라이브 ACK 트리거 420

ㅌ

타이틀 바 103
타임 시프트 811
타임스탬프 180
탐사 패킷 856
탐색 응답 패킷 755
탐지 회피 837
탭 71
탭 포트 180
통계 117
통계 윈도우 669
통계 창 303
통신비밀보호법 72
통화 설정 절차 802
통화 설정 트래픽 788
통화 설정 프로토콜 769
통화 트래픽 788
트래픽 모니터링 178
트래픽 수집 176
트래픽 유형 292, 363
트래픽 유형 363
트래픽 클래스 필드 500
트래픽 파일 71
트래픽 포트 번호 372
트래픽 해독 512
트래픽 흐름 그래프 316
트랜잭션 ID 456
트랜잭션 실패 722
트러블슈팅 809
트위터 트래픽 356
티샤크 174, 822
티샤크 통계 942
틱 간격 605

ㅍ

파이어폭스 트래픽 355
파이프라이닝 720
파일 가져오기 108
파일 내보내기 109
파일 메뉴 107
파일 설정 109
파일 열기 107
파일 영역 101
파일 전송 시간 809
파일 전송 재조립 373
파일 전송 프로토콜 165
파일 정보 칼럼 105
파일 집합 197
파일 합치기 108

패스워드 크래킹 917
패스워크 크래킹 툴 371
패스프레이즈 762
패킷 길이 134
패킷 길이 칼럼 821
패킷 마크 112
패킷 마킹 816
패킷 목록 창 104
패킷 무시 113
패킷 바이트 창 235
패킷 번호 148
패킷 비율 319
패킷 상세 정보 창 104, 235
패킷 선택 669
패킷 손실 412, 565, 574, 619, 658
패킷 손실 복구 568
패킷 손실 위치 817
패킷 손실률 802
패킷 수집 194
패킷 요약 399
패킷 정보 칼럼 106
패킷 주석 971
패킷 주석 편집 115, 154
패킷 주석 필드 154
패킷 찾기 149
패킷 컬러링 149
패킷 크기가 큰 코드 535
패킷 타임스탬프 284
패킷 페이로드 449
패킷화 시간 775
펄 호환 348
페이로드 길이 필드 500
페이로드 시그니처 920
페이지 리소스 압축 323
평균 왕복 시간 614
평문 메시지 814
포트 도달 불가 341
포트 미러링 183, 184
포트 번호 기반 디스플레이 필터 665
포트 번호 목록 120
포트 번호 변환 436
포트 스누핑 183
포트 스캔 879
포트 스패닝 183, 184
포트 주소 변환 78
포트 테스트 879
포트 필터링 527
포트 필터링 방화벽 547
포트 해석 894
포함 필드 349
폰 홈 908
표준 IPv4 헤더 490
표준 서버 응답 코드 694
표준 허브 177
표현식 버튼 338
프라이버시 확장 505
프레임 바디 751
프레임 제어 필드 753
프로세스 지연 810
프로토콜 117, 415
프로토콜 ID 477
프로토콜 계층 134
프로토콜 계층 통계 909
프로토콜 도달 불가 864
프로토콜 주소 길이 478
프로토콜 한정자 213
프로파일 106, 381
프로파일 공유 384
프로파일 디렉토리 382
프로파일 폴더 351
프로파일 환경설정 115
프록시 서버 79
프린트 116
플래그 바이트 457
플래그 필드 493, 580
플러그인 99
플러드 904
피어 인증서 673
필드 이름 343
필터 디스플레이 346
필터 적용 74, 128
필터 적용과 필터 준비 128

필터 준비 128
필터 표현 117
필터 표현식 248
필터 표현식 버튼 415
필터 필드 디스플레이 144

ㅎ

하드웨어 주소 길이 477
하드웨어 주소 유형 637
하위 연산자 346
해당 패킷으로 가기 124
해석 테이블 143
해석기 99
핸드셰이크 557
핸드셰이크 프로토콜 필드 674
허브 모드 847
헤더 시그니처 919
협정 세계시 281
호스트 분석 306
호스트 파일 구문 244
호스트 포렌식 837
호출 설정 시간 정보 140
혼잡 검색 822
혼잡 경험 비트 500
혼잡 윈도우 570
혼잡 윈도우 감소 580
홉 제한 필드 501
확인응답 번호 426
확인응답 번호 값 670
확인응답 번호 필드 579
확인응답 비트 581
활성화 MIB 247
흐름 그래프 137, 403, 669
흐름 그래프 윈도우 669, 670
흐름 라벨 필드 500
흐름 유형 선택 670

A

Absolute date and time 287
Absolute time 287
Access Control List 142
Access Control List 규칙 142
Access Node Control Protocol 135
Access Point 210
ACK 558
ACK 메시지 816
ACK 복제 566
ACK 비트 576
ACK 스캔 860
ACK 타이머 573
ACKed 손실 패킷 트리거 417
Active Directory 924
Active Directory Migration Tool 224
active mode 696
Adaptive Security Appliance 80
Add Packet Comment 154
Additional RR 섹션 459
ADMT 224
AIDA32 973
AirPcap 97
AirPcap Multi-Channel Aggregator 739
AirPcap 어댑터 60, 152
AirPcap 제어판 739
Amap 873
Analyze 메뉴 126
ANCP 135
Annotation Button 105
Answer RR 섹션 459
anti-replay 보호와 기밀성 512
AP 210
AP 안테나 764
Apply As Column 236
Apply as Filter 128, 340
Aptimize Website Accelerator 321
ARP 434, 471
ARP 문제 474
ARP 브로드캐스트 438, 472
ARP 브로드캐스팅 439
ARP 스캔 840, 851
ARP 스톰 탐색 477
ARP 스톰 탐지 250

ARP 오염 912
ARP 요청 패킷 250
ARP 캐시 438
ARP 트래픽 471
ARP 패킷 243, 471
ARP 포이즈닝 476
ARP/RARP 해석기 250
arp-bootup.pcapng 474
Arrival Time Value 812
ASA 80
ask.wireshark.org 161
Assured Forwarding 492
Authentication 프레임 748
Authoritative Answer 458
Authority RR 섹션 459
AVG(*) 621

B

Background Color 버튼 265
backoff 알고리즘 607
BACnet 136
Basic Service Set 733
Basic Service Set identifier 754
beacon frame 748
beacons.csv 401
Berkeley Packet Filtering 333
Berkeley Packet Filtering 구문 209
big-endian 638
BitTorrent 972
BitTorrent Tracker 220
Bit-Twiste 509
BMP 404
BOOTP 631
BOOTP-DHCP 136
BOOTP-DHCP 통계 윈도우 643
bound 상태 633
BPF 333
BPF 구문 209
BPF 필터 형식 333
BRAS 135
Broadband Remote Access Servers 135
BSS 733
BSSID 319, 754
Bugzilla 95

C

C&C 서버 894
CACE Pilot 96
Cain and Abel 912
Calc 옵션 605
Calculated window size 343
Call control 771
canonical name 897
Capinfos 612, 948
Capture Filter Column 211
Capture Filters 아이콘 209
Capture Options 109
Capture Options 링크 101
Capture 메뉴 125
Carrier Sense, Multiple Access with Collision Avoidance 762
Cascade Pilot 403
CCMP 751
central moving average 604
Certificate 패킷 676
cfilters 파일 223
cfilters 210, 386
CGI 660
Chanalyzer 761, 969
Change Cipher Spec 677
chats 411
Checksum Errors 981
Checksum Errors coloring rule 727
checksum 77
CIDR 502
clamav 713
Classless Inter-Domain Routing 502
Client Hello 674
Client Hello 패킷 674
close_notify 경고 678

CMA 604
CNAME 897
Collectd 136
colorfilters 231, 263, 386
Coloring Rules 버튼 262
Colorize Conversation 266
Command and Control 서버 894
Conficker 886
Confirm 메시지 642
Congestion Experienced 500
Congestion Window Reduced 580
Control Panel 739
conversation filter 719
Coordinated Universal Time 281
Copy 버튼 403
Core Engine 99
Corporate HQ 383
COUNT FIELDS(*) 608
COUNT FRAME(*) 608
CRC 311
Create Stat 314
CSMA/CA 762
CSMA/CA 프로토콜 733
CSV 형태 403
Ctrl+Shift+N 405
cwnd 571
CWR 580
Cyclical Redundancy Check 311

D

DA 754
DAD 503
Dark IP 주소 903
Dark MAC 주소 903
Dark 목적지 주소 902
DATA 명령 721
dBm 746
DEC RPC 트래픽 909
Decline 메시지 642
decrypted SSL packet 371
DELE 명령 714
Delta time 287
delta time column 775
Delta time displayed 288
Destination address 754
Destination Unreachable 856
Details 기능 740
dfilters 231, 386
dfilters 파일 333, 352
dfilters_macros 350
DHCP 434, 631
DHCP Decline 패킷 636
DHCP Discover 817
DHCP Discover 패킷 636
DHCP Offer 636
DHCP Relay Agent 978
DHCP Request 975
DHCP 검색 패킷 545
DHCP 메시지 유형 632, 643
DHCP 브로드캐스트 634
DHCP 서버 59, 633
DHCP 중계 에이전트 635
DHCP 중계 에이전트 주소 639
DHCP 클라이언트 59, 633
DHCP 통계 643
DHCP/BOOTP 545
DHCPv6 Advertise 640
DHCPv6 Reply 640
DHCPv6 Request 640
DHCPv6 Solicit 640
DHCPv6 비상태형 모드 506
DHCPv6 상태형 모드 505
Differentiated Services 500
Differentiated Services Code Point 500, 785
DiffServ 500
dir 한정자 213
Discover 패킷 재전송 817
DN 723
DNS 434, 449
DNS Name Error 658

DNS PTR 119
DNS PTR 조회 244, 838,, 980
DNS 구성 설정 옵션 453
DNS 문제 454, 809
DNS 변환기 캐시 437
DNS 서버 437, 449, 670
DNS 서버 실패 823
DNS 요청 450
DNS 응답 219
DNS 응답 패킷 812, 882
DNS 조회 61, 219, 450, 804
DNS 트래픽 381
DNS 패킷 156, 455
domain name 723
Domain Name System 449
Driver mode 741
Dropbox 621
DSCP 492, 500
DTMF 769, 788
Dual-Tone Multi-Frequency 769
Dumpcap 200
Duplicate Address Detection 503
Dynamic Host Configuration Protocol 631
Dynamic Trunking Protocol 981

E

EAPOL 741
Echo Reply 869
ECN 가능 전송 500
ECN-CE 500
ECN-Echo 플래그 585
ECPA 72
ECT 500
Edit 메뉴 111
Editcap 190, 612, 951
EGRP 863
EHLO 720
EHLO 명령 패킷 723
emergency analysis 738
EnCase 923
Enhanced Interior Gateway Routing Protocol 863
Enhanced SMTP 795
Epoch 시간 282
ERR 응답 715
error 411
ESMTP 720
ESP 환경설정 512
ETH 포트 759
Ethereal 91
Ethernet 유선 네트워크 733
ethers 파일 242
Ettercap 912
exclusion filter 218
Expand All 166
Expert Info 105, 132
Expert Info 버튼 411
Expert Info 정보 588
Expert info 탭 395
Expert Information Window 412
Expert 경고 583
Export Selected Packet Bytes 404
Export 버튼 263
Expression 버튼 338
Extensible Authorization Protocol 741

F

false positive 348
Family Controller 739
Fast Recovery 566
FBar 621
FCS 752
File Information Column 105
Filter Field Reference 159
FIN 581
FIN 비트 660
FIN 스캔 860
Finish 비트 581
FIN-WAIT 560

Firefox 트래픽 355
firewall 70, 78
Firewall ACL 142
first responder 91
FISA 72
Flags 바이트 457
flood 904
Flow Graph window 670
Flow Graphs 316
flushdns 321
Folders 탭 146
Follow SSL Streams 371
Follow TCP Stream 366, 370
Follow UDP stream 268, 363
foreground layer 603
Frame Check Sequence 752
frame.time_delta_displayed 812
FreeBSD 737
From DS 754
FTP 693
FTP 데이터 369
FTP 데이터 전송 704
FTP 데이터 채널 704
FTP 디스플레이 필터 목록 704
FTP 명령 채널 트래픽 369
FTP 명령 채널 704
FTP 바운스 공격 700
FTP 업로드 프로세스 708
FTP 연결 697
FTP 클라이언트 명령 694
FTP 트래픽 재조립 705
FTP 트래픽 필터 704
FTP 패킷 구조 701

G

G711 772
General Public License 92
GeoIP IPv6 데이터베이스 309
GeoIP 데이터베이스 308
GeoIP 매핑 134
GeoIP 서비스 308
GeoIP 장소 정보 310
GeoIP 정보 511
GET 요청 61, 661, 686
Gigabit Fiber Port Tap 180
GIMP GTK+ 100
Global Configuration 디렉토리 245
Global Configuration 223
Global Preferences 아이콘 150
GMT/UTC 오프셋 285
GNU GPL 92
Go 메뉴 123
goodbye packet 782
Google SSL 984
GRE 494

H

HART-IP 137
heartbeat 효과 819
HELO 720
Help 메뉴 144
Hide interface 239
Highway Addressable Remote Transducer over IP 137
HTML 태그 660
HTTP 653
HTTP GET 요청 63, 251, 289, 654
HTTP Load Distribution 666
HTTP POST 프로세스 366
HTTP 객체 685
HTTP 객체 내보내기 665
HTTP 데몬 658
HTTP 데이터 289
HTTP 부하 분산 666
HTTP 부하 분산 통계 667
HTTP 분석기 671
HTTP 브라우징 세션 587
HTTP 상태 코드 655
HTTP 상태 코드 레지스트리 655
HTTP 서버 670

HTTP 서버 에러 686
HTTP 성능 분석 658
HTTP 에러 264
HTTP 요청 감소 323
HTTP 요청 658, 668
HTTP 응답 264
HTTP 응답 코드 137, 252, 318
HTTP 재지정 667
HTTP 클라이언트 670
HTTP 통계 137
HTTP 통계 디스플레이 666
HTTP 통계 수집 318
HTTP 통신 366
HTTP 트래픽 254
HTTP 패킷 구조 661
HTTP 패킷 카운터 667
HTTP 환경설정 윈도우 671
HTTP/1.1 200 OK 패킷 816
HTTP/HTTPS 디스플레이 필터 목록 665
HTTPS 분석 252
HTTPS 통신 분석 672
HTTPS 트래픽 복호화 679
HTTPS 핸드셰이크 분석 673
http-slowboat.pcapng 291
Hypertext Transfer Protocol 653

I

I/O 그래프 326
IANA 문서 목록 527
IANA 파일 246
ICMP 523
ICMP Echo Request 869
ICMP Echo 요청 패킷 842
ICMP ping 405
ICMP Ping 스윕 853
ICMP Redirect 911
ICMP Router Advertisement 872
ICMP Router Solicitation 872
ICMP Type 3 Code 4 패킷 726
ICMP Type 3/Code 4 메시지 821
ICMP 경로 발견 821
ICMP 기반 traceroute 525
ICMP 노드 정보 질의 코드 536
ICMP 메시지의 유형 527
ICMP 목적지 도달 불가 패킷 335
ICMP 목적지 도달 불가/포트 도달 불가 응답 455
ICMP 목적지 도달 불가 856
ICMP 에코 요청 525
ICMP 유형 3 488, 868
ICMP 유형 8 882
ICMP 재지정 526, 911
ICMP 재지정 패킷 527
ICMP 코드 341
ICMP 트래픽 215
ICMP 필터 524
ICMP 필터링 489
ICMP 핑 879
ICMP 확장 536
ICMP.zip 파일 370
ICMPv6 라우터 요청 503
ICMPv6 라우터 통지 503
ICMPv6 라우터 통지 패킷 504
ICMPv6 인접 요청 503
ICMPv6 인접 통지 503
ICO 404
identifier 213
idle scan 865
idle 분석 706
IDS 837
IDS 규칙 918
IDS 솔루션 901
IDS/IPS 규칙 샘플 920
IDS/방화벽 탐지 규칙 68
IEEE 802.11 733
IGMP 77, 315
IMAP 713
Import 버튼 263
in-band signaling 769
Input/Output 그래프 134
Interactive Voice Response 787

Interals 메뉴 143
Internet Group Management Protocol 77, 315
Internet Message Access Protocol 713
Internet Message Format 719
Internet Relay Chat 306
Intra-Site Automatic Tunnel Addressing Protocol 508
invitation 776
Invite 770
IO 그래프 134, 403, 599
IO 그래프 프린트 604
IO 그래프 필터 601
IO 비율 611
IO 비율 효과 818
IO 속도 65
IP Destinations 314
IP DSCP 785
IP DSCP 칼럼 381
IP ID 필드 493, 905
IP Protocol Types 314
IP 단편화 726, 913
IP 목적지 137
IP 버전 6 주소 지정 아키텍처 499
IP 주소 76, 137
IP 주소 중복 474
IP 주소 통계 창 313
IP 주소 필터 218, 313
IP 프로토콜 스캔 863
IP 프로토콜 유형 137
IP 프로토콜 환경설정 510
IP 헤더 77, 311
IP 헤더 검사합 필드 497
ip.addr 351
ipconfig 321
iPerf 572, 801
IPsec 512
IPsec VPN 726
IPv4 487
IPv4 목적지 주소 필드 497
IPv4 발신지 주소 필드 497
IPv6 네트워크 접두사 502
IPv6 비상태형 주소 자동 구성 504
IPv6 주소 501
IPv6 터널링 507
IPv6 트래픽 필터링 513
IPv6 헤더 498
IRC 306, 796
IRC 분석기 895
IRC 채널 68
IRC 통신 894
ISA 침입 차단시스템 684
ISAPI 660
ISATAP 508
ISP 네트워크 719
IVR 787

J

JFIF 368
jitter 773
JOIN 명령 894
JPEG 404
JPEG File Interchange Format 368

K

keep alive 패킷 418
Kerberos 트래픽 225

L

LANguard 887
libpcap 97
libpcap 드라이버 743
libpcre 348
listening 71
little-endian 638
load balancing 775
Load Distribution statistic 667
LOAD 그래프 609
LOAD(*) Calc 609
Low Window Size 572
LPR 클라이언트 296

LPR 프로토콜 295
Lua 143
Lua 스크립트 143

M

MAC 76
MAC Service Data Unit 747
MAC 수집 필터 218
MAC 순환 중복 검사 311
MAC 이름 변환 241
MAC 주소 76, 210
MAC 헤더 76
MAC 헤더 주소 243
Macof 905
MAIL FROM 721
Management Information Base 246
manuf 파일 232, 242
Mark Packet 267
matches 348
matching 873
maximum list entries 235
Maximum Segment Size 311
Maximum Transmission Unit 310, 487
MaxMind GeoIP 970
MaxMind 데이터베이스 245
MaxMind 파일 245
McAfee 업데이트 973
MD5 해시 함수 676
mDNS 450, 461
Media Access Control 76
Mergecap 190, 954
Metageek 187, 969
Method 661
MFD 726
mirroring 183
monitor mode 188
moving average 604
MPLS 79, 583
MSDU 747
MSS 311, 572
MTU 310, 487, 726
MTU 크기 312
Multicast Streams 316
Multifunction Printer 803
multifunctional device 726
Multiprotocol Label Switching 79, 583
MX 레코드 449
mytraces 디렉토리 234

N

Nagle 알고리즘 573
name resolution 베이스라인 프로세스 800
NAT 78
NAT/PAT 장치 488
Neighbor Discovery 499
Net Optics 182
NetBSD 737
NetScanTools Pro 722, 839
Network Address translation 78
Network Time Protocol 190, 282
Nexus 7000 96
NIC 748
NIC 드라이버 975
No Option 829
non-aggregating 탭 179
NOP 583
not 피연산자 351
note 411
NTP 190, 282
NTP 트래픽 623
NULL 검사 874
null 스캔 858
NULL 인증 195

O

offloading 586
ONC 138
Opcode 457
Opcode field 637
Open 101

Open Network Computing 138
Open Recent 235
Open Shortest Path First 315
OpenBSD 737
OpenOffice 바이너리 832
OpenStreetMap 309, 970
OS 핑거프린트 842
OS 핑거프린팅 876
OSPF 315, 434
OUI 값 232
OUI 목록 242
Out of Order 패킷 420
out-of-band DTMF traffic 770
out-of-band signaling 769
out-of-band statistics 769

P

Packet Information Column 106
packet loss 770
packet-tcp.c 416
PASS 명령 696
passive mode 696
passphrase 762
PASV 명령 697
PASV 연결 697
PAT 78
Path MTU discovery 726
PAWS 584
pcap 파일 281
Pcap-ng 240, 398
PCIeFE 패밀리 컨트롤러 739
PDF 파일 370
Perl Compatible 348
Per-Packet Information 의사 헤더 743
Phone home 908
PhoneFactor 970
ping 관찰 357
ping 트래픽 178
pipelining 지원 720
png 포맷 604
PNG 404
poisoning 트래픽 476
POP 713
POP 디스플레이 필터 719
POP 메일 메시지 헤더 718
POP 서버 714
POP 통신 714
POP 통신 문제점 715
POP 통신 분석 714
POP 트래픽 필터 719
Port Address Translation 78
PORT 명령 698
PortableApps 174
PortableApps 메뉴 175
portrange 220
Post Office Protocol 713
PPI 헤더 743
preferences 386
Preference 아이콘 234
preferences 파일 249
Prepare a Filter 128, 341
primitive 키워드 214
privacy extension 505
probe packet 856
Probe 요청 320
probing 873
Profile 106
Profile 칼럼 106
profile 폴더 107
profiles 382
promiscuous mode 188, 239
proto 221
Proto 한정자 213
Protocol Hierarchy Statistics 909
Protocol Hierarchy 윈도우 797
Protocol Preferences 305
Protocol Type 159
Proxy ARP 475
pseudo header 743
PSH 581
PSTN 788

Push 576
Push 비트 581
PUSH 플래그 594
PUT 693

Q

QoS 76, 500
QoS 설정 624
Quality of Service 76, 500
Query/Response 비트 457
Questions 필드 460
QUIT 명령 721

R

RA 754
radio frequency 신호 734
Radiotap 743
Radiotap 헤더 743, 758
Random 섹션 674
Rawshark 961
RC4 암호 알고리즘 676
Rcode 458
RCPT TO 721, 723
RDP 224
Realtime Transport Control Protocol 769
Real-time Transport Protocol 항목 140
Realtime Transport Protocol 252, 769
Receiver address 754
Receiver-SMTP 719
recent 파일 232
Recursion Available 458
redirection 71
Referral Whois 577
Regenerating 탭 181
Regex Sheat Sheet 349
Relative time 288
Relay forward 메시지 642
Relay forward 옵션 642
Release 메시지 642
Reload 버튼 113
Remote Desktop Protocol 224
Remote Procedure Call 138, 306
renegotiate attack 679
Reply 메시지 642
Request Modifiers 662
Request 매개변수 717
Request 명령 717
Reserved 필드 458
Reset 비트 581
Reset 패킷 678
Resolve Name 159
Response Code 458
Response Description 717
Response Indicator 717
RETR 693
RETR 명령 370, 714
RETR 패킷 728
retry flag 751
Retry 비트 754
RF 간섭 734
RF 신호 187, 734
RF 신호 기록 763
RF 에너지 734
RFC 1035 449
RFC 2671 449
RFC 4291 502
RFC 768 545
RFC 791 487
RFC 792 523
rfmon 모드 60, 188, 737
RIP 434
round trip time 770
RPC 138, 306
RSA 공개 키 알고리즘 676
RSA 암호 해독 키 371
RSA 키 372
RSA 키 정보 372
rsasnakeoil2.pcap 371, 372
rspan 193
RST 581, 723
RTCP 769

RTCP 패킷 유형 782
RTO 타이머 417
RTO 타임아웃 567
RTP 545, 769
RTP Stream Analysis 윈도우 790
RTP 트래픽 검사 781
RTP 패킷 781
RTP 프로토콜 252
RTP 플레이어 784
RTP 항목 140
RTP 환경설정 770
RWhois 577
rwin 571

S

SA 754
SACK 65
SACK 옵션 425
SACK 옵션 필드 425
SACK 정보 422
SACK 지원 569
SACK 허용 584
SACKs 568
Sametime 트래픽 138
SAN 디바이스 803
scale 600
SDP 772
sec-nessus-recon.pcap 422
Selected Packet Bytes 110
Selective ACK 817
Selective Acknowledgement 65
Selective ACKs 568
Sender-SMTP 719
Server Hello Done 패킷 676
Server Hello 패킷 676
Service Response Time 75
Service Response Times 945
Session Description Protocol 772
Session Initiation Protocol 140, 769
Set Time Reference 288
SharePoint 270
signature 70
Simple Mail Transfer Protocol 713, 719
Simple Network Management 프로토콜 145
SIP Invite 패킷 776
SIP statistics 윈도우 780
SIP 에러 응답 388
SIP 요청 메소드 140
SIP 응답 코드 140, 777
SIP 통계 창 140
SIP 트래픽 검사 776
SIP 패킷이 보증된 전달 492
SIP 140, 545, 769
SLAAC 504, 506
SLOCCount 94
SMB 객체 110
SMB 데이터 전송 373
SMB 요청 609
SMB 트래픽 623
SMB 헤더 900
SMI 145
smi-modules 파일 246
smoothing 필터 604
SMTP 713, 719, 805
SMTP 디스플레이 필터 725
SMTP 명령 723
SMTP 베이스라인 795
SMTP 서버 442
SMTP 스팸 테스트 728
SMTP 응답 코드 724
SMTP 클라이언트 명령 724
SMTP 통신 문제점 721
SMTP 트래픽 필터 725
SnagIt 616
sniffer 60, 91
Sniffer DOS 982
SNMP MIB 246
SNMP 해석기 246
snooping 183
Snort 181

SOA 981
Sobig 웜 713
Source address 754
SPAN 용어 183
spanning 183
SRT 75, 945
SSID 319, 737
SSID 패킷 188
SSL 664
SSL 3.0 버전 672
SSL streams 268
SSL 세션 키 파일 683
SSL 스트림 366, 372
SSL 키 402
SSL 프로토콜 252, 371
SSL 프로토콜 설정 372
SSL/TLS 분석기 671
SSL/TLS 트래픽 673
SSL/TLS 포트 673
SSL/TLS 포트 번호 671
SSL/TLS 핸드셰이크 패킷 251, 672
STA 747
Start Capture 238
Start 링크 101
startup 과정 503
stateful DHCPv6 504
Stateless Address AutoConfiguration 504
stateless DHCPv6 504
Statistics 303
Statistics 메뉴 132
Status Bar 104
Status Code 654
Status column 774
Stevens 그래프 615
sticky IP address 634
Stig Bjørlykke 244
STOR 693
STOR 명령 707
Storage Area Network 디바이스 803
storm 탐색 477
Stream Client Text 269
Stream Server Text 269
striping 525
Structure of Management Information 145
Subdissector 305, 586
Subset Operator 346
SUM(*) Calc 605
Summary 창 321
switch 71
switched 77
Symantec LiveUpdate 974
SYN 581
SYN 패킷 558, 733
SYN 플래그 225
SYN+ACK 314
SYN-RST/ACK 658

T

TA 754
Talker 75
tap 71
tcp 336
TCP 434, 557
TCP 3방향 핸드셰이크 225, 558
TCP 3방향 핸드셰이킹 653
TCP ACK 비트 335
TCP Explicit Congestion Notification 테스트 879
TCP FIN 560, 678
TCP full connect scans 857
TCP MSS 값 813
TCP Null 스캔 874
TCP ping 스캔 853
TCP Relative Sequence Numbers 563
TCP Reset 559, 866
TCP Reset 응답 857
TCP RST 699
TCP RST/ACK 658
TCP SACK Permitted 옵션 568

TCP SYN 비트 335
TCP SYN 패킷 699
TCP SYN/ACK 527
TCP Time Sequence 그래프 827
TCP 기반 서비스 559
TCP 대화 65
TCP 데이터 세그먼트 확인응답 564
TCP 디스플레이 필터 585
TCP 리셋 527, 620
TCP 목적지 포트 578
TCP 반개방 스캔 855
TCP 발신지 포트 578
TCP 분석 이벤트 294
TCP 분석 플래그 패킷 334
TCP 분석 플래그 585
TCP 분석기 파일 416
TCP 순서 번호 분석 588
TCP 스트림 363
TCP 스트림 그래프 138
TCP 스트림 인덱스 번호 365
TCP 스플라이싱 915
TCP 시간 순차 그래프 573
TCP 연결 과정 658
TCP 연결 설정 289
TCP 연결 시도 215
TCP 연결 해제 574
TCP 연결의 왕복 지연시간 815
TCP 왕복 지연시간 814
TCP 윈도우 길이 880
TCP 윈도우 스케일 옵션 589
TCP 윈도우 업데이트 패킷 343
TCP 재전송 타임아웃 417, 567
TCP 재전송 트리거 417
TCP 전문가 정보 416
TCP 전체 연결 스캔 857
TCP 제로 윈도우 620
TCP 처리율 그래프 614
TCP 킵 얼라이브 패킷 418
TCP 타임스탬프 251, 590
TCP 트래픽 필터링 585
TCP 패킷 구조 578
TCP 포트 목록 671
TCP 포트 스캔 854
TCP 플래그 설정 215, 670
TCP 플래그 요약 582
TCP 플래그 정의 813
TCP 핸드셰이크 370
TCP 핸드셰이크 연결 요청 527
TCP 핸드셰이크 요청 715
TCP 헤더 311
TCP 확인응답 289
TCP 환경설정 591
TCP 흐름 815
TCP 흐름 제어 570
tcp.analysis.retransmission 420
tcp.len 칼럼 821
tcp.port 351
tcp.stream 366
tcp.stream 표시자 422
tcp.window_size 237
TCP/IP 네트워크 59
TCP/IP 변환 프로세스 435
TCP/IP 스택 433, 838
TCP/IP 클라이언트 59
TCP/IP 프로토콜 433
tcpdump 200
Telephony 메뉴 139
Teredo 507
Text2pcap 956
TFTP 306, 693
TFTP 트래픽 797
T-HTTP Errors 265
tick 600
Tick interval 603, 605
TIFF 404
Time Shift 811
Time to Live 77, 441
Time 칼럼 237
Time-Sequence Graph 615
Time-Shift 612
TKIP 751
TLS 664, 685

TLS 1.0 버전 672
TLS 취약점 845
TLS 핸드셰이크 673
To DS 754
tone 771
Tools 메뉴 142
trace file 71
traceroute 523
traceroute 경로 발견 869
Transaction Failed 722
Transaction ID 456
Transmitter address 754
Transport 771
Transport Layer Security 664
Trivial File Transfer Protocol 306, 693
Troubleshooting 69
Truncation 필드 458
Tshark 174
TSOPT 584
TTL 77
TTL 값 77
TTL 필드 495
Tweet 974
Type/Subtype 필드 763

U

U.S. 암호 수출 규제 정책 95
U3 Launchpad 176
U3 장치 176
UDP 434, 545
UDP Help 874
UDP ping 스캔 853
UDP 기반 애플리케이션 817
UDP 스캔 547
UDP 스트림 363
UDP 트래픽 786
UDP 페이로드 225
UDP 포트 스캔 861
UDP 포트 옵션 770
UDP 헤더 156
udp.port 351
UIDL 714
Unique Identification Listing 714
unit 600
Universal Coordinated Time 674
unusual 트래픽 803
Upstream 818
URG 580
USB 175
USB 어댑터 284
USBTSHARK 426
USER 명령 696
User-Agent 876
usual 트래픽 803
UTC 281
UTM 674

V

Validating Sender 722
videostream1 파일 364
View 메뉴 117
Virtual LAN 태깅 79
VLAN 태깅 583
VLAN 트래픽 185
VLC 플레이어 364
Voice over IP 통신 769
VoIP 769
VoIP call 365
VoIP RTP 스트림 365, 783
VoIP 디스플레이 필터 786
VoIP 전화 325
VoIP 통신 252
VoIP 통신 베이스라인 802
VoIP 통신 분석 776
VoIP 트래픽 381
VoIP 트래픽 분석 141
VoIP 트래픽 패턴 802
VoIP 트래픽 필터 786
VoIP 품질 325
VoIP 프로파일 387, 785

VPN 집중 장치 80

W

WAN 80
WAN 라우터 426
warning 411
Waterfall View 761
WEP 복호화 741
WEP 키 741
Wide Area Network 80
Wiki Protocol Page 158
Wiki 페이지 158
Window Scaling 563
WinPcap 97
Wireshark 91
Wiretap 라이브러리 97, 108
Wi-Spy 기록 969
Wi-Spy 스펙트럼 분석기 761
Wi-Spy/Chanalyzer Pro 735
WLAN 733
WLAN probe 응답 패킷 222
WLAN 복호화 740
WLAN 분석 733
WLAN 수집 설정 738
WLAN 유형 755
WLAN 통계 창 319
WLAN 트래픽 베이스라인 801
WLAN 트래픽 139, 319, 737
WLAN 프레임 유형 747
WLAN 프로파일 디렉토리 210
WLAN 프로파일 386, 742, 758
WPA 751
WPA2 751
Wrong sequence 774
WSOPT 584

X

Xmas 스캔 859
Xprobe 881

Y

YouTube 비디오 975

Z

Zenmap 869
zip 파일 370
zombie 865
ZoneAlarm 체크인 프로세스 804

에이콘 **네트워크 프로그래밍** 시리즈

WINDOWS 2000 TCP/IP 문제해결

Debra Littlejohn Shinder, Thomas W. Shinder 지음 | 정형인 옮김
898997500X | 720쪽 | 2002-05-01 | 40,000원

마이크로소프트가 Windows 2000에 구현한 TCP/IP를 다룬 책. Windows 2000 TCP/IP 네트워크를 신축하거나 Windows 2000 TCP/IP로 전환하는 과정을 계획에서 테스팅, 구현에 이르기까지 원만하게 마칠 수있도록 필수적인 지침을 제공한다. Windows 2000 TCP/IP 연결 문제들을 해결하는 툴과 테크닉에 중점을 둔 이 책은 네트워크 관리자가 꼭 읽어야 할 책이라고 할 수 있다.

임베디드 웹서버를 위한 TCP/IP

Jeremy Bentham 지음 | 박종진, 이동은, 이형수 옮김
8989975093 | 564쪽 | 2002-09-13 | 40,000원

인터넷 프로그래밍 그 신비가 벗겨지다! 간단한 TCP/IP 스택에 대한 플랫폼 독립적인 소스 코드를 포함하는 간편한 TCP/IP 네트워킹에 관한 가이드 북이다. 그리고 제공하기 쉽고 임베디드 애플리케이션에 사용되기에 효율적인 책이다.

시스코 네트워크 보안

Eric Knipp 지음 | 강유 옮김
8989975689 | 784쪽 | 2005-10-13 | 40,000원

이 책에서는 IP 네트워크 보안과 위협 환경에 대한 일반 정보뿐만 아니라 시스코 보안 제품에 대한 상세하고 실용적인 정보를 제공한다. 이 책의 저자진은 실전 경험이 풍부한 업계 전문가들이다. 각 장에서는 PIX 방화벽, Cisco Secure IDS, IDS의 트래픽 필터링, Secure Policy Manager에 이르는 여러 보안 주제를 설명한다. 이 책을 통해 독자는 시스코 네트워크를 보호하는 데 꼭 필요한 지식을 얻을 수 있을 것이다.

TCP/IP 완벽 가이드

Charles M. Kozierok 지음 | 강유, 김진혁, 민병호, 박선재 옮김
9788989975908 | 1,600쪽 | 2007-01-22 | 50,000원

TCP/IP 프로토콜 슈트에 대한 최신 참조 서적으로 초보자와 전문가 모두에게 관심을 끌 만한 내용을 담고 있다. TCP/IP 인터네트워크를 동작시키는 핵심 프로토콜, 가장 중요한 전통적 TCP/IP 애플리케이션들을 자세히 설명하며 IPv6에 대해서도 광범위하게 다룬다. 350개 이상의 그림, 수백 개의 표로 복잡한 개념을 알기 쉽게 설명하고 있다.

와이어샤크를 활용한 실전 패킷 분석

시나리오에 따른 상황별 해킹 탐지와 네트워크 모니터링

크리스 샌더즈 지음 | 김경곤, 장은경 옮김
9788960770270 | 240쪽 | 2007-12-14 | 25,000원

와이어샤크를 이용해 패킷을 캡처하고 분석하는 방법을 익힘으로써 실제 네트워크 환경에서 발생할 수 있는 다양한 시나리오에 대한 문제를 분석하고 해결하는 방법을 배울 수 있다. 네트워크에서 오가는 패킷을 잡아내어 분석해냄으로써, 해킹을 탐지하고 미연에 방지하는 등 네트워크에서 벌어지는 다양한 상황을 모니터링 할 수 있다.

엔맵 네트워크 스캐닝

네트워크 발견과 보안 스캐닝을 위한 Nmap 공식 가이드

고든 '표도르' 라이언 지음 | 김경곤, 김기남, 장세원 옮김
9788960771062 | 680쪽 | 2009-11-16 | 35,000원

오픈소스인 엔맵 네트워크 스캐너는 네트워크 발견, 관리, 인벤토리, 보안 감사 용도로 수백만 명이 사용해 왔다. 이 책은 엔맵 보안 스캐너의 공식 가이드다. 초보자를 위한 포트 스캐닝의 기초 설명에서 고급 해커들이 사용하는 상세한 로우레벨 패킷 조작 방법에 이르기까지, 이 책은 모든 수준의 보안 전문가와 네트워크 전문가에게 적합하다.

CAN, LIN, FlexRay를 활용한 차량용 네트워크

도미니크 파레 지음 | 강기호 옮김
9788960772120 | 556쪽 | 2011-07-05 | 40,000원

차량용 다중 네트워크 버스(CAN, LIN, 플렉스레이 등)에 대해 기술적 원리, 부품, 구현과 응용 등을 심층적이고 종합적으로 다룬다. 따라서 광범위한 응용이 가능한 임베디드 시스템에 대한 귀중한 가이드로서 전자 공학자와 자동차 산업용 전자 시스템 개발자를 위한 필독서다. 동시에 항공 분야나 첨단 망 기술을 응용하는 데 관심 있는 실무자, 임베디드 시스템 강의를 듣는 학부 4년/대학원생들에게도 유익한 책이다.

해킹 초보를 위한 무선 네트워크 공격과 방어

브래드 하인스 지음 | 김경곤, 김기남 옮김
9788960772175 | 212쪽 | 2011-07-29 | 20,000원

무선 네트워크 세계에서 발생할 수 있는 7가지 주요 공격 방법과 대응 방법을 소개한다. 와이파이 무선 네트워크 기반 공격과, 무선 클라이언트에 대한 공격, 블루투스 공격, RFID 공격, 아날로그 무선 장치 공격, 안전하지 않은 암호, 휴대폰, PDA, 복합 장치에 대한 공격 실패 사례, 공격과 방어 방법에 대한 지식을 얻을 수 있을 것이다.

와이어샤크 네트워크 완전 분석

로라 채플 지음 | 김봉한, 이재광, 이준환, 조한진, 채철주 옮김
9788960772205 | 912쪽 | 2011-08-19 | 50,000원

이 책은 IT 전문가들이 트러블슈팅, 보안과 네트워크 최적화를 위해 사용하는 필수 도구인 와이어샤크를 설명한 책 중 최고의 지침서가 될 것이다. 이 책에서는 패킷 손실, 높은 지연, 적은 패킷 크기, 속도가 느린 클라이언트, 과부하가 걸린 수신자 등과 같은 성능 문제의 원인에 대한 그래프를 만드는 방법을 배우고, 트래픽을 분석할 때 의심 가는 트래픽을 표시하고 '건초더미에서 바늘 찾기' 같은 느낌을 피하기 위해 컬러링 규칙과 전문가 정보 조합 기능을 사용한다.

(개정판) 와이어샤크를 활용한 실전 패킷 분석

상황별 시나리오에 따른 해킹 탐지와 네트워크 모니터링

크리스 샌더즈 지음 | 이재광, 김봉한, 조한진, 이원구 옮김
9788960773288 | 368쪽 | 2012-07-31 | 30,000원

패킷 분석 도구 중 가장 대표적인 와이어샤크를 이용해 패킷을 캡처하고 분석하는 기법을 소개한다. 패킷 분석이란 무엇이고, 어떠한 방법들을 통해 분석할 수 있는지 설명한다. 특히 개정판에서는 와이어샤크의 개선된 기능을 보여주고, 프로토콜에 대해 더욱 자세하게 설명하며, 실제 운영 환경에서 빈번히 발생하는 문제에 대한 45가지에 이르는 완전히 새로운 시나리오를 제시하고 그 문제를 해결하는 과정을 보여준다.

네트워크 트러블슈팅 가이드 프로토콜 계층별 네트워크 장애처리 실무

장혁 지음 | 9788960773813 | 592쪽 | 2012-12-31 | 40,000원

엔지니어가 반드시 알아야 할 프로토콜 계층별 네트워크 장애처리 완벽 가이드. 물리 계층에서 시작해 트랜스포트 계층, 그리고 그 이상에 이르기까지 이더넷 기반으로 IP와 TCP 프로토콜의 계층별 장애 처리 기법을 설명한다. 각 프로토콜 계층의 동작 특성과 이 특성에 따른 장애 처리 시의 확인 사항, 실무에서 발생했던 실제 장애 상황들을 들어, 조치 방안과 장애 처리 과정, 장애 원인 분석과 관련된 기술을 자세히 언급한다.

TCP/IP Illustrated, Volume 1, Second Edition 한국어판
TCP/IP 네트워크 프로토콜의 이해

케빈 폴, 리차드 스티븐스 지음 | 김중규, 이광수, 이재광, 홍충선 옮김
9788960773837 | 1,184쪽 | 2013-01-21 | 58,000원

오늘날의 TCP/IP 프로토콜 모음에 대한 완벽 가이드. 혁신적 수정 사항들을 완전하게 반영했으며, 최신 리눅스, 윈도우, 맥 OS 환경 등의 실제적인 예제를 통해 각 프로토콜이 어떻게 동작하는지를 보여준다. TCP/IP의 동작 원리, 일반적인 조건에서 동작 내용, 또 다양한 애플리케이션이나 네트워크상에서 TCP/IP가 어떻게 적용되는지 이해하기 위한 최적의 안내서다.

GNS3 시뮬레이터를 활용한 **시스코 라우팅 완전 분석**

정철윤 지음 | 9788960774506 | 1,112쪽 | 2013-07-30 | 50,000원

기본적인 IP 라우팅 동작부터 IP 주소와 각종 마스크에 대해 완벽히 이해하도록 돕고 고급 엔지니어가 되기 위한 필수 항목인 RIP과 EIGRP, OSPF, BGP를 학습하여 시스코 라우터 설정뿐 아니라 네트워크 라우팅 솔루션을 제공하는 능력을 키울 수 있고 새로운 개념의 패킷 포워딩 방식인 MPLS와 차세대 IP 주소인 IPv6의 이해를 통해 다양한 라우팅 기법을 익힌다.

티샤크를 활용한 네트워크 트래픽 분석 와이어샤크의 커맨드라인 버전 TShark

보르카 메리노 지음 | 민병호 옮김 | 9788960774698 | 92쪽 | 2013-09-30 | 12,000원

티샤크(TShark)는 가장 강력한 네트워크 분석 툴인 와이어샤크(Wireshark)와 동일한 기능을 제공하는 커맨드라인 툴이다. 다시 말해 GUI의 한계를 넘어 네트워크 패킷과 프로토콜 분석 업무를 자동화하고자 하는 보안 및 네트워크 전문가에게 보석 같은 존재다. 이 책에는 티샤크를 사용해 업무 효율성을 높이는 네트워크 분석 업무의 정수가 담겨 있다.

와이어샤크 개론 쉽고 빠른 네트워크 분석을 위한 와이어샤크 활용과 최적화

로라 채플 지음 | 이재광, 전태일 옮김
9788960774742 | 404쪽 | 2013-09-30 | 35,000원

IT 전문가들이 문제점 해결, 보안 및 네트워크 최적화를 위해서 사용하는 필수 도구인 와이어샤크에 대해 설명한 책이다. 이 책을 통해 TCP/IP 통신망에 대한 전체적인 프로토콜을 좀더 분명하게 이해하고 이를 기반으로 통신에서 일어나는 문제점을 쉽게 해결하고 필요한 조치를 할 수 있는 능력을 갖출 수 있다.

(개정판)와이어샤크 네트워크 완전 분석 공인 Wireshark® 네트워크 분석 스터디 가이드

로라 채플 지음 | 이재광, 전태일 옮김 | 9788960775923 | 1,084쪽 | 2014-08-22 | 50,000원

와이어샤크(Wireshark)는 지난 10여 년간 산업계와 교육기관에서 가장 많이 사용하는 사실상의 표준이다. 이 책은 IT 전문가들이 트러블슈팅, 보안과 네트워크 최적화를 위해 사용하는 필수 도구인 와이어샤크를 설명한 책 중 최고의 지침서다.

에이콘출판의 기틀을 마련하신 故 정완재 선생님 (1935-2004)

(개정판) 와이어샤크 네트워크 완전 분석

공인 Wireshark® 네트워크 분석 스터디 가이드

발 행 | 2014년 8월 13일

지은이 | 로라 채플
옮긴이 | 이재광 • 전태일

펴낸이 | 권 성 준
편집장 | 황 영 주
편 집 | 이 지 은
디자인 | 박 주 란

에이콘출판주식회사
서울특별시 양천구 국회대로 287 (목동)
전화 02-2653-7600, 팩스 02-2653-0433
www.acornpub.co.kr / editor@acornpub.co.kr

ISBN 978-89-6077-592-3
ISBN 978-89-6077-449-0 (세트)
http://www.acornpub.co.kr/book/wireshark-2e

이 도서의 국립중앙도서관 출판시도서목록(CIP)은 서지정보유통지원시스템 홈페이지(http://seoji.nl.go.kr)와
국가자료공동목록시스템(http://www.nl.go.kr/kolisnet)에서 이용하실 수 있습니다.(CIP제어번호: CIP2014023295)

책값은 뒤표지에 있습니다.